U0946572

党组书记、厅长 尹慧敏

党组副书记、副厅长 阮凤英

党组成员、副厅长 于国安

党组成员、副厅长 张洪军

党组成员、副厅长 庞敦之

党组成员、纪检组长、监察专员 李振声

党组成员、副厅长 文新三

党组成员、副厅长 窦玉明

副巡视员 李国健

副厅级检查员 张魁珍

党组成员 王慎民

省经济开发投资公司总经理 姜延伟

省经济开发投资公司副总经理 聂肖林

省经济开发投资公司副总经理 赵怀文

省经济开发投资公司副总经理 寇尊宪

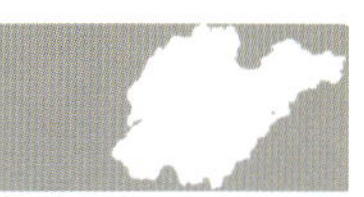

省委书记李建国同志到财政厅视察指导工作

积极发挥财政杠杆作用
支持经济又好又快发展

投资建设的大型桥梁

大力发展现代物流与交通运输业

扶持建设的204国道文明样板路

泰安五岳专用汽车自动化生产车间一角

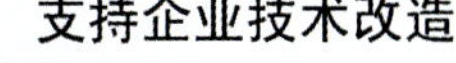

支持企业技术改造

济南二机床自主研制的压力机

支持企业建设技术中心

财政扶持的皇明集团三维聚光新型真空集热管技术在德州太阳谷应用

支持企业重大技术创新

支持南四湖流域环境改造

邹城市火电节能改造项目

财政支持建设的污水处理厂

立足统筹城乡发展
加大财政支农惠农力度

大规模机械化收割

农机实施免耕播种

财政补贴助推农业机械化

秸秆机械还田

农机喷洒农药

现代农业小麦产业项目区

冬暖式蔬菜大棚

支持发展现代农业

泰山花样年华特色蔬菜培育基地一角

丰饶的海洋牧场

支持兴修水利

小开河引黄工程渠首

莒南县洙边小流域综合治理

烟台市产芝灌区

积极改善农村生活条件

注重产业扶贫

促进农村公路建设

帮助更多农民用上干净卫生的自来水

大力推动户用沼气建设

完善民生保障机制
着力健全民生政策体系

财政支持建设的齐河县第三实验小学新教学楼

齐河县第三实验小学原校舍

滨州市三河湖一中学生在做化学实验

齐河职业中专数控示范性加工实训基地

支持建设人才市场

禹城市设施完善、功能完备的社保服务大厅

支持失业人员技能培训

为高校毕业生举办的专场招聘会

住院患者在新农合报销窗口领取补偿款

大王镇合作医疗公开栏

监督电话:645821

大王镇合作医疗公开栏

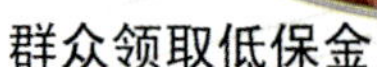

群众领取低保金

财政资助建设的儿童福利院

深化改革　强化管理
提高财政财务管理水平

深入推进部门预算改革

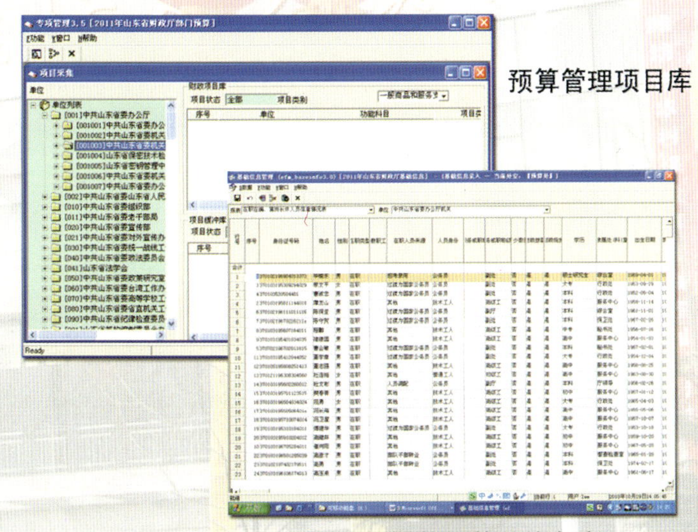

预算管理项目库

预算管理基础信息库

专家公开评审项目

大力推广政府采购

强化企业会计管理

良种补贴项目开标仪式

内强素质 外树形象
狠抓政风行风建设和文明创建

扎实开展学习实践科学发展观活动

不断强化业务骨干培训

结成帮扶对子 资助“春蕾女童”

爱心捐助 回馈社会

积极开展各类活动
丰富机关文化生活

山东财政年鉴

2009

SHANDONGFINANCEYEARBOOK

尹慧敏　主编

责任编辑：吕　萍　于海汛
责任校对：徐领弟　杨晓莹
版式设计：代小卫
技术编辑：邱　天

图书在版编目（CIP）数据

山东财政年鉴．2009／尹慧敏主编．—北京：经济科学出版社，2009.10
ISBN 978－7－5141－0077－8

Ⅰ.①山…　Ⅱ.①尹…　Ⅲ.①地方财政－山东省－2009－年鉴　Ⅳ.①F812.752－54

中国版本图书馆CIP数据核字（2010）第215925号

山东财政年鉴（2009）
尹慧敏　主编
经济科学出版社出版发行　新华书店经销
社址：北京市海淀区阜成路甲28号　邮编：100142
总编部电话：88191217　发行部电话：88191540
网址：www.esp.com.cn
电子邮件：esp@esp.com.cn
北京中科印刷有限公司印装
880×1230　16开　29.5印张　1060000字
2009年10月第1版　2009年10月第1次印刷
ISBN 978－7－5141－0077－8　定价：200.00元
（图书出现印装问题，本社负责调换）

《山东财政年鉴（2009）》编委会

目　　录

第一部分　特　　辑

第二部分　全省财政工作

第三部分　市财政工作

第四部分 县（市、区）财政工作

第五部分　财经文选

第六部分　财政统计资料

第七部分　财政机构人员

第八部分　大　事　记

第一部分

特　　辑

关于山东省2007年预算执行情况和2008年预算草案的报告

2008年1月20日在山东省第十一届人民代表大会第一次会议上

山东省财政厅

各位代表：

受省人民政府委托，现将山东省2007年预算执行情况和2008年预算草案提请省十一届人大一次会议审议，并请省政协委员提出意见。

一、2007年预算执行情况

2007年，在中共山东省委正确领导下，全省各级坚持以邓小平理论和“三个代表”重要思想为指导，以科学发展观为统领，认真学习贯彻党的十七大和省九次党代会精神，全面落实中央和省委决策部署，经济持续健康协调发展。在此基础上，财政收支平稳较快增长，全省和省级预算任务圆满完成。

据快报统计，2007年，全省地方财政收入1 674.48亿元，完成预算的106.26%，比上年增长23.46%（其中经常性收入增长17.9%）。全省财政支出2 262.46亿元，完成预算的107.79%，比上年增长23.40%。其中，农业、教育、科技支出分别为163.09亿元、452.98亿元、46.08亿元，比上年增长22.74%、34.21%、32.84%，均高于经常性收入增幅。当年地方收入，加中央税收返还和转移支付补助及上年结转收入等919.15亿元，收入共计2 593.63亿元。当年财政支出，加上解中央支出及结转下年支出等326.24亿元，支出共计2 588.70亿元。全省收支相抵，累计净结余4.93亿元。

2007年，省级财政收入213.58亿元，完成预算的101.04%，比上年增长13.08%（其中经常性收入增长7.6%）；财政支出283.92亿元，完成预算的104.89%，同口径比上年增长10.98%。当年省级收入，加中央税收返还和转移支付补助、市净上解收入及上年结转收入等746.52亿元，收入共计960.10亿元。当年省级支出，加上解中央支出、补助市县支出及结转下年支出等676.03亿元，支出共计959.95亿元。省级收支相抵，累计净结余1 520万元。

2007年，全省纳入预算管理的政府性基金收入691.15亿元，比上年增长130.45%，其中省级收入107.23亿元，增长15.60%；全省政府性基金支出613.34亿元，比上年增长114.42%，其中省级支出96.04亿元，增长42.15%。全省政府性基金收支增幅较高，主要是根据国家规定，把国有土地出让收入全额纳入基金预算管理，导致基金收支大幅增加。

全省预算外资金收入421.10亿元，比上年增长14.18%，其中省级收入187.68亿元，增长15.08%；全省预算外资金支出413.84亿元，比上年增长18.69%，其中省级支出196.09亿元，增长19.56%。

各位代表，过去的一年，各级政府及其财税部门认真落实国家宏观调控政策和省十届人大五次会议决议，始终坚持以人为本、关注民生，努力促进科学发展、和谐发展、率先发展，全省财政收支快速增长，财税改革不断深化，财政管理更加规范。分析2007年及过去五年的财政情况，主要特点是：

（一）财政收支持续稳定增长，保障能力明显增强。近年来，在全省经济稳定协调发展的基础上，各级财税部门严格依法征税管费，不断完善征管机制、创新征管手段，财政收支快速增长，较好地保障了经济社会发展需要。2007年，全省地方财政收入达到1 674.48亿元，是2002年的2.74倍，五年翻了一番多；全省地方财政收入占生产总值的比重预计达到6.44%，比2002年提高0.66个百分点；税收占地方财政收入的比重达到78.09%，提高1.67个百分点；全省地方财政支出突破2 000亿元，达到2 262.46亿元，是2002年的2.63倍。2003～2007年累计，全省地方财政收入完成5 646亿元，财政支出完成7 762亿元，年均分别增长22.37%、21.33%，是改革开放以来收支增长最快、增加最多的时期。财政收支规模连年跃上新台阶，五年实现大跨越，表明全省经济运行质量和效益不断提高，税费征管机制日趋完善，组织收入工作取得重要成果。

（二）财税杠杆作用不断增强，

促进经济发展成效突出。近年来，各级始终把支持发展作为第一要务，积极发挥财政政策的杠杆调控作用，取得明显效果。一是财政性资金投入大幅增加。2003～2007年，全省地方预算内生产建设性支出累计完成1 658亿元，比上一个五年增加845亿元，年均增长18.18%；利用中央国债资金74亿元；引进国际金融组织和外国政府贷款5.33亿美元；认真落实国家出台的优惠政策，为企业减免税费近千亿元。同时，积极创新财政扶持方式，建立"财、银、企"联动投入机制，多渠道筹集资金，为经济发展提供了有力保障。二是财税政策调控力度加大。各级牢牢把握科学发展这条主线，注重加强政策引导，着力推进结构调整、节能减排、自主创新，有力地促进了经济发展方式转变。在支持结构调整方面，设立了工业结构调整和服务业发展引导资金，采取贷款贴息、以奖代补方式，大力支持"双百工程"和服务业"三大载体"建设，促进了现代制造业和现代服务业发展。在推进节能减排方面，全面推行国有资源有偿使用制度，不断完善财税政策，奖、补、限、罚多措并举，严格控制高耗能、高污染、资源性产品出口，加快淘汰落后产能，大力支持关键技术研发与推广，初步建立了促进节能减排的财税调控体系。在鼓励自主创新方面，认真实施重大科技专项，积极完善科技风险投资机制，并通过税费减免、成本列支等手段支持企业技术进步，有力地推进了创新型省份建设。三是体制机制进一步完善。启动生态补偿试点，调动了各地加强生态环境保护的积极性。完善石油、石化、电力、有色金属企业的税收分成办法，建立了有利于相关行业"上大压小、调整结构"的体制机制。扎实推进国有企业主辅分离、破产关闭和分离办社会工作，增强了国有企业活力。对欠发达县实行税收增量返还和激励性转移支付办法，促进了县域经济协调发展。上述政策措施，有保有压、有促有控，推动了全省经济又好又快发展。

（三）坚持多予少取放活，财政对"三农"投入显著增加。近年来，各级按照以工促农、统筹城乡的要求，切实加大"三农"投入，不断扩大公共财政覆盖农村的范围。2003～2006年，全省财政用于"三农"方面的投入达1 271.5亿元，占同期财政总支出的20.32%，年均增长18.92%。2007年投入力度进一步加大，仅省财政就安排"三农"支出92.2亿元。随着财政投入的增加，农业和农村面貌出现可喜变化：一是农民负担明显减轻。通过深化农村税费改革，免除了专门面向农民征收的各项税费，与改革前相比，每年为全省农民减轻税费负担105.49亿元，人均减负155.36元，农民种粮真正实现了税收"零负担"。二是对农民的直接补贴大幅增加。2004年以来，我省对农民先后实施了粮食、良种、农机和生产资料综合补贴政策，四年累计发放补贴资金73.4亿元，其中仅粮食和农资综合补贴，2007年就达27.83亿元，平均每亩44.5元。三是现代农业建设步伐加快。省财政累计投入134.14亿元，大力支持农业基础设施建设、农业综合开发、农技推广、森林绿化和农业产业化、标准化生产，启动农业政策性保险试点，有力地改善了农业生产条件，提高了农业综合生产能力。四是农村生活条件得到较大改善。各级筹集资金37.54亿元，大力实施村村通自来水工程，全省农村通自来水率达到82.1%。采取"民办公助"等方式推广户用沼气，去年底全省农村户用沼气设施达到100多万个。大力推进文化信息资源共享、农村电影放映、广播电视村村通和村村通柏油路工程，基层文化和交通设施不断完善。随着各项支农惠农政策的落实，政府与农民的分配关系实现由"取"到"予"的根本性转变，社会主义新农村建设取得重要成果。

（四）民生支出保障较好，人民群众得到更多实惠。近年来，各级坚持以人为本，高度重视民生问题，优先安排民生支出，积极促进社会重点事业发展。2003～2007年，全省教育、卫生、社保及就业支出，分别达到1 378亿元、312亿元、840亿元，年均增长22.71%、24.24%和22.54%，较好地保障了重点社会事业发展和民生政策落实。一是教育优先发展战略得到全面落实。全省城乡义务教育经费保障机制改革全面推开，980万名中小学生享受到免费义务教育。农村中小学校舍维修改造和课桌凳更新工程取得显著成果，累计维修改造校舍860万平方米，更新课桌凳336万套。高校经费投入大幅增加。职业教育经费保障长效机制基本建立。覆盖普通高校、高等职业学校和普通高中的困难学生资助政策体系日趋完善，2007年各级安排10.28亿元资金，解决了127万学生的"上学难"问题。二是城乡医疗卫生服务体系不断健全。在积极防治"非典"和禽流感的基础上，各级财政累计投入资金6亿元改造1 487所乡镇卫生院，落实2.3亿元资金支持城市社区卫生服务体系建设，城乡医疗卫生条件明显改善。新型农村合作医疗制度全面建立，政府补助标准逐步提高，参合农民达到6 001.1万人。城镇居民基本医疗保险试点顺利启动，103万城镇未成年人和非从业居民被纳入医疗保险体系。三是社会保障和就业服务体系建设加快。企业养老保险扩面征缴和做实个人账户工作扎实推进，全省参保人数超过940万。农村居民最低生活保障制度全面建立，受益对象166.36万人。农村部分计划生育家庭奖励扶助政策全面实施。各级积极落实税费减免、小额贷款担保、财政补贴等扶持政策，大力支持“技能扶贫”、农村劳动力转移培训和“金蓝领”工程，初步建立起统筹城乡的就业服务体系。四是国家收入分配政策得到较好落实。通过改革机关事业单位工资制度，规范公务员津贴补贴，完善企业最低工资标准和工资指导线制度，提高企业离退休职工待遇和优抚对象抚恤补助标准，广大人民群众更多地享受到了改革发展的成果。同时，通过落实个人所得税抵扣和征管政策，有效调节了社会收入差距。五是社会救助工作取得新成果。2004 年以来，各级不断完善经济适用房和廉租房制度，增加房源供给，累计解决了 16 万户城市居民的住房困难问题。逐步提高城市低保标准，及时发放物价、油价补贴，保障了低收入群体的基本生活。同时，大幅度增加“平安山东”建设方面的投入，积极支持政法部门提高执法能力、维护社会稳定。一系列民生政策的实施，彰显了党和政府以人为本、关注民生的执政理念，强化了财政的公共服务职能，促进了社会和谐。

（五）转移支付力度明显加大，基层财政建设取得重要成果。近年来，省市两级高度重视县乡财政建设，在认真落实促强扶弱“双 30 工程”，大力支持县域经济发展的同时，不断加大转移支付力度。2003～2007 年，省财政累计对下转移支付 551.01 亿元，年均增长 42.77%。特别是 2005 年以来，省财政结合中央支持，筹集资金 86 亿元，连续三年实施“五奖一补”政策，建立了缓解县乡财政困难的激励约束机制，调动了各地加快发展、增收节支的积极性。2007 年，全省县乡财政收入达到 1 011.28 亿元，比 2002 年增加 735.91 亿元，年均增长 25.12%，高于全省地方财政收入平均增幅 2.75 个百分点；县乡财政收入占全省地方财政收入的比重达到 60.39%，比 2002 年提高 6.34 个百分点；全省 99% 的县（市、区）成为亿元县，其中过 10 亿元的有 37 个。省级重点扶持的 51 个财政困难县，2005～2007 年企业所得税、个人所得税、增值税、营业税“四税”年均增长 36.53%，高于全省平均水平 7.34 个百分点；县均享受转移支付由 2004 年的 8 301 万元增加到 2.16 亿元，增加 1.33 亿元；人均财力由 2004 年的 1.46 万元提高到 3.07 万元，县乡财政保工资、保政权运转、保重点事业发展的能力明显增强。

（六）财税改革不断深化，财政管理水平逐步提高。一是省以下财政体制不断完善。我省先后实行了营业税、企业所得税、个人所得税分享改革，完善了出口退税分担机制，降低了上缴市的体制上缴递增比例，建立了保障性、激励性转移支付制度，规范了石油、石化、电力、有色金属企业的税收分成办法，基本建立起了利益共享、风险共担的财力分配格局。二是预算管理改革逐步深化。部门预算改革全面铺开，通过完善支出定额体系，建立财政供养人员信息库、部门预算基础信息库和项目库，预算编制的规范化、精细化水平不断提高。收支两条线改革稳步推进，全省行政事业性收费和政府性基金征收全部实现“票款分离”。省级 585 家预算单位实施国库集中支付改革，市县改革也基本到位，预算执行的效率和透明度明显提高。政府采购日趋规范，规模不断扩大，2007 年全省政府采购额达到 290 亿元，是 2002 年的 4.35 倍。会计管理、行政事业资产管理、政府债务管理机制日趋完善，工作力度逐年加大。三是各项财政管理制度不断健全。各级在严格执行国家财经法规的基础上，按照“先建制度、后分资金”的原则，不断完善资金管理制度和内控机制，切实加强财政监督和投资评审，基本建立起涵盖财政收支各环节的制度体系和监督机制，财政收支管理的科学化、规范化水平明显提高。

我们也清醒地看到，当前财政管理也存在一些薄弱环节，财政运行还面临一些矛盾和问题。突出表现在：经济结构和财源结构不尽合理，财政收入“两个比重”与全国平均水平仍有差距；人均财政支出水平依然偏低，对民生和社会事业发展的投入需进一步加大；地区间财力分布很不均衡，一些地方债务负担较重，县乡财政收支矛盾突出；财经秩序还不够规范，各种形式的偷逃税时有发生，部分企业会计信息质量不高，花钱大手大脚、铺张浪费现象在个别地方和单位仍然存在。对于这些问题，我们要高度重视，采取有力措施加以解决。

二、2008 年财政预算安排意见

根据中央经济工作会议和省委九届三次会议精神，2008 年全省预算安排的总体要求是：深入贯彻党的十七大和省九次党代会精神，以邓小平理论和“三个代表”重要思想为指导，全面落实科学发展观，进一步调整支出结构，加大“三农”、教科文卫、社会保障等重点投入，切实保障和改善民生；支持节能减排、自主创新和产业结构调整，加快推进经济发展方式转变；落实“一体两翼”和海洋经济发展战略，促进城乡和区域统筹发展；狠抓增收节支，不断提高理财水平，促进全省经济社会又好又快发展。

按照上述总体要求和全省主要经济预期指标，综合考虑今年国家加强宏观调控、实施税制改革、出台新的民生政策等减收增支因素，本着积极稳妥、留有余地的原则，2008 年全省地方财政收入安排 1 925.65 亿元，比上年增长 15%。上述收入，加中央税收返还、转移支付补助及上年结转收入等 938.88 亿元，减上解中央支出及结转下年支出等 330.57 亿元，全省可供安排支出的收入为 2 533.96 亿元。按照收支平衡的原则，全省支出相应安排 2 533.96 亿元，比上年增长 12%。以上全省预算安排是指导性的，各级预算经同级人大批准后，具体情况还会有所变化，我们将及时汇总，报省人大常委会备案。

2008 年省级一般预算收入安排 227.47 亿元，比上年增长 6.5%（其中经常性收入增长 5%），主要是新企业所得税法实施和个人所得税、利息税政策调整对省级收入影响较大，按相同口径计算增长 11.2%。上述收入，扣除按国家规定先征后返的煤炭和文化宣传企业所得税，以及具有专项用途的行政性收费等非税收入 60.93 亿元，加省本级税收返还、中央转移支付及市净上解收入等 244.96 亿元，省级可供安排支出的财力为 411.5 亿元。具体安排上，在严格控制人员经费和日常公用经费的基础上，统筹预算内外资金，优化财政支出结构，重点加大对“三农”、教育、卫生、社保和就业等民生投入，加大自主创新和结构调整投入，加大节能减排和生态建设投入，加大欠发达地区和基层公共服务投入。其中，安排省直行政事业单位人员经费和正常运转经费 72.17 亿元，占 17.54%；安排全省重点项目支出 151.12 亿元，占 36.72%；安排对下转移支付资金 188.21 亿元，占 45.74%。2008 年省级预算支出安排的重点是：

（一）进一步加大农业投入。这方面重点项目支出共安排 18.61 亿元（加上地方水利建设基金等，总计 22.84 亿元），比上年预算增加 7.1 亿元。一是加大水利基础设施投入。安排 5.5 亿元，支持病险水库除险加固；安排 1.44 亿元，推进重点泄洪河道治理；安排 2 亿元，继续支持村村通自来水工程建设。二是大力促进农民增收。安排农业政策性保险补贴及巨灾风险准备金 9 827 万元，农民培训、扶贫开发及农民专业合作组织补助资金 1.55 亿元，动植物病虫害防治、农机购置、农作物良种、家畜良种及优质后备母牛补贴等 2.33 亿元。三是提高农业综合生产能力。安排农业综合开发资金 3.11 亿元，农业产业化龙头企业贴息 1 亿元，渔业资源修复行动计划、平安渔业工程及畜禽养殖示范工程等 1.15 亿元，农业技术推广、农产品质量安全及农业科技成果转化等 1.2 亿元。四是改善农业生态环境。安排农村沼气建设和农作物秸秆综合利用资金 1.2 亿元，“绿化山东”和森林防火体系建设资金 6 800 万元，省级森林生态效益补偿和农业生态综合治理资金 7 000 万元。

（二）进一步加大节能减排和结构调整投入。这方面重点项目支出共安排 29.7 亿元，比上年预算增加 6.66 亿元。一是加大节能环保投入。安排生态与环境治理专项资金 1.7 亿元，节水节能专项资金 1.5 亿元，城市污水及垃圾处理 1.2 亿元，省环境监控中心建设及环保产业研发资金 6 000 万元，产品质量安全和节能产品认证、污染源普查等 2 895 万元。另外，省级排污费支出安排 4 亿元，主要用于重点流域水污染治理、重点电厂脱硫改造等大气污染防治项目。二是积极促进服务业加快发展。安排省级服务业发展引导资金 1.25 亿元，外贸发展基金及招商展览资金 1.3 亿元，供销社改革发展专项资金 3 000 万元，旅游发展及风景区规划资金 7 200 万元。三是大力支持自主创新。安排自主创新成果转化专项资金 1.1 亿元，应用技术和产业技术研发创新资金等 2.68 亿元，信息产业发展及电子政务专项资金 1.05 亿元，国家信息通信国际创新园技术平台建设资金 5 000 万元，自然科学基金和科学技术进步奖 4 990 万元，重点实验室建设、科技富民强县及科普村村通工程等 1.67 亿元，人才智力引进、“泰山学者”等高层次人才队伍建设资金 7 371 万元。四是加大基础设施建设投入。安排基本建设投资、国债配套及国债转贷技改贴息等 7.4 亿元，小城镇规划及西部经济开发区基础设施项目贷款贴息资金 6 000 万元。五是支持企业改革发展。安排关闭“五小”企业及促进中小企业发展等专项资金 1.5 亿元，支持省属企业分离办社会及安全生产等资金 6 720 万元，粮食风险基金省级配套及粮库维修改造等资金 2.13 亿元，基础测绘和地质勘查资金 4 000 万元。

（三）进一步加大教育特别是义务教育投入。这方面重点项目支出共安排 61.08 亿元，比上年预算增加 14.94 亿元。其中：安排 8.03 亿元，推进农村义务教育经费保障机制改革，对农村义务教育阶段学生免杂费并免费提供教科书，进一步提高农村中小学的生均公用经费补助标准；安排 8 169 万元，免除城市义务教育阶段学生杂费；安排农村中小学校舍维修改造资金 2.6 亿元，农村中小学“两热一暖”工程及基层教育单位改善办学条件 6 060 万元，落实家庭经济困难学生资助政策 8.21 亿元，高校“三重点”、骨干学科建设及省属教育事业发展经费等 41.85 亿元，部属院校共建资金等 4 500 万元。另外，安排地方教育附加支出 2.4 亿元，主要用于农村中小学仪器设备更新、特教学校设备购置配套等。

（四）进一步加大医疗卫生事业投入。这方面重点项目支出共安排 17.67 亿元，比上年预算增加 6.31 亿元。其中：安排 9.92 亿元，进一步提高新型农村合作医疗省级财政补助标准；安排 7 835 万元，启动实施村卫生室改造工程；安排 1.55 亿元，扩大城镇居民基本医疗保险试点范围；安排城市社区公共卫生服务体系建设资金 7 664 万元，医疗卫生单位重点学科、重点实验室及临床研究等经费

3.09亿元，疾病预防、计划免疫及残疾人康复等6 161万元，食品药品监督执法能力建设及药品抽检经费等9 500万元。

（五）进一步加大文化体育和计划生育投入。这方面重点项目支出共安排4.53亿元，比上年预算增加1.39亿元。其中：安排4 800万元，实施农村电影放映工程；安排3 480万元，实施文化信息资源共享、农家书屋建设及广播电视村村通等公共文化服务工程；安排备战、筹备全运会及农民健身工程资金等8 880万元，文化产业发展专项资金5 000万元，省直文体单位设施改造、网络文化建设及基层文化、文物补助等1.18亿元。安排计划生育事业发展经费9 841万元，在全面实施农村部分计划生育家庭奖励扶助制度的基础上，对独生子女伤残死亡家庭给予重点帮扶。

（六）进一步加大社会保障和就业服务投入。这方面重点项目支出共安排9.06亿元，比上年预算增加4.74亿元。其中：安排农村低保补助资金2.49亿元，省属低保对象生活保障及社会救助资金等2.05亿元，提高优抚对象补助标准及建立优抚对象医疗保障制度经费1.12亿元，救灾资金1 500万元；安排再就业资金及公共就业服务体系建设等资金1.81亿元，技能扶贫、“金蓝领”工程资金5 000万元，做实企业职工基本养老保险个人账户奖励、就业管理及维权等经费9 400万元。

（七）进一步增加对基层财政的转移支付。结合中央财政支持，安排转移支付188.21亿元，比上年预算增加27.36亿元。其中：一般性转移支付12.21亿元，主要用于对欠发达地区的财力性补助；农村税费改革转移支付67.97亿元，主要用于弥补税费改革后基层经费缺口；缓解县乡财政困难“奖补”资金44.64亿元，主要用于激励财政困难县加快发展及建立廉租住房保障制度等；革命老区转移支付1.32亿元，主要用于支持国家确定的革命老区贫困县社会事业发展；工资性转移支付39.98亿元，主要用于落实中央收入分配改革政策；城乡义务教育转移支付22.09亿元，主要用于基层义务教育经费补助，推进城乡义务教育经费保障机制改革。另外，安排基层政权建设专项补助2.93亿元，用于贫困地区中央政法专款省级配套、基层法院办案省级补助、政法干警换装和社会综合治理，扎实推进“平安山东”建设。

安排预备费4.6亿元，主要用于预算执行中出台的政策性增支、自然灾害救助及其他不可预见的特殊开支。

按照以上收支安排意见，省级预算收支平衡情况是：2008年省级收入227.47亿元，加中央税收返还、转移支付补助、市上解收入及上年结转收入等737.56亿元，收入共计965.03亿元；省级当年财力安排支出411.5亿元，加上用中央专款、上年结转收入及非税收入安排的支出等553.53亿元，支出共计965.03亿元。收支相抵，预算安排是平衡的。在上述支出中，按现行财政体制规定，列省本级的支出为295.28亿元，比上年增长4%。其中：农业支出13.87亿元，增长7.54%；教育支出54.38亿元，增长15.28%；科技支出8.31亿元，同比增长6.21%，均达到法定增长要求。

三、开拓进取、扎实工作，确保圆满完成预算任务

今后五年是我省实现科学发展、和谐发展、率先发展的关键时期，做好财政工作意义重大。我们将全面贯彻党的十七大和省九次党代会精神，深入落实科学发展观，紧紧围绕支持经济社会又好又快发展这个中心，加快推进发展型财政、创新型财政、民生型财政、绩效型财政、阳光型财政建设，着力构建有利于科学发展的财税政策体系，积极促进经济结构调整和发展方式转变；构建稳定可持续增长的地方财政收入体系，不断提高财政收入“两个比重”；构建以人为本的公共财政支出体系，切实保障和改善民生；构建科学合理的收入分配调节体系，逐步推进基本公共服务均等化；构建制度严密的公共财政管理体系，进一步提高财政管理的规范化、科学化、精细化水平。力争通过五年努力，使全省地方财政收入比2007年再翻一番，为实现富民强省新跨越提供有力保障。

为圆满完成今年预算任务，要重点抓好以下几方面工作：

（一）认真实施稳健财政政策，着力促进经济发展方式转变。坚持稳中求进、好字优先，合理把握财政投资性支出规模，积极调控和引导社会资金流向，促进全社会固定资产投资平稳适度增长。加大收入分配调节力度，逐步提高居民收入在社会收入分配中的比重，提高劳动者报酬在初次分配中的比重，增强消费对经济增长的拉动作用。增加“三农”投入，大力支持病险水库除险加固和泄洪河道治理，全面落实粮食、良种、农机和生产资料综合补贴政策，完善产粮大县奖励政策和能繁母猪、后备母牛补贴政策，探索建立农业政策性保险体系，进一步提高农业综合生产能力。坚持把节能减排作为促进科学发展的重要抓手，完善矿产资源有偿使用制度和生态补偿机制，认真落实鼓励节能减排的各项财税政策，淘汰落后生产能力，限制高耗能高污染行业过快增长，确保节能减排取得重要进展。深入实施科教兴鲁和人才强省战略，加大对重点领域和关键技术研发的投入，推进科技成果转化，增强科技创新对经济社会发展的支撑作用。安排使用好服务业发展引导资金，努力培

育新的服务业增长点。调整外经贸财政鼓励政策，大力促进外贸增长方式转变。

（二）依法加强税费征管，切实抓好增收节支工作。大力推进社会综合治税，全面落实税收征管责任制，不断完善税源控管体系。规范税收减免审批制度，清理税收优惠政策，严肃税收征管纪律，严厉打击偷税逃税，禁止随意减税、缓税，切实提高依法治税水平。高度重视财政收入质量，不断优化财政收入结构，提高地方财政收入占生产总值的比重和税收占地方财政收入的比重。深入推进非税收入收缴改革，突出抓好国有资源和土地收入，规范非税收入管理。牢固树立过紧日子的思想，精打细算、厉行节约、勤俭理财，从严从紧控制一般性支出。严肃财经纪律，严格控制楼堂馆所建设，坚决反对铺张浪费、大手大脚花钱，努力降低行政成本，集中财力保重点办大事。

（三）积极落实各项惠民政策，努力促进社会安定和谐。强化理财为民意识，始终把民生放在财政保障的首位，支持实施一系列新的民生政策，使公共服务向农村延伸、向基层延伸、向困难群体延伸，让发展成果更多地惠及人民群众。一是实施“家电下乡”工程，财政对农民购买彩电、冰箱、手机三类产品给予补贴。二是全面实行农村中小学免费提供教科书政策，并将农村中、小学的生均公用经费定额分别提高105元和55元，将家庭经济困难寄宿生生活补助费，由每生300元提高到小学生500元、初中生750元。三是基本完成乡镇卫生院改造“1127工程”，启动实施村卫生室改造和村医培训工程。四是完善新型农村合作医疗制度，政府对参合农民的补助标准由每人每年40元提高到80元，两年落实到位。五是加快建立城镇居民基本医疗保险制度，试点市由6个扩大到12个。六是完善城乡低保制度，农村低保标准由800元提高到900元。七是实施大学生就业促进工程，推进“三支一扶”、“一村一名大学生”工作，并对特困家庭大学生发放求职补贴。八是积极筹措廉租住房保障资金，着力解决城市低收入家庭住房困难。九是加大对农村公益文化设施的投入力度，支持搞好省博物馆新馆、省档案馆新馆、十一运会体育场馆建设，支持博物馆、纪念馆等公益性文化设施逐步免费开放。十是增加防灾救灾、社会治安、产品质量和食品药品安全投入，保障群众生命财产安全。

（四）认真落实“一体两翼”和海洋经济发展战略，促进区域财政经济协调发展。按照全省主体功能区规划，研究完善促进区域经济发展的财政政策，引导生产要素跨区域合理流动，促进“一体”地区提高发展水平，鼓励“两翼”地区加快发展，形成地区之间协调互动发展格局。围绕推进基本公共服务均等化，完善公共财政体系，健全财力与事权相匹配的地方财政体制，加快形成规范、科学的转移支付制度，加大对欠发达地区的转移支付力度，着力缩小地区间基本公共服务差距。继续实施“双30工程”，完善对财政困难县的“奖补”政策，探索建立县级最低财力保障机制、市以下财力差异调节机制和重点支出保障机制，强化市级在均衡县级财力差异方面的责任。完善财政困难县“省市共管”体制，努力提高县乡财政管理水平，激发欠发达县自我发展的动力和活力。深化农村综合改革，积极开展化解农村义务教育债务试点，逐步减轻县乡发展压力。落实和完善支持海洋经济发展的财税政策，加快推进海洋经济强省建设。

（五）深入推进财政改革，进一步提高依法理财水平。全面落实新的企业所得税法，确保企业所得税改革顺利实施。做好增值税、资源税、个人所得税、燃油税等改革的准备工作。继续深化部门预算、国库集中支付、政府采购和收支两条线改革，进一步细化预算编制，提高预算执行水平。强化财政监督检查，健全资金管理制度和绩效考评办法，确保财政资金合理分配、安全运行、高效使用。建立国有资本经营预算制度，加强国有资本收益管理，推进国有经济布局战略性调整。建立行政事业单位国有资产动态监管系统，构建预算管理与资产管理紧密结合的新机制。加快金财、金税工程建设，运用信息化手段提高精细化管理水平。强化依法理财意识，自觉接受人大与社会监督，努力建设阳光财政、法治财政。

各位代表，在新的一年里，我们将认真落实本次大会决议，按照为民、务实、清廉的要求，切实加强廉政勤政和工作作风建设，振奋精神，扎实工作，确保圆满完成全年预算任务，为促进全省经济社会又好又快发展做出新贡献。

山东省第十一届人民代表大会第一次会议计划预算审查委员会关于山东省2007年预算执行情况和2008年预算草案的审查报告

2008年1月23日山东省第十一届人民代表大会第一次会议主席团第三次会议通过

山东省十一届人大第一次会议计划预算审查委员会主任委员　黄可华

省十一届人民代表大会第一次会议主席团：

山东省第十一届人民代表大会第一次会议书面印发了省财政厅受省人民政府委托提交的《关于山东省2007年预算执行情况和2008年预算草案的报告》及2008年预算草案，各代表团对预算草案和报告进行了认真审议。计划预算审查委员会根据代表们提出的意见，对预算草案及其报告进行了审查。现将审查结果报告如下：

一、关于2007年预算执行情况

根据财政报告提供的数据，2007年全省地方财政收入1 674.48亿元，完成预算的106.26%，比上年增长23.46%；全省当年财政支出2 262.46亿元，完成预算的107.79%，比上年增长23.40%。当年地方收入，加中央税收返还和各项补助及上年结转等919.15亿元，收入共计2 593.63亿元。当年财政支出，加上解中央支出及结转下年支出等326.24亿元，支出共计2 588.70亿元。全省收支相抵，累计净结余4.93亿元。2007年省级财政收入213.58亿元，完成预算的101.04%，增长13.08%；财政支出283.92亿元，完成预算的104.89%，同口径比上年增长10.98%。当年省级收入，加中央税收返还和各项补助、市净上解收入及上年结转等746.52亿元，收入共计960.10亿元。当年省级支出，加上解中央支出、补助市县支出及结转下年支出等676.03亿元，支出共计959.95亿元。省级收支相抵，累计净结余1 520万元。全省及省级预算执行都做到了收支平衡，略有节余，圆满完成了省十届人大五次会议批准的预算任务。

计划预算审查委员会认为，五年来，我省各级政府以科学发展观为统领，认真落实中央方针政策及省委决策部署，坚持改革创新、开拓进取，经济社会稳定协调发展，财政收入连年跃上新的台阶，财政管理水平明显提高，财政工作取得很大成绩。特别是刚刚过去的2007年，各级认真学习贯彻党的十七大和省九次党代会精神，在促进经济又好又快发展的基础上，不断强化收入征管措施，财政收入保持了平稳较快增长；着力优化支出结构，努力增加对农业、教育、卫生、文化、社会保障和环境保护等方面的投入，各项民生政策得到较好落实；财政转移支付规模大幅度增加，县乡财政困难状况明显缓解；预算管理体制改革稳步推进，财政资金使用效益进一步提高。2007年全省及省级预算执行总的情况是好的，有力地促进了全省经济社会发展。

财政运行面临的主要矛盾和问题是：经济结构和财源结构尚不够合理，制约着财政收入的进一步增加；人均财政支出水平较低，地区间财力差距较大，社会事业保障能力和公共服务水平有待进一步提高；违反财经纪律的现象时有发生，财政监督管理有待继续加强等。各级政府要高度重视这些问题，采取积极有效措施，认真加以解决。

二、关于2008年预算安排

2008年的预算安排是：全省地方财政收入安排1 925.65亿元，比上年增长15%，加中央税收返还、转移支付补助及上年结转收入等938.88亿元，减上解中央支出及结转下年支出等330.57亿元，全省可供安排支出的收入为2 533.96亿元；当年支出相应安排2 533.96亿元，比上年增长12%。省级预算收入安排227.47亿元，比上年增长6.5%，加中央税收返还、转移支付补助、市上解收入及上年结转收入等737.56亿元，收入共计965.03亿元；省级当年财力安排支出411.5亿元，加上用中央专款、上年结转收入及非税收入安排的支出等553.53亿元，支出共计965.03亿元。上述安排，全省和省级预算都是平衡的。

计划预算审查委员会认为，2008年预算草案安排体现了党的十七大和省九次党代会精神，符合有关法律法规的规定。按照积极稳妥、收支平衡、统筹兼顾、确保重点和实施稳健财政政策的要求，预算安排的民生特点更加突出，区域调节力度进一步加大，自主创新、结构调整、节能减排等方面的投入明显增加，政治、经济、文化和社会建设都得到了较好体现。对经济发展和收入增长进行预测时，考虑到了可能出现的不确定因素，预算指标符合我省实际，报告提出的保证预算任务完成的措施也是积极可行的。计划预算审查委员会建议代表大会批准山东省2008年省级预算，同意省财政厅受省人民政府委托向大会提交的《关于山东省2007年预算执行情况和2008年预算草案的报告》。

三、对今后工作的意见和建议

为做好今年的财政工作，全面完成预算任务，计划预算审查委员会根据代表们的审议意见，提出以下建议：

（一）认真落实稳健财政政策，推动经济又好又快发展。要认真贯彻科学发展观，落实稳健的财政政策，充分发挥财税杠杆调控作用，着力推进经济结构调整，大力支持自主创新、节能减排和发展方式转变。要按照“一体两翼”和海洋经济发展战略部署，进一步完善促进区域经济协调发展的财税政策，引导生产要素跨区域合理流动，形成地区之间协调发展的局面。要大力支持农业基础设施建设，提高农业综合生产能力和防灾抗灾能力，增加重要农产品供给，维护市场物价稳定，促进全省经济又好又快发展。

（二）依法加强收入征管，促进财政收入稳定较快增长。要严格依法征税，完善税源控管体系，清理规范优惠政策，坚决制止和纠正擅自出台减免税政策，既不能有税不收，也不能收过头税。严肃财经纪律，严厉打击各种偷税逃税行为。加强非税收入管理，规范非税收入项目，切实做到依法管费、应收尽收，把经济发展的成果体现到财政收入上来。要加强收入质量考核，不断优化收入结构，提高地方财政收入占生产总值的比重和税收占地方财政收入的比重。

（三）优化财政支出结构，着力推进以改善民生为重点的社会建设。要牢固树立过紧日子的思想，大力压减一般性开支，集中财力保重点办大事，使财力分配进一步向社会事业发展的薄弱环节倾斜。要进一步调整优化财政支出结构，不断增加对社会保障、医疗卫生、教育等方面的投入，重点提高农村和欠发达地区的公共服务水平。要强化民生意识，从人民群众最关心、最直接、最现实的利益问题入手，切实增加改善民生方面的投入，逐步提高民生支出占财政总支出的比重，全面落实好国家和省出台的各项民生政策，努力促进社会和谐。

（四）深化财政改革，不断提高财政财务管理水平。要认真落实新的企业所得税法，确保企业所得税改革顺利实施。要按照全省主体功能区规划，进一步完善财政转移支付制度，加大对欠发达地区的转移支付力度，着力促进基本公共服务均等化。进一步深化部门预算、国库集中支付、收支两条线改革，建立编制科学、执行严格、监督有力、绩效考评各环节有机衔接的预算管理机制。加强政府集中采购工作，依法强化对政府集中采购预算编制和采购过程的监督管理。加强财政监督，建立健全覆盖财政收支全过程的监督体系，努力提高依法理财水平。

以上报告，请予审议。

山东省第十一届人民代表大会第一次会议关于山东省2007年预算执行情况和2008年预算的决议

2008年1月27日山东省第十一届人民代表大会第一次会议通过

山东省第十一届人民代表大会第一次会议审查了省人民政府提出的《关于山东省2007年预算执行情况和2008年预算草案的报告》及山东省2008年全省和省级预算草案。会议同意省第十一届人民代表大会第一次会议计划预算审查委员会的审查报告，决定批准《关于山东省2007年预算执行情况和2008年预算草案的报告》，批准2008年山东省省级预算。

关于山东省2007年财政决算和2008年上半年预算执行情况的报告

2008年7月29日在山东省第十一届人民代表大会常务委员会第五次会议上

山东省财政厅厅长　尹慧敏

各位主任、秘书长，各位委员：

受省政府委托，我向省人大常委会报告山东省2007年财政决算和2008年上半年预算执行情况，请予审议。

一、2007年财政决算情况

省十一届人大一次会议审查批准了《关于山东省2007年预算执行情况和2008年预算草案的报告》。现在，经过逐级编审，山东省2007年财政决算已汇编完成。根据《预算法》、《监督法》以及《山东省省级预算审查监督条例》规定，现将决算情况报告如下：

（一）一般预算收支决算情况

汇总省级和各市决算，2007年，全省一般预算收入1 675.40亿元，完成预算的106.32%，比上年增长23.53%（扣除一次性增收因素，经常性收入增长17.90%）。全省一般预算支出2 261.85亿元，完成预算的107.76%，比上年增长23.37%。当年一般预算收入，加中央税收返还和转移支付补助及上年结转收入等941.05亿元，收入共计2 616.45亿元。当年一般预算支出，加上解中央支出及结转下年支出等349.87亿元，支出共计2 611.72亿元。全省收支相抵，累计净结余4.73亿元。

2007年，省级一般预算收入213.87亿元，完成预算的101.17%，比上年增长13.23%（经常性收入增长7.60%）。其中，增值税43.40亿元，完成预算的96.88%；营业税54.14亿元，完成预算的102.63%；企业所得税37.85亿元，完成预算的111.18%；个人所得税16.87亿元，完成预算的100.40%；各项非税收入55.04亿元，完成预算的97.31%。去年省级超收财力为4亿元，执行中主要用于落实省委、省政府确定的重点项目。具体包括：省会城市防洪体系建设1亿元，省博物馆新馆建设1亿元，优质后备母牛饲养补贴2 893万元，马颊河干流重点治理工程2 000万元，支持供销社改革发展2 000万元，全省防震减灾“十一五”规划项目1 300万元，增加国债项目配套2 500万元，奥运安保专项经费2 860万元，金盾工程二期建设2 000万元，海警部队新型巡逻艇购置2 600万元，解决省属国有企业拖欠工资1 000万元，支持驻鲁部队建设800万元。按照《山东省省级预算审查监督条例》规定，去年底我们已将上述资金的安排使用情况，专门向省人大财经委作了报告。

2007年，省级一般预算支出283.92亿元，完成预算的104.89%，相同口径比上年增长10.98%。分项目看，农业支出12.90亿元，完成预算的126.16%，同比增长28.89%；教育支出47.17亿元，完成预算的107.74%，同比增长22.01%；科技支出8.03亿元，完成预算的110.83%，同比增长16.54%。以上三项支出，均达到法定增长要求。一般公共服务支出71.43亿元，完成预算的105.75%；公共安全支出25.24亿元，完成预算的108.54%；文化体育与传媒支出11.44亿元，完成预算的91.89%；社会保障和就业支出33.69亿元，完成预算的110.79%；医疗卫生支出8.45亿元，完成预算的102.33%；环境保护支出2.11亿元，完成预算的99.14%；工业交通商业金融等事务支出58.17亿元，完成预算的115.73%。预备费4亿元，全部用于农业、卫生、社保、公共安全以及突发应急事件等方面，这些支出已体现在上述相关具体科目之中。

2007年省级收支平衡情况是：省级一般预算收入213.87亿元，加中央税收返还和转移支付补助、市净上解收入及上年结转收入等765.95亿元，收入共计979.82亿元。当年省级一般预算支出283.92亿元，加上解中央支出、补助市县支出及结转下年支出等695.75亿元，支出共计979.67亿元。省级收支相抵，累计净结余1 520万元。

（二）基金预算收支决算情况

2007年，全省基金预算收入

691.20亿元，比上年增长130.46%；基金预算支出617.27亿元，增长115.80%。去年全省基金收支增幅较高，主要是根据国家规定，将国有土地出让收入全额纳入基金预算管理，收支规模相应扩大。当年基金预算收入，加上年结余、中央补助及调入资金等156.54亿元，收入共计847.74亿元。当年基金预算支出，加调出资金2.14亿元，支出共计619.41亿元。全省基金收支相抵，年终滚存结余228.33亿元。这些资金按规定以收定支，跨年度安排使用。

2007年，省级基金预算收入107.23亿元，比上年增长15.61%；基金预算支出96.04亿元，增长42.15%。当年省级基金预算收入，加上年结余、中央补助及各市上解收入等69.16亿元，收入共计176.39亿元。当年基金预算支出，加补助各市支出40.16亿元，支出共计136.20亿元。省级基金收支相抵，年终滚存结余40.19亿元。

（三）预算外资金收支决算情况

2007年，全省预算外资金收入390.04亿元，相同口径比上年增长16.34%，预算外资金支出373.86亿元，增长7.22%。当年预算外资金收入，加上年结余等89.22亿元，收入共计479.26亿元。当年预算外资金支出，加上解中央支出等20.69亿元，支出共计394.55亿元。全省预算外资金收支相抵，年终滚存结余84.71亿元。

2007年，省级预算外资金收入164.67亿元，相同口径比上年增长11.30%；预算外资金支出166.31亿元，增长1.41%。当年预算外资金收入，加上年结余等48.39亿元，收入共计213.06亿元。当年预算外资金支出，加上解中央支出等19.75亿元，支出共计186.06亿元。省级预算外资金收支相抵，年终滚存结余27亿元。

上述收支决算数字，与年初向省十一届人大一次会议报告的执行数相比略有变化，主要是决算期间，由于资金在途、中央补助变动等原因，部分收支数字发生了增减变化。

各位委员，在过去的一年里，各级严格依法治税管费，狠抓增收节支，均超额完成了预算任务，全省财政运行总体是好的。一是财政收入结构不断优化，保障能力进一步增强。在经济又好又快发展的基础上，2007年我省财政收入结构出现积极变化。当年全省地方财政收入占生产总值的比重达到6.47%，税收收入占地方财政收入的比重达到78.09%，分别比上年提高0.33个、1.72个百分点，在全国分别上升了1个和6个位次。同时，在各方面共同努力下，2007年中央财政对我省的支持力度进一步加大，当年下达我省各类补助资金432.49亿元，比上年增加93.33亿元，其中财力性转移支付220.36亿元，增加66.21亿元；其他专项转移支付212.12亿元，增加27.12亿元。二是民生投入显著增加，重点事业发展得到较好保障。2007年全省用于“三农”方面的财政投入达694.60亿元，增长25.70%；教育支出453.36亿元，增长34.32%；科技支出46.41亿元，增长33.79%；社会保障和就业支出251.78亿元，增长28.42%；医疗卫生支出99.65亿元，增长31.43%；环境保护支出29.17亿元，增长39.71%。通过增加对重点事业和薄弱环节的投入，公共财政覆盖范围不断扩大，初步建立起覆盖城乡的义务教育经费保障体系、家庭经济困难学生资助体系、居民最低生活保障体系和基本医疗保障体系等，有力地促进了社会和谐。三是省转移支付力度加大，县乡财政状况明显改善。2007年我省结合中央财政支持，共安排对下补助资金383.17亿元，比上年增加125.79亿元，其中财力性转移支付204.16亿元，增加60.03亿元；其他专项转移支付179.01亿元，增加65.76亿元，均是历年来增加最多的，有效调动了县乡加快发展、增收节支的积极性。2007年省级重点扶持的51个财政困难县，增值税、营业税、企业所得税、个人所得税“四税”收入比上年增长36.16%，高于全省平均水平11.23个百分点；按财政供养人口计算，人均财力达到3.09万元，比上年提高7 300元，县乡财政保工资、保运转、保重点事业发展的能力明显增强。四是财税改革稳步推进，依法理财水平有了新的提高。2007年省里改革了石油、石化、电力、有色金属企业的税收分享办法，进一步理顺了省市县收入分配体制，消除了制约企业资源优化配置的体制性障碍，促进了经济结构调整和节能减排工作的深入开展。政府收支分类和部门预算改革全面铺开，“收支两条线”改革不断深化，初步建立起涵盖预算编制、执行、监督、评价全过程的部门预算管理制度体系，进一步提高了部门预算编制的科学性和准确性。积极推进国库集中支付改革，努力扩大政府采购规模，扎实开展财政投资评审、监督检查和绩效评价工作，财政管理的科学化、规范化、精细化水平有了新的提高。

在看到成绩的同时，我们也清醒地认识到，财政运行中还存在一些突出矛盾和问题。从决算数据分析看，2007年我省地方财政收入占生产总值的比重和税收占地方财政收入的比重虽比上年有所提高，但仍低于全国平均水平2.98个和3.55个百分点，表明我省的财源结构性矛盾依然突出，经济的税收贡献率有待提高。2007年全省人均地方财政支出为2 415元，低于全国平均水平，说明我省的财政总体保障水平还不够高。同时，由于经济发展不平衡，我省地区间的财力差距比较大，部分县乡财政仍然比较困难。从财政监督情况看，尽管2007

年全省预算执行情况总体较好，财税管理得到全面加强，但受多种因素影响，财政改革进展还不够平衡，财税管理仍有不少薄弱环节。主要表现为：各种形式的偷税、逃税现象屡禁不止，部分预算收入缴库不够及时，项目预算年初到位率较低，执行中支出进度较慢，有的地区和单位勤俭节约意识淡薄，花钱大手大脚，损失浪费以及挤占挪用财政资金现象时有发生，影响了财政资金的分配使用效益等。对于这些矛盾和问题，我们将按照省委、省政府的要求，认真贯彻落实省人大决议，采取有力措施，积极加以解决。

二、2008年上半年预算执行情况

2008年1～6月份，全省地方财政收入1 067.40亿元，完成预算的54.91%，比上年同期增长23.85%；财政支出1 089.53亿元，完成预算的43.67%，增长27.64%。其中，省级财政收入127.88亿元，完成预算的56.22%，增长16.77%；省级财政支出147.46亿元，完成预算的49.94%，增长25.36%。上半年全省预算执行情况良好，主要特点是：

（一）财政收入平稳较快增长，收入结构进一步优化。从收入增幅看，上半年全省地方财政收入增幅比2007年同期提高0.08个百分点，且各月收入增幅均在23%以上，均衡入库情况较好。从收入进度看，上半年收入进度比时间进度快4.91个百分点，比2007年同期提高0.22个百分点。从税收情况看，上半年全省税收收入完成836.72亿元，增长28.97%，高于非税收入增幅20.69个百分点；税收收入占地方财政收入的比重进一步提高，6月底达到78.39%，分别比2007年同期和2007年年底提高3.11个、0.3个百分点。从各市情况看，1～6月份，全省市及市以下收入完成939.51亿元，增长24.88%，高出全省收入增幅1.03个百分点。其中，中西部9市收入平均增长25.72%，东部8市增长24.44%，东西部增长较为协调。从县级情况看，上半年全省县级收入完成669.87亿元，增长25.75%，其中30个强县收入增长25.21%，30个欠发达县收入增长23.40%。财政收入增幅较高、进度较快、结构趋好，集中反映了我省经济发展的良好态势和成效。

（二）支出进度明显加快，重点支出保障较好。上半年，全省财政支出增幅比2007年同期高5.64个百分点，支出进度比2007年同期快3个百分点。其中，农业支出60.52亿元，增长35.71%；教育支出232.16亿元，增长26.18%；科技支出16.89亿元，增长34.30%；社会保障和就业支出107.06亿元，增长26.05%；环保支出14.88亿元，增长122.10%。在2008年的预算执行中，面对不断出现的增支因素，各级积极调整支出结构，严格控制一般性支出，集中财力保重点、办大事，各项重点支出保障较好。特别是为了维护市场物价稳定，有效增加农产品供给，各级加大种粮补贴、良种补贴、农机补贴和农资综合补贴等，上半年这些涉农补贴支出64.15亿元，增长104.56%，进一步调动了农民扩大粮食种植面积、发展农业生产的积极性。同时，及时拨付成品油价格补贴资金32.87亿元、城乡低保对象和在校大学生补助资金11.07亿元，有效缓解了物价上涨对低收入群体的影响。汶川大地震发生后，各级积极响应中央号召，全力支持抗震救灾。截至6月底，各级财政已累计投入资金1.74亿元，为支援灾区抗震救灾做出重要贡献。

（三）财税改革不断深化，财政管理进一步加强。一是企业所得税改革顺利实施。各级按照国家统一部署，妥善处理跨地区企业总、分机构的税收征纳关系，确保了新企业所得税法顺利实施，维护了各方的税收利益。二是预算管理改革进一步深化。省级国有资本经营预算试行工作正式启动，社会保障预算编制范围扩大。综合预算管理力度加大，对预算外资金实行了指标化管理。三是预算执行效率进一步提高。与2007年相比，2008年省级项目预算的年初到位率明显提高，各级预算的批复时间也明显提前。国库集中支付改革进度加快，其中省级国库集中支付改革预算单位已达781家。四是财政监督管理进一步加强。各级财政部门不断加大监督检查力度，并配合国家审计署和省审计厅，扎实开展了一系列审计调查和专项审计活动，摸清了全省财政管理现状和部分专项资金的使用情况，提高了预算执行质量和依法理财水平。努力扩大新会计准则的实施范围，认真组织开展财会人员在岗培训，提高了企业财务会计管理水平，规范了财经秩序。

各位委员，上半年全省预算执行情况良好，但下半年经济运行中的不确定性因素较多，财政收支矛盾仍较突出。一方面，增收难度进一步加大。受信贷政策趋紧、出口退税政策调整、国际油价波动、人民币升值以及物价上涨等因素的影响，全省投资和出口增幅回落，企业用工成本、融资成本和生产成本加速上升，企业效益出现下滑，将相应制约财政收入增长。同时，下半年政策性减收因素将集中显现。实行新的企业所得税政策、降低存款利息所得税税率、提高个人所得税起征点，以及对节能减排、抗震救灾、社会捐助实行税收优惠政策等，都将直接减少部分财政收入。另一方面，支出压力进一步加大。2008年必保支出、刚性支出多，而且年初预算确定后又出现了许多新的增支因素。比如：防治通货膨胀、援建北川、奥运安保、省内防汛、落实新的民生政策、规范基层公务员津补贴制度等，均需增加大量开支；经济结构调整中的企业关停、职工安置、节能减排等，也需要财政承担更多的改革成本。可以预见，下半年预算执行困难较多，全省财政形势不容乐观。对此，我们将积极应对，强化措施，化解矛盾，克服困难，确保圆满完成全年预算任务。

三、下半年财政工作重点和措施

根据当前财政经济形势和省委、省政府工作部署，为确保完成省十一届人大一次会议确定的预算任务，下半年我们将重点抓好以下工作：

（一）认真落实财政调控政策，努力缓解物价上涨压力。一是认真落实各项支农惠民政策。加大对农业的财政投入，大力支持粮、油、肉、奶和其他紧缺农产品生产，切实保障市场供给。二是支持实施价格调控政策。增加用于稳定物价方面的支出，重点做好粮食、棉花、猪肉、化肥等重要物资的收购和储备工作，积极维护市场稳定。全面落实成品油和电力价格调整措施，确保财政补贴资金及时足额兑现。继续整顿收费秩序，落实好收费减免政策，减轻经营者负担。采取措施，多方联动，努力保障煤电油运的正常供应。三是切实保障低收入群众基本生活。密切关注物价上涨对低收入群众生活的影响，研究建立与物价挂钩的城乡居民低保标准正常增长机制，继续扩大社会保险覆盖范围，全面加强经济适用房和廉租房建设，维护群众切身利益，促进社会和谐稳定。

（二）充分发挥财税杠杆作用，大力促进经济发展方式转变。围绕做好“新、特、优”三篇文章，扎实推进结构调整、自主创新和节能减排。坚持把政府支持与市场运作结合起来，发挥财政资金“四两拨千斤”的作用，大力促进先进制造业、现代服务业和高新技术产业发展，进一步促进经济结构优化升级。发挥国有资本经营预算的调控作用，大力支持国有企业改革，引导国有资本向优势产业、优势行业、优势企业集中，进一步优化国有经济布局。加大对重大节能技术、重大节能装备、重大节能示范项目和重点流域生态治理的支持力度，并通过以奖代补的方式引导流域污染治理和污水垃圾处理项目建设，全面落实节能环保政府采购政策，建立促进节能减排的长效机制，进一步促进经济可持续发展。认真落实国家财税优惠政策，构建有利于科学发展的财税制度，为推进经济发展方式转变创造良好的政策环境。

（三）不断完善投入保障机制，切实解决好事关民生的重点问题。以落实省政府年初确定为群众办的“五件实事”为重点，积极筹集资金，集中力量办大事，确保把中央和省出台的民生政策落实到位。在此基础上，进一步研究完善民生政策体系，健全投入保障机制，扩大民生政策覆盖面。一是完善城乡义务教育经费保障机制，加大农村中小学校舍维修改造力度，提高农村中小学公用经费补助标准，启动实施农村中小学“两热一暖一改”工程，努力改善农村办学条件。二是不断深化新型农村合作医疗制度改革，积极推进城镇居民基本医疗保险试点，大力实施村级卫生室改造工程，进一步提升城乡公共卫生服务水平。三是全面贯彻新的就业扶持政策，实施就业与创业能力提升工程，在继续执行“三支一扶”政策的基础上，启动实施“一村（社区）一名大学生”工程，努力扩大社会就业。四是加快病险水库除险加固和重点泄洪河道治理，扩大村村通自来水工程和农村沼气建设工程覆盖面，继续实施“家电下乡”补贴政策，健全农村公共文化服务体系，进一步改善农村生产生活条件，提高农民生活质量。五是积极做好奥运安保资金保障工作，大力支持平安山东、和谐山东建设。

（四）加强资金筹措和管理，积极支持北川灾后重建工作。一方面，建立健全对口援助投入保障机制，多层次、多渠道筹集对口支援资金。广泛开展社会募捐，鼓励社会各界积极为灾区提供人力、物力、财力和智力支援。努力调整财政支出结构，大力压减公用经费，并从今年超收收入中作出专门安排，确保抗震救灾支出需要。另一方面，切实加强对灾后重建款物的监管。根据资金性质，分级分类建立救灾款物筹集、拨付、管理、使用、统计等制度办法，严肃政府采购纪律，做到专户管理、专账核算、账目清楚、规范透明。同时，按照特事特办、急事急办的原则，提高资金拨付效率，确保救灾款物及时、有效地用于受灾地区和群众，保障对口援建工作顺利开展。

（五）狠抓增收节支工作，确保圆满完成全年预算任务。一是完善增收激励机制。强化对财政收入“两个比重”的考核，对财政困难县继续实行营业税、企业所得税增量返还政策，完善缓解县乡财政困难的奖补政策，加大转移支付力度，努力调动县乡发展经济、培植财源的积极性，夯实财政增收的基础。二是严格依法治税管费。不断完善税收征管措施，加强重点税源监控，加大税收稽查力度，防止税收流失。规范非税收入管理，重点加强对土地、海域、矿产等资源性收入和国有资产经营收益的征管，不断挖掘新的财政收入增长点。三是加强财政支出管理。对照审计部门提出的意见和建议，深入查找财政财务管理中的不足，进一步深化部门预算、国库集中支付、政府采购等改革。在全省深入开展全民节约活动，引导各方面牢固树立过紧日子的思想，精打细算、厉行节约，勤俭办一切事业，严格控制出国经费、公车购置和楼堂馆所建设，严禁大手大脚花钱，切实提高财政资金的使用效益。

各位委员，2008年改革发展稳定的任务非常繁重，经济社会发展面临的不确定因素较多，做好2008年的财税工作任务艰巨、意义重大。我们将按照本次会议的决议要求，解放思想，开拓创新，扎实工作，狠抓落实，确保全面完成2008年财政预算任务。

山东省人大财政经济委员会关于山东省2007年省级财政决算的审查报告

2008年7月29日在山东省第十一届人民代表大会常务委员会第五次会议上

山东省人大财政经济委员会主任委员　李书绅

各位副主任、秘书长，各位委员：

依据《监督法》、《预算法》和《山东省省级预算审查监督条例》的规定，省人大财政经济委员会于2008年7月14日分别听取了省财政厅关于山东省2007年财政决算的报告和省审计厅关于2007年度省级预算执行和其他财政收支的审计工作报告。财政经济委员会结合审计工作报告，对决算草案和决算报告进行了初步审查。现将审查结果报告如下：

2007年全省一般预算收入1 675.40亿元，完成预算的106.32%，比上年增长23.53%，加中央税收返还、各项补助及上年结转收入等941.05亿元，收入共计2 616.45亿元；全省一般预算支出2 261.85亿元，完成预算的107.76%，增长23.37%，加上解中央支出及结转下年支出等349.87亿元，支出共计2 611.72亿元。全省财政收支相抵，累计净结余4.73亿元。

省级一般预算收入213.87亿元，完成预算的101.17%，比上年增长13.23%，加中央税收返还和各项补助，市上解收入及上年结转收入等765.95亿元，收入共计979.82亿元；省级一般预算支出283.92亿元，完成预算的104.89%，相同口径比上年增长10.98%，加上解中央支出、补助市县支出及结转下年支出等695.75亿元，支出共计979.67亿元。省级财政收支相抵，累计净结余1 520万元。省级超预算财力4亿元，主要用于济南城市防洪体系建设、省博物馆新馆建设、奥运安保等省委、省政府确定的重点项目支出。省财政厅已将上述资金的具体安排使用情况于今年1月份报告了省人大财政经济委员会。

财政经济委员会认为，2007年省政府及其财税部门在省委的领导下，以科学发展观为指导，充分发挥财政职能作用，积极培植财源，优化收入结构，落实增收措施，财政收入实现稳步增长；调整优化支出结构，强化公共财政职能，“三农”、教育、科技、医疗、社保、环保等重点民生支出得到较好保障；加大对下转移支付力度，采取各种扶持措施，基层财政困难明显好转；深化财政改革，加强财政监督，依法理财水平进一步提高。从总体上看，2007年省级预算执行情况是好的，完成了省十届人大五次会议确定的预算任务。建议本次会议批准省政府提出的《2007年省级财政决算（草案）》。

2007年全省和省级预算执行中存在的主要问题是：财源结构性矛盾比较突出，税收增长基础不够坚实，财政总体保障能力不够强；财税监管存在薄弱环节，偷税、漏税、迟缴税款等现象时有发生；预算编制后项目计划落实较晚，资金到位率不均衡，年底集中拨付资金较多；有些地方和单位花钱大手大脚、损失浪费及挤占挪用财政资金的现象不同程度存在等。

对审计工作报告反映的2007年省级预算执行中查出的问题、提出的改进预算管理意见，省政府要高度重视，责成有关部门严格责任追究，制定有效措施，切实进行整改，并将处理结果和整改情况报告省人大常委会。

为进一步做好财政预算工作，财政经济委员会提出以下建议：

（一）坚持科学发展观，稳固财政持续增收基础。财政作为国家调控宏观经济的重要手段，要通过科学的收支政策，促进经济社会又好又快的发展。一要重视税源建设，着力在培育、引进、涵养税源上下功夫，夯实财政持续增收的基础。二要加大财政对促进经济发展方式转变、产业结构优化升级、科技创新、节能减排以及高增值和高成长行业的支持力度，从源头上保证财政收入质量，实现经济发展和财政增收的良性循环。三要坚持依法征税，加强税收收入和非税收入的征收管理，改进纳税服务手段和方式，提高办税效率，确保财政收入稳定增长。

（二）加大民生投入，增强公共财政保障能力。要坚持以人为本的原则，调整优化国民收入分配和财政支出结构，把更多的财力用在保障和改善民生等社会发展上。继续增加对“三农”的投入，完善和落实各项支农惠农政策，积极促进现代农业建设。认真落实国家义务教育经费和卫生体制改革的经费支出，提高义务教育保障能力和城乡公共卫生服务水平。加大对社会保障、促进就业、环境保护等方面的投入力度，加快社会保障和社会救助体系建设，促进经济社会和谐发展。要按照中央关于支援地震灾区重建的统一部署，采取有力措施，调整支出结构，压缩公用经费，集中部分财力，支持灾区重建工作。同时，要加强对这方面资金的监管，提高资金的使用效率。

（三）积极推进财政改革，加强制度建设。要进一步完善预算管理体制，深化部门预算、国库集中收付和政府采购制度改革。研究改进预算测算方法和预算编制，提高预算编制的科学性、准确性和完整性。加快完善项目库建设，做好预算编制与计划项目的衔接工作，切实提高固定资产投资等项目的年初预算到位率。建立完善财政支出绩效评价机制，加强绩效审计，推进绩效预算，确保财政资金合理分配和有效使用。建立健全社会保险基金管理制度，保证社保基金的安全完整、保值增值。

（四）依法加强财政监督，强化预算执行的严肃性。要依法加强对预算编制、预算执行的监督，增强预算的严肃性。完善财务监管制度，加强财政资金运行实时监控，提高会计信息质量。充分发挥审计部门的监督作用，对预算执行审计查出的突出问题，要追根溯源，认真分析研究，制定有效措施，完善相关制度，从体制、制度和机制上切实加以解决。牢固树立艰苦奋斗、勤俭节约的思想，严格控制行政开支，降低行政成本，创建节约型政府。

以上报告，请予审议。

山东省人民代表大会常务委员会关于批准山东省2007年省级财政决算的决议

2008年8月1日山东省第十一届人民代表大会常务委员会第五次会议通过

山东省第十一届人民代表大会常务委员会第五次会议听取了省财政厅厅长尹慧敏受省人民政府委托所作的《关于山东省2007年财政决算和2008年上半年预算执行情况的报告》和省审计厅厅长左敏受省人民政府委托所作的《关于山东省2007年度省级预算执行和其他财政收支的审计工作报告》。会议结合审议审计工作报告，对山东省省级2007年财政决算（草案）和财政决算的报告进行了审查，同意山东省人民代表大会财政经济委员会提出的《关于山东省2007年省级财政决算的审查报告》，认为2007年省级预算执行情况是好的，完成了山东省十届人民代表大会第五次会议确定的预算任务，决定批准山东省2007年省级财政决算。

姜大明同志在全省财税工作电视会议上的讲话

（2008年10月24日）

同志们：

这次全省财税工作电视会议，是在全省上下认真学习贯彻党的十七届三中全会精神、扎实开展深入学习实践科学发展观活动的新形势下召开的。会议的主要任务是，以科学发展观为指导，深入分析当前财政经济形势，研究保持经济平稳较快增长的工作措施，部署第四季度的增收节支工作。下面，我讲四个问题。

一、科学把握当前财政经济形势，增强做好工作的信心和决心

2008年以来，面对复杂多变的国际国内经济形势，各级认真落实科学发展观，按照省委、省政府关于建设经济文化强省的战略部署和“稳增长、控物价、调结构、增效益、促民生、保稳定”的工作要求，一手抓抗震救灾、一手抓经济社会发展，全省经济保持了平稳较快发展的态势。

1~9月份，全省实现生产总值22 506.94亿元，增长13.1%；规模以上工业增加值完成11 856.92亿元，同比增长14.6%；规模以上固定资产投资完成11 798.4亿元，增长22.1%；实现社会消费品零售总额7 515.3亿元，增长23.6%；实现进出口总值1 206.9亿美元，增长37.2%；实际到账外资金额59.2亿美元，增长31.2%。在经济发展的基础上，各项财税指标也完成得比较好。前9个月，全省地方财政收入完成1 505.13亿元，增长21.69%。其中，税收收入1 186.91亿元，增长25.94%；非税收入318.22亿元，增长8.07%。财政收入结构进一步优化，税收占地方财政收入的比重达到78.86%，比2007年同期提高2.67个百分点。全省财政支出完成1 690.45亿元，同比增长26.94%，农业、教育、科技、卫生、社会保障等重点支出得到较好保障，一些关系群众切身利益的事情得到较好解决。

财政收支持续较快增长，集中反映了我省经济发展的成果，也体现了财税部门依法治税、强化管理的工作成效。2008年以来，各级财政部门积极推进改革，严格财政管理，狠抓增收节支，为保证民生政策落实、促进经济发展做了大量工作。国税部门从全省发展大局出发，深入开展宏观税负分析和纳税评估，切实加强科技治税，税收征管力度不断加大。地税部门切实强化税源控管，大力推进社会综合治税，认真落实税收征管责任制，税收征管取得明显成效。1~9月份，全省国税、地税系统组织收入分别完成2 129.83亿元、912.57亿元，其中地方收入为383.01亿元、734.68亿元，比2007年同期分别增长25.33%、25.60%，均保持了平稳较快增长。在减收增支因素增多的情况下，能够取得这样的成绩，是非常不容易的，各级各有关部门为此付出了艰苦的努力。

当前，全省经济运行情况总体上是好的，但从第三季度开始，出现了许多新情况、新问题，必须引起我们高度重视。要清醒地看到，当前世界经济增长放缓，外部需求减弱，特别是美国金融危机加剧，国际金融市场持续动荡，并向实体经济快速蔓延，不确定因素不断增多，世界经济形势有可能进一步恶化。从国内情况看，尽管金融业运行基本稳健，经济发展的基本态势没有改变，但能源资源紧张的矛盾比较突出，物价水平居高不下，房地产市场和资本市场低迷，一些行业增长速度明显回落，宏观经济增速趋缓。受国内外经济大环境的影响，前三季度，我省规模以上工业增加值增速同比回落6.6个百分点，且回落速度呈不断加快态势。新开工项目减少，投资增速也有所回落。尤其是受原材料价格上涨、人民币升值、银根收紧、企业用工成本提高、出口退税率下调等因素影响，2008年企业成本上涨较大，流动资金紧张，部分行业和中小企业经营困难、亏损严重。1~8月份，我省规模以上工业企业实现利润增幅下滑，亏损企业亏损额211亿元，增长303.8%。其中，受投资增速放缓、房地产市场低迷、社会总需求减弱的影响，钢铁、水泥、建材等价格快速回落，产品销售困难、库存增加；由于价格倒挂因素，发电行业和成品油炼化行业亏损严重。当前经济运行中出现的这些矛盾和问题，有些是结构性深层次矛盾的显现，有些是国际、国内经济形势变化引发的。

财政是经济的晴雨表。目前，经济运行中存在的问题和矛盾，正逐步反映到财政收支上来。从财政收入方面看，受经济运行放缓和企业效益下滑的影响，财政增收难度加大。统计数据显示，1~9月份，我省增值税、营业税、企业所得税和个人所得税四个主体税种，收入增幅比2008年上半年下滑2.8个百分点，比2007年同期下滑0.43个百分点。其中，电力、成品油、有色金属行业实现企业所得税均出现负增长。受楼市低迷的影响，1~9月份全省房地产业营业税、房产税、契税增幅，比2007年同期大幅度回落。政策性减收因素也不容忽视。全省测算，实行新的企业所得税政策、降低和取消存款利息所得税、提高个人所得税起征点、停征“工商两费”，以及对节能减排、抗震救灾、社会捐助实行税收优惠政策等，将直接减少全省地方财政收入70亿元以上。受上述因素影响，2008年我省财政收入增幅呈现高开低走趋势。其中，9月份当月收入完成140.81亿元，比2007年同月仅增长5.41%，是2008年以来增幅最低的一个月。由于经济对财政的传导有个滞后期，预计四季度这种影响将更加明显。

从支出方面看，2008年政治经济生活中的大事多，要落实的民生政策多，新增支出压力较大。特别是年初预算确定以后，又新增加了许多硬性支出，各级财政的保障任务很重。比较突出的，一是维护物价稳定增支。一方面，支持粮、棉、油、肉、奶等重要农产品生产，增加粮食、油料、化肥、猪肉、棉花储备，保障“煤电油运”正常供给，抑制物价过快上涨，需要财政加大投入。另一方面，消除物价上涨对困难群体和弱势行业的影响，也需要增加财政补贴。二是落实民生政策增支。为进一步保障和改善民生，中央和省里出台了一系列民生政策，需要地方落实的资金比较多。2008年基层还要逐步规范、落实收入分配政策，县乡财政支出压力更大一些。三是抗震救灾增支。2008年我国自然灾害严重，尤其是汶川大地震发生后，为支援灾区抗震救灾，前一阶段各地积极筹措救灾资金，做了大量的工作，取得了很大成绩。目前我省援建的北川县，已全面进入灾后重建阶段，需要投入更多的重建资金。四是奥运安保和承办奥帆赛增支。2008年我国成功举办了奥运会和残奥会，而且奥帆赛在青岛举行，各级都付出了艰辛的努力。特别是治理突发的大面积浒苔，沿海各市投入大量人力物力，财政增支较多。五是处置食品安全事件增支。为及时应对三鹿奶粉事件对我省奶业发展造成的影响，稳定奶牛养殖，促进奶业持续健康发展，保证乳制品有效供应，保障患病儿童免费诊疗需要，各级都需要安排一些专项资金。受以上因素的影响，2008年以来，财政支出增幅一直高于财政收入增幅，各级财政始终处于紧运行状态。随着各项民生政策的落实和重点项目支出加快，第四季度支出压力将明显加大。

总之，2008年是一个特殊的年份，经济运行面临的不确定因素之多，形势变化之快，财政减收增支压力之大，都是多年来所没有的。对于当前的经济和财政形势，各级各部门一定要高度重视、准确把握。既要看到保持经济平稳较快发展的有利因素和支撑条件，坚定工作信心，又要分析解决出现的矛盾和问题，增强忧患意识，积极主动地开展工作。要切实增强促进经济平稳较快增长的紧迫感和责任感，把保持经济平稳较快增长，防止出现大的起落作为当前经济工作的首要任务。要从保持经济、金融、资本市场和社会大局稳定的高度增强保增长的自觉性。在世界金融动荡的情况下，中央提出把中国的事情办好就是对世界的最大贡献。而作为东部沿海经济大省，我们只有保持山东经济的平稳较快发展，才能为国家作出应有的贡献。还要看到，如果经济增长下滑过快，就业、财政和社会稳定都会随之出现问题，这是我们要极力避免出现的情况。关于当前经济工作如何抓，仁元同志已经讲了重要意见，最主要的是，在工业经济上要稳运行、增效益；在扩大内需上要抓投入、促消费；在外经外贸上要抓机遇、扩市场；在保障民生上要建机制、提水平。各地要认真领会把握，抓好贯彻落实。

二、进一步加大政府投入力度，切实保障和改善民生

以人为本，关注民生，是科学发展观的核心。近年来，我省高度重视民生问题，始终把解决人民群众最关心、最直接、最现实的利益问题摆在突出位置，不断加大投入，初步建立起了覆盖城乡的免费义务教育体系、家庭经济困难学生资助政策体系、医疗卫生保障体系、居民最低生活保障体系、劳动就业服务体系和低收入家庭住房保障体系。但总体上看，我省民生保障任务很重，水平还不高，需要进一步加大投入力度。从目前保增长的要求看，抓好民生改善，将会有力地拉动内需特别是消费需求，促进经济平稳较快增长。

*（一）搞好资金运筹，如期完成年初省政府承诺的五件实事。*2008年年初，省政府在认真研究落实原有民生政策的基础上，承诺为群众再办“五件实事”。从目前情况看，在各级各部门的共同努力下，各项工作进展顺利，落实情况较好。其中，800座“头顶库、串联库”除险加固工作已基本完成，大中型河道和小型泄洪河道治理工作进展顺利，为2008年安全度汛提供了保证；农村低保标准由800元提高到900元，保障范围进一步扩大，受益人群增加；“家电下乡”补贴工作进展顺利，目前全省已补贴农民购买家电62.86万台，兑现补贴资金1.21亿元；廉租住房制度在全省全面建立，2008年各级已投入资金9.78亿元，相当于前三年投入总和的2.7倍；村卫生室服务能力提升工程开始实施，进展顺利。但我们还要看到，地区之间工作进展还不够平衡，有些地方工作进度不快，距离预期目标还有一定差距。现在到年底只有两个多月的时间，省直有关部门要跟踪调度、加强指导、强化监督，确保将各项政策落实到位。各地要加大资金投入，保障各项工作的顺利开展。工作进展慢的，要加快工作进度，迎头赶上；工作进展快的，要在完成年度任务的基础上，进一步巩固提高。特别是小型水库除险加固工程，全省需要改造的水库有3 735座，2008年仅完成了1/3，2009年、2010年两年的任务还很重。各级一定要抓住冬、春两个大好施工季节，积极落实资金，加快工程建设进度。对工作做得好的地区，省里将加大资金奖励和帮扶力度。

*（二）加大投入力度，进一步提高民生保障水平。*最近，省政府对7月份省委工作会议提出的几项民生政策的贯彻落实问题，进行了认真研究，决定结合中央财政支持，优化调整支出结构，省里再安排10.51亿元资金，省、市、县共同努力，进一步加大民生投入，完善民生保障体系。一是进一步完善城乡居民医疗保险制度。一方面，进一步提高新型农村合作医疗补助标准。年初，根据当时的财力情况，政府对参合农民的补助先由上年的40元提高到60元，目前各市县都已经落实到位。根据省委工作会议部署，省里决定再提高20元，补助标准达到80元。对所提高的补助部分，省、市、县仍按原分担比例承担。省级补助资金到位后，有条件的市县要积极落实配套资金，把政策落实到位；确有困难的市县，配套部分也可明年到位。另一方面，加快推进城镇居民基本医疗保险试点。这项改革目前已在12个市推开，深受城镇居民的欢迎。其他5个市也做了大量的准备工作，积极要求试点。为此，省政府决定年内全面推开试点工作，并对新增的5个试点市，按现行政策省里给予补助。二是进一步做好劳动就业和创业工作。坚持政府促进、社会支持、市场导向、自主创

业、就业的原则，加大就业培训和创业培训工作力度，落实扶持政策，优化创业环境，完善再就业帮扶机制，全面推进劳动就业、创业工作。根据中央统一部署，从2008年9月1日起，全面停止征收个体工商户管理费和集贸市场管理费，全省每年将为个体工商户减轻负担15亿元左右，促进创业就业工作。同时，要突出抓好“三支一扶”和“一村一名大学生”工作。这是一项关系农村发展和高校学生就业的大事，也是我省加强人才培养的重要措施，各地一定要认真落实好，省财政将根据各地实际给予补助。三是进一步抓好廉租房制度建设。建立廉租房制度是解决城市低收入家庭住房困难的重要举措，是政府应尽的职责。各市要切实加大投入力度，确保今年完成解决6万户低收入家庭住房困难的任务。为更好地推动这项工作，省政府决定设立省级廉租住房专项补助资金5 000万元，对各市廉租住房建设给予“奖补”。四是进一步做好改善群众生活方面的工作。具体包括：从2008年秋季学期起，继续对高校家庭困难学生按每人每月40元的标准发放临时伙食补助，补助期为5个月；从2008年10月1日起，提高部分优抚对象和新中国成立前老党员的抚恤和生活补助；继续实施“家电下乡”补贴政策，进一步促进农村消费，提高农民的生活水平；落实好免费开放博物馆、纪念馆和爱国主义教育基地的政策，进一步丰富群众精神文化生活，让广大人民群众共同分享文化发展的成果。对各地实施以上政策造成的财政增支减收，省财政将给予适当补助。同时，继续实施能繁母猪补贴政策，并将补贴标准由每头50元提高到100元，进一步调动农民养猪的积极性，保证市场猪肉供应。

（三）强化监督管理，确保各项民生政策和资金落实。近年来，中央和省里出台的民生政策较多，人民群众得到较多实惠。但从有关部门检查的情况看，一些地方还存在着组织领导不到位、配套资金不落实、基础工作不扎实等问题。对此，各级各有关部门必须引起高度重视，下大力气研究解决。一方面，要强化责任意识，狠抓资金落实。以人为本、保障民生，是党和政府的基本执政理念。中央和省委、省政府确定实施的民生政策，是已经对社会宣布，人民群众热切期待的大事。各级、各部门一定要牢固树立群众观念，优先考虑民生、优先保障民生，积极筹措资金，把本级财力与省里的补助资金捆在一起，统筹安排，确保把各项惠民政策落实好。另一方面，要强化监督检查，发现问题及时处理、纠正。各级要把各项民生政策和资金的落实情况，作为2008年第四季度和明年财政监督和审计监督的重点，采取专项检查和日常监督相结合的形式，切实加大监督力度，督促各方面严格落实民生政策，确保把好事办好、实事抓实。

三、完善财政激励帮扶机制，促进县域经济又好又快发展

落实民生政策，促进经济社会发展，任务最重的是县乡两级。2005年以来，我省在实施促强扶弱带中间“双30”工程的同时，省级筹集资金86亿元，连续三年实施县乡财政建设“五奖一补”政策，有效调动了各地加快发展、增收节支的积极性，县域经济实力明显增强，财政状况不断改善。但总体上看，县乡财政还比较困难，一些地方随着公共财政保障范围的扩大和支出水平的提高，财政收支矛盾仍很突出。大力发展县域经济，切实加强县乡财政建设，是一项长期而艰巨的任务。

为进一步调动县乡发展经济、培植财源，增收节支、改善民生的积极性，省政府决定把缓解县乡财政困难与促进县域经济科学发展结合起来，把加大转移支付力度与促进县乡优化收支结构结合起来，在保持现行财政体制不变、转移支付基数不减的基础上，新增转移支付资金18.6亿元，通过建立财政收入质量改善、财政支出结构优化、均衡县级财力差异、县级基本财力保障、义务教育债务化解奖励等“五个机制”，进一步完善财政激励政策，引导各地加快转变经济发展方式，着力培植财源，增强财政实力。另外，省里安排3 650万元资金，对县乡精简机构和人员继续给予奖励，推动县乡精兵简政，提高行政效率，减轻财政包袱；安排1.36亿元，对产粮（油）大县给予奖励，重点向产油大县倾斜，促进粮食、油料生产，保证粮食安全和油料供应。上述激励政策，由以往注重财力补助，改为资金扶持、政策激励和体制保障并重，目的是要在保证县乡最低基本支出需求的前提下，建立有利于科学发展的政策引导机制，变“输血”为“造血”，将财政政策导向由过去主要鼓励“快”，转到鼓励“又好又快”上来。各市要准确把握政策导向，切实负起领导责任，进一步完善市县财政体制，从资金上、政策上，加大对所辖财政困难县的倾斜力度，引导各县（市、区）加快发展、增收节支，努力提高民生保障能力。

需要强调的是，解决县乡财政问题，提高县乡政府保民生、促发展的能力，根本是要加快自身发展，培植壮大财源。对财源建设问题，省委、省政府非常重视，在前不久召开的省委工作会议上，专门做了强调和部署。省委工作会议后，省里又将培植壮大财源，列为关系全省改革发展的十个重大战略课题之一，组织有关部门深入进行研究。这次省里通过建立“五个机制”，进一步完善激励政策，加大资金帮扶力度，目的也是要引导各地培植壮大财源，改善收支结构，

实现又好又快发展。各地要充分认识培植壮大财源的重要性，深入研究政策措施，向科学发展要财源，向结构调整要财源，向深化改革要财源，向加强管理要财源，切实增强财政保障能力。特别是县乡两级，要按照前不久召开的全省县域经济工作会议的要求，因地制宜、扬长避短，充分发挥区域优势、资源优势和产业优势，加大投资力度，搞好招商引资，多上一些成长性好、提供财政收入能力强、绿色无污染的项目，培植高效优质财源，从根本上提高县乡财政保障能力。

四、狠抓增收节支工作，确保完成全年财税目标任务

增收节支是财税工作永恒的主题。今年财政经济形势特殊，改革发展稳定任务很重，财政保障压力较大，抓好增收节支工作尤为重要。各级要切实增强紧迫感和责任感，在增收节支方面狠下功夫、多想办法，确保财政收入总量快速增长、结构明显改善、支出效益不断提高，进一步增强财政保障能力。

（一）立足超收抓征管，确保财政收入平稳较快增长。缓解收支矛盾，关键要在增收上做文章。各级要进一步细化工作措施，强化税费征管，千方百计增加收入。当前，重点是要深入挖掘“三个潜力”。一是挖掘税收征管潜力。财税部门要强化收入调度分析，加强税收信息网络化建设，尽快实现财政、国税、地税征管信息共享，通过加强纳税评估、税务稽查和社会综合治税等措施，进一步完善税源控管体系，严肃税收征管纪律，严厉打击偷逃骗税行为，做到大税、小税一起抓，确保各项税收应征不漏。二是挖掘政策增收潜力。结合实施新的企业所得税法，进一步加强税政管理，清理规范税收优惠政策，到期的及时恢复征税，坚决制止和纠正越权减免税，切实堵塞税收流失漏洞。严格按照新的税额标准征收耕地占用税，确保应收尽收。三是挖掘资源性收入增长潜力。重点通过落实国有资源有偿使用制度和排污收费制度，加强国有资产收益、海域使用金、土地出让收入的管理，加强资源性非税收入管理，拓宽财政收入来源渠道。需要强调的是，在组织收入工作中，各级要坚持依法治税，应收尽收，任何地区、任何部门都要依法办事、实事求是，不该收的一分也不能多收，决不能采取非正常手段加重企业负担、虚增财政收入；该收的一分也不能少收，决不能随便开税费减免的口子，有税不征或减征、缓征，违反税费征管纪律。各级政府要牢固树立正确的政绩观、发展观、理财观，既要督促财税部门严格落实税收优惠政策，支持企业发展、壮大财源规模，又要支持财税部门依法收足、收实、收好，切实将经济发展的成果体现到财政上来。各级各部门要加强协调、共同努力，在进一步优化收入结构、提高收入质量的基础上，确保完成今年全省财政收入增长20%的工作目标。

（二）牢固树立过紧日子的思想，努力提高财政支出管理水平。厉行节约，勤俭办一切事业，是财政工作必须遵循的基本原则。前几年我省财政收入情况不错，每年都有较大超收，经费保障也相对宽裕一些，各方面过紧日子的思想有所淡化。2008年情况比较特殊，财政收支矛盾非常突出，不仅需要我们在收钱上多想办法，还要在用钱上多做文章。各级要牢固树立过紧日子的思想，处处精打细算、勤俭节约，下大决心、下大力气加强支出管理。一要从严控制一般性开支。前不久中央和省里专门下发通知，要求从节约能源资源，建设节约型机关入手，大力推进节约型社会建设。各级政府机构要充分发挥模范带头作用，按照中央和省里部署，积极开展全民节约活动，大力压减会议、出差、培训和公务接待等一般性开支，严格控制出国考察团组，严禁以各种名义和方式变相公款旅游，从严控制公车配备和公车使用，严格控制楼堂馆所建设，坚决防止超越财力可能建设不切实际的政绩工程、形象工程，削减一切不必要的财政开支，努力降低行政成本。二要强化预算执行纪律，严格按预算花钱。凡年初预算确定的支出事项，要加快拨款进度，促进事业发展。凡年度中新增加的支出项目，要尽量通过压减一般性支出来解决。确需追加预算的，要周密论证，严格按程序审批。三要切实加强监督管理。管理出效益，管理增财力。要牢固树立加强管理也是增收节支的观念，进一步深化部门预算、国库集中支付、收支两条线等改革，扎实推进政府采购、投资评审、绩效评价等工作，积极开展财政监督检查，不断强化财政监管，努力提高财政资金使用效益。

（三）合理使用超收收入，科学安排明年财政预算。从目前收入形势看，只要做好工作，各级财政都会有一些超收。对于超收财力，各级除按法律、法规的规定增加有关支出，以及用于中央和省委、省政府确定的民生支出、重点项目、援助北川建设外，原则上结转下年使用。从目前形势看，2009年经济运行面临的不确定性因素可能更多，财政增收的难度可能会更大，收支矛盾将更加突出。各级在编制明年预算时，一定要居安思危、未雨绸缪，把形势分析透，把问题把握准，努力做到实事求是、积极稳妥。一是科学合理地安排收支计划。税务部门要深入、全面地分析测算2009年的税源增减情况，把收入计划打准、编实。财政部门要统筹考虑各种收支增减因素，按照以收定支、收支平衡、留有余地的原则，合理安排预算盘子，提高预算编制质量。二是注意分析把握税制改革的影响。2009年国家将加快税制改革进度，如

实施消费型增值税、改革资源税制度等。这些改革措施，有利于推动科技创新、能源节约和环境保护，有利于促进产业结构调整和内外资企业公平竞争，但也会对税收增减带来直接影响，而且对各地、各行业的影响不一样。各地要密切关注改革动态，工作上做好准备，预算中做好安排。三是优化支出结构，确保重点支出需要。在支出安排上，要注意区分轻重缓急，严格控制行政经费预算，公务购车和用车经费、会议费、接待费、出国经费一律实行零增长。在此基础上，注意向基层倾斜、向困难群体倾斜、向重点事业发展倾斜，优先保障"三农"、教育、医疗、就业、社保、文化等重点支出，使预算安排真正体现事业发展的需要，体现人民群众的根本利益。同时，为保证支援北川恢复重建的需要，各级要把援建北川的资金足额打入预算。

同志们，财政税收是政府工作的重要组成部分，各级政府要充分认识做好当前财税工作的重要性，积极研究解决财税工作中遇到的问题，切实加强对财税工作的领导。有关部门要积极推进社会综合治税，加强非税收入管理；认真编制部门预算，严格预算执行纪律，加强部门财务管理，进一步规范财经秩序。各级财税部门要以开展深入学习实践科学发展观活动为契机，加强自身建设，提高干部队伍素质，增强理财治税能力，努力为政府管好家，为人民收好税、理好财，为促进经济文化强省建设、实现富民强省新跨越做出新的更大贡献。

尹慧敏同志在全省财税工作电视会议上的讲话

（2008年10月24日）

各位领导、同志们：

省政府召开这次电视会议，深刻分析当前财政经济形势，专题研究部署增收节支、加大民生投入、完善县乡财政激励政策问题，充分体现了省委、省政府对财税工作的高度重视。刚才，姜大明省长作了重要讲话，王仁元常务副省长通报了前三季度经济形势。各级财政部门一定要深刻领会，认真抓好贯彻落实。下面，按照会议的安排，我就有关具体政策和资金分配问题作简要说明。

一、关于加大民生投入问题

近年来，省委、省政府高度重视民生问题，不断加大民生投入，完善民生政策体系。特别是2008年年初，省政府在认真落实原有民生政策的基础上，承诺再为群众办"五件实事"，并在预算中作了相应安排。各级也千方百计增加投入，使人民群众得到更多实惠。在7月份召开的省委工作会议上，省委、省政府根据今年全省经济社会发展情况，提出了加快公共服务体系建设，进一步改善民生的要求。为此，我们积极筹措资金，结合中央财政支持，在年初预算基础上再安排10.51亿元，确保有关民生政策的落实。具体包括七个方面：

（一）提高新型农村合作医疗补助标准。省政府决定年内将政府对参合农民的补助标准，由年初确定的60元提高到80元。据此，省财政在年初预算基础上，对东、中、西部地区参合农民的人均补助标准，分别再增加6元、9元和14元，达到24元、36元和56元。对这次省里增加的补助，各市要统筹分配，重点向财政困难县倾斜。

（二）全面推行城镇居民基本医疗保险试点。根据省政府统一部署，目前我省已有12个市开展了城镇居民基本医疗保险试点。为尽快把这项制度覆盖到全省，省政府决定从第四季度起，将尚未试点的枣庄、日照、临沂、德州、菏泽5市，全部纳入试点范围。省财政对东、中、西部地区，分别按照40%、60%、80%的比例给予补助。

（三）提高能繁母猪财政补贴标准。为扶持生猪生产，稳定市场供应，在2008年预算确定后，中央确定继续实施能繁母猪补贴政策，并将补贴标准由去年每头50元提高到100元。为确保政策落实，省财政对东、中、西部地区分别按照20%、40%、60%的比例给予补助。资金到位后，各地应通过财政涉农补贴资金"一本通"系统，直接发放到农户手中。

（四）继续实施"家电下乡"补贴政策。为扩大农村消费，提高农民生活质量，我省"家电下乡"试点时间延长到年底，对农民购买彩电、冰箱（含冰柜）、手机三类产品，继续按销售价格的13%给予财政补贴。所需补贴资金，由中央财政承担80%，省财政承担20%。

（五）加大廉租住房保障支持力度。为加快推进廉租住房制度建设，省政府决定从今年起，设立省级廉租住房专项奖补资金，综合考虑各地廉租住房保障水平、财政困难程度等因素，对各市廉租住房保障工作给予"奖补"，鼓励各级切实加大投入，确保2008年完成解决6万户低收入家庭住房困难的任务。

（六）支持高校毕业生到农村基层

服务或任职。为鼓励高校毕业生面向基层就业，为社会主义新农村建设提供人才保障，我省实施了“三支一扶”计划和“一村（社区）一名大学生”工程。省政府确定，对到财政困难县参加这两方面服务的高校毕业生，省财政每人每年补助6 000元；对中组部选聘到30个欠发达县农村工作的高校毕业生，省财政每人每年补助1.1万元，到其他县的每人每年补助7 000元。

（七）落实免费开放博物馆、纪念馆政策。我省2008年列入免费开放范围的博物馆、纪念馆有5个，2009年将扩大到98个。对免费开放博物馆、纪念馆减少的门票收入，省财政予以全额补助；对增加的运行费支出，省级对东、中、西部地区，分别按照40%、60%、80%的比例给予补助。

另外，根据中央要求，近期还要落实两项政策。一是从2008年秋季学期起，继续对高校家庭困难学生按每人每月40元的标准发放临时伙食补助，补助期为5个月，所需资金由中央和省、市三级财政负担。其中，省属高校所需资金由省财政负担；市属高校所需资金，由省财政结合中央财政支持，对东、中、西部地区，分别按40%、60%、80%的比例给予补助。二是从2008年10月1日起，提高部分优抚对象和建国前老党员的抚恤与生活补助标准。所需资金，省财政将结合中央财政支持，按现行政策对各地给予适当补助。

实施上述惠民政策，是省委、省政府立足经济社会发展全局，围绕保障和改善民生而采取的重要措施。各级财政部门一定要足额落实配套资金，配合有关部门做好工作，确保把好事办好。

二、关于调整完善县乡财政激励政策问题

促进县域经济社会科学发展，是建设经济文化强省的重要内容。为深入贯彻省委工作会议和全省县域经济发展工作会议精神，进一步调动县乡发展经济、培植财源、增收节支、改善民生的积极性，经省政府同意，在现行财政体制不变、转移支付基数不减的基础上，2008年再安排18.6亿元，通过建立“五个机制”，完善财政激励政策，引导各地加快转变经济发展方式，促进经济社会又好又快发展。

（一）建立财政收入质量改善机制，激励各地培植壮大财源，推动县域经济科学发展。为促进“一体两翼”地区统筹协调发展，省政府确定从2008年起3年内，对全省财政困难县每年上缴省级的营业税和企业所得税比上年增长部分，予以全额返还。在此基础上，省里将对各县（市、区）增值税、营业税、企业所得税和个人所得税占一般预算收入的比重进行考核。对2008年“四税”比重提高的县（市、区），按“四税”增收额的10%给予一次性奖励；对“四税”比重超过全省平均水平的县（市、区），按超过部分的5%给予一次性奖励。建立“四税”增长激励机制，主要是考虑到“四税”与地方经济发展高度相关，地方经济发展质量越好，“四税”增长越快，得到的省级奖励资金就越多，对县一级优化产业结构、培植壮大税源，将起到积极的导向作用。上述省返还和奖励资金，各县（市、区）要全部用于建立经济发展专项资金，重点支持开发区基础设施建设、高新技术产业和农业龙头企业发展等，进一步培植壮大地方财源。

（二）建立财政支出结构优化机制，支持各级保障和改善民生，促进和谐社会建设。为调动各级调整支出结构、加大民生投入的积极性，省里将对各县（市、区）农业、教育、医疗卫生和社会保障四项支出占一般预算支出的比重进行考核。对2007年重点支出比重提高的县（市、区），按重点支出增加额的5%给予一次性奖励；对重点支出比重高于全省平均水平的县（市、区），一次性奖励50万元，激励各地加快建设公共服务体系，提高民生保障水平。

（三）建立县级财力差异均衡机制，鼓励市级财政加大对县乡帮扶力度，促进区域经济社会协调发展。当前，由于经济发展不平衡，各市所辖县（市、区）之间的财力差异较大，有的相差4倍以上。为引导市级完善转移支付制度，均衡辖区内各县的财力差距，省里将对各市人均财政支出均衡情况进行考核。对2007年所辖县（市、区）人均支出均衡程度提高的市，按支出提高额的15%给予奖励。这项奖励以市为单位测算，不直接分配到县，但市级必须将奖励资金全部用于支持所辖财政困难县社会事业发展，并将具体分配方案提前报省财政厅备案。

（四）建立县级基本财力保障机制，保障财政困难县正常运转，促进基本公共服务均等化。近年来，我省县乡财力大幅度增加，但随着国家收入分配政策的出台以及公共财政覆盖范围的拓展，新增硬性支出较多，部分县乡财政仍然相当困难。为此，我们根据2008年保障性转移支付办法，对各地人员经费、公用经费以及社会保障、医疗卫生、义务教育等基本支出需求进行了全面测算，对可用财力不能满足基本财力保障标准需求的43个县（市、区），继续给予保障性转移支付补助。通过省级财力补助、专款倾斜、市级帮扶和县乡发展增收，力争基本消除这些县的财力缺口，确保基层正常运转和县乡政府履行公共服务职能的需要。

（五）建立县乡义务教育债务化解机制，促进全省义务教育事业加快发展。省政府决定今年全面启动农村义务教育债务化解工作。按照“先化解、后奖补”的原则，依据各地农村义务教育阶段学生数和学校数计算确定的合理债务规模，以及化解债务工作进度等因素，省里对东、中、西部地区，分别按30%、45%、60%的比例给予奖励，确

保2010年全面完成债务化解任务。

另外，2008年省里继续安排专项资金，实施以下两项奖励政策。一是安排3 650万元，对县乡精简机构和人员继续给予奖励。二是安排1.36亿元，对产粮（油）大县给予奖励，并重点向产油大县倾斜。

三、大力支持经济平稳较快发展，确保完成收入增长20%的目标任务

促进经济平稳较快发展，狠抓增收节支，是当前财政工作的首要任务。各级财政部门要切实增强责任意识，坚决贯彻省委、省政府决策部署，积极发挥财政职能作用，全面落实好中央和省里出台的促进发展、扩大消费、保障民生的财税政策措施。同时，要把财政增收工作紧紧抓在手上，切实加强收入调度分析，积极配合税务部门强化税收征管，并指导督促有关部门加强非税收入管理，努力促进财政增收，不断优化收入结构，确保完成地方财政收入增长20%的目标任务。要严格预算执行纪律，加快支出特别是重点支出进度，合理安排2008年超收收入，防止年底突击花钱，防止各种铺张浪费行为。

同志们，在省级财政并不宽裕的情况下，这次省里筹集近30亿元资金，专门用于解决民生问题和县乡财政困难，充分体现了省委、省政府对群众、对基层的关心和支持。各级财政部门一定要把省委、省政府的政策理解好、贯彻好，把省里的补助资金管理好、使用好。

2008年山东省国民经济和社会发展统计公报

2008年是极不寻常的一年。面对复杂严峻的发展环境，尤其是国际金融危机的冲击，全省人民在省委、省政府的正确领导下，以邓小平理论和“三个代表”重要思想为指导，深入贯彻落实科学发展观，认真执行中央各项宏观调控政策和措施，坚定信心，积极作为，科学务实，有效应对各种困难和挑战，扎实推进经济文化强省建设，国民经济继续保持平稳较快增长，社会事业全面进步，民生状况进一步改善。

一、综合

经济平稳较快增长。初步核算，全省实现生产总值（GDP）31 072.1亿元，按可比价格计算，比上年增长12.1%，增幅回落2.2个百分点。其中，第一产业增加值3 002.7亿元，增长5.1%；第二产业增加值17 702.2亿元，增长12.1%；第三产业增加值10 367.2亿元，增长14.0%。三次产业比例为9.6：57.0：33.4。人均生产总值33 083元，增长11.4%；按年均汇率折算为4 749美元，增长21.6%。

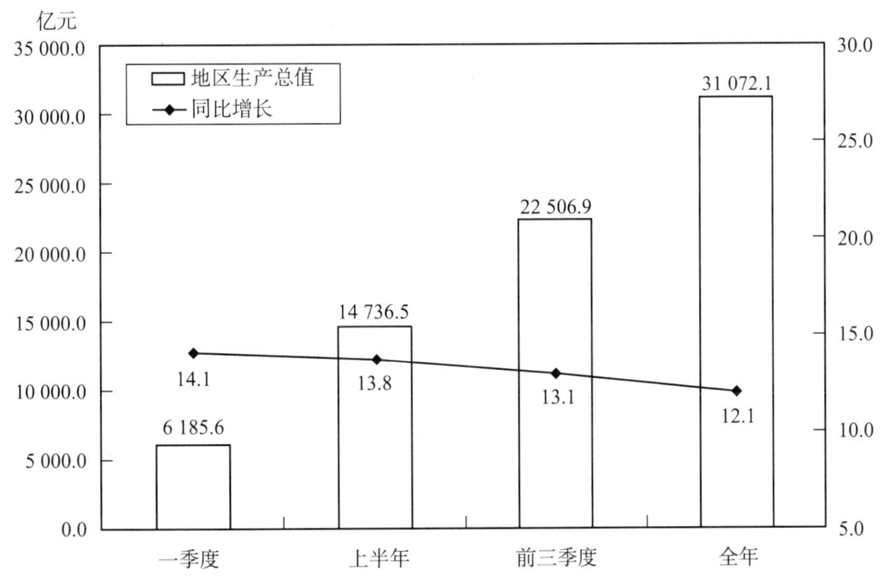

图1 2008年全省各季度累计生产总值及增长速度

就业保持总体稳定。统筹城乡就业试点顺利推进，全年城镇新增就业114.7万人，农村劳动力转移就业149.9万人，连续5年实现城镇新增就业和农村劳动力转移就业双过百万。失业人员再就业52.1万人，其中，困难群体再就业11.5万人；城镇零就业家庭全部实现“动态消零”。组织失业人员再就业培训23.9万人，再就业率达76.0%；组织创业培训6.2万人；培训农村转移劳动力56.8万人。城镇登记失业率为3.5%，高于上年0.3个百分点。

价格上涨得到有效控制。全年居民消费价格指数（CPI）呈前高后低走势。居民消费价格比上年上涨5.3%，涨幅比上年提高0.9个百分点。其中，城市上涨4.7%、农村上涨6.2%；服务项目价格上涨2.1%，消费品价格上涨6.1%。食品价格上涨13.0%，回落0.6个百分点，拉动价格总水平上涨3.8个百分点，仍是推动居民消费价格上涨的主动力。扣除食品和能源价格后，核心消费价格上涨1.2%，提高0.7个百分点。生产价格上涨较大，农业生产资料价格上涨19.3%，提高12.2个百分点；工业品出厂价格上涨8.6%，提高5.3个百分点；原材料燃料动力购进价格上涨13.1%，提高8.3个百分点。房屋销售价格上涨6.0%，提高0.2个百分点。

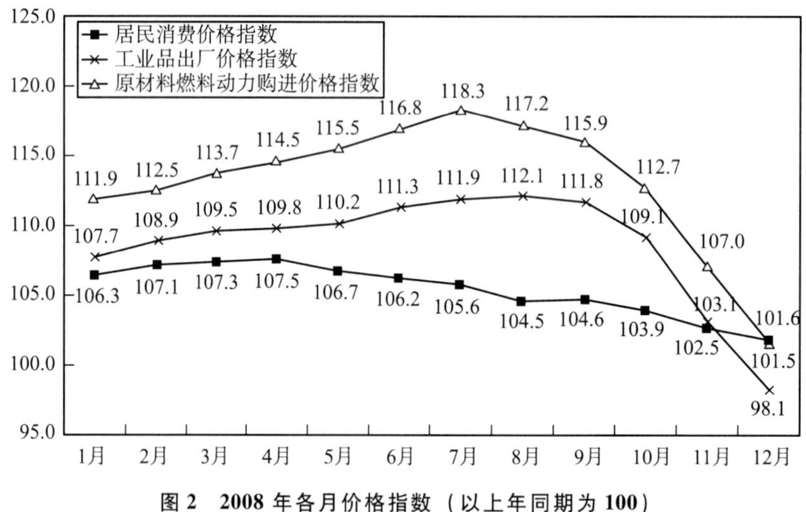

图2　2008年各月价格指数（以上年同期为100）

表1　2008年居民消费价格指数（以上年为100）

指标	全省	城市	农村
居民消费价格指数（CPI）	105.3	104.7	106.2
食品	113	112.8	113.3
粮食	106.3	107.3	104.8
油脂	124.2	121.5	126.5
肉禽及其制品	122.2	122.5	121.7
蛋	105.2	104.5	105.8
鲜菜	105.7	104.1	108.4
烟酒及用品	104.3	104.3	104.3
衣着	97.9	98.5	96.6

续表

指标	全省	城市	农村
家庭设备用品及维修服务	102	102.2	101.6
医疗保健和个人用品	102.2	102	102.4
交通和通信	99.9	98.8	101.7
娱乐教育文化用品及服务	100.3	99.5	101.2
居住	107.3	105	110.1

区域经济协调推进。“一体两翼”发展战略顺利实施，由半岛城市群和省会城市群经济圈构成的“一体”生产总值占全省的三分之二以上，鲁南经济带和黄河三角洲高效生态经济区生产总值增长13%以上。县域经济实力进一步壮大，县级地方财政收入达到1 197.6亿元，比上年增长18.4%，其中，47个县（市、区）地方财政收入超过10亿元。

海洋经济快速发展。主要海洋产业实现总产出4 415.3亿元，比上年增长20.1%。海洋渔业、滨海旅游和海洋油气等产业稳定增长，分别实现产出1 629.4亿元、1 092.9亿元和118.7亿元，分别增长14.1%、18.3%和51.0%。海洋船舶工业快速发展，实现产出309.6亿元，增长54.6%。海洋资源开发稳定增长，海洋石油、原盐和烧碱产量分别达到232.2万吨、2 180万吨和360万吨，分别增长2.7%、5.2%和9.7%。生态海洋建设扎实推进，新建海洋特别保护区7个，各类海洋保护区达到20个，保护区总面积达115万公顷。

对口援建北川取得阶段性成果。社会各界为四川汶川地震捐款捐物36亿元，有力保障了抗震救灾和对口援建。围绕“再造一个新北川”目标，农村援建、乡镇援建、新县城援建、工业园区援建、人力智力援建工作扎实展开。完成了北川县19个乡镇重建规划，全部启动了建设项目。建设过渡安置板房3.3万套，已建成3.2万农户的永久性住房，正在建设1.3万农户的住房。签署了《北川—山东产业园区建设合作框架协议》。全境恢复了广播电视覆盖，开通了县城医疗保健中心与山东20家医院的远程医疗系统。年末有2 000多名援建干部职工在北川建设一线。

经济社会发展中存在的主要困难和问题：经济发展中不稳定和不确定因素增加，经济下行压力较大；企业生产经营比较困难，外经贸形势不容乐观；就业再就业困难突出，城乡居民增收难度加大；节能降耗、环境保护的任务依然艰巨。

二、农林牧渔业

农林牧渔业稳定发展。农业增加值1 697.3亿元，比上年增长3.1%；林业增加值70.9亿元，增长12.2%；牧业增加值702.1亿元，增长7.3%；渔业增加值423.4亿元，增长6.3%；农林牧渔服务业增加值108.9亿元，增长16.6%。

主要农牧产品产量全面增长。粮食生产连续6年实现增产，总产量达到4 260.5万吨，比上年增长2.7%。农产品质量不断提高，无公害农产品、绿色食品基地面积分别达到870万亩和720万亩。

林业生态建设进展顺利。新增造林面积276.0万亩，其中，荒山造林

表2　2008年主要农牧产品产量及增长速度

产品名称	单位	产量	比上年增长（%）
粮食	万吨	4 260.5	2.7
夏粮	万吨	2 034.8	1.9
秋粮	万吨	2 225.7	3.4
棉花	万吨	104.1	4.0
油料	万吨	340.6	3.7
蔬菜	万吨	8 635.0	3.5
园林水果	万吨	1 395.9	4.6
肉类	万吨	660.3	6.7
猪牛羊肉	万吨	425.2	5.7
禽肉	万吨	223.2	8.8
禽蛋	万吨	365.0	1.4
奶类	万吨	254.9	5.3

92.7万亩；新增和完善农田林网467.0万亩。林业有害生物防控取得积极效果，重点加强美国白蛾防控，有效防治率达到95%以上。新建湿地和森林类型自然保护区5个，总数达到62个，总面积1 470万亩。

现代渔业建设扎实推进。水产品总产量749.1万吨，比上年增长5.0%。其中，海水产品产量621.7万吨，增长3.8%；淡水产品产量127.4万吨，增长11.1%。优质水产品稳定增长，海参、对虾产量达到6.1万吨和11.7万吨，分别增长13.0%和8.3%。水产品出口创汇34.9亿美元，增长2.3%。设施渔业发展顺利，海水工厂化养殖规模达到550万平方米，深水网箱达到2 600个。水产品质量安全水平逐步提高，新建国家和省级健康养殖示范区55处，新认定无公害水产品产地116处、无公害产品230个。

农村生产生活条件日益改善。农业机械化装备及服务能力提高。农机总值达到585亿元，比上年增长5.4%；农机总动力10 250万千瓦，增长3.3%。农田水利建设得到加强，有效灌溉面积7 286.2万亩，增长0.4%，其中，节水灌溉面积3 113.4万亩，增长2.7%。农村生活设施不断改善，已实现村村通电、通电话，通汽车率为99.9%，通自来水率为85.6%，新增沼气用户45万户。

三、工业和建筑业

工业生产平稳增长。规模以上工业企业（年主营业务收入500万元及以上的工业法人企业）38 188家，比上年增加2 896家，增长8.2%。实现增加值16 718.8亿元，增长13.8%，回落7.0个百分点。其中，轻工业增长13.2%，重工业增长14.1%，分别回落5.8和7.6个百分点；非公有工业增加值10 912.0亿元，增长17.1%，回落8.5个百分点。

表3　2008年规模以上工业增加值及增长速度

	增加值（亿元）	比上年增长（%）
全省	16 718.8	13.8
轻工业	5 451.5	13.2
重工业	11 267.3	14.1
国有企业	984.4	4.6
集体企业	826.5	8.3
股份合作企业	195.1	13.8
股份制企业	9 863.2	15.1
外商及港澳台商投资企业	3 137.4	14.1
其他经济类型企业	1 712.1	17.2

工业经济效益增速放缓。规模以上工业实现主营业务收入61 739.3亿元，比上年增长26.5%，回落4.0个百分点；实现利润3 836.5亿元，增长13.3%，回落17.1个百分点；实现利税6 430.5亿元，增长18.2%，回落10.6个百分点。工业经济效益综合指数达到261.8，提高30.3个百分点。企业亏损面为7.1%，扩大0.6个百分点，亏损企业亏损额增长3.2倍。

制造业继续保持主导地位。规模以上制造业实现增加值14 436.2亿

元，比上年增长14.1%，占规模以上工业增加值的86.3%，对规模以上工业增长的贡献率为88.1%；实现利润2 989.1亿元，增长10.9%，占规模以上工业利润的77.9%。装备制造业发展壮大，实现增加值4 356.8亿元，增长18.9%，占规模以上工业增加值的比重由上年的25.0%提升到26.1%；实现利润916.8亿元，增长28.4%。高新技术产业比重持续上升，实现产值占规模以上工业总产值的30.7%，比上年提高1.5个百分点。

工业产品结构调整优化。装备制造和高新技术产品产量增长较快，部分高耗能高污染产品产量增幅回落。在重点统计的120种产品中，产量增长的有85种，占70.8%；下降的有35种，占29.2%。

表4 2008年主要工业产品产量及增长速度

产品名称	单位	产量	比上年增长（%）
原煤	万吨	14 109.8	-0.3
天然原油	万吨	2 799.2	3.6
发电量	亿千瓦时	2 753.7	2.4
水泥	万吨	13 887.3	-4.0
平板玻璃	万重量箱	5 619.2	3.6
粗钢	万吨	4 458.7	1.5
钢材	万吨	5 027.4	2.1
纱	万吨	619.4	9.1
布	亿米	131.8	7.9
机制纸及纸板	万吨	1 526.9	6.9
塑料制品	万吨	377.1	21.3
合成氨	万吨	600.6	-13.3
啤酒	万千升	473.9	8.7
内燃机	万千瓦	7 166.5	5.9
金属成型机床	万吨	1.5	30.7
汽车	万辆	74.5	7.8
摩托车	万辆	152.6	17.6
手机	万台	5 006.4	37.4
彩色电视机	万台	864.7	-4.0
电子计算机	台	82 665	35.0
微型电子计算机	万台	314.1	125.4
笔记本计算机	万台	169.9	69.9
集成电路	亿块	1.8	89.7
太阳能热水器	万台	259.2	60.6

建筑业生产效益稳定增长。全省资质三级及以上建筑企业完成建筑业总产值3 787.8亿元，比上年增长15.2%；实现利税259.4亿元，增长16.7%。其中，国有及国有控股企业完成建筑业总产值1 080.2亿元，增长10.5%；实现利税63.5亿元，增长15.7%；非国有企业完成建筑业总产值2 707.6亿元，增长17.1%；实现利税195.9亿元，增长17.0%。

四、固定资产投资

固定资产投资增势较好。全社会固定资产投资完成15 435.4亿元，比上年增长23.1%。其中，城镇投资完成12 528.4亿元，增长23.4%；农村投资完成2 907.0亿元，增长22.0%。建设资金充足，到位资金15 850.1亿元，增长23.6%，其中，自筹资金增长26.1%，占到位资金的74.1%。项目储备能力明显增强，新开工项目个数由上年的下降3.7%转为增长7.8%。

投资结构继续优化。一、二、三产业投资结构由上年的2.9∶59.9∶37.2调整为3.6∶53.0∶43.4。部分与基础设施建设相关的工业行业投资明显回升，铁路、航空、城市公共交通业投资分别增长1.4倍、98.2%、80.3%。重点领域和薄弱环节投入不断加大，高新技术产业、信息产业、装备制造业投资分别增长57.8%、52.3%、26.7%，科学研究技术服务和地质勘查业、水利管理业投资均增长1.4倍。社会民生领域投入明显增大，卫生、社会保障和社会福利业投资增长28.3%，文化体育娱乐业投资增长1.8倍，居民服务和其他服务业投资增长1.2倍，环境管理业投资增长1.3倍。

房地产开发投资较快增长。房地产开发投资完成1 975.6亿元，比上年增长29.9%，增幅比上年提高1.7个百分点。从商品房建设用途看，住宅投资增长31.2%，占全部房地产开发投资的79.1%，其中，90平方米以下住宅投资增长55.4%，占全部住宅投资的26.6%，经济适用房投资增长20.4%，占全部住宅投资的4.6%；商业营业用房投资增长24.0%，占全部房地产开发投资的10.9%。房地产企业开发土地面积下降2.7%，购置土地面积下降16.6%。商品房建设规模平稳增长，施工面积17 925.5万平方米，增长18.2%。商品房销售面积5 011.6万平方米，下降1.0%。

五、国内贸易

消费市场增长势头强劲。实现社会消费品零售总额10 381.2亿元，比上年增长23.0%，扣除价格因素，实际增长17.3%，增幅均创近十年新高。其中，批发零售业实现社会消费品零售额8 730.6亿元，增长23.5%，拉动零售总额增长19.7个百分点；住宿餐饮业实现零售额1 370.6亿元，增长25.0%，拉动零售总额增长3.2个百分点。市场规模化程度继续提高，限额以上批发零售住宿餐饮企业单位数达到9 715家，增长15.2%，实现零售额3 734.5亿元，增长36.0%。

城乡市场全面繁荣。城市市场实现社会消费品零售额7 913.5亿元，比上年增长24.4%，增幅提高4.8个百分点；农村市场实现零售额2 467.7

亿元，增长 18.9%，提高 3.6 个百分点。

非公有经济仍保持主体地位。非公有经济实现社会消费品零售额 8 674.1 亿元，比上年增长 23.0%，市场份额达 83.6%，是市场繁荣活跃的支柱力量。其中，个体私营实现零售额 8 471.9 亿元，增长 22.9%，市场份额为 81.6%。

生活消费保持较强增势。基本生活类商品零售额保持大幅增长，食品、饮料、烟酒类比上年增长 39.8%，服装、鞋帽、针纺织品类增长 31.1%。住房类商品零售额快速增长，建筑及装潢材料类增长 40.8%，家具类增长 41.5%，五金、电料类增长 51.6%。汽车消费增速回落，实现零售额 628.4 亿元，增长 26.9%，回落 10.1 个百分点。

六、对外经济

对外贸易保持稳定增长。受国际金融危机影响，全年对外贸易增势呈高开低走态势。实现进出口总额 1 581.4 亿美元，比上年增长 29.0%，增幅提高 0.3 个百分点。其中，出口 931.7 亿美元，增长 23.8%；进口 649.7 亿美元，增长 37.1%。出口商品结构不断优化，农产品、纺织服装出口比重分别回落了 1.6、1.7 个百分点，机电产品和高新技术产品出口比重分别提高了 4.3、3.4 个百分点。欧盟仍然是我省第一大出口市场，占出口总额的 18.8%，其次是美国（占 17.3%）。粮食和资源类产品及高新技术产品进口扩大，粮食增长 1.1 倍，大豆增长 93.4%，铁矿砂增长 86.9%，高新技术产品增长 60.9%。

利用外资平稳增长。外商直接投资实际到账额 82.0 亿美元，比上年增长 10.2%。利用外资质量提高，结构不断优化。引进设立了 9 个新能源项目；新批服务业利用外资项目 532 个，实际到账 24.3 亿美元。中国香港和澳门是主要外资来源地，两地实际到账外资 37.3 亿美元，增长 53.6%，占全省的 45.5%。目前有 142 家世界 500 强企业在我省投资，新增 12 家。

“走出去”步伐不断加快。新批境外企业（机构）247 家，比上年增加 45 家。协议投资总额 8.4 亿美元，其中，中方协议投资 6.7 亿美元，分别增长 43.9% 和 67.5%；中方实际对外投资 4.9 亿美元，增长 61.0%。对外承包劳务合作及设计咨询完成营业额 35.9 亿美元，增长 18.9%；外派人数 4.5 万人，年末在外 9.1 万人。以设计为龙头的 EPC（设计、采购、建造）总承包成为全省对外承包工程的主要方式，全省过千万美元的 EPC 大项目 20 个。高端劳务外派规模不断扩大，外派船员、护士等占全省对外劳务人员的 13.3%，提高 2 个百分点。

七、交通、邮电和旅游

交通运输业稳定发展。全年铁路、公路、水运共完成客运量 18.4 亿人次，增长 11.5%；完成货运量 22.9 亿吨，增长 18.8%。年末高速公路通车里程 4 285 公里，比上年增加 252 公里。沿海港口货物吞吐量 6.6 亿吨，增长 14.3%。航空客运量 1 570.4 万人次，增长 6.0%；货邮量 22.4 万吨，增长 12.4%。年末民用汽车拥有量达到 597.3 万辆，增长 10.5%，其中，私人轿车 170.1 万辆，增长 30.5%，占轿车拥有量的 81.7%。

表 5　**2008 年客货运输量及增长速度**

	旅客				货物			
	运输量（亿人次）	增长（%）	周转量（亿人公里）	增长（%）	运输量（亿吨）	增长（%）	周转量（亿吨公里）	增长（%）
合计	18.4	11.5	1 261.4	12.8	22.9	18.8	8 239.1	30.6
公路	17.7	11.6	888.3	15.6	19.8	20.6	1 369.9	28.1
铁路	0.5	9.2	365.3	6.8	1.5	5.0	1 275.6	7.1
水路	0.2	6.8	7.7	-5.4	1.6	12.2	5 593.6	38.2

邮电通信业平稳增长。完成邮电业务总量 1 485.5 亿元，比上年增长 20.4%。其中，电信业务总量为 1 426.1 亿元，增长 20.9%；邮政业务总量 59.4 亿元，增长 8.6%。光缆线路总长度 34.9 万公里，增长 9.4%。年末固定电话用户 2 452.1 万户，减少 5.3%；移动电话用户 4 611.7 万户，增长 23.9%。电话普及率达到 76.4 部/百人，增加 8.2 部/百人。

旅游业收入增加较快。实现旅游总收入 2 005.2 亿元，比上年增长 21.3%。其中，入境旅游收入 13.9 亿美元，增长 2.9%；国内旅游收入 1 908.5 亿元，增长 23.1%。接待入境游客 253.7 万人次，增长 1.6%，人均消费 548.4 美元，增加 6.8 美元；接待国内游客 2.4 亿人次，增长 18.2%，人均消费 793.7 元，增加 31.3 元。

八、财政、金融、证券和保险

财政收支结构趋优。地方财政一般预算收入1 956.9亿元，比上年增长16.8%；税收占地方财政收入比重78.4%，比上年提高0.3个百分点。地方财政支出2 704.8亿元，增长19.6%。农业、教育、科技、医疗卫生和环境保护等重点支出得到加强，分别增长43.8%、21.7%、22.2%、40.4%和102.7%。

金融支持力度加大。人民币各项存款余额26 930.2亿元，比年初增加4 858.1亿元。其中，居民储蓄存款余额为14 382.2亿元，增加2 944.1亿元，同比多增1 864.1亿元，新增额及同比多增额均创十年新高。货币信贷运行质量进一步提高。人民币各项贷款余额20 053.9亿元，增加2 966.2亿元。中长期贷款持续增长，增加1 223.2亿元，创历史最高水平。农林牧渔业本外币贷款增加341亿元，同比多增60.7亿元；服务业本外币贷款增加783.7亿元，同比多增135亿元。金融机构经营状况良好，全省金融机构实现盈利484.2亿元，增长38.7%。

资本市场平稳发展。年末拥有证券公司2家，证券营业部167家，证券服务部15家；期货公司6家，期货营业部35家。境内上市公司96家，境外上市公司66家，分别比上年增加8家和10家。有10家境内上市公司实现境内再融资112.1亿元。全年股票基金交易额1.9万亿元，减少49.4%。境内上市公司在沪深两市的年末总市值3 624亿元。期货市场良好发展。期货公司全年代理期货交易量6 283.3万手，交易金额3.4万亿元，分别增长51.7%和62.9%。

保险业快速发展。实现保费收入673.9亿元，比上年增长34.3%。其中，财产险保费收入164.2亿元，增长13.5%；寿险保费收入452.8亿元，增长43.3%。服务能力进一步提高，支付各项赔款与给付198.4亿元，增长15.5%。市场体系更加完善，新增保险公司10家，总量达到51家；新增专业中介法人机构19家，总量194家。政策性农业保险试点扩大到60个县（市、区），承担种植、养殖业风险责任金额142.8亿元，受益农户21.1万户次。

九、科学技术

科技事业硕果累累。获得国家科学技术奖励26项，获得省科学技术奖励495项。共取得科技成果2 330项，其中，农业领域301项，工业领域677项，医疗、卫生领域873项，其他领域479项。国内专利申请量和授权量稳步增加，结构优化。专利申请量6.0万件，比上年增长29.4%，其中，发明专利申请量1.4万件，增长57.1%，所占比重提高4.0个百分点。专利授权量2.7万件，增长16.9%，其中，发明专利授权量1 845件，增长28.6%，所占比重提高0.6个百分点。

科技人才队伍稳定。共有住鲁两院院士35人，国家有突出贡献的中青年专家122人，山东省有突出贡献的中青年专家500人，享受国务院政府特殊津贴专家2 670人，新世纪百千万人才工程国家级人选99人。高技能人才培养规模不断扩大，选拔山东省首席技师100人，新增技师、高级技师3.2万人。

信息产业较快发展。规模以上电子信息（电子信息产品制造业、软件业）企业2 062家，比上年增加248家。实现主营业务收入4 803.1亿元，比上年增长24.9%；实现利润、利税215.3亿元和335.5亿元，分别增长31.4%和29.5%。软件业平稳增长，实现软件业务收入379.7亿元，增长24.1%，利润、利税分别增长21.6%和23.3%；软件外包服务、软件业务出口分别增长33.1%和3.3%。电子信息产品出口保持快速增长，出口213亿美元，增长40%，占全省机电产品出口的54.6%。11家企业入围全国软件百强。互联网网站15.0万个，增长1.1倍；上网人数1 983万人，增长57.9%。

科技创新平台建设积极推进。国家工程技术研究中心达到15家，国家级和省级重点实验室分别有3家和82家，企业国家重点实验室5家。济南国家信息通信国际创新园各项建设进展顺利，与中国科学院共建的“青岛生物能源与过程研究所”和“烟台海岸带可持续发展研究所”正式投入使用。

质量兴省战略深入实施。全省拥有中国名牌产品270个；国家地理标志产品29个，比上年增加7个；山东名牌产品1 479个，增加109个；山东省服务名牌203个，增加43个；山东省质量管理奖56个，增加9个。拥有国家级质检中心23个，增加4个；省级质检中心50个，增加10个。全国驰名商标95个，增加14个。新制定省地方标准414项，其中节能标准30项；新增采用国际标准492项。食品药品监管工作取得新进展。启动了食品安全信用体系创建活动，12个县被命名为信用体系建设示范县；形成了省、市、县药品不良反应三级监测网络，检查药品生产、经营和使用单位1.4万个。

气象地震领域技术保障能力稳步提高。气象现代化建设水平得到加强。新增建岸基自动气象站7个、船舶自动气象站2个、海上浮标自动气象站3个。建设市级应急移动气象台12个，建设能见度自动观测系统14套，建设GPS/MET站15个。有效实施飞机人工增雨作业，累计影响面积26.6万平方公里。地震台网的观测效能进一步提高，强震台网投入运行，测震台网实时信号接入台站达到79个。

十、教育、文化、卫生和体育

教育事业健康发展。全面推进素质教育，基础教育课程及考试评价制度改革顺利进行。职业教育服务社会能力增强，校企结合、工学结合加快，建立了6个省级职教集团。普通高等教育招生规模首次超过50万人，其他各类教育协调发展。

表6 2008年各类教育基本情况

	学校数（所）		招生数（万人）		在校学生数（万人）	
	数量	增减（所）	人数	增长（%）	人数	增长（%）
研究生教育	31	-1	1.9	11.8	5.1	8.5
普通高等教育	114	3	51.4	13.5	153.4	6.5
中等职业学校	761	-21	41.8	-8.9	122	0.4
普通中学	3 893	-146	160.5	-1.2	502.1	-3.5
小学	13 503	-561	104.6	-6.2	633	-0.2
特殊教育学校	144	持平	0.3	持平	2	持平
幼儿园	15 839	925	91.7	4.7	175.1	7.2

各类文化事业协调发展。拥有各种艺术表演团体119个，艺术表演场馆92个，群众艺术馆、文化馆157个，博物馆87个，公共图书馆145个。出版各类图书8 540种、报纸85种、杂志262种。广播、电视人口覆盖率均达97.6%。

卫生服务能力继续提高。全省拥有卫生机构7.5万所，其中，医院1 324所，卫生院1 760所，诊所1.0万所，村卫生室5.8万所，卫生防疫机构178所，妇幼保健机构150所。各类卫生机构拥有床位29.2万张，卫生技术人员35.4万人，其中执业医师及执业助理医师15.1万人。城市社区卫生服务机构1 873家，服务人口覆盖率86.8%。1 127所乡镇卫生院房屋建设和设备配置项目全部建成。

体育事业加快发展。十一届全运会准备工作顺利推进，其中省建场馆单体项目主体工程全部完工。北京奥运会上，我省55名运动员和18名教练员入选中国体育代表队，人数比上届增加26名，参赛项目增加15个。获得5枚金牌、3枚银牌和3枚铜牌，2人6次刷新4项世界纪录，1人1次创1项奥运会纪录，创我省参加奥运会历史最好成绩。全民健身活动继续蓬勃开展。

十一、城乡建设

城镇化进程稳步推进。城镇化战略顺利实施，城镇化率达到47.6%，比上年提高0.9个百分点。乡镇总体规划和中心村建设规划修编基本完成，中心镇详细规划覆盖率达到55%以上。

保障性安居工程大力实施。开工建设经济适用房880万平方米，竣工410万平方米，交付住房5.1万套，新增廉租住房保障3.2万户。在所有县（市、区）全部建立廉租住房制度的基础上，17个设区城市及75个县（市）将保障范围扩大到城市低收入住房困难家庭。新建国家康居示范工程4个，开展住宅性能认定项目6个。

城市载体服务功能进一步提升。城市基础设施建设完成投资576亿元，比上年增长7.9%。济南奥体中心、二环东路高架工程和小清河治理工程，青岛跨海大桥工程和海底隧道工程，潍坊白浪河综合整治工程等一批重点城建项目进展顺利。新建成污水处理厂39座，新增日污水处理能力120.8万吨，城市和县城污水集中处理率达到72%，城市污水处理实现“一县一厂”。新增无害化垃圾日处理能力2 000吨，无害化处理率63%。

城乡环境综合整治效果显著。城中村、旧住宅小区、棚户区、小街小巷整治改造力度不断加大。村镇建设完成投资651亿元，对4 000个村庄进行了整治，住宅、生产建筑、公共建筑共竣工8 222万平方米，道路硬化率60.5%。

十二、资源、环境和安全生产

工业节能降耗力度加大。全省淘汰钢铁产能52.8万吨，水泥熟料1 458万吨，平板玻璃1.6万重量箱，焦化111万吨，电石4.5万吨，造纸33.7万吨，酒精6万吨，关停小火电装机容量140万千瓦。十大高耗能行业增加值增长11.7%，比上年回落6.7个百分点。重点考核的千户重点用能工业企业主要产品生产实现节能384.5万吨标准煤；千户重点企业填报的49项单位产品能耗指标中，下降的占93.8%。新能源和可再生能源开发应用力度不断加大，新增风电装机容量15.4万千瓦，增长42.6%。

建设领域节能取得新进展。大力推进建筑节能与“禁实”，生产新型墙材305亿标块，占墙材生产总量的79%。建成节能建筑4 600万平方米，占竣工新建民用建筑的93.6%；通过墙改建筑节能，实现利废3 500万吨。

城市节水取得新进展，全年城市节水4亿立方米，共有国家节水城市9个，新增省级节水城市7个。

节约集约利用土地取得新成绩。加强闲置土地清查确认，处置闲置土地3.2万亩，处置率为98%。整理、复垦和开发土地面积112万亩，其中，新增耕地面积26.5万亩，实现了占补平衡。设立了19个基本农田保护示范区。

治污减排取得积极进展。新建水污染物减排项目374个、大气污染物减排项目448个。新建成5万千瓦及以上脱硫机组16台，脱硫装机容量592万千瓦，新增削减能力15.8万吨。全省削减化学需氧量4.12万吨，削减二氧化硫13.03万吨，化学需氧量和二氧化硫排放总量分别比上年下降5.73%和7.15%。全省104个河流断面化学需氧量平均浓度下降19.4%，氨氮平均浓度下降34.0%。

安全生产形势总体稳定。各类生产安全事故26 605起、死亡人数5 606人，分别比上年下降24.3%和10.9%。亿元GDP生产安全事故死亡0.18人，下降25%。其中，煤矿百万吨死亡0.09人，下降35.7%；工矿商贸就业人员10万人死亡0.92人，下降6.1%；道路交通万车死亡3.21人，下降16.4%。

十三、人口、居民生活和社会保障

人口保持低速平稳增长。根据人口变动和劳动力抽样调查推算，全省出生人口105.7万人，出生率11.25‰；死亡人口57.9万人，死亡率6.16‰；自然增长率5.09‰。年末常住人口9 417.2万人。其中，0~14岁人口1 469.1万人，占总人口的15.6%；15~64岁人口6 978.1万人，占74.1%；65岁及以上人口970.0万人，占10.3%。

城镇居民生活继续改善。城镇单位在岗职工年平均工资26 407元，比上年增长15.6%。城镇居民人均可支配收入为16 305元，增长14.3%，扣除价格因素，实际增长8.5%。城镇居民人均消费支出11 007元，增长13.9%。其中食品支出3 699元，增长16.3%。城镇居民恩格尔系数为33.6%。城镇居民人均住房建筑面积为31.4平方米，增加1.6平方米。

表7　城镇每百户居民家庭主要耐用消费品拥有量

消费品名称	单位	数量	消费品名称	单位	数量
钢琴	架	3.4	摄像机	架	8.9
微波炉	台	47.9	照相机	架	50.1
电冰箱	台	99	空调器	台	89.7
消毒碗柜	台	6.8	固定电话	部	76.1
淋浴热水器	台	85	移动电话	部	181.6
洗衣机	台	93	健身器材	套	6.3
彩色电视机	台	119.4	助力车	辆	46.6
组合音响	套	22.9	摩托车	辆	34.8
家用电脑	台	64	家用汽车	辆	12.9

农村居民生活水平进一步提高。农村居民人均纯收入5 641元，比上年增长13.2%，扣除价格因素，实际增长6.6%。其中，工资性收入2 263元，增长16.0%；经营性收入2 963元，增长9.7%；财产性收入164元，增长13.6%；转移性收入251元，增长32.4%。人均生活消费支出4 077元，增长12.6%。其中，食品支出1 552元，增长13.3%。农村居民恩格尔系数为38.1%。农村居民人均住房面积33平方米，增加1.3平方米。

表8　农村每百户居民家庭主要耐用消费品拥有量

消费品名称	单位	数量	消费品名称	单位	数量
微波炉	台	4.2	家用电脑	台	5
电冰箱	台	46.7	照相机	架	8.1
排油烟机	台	10.2	空调器	台	7.6
热水器	台	28.5	固定电话	部	77
洗衣机	台	64.9	移动电话	部	121.2
黑白电视机	台	8	助力车	辆	44
彩色电视机	台	106.6	摩托车	辆	69.6
影碟机	台	61.8	汽车（生活用）	辆	1.7

社会保障体系建设步伐加快。全省城镇职工基本养老、医疗、失业、工伤和生育保险参保人数分别达到1 260.8万人、1 266.2万人、864.1万人、865万人和638万人，比上年末分别净增85.9万人、150.4万人、49.2万人、120万人和74.8万人。社会保障水平提高，237.5万名企业离退休人员养老金按时足额发放，月人均养老金1 214.8元。城镇居民基本医疗保险试点全面展开，参保居民588万人；新型农村社会养老保险试点县由上年14个扩大到40个，参保农民295万人；新型农村合作医疗农民参合率97.0%，提高6.7个百分点。

困难群众生活保障水平提高。城乡低保标准和补助水平逐步提高。城镇建立了最低生活保障标准与低收入居民基本生活费用价格指数挂钩联动机制，保障人数61万人，月保障标准为170元至340元，人均月补助138元，比上年提高33元。农村年人均纯收入低于900元的困难群众全部纳入保障范围，保障人数187万人，年保障标准为900元至1 800元，基本实现应保尽保。现有农村五保供养服务机构1 752个，总床位数达到22万张，集中供养率73.5%。

社会救助事业稳步发展。应急救助规模扩大，安排城乡医疗救助资金1.65亿元，救助和资助居民111万人，分别增长17.9%和32.1%。各级安排善款1.66亿元，继续实施朝阳助学、夕阳扶老、情暖万家、康复助医、爱心助残五大工程。已建救助管理站30处，流浪儿童救助保护中心13处。收养性社会福利单位2 031个，收养21.3万人。社会福利企业1 529个，安置残疾人员4.0万人。

注：1. 本公报所列各项数字均为初步统计或核算数字。

2. 全省生产总值、各产业增加值绝对数按当年价格计算，增长速度按可比价格计算。

第二部分

全省财政工作

全省财政工作综述

【概述】 2008年，山东省实现生产总值31 072.1亿元，按可比价格计算比上年增长12.1%。其中，第一产业增加值3 002.7亿元，增长5.1%；第二产业增加值17 702.2亿元，增长12.1%；第三产业增加值10 367.2亿元，增长14.0%；三次产业比例由上年的9.7∶57.1∶33.2调整为9.6∶57.0∶33.4。人均生产总值33 083元，增长11.4%。全社会固定资产投资完成15 435.4亿元，增长23.1%。实现社会消费品零售总额10 381.2亿元，增长23.0%，扣除价格因素实际增长17.3%，增幅均创近十年新高。居民消费价格呈前高后低走势，上涨5.3%，涨幅比上年提高0.9个百分点。全省实现进出口总额1 581.4亿美元，增长29.0%。其中，出口931.7亿美元，增长23.8%；进口649.7亿美元，增长37.1%。全年城镇新增就业114.7万人，农村劳动力转移就业149.9万人，连续5年实现城镇新增就业和农村劳动力转移就业双过百万。城镇居民人均可支配收入16 305元，增长14.3%，扣除价格因素，实际增长8.5%；农村居民人均纯收入5 641元，增长13.2%，扣除价格因素，实际增长6.6%。

2008年，受国际金融危机影响，山东经济增长呈现前高后低态势，下半年经济运行与企业经营困难明显增多，财政运行面临很大压力。各级财税部门在省委、省政府正确领导下，以科学发展观为统领，认真落实国家和省各项调控政策，积极采取措施保增长、扩内需、控物价、调结构、保民生、保稳定，全省经济平稳较快发展，财政收支实现较快增长，各项工作均取得新成绩。2008年，全省地方财政收入完成1 957.05亿元，比上年增长16.81%。全省纳入预算管理的政府性基金收入1 033.37亿元，比上年增长49.50%。全省地方财政支出完成2 704.66亿元，比上年增长19.58%。全省政府性基金支出1 011.71亿元，比上年增长63.90%。全年财政收支平衡，略有结余。

【扩内需、保增长，促进经济平稳较快发展扎实有效】 面对复杂严峻的国内外经济形势，山东各级财政部门坚决落实宏观调控政策，充分发挥财税调控作用，着力促进经济平稳较快发展。一是多措并举，积极应对金融危机挑战。针对形势发展变化，认真研究应对措施，大力支持扩大投资、消费和出口。特别是国务院出台扩大内需十项措施后，省财政紧密结合实际，迅速研究提出24项具体政策措施。在此基础上，各级财政部门积极配合有关方面做好项目筛选、论证、上报工作，努力搞好政府融资平台建设，大力推动“银政企”合作，着力引导银行、企业和社会增加投入，为促进经济增长提供了有力支撑。二是加强引导，着力促进经济结构调整。抓住国内外需求减少对结构调整形成的倒逼机制，注重发挥财政资金的“引子”作用，积极调控和引导社会资金，加大对现代农业、先进制造业、高新技术产业、现代服务业、自主创新等方面投入，推进了现代产业体系建设。同时，注重发挥体制机制的激励约束功能，通过完善生态补偿机制、矿业权价格形成机制，实行多耗能加价、多用水加价、节能奖励、节能产品政府采购，对可再生能源利用、高效照明产品推广给予补贴等措施，大力推进节能减排，加快淘汰落后产能，促进资源节约型和环境友好型社会建设。2008年，全省财政仅用于节能减排和生态环保方面的投入就达59.12亿元，比上年增长102.7%。三是积极调控，努力缓解物价上涨压力。为消除物价上涨对居民生产生活的影响，各级通过落实涉农补贴政策，扶持粮食、油料、生猪和奶牛生产，支持粮食、食用油、猪肉和化肥储备，增加重要农产品和生活必需品供给等措施，积极发挥财政补贴和储备手段对物价的调控作用。2008年，全省仅粮食直补和农资综合补贴就达56.28亿元，比上年增长102.2%，每亩补贴达到86.76元；能繁母猪补贴标准由上年每头50元提高到100元。四是清费减税，进一步优化经济发展环境。积极贯彻国家结构性减税政策，并在认真落实中央停征工商“两费”和取消100项收费项目的基础上，按照“先易后难、分步实施”的办法，取消74项省级收费项目，通过清理收费每年可减轻企业和社会负担24亿多元，有力地调动了社会投资与消费的积极性。

【抓征管、保重点，促进财政增收节支措施有力】 面对严峻的财政经济形势，各级财税部门不断强化忧患意识、责任意识，自觉将财政工作放在经济社会发展全局上来把握，严格依法治税管费，着力强化支出管理，保障了预算任务的圆满完成。在组织收入方面，全省财政系统扎实开展“培植壮大财源”战略课题研究，出台一系列推进财源建设的政策措施，调动了各方面发展经济、培植财源的积极性，促进了财政增收。另一方面，针对形势变化，不断完善财政增收激励政策，切实加强收入大市、重点行业、重点企业、重点税种分析，强化土地收入、海域使用金、彩票公益金等非税收入征管，加强了对收入工作的组织指导。国税部门以实施新企业所得税法为契机，深入实施科技强税战略，不断完善分析预警和纳税评估系统，稳步提升税源管理水平；地税部门积极采取社会综合治税、网上监控、评估比对、重点检查等措施，深入挖掘税源潜力，防止税收流失，税收征管工作取得新突破。2008 年，全省税收收入完成 1 533.53 亿元，比上年增长 17.21%；占地方财政收入的比重达到 78.36%，比上年提高 0.27 个百分点。在支出管理方面，各级财政部门牢固树立过紧日子的思想，通过采取压减省直党政机关公用经费、严格控制因公出国（境）支出、实行经费包干和节编节能奖励、对县乡精简机构和人员给予奖励等措施，大力压减一般性支出，集中财力保重点、办大事，有效保证了重点社会事业发展需要。2008 年，省直党政机关公用经费一律比年初预算压减 5%，各地也进行了不同幅度的大力压减。全省教育、科学技术、农林水事务支出分别为 550.99 亿元、57.13 亿元、235.30 亿元，分别比上年增长 21.54%、23.11%、44.34%，均明显高于经常性收入增幅。

【顾大局、讲时效，各项重大应急支出保障较好】 2008 年经济社会生活中的突发性大事、急事、难事较多，对地方财政预算的正常执行造成较大冲击。在预算执行中，各级财政部门着眼全局合理安排资金，压一般、保重点，精打细算、科学理财，较好地保证了各项突发性支出需要。其中，“4.28”胶济铁路特大交通事故发生后，省和有关市财政部门紧急组织、及时拨付资金，较好地保证了救援工作需要。汶川特大地震发生后，各级迅速响应中央和省委省政府号召，积极落实援助资金，并通过压减党政机关公用经费、动员干部职工捐款捐物、鼓励社会募捐等方式，多渠道筹集救灾资金。2008 年，全省各级财政共落实资金 23.98 亿元，有力地支持了抗震救灾和援建北川工作。在支持举办奥运会方面，各地本着既保障需要又节俭开支的原则，及时安排奥运安保及火炬传递经费。特别是青岛奥帆赛海域出现大面积浒苔灾害后，省和沿海各市财政部门积极落实资金 4.46 亿元，全力以赴打好浒苔清理攻坚战，为奥运会、残奥会成功举办提供了有力保障。“三鹿奶粉”事件发生后，各级财政又及时投入资金 1.2 亿元，用于筛查救治等工作，并采取多项措施稳定奶业生产发展。中央扩大内需资金到账后，各级坚持急事急办、特事特办，及时启动应急机制，开通资金拨付绿色通道，确保了中央资金即收即拨、早日发挥效益，保障了中央宏观调控政策的顺利实施。

【保民生、保稳定，为群众解难题办实事成效显著】 预算执行中，各级坚持理财为民原则，不断完善民生政策体系，加大民生投入力度，有力地促进了重点社会事业发展。在改善农业生产和农村生活条件方面，研究出台 31 条政策措施，支持农业基础建设与农业发展、农民增收；省市两级落实小型水库除险加固奖补资金 8.23 亿元，基本完成 1 345 座重点小型病险水库除险加固任务；全省拨付大中型水库移民后期扶持资金 12.17 亿元，惠及 182.2 万大中型水库农村移民，小型水库移民帮扶试点工作在全国率先启动；加快推进农村沼气和农村饮水工程建设，全省新增农村户用沼气 45 万户，新增自来水受益人口 200 万人；大力推动家电下乡，对农民购买彩电、冰箱（冰柜）、手机、洗衣机给予补贴，共销售下乡产品 109.93 万台（部），落实补贴资金 1.67 亿元。在支持教育事业发展方面，深入推进义务教育经费保障机制改革，各级财政落实资金 64.3 亿元，全部免除了 964 万城乡义务教育学生杂费，农村小学、初中生均公用经费补助标准分别提高至 400 元、600 元，对所有农村义务教育学生免费提供教科书，寄宿生生活费补助标准由每生每年 300 元提高到小学、初中每生每年 500 元、750 元，维修改造农村中小学校舍 338 万平方米；在 255 所农村中小学实施了“两热一暖一改”工程试点。全面启动农村义务教育债务清理核实工作，摸清了债务底数，锁定了债务余额。高等教育、中等职业教育、普通高中投入明显增加，家庭经济困难学生资助政策体系不断完善。在促进社会保障和就业方面，将农村低保标准由 800 元提高到 900 元，受益群众达到 187 万人；乡镇敬老院建设成果进一步巩固，农村五保集中供养率达到 70% 以上；连续两次提高对城乡低保对象和在校大学生的生活费补助标准，有效缓解了物价上涨对低收入群体的影响；廉租住房保障制度全面建立，全省累计筹集各类廉租住房保障资金 14 亿元，新增廉租住房保障 4.45 万户；新型农村合作医疗政府补助标准由 40 元提高到 80 元，参合农民达到 6 364 万人；城镇居民基本医疗保险试点在全省 17 市全面推开，参保人数达到 588 万人；支持实施新一轮积极就业政策，不断完善创业和就业财税帮扶政策，人力资源市场建设、技能扶贫与就业、“三支一扶”计划和“一村（社区）一名大学生”等工程顺利实施。在促进医疗卫生事业发展方面，全省乡镇卫生院改造工程基本完成，村卫生室服务能力提升工程顺利启动实施；政府购买公共卫生服务制度全面推行，各级财政对社区卫生服务机构能力提升和购买服务投入2.7亿元，增长1.4倍。省财政投入7 157万元，保障了农村部分计划生育家庭奖励扶助制度、独生子女伤残死亡家庭扶助制度试点的落实。同时，积极落实免费开放博物馆、纪念馆政策，免费开放数量由5个增加到98个；大力支持体育场馆和公益文化设施建设，扎实开展农村电影放映、农家书屋建设等惠民工程，为举办“十一运会”，促进城乡文化事业、群众性体育事业发展提供了保障。

【建机制、促协调，推动县乡科学发展力度加大】 一方面，认真落实财税政策，支持实施鲁中崛起、东部提升、黄河三角洲科学开发、鲁南经济带加快发展、海洋经济发展等重大战略，大力推动区域经济协调发展。另一方面，改进转移支付办法，把缓解县乡财政困难与促进县域经济科学发展结合起来，把加大转移支付力度与促进县乡优化收支结构结合起来，在保持财政体制不变、转移支付基数不减的基础上，结合中央财政支持，新筹措资金18.6亿元，加大转移支付力度，建立起“五个机制”。一是建立财政收入质量改善机制，对主体税种占地方财政收入比重提高的县给予奖励，引导各地加快发展、培植财源；二是建立财政支出结构优化机制，对民生支出占财政总支出比重提高的县给予奖励，引导各级加大民生投入；三是建立县级财力差异均衡机制，对市级增加转移支付的给予奖励，鼓励市级加大对县乡的帮扶力度；四是建立县级基本财力保障机制，对自有财力不能满足基本支出需求的县给予补助，保障财政困难县正常运转；五是建立县乡义务教育债务化解机制，全面启动农村义务教育化债工作，促进义务教育事业加快发展。通过建立以上“五个机制”，由过去主要鼓励“快”转到鼓励“好”上来，树立了有利于科学发展的政策导向，推动了县乡经济又好又快发展。2008年，省对下各类转移支付达到510.5亿元，比上年增加130.7亿元；全省除长岛县外，所有县（市、区）地方财政收入均已超过1亿元，其中过10亿元的达到47个，比上年增加10个；按财政供养人口计算，省财政重点帮扶的43个财政困难县人均财力达到3.34万元，比上年提高4 300元。

【抓改革、抓管理，财政体制机制创新步伐加快】 面对尖锐的收支矛盾和繁重的保障任务，各级坚持以改革化解矛盾，以管理促进保障，努力实现财政改革管理新突破，着力构建有利于科学发展的体制机制。一是预算制度改革稳步推进。省级改进了部门结余资金管理办法，对预算外资金全面实行指标化管理，建立了省直人员信息联合共管新机制，规范了垂管单位基本支出管理，提高了部门预算管理水平。国库集中支付改革省级覆盖到所有省级预算单位，全省17市全部实施了改革，除青岛市外，其余16市所辖129个县（市、区）全部实施了改革，改革单位占全部预算单位的92.8%。全省完成政府采购金额404.64亿元，比上年增长37.16%，资金节约率达到13%。公务卡改革试点在省级一级预算单位本级成功启动。国有资本经营预算试行工作顺利启动，省级收取国有资本经营收益2.05亿元，有力支持了国有企业主辅分离、辅业改制、分离办社会职能等工作；社会保障预算编制工作全面推开，社保基金管理机制日趋完善。二是税制改革步伐明显加快。各级认真落实新的企业所得税政策，妥善处理了跨地区企业总、分机构的税收征纳关系。对个体工商户、个人独资企业和合伙企业个人所得税统一执行2 000元/月的费用扣除标准，对储蓄存款利息所得暂免征收个人所得税。完善耕地占用税政策，提高税额标准，在增加财政收入的同时，促进了耕地保护和土地节约集约利用。密切关注增值税转型和燃油税费改革动态，扎实做好前期准备工作，为改革顺利实施奠定了基础。三是支出管理方式不断创新。按照综合预算改革要求，各级积极统筹调剂预算内外资金，将部门预算外收入优先安排用于机关日常公用经费支出；统筹协调各类专项资金，捆绑使用、加强衔接，资金使用效益明显提高；积极发挥市场机制作用，灵活运用财政杠杆，努力拓宽融资渠道，有力支持了财政经济发展。四是财政基础管理进一步加强。积极推动《山东省财政监督条例》顺利出台，地方财政法规体系不断健全。加大财政监督和投资评审工作力度，全年共对8 204个部门、单位进行了检查，全省完成项目评审额633.38亿元，增长17.04%，审减及查出不合理资金59.38亿元。强化资产处置监管和有偿使用管理，积极开展资产管理信息化试点，行政事业资产管理水平不断提高。搞好会计准则宣传培训，健全会计人员准入、管理机制，强化注册会计师行业管理，有力促进了会计诚信建设。狠抓核心业务系统推广应用，完善信息化基础设施，金财工程建设步伐加快。扩大利用政府外债规模，健全债务金融监管机制；政策性农业保险试点范围扩大到60个县（市、区），债务金融管理工作迈上新台阶。

【两手抓、两手硬，财政干部队伍建设呈现新面貌】 各级财政部门把干部队伍建设作为重要基础来抓，在推动理财思路和工作方式创新的同时，狠抓干部队伍自身建设，内树正气、外树形象，机关作风建设、文明创建再创佳绩。一是扎实开展深入学习实践科学发展观活动。按照中央统一部署，省财政厅将开展学习实践活动作为重要政治任务，紧密联系财政工作实际，确立了“坚持科学发展，建设财政强省”的活动主题，以及“解放思想，改革创新，全面推进发展型、民生型、创新型、绩效型、阳光型‘五型财政’建设”的实践载体，加强领导、精心组织，圆满完成各项任务，广大干部对科学发展观的理解更加深入，践行科学发展观的思想基础更加牢固。二是努力提高干部队伍素质。立足能力培养和素质提升，全年省财政厅共组织举办各类培训班36期，培训全省财政干部近2.96万人次。以推动经济社会发展为目标，以维护群众切身利益为宗旨，扎实开展“机关服务年”活动，机关干部的服务意识和服务能力明显提升。三是大力加强党风廉政建设。认真贯彻落实中央《建立健全惩治和预防腐败体系2008～2012年工作规划》和省委《实施办法》，结合财政部门实际积极创新反腐倡廉建设形式与措施，扎实开展党风廉政教育活动，建立健全反腐倡廉联席会议制度和党员干部廉政档案，着力强化关键部位和重点环节监督，财政部门惩治和预防腐败体系更加完善。全面深化财政管理制度改革，加强工作协调和责任落实，圆满完成财政部门牵头负责的源头治理任务。大力推动政务公开，强化对下工作指导，积极组织参与“阳光政务热线”直播活动，系统政风行风建设取得新的成绩。在2008年全省民主评议行风活动中，省财政厅及8个市财政局分别荣获省直和当地经济社会管理类第一名，省财政厅机关连续多年被评为“省级文明机关”，绝大多数市县财政局被授予市级或省级以上文明单位称号，财政系统政风行风建设与文明创建工作取得丰硕成果。

（撰稿：张玉成　崔宗涛　王道昌）

综合财政管理

【改进和加强非税收入管理，推动科学发展】 运用非税收入政策，在加强宏观调控，促进资源节约、环境友好“两型”社会建设方面，做了积极探索，有效发挥了非税收入政策的杠杆调控作用。

（一）清理取消收费基金。根据宏观形势变化，灵活运用收费减免手段，支持经济社会发展。2008年初，南方地区发生雨雪冰冻灾害，为促进鲜活农产品生产流通，稳定市场物价，出台了对鲜活农产品生产和销售环节部分收费的减免政策。为推动自主创业、自谋职业，对个体经营人员免收行政事业性收费。下半年，为切实减轻企业和社会负担，促进经济平稳较快增长，全面落实财政部公布取消和停征的100项行政事业性收费，依托系统数据对取消的收费项目进行了认真仔细的核实，分别测算了省、市、县三级的减收情况和支出压力。在此基础上，对省级立项的行政事业性收费项目进行了全面清理，按照“先易后难、分步实施”的办法，第一步取消了74项行政事业性收费项目，每年可直接减轻企业和社会负担12亿元，有效调动了社会投资和消费的积极性。同时，会同物价等部门对降低部分收费项目标准进行了研究，并提出了2009年暂停征收相关收费的初步意见。

（二）完善非税收入征管机制。一是进一步完善政策体系。先后制定出台了《非税收入代收银行管理暂行办法》、《非税收入征缴规范管理考核办法》等6个规范性办法，规范了征缴管理程序，提高了非税收入管理的精细化和规范化水平。二是规范非税收入系统征缴管理。依托非税收入征管系统，强化非税收入系统征管平台作用，把能纳入系统征管的全部纳入系统，切实提高系统征缴率。三是规范票据管理。制定完善了票据管理办法，明确票据使用范围，对票据领购、管理、使用等规定了具体程序和要求。规范了票据工本费的征缴方式、使用方向和结算程序，理顺了票据计划报送、印刷安排、工本费结算等各个环节的关系，进一步提高了“以票管费”水平。四是着力加强重点部门、重点收入的管理。组织力量对重点部门、重点项目，从管理方式、征缴标准、分成情况、分级收入情况等方面进行了认真细致梳理，进一步摸清了情况，提出了加强管理的政策建议。

（三）加强土地海域等资源环境性收入管理。一是加强土地收支管理。进一步加大土地出让金和新增建设用地有偿使用费征管力度，严格落实土地出让收入“收支两条线”管理规定，确保土地收入及时征缴、足额入库，纳入政府基金预算管理。2008年，全省国有土地收入累计缴入财政917.77亿元，比2007年增长28.04%。推进土地支出管理改革，切实管好用好土地资金，积极会同国土部门，明确了全省土地开发整理投资方向，突出四大重点领域、六大重点工程和进一步推进基本农田保护的总体要求，改变了以往支持项目小、资金使用散、形不成规模效益的状况。二是进一步加强海域收入管理。根据国家规定，结合山东实际，修订了《山东省海域使用金减免管理办法》，对海域使用金减免的权限和事项做了进一步规范。2008年，全省征收海域使用金6.08

亿元。为充分发挥资金使用效益，会同有关部门制定了《省级海域使用金项目申报指南》，确定了海域使用金具体支出范围、标准和重点支出方向。三是完善资源环境非税收入改革。进一步完善排污费、污水处理费、水资源费、墙体基金、差别电价等资源环境性收费价格政策，进一步加强和规范资源环境性非税收入征管。

（四）加强彩票基础监管。一是积极支持彩票发行销售。支持彩票机构加大营销力度，努力开拓市场，在全国获准率先发行奥运即开型彩票。为支援地震灾区灾后重建，积极做好福彩“刮刮乐”、体彩“顶呱刮”等“赈灾”彩票的发行销售工作，充分利用彩票手段筹集灾后重建资金。配合审计部门开展彩票专项调查，进一步强化彩票市场和机构日常监管，维护了彩票市场平稳健康发展。2008年，全省彩票销量74.67亿元，筹集彩票公益金23.13亿元，保持了稳定增长的良好势头。二是强化彩票公益金使用管理。严格落实中央精神，将彩票公益金纳入基金预算，实行“收支两条线”管理，并调整了彩票公益金缴交办法。加强专项彩票公益金管理，不断调整彩票公益金的使用方向，集中支持了社会福利院、“万名聋儿启聪工程”、十一届全运会场馆建设、全民健身工程等一大批“民心工程”，促进了和谐社会建设。三是加强彩票机构财务管理。积极研究建立彩票监管信息系统，利用计算机网络技术，加强对彩票市场的跟踪监管。

【加大住房保障力度，深化住房制度改革】 适应形势变化，调整工作思路，加大了各项政策落实力度。

（一）加大保障性住房支持力度。为贯彻落实中央和省里关于扩大内需、促进经济平稳较快增长的重要决策，切实保障和改善民生，在反复调研论证的基础上，提出了建立省级廉租住房保障奖补机制的政策建议，省财政首次建立省级廉租住房保障奖补专项资金，采取奖补结合的办法，激励各地加大廉租住房保障力度。同时，积极向中央反映山东廉租住房保障任务、资金缺口等方面的实际困难，最终被列入中央财政补助范围。为确保住房保障资金安全高效使用，会同有关部门建立健全了廉租住房保障、城市低收入家庭住房保障统计、城市棚户区改造和旧住宅区整治等方面制度办法，并积极参与住房保障专项督查。截至2008年底，全省累计落实廉租住房保障资金17.6亿元，对6.76万户城市低收入住房困难家庭实施了廉租住房保障；其中，2008年筹集各类廉租住房保障资金14亿元，新增保障4.45万户。

（二）积极解决省直房改遗留问题。一是积极推进省级干部房改。参与研究制定省级干部房改相关政策及数据测算，集中办公、上门服务，办理出售省级干部住房103户，收取房款1 239万元，拨付省级干部房改补偿117万元。二是积极推进挂账兑现。通过整理、核对房改档案数据，及时研究论证新问题，确保政策公平合理，加强对重点单位督导等措施，认真做好兑现离退休职工补偿挂账工作，全年共兑现职工补偿挂账单位61个，兑现金额946万元。三是参与处理房改违规违纪问题。会同有关部门认真落实政策，妥善解决省直房改违规违纪、超控两套房等遗留问题。全年共办理房改遗留问题84户，其中，处理违规违纪31户，增加城市住房基金收入28万元。四是大力推进公房出售。全年审批办理各类房改售房业务3 283户，收取资金4 900余万元，按政策返还房改结束单位售房款1 226万元。积极参与省直汉峪住宅小区成本论证、阳光舜城省直住宅小区成本审计等工作，催收拖欠房款3.65亿元，办理结算1 345户。

（三）细化公积金监管。一是积极落实风险准备金计提政策，提取廉租住房资金2.24亿元，是2007年提取额的3.2倍。同时，进一步提高风险防范能力，达到了政策预期目的。二是加强政策指导。会同有关部门研究明确了规范津贴补贴后公积金缴交基数政策，规范了缴交行为。三是加强监督检查。会同建设部门组织专项整治，制定了加强住房公积金管理专项治理的相关政策及具体措施，及时纠正审计发现的问题，顺利通过了国家联合检查组的复查督导。四是严格按照政策规定，核销有关市的住房公积金贷款呆账，依法查处了个别企业骗取住房公积金贷款问题。

【规范公务员津贴补贴，深化收入分配制度改革】 按照中央收入分配制度改革的总体部署，继续深入开展规范公务员津贴补贴工作。

（一）开展省直驻济以外机关规范津贴补贴工作。在驻济省直机关公务员实行工资津贴补贴统一规范发放的基础上，多次深入有关部门和基层单位，区分不同区域、不同性质单位，对省直驻济以外机关津贴补贴情况进行深入调研，结合以往检查情况，对规范驻外机关津贴补贴进行了反复测算、分析，并广泛了解十几个省份规范驻外机关的做法，结合当前形势和财政承受能力，研究提出了三套规范方案。报经省政府同意后，最终确定了实行“属地政策”的办法。这一办法出台后，首次从制度上明确驻外机关津贴补贴发放和审批办法，将有效解决驻外机关津贴补贴政策不明、发放混乱、监管乏力等问题。

（二）加强对省以下机关规范津贴补贴工作的指导。按照“下管一级”的要求，在全省各市市直机关第一步规范工作基本到位的基础上，针对个别市离退休人员待遇偏低等特殊问题进行了深入研究，审核批准了部分市调整提高市直机关津贴补贴水平的方案，进一步完善了与经济发展水平密切相关的津贴补贴正常调整机制。截至2008年底，各市市直机关津贴补贴之间差距进一步缩小，由第一步规范后的4.5倍缩小到3.3倍。同时，继续运用经济手段调节地区间收入不合理差距，及时核定征收津贴补贴调节基金，完善规范津贴补贴工作重要情况报告制度，积极着手建立津贴补贴管理基础数据库，为建立地方附加津贴制度打下了良好基础。

（三）进一步完善相关配套改革政策。一是根据中央部署，对义务教育阶段中小学教师绩效工资等问题进行了调研，会同人事、教育等部门，对全省有关情况进行了测算，提出了意见建议。二是根据中组部关于调整离休干部护理费问题的通知，会同老干部局等部门结合实际，提出了贯彻落实意见。

【清理化解农村义务教育债务，深化农村综合改革】 按照省委、省政府统一部署，在继续抓好莱州、莒县、阳谷3个试点县市化解农村义务教育债务试点的同时，在全省全面启动了农村义务教育债务清理核实工作。

（一）精心组织，周密部署。在调查研究的基础上，借鉴试点经验，以省政府名义下发了《关于开展清理核实农村义务教育债务工作的通知》（鲁政办发〔2008〕18号），明确了有关政策界限和工作要求，并及时召开全省会议进行动员部署，采取直接培训到县的办法，对农村义务教育债务监管系统进行培训。同时，按工作方案要求，对清理核实工作时间步骤进行细化分解，自查摸底、公示审核、清理登记、市级初核、省级审核等各环节压茬进行，有力保障了全省清理核实工作的顺利进行。

（二）加强指导，统一政策。在清理核实农村义务教育债务过程中，针对各地清理核实中遇到的问题，按中央要求，结合山东实际，有针对性地研究提出一些具体问题的解决措施和办法，保持政策的统一性和可操作性。同时，充分利用农村综合改革信息系统、财政部门内部信息系统等平台，深入挖掘、及时宣传各地的好经验、好做法，建立了全省清理核实农村义务教育债务联络员制度，确保上下信息畅通，确保化债工作顺利进行。

（三）层层把关，严格检查。为防止出现“水分债”，确保清理核实数据真实可靠，进一步加大了对债务的核查力度。一是强化了市级责任。明确要求各市对所属县（市、区）清理上报的债务数额进行认真审核，且审核面不低于上报债务总额的60%，强化市级责任，切实把“旧债”锁定、锁准。二是加强省级核查。依托省财政监督力量，扎实开展省级审核，明确要求审核面不低于上报债务总额的40%。

在组织做好清理核实农村义务教育债务工作的同时，2008年，对沿黄地区农业用水负担、村级组织运转保障、开展村级公益事业建设“一事一议”财政奖补试点等深化农村综合改革中的热点、难点问题进行了深入研究，提出了政策建议。此外，配合农民负担监管部门，积极落实减轻农民负担四项制度，参与全省农民负担监督检查，确保农民负担不反弹，切实巩固农村税费改革成果。

【加强政策调研和宣传，提升财政综合工作层次】 始终坚持把政策研究与深化改革、推进工作紧密结合起来，把“能研究、会研究”当作基本功来抓，促进各项工作的开展。

（一）拓展视野，提高调研层次和水平。一是围绕财政经济运行中的热点难点搞调研。在继续坚持做好宏观财经形势分析季报的同时，进一步拓展视野，加强对财政经济运行难点热点问题的研究。针对经济运行中投资旺、消费软的问题，及时加强对扩大消费问题研究，对消费低迷的原因进行深入分析，从财政的角度提出了扩大消费的政策建议。二是围绕财政综合工作创新点搞研究。采取上下联动的形式，整合全系统力量，开展资源环境性收入大调研活动。另外，积极关注保障性住房建设问题，对青岛、济南、日照等地保障性住房建设经验进行总结，提出了相关政策建议，推动了廉租住房奖补机制的建立。三是围绕财政综合工作的重点和难点抓调研。组织力量对行政事业单位非经营性国有资产有偿使用、政府收费公路债务、加强海域有偿使用管理等进行了深入调研。

（二）创新形式，积极开展“非税收入规范管理年”活动。为在全社会形成加强和规范非税收入的良好氛围，形成非税收入管理合力，在全省开展了以“管理、创新、服务”为主题的“非税收入规范管理年”活动，通过开展资源环境性非税收入考核、非税收入宣传月、创建非税收入规范管理示范县等活动，以规范年这条主线贯穿全年非税收入管理工作，引导各地不断改革创新，切实发挥非税收入管理在建设“两型社会”、推动科学发展中的作用。

（三）夯实基础，加强非税收入报表分析。在顺利升级非税收入征管系统硬件设备的同时，不断完善系统统计功能，狠抓非税收入系统征缴率和报表统计分析，非税收入报表分析质量、时效性明显提高，在清理取消收费、实施燃油税费改革等工作中发挥了重要作用，为推进改革、规范管理提供了可靠依据。

（撰稿：王　晶　魏全胜　朱厚玉　谭　梅　侯乃弘　罗斯维　李　鹏）

法规税政

【坚持参与税制改革与完善地方税收政策相结合，努力增加地方财政收入】

（一）有效发挥地方税政职能，稳步推进税制改革。一是全面参与流转税制改革。2008年，国家相继修订了增值税、消费税和营业税暂行条例，重点推进了以增值税转型为核心的流转税制改革，对全省经济社会产生了重大影响。为此，及时开展改革前期调研，认真征求各方面意见，全面向中央反映了山东省建议，得到上级充分肯定和认可。同时，认真搞好改革影响收入分析测算，科学提出贯彻实施意见，分别向省委、省政府作了专题汇报，改革落实工作扎实有力。二是积极应对燃油消费税改革。国家抓住有利时机，实施了燃油税费改革，提高了成品油消费税税额标准。为此，及时将改革精神和有关建议向省政府作了全面汇报，会同有关部门仔细分析测算税费收入，合理提出具体应对措施和建议，确保了改革顺利实施。三是努力推进资源税制改革。为积极适应宏观调控的需要，促进资源优势转化为财政优势，深入开展了盐资源税等一系列资源税收制度改革调研，多次向中央反映情况，合理提出了加快资源税改革、调整资源税标准、完善计征方式的意见。

（二）不断提高税政管理水平，积极促进税收政策增收。一是合理调整工矿区征税范围。为进一步适应全省经济形势发展要求，努力提高土地资源使用效益，认真开展调查研究，报经省政府批准，对济南等14市工矿区征税范围进行了合理调整，对符合条件的工矿企业征收了城镇土地使用税和房产税，每年增加全省地方财政收入约1.8亿元。二是积极推进现有政策增收。针对财政收支压力愈发严峻和财政增收难度日益加大的形势，先后组织开展了内外资企业统一城建税及教育费附加、黄金恢复征收增值税及城建税和教育费附加、大屯煤业跨省开采煤炭资源税、管道运输和地方铁路运输征收营业税、黄河引水税费征收营业税、提高盐资源税税额标准等一系列政策增收调研活动，分别向财政部提出改革意见和建议，为努力增加地方财政收入做了大量工作。三是清理规范税收优惠政策。加大对政策性税收减免事项的审核力度，严格控制个案及临时性税收优惠政策出台，认真清理规范税收优惠政策，坚决制止和纠正违规减免税，及时对到期优惠政策恢复征税，确保了税收应收尽收。

（二）严格依法治税，努力促进税收征管。一是有力强化了税政监督管理。对地方性法规、规章草案和规范性文件中涉及税收政策的内容严格审核把关，从政策源头上阻止违规税收政策出台，防止了税收流失。全年共审核地方性法规、规章草案和规范性文件近百件，提出可行性修改意见150余条。同时，认真执行各项税收政策，严肃税收征管纪律，积极联合税务部门在全国率先建立了税收政策执行评价反馈机制，并依托该机制平台重点对全省车船税、城镇土地使用税、再就业及残疾人、循环经济税收政策进行了评价反馈检查，切实加强了税收征管质量跟踪管理，合理提出了完善征管手段、加强税收征管的建议，促进了地方税收大幅度增长。二是大力支持了税收征管。不断深化地税系统经费预算管理，进一步加大预算内外资金和同级财政部门补助经费整合力度，重点按照国家工资和地方津补贴制度核定了人员支出，按照垂管系统分类定额标准核定了日常公用支出，努力解决了地区间差异造成的经费保障水平差距过大等问题，确保了基本支出优先安排、项目支出统筹确定、预算监管及时跟进，有力保障了地税部门征管工作顺利进行。同时，认真落实各项税收激励制度办法，不断完善税收征管手段，有效地调动了税务部门组织收入的积极性，大力促进了税收征管。

【坚持调查研究与税收科研相结合，进一步提高税政管理水平】

（一）加强税收调查研究，科学提供决策依据。根据财政部工作部署和全省工作实际，认真开展了企业所得税税源、企业所得税总分支机构纳税、营业税纳税人资料、重点产品国际竞争力、新税法对外商投资企业影响、高新技术企业税收影响、环境经济政策、物业税费改革等一系列税收调查工作，及时摸清了税源结构情况，基本掌握了税源分布及其变化趋势，不断提高了掌控税源和协调组织收入的能力，为有关方面科学决策提供了参考依据。

（二）加强政策调查研究，努力当好参谋助手。认真分析研究财经形势，及时把握财税改革动态，主要围绕专项税制改革、宏观经济调整以及财税政策变化，开展了多项重大专题调研，科学提出了加快税制改革、改进税收征管、推动经济发展、促进财源建设以及指导组织收入的建议和措施，努力当好参谋助手。全年共完成各类税收调查任务14项，撰写调查报告11篇；完成调研课题10项，撰写专题报告9篇。

（三）加强税收管理科研，不断提高税政综合管理水平。在大量开展税收调查的基础上，有效提高调查数据分析和应用水平，试验开发了税收执行及分析模型系统，切实搞好了税政预测分析工作，促进了税源转化为税收，为税制改革、领导决策、财政管理提供了参考依据。其中，重点开发的“山东省税收收入预测分析系统”，由于对分析税收形势、提高收入预测质量具有重大的实践意义，获得“2008年山东省科技进步二等奖”。

【坚持执行税收政策与创新扶持措施相结合，积极推动经济平稳较快增长和社会事业发展】

（一）积极发挥财税政策激励作用，促进经济又好又快发展。一是大力推进科技创新。全力做好从事高新技术企业认定鉴证业务中介机构的推荐工作，认真开展高新技术企业审核认定，不断加大财政专项资金对高新技术产业的扶持力度，支持了全省高新技术企业科技研发和技术创新，促进了产业结构优化升级。通过仔细筛选和认真审核，第一、二批分别认定高新技术企业505家、120家；审核批复财政专项资金约1.2亿元，对94项新产品项目、45家高新技术企业进行了重点扶持。二是有力促进节能减排。认真贯彻落实国家促进资源综合利用和节能减排的税收政策，深入研究促进节能减排、发展循环经济的税收配套措施，大力支持资源节约、节能环保和安全生产行业发展，努力引导节能降耗、资源循环利用和减少环境污染，进一步促进了环境友好型和资源节约型社会建设。三是全力支持企业发展。认真贯彻落实新企业所得税法以及其他促进企业发展的税收优惠政策，依法减轻企业纳税负担，培植壮大了企业优质财源。不断提高政策服务水平，合理争取中央政策支持，积极帮助企业争取税收优惠，全年帮助企业争取税收利益涉及税额约20亿元，有力地支持了企业发展，提高了企业对税收的贡献能力。

（二）积极发挥关税政策调节作用，促进对外贸易优化升级。一是大力加强财政关税工作宣传力度。进一步拓宽畅通宣传渠道，通过报纸、互联网等有效媒介，借助有关行业协会的影响优势，多渠道地宣传国家关税政策，及时让进出口企业了解国家政策变化，加快自身发展。认真组织召开地方财政、外贸部门及重点关税企业座谈会，跟踪问效政策调整带来的企业成本降低、效益提高以及财政贡献增加情况，及时通报全省财政关税工作带来的实际效益，进一步扩大关税工作的认知度和影响力。二是认真提报关税政策调整建议。一方面，不断加大政策调研和服务力度，引导企业从全局、全行业发展的高度提出关税调整建议，在此基础上加大建议的完备性、合理性、效益性审核力度，进一步提高了关税调整建议的工作质量，为全省外贸经济发展创造了更加良好的关税政策环境。在国务院关于2008年税目税率调整意见的复函中，提报的建议被中央采纳7条，其中增列税目建议4条，降低进口关税税率3条，提报数量和采纳率均居全国前列。另一方面，抓住《亚太贸易协定》第四轮关税减让谈判即将启动的契机，选择与山东贸易量较大的韩国、印度作为要价建议重点，指导企业提出要价建议13条，力争使全省农产品、纺织品、化工和机电等优势产品获得更大的关税优惠支持。三是扎实开展重大装备制造业进口税收政策申报工作。认真执行国家已出台的11项重大技术装备专项进口税收政策，结合国家行业政策调整和全省重大装备制造业实际，深入数控机床、农业机械企业开展实地调研，积极帮助企业整理提报退税申请，争取尽快享受国家优惠政策扶持。其中，上报的济南二机床、威海华东数控公司进口关键零部件和原材料退税建议已被中央采纳，两家企业可实现退税约3 000万元。

（三）积极发挥税收调控功能，支持和谐社会建设。一是大力促进房地产市场健康发展。认真贯彻落实中央和全省关于稳定房价、加快廉租房和经济适用住房建设、转让旧房交易等政策规定，完善实施个人出租二手房的营业税、房产税、个人所得税政策，对个人销售或购买住房暂免征收印花税，个人销售住房暂免征收土地增值税，有力规范了房地产市场税收政策管理，适当减轻了个人住房交易的税收负担。二是依法减轻了个人所得税负。积极配合国家宏观调控政策的需要，结合个人所得税制改革，进一步调整规范了个体工商户、个人独资企业和合伙企业个人所得税税前扣除标准，统一执行2 000元/月的费用扣除标准，对储蓄存款利息所得暂免征收个人所得税，进一步加大了个人所得税调节力度。三是大力推进了和谐社会建设。全面贯彻实施国家支持社会事业发展的税收政策，研究制定促进全省民生工程建设以及突发事件的税收扶持措施，合理提出了推动重点社会事业发展的税收优惠建议，促进了新农村建设，以及教育文化、体育卫生和社会保障等社会事业全面协调发展。

【坚持完善法律制度与强化执法监督相结合，不断健全依法理财保障机制】

（一）深入开展财政“五五”普法活动，努力提高财政干部法律素质。一是广泛组织参加了全国财政法规知识竞赛。根据财政部工作部署，认真制定实施方案，重点依托网络、学校、报纸、会计培训等普法平台，采取分配参赛任务、定期统计调度、省市县三级联动等有效举措，广泛动员全省财税干部、会计人员和社会群众踊跃参加了财政法规知识竞赛活动，答题数量超过40万份，位居全国第二名。通过开展此次参赛活动，社会各界更加了解和支持财政工作，各级财政部门也掀起了学法用法的活动高潮，有力推动了全省财政法制宣传教育工作深入开展。二是认真开展全省财政“五五”普法中期督导检查。认真制定全省财政“五五”普法检查方案，积极组织各市赴淄博、潍坊、东营三地进行现场督导检查。通过听取汇报、查阅材料、召开总结会，全面梳理了财政“五五”普法工作，认真总结了普法成效和经验，深入查找了问题和不足，积极探讨了下一步整改措施，为扎实做好普法后期工作奠定了坚实基础。三是大力加强财政法制人员业务知识培训。根据当前财政工作需要，坚持法律政策培训与财政管理改革、实践依法行政、提高综合素质“三结合”，对省市县三级法规税政人员进行了财政法制等方面的业务集中培训，增强了财政干部运用财税法规、政策开展工作的自觉性、有效性。

（二）不断推动财政法律制度建设，进一步健全依法理财的保障机制。一是有效推动地方财政立法建设。积极协调省人大、省政府法制办，认真做好《山东省财政监督条例》的立法调研、审核修改工作，确保了该立法项目当年顺利出台，进一步完善了财政法律制度，提升了监督检查的法制化、规范化和科学化水平。二是扎实开展规范性文件审查备案工作。认真修订《山东省财政厅规范性文件备案制度》，进一步明确了厅机关规范性文件的起草制定、备案审查、报送发布要求，确保了规范性文件的合法性和有效性，全年共审查报送厅机关规范性文件25件。三是大力强化了日常财政执法监督。认真执行财政执法监督制度，全年共审核各类法规、规章草案和规范性文件45件，厅机关作出的行政处罚8起，从源头上堵塞了法律漏洞，提高了财政工作质量。四是统一换发执法人员证件。根据省政府要求，经过大量的人员核对、照片采集、信息录入工作，将厅机关所有执法人员的信息和照片全部录入到《山东省行政执法人员信息采集系统》，报省政府法制办审核后将原执法证件全部换成IC卡式执法证，确保了厅机关行政执法合法、规范。五是妥善化解财政法律纠纷。认真统计分析并及时上报全省财政部门上年度行政复议、应诉、处罚案件情况，依法办理本年度厅机关有关诉讼案件1起，信访案件1起，积极防范和化解了财政工作中的法律风险，有力保障了财政部门依法履行职权和财政工作顺利进行。

（撰稿：孙庆国　张　励　闫鲁宁）

预 算 管 理

【概述】 2008年，面对复杂多变的国内外经济环境，全省预算系统深入开展学习实践科学发展观活动，深刻领会党的十七大和十七届三中全会精神，全面落实中央和省委的一系列决策部署，采取有力措施保增长、控物价、调结构、促民生、抓稳定，全省财政收入继续保持平稳较快增长，重点支出得到较好保障，民生保障体系逐步健全，部门预算改革进一步深入，县乡财政建设又有新成果，各级财政预算工作都取得了新成绩。

【财政收入情况】 2008年，全省地方财政收入完成1 957.05亿元，占预算的101.87%，比上年增长16.81%。主要收入项目完成情况为：增值税333.78亿元，占预算的96.76%，增长14.78%；营业税396.09亿元，占预算的95.95%，增长16.60%；企业所得税229.14亿元，占预算的113.33%，增长15.71%；个人所得税61.13亿元，占预算的101.65%，增长7.59%；城市维护建设税104.14亿元，占预算的94.78%，增长12.62%；房产税47.26亿元，占预算的89.71%，增长6.55%；城镇土地使用税103.57亿元，占预算的121.66%，增长57.02%；耕地占用税63.20亿元，占预算的142.19%，增长52.72%；契税95.21亿元，占预算的91.60%，增长2.98%；行政性收费收入163.20亿元，占预算的95.93%，增长12.98%；专项收入81.27亿元，占预算的110.64%，比上年增长11.38%；其他各项收入81.40亿元，占预算的117.21%，增长12.01%。

2008年，全省各级财税部门在经济形势复杂多变的情况下，坚持依法治税管费，进一步完善征管机制，创新征管手段，财政收入平稳增长，收入质量明显改善，保障能力进一步增强。一是财政收入继续保持较快增长。2008年，全省地方财政收入完成1 957.05亿元，比上年增长16.81%，规模继续居全国第4位。二是税收比重有所提高。2008年，全省地方税收收入完成1 533.53亿元，增长17.21%，高于非税收入增幅1.82个百分点，税收收入占地方财政收入比重为78.36%，比上年提高0.27个百分点，收入结构出现积极变化。三是县级财政实力进一步增强。县乡财政建设取得积极成果，县域经济发展速度加快，财政收入大幅度增长。全省县乡一般预算收入完成1 194.8亿元，比上年增长18.15%，高出全省平均增幅1.34个百分点，全省除长岛县外，其他县（市、区）财政收入均已超过1亿元，其中过5亿元的有84个，比上年增加8个；过10亿元的有47个，增加10个。

【财政支出情况】 2008年，全省地方财政一般预算支出完成2 704.66亿元，占预算的108.39%，比上年增长19.58%，居全国第4位。主要支出完成情况为：一般公共服务支出468.24亿元，占预算的103.13%，增长11.00%，公共安全支出173.26亿元，占预算的105.13%，增长10.91%；教育支出550.99亿元，占预算的105.45%，增长21.54%；科学技术支出57.13亿元，占预算的112.97%，增长23.11%；文化体育与传媒支出55.22亿元，占预算的118.56%，增长25.18%；社会保障和就业支出285.05亿元，占预算的108.77%，增长13.22%；医疗卫生支出140.42亿元，占预算的122.33%，增长40.91%；环境保护支出58.60亿元，占预算的190.69%，增长100.91%；城乡社区事务支出289.46亿元，占预算的101.24%，增长8.43%；农林水事务支出235.30亿元，占预算的131.41%，增长44.34%；工交商业金融等事务支出284.41亿元，占预算的130.33%，增长27.03%；其他各项支出106.58亿元，占预算的64.19%，增长1.04%。

2008年，各级进一步加强了支出管理工作，控一般、保重点，抓改革、促规范，财政支出效益明显提高，有力支持了全省经济和社会事业的健康发展。一是支持经济平稳较快发展。认真贯彻落实中央扩大内需10项措施，进一步加大基建投资、中小企业发展、担保体系建设、农村基础设施等方面投入，对促进经济平稳较快增长发挥了积极作用。在保增长的同时，更加注重调结构，灵活运用贴息、奖励等财税杠杆，引导社会资金加大对现代农业、先进制造业、现代服务业、自主创新等方面的投入，同时，通过完善生态补偿机制，大力推进节能减排，加快淘汰落后产能步伐。2008年仅节能减排和生态环保资金，全省财政投入就达59.1亿元，比上年增长102.7%。二是切实保障各项公共应急支出。2008年突发性的大事、急事多，各级顾大局、识大体，积极行动，多方筹措资金，较好保障了各项应急支出的需要。比如，采取压减机关公用经费、募集捐款等方式，全年落实资金23.98亿元，有力支持了抗震救灾和对口援建工作的开展；积极筹措资金4.46亿元，全力打好浒苔清理攻坚战，为奥运会、残奥会成功举办提供了有力保障；及时筹集和垫支医疗救治资金1.56亿元，并采取多项措施稳定奶业生产发展，妥善处理了“三鹿奶粉事件”。三是进一步完善民生保障体系。2008年，全省农业、教育、卫生、社会保障和就业支出分别完成235.30亿元、550.99亿元、140.42亿元、285.05亿元，相同口径增长44.34%、21.54%、40.91%、13.22%，民生保障水平进一步提高。特别是在预算执行中，省财政在认真落实省政府年初确定“五件实事”的基础上，又筹集资金10.5亿元，支持实施了提高新农合补助标准、加快廉租住房建设、全面推行城镇居民基本医疗保险、促进大学生就业等七项民生政策，进一步完善了覆盖城乡的医疗、社保、就业等民生保障体系，使民生政策得到较好落实，人民群众得到更多实惠。

【财政平衡情况】 2008年，全省地方一般预算收入完成1 957.05亿元，加中央税收返还、各项补助、免抵未调库收入及上年结余收入等1 171.87亿元，收入共计3 128.92亿元。当年全省地方一般预算支出2 704.66亿元，加上解中央支出及结转下年支出等419.35亿元，支出共计3 124.01亿元。全省收支相抵，累计净结余4.91亿元，实现了“收支平衡、略有节余”的目标。

【政府性基金收支情况】 2008年，全省纳入预算管理的政府性基金收入完成1 033.37亿元，占预算的144.69%，比上年增长49.50%。主要收入完成情况为：养路费收入96.82亿元，占预算的110.84%，增长20.31%；公路客货运附加费收入24.43亿元，占预算的113.47%，增长21.00%；地方教育附加收入14.75亿元，占预算的106.68%，增长19.31%；国有土地使用权出让金收入764.85亿元，占预算的145.96%，增长51.32%；新增建设用地土地有偿使用费收入30.65亿元，占预算的197.42%，增长47.03%；残疾人就业保障金收入4.43亿元，占预算的132.56%，增长35.33%。

2008年，全省纳入预算管理的政府性基金支出1 011.71亿元，占预算的130.54%，比上年增长63.90%。主要支出项目完成情况为：养路费支出96.66亿元，占预算的109.97%，增长15.72%；公路客运附加费支出22.78亿元，占预算的109.74%，增长10.54%；地方教育附加支出13.69亿元，占预算的100.28%，增长15.20%；国有土地使用权出让金支出766.78亿元，占预算的131.56%，增长78.47%；残疾人就业保障金支出3.28亿元，占预算的90.92%，增长23.21%；外贸发展基金支出1.57亿元，占预算的388.25%，下降49.63%。

2008年，全省纳入预算管理的政府性基金收入1 033.37亿元，比上年增长49.50%；基金预算支出1 011.71亿元，增长63.90%。全省基金收支增幅较高，主要是由于国有土地出让收入增长较快，收支规模相应扩大。当年基金预算收入，加上上年结余、中央补助及调入资金等251.14亿元，收入共计1 284.51亿元。当年基金预算支出，加调出资金0.17亿元，支出共计1 011.88亿元。全省基金收支相抵，年中滚存结余272.63亿元。

【坚持服务大局，科学实施财政调控】

省财政立足全省经济发展大局，加强工作指导，积极引导各级转变理财观念，有效发挥财政调控职能，确保全省经济和财政平稳增长，取得明显成效。比如，针对经济形势的急剧变化，密切跟踪重点企业和行业经营状况，及时掌握各地财政运行中出现的新问题新情况，超前研究应对措施，适时提出“坚持分类指导、合理确定收入目标、提高收入质量”的政策建议，得到省领导的高度重视。按照省领导的指示精神，及时调整全年收入任务，并指导各地在坚持应收尽收的基础上，全面落实各项减税清费政策，实事求是地组织财政收入，大大减轻了企业负担，为各地经济发展和基层工作开展创造了宽松环境，对提高财政收入质量，促进财政可持续发展发挥了重要作用。又如，下半年面对日益严峻的经济形势，省财政围绕扩大内需、调整结构、拉动消费、优化环境等问题，及时研究提出了一系列措施建议，主动为省委省政府决策当好参谋。尤其是中央出台扩大内需十项措施后，牵头研究提出了扩大内需的24条具体财政政策，为促进全省经济平稳较快发展提供了有力保障，有效发挥了财政政策对经济增长的调控作用。

【加大资金投入，健全民生保障体系】

省财政始终把解决民生问题作为预算工作的重中之重来抓，不断加大民生投入，健全民生保障体系，确保中央和省出台的各项民生政策的全面落实。在年初预算安排上，按照省委、省政府的部署，优先考虑民生、优先保障民生，新增财力进一步向民生倾斜，用于教育、卫生、社保、就业等民生方面的支出占到60%以上，确保了原有“四大民生保障政策”和省政府年初承诺“五件实事”的落实。年度执行中，按照中央和省“扩内需、促民生、保增长”的要求，结合中央财力支持，又筹集资金10.51亿元，进一步加大了对重大民生工程投入，在提高参合农民补助标准、扩大城镇居民基本医疗保险试点、加快廉租住房建设、实施能繁母猪补贴、推动“家电下乡”、支持高校毕业生到农村基层服务（任职）、免费开放博物馆和纪念馆等方面，出台了七项新的民生政策，进一步完善了覆盖城乡的医疗、社保、就业等民生保障体系。在编制2009年省级预算时，按照压一般、保重点的要求，采取对省级公用经费压减5%、购车经费压减80%、其他日常支出一律实行零增长的办法，统筹预算内外资金，大力整合各项专款，优化财政支出结构，优先保障“三农”、就业、社会保障、教科文卫、环境保护等民生方面的投入，集中财力保增长、保民生、保运转，为落实省委、省政府确定的各项民生政策提供了坚实的财力保障。

【完善政策机制，深化部门预算改革】

在巩固完善“两库一体系”建设的基础上，省财政进一步强化基础管理，完善政策机制，推动部门预算改革不断向纵深拓展。一是加强部门执收收入的精细化管理。在2009年预算编制中，进一步加强对部门执收收入的审核检查，制定了补偿性收费成本费用参考标准，加大管理性收费与财政拨款统筹结合力度，统筹单位的历年结余、行政事业性收费、资产有偿使用收入全部用于基本支出，既规范了部门执收收入管理，又减轻了财政支出压力，有效提高了部门综合预算水平。二是建立人员基础信息联动共管新机制。为保证人员基础信息的准确性，在全国率先建立了人事编制、财政、监察联合共管的人员信息新机制，在人员信息申报环节，实行财政、人事编制、监察部门共同审核监督，有效减少了人员信息虚报、瞒报的现象，促进了财政预算管理与人事编制有机结合。三是实行预算外指标管理。对纳入财政专户管理的省级预算外资金支出，引入预算内资金管理模式，全部实行指标化管理，为细化部门预算编制，提高财政管理的精细化、规范化水平创造了条件。四是完善公用经费管理机制。对工商、地税、质监、药监等垂管部门基层单位收支情况进行全面摸底，研究制定了《省以下垂管单位日常公用经费核定暂行办法》，对垂管单位日常公用经费全面实行定员定额管理，健全了单位公用支出保障机制，提高了预算编制的统一性、规范性，均衡了部门间保障水平。

【创新体制机制，加强县乡财政建设】

省财政结合中央补助安排18.6亿元，完善奖补政策，建立起“五个机制”，进一步加大了对县乡财政的帮扶力度。一是建立财政收入质量改善奖励机制，加大对“四税”收入比重的考核力度，将奖励范围由财政困难县扩大到全省所有县，积极引导县乡优化产业结构、培植壮大税源，提高经济发展质量。二是建立财政支出结构优化奖励机制，强化对县乡农业、教育、医疗卫生和社会保障等重点支出比重的考核，激励各地加快建设公共服务体系，提高民生保障水平。三是建立县级财力差异均衡奖励机制，对缩小县区人均支出差距的市给予奖励，鼓励市级财政加大对县乡帮扶力度，促进区域经济社会协调发展。四是建立县级基本财力保障机制，完善保障性转移支付办法，对可用财力不能满足基本支出需求的43个县，给予保障性转移支付补助，确保基层正常运转和县乡政府履行公共服务职能的需要。五是建立县乡义务教育债务化解机制，按照“先化解、后奖补”的原则，全面启动农村义务教育化债工作，促进义务教育事业加快发展。“五个机制”的建立，对引导各地转变经济发展方式，促进县乡科学发展起到了重要作用。2008年，省重点帮扶的43个财政困难县人均财力达到3.34万元，比上年提高0.4万元。

【完善财税政策，优化企业发展环境】

省财政加大制度创新，完善政策措施，着力为企业发展提供良好的财税环境。一是妥善解决跨地区总分机构税源转移问题。为解决新企业所得税法实施后跨地区经营总分机构企业因实行“法人”所得税制带来了税源转移问题，省财政会同省国税局、省地税局、省人民银行对全省总分机构情况进行了调查摸底。经过半年多的反复研究讨论，结合实际拟定了跨省和跨市总分机构所得税两个分配办法，确立了跨地区经营企业“统一计算、两级预缴、汇总清算、分级管理”的税收征管和预算分配办法。这两个办法，坚持了总分机构企业汇总纳税、减轻企业负担的原则，兼顾了总机构和分支机构所在地的财政利益，有效解决了税源转移问题，对促进企业和地方经济的长远发展起到了积极作用。二是规范铁路运输企业税收管理。针对近年来跨地区合资铁路建设项目日益增多的新情况，省财政深入铁路企业进行认真调研，在多方征求意见的基础上，本着“有利企业经营、便于税收征管、兼顾各地利益、促进铁路建设”的原则，对新老企业制定了不同的税收划分政策，并拟定了具体解决方案，对规范跨地区铁路企业税收征管，理顺沿线市县财政分配关系，促进铁路建设起到了重要作用。三是认真做好煤炭企业税源转移基数核定工作。为协调好各方利益关系，省财政深入企业和市县，逐户核定划转基数，及时调整相关市县利益关系，维护了相关市的财政利益，促进了煤炭企业的长远发展。另外，对原中央跨省企业税源转移问题，制定具体的结算办法，较好地维护了税源流出地的财政利益，促进了分支机构和当地经济的发展。

【加强制度建设，推进精细化管理】

一是建立省级收支日常监管机制。2008年，省财政建立省级收入月报制度，对省级收入实行分行业、分企业定期调度，及时掌握胜利油田、电力集团、发电企业等重点税源动态情况，并建立省级收入专项检查制度，使省级收入管理逐步纳入规范化轨道。同时，建立省级支出指标动态监控制度，及时掌握省级预算支出执行情况，进一步强化省级预算的基础管理工作，为建立省级收支日常监管的长效机制打下了坚实基础。二是建立预算管理变动信息统计制度。按照财政部统一要求，建立全省预算执行情况月报制度，定期统计全省各级收支预算变动和重点支出进度情况，及时向财政部报告。这项制度的建立，进一步加强了对市县预算编制及执行的监控，有利于提高基层财政管理的精细化水平。三是建立“三农”投入统计报表体系。为全面反映各级财政用于“三农”方面的支出，根据财政部要求，省财政制定了统一的报表体系，明确了统计范围和统计口径，为省领导决策和向财政部报告提供了基础资料。四是严格县级预算审核工作。按照《山东省县级预算审核暂行办法》，组织实施县级预算省市审核，帮助县乡科学合理地安排支出，进一步提高财政管理水平。五是稳步推行涉农资金“一本通”发放制度。将粮食直接补贴资金、大中型水库后期移民扶持支出、能繁母猪补贴等资金纳入“一本通”进行发放，确保了各类涉农资金及时足额地发放到农户手中。六是进一步提高预算完整性。根据财政部统一要求，及时下发了《关于进一步提高地方预算编报完整性的通知》，及时将2009年省对下各类转移支付补助预计数提前通知到各市，增强了市县预算编报的完整性。

（撰稿：陈祥志　高剑锋　王　进　张　强）

财政国库管理

【国库集中支付改革实现新进展】

2008年，各级财政部门继续扩大改革范围，深化改革级次，全省国库集中支付改革实现新的进展。从省级看，197个新增改革单位实行了国库集中支付制度，省级改革单位已达781家，覆盖到除垂管部门市以下单位外的所有省级预算单位。从市级看，济南市正式启动改革试点，改革单位数达到116个；其余16市全部将改革实施到所有预算单位。全省有14个市不但对预算内资金实施了集中支付，而且将预算外资金也纳入了改革范围，潍坊等8个市还对政府性基金、单位历年结余资金及往来资金实行了国库集中支付。从县级看，截至2008年底，除青岛市所辖各市区外，其余16市所辖共计129个县（市、区）全部实施了改革，改革单位数达到12 992个，占全部预算单位的92.8%。其中，泰安、日照等7市所属县（市、区）改革单位数达到100%。淄博、潍坊等10市所属县（市、区），对预算内外资金全部实行了国库集中支付。潍坊、临沂等7市所属改革县（市、区）尤为彻底，将改革资金扩大到了预算内外及往来资金。日照、临沂市部分县还进行了乡镇国库集中支付改革试点。

【公务卡改革试点成功实施】 在广泛开展调查研究的基础上，制定了《山东省预算单位公务卡改革实施意见》和《山东省省级预算单位公务卡管理暂行办法》；结合山东省业务特点，研究开发公务卡支持系统。10月1日，公务卡改革试点在省级一级预算单位本级成功启动。截至2008年底，试点单位共办理公务卡6 412张，为全省公务卡改革积累了经验。

【综合查询系统成功研发】 2008年，在认真总结有关市试点经验基础上，结合省财政厅业务实际，提出了新的需求，对查询软件进行了进一步修改完善。在此基础上，9月份在省级建立了综合查询系统。综合查询系统建立后，部门预算管理处可以及时掌握各单位资金支付情况，及时发现部门单位在预算执行中存在的问题，为科学化、规范化、精细化管理奠定了基础。

【年终结余资金处理办法调整顺利完成】 2008年，根据省级加强财政管理需要以及国库集中支付改革进展情况，对预算单位年终结余资金处理办法进行了调整规范。新的办法规定，预算单位年终结余资金不再一次性划拨到单位账户，而是继续留在国库，在以后年度继续通过国库集中支付方式办理支付手续。为落实好这项措施，研究制定了操作细则，完善了集中支付软件，调整了总会计核算办法，加强了与各方对账，顺利实施了结余指标跨年度结转。

【专项资金国库集中支付范围进一步扩大】 按照“资金直达、操作规范、信息透明、监控有力”的原则，分别研究制定了新农合资金、家电下乡资金以及省级农业专项资金国库集中支付办法。2008年，全省通过国库集中支付系统分别拨付新农合补助资金、家电下乡资金以及省级农业专项资金25.62亿元、2.62亿元和5.3亿元，减少了资金拨款环节，提高了支付效率，促进了中央和省有关政策的全面落实。另外，继续对中央和省农村义务教育保障改革专项资金实行国库集中支付，全年共支付资金34.57亿元，有效保证了农村义务教育资金的及时到位和安全使用；认真做好农业保险资金的财政直接支付工作，全年共拨付省级农业保费补贴资金1.08亿元，涉及60个县（市、区），保证了农业保险试点工作的顺利开展。

【政府采购监管进一步加强】 坚持以规范促规模的方针，采取多项措施继续加大监管力度，政府采购规范化程度进一步提高，采购规模进一步扩大。2008年，全省完成政府采购金额404.64亿元，比上年增长37.16%；与采购预算相比，全省节约资金61.33亿元，资金节约率达到13%。一是成功启用省级政府采购招标大厅。2008年1月1日，山东省省级政府采购招标大厅正式投入使用，省级机关政府采购中心负责的项目、省级部门集中采购的招标项目，以及采购计划在100万元以上的竞争性谈判项目，其开标（报价）、评标（谈判、评审）活动全部在招标大厅组织进行，并对招投标活动全过程进行录音、录像。二是认真开展政府采购专项检查。根据财政部、监察部、审计署和国家预防腐败局的统一部署，从5月份起联合省监察厅、省审计厅在全省全面开展了政府采购执行情况专项检查。全省各级共组成检查小组312个，人员1 095人，其中，省级7组28人，重点抽查预算单位4 191家，集中采购机构36家，社会中介机构141家，抽查面分别达到32.38%、100%、53.61%。全省共发现违规采购额10.27亿元，依法处理违规违纪单位1 451个。三是组织开展政府采购代理机构资格考试。先后组织了三次代理机构从业人员考试。全省共有574家代理机构（含分支机构）的4 450人（次）报名参加考试，其中考试合格的2 637名，及格率为60%。对未参加考试，以及机构内部从业人员总合格率达不到70%的74家代理机构（含分支机构）暂停了政府采购代理资格。四是改进政府采购代理机构资格认定标准。鉴于政府采购代理机构认定标准偏低，代理机构执业水平良莠不齐的情况，在全国第一个实行了对新申请审批（确认）政府采购甲级和乙级代理资格的中介机构从业人员进行考试的资格认定办法。办法规定，申请乙级资格的代理机构，考试合格人数比例达到参加考试人数70%（含）以上且不少于5人，并符合乙级代理机构其他审批（确认）条件的，省财政厅予以审批（确认）。申请甲级代理资格的，省财政厅将考试结果直接上报财政部。

【政府采购协议供货制度进一步完善】 针对协议供货工作中出现的由于生产厂家不能及时更新产品信息、采购人责任心不强等原因，导致某些采购项目的效率和效益难以兼顾、个别协议供货产品价格比同期市场成交价格高的问题，对《山东省省级政府采购协议供货管理办法》进行了重新修订。主要是在协议供货的采购过程中增加了二次竞价的程序，并通过协议供货交易系统自动确定二次报价最低的供应商为供货单位，从而保证了协议供货价格低于同期市场价格。自6月1日启用至12月31日，协议供货采购额达到4 149.6万元。

【政府采购政策功能进一步发挥】 在继续执行支持节能环保产品等政府采购功能政策的基础上，根据财政部要求，按照《政府采购进口产品管理办法》的规定，建立了政府采购进口产品审批制度，严格审批进口产品，规范进口产品采购行为。截至2008年底，共审批进口产品政府采购计划2.84亿元。此外，为做好应对加入GPA谈判工作，经省政府同意，成立了跨部门领导小组，制定了工作规划，明确了部门分工，启动了研究工作，并按期完成了领导小组布置的工作任务；对山东省政府采购评审专家库进行了升级改造，调整并细化了专业分类，并通过政府采购网站发布评审专家征集公告，实现了专家征集工作经常化；研究实施了《山东省政府采购监督管理工作考核测评办法》。

【预算执行分析水平进一步提高】 2008年，全省财政经济形势跌宕起伏，加之财政收支统计范围和口径发生较大变化，给预算执行统计和分析工作增加了不少困难。面对新的形势，各级国库部门迎难而上，加大工作力度，创新工作措施，为领导和部门准确把握财经形势，进行科学决策提供了帮助。一是圆满完成预算执行情况统计工作。2008年，全年共编报旬报24期，月报、县级收支月报、预算外收支月报、各省市收支情况月报各12期，全部实现了“零差错”。与有关处室一起，对2007年全省财政收支数据进行归集、汇总和整理，认真编制《2007年山东财政统计资料》。二是全面提高预算执行分析水平。为全面深入了解经济运行情况，提高形势判断准确度，先后组织召开省直部门联席会议3次、部分市预算执行分析会议2次，参与厅内预算执行分析会议1次。与此同时，先后赴莱芜、枣庄、烟台、潍坊等地，深入基层和企业开展调研，详细了解煤电运行、企业经营等情况，掌握了大批第一手资料。2008年，共编发全省预算执行分析简报12期，深度分析报告12期，分析质量进一步提高。三是切实加强对预算收支情况的预测。2008年，面对复杂多变的财经形势，加强了对收支形势的分析和预测。召开全省预算执行工作会议，就全省财政收支形势进行认真分析，并要求各地认真组织收入，着力优化收入结构，改善收入质量，切实把经济发展成果反映到财政增收上来；从12月25日开始，对全省财政收支情况进行一日一调度，及时掌握财政收支变动情况，为领导决策提供最新信息；加强对收入大市、重点行业、重点企业、重点税种的收入分析，根据掌握的第一手材料，对全年财政收入做出较为科学的分析预测。四是开展预算执行信息系统应用培训。为适应2009年执行数据科目编制细化、报送时间提前并且要报送各县（市、区）数据的要求，按照财政部统一部署，对各市使用预算执行信息系统编报执行数据工作进行了专门培训。该系统的启用，不但可以提高旬月报编报质量和效率，而且可以通过建立预算执行数据仓库，方便预算执行分析进行历史对比。

【国库管理基础工作进一步加强】 2008年，预算执行和总会计工作在继续强化基础管理的同时，努力在规范工作流程、提高工作效率、提高保障水平上下功夫，为各项政策的有效落实和各级财政的正常运转发挥了重要的保障作用。一是完善省级预算执行操作流程。2008年，是省级预算外资金实行指标化管理的第一年。为此，适应新的要求，研究制定《预算外资金拨付管理内部操作流程》，明确了财政内部分工和职责；在软件系统中增加预算外拨款管理模块，保证了预算外资金指标化管理工作的顺畅运行。二是科学拨付调度资金。认真贯彻落实中央和省“保民生、保稳定、保增长”有关政策，科学合理安排资金，保证了重点项目的资金需要，促进了民生政策和保增长政策的落实。针对2008年各地财政收支比较紧张，部分基层财政库款压力比较大的情况，在确保资金安全的前提下，适当加大对欠拨地区以及西部地区拨款力度，有效保证了基层财政的正常运转。四川地震灾害发生后，根据省委、省政府和厅党组的指示，按照“急事急办、特事特办”的原则，加强与人民银行等有关方面协商，及时拨付抗震救灾捐赠资金，有效保证了资金快速直达，使灾区人民感受到山东人民的深情厚谊。加快对下转移支付资金及水库加固、燃油补贴、库区移民、三鹿奶粉事件婴幼儿医疗救助、援建四川地震灾区活动板房、农业保险保费补贴等专项资金拨款进度，突出资金拨付的时效性，确保了重点资金及时到位。三是强化总预算会计核算工作。进一步健全内控制度，完善总会计岗位责任制，加强和完善对账制度，建立科学、严密的业务流程和工作机制，确保了财政资金运行安全高效。全年省级拨款2万多笔，没有出现一例差错。及时办理财政各项收支、资金调拨及往来款项的会计核算，并将财务核算的有关情况及时反馈有关处室，确保真实、准确、完整地反映会计信息。同时，按照新科目会计核算要求，细化总预算会计账务核算，核算到了最底层“项”级科目，有效提高了总预算会计对财政资金来龙去脉的反映能力。根据有关账户近几年余额变化情况，对资金流量进行了测算，分账户分资金性质采取不同的存款方式，实现了财政资金收益的最大化，为下一步实施国库现金管理奠定了基础。四是加强财政决算管理工作。2007 年是政府收支分类新体系正式实施的第一年。为适应改革需要，财政部对决算报表体系作了重大调整，并启用了新的财政总决算信息系统。面对新情况、新任务，精心组织，狠抓培训，严格审核，在有关部门的大力支持配合下，圆满完成了全省财政总决算和部门决算工作任务。2007 年度全国财政决算评比中，山东省部门决算荣获二等奖。另外，组织进行了 2007 年度省本级部门决算的批复工作，圆满完成了决算工作的法定程序；根据全国财政决算工作会议精神，及时召开全省及省直部门决算工作会议，对 2008 年度决算工作进行了部署。五是提高银行账户管理水平。按照行政事业单位银行账户管理有关规定，进一步完善预算单位银行账户管理系统，完善账户审批工作程序，加大账户审批工作力度，增强了省级预算单位银行账户管理的规范性。在深化省级国库集中支付改革过程中，加强协调与配合，顺利完成了新增改革单位零余额账户的开设工作。

【处室作风建设进一步加强】 以开展深入学习实践科学发展观活动为契机，围绕提升理论水平、提高服务质量、强化人员素质，全面加强处室作风建设。一是扎实开展学习实践科学发展观活动。在学习实践活动中，结合业务特点，制定了详细的实施计划。坚持集体学习与自学相结合，经典篇目学习与实际案例相结合，理论学习与工作探讨相结合，活学活用、学以致用，政治学习搞得有声有色，解放思想大讨论积极踊跃。二是扎实开展“机关服务年”活动。根据厅机关“服务年活动”的总体要求，围绕增强“五种意识”、提高“五种能力”，开展形式多样的活动，国库服务意识进一步增强，服务质量和水平进一步提高。三是扎实开展国库宣传工作。多方搜集信息，编发《国库通讯》27 期、《财政情况》28 期，及时宣传各地改革新情况、新进展和新经验，介绍国外财政管理新理论，有效促进了全省改革的推进。充分发挥财政内部网国库网页、中国山东政府采购网，及时发布国库工作动态，介绍新规定、新要求，积极争取各方面了解国库工作、支持国库工作。精心编写宣传用语，制作政府采购宣传品，努力扩大政府采购改革的影响。积极参加“改革开放三十年”纪念活动，以及财政部和厅机关举办的重要纪念活动。四是扎实开展廉洁勤政建设。按照“既要干活、又要干净”的要求，坚持廉政建设不放松，持续开展廉政教育，增强了拒腐防变的自觉性；严格落实党风廉政建设责任制，一级抓一级，层层抓落实，确保了廉政制度规定的全面落实；认真做好源头治腐牵头工作，着力加强反腐败长效机制建设，进一步提升了廉洁自律和依法从政工作水平。

（撰稿：袁培全　孟纪庚　迟铭奎）

行政政法财政财务

【优化支出结构，进一步提高保障水平】 2008 年，行政政法财政财务工作以科学发展观为统领，紧紧围绕省委、省政府的重大决策部署，按照省财政厅厅党组建设“五型财政”的要求，通过积极争取中央支持，科学安排预算，集中资金保运转、保稳定、保基层，较好地保障了党政机关的正常运转，为国民经济和社会事业又好又快发展创造了良好环境。2008 年，省级行政政法支出 81.77 亿元，比 2007 年增加 11.12 亿元，增长 15.74%。一是基本支出保障力度明显加大。为保障省直行政政法单位的正常运转，在基本支出的核定上，实行人员经费据实发、公用经费按定额的基本支出预算核定办法，年初做实打足，年中找差补齐，省直行政政法单位的基本支出保障水平得到了明显提高。针对 2006 年 7 月以来军转干部工资未补发、军转干部反响大的情况，主动与省直单位、人事部门密切联系、反复沟通、逐家算账、落实到人，2008 年 11 月份核拨军转干部工资补发经费 1 000 多万元，妥善解决了军转干部工资不到位的问题。同时，及时筹措资金，足额兑现离休干部护理费标准提高政策，将党委政府对离休干部的关心落到实处。为进一步加大监狱劳教系统人员经费保障力度，积极推动人员工资统发，认真做好落实政策、核实人员等前期准备工作，研究确定自 2009 年起对省直监狱和省直劳教系统的

1.5万名干警，率先实行省直非驻济单位工资统一发放，确保省直监狱、劳教系统工资及时足额发放。二是社会稳定保障力度明显加大。在资金安排上，按照优先保重点、保突发的思路，分清轻重缓急，科学运筹财力，较好地保障了行政政法部门在奥运安保、抗震救灾等重大事项的资金需求，有力地促进了全省社会稳定工作。比如，为了支持办好北京奥运和青岛奥帆赛，本着急事急办、特事特办的原则，及时安排奥运安保等相关支出1.54亿元，显著改善了公安、安全、警卫、反恐等部门的技术装备水平，保证了各项工作经费的实际需要。为了维护国家安全、社会稳定和民族团结，积极落实信访、法律援助、人防、民族宗教、打击邪教、侦办大要案、打私、禁毒、应急等工作经费，促进党的各项政策落实，积极化解矛盾纠纷、维护经济秩序，提高政府应对各种风险的能力，为和谐稳定奠定坚实的基础。三是基层政法部门保障力度明显加大。为了支持基层政法部门改善办公、办案条件，加强基层政权建设，巩固党的执政根基，提高基层公共服务能力，省财政积极向财政部反映实际困难，共争取中央政法补助专款6.74亿元，比上年增加2.48亿元，增长42.57%，加上省级配套资金，省财政全年累计安排基层政法补助等专款8.23亿元，极大地改善了基层办公、办案条件，大大缓解了基层政法部门执法办案经费困难的状况，有效提高了基层政法部门的战斗力。为妥善解决《诉讼费用交纳办法》实施后，各级法院尤其是基层法院的诉讼费收入明显减少、办案经费不足的问题，省财政筹措办案专款2.26亿元，用于中级、基层法院与办理案件直接相关的办案经费支出，保障了诉讼费减收后法院履行审判职能的经费需要。

【完善政策措施，着力促进经济社会发展】 以支持旅游、人才、监狱发展为切入点，进一步完善政策措施，主动为保增长、调结构、促发展加力。一是支持旅游强省建设取得新成效。加快发展旅游业对转变经济发展方式、调整经济结构、刺激扩大内需具有重要作用。根据推进第三产业发展、建设旅游强省的要求，省财政在保持旅游发展专项资金投入规模不变的前提下，走内涵式发展的路子，通过转变财政扶持方式，实施财政补贴、以奖代补、贷款担保等政策，支持旅游宣传促销、重点旅游项目建设、旅游规划，真正把财政资金用在旅游发展最关键的环节，用在最能发挥资金效益的重点支出上，切实加大了对旅游业的支持力度，旅游业增加值占GDP的比重，以及旅游业提供的地方财政收入，年年都有新提高，成为拉动地方财政经济发展的新增长点。二是支持人才建设取得新成效。积极为建设人才强省提供经费保障，整合人才专项资金5 000多万元，支持黄河三角洲高效生态经济区和鲁南经济带发展人才引进等工作，为院士博导、有突出贡献的中青年专家发放津贴，增加对人才载体的投入，对院士、博士后的科研活动给予资助，保证新世纪人才战略工程实施，为全省经济又好又快发展提供强有力的人才支持。三是推动监企分开改革成效突出。为落实国务院“全额保障、监企分开、收支分开、规范运行”的监狱体制改革方针，2008年积极争取中央支持，增核省直监狱基本支出1.28亿元，弥补了监狱体制改革后形成的基本支出缺口，有力地保障了省直监狱监管工作的正常开展和省直监狱企业的良性发展。

【坚持理财为民，着力保障和改善民生】 高度重视涉及民生方面的问题，认真落实民生政策，把党和政府对困难群体的关注落到实处。一是支持高校毕业生就业工作，缓解大学生就业难题。省财政安排高校毕业生就业专项资金1 500万元，积极为高校毕业生就业牵线搭桥、岗前培训和创业提供资金保障；支持有关部门建立了全省大中专毕业生就业网络平台，实现了省、市、县三级毕业生就业主管部门和全省大中专学校的协同办公；支持全省2009届高校毕业生就业市场建设和就业服务周活动，畅通用人单位和毕业生就业信息的沟通渠道；支持高校毕业生创业实训基地及创业园建设，为毕业生开展就业培训和创业提供后盾，以实际行动缓解高校毕业生就业难的问题。二是发放高校特困生求职补贴，帮助特困家庭高校毕业生就业。为做好特困家庭高校毕业生就业工作，保障他们就业的权利和机会，自2008年起，省财政向符合条件的高校特困生按500元/人的标准提供一次性求职补贴。2008年全省共对17 165名特困家庭高校毕业生，发放求职补贴858万元，力争做到“帮扶一人就业，解困一户家庭，温暖一方百姓”。三是实施“一村一名大学生工程”，鼓励引导高校毕业生面向基层就业。省财政及时落实专项资金3 315万元，对到临沂、滨州两市八县任职的2 549名高校毕业生发放工作生活补助和一次性安置费，从资金上保障“一村一名大学生工程”试点工作的顺利开展。

【依法科学理财，切实规范财政财务管理】 面对尖锐的资金供需矛盾，注重从大处着眼、细处着手，通过完善制度、细化管理等措施，努力挤资金、增效益，积极消化物价上涨、支援灾区日常公用调减经费等因素的影响，财政管理的规范化、精细化水平不断提高。一是注重完善制度体系。在专项资金管理上，坚持“先建制度、后分资金”，研究制定了政法补助专款、人防经费、旅游发展专项资金、涉法涉诉求助资金管理等一系列制度办法，对专项资金的申报、分配、监督等环节进行了规范，对使用方式和使用范围进行了明确，并切实加强跟踪问效、绩效评价，资金管理水平和使用效益大为提高。为推进制度建设，定期召开省直部门财务工作座谈会，搞好形势分析，研究应对措施，推广好的经验，初步构建起了协同推进的精细化管理新机制。二是注重细化预算管理。以部门预算精细化管理为主题，通过细化预算分配、严格预算执行等措施，把部门预算管理工作做深、做细、做扎实。严格预算安排，足额核拨基本支出，保障项目支出，增加年初预算到位率，减少预算追加，硬化预算约束，推进部门预算的法制化。对项目支出提前进行科学论证、项目评审，推进部门预算的科学化，提高预算分配的准确性。严格预算执行，借助国库集中支付和政府采购制度，扩大对单位财政直接支付的资金范围和政府采购规模。在部门申请集中支付时对专项资金进行二次审核，确保专款专用，提高部门预算执行的透明度。严格控制一般性支出，努力压缩车辆、会议、接待等支出，扎实推进节约型机关建设。三是注重强化综合预算。在摸清单位非税收入底数、核准征收成本的基础上，加大对非税收入的统筹调剂力度，按照先保基本再保项目的原则，把单位非税收入优先用于弥补机关日常公用，腾出资金办大事。2008 年，共用非税收入安排单位日常经公用经费 3 500 多万元，形成预算内外一盘棋，极大地缓解了预算内资金紧张的压力。四是注重向管理要效益。牢固树立向管理要效益、向管理要财力的理念，通过加强支出管理，提高资金效益，减少财政支出。比如，为努力消化工商“两费”停征政策带来的经费缺口，注重在加强工商系统支出管理上做文章，研究制定了工商系统规范收支管理和经费核定办法，对工商部门的收支管理及基本支出、项目支出预算核定提出了明确要求，及时部署在全省工商系统开展节约型机关建设活动，严格控制公务接待、通讯、差旅、会议和培训支出，停止出省、出国培训或考察活动，封存部分车辆，停止所有维修、设备、汽车等政府采购项目，有效保障了工商部门的基本运转需要，把工商“两费”停征对省级财力的影响降到最低。

【注重机制创新，进一步深化支出改革】 一是创新财政支持方式，力促全省旅游新发展。为进一步发挥省级财政资金的杠杆作用，调动各级宣传旅游、发展旅游的积极性，从 2008 年起，连续五年支持实施“联合推介、捆绑营销”旅游宣传促销计划，通过省级财政支持 1/3，各市、景区、旅游企业负担 1/3，集中采购节约 1/3 的方式，进一步加大旅游宣传促销投入。2008 年，省财政从旅游发展专项资金中安排宣传促销资金 680 万元，以无偿补助的方式，引导各市县、有关部门和旅游企业投入 1 361 万元，全省累计筹措宣传促销资金 2 000 多万元，集中打造山东旅游形象宣传板块。通过实施此办法，有效解决了过去分散宣传方式存在的效果差、价位高、效益低的状况，显著提高了旅游宣传促销资金使用效益。二是强化财政管理手段，狠刹公费出国旅游风。为进一步严格因公出国（境）经费审批及监督管理，研究制定了《山东省党政干部因公出国（境）经费管理暂行办法》，对党政机关干部因公出国经费预算规模实行零增长，实行因公出国经费预算及用汇额度双控制，建立因公出国经费先行审核制度和出国经费备案制度，改变了过去单纯依靠外事审批手段控制出国的模式，能够从总量控制、经费审核、外汇核销等方面有效控制出国经费增长较快的势头，对制止公费出国旅游、减少财政资金浪费起到积极作用。三是实施激励约束机制，积极推动节支增效。广泛推行经费包干办法，对会议费、接待费和出国经费实行总额包干、超支不补、节余留用的办法，增强了单位主动节支的积极性、责任感，提高了财政资金使用效益，缓解了过去财政兜底、追加频繁的矛盾。继续实施节编奖励办法，对省委组织部、省委宣传部、省司法厅等 9 家空编的省直部门发放节编奖 174 万元，将编制管理与资金分配相结合，用经济杠杆调动单位节编积极性，取得了很好的激励效果。继续实施节能降耗考核奖励，对年度考核被评为节约型机关的省纪委、省统计局等四部门，发放节约奖励 55 万元，在促进节能减排、节约开支方面发挥了很好的导向作用。

【加强队伍建设，努力提高干部队伍素质】 以学习实践科学发展观为契机，以“强化四个意识，提高四项能力”为抓手，努力提高政治业务素质，进一步增强干部的科学理财能力。一是强化学习意识，不断提高政治业务能力。以学习实践科学发展观为重点，深刻理解和正确把握国家大政方针和省委、省政府决策部署，准确把握好行政政法财务工作的正确方向，围绕行政政法财务工作的重心和特点，加强财政理论和业务知识的学习，熟练掌握履行职责必需的技能，不断增强干事创业的本领。二是强化前瞻意识，不断提高调查研究能力。牢牢抓住当前行政政法财务工作面临的热点、难点、重点问题，扎实开展了旅行社代理公务接待、全省工商系统停征“两费”对省级财力的影响及对策、人才经费的使用与管理、支持农村基层组织建设等一系列调查研究，掌握了第一手材料，形成了创新工作、改进措施的新思路、新办法，增强了工作的主动性、前瞻性和针对性。三是强化服务意识，不断提高协调沟通能力。牢固树立宗旨意识，不断加强与部门的沟通协调，及时了解部门需求，增强服务能力，提高服务质量，努力为部门、为基层搞好服务。对急需财政保障的突出问题和矛盾，主动上门，靠前服务，把部门最关心、最急需的工作保障好，把同样的钱花出更好的效果。向省直58个部门发放征求意见表，征求部门对业务工作、服务态度等方面的意见，对部门反映需要制定完善的财政政策抓紧研究，对需要改进的工作方式、方法抓紧整改，服务意识和服务质量不断提高。四是强化廉政意识，不断提高拒腐防变能力。严格落实廉政建设责任制，一级抓一级，层层抓落实。凡涉及资金安排、拨付等业务，严格按照程序和规定办理。时刻紧绷廉政弦，不断加强党性修养，严格遵守各项廉政制度，切实筑牢了拒腐防变的思想防线。

（撰稿：宋文旭　李玉林　哈立东）

教科文财政财务

2008年，全省各级财政部门以科学发展观为指导，积极实施“科教兴鲁”战略，推动经济文化强省建设，着力落实教科文领域民生政策，有力地支持了教科文事业又好又快发展。全省财政预算内教科文支出663.34亿元，比上年增加119.47亿元，增长21.97%，其中：教育支出550.99亿元，比上年增加97.64亿元，增长21.54%；科技支出57.13亿元，增加10.73亿元，增长23.11%；文化体育与传媒支出55.22亿元，增加11.11亿元，增长25.18%。省级财政预算内教科文支出82.14亿元，增加15.51亿元，增长23.28%，其中：教育支出58.23亿元，增加11.06亿元，增长23.46%；科技支出10.02亿元，增加2亿元，增长24.9%；文化体育与传媒支出13.89亿元，增加2.45亿元，增长21.42%。全省财政教科文类基金支出14.96亿元，比上年增加2.2亿元，增长17.25%，其中教育支出13.69亿元，增加1.81亿元，增长15.24%；文化体育与传媒支出1.27亿元，增加3 910万元，增长44.28%。省级财政教科文基金支出9 990万元，比上年增加3 780万元，增长61.08%，其中：教育支出4 800万元，增加1 134万元，增长30.93%；文化体育与传媒支出5 190万元，增加2 654万元，增长104.65%。

【统筹城乡发展，推动涉农惠民工程建设】 为进一步支持新农村建设，省财政集中财力，促进城乡教科文事业全面、协调、可持续发展。

（一）深化农村义务教育经费保障机制改革。2008年，各级财政（不含青岛）安排改革资金51.2亿元，其中省财政（含中央补助）安排34.6亿元，进一步调整完善农村义务教育经费保障机制改革政策。一是提高公用经费保障水平。农村小学生均公用经费补助标准由240元提高至295元，农村初中由340元提高至445元。二是发放取暖费补助。自2008年起，农村义务教育阶段学校生均公用经费再提高50元，专项用于学校冬季取暖支出，确保师生温暖过冬。三是扩大免费教科书范围。对所有农村义务教育学生免费提供教科书，自秋季学期实行省级政府采购，统一购买教科书发放到学生手中。四是加大对贫困寄宿生的补助力度。为10.9万名家庭经济困难寄宿生发放生活费补助，补助标准由每生每年300元，提高到小学每生每年500元，初中每生每年750元，补助范围不低于寄宿生总人数的8%。五是落实校舍维修改造长效机制。省财政继续采取奖补结合的办法，落实2007～2009年校舍维修改造规划，2008年维修改造校舍317万平方米。

（二）启动农村中小学“211工程”试点。2008年，在全省启动了农村中小学“两热一暖一改”工程（热水、热饭、取暖、改厕，简称“211工程”）试点，通过综合利用地热、太阳能、沼气等新型能源，逐步解决农村中小学生喝热水、吃热饭和冬季取暖问题，帮助农村学校改厕治污，保障师生身体健康和生命安全，建设现代、和谐、生态校园。省里借鉴目前国内外在环保、节能、有效利用能源方面的先进做法，结合实际，总结了几种建设模式，由各地试行。各级财政安排试点资金约1.2亿元（不含青岛），其中省财政（含中央补助）安排7 900万元，“两热一暖”试点学校24所，2.9万名师生解决了喝热水、吃热饭、冬季取暖问题，实现了温暖过冬；“改厕治污”试点学校231所，25.5万名师生告别了露天旱厕，开始使用安全、卫生、环保的沼气厕所，解决了师生的实际困难，改善了校园生活环境，培养了节能减排意识。

（三）继续实施农村中小学和特殊教育学校教学仪器更新工程。为改善农村中小学教学条件，省财政从

2006年起，实施农村中小学教学仪器更新工程，计划5年安排4亿元，使农村中小学教学仪器全部达到规范化标准。截至2008年底，省财政已安排各市补助资金2.27亿元，其中2008年安排1.5亿元，完成规划的57%，全省5 463所学校完成工程建设。为改善特殊教育学生学习康复条件，省财政从2006年起，实施特殊教育学校教学仪器更新工程，规划3年安排6 600万元，带动各级财政加大投入，使特殊教育学校教学仪器达到规范化办学标准。工程实行一次规划、分年实施，集中采购、配置实物。截至2008年，省财政累计安排6 600万元，其中2008年安排2 200万元，全省95所特殊教育学校完成工程规划建设。

（四）继续实施科技富民强县专项行动计划。与省科技厅联合下发了《关于2008～2010年山东省科技富民强县专项行动计划试点县（市、区）及项目立项的通知》，对科技富民强县专项行动计划项目制定三年规划，组织专家对各市申报的51个项目进行了评审，确定分年度支持重点项目。2008年，共安排资金1 777万元，其中中央补助资金777万元，在全省重点补助26个项目，支持先进适用技术成果的引进、推广、转化，培育和壮大县域特色支柱产业，促进区域经济发展，带动农民增收。

（五）继续实施科普惠农示范工程。组织专家对各市申报的110个项目进行评审，其中45个项目推荐到国家进行表彰。2008年共安排资金985万元，其中中央补助资金485万元，分别对20个科普示范县、25个农村专业技术协会、22个科普示范基地、20个科普带头人给予表彰奖励，发挥在农村普及工作中的辐射带动作用，增强农民科技意识，提升农民科技素质。

（六）启动"科普车齐鲁"行活动。为进一步提高科学普及能力，安排资金640万元，会同省科协按照"统一采购，免费配备"的原则，将统一设计装制的科普车配发到各市，支持实施了"科普车齐鲁行"活动。通过开展科普车进校园、进农村、进社区、进企业等系列科普活动，建立流动科普平台，把更多的科技知识送到公众身边，让科学技术更多地惠及广大人民群众。

（七）支持全省农家书屋工程建设。按照中央统一部署，2008年省财政设立专项资金1 000万元，通过以奖代补的形式，鼓励和支持全省农家书屋工程建设。制定了《山东省农家书屋工程建设省级专项资金管理暂行办法》，会同省新闻出版局制定了《山东省农家书屋建设验收办法（试行）》和《山东省农家书屋建设验收评分标准》，通过逐级考核验收，对在全省具有示范带动作用的县给予奖励。省财政结合中央奖励资金安排1 300万元，带动全省各级投入1.3亿元，其中各级财政8 462万元（不含青岛），建成各类农家书屋8 727家。

（八）实施全省农村电影放映工程，配合有关部门部署实施乡镇文化站建设。一是在对2007年全省农村电影放映工作进行全面调研的基础上，提出了改进及继续实施的政策意见，下达农村电影放映专项转移支付资金4 800万元，并会同主管部门代省政府起草下发了全省农村电影放映工程实施意见。二是在统筹全省基层文化资源基础上，根据各级财力可能，按照省政府要求，配合省发改委、省文化厅制定了全省乡镇综合文化站建设的实施意见。意见对建设标准、时间进度等提出要求，并明确了省以奖代补的激励政策。按照2007～2010年基层文化设施改造经费投入规划，下达194个乡镇综合文化站2008年设备购置经费970万元。

【保障重点支出，促进教科文事业又好又快发展】 省财政有效整合资金，调整支出结构，为教科文重点事业的又好又快发展提供了财力保障。

（一）支持高校内涵发展。一是启动高校教学质量与教学改革工程。为促进高校教学改革，提高高等教育质量，2008年，省财政安排专项资金2 000万元，启动高校"教学质量与教学改革工程"，支持高等学校发展优势学科，打造特色专业、品牌专业，建设学科门类齐全、专业覆盖面较广的精品课程体系。2008年省财政资助80个品牌专业、特色专业和98个精品课程。二是支持高校三重点建设。省财政及时调整建设规划，安排高校三重点经费3 200万元，除继续强化建设47个重点学科、22个重点实验室、8个人文社科基地外，将新增的国家级重点学科和实验室全部纳入建设范围，并给予了奖励。三是高校骨干学科教学实验中心建设。为提高高等教育质量，省财政以改善高校教学实践条件为着力点，实施高等学校骨干学科教学实验中心建设工程，2007年起规划三年投入3.6亿元资金，重点支持在学校学科专业体系中承担人才培养主力作用的骨干学科，建设100个可支持多个相近学科和专业的实验大平台。2008年，省财政安排资金1.2亿元，重点建设34个教学实验中心。四是支持中央与地方共建高校特色优势学科实验室建设。根据财政部规划评审情况，调整完善中央与地方共建高校特色优势学科实验室项目规划，积极申报项目建设预算，2008年争取中央财政支持9 800万元，重点建设42个实验室，有力促进了中央下划高校和地方重点高校的发展。

（二）支持职业教育实训基地建设。为增强职业院校学生实践能力、动手能力，"十一五"期间省财政规划投入1亿元，实施职业教育实训基地建设工程，重点建设80个职业教育实训基地。2008 年，省财政安排 2 000 万元，重点建设 16 个实训基地，专项资金主要用于支持实训基地教学仪器及实验实习设备购置。

（三）实施教师培训系列工程。一是为促进城乡义务教育均衡发展，安排经费 1 000 万元实施中小学教师素质提高工程，重点对 5 000 名农村中小学教师、1 500 名新课程骨干培训者、400 名中小学校长，进行师德教育和新理念、新课程、新技术培训。二是为促进高等教育内涵发展，安排 2 000 万元实施“高校青年教师成长计划”，对高校 45 岁以下的中青年教师，进行现代教育技术培训，培训比例达 80%，并选派优秀中青年骨干教师到国内外知名高校培训、进修。2008 年全省现代教育技术培训累计培训教师 1.16 万人次，资助国内访问学者 154 人，国际合作培养 176 人。三是安排专项经费 500 万元，重点加强职业教育“双师型”教师和紧缺专业教师培养，解决职业教育专业教师短缺和教师实践能力不强的问题，提高职业教育质量，2008 年全省培训各类中职学校专业骨干教师 6 331 人。

（四）支持泰山学者建设工程。为加强高层次人才队伍建设，在高校优势学科和科研院所分步设置特聘教授岗位，面向国内外公开招聘学术造诣深、发展潜力大的中青年杰出人才。省财政每年给予每位“泰山学者”特聘教授 10 万元、所带学术团队 5 万元岗位津贴，每年为每位“泰山学者”特聘教授提供 5 万元科研补助经费。2008 年，省财政为 169 名特聘教授提供工程经费 3 380 万元，保障了工程实施。

（五）支持自主创新成果转化。自 2007 年起，省财政设立自主创新科技成果转化重大科技专项资金，2008 年资金由 1 亿元增加到 1.1 亿元，扶持项目 38 个，重点用于产学研合作创新项目，吸引国内外高新技术成果落户山东。自 2007 年设立专项资金以来，项目由小而散到大而精，由网上申报到政府限报，由无偿支持到“后补助”或股权投入，集中资金支持具有自主知识产权的项目。项目实施过程中引导企业和社会资金达 17.5 亿元，是政府投入资金的 17 倍还多，其中企业投入 9.46 亿元、银行贷款 7.23 亿元、地方政府配套 3 500 万元，初步形成了以企业为主体、政府资金为引导的多元化科技成果转化投入机制，有力地促进了科技成果向产业转化，为区域经济发展和地方财源建设注入了强大的活力。

（六）完善科技风险投资机制。2006 年，建立科技风险投融资机制，通过委托省高新技术投资有限公司，采用股权投资方式支持高新技术项目，按照“风险共担，利益共享”的投入机制，省高新技术投资公司按照不低于投资总额的 20% 进行配比投资，重点扶持山东山大华天科技股份有限公司、山东泰华电讯有限公司，扩大了科技风险投资规模。2008 年，省财政追加资金 2 120 万元，重点扶持山东瑞森华光光电子有限公司、山东宏艺科技有限公司、山东科汇电力自动化有限公司。

（七）促进科技资源共享共用。自 2006 年建立大型科学仪器资源共享共用机制以来，以“整合、共享、完善、提高”为目标，着力解决科技资源布局不均衡问题，提高有限资源使用效率，对支持科技创新发挥了积极作用。截至 2008 年底，已收集和整合的仪器设备 2 839 台（套），原值 19.91 亿元，其中原值 30 万元以上仪器设备 1 639 台（套），50 万元以上仪器设备 902 台（套），入网单位 595 家。经专家评审和考核，对 20 个先进单位、40 个优秀机组给予通报和奖励，对 30 个项目给予仪器设备升级改造补助，调动了单位参与共享共用的主动性和积极性。

（八）支持科技人才队伍建设。为进一步推动原始性创新，发现、培养和引进高层次创新人才，在安排自然科学基金、优秀中青年科学家科研奖励基金的基础上，省财政积极调整资金结构，加大人才支持力度，与省科技厅共同制定下发了《山东省自然科学杰出青年基金管理办法》，每年资助不超过 20 位（年龄不超过 43 岁）杰出青年科技人员，每位给予 50 万元资金资助，年资助资金达到 1 000 万元。2008 年共评选出 23 位杰出青年科技人员，奖励资金增加到 1 150 万元。

（九）支持博物馆、纪念馆及爱国主义教育基地免费开放。按照中央统一部署，加大财政经费保障力度，积极支持博物馆、纪念馆免费开放。一是核实了全省 2008 年及今后博物馆、纪念馆免费开放所需运行经费总量，省财政结合中央转移支付对东中西部地区分别补助运行费增量 40%、60% 和 80%，建立了免费的长效机制。二是安排 2 700 万元用于中央要求 2008 年免费开放的 5 家博物馆、纪念馆；安排 1 710 万元用于奖励提前一年自行免费开放的济南市博物馆等 26 个单位。三是会同省文化厅核定了 2009 年可以免费开放的 98 家博物馆、纪念馆，并按照统一政策规定及早确定了省财政安排的经费预算。

（十）支持文化产业发展与文化体制改革有机结合。从 2008 年起，省财政设立文化产业发展专项资金 5 000 万元，研究制定了资金管理办法、贷款贴息管理办法和股权投资专项资金管理办法，对专项资金的支持方向、扶持方式、申报资格、审批程序等做出了具体规定，确定重点用于支持省级体制改革单位、重点用于股权投资，强化了财政资金的投入产出效益。同时，积极推动文化单位体制改革，在调查研究的基础上，对《山东出版集团改革发展方案》、《山东新华书店集团有限公司股份制改造实施方案》、《山东大众报业集团半岛传媒有限公司股份制改造实施方案》、《山东影视集团组建方案》，提出相关政策建议，出台了四个企业集团体制改革方案。

【扶助弱势群体，提高民生保障水平】 按照科学发展观的要求，贯彻以人为本的指导思想，着力实施教科文领域民生政策，进一步加大对困难群众和弱势群体的支持力度。

（一）保障奖助学金政策实施。落实高等学校、中等职业学校、普通高中奖助学金政策，实现家庭经济困难学生资助政策全覆盖，确保不让一名学生因家庭经济困难而辍学。2008年，各级财政（不含青岛）安排资金19.48亿元，其中省财政结合中央补助安排14.2亿元，政策惠及全省112万名家庭经济困难学生。

（二）发放高校学生伙食补贴。为缓解物价波动给高校学生生活带来的影响，2008年3月至6月，对高校所有普通本专科生和研究生每生每月补助20元，对贫困学生每月再增加20元补贴，补助比例为在校生的14%。秋季学期继续对高校贫困学生按每生每月40元的标准发放伙食补贴，补贴时间5个月。2008年各级财政安排资金1.56亿元（不含青岛），其中省财政结合中央补助安排资金1.14亿元，政策惠及全省131.7万名高校学生。

（三）完善国家助学贷款政策。2008年，省财政安排贴息及风险补偿金7 000万元保障国家助学贷款政策实施，全省为4.4万名学生发放助学贷款3.9亿元，有效解决了贫困学生上学难问题。同时，经过积极争取，2008年中央将山东纳入生源地信用助学贷款范围，明确了贷款经办银行，风险补偿金中央补助山东40%。确定的试点方案既有利于解决部分贫困学生贷款难问题，也不增加省级支出，还减轻了高校的负担。

（四）继续实施农村部分计划生育家庭奖励扶助制度。按照每人每月50元的标准，省财政对东中西部地区实施农村部分计划生育家庭奖励扶助制度分别补助所需资金的30%、50%、70%，省财政共投入资金6 383万元，带动全省财政资金1.38亿元（不含青岛），奖励扶助农民23万人，极大地调动了广大农民群众自觉实行计划生育的积极性，获得财政部奖励资金2 760万元。

（五）继续进行独生子女伤残死亡家庭扶助制度试点。省财政按照东中西部30%、50%、70%的比例给予补助，共投入资金774万元，带动全省各级财政资金1 650万元（不含青岛）进一步完善了人口计划生育利益导向政策体系，加大了对计划生育家庭的保障扶助力度。

【加强资金管理，夯实财政教科文工作基础】

（一）完善管理办法。按照“资金管理办法全覆盖，专项资金管理无死角”的要求，查找制度空白点，先后制定了《山东省高校科研经费管理办法》、《山东省社会科学研究与普及专项资金管理暂行办法》、《山东省省直艺术表演团体送戏下乡演出专项补助资金管理使用暂行办法》等19个管理办法，通过制度建设，规范资金使用，确保资金运行到哪里，管理就延伸到哪里。特别是在许多专项资金的管理上，实行了因素分配法、目标管理法等，使资金分配更加规范科学，减少了资金分配中的“自由裁量权”。

（二）强化评审考评。一是对2006年、2007年职业教师师资培训经费进行了专项投资评审，提出了整改意见，并与部门进行了反馈沟通，确保教师培训工程的顺利实施。二是对贫困学生资助工作网站进行了严格的投资评审、论证，审减预算数百万元，维护了财政资金分配的严肃性，提高了资金使用效益。三是会同省科技厅组织专家对省级重点实验室运行情况、大型科学仪器设备协作共享使用情况进行绩效考评，并对工作开展好的重点实验室、单位等给予不同等次的奖励，对工作开展不利的单位给予黄牌警告，加大了资金使用监管力度。

（三）加快预算执行。在全年动态调度教科文经费预算执行进度中，保证预算资金运行的规范性、安全性和有效性。一是提高年初部门预算批复率，2008年初部门预算批复率达97.43%，比上年提高0.73个百分点。农村中小学校舍维修改造专项资金2.6亿元、职业教育实训基地建设经费2 000万元、高校教师培训经费2 000万元、中小学骨干教师培训1 000万元等重点专项资金，按照规划全部于3月底前下达，均比上年提前一个季度。二是及早与主管部门沟通，使各项专款基本在11月底执行完毕，全年平均预算执行进度比上年提高4个百分点，确保了财政资金早出效益，支持了事业健康较快发展。

（四）开展调查研究。继续实施调研制度和工作联系点制度，加强对重点、难点、热点问题的调查研究，确定了一系列对财政教科文工作具有重要影响的课题联合攻关，重点进行教科文预算精细化科学化管理问题研究、农村中小学“两热一暖一改”工程试点调研、家庭经济困难学生资助工作调研、科技条件平台和科普基础设施建设调研，为各项政策决策的制定提供可靠的一手资料和翔实的数据支撑。

【强化学习培训，努力提升干部队伍整体素质】 在继续做好业务工作的同时，开展一系列学习培训活动，全面提升干部队伍整体素质。

（一）深入开展“机关服务年”活动。按照财政厅开展“服务年”活动的要求，将服务意识贯穿工作始终，着力解决“为谁服务”和“怎样服务”的问题，坚持为领导决策服务、为部门基层服务、为人民群众服务，以解决好教科文领域事关人民群众最关心、最直接、最现实的利益问题为出发点，完善服务机制，提高服务技能。采取“走出去”和“请进来”的办法，首次召开省直教科文部门财务工作会议，召开高校财务工作座谈会、部分高校财务处长座谈会、科研单位座谈会、自主创新成果转化重大专项管理工作座谈会等各种形式的座谈会，倾听单位和基层心声，建立预算编制工作定期回访制度，深入了解教科文财政财务工作中存在的问题，听取各方面对财政改革与财务管理的意见和建议，研究探索改进和加强财政财务管理的途径和措施。

（二）举办业务培训班。一是举办全省财政教科文管理与改革培训班，以各市财政局科级以上干部及业务骨干、部分县（市、区）教科文科长为培训对象，进行“公共财政扶持文化发展的思路与政策选择”、“以财政科技投入促进自主创新”等专题培训，进一步提高了干部队伍的政策理论水平、文化素养和理财能力。二是举办首期省直教科文部门财务管理培训班，立足长期规划，对省直教科文部门及二级单位的财务人员实行全面轮训，采用理论讲解与实务演练相结合的授课方式，讲授了非营利组织财务管理、行政事业单位会计基础理论与实务、部门预算管理及软件操作、国库集中支付实务与操作、部门决算业务与操作、政府采购实务与网上支付管理等全面实用的专业知识，并邀请省直部门财务处长作财务管理经验介绍，通过培训，搭建了财政部门与单位财务人员交流的平台，提高了财务管理人员业务素质，进一步提升了教科文部门财务工作科学化、规范化、精细化水平。

（三）落实教育、制度、监督并重的预防腐败体系。结合财政教科文工作实际，在进一步强化第一责任人责任意识的同时，做好反腐败源头治理相关工作，在处内形成了反腐倡廉的工作合力。严格遵守廉洁自律的各项规定，自觉抵制各种不良风气，大力宣传廉洁勤政的先进事迹，不断强化廉政纪律教育，切实增强了财政教科文干部的内在自我约束力，建立起了具有财政教科文工作特点的教育、制度、监督并重的预防腐败内部制度体系。

（撰稿：孙天波　牛　红　段　琳　王旭东　徐冠男）

经济建设财政财务

【适时调整财政调控政策，确保经济平稳较快增长取得新成效】 2008年，始终坚持发展这一党执政兴国的第一要务，及时适应经济发展形势变化，不断调整财政调控思路和工作重点，较好地促进了经济平稳较快增长。一是财政投资不断加大，投资结构不断优化。2008年，省级共完成预算内投资79.35亿元，比上年增长154.7%。拉动地方政府资金投入和社会140.6亿元，主要用于重大基础设施建设、节能减排、自主创新、产业结构调整和医疗卫生、教育文化等方面。其中，用于农村民生工程及基础设施建设26.6亿元，极大改善了农村生产生活条件；用于优质粮食工程建设1.98亿元，改造建成标准化粮田110.77万亩；用于保障性安居工程建设1亿元，新增廉租房87.28万平方米；用于重点防护林建设1.39亿元，新增人工造林111万亩；用于医疗卫生教育文化等社会事业发展6.08亿元，等等。特别是11月份以来，把落实中央扩大内需政策作为工作的重中之重，下发了《关于认真贯彻落实扩大内需促进经济增长政策的紧急通知》和《关于及时拨付中央扩大内需国债资金的紧急通知》，进一步对全省财政系统贯彻落实扩大内需促进经济发展政策做出了部署。为确保扩大内需政策落到实处，切实把好关口，强化资金监管，督促各地按照国家要求加快项目建设进度，尽快形成实物工作量。二是积极支持重点水利工程建设。继续加强与省发改委、省水利厅的沟通协调，确立了分别筹集、共同负担的重点水利工程配套资金筹集原则。全年共筹集重大水利工程建设资金25.79亿元，其中，南水北调工程4.25亿元、大中型水库除险加固4.52亿元、治淮东调南下工程11.75亿元、大型灌区节水改造4.37亿元，全省重点水利工程建设进展顺利。三是大力支持信息化建设和自主创新取得明显成效。安排资金1.55亿元，对200多个软件服务和电子信息项目给予补助，对30个省级以上的企业技术中心给予奖励，拉动社会投资26.5亿元，开发新技术、新产品1 000多项，增强了企业自主创新和集成创新能力。四是推动区域经济协调发展。积极参与重点区域发展政策研究，研究提出增加地方矿补费分成比例、加大基础设施建设扶持力度等政策建议，促进了黄河三角洲、鲁南经济带快速发展。继续安排资金 3 000 万元，拉动市县财政资金 4 500 万元，引导社会资金 100 多亿元，集中支持了 15 个示范县 54 个工业结构调整项目，壮大了县域经济。在财政资金引导下，全省固定资产投资保持较快增长，高新技术产业蓬勃发展，区域经济发展更加协调，全省经济保持了平稳较快增长的良好态势。

【着力构建民生保障体系，推动和谐社会建设取得新成效】 始终坚持以人为本，注重改善民生，使人民的钱更好地为人民谋利益。一是及时落实种粮农民补贴政策。全省对种粮农民的补贴资金达到 56.27 亿元，亩均补贴 86.78 元，补贴金额和标准均有大幅度提高，切实提高了农民种粮积极性，增加了农民收入。继续坚持“财政涉农一本通”发放制度，对两项补贴实行合并一次发放，进一步提高了补贴效率，确保了补贴资金及时落实到全省 1 605 万户种粮农民手中。二是扎实开展家电下乡试点。为进一步启动农村消费市场，提高农民生活质量，国家确定在山东、河南、四川三省开展家电下乡试点工作，对农民购买彩电、冰箱、手机等家电给予 13% 的财政补贴。为确保补贴政策落实到位，省财政切实加强组织领导，不断加大宣传力度，周密制定实施方案，省级全部承担了地方配套资金，全省试点工作快速启动，稳步推进，取得了明显成效。全年共销售家电 107 万台，实现补贴 1.68 亿元，惠及农民 80 多万户，形成了“农民得实惠、企业得市场、政府得民心”的良好局面。12 月份，按照财政部部署，又将洗衣机纳入补贴范围，家电下乡政策效应进一步放大。三是不断完善重点产品储备制度。2008 年，共筹集 6.72 亿元，对粮油承储企业给予费用补贴和贷款贴息，对储备淡季化肥的企业给予财政补助。进一步改革猪肉储备方式，对储备猪肉的企业通过注入流动资金的方式，买断储备猪肉所有权，不仅节约了财政资金，提高了财政资金使用效益，而且提高了企业猪肉储备积极性，对维护市场稳定、确保市场供应起到了重要作用。四是大力支持食品安全监管。积极筹措资金 3 000 多万元，支持有关部门购置兴奋剂、三聚氰胺检测设备，加大检验检测力度；对乳制品加工企业新购置检测仪器给予 5 万 ~ 10 万元的补助，并加强舆论宣传，确保了全省奥运食品和乳制品安全，稳定了乳制品生产。五是加快推动农村基础设施建设。为建立农村公路改造建设和养护体系，筹措 12 亿元用于农村公路改造和养护，农村交通状况进一步改善。安排资金 4 000 万元，支持全省 27 个试点县、79 个示范镇、180 个试点村开展小城镇规划建设。通过财政资金的引导示范作用，全省大部分县编制完成村镇总体规划，重点镇、中心村建设迈出新步伐，鲁苏边界环境综合整治工作取得重要进展，促进了全省城乡协调发展。安排资金 5 000 万元，支持供销社创新经营方式，建设起农村新型现代流通服务网络、农村社区服务中心和农村合作经济服务体系。

【大力支持节能降耗和生态环保，促进节能减排取得新成效】 科学运筹资金，不断加大投入，明确保障重点，有力促进了节能减排工作深入开展。在促进节能方面，紧紧围绕省政府提出的节能三个“百项工程”，大力支持能源节约利用和新能源开发。一是积极推进节能技术改造。筹措资金 5.88 亿元，对省级以上水平的重大节能核心技术和年节能量达到 1 万吨的节能技改项目给予奖励，较好地发挥了财政资金引导作用。二是加快淘汰落后产能。全年安排资金 3 964 万元，对拆除的水泥立窑、焦炉给予奖励，支持立窑水泥和焦炭等淘汰任务艰巨、节能效果显著的行业加快淘汰落后产能。同时，积极争取中央资金 8.1 亿元，用于火电、水泥、焦炭、钢铁、酒精、电石等六个行业淘汰落后产能项目。三是大力支持可再生能源利用。继续以财政补贴的方式推广应用太阳能集热系统，对省内三星级（含三星级）以上宾馆、省属高校新上太阳能集热系统，给予总投资额 30% 的补贴。为加强项目监管，联合省经贸委，通过座谈、实地查验等方式，对补贴项目进行了严格审查。根据检查结果，对 2007 年太阳能集热系统项目资金进行了清算，并拨付 2008 年度项目资金 2 305 万元，建成集热系统 5.4 万平方米，推动了太阳能利用。四是积极推动建筑节能工作，筹措资金 9 600 万元，全面启动了全省既有居住建筑供热计量及节能改造工作，确定了 317 个第一批改造项目，计划改造建筑面积 936 万平方米。积极筹措资金，支持可再生能源建筑应用示范项目。在促进减排方面，积极调整财政支出结构，努力把环保优先的发展理念落到实处。一是大力支持环保能力建设。省级筹措资金 1.43 亿元，其中争取中央资金 5 523 万元，重点支持了环境指标、监测和考核体系建设。目前省、市、县三级环境监控、监测中心基本建成。在 59 个跨市界面、144 个空气质量点位，150 座城镇污水处理厂进出口、1 001 家重点监管企业安装了自动监测设备，形成了全省自动检测网络。从 2008 年 4 月 1 日起全省环境统计、考核和排污收费全部使用自动监测数据。加强了省级和市级应急中心建设，统一配备了市、县（市、区）环境执法监测执法车辆和专用仪器设备，提高了全省环保部门的快速反应、及时执法能力。二是突出抓好重点流域水污染防治。筹措资金15.04亿元，比上年增长120%，引导企业和社会资金100多亿元，支持了700多个重点流域工业点源、区域污染治理和人工湿地项目，全省重点河流断面COD和氨氮平均浓度分别下降了21.5%、33.1%，重点流域水质明显改善。三是积极推动环境基础设施建设。将污水垃圾处理和脱硫设施建设等工程减排项目，作为支持环保工作的重要突破口，抓实抓好。2008年，省级筹措资金5.49亿元，比上年增长358%。全省新建成污水处理厂20座、垃圾处理厂15座，新增污水处理能力77万吨/日、垃圾处理能力3 000吨/日，全省规划建设的180座污水处理厂中，已建成156座，日处理能力705万立方米；全省共建成城市生活垃圾无害化处理场38座，日处理能力达到2 100吨。安排资金2.4亿元，拉动社会资金30多亿元，支持了华能国际德州电厂等111家省重点电厂和热电联产企业脱硫脱尘技术改造，形成年削减二氧化硫10.2万吨的能力，圆满完成了奥运空气质量保障任务。全省已累计建设脱硫火电机组装机容量1万多兆瓦，占“十一五”期间应建脱硫机组装机容量的85%。四是支持启动农村环保工作。会同有关部门，出台了《关于加强农村环境保护工作的意见》（鲁政办发〔2008〕60号），督促各市加大支持农村环保工作力度。省级筹措资金1 894万元，支持了28个村庄开展环境综合整治和5个镇进行生态示范创建，实现了环保资金“从城市到农村”的转变，促进了全省农村环保工作深入开展。

【积极推动资源勘查和保护，促进资源保障能力提高取得新成效】 2008年，积极整合资金6亿元，大力支持资源勘查和保护，增强了全省资源接续保障能力。一是着力支持矿产资源勘查工作。安排资金1.55亿元，重点加大对铁矿、贵金属矿山深部和外围矿产资源勘查工作。其中，安排铁矿项目25个、金矿16个、铜矿等8项，预期提交铁矿资源1.3亿吨、金矿资源29吨、铜矿等其他资源30万吨。同时，积极支持煤、油页岩等能源矿产综合勘查，共安排找煤、油页岩、地热项目21个，预期提交煤储量47.1亿吨，油页岩30亿吨，地热资源9处。二是大力支持重大地质科技攻关和基础性公益性地质工作。筹集资金1 132万元，用于重点矿种和重点成矿区带的成矿规律、潜力预测及找矿新方法等方面研究；筹集资金4 344万元，支持全省地质环境自动化远程监测系统建设、环渤海海岸带等重要经济区域地质调查等公益性项目。三是推动实施境外找矿工作。为进一步增强全省资源保障能力，筹集资金2 490万元，积极支持全省地勘单位实施“走出去”战略，开拓国外地质矿产勘查市场。目前，全省已开拓埃塞俄比亚、刚果（布）、印度尼西亚、澳大利亚等8个国家的9个重点项目，获取矿业权19个，缓解了全省矿产资源供需矛盾。四是大力实施矿山环境综合治理工作。为规范和整顿矿产资源开发秩序，安排资金1.34亿元，拉动市、县资金2.7亿元，对34座损毁山体实施山体修复治理。同时，为支持济南搞好第十一届全运会筹备工作，筹集资金1亿元，用于济南市毁损山体专项整治，整治破损总面积达233.47万平方米，山体环境明显改善。五是加强地质勘探单位能力建设。为进一步提高全省地勘队伍装备水平，增强国有地质勘探单位勘查开发能力和市场竞争力，安排3 000万元，支持国有地勘单位购置大型物探设备和钻探设备164台（套），增强了全省地质找矿能力。六是建立省级基础测绘经费保障机制。2008年安排3 000万元，用于全省基础测绘“十一五”规划确定的工作任务。

【坚持改革创新，构建有利于科学发展的财政经济运行机制取得新成效】

始终坚持以改革为动力，以改革促发展，不断完善有利于科学发展的财政经济运行机制。一是积极推动燃油税费改革。及时将32.87亿元成品油价格补贴资金落实到从事近海、内陆捕捞及养殖并用机动渔船的渔民和渔业企业，远洋渔业企业，国有林业企业和林场苗圃，城市公交企业，农村道路客运经营者，岛际和农村水路客运经营者，城市出租车司机手中。二是深化资源有偿使用制度改革。在继续巩固煤炭资源有偿使用制度改革成果的基础上，制订下发了《关于深化探矿权、采矿权有偿取得制度改革有关问题的通知》，着重解决了探矿权、采矿权有偿取得制度改革面临的12个问题，进一步理顺了矿业权价格形成机制。三是继续完善生态补偿机制。在2007年开展生态补偿试点的基础上，积极筹措资金，在全省所有重点流域全面推行生态补偿机制，对生态保护的实施主体及受损主体支付一定的经济补偿，调动全社会加强污染治理的积极性。为探索重点流域生态环境保护长效机制，省级财政和泰安、莱芜两市共筹集资金2 000万元，在南水北调大汶河流域先行开展上下游协议生态补偿试点，进一步调动了上下游共同保护生态环境的积极性。

【不断加强资金管理，提高资金使用效益取得新成效】 一是预算执行进度进一步加快。牢固树立大局意识，对抗震救灾板房建设资金、中央新增投资资金，及时启动应急程序，加强内外协调，调整工作步骤，预算分解、制发文件、资金拨付等环节同步进行，当日将资金拨付到位。二是资金管理制度更加健全。严格按照“先建制度、后分资金”的要求，制定了《家电下乡补贴资金管理暂行办法》、《山东省生态补偿试点资金管理办法》、《山东省省级对口支援北川灾后恢复重建资金管理暂行办法》、《高效照明产品推广财政补贴资金管理暂行办法》等12个制度和办法，将财政经建资金全部纳入了制度化管理轨道。三是资金使用更加灵活有效。积极创新资金使用方式，充分发挥财政资金激励引导作用，实现了财政支出的乘数效应和规模效益。比如，通过建立节能减排奖励机制，进一步调动了企业、银行和社会增加投入的积极性。将省级预算内环保专项资金、排污费收入、污水垃圾专项资金整合起来，用于生态补偿试点，进一步增强了财政统筹安排、集中财力办大事的能力。四是资金监管更加严格。从2008年起，对预算外资金全部实行指标管理，切实加强了对预算外资金的管理和财政统筹资金的能力。代省政府办公厅起草了《关于进一步加强排污费征缴使用管理的意见》，在全省范围内开展排污费征缴使用管理自查和检查工作，规范了排污费征缴使用和管理。注重采用财政检查、投资评审、集中支付、政府采购等手段，全面加强财政资金监督管理，切实提高了资金的使用效益。

【深入学习实践科学发展观，加强财政经建干部队伍建设取得新成效】 扎实开展深入学习实践科学发展观活动，创新学习实践方式，丰富学习实践载体，不断提高财政经建干部队伍素质。一是创新学习实践方式。采用集中学习和自学相结合的方式，全面系统地学习了《毛泽东邓小平江泽民论科学发展》、《科学发展观重要论述摘编》等读本，对科学发展观的科学内涵、精神实质、基本要求和根本方法等问题有了更加准确的理解和领会。同时，多次召开座谈会，积极听取服务部门和基层的意见建议，不断改进工作作风，切实提高了服务意识、服务水平。二是大力开展调查研究。围绕厅党组的中心工作，积极参与厅培植壮大财源课题研究，并就农村现代流通体系建设、城市污水垃圾处理、中央节能减排政策、补贴政策、国债政策对全省的影响等问题进行了前瞻性研究，财政经济建设工作的主动性、创造性进一步增强。积极围绕财政中心工作，打造信息精品，编发了大量有情况、有分析、有对策建议的高质量财政信息。共编发《财政情况》等各类信息90多条，有2条被国务院办公厅引用，80多条（次）被省委、省政府和财政部采用，信息采用量居全厅第2位。三是切实加强廉政建设。严格落实廉政建设责任制度，对党风廉政责任分解到岗，落实到人，通过制度规范加强约束。认真贯彻落实《2008年山东省财政系统党风廉政建设和反腐败工作实施意见》，加大源头预防和治腐工作力度，积极落实反腐倡廉源头治理任务，形成了廉洁从政、依法理财的良好氛围。

（撰稿：姜　凝　李栋林　吴立行）

农业财政财务

【概述】 2008年，全省各级财政部门牢固树立科学发展观，认真贯彻落实党的十七大及十七届三中全会、省九次党代会精神和省财政厅党组工作部署，紧紧围绕加强农业基础建设、发展现代农业，加大支农投入，优化支出结构，突出支持重点，创新支农机制，强化资金监管，不断提高精细化管理水平，有力地促进了农业增效、农民增收和农村繁荣。2008年，省财政实现支农支出62.2亿元，比上年增长46%；其中争取中央专款23.3亿元，增长80.6%。在各项支农惠农强农政策的拉动和其他各种有利因素的共同作用下，全省农林牧渔业增加值达到3 002.7亿元，比上年增长5.1%；粮食总产达到4 260.5万吨，连续6年持续稳定增产；农民人均纯收入达到5 641元，比上年增长13.2%，连续5年实现两位数增长。

【推进农业基础建设】 围绕提高农业综合生产能力，积极筹集资金24.34亿元，大力支持农业基础建设，改善农业和农村发展条件，强化农业基本支撑。一是支持水利基础设施建设。加大病险水库除险加固和重点泄洪河道治理工程投入，对包括800座头顶库、串联库在内的1 245座重点小型病险水库除险加固给予奖励性补助，支持22座大中型病险水库除险加固，支持开展27条重点泄洪河道治理工程，圆满完成省政府确定的年度目标任务。支持建设平原水库8座、河道拦蓄工程30处，采取“民办公助”形式，对农户、农民专业合作组织、村组集体等开展的426项小型农田水利设施建设项目进行补助，支持362处抗旱应急调水工程和48处水毁水利工程建设。加大对省气象灾害监测预警与应急工程建设的投入力度，提高农业水利化水平和抵御自然灾害的能力。二是支持农业综合开发。以粮食主产区为重点，进行水、土、田、林、路综合治理，建设180万亩高标准基本农田，新增粮食生产能力25万吨。继续坚持推进农业综合开发项目县轮换制和规模开发，进一步完善了奖优罚劣、有进有退、进退有据、动态管理的项目县管理机制。三是支持农业生态建设。采取“以奖代补”方式，支持荒山造林、绿色通道、沿海防护林、村庄绿化等林业重点工程，新增造林面积200万亩。全面实施森林生态效益补偿制度，对全省17个市、104个县（市、区）的1 760万亩重点公益林给予补偿，建立了中央、省、市、县四级配套联动的生态效益林保护体系。继续支持森林防火设施建设，提高森林火险监控能力。积极开展土地沙化、碱化、水土流失综合治理，治理面积22.5万亩。支持111个县（市、区）新建22.4万个农村户用沼气设施，并对地方领导重视、投入较大、户用沼气建设进度快的10个市给予奖励。支持农作物秸秆综合利用，建成秸秆生物反应堆推广大棚2.5万多座、食用菌养殖大棚30座、青贮池2 250万多立方米，推广秸秆机械还田7 150万亩，年可转化利用农作物秸秆4 550万吨。四是支持农业科技进步。支持22项大宗农产品和67项地方特色农产品的良种攻关和源头创新，支持开展20项重大应用技术研究，支持61项农业科技成果的区域试验与示范、中间试验或生产性实验，在全省范围内推广132项先进实用农业技术。同时，建立起农业科研与技术推广、省级科研推广与市县技术推广的有效联结体系，提高了农业科技资金使用效率。五是支持重大动植物病虫害综合防治。加大对重大动植物病虫害预防、监测和控制的投入力度，优先保证禽流感、口蹄疫、猪蓝耳病和猪瘟等重大动物疫病预防、监测等资金需要，统筹兼顾，合理安排，进一步提高突发性重大动植物病虫害的快速反应及扑灭能力。针对突发的美国白蛾和灰飞虱疫情，积极筹措资金，统筹考虑应急防治和长远预防需要，确定重点对药械购置、监测设施建设以及采用周氏啮小蜂等生物防治手段给予补助，切实提高基层病虫害综合防治能力。

【支持现代农业发展】 围绕增创山东农业农村经济发展新优势，积极筹集资金8.14亿元，加快建立现代农业产业体系，促进农业发展方式转变，提高发展质量和效益。一是促进农业优势产业提升。集中财力，重点支持粮食、园艺、畜牧、水产产业加快发展。支持奶站扩大鲜奶收购，对乳制品加工企业给予促销奖励、原料奶收购贷款贴息、购置检测设备补助，对有关市、县新购检测设备给予补助，稳定全省奶业发展。支持建设（改造）奶牛标准化养殖场88个、生猪标准化规模养殖场（区）125个、蛋鸡养殖场500个、标准化鱼塘27个，实现标准化养殖生猪43万头，新增蛋鸡存栏能力300万只，开发改造标准化生态鱼塘面积11万亩。实施“渔业资源修复行动计划”，放流苗种25亿尾，新建人工鱼礁85万空立方、深水网箱200组，对7处省级水生生物保护区给予补助。支持103个优质、特色农产品生产基地建设项目，提高了全省农业的规模化、专业化生产水平。二是实施农产品质量安全提升工程。支持制定并推广农业地方标准65项、简明生产技术规程70项和出口农产品操作规范5项，支持44处农产品生产基地和26处出口农产品专业基地开展标准化建设，将测土配方施肥覆盖到所有农业生产县，全省测土配方施肥面积达6 572万亩，推广有害生物物理防治面积73.14万亩，对新获得认证的295个无公害农产品、178个绿色食品、47个有机食品和29个进口国国际认证农产品给予奖励，加强农产品质量安全监测。三是深化农业产业化经营。支持153家国家、省重点龙头企业做大做强，支持70家区域优势明显、产品科技含量高、市场发展潜力大带动能力强的中小型龙头企业上规模、上层次，支持9家大型远洋渔业企业改善渔船及装备设施。进一步完善财政扶持龙头企业指标评价体系和项目申报方式，引导龙头企业与农户建立紧密、合理的利益联结机制。重点扶持390家农民专业合作组织，支持依法设立、管理规范、带动能力强、产加销一体化的农民专业合作社加快发展。

【改善农村民生】 围绕保障和改善农村民生，积极筹集资金17.5亿元，支持帮助解决涉及农民切身利益的问题，让广大农民群众共享改革开放和现代化建设成果。一是全面落实各项补贴政策。认真落实农作物良种补贴政策，分别补贴小麦、玉米、棉花、水稻良种面积3 200万亩、2 300万亩、630万亩、195万亩，受益农户1 469万户。大力实施能繁母猪、优质后备母牛、祖代蛋种鸡和家畜良种补贴政策，对全省380万头能繁母猪、12.15万头优质后备母牛、6.76万套祖代蛋种鸡、126.6万支奶牛冻精细管给予补贴。扩大农机购置补贴范围，提高补贴标准，对26 721个农户和农机合作组织新购置的33 884台农机具给予补贴，惠及全省所有农业县。做好冰冻灾害救灾资金发放工作，制定合理救助补贴方案，按照“灾重多补、灾小少补、无灾不补”的原则，共发放5 000万元救灾资金。认真落实项目公示制度，并对能繁母猪补贴等资金，通过“财政涉农补贴一本通”直接发放到农民手中。二是支持开展农民培训。在全省108个县（市、区）实施农村劳动力转移培训“阳光工程”，培训农村富余劳动力25万人，转移就业率达到85%以上。同时，扩大农民科技培训和创业培训规模，在全省50个县选择1万名农民辅导员，开展以农业新品种、新技术为主的科技培训和指导，带动培训20万个示范农户。选择3 333名农村合作经济组织负责人和中小型农产品加工企业负责人，开展以农产品加工、营销和现代经营管理知识为主的创业技能培训。三是大力推进农村扶贫开发。坚持村为基础、整乡推进，全面启动实施第三期整乡推进扶贫计划，扩大贫困村村民发展互助资金试点范围，努力改善贫困地区农民生产生活条件，帮助82个贫困乡镇的50万农村贫困人口实现脱贫。四是继续实施村村通自来水工程。集中实施农村饮水安全工程，加强饮水水源地保护，提高村村通自来水率，新增饮水安全人口182万人，改善240万人的饮水条件，让更多的农民喝上安全卫生的自来水。认真研究完善村村通自来水工程运行管护有效机制，确保工程长期发挥效益。

【创新工作体制机制】 积极适应形势变化和发展需要，不断完善支农机制，创新投入方式，拓展扶持领域，有效提高了财政支农工作水平。一是加快支农预算执行进度。研究制定《关于加快省级农业财政专项资金预算执行进度的意见》，将省级农业财政专项资金划分为四类，分类明确相应的分配程序和时限要求。研究制定《山东省省级农业财政专项资金直接支付管理暂行办法》，将明确到县（市、区）的中央和省级农业财政专项资金纳入国库单一账户体系管理，实行省到县直接支付制度。探索建立激励约束机制，定期考核省级农业财政专项资金预算执行情况，并将考核结果与下年度预算安排直接挂钩。二是扩大贫困村村民发展互助资金试点范围。支持15个试点县86个村成立75个主要由贫困农户参加的“互助资金”合作组织，为合作组织成员从事生产经营活动，提供短期、小额、有偿借款，提高了贫困农户自我发展能力，初步建立了贫困农户脱贫致富长效机制。三是集中实施现代农业生产发展项目。结合山东产业发展优势，选择56个项目县，以现代农业生产发展资金为引领，统筹安排中央和省级专项资金8亿多元，支持粮食、畜牧、水产业加快发展。通过项目实施，项目区基础设施条件得到有效改善，先进农业技术得到广泛应用，产业化经营水平得到大幅提升，社会化服务能力明显增强。四是推进支农资金整合。注重推进“政策”层面整合，健全完善现有政策体系，统筹协调各类专项资金的分配和使用，加强资金之间的有机衔接。注重加强预算内外资金的统筹安排使用，将地方水利建设基金、河道工程维护费与预算内资金统筹安排用于重点泄洪河道治理，将行政性收费支出与预算内资金统筹安排用于渔业资源修复行动计划，增强了省财政的统筹调控能力。注重加强跨部门资金整合，将发改部门管理的国债资金与财政预算内资金统筹安排用于农村沼气、农村饮水安全工程，将国土部门管理的新增建设用地有偿使用费与农业综合开发资金统筹安排用于土地治理，确保了重大项目顺利实施。注重加强上下级配套联动，对各级财政共同安排、资金性质相同的项目，根据全省统一规划，只下达目标任务和资金支持规模，不审批具体项目，由各市或县负责将各级财政资金捆绑起来，统筹安排使用，促进形成了全省上下配套联动的资金分配使用机制。深入推进县级整合试点，继续支持平阴、鄄城等11个县（区）开展支农资金县级整合试点工作，积极鼓励市、县自主开展支农资金整合工作，目前全省16个市共选择了30个县开展自主试点工作。

【规范支农资金管理】 按照“夯实基础、创新机制、强化管理、狠抓落实”的要求，不断规范和加强财政支农资金管理，确保资金安全有效运行。一是加强制度建设。制定出台7项农业财政资金管理制度，使近年来出台的制度办法达到59项，基本建立了科学合理、层次清晰、分工明确、覆盖全面的财政支农资金管理制度体系。同时，积极指导省直农口部门和各市、县结合本地、本部门实际，研究制定实施细则和项目管理办法，促进形成了“用制度管钱、靠制度管人、按制度办事”的工作格局。二是完善资金分配机制。继续实施专家评审论证、招投标、社会公告公示等制度，积极开展支农专项资金审批权限下放试点，大力推行公式法、因素法等资金分配方式，充分发挥基层财政的支农决策作用，探索建立权利和责任对等的资金分配机制。三是加大监督检查力度。积极配合审计署驻济南专员办事处、财政部驻山东省监督检查专员办事处、省审计厅等部门，扎实做好中央和省级农业财政专项资金使用管理情况检查审计工作，及时提供有关数据资料、制度办法、有关文件，认真组织填报有关表格、撰写书面情况。创新支农资金项目监督管理方式，重大项目委托财政投资评审机构评审管理，加大了监督检查工作的力度。四是扩大绩效评价范围。会同省直农口部门，广泛开展绩效评价，对项目进展情况、目标任务完成情况和资金使用效益进行全面评估，把绩效考评结果作为资金分配和下年度预算安排的重要依据，确保有限的资金用到效益高、管理好的地方。

【提升农业财政工作效能】 一是全面开展“机关服务年”活动。认真研究制定《省财政厅农业处开展“机关服务年”活动实施方案》，将工作任务、服务质量和要求，逐一分解落实到每个工作岗位、每位同志。广大干部按照要求，进一步端正工作态度，转变工作作风，强化服务意识、责任意识、协作意识，全面提高了工作效能。二是扎实开展学习实践科学发展观活动。深入学习中央和省委、省政府关于科学发展观的有关文件和领导讲话精神，特别是深刻领会、准确把握党的十七届三中全会精神，积极组织集中学习、专题培训、交流讨论、调查研究、征求意见、分析检查等活动，学习实践活动稳步推进，为做好农业财政工作打下了坚实基础。三是积极开展调查研究。针对财政支农工作中的热点、难点和重点问题，先后开展了财政支持城乡一体化发展、现代农业产业体系建设、农业基础设施建设等10多项课题研究，增强了工作的前瞻性、针对性和指导性。四是大力加强廉政建设。认真组织学习中央、省委和财政厅党组关于廉政建设的有关规定、进一步加大廉政教育、制度、监督工作力度，筑牢了思想道德防线。

（撰稿：李海军　单　哲　张绍生）

社会保障财政财务

【出台实施更加积极的就业政策】 出台了新一轮更加积极的就业促进政策，重新界定就业困难人员范围，继续加大扶持力度，完善了职业培训、职业鉴定、职业介绍、贷款扶持、税费减免、各项补贴等一整套优惠政策，并使其逐步普惠化、长期化。同时，先后出台创业培训、一次性创业岗位补贴、创业奖励等扶持措施，有效推动以创业带动就业工作。

【人力资源市场建设按期完成】 全省人力资源市场规划建设实施5年来，各级财政仅用于人力资源市场信息网络及设施设备建设的投入就达5.35亿元，其中省财政投入资金1.21亿元。建设改造人力资源市场144处，设施先进、功能完善的四级劳动力市场服务平台和面向城乡的全方位公共就业服务体系基本形成，并日益发挥着就业主渠道作用。

【继续开展公共就业培训工作】 一是启动实施就业与创业能力提升工程。与省劳动保障厅共同研究制定了《关于加强就业培训提高就业与创业能力的意见》，并以省政府的名义下发。通过系统能力提升培训，使300万人达到初级技能水平，150万人达到中级技能水平，50万人达到高级技能水平，使80%以上受训人员实现就业或自主创业，全面提高就业人口的稳定化、素质化。二是继续抓好“技能扶贫与就业”工程建设。2008年，共招收技能扶贫生9 713人，年底在校生规模达18 189人，落实补助资金4 337.26万元，同比增长21%。进一步完善扶贫对象的推荐筛选、招生录取等配套管理办法，做到公开、公正、阳光、透明化操作，狠抓培训质量，努力提高就业率。三是积极开展“金蓝领”培训项目。落实培训资金800万元，对8 000名一线技术工人实施“金监领”培训。四是启动实施技工教育百强专业建设计划和与之相配套的技工教育“千名师资”培养计划。

【支持公共就业实训基地建设】 经过反复考察论证、统筹规划和投资评审，积极调整支出结构，投入资金3 441万元，支持建成了省级公共就业实训基地，为城乡劳动者技能提升和高技能人才培训提供示范性、先导性、龙头性平台。

【改革创新就业资金财政监管机制】 一是省财政进一步加大就业资金投入。2008年共筹集资金4.44亿元，同比增长11%。首次以预拨的方式先期下达就业补助资金1.8亿元，有效保障了各市职业介绍、职业培训、社会保险和公益性岗位四项补贴政策的落实，确保就业各项工作顺利开展。二是推行政府购买培训成果的资金投入机制。采取招投标的方式，鼓励有能力有条件的各类社会培训机构通过竞争参与劳动力技能培训或实训。三是探索实施就业资金绩效考评。制定《山东省就业资金绩效考评办法（试行）》，探索建立了就业资金绩效考评办法和一整套就业资金绩效考评体系，全面追踪就业资金使用管理的效果、效率、影响、可持续性和安全性，并据此建立绩效奖优罚劣机制，推动各级各部门切实加强就业资金监督管理，推动就业工作开展。

【养老保险做实个人账户试点稳步推进】 一是建立做实个人账户奖励制度。为建立有效的激励机制，推动企业职工基本养老保险做实个人账户试点工作开展，研究出台《山东省做实个人账户试点奖励办法（试行）》。明确规定了奖励资金的来源、奖励范围、奖励条件、资金用途、奖励挂钩指标和考评程序，规范了奖励行为。按照《办法》规定，对2006年、2007年奖励资金6 000万元进行了详细测算，并及时下达各市，极大地调动了各级做实个人账户的积极性，进一步增强了养老保险基金的风险应对能力和支付能力。二是积极督促各市按时足额向省归集做实资金，为加强归集资金核算，方便投资运营，确保资金保值增值奠定了良好基础。

【企业退休人员提高待遇落实到位】 按照劳动保障部、财政部《关于2009年调整企业退休人员基本养老金的通知》（劳社部发〔2008〕102号）要求，确定2009年提高待遇比例为11.5%，即人均提高143元，并制定待遇调整方案，报经省政府同意后，及时报两部审批；将退休人员遗属补助纳入社会统筹，出台专门政策，明确从2009年1月1日起将企业退休人员死亡后供养直系亲属生活困难补助纳入社会统筹，从而在机制上使这部分人员的生活待遇得到稳定保障。

【社会保险基金监管力度强化】 及时兑现养老保险征缴奖励政策，考核下拨奖励资金688万元。继续抓好基层征管能力建设，对41个县级社会保险经办机构进行了奖补；制定《山东省企业养老保险省级调剂金管理暂行办法》，有效规范调剂行为；集中开展社会保险基金专项治理和社会保险基金收支检查，到2008年底，全省共清理回收历史形成的挤占挪用基金4.5亿元，清欠社会保险费30.3亿元。

【城镇居民基本医疗保险制度稳步推开】 加快推动制度试点，到年底，全省17市全部出台了试点方案，其中12市启动实施了这项制度，提前一年实现了建制目标，截至2008年底，全省参保人数达588万人。积极落实各级政府补助，仅省级就下达城镇居民基本医疗保险补助资金2.1亿元；制定出台城镇居民基本医疗保险基金管理暂行办法，将基金运行及时纳入规范化管理轨道；制定出台大学生参保政策，将138.6万名大学生纳入城镇居民基本医疗保险体系。

【新型农村合作医疗制度保障能力进一步提升】 2008年，各级财政共投入资金46.3亿元，比上年增长73%，农民受益达到6 364万人；省财政统筹安排补助资金25.6亿元，有效缓解了市县压力。全省实行了“整体核查、按县算账、市级调剂，以及年初预拨、年末结算”的资金管理模式，规范了管理程序，增强了统筹能力。在统一基金财务会计制度基础上，建立了资金审核制度，强化了专项监督检查，确保了基金安全。

【优抚对象医疗保障机制全面建立】 各地逐步建立起融合医疗保险、医疗补助、医疗救助在内的医疗保障新机制和三级分担的优抚医疗资金筹措机制；制定了《山东省优抚对象医疗补助资金使用管理暂行办法》，规范优抚对象医疗补助资金的使用管理，积极推行“一站式”结算服务，财政资金管理实行“直通车”，绝大多数县（市、区）建立归集平台，将资金直接拨付医疗机构，优抚对象医疗待遇得到较好保障，从根本上解决了困扰各级政府多年的大难题。

【城市社区卫生服务加快推进】 一是加快提升社区卫生服务能力。审批了各市社区卫生服务机构的设置规划，积极组织社区卫生技术人员培训，督促各地加快建设步伐。二是全力推动政府购买城市社区公共卫生服务制度。根据《政府购买城市社区公共卫生服务指导意见（试行）》要求，省财政厅联合省卫生厅制定出台了一系列配套制度，积极督促各地健全制度，加快实施。2008年全省各级财政对社区卫生服务机构能力提升和购买服务投入2.7亿元，比上年增长1.4倍，其中省财政投入9 000多万元，是历史上最高的一年。

【疾病防控体系和公共卫生应急保障机制不断完善】 2008年全省疾病预防控制、妇幼保健、卫生监督等公共卫生财政投入15.6亿元，比上年增长34.5%。各地按照政府主导、部门合作、社会参与的预防接种工作机制，明确财政职责，建立经费保障机制，积极落实扩大国家免疫规划任务。对国家支持的艾滋病、结核病、地方病防治等重点公共卫生项目，按照国家要求制定实施方案，严格资金管理与监督，确保资金及时到位和专款专用。制定科学规范的农村改厕、艾滋病防治、结核病防治等具体项目管理方案。

【农村医疗卫生服务能力得到提升】 一是“1127工程”基本完成。对全省条件较差的1 127所乡镇卫生院进行了全面改造。业务用房整修全面完工，主要设备基本完成政府采购，技术骨干培训按计划进行。二是村卫生室服务能力提升工程顺利启动。根据省政府统一部署和要求，按照各级联动、分类扶持的原则，确定项目总体目标与任务、财政扶持政策与市县投入责任，进行全省动员部署，制定村卫生室建设指导意见、基本设备配置标准以及资金管理、项目管理、绩效考评、定期调度等配套办法，整个工程稳步启动，有序开展。

【加快实施食品药品监管执法能力建设工程】 省财政安排专项资金4 000万元，在旧（危）房屋维修、执法车辆、执法装备和检验设备购置等方面加大投入，进一步提升全省食品药品监督执法能力。研究制定了《2008年度全省食品药品监管执法能力建设项目实施意见》，对项目建设的指导思想、建设任务、组织实施等方面予以规范和明确。按照项目实施规划，对2007年和2008年旧（危）房屋维修项目组织了考核验收和投资评审，形成了验收和评审报告。

【城乡最低生活保障制度实现可持续发展】 2008年各级财政安排农村低保资金10.8亿元，将187万人纳入保障范围，人均月补差48元，圆满完成省政府确定的2008年农村低保标准由800元提高到900元的任务目标；安排城市低保补助资金10.1亿元，保障60.9万人，人均月补差138元。在增加投入的同时，大力推进审核认定、财政保障、资金发放、绩效考评的规范化管理，确保不错一人、不漏一人，实现应保尽保。积极推行分类施保，采取提高补差水平、发放价格补贴等多种方式，初步建立起物价上涨与低保补助水平和保障标准联动机制。

【城乡医疗救助制度进一步规范】 在城乡医疗救助全面建制的基础上，各地不断总结经验，在救助方式、救助病种、救助对象等方面完善制度，扩大覆盖，提高救助水平，并努力做好与城镇职工、居民基本医疗保险及新型农村合作医疗三大制度的衔接。截至2008年底，全省共发放城市医疗救助金1.04亿元，救助困难群众5.6万人次，资助参加城镇居民基本医疗保险14.4万人；共发放农村医疗救助金9 216万元，救助5.4万人次，资助参加新农合101.7万人。

【农村五保供养机制建设明显加快】 深入贯彻落实《农村五保供养工作条例》，加快完善以财政为主供养的农村五保供养机制，积极探索建立五保供养经费、机构运转长效保障机制；加强督导，各地根据当地村民平均生活水平、财力状况等因素，科学合理地确定供养标准，全面推行五保对象实名制管理并纳入涉农补贴“一本通”发放，确保供养水平达到当地村民平均生活水平。

【实施奖补办法，支持养老服务业加快发展】 在前期调研的基础上，省财政研究制定了《省级财政扶持城镇养老服务机构暂行办法》，从2008年起，省财政安排专项资金，对全省城镇养老服务机构实施“以奖代补”，对城镇养老服务机构进行择优扶持。通过各市评审推荐，省里组成联合检查组评估审核，最终确定30处城镇养老服务机构为省级扶持对象，省财政按照平均每处20万元的标准落实一次性奖励扶持资金600万元。

【制定城市流浪乞讨人员跨省救助办法】 2008年省财政联合有关部门，在全国首创制定了城市生活无着的流浪乞讨人员跨省救助省级补助办法。每年由省财政安排资金，专项用于补助承担跨省救助任务的救助站救助跨省流浪乞讨人员。

【支持做好优抚安置工作】 一是积极贯彻《关于调整部分优抚对象抚恤标准的通知》、《关于向部分原8023部队及其他参加核试验军队退役人员发放生活补助等有关问题的通知》等文件精神，拨付抚恤补助资金16.7亿元，确保优抚对象待遇落实，维护社会稳定。二是落实军队移交政府的离退休人员安置政策，拨付资金8.2亿元作为军队离退休干部和无军籍退休职工人员及机构经费，切实保障离退休干部及其家属、遗属基本医疗和生活。三是首次制定城镇退役士兵自谋职业省级安置补偿办法。在中央补助的基础上，每年安排专项资金，用于落实城镇退役士兵自谋职业安置政策的费用补助。补助内容主要包括城镇退役士兵自谋职业一次性经济补助及就业前职业技能培训。

【及时落实离休干部两费政策】 一是及时下达困难市县离休干部“两费”专项转移支付资金6 000万元，专门用于发放企业离休干部离休费，据实报销医药费。二是及早下达省属特困单位离休干部医疗属地统筹经费，为1 365名离休干部拨付2009年医疗统筹经费2 506.89万元。三是继续做好省属特困单位离休干部“两费”审定工作，2008年分两次审核，确保了离休干部“两费”保障及时、足额、到位。

【做好军转干部解困工作】 认真做好困难企业军转干部资格认定和待遇兑现。完善困难企业军转干部解困机制，多方筹集各项解困资金，全面帮助困难企业军转干部提高生活水平、实现就业和再就业。将困难企业军转干部解困工作与省属特困单位离休干部“两费”审定工作“捆绑”进行，做到同步认定困难企业资格、同步核对军转干部人数、同步发放解困补助资金。

【关注弱势群体，推动残疾人事业健康发展】 一是全力支持残疾人体育事业。省财政积极落实奖励资金2 350万元，对2008年残奥会有功人员及集体给予物质奖励。配合残联部门起草了《山东省有突出贡献的残疾人运动员、教练员表彰奖励暂行办法》，对奖励标准和范围、资金申请等方面提出了合理化建议。二是残疾人就业保障金管理实现重大突破。印发了《山东省残疾人就业保障金使用管理暂行办法》，对全省保障金的使用管理进行了统一、规范。新办法扩大了保障金使用范围，明确了保障金预算管理。三是继续实施万名残疾儿童康复工程。继续安排救助资金500万元，重点用于贫困残疾儿童康复救助、康复训练设施维修、训练仪器购置等。四是启动实施贫困白内障患者“光明工程”。省财政联合省残联，制定了《山东省贫困白内障患者“光明工程”规划（2008～2012年）》。2008年省财政安排专项资金600万元，对城乡有手术适应症和复明需求的贫困白内障患者实施免费复明手术，推动了残疾人康复事业的发展。

【为处置突发事件提供有力保障】 一是积极支持抗震救灾。2008年，省财政安排抗震救灾专项资金3 650万元，省财政专户接受捐款4.8亿元，累计支出7 142.5万元。制定下发了《关于加强抗震救灾捐赠资金物资监管的紧急通知》，认真落实“收支两条线”管理规定，对缴入财政救灾专户的各类捐赠资金，全部实行专账核算、专户管理，确保救灾捐赠资金专款专用，有力地支援了抗震救灾和灾区建设工作。二是积极做好“三鹿奶粉”事件处置工作。积极落实国家免费救治政策，千方百计落实资金，确保救治工作有效开展。2008年全省各级财政共筹集医疗救治资金7 623万元。各级财政部门采取国库集中支付方式，及时拨付医疗救治垫支费用和设备资金5 069万元。省财政协调增拨国库调度资金1.5亿元，增强市县财政垫支能力。三是有效控制手足口病疫情。省财政及时拨付手足口病预防控制专项经费296万元，专项用于手足口病防控知识的宣传普及、仪器设备与诊断测试等，使手足口病疫情得到有效控制。

【开展“财政社会保障绩效”年活动扎实开展】 制定出台了《山东省社会保障重点项目绩效考评管理试行办法》，通过规范的考评方法、考评指标及考评程序，对社会保障重点项目实施过程及完成结果进行综合性考核与评价；相继印发了《山东省就业资金绩效考评办法》等专项资金绩效考评办法，建立起了资金分配与任务完成情况、工作绩效与预算执行相挂钩的新机制，确保社会保障资金分配使用合理、规范和高效。二是对各市进行综合性考评。制定下发了《山东省财政社会保障工作效能考评暂行办法（修订稿）》，通过日常考评与集中考评相结合的方式进行效能考评，提升财政社会保障工作效能和队伍自身素质，激发了各市财政部门的工作积极性。

【财政社会保障“两项试点”取得突破性进展】 一是《山东省社会保障专项资金管理系统》在全省推广应用，使资金分配在省、市、县（区）三级做到了阳光化，跟踪问效、及时透明，真正实现了专项资金在省、市、县（区）三级全程化监管。二是在全省统一编制社会保险基金预算。年初下发《关于试编2008年社会保险基金预算的通知》，并成功研发《山东省社会保障预算管理信息系统》，实现了全省网上同步编制。

（撰稿：张振言　梁国磊）

企业财政财务

【不断优化财政资金投向，扶持中小企业力度进一步加大】 一是中小企业发展政策促进体系逐步健全。针对中小企业发展中面临的突出困难和问题，出台了《关于加大财政扶持力度支持中小企业又好又快发展的意见》，制定了财政支持中小企业发展的一系列政策措施，研究提出了完善中小企业信用担保体系、设立创业投资引导基金等政策，财政支持中小企业发展的政策体系逐步健全。二是对中小企业的资金支持力度进一步加大。本着“突出重点、择优扶持”的原则，安排中小企业发展专项资金1 500万元，争取中央资金920万元，对107家成长型中小企业技术进步项目和产业集群公共技术平台项目进行了贴息或补助，促进了中小企业“三项计划”的顺利实施。进一步调整财政资金扶持重点，安排省级资金2 000万元，争取中央资金760万元，着力加强以中小企业信用担保为重点的社会化服务体系建设，进一步扩大了财政资金惠及范围，有效缓解了中小企业贷款难问题。设立了企业上市专项扶持资金，安排资金500万元，对省直有关部门和部分市、县组织的企业上市辅导、培训、上市资源信息库建设等进行补助，推动了企业直接融资工作的开展。积极争取中央资金3 840万元，对中小企业参加国际博览会和境外项目投（议）标、开展境外市场考察、进行境外商标注册和认证活动给予补助，为中小企业开拓国际市场提供了有力支持。三是中小企业科技创新能力进一步增强。充分发挥科技型中小企业创新发展资金扶持引导作用，安排专项资金3 000万元，配套争取国家科技创新基金4 600万元，着力提高科技型中小企业的技术创新能力。安排企业自主创新及技术进步专项引导资金1.01亿元，重点支持了以中小企业为载体，涉及电子信息、生物技术、新材料、先进制造业、新能源和环保节能等领域的317个自主创新项目的研发和成果转化，有力地促进了以企业为主体、市场为导向、产学研相结合的自主创新体系建设。积极筹措资金1 070万元，支持包装行业、冶金独立矿山及民族特需用品定点生产企业技术研发，推动了循环经济发展。

【调整完善财政鼓励政策体系，服务业和外经贸实现持续较快增长】 一是支持服务业力度不断加大。把加快发展服务业作为转变经济发展方式、实现产业结构优化升级的战略举措，足额安排落实省级服务业发展引导资金1.25亿元，争取中央资金2 370万元，通过对现代物流、科技和信息类公共服务平台、总部经济三大类项目进行重点扶持，对服务业发展工作成效突出的省直部门和市县进行奖励，对全省服务业人才培训工作进行补助，对“农家店”标准化改造和农村社区综合服务中心试点工作进行支持等，有力地促进了服务业加快发展。二是实施“走出去”战略取得较大进展。研究出台了《关于进一步完善财政政策促进体系　大力推动对外开放的实施意见》，逐步建立起全方位、多层次的支持“走出去”财政政策扶持体系。安排专项资金5 600万元，对25家纺织企业在境外设立海外纺织工业园、研发中心、营销网络和浪潮集团、烟台西北林业在境外新设立工贸园区进行支持；多方筹措资金3 600万元，支持东方路桥、德棉集团、南山铝业等企业在境外从事资源合作开发；争取中央资金388万元，对中俄森林采伐和木材加工项目进行补助。三是利用外资质量水平明显提升。安排专项资金2 300万元，对省政府确定的40多项境内外重大招商和经贸洽谈活动提供经费保障，支持重点领域、重点产业招商活动。充分发挥西部经济开发区基础设施贷款贴息资金的吸附引导作用，安排专项资金2 000万元，对枣庄、菏泽等西部九市省级经济技术开发区基础设施建设项目给予贴息支持，引导银行和社会投入资金22亿元，进一步促进了西部地区经济开发区基础条件和投资环境改善，增强了园区的对外开放载体功能。安排专项资金1 560万元，加强外商投资软硬环境建设，为外商营造了良好的投资环境。安排专项资金1 000万元，对30多个引进投资总额达到一定规模的世界500强项目、高新技术项目和外资研发中心项目给予奖励，对引导外资投向、优化外资结构、提升利用外资质量水平发挥了积极作用。四是外贸发展方式实现新转变。大力实施“科技兴贸”战略，安排专项资金2 000万元，对服务外包示范基地、人才培训基地公共平台建设和服务外包人才培训、外包企业国际认证等进行扶持，支持培育了一批外包产业基地和具备较强国际竞争力的外包龙头企业。安排专项资金1 240万元，对28个高新技术和机电产品出口研发项目进行支持，促进了重点机电、高新技术产品出口。安排专项资金2 200万元，对自主出口品牌建设、区域性出口农产品检测中心建设、农产品出口企业认证等进行支持，提高了企业出口产品质量，优化了出口商品结构。

【充分发挥财政政策资金导向作用，国有企业改革取得阶段性成果】 一是省属国有企业分离办社会职能工作进入尾声。按照省政府统一部署，认真履行职责，强化工作调度督导，合理确定经费补助标准，积极指导各市及相关企业做好移交机构经费对账、协议签署等工作。共划转经费补助基数1.3亿元，实际移交人员7 700人，其中在职6 000人，离退休1 700人。二是国有大中型企业主辅分离辅业改制全面推进。认真落实“以煤养煤”政策，充分发挥政策资金的导向和调控作用，安排专项资金2.8亿元，以新汶矿业集团、龙口矿业集团为重点，推动省属国有重点煤炭企业主辅分离辅业改制，带动了国有大中型企业主辅分离辅业改制工作的全面开展。安排专项资金7 500万元，支持新汶、淄博两家煤炭企业集团推广实施“以矸换煤”技术，提高煤炭资源利润率，延长矿井服务年限，实现煤矸石循环利用。安排资金2 800万元，支持莱钢集团研究开发新产品，提高了企业核心竞争能力。三是省属困难企业破产改制进展顺利。充分利用中央对资源枯竭矿山关闭破产的优惠政策，为济南华诚元首集团有限公司所属4户企业、唐村煤矿和泰安、莱芜煤机厂争取中央财政补助资金9.85亿元，妥善安置破产企业职工，实现各项社会保险的顺利接续，确保了关闭破产工作顺利实施。针对政策性关闭破产实施中存在的突出问题，积极开展调查研究，提出了妥善处理关闭破产遗留问题的政策建议。四是关闭小企业和淘汰落后产能工作持续推进。积极筹措资金3 700万元，支持关停破坏资源、污染环境和不具备安全生产条件的小钢铁、小水泥、小冶炼等企业，妥善解决人员安置问题，对推动工业结构优化升级、促进节能减排发挥了积极作用。

【认真贯彻省政府决策部署，国有资本经营预算试行工作率先启动】 一是国有资本经营预算制度体系和内部分工协作机制初步建立。研究提出了山东省试行国有资本经营预算的实施意见，印发了《省级国有资本经营预算编报办法》、《关于明确省属企业国有资本收益收取有关问题的通知》，会同省国资委印发了《省属企业国有资本收益收取管理试行办法》，在全国率先建立了规范的省级国有资本经营预算制度体系。同时，印发了《关于做好省级国有资本经营预算监督管理有关工作的通知》，进一步细化和明确了各财政检查办事处在国有资本收益申报数据核实、收益收取入库、支出项目预审和日常监督检查等方面的职责，构建了内部分工协作机制，形成了工作合力，推动了工作开展。二是省级国有资本经营预算试行工作开局顺利。组织举办了全省财政系统国有资本经营预算培训班，顺利完成了省国资委监管企业2007年度应交利润的审核工作，收取国有资本经营收益2.05亿元。三是市县国有资本经营预算试行工作陆续启动。加强工作指导，积极督促市、县加快建立国有资本经营预算制度。截至年底，青岛、东营、济宁、聊城等市的国有资本经营预算试行工作已正式启动，个别县也研究提出了试行国有资本经营预算的具体意见。

【牢固树立以人为本理念，各项改善民生政策有效落实】 认真落实大中型水库移民后期扶持政策，全年累计拨付大中型水库移民后期扶持资金12.17亿元，惠及182.2万大中型水库农村移民。积极参与制定了省政府《关于帮扶解决小型水库移民生产生活困难问题的通知》，在全国率先启动了小型水库移民帮扶试点工作。安排专项资金2 000万元，逐步建立和完善了政府对公共安全体系建设的资金投入机制。全面启动中央驻鲁和省属企业安全生产风险抵押金存储工作，为高危企业安全事故抢险、救灾工作提供了资金保障。足额落实地方配套资金3 240万元，对省属重点煤炭企业安全改造项目进行支持，促进了煤炭企业安全技改项目实施。多渠道筹资4 430万元，妥善解决了省属困难企业工资拖欠问题，及时对省属困难企业特困职工进行生活救助，促进了和谐社会建设。

【不断强化基础管理制度建设，财政财务管理精细化水平全面提升】 按照资产评估机构重组分设的要求，全年批准设立资产评估机构147家，注销228家，并及时办理群众来信来访和举报十几起，全省资产评估行业呈现良性规范的发展态势。按照“综合运筹、有保有压、优化结构、突出重点”的原则，认真核实部门基础信息，严格核定基本支出，视轻重缓急安排部门业务类项目，强化了对公共行政和社会事业发展的保障力度。统筹预算内外资金，对预算外资金实行了指标管理。制定了《关闭小企业补助资金管理办法》、《企业上市专项扶持资金管理办法》等规范性文件，开展了省科技创新资金绩效评价试点工作，提高了财政资金使用管理的科学化、规范化水平。

【加强企业经济运行监测分析，调查研究取得丰硕成果】 进一步改进和加强企业财务信息管理，制定印发了《关于进一步改进和加强企业财务信息体系基础建设和管理的指导意见》，组织举办了全省数据报表管理和分析应用培训班。截至2008年底，全省纳入快报汇总范围的企业户数达9 300多户，比上年末增加1 000多户，汇总户数位居全国第一。圆满完成了2007年国有非金融企业、城镇集体企业决算和外商投资企业决算工作，汇总企业近2万户，其中非公有制企业2 700户，外商投资企业1.1万户，受到财政部通报表彰。编印了《2006－2007年度山东省企业财务会计信息摘要》，全年累计编发各类《财政情况》102篇，进一步提高了财政企业信息的利用价值。组织开展了省属企业政策性关闭破产遗留问题、完善中小企业信用担保体系、加快服务外包产业发展等重点课题调研，全年撰写调研报告15篇，其中多篇调研报告被国务院办公厅、财政部及省委、省政府采用，省政府领导作了重要批示。

（撰稿：姜　龙　张宏亮　王志福）

金融企业财政财务

【落实扩大内需和民生政策，扶持金融业服务发展】 为进一步扩大内需，保持经济平稳较快增长，在坚持利用好政府外债融资平台的同时，及时调整工作思路，主动发挥财政的社会职能和信息资源优势，为政府、企业与各类金融机构搭建服务平台，努力缓解中小企业和“三农”融资难题。一是联手推动“银政企”合作，促进中小企业平稳健康发展。面对当前严峻形势，为落实中央和省委、省政府的战略部署，省财政厅与省中小企业办公室成功举办“山东省国际金融机构投融资研讨会”，并多次与省中小企业办公室、中国农业银行山东省分行专门就缓解中小企业贷款难问题赴寿光市进行调研，总结了寿光市支持中小企业发展的经验。联合召开了“寿光市银政企合作支持中小企业发展模式”推介会，在全省30个经济强县中总结推广“寿光模式”，即“政府出台扶持政策，银行实施信贷优惠举措，联手解决中小企业和三农融资难”的模式。通过推介“寿光模式”，将农业银行给予寿光市的优惠政策，普惠于各参与试点的县市，鼓励担保机构为中小企业提供担保服务，为金融机构和企业搭建融资平台，促进中小企业平稳健康发展。截至2008年底，在全省18个县市（区）推广了“寿光模式”。二是充分发挥财政公共服务职能，引导社会资金服务经济发展。为缓解济南市建设资金紧张，改善城市生态环境，财政部门主动为国际金融机构与国内股份制商业银行牵线搭桥，探讨国外投资机构注资国内融资项目的最佳切入点。在与济南市有关部门的共同努力下，与济南光大银行达成了融资30亿元的合作协议、获得首批贷款10亿元，确保了项目的顺利实施。三是下岗失业人员小额担保贷款政策得到较好落实。配合《就业促进法》的贯彻落实，提高小额担保贷款额度，扩大担保贷款范围，基本形成了“多种方式担保、多家部门参与、多家银行承办”的工作局面。目前，全省开展下岗失业人员小额担保贷款的担保机构已达62个，小额担保贷款基金规模达到2.82亿元，累计发放贷款10.21亿元，获得中央奖补资金108万元，有20 229名失业人员享受到小额担保贷款，起到了为下岗人员解忧，为党委、政府排难的积极作用。四是发挥金融对农业的信贷支持和服务功能。认真执行重点家禽养殖加工企业流动资金贷款贴息政策，按照“先建制度，后分资金”的原则，严格贴息资金审核，并对综合型企业集团的贷款使用和资金申报进行了实地审核。2008年，共拨付重点家禽养殖加工企业和疫苗定点生产企业流动贷款贴息资金8 418万元，为企业提供资金支持，平稳渡过难关。

【巩固和扩大政府外债规模，服务经济社会科学发展】 一是利用政府外债的规模进一步扩大。2008年，受多种因素的影响，利用政府外债难度明显加大。面对这种局面，各级财政部门立足全省经济社会发展的需要，密切关注形势变化，及时调整利用政府外债的方向和重点，卓有成效地开展了一系列工作。全年新增利用政府外债项目17个，贷款额度1.47亿美元，争取无偿赠款834.7万美元，重点投向节能减排、三农、社会民生等重点领域和薄弱环节，利用政府外债的项目数量和资金规模取得了“双增加”的喜人成绩。截至2008年底，山东省（不含青岛）累计实施国际金融组织和外国政府贷款项目245个，协议贷款金额35.2亿美元，实际利用贷款金额29.57亿美元。二是对外资金与知识合作进一步加强。各级财政积极践行科学发展观，将利用外债工作与全省经济社会发展总体规划结合起来，有保有压、有促有控，不断优化利用外债结构，取得了良好的效益。2008年成功列入国家贷款规划和新签约的项目18个，协议贷款金额5.26亿美元。其中：生态环境领域的项目，有利用世行贷款6 000万美元的山东生态造林项目、协议贷款额1 100万美元的淮河流域平原洼地治理项目，规划营造生态防护林7万公顷，绿化山区荒山和滨海盐碱荒地，项目的实施将显著提高林木覆盖率，有力推动生态环境建设。节能减排领域的项目，有世行贷款山东电厂脱硫项目和省级能效提高项目，协议金额2亿美元，重点用于全省节能减排体系建设。城市建设领域的项目，有全球环境基金赠款城市交通项目，利用贷款7 000万美元、175万美元赠款，进行城市公共交通的规划研究和实施。服务“三农”方面的项目，有世行贷款农民工培训与就业项目和亚行贷款北方旱作农业、农村生态能源二期、病险水库加固三个项目，协议贷款总额9 200万美元，另获得荷兰政府赠款40万美元，重点建设农村生态环境建设，支持农业食品加工业发展，建立有利于农民工就业、增收的体制机制。社会民生方面的项目，有利用外国政府贷款6个卫生医疗项目，协议贷款金额2 012万美元，通过引进国外先进医疗设备，将有效改善当地群众就医环境，提高全省卫生系统综合诊疗水平。上述项目都是涉及经济社会发展的关键和薄弱环节，关注到了社会民生的热点问题，项目的实施紧紧围绕财政中心工作开展，必将极大地增强全省经济社会的发展后劲。三是债务偿还与政策优惠双管齐下。强化还款意识，采取有效措施，加大清欠力度，较好地解决了一批“老大难”的债务问题，全年及时足额归还中央各项债务3.58亿元，维护了山东省良好的偿债信誉。同时，牢固树立争取债务减免也是争取资金的理念，认真研究财政部债务减免优惠政策，算好政策账、体制账、长远账，积极汇报情况、反映困难，赢得了上级部门的理解和支持。2008年，财政部又对山东省12个政府外债项目给予债务减免，累计减免债务折合人民币3.78亿元，争取缓交中央专项借款本息7.72亿元，减轻了县乡政府的偿债压力。四是交流渠道的多样性明显增强。省财政厅充分利用国际国内两种资源，采取走出去、请进来的办法，国际交流互访活动日益频繁。2008年4月，省财政厅厅长尹慧敏带队赴美访问世界银行总部，分别会见了几位世行副行长，就未来深化合作达成框架协议。随后，世行亚当·史密斯副行长又率团回访，才利民副省长会见并深入探讨了双方合作的意向，为推进双方合作纵深发展奠定了基础。据统计，全年共接待国际金融机构来访、评估、检查等活动20余次，友好合作进一步加深，交流合作层次更高、形式更加多样。

【推进管理体制机制创新，债务金融管理日趋精细化】 按照全省债务金融工作会议的统一部署，不断创新监管手段，健全监管机制，债务金融监管工作不断加强。一是监管工作的制度化水平不断提高。在外债管理方面，进一步完善《山东省政府外债管理暂行办法》，重新界定了各部门的职责、规范了外债项目评审评价体系、细化了项目各阶段的管理程序、制订了切实可行的奖惩措施。在健全地方金融企业财务监管机制方面，对地方国有及国有控股金融企业试行企业年金制度，在严格审查的基础上，批复了两家省级国有控股信用担保公司的年金方案，并指导市地试行了商业银行财务监管办法和绩效考核办法。在强化内部管理方面，制定了《关于规范文件信息管理工作的有关规定》，明确岗位职责，确保工作落实，提高政务运转规范化水平。二是监管工作的科学化水平不断提高。在实行“评、借、用、还、防”全过程监管的基础上，在全国率先建立了“一评审、二评价、三检查”的政府外债评审机制和绩效评价体系。“一评审”，即在项目申报前期实施严格评审，对项目的经济、社会和环境效益进行全方位评估。2008年对淮河污染治理、山东环境二期等15个政府外债项目进行了专题评审，审减项目7个，涉及金额3 527万美元，为项目的选择、申报提供了定量依据。“二评价”，即开展项目后期绩效评价，对项目的社会贡献度综合评估。为此，省财政厅专门成立了外国政府贷款项目绩效评价工作领导小组和专家组，遴选出24个有代表性的外债项目开展了绩效评价，为提高资金使用效率提供了理论和实践指导。“三检查”，即采取专项检查与日常检查相结合的形式，以查促管，防止项目实施和政策落实出现偏差。这些措施，不仅实现了项目的科学化管理，而且充分发挥了贷款项目的示范效应和制度创新效应。三是监管工作的信息化水平不断提高。为配合金财工程的改革需要，省财政厅自行研制开发的《山东省债务金融管理信息系统》已进入了调试阶段。在对部分市和省直外债项目管理办公室进行系统调试和培训后，顺利完成了全省国际金融组织贷款项目基本信息的录入工作，实现了省市两级数据共享和线上管理等功能。系统的投入应用，为进一步加强政府外债管理的精细化、科学化奠定了坚实的基础。四是切实承担起金融企业国有资产管理的责任。全年共为48户地方金融企业办理了国有资产产权登记，核定国有资本85.8亿元，对金融企业国有资产保值增值结果进行全面评估确认。经过规范金融财务监管，全省地方金融企业资产规模不断壮大，资产质量得到了明显提高，实现了国有资产的保值增值。

【农业保险工作稳步推进，支农保障体系进一步完善】 2008年是山东省农业保险工作列入中央试点的第一年，也是较大范围铺开的第一年。各级财政部门立足实际，完善制度，规范操作，初步建立起一套符合山东省实际情况的农业保险制度体系。一是试点范围快速扩大。2006年工作刚起步时，试点地区只有临清、寿光、章丘三个县级市。2008年，在不到两年的时间内试点范围迅速扩大到60个县（市、区）。二是争取进入了中央财政补贴范围。虽然山东省政策性农业保险试点工作起步较早，但一直未得到中央财政的补贴支持。经过多次赴财政部汇报工作，反映省内农业保险工作实施进度及财政实际困难，终于被财政部列入享受保费补贴的省份，有效减轻了各级财政的支出压力。三是制度框架不断完善。为规范保费财政补贴资金管理，提高资金使用效率，制定出台了《山东省种植业保险保费财政补贴资金管理办法》，区别县级财力情况，合理划分资金分担比例，调动县区参保积极性，减轻农民负担。四是开展合规性监督检查。组织社会中介力量，重点对5市9县的农业保险工作开展情况进行实地核查，核减不合理投保面积70万亩，节约财政资金400多万元，确保了参保行为的真实性和理赔的合规性。五是及时拨付保费补贴资金。据统计，2008年全省农业保险保费收入达1.78亿元，共有900万亩小麦、1 001万亩玉米、293万亩棉花等主要农作物加入了农业保险。全省能繁母猪保险保费收入3 200万元，按照保费补贴资金管理办法的有关规定，及时下拨中央、省级农业保险、能繁母猪保险补贴资金1.37亿元，其中省级补贴资金7 514万元，中央级补贴资金6 214万元。财政补贴资金的注入，是农业保险体系的有益补充完善，充分发挥了农业保险的风险保障功能，有利于促进农民持续增收、农业稳定发展。

【扎实开展学习调研活动，为制度建设提供有力保障】 一是开展广泛深入的调研活动。深入开展学习实践科学发展观活动，先后赴江苏、浙江及潍坊、烟台、济宁、青岛两省八市，围绕促进山东省金融保险业又好又快发展、创新债务金融管理工作等多个专题开展调研活动，认真分析当前经济和金融形势，结合财政债务金融管理职能，研究扩内需、保民生、促增长的政策措施，及时宣传报道调研体会和成果，撰写有价值的调研报告，以扎实的工作作风和实际行动把学习实践科学发展观活动引向深入。二是充分利用调研成果。在学习调研的基础上，吸取先进的管理经验和做法，研究制定了《山东省财政厅关于加强地方金融企业财务管理若干问题的通知》，进一步规范地方金融企业财务行为，防范和化解地方金融风险，促进地方金融机构稳健经营，促进地方金融机构稳健经营。通过赴湖北恩施进行实地考察和调研，学习实施农村户用沼气清洁发展机制项目的先进经验，并与本省的实际情况进行分析对比，有力推动了山东与世界银行在该领域的项目合作，已获世行批准正式立项，项目将在全省40余个县实施，支持15万户村民建成户用沼气并通过出售减排指标受益。项目建成后，可以改善农村的生态环境、改善村民的生活质量，实现年减排150万吨二氧化碳，增加农户年均收入150元，经济、社会和环境效益显著，加快新农村建设进程。三是总结改革经验。2008年，全省财政债务金融系统通过撰写调研报告等形式，重点回顾了财政债务金融工作的发展历程，记录取得的重大成就，系统总结了改革开放以来探索积累的理财经验，深入分析了当前发展过程中存在的问题，探讨今后财政债务金融改革与发展的趋势与规律。通过总结经验、分析形势、展望未来，进一步明确了今后工作的努力方向，对继续开创债务金融工作新局面具有重要意义。

（撰稿：李　丽　李振华）

基层财政管理

【概述】 2008年，基层财政管理工作紧紧围绕“坚持科学发展，建设财政强省”主题，积极应对国际金融危机，扩内需、保增长、保持经济平稳较快发展，以契税和耕地占用税（以下简称“两税”）征管和基层财政管理工作为中心，进一步解放思想，更新观念，不断提高工作效率和服务质量，圆满完成了各项工作任务，为建设经济文化强省做出了积极的贡献。

【强化税收征管，“两税”收入继续保持稳定高速增长】 2008年，按照加强收入管理，确保财政收入持续快速增长的要求，努力挖掘“两税”增收潜力，督促各地采取积极有效措施，保证“两税”收入较快增长。2008年，全省“两税”累计征收158.41亿元，同比增长18.36%，占全省地方财政收入的8.09%，其中，契税征收在全球金融危机、拖累住房市场、税收政策调整等诸多不利因素下，仍实现收入95.21亿元，同比增长2.98%。在耕地保护政策日趋严格的环境下，耕地占用税税源日益枯竭，但由于耕地占用税新条例实施，耕地占用税税额标准提高，同时各级加大征管力度，耕地占用税实现收入63.20亿元，同比增长52.72%。“两税”收入的稳定增长，对壮大地方财力，确保完成全省地方财政收入增长任务发挥了重要作用。

【确定县（市、区）的耕地占用税适用税额，保证耕地占用税新条例顺利实施】 自2008年1月1日起，新修订的《中华人民共和国耕地占用税暂行条例》（以下简称条例）开始施行。新条例调整了税额幅度标准，扩大了征税范围，从严规定了减免税项目。为保证新条例的顺利实施，省财政认真学习研究《条例》及《实施细则》，起草山东省新的耕地占用税征收管理办法，积极与全国其他省市特别是周边省份加强沟通联系，收集他们拟确定的税额标准和办法，作为确定山东省税额标准的参考依据。2008年4月，召开部分市县座谈会，就《山东省耕地占用税征收办法》草案征求意见。由于新条例的执行涉及征收机关调整及征管人员划转，相关问题比较复杂。为了不影响新《条例》的贯彻实施，省财政提出了先确定耕地占用税的具体征收标准，待条件成熟时，再制定出台山东省耕地占用税征收管理办法的建议，并向省政府主要领导做了汇报。根据省政府领导指示精神，省财政厅代省政府草拟了《山东省人民政府关于贯彻执行〈中华人民共和国耕地占用税暂行条例〉有关事项的通知》，并于6月13日下发实施，确定了各县（市、区）的耕地占用税适用税额，并对山东省贯彻执行新条例的有关事项进行了明确。该文件的发布，对于贯彻落实耕地占用税新条例，加大耕地保护力度，增加地方政府财政收入，具有十分重要的意义。

【落实国家宏观调控政策，促进房地产市场平稳健康发展】 受国际国内经济形势的影响，进入2008年以来，全国房地产市场陷入低迷，山东省房地产行业也受到波及，市场观望气氛浓厚，成交量下降，契税增幅逐步放缓。为扩大内需、刺激消费，促进房地产市场繁荣发展，10月23日，财政部、国家税务总局出台了房地产税收新政策，其中规定个人首次购买面积在90平方米及以下普通住房的，契税税率暂统一下调至1%。为此，省财政积极行动，制定了具体实施细则，明确了享受低税率的范围和标准，及时将国家的优惠政策落实到位，受到广大购房者的欢迎。新政策的实施，增强了消费者信心，促进房地产市场繁荣发展，既能扩大内需，拉动经济增长，又可为契税增收奠定坚实的基础。

【积极开展统一城乡税制研究，完善新时期财税政策体系】 充分发挥职能作用，积极开展统一城乡税制研究，为完善新时期财税政策体系，进一步减轻农民税收负担建言献策。通过认真研究，搜集了大量资料，积累了相关基础数据，明确提出根据当前农村实际情况，必须对城乡居民实行同等的税收优惠政策，加大税收政策支持农业产业化、工业化力度，加大对经济欠发达农村地区的税收支持，通过盘活土地资源，形成新农村建设的突破口，加紧构建农村社会保障体系和农业保险制度，推动城乡一体化进程，最终达到社会的整体和谐。由于该分析报告贴近当前农村实际，在完善财税体系方面具有较强前瞻性，在2008年11月举行的全国“城乡税制一体化研究”会议上，受到与会者的高度评价。

【树立征管新理念，全力推进“两税”征管规范化建设】 按照科学发展观要求，进一步推进房地产税收一体化工作，坚持以纳税人为本，简化纳税环节，提高工作效率，推广在房地产交易场所设立征税窗口的便民措施，对一些行动不便或老弱病残特殊群体提供特殊人性化服务。围绕窗口建设、文明执法、档案管理、征管程序和手续、违法处理等各个方面和环节，抓好建章立制，泰安、滨州等市还开展两税征管执法检查，全力推进两税征管规范化建设，实现征管工作的科学化、制度化、精细化，促进了“两税”征管水平的提高。

【加强信息化建设，提高“两税”征管效率】 始终把信息化建设作为规范“两税”征管、降低税收成本、提高征管效率的重要工作来抓，在全省推广使用税收征管软件系统、实现“两税”征管微机化操作基础上，大力推进两税征管部门与房地产管理部门联网连接，实现信息共享，从源头上把住关口，提高“两税”征管效率，确保税收及时足额征收入库。部分地市还结合自身实际，强化信息化建设，淄博市研究开发了存量房交易计税评估软件系统，解决了多年来二手房计税价格难以核定的问题；烟台市实现了征收厅点与局有关科室之间的网络化管理，保障了税款的安全划转；威海市开通了叫号系统和POS机，既方便了纳税人，又提高了办税窗口的工作效率。

【加强基层财政工作调研，为领导决策提供参考】 为及时了解基层工作动态，把握财政管理和改革的新情况，扩宽工作思路，为领导决策当好参谋，多次深入基层，进行调查研究。7月份，赴济宁、临沂就契税、耕地占用税征管职能划转问题了解基层征收机关意见，征求他们在职能转换、人员划转等方面的建议，并形成报告报送财政部，及时传达基层的呼声。10月份，深入沂源、沂水两县部分乡镇农村，就如何更好地发挥财政职能作用，实现统筹城乡发展，构建覆盖城乡的公共财政管理体系等重大问题问计于基层；对财政涉农补贴、村级财政资金管理、乡镇财政管理、乡镇财政队伍建设、工作职能转换等问题进行调查研究。通过调研，摸清了基层财政和“两税”征管现状，对发现的问题，及时研究对策，寻求解决办法，加以改正和完善，有力地促进了基层财政管理各项工作开展。

【软硬两方面入手，全面强化队伍建设】 始终把队伍建设当作头等大事来抓，从软硬两方面入手，全力打造一支政治素质好、业务水平高、精神面貌好的基层财政队伍。一是结合开展“机关服务年”活动，在提高效率、优质服务上下功夫，引导广大基层财政干部牢固树立正确的人生观、价值观，不断提高政治素质；二是开展业务培训工作，1月份在滨州、8月份在威海分别召开了基层财政管理、耕地占用税业务培训会，切实提高基层财政人员的业务能力；三是编写基层财政管理教材，总结多年来基层财政工作的先进经验，为开展基层财政管理工作提供了指导；四是为“两税”征管人员配发服装，提升了征管人员形象，征管队伍面貌焕然一新。

（撰稿：袁绍明　沈雪灏）

会计管理

【概述】 2008年全省会计管理工作紧紧围绕经济、财政工作中心，以科学发展观统领全局，创新思路，健全机制，强化管理，提高效能，会计工作水平不断提升。

【围绕中心谋发展，会计服务经济发展能力不断提高】 突出抓好企业会计准则贯彻执行、提升队伍素质、强化会计基础管理三个重点，统筹规划，完善制度，开拓创新，会计服务财政经济发展的能力得到提升。

（一）企业会计准则贯彻实现新突破。为推进企业会计准则体系贯彻落实，全省各级财政部门不断强化准则宣传培训，建立联合推动机制，企业会计准则贯彻实现新突破。一是强化宣传培训。一年来，通过山东省财政厅会计信息网发布宣传信息20多条，在《齐鲁珠坛》刊登执行新准则宣传文章14篇，通过企业会计准则信箱、电话等多种形式认真解答社会各界对企业会计准则的贯彻实施关注的重要问题21个，做到了解答问题及时准确。在培训方面，全省共举办企业会计准则培训班20个，累计培训会计人员2 000多名。为提高培训效果，省财政厅还针对企业会计准则执行中存在的问题，分别在厦门和北京国家会计学院对来自国有企业和省直部门的600多名高级会计管理人员进行了集中培训，取得较好的效果。二是建立联合推动机制。为推动企业会计准则在全省的贯彻执行，省财政厅与省国资委联合在莱芜召开了“山东省执行企业会计准则经验交流会”，对企业会计准则贯彻执行工作进行经验交流和总结部署，莱芜钢铁集团等5家国有企业集团和山东高速公路股份有限公司等8家上市公司，分别就企业会计准则的贯彻执行情况作了经验介绍。会后，与省国资委联合下发了《关于进一步贯彻落实企业会计准则的通知》，制定了全省国有企业执行准则时间表，有上市公司的省属国有企业2008年开始执行新准则，其他省属国有企业于2009年执行，鼓励和支持其他有条件的市属企业2008年执行。三是动态监控政策指导。摸清本地区执行企业会计准则的总体情况、企业类型、数量及其分布状况，实行动态监控，定期调度执行情况。在此基础上，积极与企业以及其他部门单位建立协调机制，畅通信息交流渠道，确保各项政策迅速准确地传达，并及时解决反馈执行新准则过程中遇到的问题。2008年，省财政厅共收到各市关于企业会计准则执行信息27条，上报财政部准则执行信息10条，各市还分别选择了2～3家企业作为试点，为准则贯彻全面推进提供了条件。截至2008年底，全省执行企业会计准则的企业已经达到313家，比上年增加240家。

（二）会计队伍整体素质得到新提高。2008年，全省有25.46万人次报名参加会计从业资格证考试，考试通过15.27万人；全省共有2 020多人报考高级会计师，1 300人获得高级会计师评审标准，658人通过评审取得高级会计师资格；50人参加财政部企业类高级会计人才培养考试，有1人通过考试。截至2008年底，全省持证会计从业人员达到87.59万人，比1998年增加31.59万人；全省具有中高级会计职称人员达到10.9万人，比1998年翻了一番；具有本科以上学历会计人员所占比重由1998年的4.9%提高到2007年的16.9%；全省累计有4人成为财政部企业类会计领军人才、2人成为学术类会计领军人才、4人成为注册会计师行业领军人才，会计队伍整体素质不断提高，为全省经济社会发展提供了有力的会计人才保障。

（三）会计基础工作力度得到新加强。围绕企业内部控制体系建设，不断加大会计基础工作力度。2008年，省财政厅联合证监会、审计厅、银监会、保监会四部门联合转发了《企业内部控制基本规范》，对企业内部控制要素、内部环境、风险评估、控制活动、信息与沟通、内部监督等事项进行明确，实现了企业强化内部控制有规可依，对于提高企业经营管理水平和防范风险能力具有重要作用。

【健全机制促发展，会计规范化管理水平不断提高】 2008年，全省各级会计管理部门积极应对新形势要求，以改革为动力，以改革促发展，上下联动，健全机制，会计管理规范化水平不断提高。

（一）健全会计人员准入机制。在2007年全省进行会计从业资格考试网络化考试试点基础上，2008年，针对试点过程中存在的问题，着重从软件稳定运行、流程规范操作、考点严格管理等方面，进一步健全完善网络化考试系统。在考试科目方面，在《财经法规与会计职业道德》、《会计基础》两门课程基础上，把《会计电算化》整合到系统中，实现所有科目组卷判分的自动化，为广大考试范围提供更为便捷的服务；在操作流程方面，建立省市两级双重审批、责任落实、应急反应等机制，对考点报送的计划进行审核，确保考试规范有序，同时，烟台、济宁、济南、淄博、临沂等市开展了网络报名服务，考生可以通过网络对相关信息进行注册报名；在系统管理方面，省财政厅着手对各市财政局履行监管职责情况、考点执行规定履行职责情况，按照《山东省会计从业资格计算机网络考试实施细则（试行）》进行监督管理，督促各级财政部门和考点强化管理，取得较好的效果。截至2008年底，会计从业资格网络考试系统已经在全省17市全面运行，共有25.46万人次报名参加考试，考试通过15.27万人，参加考试人数和考试通过人数均创历史之最。

（二）健全会计人员表彰机制。为表彰在会计事业改革发展中涌现出的先进集体和个人，省财政厅制定了《山东省先进会计工作集体、先进会计工作者评选表彰办法》，每三年组织一次，对在会计工作中做出突出成绩的机构和个人进行表彰。表彰机制的建立，有利于树立全省当代会计工作者楷模，塑造会计行业良好形象，激励广大会计工作者崇尚诚信、依法理财，调动全省广大会计工作者的积极性。同时，通过表彰先进，在全社会营造了依法执业、诚实守信、爱岗敬业、乐于奉献的社会氛围。

（三）健全会计理论研究机制。围绕财政经济中心工作和会计珠算事业改革发展的热点、难点问题，突出重点，联系实践，有目的、有计划地开展了一系列会计和珠算理论研究活动。山东省会计学会、省珠算协会结合企业会计准则贯彻落实、规范和完善全省会计工作秩序、加强会计诚信建设、注册会计师管理、会计职业道德建设、珠心算教育普及等课题，通过年度优秀论文评选、高校会计教师联谊会、《齐鲁珠坛》等渠道，进行了深入研究探讨，并取得突出成果。比如，第九届高校会计教师联谊会围绕企业会计准则实施、企业内部控制体系、会计职业道德建设、会计人才培养模式等论题，交流论文100多篇，对如何发挥会计工作基础性作用、如何进一步贯彻落实会计准则等提出了许多很好的思路和建议；2008年度山东省会计学会优秀论文评选，围绕财政会计方面热点问题，共收到参评论文130多篇，对改革开放以来会计工作取得的成绩及其今后的目标思路进行了总结；开展第二期珠心算师资培训班，共培训幼儿园、小学珠心算师资50多名；《齐鲁珠坛》作为宣传财政会计的平台，以提高刊物质量为突破口，着重对刊物编辑、出版、发行各个环节，对刊物栏目、内容、版面各个方面加强了管理，2008年共发行6期，刊登文章160多篇文章，审核文字180多万字，刊物整体质量不断提高，逐渐成为广大会计人员和会计管理工作者、珠心算爱好者理论研究、工作与学习交流园地。全省已经初步建立起以山东省会计学会、山东珠算协会为依托，充分发挥高校、企业以及部门单位人才资源优势，理论与实务相结合的灵活的会计理论研究机制。

【强化管理推发展，会计工作效能不断提高】 把精细化管理、规范化运作作为工作重点，通过强化管理提高效能，通过强化管理推动发展。

（一）依托备案促管理，提升行业整体竞争力。一是依法审批事务所，严把行业入口关。本着公开、高效、便民的原则，进一步规范工作流程，明确责任权限，严把行业入口关。2008年，共受理会计师事务所及其分所设立申请36项，实际批准设立会计师事务所32家。对不符合设立条件的申请，坚决不予以批准，从源头上提高事务所的素质。二是以备案促管理，提升行业竞争力。对在山东境内注册的479家事务所进行了年度备案，其中有限责任会计师事务所295家，联合会计师事务所88家，分所96家，并针对备案存在的问题制定相应的对策建议。对不符合《会计师事务所审批和监督暂行办法》规定设立条件的50家会计师事务所下发整改通知，其中44家事务所完成整改，达到设立条件；6家事务所因在法定期限内未完成整改，被依法撤回设立许可。三是健全监督机制，提高监管效能。通过面向社会公布监督投诉电话、邮箱，转变监管方式，畅通监管渠道，督促企业单位依法履行会计职能，提高监管威慑力。同时，加大对举报投诉事件的查处力度，提高单位会计人员警惕性。对会计师事务所、注册会计师的举报投诉信件，按照《注册会计师法》、《会计师事务所审批和监督暂行办法》的相关规定一一进行了落实处理，并通过适当渠道进行公布，监管作用逐步显现，对全省会计信息质量的提高起到推动作用。经过连续几年开展备案工作，对未保持设立条件的事务所进行清理整改，不断强化监督检查和行业自律，全省注册会计师行业逐步向规范化运作转变，风险意识不断增强，执业质量不断提高，逐步从粗放型向集约型转变，从注重经济效益向经济效益与社会效益并重转变。截至2008年底，全省注册会计师事务所达479家，拥有注册会计师5 590人，从业人员1.25万人，业务收入达到10.79亿元，年度业务收入超过1 000万元的事务所达到16家，有6家事务所跨入全国百强。

（二）围绕表彰带管理，营造良好的工作氛围。按照财政部有关文件以及《山东省先进会计工作集体、先进会计工作者评选表彰办法》的要求，2008年开展了全省会计“双先”评选表彰活动，经过各级各部门层层推荐，严格把关，把一批事迹突出的会计工作集体和工作者推荐上来，全省共收到先进集体推荐材料187份，其中省级（包括省直各部门、省属企业、省属高校）推荐先进集体候选102个，各市推荐85个；共收到先进个人推荐材料542份，其中省级推荐先进个人候选134个，各市推荐407个。按照《表彰办法》的要求，共评出先进集体100个，先进个人500名。坚持优中选优，向财政部推荐5名先进作为全国先进会计工作者候选人。此次“双先”评选，在严把审核关的同时，注重宣传效果，省财政厅、省委宣传部、省总工会联合进行了表彰，树立了典型，弘扬改革创新、开拓进取、爱岗敬业、忠于职守、廉洁勤政、勇于奉献的社会风尚，起到了非常好的效果。

（三）回顾历程看管理，理清思路明确工作重点。按照财政部以及厅机关部署，开展了主题征文、征集会计优秀成果、举办主题论坛等一系列“会计与改革开放30年”纪念活动，总结成绩，明确差距，理清思路，规划目标。比如在主题征文活动中，共收到相关征文50多篇，对会计事业改革发展成绩及会计工作薄弱环节进行了总结、分析；在优秀会计成果征集中，收到征集作品200多篇，汇集了一个时期以来在会计理论、会计实务等各个方面的优秀成果，部分成果具有很强的借鉴意义；以“会计与改革开放30年”为主题，举办了第九届高校会计教师联谊会和总会计师论坛，畅谈30年来改革发展成果，并着重面对新形势、新要求对会计工作的发展献计献策等等。这些活动的组织开展，通过总结成绩增强了信心，通过分析形势正视差距、明确目标，对于进一步提高会计管理工作水平发挥了重要推动作用。

（撰稿：冯桂华　唐立国）

行政事业资产管理

【巩固资产清查成果，切实防止前清后乱】 2008年，全省各级财政部门按照财政部统一要求，加强工作指导，推进建章立制，圆满完成资产清查工作任务。一是圆满完成资产清查损溢批复认定工作。2008年，继续对行政事业单位资产清查工作中清查出的资产盘盈、资产损失和资金挂账进行认定批复。在中介机构鉴证的基础上，对各项资产盘盈、盘亏和损失等进行了逐项、逐笔审核。据统计，全省共对96.4亿元资产盘盈、201.9亿元资产损失进行认定批复，解决了不少历史遗留问题，进一步核实了国有资产。二是督促单位做好账务调整工作。各级积极督促单位认真落实资产核实各项政策，严格按照财政部门的认定结果调整账务，健全账务资料和固定资产卡片信息。同时，深入单位指导检查，协助做好账务调整工作，确保资产清查结果反映到年终资产信息统计和部门决算上来。各部门按照要求及时完成了账务处理工作，保证了资产清查后账实相符、账账相符、账表相符，为进一步加强资产管理，建立资产管理动态信息系统奠定了坚实基础。三是认真做好数据整理和分析利用。组织力量对全省资产清查数据进行分类整理，编印资产清查数据资料，及时提供给有关部门、各有关处室，为领导宏观决策提供了参考资料，为加强预算管理和财务管理提供了基础数据。认真分析行政事业单位国有资产状况，总结资产清查工作成效，查找和分析资产管理中存在的问题，研讨加强行政事业资产管理的思路和建议，撰写了《山东省行政事业单位资产清查工作报告》，得到了财政部的充分肯定。四是积极推进建章立制。积极督促和指导有关部门、单位明确管理机构，指定管理人员，落实资产管理责任，建立完善资产购置、入库登记、保管清查、领用交回、账卡管理等内部管理制度，促进了各单位资产管理水平的提高。

【开拓创新，明确新时期行政事业资产管理工作思路】 2008年4月23日，组织召开了全省行政事业资产管理工作会议，研究确定了新时期资产管理的工作思路和目标任务。会议确定，今后一个时期，全省行政事业资产管理工作将以推动资产优化配置、提高国有资产和财政资金使用效益为核心，以实现资产管理、预算管理、财务管理有机结合为重点，建立适应社会主义市场经济和公共财政要求的，有健全完善的资产管理体制和资产管理制度体系作保障的，有先进的资产管理信息系统作支撑的，产权清晰、配置科学、使用高效、处置规范、监督公正的资产管理新模式。按照这一思路，会议确定了今后一个时期全省行政事业资产管理工作的6个目标任务：建立完善“国家统一所有、政府分级监管、单位占有使用”的资产监管体制；建立资产管理与预算管理、财务管理相结合的联动管理机制；建立健全从资产配置、使用到处置、收益等各环节、全方位的制度规范；建立资源整合和资产共享共用机制；建立资产管理信息系统；建立资产日常监督管理机制。

【加强调查研究，进一步深化制度建设】 建立健全制度体系，是规范和加强行政事业资产管理，提高资产管理水平的重要保障。2008年以来，进一步加强调查研究，积极学习借鉴外地先进管理方法，制度建设取得了很大进展。一是根据全省工作会议确定的总体思路和目标任务，制定出台了《关于进一步加强全省行政事业单位国有资产管理工作的意见》，明确了管理体制、职责分工和工作任务，提出了具体管理措施，对推动全省工作开展起到了很好的指导作用。二是深入贯彻落实《行政单位国有资产管理暂行办法》（财政部令第35号）和《事业单位国有资产管理暂行办法》

（财政部令第36号），提出按照整体规划、先易后难、稳步推进的方针，在学习和总结省内外先进管理经验的基础上，结合资产清查发现的行政事业资产管理工作中存在的突出问题，全面推进资产管理制度建设。重点起草了《山东省行政事业单位国有资产有偿使用管理办法》，修订了《山东省行政事业单位国有资产产权登记办法》，完善了《山东省行政事业单位国有资产处置办法》。三是督促各市加快制度建设步伐。鼓励各地结合当地实际情况，探索工作措施，创新工作方法，完善制度体系。各市制定出台了一批行之有效的制度规定。如济南市制定了《中介机构管理聘用办法》、《关于加强市直行政事业单位资产出租出借收入管理的通知》、《市直行政事业单位不动产处置暂行办法》，青岛市印发了《青岛市行政事业单位国有资产处置管理暂行办法》，烟台市下发了《烟台市政府投资信息化工程建设项目管理实施细则》，莱芜市制定了《莱芜市财政局行政事业单位国有资产监管职责和程序》，等等。制度体系的日益健全，为加强和规范全省资产管理工作提供了强有力的保障。

【以车辆处置为重点，进一步强化资产处置监管】 一是进一步规范处置审批程序。行政事业单位在处置资产时，要按规定权限报主管部门、财政部门审批；要按规定进行国有资产评估；要通过拍卖机构或产权交易机构进行公开出售，对拍卖或交易价格低于评估价的，须经财政部门批准；资产处置收益按规定上缴财政国库或专户。对经批准由单位自行处置的固定资产，在处置过程中要由单位纪检部门监督，评估、处置后要向财政部门备案。通过规范资产处置程序，进一步加强了对资产处置行为的监管，有效防止了资产处置过程中的暗箱操作和国有资产流失的现象。二是探索机动车辆统一处置的办法。为加强省直单位机动车辆处置管理，提高车辆处置透明度，同时方便单位办理处置手续，在借鉴外省做法的基础上，按照财政部第35号、36号令及政府非税收入管理等有关规定，探索实施统一处置的方式，起草了《关于省直行政事业单位机动车辆有偿转让就地处置有关问题的通知》，初步明确了资产统一处置的职责分工和工作流程，为下一步实施工作奠定了基础。三是加强资产处置监督检查。各级在国有资产产权登记年度检查和资产统计工作过程中，按规定严格审核单位资产处置事项，对未按规定程序报经批准、擅自处置国有资产的单位，暂缓其产权登记年检，要求对已处理的账务重新调回，重新办理资产处置手续，行为严重的给予通报批评。通过监督检查，严格工作程序，保证了资产处置的严肃性，建立了良好的工作秩序，有效防止了国有资产流失。

【探索有效模式，积极强化资产有偿使用管理】 一是继续做好经营性资产统计工作。在2007年度行政事业单位国有资产统计报表体系的基础上，完善了经营性资产的统计指标，进一步细化"出租出借明细表"、"对外投资明细表"和"其他经营性资产明细表"，要求各部门、单位在报送"经营性资产情况表"的同时，提供"经营性资产管理情况说明"，并加强对经营性资产各项指标的重点审查，确保了统计范围不重不漏、统计数据真实准确。二是继续完善论证和审批制度。对单位拟转作经营使用的资产，要求其事先必须经过可行性论证和单位内部领导集体决策，并经主管部门审查同意。除审查程序是否合规、手续是否完备、材料是否齐全外，还要求各级财政部门进行综合判断，从资金来源、发展前景、收益使用等各个方面做出分析评价，必要时组织进行投资评审，请中介机构或相关专家分析评判，确保投资项目的合规性和可行性。通过严格审查，保证了行政事业单位经营行为的合法性和有效性，防止了国有资产流失，提高了资产使用效益。三是鼓励探索有效的管理模式。要求和鼓励各地积极探索和实行符合实际情况的管理模式。如济宁、莱芜、临沂等市对国有资产出租、出借项目，实行财政部门统一招租、统一管理、收益直接由财政部门收缴的方式，保证了国有资产效益最大化和财政收入及时足额收缴。淄博市印发了《关于加强行政事业单位国有房产监管运营工作的意见》，对实物资产、垄断性收益进行了运营，并通过与有关单位签订《收入目标责任书》，明确收支目标和奖惩措施等手段，国有资产运营取得了很好效益，收入全部上缴政府国有资产收益专户，有效保证了国有资产的安全完整和保值增值，增加了政府财政收入。

【加强协调配合，积极开展资产管理信息化试点工作】 2008年以来，按照财政部的要求，开展了行政事业单位资产管理信息化管理系统试点工作，圆满完成了试点工作任务，为完善信息系统和全国推广工作提供了经验。一是加强组织领导。省财政厅成立了由分管厅领导任组长，行政事业资产处、信息中心和相关业务处主要负责同志为成员的"全省资产管理信息系统试点工作领导小组"，负责领导和组织全省试点工作。各参与试点工作的部门和市、县都成立了领导小组和具体办事机构，配备了相关设备，给予了必要的人力、物力和经费支持。二是认真部署培训。制定了《山东省行政事业单位资产管理信息系统试点工作方案》，选择济南、莱芜、东营3个市为市级试点单位，省教育厅、省工商行政管理局、省质量技术监督局等10个部门为省级试点单位，并对试点目标、系统部署、试点内容和步骤安排等作了详细规定。三是保证工作质量。通过审批各单位工作方案、建立工作日志、加强工作督导等各项措施，推动了试点工作有条不紊地开展。四是认真撰写试点报告。试点工作结束后，及时汇总和梳理试点工作中遇到的问题，按照技术问题、制度问题、环境问题、组织问题进行分类汇总分析，提出解决问题的建议，并总结了工作经验，撰写了《山东省行政事业单位国有资产管理信息系统试点报告》，得到财政部的充分肯定，为信息系统的进一步完善和全面推广，提供了措施建议和经验借鉴。

【深入学习实践科学发展观，不断提高行政效能】 按照深入学习实践科学发展观活动和“机关服务年”创建活动的要求，进一步强化服务理念，深入学习调研，完善廉政措施，规范内部管理，提高了行政效能，营造了严肃活泼、干事创业的良好氛围。一是狠抓政治理论学习。认真学习了党的十七大报告、《科学发展观重要论述摘编》、《毛泽东、邓小平、江泽民论科学发展》、中国共产党第十七届中央委员会第三次全体会议通过的《中共中央关于推进农村改革发展若干重大问题的决定》等文件资料。采取严格规定学习时间、加强组织领导、撰写学习笔记、开展小组讨论等措施保证学习效果和质量。二是狠抓行政效能提升。通过组织培训班、召开业务研讨会、征集管理建议和理论文章等方式，进一步提高广大资产管理工作人员的业务水平和工作能力，在全省资产管理系统掀起了学业务、搞研究的高潮。全省共征集优秀资产管理文章20多篇，通过《山东财政研究》（行政事业资产管理专刊）发表。三是狠抓党风廉政建设。严格执行党风廉政建设责任制，加强廉政教育，保持警钟常鸣。加强了行政事业单位经营性资产风险和收益的监管，很好地发挥了财政部门在反腐败源头治理工作中的作用。

（撰稿：殷　明　臧传荣　张　磊）

财政监督检查

【概述】 2008年，全省各级财政监督机构以科学发展观为指导，按照“紧密围绕财政中心任务，服务财政管理和改革，促进经济社会又好又快发展”的总体思路，积极扎实地开展财政监督工作，圆满完成了各项工作任务。全年累计组织检查人员4 096人次，组成1 278个检查组，对8 204个部门、单位进行了检查，共查出各种违规违纪问题金额84.9亿元，已落实纠正49.3亿元，提出加强财政管理和促进财政改革的建设性意见和建议596条，充分发挥了财政监督的职能作用，有力地推动了财政改革发展和经济社会建设。

【以做大“财政蛋糕”为目标，大力开展财政收入监督工作】 2008年，针对财政收入征管工作面临的突出矛盾和问题，各级监督检查机构组织开展了一系列收入监督工作。一是通过省、市、县三级监督力量联动，开展了全省税收征管质量检查。通过检查，发现了应征税款未及时征收入库、滞留延压税款、税收票证使用不规范等违规违纪问题金额10.66亿元。对涉及征收机关征管的问题，及时移送省地税局进行了处理。同时，深入分析了产生问题的根源，及时提出了加强重点税源监控、坚持税收征管质量检查日常化等一系列建议，不仅保证了当年预算收入的及时、足额入库，使经济发展成果及时反映到财政增收上来，而且从根本上提高了预算收入征管质量，为建立预算收入长效监管机制奠定了基础。二是通过对山东省福利彩票发行中心、山东省体育彩票管理中心以及全省16个市级福利彩票机构2005～2007年彩票发行销售与财务管理情况的全面检查，基本摸清了全省彩票发行销售和财务管理现状，发现了彩票机构在市场管理、资金管理、财务收支等方面存在的一系列问题。针对法规不健全、体制不顺畅、机制不完善等原因，提出了尽快出台彩票管理法规、改革彩票管理体制、修订完善现行彩票机构财务管理制度等建议，规范改进了彩票公益金等非税收入的征收管理，进一步促进了收支两条线政策的贯彻落实。

【以实现人民群众的切身利益为目标，加强对民生政策贯彻落实情况的监督】 2008年，各级财政监督检查机构针对部分民生政策的贯彻落实情况，相继开展了一系列监督检查工作。省级组织开展了博物馆、纪念馆免费开放情况核查、淡季化肥储备情况检查、新型农村合作医疗补助资金审核、农村低保省级补助资金审核、城镇居民基本医疗保险补助资金审核、农村义务教育债务审核、社会保险基金征管能力提升奖补资金审核、有关流域生态补偿试点省级补助资金审核等八项监督检查工作。各市也针对抗震救灾、农业综合开发、农村义务教育等涉及民生的项目资金进行了重点检查。在检查开展过程中，通过实地勘察、入户走访、分析核对、评估测算等形式，基本摸清了各项目资金的筹集、管理和使用情况，发现了项目资金滞留、截留、挪用等一些问题，提出了规范资金拨付渠道、健全资金管理制度、严格资金支出管理等建议。通过开展这些监督检查，不仅保障了各项民生政策的贯彻落实，让人民群众切实享受到公共财政的阳光，而且促进了基本公共服务均等化和社会公平正义，加快了各项社会事业的发展，推动了和谐社会建设。

【以促进财政改革发展为目标，着力开展对重大改革措施执行情况的监督】 省级先后开展了省驻济以外垂管单位部门预算编报初审和省属企业国有资本收益申报情况审核工作。通过开展驻济以外省直垂管单位部门预算编制的审核工作，对各单位机构设置、人员编制、实有人数、资产、收入以及津补贴发放等情况逐一进行了审核，进一步提高了预算编制的完整性、准确性和科学性，为建立健全基础信息库数据资源的动态管理机制、规范基本和项目支出管理、深化部门预算改革创造了条件。通过开展2007年度省属企业国有资本收益申报情况审核工作，对有关企业的应缴利润数据进行了认真核实，为试行省级国有资本经营预算、促进国有企业改革奠定了基础。各市也围绕有关财政改革开展了部门预算编制审核、政府采购执行情况检查、市直部门预算执行情况检查等监督工作，取得了良好成效。各级财政监督机构通过开展这些监督检查，充分发挥了查错纠偏的作用，不仅较好地保证了各项改革措施的贯彻落实，而且针对存在的问题，促进了体制机制的进一步调整和完善，收到了标本兼治促进改革发展的效果。

【以规范社会主义市场经济秩序为目标，进一步加大会计监督力度】 2008年，根据财政部的统一部署，各级继续组织开展了会计信息质量检查和会计师事务所执业质量检查。通过开展全省公路系统会计信息质量检查，基本摸清了省公路系统的管理体制、财务收支和人员等情况，发现了其存在的资产、负债、损益等会计信息不实的问题，并从体制机制的层面深入分析了问题的原因，及时提出了加强单位财务会计核算、改革公路系统预算管理体制、化解债务风险等一系列建议，对规范公路系统预算、财务管理，加快实施燃油等税费改革提供了重要参考依据。在会计师事务所执业质量检查中，重点选择了群众反映比较强烈的14家中小会计师事务所重点检查。针对发现的问题，进行了严肃处理，对3名注册会计师给予暂停执业10个月的行政处罚，给予2家会计师事务所和两名注册会计师警告处分，对部分会计师事务所下达了关注函。同时，将处理结果向社会进行了公告，进一步增强了财政监督的威慑力、影响力。通过开展会计监督工作，有效提高了会计信息质量和中介机构执业质量，较好地维护了市场经济秩序，不仅为政府调控经济提供了真实可靠的数据和信息，而且切实维护了投资人、债权人和公众的利益。

【以建立健全财政监督机制为目标，不断创新财政监督的有效实现形式】

各级财政监督机构本着“因地制宜、突出特色、注重实效、逐步推进”的原则，以建立健全财政监督机制为目标，不断创新财政监督的有效实现形式，取得显著的成效。一是积极探索全过程监督的实现形式。各级财政监督机构逐步增加事前、事中监督工作比重。目前省级已对新农合等六项专项资金实施了事前审核和事中监控，对部门预算、决算编报、企业国有资本收益申报等情况实行了事前审核。二是积极探索整合监督力量的新形式。在横向上，继续加强与财政内部相关业务机构的沟通协调，通过采取召开监管联席会议、联合制订检查方案、联合定案处理等方式，发挥各自专业优势，增强财政监督的互动性。在纵向上，省级监督机构积极发挥桥梁纽带作用，通过与财政部、专员办的沟通协调，探索中央、省、市、县多级参与、共同联动的监督工作新模式，充分发挥财政监督网络的整体功能作用。

【以提高财政监督规范化水平为目标，大力加强财政监督法制建设】 省财政把出台《山东省财政监督条例》作为财政监督法制建设的重中之重，做了大量卓有成效的工作。经过多方协调、共同努力，《山东省财政监督条例》于2008年11月27日经省第十届人民代表大会常务委员会第七次会议顺利通过。《条例》符合山东实际，全面、系统、可操作性强，许多内容和条款在国内同类立法中属首创，得到财政部和地方人大的高度评价。一是明确了财政监督的改革发展方向。二是明确了财政监督机构的职责权限。三是规范了财政监督的程序。条例的出台是山东财政法规建设史上的又一个里程碑，使财政监督工作法制化、规范化迈出一大步，对全省财政监督事业的发展必将产生重大而深远的影响。

【以提高财政监督现代化水平为目标，积极推进财政监督信息化建设】 结合“金财工程”的整体部署，积极推进财政监督信息化建设。一是推广应用财政监督检查软件。通过软件的数据采集、抽样统计、报表分析等功能，更加及时准确地发现预算管理、财务核算、账目处理等方面的问题，大大提高了工作效率和工作质量。二是利用信息平台加强监管。在事务所监管过程中，改变过去仅靠定期突击检查事务所执业质量进行监管的模式，充分利用注册会计师行业行政监管信息系统平台，加强对事务所执业质量的日常动态监控和跟踪分析，有针对性地选择检查对象和内容，避免了检查时大量人力物力的投入，节约了监管成本，提升了监管质量。

（撰稿：张光月　蔡好勤　李　波）

【省财政厅驻济南财政检查办事处】 2008 年办事处累计投入检查力量 72 人次，完成各项检查、审查、核查任务 15 项，审核资金 340.48 亿元，查处各类违纪违规问题金额 28.36 亿元，形成检查工作底稿 1 159 份，撰写财政检查报告 33 篇、调研报告 10 篇，共计 23.2 万字，提出各类措施及建议 124 条。一是强化会计监督，整顿会计市场秩序。对省交通厅公路系统等 41 个单位的会计信息质量及部分中介机构的执业质量进行了检查，受理了两例投诉举报案件。开展了对省体彩、省福彩彩票发行销售与财务管理情况的检查，对辖区地方税收征管质量和部分企事业单位的纳税情况的检查，对济南钢铁集团等 9 家企业国有资本收益的审核。对于进一步强化会计监督，强化财政部门对收入征管质量的再监督职能起到了重要作用。二是服务民生财政，落实民生政策。先后开展了对博物馆、纪念馆免费开放情况的调查、对南水北调黄河以南段及省辖淮河流域生态补偿试点工作情况的调查、对省级化肥淡季储备实施情况的检查、对农村低保省级补助资金申请材料的审核、对新型农村合作医疗省级补助资金及城镇居民基本医疗保险省级补助资金的核查、对农村义务教育债务化解清理的审核、对县级社会保险基金征管能力提升奖补资金申报材料的审核，确保了各项惠民政策措施不折不扣的落实。三是加强预算监控，规范部门经费政策。先后开展了申报缴纳津贴补贴调节基金的核查、对省工商等 6 个省垂管部门驻地预算单位的审查，提高了部门预算编制质量，进一步推动和促进了预算管理体制改革。四是加强信息调研，丰富理论指导实践。围绕全省财政中心工作，以科学发展观为统领，以财政监督为主线，立足民生、立足机制、立足体制、立足发展，全年共撰写调研报告 10 篇，在内部网发表《工作园地》10 期，发表办事处简讯及财政动态 5 项。与此同时，干部队伍建设取得新成绩，办事处连续四年被评为济南市市级文明单位，2008 年获得济南市直机关工委授予的党建工作先进单位、“市直机关建功立业先进集体”等称号。

（撰稿：朱恩波）

【省财政厅驻淄博财政检查办事处】 2008 年，淄博办事处共对 260 多个单位实施了监督检查，发现违规问题 34.09 亿元。一是搞好集中检查。主要开展了五项集中检查工作。3 月份，对淄博、滨州两市 13 处博物馆、纪念馆免费开放情况，逐个进行了实地调查核实。5～6 月份，对两市地税系统税收收入征管质量进行了检查，并延伸检查了 32 户企业，查出违规金额 6 699 万元，进一步加强了省级预算收入管理。5～6 月份，对两市贯彻落实“四大部门”新税收分配体制情况进行了专项调查，推进了省市财政分配关系的理顺。7～9 月份，对两市公路系统会计信息质量及两家事务所的执业质量进行了全面检查，共查出违规金额 32.75 亿元。9～11 月份，对两市申报农村义务教育债务情况进行了专项核查。共抽查学校 74 所，审核债务 3.89 亿元，审减 6 669 万元，为省级财政化解农村义务教育债务奠定了坚实基础。二是加强日常监管。主要开展了 8 项日常监管工作。3 月份，对淄博市津补贴调节基金征收情况进行了核查。7～11 月份，对两市新农合、农村低保、城镇医保三项社保资金进行了认真审核。共对两市及 17 个区县近 100 个单位进行了审查，审核社保资金 3.16 亿元，有效发挥了财政监督的事前审核把关作用。8 月份，开展了省属企业国有资本经营预算初审，对淄矿集团等 4 家单位 2007 年度应交利润进行了审核，共核定应入库利润 1 967 万元。11 月份，对驻地省直垂管单位部门预算进行了初审，促进了预算编制的规范化。12 月初，对两市五个县（区）县级社会保险基金征管能力提升情况进行了实地核查。同时，按照省财政厅授权，认真做好驻地省属单位银行账户审批管理工作。三是加强调查研究。坚持检查与管理相结合，实行“双报告”制度，深化检查成果利用，共撰写检查调研报告 6 篇，为有关方面科学决策提供了参考依据。四是注重服务创新。建立了《驻淄中央、省属重点企业联系制度》，4 月份组织部分驻淄重点企业召开座谈会，启动联系制度，搭建驻淄中央、省属重点企业的联系平台。五是本着强化素质、硬化作风、优化效能的目标，认真组织开展学习实践科学发展观活动，积极落实 AB 角、首问负责、限时办结等制度，狠抓廉政勤政建设，干部队伍素质有了进一步提升。

（撰稿：赵克非）

【省财政厅驻烟台财政检查办事处】 按照厅机关统一部署和要求，认真履行财政监督职能，共开展了14项专项检查工作，较好地履行了财政监督职责。一是围绕落实科学发展观，加强对提高财政资金收支效益情况的监督检查。对烟台、威海两市地税部门2007年度税收收入征管质量实施了检查。对有关省属企业国有资本收益应交利润情况进行了核实，有力促进了财政增收。二是围绕构建和谐社会，加强对社会发展和民生问题的监督检查。先后对烟台、威海两市19个博物馆（纪念馆）免费开放经费收支情况，烟台、威海两市农村义务教育债务情况，烟台、威海两市19个县（市、区）新型农村合作医疗资金筹集、支出及结余情况，农村居民最低生活保障省级补助资金，烟台市农业生产资料总公司省级化肥淡季储备情况，威海市城镇居民基本医疗保险省级补助资金申报材料的真实性、合规性，青岛、烟台、威海3市6个区（市、县）级社会保险基金征管能力提升奖补情况进行了审核检查，进一步规范了财经秩序。三是围绕规范财经秩序，加强对会计信息质量的监督检查。先后对烟台、威海两市公路系统2007年会计信息质量，会计师事务所执业质量开展了专项检查，促进了会计信息质量不断提升。四是围绕公共财政体系建设，加强对财政改革实施情况的监督检查。认真组织开展了对烟台、威海两市地税、工商、质监、药监四部门2008年部门预算“一上”情况的初审，对烟台市2007年度津贴补贴调节基金申报情况的真实性审核，开展了省直单位银行账户审批管理工作，保障了有关改革顺利实施。五是高度重视思想作风建设。坚持“两手抓，两手硬”，扎实开展深入学习实践科学发展观活动，狠抓廉政建设，深入开展“机关服务年”活动，大力加强内控机制建设，促进了干部队伍素质不断提高。

（撰稿：吕兰纪　曲世强　李军华）

【省财政厅驻潍坊财政检查办事处】以科学发展观为统领，紧紧围绕财政中心工作，扎实开展监督检查活动，圆满完成各项任务。一是加强对财政收入的监督，完成税收征管质量检查。通过对潍坊、东营两市地方税务局2007年度税收收入征管质量进行全面监督检查，将发现的问题，及时与税务部门进行沟通交流，督促有关单位及时整改，并提出了改进管理、提高征管质量的意见和建议，努力体现财政监督为财政管理服务的特色，促进了税收征管质量的进一步提高。二是围绕财政促进构建和谐社会中的主要任务开展监督，保障事关社会公平正义的财政政策的顺利实施。重点对省财政投入到“三农”、教育、卫生、社会保障、生态环境、公共基础设施等公共服务领域的7项专项资金的“合规性、安全性和有效性”开展监督检查，提高了专项资金的使用效益，促进了公平正义目标的实现。三是加强对3项非税财政收支事项的监督检查，更好地服务财政改革与管理。对东营市申报缴纳2007年度津贴补贴调节基金的相关情况进行了审核；对潍柴控股集团有限公司、山东省丝绸集团有限公司等6家国有企业2007年度应缴国有资本收益情况进行了审核；对驻潍坊、东营两市工商、质检、药检、地税、监狱、劳教等单位编制的2009年部门预算“一上”、“二上”资料进行了初审。四是抓好会计监督，切实履行政府监督职责，不断提高会计监督层次和效果，整顿和规范会计市场秩序。分别对潍坊、东营两市公路管理局系统2007年度的会计信息质量和东营盛世联合会计师事务所、潍坊永庆有限责任会计师事务所执业质量进行了检查。共查出少缴各种税费1 498万元，支出挂账1.47亿元，圆满完成了检查任务。五是抓好对举报信的查证落实工作。对群众来信举报的会计师事务所资质条件问题，奔赴四地9个单位，就具体事项进行了全面细致的核查，查清了事实，为厅机关决策提供了翔实可靠的依据。六是抓好宣传培训工作。一方面，进一步搞好与辖区内财政监督力量的联动检查，注重对市县财政监督的指导和培训。另一方面，注重加强对财经法律法规政策的宣传与维护，结合被检查单位的违规行为和典型案例，以案说法，增强了财经法规的宣传效果，维护了财经法规的严肃性和权威性。七是注重搞好调研，更好地为财政管理提供服务。紧密联系监督工作实际，通过配合全国对博物馆、纪念馆逐步免费开放的要求，对潍坊、东营两市11家博物馆和纪念馆的基本情况进行了深入调研；配合建立民生资金监管保障新机制，选择社保、扶贫、“三农”、卫生、就业和再就业等社会关注的热点和难点有针对性地开展结合调研；结合税收征管质量检查，对省属企业税收及财务管理情况进行专门调研；对胜利油田2008年缴纳油气资源税滑坡情况进行深入调研；结合会计信息质量检查，对潍坊、东营两市公路局系统开展调研，及时反映影响重大财税政策和预算执行的重要问题，充分发挥财政监督“耳目”作用，促进财政监督成果的转化，为各级领导决策提供参考依据。

（撰稿：王镇修　祝学德　潘　涌）

【省财政厅驻济宁财政检查办事处】紧紧围绕厅党组确定的工作思路和目标，认真学习实践科学发展观，进一步解放思想、开拓创新，完善制度、夯实基础，依法开展监督工作，较好地完成了各项工作任务。一是围绕财政中心工作开展各项检查。5～7月份组织实施了对枣庄、济宁、菏泽三市地税系统收入征管质量检查，涉及问题金额5 687余万元，查补入库税款2 864余万元，有力地促进了税收征管质量的提高。7～9月份，开展了对枣庄、济宁、菏泽三市公路系统会计信息质量检查工作，共检查出三市公路系统会计信息不实金额1.17亿元，应缴预算款590万元，应缴财政专户款1 558万元，查补税款39.2万元。二是开展了多项涉及民生资金的审核工作。9～10月份，组织实施了新农合省级资金审核、农村低保省级资金审核、农村义务教育债务核查等工作，并于11月初对枣庄、济宁、菏泽三市提出的县级社会保险基金征管能力提升奖补的7个县（区）进行了实地核查。三是为财政改革与发展审核把关。2～3月份，对枣庄、济宁、菏泽三市南水北调黄河以南段及省辖淮河流域生态补偿试点资金使用情况进行了检查，促进了项目资金的使用效益。制定了《山东省财政厅驻济宁财政检查办事处省级国有资本经营预算监督管理操作规程》，首次开展了国有资本经营预算监管工作，对枣庄矿业（集团）有限责任公司等五户省属企业2007年度应交国有资本收益申报数据进行了核实。四是认真学习实践科学发展观，创新工作方式方法。根据开展学习实践科学发展观活动的总体要求，结合工作实际，制订了切实可行的活动方案，圆满完成学习调研、分析检查、整改落实阶段各项任务，取得明显效果。

（撰稿：杨　博　刘相东　张学东　刘泰然）

【省财政厅驻临沂财政检查办事处】

牢牢把握财政中心和经济发展大局需要，依法组织开展检查和调查工作，有力促进了经济社会科学发展。一是加强财政收入征收管理，服务提高财政保障能力。5～6月份，组织开展临沂、日照两市地方税务局2007年度税收收入征管质量检查工作，抽查两市及6个县区地税局，延伸检查31户企事业单位，查出各类违规违纪问题1亿元，检查期间督促入库1 390万元，规范了地方税收征管，促进了财政收入及时、足额入库。8月份，组织开展省属国有企业资本收益申报数据核实和收交工作，对临沂矿业有限责任公司、山东黄金集团有限公司等四户企业应缴利润数据进行了核实，执收临沂矿业有限责任公司国有资本收益1 307万元，为试行省级国有资本经营预算、改革完善收入分配制度奠定了基础。二是保障财政调控政策落实，服务财政推动科学发展。围绕财政政策的调整和财政管理方式的转变，开展南水北调黄河以南段及省辖淮河流域生态补偿试点项目资金管理使用情况、县级社会保险基金征管能力提升情况等有关财税政策执行情况的检查和调研，对财税政策执行情况进行分析研究，确保财政政策的有效实施，促进科学发展。三是规范财政经济秩序，服务诚信社会建设。积极配合财政改革，加大对重点领域、重点部门的监督检查力度，进一步加强财政管理。7～9月份，组织开展了临沂、日照公路局系统10个单位会计信息质量和2家会计师事务所执业质量检查工作，并对相关企业进行了必要的延伸检查，查处纠正各种违规违纪问题1.89亿元，查处会计师事务所审计程序不到位、审计依据不充分等问题，对个别注册会计师、会计师事务所进行了警告，下达了关注函。四是监督落实惠民政策，着力保障和改善民生。3月份，对临沂、日照两市14家博物馆、纪念馆进行了调查，对收支情况及需补助资金等相关数据进行了测算，为免费开放政策实施提供了基础数据资料，为实现和保障人民群众基本文化权益奠定了基础。8月份，通过核对数据、走访、询问等形式，抽查了临沂、日照两市5个县，走访了部分乡镇、村及农民，重点核查了农村居民最低生活保障和新型农村合作医疗工作的开展情况和资金到位、管理和使用情况。10～11月份，实地核查农村义务教育债务总额3亿元，涉及133所学校，核减债务4 213万元，核增债务1 621万元。五是创新财政监督机制，提高服务质量和效率。立足服务科学发展的需要，树立“监督与帮促相结合、执法与服务相结合、检查与调研相结合”财政监督理念，把服务贯穿于监督管理的全过程，以服务促监管。创新日常监管形式，前移财政监督关口，加强事前控制，更好地为财政管理与改革保驾护航。结合财政管理主题，坚持多点开花，深入开展调查研究，较好地发挥了预警反馈作用。

（撰稿：韩志毅　李　军　王宏伟）

【省财政厅驻德州财政检查办事处】

扎实开展学习实践科学发展观活动，进一步明确了财政监督理念和工作思路。通过认真开展学习实践活动，进一步提高了科学发展意识，更新了监督理念，明确了工作目标，确立了“一二三四”的工作思路。即：在监督理念上紧紧围绕全省财政工作中心；在监督方式上进一步完善专项检查和日常监督两种方式；在监督内容上开展好收入监督、支出监督和会计监督三条线；在工作方法上抓好效能建设、队伍建设、调查研究和廉政建设四项工作。

坚持监督融于管理、监管并重的工作理念，积极稳妥推进财政监督机制建设。一是以规范化、制度化为目标，健全日常监管工作机制。主要开展了八项审核工作。根据《山东省省级化肥淡季储备管理暂行办法》要求，4月份对德州银龙集团有限公司化肥淡季储备情况进行了审核。根据《关于做好省级国有资本经营预算监督管理有关工作的通知》等文件规定，7月份对华鲁控股集团有限公司和山东鲁华能源集团有限公司2007年度省属国有资本收益申报进行了复核。根据《关于农村居民最低生活保障省级补助资金有关问题的意见》等文件规定，8月份对德州市、聊城市农民居民最低生活保障资金到位情况进行了审核。根据《关于调整新型农村合作医疗制度政府补助政策及完善省级补助资金审核拨付规程的通知》等文件要求，8月份对德州市、聊城市新型农村合作医疗资金到位情况进行了审核。根据《山东省县级社会保险基金征管能力提升奖补暂行办法》文件要求，9月份对德州市上报的禹城市、齐河县、夏津县、庆云县和聊城市上报的茌平县、莘县、东昌府区县级社会保险基金征管能力提升情况进行了审核。根据《关于编制2009年省级部门预算的通知》要求，11月份对德州、聊城市工商、药监、质检、地税和监狱系统2009年部门预算编制进行了初审。根据《山东省生态补偿资金管理办法》等文件要求，11月份对德州市财政局生态补偿资金专户资金到位情况进行了审核。各项审核工作依照相关法规制度要求，依法作出了相应的审核结论。开展事前审核，做到关口前移，充分发挥了财政监督预警、分析和监控作用。二是以专项检查为着力点，监督检查质量显著提高。根据《关于开展税收收入征管质量检查的通知》要求，5～6月份对德州、聊城市地税系统2007年度税收征管质量进行了专项检查，发现违纪金额达6 398万元。根据《关于开展2008年会计信息质量检查和会计师事务所执业质量检查的通知》要求，8～9月份对德州、聊城市公路系统和德州大正有限责任会计师事务所执业质量进行了专项检查，发现违规金额达7.6亿元。同时，对大正会计师事务所审计程序执行不到位等行为进行了纠正。根据《关于开展农村义务教育债务审核检查工作的通知》要求，10月份对德州、聊城市农村义务教育债务清理核实工作情况进行审核检查，抽查面达52%，审减债务金额7 352万元，审减率达11%。通过开展专项检查活动，充分发挥了财政监督查错纠偏作用，取得了“以检查促管理、以检查促改革”的良好效果。

（撰稿：张传利　王　磊）

财政队伍建设

【深入开展学习实践科学发展观活动】 按照中央和省委关于第一批学习实践活动的部署，以“党员干部受教育、科学发展上水平、人民群众得实惠”为目标，围绕“坚持科学发展、建设财政强省”主题，以“解放思想，改革创新，全面推进发展型、民生型、创新型、绩效型、阳光型财政建设”为载体，扎实开展学习实践活动，取得积极成效。前期认真准备阶段，研究制订了活动方案、措施，成立厅学习实践活动领导小组及办公室，切实加强对活动的组织领导。学习调研阶段，建立健全学习制度，明确学习内容，丰富学习形式，创新学习载体，通过集中学习、个人自学、集中培训、专题辅导、案例研讨、网络交流等，增强学习效果；深入开展调查研究，形成了一批质量较高、针对性强的调研报告；通过解放思想大讨论，进一步形成科学发展共识。分析检查阶段，按照“四评五议两公开”要求，采取书面、登门、函询、座谈等多种方式，广泛征求各方面意见建议；厅党组和各支部召开专题民主生活会，认真查摆贯彻落实科学发展观方面存在的突出问题，深刻分析主客观原因，形成了厅党组和各支部分析检查报告。整改落实阶段，以分析检查报告为依据，认真制订整改落实方案和台账，明确整改落实的目标、方式和时限要求，共梳理出26条中长期和10条近期整改落实项目，促进了有关问题的整改，在建立健全长效机制方面取得明显成效。厅学习实践活动得到省委充分肯定，在全省产生较好影响。总结测评中，群众满意率达99.5%。

【干部队伍建设】 全省各级财政部门着眼干部队伍建设长远发展，按照科学人才观、正确政绩观要求，认真贯彻执行《干部任用条例》，坚持干部队伍“四化”方针和任人唯贤、德才兼备原则，公平公正推荐选拔干部，对达到任职年限的，建议及时考察、晋升职务；对表现特别突出的干部，积极推荐破格晋升。2008年，共推荐选拔处级干部14名，科级干部206名。通过选拔使用政治坚定、实绩突出、能力强、作风正、群众信得过的优秀干部，进一步树立了正确的选人用人导向。按照公开、平等、竞争、择优原则，全省各级财政部门区别岗位特点，面向社会公开招考录用312名公务员和事业单位工作人员，为全省财政干部队伍注入了新的活力。

【出国（境）管理】 根据中央和省制止党政干部公款出国境旅游的专项通知要求，全省各级财政部门对本单位近三年来因公出国（境）管理工作进行认真自查梳理，制订专项工作方案，及时提交自查报告，得到各级专项工作领导小组充分肯定。省财政厅根据中央和省出国管理工作新规定，结合实际，对因公出国管理办法进行全面修订，进一步调整出国原则、条件、时限、纪律、审批程序等，切实将中央和省有关规定落到了实处。

【财政系统机构人员概况】 2008 年，全省共有财政机构 1 946 个，比上年增加 44 个。其中，省级财政机构 1 个，计划单列市财政机构 1 个，市级财政机构 16 个，县（市、区）财政机构 161 个（济南市 11 个，青岛市 13 个，淄博市 9 个，枣庄市 7 个，东营市 5 个，烟台市 13 个，潍坊市 15 个，济宁市 12 个，泰安市 8 个，威海市 6 个，日照市 6 个，莱芜市 3 个，临沂市 14 个，德州市 12 个，聊城市 9 个，滨州市 8 个，菏泽市 10 个），乡镇所级财政机构 1 767 个。

截至 2008 年底，全省财政系统共有 30 130 人，比上年减少 141 人，降低 0.47%。其中：中共党员 22 364 人，占 74.23%，提高 0.76 个百分点；女职工 10 671 人，占 35.42%，提高 0.26 个百分点；汉族 29 989 人，占 99.53%，降低 0.02 个百分点。

人员分布：省级财政部门（含副省级市济南、青岛）1 197 人，占 3.97%，减少 51 人，下降 4.09%；市级财政部门 4 705 人，占 15.62%，增加 88 人，增长 1.91%；县（市、区）级财政部门 11 222 人，占 37.25%，增加 77 人，增长 0.69%；乡（镇）级财政部门 13 006 人，占 43.17%，减少 265 人，下降 2.00%。

学历结构：大专以上文化程度 25 281 人（其中，博士 17 人、硕士及研究生学历 567 人、大学本科 14 371 人、大学专科 10 326 人），占 83.91%，提高 1.34 个百分点；中专 3 595 人，占 11.93%，降低 1.02 个百分点；高中以下文化程度 1 254 人，占 4.16%，降低 0.32 个百分点。

年龄结构：35 岁及以下 12 338 人，占 40.95%，降低 2.24 个百分点；36 岁至 45 岁 11 786 人，占 39.12%，提高 0.81 个百分点；46 岁至 54 岁 5 100 人，占 16.93%，提高 1.06 个百分点；55 岁及以上 906 人，占 3.00%，提高 0.37 个百分点。

【省财政厅及省经济开发投资公司机构和人员状况】 2008 年底，省财政厅内设行政机构有：办公室、综合处、法规处（与税政处合署）、税政处、预算处、国库处、政府采购监督管理处（与国库处合署办公）、行政政法处、教科文处、经济建设处、农业处、社会保障处、企业处、债务金融处、基层财政管理处、会计处、行政事业资产处（挂省清产核资办公室牌子）、监督检查局、人事教育处、离退休干部处、机关党委。

派驻机构：中共山东省纪律检查委员会驻山东省财政厅纪律检查组、山东省监察厅驻山东省财政厅监察专员办公室（一个机构，两块牌子）。

省财政厅所属事业单位：财政科学研究所、财政信息中心、集中支付中心、财政投资评审中心、财政票据管理中心、机关服务中心、干部教育中心（与省会计干部中等专业学校合署）、会计培训学院（挂省财政职工大学、省中华会计函授学校牌子）、注册会计师协会。

省财政厅派驻财政检查机构：山东省财政厅驻济南财政检查办事处、驻淄博财政检查办事处、驻烟台财政检查办事处、驻潍坊财政检查办事处、驻济宁财政检查办事处、驻临沂财政检查办事处、驻德州财政检查办事处。

山东省经济开发投资公司为省政府直属事业单位，挂靠省财政厅，其内部设：总经理办公室、计划财务部、资产管理部、投资业务部、稽核部、人事部。全资子公司有 6 家，包括：山东省经济开发实业总公司、山东华鲁房地产开发有限公司、山东华鲁资产管理有限公司、山东金阳企业管理有限公司、深圳鲁财投资发展有限公司、香港宝丰有限公司；控股和参股公司有 30 余家，主要有：山东航空集团有限公司、济南国际机场股份有限公司、山东省石油天然气有限公司、山东天润温泉房地产开发有限公司、山东省（鲁财）产权交易中心、山东和华电子有限公司、莱钢股份有限公司等。

2008 年底，省财政厅（含省经济开发投资公司）共有干部职工 588 人，比上年增加 14 人，其中，男、女分别为 401 人、187 人；中共党员 485 人，占 82.48%，提高 3.21 个百分点；省管干部 15 人、处级干部 144 人、科级干部 303 人、一般干部 43 人、工勤人员 83 人，各占 2.55%、24.49%、51.53%、7.31% 和 14.12%；35 岁及以下 142 人，36 岁至 45 岁 259 人，46 岁至 54 岁 154 人，55 岁及以上 33 人，各占 24.15%、44.05%、26.19% 和 5.61%，分别比上年减少 4 人、6 人，增加 19 人、5 人。具有研究生以上文化程度 119 人（其中：博士 10 人，硕士研究生、研究生学历 109 人），占 20.24%，提高 1.77 个百分点；大学文化程度 410 人（其中本科 363 人，专科 47 人），占 69.72%，降低 0.84 个百分点；中专以下文化程度 59 人，占 10.04%，降低 0.93 个百分点。

（撰稿：隋宝文　苏登新　李政华
胡晓鸿　隋　哲）

离退休干部工作

【概述】 截至2008年底，省财政厅厅共有离退休及代管人员146人，其中离休干部36人，退休干部77人，退休工人21人，退职1人，代管厅及投资公司内退人员11人。离休人员平均年龄80.72岁。退休人员平均年龄63.58岁，离退休人员平均年龄68.16岁。2008年，在厅党组的正确领导和各处室的大力支持下，坚持以科学发展观为指导，认真贯彻落实中央、省和厅党组部署，对离退休干部政治上尊重、思想上关心、生活上照顾，全面落实政策规定，切实加强亲情服务，不断提高工作质量，努力使离退休人员老有所养、老有所学、老有所乐、老有所为，进一步保持了厅离退休干部队伍的稳定、和谐。

【落实学习制度，离退休干部思想始终与党中央保持一致】 一是落实情况通报制度。文新三副厅长先后向老同志通报了全省财政收支、面临的形势、财政支持民生和驻济省直机关规范津贴补贴情况及离退休干部工作情况；集中支付中心、债务金融和经济建设处分别向离退休老同志介绍了国库集中支付制度及改革、债务金融工作面临的困难与机遇和经济建设工作开展情况等，使老同志及时了解了财政改革与发展的情况。二是落实厅级老领导阅文制度。每月一次组织厅级老领导按规定阅读文件，全年共组织9次阅文，50余人次参加，整理借阅文件800余份。三是落实集中学习制度。每月两次组织老同志集中学习。按照厅党组和省委老干部局部署，组织离退休老同志学习党的十七大、十七届三中全会和省九次党代会、省委工作会议精神，深刻领会、全面理解会议提出的一系列新思想、新论断、新举措。针对老同志关心的问题，向老同志传达学习了全省财税工作会议和关系老同志切身利益的有关政策规定等。全年共组织学习活动18次，1 100余人次参加。四是配合离退休党总支开展工作。协同离退休干部党总支组织好离退休干部政治学习、政治活动、做好思想政治工作和人力、物力保障工作。通过加强政治学习，努力把老同志思想统一到中央、省和厅党组的部署要求上来，使老同志思想常新、理想永存。同时，在老干部活动室订阅了10多种报纸，为每名老同志都订了两份杂志，为厅级老同志增订了“一大一小”两份报纸，供大家日常学习。发挥阅读栏、报刊、杂志和内部网络作用，宣传党的路线、方针、政策，报道老同志的先进事迹和活动，发布各类图片、文章、信息50余篇。

【组织参观考察，离退休干部亲身感受了经济社会的发展成果】 2008年，5次组织老同志外出参观学习；同时，组织10多位80岁以上的离退休老同志及厅级老领导到莱芜参观学习。离退休老同志们普遍感受到组织的温暖和照顾，增进了老同志之间以及老同志和在职同志之间的感情交流，使离退休老同志们更好地了解经济社会的发展变化和当前工作，取得良好效果。

【坚持以人为本，亲情服务管理工作进一步加强】 一是广泛征求老同志的意见和建议，不断改进工作。三次通过向离退休老同志发放调查表的形式，征求老同志的意见建议，了解了老同志的需求，不断改进工作。二是坚持走访慰问。厅领导、离退休干部处及各处室看望慰问老同志150余人次。对离退休老同志出现的邻里和家庭纠纷，耐心做好调解和协调工作，及时化解矛盾，能解决的尽力帮助解决，解决不了的讲明原因，做好解释工作，确保和谐稳定。三是做好老同志健康疗养和保健服务工作。在厅党组的关怀下，组织125位老同志（家属）到石岛、蓬莱健康疗养。组织观看了《运动使生命更精彩》健康知识录像。邀请省红十字会专家为老同志讲解了地震自救和家庭急救常识。为120位老同志注射了流感疫苗。组织115位离退休老同志检查身体。

【从实际出发，离退休干部精神文化生活进一步丰富】 一是开展经常性的文体活动。全年开放老干部活动中心，配备了棋、牌、球、报及健身器材等，为老同志提供了一个舒适、健康的活动场所，2008年共有4 500多人次参加活动。离退休老同志们还组建了门球队、桥牌队等，并经常开展活动，书画小组的同志连续三年主动为全厅老同志书写春联。为纪念改革开放30周年，举办了老年书画展览，活跃老同志日常文化生活。二是组织文体比赛。组织了厅机关离退休老干部室内运动会，共有80余名离退休人员报名，240余人次参加比赛。组织离退休老同志与财政学院的离退休老同志开展室内棋牌类项目的友谊比赛。离退休老同志桥牌队在省直机关桥牌团体赛中，获得银牌。组织承办了2008年度“迎春杯”省直机关老干部桥牌邀请赛。三是组织离退休老同志参加老年大学学习。2008年，有32名老同志报名参加老年大学学习，学习计算机、摄影、舞蹈、书法等课程。

【加强组织建设，发挥离退休干部党组织和老干部党员作用】 一是离退休干部党组织自身建设不断加强。根据中央和省《关于进一步加强和改进离退休干部党支部建设工作的意见》，积极探索新形势下离退休干部党组织建设的新方法、新途径和新机制，老干部党组织的思想建设、组织建设和制度建设进一步健全完善，自我管理、自我教育、自我服务的能力日益增强。在组织老同志搞好政治学习的同时，党总支各位成员，以身作则，发挥了表率作用。二是大力支持厅离退休干部工作。老干部党总支始终坚持围绕大局、服务中心来开展工作，把老同志思想凝聚到关心支持厅机关工作、支持财政事业发展上来，对老同志中出现的好人好事，及时进行宣传、表扬、推广，对老同志提出的意见建议，耐心做好沟通和解释工作，化解了很多矛盾和问题，促进了老同志之间、新老同志之间的团结。三是老同志、老党员的模范作用进一步增强。很多老同志发挥他们的政治、专业和经验优势，有的积极参与厅关心下一代工作，有的虽已年过花甲，仍然著书立说，把宝贵的精神财富留下来，还有一些老同志发挥专长，为大家书写春联，参加省、部和厅组织的各类展览活动，有的老同志以诗歌形式，抒发对党的热爱。在汶川大地震发生后，离退休干部积极向灾区人民伸援手、献爱心，共有106人向灾区捐款2.4万元。

【不断加强离退休干部工作者队伍自身建设】 2008年，按照党组部署，广泛开展“建设学习型机关、学习型支部、学习型党员”和“机关服务年”活动，大力加强自身建设，不断提高全处人员的政治素质和业务能力。一是加强政治理论和业务知识学习。在认真学习邓小平理论和“三个代表”重要思想，学习党的十七大、十七届三中全会和省九次党代会精神的同时，积极参加厅机关组织开展的学习实践科学发展观活动，深刻领会科学发展观的内容和涵义，深刻理解党的十七大提出的“全面做好离退休干部工作”要求，对照科学发展观的要求，进一步查找工作中的问题和薄弱环节，不断增强做好本职工作的自觉性。积极参加业务培训，努力学习党和国家关于老干部工作方针政策，学习全国、全省老干部先进集体和先进工作者的事迹，不断提高政治理论素质和业务能力，紧紧围绕构建社会主义和谐社会做好本职工作，认真解决离退休干部最关心、最现实的问题，促进离退休干部队伍的稳定。二是进一步完善规章制度。按照厅领导关于用制度管人，用制度管事，不断促进工作规范化、制度化的要求，在总结多年工作实践和借鉴兄弟单位经验制定了政治学习、参观考察、文体比赛等14项制度的基础上，2008年又重新修订了《离退休干部工作手册》，各项工作都有了依据。三是大力改进工作作风。以落实老干部工作目标责任制考核和学习实践科学发展观为契机，以全国、全省老干部工作先进集体和先进个人为榜样，树形象、讲效率，细化责任、科学办事，立足以人为本，工作作风进一步转变，工作质量进一步提高，在省委老干部局和处历次组织征求老干部意见中，满意度均为100%。

（撰稿：李玉斌　胡新黔　张祖军）

机关思想政治工作

【思想政治教育工作不断强化】 2008年机关党委始终把加强机关的思想政治建设放在首位，组织党员干部认真学习邓小平理论、“三个代表”重要思想和科学发展观，学习党的十七大和十七届三中全会精神，学习省委有关会议精神，特别是下半年机关组织开展的深入学习实践科学发展观活动以来，进一步强化了学习教育活动。学习中，坚持举办党组理论学习中心组读书会、专题理论培训班，邀请中央党校、省委党校教授作学习辅导报告等，开展了形式多样的学习教育活动；从强化党员干部事业心和责任感方面入手，加强党的理想信念和形势任务教育，开展了以落实科学发展观、构建和谐社会，立党为公、理财为民，艰苦奋斗、廉洁勤政，转变观念、创新思路的主题实践活动，进一步强化了党员干部为民理财、科学理财的思想观念；注重利用机关《政工简报》、宣传栏、党建网页等媒介，对机关学习教育活动所取得的成果、经验和做法，及时进行宣传报道，营造浓厚的学习氛围，推动了机关学习活动的深入开展；注重把理论学习与业务工作和作风建设结合起来，切实用先进的理论武装头脑、提高认识、转变作风、指导工作，做到真学、真懂、真用，有效防止了学习、实践“两张皮”现象。通过开展形式多样的学习教育活动，在机关营造了解放思想、团结和谐、干事创业、加快发展的良好氛围，使党员干部实践“三个代表”重要思想，落实科学发展观的大局意识、使命意识、责任意识更加强烈，爱岗敬业、开拓进取、廉洁勤政的自觉意识进一步增强，思想认识也更加统一，工作思路更加具体明确，依法行政、科学理财的观念更加牢固，为做好财政中心工作提供了坚强的思想保障和智力支持。

【基层党组织建设进一步加强】 一是按照《中国共产党党和国家基层组织工作条例》和省委《实施意见》的要求，全面加强了“一岗双责”责任制的落实，及时补充填补支委空缺，始终保持了总支、支部班子的整齐完整，为支部强有力地开展党务工作，确保党委工作部署和各项任务的完成，提供了坚强的组织保证。二是认真落实了党员领导干部民主生活会和支部“三会一课”制度。厅党组坚持带头开好民主生活会，会前广泛征求群众意见，认真听取干部、职工的意见和建议，会上坚持思想见面，认真开展批评和自我批评，以实际行动带动和提高机关基层党组织生活会质量。在厅党组的率先垂范和影响带动下，各支部的组织生活会程序逐步完善，质量明显提高。三是加强民主建设。党组班子坚决贯彻民主集中制组织原则，按照建立健全决策目标、执行责任、考核监督“三个体系”的要求，进一步修订完善了党组会议、厅办公会议、处务会议及议事规则、程序，推进了党务政务公开制度的贯彻落实，健全了重要情况通报制度和党员干部参与重大决策机制。四是加强对党员干部的教育管理和监督。不定期召开支部书记座谈会和情况交流会，交流机关党建工作经验，及时沟通情况，做到上情下达和下情上达。定期举办支部组织委员等培训班，使支部委员的党务知识及时更新，更好地适应新形势、新任务提出的新要求。严格执行党费的收缴和使用制度，及时调整、足额收齐、按时按比例上缴党费，严格按照党费的开支范围使用党费，做到了账面清晰，记录准确，账实相符，年终及时公布年度党费收缴和使用情况。机关党员和党组织信息库建设工作全面完成并顺利通过验收。实现了对机关组织建设、党员发展、党员培训、组织生活、党费管理、党内统计等工作的动态管理，进一步提高了党内管理工作的规范化、现代化水平。五是积极组织开展“评先树优”活动，充分发挥典型的示范带头作用。机关结合年终工作总结、行政效能考核，部署安排一定数量的先进党支部、优秀共产党员、优秀党务工作者、工会积极分子、青年突击手和“三八”红旗手的评比表彰，发挥了典型带头和激励作用。六是加强党员发展工作。坚持做好对入党积极分子的培养教育和发展党员工作，认真落实年度培养发展计划，不断规范和完善新党员的发展工作，使“严格标准，保证质量，改善结构，慎重发展”的十六字方针得到全面贯彻。

【精神文明创建工作扎实推进】 一是强化组织领导，确保创建工作常抓不懈。厅党组对机关文明创建工作始终高度重视，将其摆在机关建设的重要位置，各处室、单位始终坚持将文明创建工作摆在与业务工作同等重要的位置，一起部署、一起落实、一起检查考核。机关党委定期调度创建工作开展情况，对遇到的困难和问题及时汇报、及时研究、协调解决，确保了机关文明创建活动一盘棋，保持了有序稳步推进的态势。2008年全省财政机关各层次的创建先进单位数量又有新的增加。二是强化学习教育，提高干部职工认识水平。年初制订下发全年理论学习的计划安排，将文明创建条例和实施细则的有关内容列入其中，对学习的内容、时间、人员、保障措施和要达到的目标提出明确要求。年度中结合开展“形象好、作风好、效率高”机关创建和深入学习实践科学发展观活动的要求，进一步丰富文明创建学习内容，加大组织学习力度，通过分阶段、分专题和聘请专家辅导、观看专题片、召开座谈交流会等方式，全面落实各项学习计划，不断提高干部职工对文明创建工作重要性的认识。三是强化宣传引导，注重典型引路。充分利用网络、简报、宣传栏等媒介，大力加强宣传引导，结合“两好一高”机关创建和“迎奥运盼全运、讲文明树新风”等活动的开展，加强了机关作风建设和文明礼仪的教育培训，增强了全厅干部职工参与文明创建活动的自觉性和主动性，营造了讲文明、树新风、重学习、比奉献的良好氛围；通过组织推荐文明创建活动中涌现出的先进集体和个人，发挥典型的引导示范作用，起到了良好效果。截至2008年底，厅机关有三个处室分别被评为“全国青年文明号”、“全省青年文明号”及“安全生产省级先进单位”荣誉称号，全省财政系统有一人被评为“全省杰出青年卫士”，一人被评为“全省优秀青年卫士”。四是丰富活动载体，充实活动内容。组织机关迎新春文艺演出，举办演讲比赛、机关运动会、全省财政系统纪念改革开放30周年征文活动、全省财政系统书法美术摄影大赛，组织机关篮球队、足球队、乒乓球队在业余时间开展系统内外比赛交流活动等等，丰富了广大干部职工的精神文化生活，展示出了机关和财政干部良好的精神风貌。各支部组织党员干部参观纪念馆、革命圣地，接受革命传统教育，组织参加纪念改革开放30周年知识竞赛，组织全省财政系统参加全国财政“五五”普法知识竞赛，进一步普及财政法规知识，提高干部职工依法理财的能力和水平；组织开展向四川地震灾区捐款捐物、上缴特殊党费等活动，进一步增强了机关广大党员干部职工的党性修养和政治责任感。

【群团工作开展的各具特色】 注重发挥群团组织的桥梁和纽带作用，不断加强和改进党委对工会、共青团、妇女工作的指导，确保机关各群团组织各自按照章程独立开展活动，形成了“党、政、工、青、妇”齐抓共管的良好局面，推动了群团工作的深入开展。2008年，工会组织认真贯彻新《工会法》，积极推动干部职工参与管理、监督内部事务，增强维权意识，维护会员合法权益；积极开展送温暖活动，主动为困难职工提供帮助，慰问患病干部职工，走访慰问老党员、老干部。积极组织参加“慈心一日捐”等捐助活动。共青团组织坚持以党建带团建，围绕中心，服务大局，服务青年，通过抓管理，健全了工作机制，抓契机，全面活跃机关团的工作，抓服务，积极配合党委、工会工作，抓典型，发挥示范带头作用，积极开展了创建“青年文明号”和青年岗位能手等活动。机关妇女组织积极发挥“半边天”作用，以“巾帼建功”为主线，扎实有效开展“巾帼扶贫”、计划生育、“春蕾计划”等活动，提高了妇女素质，增强了参与意识。

【机关作风有了新的变化】 按照省委、省政府的部署要求，在机关深入开展文明机关、“两好一高”机关创建和机关服务年等活动的基础上，认真总结“两好一高”等活动取得的经验，进一步巩固扩大机关作风建设成果。一是通过广泛征求意见，深入查找问题，积极进行整改，干部职工精神面貌焕然一新，干事创业的劲头越来越足，理财为公、用财为民的责任感和自觉性显著提高，整个机关的行政效能全面提高。二是坚持以推动经济社会发展为主线，以促进公共财政建设为目标，以维护群众切身利益为宗旨，从强化教育引导入手，从每一项具体工作、每一件点滴小事抓起，进一步提高了干部职工服务大局、服务部门、服务基层、服务群众、服务机关中心工作的能力和水平，树立了财政部门的良好形象。三是结合深入学习实践科学发展观活动的开展，围绕“坚持科学发展，建设财政强省”的活动主题，以处室为单位组织开展了广泛深入的学习调研活动。四是继续深入开展“结穷亲、解民忧、受教育、促发展”主题实践活动，对城乡文明牵手共建对子宁阳县伏山镇刘庄村，加大支持和帮扶力度，既为该村群众解决了一些实际问题，又进一步增强了机关党员干部的群众观念和宗旨意识。

（撰稿：殷　明　王鲁刚）

纪检监察工作

【认真贯彻落实《工作规划》和《实施办法》，扎实推进体现财政特点的惩治和预防腐败体系建设】 高度重视惩防体系建设，中央《工作规划》和省委《实施办法》印发后，立即召开党组专题会议研究贯彻落实意见，以党组文件印发了《财政厅贯彻落实省委〈实施办法〉的实施意见》。

（一）抓学习，提高思想认识。将《工作规划》和《实施办法》纳入党组中心组理论学习和干部教育培训计划，在省财政厅举办的县（市、区）财政局长培训班、财政干部岗位培训班、新入厅工作人员培训班上，专门安排党风廉政教育课程，奠定廉洁从政的思想基础，受到培训对象的欢迎。发挥财政内部信息网络的辐射教育功能，组织每个党员干部学习《工作规划》和《实施办法》，使每个党员干部明确推动惩防体系建设的重大意义、指导思想、基本要求、工作目标和重点，增强做好工作的责任感。

（二）抓领导，明确责任主体。成立了财政厅反腐倡廉建设领导小组，党组书记尹慧敏厅长任组长，其他党组成员和行政领导班子成员为组成人员；建立反腐倡廉工作联席会议制度，李振声纪检组长为会议召集人，厅纪检组、监察室、办公室、机关党委、人事教育处以及部分业务处室为成员单位，为加强反腐倡廉建设提供组织和机制保证，有力地推进了《工作规划》和《实施办法》的落实。

（三）抓协调，形成整体合力。召开联席会议，组织学习《财政厅贯彻落实〈省委实施办法〉的实施意见》等有关文件，印发联席会议纪要，把财政部门承担的任务落实到相关职能处室，并要求牵头处室认真履行主抓责任，研究提出具体落实方案，协办处室增强工作主动性，积极配合协助开展工作，确保按时完成工作任务。

（四）抓落实，推动工作开展。把体系建设的过程变成推动财政改革的过程，变成解决群众切身利益的过程，变成解决反腐倡廉建设难点的过程。在解决问题方面，注重立足当前，着眼长远，能解决的立即解决，一时不能解决的做出规划，分步实施。坚持党风廉政建设责任制这一根本性制度，建立健全督察机制，采取专项检查、重点抽查、行政监察、年终考核相结合的办法，把惩防体系建设列入党员干部考核评价范围。

【深入开展党风廉政教育，增强党员干部拒腐防变意识】 以树立正确的权力观为重点，加强对党员干部的理想信念、党风党纪、廉洁从政和艰苦奋斗教育。

（一）开展深入学习实践科学发展观活动。10月13日，财政厅召开全体党员干部大会，学习贯彻中央、省委有关文件精神，对厅机关开展学习实践科学发展观活动进行动员部署。以党组文件印发《开展深入学习实践科学发展观活动实施意见》，建立健全组织机构，成立财政厅开展深入学习实践科学发展观活动领导小组，切实强化了对活动开展的组织领导。厅机关全体党员干部按照中央和省委的部署和要求，认真学习，深刻把握，把开展学习实践活动作为统一思想、解决矛盾、推动工作、促进发展的重大契机，进一步增强了推动科学发展的意识和能力。

（二）扎实开展“勤政廉政、科学发展”主题教育活动。组织党员干部认真学习胡锦涛总书记在十七届中央纪委二次全会上的重要讲话和温家宝总理在国务院廉政工作会议上的重要讲话，安排专门时间，组织学习驻财政部纪检组编辑的《构建财政特色的惩治和预防腐败体系制度汇编》。2月26日，财政厅党组召开全省财政反腐倡廉建设工作会议，第一次将系统和机关的反腐倡廉工作会议合并召开，厅党组成员、行政领导班子成员和各市财政局纪检组长以及厅机关全体干部职工参加大会，党组书记尹慧敏厅长讲话，李振声纪检组长代表厅党组作工作报告，总结2007年工作，部署2008年工作任务，有力促进了系统和机关党风廉政建设。

（三）重点搞好“四个一”廉政教育活动。举办一届廉政主题书法美术摄影作品展览，共征集各类作品350余件，选出优秀作品50余件参加第四届全省“基层财政杯”书法美术摄影展览，推动廉政文化建设；办好一个全省财政信息网的党风廉政建设专页，及时登载各地的好经验和好做法，推动信息交流，加强系统指导；上好一堂党风廉政建设主题党课，省厅及各地财政部门主要领导定期上党课，大力推进反腐倡廉建设；编写一本《财政干部廉洁自律手册》，发给每个党员干部，使大家学有教材，做有标准，自觉强化廉洁从政意识。

（四）认真开展廉政谈话活动。纪检组联合机关党委和人事教育处一起，分批与机关处室、厅属事业单位进行建设性廉政谈话，对各驻外财政检查办事处进行廉政巡视谈话，加强对党风廉政建设责任制落实情况的监督检查。2008年共与10个机关处室（单位）和3个驻外办事处领导班子进行了廉政谈话，谈话涉及处级干部40余人、科级干部130余人，取得了很好的教育效果。

【加强制度建设，完善用制度管钱管人管事的制度体系】 针对容易发生问题的重点领域和重要部位，加大组织协调力度，围绕资金管理、党风廉政建设等方面加强制度建设和创新，收到明显成效。

（一）推动财政管理改革。规范完善“五奖一补”政策，加大对财政困难地区的转移支付力度，基层财政状况明显改善，特别是省财政重点扶持的51个财政困难县，人均财力由2004年的1.46万元提高到3.07万元，县乡财政保障能力明显增强。研究完善对财政困难县的“奖补”政策，探索建立县级最低财力保障机制、市以下财力差异调节机制和重点支出保障机制，进一步均衡县级财力差异。同时，围绕推进基本公共服务均等化，逐步健全财力与事权相匹配的地方财政体制，加快形成规范、科学的转移支付制度，缩小地区间基本公共服务差距。

（二）健全党风廉政建设方面的制度办法。起草了《建立惩治和预防腐败体系2008～2012年工作方案》，并以党组文件印发，进一步明确工作任务、措施和考核办法，将任务细化分解到有关处室，明确牵头和配合处室，并确定责任人，把各项工作任务落到实处。结合开展深入学习实践科学发展观活动，完善干部考核评价激励机制，为副处级以上党员干部建立廉政档案，作为党员干部平时廉洁从政的记录和干部提拔任用考察考评时的重要依据。

【开展专项资金监管执法监察，探索创新对权力运行进行有效监督的新举措】 通过参与重要工作、参加重要会议、开展执法监察等方式方法，在参与中监督，在服务中监督，在监督中提高，积极探索对权力运行进行有效监督的新举措，及时发现和解决苗头性问题。一方面，结合财政内审检查，对厅机关资金监管处室贯彻落实厅党组《关于加强财政内部管理工作的规定》情况，重点对专项资金、专项经费的管理情况开展执法监察。对各业务处管理的100多项资金制度办法建设、资金安排使用情况进行专项检查，对没有相应制度办法的专项资金，按照“先有制度办法，后安排拨付资金”的原则，责成有关处室尽快制定办法；办法不完善的，尽快完善规范起来。另一方面，认真做好人民来信来访处理工作。2008年纪检组共收到群众来信13件次，其中涉及厅机关处室和干部的4件次。工作中，按照信访举报的处理原则和程序要求，及时进行调查处理，群众来信核处率达到100%。对群众反映的问题认真调查核实，跟踪解决；对发现党员干部有倾向性、苗头性问题的，早打招呼、早提醒；对反映财政系统“窗口”服务问题的，及时转有关市财政局调查处理，并要求反馈调查情况和处理意见，督促有关部门制定完善整改措施。同时，注重剖析发生问题的原因，主动查找制度机制、管理制度等方面的漏洞，做到调查处理一个问题，教育一批党员干部，完善一套制度办法。

【扎实推进改革，反腐败源头治理工作取得新进展】 2008年省财政厅共承担涉及财政的33项反腐败源头治理任务，其中9项牵头任务。工作中，坚持联席会议制度和联络员制度，协助党组分解任务、落实责任、解决问题，积极做好组织协调工作，各项源头治理任务扎实推进。各级财政部门继续推进财政管理制度改革，部门预算、国库集中支付、收支两条线等重大改革项目不断深化，政府采购监管更加规范有效，公务员津贴补贴政策进一步规范，国有资本经营预算、政府机构公务卡结算制度改革顺利启动，行政事业单位国有资产监管更加严格，财政监督机制不断完善。财政管理制度改革的深入推进为源头上防治腐败提供了有力保障。同时，各级积极探索党政机关领导干部职务消费改革，认真治理商业贿赂、治理乱收费、清理个人“小灵通”捆绑单位办公电话、清理“小金库”等专项治理工作取得重大进展。

【纠建并举，政风行风建设取得新突破】 厅机关及8个市财政局在2007年全省民主评议政风行风活动中，分别位列省直和当地经济和社会管理类部门综合排名第一名，政风行风建设取得新突破。

（一）落实任务，明确责任。年初将全年纠风工作任务细化分解，与落实《全省财政系统党风廉政建设和反腐败工作实施意见》的任务，一并落实到机关各处室，明确处室主要负责人为第一责任人，有关处室将任务落实分解到每个岗位，形成人人有任务、人人有责任，齐心协力抓政风行风的环境氛围。

（二）制定措施，加强系统指导。对全省财政系统政风行风建设和纠风工作提出具体指导意见，面向系统开展“四个一”廉政教育活动，搭建平台，系统联动，推动政风行风建设。充分利用财政内部信息网络平台，及时交流各地抓政风行风建设的好经验和好做法。积极参与“阳光政务热线”活动，认真倾听百姓呼声，及时解决群众困难，切实纠正损害群众利益的不正之风。

（三）加强监督检查，推动政风行风建设。认真抓好“机关服务年”活动各项措施的落实，不断强化干部职工的服务意识和责任意识，提高财政工作和政策的透明度。加大督促、检查和考核力度，向服务部门和基层单位、企业发放《征求意见信》近400封，征求社会各界对财政部门和财政干部的意见和建议，要求相关处室针对问题认真制定整改措施，维护了财政部门的良好形象。

（四）组织培训，加强干部队伍建设。成功举办全省财政系统第四期纪检监察干部培训班，各市财政局和部分县（市、区）财政局的纪检组长共60余人参加培训。培训采用模块式教学，重点就财政纪检监察业务及相关知识进行了系统学习，取得了很好的学习效果。

（撰稿：崔永峰　姜　湃）

财政科研

【课题研究和专题调研取得新成效】 2008年，财政科研工作围绕全省经济发展和财政改革中的重点难点问题，确定年度财政科研课题研究计划，认真开展研究工作，并结合课题研究进行专题调研，取得了新的成效。一是完成全国财政协作课题《推进主体功能区建设的财政政策研究》。按照财政部科研所和中国财政学会的要求，积极参加全国财政科研协作课题研究活动，与财政部科研所科组处以及黑龙江、山西、河南、广西等省财政科研所组成协作课题组，共同研究主体功能区建设的财政政策问题。结合课题研究，各成员单位积极配合，充分交流。在认真调研的基础上，按时完成了山东省分报告及总报告中有关推进主体功能区建设配套政策部分的写作任务，提出了促进主体功能区建设的财政政策建议。二是完成省科技计划攻关项目《山东省县乡财政体制研究》。研究报告以近几年山东省县乡财政改革及运行情况为分析视角，回顾总结全省县乡财政体制改革取得的成效和面临的问题，并将全省县乡财政体制及运行情况与全国和广东、江苏、浙江三省情况进行比较分析，找出山东省县乡财政体制的特点和优势，提出了完善中央与地方税制、规范转移支付、建立县乡最低财力保障制度等一系列政策措施建议。三是完成了省科技计划攻关项目《我国现阶段居民收入分配问题研究》的阶段性写作任务。研究报告对我国居民收入分配制度的沿革进行了全面的总结，并用数量模型分析方法对当前我国居民收入分配状况和趋势进行了定量测算和分析，同时对居民收入分配中的问题和改革思路进行了深入的探讨，提出了完善收入分配的目标以及优化经济发展战略、规范初次分配秩序、完善再分配体系、充分发挥第三次分配作用等政策建议。四是为拓宽统筹城乡发展的思路，探索解决“三农”问题的新途径，按照开展学习实践科学发展观活动的要求，组织有关人员赴莱芜市进行了城乡一体化发展的财政政策调研，形成了“莱芜市城乡一体化发展调研报告”，从加强财政、金融支持和配套制度建设等方面，对进一步推进全省城乡统筹发展提出了政策建议。五是积极参加中国财政与改革开放30年征文活动，参评课题成果“促进山东省基本公共服务均等化的财政政策研究”荣获专题理论文章类一等奖。

【全省财政科研课题研究质量明显提高】 为进一步推动财政科研工作在全省的开展，科研所在认真总结以往经验的基础上，不断增强服务意识，充分发挥省级科研部门的指导作用，通过召开科研工作座谈会、组织课题协作及加强日常沟通等多种形式，推动全省财政系统科研工作开展。在各级财政部门共同努力下，基层科研气氛逐步浓厚，组织形式不断创新，课题研究的水平稳步提高，在财政改革中的地位和作用进一步增强。一是明确全省财政科研工作思路。为深入贯彻全国财政科研工作会议精神，不断提升全省财政科研工作的质量和水平，科研所与各市财政科研部门负责同志进行了广泛的讨论和交流，并结合各地科研工作实际，进一步明确了今后一个阶段科研工作的思路，在此基础上积极研究改进科研组织方式，确定了财政科研课题研究的重点。二是积极组织开展全省财政协作课题研究工作。2008年，根据全省财政改革的重点，组织各市财政科研力量围绕构建地方财力与事权相匹配的财政体制、促进区域经济协调发展的财政政策及推进基本公共服务均等化的财政转移支付制度等方面开展协作研究攻关。组织16个市财政科研力量分成5个协作课题组，集中精力共同研究重点问题。三是做好2007年度全省财政科研成果评选工作。为进一步提高各市课题研究工作的积极性和主动性，提高科研成果的应用和宣传效果，2008年组织专家对各市参加评选的18项科研成果进行了评审，对获奖成果给予表彰奖励，同时还将部分研究成果编辑整理，出版了《县乡财政建设研究——山东省2007年财政科研成果选》，供财政科研人员参阅。

【努力提高《山东财政研究》宣传效果】 《山东财政研究》作为全省财政系统内部资料刊物，是宣传财政方针政策、交流财政工作经验、探讨财经热点难点问题的有效平台和载体。2008年，围绕全省财政中心工作，适当调整栏目设置，加大组稿力度，刊发文章200多篇，共150余万字，编辑图片200多幅，在宣传财政政策、加强对基层工作的指导、交流工作经验等方面发挥了重要作用。一是通过改进栏目和发行专刊，进一步增强刊物的指导性。设置了“专家论坛”、“专稿”、“领导谈财政”、“局长论坛”等栏目，及时刊登厅领导在重要会议上的讲话和调研分析文章，宣传厅领导对财政工作的观点、思路和要求，对指导基层财政工作起到了积极作用。同时，结合厅里有关处室的工作，编辑了行政事业资产管理工作和企业工作专刊，刊登各市交流材料及相关资料文章近40篇。二是通过汇集刊发省内优秀科研成果，充分发挥刊物的研究成果转化平台作用。通过与厅各处室、各市财政部门加强信息交流，多渠道汇集全省财政系统的优秀科研成果，刊发各类调研报告及优秀成果10余篇。三是精心选稿、科学编排，丰富了刊物的内容，提高了刊物的可读性。在稿件的选编中充分考虑不同读者群体之间工作性质和层次的差异性，刊发了关于公共财政、财务管理、会计工作、行政事业管理、企业管理、财经动态等多方面的文章50余篇。为增强刊物的知识性和趣味性，还刊登了一些介绍财经文化知识的文章、图片，在切实保证刊物正确导向的同时，大大丰富了刊物内容。

【做好“两会”秘书处工作】 扎实做好山东省财政学会和山东省中青年财政理论研究会秘书处工作，不断完善学会管理，积极开展群众性研讨活动，在两年一次的全省社会科学界学会工作评选活动中，山东省财政学会荣获省先进学会称号。一是及时沟通联络，认真做好学会秘书处日常工作。注重加强“两会”自身建设，按照省民政厅和省社联的要求，及时报送“两会”的年度工作总结，办理换证和年度检查等工作，进一步规范了学会管理。同时，及时与中国财政学会、兄弟省市财政学会和“两会”理事、干事加强联络，沟通有关工作情况。二是抓好学会建设，做好学会换届会议的筹备工作。“两会”秘书处积极做好“两会”的换届筹备工作，酝酿理事单位、组织各理事单位推荐学会理事候选人、进一步修改学会章程、起草“两会”工作报告，为换届会议的召开做好准备。三是筹备召开全省财政理论研讨会，加强学术交流。组织各会员单位和新一届理事候选人紧紧围绕财政如何促进科学发展、率先发展、和谐发展，完善公共财政制度，增强财政保障能力，提高财政管理水平等方面撰写学术研讨论文，回顾、总结改革开放30年来山东财政经济的发展，目前已收到参加研讨会的论文80余篇，60余万字。四是积极组织、推荐参加全省社会科学优秀成果奖评选活动。共推荐4项学术成果参加全省第二十二次社会科学优秀成果奖评选活动，获得二等奖1项。

【财政志编纂工作取得新进展】 2008年是财政志编纂工作的攻坚年，编委会办公室在进一步强化质量意识，严把“政治关、资料关、体例关、详略关、文字关、保密关”的基础上，潜心研究，反复讨论，几经修改，先后完成了篇目修订、初稿统纂以及“征求意见稿”和“评议稿”的编纂工作。已经形成的志稿史料翔实、体例完备、图文并茂，比较全面、完整、系统地记述了山东省财政1986～2005年的发展历史。一是完成财政志篇目修订。根据省史志办的要求及财政志编纂工作的实际情况，在借鉴兄弟省市经验的基础上，对原报送省史志办的《财政志》篇目进行了多次修订。新的志稿编写篇目打破了处室工作划分，按财政业务的内在联系设置篇、章、节、目，使之更加合理完善。二是完成志稿统纂。在资料长编的基础上，对初稿进行了统纂，形成了《财政志》征求意见稿。为保证志稿编纂质量，召开参加志稿撰写的处室、单位座谈会，就形成的《财政志》征求意见稿在全厅范围内征求意见。依据各处室、单位反馈的意见，对志稿再次进行了调整、修改和完善，形成了《财政志》评议稿。三是组织开展部门间协作研修活动。为提高省志志稿撰写质量，促进修志工作在各省直部门、单位之间的协作和交流，按照省史志办的要求，组织承办了省直21个部门、单位组成的第四协作组业务座谈研讨会议。会上介绍了财政厅在修志工作中的做法和取得的经验，受到了省史志办的肯定和表扬，被山东省人民政府办公厅、山东省人事厅授予2008年“全省史志工作先进集体”荣誉称号。

（撰稿：李建民　周象民　宋申华　臧晓丽）

注册会计师工作

【加大培训工作力度，提高执业人员素质】 2008年是中注协、中评协信息化、网络化管理的第一年。省注协结合山东实际情况，不断完善培训管理方法，首次推行了IC卡报名和考勤制度以及资产评估师网上报名及网上考核制度，顺利地完成了全年注册会计师和注册资产评估师后续教育工作任务。全年共举办培训班25期，培训7 779人次（不含三所国家会计学院培训人数），培训率达到98%。举办资产评估师培训班10期，培训2 409人次，培训率达99.5%。通过全面培训，有效地提高了全省执业人员的业务能力。主要做法：一是加强领导，逐级负责，并给予了人力、物力、后勤等方面的支持，确保培训工作的顺利进行。二是制订培训计划，贯彻落实培训制度。按照中注协、中评协的总体部署和要求，结合本省实际，制订下发了《山东省注册会计师、注册评估师2008年度培训工作计划》，明确了培训工作的指导思想、总体目标、主要任务、具体要求，并将新会计准则、新审计准则与新企业所得税法以及颁布的新评估准则作为培训重点。三是重视师资，诚聘国内知名专家授课。省注协特聘请制定新评估准则的专家、教授前来授课，并应学员的需求，聘请了各大院校的知名教授和既有理论又有实践经验的事务所专家前来授课，收到了很好的效果。四是结合实际，分地区、分层次培训。为了减轻事务所和执业人员的负担，将培训地点设在济南、青岛、烟台、潍坊四市。针对学员们不同层次，采取了不同的办班方式：业务骨干及行业的精英参加三所国家会计学院组织的培训；组织事务所高层管理人员围绕行业管理进行了专题研讨；与北京国家会计学院联合举办了山东省注册会计师协会理事培训班；组织中小事务所参加审计工作底稿等各项基础培训。通过多层次、多渠道地实施不同培训，增强了培训工作的针对性，使参训学员的专业水平均得到了不同程度的提高。五是实行严格的考勤、考试制度。省注协制定了持IC卡进行培训报名及考勤、考核制度，确保了参训出勤率。每期培训班结束后，本着“逢训必考”的原则，组织严格考试。

【做好行业监管工作】 为加强行业自律、净化执业环境、促进注册会计师行业健康发展，省注协始终重视行业监管工作。重点抓了以下几项工作：一是做好会计师事务所年度检查，严肃处理违规行为。全年检查会计师事务所80家。对检查出的问题，及时进行了处理。尤其对存在重大问题如弄虚作假申请设立、内部管理混乱、违反职业道德、不顾执业质量、损害行业形象的事务所，依据有关法规和行业规定进行了严肃处理。对滨州市渤海联合会计师事务所等8家事务所，给予行业通报批评的行业惩戒。二是及时落实投诉举报，化解事务所内部矛盾，有效规范会计市场。针对投诉举报的内部管理混乱、执业质量差等问题，分别对济宁、威海等地多家事务所进行了调查了解，对于内部矛盾进行了相应的沟通和调解。三是大力配合部门检查工作，帮促事务所改进工作，提高执业水平。省注协主动配合财政部、中国注册会计师协会、证监会等部门对山东省会计师事务所的检查工作，加强沟通和协调，督促事务所认真查找问题、加强整改，不断提高管理水平，加强内部控制，规范执业行为。

【认真做好评估机构的分立工作，树立评估行业形象】 根据财政部22号令资产评估机构必须于2008年6月30日前分立为专营机构的规定，省注协积极配合省财政厅企业处做好机构分立的审查审批工作，按时完成了评估机构的分立工作。分立前全省有资产评估机构277家，其中专营机构30家，兼营机构237家，外省分所10家。评估机构分立后专营机构为233家，其中公司制的127家，合伙制的101家，省外分所5家。按照中评协的要求，在全省资产评估机构和注册资产评估师中，认真开展了评选表彰首届“金牌会员”和行业“巾帼建功”标兵及“巾帼文明岗”的工作。通过申报和严格的推选程序，向中评协推荐“金牌会员”候选人3人、“巾帼建功”标兵1人和“巾帼文明岗”1个。

【牢固树立服务意识，努力做好服务工作】 一是做好注册会计师服务工作。按照财政部25号令的要求，做好注册会计师的注册工作。全年共受理注册材料600多份，批准注册会计师8批共450人。及时办理非执业会员的入会及转会工作。全年审批非执业会员279人，为13名非执业会员办理了转会手续。向中注协推荐首批资深会员5人。按照中注协规定，进行了注册会计师年检工作。对通过年检的5 476名注册会计师进行了公告，对未通过年检的60名执业注册会计师注销注册，收回注册会计师证书。整个年检工作精心组织、严密细致，年检汇总资料报送及时，促使事务所和注册会计师及时足额缴纳了会费。二是做好注册资产评估师服务工作。中评协制定的《注册资产评估师注册管理办法（试行）》下发以后，省注协根据山东实际提出了转发意见，并将申请注册时间由过去的一年一次改为每季度办理一次，全年共办理执业资产评估师注册128人次。按照中评协《注册资产评估师年检办法》的规定，认真组织实施对全省2 270名注册资产评估师的年检工作，其中年检合格的有2 206人，暂缓通过的50人，不符合注册条件的14人。通过年检撤销了14名不符合注册条件的注册资产评估师的执业资格。截至2008年底，全省已有注册资产评估师2 346名。共办理注册资产评估师省内转所1 700人，转会28人（其中省外转入16人，省内转出12人）。

【加强宣传工作，塑造行业形象】 一是采取多种措施，提高《山东注册会计师》会刊编辑质量。年初，协会会刊《山东注册会计师》获得省新闻出版局颁发的准印证。在协会的指导下，经过编辑部和通讯员的共同努力下，《山东注册会计师》的编辑质量进一步提高，内容更加丰富，改为彩色印刷后，更加美观大方。会刊的内容更密切地配合了协会和行业的中心工作，也尽可能地紧跟国内外形势。除专业性文章以外，对于行业做大做强、行业发展情况、改革开放三十周年、抗震救灾、北京奥运等重大事件都作了专题报道，受到读者的欢迎。《山东注册会计师》已成为全省会员喜爱的刊物，也是全国各地方协会所办会刊中最好的期刊之一。二是利用协会网站及其他渠道，加大宣传力度。利用协会网站和财政厅内网，宣传注册会计师和注册资产评估师在维护公众利益和市场经济秩序中发挥的重要作用，宣传他们在市场经济建设和发展中所做的贡献，从而塑造良好的社会形象，为行业的发展争取有力的舆论支持。

（撰稿：杨　超　陈正文）

财政信息化建设

【抓核心业务系统推广应用，支撑财政改革与发展】 核心业务系统推广应用是财政信息化建设的重中之重。2008年，各级财政部门大力推进核心业务系统的推广应用，较好地满足了财政改革与发展要求。一是扎实推进预算管理系统建设。7月份，完成了2009年省级部门预算基础数据修改及录入报表、“二上”报表、基础信息表等近30张报表的定制，12月份完成了“二下”报表的修改和定制。做好预算指标管理系统、基础信息库、项目库的运行维护，为预算管理工作提供了有力技术支持。各市财政预算管理系统建设也取得较大进展。截至2008年底，全省17个市安装应用了财政部推广的部门预算系统，16个市安装应用了财政部推广的预算指标管理系统。县级预算管理系统也不断改进完善，新版部门预算系统累计上线30个县（市、区），新版指标管理系统累计上线10个县（市、区）。

二是认真抓好国库集中支付系统推广应用。省级国库集中支付系统建设进一步深入，6月20日，新增197个预算单位上线运行，系统涵盖了除垂管部门以外的省直部门所有基层预算单位。同时，系统功能不断拓展，农村义务教育专项资金、家电下乡补贴资金、新农合补助资金等部分对下专项转移支付资金也纳入了网上支付。部署实施了省级国库动态监控系统，该系统在国库处、支付中心等11个处室上线使用。安装部署了公务卡支付管理系统，将省人大常委会办公厅、省法院、省司法厅等预算单位纳入试点应用范围。指导市、县财政部门搞好国库集中支付系统推广应用工作。2008年，济南市国库集中支付系统正式上线，至此，全省所有市级财政部门安装应用了国库集中支付系统。与此同时，安装使用国库集中支付系统的县（市、区）已达110个，较好地支撑了县级国库集中支付改革。蒙阴、莒县、五莲等县还利用国库集中支付系统实现“乡财县管”工作。

三是全力做好“一本通”管理系统开发应用。5月份，完成了综合查询分析功能开发任务。通过综合查询功能的使用，省、市两级财政部门可随时了解涉农补贴资金发放工作进度，查询涉农补贴资金发放情况及农民享受各项补贴情况。同时，优化完善了“一本通”系统与省农信社信息系统之间，“一本通”系统与财政部农民补贴网之间的两个接口程序，实现了“一本通”系统与相关系统的有效衔接。截至2008年底，已实现粮食直补、农资综合补贴、大中型水库移民扶助资金等22个涉农补贴项目的“一本通”发放，容纳了全省1 646万农户、近170万名大中型水库移民的基础信息，已成为财政部门落实惠农政策的重要载体。市、县两级财政部门提出的补贴项目，统一按照《涉农补贴“一本通”系统新增补贴项目实施细则》的规定和要求进行维护，保证了“一本通”制度的顺利实施。不断提高技术支持和维护管理能力，逐步建立起全省一体化的“一本通”系统运维管理机制。

四是积极开展行政事业资产管理系统建设试点。5月份，按照财政部统一部署和要求，选择具有代表性的10个省直单位和济南、东营、莱芜三个市开展系统建设试点。研究制订了《山东省行政事业单位资产管理信息系统试点工作方案》，试点工作启动后，完成了专用机柜配置、机房供电系统改造、小型机和服务器的安装调试及系统部署实施、试点单位培训等工作，较好地保证了系统建设顺利进行，为全国推广应用工作提供了宝贵经验。

五是稳步推进统一应用支撑平台建设。认真学习和贯彻财政部有关文件和会议精神，积极开展对平台建设的研究，及时了解掌握有关情况，加大对各市财政专业技术人员的培训力度，为今后全面推广应用平台积累经验，做好技术储备。9月份，会同东营市财政局研究制定了平台建设初步方案，即采用“生长”模式实施平台建设，实现系统之间的互联互通。青岛市作为财政部的试点单位，年底已启动了平台建设，为推进全省应用支撑平台建设奠定了基础。

此外，努力搞好其他业务系统的开发及应用工作。启动了政府采购管理系统开发工作；组织开发的县级版工资统发软件深入应用，有11个县（市、区）安装了该系统；组织开发了政府债务管理信息系统、社保管理信息系统；完成了省十一届人大一次会议全省经济和社会发展信息库的整理入库及软件修改完善、现场装调等工作；做好国库执行分析系统、国库FTP系统、政府采购代理机构资格证书管理系统、专家库系统、非税收入系统、农村义务教育债务监管系统、财政扶贫资金管理系统、会计考试管理系统、省政府信息公开管理系统的运行维护。

【抓办公系统和信息网站建设，推动行政管理信息化】 在抓好财政核心业务系统建设的同时，各级财政部门认真抓好办公系统及信息网站建设，不断提升财政管理信息化水平。一是办公系统不断完善。2008年，组织技术力量及时对软件进行修改完善和功能强化。指导各级财政部门做好系统优化和发文功能配置，帮助各级财政部门建立完善数据备份方案，较好地促进了办公系统的推广应用。

二是网站建设水平逐步提升。5月份，厅内部网站首页完成全面改版升级，栏目设置更加合理；配合学习贯彻十七大精神建立了相应学习专栏；积极做好活动专题网站建设及信息资料搜集、加载上网等工作，为学习实践活动提供了良好的技术支持；市、县两级财政内部网站建设和应用也不断深化，全省17个市、近60个县（市、区）建立了内部信息网站。省财政厅因特网站、省政府采购网站运行维护，也形成了较为规范的信息维护机制，较好地保证了信息发布内容的权威性和时效性，支持和促进了财政各项工作的开展。

三是内网邮件系统日趋稳定。对系统进行了升级改造，解决了内网邮件系统宕机频繁、运行速度比较慢等问题，满足了财政工作需要。目前该系统已注册省、市、县、乡四级财政用户7 000多个，并实现与财政部及兄弟省、市财政邮件系统的互连互通，成为全省各级财政干部日常工作中必不可少的重要工具。

【抓网络及安全建设，完善信息化基础设施】 各级财政部门认真抓好网络及安全体系建设，为财政业务系统提供了运行畅通、安全可靠的网络环境。一是继续抓好网络建设及完善。在局域网方面，抓好局域网升级改造和优化完善，省、市两级财政部门普遍建立了以核心三层交换机为主干的局域网络。全省财政系统共有局域网177个，其中省级1个，市级17个，县级160个。在广域网方面，采取有效措施，确保网通、广电两条专线有效联通及网络设备稳定运行。按照财政部统一部署和要求，积极做好省财政厅到财政部网络升级改造。在城域网方面，做好省级城域网的扩展延伸工作。及时联系协调省政府办公厅技术处，确保预算单位顺畅接入省电子政务网；新增VPDN线路100多条；完成国库集中支付新增预算单位所需微机的选型及购置工作，确保194台微机按期安装到位；做好与公务卡发卡行网络系统、应用系统的联调工作，确保网络畅通。

二是切实加强网络安全建设。进一步优化调整防火墙、路由器等系统的安全访问策略，完善网络流量分析和异常事件检查手段，对访问厅局域网用户进行严格控制。完成与防病毒软件厂商的合同谈判及签订等工作，启动了防病毒软件升级工作。指定专人做好补丁分发服务器的运行维护，及时更新系统补丁。做好会计VPN加密系统维护，年内累计制作调试USB Key30余个。在厅内部网安装省保密局推广的计算机非法外联监控软件，共安装300多台。对主要应用系统的数据备份及恢复方案进行演练和验证，确保数据备份和恢复的可靠性。认真开展内网网络安全检查，及时发现问题，堵塞漏洞，降低安全风险。

三是认真搞好机房建设。6月份，启动了机房空调系统扩容及机房监控系统建设，五楼机房空调系统由单套系统运行扩充为双套系统同时工作，信息设备运行环境有了较大改善。同时，通过机房监控系统的建立，实现了对机房供配电、UPS、空调等运行状态的监控及温湿度、漏水情况的监测和报警，机房管理水平得到较大提升。指导各市搞好机房建设及运行维护工作。2008年，淄博等市完成了新机房建设，未建新机房的市也结合实际需要，对原有机房进行改扩建，机房设施、机房面积、监控手段等大幅提高，为财政信息化建设奠定了良好基础。

【抓组织管理工作，保障信息化建设顺利进行】 加强全省财政信息化及金财工程建设的统筹规划和规范管理，确保财政信息化及金财工程建设顺利推进。一是加强规划和制度建设。指导省工程咨询院编制山东省金财工程一期建设项目可行性研究报告。修改完善了《全省财政系统计算机网络应用考核办法》，加强对市县两级网络应用考核。将2000年以来财政部、省财政厅制定印发的信息化工作规章制度汇编成册，为财政信息化建设步入规范化轨道提供了重要依据。

二是搞好技术培训。先后举办了全省财政系统网络与软件技术、信息化技术两期培训班，培训各市财政信息中心主任及专业技术人员100多人次。选派22人次参加了财政部、厅机关及省有关部门举办的各种培训班，积极做好对厅各处室、省直单位以及市级财政、预算单位、银行等用户的培训，促进各项应用工作顺利开展。

三是狠抓信息机构建设。利用各种场合、各种机会宣传机构和队伍建设的重要性，要求各级财政部门切实加强机构建设，配齐配强技术力量。全省有13个市、近40个县（市、区）成立专职信息机构，市、县两级从事计算机技术、管理等方面的专职人员有336人。

四是开展调查研究。按照《关于建立财政信息化建设情况统计制度的通知》要求，认真做好2007年度统计及汇总工作。结合对各市网络应用考核，对各地财政信息化工作情况进行调查摸底，为下一步财政信息化工作积累第一手资料。通过学习培训、参加会议等多种形式，及时了解兄弟省市财政信息化建设情况，促进全省财政信息化建设健康快速发展。

【抓日常维护管理及技术支持，提高服务质量和服务水平】 强化服务态度，提高服务质量和服务能力，较好地保障了财政信息化建设的顺利开展。一是加强网络及系统后台的日常维护管理。对厅内部网、因特网、城域网、广域网等网络系统及安全系统进行日常维护和管理。做好电视会议设备检测、试机试线及系统运行保障工作。年内举办会议及培训班4次。加大对机房和设备间各类设备的监控，确保网络和机房安全运行。做好服务器及系统后台运行维护工作。加强对服务器及后台系统的监测，维护管理的服务器（含小型机）70台，应用系统50个，保证了系统正常稳定运行。

二是搞好日常技术支持和服务。做好处室耗材更换、设备维修及购置工作，较好地满足了财政工作需求。搞好对财政系统内部以及预算单位、银行等用户的技术支持。及时响应用户请求，及时解决问题和排除故障，上门服务及接听答疑电话万余次。

三是搞好信息服务。年内发布“每日财经快讯”210多期，累计1 803期。做好法规库系统维护，及时将2008年国家法规加载入库。年内更新“软件下载”栏目600多项。按时将全省会计从业资格考试、高级会计师考试、会计职称考试成绩发布上网，为社会提供了良好的信息服务。

（撰稿：刘　冰　肖丽辉　赵　刚　马　骁）

财政干部教育培训

【概述】 2008年财政干部教育培训工作坚持以邓小平理论和“三个代表”重要思想为指导，以科学发展观为统领，以服务财政改革和财政中心工作为主线，内强素质，外树形象，强化意识，创新管理，各项工作取得了新成绩。

【突出服务，扎实工作】 为认真落实厅党组“机关服务年”活动的要求，全省财政干部教育培训工作坚持“为财政科学发展服务，为提高财政干部队伍综合素质服务”的方针，以能力建设为核心，全方位加大工作力度。一年来，省财政厅直接组织举办各类培训班36期，培训财政干部2.9万余人次。其中，岗位培训6期，323人次；财政业务培训23期，2 362人次；远程教育培训4期，26 703人次；师资培训2期，100人次；远程教育系统管理员培训1期，40余人次。认真选调50名财政干部参加了财政部举办的35期培训班。扎实的培训工作，服务财政的准确定位，圆满完成了全年办班任务。通过多种形式对不同岗位人员进行的针对性较强的教育培训，切实提高了全省财政干部的综合素质，增强了财政干部履行岗位职责的能力，促进了财政事业的发展。通过多层次、多形式、多角度开展培训，通过全员培训与重点培训相结合、脱产培训与网络培训相结合、省内培训与省外培训相结合，使全省财政系统重学习、重培训的气氛越来越浓，影响力越来越大，受训人数越来越多，教育培训的路子越走越宽。

【服务大局，保障重点】 随着经济形势的不断变化，财政改革的不断深入，许多新制度、新办法、新政策需要通过培训加以推广。2008年将财政业务培训作为服务财政大局的重点，紧密联合厅内各相关业务处室（部门），围绕财政改革发展的迫切需要，举办了23期规模大、分量重、效果显著的财政专项业务培训。培训班具有涉及面广、内容全、参训人员多等特点，重点包括教科文管理与改革、社会保障政策与实务、法规税政业务、国有资本经营预算等，确保了财政新政策、新制度、新举措的顺利推进，有力地推动了中心工作的开展。

【创新提高，有序发展】 围绕突出远程教育培训特色，坚持在运用中不断创新提高，在探索中不断发展升华。2008年4月25日，组织开发的“山东财政教育培训管理信息系统升级项目”顺利通过省级鉴定验收，“山东财政教育培训管理信息系统”成功实现再造，网站正式启动运行。在验收评审会上，专家们一致认为该项目设计科学合理、技术路线先进、功能齐全、运行高效、可靠，达到了预期目标，在全国财政系统远程教育培训管理工作中具有创新性，尤其是学习管理、考核评价系统填补了国内空白。目前，在省厅的统一规划和要求下，全省各市已相继建成了二级平台，形成了拥有省市两级财政教育培训组织与管理平台的山东财政教育培训网。系统实现的新功能：一是构建了科学的“业务数据集中、培训资源分布”的系统架构体系。实现了全省业务数据集中部署在省中心统一管理，教学资源采用断点续传技术分布到各市资源服务器管理，从根本上解决了网络传输问题，支持全省17市3万多名财政干部同时在线学习。系统架构支持多级平台，实现了多层次、全方位远程培训组织与管理，网络培训功能可以随着学习的需求增加持续性放大扩展，网络培训组织与管理更加便捷和人性化，资源也得到充分共享。二是建立了完整的培训质量评价体系。包括全面反映学员的学习情况的个人积分体系；采用21项指标，不仅对各市、各部门的远程教育培训组织管理情况进行量化考核和客观评价，而且对授课教师、培训班、课件资源等优异程度也进行客观评估，较全面地实现了由系统完成远程培训管理工作。三是实现了更加完善的远程培训管理功能。升级改造后的系统由十一个子系统组成。新功能包括以“实名制”为基础完善学习记录，建立个人学习档案；完善了培训流程，并为培训班设计了奖励制度；建立了培训班评估管理机制；加强了对学习过程的控制；注重了互动式学习和个性化设置；增加了离线学习功能；提供便捷的统计管理查询功能。四是采用成熟、先进的技术架构，改善了系统性能，使新系统的性能、可维护性、可扩充性以及安全性等方面有了很大的改善，使系统具有良好的可扩展性、灵活性和更高的运行效率。五是系统不仅对市、各部门远程教育培训组织管理情况进行量化考核，还实现了远程培训全过程的科学管理，具有很高的推广应用价值。六是系统具有实现“一次集中投入、长期广泛受益”的特点，经济效益与社会效益显著。同时，为使各市用好网站、管好系统，11月份组织举办了由各市财政局负责远程教育培训管理人员及负责网络技术管理与维护人员参加的培训班，更新了管理知识，奠定了规范管理的基础。

新版系统建成并正式运行后，先后利用网站举办了学习科学发展观、改革开放三十年成就等培训班4期，共组织26 703人次参加了网络培训。截至2008年底，全省参加网上培训学习的人数已超过1万人次，网站访问量超23万人次，其中，新系统应用后访问量达7万多人。

【师资先行，夯实基础】 坚定“抓好培训，师资先行”的认识，坚持做到专、兼职师资建设两手抓。为使系统内教师的知识水平和教学能力跟上财政改革与发展的步伐，先后举办了财政业务知识与综合素质培养、财税业务知识师资培训班2期，不断提升队伍的整体水平。通过及时总结连续多年师资培训工程取得的好成绩、好经验，不断改进办班形式，创新培训方法，使培训更加实用、更加有效。

【调研宣传，成效显著】 一方面，调研闯新路。2008年，面对全省财政干部教育培训的新形势新任务，在全省范围内首次组织开展系统深入的干部教育培训理论研究工作，提出了涉及全省财政干部教育培训工作中9个方面的研究课题，组织全省17个市财政局以及有关大学、研究机构共同研发。课题任务分工上采取了互相协作、共同承担任务的原则，牵头单位负责课题开发的具体组织实施工作，参与单位积极配合，保质保量地完成了全部课题研究任务。通过召开课题研究成果评审鉴定会，共评选出研究优秀奖5个和研究组织奖4个。课题研究工作的组织开展，是在全省范围内对干部教育培训工作的一次理论大探讨，增强了各市财政局对新时期、新形势下进一步做好教育培训工作的主动性和创新性，对新一轮大规模培训的顺利开展具有推动作用。另一方面，宣传谱新篇。制定下发《山东省财政干部教育培训信息联络员管理办法》，建立全省财政干部教育信息联络员制度，建立了宣传工作的激励机制，通过以信息促沟通、以宣传促培训的双促进、共发展，营造了推进教育培训事业前进的良好氛围。每期培训结束后，认真总结经验，通过撰写书面总结、编印宣传册、展板积极宣传和展示教育培训工作特色。积极向各级部门反映工作的开展，及时将山东各级财政干部教育培训工作动态通过财政部《培训动态》、省财政厅《山东财政研究》、《财政情况》和会计干部中专学校《信息通报》等进行宣传，赢得广泛支持和理解。通过财政信息网络等媒介加大信息宣传力度，及时更新中心网页信息，全面报道培训工作动态，发布培训规章，研究探讨教育理论，大大提高了宣传效果。

（撰稿：韩丽华　吴健梅）

国库集中支付工作

【加大力度，不断进取，国库集中支付改革取得新成就】 一是按照2008年年初确定的工作目标，为确保省级新增改革单位顺利实施国库集中支付改革，精心规划，紧密配合，制订系统上线实施方案，倒排上线时间表，将各项工作任务合理排序，分解细化，落实到责任人和承办人。对新纳入国库改革预算单位的财务人员进行业务培训和软件系统操作培训；整理汇总新增改革单位、代理银行等基础数据；确定预算单位、厅内相关处室人员角色、岗位和权限；召开预算单位等各个部位人员参加的国库集中支付系统测试、联调部署会等。多次召开座谈会，及时与相关部门单位协商沟通；开通咨询电话，及时向改革单位提供咨询服务。由于前期准备工作扎实有效，各个部位都尽职尽责，协作配合，6月20日，省级197个预算单位顺利实施了上线，至此，省级国库集中支付改革已扩展到除垂直管理部门以外的省直所有基层预算单位，国库改革预算单位达到781个。截至12月底，2008年省级全年共完成国库集中支付7.37万笔（其中：手工支付4 628笔），共支付资金235.7亿元，比上年增长171.1%，其中：财政直接支付资金97亿元，比上年增长133.3%，财政授权支付资金138.7亿元，比上年增长205.8%。二是在积极做好省级预算单位改革的同时，加强财政国库管理制度改革督导，抽调人员分别赴临沂、德州等地指导市县加快改革进程，扩大试点范围。截至2008年底，全省17市全部实施了国库改革。济南市改革单位达到100个，其余16市全部将改革实施到所有预算单位。全省有14个市不但对预算内资金实施了集中支付，而且将预算外资金也纳入改革范围，潍坊等8市还对政府性基金及单位历年结余资金及往来资金实行了国库集中支付。截至2008年9月底，县级全省除青岛市所辖各市区外，其余16市所有的县（市、区）共计129个全部实施了改革，改革单位数达到12 084个，占全部预算单位的86%。其中，泰安、日照等7市所属改革县（市、区）改革单位数达到100%。淄博、潍坊等10市所属改革县（市、区），对预算内外资金全部实行了国库集中支付改革。潍坊、临沂等7市所属改革县（市、区）将改革资金扩大到了预算内外及往来资金。日照市、临沂市部分县还进行了乡镇国库改革的试点。市县改革正在朝着“横向到边、纵向到底”的改革目标迈进。

【财政统发工资工作取得新突破】 坚持以人为本，时刻牢记维护广大人民群众利益这一根本，在继续做好原有省直预算单位工资统发的基础上，一是年初根据国家税务总局《关于个人所得税工资薪金所得减除费用标准政策衔接问题的通知》规定，及时在工资系统中逐一单位对个人所得税扣除计算公式进行了调整。二是经过与省地税局多次和反复的沟通协调，与地税系统签订了《委托划款协议书》，解决了实行全员全额纳税申报和个人基本信息上报的问题，保证了代扣个人所得税的及时入库。三是为适应国库支付系统和工资统发范围不断扩大的需要，会同方正公司研发了新的工资统发系统，不仅实现了与国库支付系统的无缝衔接，构建了从指标控制、计划审批到支付申请、支付数据等一体化的系统平台，而且实现了预算单位、财政部门之间工资数据的网上传递、审核和自动控制等功能。四是为更好地推进省监狱、劳教系统监管和生产分离的改革，稳定干警队伍，在充分考虑两系统异地单位比较多而津贴补贴属地原则的特殊性，多次研究相关政策措施，协调省人事部门制定了详尽的业务流程，确定了工资统发代理银行，并受两部门委托对其具体经办人员进行了业务培训，并从2009年1月份起，将对两系统近2万多干警工资和离退休人员离退休费，实行财政统一发放，财政工资统发人数翻了一番。截至12月底，全年共为省直206个行政和全额事业单位统发了工资，统发人数达1.84万人，累计统发工资7.79亿元，比上年同期增加1.46亿元，增长23.6%；代扣代交个人住房公积金和个人所得税共计6 856万元，比上年增加1 621万元，增长31%。

【维护和推动政府采购改革，政府采购资金支付成果显著】 不断完善工作机制，提高办事效率，既确保了资金的支付安全，又履行了采购合同责任，也有力促进了反腐倡廉源头治理工作。一是不断改进工作方式，规范内部程序，简化工作环节，提高服务能力和水平，认真履行采购合同义务和责任，确保资金的及时安全到位。二是进一步完善规章制度。对现有的《财政集中支付管理手册》中政府采购规章制度、操作规程等进一步完善和补充，制定了《山东省省级政府采购工作规程》等一系列规章制度。三是为预算单位申请报送提供便利。制作了相关制度和业务流程图发放到预算单位，并在办公室显要位置上张贴；在政府采购合同中增加相关资金申报和支付的提示，让供应商了解必要的业务程序；设立“公务用机”，方便单位资金支付申请及时的修改和上报。四是配合做好治理政府采购领域商业贿赂专项工作。进一步加大了对政府采购资金直接支付审核力度，严格按合同约定的资金性质、供货进度拨付资金，确保采购资金集中支付严格按照批复的采购预算执行；对不同的采购方式、采购项目、采购合同都严格审核，堵塞漏洞，有效杜绝了采购人、招标人、供应商串通套取财政资金现象的发生。2008年全年省级政府采购预算规模达到26.2亿元，比上年增长34.4%，实际支付资金约15.4亿元，比上年增长67.4%，共审核采购合同5 160多份、采购项目2.7万多项。

【克服困难，服务大局，确保了中央和省级涉农惠民专项资金的及时到位】 随着财政支出管理科学化、精细化水平的不断提高和国库集中支付改革的不断深入，不断创新管理机制，将中央和省级支农惠民专项资金直接支付到县级财政，确保资金及时到位。一是继农村义务教育专项资金由省级财政直接支付到县级财政后，又将家电下乡、新农合、农业保险保费补贴、省级农业财政专项资金等专款，实行了由省级财政直接支付到县级财政的国库集中支付制度，不仅减少了环节，提高了效率，确保了资金安全及时到位，更体现了中央和省对民生政策的关注与落实。二是为把中央和省的惠民政策送到千家万户，有关处室相互配合，研究制定了《新型农村合作医疗补助资金国库集中支付管理暂行办法》、《山东省省级农业财政专项资金直接支付管理暂行办法》、《山东省种植业保险保费财政补贴资金管理办法》、《山东省家电下乡补贴资金管理暂行办法》等规范性文件，并制定措施，确定账户，规范操作，限时办理，确保专项资金及时准确落实到位，把政策落到实处。三是扎实工作，专项资金国库集中支付成效显著。2008年，由省财政直接支付到县级财政的中央和省级专项资金达69.12亿元，比2007年增长199.6%。其中，农村义务教育经费、新农合补助资金、家电下乡补贴资金、农业保险保费补贴和省级农业财政专项资金分别达到34.5亿元、25.6亿元、2.62亿元、1.1亿元和5.3亿元。

（撰稿：李永刚　臧殿新）

财政投资评审

【概述】 2008年，全省各级财政投资评审机构认真学习贯彻党的十七大和省第九次党代会精神，深入学习实践科学发展观，紧紧围绕财政中心工作，以服务财政预算管理为主线，以提高财政资金使用效益为目标，努力践行“不唯减、不唯增、只唯实”的评审理念，继续加大改革创新力度，进一步提升了财政投资评审的综合服务力和贡献力，全省财政投资评审工作实现了又好又快发展。

【以科学发展战略为统领】 扎实开展学习实践科学发展观活动。充分发挥财政投资评审深入基层、深入项目的优势，把财政投资评审作为有效的调研手段，进一步加大调查研究力度，着重分析当前财政投资评审工作中存在的矛盾、困难和问题，加快推进市县财政投资评审机构队伍建设，全省财政投资评审实现了历史性突破，为促进公共财政改革与发展做出了积极贡献。

（一）全省评审业务量取得历史性突破。一是全省评审额突破600亿元。2008年全省完成项目评审额633.38亿元，比上年增长17.04%，审减及查出不合理资金59.38亿元，审减及查出不合理资金率为9.38%，审增资金2.4亿元。市县两级财政投资评审工作已进入加快发展的新阶段，省市县三级评审业务比重得到进一步优化，全省评审业务量实现平稳较快增长。二是省级评审额突破300亿元。2008年省级完成评审额319.27亿元，比上年增长8.13%，审减及查出不合理资金48.87亿元，审减及查出不合理资金率为15.31%，审增资金5 199.06万元。三是预算环节评审额突破400亿元。2008年全省预算环节项目评审额为409.08亿元，占评审总额的64.59%，比上年提高6.96个百分点，标志着财政评审关口前移力度进一步加大，倒逼机制正在形成，服务预算管理的能力进一步增强。

（二）调查研究“两大专题”结硕果。一方面，集中对全省市县财政投资评审工作进行调研。集中时间、集中力量对全省16个市和30余个县（市、区）的财政投资评审工作进行了专题调研，基本摸清了全省各级财政投资评审工作情况，掌握了大量第一手资料，对全省财政投资评审工作经验和存在的主要问题进行了系统总结分析，研究提出了加强和改进财政投资评审工作的意见和建议，得到省政府领导高度评价。另一方面，组织全省财政投资评审服务力集中研析活动。成功开展了全省财政投资评审服务力集中研析活动。在进行集中座谈讨论的同时，组织了项目现场点评，实现了集中研析与现场答疑的结合，形式新颖、内容丰富。通过集中研析，对财政投资评审的职能定位、面临的工作形势和任务有了更深刻的认识，对进一步提升财政投资评审的服务力和贡献力有了更清晰的思路。

（三）机构队伍“双塔结构”基本形成。继续加大对市县财政投资评审工作的指导力度，市县财政投资评审机构队伍建设再上新台阶。一是机构建设稳步推进。截至2008年底，全省财政投资评审机构总数达到73个，16个地级市（不含青岛），除聊城市外，均设立了专职财政投资评审机构；57个县（市、区）设立了专职财政投资评审机构，其中淄博、烟台、济宁、威海、潍坊等市的绝大部分县（市、区）组建了财政投资评审机构，财政投资评审的权威性和组织力度明显加强。二是队伍素质明显提升。在积极推进财政投资评审机构建设的同时，继续通过举办培训班等多种形式，大力推进财政投资评审队伍建设。截至2008年底，全省财政投资评审机构批复人员编制为538人（省级25人、市级176人、县级337人），实有专职人员462人，其中329人具有本科以上学历，106人具有专业技术执业资格，69人具有高级专业技术职称，初步搭建起了一支政治过硬、结构合理、业务精通、作风优良的评审队伍。三是“双塔结构”基础稳固。全省财政投资评审机构共吸纳社会中介机构347家，符合条件的专业技术人员3 875人协助开展财政投资评审工作，初步建立了全省信息资源共享的财政投资评审特聘机构及特聘人员库。其中省级财政投资评审特聘机构及人员库共吸纳社会中介机构87家，各类专业技术人员1 297人，并对特聘机构和人员实现实时考核和动态管理。通过机构、人员两手抓，内部、外部齐努力，全省财政投资评审系统已初步形成了既有机构保障，又有人才保障的“双金字塔型”良性结构，有效满足了财政投资评审对专业技术人员的需求。

【以“一体两翼”战略为核心】 紧密结合财政投资评审工作实际，实施了“一体两翼”发展战略，即以科学发展为主体，对外提升服务力，对内提升凝聚力，进一步完善了六大工作机制。

（一）深入实践以“不唯减、不唯增、只唯实”为核心的六大财政投资评审工作新机制。一是“不唯减、不唯增、只唯实”的评审理念创新机制；二是“和谐共处、管干结合”的评审职能定位机制；三是“先评审、再预算、后绩效”的评审服务供给机制；四是“纵横协调、管理有序”的评审经费保障机制；五是“上下联动、统一规范”的评审情况报送机制；六是“自我激励、争先恐后”的评审效能考评机制。通过工作机制创新，努力践行“和谐评审、科学评审”的科学评审观，突出财政投资评审的“公共性、公平性、公正性、客观性、科学性、规范性、合理性”，强化“大局意识、服务意识、创新意识、责任意识、风险意识”，真正“跳出评审抓评审”，使财政投资评审站得更高，看得更远，路子越走越宽，影响力越来越大。

（二）对内建立项目评审预案和项目评审专家论证会材料审议制度。制定实施了项目评审预案审议制度和项目评审专家论证会材料审议制度。两项审议制度的制定实施，对于提高项目评审工作的计划性、规范性和工作效率，保证项目评审结论的客观合理发挥了重要作用。

（三）对外修订特聘机构及人员库和财政投资评审经费管理制度。修订并印发了《山东省省级财政投资评审特聘机构及人员库管理办法》，根据财政专项支出项目评审对特殊专业技术人员的需求，在报纸、网络上发布《山东省省级财政投资评审特聘人员库扩库公告》，按照面向社会、统一管理、综合考评、择优录用、动态认定的原则，公开招聘各类专业技术人员，纳入特聘机构及人员库管理，并颁发特聘证书。修订印发了《山东省省级财政投资评审经费使用管理办法》，进一步规范和理顺了“经费供给”和“费用垫付”渠道，将住宿费和伙食费由特聘机构垫付改为由评审地财政部门垫付，省财政根据垫付情况不定期予以核拨。既大大减轻了特聘机构的费用垫付压力，也实实在在地减轻了评审地财政部门的隐性支出压力，有力地保障和维护了各方的权益，在市县财政部门和特聘机构产生了积极反响。

【以“打造精品”战略为导向】

（一）打造精品项目。省级评审的183个项目中，既有省委、省政府领导交办的项目，也有省财政厅领导交办的项目，还有涉及全省多个市、县的重大社保、三农等民生项目。在大力提高评审效率、满足时限要求的前提下，着力培养精品意识，启动精品工程，打造精品项目，着力推进项目评审量到质的转变，实现项目评审量到质的飞跃，全年多个项目的评审质量得到各方面的充分肯定。

（二）打造精品队伍。继续开展“两好一高”创建活动，积极开展“春蕾”女童帮扶活动，全力争创“全国青年文明号”荣誉称号，深入推进学习实践科学发展观活动，及时组织召开支部组织生活会，大力加强政治学习、业务培训和廉政建设教育，牢固构筑反腐倡廉底线。在连续荣膺“山东省省直机关青年文明号”、“山东省青年文明号”的基础上，2008年被共青团中央命名为“全国青年文明号”。干部队伍内部比、学、赶、帮、超蔚然成风，比学习、讲奉献、赛业绩，形成了“后进赶先进、先进更先进、人人争先进”的良好氛围。

【以“自动化工程”战略为驱动】 在财政投资评审的多个重要环节推行了“自动化工程”战略，研究开发了全省财政投资评审信息管理系统软件，具体包括省财政厅投资评审中心办公自动化系统、财政投资评审报表管理系统、财政投资评审特聘机构及特聘人员管理系统等三个子系统管理软件，将中心的公文处理、报表管理、项目即时登记管理、全省各级财政投资评审机构及人员管理、财政投资评审特聘机构及特聘人员管理等环节纳入了系统管理的范畴，进一步提高了财政投资评审工作的规范化、自动化水平。

（一）内部办公自动化系统。该系统正式运行后，以中心名义拟发的项目评审报告、项目评审预案、项目评审专家论证会汇报材料、专家论证会邀请函及其他各类公函，均通过该系统按规定办理，实现了公文网上无纸化办公。项目评审拍摄现场图片或视频资料，上传至该系统，建立和完善电子图片档案。该系统的开发运行，有效提高了办文质量、效率和工作的自动化、规范化水平。

（二）财政投资评审报表管理系统。研究开发了“山东省财政投资评审即时报系统”软件，与覆盖全省财政系统的局域网联接，实现任何一个终端用户可随时填报数据，可即时调度全省财政投资评审工作开展情况，查阅以前年度历史资料，进行综合测算分析，增强了前瞻性，把握了主动性，提高了财政投资评审完成情况月报编制汇总的准确性和工作效率。在该子系统下还设计了项目即时登记、市县财政投资评审机构及人员统计管理功能，最大程度地实现了项目评审信息和全省各级财政投资评审机构、人员信息的即时调度。

（三）财政投资评审特聘机构及人员库管理系统。对原财政投资评审网络机构及网络人员库管理系统进行改版升级，研究开发了“山东省财政投资评审特聘机构及人员库管理系统”，增设了特殊专业技术人员库，对综合考评功能进行了调整完善，实现了全省特聘机构及人员信息资源的共享，促进了全省财政投资评审工作的顺利开展。

（撰稿：甘信厚　周　芊　崔晓敏）

省经济开发投资公司

【概述】 2008年，省经济开发投资公司在省财政厅党组的正确领导下，深入学习实践科学发展观，认真贯彻落实中央的指示精神和省委、省政府的决策部署，围绕实现又好又快发展的目标，创新发展理念，开拓业务领域，优化资产结构，提高管理效能，加强全面建设，努力克服国内外严峻经济形势带来的不利影响，实现了经济效益的持续增长，全年实现经营收入5 300万元，实现净利润2 310万元，分别比上年增长9.5%和8.1%，超额完成了年度计划目标。

【突出实践特色，扎实开展深入学习实践科学发展观活动】 根据省委和省财政厅党组的统一部署，公司认真组织开展了深入学习实践科学发展观活动，紧密联系公司实际，研究确定了“科学发展，做大做强”的活动主题和“解放思想，改革创新，全面强化国有投资主体建设”的实践载体，通过开展学习实践活动，进一步解放了思想，更新了观念，理清了思路，深化了对国有投资公司发展规律的认识，明晰了推动公司科学发展的理念，即必须全面强化国有投资主体建设和财政投资管理职能，必须大力推进“实业+金融”的发展战略，必须坚持政府财政投资和自营投资并重的投资方针，必须坚持股权管理和资本运营的经营方式，必须坚持企业化管理改革的方向。充分运用学习实践活动取得的成果，坚持以科学发展观为指导，系统总结了公司成立以来的发展经验，组织力量编写了三年发展规划，提出了今后三年的发展定位、目标任务和实施措施，进一步明确了方向，坚定了信心。

【把握形势变化，积极拓展业务领域】 面对复杂多变的经济形势，公司坚持稳步推进、规避风险的投资策略，积极研究应对措施，着力拓展财政投资管理业务，合理把握自营投资开发节奏，取得了新的成效。一是财政投资管理业务进一步扩大。认真贯彻落实省委建设经济文化强省的决策部署，积极争取财政厅的支持，承担了省文化产业股权投资专项发展资金的管理运营任务，对山东省文化产业发展现状和文化企业基本情况进行了调研，配合财政厅拟定了《山东省文化产业发展股权投资专项资金管理使用暂行办法》，确定了第一批十一个投资项目，计划投资2 600万元。农业综合开发投资业务取得新的进展，承接了淄博泰华和德州福源两个农业综合开发项目，使公司投资参股的农业综合开发项目达到9个，总投资1.82亿元。二是自营投资项目稳步推进。完成了齐河地热项目初步规划设计、园区地质勘察、土地收购和资产整合等前期准备工作，取得了阶段性成果。以打造高品质环保节能示范小区为目标，积极推进了越秀园项目开发建设，加快了雅秀园项目开发进度，积极争取相关政策支持，有效降低了开发成本。三是强化了新项目的调研论证。以土地、矿产资源、资本市场投资为重点，加强了行业分析和项目调研，为下一步项目投资运作打下了基础。

【加强资本运营，调整优化资产结构和经营布局】 按照公司总体规划，积极创造条件，推进了资产结构调整。一是加强了重点参控股企业的产权管理。强化了对山航集团、莱钢股份等重点参控股企业的监管，及时掌握重大事项和经营状况，进一步增强了管控能力。重点抓了投资收益收缴工作，参控股企业总体收益水平有明显提高，其中农业综合开发项目全年实现投资收益410.19万元，收益率位居全国各省前列。二是稳妥推进劣势企业退出。引进神舟集团作为战略投资者，对菏泽百味鲜公司进行了整合重组，最大限度维护了公司权益。对鲁财产权交易中心财务实施了托管，有效控制了经营风险。三是实现了内部资源的优化配置。实施了华鲁物业公司和汇通实业公司的合并重组，组建了华鲁资产管理公司，实现了资源整合和业务有效运行。通过一系列资产整合重组，使直属子公司数量从2000年的8家，减少到目前的3家，经营业务也集中到房地产、金融、资产管理等现代服务业领域。

【注重提升效能，完善经营管理机制】 坚持以改革促发展，围绕夯实发展基础、提高管理效能，强化内部管理，推进机制创新，取得了明显成效。一是深化了内部改革。改进了劳动用工管理方式，改进完善了公司系统聘用人员薪酬结构，对子公司人员编制进行了重新核定，完成了定岗、定编、定责工作，进一步调整优化了人力资源结构，加大人才选拔招聘力度，聘任中层干部4名，注重创新培训模式，组织公司员工参加各级各类培训近85人次，取得了较好的效果。二是强化了财务管理。改进加强了公司系统经营计划和全面预算管理，强化了全资及参控股公司财务监管，规范了公司财务核算体系，突出抓好资金调度运筹，有效控制了风险，保证了资金安全。三是强化了审计监督。深化了绩效审计工作，开展了房产租赁、控股子公司负责人离任经济责任等专项审计评价工作，加强了对重点工程建设项目的全过程跟踪监督，较好地发挥了审计监督职能。四是创新了行政管理模式。顺利完成了公司系统办公场所的搬迁，实现了投资大厦物业管理的社会化、专业化管理，建立健全了行政管理制度，提高了行政管理效能，为广大员工提供了良好的办公和生活环境。以确保奥运期间安全稳定为重点，进一步落实了安全责任，建立了双休日和节假日值班制度，加强了安全检查，保证了公司全年的安全稳定。

【强化思想政治保障，改进加强作风建设】 围绕中心工作，改进加强了党建工作、廉政建设和作风建设，取得了新的成效。一是加强了党建工作。把学习贯彻党的十七大精神作为首要的政治任务，组织中层以上干部参加了学习贯彻十七大精神培训班，组织党员干部参加深入学习实践科学发展观活动，进一步提高了党员干部贯彻落实科学发展观的自觉性和坚定性。二是加强了廉政建设。组织开展了反腐倡廉宣传教育活动，全面落实党风廉政建设责任制，制定实施了党员干部廉政谈话制度，把工程建设作为廉政监督的重点，完善了建设项目监管措施和招投标办法，确保了项目建设的规范、有序进行。三是加强了作风建设。从加强思想教育、严肃组织纪律入手，促进员工队伍作风实现进一步转变，维护了公司的和谐稳定。始终坚持勤俭办事业的原则，采取措施加强了业务招待和公务车辆管理，有效控制了费用支出。坚持以人为本，维护员工根本利益，在公司效益增长的前提下，适时提高员工的收入水平，调动了广大员工的积极性。此外，四川汶川大地震后，公司积极组织支援救灾工作，党员领导干部带头，广大员工踊跃参加，个人共捐款6万多元，公司捐款200万元，较好地履行了国有公司的社会责任，为支援四川地震灾区抗震救灾工作做出了应有的贡献。

（撰稿：鲁　维　李永泉　张伟海）

第三部分

市财政工作

济　南　市

【概述】 2008年，全市各级财政部门深入落实科学发展观，以党的十七大、十七届三中全会和市委工作会议为指导，积极应对复杂多变的经济形势，扎实推进财政工作的改革和创新，大力培植财源，狠抓增收节支，突出保障重点，全面完成了各项工作任务。完成地方财政收入1 860 155万元，完成年初预算的102.33%，比上年增长18.47%；全市财政支出2 214 937万元，完成预算的110.97%，比上年增长23.07%，圆满完成了全年财政目标任务。

【财政促进经济发展的能力持续增强】 一是扶持重点企业平衡发展。为应对金融危机，促进全市经济又好又快发展，保证企业尤其是大型企业平稳发展，及时调整财税政策，重点对济钢、重汽、力诺等骨干企业进行扶持，帮助解决在资金、销售等方面遇到的困难。二是加大对科技型中小企业创新资金投入。安排资金1 500多万元，支持全市科技型中小企业的技术创新和高新技术成果转化、人才培训、企业技术改造、技术创新和新技术开发，提高了企业自主创新能力和综合竞争力。三是积极为中小企业提供资金担保。全年拨付担保资金500万元，缓解了全市中小企业融资难、贷款难的问题，同时，强化对担保资金财政专户的监管，督促担保中心认真核实企业情况，确保担保资金的安全性。2008年，担保中心共为34家企业提供担保，担保金额1.39亿元，是2007年同期担保金额的2.8倍，有力地支持了全市中小企业发展。四是设立园区经济发展专项基金。2008年安排5 000万元设立园区经济发展专项资金，重点扶持商河、济北经济开发区和化工产业园、平阴工业园等9个园区项目。积极支持县域经济协调发展，在济阳、平阴、章丘三县（市）获省级工业产品结构调整示范县基础上，确定长清区为区域经济协调发展示范县，为其提供了750万元的专项扶持资金。五是利用政府外债促进地方经济建设。2008年，全市共利用国际金融组织和外国政府贷款项目33个，累计利用外债13.11亿元人民币，在全省16个地市中列第4位，外债项目涉及工业、农业、教育、电信和环保等领域。在33个外债项目中，已执行完毕的有19个，目前正在实施的有14个，债务余额4 315万美元（折合人民币3.27亿元）。六是实施激励政策，大力促进全市金融业健康持续发展。对24家符合财源建设扶持资金奖励资格的机构、法人，分别实施财源建设扶持资金3 997万元、870万元的奖励。同时，加快金融业发展和区域金融中心建设的步伐，积极引进金融、保险机构总部，中国人保寿险公司总部、汇丰（香港）银行、渤海银行、青岛银行、威海市商业银行和山东首家本地保险公司在济南落户注册，对壮大全市财政实力将发挥积极作用。七是增设服务外包产业发展专项资金。加大服务外包产业发展专项资金投入，在每年安排1 000万元外经贸发展专项资金的基础上，又设立了2 000万元的服务外包产业发展专项资金。八是大力支持节能企业改革。为发展循环经济，建设节约型社会，扎实推进全市节能工作有序推进，2008年共扶持18家企业的18个节能项目，引导企业对节能项目投资72 723万元，项目完工后，将实现节能21.36万吨标准煤，节电472万千瓦时，有力支持了全市节能工作的开展。九是继续支持济南卷烟厂易地扩建。为支持济南卷烟厂易地扩建，巩固培植财源，市政府对济南卷烟厂迁建给予2亿元的土地补偿和8 000万元的建设配套费返还。2008年又安排5 000万元资金支持济南烟厂易地扩建，保证了项目顺利实施。

【加强依法征管，确保财政收入平稳提升】 一是财政收入保持了较高增幅，收入质量进一步提高。在国际金融危机冲击，财政十分困难的情况下，各级财政部门与征收部门密切配合，严格依法治税理财，深挖地方小税种和非税收入征收潜力，确保了全市地方财政收入稳定增长和全年预算收入任务的圆满完成。全市一般预算收入完成186.02亿元，比2007年增长18.47%，占生产总值的比重为6.2%，比2007年提高0.06个百分点。其中，税收收入完成145.92亿元，增长18.83%，非税收入完成40.1亿元，增长17.15%，税收占财政收入的比重达到78.44%，比2007年提高0.24个百分点，收入质量得到进一步提高。二是规范非税收入管理，促进非税收入快速增长。以全省开展“政府非税收入规范管理年活动”为契机，进一步深化收支两条线管理改革，探索建立健全规范的非税收入管理体系；认真进行非税收入来源调查，摸清收入来源家底；拓宽非税收入管理范围，挖掘非税收入增收潜力；加强了对非税收入执收大户和重点收入项目的管理，建立了考核激励和制约机制，非税收入呈现快速增长的态势。三是为确保完成全市契税收入指导性计划，年初就开展了加强“两税”征管，促进“两税”快速增长，开展了税源调查摸底，科学合理地编制收入计划，挖掘潜力，进一步加大征管和清理检查力度，规范操作程序；对现有的税源征足征齐，有效地防止跑、冒、滴、漏，保证了契税收入的稳定增长。2008 年全市共完成契税、耕地占用税入库收入 84 836 万元，其中，契税收入完成 71 902 万元，耕地占用税完成 12 934 万元。全面完成全年“两税”收入任务。四是加强住房公积金监管力度，充分发挥社会效益。加强公积金中心管理费用管理，努力降低住房公积金运作成本，提高社会效益。全市归集公积金 30.7 亿元，比上年同期增长 20%，全辖发放公积金个人住房贷款 19.4 亿元，比上年同期增长 24.5%，实现增值收益 7 325 万元。

【认真落实惠农政策，继续加大对“三农”的投入】 认真贯彻落实中央、省市有关支农惠农政策，大力推动现代农业发展和社会主义新农村建设。全市财政共支出 151 039.39 万元，其中市本级投入 94 595 万元、争取省以上资金 50 978.39 万元、县以下配套资金 5 466 万元。一是加大农业基础设施建设投入。坚持把加强农业农村基础设施建设作为支持新农村建设的突破口，投入市级以上资金 11 154 万元，其中市级资金 6 300 万元，着力解决制约农民生产生活发展的瓶颈问题。为贯彻省委“9·29”会议精神，积极筹措资金 2 500 万元，其中市级财政资金 500 万元，专项用于腊山分洪工程建设；筹集资金 5 980 万元，用于支持清源湖水库和全市中、小型水库除险加固等水利基础设施建设。筹集农业综合开发专项资金 2 674 万元，用于改善农民的生产、生活条件。二是加强农业土地整治。投入 16 439 万元资金用于农业土地开发和整理，新增耕地 1 000 公顷，当地农民的生产和生活条件得到较大改善；投入 4 312 万元资金用于南部荒山绿化；投入 6 549 万元，用于开展全国第二次土地调查；投入市级资金 5 175 万元，落实省以上资金 4 565 万元，加强大环境治理和南部山区的生态建设。三是积极实施“万村千乡”市场工程。2008 年是市委、市政府新农村建设“十大行动”的第三年，投入 4 000 万元资金用于第二批 10 个乡镇的城镇建设行动；继续加大对县级以下农村配送中心、农家店的建设，投资 140 万元建设市级配送中心 1 处、县级配送中心 3 处；投资 60 万元建设乡镇驻地综合超市 6 个；投资 60 万元提升建设农产品批发市场 3 个；投资 240 万元建设市级标准化农家店 600 个。四是积极做好种粮农民综合补贴发放工作。根据国家粮食安全的要求和种粮补贴政策，采取实名存折“一卡通”方式，把粮食直补和农资综合补贴及时发放到种粮农民手中，把党和政府的惠农政策落到实处，充分调动种粮农民的积极性，增加农民收入。2008 年全市共发放种粮农民直接补贴资金 5 320 万元，补贴良种面积 347 万亩，受益农户达 80 余万户；农资综合直补资金 27 660 万元；农机购置补贴资金 1 500 万元，补贴农机具 1 822 台（套）。五是全面做好“成品油价格改革补贴”兑付工作。根据国家、省、市有关成品油补贴政策，及时对城市公交、出租车、农村道路客运、林业、渔业继续进行补贴。2008 年全市两次兑付成品油价格补贴共计 24 000 万元。六是积极开展“家电下乡”试点工作。全市已受理兑付家电产品 47 802 件，其中：彩电 13 984 台，冰箱（柜）32 866 台，手机 952 部，已兑付资金 831 万元，受益农户 4 万户。七是积极开展生态富民饮水工程建设。投入 5 383.6 万元，其中市级财政资金 3 000 万元，实施“一池三改”农村户用沼气建设、服务体系建设和推广使用太阳能技术；投入资金 8 115 万元，其中市级财政资金 7 000 万元，加快推进“村村通自来水”工程，全部实现村村通自来水的目标。八是大力开展农村扶贫开发和生态农业建设。筹集扶贫专项资金 3 419 万元，建设产业扶贫项目 44 个，累计完成投资 10 500 万元，覆盖 170 个重点村、10 万低收入农民。注重扶贫开发与生态农业建设相结合，投入 4 278 万元，支持了南部山区小流域综合治理工程、人工增雨雪基地建设、秸秆综合利用和禁烧、防治美国白蛾灾害等项目，增强了对农业生态环境的支持能力。九是支持畜牧养殖业发展。妥善解决“三鹿奶粉”事件，兑现了优质后备母牛补贴政策。先后争取上级财政资金 946.1 万元，紧急筹措资金 617.58 万元，分别对全市 7.52 万头奶牛、1.69 万头优质后备奶牛兑现补贴政策；筹集 2 504 万元专项资金用于家畜强制免疫补贴、能繁母猪补贴、基层动物防疫工作补助等。十是积极支持农业科技进步和产业结构优化。投入 4 829 万元，重点支持了章丘大葱、历城临港都市农业等 12 处特色品牌基地建设，奥克斯生物技术、佳宝乳业、科达育苗、宝昊粮油等农业龙头企业的技术改造和规模扩张，农业生物科技孵化器和畜禽良种繁育中心建设，新型农民科技培训等项目，带动了全市优质、高效、安全农业的发展。

【关注民生问题，全面提高社会保障能力】 始终把解决民生问题摆在突出位置，全年安排社会保障资金共计154 253万元，较上年增加19 000万元，增长28.36%。一是新型农村合作医疗保障水平进一步提高。按照省“对参合农民每人每年的补助不低于60元”的要求与卫生部门充分协商论证，重新调整了市财政对各县（市）区的补助标准，截至目前共投入资金6 592万元，进一步完善了资金审核拨付规程，使全市319.67万农民参合，参合率达98%；11月又按照省政府有关“各级政府对参合农民的补助由每人每年60元提高到80元”的要求，重新确定对各县（市）区的补助标准，先期筹拨资金1 628.92万元，部分保障了新增补助资金的落实。二是继续巩固农村卫生院建设成果。经过两年的改扩建，75所卫生院全部达到了机构布局合理、基础设施齐全、管理体制完备的目标和要求。根据《农村卫生院资金管理办法》的规定，结合财政评审中心出具的评审报告，将卫生院建设资金剩余的10%部分共计315万元拨付到位，从而在全市构建起了“多层次、一体化”的农村卫生服务网络框架。三是推进食品药品安全体系建设。安排专项经费2 629万元，支持更新药检抽验设备、加强食品安全执法办案、构建药品监督系统网络等建设。“三鹿奶粉”事件发生后，市财政迅速行动，紧急安排医疗诊治资金500万元。较好地保障了突发事件所需资金。四是加大投入，促进城市公共交通发展。一年来，针对城市公交实行低票价政策和承担社会公益性支出情况，共审核拨付各项财政性补贴资金达32 030万元。其中：国家拨付油价补贴1.65亿元、省财政BRT快速公交购车补助1亿元、市财政亏损补贴2 900万元、市财政加气站等专项扶持2 200万元、市财政BRT快速公交贷款贴息430万元。五是提高城乡居民最低生活保障水平。2008年，共筹拨资金9 957万元，为6.4万名城市低保居民、6.75万名农村低保居民、1.41万名农村五保人员提供了生活保障。同时为1.81万户低保家庭按户月均5元的标准发放了水价补贴；筹措资金624.42万元，为全市2.5万余户低保家庭发放取暖补贴。为被征地农民建立基本养老保险制度。按照《济南市被征地农民基本养老保险实施细则》，从土地收益金中安排了政府补助资金，用于按筹资总额的30%对养老保险金进行补助，目前已支出政府补助资金64万元。六是提高困难人员生活、医疗补贴。提高了新中国成立前农村老党员的生活补贴标准。按照相关规定，会同组织部门研究制订了发放方案。拨付补贴资金312.2万元，保障了2 221名农村老党员待遇的提高。提高了困难企业军转干部补贴。想方设法筹措资金，为5 000多名困难企业军转干部提高困难补助待遇。保障在职和离退休人员的就医需求。调拨资金8 050万元，用于解决以前年度离休人员超支医疗费支出；拨付本年度行政单位离休人员医药费和个人账户金2 946万元；筹集资金1 800万元，弥补了2007年度退休、在职人员医疗费缺口，为他们看病就医提供保障。七是积极参加抗震救灾各项保障工作。“5·12”特大地震灾情发生后，及时制定了《济南市抗震救灾资金管理办法》，规范救灾资金的来源、管理、使用范围、申请及拨付程序等事宜，确保在第一时间将救灾资金足额拨付到位。拨付财政和捐赠救灾资金共计23 893.83万元（其中：市财政救灾资金7 431.8万元），援建擂鼓镇安置房建设，累计生产活动板房7 018套，其中已安装6 078套，待发运2 940套；建设配套建筑面积12.15万平方米。八是积极做好粮油、猪肉储备工作。认真贯彻落实省政府关于粮油储备工作的有关要求，进一步加强地方粮油储备规范化管理，积极筹措资金5 400万元，及时足额地将储备利息费用拨付到承储企业；筹措资金400万元用于支付1 500吨猪肉储备的各项费用，对稳定市场价格起到了调节作用。九是积极筹措资金，大力支持棚户区改造和廉租住房建设。从土地成本中拨款45.9亿元用于旧城棚户区改造。投入6 339万元用于城市低收入家庭廉租住房保障，发放廉租住房租金补贴1 459户，新建三个廉租住房项目1 287户和收购廉租住房95套，多渠道加大廉租住房实物配租房源的供应力度。十是加强小额贷款担保管理，促就业再就业。认真贯彻落实党中央、国务院制定的各项惠民政策，充分发挥小额担保贷款在促进再就业工作中的重要作用，累计发放贷款5 538万元。其中，2008年共发放贷款1 284万元，扶持各种行业项目52个，带动了17 000余名失业人员再就业，还款率达到98.7%，90%的项目已经取得较好的经济效益和社会效益。

【加大投入，重点社会事业得到有力保障】 一是全力支持全运会项目建设。为迎接全运会，确定了170项重点建设工程和综合整治项目，项目总概算预计776亿元。根据统计，项目总概算为792.94亿元（比原概算多出的16.94亿元，是项目概算空缺，补充后加总所得），其中：省级投资37.35亿元，市级投资215.12亿元，区级投资8.01亿元，社会投资532.46亿元。主要用于主体工程建设、周边破损山体修复、比赛场馆周边道路等项目建设。二是加大城市基础设施投入，完善城市服务功能。2008年共安排城建资金83 044万元，重点用于道路建设、城市环境综合整治等项目，其中城市建设配套费57 519万元，城市维护费等25 525万元。(1) 用于玉函路、历山路、建设路、二七南路、阳光新路等主干道道路改造建设工程及市区45条次干道道路整修等项目。（2）用于偿还顺河高架路、二环路维修及拆迁补偿等工程欠款、城建项目贷款本息及BRT专用车辆贷款本金。（3）返还市供电局公用事业附加费3 448万元。投入1.7亿元，用于园林建设工程，为“迎和谐全运、建美丽泉城”打下坚实基础。三是积极促进我市教育健康发展。落实资金2 833万元（含省补助2 311万元），全部免除了全市19万名城市义务教育阶段学生杂费。落实资金4 820万元（含省补助2 109万元）用于普通高校、中等职业学校、普通高中家庭经济困难学生资助。提高寄宿生生活补助标准和中小学公用经费标准。初中生由500元提高至800元，高于省定750元标准；分两年将中小学生均公用经费标准提高到575元和365元。安排资金16 755万元，重点支持了新一中教学、办公及配套设施建设，三中新校区建设、七中教学楼建设、艺术学校搬迁新建等工程。解决市属学校及科研院所的教师津补贴资金8 800余万元。四是加大对科技、创新支持力度。安排科技专项资金12 585万元，重点用于应用技术研究与开发、创新型城市建设及科技进步奖励和科普等工作。积极推进创新型城市建设工作。筹集专项资金6 100万元，奖励了做出突出贡献的10大类215个项目的先进单位和个人，促进了集成创新和产业技术升级。支持重大专项实施。共安排重大专项资金2 500万元，重点支持由政府引导、企业主导的重大科技创新项目和科技创新政策扶持建设的创新载体。实施“科普直通车”工程。安排科普经费340万元，支持面向社区、农村、企业、学校开展科普活动。五是大力支持文化产业、体育事业发展。安排资金4 600万元，重点支持了《辛弃疾》、《泉水瑶》等一批艺术精品创作，保障了府学文庙、蔡公时殉难地等重点文物保护工作的实施，实现了农村公益电影放映覆盖80%行政村的目标，确保了20户以上已通电自然村有线电视“村村通”。安排专项资金1 135万元支持全市体育事业的发展。全力保障了北京奥运火炬接力济南站传递工作的圆满完成，保障全市运动员参加山东省青少年锦标赛和支持我市全民运动会的举办。六是加大对公检法系统资金投入，促进“平安济南”建设。支持实施了金盾工程和科技强警战略，重点完成了“八大体系”40个项目的建设任务，初步形成了新型警务工作模式；认真做好城区公安分局财务上划后的经费保障工作，六区公安分局公用经费按照省定标准的80%核定上划基数，经费上划后，2008年部门预算，暂按上划基数安排公用经费，给予人均定额1万元经费保障；保证了奥运安保工作；设立了特困申请执行人救助、信访救助等专项资金，促进了“平安济南”建设；保障了信访、社会治安综合治理、反邪教、精神文明和12345市民服务热线等工作的开展。七是加大对监狱、劳教经费保障力度。安排专项经费1 729万元，用于保障监狱、劳教经费支出。2008年按标准安排了犯人生活费和犯人改造费，其中犯人生活费由1 836元/人·年增加到2 700元/人·年，2009年拟增加业务费，使监狱、劳教基本支出完全达到省定标准。

【财政改革继续深化，监督和管理职能进一步强化】 一是全面推进财政各项改革。继续深化部门预算改革，完善综合预算管理办法，严格预算追加程序，确保预算的统一性、完整性和严肃性。积极推行国库集中支付制度改革，首批100多个预算单位已纳入改革范围，增强了政府对财政资金的调控能力。纳入市政府资金结算中心管理的单位266个，已完成116家改革试点单位集中支付任务。对纳入结算中心集中核算的单位全部开设“零余额账”。不断深化非税收支两条线改革，健全征管体制，将非税收入纳入了综合预算统筹安排。逐步规范政府采购行为，大力推进“采管分离”改革，加强采购监管，推进阳光采购。积极防范政府债务风险，建立了以还贷准备金为重点的债务偿还机制，维护了政府信誉。工资发放实施银行招标，全市统一了服务标准，进一步提高了服务质量。二是认真做好财政总决算的编制工作。针对2008年企业所得税两法合并、利息税、工商“两费”取消、所得税跨地区分享办法改革等一系列政策性变化，提出了分部门及分预算级次的收入预算方案，积极与市国、地税局等征管部门协调落实市本级收入任务。三是严格财政监督、审查。对基本建设资金拨款程序，始终坚持按基本建设项目计划、工程预算、程序、进度的“四按”原则，对每一笔资金从拨付到使用跟踪监管，确保资金的安全使用。对全市169户行政事业单位开展了资产清查工作；对基层、农村的300多个单位进行了专项资金检查，共查出违规资金516.94万元，占资金总额的8.07%；对土地收储交易中心上报的129宗地的土地收储成本返还进行了审查，涉及土地出让补偿性支出61.28亿元。四是加强投资评审工作。2008年共完成评审项目225个，评审总投资16.53亿元，审定值14.15亿元，审减23.83亿元。其中市本级完成评审项目91个，完成评审值9.21亿元，审定7.83亿元，审减1.38亿元。对23个重点项目实施全过程监督，跟踪项目投资8亿多元。五是开展农村、基层财政专项资金检查。检查涉及2006年下达的14个专项资金拨款指标文，按资金用途分为11种专项资金共计5 907万元，及各县（市）区的配套资金共计6 408万元。检查单位包括10个县（市）区财政局、财政所以及因各专项资金的管理支出所涉及的有关民政、教育、劳动等部门和企业、学校、供销社等300余个单位，共查出违规资金516.94万元，占资金总额的8.07%。六是提高工资发放管理服务质量。为保证工资按时发放，按照政府采购工作的相关要求，对市直机关事业单位财政工资统发银行进行了公开招标，分别与5家中标银行签订了代发工资合同。并为新中标银行开设了代发工资专户，为34 455名工资统发人员新开了济南市财政工资统一发放卡。统发工资达到332 702人次，统发工资拨款总额9.3亿元，实发工资总额8.2亿元，代扣代缴住房公积金9 273万元、失业保险金799万元、个人所得税1 374万元。七是加大会计工作监管力度。部署在市属企业、县市区实施企业会计新准则工作，执行新准则企业力争年底达到全市大中型企业总数的30%以上；并对重点企业进行跟踪分析和督导。建立了会计从业资格计算机网络考试报名管理，提高了工作效率，实现了考试网络化和规范化。规范会计人员继续教育工作。共培训持证会计人员1.4万人，全市共培训7.5万人，92%的持证会计人员完成了知识更新。做好会计从业资格管理系统信息数据核对工作，规范用人单位、会计人员档案信息。八是认真完成科研、教学工作。积极开展理论研究和财政志编纂工作。完成了《深化县乡财政管理改革，促进社会主义新农村建设》科研课题，并获得了省财政厅评比一等奖。按时完成财政志编纂工作，已进行了4次修改。济南的财政志编纂工作走在全市前列，被评为全市编志先进单位。圆满完成财政教学任务。根据年度安排，组织会计人员继续教育培训班32期768课时，累计培训5 409人，完成了全年教学任务。并组织教师编写了会计人员（《行政事业类》、《企业类》）辅导讲义，提高了培训效果。配合会计处，组织保障了会计从业人员考试。

【加强组织和廉政建设，全面提高干部队伍素质】 一是加强思想政治教育。积极开展“学习实践科学发展观——解放思想大讨论”活动，组织开展了“让党旗高高飘扬——济南市财政局党员教育系列活动”，组织了4批197人到革命老区实地参观学习，接受红色传统教育。党的组织建设健康发展，全年共发展党员24名。积极向地震灾区献爱心，全局捐款9万多元，缴纳“特殊党费”9.31万元，捐赠棉衣棉被370件。二是加强廉政建设，构筑反腐倡廉体系。先后四次召开专题会议进行研究部署，开展各种教育活动，完善“一岗双责”制度，确保了党风廉政建设和反腐败工作的健康发展。11月13日，市委常委、纪委书记王成波同志对济南财政局进行了检查指导，对党风廉政建设和反腐败工作给予了充分肯定。济南财政局在2008年度市直部门行风民主测评中，取得第五名。三是认真做好干部选拔任用和机构调整工作。根据市委组织部安排和局系统干部队伍实际情况，选拔任用了1名市直部门领导、1名巡视员和4名副局级干部；通过竞争上岗，提拔任用了16个正处级领导职务、5个正处级非领导职务和23个副处级领导职务；对局机关11名正处级领导岗位进行了人员调整。根据体制改革，及时调整了机构设置和人员配备，健全了非税收入、政府债务、政府采购等监管机构，并选配了专职干部；撤销了局的行政事业处，设立了行政政法处和科教文处，设立了政府采购管理处和非税收入管理局。

（撰稿：黄锡锋）

青　岛　市

【概述】 2008年，青岛市实现生产总值（GDP）4 436.18亿元，增长13.2%。其中，第一产业增加值223.4亿元，增长1.4%，第二产业增加值2 255.45亿元，增长11.1%，第三产业增加值1 957.33亿元，增长17.1%。三次产业的比例由上年的5.4∶51.6∶43调整为5.1∶50.8∶44.1。全市规模以上固定资产投资2 019亿元，增长23.5%。对外贸易增长较快，实现外贸进出口总额536.37亿美元，增长17.3%。

2008年，青岛市地方财政一般预算收入完成342.4亿元，增长17%；基金预算收入190亿元，增长1.5%。一般预算支出完成369.4亿元，增长15%；基金预算支出190亿元。市本级地方财政一般预算收入完成143亿元，增长17%；市本级地方财政一般预算支出156亿元，增长15.2%。市本级政府性基金收入完成100.5亿元，支出为100.5亿元。全市及市本级均实现收支平衡。

【财政保障作用得到充分发挥】 2008年，全市各级财政部门深入贯彻落实科学发展观，充分发挥应急保障作用，有力促进了全市经济社会发展。

一是全力确保了事关大局的新增支出需要。迅速启动了应急工作机制，通过清理历年结余、调整支出结构和争取上级支持等多种方式，千方百计筹集资金，加快资金拨付进度，为青岛市抗击浒苔以及成功举办奥帆赛、残奥帆赛提供了坚实的财力保障。二是认真做好援川救灾资金保障工作。设立“抗震救灾捐赠财政专户”，将捐赠资金4.53亿元全部实行“收支两条线”管理，确保捐赠资金专款专用。同时，开辟了拨款“绿色通道”，实现资金快速拨付，保证了各类抗震救灾资金的及时到位。三是及时强化了应对金融危机的政策措施。制定了《关于进一步改善中小企业发展环境若干意见》，设立专项资金扶持中小企业发展。大力支持外贸出口。2008年完成出口退税178亿元，比2007年增加55亿元，增长30.9%，有效缓解了出口企业的资金压力。认真落实财政补贴家电下乡试点工作，对农民购买的7.4万台家电产品共发放补贴资金1 350多万元，促进农村消费升级。投入1 270万元，促进了“万村千乡市场工程”的建设，支持扩大农村消费。四是积极支持“环湾保护、拥湾发展”战略加快实施。研究确定了有利于高新区加快发展的财政管理体制，加大财政政策支持和资金补助力度；制定了老城区企业搬迁改造的财政激励政策，为实施“环湾保护、拥湾发展”创造了良好的财税环境；抢抓国家扩大内需的政策机遇，加大对重点基础设施的投入力度。其中，投入1亿元用于快速路三期建设，5.7亿元用于青岛火车站、长途汽车站改造和公交停车场项目，利用银行贷款23.85亿元用于海底隧道接线工程。

【财政收入实现稳步增长】 面对国际金融危机给组织财政收入工作带来的困难和压力，全市财政部门采取了一系列积极有效的政策措施，圆满完成了全年预算任务。一是坚持依法组织收入与减轻企业负担相结合。一方面按照国家、省有关规定停止征收了个体工商户管理费和集贸市场管理费，研究制定了青岛市行政事业性收费的减免政策。另一方面组织各区市、各部门深入开展协税护税工作，启动了税源信息共享的网络平台建设，初步建立了税源信息的长效管理机制，有效遏制了税收的跑、冒、滴、漏。二是坚持加强财源建设与促进财政增收相结合。市政府及时制定了《关于进一步加强财源建设的意见》，创新财源建设政策措施，有效拓展了财政增收渠道。三是坚持深化非税收入改革与加强收入征管相结合。开展国有资本收益收缴改革，编制国有资本经营预算，将国有资产产权转让收入、国有资产有偿使用收入、国有资本经营收益、特许经营收入纳入了非税收入管理范围；按照国家要求，将抗震救灾捐赠收入纳入非税收入预算，进一步加强了各类非税收入的管理。

【财政支出突出保障民生】 进一步加大财政支出结构调整力度，从严控制一般性支出，严格控制追加支出，下半年除国家、省市确定的重大新增事项外，其他新增支出一律不再追加。在此基础上加大了对民生领域的投入，“三农”、公共设施建设、医疗卫生、社会保障、环境保护、科技创新等重点支出均大幅增长，财政资金投向突出了“四个倾斜”：一是向新农村建设倾斜，着力促进城乡协调发展。2008年全市三农投入达61.5亿元，比上年增长41%。其中：市本级财政支持“三农”的资金达到21.9亿元，增长51.9%，投入规模和增幅均为历史之最。财政惠农补贴力度进一步加大。发放各项补贴5.95亿元，增长86%。每亩小麦补贴标准由原来的45.5元提高到87.78元；能繁母猪补贴标准由每头50元提高到100元；玉米、小麦良种补贴资金从1 200万元增加到4 800万元；农机购置补贴2 900万元，带动3 213户农民购买农机具3 653台（套）。现代农业发展的支持力度进一步加大。投入5 000万元用于百万亩蔬菜示范区建设，已改造菜田20万亩，新增蔬菜种植面积6.5万亩；投入1 000万元，重点扶持13家农业科技示范园区；投入1 584万元支持农业政策性保险工作，将玉米、奶牛纳入政策性农业保险范围。对农村基础设施建设的支持力度进一步加大。投入1.78亿元支持以“五化”为重点的村容村貌建设项目；投入1.92亿元用于支持广播电视村村通、小型病险水库除险加固、农村河道综合治理和农村贫困残疾人安居工程等项目；安排2 000万元推进农村沼气建设，新增沼气用户2.1万户。二是向社会事业倾斜，着力促进经济社会协调发展。加大了对教育事业的支持力度。2008年全市教育支出67.1亿元，比上年增长16.3%。投入2亿元，进一步完善农村义务教育经费保障机制，为32万名农村义务教育阶段学生免费提供了教科书，提高了农村家庭困难寄宿生生活费补助标准和中小学公用经费基本标准。市、区两级财政共投入资金2.2亿元（其中市本级投入1.2亿元），建立了覆盖高等教育、中等职业教育、普通高中的贫困家庭学生救助体系，全市14万名学生受益。建立了城区教师到农村支教的财政补贴制度，促进了城乡教育均衡发展。安排1 000万元改造了54所市区中小学取暖设施，投入4 650万元对农村校舍进行了大规模改造。积极促进文化体育事业发展。2008年全市文化体育支出8.2亿元，比上年增长17.9%。投入4 707万元，改扩建村文化活动室1 200处，新建农家书屋1 000个。补贴244万元，支持免费开放博物馆、图书馆、纪念馆。投入6 000万元用于全民健身中心等群众体育场馆建设及维护。三是向社会保障倾斜，进一步提高城乡居民的基本保障水平。大力支持社会保障体系建设。2008年全市社会保障和就业支出27.6亿元。投入促进就业资金3.3亿元，确保了4.4万就业困难人员及时领取政府补贴，对10万多人次进行了各类职业技能培训；安排社会保险补助资金4.56亿元，有力地保障了各项社保基金的平稳运行；安排城乡低保资金1.03亿元，实施了城市低保标准与物价上涨联动机制，有效缓解了因物价上涨对困难群众基本生活造成的影响；调整临时困难救助政策，首次将低保边缘家庭纳入救助范围，将救助上限由1 800元调整到4 000元。新增残疾人事业支出4 100万元，推动了全社会扶残助残工作体系建设。积极支持医疗卫生体制建设。2008年全市医疗卫生支出12.3亿元，比上年增长35.7%。其中，安排2.67亿元用于国医堂、妇儿中心、市区北部医疗中心、西海岸医疗中心、乡镇卫生院改扩建等建设项目。进一步完善政府购买社区公共卫生服务的政策措施，为四区168万社区居民提供了疾病预防控制服务。各级财政对参加新型农村合作医疗的农民补助标准由40元提高到了80元，惠及451万农民。大力支持改善居民生活条件。完善保障性住房建设的财政投入机制，投入5亿元支持廉租房建设和筒子楼改造。投入6.8亿元用于热源及配套项目建设和供热企业亏损补贴等，新增居民集中供热面积520万平方米，将低保家庭冬季取暖补贴从125元提高到800元。拨付油价补贴资金4.58亿元，对城市公交、出租车、农村道路客运、海洋渔业等受油价调整影响较大的行业给予补贴。投入2亿元更新城市公交车，对25条公交线路838辆运行车辆进行了淘汰更新，改善了居民乘车条件。四是向环保和科技倾斜，着力促进循环经济和自主创新。2008年，全市环境保护支出3.9亿元，比上年增长33.9%；科学技术支出10亿元，增长27.2%。其中，市财政用于节能减排、循环经济及环境保护方面支出7.84亿元。安排循环经济与节能减排专项资金1.07亿元，进一步支持了工业锅炉节能改造、高效照明产品推广补贴、节能改造等示范工程。安排污水管网建设资金1.95亿元以及莱西尾水排放项目1.2亿元，进一步提高污水管网的截污能力。安排1.9亿元推进胶州湾白泥综合治理、楼山河污水处理厂建设，有力促进了环湾保护。投入1 221万元用于支持可再生能源推广应用。安排专项扶持资金1 000万元，支持企业技术中心建设。安排1.5亿元支持青岛海洋科技国家实验室、青岛生物能源科研所、海洋大学二期建设，为引进建设大院大所和重点实验室提供了资金保障。

【财政监管进一步加强】 一是预算管理制度改革实现新突破。对2009年市级基本支出预算实行了集中编审，预算安排更加科学合理，预算编制更加精细规范。制定了《青岛市市级预算管理暂行办法》及市级财政基本支出、项目支出等配套管理办法，预算管理的精细化水平进一步提高。二是财政专项资金纳入了规范化管理轨道。制定了《关于进一步加强市级财政重点专项资金管理的意见》，进一步完善专项资金管理办法。对市级专项资金进行了清理整合，促进了专项资金的高效配置和规范使用。三是国库集中支付改革范围进一步扩大。将市级71个预算单位纳入改革范围，进入集中支付的市本级预算单位数增至444家。2008年市本级国库集中支付资金44.8亿元，比2007年增长45%。四是强化了行政事业单位资产管理。建立行政事业单位资产信息管理系统。创新公物仓资产管理方式，对市直行政事业单位大型活动、临时机构等购置的可调配物资实行统一配备、循环使用。2008年，纳入公物仓管理的资产4 533万元，调拨和循环使用物资价值2 617万元，节约了财政资金。实行公物仓资产调配与单位新增购置设备预算安排挂钩，避免财政重复投入，提高了物资使用效率。五是财政绩效监管取得新成效。进一步加强对基建项目的绩效评价，全年共委托审查决算59个，审减资金1.32亿元。对涉及民生等方面的12项重点专项资金使用情况进行了全面检查，有效遏制了截留、挪用财政资金等问题的发生。认真开展了对重点行业269个企事业单位的会计信息质量检查，查处了会计核算不实、信息披露不实及其他违规问题，补缴税款1 674万元。

【廉政建设取得明显成效】 一是抓好学习教育环节，财政干部队伍的廉洁勤政意识明显提高。制定《2008年党委中心组理论学习安排的意见》和《理论学习中心组学习制度》，认真落实党委理论学习中心组学习制度。制定《关于加强党员教育工作的意见》，举办了两期干部岗位素质培训班，全市财政系统共100余人参加培训，全局干部职工的政治素养和思想觉悟得到明显提高。二是抓好作风建设环节，机关建设取得明显成效。认真开展"做勤廉表率、促科学发展"主题教育活动。编印了《青岛市财政局党员干部廉洁从政规范党纪政纪条规选编》，引导和教育领导干部自觉遵守廉洁自律各项规定，增强责任意识和自律意识。通过"行风在线"、实地调研等形式，广泛听取群众意见建议，为群众解难题、办实事。按照《党政领导干部选拔任用条例》的规定，积极稳妥地实施了财政干部竞争上岗工作，健全干部考核评价机制，营造了和谐向上、干事创业的良好氛围。2008年，13人升任正处级岗位，13人升任副处级岗位。先后选调12名工作人员到奥帆委、浒苔应急办公室等帮助工作，抽调1名处级干部到市驻北川工作指挥部工作，选派1名科级干部参与了四川抗震救灾，通过轮岗等方式交流干部34人次，干部队伍建设跃上新台阶。三是抓好制度建设环节，源头防腐工作成效显著。认真落实党风廉政建设责任制，修订完善《中共青岛市财政局委员会议事规则》，明确对局内重大决策、干部任免、大额资金安排等事项，必须经局长办公会集体讨论决定，民主决策机制进一步完善。制定《青岛市财政局领导班子和领导干部监督管理暂行办法》、《青岛市财政局廉政预警工作实施意见》；组织签订了“廉政勤政责任书”、“廉政勤政承诺书”，促进领导干部严格执行廉政自律各项规定。加强局机关内部财务管理，坚持内部财务审计制度，有效杜绝了违规问题的发生。2008年中纪委先后两次推广介绍了青岛市财政局强化监管推进源头治理的工作经验。

（撰稿：马　俊）

淄　博　市

【概述】 2008年，面对国际金融危机的冲击和各种突发事件的考验，淄博市以科学发展观为统领，坚定信心，积极应对，顽强拼搏，经济社会继续保持了平稳较快发展的良好势头，呈现出“经济增长、结构优化、价格回稳、民生改善、社会和谐”的良好局面。全市实现地区生产总值2 316.78亿元，按可比价格计算，比上年增长13.0%。实现工业增加值1 433.1亿元，比上年增长12.9%。完成规模以上固定资产投资807.97亿元，比上年增长24.9%。实现社会消费品零售总额729.62亿元，比上年增长23.0%，实际增速创历史最高水平。实现进出口总值56.9亿美元，比上年增长21.3%。全市地方财政收入首次超过100亿元，达到114.69亿元，增长17.20%，计入齐鲁石化、山东铝业企业所得税上划因素，同口径增长19.81%，实现了新的历史性突破。全市财政总支出完成141.78亿元，增长20.56%，各项重点支出得到较好保障。全市金融机构各项存款余额达1 677.90亿元，比年初增长20.29%。各项贷款余额达1 076.88亿元，比年初增长15.96%。全市城市居民人均可支配收入17 629元，比上年增长11.2%；农民人均纯收入7 364元，增长13.9%。

【积极培植财源促进发展】 坚持以发展促增收，灵活运用财税政策工具，拓宽经济发展空间，夯实了财政增收基础。一是认真落实有利于科学发展的政策措施。全面贯彻国家宏观调控政策，认真落实中央和省实施积极财政政策、适度宽松货币政策和扩大内需的有关措施，紧紧围绕全市经济工作中心，综合运用财政资金政策工具，着力解决煤电油运等制约经济健康运行的突出问题，加大对上争取和政府融资力度，做好企业治污减排专项债券立项申报等相关工作，推动了经济又好又快发展。积极推进企业改革改制、资产重组和省属企业及铁路企业分离办社会职能工作，增强了企业发展活力和后劲。二是切实加大对经济发展的扶持力度。全市兑现企业自主创新、品牌战略、服务业发展引导、创业风险投资、信息化建设、招商引资、外经外贸等各类奖扶资金3.22亿元。加快资源节约型和环境友好型社会建设，大力推进节能减排和环境保护，支持中心城区东部化工区产业布局调整和南部建材区综合整治，全市用于生态补偿、污染源治理、大气和水质监测、污水处理、节能降耗重大工程项目实施、节能节水技术改造、节能降耗奖励等方面的支出3.29亿元。推进基本公共服务均等化，扩大对下转移支付规模，市级以上对下转移支付总额达13.6亿元，促进了区域经济协调发展。三是加强收入征管，确保经济发展的成果反映到财政收入上来。面对国际金融危机和驻地大企业效益下滑影响，多方消化减收因素，深入挖掘增收潜力，切实强化收入征管，有针对性地制定采取了加强税收收入、非税收入、国有资产和政府资源运营收入征缴管理的对策措施，保持了财政收入平稳较快增长。

【优化支出结构保障重点支出需要】 按照公共财政要求，调整优化财政支出结构，集中财力保民生、保重点，各项民生保障政策得到全面落实。一是大力支持社会主义新农村建设。统筹城乡发展，充分发挥公共财政在支持农业、服务农村、富裕农民方面的职能作用，加大投入力度，全市支农支出完成9.12亿元，比上年增长23.62%。其中，安排支出2.7亿元，支持实施了农业综合开发、小型病险水库除险加固、农村人畜饮水安全工程、农业产业化发展、现代农业专项等一系列支农重点项目；安排支出2.41亿元，全面落实了粮食直补、农贸综合补贴、良种补贴、农机具购置补贴、农村劳动力转移培训补贴、家电下乡补贴、优质奶牛和能繁母猪补贴、保障粮食储备安全和市场稳定等各项强农惠农政策。二是大力支持社会事业发展。加大教育事业投入，全市教育支出完成32.61亿元，增长14.57%，确保了城乡义务教育阶段学生免杂费、家庭经济困难学生救助、农村中小学教学仪器更新、农村中小学“211”工程和危房改造、特殊教育和职业教育发展等资金需要。加大公共卫生投入，全市医疗卫生支出完成7.34亿元，增长24.67%，重点支持了社区卫生服务、食品药品监管、疾病防控、农村卫生等工作的开展。加大科技、文化、计划生育、广播电视、体育等社会事业发展投入，切实保障政权建设、公共安全等支出需要，促进了各项事业全面进步。支持公交、供热、供气、自来水等公用事业发展，市级共计拨付公用事业企业政策性亏损、公交和供热补贴、成品油价格改革等各类补助补贴资金2.57亿元。支持生态和谐宜居城市建设，全市城乡社区事务支出12.59亿元，增长23.79%，推动了新区体育场馆建设、猪龙河改造工程、城市垃圾无害化处理、四宝山生态恢复等重点工程项目的顺利实施。三是大力支持做好社会保障和就业工作。全市社会保障和就业支出完成17.24亿元，增长30.45%，全面落实了城乡低保、城镇居民基本医疗保险、新型农村合作医疗、下岗失业人员再就业、农村养老保险试点、残疾人救助、优抚安置、廉租住房补贴以及大中型水库移民后期扶持、煤炭企业政策性关闭补助、破产企业职工安置等各项民生保障政策。四是大力支持做好为民办实事和突发事件应急处理工作。将支持做好为民办实事工作作为深入学习实践科学发展观活动的重要抓手，统筹安排资金10亿多元，解决了一系列事关人民群众切身利益的突出问题。积极筹措资金2亿多元，支持了“4·28”特大交通事故善后处理、“5·12”汶川地震灾区对口援建、奥运期间安全保障、“三鹿奶粉”事件应对处理等工作的开展。

【完善体制机制加强财政管理】 着眼于理顺财政收入分配关系，制订实施了调整完善市与区县财政体制方案，为促进区域经济社会统筹协调发展奠定了财政体制基础。继续深化部门预算、政府收支分类、国库集中收付、政府采购等财政管理改革，进一步提高了财政支出管理水平。深入开展“法律进机关”活动，全面加强财政法制建设，推进依法行政、依法理财。强化财政投资评审，加强评审制度建设，拓展评审领域和范围，市级完成评审值7.76亿元，审减资金8 700万元。加大财政监督力度，重点抓好对民生领域支出、重大项目支出、会计信息质量、部门预算执行情况等的监督检查，全年共检查纠正违规违纪资金2.3亿元，维护了财经纪律的严肃性。扎实推进支出绩效评价，加强会计诚信建设，强化地方金融和政府债务监管，抓好财政有偿资金清收保全，财政运行机制日趋完善。加强机关内部管理，健全内部管理制度，财政科研、信息宣传、干部教育培训、“金财工程”建设、离退休干部管理、后勤保障服务等综合管理工作取得了新的成绩，推动了各项业务工作顺利开展。

【开展深入学习实践科学发展观活动】 围绕“科学发展、富民强市”这个主题，突出财政特色，研究确立了学习实践科学发展观“创新机制、科学理财、促进经济文化强市建设”的实践载体。坚持“五个紧密结合”，扎实推进学习实践活动，即：紧密结合干部职工思想实际，进一步推动思想解放和观念更新，着力转变不适应不符合科学发展观的思想观念；紧密结合财政经济发展的实际，大力培植财源、增收节支，着力解决影响和制约财政事业科学发展的突出问题；紧密结合民生财政建设实际，优化支出结构、加大民生投入，着力解决事关群众切身利益的突出问题；紧密结合财政管理改革实际，进一步深化改革、加强管理、锐意创新，着力解决不利于财政事业科学发展的体制机制问题；紧密结合财政干部队伍建设实际，大力开展系统文明创建和作风效能建设，着力解决党性党风党纪方面存在的突出问题。切实抓好理论学习，组织干部职工对党的十七大和十七届三中全会精神、胡锦涛等中央领导同志和省、市领导一系列重要讲话精神，进行了深入细致的学习，统一思想，深化认识，并自觉用科学发展观指导工作实践，牢固树立起科学发展理念。切实抓好调查研究，深入开展“问计求智大调研”和“改革开放30周年与财政发展”研讨活动，围绕促进城乡统筹、推动财政改革和发展、强化领导班子和干部队伍建设、加强机关内部管理等9个方面，开展了深入的调查研究，查摆了工作中存在的问题，提出了改进措施。切实抓好信息宣传，在局门户网站创建了“网上党员活动室”，开设了学习实践活动专题网页、专刊、专栏和板报，建立了工作台账，制作了文档资料专辑和光盘，有力地推动了活动开展。活动开展过程体现了党员干部受教育、科学发展上水平、人民群众得实惠的总要求，取得了扎实成效，在淄博市第一批学习实践活动工作交流会上，财政局作了交流发言。

【全面加强干部队伍建设】 在抓好各项业务工作的同时，全面加强财政干部队伍建设，树立了财政干部队伍的良好形象。一是继续深入推进系统文明创建工作。认真组织实施第三轮全市财政系统文明创建规划，市局继续保持全国文明单位，各区县、高新区财政局全部获得省级文明单位（文明机关），全系统区县级以上文明单位建成面达到97%。二是加强干部作风建设。继续推进和深化作风效能建设，把“认真、专业、务实”的要求，体现到具体的财政工作之中，体现到各项工作任务的圆满完成上。大兴学习之风、调查研究之风、求真务实之风，进一步增强了财政干部职工履行岗位职责的能力和水平。鼓励广大干部职工立足岗位争先创优，营造风正气顺心齐、鼓劲干事创业的良好氛围，为各项工作的顺利开展提供了坚强保证。三是切实抓好廉政建设。深入学习贯彻中央颁布的2008～2012年建立健全惩治和预防腐败体系《工作规划》、省委《实施办法》和市委《实施方案》，健全工作机制，抓好任务落实，推动了全市财政反腐倡廉建设工作的深入开展。全面落实党风廉政建设责任制，强化督导考核，形成了齐抓共管的良好工作机制。抓好廉政教育，积极开展反腐倡廉形势教育、警示教育、革命传统教育和主题实践活动，筑牢了拒腐防变的思想道德防线。强化内外监督，认真执行党组中心组理论学习、民主生活会、述职述廉、民主评议、廉政谈话、廉政档案等各项规定，促进了各项廉政制度的贯彻落实。加大源头防腐工作力度，切实抓好全局反腐倡廉牵头及分工工作任务的落实，建立目标责任制，明确任务目标和完成时限，确保了各项工作任务的圆满完成。

（撰稿：唐　亮）

枣　庄　市

【概述】　2008年枣庄市生产总值（GDP）完成1 092.83亿元，按可比价格计算，比上年增长13.1%。三次产业比例达到8.8∶62.8∶28.4。人均生产总值达到3万元，比上年增加0.45万元。全市规模以上工业增加值594.65亿元，增长16.3%。全社会固定资产投资499.48亿元，增长25.7%。社会消费品零售总额297.60亿元，增长22.9%，比上年提高4.5个百分点。全市地方财政收入完成52.7亿元，增长16.6%。市级地方财政收入完成12.92亿元，占预算的102%，较上年增长8.3%。全市财政支出80.03亿元，占预算的108.9%，增长17.2%（剔除2007年枣矿集团所属煤矿破产补助一次性支出3.8564亿元，按可比口径增长24.3%）。全市农业、教育、科技、社会保障等重点支出增幅分别达到33.24%、38.56%、75.78%、36.76%（已扣除矿务局下属企业破产的影响3.8564亿元）。全市各级均实现当年财政收支平衡。

【支持经济结构调整和发展方式转变】　抓住省里启动鲁南经济带建设、资源型城市转型和国家出台政策措施扩内需、促增长的机遇，支持八大工业集群和四大特色服务业发展，推动产业升级和城市转型。一是创新工作思路，加快投融资体系建设。成立了市国有资产运营管理中心，将市直行政事业单位国有资产划归其统一运营管理，以做大做强投融资平台；又由其出资成立了鲁南（枣庄）经济开发投资有限公司，统一开展政府投融资业务，为枣庄市经济发展、城市建设筹集资金。二是大力支持节能减排、自主创新和现代服务业发展。全市环境保护支出30 979万元，增长142.2%；科学技术支出8 455万元，增长22.2%；扶持工商业发展支出96 595万元，增长24.4%。设立市级企业自主创新及技术进步引导资金300万元，安排贴息资金350万元。市级设立服务业发展引导资金900万元，扶持重点服务业项目建设。认真落实促进银行业又好又快发展的各项政策措施，制定了《枣庄市银行业金融机构支持地方经济发展贡献奖考核奖励办法》。加大对中小企业信用担保机构的扶持力度，着力解决中小企业贷款难、担保难问题。三是支持和服务国有企业改组改制。继续推进国有大中型企业主辅分离、辅业改制和移交办社会职能工作。市财政安排300万元，用于改制企业内退职工生活费用；拨付职工权益清偿和水电分离改造资金5 650余万元。四是积极做好利用外国政府及国际金融组织贷款工作。做好外债利用的整体规划工作，健全完善外债项目库，引导贷款资金向环境保护、卫生、教育、“三农”、科技创新等重点领域倾斜。五是积极支持招商引资工作。按照政府支持与市场运作相结合的原则，促进建立“以政府为指导、以企业为主体、以中介组织和专业招商队伍为依托”的招商引资新机制，促进了相关工作开展。

【加强税费征管】　一是认真开展税源

调查。开展了全市2007年度企业所得税税源调查和重点产品国际竞争力调查，加强对所得税税源的监控，初步掌握重点产品的竞争力情况。在全市和市直分别选择20户重点纳税企业，建立了纳税情况月度统计制度，对重点税源进行动态监控。对全市跨地区经营总分机构企业所得税情况进行调查，摸清了因新企业所得税纳税地点的变动对全市财力的影响。二是建立完善调度分析机制。加强收入调度分析，与国税、地税部门建立了财税运行分析联席会议制度。开展了煤、电、油价格调整对财政的影响等10多项专题分析。支持税务部门全面推行纳税评估，进一步加强了宏观税负、行业税负、税种税负和重点税源税负的分析研究。推进财税库行联网进程，利用信息化手段加强税源一体化管理，切实提高掌控税源的能力。认真做好增值税转型、契税下调、暂免征收个人存款利息税、煤炭企业资源税调整、燃油税开征等一系列政策调整对全市财政收入影响到测算工作。三是加强收入征管，挖掘增收潜力。配合税务部门搞好企业内部二三产业分离工作，增加地方财政收入。建立健全契税税源登记、“先税后证”制度，认真落实耕地占用税税额标准提高政策，全市“两税”（契税和耕地占用税）收入大幅增长，共完成14 528万元，占预算的120.2%，增长13.8%。加大非税收入征收力度，对用电附加、水资源费、排污费、污水处理费、人防收费等17项重点项目实行重点管理，突出抓好国有资本经营收益、价格调节基金、国有资源（资产）有偿使用收入、罚没收入、捐赠收入和城市公用事业附加的征管工作。财政收入质量得到进一步提高，全市税收占地方财政收入的比重为76.9%，比上年提高1个百分点。四是培植壮大财源，增强财政后劲。制定了《关于加强财源建设的意见》，市级新设财源建设基金6 000万元，从政策、资金、激励措施等方面支持财源建设。

【支持社会主义新农村建设】 认真贯彻中央和省两个“1号文件”精神，构建财政支农投入稳定增长机制，全市支农支出65 529万元，增长33.6%，全市拨付粮食、良种、农机具、农资综合、家电下乡等补贴资金27 729万元，增长83%。一是加大强农惠农政策实施力度。全市共拨付粮食直补和农资综合直补资金19 653.5万元，发放小麦、玉米、水稻良种补贴和农机具购置补贴资金3 285.25万元；发放大中型水库移民后期扶持直补资金3 533万元。兑付家电下乡补贴资金543万元。二是进一步完善现代农业产业体系。积极支持实施农业综合开发、农业良种等工程，大力支持发展特色农产品，认真搞好农业产业化验收审核工作。三是大力支持农业农村基础设施建设。市财政拨付5 265万元实施小型水库除险加固工程，完成59座水库的除险加固工作；安排农村公路桥梁养护资金700万元；安排户用沼气及大中型沼气工程建设资金500万元。安排补助资金800万元支持了“双十双百”工程。四是认真落实农业政策性保险政策。市财政拨付政策性农业保险补贴资金24.6万元，并将滕州、市中、峄城等区（市）列入省级农业保险试点县。同时积极探索和创新政府财政支农惠农政策新模式，对投保土地流转合作社，市级财政给予保费补贴60%。五是积极开展贫困村村民发展互助资金试点。全市共建立互助资金合作组织5个，筹集互助资金106.43万元（其中财政资金75万元）。

【保障重点资金支出】 一是扎实推进规范津贴补贴工作。在上年规范市直津贴补贴取得初步成效的基础上，重点做好区（市）规范公务员津贴补贴审批工作和规范市直机关特殊岗位津贴工作，开展了规范津贴补贴情况监督检查。对于机关和全额事业单位，规范后的津贴补贴由市财政通过国库集中支付系统统一发放。市直行政事业单位采暖费由“暗补”变“明补”，实行住宅采暖商品化。二是大力支持教育事业发展。认真落实好农村义务教育经费保障机制改革新政策，提高农村义务教育阶段学生“两免一补”标准。市级安排资金1 135万元，比上年增加325万元，区（市）安排配套资金3 127万元。加大农村中小学危房改造力度，市财政安排农村中小学校舍维修改造资金350万元。市财政安排635万元，继续实施“三亮三改”工程、教学仪器配备更新工程、乡镇（街办）职成教中心骨干示范基地建设工程。市财政安排资金226万元，认真落实城市义务教育学校学生免杂费政策。足额安排了城市义务教育阶段学校预算内公用经费，继续对城市低保家庭义务教育阶段学生实施“两免一补”政策。严格按照国家规定，扎实做好高校、中职和高中困难学生资助工作，全面完成了困难学生资助资金发放工作。三是加大对公益性文化体育设施建设的投入。积极支持农村电影“2131工程”，市、区（市）财政安排75万元购买电影胶片。市财政安排96万元，支持新一轮村村通广播电视工程。大力支持全民健身运动和体育场馆建设，安排体彩公益金资助项目5个，资金330万元；对市体育馆、游泳馆、体育中心投入体彩公益金150万元进行维护改造，全市农民健身工程投入99万元。四是支持建设覆盖城乡居民的基本卫生医疗制度。市财政安排330万元，实施农村卫生室服务能力提升工程。全力推进新型农村合作医疗制度，提高参合补助标准，试点乡镇已达59个、参保农民227.92万人。市财政安排资金244万元，支持城市社区卫生服务体系建设。制定出台了《枣庄市城镇居民医疗保险暂行办法》（枣政发〔2008〕61号），启动了城镇居民基本医疗保险制度试点。五是进一步健全社会保障制度。完善城镇社会保障制度，将城市低保标准每人每月提高了15元，市级财政共发放低保金2 851万元，全市实现了低保对象资料信息化管理。完善农村居民最低生活保障制度，将农村低保标准每人每年提高到900元，各级财政安排低保资金4 376万元，初步实现了应保尽保。全面建立了以财政投入为主、集中供养与分散供养相结合的农村五保供养新机制，拨付五保资金3 267万元，将分散供养经费全部纳入“惠农一本通”统一发放。建立起以城镇职工、城镇居民基本医疗保险、新型农村合作医疗和城乡医疗救助为依托，以政府补助为支撑，以社会优惠减免为补充的新型优抚医疗保障制度，破解了困扰各级政府多年的历史性难题。2008年，全市共有优抚对象13 919人，已经全部纳入相关医保体系。向带病回乡、参战、参试退役人员发放生活补助726万元。落实提高企业退休人员基本养老金待遇，调整后人均月增加102.9元。市级财政安排廉租住房保障资金1 200万元（其中廉租住房补贴120万元），足额兑现低收入家庭住房优惠政策；对符合政策规定的经济适用住房、廉租住房项目，免收一切行政性收费和政府性基金。六是进一步支持就业和再就业工程。加大投入力度，落实税费减免、小额担保贷款、培训补贴等各项财政扶持政策，促进就业再就业。认真落实税费减免、小额担保贷款等各项扶持政策，筹集再就业资金3 907万元，支付各项补贴2 566万元。继续实施“技能扶贫就业”和“金蓝领”工程，以培训券方式，大规模开展农村劳动力、下岗失业人员、大学毕业生等群体的培训，实现了城镇“零就业家庭”存量消零的目标。七是支持建立健全社会应急管理体制。完善政法经费保障机制，保障维护稳定、信访、反恐、综合治理等重点资金需要，推进“平安枣庄”、“平安奥运”建设。完善煤矿企业安全生产风险抵押金制度和高危行业安全生产费用提取使用制度，提高高危行业的安全生产意识。八是积极支持抗震援建工作。各级财政统筹安排602万元，用于抗震救灾支出；对政府接收的救灾捐款实行财政专户管理，市财政累计收到捐款6 742万元，已拨付4 972万元，结余资金继续用于对口援建小坝乡；全市按照上年地方财政收入的1%筹集对口援建资金4 523万元，已足额上缴省财政。

【推进财政改革】 一是加强县乡财政建设。结合实施“五奖一补”政策，进一步完善激励机制，加大对县乡经济社会发展的支持力度；按照缓解县乡财政困难工作考评办法，加强考评，实施奖惩，建立缓解县乡财政困难的长效机制。二是进一步落实完善转移支付制度。逐步规范专项转移支付制度，根据财力增长情况，不断加大对下转移支付规模，确保转移支付资金用于基本公共服务领域；在保障县乡工资发放和政权运转的基础上，加大对村级经费、乡村公益事业的保障力度。三是进一步强化县乡财政管理，化解乡村债务。按照“对口联络”制度的要求，积极指导基层加快推进“乡财县管”及部门预算改革，完善县乡财政体制。加强县乡财政供养人员“双控”管理，进一步完善供养人员数据库。开展区（市）预算审核工作，促进区（市）部门预算管理水平提高。扎实开展清理核实农村义务教育债务工作，学习借鉴试点县经验，认真制订实施方案，严格督促区（市）开展清理核实工作。四是做好完善财政体制改革的准备工作。认真做好市对区（市）财政体制改革方案的设计和数据测算工作，初步拟订了财政体制改革框架性方案。五是继续深化部门预算改革。市级全部实行了部门预算，将市林业局等20个部门的预算提交市十四届人大一次会议审议，并在会议期间建立了预算信息查询系统，预算编制更加透明。逐步建立地方预算动态管理机制，加强对全市预算编制及执行的监控。六是继续深化国库集中支付改革、政府采购改革。加大财政直接支付的力度，全面覆盖预算内、预算外和财政专户等各类财政性资金；细化单位用款计划，提高财政直接支付的比重。对市直行政事业单位各类资金账户开展了全面清理，共计检查市直192家行政事业单位，涉及账户646个。继续扩大政府采购范围和规模，健全政府采购运行机制，进一步提高政府采购监管水平。全市政府采购规模8.03亿元，节约资金1.41亿元，节支率14.9%。

【积极开展“制度建设年”活动】 一是扎实开展“财政制度建设年”活动。按照市政府对财政资金管理的要求，修订完善并新出台一系列财政管理制度，制定和修订完善财政资金管理办法100余项，并汇编成册。二是加强项目库建设。建立了支出项目预算评审制度和项目库制度，市财政已建立项目库30个，纳入项目1 444个。三是进一步加强会计管理。认真抓好企业财务通则、会计准则、审计准则的贯彻实施，进一步强化财务会计基础工作，全面提高会计信息质量。建立“会计管理信息库”，实现了省、市、县三级会计人员管理信息的互联互通和资源共享。认真做好全市会计工作先进集体、先进会计工作者的评选表彰工作。四是加强行政事业单位资产管理。认真组织开展了全市资产清查和市直行政事业单位公务用车调查工作，全面摸清行政事业单位资产底数，提高资产管理效益和处置透明度。强化资产收益管理，将行政事业单位国有资产收入纳入政府非税收入管理。五是进一步加强财政监督。开展了彩票发行销售和财务管理情况、税收征管质量等检查，检查单位达200余家，检查资金累计超过25亿元，纠正违纪金额13亿元。六是加大财政投资评审力度。加大了对东沙河治理、枣庄职业学院创建、新城实验学校建设等重点工程的评审力度，全市共完成财政评审项目515个，报审金额14.71亿元，审减资金2.02亿万元，审减率为13.73%，取得了良好的经济效益和社会效益。七是加快推进“金财工程”建设。继续抓好部门预算、国库集中支付、工资统发、涉农补贴“一本通”等业务系统的开发完善及推广应用；加强财税库行联网系统、办公自动化、信息网站、网络基础设施和网络安全建设，推行政府信息公开，为财政工作和财政改革提供可靠的技术支撑和保障。八是进一步加强调研信息宣传工作。围绕落实市委、市政府重大决策，切实加强对重大财经问题的研究。进一步加强了财政宣传和信息工作，为各项财政改革和财政管理创造良好的舆论环境。扎实开展“非税收入规范管理年”活动，全面提高政府非税收入管理水平。

【加强干部队伍建设】 一是进一步健全干部学习教育机制，认真贯彻落实“五五”普法规划。举办了三期全市财政系统干部培训班，共培训财政干部130人次。深入开展财政法制宣传教育培训，建立健全权责明确、行为规范、监督有效、保障有力的财政行政执法责任制，推进依法行政、依法理财。二是进一步加强作风建设，提高行政效能。深入开展行风评议和创建“两好一高”机关活动，积极倡导“八个方面”的良好风气，进一步推进政风行风建设。完善机关行政效能考核办法，建立“求真务实、勇于创新、争创一流”的工作机制，切实提高机关行政效能，树立财政部门的良好形象。三是进一步加强廉政建设。继续开展“八荣八耻”和“五个一”教育活动，完善教育、制度和监督措施，严格落实党风廉政建设责任制，促进机关廉政工作深入开展；切实抓好承担的反腐败源头治理工作和治理商业贿赂工作，为全市党风廉政建设和反腐败工作服好务。2008年在民主评议行风活动中被评为满意单位，获得省级文明机关、市级先进集体等一系列荣誉称号。

（撰稿：温　冰　赵志军）

东　营　市

【概述】 2008年，东营市地方财政收入完成70.95亿元，完成年度预算的104.66%，比上年增长18.01%，增幅居全省第七位。其中，市本级财政收入完成32.53亿元（含两个开发区），完成预算的102.81%，比上年同期增长15.24%。2008年，全市地方财政支出完成89.72亿元，完成年初预算的113.12%，比上年增长17.62%，其中市本级财政支出完成36.48亿元，完成年初预算的95%，增长9.85%。连续24年实现财政收支平衡，为全市经济和社会各项事业发展做出了积极的贡献。

【全力抓好收入，财政实力进一步增强】 2008年，国际国内经济形势复杂多变，受国际金融危机影响，原油价格大幅下滑，企业经营困难，财政收入增幅持续回落，组织财政收入工作压力巨大。面对困难，各级强化措施，多措并举，做了大量工作。一是加强与税务部门配合，多次召开联席会议，全面掌握全市经济运行情况，强化调度分析，及时解决组织收入中遇到的困难和问题，增强了对税收的调控，保证了各项税收均衡入库。二是加强非税收入征管。用足用活非税收入相关政策，对排污费、基金等主要非税项目采取专人催收、重点调度、联合执法等征管措施，确保了依法足额征收。三是依托“金财工程”，构建了信息数据资源共享平台，形成了对税源全方位、及时、动态的监控体系，为应收尽收提供了信息保障。四是完善收入增长考核办法，市对县区、县区对乡镇、政府对征管部门层层落实任务，充分调动了各级各部门组织收入的积极性，县区级收入增长迅速，收入质量明显提高。

【充分发挥职能，支持发展能力进一步提高】 过去一年，各级财政部门始终把支持经济发展作为工作重点，认真落实中央、省有关部署，创新支持方式，促进了经济又好又快发展。在支持投融资方式转变方面，制定了《“四区一城”融资平台建设实施方案》，搭建起市场化运作、科学化发展的融资平台，支持了“三路两港一场”和“四区一城三网”等重大项目建设。在扶持企业发展方面，针对国际金融危机冲击下企业面临的困难，市财政筹集资金4 000万元设立了中小企业互助资金和市场开拓资金，成立了小额贷款公司，为缓解中小企业融资难发挥了重要作用。为缓解煤电油运紧张局面，市财政筹措专项资金350万元，支持发电企业生产。安排资金7 350万元，重点支持了技改创新、节能减排和循环经济发展，促进了调整产品结构，拉长了产业链条。安排资金1 500万元，设立文化产业发展资金，着力推进文化产业发展。各县区也结合各自实际，制定出台了扶持企业发展的政策措施，帮助企业解决实际困难。在支持市属经济发展方面，以两个开发区为重点，在体制、政策、资金上给予倾斜，着力培育以高新技术企业为骨干的财源增长点，为建立良性梯次财源体系打下坚实基础。支持县域经济发展方面，继续实施“突破利津”战略，认真落实中央、省、市促强扶弱的财税激励政策，引导县区更加重视发展质量、经济效益和产业结构调整，努力转变经济发展方式，县域经济发展取得新突破。

【坚持以人为本，财政支出结构进一步优化】 2008年，在财政收支矛盾突出的情况下，进一步优化支出结构，大力筹集资金用于民生和社会事业建设，仅市级财政去年新增民生支出就达1.1亿元，保障了社会事业发展和各级党委政府重大决策的落实。一是按照积极财政政策“扩内需、保民生、促消费”的要求，着力增加低收入群体的收入，提高了城乡低保、农村五保集中供养、残疾人救助、农民医疗保险补助等七项补助标准，支持完善了全市多层次、广覆盖、高标准的社会保障体系。二是大力支持新农村建设，市级财政去年支农支出达2.92亿元，加大了对农业基础设施、农业综合开发、农业产业化等方面的投入，为全市的新农村建设提供了财力支撑。三是坚持教育优先发展，完善义务教育经费保障机制和教育救助体系，提高了农村中小学公用经费保障和困难学生资助标准；筹集资金1 000万元支持农村中小学低标准建材校舍改造工程，新建改造校舍19万平方米；落实资金7 386万元全部解决了市直义务教育学校历年基建债务；安排资金1 146万元启动了全市农村义务教育债务化解工作。四是支持奥运安保、打黑除恶和交通安全设施建设，为化解社会矛盾提供了财力保障，有力地维护了社会稳定。着力加强抗震救灾资金的筹集和管理，保证了全市承担的灾后重建工作顺利进行。

【大力深化改革，财政运行机制进一步完善】 面对严峻的收支矛盾，各级把深化改革、强化管理，作为提升理财水平的关键，以改革化解矛盾，以管理破解难题，财政管理在很多方面取得了新突破。一是部门预算改革取得新进展。完善了部门预算基础信息库，规范单位基本支出预算内容、范围和渠道，建立了科学的定员定额标准体系和项目预算审核机制，提高了部门预算管理水平。二是国库集中支付改革稳步推进。建立了国库单一账户体系和应急支付机制，实现了资金的全程动态监控，扩大了国库集中支付范围，4个县区实现上线运行。三是政府采购管理制度日益完善。以规范运作为重点，建立了政府采购信息公开机制，提升了政府采购公开透明度。市本级政府采购金额达10.1亿元，节约资金1.1亿元，节支率9.82%。四是财政投资评审机制更加健全。建立了初审、复核、认定三级审核制度，提高了评审质量。全年市级完成项目概预算评审值11.7亿元，节省财政支出1.05亿元。五是国有资产管理工作不断加强。将城资公司注册资本金及政府贷款纳入财政监管范围，规范了财务管理程序，提高了资金的使用效益。积极推行市直车辆保险管理改革，完善了车辆“互助自保”办法，与参加商业保险相比，节约财政资金430万元。

【严格规范管理干部队伍建设进一步加强】 过去的一年，各级始终以建一流班子、带一流队伍、创一流业绩为目标，坚持政治学习与业务学习并行、财政业务工作与队伍建设齐抓，干部职工的凝聚力和战斗力进一步增强。一是“争当排头兵”活动成效显著。各级以开展“排头兵”活动为抓手，深入查摆分析制约和影响财政改革发展的问题和困难，树立学习标杆，明确赶超目标，落实整改措施，广大干部职工的理想信念进一步坚定，精神状态和工作作风有了明显转变，有力地促进了各项工作的开展，整个活动扎扎实实，取得了明显的成效。二是完善效能制度，规范办事程序。市局年内先后制定和完善了六项机关工作制度，规范了机关管理。年终考核对各科室和工作人员进行量化打分，变定性考核为定量考核，提高了考核的科学性。三是廉政建设力度明显加大。党风廉政责任制进一步落实，源头治理腐败工作扎实推进。组织学习了《党内监督条例》、《纪律处分条例》、《建立健全教育、制度、监督并重的惩治和预防腐败体系实施纲要》等廉政规章制度，开展了一系列廉政教育活动，构筑了严密的教育、制度、监督相结合的廉政建设工作机制，收到了很好的效果。

在2008年度目标管理综合考核中，市财政局获得一等奖，受到市政府通报表彰，还先后被上级党委政府及有关部门授予“全国创建文明城市工作先进单位”、“全国精神文明建设工作先进单位”、“山东省关心国防建设十佳单位”、“‘实践科学发展观，争当黄河三角洲开发建设排头兵’活动先进单位”等。

（撰稿：徐冰消）

烟　台　市

【概述】 2008年，全市地方财政收入完成166.17亿元，占预算的100.61%，比上年增长18.00%。全市财政支出完成209.25亿元，占预算的99.24%，比上年增长19.92%。按现行财政体制计算，全市财政收入加中央税收返还29.54亿元、上级专项补助和各项结算等30.17亿元，收入共计225.88亿元。扣除按体制上解省15.01亿元和结转下年支出1.6亿元，与支出相抵，当年结余152万元，累计结余3 131万元。全市基金预算收入完成45.67亿元，加上上级专项补助、体制结算等，总计49.61亿元。当年基金支出完成46.86亿元，收支相抵，当年结余2.75亿元。

【财源建设与经济发展实现良性互动】 始终坚持把膨胀收入规模、改善收入结构作为财源建设的重点，在政策和资金上实行重点倾斜，着力培植壮大支柱产业、重点企业、产品集群、名牌产品为主要内容的骨干财源，深入挖掘服务业、民营经济、海洋和临港产业等新兴潜力财源，做大做强市区经济、县域经济两大板块财源，形成了财政与经济良性互动、协调发展的新机制，保证了在经济发展大环境趋紧、减收因素较多情况下财政收入的持续较快增长。全市地方财政收入增幅高于全省平均水平1.2个百分点。全市县级地方财政收入完成140.12亿元，增长17.60%。其中，龙口市、开发区突破20亿元，分别达25亿元和20亿元。市级及五区地方财政收入完成79.19亿元，增长22.25%。全市地方税收收入完成130.89亿元，增长21.80%，占地方财政收入的78.77%，同比提高2.5个百分点。

【推进经济发展方式转变取得良好成效】 一是严格落实财税优惠政策。全年为11户企业办理自主创新、节能降耗、环境保护等方面税收优惠政策，退税总额达到2.3亿元，比上年增长60%。二是支持企业创新发展。投入贴息和奖励资金1 222万元，吸附金融资金4.5亿元，支持6户重点企业技改项目和技术中心建设。三是鼓励节能减排。争取上级财政资金12 805万元，用于污水、垃圾处理等环境保护项目和矿产资源勘察及保护项目建设，拨付资金对10个节能单位和10项优秀节能成果进行了奖励。四是扩大对外开放。调整完善外经贸鼓励政策，加大了对招商引资、企业“走出去”、服务外包产业发展的奖励和扶持力度。五是加快服务业发展。拨付资金750万元，用于国家及省级服务业项目配套、国家及省级服务业名牌奖励，扶持重点旅游项目10个，奖励骨干旅游企业15个。六是推进民营经济发展。拨付资金515万元，对2家民营企业公共服务机构、20户原创型民营企业、8家信用担保机构给予政策补助。其中，受补助担保机构启动中小企业贷款13亿元，进一步缓解了民营企业融资难题。这些政策措施，对于优化经济结构、转变发展方式、提高财政收入质量，都起到了重要的推动作用。

【民生和社会事业投入不断加大】 一是支持了新农村建设扎实推进。投资6 200万元，完成小型水库除险加固工程179座，三年大造林工程20.1万亩，渔业资源增殖放流350万尾，建设农业产业提升计划标准化示范基地52个。发放粮食直补、农资综合补贴2亿元，成品油价格改革补贴3.6亿元，大型农机具（2 235台套）购置补贴1 300万元。落实奖励补助资金2 320万元，完成村庄整治418个。二是支持了社会保障范围不断扩大。密切关注并积极应对物价上涨对困难群众生活的影响，建立了物价上涨与提高低收入群众生活补贴和保障标准联动机制。城市低保每人月均提高到302元，农村低保每人年均提高到1 300元。从7月份开始按城市低保对象每人每月15元、农村低保对象每人每月10元的标准发放基本生活补贴，对城市低保家庭和边缘家庭发放采暖补助。投入资金2 000万元，用于乡镇敬老院设施配套和维修改造，将符合条件的农村五保老人集中供养标准提高到每年每人3 500元以上，分散供养标准提高到每年每人1 600元以上。增加了与市民日常生活密切相关的面粉、猪肉、花生油、小麦四项储备，对管道液化气、供热等公用事业企业政策性亏损进行补贴，减轻了群众生活支出负担。拨付“4050”人员、城镇失业人员社会保险、岗位补贴、创业补贴和小额担保贷款贴息资金5 995万元，促进了再就业工作。三是支持了城乡义务教育实现全部免费。投入2.7亿元，提高了义务教育阶段生均公用经费定额标准和贫困寄宿生生活费补助标准，在全省率先为全市中小学生免费提供国家和地方课程教科书，资助非义务教育阶段家庭经济困难学生8万多名，维修改造农村中小学校舍24所。四是支持了医疗保障实现全覆盖。居民医疗保险制度改革由农村扩展到城镇，并将新农合参合农民补助标准提高至80元，城镇居民医疗保险试点登记参保人数达到35.7万人，加上已有的企业、机关事业单位医疗保险，已在全市基本实现了医疗保险全覆盖。五是支持了文化体育事业繁荣发展。落实资金3 734万元，贴息补助文化公益设施建设，维修和改造全运会项目场地，对公益性演出和电影放映进行了补贴。六是支持了抗震救灾工作进展顺利。压缩机关事业单位办公经费5%以上，拨付各类资金1.47亿元，专项用于抗震救灾和对口支援的北川县漩坪、白坭两乡灾后重建工作。

【重点项目建设支出得到有力保障】 一是加快城市道路设施建设。投资8.9亿元，用于红旗路续建、北马路拓宽改造、山海南路延伸、通世南路延伸等城市道路建设。二是加快文化设施建设。投资3.9亿元，用于文化中心、朝阳街历史街区改造等文化设施建设。三是加快交通设施建设。投资4.4亿元，推进火车站、机场改造等重大基础设施项目建设。四是加快环保设施建设。在时间紧、任务重、压力大的情况下，充分发挥主动性和创造性，打破常规，特事特办，确保了套子湾、辛安河污水处理厂改造工程在规定期限内建成运营。投资3 720万元，实施了逛荡河整治和市区雨污分流工程。五是加快老城区改造步伐。投资3 600万元，进行了城区环境综合整治。

【“四位一体”支出管理模式日益完善】 在财政收支矛盾突出的情况下，坚持用改革的思路破解发展难题，用创新的理念提高财政资金使用效益，在实践中收到良好效果。特别是近几年探索实施的以部门预算为基础、以投资评审为支撑、以政府采购为手段、以国库集中支付为保障的“四位一体”财政支出管理改革，形成了“自成体系、优势互补、相互制约、配套联动”的财政支出管理模式，取得了明显的经济效益和社会效益。国库集中支付改革在全市全面推开，市级全年支付金额75.6亿元，增长43.7%。全市完成政府投资评审总额135.04亿元，节约资金16.24亿元。完成政府采购额42亿元，节约资金7亿元。中央电视台、《人民日报》、《光明日报》、《中国财经报》等新闻媒体对烟台“四位一体”财政支出管理改革给予了专题报道。

（撰稿：李明哲）

潍　坊　市

【概述】 2008年，潍坊市地方财政收入完成132亿元，占预算的101.2%，增长19.3%；地方财政支出160.4亿元，占预算的103.1%，增长18.7%。当年收支结余91万元，累计净结余4 497万元，连续22年实现收支平衡。市本级地方财政收入完成2.5亿元，占预算的100%，增长8.2%；地方财政支出22.2亿元，占预算的101.8%，增长20.1%。

【公共支出结构进一步优化】 面对抗震救灾等众多增支因素，严格控制支出，将工资性以外的经费压减5%；进一步优化支出结构，集中财力保障民生，使发展成果更多地惠及城乡居民。教育、社会保障和就业、医疗卫生、农业、环境保护等支出增幅，均显著高于全市支出增幅。在推进公共财政建设中，不仅投入进一步加大，而且更加注重建立公共保障的制度体系。按照“广覆盖、多层次、保基本、可持续”的原则，着力打造了“五个体系”，基本确立了公共财政的框架。一是支持打造义务教育保障体系。在支持全面实施城乡免费义务教育基础上，2008年又安排资金支持免费提供教科书，将生均公用经费标准提高40%以上。完善家庭经济困难学生资助政策体系，实现了对普通高校、中职院校、高中、义务教育各个阶段困难学生的全覆盖。加大学校建设投入，支持在全省率先推出免费校方责任保险制度，实施教师素质提高计划，推动中心城区中小学“绿色生态校园”、农村中小学“一通二热三改”、城乡中小学校舍维修改造和教学仪器配备“四项工程”，支持职业教育发展，改善了办学条件，促进了教育事业均衡发展。二是支持打造社会保障体系。进一步完善低保、五保供养、医疗、优抚等基本救助制度。建立了物价上涨与提高困难群众生活补贴和保障标准联动机制，将农村低保标准提高到每人每年900元以上，中心城区城镇低保标准由每人每月235元提高到260元，16.2万人得到救助；五保集中供养和分散供养标准提高150元，分别达到每人每年2 200元和1 200元，集中供养率达到73%，建成11处重点敬老院；改造完成850

户农村贫困残疾人危房；完善优抚对象医疗保障制度，5.4 万人受益。支持就业再就业，开发社区公益性岗位，加大技能扶贫力度，帮助困难家庭脱贫致富。三是支持打造医疗卫生保障体系。全面推进新型农村合作医疗，提高政府补助标准，参合率达到 97.6%；启动城镇居民基本医疗保险制度，将城镇非就业居民纳入保障范围，全市 30 万人受益。中心城区建成16 处社区卫生服务中心、64 处服务站，实现“双百双零”目标；支持乡镇中心卫生院改建和扩建，城乡居民享受到更加便捷、优质的医疗卫生服务。四是支持打造强农惠农政策体系。加大公共财政支农力度，更多农村居民沐浴到公共财政的阳光。粮食直补和库区移民补贴政策扎实落实，农资综合补贴大幅增加，能繁母猪补贴提高 1 倍，农业政策性保险试点扩大到 4 个县市区，家电下乡财政补贴政策延长到全年，累计发放各类补贴 11.1 亿元。继续改善农村生产生活条件，完成 180 座小型病险水库改造；支持林场建设，成片造林 72.7 万亩；改造中低产田 19.6 万亩；新增自来水受益人口 41 万人、公路里程 3 894 公里，扩大沼气用户 3.2 万户；转移培训农村劳动力 2 万人，支持开展农村致富带头人培训，发展农民专业合作组织，促进了农民增收。五是支持打造基本公共服务保障体系。多渠道筹措资金，进一步搞好与群众生活密切相关的公共交通、取暖、文化、社会治安、计生等公共服务。支持新增 150 辆绿色环保公交车，建立完善公交事业发展补偿、补贴和激励机制。理顺城区供热体制，建立冬季供热煤炭储备制度和煤热价格联动机制，加大供热企业补贴力度，确保居民温暖过冬。健全成品粮、食用油应急储备机制，确保了粮油市场安全、价格稳定。筹集 9 600 万元，支持旧居住区和背街小巷改造，改善居民生活环境。加快公共文化体系建设，实施农村公益电影放映等文化工程，免费开放市博物馆。设立“人口关爱基金”和“鸢都人口奖”，认真落实计划生育家庭奖励扶助等各项政策，促进了计生事业发展。加快推进收入分配制度改革，清理规范公务员津贴补贴，建立起收入稳定增长的长效机制。支持社会治安防控体系构建，保障社会稳定和奥运安保工作，改善基层政法部门办公条件，促进了“平安潍坊”建设。

【促进发展效果更加显著】 及时制定、实施财税扶持政策，充分发挥财政资金“四两拨千斤”的作用，促进经济结构调整和发展方式转变，财政支持经济发展的效果更加显著。一是超前制定发展扶持政策。集中对财源现状、产业发展重点、资源运营和政策运作空间、新型业态等进行深入调研，成功组织“全市财源建设与财政政策”报告会，指导县市区明确今后一个时期财源建设重点和产业发展方向，进一步提高了市县两级运用财税政策统筹科学发展的能力。有针对性地制定发展总部经济、支持服务业发展和重点产业投资、建设工业配套产业园区等大量优惠措施；根据对金融危机影响的判断和调查研究成果，及时发现问题苗头，迅速行动，制定出台支持金融业、中小企业、房地产业发展等一系列扶持政策，支持重点产业、企业发展，对应对金融危机、提振市场信心、刺激经济增长起到了积极作用。二是主动发挥财政资金引子作用。灵活运用贴息、补贴、以奖代补等方式，支持高新技术产业、现代服务业发展和企业节能减排。运用信息产业发展专项资金，支持光电子、电声气件、软件业加快发展；设立企业技术创新专项资金，支持建设了 1 个国家级、7 个省级、27 个市级企业技术中心；运用专利专项资金，支持专利项目 1 985 项。投入 7 000 多万元，补助重大节能技改、淘汰落后产能项目，支持治污减排和重点污染源治理，推动经济发展方式转变。三是倾情倾力为企业搞好服务。成立政策咨询服务中心，制订落实点对点服务方案，帮助企业解决实际困难。落实中央取消工商“两费”政策，继续开展打击非法“三烟”活动，营造良好发展环境。积极协调有关部门和县市区，全面落实上级出台的房地产交易契税优惠政策。推进新会计制度贯彻实施，市级对会计人员进行集中免费培训。四是争取政策。准确把握好税收、产业政策，仅扩大工矿用地范围、推进北汽福田公司改制、指导海王医药发展物流业等，就增加企业利益和地方收入 7 亿多元。落实出口退税等税式支出 61 亿元；设立创业投资政府引导基金，与深圳创投集团合作成立创新创业资本投资公司，首批确定 24 户企业作为合作对象。

【财政改革深入推进】 坚持以改革促发展，深入把握财政事业发展规律和特点，熟练运用市场机制手段，主导实施若干个成功的“潍坊模式”，得到上级的肯定和推广。一是实施社区卫生服务模式。按照“政府主导、公益性质、市场机制、购买服务”的思路，充分利用现有医疗卫生资源，通过公开招标确定社区卫生服务中心和服务站，实现了由“养人养机构”直接提供服务向政府购买服务的转变，建立起了社区卫生服务发展新模式，并在全省推广。二是实施低收入家庭住房保障模式。创新实施“发放廉租住房租赁补贴为主、与经济适用住房货币补贴相结合”的模式，既有效避免财政资金直接投资建房带来的资源浪费，又提前解决低收入家庭的住房困难问题，还促进了房地产市场的健康发展，实现了政府、企业和居民的三方共赢。三是实施事业投入模式。按照“政事分开、管办分离、转变机制、改革体制、力促发展”的原则，改革事业投入机制，积极推行市场化运作、实体化经营，建立了水务、三维空间、水利等投资公司。同时，加快事业单位改制步伐，完成了棉花研究所、畜牧研究所、市政府驻外办事机构等单位改制工作，激发了事业发展活力。四是实施城市管理模式。实施绿地综合养护管理与绿化提升工程“捆绑式”作业模式，仅西外环、宝通街、人民广场等绿地就节约资金 6 700 多万元，节支率达 53.7%；出台《中心城区违章建筑拆除管理办法》，彻底改变过去对违法建筑以罚代拆的管理方式，提高了城市管理绩效。

【公共资源运营灵活有效】 进一步丰富完善以“运营资源为基础、搭建平台为载体、多渠道融资为保障”的城市建设机制，2008 年中心城区城市建设开工规模 42 亿元。一是与银行合作更加深入。注重财政资源与金融资源的优化配置，坚持搞好服务与主动对接相结合，与 17 家金融机构开展了业务合作；分别与建设银行、中国银行签署了 100 亿元和 120 亿元的战略合作协议，保障了今后一个时期城市建设资金需要。二是资源运营效果更加显著。做大做强国有资产经营投资公司，总资产突破 200 亿元，为下一步向融资控股和综合金融服务公司发展奠定基础。坚持“开发一个片区、搭建一个平台”的思路，组建“潍坊市三河投资经营公司”，搭建新的融资平台，并投入运营。三是丰富融资模式。运用“以土地对价抵付工程建设资金”方式，实现文化艺术中心、体育中心直接融资 19.5 亿元，开发招商引进投资 60 亿元。争取世界银行低息贷款到位 1.8 亿元，支持白浪河综合治理等项目。拍卖地下空间等可控资源，加快重点项目建设。

【财政管理水平进一步提高】 坚持管理创新，重视制度建设，财政管理的科学化、精细化水平不断提高。一是深化财政体制改革。着眼于消除区域经济发展的财政体制障碍，科学快速完成峡山区、滨海区财政体制调整及资产负债划转工作。二是完善预算管理制度。进一步健全以部门预算、国库集中支付、政府采购和投资评审为主要内容的预算管理体系，对基金和专项资金全部编制预算，实现“无缝隙”预算管理；政府采购和投资评审绩效突出，市级完成采购预算 27.2 亿元，节支 8.8 亿元，节支率为 21.1%；完成财政投资评审额 40.3 亿元，审减额达 5.3 亿元。三是强化资金监督管理。制定旅游、维护稳定、人才引进和培训等专项资金管理办法，积极开展绩效评价，提高了资金使用绩效。健全内控机制，制定《财政管理资金内部控制和监督办法》；加大专项资金及重大财经政策执行的监督检查力度，确保资金安全使用。开展住房公积金专项治理活动，加大公积金归集和发放贷款工作力度，市级当年归集 4.8 亿元，增长 65.4%；发放贷款 2.4 亿元，增长 67.4%；实现增值收益近 1 000 万元。加强地方金融和政府债务监管，全年回收政府债务 1.4 亿元，有效防范地方财政风险。

【队伍建设再上新台阶】 以文明创建为总抓手，把干部队伍建设提到一个新的高度。突出狠抓干部职工学习，实施“走出去”与“请进来”相结合，与上海国家会计学院签署战略合作协议，每年举办三期以上专业培训班；与东北财经大学成功举办首期 MPA 学习班，32 名同志以优异成绩考取。整个系统人员结构进一步优化，具有研究生学历的有 49 人，本科以上学历达到一半以上。注重政策研究，倡导务虚与实际业务相结合，研究型机关建设取得显著成效。强化作风建设，机关执行力、创新力进一步提高。重视文化和廉政建设，系统的凝聚力和廉洁勤政能力进一步增强，在社会上响亮地树立了风清气正的“财政品牌”。一年来，先后荣获“全国文明单位”“山东省先进基层党组织”、“潍坊市经济建设十佳服务单位”、“市直部门绩效考核突出贡献奖”、“全市依法行政示范点”等市级以上集体荣誉称号 68 项，先进个人荣誉称号 116 个。

（撰稿：寇瑞国　王　萌）

济　宁　市

【概述】 2008 年，面对复杂多变的国内外经济环境和前所未有的减收增支压力，全市各级财政部门在市委、市政府的坚强领导下，以党的十七大和十七届三中全会为指导，深入贯彻科学发展观，按照“以人为本，关注民生，科学理财，规范运作，优质服务，提高效率”的理财思路，积极推进构建和谐财政和阳光财政，实现了财政收支稳定增长，全市地方财政收入完成 119.4 亿元，完成预算的 100.38%，比上年增长 18.01%。财政支出完成174.6亿元，完成预算的111.22%，比上年增长22.16%。连续21年实现全市财政收支平衡。

【培植壮大财源　财政实力不断增强】 面对错综复杂的财政经济形势，全市各级财政部门牢固树立科学发展观，坚持未雨绸缪、积极应对，努力做大财源“蛋糕”，夯实财政增收基础。一是抓发展促增收。坚持树立发展增收、效益增收意识，利用各种政策手段，培植壮大有税财源。及时修订完善对外开放招商引资资金、培育重点优势产品资金、服务业发展引导资金、旅游业发展引导资金、民营经济（中小企业）发展资金管理办法，充分发挥资金作用。鼓励大企业快速发展，支持企业上市融资。二是抓政策促增收。争取到对全市有利的省内跨地区总分机构企业所得税分配政策，基本实现驻济外地煤矿企业就地纳税，增加地方税收1.5亿元；稳步推行国有资本经营预算改革，出台了《济宁市人民政府关于试行国有资本经营预算的意见》（济政发〔2008〕34号），印发了《济宁市市级国有资本经营预算编报试行办法》，同时会同市国资委联合印发了《济宁市市属企业国有资本收益收取管理试行办法》，市级征缴国有资本经营收入达7 700万元；新的耕地占用税税额标准得到省政府批复，税额标准大幅提高。三是抓管理促增收。依法加强各类收入征管，强化社会综合治税。加强对市属企业纳税户数、税收结构、行业分布、重点税源等情况的调研分析。通过采取统一安排、集中培训、市县联动、分别实施的形式，按照边调查、边处理、边整改、边入库的原则，对全市重点税源企业财税专项调查。按照《关于开展税收收入征管质量检查的通知》（鲁财监〔2008〕6号）文件精神，从2008年5月开始，开展了对全市地税系统的税收收入征管质量检查工作，提高了各级治税管费水平。2008年全市地方财政收入总量继续保持全省第五位，增幅高于全省1.21个百分点；12个县市区收入全部超过2亿元，其中有5个超过8亿元，地方财政实力进一步壮大。国税部门完成31.96亿元、增长25.32%；地税部门完成56.58亿元、增长17.11%。非税收入占比降低2.1个百分点、“两税”占比提高1.2个百分点，收入结构进一步优化。

【强化支出管理　资金使用效益明显提高】 全市各级财政部门积极调整优化支出结构，把更多资金投向重点项目建设。一是大力压减行政成本。牢固树立过紧日子的思想，按照5%的比例压缩党政机关公用经费，严格从紧控制“人车会话”费等一般性支出，仅车辆一项，就节省市级财政支出3 000多万元。一般公共服务支出完成28.7亿元，增长7.1%，低于全市平均增幅15个百分点。二是全力保障重点支出。市财政投入重点项目建设资金达到10.6亿元，占市级一般预算支出的23.39%。孔子文化会展中心、圣都国际会议中心、济宁曲阜机场等重大工程项目按时竣工使用。全市财政安排1.01亿元，有力支援了汶川抗震救灾工作。在落实扩大内需政策中，多方争取上级项目资金1.98亿元、全市配套资金7 300万元，保证了项目顺利实施。三是不断创新理财方式。围绕财政工作的关键环节、重点领域，有针对性地加强制度建设，实行“先建制度、后分资金，先规范、后运作”，财政资金分配使用更加规范、安全、有效。四是强化资金监督管理。坚持依法理财，完善内控机制，自觉接受人大及社会监督。加大监督检查力度，依法查处各类违规违纪行为。积极拓宽财政投资评审范围，2008年全市共完成评审项目539个，评审资金22.2亿元，审定资金17.7亿元，审减资金3.7亿元，审减率16.78%。其中市级评审项目80个，评审资金5亿元，审定资金3.7亿元，审减资金4 835万元，绩效评价增加效益8 126万元。

【保障改善民生　人民群众得到更多实惠】 强化理财为民意识，实施了一系列新的民生政策，让发展成果更多地惠及人民群众。一是支持新农村建设。认真落实各项强农惠农政策，全市安排支农政策性补贴9.51亿元，其中，落实粮食、良种、农机和农资综合补贴达到6.04万元；安排3 036万元提高能繁母猪补贴标准；安排2 741万元扶持奶农和奶业发展；落实“家电下乡”补贴2 036万元。市财政安排4 540万元用于农村公路建设和养护工作，各级财政安排小型病险水库除险加固资金5 850万元，支持61个病险水库除险加固建设；安排农田水利工程建设资金2 452万元，新增、改善灌溉面积8万亩、排涝面积6万亩；安排960万元专项资金，对45个乡镇的106个行政村、1.1万户进行“一池三改”补助。二是推动教育事业发展。全市用于教育方面支出43.5亿元，增长24.8%。加大职业教育、高层次教育人才引进、教师培训、地方教科书、高校国家助学贷款贴息和风险补偿等方面投入。全市安排4.6亿元深化城乡义务教育经费保障机制改革，教育优先发展战略得到全面落实。投入校舍改造资金1.2亿元，消除危房5.1万平方米，中小学校舍面貌发生了巨大变化，办学条件得到明显改善。安排1.1亿元，资助学生16.8万人次，切实解决了困难学生上学难的问题。三是促进医疗卫生事业发展。全市用于医疗卫生支出10.1亿元，增长51.4%。市财政安排1亿元用于新型农村合作医疗，两次调整补贴标准后由人均40元提高到80元，共覆盖农业人口617.71万人，参合农民596.65万人，参合率达到96.59%以上，在全省率先实现省政府确定的工作目标。积极支持启动城镇居民基本医疗保险工作，市财政安排1 654万元，用于对各县市区城镇居民基本医疗保险的参保补助经费；安排专项经费60万元，支持医疗保险经办机构，加强城镇居民基本医疗保险经办能力建设。全市参保登记缴费人数达到62.6万人，参保率为71.7%；收缴医疗保险费3 108万元，享受医疗保险待遇6 246人，支付医疗费1 360万元。加大公共卫生建设投资力度，市财政安排1 740万元用于支持农村卫生室和城镇社区卫生服务体系建设，城乡医疗卫生条件明显改善。四是支持社会保障和就业再就业等工作。全市用于社会保障和就业再就业支出13.5亿元，增长45.7%，其中，市级安排就业再就业资金574万元。比去年同期增加48万元；及时发放2.17亿元补贴支持出租车、城市公交等公益行业应对油价上涨影响。安排专项资金1 500万元，为1 500户农村困难家庭危房进行改造、为2 000名贫困残疾人助听助行，同时为10 000名贫困白内障患者实施复明手术，并启动白内障无障碍市创建活动，使广大困难和弱势群体享受到“阳光财政”的温暖。建立完善城乡低保和农村五保供养制度，为城乡低保人群每人每月分别增发低保金15元、10元。安排专项资金721万元，自2008年冬季起，对城区困难群众实行新的采暖补贴办法，由暗补改为明补，同时提高了补贴标准，直接受益群众达到近5万人。此外，市财政安排4 850万元支持廉租住房建设，解决城市低收入群众住房困难问题。

【深化财政改革　财政运行机制逐步规范】 一是完善财政管理体制。根据《济宁市人民政府关于进一步调整完善财政体制的意见》（济政发〔2008〕30号）精神，自2008年1月1日起，调整完善市对县市区财政体制，实行“部分企业下放、税收属地征管、增量比例分享、强化激励约束”。“部分企业下放”，即市级保留一部分对全市经济发展关系密切的行业和企业缴纳的税收，其余企业的税收下放到县市区管理。“税收属地征管”，即除市级保留的收入外，其余各项税收均按照属地原则进行征管，就地缴入县市区国库。“增量比例分享”，即对县市区的收入增量，市与县市区按一定比例分享，市级下放收入相应增加分享比例。“强化激励约束机制”，即建立分享收入增长激励约束机制，对达不到规定比例的，市级按规定比例分享收入；对超过规定比例的，市级分享的收入按一定比例予以返还或全部返还。完成北湖度假区、任城区与市中区财税体制划转工作。二是不断深化预算管理改革。部门预算改革全面铺开，通过完善支出定额体系，建立财政供养人员信息库，预算编制的规范化、精细化水平不断提高。收支两条线改革稳步推进。进一步加强“两集中”改革，截至2008年底，纳入“两集中”管理的预算单位达到299个，建账304套，注销原有账户329个，归集划转资金4.07亿元。财政直接支付的政府采购资金、工程项目建设资金、财政统发工资等达到9.54亿元。遵循集中支付与集中核算统筹兼顾的原则，按照财政部的有关要求，逐步实施支付与核算业务并轨运行，预算执行的效率和透明度明显提高。三是强化县乡财政管理。大力实施“乡财县管”改革。在乡镇政府管理财政的法律主体地位不变，财政资金所有权和使用权不变，乡镇享有的债权及负担的债务不变的前提下，以乡镇为独立核算主体，实行“统一预算编制、统一账户设置、统一收付方式、统一办理采购、统一票据管理”的管理模式，由财政部门直接监管乡镇收支行为。设立“乡财县管”办公室，负责乡镇拨款、会计核算、结账、对账、编制会计报告及票据管理等工作，相应取消乡镇财政所的总预算会计。市财政确定，对全面实施乡财县管改革的县市各奖励20万元。截至2008年底，市中区、泗水、汶上、邹城、鱼台、金乡、嘉祥、梁山等8个县市区推行了这项改革。扎实推进县级部门预算改革，县乡财政管理水平不断增强。四是加大新型乡镇建设支持力度。《中共济宁市委济宁市人民政府关于推行新型乡镇建设试点工作的意见》（济发〔2008〕20号）出台后，市财政局立足财政职能，提出了鼓励县市区理顺与新型乡镇之间的财政体制；鼓励新型乡镇建立镇级金库或专门账户，具体办理镇级财政收支业务；鼓励“镇区（园）合一”，促进新型乡镇经济发展；鼓励新型乡镇创新投融资机制；鼓励发展农村专业经济合作组织等10条具体贯彻意见，理顺了新型乡镇财政体制，确保新型乡镇又好又快发展。

【加大帮扶力度　基层财政保障能力进一步增强】 全力争取上级各项奖补政策，2008年争取到上级财力性转移支付22亿元，结合调整完善财政体制，市级进一步加大对下转移支付力度，共安排财力性转移支付4.7亿元。6个财政困难县继续纳入省保障性转移支付范围，共争取“五项机制”奖补资金6.4亿元，较上年增加1.6亿元。省、市对6个财政困难县转移支付总量达到20.4亿元，人均财力由2007年的3.2万元提高到3.9万元。县域教师工资实现统一发放、工资标准大幅提高，基层政权运转、民生、医疗卫生等事业得到较好保障。

【加强政风行风建设　干部队伍综合素质进一步提高】 以加强干部作风建设为着力点，努力增强干部职工的服务意识，不断完善服务机制，全面提高了财政部门服务大局、服务部门、服务基层、服务群众的能力。一是深入开展以“学苏北精神，促济宁跨越”为主题的实践教育活动、“解放思想改革创新跨越发展大讨论”活动和“作风建设年”教育活动，把广大党员干部的思想和行动高度统一到中央精神上来，统一到中央、省、市委作出的重大决策上来，把广大党员干部的干劲凝聚到局党组的总体目标和工作思路上来，凝聚到干事创业、加快财政发展上来，为圆满完成财政工作任务提供坚强的政治和思想保证。二是大力推进政务公开。建立健全财政信息公开制度，参与“阳光政务热线”直播，“阳光财政”建设取得重要成果。三是强化精神文明建设。坚持把文明创建活动与提高干部队伍综合素质结合起来，与做好财政工作结合起来，以活动为载体，增强文明创建的实效性。积极开展向灾区捐款活动，为支援四川地震灾区先后组织了三次捐赠，干部职工共捐款33.63万元（含特别党费2.76万元）。四是全面落实党风廉政建设责任制。加强教育，注重预防，强化监督，完善制度，履行职责，狠抓落实，确保了行业管理工作目标和党风廉政建设任务的完成。市财政局被评为省级文明单位，实现省级文明机关“四连冠”。在市直部门向社会公开践诺承诺评议、“双评”和市直涉企评议等活动中均取得较好成绩。

（撰稿：钟　强　殷宪宇　荣祥照）

泰 安 市

【概述】 2008年，面对复杂多变的经济形势，全市上下深入贯彻党的十七大和十七届三中全会精神，紧紧围绕“建设经济文化强市、打造国际旅游名城”奋斗目标，坚持以科学发展观为统领，以解放思想为先导，以改革创新为动力，沉着应对，团结拼搏，攻坚克难，经济社会事业实现平稳健康发展。全市GDP突破1 500亿元，达到1 513.3亿元，按可比价格计算，比上年增长（下同）13.4%。其中，第一、第二、第三产业增加值分别达到161.1亿元、839.3亿元和512.9亿元。三次产业结构由上年的10.8∶56.2∶33.0调整为10.6∶55.5∶33.9。农业经济稳定发展。工业经济效益继续提高，高新技术产业发展加快。全市1 361家规模以上工业实现增加值、主营业务收入、利润和利税分别达到800.6亿元、2 543.4亿元、178.5亿元和308.6亿元，增长16.8%、30.6%、35.8%和35.4%；全市实现规模以上工业高新技术产业产值784.9亿元，增长33.8%，占全部工业总产值的比重达到28.8%，比上年提高2个百分点。消费品市场繁荣，旅游业发展势头良好。全市实现社会消费品零售总额466.8亿元，增长23.4%；全年实现旅游总收入143.5亿元，分别增长23.0%和30.8%。固定资产投资力度加大，民间投资更具活力。全市规模以上固定资产投资完成803.0亿元，增长25.8%，其中民间投资完成742.4亿元，增长28.8%。利用外资较快增长，对外贸易稳步发展。全市新批利用外资项目118个，实际利用外资11.7亿美元，增长19.6%。全市完成进出口贸易总值15.1亿美元，增长12.1%。城乡居民生活水平明显提高。市区居民人均可支配收入和农民人均纯收入分别达到16 095元和6 046元，增长16.5%和13.9%。

在经济平稳快速发展的基础上，财政预算执行情况良好，财政收支稳步增长，收入质量明显改善，有力保障了经济社会又好又快发展，全市连续22年实现了财政收支平衡。全市地方财政收入完成76.4亿元，完成预算的（下同）101.2%，增长19%。其中：税收收入58.6亿元，完成110.56%，增长25.4%。市级地方财政收入20.5亿元，完成100.1%，增长16.1%。市级主要收入项目是：税收收入13.6亿元，完成99.6%，其中增值税1.8亿元，完成92.7%；营业税4.2亿元，完成92.5%；企业所得税2.9亿元，完成149.1%；个人所得税0.6亿元，完成100.6%；其他税收收入4.1亿元，完成88.5%。非税收入6.9亿元，完成101.1%。全市财政总支出111.6亿元，增长6.7%。市级总支出25.7亿元，增长21.7%。一般公共服务4.67亿元，完成98.1%；国防及公共安全3.21亿元，完成96.2%；教育2.77亿元，完成103.7%；科学技术4 083万元，完成104.7%；文化体育与传媒4 074万元，完成202.8%；社会保障和就业2.58亿元，完成108.7%；医疗卫生1.56亿元，完成102.8%；城乡社区事务及环境保护4.88亿元，完成121.2%；农林水事务1.26亿元，完成107%；交通运输1 539万元，完成108.5%；工业商业金融等事务1.12亿元，完成91.8%。按现行财政体制，当年地方财政收入，加中央税收返还、上级专款收入、各项体制结算、调入资金、上年结余收入，全市总财力为119.2亿元，减去当年总支出，年终滚存结余7.6亿元，其中结转下年支出7.4亿元，累计净结余1 906万元，其中当年净结余28万元。

【预算执行主要特点】 一是狠抓收入征管，财政实力跃上新台阶。2008年，全市大力开展“继续解放思想、推进科学发展”学习教育活动，不断提升发展境界，创新发展思路，强力推进经济加快发展。各级财税部门紧紧围绕发展大局，努力克服各种困难和不确定因素，严格依法征税管费，财政收入实现平稳较快增长。全市地方财政收入完成76.4亿元，增长19%，增幅列全省第4位，较上年前移6个位次。财政收入质量较大幅度改善。全市地方税收收入完成58.6亿元，增长25.4%，高于财政收入增幅6.39个百分点；税收收入比重达到76.73%，比上年提高3.91个百分点，保持了连年提升的良好势头。尤其是增值税、营业税、企业所得税、个人所得税四大主体税种，保持了高速增长的良好态势，全市完成27.01亿元，增长19.99%，增幅居全省第2位。二是保障改善民生，财政支出体现了公共财政方向。始终坚持以人为本、民生优先的政策导向，按照“多予少取放活”方针，不断加大“三农”财政投入，加快推进新农村建设。全市财政预算内“三农”总投入达到37.1亿元，比上年增长45.49%；占财政总支出的比重达到33.24%，比上年提高了8.85个百分点。其中，筹集资金7.42亿元，重点支持了病险水库除险加固以及农村饮水工程、交通工程、改厕改灶等基础设施建设，农村生产生活条件进一步改善；筹集资金4.6亿元，重点支持了现代农业以及农副产品加工业、农村专业合作组织等二、三产业发展；筹集资金19.1亿元，加大了农村教育、卫生、社会保障等重点事业投入，使广大农民群众共享改革发展的成果。积极帮助农民减负增收，通过落实各项惠农补贴政策共补贴农民6.74亿元，比上年增加3.17亿元。积极支持环境保护。围绕生态市建设，全市拨付资金1.62亿元，重点支持了生态保护和环境治理。其中，拨付资金6 312万元，建立了生态补偿机制；拨付资金5 800万元，支持了环境监测、污染源治理和垃圾污水处理；拨付资金3 500万元，支持了荒山绿化和防护林建设。三是优化支出结构，重点支出保障能力得到提高。全市各级财政部门坚持“保重点、压一般”的原则，积极调整优化支出结构，在保证工资正常发放、机关正常运转的前提下，切实加大对经济建设和重点事业发展的资金投入，“三农”、服务业发展、节能减排、城市建设等重点支出得到较好保障。全市财政筹集资金1.18亿元，其中市财政拨付9 182万元，专项用于138座病险水库除险加固。认真落实各项惠农政策，继续对种粮农民实行粮食直补和农资综合补贴，每亩补贴达到86.78元，比上年提高了42.28元，两项补贴资金总额达到2.89亿元，其中粮食直补资金4 661万元，化肥、柴油等生产资料综合补贴2.42亿元。一次性发放成品油补贴1.01亿元，减轻了成品油价格上涨对弱势群体和公益行业的影响。认真落实水库移民后期扶持政策，共兑付大中型水库和三峡移民扶持资金1.53亿元，受益群众达34.1万人。积极支持化解“三鹿奶粉”事件引发的奶业危机，及时拨付资金1 175.98万元，对全市受损奶农、乳制品加工企业促销等给予补贴。拨付能繁母猪补贴资金1 361.8万元，进一步稳定了生猪生产。支持发展农村劳务经济，落实农村劳动力转移培训“阳光工程”补贴资金412万元。筹集资金1 570万元，实施了农机具购置补贴和农机具创新示范项目建设等，农村生产生活环境明显改善。大力缓解县乡财政困难。充分利用上级财政困难县、工资改革转移支付、义务教育经费保障机制改革等政策，积极争取上级支持，增加地方可用财力，缓解县乡财政困难，市以上财政共安排对下转移支付15.5亿元、专项资金12.5亿元，同口径分别比上年增加2.7亿元、3.3亿元，有力地支持了基层各项事业发展。

【突出发展主题，财源建设取得新成效】 坚持“先丰泽而后渔，先生财而后聚财”，认真研究生财之道，努力培植壮大财源，夯实了财政增收基础。一是财政扶持发展力度不断加大。市级共筹集财政资金10.1亿元，用于支持企业发展。其中，投入5.1亿元，重点支持了工业骨干企业发展；投入4 000万元，支持了旅游业、地方金融企业等服务业发展；投入9 000万元，支持了农业龙头企业发展壮大；投入9 600万元，支持了城市公用企业发展。二是财政资金吸附能力不断提高。广泛采取财政贴息、奖励、补助等手段，吸纳金融资本、社会资本增加投资，共帮助企业贷款35.6亿元，引导企业增加技改投资27亿元，鼓励金融机构新增贷款65.9亿元。尤其是在财源建设资金的使用上，采取“财政选银行、银行选项目、平台作担保”的模式，设立了财源建设担保资金和风险补偿金，联合金融机构以放大5倍的规模，吸纳金融资本2亿元，支持了财源建设重点项目。三是财税调控作用不断增强。为支持产业结构调整，市财政先后设立了600万元的旅游业发展资金、1 100万元的服务业发展引导资金和1 200万元的文化产业发展资金。为推进发展方式转变，先后拨付资金1.57亿元，支持企业技术改造和技术研发；拨付资金1.32亿元，鼓励企业节能降耗、淘汰落后产能、应用清洁能源；拨付资金

6 800 万元，帮助企业采用新工艺、开发新产品。四是发展环境不断优化。认真落实各项税收优惠政策，帮助企业渡过难关。全市共向企业减税让利 12.72 亿元，企业税收负担大大减轻；筹集资金 3.47 亿元，支持了企业改革改制和职工权益保障；拨付资金 1 628 万元，支持了招商引资和经贸洽谈活动；筹集资金 5.1 亿元，支持了市重点工程建设，提高了城市载体功能，改善了经济发展和人居环境。

【保障改善民生，统筹发展开创新局面】 坚持统筹协调可持续的科学发展观，按照基本公共服务均等化的要求，集中财力投向民生领域，全力为民办实事、解难题。社会保障水平稳步提高。一是进一步完善了城乡低保制度，全市共发放低保金 1.17 亿元，将城乡低保补助标准分别提高 28.4% 和 64.5%。提高了农村“五保户”供养标准，全市共落实供养经费 3 202 万元。筹集资金 5 170 万元，支持了老年福利、孤残儿童救助等事业发展。建立了物价上涨与困难群众生活保障联动机制，确保困难群众生活水平不降低。二是义务教育保障机制和教育助学体系逐步完善。继续深化义务教育经费保障机制改革，全市共落实保障经费 1.77 亿元，提高了生均公用经费基本标准，确保了各项免费政策的落实。加大了困难学生资助力度，全市落实各类教育助学资金 8 861 万元，比上年增加 2 800 万元。全市筹集资金 4 610 万元，支持了农村中小学危房改造和“两热一暖”工程试点，农村教学条件进一步改善。三是医疗保障体系不断健全。全市拨付资金 3 693 万元，支持开展了城镇居民基本医疗保险试点；落实新型农村合作医疗补助资金 2.54 亿元，进一步提高了政府补助标准，全年共为农民报销医疗费 1.91 亿元；筹集资金 2 219 万元，支持了乡镇卫生院和社区卫生服务体系建设，提高了基层卫生服务能力。继续实行困难群众医疗救助制度和康复救助计划，全市共拨付医疗救助资金 578 万元。就业帮扶力度持续加大。全市拨付资金 3 184 万元，实施了就业援助计划；落实资金 1 640 万元，开展了就业培训；拨付资金 762 万元，进一步完善劳动力市场体系；拨付小额担保贷款贴息及担保费 111 万元，积极支持自谋职业、自主创业。

【深化财税改革，依法理财再上新水平】 始终坚持用创新的思路引领财政改革发展，用改革的办法破解难题，用精细的管理提高效益，全力打造创新型、绩效型财政，科学理财水平明显提高。规范理顺收入分配机制，调整了市直事业单位津补贴制度，完善了企业最低工资标准，提高了企业离退休职工待遇和优抚对象抚恤补助标准，实施了市级机关事业单位住宅取暖补贴改革。调整完善了市区财政管理体制，实行税收属地化管理，建立了有利于促进区域经济发展、科学规范的收入分配机制。政府收支分类、国库集中支付、政府采购、财政投资评审、政府投融资管理等管理改革不断深化。全市通过集中支付系统支付资金 73.44 亿元；政府采购实现“管采分离”，全市政府采购额达到 12.8 亿元，节约资金 2.1 亿元，综合节支率 14.3%；全市共评审财政投资项目 901 个，评审资金总额 26.2 亿元，审减资金 4.7 亿元，平均审减率 17.9%；政府融资额达到 12.1 亿元，其中市级融资额 9.54 亿元，有力支持了市重点工程建设。同时，加大财政执法检查力度，开展了福利彩票、粮食风险基金、城建资金、税收征管质量等 46 项财政专项检查，查出违规违纪资金 3.25 亿元，财政财务管理的规范化、科学化、精细化水平全面提升。

【坚持以人为本，队伍建设结出新硕果】 以创建“四型机关、五型财政”为抓手，大力加强干部队伍建设，夯实了干事创业基础。一是抓学习、强素质。以“继续解放思想推进科学发展”学习教育活动为契机，围绕“创建学习型机关、争做创新型人才”的目标，充分发挥干教中心的基地作用，大力加强政治理论和财政业务培训。全年共举办县乡财政干部、新企业会计准则、农民专业合作社财务会计制度等各类培训班 99 个，培训各类人员 1.4 万人次，局党委被泰安市委表彰为“先进理论学习中心组”，干教中心被省财政厅评为“全省财政系统干部教育培训工作先进单位”。坚持在学习中调研、在调研中决策、在决策中实践，认真组织开展财政调研和改革开放 30 年综合纪念活动。市财政局有 2 篇科研成果分获全省政府系统、财政系统二等奖和一等奖，2 篇科研成果分获全市社会科学一、二等奖；在全国、全省财政系统改革开放 30 年征文活动中，有 1 篇获全国二等奖、全省一等奖，3 篇获全省二等奖、8 篇获全省三等奖。二是抓作风、树形象。教育广大干部职工树立正确的事业观、工作观、政绩观，大力推行政务公开，认真清理行政审批事项，规范简化办事程序，努力提高服务效能，树立了财政部门“务实、为民、清廉”的良好形象。在年度政风行风集中评议活动中，市财政局以 91.2 分名列市直部门第一名，连续第六年获得全市前三名的好成绩。三是抓廉政、促勤政。认真落实“一岗双责”、“领导干部述职述廉”、“个人重大事项报告”等制度，高质量完成了承担的 26 项反腐工作任务，促进了廉洁从政、依法理财。以建设节约型机关为目标，严格内部资产和财务管理，进一步规范财务报销、公务接待、车辆管理和基建维修等各项内部管理制度，为财政中心工作的顺利开展提供了良好的后勤保障。大力开展文明创建活动，局机关连续第六年被授予"省级文明机关"称号。

（撰稿：王庆涛　池庆喜　陈祥云）

威　海　市

【概述】 2008年，面对复杂多变的经济形势和各种减收增支因素的影响，威海市财政部门紧紧围绕市委、市政府的决策部署，充分发挥财政职能作用，积极利用政策、资金杠杆，采取一系列积极措施，保证国民经济和社会事业持续健康发展，财政收支稳定增长。2008年，威海市地方一般财政收入完成93.7亿元，同口径增长16.3%，加上税收返还、各项结算、上级专款和上年结转收入等32.2亿元，全市可用财力共计125.9亿元。全市一般财政支出122.2亿元，比上年增长18.3%，结转下年支出3.5亿元。收支相抵，累计净结余1 504万元，当年净结余184万元。

【完善生财聚财机制】 始终把支持经济发展、培植壮大财源作为重点工作来抓，围绕国家产业政策和全市经济工作中心，灵活运用财税杠杆，全面投入，重点扶持，取得了明显成效。一是围绕发展重点做到重点支持。把重点骨干企业作为带动经济发展的支柱，拨付3 000万元支持三角、威高、光威三户企业膨胀；拨付722万元，对49户贡献突出的企业予以表彰奖励，激发企业加快发展、依法纳税的积极性。把节能减排和技术创新作为提升产业层次的重点，市级投入4 300万元，同时争取上级资金2.3亿元，支持企业重大技术创新、新产品研发、重大产学研项目、重点产品结构调整等，促进节能降耗，加快经济增长方式转变。针对电力供应不足制约经济发展的现实问题，及时筹措资金3 000万元，支持电厂多发满供，缓解了用电紧张的局面，支持了企业发展。二是健全支持发展的政策体系。出台了《威海市服务业发展引导资金管理办法》、《威海市国际市场开拓资金管理办法》、《威海市服务外包专项资金管理办法》，拨付专项资金2 126万元，支持服务业和新兴产业发展，帮助企业开拓国际市场。修订完善了《威海市科学技术奖励办法》、《威海市实施品牌战略奖励办法》，加大对科技创新和品牌战略奖励力度，进一步引导和推动企业发展。为帮助企业渡过危机，保持经济平稳较快发展，出台了《关于进一步加强财源建设的意见》，充分调动市场、企业、政府等各类资源，支持威海市企业做大做强，支持大企业以商招商，支持重点项目落户威海，该文件政策之优、力度之大是多年来所没有的，也是威海市积极应对危机、促进经济发展的重要举措之一；出台了《关于减免缓和暂停征收部分涉企行政事业性收费的通知》，减轻企业负担，支持企业发展。三是进一步优化经济发展环境。本着"客观公正、兼顾各方利益"的原则，制定了工业新区体制调整意见，为新区今后发展提供了体制保障。拟定了《关于进一步加强税收属地管理工作的通知》，明确界定了税收属地范围，规范了部分特殊企业的税收管理，建立了良好的税收征管秩序。

【着力改善社会民生】 坚持"以人为本"的科学发展理念，始终把民生放在财政保障的突出位置，维护群众切身利益，关注民生热点问题。一是切实保障群众生活。建立了物价上涨与提高城乡低收入居民生活补贴联动机制，城乡低保家庭临时价格补贴每月分别提高30元和20元，切实保障低收入群众的基本生活；建立了生猪活体储备、市级食用油储备和市区成品粮储备制度，由市财政对承担储备任务的企业给予补贴，稳定副食品市场供应；对农药超标蔬菜销毁给予补偿，确保食品安全；拨付成品油价格改革补贴5.9亿元，切实减轻部分行业和个人负担，避免高油价对群众生活造成较大影响。二是大力促进教育和医疗卫生事业发展。投入3 062万元，积极支持义务教育阶段学生免杂费工程；投入5 644万元，提高了农村义务教育公用经费定额标准，提高了农村贫困学生寄宿生生活费和乘班车补助；投入5 587万元，推进农村中小学和特殊教育教学仪器更新工程、农村中小学"食暖行"工程、农村学校改厕试点工作；健全了政府助学政策体系，发放各类助学金和贷款贴息4 354万元，受助学生4.2万人。投入630万元，支持全市10处农村医疗急救站和10个镇卫生院、40个村卫生室建设，提高农村医疗条件和救治水平；全面提高新型农村合作医疗政府补助标准，由每人每年44元提高到80元，并将各级财政新增补助资金全部纳入统筹基金；全面推行城镇居民基本医疗保险制度，将城镇未成年人、非从业居民和城乡困难群众纳入了医疗保障体系；出台了《政府购买社区卫生服务实施意见》，投入200万元，支持3个社区卫生服务中心和7个社区卫生服务站开展试点，积极探索城市社区卫生服务新模式。三是加强公益设施和环境建设。市级筹集资金8亿元，完成了市区9条河流和5个小区背街小巷的整治，新建改造道路13条，建设过街天桥2座，支持了米威调水、污水排放、环翠楼公园改造和机场、铁路建设等，完善了城市功能，优化了人居环境。四是积极应对焦点问题和突发性事件。对供电、公交等涉及民生的社会焦点问题进行了广泛调研，拟定了科学合理的解决意见。全力以赴做好支援四川灾区的资金保障和资金管理工作，共向灾区支出2.1亿元，为抗震救灾提供了有力支持。积极参与浒苔打捞、费用争取和兑现工作，保证渔船渔民得到合理补偿。高效应对三聚氰胺奶粉事件，及时筹集资金为5.8万名婴儿提供了免费筛查和救治。

【加大“三农”保障力度】 认真贯彻十七届三中全会精神，切实加大“三农”保障力度，推动城乡统筹发展。一是着力支持农村经济发展。采取贴息、补助、以奖代补等方式，重点扶持发展前景好、消化当地农产品数量大、产品科技含量高、吸收农村劳动力多的市级以上农业龙头企业；投入农业综合开发资金3 920万元，支持产业化经营，改造中低产田5.6万亩；投入1 408万元，实施渔业资源修复行动，促进海洋经济可持续发展；筹集1 400万元，通过扶持奶牛标准化养殖等方式，积极帮助威海市奶业企业走出困境；投入1 156万元，对获得无公害、绿色、有机食品和地理标志认证的农产品给予奖励，支持农产品质量安全工程建设；拨付866万元，进一步推进政策性农业保险试点，扩大了试点地区和试点品种范围，在2008年秋天玉米遭受雨灾雹灾后，农民短时间内获得523万元理赔金，使灾后生产能力迅速恢复。二是切实增加农民收入。提高了粮食直补、农资综合直补、能繁母猪补贴标准，加大了良种补贴、农机具购置补贴、优质后备奶牛补贴力度，新实施了困难奶农补贴、村级防疫员补贴等，各类惠农补贴达到1.9亿元。积极推行“家电下乡”试点，对农民购买家电给予政府补助，全市共销售家电下乡产品4.7万台（部），提高了农民购买力。全面实行财政涉农补贴资金“一本通”发放制度，确保各项惠农资金及时、足额发放到农民手中。三是积极改善农村生产生活条件。采取以奖代补的形式，推进全市199个农家书屋建设；投入246万元，为全市65个乡镇配备了数字放映机，保证农村公益电影放映工程顺利实施；投入200万元，实施农村贫困残疾人危房改造工程，使农村贫困残疾人住房环境得到有效改善；投入8 696万元，完成了100座小型病险水库除险加固；安排1 670万元，支持166个村自来水维修改造；筹集1.1亿元，支持“村村通柏油路”建设，改造农村公路392.6公里，新增通柏油路村425个；投入2 480万元，支持绿色通道、荒山绿化建设，完善森林生态效益补偿机制，改善农村生态环境；投入2 379万元，支持农村沼气建设，新增户用沼气1.7万户、沼气工程152处。

【提升科学理财水平】 管理出效益，管理出效率。2008年，全市财政系统深入开展了“效益效率年”活动，以追求资金使用效益的最大化和工作效率的最高化为目标，通过科学理财，增加收入3亿元，节约支出3亿元，在财政收支矛盾空前突出的情况下，弥补了发展资金不足，有力促进了经济和社会事业发展。一是千方百计增加收入。根据市区土地使用价值上升情况，合理调整了土地等级，增加税收3 200多万元；提高了耕地占用税征收标准，增加税收8 000多万元；对非税收入核定成本，集中收入1.1亿元，其中学校收费定向使用6 143万元；对部分财政专户资金实行协议存款，增加利息收入4 000万元；积极应对法人所得税制度，针对威海市房地产非法人企业比重较大的问题，区分类型予以规范，有效防止了税收流失，增加地方收入4 000万元左右。二是想方设法节省支出。加强政府重点工程事前、事中、事后全程监管，2008年核减项目投资2.1亿元；科学调度资金，解决金线顶、大操场拆迁补偿问题，节约利息支出3 000万元；通过法律诉讼和调解，免除财政性债务支出3 743万元；争取豁免威海市国债贷款2 155万元，争取核销威海市农业综合开发财政有偿资金318万元；科学合理地配置、使用政府资源，推动机关事业单位办公用房及资产整合共享，达到“少花钱多办事”的目的。三是全面加强行政效能建设。把制度建设作为加强管理的重要手段，坚持用制度管人、管事、管钱，2008年共出台60多项制度；实行规范的局务会议制度和提示督办制度，做到每项工作有计划、有部署、有落实、有结果；加快“金财工程”建设，开发完善财政业务网络系统，开展网上公共服务；不断优化工作流程，切实提高工作效率，针对中央扩大内需资金拨付急、要求严的特点，在全省率先实现专户运行，中央资金转拨指标文件一日内到达市区财政局，资金使用效益大大提高。

（撰稿：付璐玮）

日 照 市

【概述】 2008年，日照市生产总值达到773.14亿元，按可比价格计算，比上年增长15.1%。2008年，全市实现地方财政收入36.33亿元，占预算的113.69%，比上年增长25.37%，其中市级实现收入1.83亿元，占预算的100.32%，比上年下降3.84%（主要是行政性收费收入减少）；全市财政支出实现57.08亿元，占预算的126.45%，增长23.07%，其中市级支出实现22.81亿元，占预算的148.8%，增长36.45%（主要是政策性增支），全市财税保持了良好的运行态势，各项财税工作迈上了新的台阶，连续22年实现了财政收支平衡，促进了全市经济和社会各项事业发展。

【加强财源建设，地方财政收入快速健康增长】 2008年，全市财政部门创新财源建设扶持机制，把优化产业结构升级、优化招商引资、节能减排、金融机构信贷政策执行情况等纳入财源建设考核，并完善了支持大项目建设、“总部经济”、自主创新、中小企业发展等方面的考核政策，大力培植了骨干财源和新兴财源。扎实开展税负分析和税源调查，积极推进依法治税，完善属地税收征管体制，改革契税征缴入库办法，推进企业二三产业分离，强化了税收征管。完善非税收入征管机制，特别是将土地出让收入全部通过非税收入征收管理系统全额缴入国库，全市政府土地出让收入达到12.16亿元，其中市级出让收入10.2亿元。强化预算执行分析，加强了收入调度工作。在全市地方财政一般预算收入中，国税系统共组织收入14.13亿元，增长68.1%；地税系统共组织收入17.39亿元，增长22.52%；各级财政和其他部门组织税收和行政性收费等4.82亿元。全市税收收入占地方财政收入的比重为90.01%，列全省第2位。中央对宏观经济政策作出重大调整、提出实施积极的财政政策后，迅速与上级部门搞好政策对接和工作衔接，及时制定了贯彻落实措施，并认真做好项目筛选、论证和上报工作，积极争取上级支持，有力促进了全市经济社会发展。

【科学运筹财力，民生保障体系逐步建立完善】 2008年，全市各级财政部门认真执行支出预算，优化支出结构，集中财力“保工资、保稳定、保法定支出”。全市农林水事务支出4.46亿元，其中市级支出8 466万元，增长36.92%；教育支出12.91亿元，其中市级支出1.95亿元，增长27.66%；科技支出6 141万元，其中市级支出1 715万元，增长28.18%。坚持把民生放在公共财政保障的首位，统筹安排财力26.1亿元用于支持民生事业和基本公共服务，在扎实办好为民12件实事的同时，又相继实施了一系列民生政策。一是加大强农惠农政策落实力度。发放小麦直补和农资综合直补资金1.19亿元；良种补贴1 446.5万元；农机具购置补贴450万元；大中型水库移民后期扶持补贴8 975.76万元；成品油价格补贴2.22亿元；小麦、玉米农业政策性保险和能繁母猪补贴2 058.5万元；家电下乡补贴703万元；并将能繁母猪财政补贴标准由每头50元提高到100元。二是加大教育投入。扎实推进农村义务教育经费保障机制改革，落实资金8 458万元，全部免除了农村中小学生杂费并免费提供教科书，补助了4 000余名寄宿生生活费，对567处农村中小学校提供了公用经费保障。落实资金1 522万元，免除了6.9万名城市学生杂费，实现了城乡义务教育免杂费“无缝”覆盖。落实资金1 808万元，对2.7万名普通高校和中等职业学校家庭经济困难学生进行了资助。对高校家庭困难学生按每人每月40元的标准发放了临时伙食补助。采取“以奖代补”方式，落实资金2 680万元用于农村中小学校舍维修改造。三是加大社会保障支持力度。完善城乡居民最低生活保障制度，城市低保月保障标准从210元提高到235元，农村低保年保障标准提高到900元，并确保离退休人员工资及时发放。启动了城镇居民基本医疗保险试点，同时将新型农村合作医疗财政补助标准由40元提高到80元，将五保对象集中供养标准由2 000元提高到2 200元，分散供养标准由1 200元提高到1 400元。提高带病回乡退伍军人、参战、涉核人员等部分优抚对象，以及建国前老党员抚恤和生活补助标准，其中建国前老党员补助标准翻了一番。加大住房保障支持力度，归集住房公积金3.45亿元，提取住房公积金1.66亿元，发放住房公积金贷款8 924万元；为503户低收入家庭发放经济适用房货币“直补”资金2 814万元，为1 310户低收入家庭发放廉租住房补贴158万元。四是切实保证应急支出。根据抗震救灾工作需要，市财政落实资金4 373万元用于支援四川灾区。落实资金530万元支持“问题奶粉”处置工作，确保了婴幼儿身体健康，维护了社会稳定。

【**发挥财政职能，支持经济社会协调发展措施更加有效**】 2008年，全市财政部门在加大财政投入的同时，充分发挥财政政策和财政资金引导作用，支持经济社会协调发展。全年落实企业出口退税7.32亿元；拨付资金2 418万元用于自主创新、节能减排、环境保护；落实资金1 273万元，重点支持了现代服务业发展、农产品出口、国际市场开拓等。拨付资金1 000万元用于应用技术研究与开发，支持了科技创新和科技成果转化。大力支持市担保公司增资扩股，提高了对中小企业发展的服务能力。加强农村基础设施建设，拨付资金1.52亿元，重点用于农田水利建设、重点病险水库加固、农业技术推广、农业产业化、节约型农业建设和农村劳动力转移等，拨付资金1 560万元加快实施了“村村通自来水”工程。采取财政投入、利用国家开发银行贷款等方式，多方筹措资金加大城市基础设施重点项目投入，全年市级城市基础设施建设财政支出6.05亿元，保证了水运基地、南沿海路绿化、天然气长输管道、“两河”治理等一批城市基础设施建设项目顺利推进。同时，归还省级专项借款、国债转贷本息6 095万元。

【**深化改革管理，财政运行质量不断提高**】 2008年，全市财政部门深化财政改革、加强财政管理，不断提高财政运行质量。一是加快财政改革步伐。结合政府收支分类完善部门预算科目体系，强化综合预算和零基预算，进一步提高了预算编制水平。完善国库集中支付制度，提高了直接支付比例和资金运行效率，并将改革进一步延伸到乡镇。实施政府采购预算制度，强化采购全程监管，并把使用财政资金的公共工程项目纳入了监管范围，全市政府采购金额8.03亿元，其中市级采购金额4.4亿元，节约资金8 191万元，节支率15.7%。深化财政投资评审改革，将评审工作纳入部门预算、追加预算编制及专项资金分配使用环节，全年共对104个重点项目进行了评审，审减资金1.42亿元，审减率21.55%。二是加强财政监管。代市政府起草了国有资本经营预算管理办法等，严格资产评估、产权登记和资产收益收缴，加大了国有资源、资产运营管理力度。完善支出绩效评价和专项资金管理办法，对100万元以上的财政支出全部提交市长办公会审批，并强化了项目资金的跟踪管理、跟踪问效。加大财政监督检查力度，对12个系统108个单位的收支管理进行了重点检查，查出违规金额1.52亿元，对检查出的问题按规定及时进行了处理。加强财务会计管理，举办了市直行政事业单位财务人员培训班，促进了依法理财。三是清理核实乡村债务。在对莒县进行农村义务教育债务化解试点的基础上，对全市农村义务教育债务情况进行了清理核实，共化解债务9 015万元，完成了清理化解债务60%的目标。四是提高财政服务水平。扎实开展解放思想大讨论活动，积极学习借鉴先进经验，提升工作标杆，制定了赶超先进地区财税工作的措施，并结合实际制定了《关于加强自身建设的意见》、《关于建立机关纪律建设长效机制的意见》，完善了内部岗位目标考核、个人台账考核、支出绩效评价、内部审计等制度，“科学理财、文明服务”水平有了新提高。

（撰稿：单　君　张毅博）

莱　芜　市

【**概述**】 2008年，莱芜市国民经济和社会各项事业保持了良好的发展势头，综合实力进一步增强。全市完成国内生产总值455.79亿元，增长12.3%；规模以上工业增加值304.19亿元，增长11.95%；全社会固定资产投资207.46亿元，增长25.5%；农民人均纯收入6 646元，增长12.41%。在国民经济持续快速发展的基础上，财政收支稳定增长。2008年，全市地方财政收入完成30.25亿元，增长16.03%。全市财政支出完成39.38亿元，比上年增长14.04%。按现行财政体制算账，2008年结余9万元，其中市级结余1万元，实现了建地级市以来连续十六年财政收支平衡。

【**全市财政实力进一步增强**】 2008年，面对复杂多变的国内外经济形势，面对前所未有的减收增支压力，各级财政部门认真贯彻落实科学发展观，坚定信心、迎难而上，拼搏进取、扎实工作，全市财政实力进一步增强。一是地方财政收入稳定增长。在经济“高开低走”的情况下，各级积极采取措施，变压力为动力，组织收入工作取得明显成效。2008年，全市地方财政收入完成30.25亿元，增长16.03%，完成调整预算的100%；税收收入占地方财政收入的比重为90.96%，收入质量为全省最好。二是区乡财政实力明显增强。各区立足实际，大力发展区域镇域经济，培植支柱财源，区乡财政状况得到改善。2008年，莱城区地方财政收入完成11.16亿元，增长11.1%；钢城区完成15.38亿元，增长18.82%；高新区完成2.61亿元，增长26.61%；雪野旅游区完成2 937万元，增长120.5%。乡镇财政实力也不断壮大，全市20个乡镇实现地方财政收入8.02亿元，增长32.51%，其中，有2个乡镇过亿元，16个乡镇过千万元。三是财政支出规模不断扩大。随着收入的增加，全市财政支出规模进一步扩大，保障能力再上新台阶。2008年，全市财政支出达到39.38亿元，增长14.04%。其中，教育、科技、医疗卫生、社会保障和就业支出，分别完成9.79亿元、0.93亿元、2.21亿元、4.52亿元，分别增长15.83%、15.68%、17.16%、17.38%，各项民生政策得到较好落实。

【促进科学发展力度进一步加大】 2008年，各级财政部门始终把支持经济发展作为第一要务，灵活运用财税杠杆，标本兼治、多措并举，全力促进经济又好又快发展。在支持产业结构调整方面，注重发挥财政资金的导向作用，采取贴息、参股、奖励、补助等方式，积极调控和引导社会资金，不断加大对钢铁产业、高新技术产业、现代服务业及文化产业的投入，支持企业调整产品结构和改进技术装备，支持实施"中小企业成长计划"，有力地推动了现代产业体系建设。在推进节能减排和环境保护方面，各级注重发挥体制机制的激励约束功能，认真落实促进企业节能减排和环境保护的财税政策，筹集资金4 000多万元，支持了南水北调生态补偿、大汶河流域水污染治理和重大节能技术产业化改造等项目，加快了我市资源节约型和环境友好型社会建设。在优化发展环境方面，按照统一部署，及时停征了工商"两费"，全面取消国家、省174项收费，认真落实各项退税、减免税、中小企业贷款担保等政策，为企业构建了相对宽松的政策环境。同时，不断扩大市场化融资力度，2008年共争取国家开发银行、工商银行等金融机构贷款9.06亿元，确保了重点基础设施建设资金需要。

【公共财政建设投入进一步加大】 2008年，各级财政部门在保障工资发放和基层运转的基础上，大力压减一般性开支，集中财力办大事，公共财政建设进程进一步加快。一是支持加快了新农村建设。2008年，全市新农村建设投入完成6.3亿元，增长22%，认真落实了各项强农惠农政策，重点支持了农村基础设施建设、农业综合开发、科教兴农等，落实了扶持农村服务体系建设、农村土地流转、农业龙头企业发展等政策，富民强村步伐进一步加快。二是进一步完善了"十大民生保障体系"。2008年，全市民生投入达到11.2亿元，增长27.2%，提高了对新农合、农村居民养老保险的财政补助标准和城乡低保、下岗失业人员失业金发放标准，扩大了城乡义务教育阶段学生免杂费、城市低收入家庭住房保障等政策覆盖面，有效解决了城乡困难群体的基本生活问题。三是保证了重点工程建设。拨付资金4.5亿元，加大了对青草河治理、龙潭东大街公铁立交、综合体育馆、群众健身活动中心等重点工程和为民办的8件实事的支持力度，推动了全市城乡统筹协调发展。四是提高了法定支出保障水平。对预算确定的科技、教育等法定支出和公检法司、社会综合治理、宗教等支出都按规定给予了保障，有力地维护了社会的和谐稳定。同时，及时拨付抗震救灾资金2 817万元，并将市直党政机关公用经费一律比预算压减5%，专项用于抗震救灾，确保了对口支援工作顺利开展。

【财政改革管理进一步规范】 2008年，面对严峻的收支矛盾，各级把深化改革、强化管理，作为提升理财水平的关键，以改革化解矛盾，以管理破解难题，在很多方面都取得新突破。一是预算改革取得新进展。完善了预算、指标、国库集中支付系统管理一体化模式，实行了严格的经费包干办法，提高了预算管理水平和约束力。全面深化政府采购预算制度改革，扩大了采购规模，全年共完成采购额3.65亿元，节约资金0.52亿元，节支率达12.47%；加大财政投资评审力度，全年共审查工程提报价值6.07亿元，审减资金1.36亿元，审减率达22.4%。二是税制改革稳步推进。2008年，各级积极采取措施，全面实施企业所得税、个人所得税、城镇土地使用税、耕地占用税等改革，实现了有关政策的平稳过渡，同时，密切关注增值税转型和燃油税改革动态，提前搞好测算，争取有利基数，努力将政策性减收对莱芜市的影响降到最低。三是支出管理方式不断创新。出台了《关于切实加强财政支出管理的通知》，新建和修订了50多项资金管理办法，制定了市级会议经费综合定额标准和差旅费报销标准，坚决制止铺张浪费和大手大脚花钱行为，有效提高了资金使用效益。四是财政基础管理明显加强。开展了会计信息质量检查、非税收入稽查等工作，对全市会计工作先进单位和先进个人进行了表彰，夯实了会计工作基础。开展了行政事业单位资产管理信息系统试点工作，实行了国有资产评估结果公示制度，国有资产管理进一步加强。

【干部队伍素质进一步提高】 2008年，各级财政部门始终以建一流班子、带一流队伍、创一流业绩为目标，坚持政治学习与业务学习并行、财政工作与队伍建设齐抓，干部职工的凝聚力和战斗力进一步增强。一方面，学习教育活动效果显著。2008年，各级都组织开展了形式多样的学习教育活动，市局举办的全市财政系统干部岗位培训研讨班和争做“三好干部”活动，莱城区财政局开展的“自身建设月”活动，钢城区开展的“教育工程、形象工程、载体工程”活动，高新区开展的强化学习制度、廉洁自律制度和考核测评制度，提高行政绩效活动，雪野旅游区开展的“三提升”主题教育活动，等等，这些活动使广大干部职工的理想信念进一步坚定，精神状态和工作作风有了明显转变，有力地促进了各项工作的开展。另一方面，廉政建设力度明显加大。2008年，召开了全市财政系统反腐倡廉暨行风建设工作会议，制定了《全市财政系统党风廉政建设和反腐败工作实施意见》，修订了《莱芜市财政局向社会服务公开承诺》，开展了一系列廉政教育活动，继续推行六项服务承诺和六项工作制度，做好了“政风行风热线”、“政府在线”上线工作，构筑了严密的教育、制度、监督相结合的廉政建设工作机制。在2008年全市行风评议中，市局取得了经济和社会管理类第1名，同时也取得了全市71个被评议单位总排序第1名的好成绩，进一步树立了财政干部的良好形象。

（撰稿：武军锋　李　辉）

临　沂　市

【概述】 2008年，在市委、市政府的正确领导下，全市财政部门认真落实中央、省、市各项部署，积极应对国内外复杂经济形势的严峻挑战，按照年初确定的工作目标，不断创新工作思路，改进工作方式，加大工作力度，财政经济保持了平稳较快增长的态势。全市实现地方财政收入80.2亿元，完成汇总预算的103.8%，比上年增长16.7%；财政支出161.1亿元，完成汇总预算的108.3%，比上年增长19.8%，圆满完成了市十七届人大一次会议确定的任务，促进了全市经济社会又好又快发展。精神文明建设也取得丰硕成果，局机关顺利通过了省级文明单位和省级文明机关验收，多项工作受到市委、市政府和省财政厅的表彰。

【全市财力不断壮大】 大力推进依法治税，积极实施科学化、精细化管理，努力规范非税征管，全市财政收入保持了平稳增长的态势。地方财政收入迈上80亿元新台阶，比上年增收11.5亿元，增幅在全省比上年前移三个位次。其中，地方级税收收入完成58.8亿元，增长15.1%，占地方财政收入的73.3%，税收比重与上年基本持平，国税部门组织收入增长11%，地税部门组织收入增长20.2%。在抓好组织收入的同时，认真研究中央和省扩大内需、加大民生投入的政策措施，千方百计争取上级支持，累计争取转移支付和其他各类资金70.7亿元，增长35.7%，占当年财政支出的46.4%，有效提高了财政保障能力，支持了全市经济社会发展。

【支持经济发展力度加大】 充分发挥职能作用，科学运用财税政策手段，积极推动经济结构调整和发展方式转变。全市办理出口退税15亿元，比上年增加4 500万元；按政策减免各种税收23.8亿元，比上年增加2.5亿元。市财政安排1.4亿元，争取上级补助5.2亿元，共投入各类引导资金6.6亿元，采取以奖代补、贴息等形式，重点支持科技研发、自主创新、技术进步、节能减排、污染治理和外经外贸、中小企业、服务业发展等方面。完善县乡财政激励帮扶机制，安排激励性奖补资金1.7亿元，引导县区加快发展县域经济，培植壮大财源，促进财政增收。当年县区地方级税收收入占地方财政收入的比重达到76.6%，比上年提高1个百分点。

【支持社会主义新农村建设成效显著】 全面落实各项强农惠农政策，不断加大“三农”投入，各级财政用于“三农”的支出达76.8亿元，增长34.9%，占当年财政支出的50.4%。发放粮食、良种、农资综合、农机具购置、家电下乡、能繁母猪等涉农补贴6.3亿元，增加3.4亿元。争取上级财政补助1.7亿元，市级财政配套资金8 373万元，完成290座小型病险水库除险加固。支持“村村通自来水”工程，各级财政补助4 807万元，新增受益人口45万人，自来水普及率达到75%。支持“百万农户致富工程”，市级财政贴息1 500万元，吸引金融部门贷款5.8亿元，有效缓解了低收入农户贷款难问题。支持农业产业化龙头企业、贫困村村民发展互助资金合作组织、农民专业合作组织发展，促进农村劳动力转移培训、新能源和现代流通服务网络建设，支出4 522万元，进一步改善了农村生产生活条件。推进农业综合开发，加大土地整理复垦力度，支出2.5亿元，改造中低产田、建设高标准农田16.5万亩，加强了基本农田建设和保护。农村各项社会事业也都得到较好支持，促进了城乡统筹发展。

【社会民生得到较好保障】 优化支出结构，突出保障民生，积极支持全市实施的12项“为民工程”，促进了和谐临沂建设。全市教育支出38亿元，增长15.8%。全面实施城乡免费义务教育，全部免除城乡义务教育阶段学生学杂费，进一步提高农村中小学生均公用经费水平和贫困家庭寄宿生生活费补助标准，继续实施农村中小学校舍维修改造，全面落实普通高校、中等职业学校和普通高中家庭经济困难学生资助政策，各级财政累计补助资金7.8亿元，使108万名中小学生和1.5万名农村贫困家庭寄宿生、7.4万名家庭经济困难学生受益。医疗卫生支出11.8亿元，增长49.3%。新型农村合作医疗制度覆盖全市所有行政村，参合农民达823.5万人，参合率98.1%，各级财政补助6.1亿元，报销医疗费5.7亿元；启动了城镇居民基本医疗保险试点，争取上级财政补助2 000万元，惠及城镇居民49.4万人；率先在全国实施了优抚对象医疗保障制度，各级财政补助2 686万元，惠及优抚对象6.8万人；支持农村卫生室建设和社区卫生服务，各级财政补助2 080万元，有效提升了基层医疗服务能力。文化体育与传媒支出2.3亿元，增长29.4%。实施农村五大文化惠民工程，支持“十一运”临沂赛区场馆改造、滨河百里健身长廊和农民体育健身工程，各级财政补助6 142万元，完善了公共文化体育设施。社会保障和就业支出17.5亿元，增长20%。提高城乡最低生活保障补助标准，各级财政补助1.7亿元，惠及低保对象30万人；全市落实资金1.2亿元，支援北川地震灾区恢复重建；落实资金772万元，积极处理解决“三鹿”奶粉问题；市级落实资金8 100万元，支持政策性关闭破产工作；安排市级供暖补贴2 500万元，确保了冬季城市居民供暖。支持保障性安居工程建设，认真落实经济适用住房优惠政策，各级财政筹集廉租住房建设资金2 264万元，着力解决城市低收入家庭住房困难。加强政府融资体系建设，建立融资平台，多渠道筹措资金支持城市重点项目，进一步改善了宜居环境，促进了文明城市创建。

【财政改革管理继续深化】 加强市级部门预算基础信息库建设，严格审批程序和预算约束，促进了预算执行的精细化。扩大国库集中支付范围，将国库集中支付由市县向乡镇延伸，增强了财政资金支出的透明度。健全政府采购监管机制，全市完成政府采购额30.7亿元，比上年增长24.8%，节支率达12.5%。加大政府公共投资项目评审力度，实施全过程监管和跟踪问效，审减不合理支出2.1亿元，审减率达21.4%。开展了财政专项资金、税收收入征管、政府采购执行、会计信息质量、“收支两条线”等监督检查，依法处理违规违纪行为，规范了财政管理，严肃了财经纪律。

【干部队伍素质得到有效提升】 围绕建设学习型机关，大力加强局机关自身建设，营造了风正气顺、团结和谐、奋勇争先的良好氛围。一是开展了“机关学习年”活动，通过组织行政公文写作和督办件办理培训班，举办科学发展观和走进音乐世界专题讲座，举行财政综合考试和知识竞赛，调动了干部职工学习积极性和主动性，激发了干部职工学习热情，进一步提高了干部队伍的理论水平和业务素质。二是围绕“提高服务质量、优化发展环境”这个主题，深入开展解放思想大讨论活动，干部职工思想观念和工作作风有了新的转变，干事创业的热情有了新的提高。三是积极开展文明创建活动，举办职工运动会、庆“三八”活动，积极参加全省财政系统第四届书法、美术、摄影大赛，健全了局团组织，成立了职工篮球队，丰富了职工精神文化生活，增强了队伍的凝聚力和向心力。四是开展了检财共建活动，组织干部职工到监狱进行警示教育，编辑《财苑廉话》，印制廉政警示教育牌，引导和激励财政干部自重、自省、自警、自励，在全市财政系统形成了“以廉为美、以廉为安、以廉为荣、以贪为耻”的良好风尚。

（撰稿：范前伟　张玉波）

德　州　市

【概述】 2008年，德州市各级财政努力克服复杂多变的经济形势带来的不利影响，全市经济实现平稳较快发展，财政收入保持适度增长，各项重点事业保障有力，较好地完成了全年预算任务。

全市地方财政收入完成47.10亿元，完成预算的97%，比上年增长12.1%。财政支出完成95.74亿元，完成预算的107.1%，比上年增长24.3%。地方财政收入未完成预算，主要是受外部经济环境骤变影响，经济运行不断恶化，导致财政收入增幅较去年明显回落。市级地方财政收入完成11.23亿元（剔除不可比因素），占预算的102.2%，同比增长8.6%。市级当年地方财政收入，加上上级税收返还等转移性收入5.65亿元，收入总计16.89亿元，减去对下级税收返还等转移性支出6.75亿元，与支出相抵，累计净结余60万元。

【财政收入质量明显提高，财政保障能力显著增强】 受国际金融危机的影响，全年财政运行呈现高开低走的特点，尤其是9月份以后增幅呈加速回落态势。面对困难和挑战，各级一方面积极落实国家扩内需保增长的税费减免政策，帮助企业减负增效，同时积极完善征管手段，克服诸多不利因素的影响，深入挖掘增收潜力，税收收入实现较快增长，财政收入质量明显提高。全市地方税收收入36.4亿元，增长21.5%，占地方财政收入的比重为77.4%，比上年提高6个百分点，达到全省平均水平，实现了较大跨越。在挖潜增收的同时，抓住上级财政扶持政策调整的重大机遇，争取各项转移支付当年增量超过4亿元，相当于全市当年地方收入增量的80%，加上以前年度转移支付，全年转移支付总量超过23亿元，占县级地方财政收入的68%，财政保障能力显著增强。

【调整优化支出结构，各项重点事业得到优先保障】 在财政收入受经济影响增长乏力的同时，预算之外安排的硬性增支接连不断，其中仅抗震救灾、居民供暖补贴就超过6 000万元，占全市地方收入增量的10%以上。面对尖锐的收支矛盾，各级积极调整支出结构，大力压减一般性开支，集中财力保民生、保重点。全市农林水事务支出12.97亿元，增长34%；公共安全支出4.73亿元，增长13%；医疗卫生支出7.02亿元，增长54%；社会保障和就业支出11.03亿元，增长36%；教育支出20.25亿元，增长29%。在上述支出中，小麦、良种、农机具购置及农资综合补贴为6.9亿元，城乡义务教育经费保障及农村中小学校舍改造支出3.3亿元，高校奖助学金以及高中政策资助资金1.4亿元，新型农村合作医疗支出2.6亿元，城乡居民最低生活保障支出1.24亿元，河道治理、水库建设及村村通自来水工程支出1.36亿元，优质后备母牛与能繁母猪补贴等支出4 800万元，廉租房补助750万元。市级安排“平安德州”、人民医院病房楼、德州学院建设2 600万元，与民生相关的重点事业得到较好保障。

【多措并举保投入，全力以赴促发展】 认真落实中央出台的各项拉动内需政策，想尽千方百计，多方筹集资金，确保重点项目投入，确保了经济平稳较快增长。一是加大科技创新和节能减排投入，全市科技投入8 954万元，环境保护3.98亿元，工业商业金融等事务支出8.08亿元，其中污染治理与生态补偿1.44亿元，石油价格补贴8 863万元，企业科技创新、节能技术产业化奖励与国际市场开拓补贴8 226万元，对经济发展转型升级起到积极的推动作用。二是努力促进优势产业、龙头企业做大做强。全市补助先进制造业龙头企业3.59亿元，补助农业龙头企业2 400万元，市级安排企业发展和名牌产品奖励1 500万元，促进了企业技术进步和产品升级，增强了企业深加工能力和发展后劲。三是大力加强城乡基础设施建设。全市城乡社区事务支出8.3亿元，增长6.5%，其中体育中心方面支出9 000万元，进一步完善了城市功能，提高了对经济发展的承载能力。四是扩大资金融通渠道，为经济发展提供更多资金支持。市级筹集资金1亿元设立骨干企业临时还贷周转金，已为企业贷款“搭桥”超过3亿元，有效缓解了企业资金链紧张的局面。争取国家开发银行、世界银行和外国政府贷款4.4亿元，有力支持了城建、环保、教育、卫生等重点事业发展。

【以改革创新为动力，财政管理实现新提高】 面对各种减收增支因素，各级财政部门直面挑战，坚持以改革创新为突破口，不断强化预算约束，狠抓管理增效，财政管理水平不断提高。在全市全面推广涉农补贴“一本通”发放制度，确保种粮补贴、计生奖励以及优抚补助等各类涉农补贴资金准确、及时、足额地发放到农户手中，规范了资金管理，提高了服务水平。市级部门预算改革成功启动、顺利推进，预算编制实现了预算内外资金综合编制，全面反映了政府收支行为，体现了公开、公平、公正的原则，提高了预算编制的科学化、规范化、精细化水平。政府采购规模和范围不断扩大，全市政府采购金额12亿元，增长1.4倍，节约资金1.4亿元，节支率11.7%，节支效果更加明显。国库集中支付、“乡财县管”改革稳健运行，财政管理机制更加完善，支出效率进一步提高。

（撰稿：孟曰鹏　从胜强）

聊　城　市

【概述】 2008年，在省财政的大力支持下，在聊城市委、市政府的正确领导下，聊城市财政局以科学发展观为统领，及时应对金融危机和各种挑战，努力发展经济，狠抓增收节支，深化财政改革，严格依法理财，圆满完成了各项财政任务，为推进全市经济社会又好又快发展提供了可靠的财力保障。2008年全市完成地方财政收入48.93亿元，同比增长15.42%。全市财政支出91.20亿元，同比增长21.54%，连续第20年实现了全市财政收支平衡。

【财政收入稳步增长，保障能力进一步增强】 2008年，聊城市努力克服国内外经济环境不利影响，不断完善和创新征管机制，财政收入实现了平稳增长，收入规模迈上新的台阶。一是继续完善局领导收入分工负责制，对收入月调度、季分析，同时加强与税务、人民银行等部门的协调配合，营造全局抓增收的氛围。二是不断改进征管手段，完善征管办法，加强重点税源的动态监控，努力挖掘增收潜力，做到应收尽收。三是进一步规范非税收入管理，尤其加强对国有资产经营、国有土地出让和城市经营等非税收入的征缴管理，进一步拓宽收入渠道。经过努力，2008年聊城市地方财政收入完成48.93亿元，占预算的100.92%，增长15.42%。聊城市各县（市区）均完成或超额完成了收入预算，为聊城经济社会又好又快发展提供了可靠的财力保障。

【财政职能进一步强化，支持经济发展力度逐步加大】 一是认真落实《聊城市财源建设奖励办法》。支付专项奖励资金5 277万元，极大地调动了企业、县（市、区）、税务部门、金融部门等促发展、增税收的积极性；投入479万元支持31个强弱乡镇的发展，收到明显成效。二是加大对中小企业的扶持力度。在年初预算中安排中小企业创新资金、技术研发经费、专利资助等资金2 979万元，大力促进产业结构调整，引导支持科技含量高、附加值高项目的发展。三是建立了多元化财政投入机制。积极向上争取政策资金扶持，加快利用外国政府贷款和国际金融组织贷款，到位外债资金1 864万美元。努力拓展新的融资渠道，与金融机构合作发行了江北水城理财产品1.3亿元，省开发银行初步授信4.7亿元。

【支出结构不断优化，重点支出得到有效保障】 坚持集中财力办大事的原则，整合财力资源，优化支出结构，推进经济社会协调发展。一是保工资、保稳定，保证党委、政府重大决策落实。确保了工资按时发放，并提高了聊城市直机关事业人员津贴补贴，月人均增加300元。加大公共安全投入，为“平安聊城”建设创造稳定的社会环境。分别投入5 000万元、3 000万元支持体育公园及古城区保护性建设等重点工程。结合上级支持，投入环保方面的资金达2.80亿元，比上年增长156.88%。投入4 830万元支持四川抗震救灾和灾后重建。二是保障和改善民生取得新进展。以落实聊城市委市政府为群众举办的“双十件”实事为重点，推进民生工程建设。全面落实城乡义务教育经费保障机制，投入3.72亿元用于提高中小学公用经费补助、免费提供教科书和农村中小学校舍维护，投入7 511万元支持完善家庭困难学生资助政策体系。投入987万元用于农村公益电影免费放映、公共文化设施免费开放和广播电视“村村通”等文化事业工程。投入3.09亿元将新农合政府补助标准由40元提高到80元。投入659万元启动实施了城镇居民医疗保障制度试点，投入1 698万元支持城乡公共卫生体系建设，投入462万元专项用于手足口病、三鹿奶粉儿童救治等重大医疗事件支出。投入9 617万元发放城乡居民最低生活保障金，并分别于1月、7月两次提高了保障标准。投入1 000多万元推进实施廉租住房保障制度，投入1 000万元支持农村敬老院建设。投入6 983万元支持实施成品油价格改革补贴。投入就业资金2 207万元、发放小额担保贷款191万元，全面贯彻新的就业扶持政策。三是支持“三农”进入新的发展阶段。2008年“三农”支出25.35亿元，比上年增长47.90%。及时足额发放各项惠农补贴6.84亿元，聊城市119万农户受益；投入4 874万元实施能繁母猪补贴、保险及扩大农业保险试点。投入1.28亿元重点支持了农业中低产田改造、农村自来水、沼气、危桥改造等工程，大力促进农业发展和农民增收。发放家电下乡补贴1 199.67万元，使5万余农户受益。

【财政改革稳步推进，理财水平显著

提高】 一是预算管理进一步加强。设置了部门预算管理系统，建立了信息共享平台，部门预算编制更加透明、科学，预算执行更加规范。国有资本经营预算试行工作正式启动，社会保障预算编制范围扩大。二是转移支付制度进一步完善。市级转移支付力度加大，县乡财政保障能力明显增强。以化解农村义务教育“普九”债务为突破口，加快推进农村综合改革，清理化解全市农村义务教育债务。三是国库集中支付改革进一步深化。市级改革进一步完善，县（市、区）国库集中支付改革全面推开。“收支两条线”改革扎实推进。政府采购改革进一步深化，采购范围和规模继续扩大。机关事业单位津贴补贴制度改革稳步推进，六部门联合对市直机关事业单位津贴补贴进行了清理规范。四是行政事业单位国有资产管理逐步加强，完善了国有资产处置制度、公开拍卖交易规程等各项基础管理制度，2008 年市直行政事业单位国有资产有偿使用收入 839.8 万元。

【财政监督力度加大，监管机制进一步健全】 一是努力扩大新会计准则的实施范围，认真组织开展财会人员在岗培训，提高了财务会计管理水平。二是建立财政监督检查联动机制。尤其在落实规范津贴补贴政策等方面，财政、监察、审计、物价等部门密切配合，开展多种形式的监督检查，提高了财政监督的综合效能。三是探索建立绩效考评机制。以财政专项资金支出项目为重点，以对聊城市 2006 年度和 2007 年度的“车购税用于一般公路建设项目”进行竣工决算评审作为财政投资评审工作的突破口，推进部门预算支出绩效考评工作，努力提高财政资金使用效益。

【机关建设进一步加强，队伍素质明显提升】 2008 年聊城市财政局以开展“转变工作作风，提高办事效率，解放思想回头看”活动，以狠抓制度落实为抓手，着力加强机关建设，提升服务能力和层次。一是强化干部教育培训。5 月份，在全局扎实开展了“转变工作作风，提高办事效率，解放思想回头看”活动，制定了包括“中午禁酒令”、清理占用单位车辆、设立意见箱和“自省岗”等在内的五项规定。先后组织收看了“2008 年经济运行形势分析”、“廉政教育”、“公务员政务礼仪”、“抗震救灾报告会”等系列专题讲座。广大干部职工的服务、法律、责任、廉政等意识明显增强，机关作风有了明显转变，社会形象有了明显提升。2008 年聊城财政局有两名同志考取了副处级干部。二是加强行政效能考核。年初修订完善了《年度工作目标量化考核办法》287 条，以考核促工作，调动每个干部职工的积极性、创造性。三是机关基础管理水平明显加强。政务督察工作扎实开展，提高了市领导交办事项、人大议案和政协提案等工作的办理时效和质量；政务公开工作有序开展，以“贴近中心工作、增强服务功能”为指导思想，制定了《聊城市财政局机关政府信息公开暂行办法》，并在大厅设立了财政信息电子查阅点；组织两次“行风热线”上线，财政信息宣传工作取得新突破，实现了财政信息网络化，增强了财政信息服务财政工作的时效性。四是党风廉政建设进一步强化。扎实开展廉政教育，紧密结合聊城实际，加强了资金分配、拨付等各环节的管理，完善了工作程序和相互制约机制；落实党风廉政建设责任制，2008 年承担的聊城市党风廉政责任制的六项任务件件落实。五是文明创建活动取得明显成效。2008 年聊城市财政局被评为“全国精神文明建设工作先进单位”，是聊城市仅有的五个先进单位之一。

（撰稿：任桂红）

滨　州　市

【概述】 2008 年，滨州市坚持以邓小平理论和“三个代表”重要思想为指导，以科学发展观统领全局，牢牢把握“围绕一个核心，突出两条主线，推进五项改革，强化七项措施”的总体工作思路，团结一致、开拓创新，突出重点、扎实工作，把握形势、克服困难，较好地完成了各项财政工作任务。经济实现平稳较快发展。全市实现生产总值 1 236.83 亿元，按可比价格计算，比上年增长 13.1%。其中，第一产业增加值 122.69 亿元，比上年增长 2.9%；第二产业增加值 753.67 亿元，比上年增长 12.3%；第三产业增加值 360.47 亿元，比上年增长 18.8%。三次产业比例由 10.6∶62.0∶27.4 调整为 9.9∶60.9∶29.2。人均生产总值 33 610 元（按年均汇率折算为 4 824 美元），增长 12.6%。在此基础上，全市各级财政部门认真贯彻党的十七大和十七届三中全会精神，解放思想，攻坚克难，科学运筹，扎实苦干，财政收支实现稳定增长。2008 年全市实现地方财政收入 70.37

亿元，完成调整预算的102.17%，比上年增长18.52%。当年地方财政收入，加上税收返还、各项补助和上年结转收入等45.92亿元，收入共计116.29亿元。当年财政支出101.08亿元，首次突破100亿元大关，完成调整预算的109.56%，比上年增长19.00%。连续17年实现收支平衡。

【凝心聚力抓征管，财政收入稳定增长】 2008年，受国际金融危机冲击和国内经济增长放慢的影响，各项财政工作面临前所未有的困难，滨州市先后成立了由市五大班子和有关部门组成的全市财税工作领导小组、全市优化财政收入结构工作领导小组和全市增收节支工作领导小组。通过强化收入精细化管理，全面推进大中型企业主副业分离、房地产税收一体化、契税耕地占用税和非税收入征管改革，挖掘增收潜力，提高财政收入质量。面对下半年经济增幅下滑的客观实际，进一步加强对重点行业、重点企业、重点税源的调度分析，落实征管责任，确保财税征管机制高效运转。2008年全市地方财政收入增长幅度在全省居第5位，地方财政收入占财政总收入的比重达到50.87%，比上年同期提高0.8个百分点；税收收入占地方财政收入比重达到76.97%，比上年同期提高1.53个百分点，财政收入质量有了进一步提高。

【精打细算保民生，为社会和谐稳定提供坚强保障】 2008年，针对年度预算执行中出现的新问题，滨州市委、市政府适时下发了《进一步加强增收节支工作的意见》。按照“有保有压”的原则，压减一般性支出，集中财力保民生、保重点。自1月份起市直行政事业单位正式执行新的津贴补贴政策，各县区根据财力实际分别出台了规范津贴补贴的相关政策。加快社会保障体系建设，提高和扩大了城市低保、农村低保、新农合、城镇居民医疗保险、再就业补贴、在校困难学生救助和补贴、计划生育家庭扶助等十几项补贴的标准和范围。加大对“三农”工作的支持力度，农业政策性保险、种粮农民粮食直补、农资综合直补、优质良种补贴、农机补贴、能繁母猪补贴、奶牛补贴、家电下乡等各种支农惠农政策得到了较好落实。为尽快实现“粮丰林茂、北国江南”的战略目标，加大对农业方田建设、路域林网建设、农田水利建设、农业综合开发的支持力度，年内累计投资达1.35亿元，创造了历史新高。面对突如其来的汶川特大地震，滨州人民在市委、市政府的正确领导下，万众一心、众志成城，克服自身重重困难，全力支持抗震救灾，累计捐款捐物1.42亿元，财政直接间接投入7 000多万元，充分体现了渤海老区人民吃苦耐劳、甘于奉献的精神风貌。为保证举世瞩目的奥运会圆满成功，滨州市积极参与和支持“护城河”行动，财政部门也为此做出了积极的努力。

【多措筹资保重点，加大城市基础设施建设和经济建设投入】 2008年，通过银行贷款等形式筹措建设资金11.14亿元，用于基础设施还账5.76亿元，用于城市基础设施建设3.02亿元，改造和新建城市道路27公里，改造城中村6个，新增城市绿地118.21万平方米；用于滨州港、小营铁路北延、十一届全运会体育场馆、北海新区等重点项目建设资金2.36亿元，较好地保证了重点项目建设的资金需要。筹措资金1.85亿元，落实经济适用房建设和廉租房保障政策；加大节能减排扶持力度，总投资1.48亿元，支持了空气质量自动检测站、环境监控中心等节能减排体系建设；落实扶持重点企业发展的政策，拨付资金1.97亿元用于企业技术创新、技术改造、技术研发和国家纺织检测中心建设，增强了企业发展后劲；落实招商引资政策，对先进县区、市直先进单位、乡镇和市直单位招商项目兑现奖补374万元，充分调动了各级各部门招商引资的积极性。为破解企业融资难问题，加大对中小企业担保体系建设的政策支持力度，全市担保机构发展到35家，全年累计担保总额达到10亿元以上。

【锐意改革促规范，进一步提高财政管理水平】 2008年，通过深化部门预算改革，加大对预算内、外资金整合力度，初步实现了综合预算管理，完善了基本支出定额体系，预算管理更加规范；扎实推进国库集中支付改革，财政资金由“以拨列支”改为“以支列支”，增强了库款调控能力；稳步推进国有资产管理改革，加强国有资产管理运营的制度框架已初步建立；完善非税收入管理改革，开展了“非税收入规范管理年活动”，强化非税收入管理，促进了非税收入的科学征管；进一步完善政府投资评审体系，2008年市级评审中心累计完成评审项目139个，评审总值达13.52亿元，节省政府投资2.08亿元；扎实开展“财政财务基础制度建设年活动”，全市年内共新出台和修订制度176项，废止制度114项，初步建立起规范、完善的财政财务制度体系，夯实了依法理财的基础。

【强化教育提素质，进一步加强党风政风建设】 2008年，深入开展新一轮解放思想大讨论活动，通过网络教育、党课教育、专题报告会、培训班等形式，加强财政干部教育培训，提高了干部职工的综合素质和业务能力。严格落实党风廉政建设责任制和财政执法责任制，层层签订廉政建设责任书和财政执法责任书，把党风廉政建设和依法理财贯穿到了财政工作的各个环节，廉政勤政，依法办事。积极开展民主议政日活动，认真做好政府信息公开的各项工作，努力建设"阳光财政"。以丰富多彩的文体娱乐活动为载体，深入开展文明创建活动，增强了财政队伍的组织纪律性和团结凝聚力。增聘了特邀财政监督员，重视来信来访、投诉、举报和社会评议，依靠社会力量促进机关廉政建设和财政干部队伍建设。在2007年度全省民主评议政风行风活动中，滨州市财政局位列全市经济和社会管理类部门第一名，受到省政府表彰。

（撰稿：李坤河　邱海涛　李春华）

菏　泽　市

【概述】 2008年，菏泽市财政局充分发挥财政职能，狠抓组织收入工作，大力支持经济建设和社会事业进步，不断加强财政资金监管，有力推动了全市经济社会的持续快速健康发展。全市地方财政收入完成50.48亿元，完成预算的100.43%，比上年增长19.88%，其中税收收入完成38.87亿元，占地方财政收入比重的77%，比上年提高0.89个百分点；全市财政支出115.52亿元，完成预算的107.75%，比上年增长20.92%，按现行财政体制计算，实现了财政收支平衡。

【坚持做大做强地方财政实力，为实现党委、政府决策目标提供财力保障】 加大收入调度力度，狠抓依法征管，确保组织收入工作顺利进行。深入开展专项调查检查活动，先后组织开展了重点企业所得税税源调查，跨地区经营总分机构企业所得税情况调查等，在摸清税源的基础上依法组织征收。组织开展全市纳税检查活动，利用4个月的时间，对全市1 666户企业进行了全面检查，查处违纪税款8 867万元。切实加强契税征管，严格执行"先税后证"，全年实现契税1.27亿元。大力推进非税收入"收支两条线"管理，强化票据源头控制，确保非税收入应收尽收。进一步完善征收手段，拓宽财政增收渠道，做好城镇土地使用税、耕地占用税征收工作，全年实现城镇土地使用税、耕地占用税分别达到5.41亿元和2.1亿元。加大国有资产经营力度，2008年市级共实现经营收益742万元。积极组织煤炭价格调节基金征收工作，2008年共实现入库1 366.75万元。

【牢牢把握第一要务，大力支持经济发展和城市建设】 紧紧围绕市委、市政府确立的"四大基地、一大产业"发展战略，积极支持经济发展和城市建设。全面落实企业奖励扶持政策，筹资674万元兑现了60户重点企业奖励政策。全面落实国家对高新技术和资源综合利用企业的税收减免和扶持政策，减轻企业负担7 850万元。落实提高小规模纳税人起征点政策，共减轻个体工商户税负5 000万元。积极落实国家提高部分商品出口退税率政策，共减轻出口企业税负2 800万元。大力支持企业自主创新，支出科学技术资金1.35亿元，着力支持了全市重点企业加快推进科技研发、节能减排和发展新能源。大力支持中小企业和出口企业发展，多方筹资1 304万元，着力支持了中小企业推进产品更新换代，扶持出口企业加大市场开拓力度。大力支持服务业加快发展，筹集资金930万元，着力支持了物流、综合信息公共服务平台等建设。大力支持优秀旅游城市创建，投入资金542万元，促进了全市旅游业加快发展。充分利用财政融资职能支持经济发展，积极争取国债资金1 759万元、世行贷款2 800万元、国家开发银行贷款6.9亿元、省东西担保信用有限公司担保贷款1.2亿元，缓解了企业融资难和开发区基础设施建设筹资难问题。努力推进改善企业发展环境，配合监察、物价等部门开展由进企业收费变企业主动缴费工作，制止乱收费、乱摊派等行为。大力支持城市建设，投入资金5.09亿元，支持了菏泽大剧院、河道清淤截污、城区绿化、道路亮化等城市建设工程。

【坚持统筹城乡发展，进一步推进社会主义新农村建设】 坚持以促进农村经济发展和农民增收为出发点和落脚点，进一步创新机制、强化措施，不断加大对"三农"的投入力度，加快新农村建设进程。认真落实了各项支农惠农补贴政策，累计发放补贴资金达10.6亿元。其中：小麦直补和综合补贴8.4亿元，农民购置家电产品补贴2 090万元，小麦、玉米、水稻、棉花、奶牛、能繁母猪等补贴1.2亿元，农机具购置补贴3 200万元，油价补贴4 853万元。筹集资金816万元支持了能繁母猪保险工作，筹资84万元在东明县开展政策性农业保险工作。争取上级扶贫资金1 630万元，帮助了15万贫困人口脱贫致富。大力支持农业基础设施建设，筹集资金2 800万元，对洙赵新河、万福河等骨干河道或险工险段进行集中治理和修复，开展小型农田水利建设，提高了抗旱防涝能力。积极争取农业综合开发资金5 712万元，改造中低产田8万亩，农田林网植树0.64万亩。争取世行贷款673万元，改造中低产田3 794公顷、营造防护林130公顷。支持加快农业产业化步伐，筹资780万元，重点支持了30家农业产业化龙头企业加快发展。争取上级资金200万元，重点支持了20个农民专业合作经济组织发展项目。

【坚持以人为本，着力支持解决民生问题】 牢固树立“以人为本”的理财理念，进一步加大支出结构调整力度，大力压缩一般性支出，集中有限财力，千方百计保障改善民生。进一步增加了干部职工收入，年内多方筹措资金增加了干部职工工资，其中市级月人均增资245元，县区平均增资150元左右。大力支持社会保障事业。全市社会保障和就业支出18.29亿元，增长23.52%。筹集资金3 951万元，把城市低保标准由160元提高到180元，并每月发放15元的生活补贴。筹集资金8 147万元，把农村低保标准由800元提高到900元。筹集资金1 306万元，支持培训农民工5万多人。及时拨付清理工资拖欠资金3 000万元，维护了社会稳定大局。做好离休干部“两费”保障工作，把统筹金标准由每人每年7 000元提高到1万元。投入福彩、体彩公益金5 490万元，支持了社会公益事业项目建设和公共体育设施建设。大力支持教育事业。全市教育支出27.9亿元，增长25.02%。筹资3.9亿元，进一步提高了农村义务教育公用经费保障水平，农村中、小学生均公用经费标准分别达到445元、295元。筹资8 056万元，为农村中小学生免费提供了教科书。筹资878万元，把农村中小学贫困生寄宿费由每人每年300元提高到小学500元、中学750元，9 799名贫困生受益。争取上级资金6 800万元，支持实施了农村中小学校舍维修改造工程。筹资2 519万元，为农村中小学和特殊教育学校免费提供了一批教学仪器。筹资5 274万元，为农村中小学免费配备了取暖设施。筹资2 181万元，推行了城市义务教育免杂费政策。筹资1.07亿元，支持实施了贫困家庭学生资助政策。大力支持医疗卫生事业。全市医疗卫生支出9.87亿元，增长60.43%。筹资5.2亿元，把财政补助新农合标准由人均40元提高到74元，706.2万参合农民受益。筹资1 205万元，为81个乡镇卫生院提供了免费医疗设备。筹资901万元，开展了城乡大病救助工作。继续支持实施了农村计划生育家庭技术服务免费政策和奖励扶助政策。大力支持环境保护事业。全市环境保护支出2.37亿元，增长61.48%。筹措资金1.07亿元，对“三河三湖”开展了环保治理。争取国债资金1 400万元，支持城市污水处理和中水回用建设。筹资1 280万元，支持重点企业实施能源节约项目。大力支持“平安菏泽”建设。全市公共安全支出5.69亿元，增长14.72%。筹资2 105万元，增加了执法机关办案经费，把市级公检法部门经费标准由3 600元提高到4 000元。筹资1 750万元，在市区安装了道路交通管理信息系统。筹资674万元，支持了奥运安全保障工作。

【坚持深化财政改革和加强财政管理，不断提高依法理财水平】 研究制定了《进一步加强财政规范化管理的意见》、《关于进一步加强乡镇政府债务管理的意见》、《关于进一步加强公务用车管理的规定》、《菏泽市投资评审管理暂行办法》、《菏泽市财政专项资金监督管理暂行办法》等一系列制度和办法，建立健全了财政规范化管理的制度体系。按照上级要求，严格控制一般性支出，将党政机关公用经费比年初预算压减5%，所有新增办公设施申请一律停止审批，严格控制考察、研讨、培训、外出活动，挤出资金大力支援抗震救灾和灾后重建工作。进一步加强了人、车、会、话和接待费、差旅费管理，制定实施了新的差旅费管理办法，规范了出差报销标准，杜绝了不合理开支。继续推进部门预算改革，完善财政供养人员基础信息数据库，组织开展县区预算审查工作。继续深化国库集中支付改革。市直预算单位全部纳入改革范围，县级国库集中支付制度改革全面推进，提高了资金使用效益。继续深化政府采购改革。积极推进政府采购信息公开、过程公开、结果公开，严格遵循政府采购程序和采购时限要求，提高了采购效率。全市累计完成采购额3.8亿元，增长14.8%，节约财政资金4 791万元，综合节约率达12.6%。进一步加大财政监督力度。先后组织开展了“收支两条线”重大政策执行情况检查、彩票发行销售和财务管理情况检查、中央财政专款自查、财政专项资金使用情况检查等一系列检查活动，确保了财政资金安全，提高了资金使用效益。进一步加强住房公积金管理力度，确保住房公积金安全。进一步加强会计管理工作，对市直委派会计人员进行轮岗交流，组织开展委派会计考察学习活动，提高了委派会计人员业务和政治素质。各会计工作站严把支出关口，共杜绝不合规票据211张，节约资金达2 300余万元，向受派单位提出合理化建议300余条，节支4 480万元。

【坚持“两手抓”，努力打造高效能机关和高素质干部队伍】 围绕打造务实高效机关，着力提高工作质量和效率。年初制定了工作任务目标，层层分解，责任落实到人。每季度召开中层以上干部会议进行述职，对照时间进度检查工作完成情况。年底实行量化考核，严格兑现奖惩，确保了市委、市政府和局党组决策部署的落实。围绕打造阳光透明机关，着力推行政务公开。公布了局领导和科室主要负责人电话，建立了市财政局网站，进一步密切了与群众的联系。成立群众工作办公室，2008年共接待群众来电、来信、来访56件，按期办结率达100%，群众满意率达98%。围绕打造开拓创新机关，着力加强学习调研工作。深入开展调查研究活动，全年共完成调研报告103篇。其中，《关于发挥财政职能破解当前发展难题的调查与思考》等3篇调研报告在市委办公室《决策参考》全文刊发，为破解当前发展难题提出了一系列对策和建议，得到市委、市政府主要领导和社会广泛好评。围绕打造文明和谐机关，着力开展丰富多彩的活动。积极参加市直运动会、全省财政系统书法摄影比赛。积极开展灾区抗震救灾募捐活动，全局共捐款9万多元。选派46名局机关干部参加“万名干部下乡活动”，组织7名干部开展包村工作，为百姓解难事、办实事。围绕打造清正廉洁机关，着力加强廉政建设。组织开展了“深入学习落实科学发展观，进一步增强党性”专题讲座，邀请市纪委领导对年轻干部进行廉政教育。层层签订了廉政承诺书，在办公楼内制作了廉政教育宣传栏，进一步筑牢了财政干部职工廉洁勤政的思想防线。

（撰稿：楚喜斌　马　勇　王世光）

第四部分

县（市、区）财政工作

济　南　市

历　下　区

【概述】 2008年，历下区地方财政收入完成25.66亿元，完成预算的108.91%，其中：区级收入完成16.2亿元（不含车船税收入1 150万元），增长28.76%，完成预算的110.96%；区级基金收入完成1 357万元。地方财政支出10.2亿元，比上年增长17.14%。

【加大税收征管力度，确保收入又好又快】 为确保全区财政收入又好又快增长，与国、地税两部门建立了定期联席会议制度，加强对重点税源、重点税种、重点项目的跟踪服务管理，堵塞税收征管漏洞，确保税款及时足额入库，实现了增幅高、质量好的运行态势。非税比重仅为4.61%，比上年同期降低了1.34个百分点，为全区各项事业的发展提供了强有力的保障。认真探索区内投资发展软环境建设，积极引导金融企业总部入驻。开展驻区金融业单位摸底调查工作，建立起招商载体和金融业企业数据库，积极为金融企业搞好服务。渤海银行济南分行、工商银行济南分行、太平洋保险济南分公司等十余家金融机构顺利落户，为今后财政增收打下了坚实基础。对正在建设的省、市重点项目做好全过程、全方位服务，建立定期的项目进度和纳税情况统计分析，使税源动态管理信息化，重点跟踪服务系统化，确保税收及时、足额入库。同时强化出租房屋税收征管工作，进一步完善了激励考评机制，充分调动各部门、办事处工作人员的积极性。出租房屋税收实现了新突破。不断探索出综合治税新模式，使重点税源及时入库，零散税源不流失，努力做到应收尽收。强化非税管理，提高财政资金使用效能。紧紧围绕“规范管理，强化服务，提高效能”这一总体要求，开展了“政府非税管理规范服务年”活动，按照政府非税收入要求，确保财政性资金应收尽收。同时积极引导资金重点向民生和社会公益性事业投入，提高了资金的使用效能。全年围绕城市环境改善、群众生活需要加强了保洁员公寓、社区卫生服务中心和社区健身路径等项目的建设，共投入资金2 584万元。树立了集中财力办大事，民生问题无小事的工作理念。

【实现科学聚财理财，财政保障能力增强】 积极推行区街财政体制改革，合理调整区街财政分配关系，促进全区财政收入快速增长。2008年，区对街道办事处实行了“界定人员范围、核定补助基数、收入同支出挂钩”的财政管理办法，把财政收入情况同街道办事处的利益紧密结合起来，充分调动起街道办事处抓税源经济的积极性，彻底改变了多年来“建违章、搞创收”的生存模式，为办事处腾出精力，集中抓税源建设、城市管理、环境整治奠定了基础，在保障街道办事处人员经费和基本支出的基础上，实行财政超收分成60%的激励机制，预计全年转移支付资金1.5亿元，比去年增加1亿元。为使办事处的收支更加科学、合理、有序，按照“收入有计划，支出有标准，重点有保障，鼓励有结余”的原则，率先在全省开展了办事处综合预算编制工作。明确了办事处责、权、利三者之间的关系，提高了街道办事处预算编制和执行的规范化，增加了财政收支的透明度和监督力度，减少了预算的随意性，对保证街道办事处财政收支平衡，起到了积极作用。切实关注民生、改善民生、保障民生，2008年民生投入预计达到6 283万元，其中：城市低保1 852万元，再就业资金713.49万元，社区卫生1 160万元，民政资金2 558.39万元。同时深入开展“财政社保资金管理年活动”，以“为人民群众办好20件实事”为抓手，重点对社保资金的使用以及社区卫生机构、社区居委会的人员配置、经费等开展广泛调研，为民生工作争取上级补助资金800万元。为242名优抚定补对象办理医疗保险，拨付专项资金50万元。全面推行城镇全民医保工作，预留专项资金620万元，确保了民生政策落实到位。同时贯彻落实惠农政策，将中央“亲农、重农、惠农”的各项补贴准确、及时地发放到农民手中，全年发放各种补贴累计60万元，惠农政策得到了充分体现。

【以改革创新为动力，提升财政管理水平】 加强国库集中支付制度改革，使财政资金拨付由中转转为直达，减少了中间环节，提高了国库集中支付的信息化、规范化程度，确保财政资金及时到位，国库集中支付效果初显。进一步扩大政府采购的范围和规模，加大财政支出改革，规范财政工作秩序，并围绕政府采购程序的规范化，配套出台了《关于加强政府采购管理工作的试行办法》、《政府采购操作流程》等规定，使政府采购工作步入规范化轨道。全年实现政府采购16 074次，金额6 166万元，同比增长156%，累计节支582万元，节支率达9.4%。在调查研究的基础上，制定下发了《历下区行政事业单位国有资产管理暂行办法》，强化国有资产日常管理，明晰产权关系，提高财政的监管能力，完善国有资产的配置、处置流程；顺利开展对办事处的房地产摸底调查工作，明晰办事处房产的真实状况，堵塞资产管理漏洞；同时完成资产清查后的核销工作，解决了各单位多年想解决而又未能解决的遗留问题，当年核销资产5 998.78万元、盘盈资产1 103.30万元、处置收益27.44万元全部上缴国库，为开展“金财工程”实施资产管理网络平台提供了翔实数据。强化财政监督机制，突出抓好专项资金管理，积极探索专项资金全过程监督新模式，建立完善了专项资金管理使用季报和定期检查制度，制定下发了财政监督管理机制和专项资金管理办法。全年联合监察局、审计局、物价局等部门实施各专项检查100多项，及时纠正违规、违纪资金行为，保证财政资金合理运行安全有效。

（撰稿：郝金海）

市 中 区

【概述】 2008年，市中区财政局继续按照全市财政体制改革的要求，紧紧围绕建设“金融商务市中、洁净宜居市中、文明和谐市中”的中心工作思路，按照公共财政的要求，不断深化财政体制改革，规范财政管理机制，优化财政支出结构，圆满地完成了年度各项工作任务。2008年全区完成地方财政收入15.42亿元，完成调整预算的108.19%，比上年增长25.5%。财政收入的增长，提高了市中区的综合经济实力，为促进全区“以外拉内，以内促外，内外并举”发展格局的形成提供了财力保障。2008年全区实现财政支出11.19亿元，完成调整预算的132.32%，比上年增长31.39%。在资金投向上，注重优化财政支出结构，加大对经济建设、公共需要、社会民生等领域的投入，支持了重点产业和重点事业的发展，提高了资金的使用效益。

【抓好财源建设，培植税收增长点】
积极协调区国税、地税部门，不断提高收入分析预测和科学调度水平，加强税源监控。以开展“质效年”活动为主线，进一步规范管理，深化创新，积极研究税收政策变化，加强欠税监控，落实跟踪管理措施。及时加强对房屋出租过程中房产税等税收的管理工作，与各街道办事处和有关部门一起，认真总结经验，强化措施，形成了协调联动、齐抓共管的良好局面。此外，以土地使用税征收标准提高、车船税提高定额为契机，依法加强对零散税收和地方小税种的征管，形成拉动地方财政收入增长的新亮点。

【财政改革取得了新突破】 一是部门预算管理不断强化。围绕中心工作编制预算，统筹兼顾，提高了财政资金的使用效益；提高了在职人员公用经费定额标准，加强了全区财政经费保障力度；加强对部门收入预算的管理，强化了全区综合预算改革。二是国库集中支付改革深入推进。2008年，将各类财政资金全部纳入到国库单一账户体系集中管理，共累计批复资金计划16.51亿元，其中下达授权支付资金计划14.44亿元，占计划的87.46%；下达直接支付资金计划2.07亿元，占计划的12.54%，无差错率达到100%。三是政府采购工作不断加强。严格落实《政府采购法》有关规定，并结合区情实际，制定并完善了相关工作制度，大力加强采购网站建设，开设了丰富实用的采购栏目。2008年，实现政府采购金额1.79亿元，比去年增加157%，节支率14%。

【构建服务民生的社会保障体系】
2008年社会保障资金实际完成2.08亿元，比上年增长23.65%。支出重点主要有安排再就业资金240万元，加大就业再就业的扶持力度。落实农村低保政策，累计发放农村低保金219.65万元，保障了756户、1 472名困难群众的最低生活需要。加快公共卫生服务体系建设，严格按照标准，拨付社区公共卫生服务经费366.87万元。推进新农合建设，在提高财政补助标准的情况下，累计补偿参合农民医疗费报销补偿615.98万元，切实让农民群众得到了实惠。

【健全完善财政支农体系】 认真贯彻落实各级政府关于“三农”工作的方针政策，大力支持农业和农村经济的发展。筹资90万元用于植树造林和荒山绿化，全区新增林地55公顷；筹资270万元支持水库除险加固、节水灌溉、水源污染治理、农作物秸秆综合利用；筹资17.7万元，为300户农民的沼气池和太阳能热水器建设提供政府支持。对全区2.65万户种粮农民发放粮食直补资金、农资综合直补资金663.9万元，为2 492名水库移民落实后期扶持资金149.52万元。

（撰稿：徐　冉）

槐 荫 区

【概述】 2008年，槐荫区财政工作坚持以城市建设引领经济社会发展的理念，抓项目、促税收，超额完成了年初确定的各项工作任务。全区一般预算收入完成6.2亿元，完成预算的109.39%，可比增长28.84%。税收收入比重达90.60%。全区财政支出实现8亿元，完成预算的129.5%，同比增长14.8%。

【抓征管促增收，促进收入稳定增长】 狠抓预算执行和重点税源分析，掌握分税种、分行业和重点税源企业的收入动态，出台《关于加强重大建设项目税收管理的意见》，发挥综合治税功能，开展“综合治税月”活动，强化零散税源的监管。实施“亲情服务管理”，加强对契税、耕地占用税的征管，完成契税、耕地占用税收入7 158万元，比上年增长30.9%。完善“收支两条线”管理制度，把非税收入形成的可用财力统一纳入政府预算体系，增强财政调控能力。

【抓发展育财源，增强发展后劲】 加大市政基础设施建设的投资力度，改善槐荫区投资环境和城市面貌，推进功能片区建设，带动总部型经济的入驻和发展。加大财政投入支持企业技术创新，全区省市级高新技术企业达到87家。对槐荫工业园区实行了“园办合一”的激励型财政体制，促进了园区的良性快速发展，入园企业累计达到431家。建立银企合作平台，快速膨胀壮大民营经济，助推九阳股份有限公司成功上市。

【抓大事办实事，加快构建民主财政】 加大教育投入，全部免除农村和城市义务教育阶段学生杂费，支持职业教育发展，提高各类教育办学质量，发展特色教育。加强农村卫生服务网络和城市社区卫生服务体系建设，11家社区卫生服务机构通过标准化建设验收；健全覆盖全区居民的社会保障体系，城乡低保救助实现了动态管理下的应保尽保，全区2 975户、12 472名城乡低收入困难群众的正常生活得到保障；启动了城镇居民基本医疗保险，全区7.9万居民纳入基本医疗保障体系；支持安全社区网络平台和基础建设，支持槐荫成为第一个全国安全区。

【抓城乡促协调，突出城乡统筹发展】 加大“三农”投入力度，支持农业综合开发项目、特色农业基地建设和农业科技推广应用，推进产业化经营，全区省、市级重点龙头企业达到11家；认真落实各项支农惠农政策，发放粮食补贴、农资综合补贴、家电下乡补贴、能繁母猪补贴等各项补贴484万元，惠及全区15 981户农民；突出抓好村庄规划、环卫全覆盖、秸秆综合利用和沼气服务体系建设，全区55个远郊村完成农厕改造4 322户，87个村实现了生活垃圾统一清运，城郊型新农村建设迈出了新步伐。

【抓改革求创新，提高公共财政管理绩效】 深化部门预算，推进预算管理与资产管理、绩效评价相结合，提高预算科学性，推进国库集中收付制度改革。开发完善政府采购网上办公系统，规范政府采购程序，政府采购监管力度和信息化水平有了进一步提高。2008年实现政府采购722宗，金额9 094万元，节约资金700万元，节约率为9%。进一步完善资产配置、使用、变动、处置管理体系，推进行政事业资产管理与绩效评价、政府采购的对接。全面实施支农专项资金县级报账制管理制度，加大对支农专项资金的监管力度，提高资金使用效率。

（撰稿：郭兆生　王晓蕾）

天　桥　区

【概述】 2008年，天桥区财政局在区委的正确领导和区人大的监督指导下，牢固树立和落实科学发展观，以组织收入为中心，深化财政改革，强化预算管理，狠抓增收节支，优化支出结构，全年完成地方财政收入7.63亿元，占预算的105.22%，比上年增长21.03%；完成地方财政支出7.86亿元，占预算的109.78%，比上年增长10.82%，连续18年实现了财政收支平衡。

【增收节支】 在收入方面，一是加强所得税征管。对重点税源实行专业化管理，强化预算收入预测分析，加强动态监控，积极化解新企业所得税法实施对财政增收造成的影响。二是进一步规范市场税收征管秩序，自行开发专业市场税收征管系统，提高征管水平，全年各专业市场实现税收12 914万元，增长29.37%。三是综合治税工作进一步加强。依托各街镇综合治税服务中心和区各重点工程建设指挥部，完善对零散税收的委托征收机制，全年实现社会综合治税收入超过1 000万元。在支出方面，一是继续加大对教育事业发展的投入。全区教育支出20 253万元，比上年增长23.95%，全部免除了城乡义务教育阶段学生的杂费、书本费，将城乡义务教育经费全面纳入财政保障范围。二是继续加大对文化事业发展的投入。文化体育与传媒支出1 224万元，支持了电影下乡、文化下乡、农村文化建设等事业。三是继续加大对医疗卫生事业发展的投入。医疗支出5 095万元，增长28.11%，重点支持了社区卫生建设、村卫生室医疗设备配置等基层卫生服务事业。四是进一步加大城乡环境治理投入。城乡社区事务支出5 187万元，比上年增长24.15%。

【财源建设】 积极发挥财政服务经济发展的作用，夯实财政增收基础。一是充分利用现行财税政策，积极鼓励企业用好财税优惠政策。当年，区内210家企业实现出口退税53 893万元，区财政按现行政策负担企业出口退税资金2 132万元。二是鼓励企业加快技术进步，为9家企业申请办理新产品开发扶持和外贸发展资金141万元。三是推动创新体系建设，对444项发明和专利进行了奖励补助。四是积极争取上级财政资金扶持，争取各类企业扶持资金290万元。

【财政改革】 改革创新不断深入，财政运行机制进一步健全。一是部门预算改革进一步深化，已从财政供养单位扩展到全区所有行政事业单位，预算约束力得到提高。二是国库集中支付工作快速、全面推行，全区所有行政事业单位和街道办事处全面实行统一收付系统、统一核算系统的资金监管制度改革。三是政府采购范围扩大到财政资金支付的大多数货物和服务，采购规模达到9 823万元，节约资金1 429万元，节支率达到12.7%。四是行政事业单位国有资产管理工作进一步加强，对全区107个行政事业单位资产进行了全面清查和专项审计。五是加强会计信息质量监督，进一步规范了财政管理，提高了资金使用效益。

（撰稿：邢大安）

历　城　区

【概述】 2008年历城区地方财政收入完成15.78亿元，同比增长16.16%。其中税收收入10.75万元，同比增长11.71%。实现非税收入5.03亿元，财政收入继续实现平稳增长。加大对上争取工作力度，争取各类专项资金3.78亿元，同比增长43%；争取各类土地收益3.48亿元，全区财政支出19.45亿元，按现行财政体制结算，2008年全区可用财力达到19.74亿元。

【立足统筹城乡发展，加大支农资金投入】 以“服务三农”大局为中心，突出重点，加大投入，努力保持财政支农支出稳定增长，全年共拨付农林水事务支出1.38亿元，重点用于农业结构调整和秸秆综合利用、“三川增绿”工程、美国白蛾等森林病虫害的防治、重点水利工程建设、扶持农业产业化经营、支持农村环境综合整治等工作。兑付各项惠农补贴和库区移民补贴资金3 750万元，其中粮食直补450万元，农资综合补贴2 470万元，家电下乡补贴100万元，库区移民补贴730万元，切实维护了群众利益。

【优化财政支出结构，提高财政保障能力】 多方筹措资金，确保按月发放工资，保障单位正常运转。严格审核人员编制，确保工资按时发放，全年共向区直各部门工作人员和农村中小学教职工支付工资、补贴津贴等人员经费2.63亿元，保证了各级各类机关的正常运转。紧紧围绕民生保障这个主题，提高财政社会保障水平。安排社会保障支出1.33亿元，重点用于城乡低保、新型农村合作医疗、再就业、残疾人就业、失业和养老保险、救灾救济等工作。将农村低保标准从去年的年人均1 200元提高到年人均1 320元；将新型农村合作医疗筹资标准由原来的每人每年40元提高到每人每年60元，收到了良好的社会效益。围绕全区发展重点，认真履行职责，及时拨付重点项目建设资金，保障了全区重点工程建设的开展。截至2008年12月31日，向各类重点工程累计拨付建设资金13.75亿元。其中：唐冶新区一期基础设施建设项目施工费、补偿费等5.37亿元，历城区体育中心工程1.15亿元，赛马场项目1.62亿元，旅游路历城段项目8 200万元，东区二期安置房扫尾工程1 587万元，济钢周边片区村庄整合工程4.63亿元，有力地保证了区重点工程建设的顺利进行。

【不断深化财政体制改革】 按照公共财政框架要求、不断调整完善区域收入分配关系，积极深化各项财政改革。深入调研分析，理顺财政管理体制。在对区镇财政体制运行情况进行翔实细致调查研究的基础上，建立了“税收属地征管，区镇两级共享”的新区镇财政管理机制，以各镇行政区划为准，严格实行税收属地征收管理。支出方面，合理界定镇财政支出的保障范围和标准，较大幅度地增加对财政困难镇的转移支付力度，进一步理顺了区镇财政分配关系。继续深化政府采购管理制度改革。积极探索政府采购工作的新途径、新方法，扩大了采购范围，提高了工作水平和服务质量。全年完成预算金额4 042.56万元，实现政府采购实际合同金额3 494.21万元，节约率达13.56%。与去年同期相比，节约率提高了0.56个百分点。进一步完善农村义务教育经费保障机制。按照上级要求，将调整完善农村义务教育经费保障机制改革有关政策切实落到实处。根据市政府教育督导要求，在省教育特设专户中专项核算农村义务教育保障资金，并将农村义务教育经费保障资金全部列入区本级部门预算，及时足额划拨。切实加强对城市教育费附加支出及地方教育费附加支出的管理，将这两项支出按项目纳入2008年区本级预算，并做到及时、足额拨付，得到了上级有关部门的充分肯定。会计管理更加规范。目前我区注册登记会计持证人员14 550人，高度重视并切实抓好会计基础管理工作，扎实开展会计人员的继续教育，遵循讲求实效、确保质量的原则，认真完成了对2008年度会计人员继续教育工作，共组织了50余个班次分别对会计人员进行培训，参加继续教育的会计人员达12 484人，圆满完成了2008年度会计继续教育培训任务。国有资产监管得到加强。以制度创新推进国有资产管理体制改革，国有资产监管法规体系得到进一步完善。起草了《济南市历城区行政事业单位国有资产管理暂行办法》，对产权变动、资产配置、资产处置、国有资产收益等进行了全面规范。积极推进资产动态管理系统建设，力争在明年建立行政事业单位资产信息数据库，逐步实现行政事业单位资产从入口到出口的全过程动态监管。专项资金监管到位。配合市财政局监督处对全区2006年、2007年农村、基层专项资金使用情况进行了监督检查。检查内容主要涉及三农、改善民生等财政专项资金、扶贫资金、农村中小学校舍改造经费、自然灾害救济、环境保护专项补助等14项专项资金，通过检查，保证了财政专项资金的专款专用，严肃了财经纪律，规范了财经秩序，财政监督工作得到了有效加强。

【深化财政服务水平，财政形象明显提升】 本着“规范、高效、优质、满意”原则，着力提高服务水平，树立了良好的窗口形象。规范服务工作，把综合、协调和服务作为工作重点来抓，加强老干部党支部建设，组织开展形式多样的文体活动，丰富了老干部精神文化生活。强化机关作风建设，按照区委、区政府关于加强机关作风建设的部署和要求，切实推进财政局机关作风建设，狠抓党组织建设，建立健全机关党建工作考核评价机制，党组织的战斗力和创造力进一步增强，继续获得省级文明机关称号。

（撰稿：商锡岭　孙金旭）

长　清　区

【概述】 2008年全区地方财政一般预算收入实现4.04亿元，可比增长23.88%。区本级完成1.45亿元，占年初预算的130.8%，增长39.8%。全区实现财政支出8.08亿元，占调整预算的93.52%（有结转资金），增长6.51%，剔除公安上划等因素后，可比增长12.3%。其中：区本级完成6.93亿元，增长4.79%；乡镇办级完成1.15亿元，增长18.17%。

【发挥财政职能，积极培植财源】 紧紧围绕全区经济工作中心，加大财政扶持力度，努力培植财源，支持经济又好又快发展。积极落实招商引资优惠政策，拨付资金3 400万元，支持企业技术改造、节能减排和膨胀发展，促进了全区招商引资工作，培植了新的财源增长点。办理福利企业、资源综合利用及佳宝等企业免抵退税430万元，增强了企业发展后劲。提高城乡基础设施建设水平。依托政府投融资平台，筹集资金2亿多元，用于济南经济开发区基础设施建设；投入资金1 100多万元，用于经十西路建设项目；投入600万元，用于归德、万德和孝里城镇建设，搭建了经济发展的载体和平台，改善了发展环境。认真研究国家政策，加大对上争取力度，争取中央及省、市无偿资金2.5亿元，并争取到济南市唯一的一个省级区域经济协调发展示范县资格，确保了“211”工程的顺利实施，支持了全区经济发展。

【坚持依法治税，努力组织收入】 综合考虑全区经济主要预期指标和各种增减收因素，重点分析纳税企业大户的税源情况，为区委、区政府提供科学合理的收入任务分配目标。定期分析财政收入进度，积极协调税务部门，加大征收力度，确保财政收入的均衡入库。2008年“两税”完成入库6 584万元，比年初计划超收635万元，实现地方财政收入5 045万元。加强非税收入征管，实施以票管费，把规模以上企业纳入统一收费管理，确保了财政收入的顺利完成。

【科学编制预算，保障重点需要】 认真贯彻“一要吃饭，二要建设，三要科学发展”的原则，第一，保证现行工资的足额安排，尽可能地预留财力，落实今年增资政策。第二，根据财力情况，适当增加了部分公用经费，保证机关正常运转和事业发展。第三，按照环比递增的原则，合理确定了街道（乡镇）的支出基数，保证街道、乡镇的正常运转和事业发展的需要。第四，坚持以人为本，关注民生，加快推进公共财政制度建设，对“三农”、教育、社会保障、医疗卫生等民生政策尽力安排落实，仅乡镇卫生院、社会保障提高标准、农村资金义务教育“两免一补”这几项民生政策，财政支出比上年增加了46.7%。

【落实支农政策，促进乡村发展】 认真落实中央一号文件精神，制定一系列支农、惠农、强农的政策和措施，积极争取上级对全区涉农资金的支持，投入资金8 000万元，促进农民增收、农业增效、农村发展。一是优化资金投向，加大对农村基础设施建设投入资金达1 240万元，用于对14座小型水库的除险加固；生态富民行动投入资金达到550万元，建沼气池5 729个；畜牧疾病防控经费支出102万元，确保了全区畜产品的质量安全；筹措资金400.2万元，投入秸秆综合利用；二是加大对财政支农资金整合和项目库建设力度，大力发展“高产、高效、生态、安全”现代农业建设；投入资金400万元，对14个生猪养殖场和蛋鸡养殖场进行改扩建。三是积极落实国家补贴政策，严格执行“财政涉农补贴资金一本通”发放制度，共兑付种粮、农资综合补贴资金3 200多万元；兑付玉米良种补贴资金200万元，兑付困难奶农应急补贴资金30万元，兑付能繁母猪补贴资金189.12万元，拨付小麦良种补贴250万元；拨付农机购置补贴30万元。四是整合各项财政支农资金4 642万元，全力支持村村通自来水工程。截至2008年底，全区村村通自来水工程已完成财政投资4 000万元。五是积极开展新型农民培训和农村劳动力转移就业工作，不断扩大培训规模，提高农民素质，补助财政资金114万元，专项用于对务农农民进行农业实用技术、经营管理技能及相关政策法规等方面的培训。六是拨付资金412万元，用于森林生态公益林管护和退耕还果及绿化山东建设项目，提升全区的生态环境水平。七是落实家电下乡政策，投入资金87万元，对4 625台家电实施了补贴。八是推行了政策性农业保险，财政按照80%比例给予补贴，已拨付资金39万余元。九是全面推进农村义务教育经费保障机制改革和城市义务教育阶段学生免杂费改革。拨付农村义务教育保障经费1 647万元，落实城市义务教育免杂费资金457万元。十是建立健全了家庭经济困难学生资助体系。安排资金163万元，资助中等职业学校和高中阶段家庭经济困难的学生。十一是大力推进农村中小学校舍维修改造工程。2008年安排专项资金496万元用于校舍维修改造；积极争取上级补助资金400万元，用于8所试点学校的改厕工程。

【加强社会保障，维护社会稳定】 全面实施农村五保供养制度，投入财政资金480万元，对全区2 333名五保对象实施了财政供养。完善了城乡最低生活保障制度，省、市、区三级财政投入资金914万元，对1.4万名群众实施了最低生活保障。建立了抚恤定补优抚对象医疗保障制度，把3 469名参保人员全部纳入市级医保统筹范围，每年财政补助资金350多万元。争取上级补助67万余元，把全区的破产、困难企业退休职工全部纳入城镇职工医疗保障范围。建立了城镇居民医疗保险制度，千方百计筹措资金1 100多万元，把6.5万城镇居民纳入医疗保险。

【突出改革创新，深化财税改革】 深化国库集中收付改革，逐步将预算单位实有资金账户纳入国库单一账户体系管理，建立了规范的核算程序，确保了财政资金的及时支付与清算，提高了财政资金的使用效益，增强了财政的资金调控能力。积极推进新型农村合作医疗改革，把参合农民的财政补助标准每人提高到60元，报销封顶线提高到5万元，并取消了分段报销，调动了农民参合的积极性，参合农民达41万多人，参合率99.2%。完善财政体制改革。立足促进济南经济开发区快速发展，进一步完善了开发区的财政管理体制。

【坚持依法理财，维护财经秩序】 强化非税收支管理。实施以票管费和“票款分离”，区直部门和乡镇中小学收费全部实行了“票款分离”。严格按照国库集中支付管理要求，按预算、按计划、按专项用途拨付非税收入资金，确保了财政资金使用效益。完善区统一收费管理办法，进一步规范行政收费行为，为企业提供优质服务，优化全区经济运行和投资环境。加强财政监督，对会计信息质量和涉农专项资金进行监督检查，进一步维护财经秩序。严格执行《政府采购法》，不断扩大政府采购范围。采购总金额2 141万元，较预算采购额2 380万元，节支239万元，节支率11%。加强国有资产管理，对91户行政事业单位进行产权登记，严格出售、核销、租赁等审批程序，防止国有资产流失。坚持服务、监督与管理三者并重，规范业务操作程序，切实做好行政事业单位资金核算工作，维护了财经法纪，缓解了财政资金调度困难的问题。加强会计管理和服务，对892人进行了会计证的新办、调入和调出，开展了少儿珠心算比赛和“会计双先”及优秀征文的评选工作，并对2 563名会计人员进行了继续教育培训。

【增强拼抢意识，积极招商引资】 贯彻“工业立区、招商强区”的发展思路，加强政务中心收费管理，优化投资环境，增强服务意识，大力招商引资。引进济南意达迈迪轮胎有限责任公司，引进资金50万美元。争取上级财政资金2.5亿元。

（撰稿：陈　铭）

章　丘　市

【概述】 2008年，章丘市地方财政收入完成20.03亿元，比上年增长16.71%。按现行体制算账，加上级返还、上级专项补助、调入资金，全市当年财力为25.06亿元。2008年全市财政支出实际完成25.06亿元，比上年增长12.13%。连续22年实现了财政收支平衡。

【全力以赴抓征管，财政收入稳步增长】 面对诸多不利因素，章丘市财政局迎难而上，突出抓好收入工作：一是加强组织协调，定期召开收入协调会，及时沟通，加压驱动，始终保持抓收入工作的积极主动性；二是完善征管措施，坚持依法治税，加强主体税种征管，强化重点税源控管，挖掘小税种增收潜力，税收收入保持了较高增幅；三是完善“收支两条线”管理，加大非税收入征缴力度，着力壮大地方财政实力，为全市经济和社会发展提供坚实的财力保障。

【不断强化支出管理，保障能力得到提升】 章丘市财政局按照构建公共财政的要求，强化支出管理，进一步规范了津贴补贴标准，在保运转、保稳定的基础上，做到财政资金向三方面倾斜：向公共事业领域倾斜，确保科学、教育、文化、卫生、医疗、生态环保等重点事业发展的需要；向“三农”倾斜，继续支持社会主义新农村建设；向困难群众、弱势群体倾斜，改善了困难群众的生活水平。同时，在财力紧张的情况下，积极筹措资金大力支持重点项目建设，有力服务了和谐章丘建设。

【严格落实惠农政策，改善民生取得进展】 积极做好粮食直补与综合直补工作。通过“一卡通”形式共发放粮食、农资补贴资金 7 830 万元，涉及农户 22.6 万户。扎实做好“两免一补”资金发放工作，为全市 11.3 万名中小学生免除杂费、课本费，补助困难生生活费 4 622 万元。继续完善新型农村合作医疗制度，报销补偿 8.7 万人次，补偿金额达 5 774 万元，使全市广大农民切实感受到党和政府的温暖。

【积极推进财政改革，运行机制逐步完善】 预算编制进一步细化，增强预算的科学性和透明度。不断深化国库集中支付制度改革，提高了资金的使用效益和工作效率。完善政府采购制度，不断拓展采购范围和规模，实行“阳光采购”，全年节约资金率达 16%。全面落实“票款分离”制度，增强资金调配功能，确保了财政资金安全、高效运行。

（撰稿：马祖银）

平 阴 县

【概述】 2008 年，平阴县实现生产总值 135.4 亿元，比上年增长 13.7%。固定资产投资额 65.3 亿元，比上年增长 23.6%。城镇居民人均可支配收入 11 165 元，增长 12.7%；农民人均纯收入 6 596 元，增长 14.8%。

【收入稳步增长，结构逐步优化】 2008 年面对复杂多变的经济形势，平阴县财税部门积极落实增收节支举措，推进依法理财。一手抓财税政策兑现落实，涵养税源、优化环境、发展经济，全年政策性“减、免、退”税近 2 亿元，投入企业技改资金 3 043 万元，多渠道融资 2.6 亿元用于基础设施、220 国道平阴段拓宽改线工程等建设项目；一手强化协调配合、应收尽收做大财政“蛋糕”，经济发展成果在财税收入上及时得以体现。2008 年平阴县实现地方财政一般预算收入 3.6 亿元，比上年增长 18.0%，其中税收收入 2.64 亿元，比上年增收 5 297 万元，增长 25.2%，税收占地方财政一般预算收入比重 74.3%，比上年提高了 4.3 个百分点。

【保障能力增强，民生支持有力】 随着财政收入的积极增长，保障能力相应提高，2008 年全县地方财政一般预算支出 7.4 亿元，增长 25.7%，预算执行连续 22 年收支平衡。民生事业支持力度相应加大，公共化程度进一步增强。机关事业单位干部职工工资及养老保险财政缴纳比例提高，全年新增工资性支出 2 300 万元；教育事业支出纳入县级管理，全年支出 1.55 亿元，比上年增长 22.4%。在大力支持乡镇卫生院、村级卫生室改造及社区卫生事业发展改善就医条件的同时，安排新型农村合作医疗、城镇居民医疗保险补助资金 688 万元，实现了医疗保障全县范围内的全员覆盖，2008 年全县医疗卫生支出 5 418 万元，比上年增长 39.2%。落实了提高城镇低保、农村低保等补贴标准和五保供养、离休人员护理费、遗属补助等补助标准政策，社会保障基本做到了应保尽保。安排资金 153 万元用于村干部工资补助，稳定基层组织队伍服务农村发展。实行种粮、农资综合、三峡及库区移民等补贴资金“一本通”发放，发放资金 2 714 万元；落实良种、农机、家电下乡等涉农补助资金 438 万元。财政支农资金整合试点深入推进，整合各级财政资金 4 038 万元，支持了畜牧、玫瑰、林果、蔬菜特色产业调整结构，支持了农村基础设施及新型社区建设等，有效改善了农村生产生活环境，为农村经济社会发展、农民持续增收创造了条件。

【改革深入推进，管理水平提高】 围绕提高资金使用效益，继续深化财政改革，强化监督管理。重点加大了国库集中支付、国有资产规范处置、支农资金整合、政府投融资体制等项改革力度。建立起较为完善的国库总账系统，国库管理现代化水平进一步提高。试点启用了“财政财务监管系统软件”，进一步加强了财政财务监管，实现财政资金从支付到核算及决算全过程一体化管理；开展了行政事业单位财务收支及执行财政法规情况、部分事业单位非税收入“收支两条线”、会计信息质量等监督检查工作，并积极配合上级各项专项资金检查，有效维护和规范了财经秩序。

（撰稿：李国梁）

济 阳 县

【概述】 2008 年，全县地方财政一般预算收入 4.2 亿元，完成调整后预算的103.46%，比上年增长20%。其中：县本级财政实际完成一般预算收入2.69亿元，完成调整后预算的103.57%，比上年增长16.32%。全县财政一般预算支出实际完成8.41亿元，完成调整后支出预算的107.04%，比上年增长20.98%。其中：县本级财政一般预算支出6.4亿元，完成调整后支出预算的110.19%，比上年增长23.73%。

【财政收支保持稳定增长，保障能力明显提高】 在全县经济稳定协调发展的基础上，各级财税部门严格依法征税管费，不断完善征管机制、创新征管手段，财政收入明显增加，支出规模不断扩大，较好地保障了经济社会发展需要。2008年，全县地方财政收入达到4.2亿元，比上年增长20%；税收占地方财政收入的比重达到69.01%，较上年又有提高；全县地方财政支出达到8.41亿元，比上年增长20.98%。财政收支稳定增长，表明济阳县经济运行质量和效益不断提高，税费征管机制日趋完善，组织收入工作科学有效，财政保障和支撑能力日益提高。

【财税杠杆作用不断增强，促进经济发展成效突出】 县镇两级财政始终把支持发展作为第一要务，积极发挥财政政策资金的引导和放大效应，支持经济增长方式转变，培植和壮大地方财源。加大财政性资金投入。安排科技创新专项扶持资金500万元，扶持开发区内部分重点企业实施自主创新、技术改造和新产品研发等，增强企业发展后劲；筹措资金1.33亿元，用于城区基础设施建设和集中整治，进一步改善了经济发展环境。强化财税政策和资金调控力度。安排投入工业经济发展专项资金815万元，对新华能源、灏源纸业等企业进行政策性补贴及引导发展；投入节能减排专项资金500万元，支持企业发展循环经济和节能减排；投入中小企业贷款担保资金370万元，构建和启动中小企业发展融资平台；认真落实国家出台的优惠政策，为企业减免税费和落实出口退税3 730万元，增强了外向型经济的活力。进一步完善经济结构调整促进机制。建立实施促进和服务经济建设的资金投入机制，安排投入招商引资专项资金500万元，促进了全县招商引资工作再上新台阶；安排农业产业结构调整专项资金600万元，推动农业增产增效等。上述政策措施，有保有促，确保了全县经济又好又快发展。

【坚持统筹协调发展，投入“三农”资金持续增加】 按照以工促农、统筹城乡的要求，切实加大“三农”投入，不断扩大公共财政覆盖农村的范围。2008年全县财政用于“三农”方面的投入达2.1亿元，比上年增长21%。随着财政投入的增加，农业和农村面貌出现可喜变化：农民收入明显增加。投入资金1 500万元，进一步加强农业基础设施建设、农业综合开发，支持农业龙头企业，大力发展现代农业和农村三产，全年农民人均纯收入达到6 100元，比上年增长12.78%。对农民直接补贴明显增加。继续落实各项惠农政策，对农民发放小麦、良种、农机、家电和生产资料综合补贴8 760万元，有效增加了农民收入，维护了农民的从业积极性。农村生活条件明显改善。各级筹集资金2 950万元，大力实施村村通自来水工程、道路畅通工程和生态富农工程等，农村生产生活环境得到较好改善。随着各项支农惠农政策的落实，城乡统筹发展步伐进一步加快，社会主义新农村建设成果逐步显现。

【民生支出保障较好，人民群众得到更多实惠】 坚持以人为本，高度重视民生民本，优先安排民生支出，较好地保障了重点社会事业发展和民生政策落实，使人民群众共享改革和发展的成果。教育优先发展战略得到全面落实，全年安排投入资金达到1.64亿元，农村义务教育、高中教育、职业教育得到均衡发展，城乡教育资源配置更加优化；二是社会保障和就业服务体系继续完善，安排投入资金4 650万元用于弱势群体社会保障行动。城乡医疗卫生服务体系不断健全，各级财政投入资金4 470万元，用于改造乡镇卫生院、支持村居卫生服务体系建设、实施新型农村合作医疗和城镇居民基本医疗保险补助等。增加“平安济阳”建设方面的投入，积极支持政法部门提高执法能力、维护社会稳定。同时，文化建设投入加大，廉租住房工程正式启动，产业扶贫深入开展等等，一系列民生政策的实施，彰显了党和政府以人为本、关注民生的执政理念，强化了财政的公共服务职能，促进了社会和谐。

【财政改革持续推进，管理水平逐步提高】 进一步深化财政改革和管理，努力建立公共财政新框架。深化财政管理体制改革，进一步调整完善县镇财政管理体制，充分调动镇街发展经济、培植财源、组织收入的积极性。全面推行国库集中支付制度，各类支出由国库直接支付，提高财政资金使用的规范性、安全性和有效性。完善预算管理制度。严格执行《预算法》，规范“两上两下”预算编制程序，提高了预算的科学性。继续深化“收支两条线”管理，增强预算内外资金的调控能力。依法加强政府采购管理，规范政府采购行为，扩大采购范围和规模。财政更加注重理财观念和方式的转变，注重依法、民主、科学理财，注重围绕公共财政服务均等化目标，认真负责地承担财政职能，切实服务、保障和维护好全县经济和事业发展大局。

（撰稿：郭　晶　王新戈）

商　河　县

【概述】 2008年全县地方财政一般预算收入完成1.84亿元，完成预算的102.51%，增长20.07%。全县财政支出完成7.33亿元，增长33.84%。当年收入1.85亿元，加上上年结转和上级收入返还、转移支付等补助收入，剔除专项上解和调出水利建设基金，全县财政可安排资金7.39亿元，财政总支出73 327万元，结转下年支出545万元，实现当年财政收支平衡。

【大力加强收入征管】 财税部门紧紧围绕财政收入目标，改进税收征管手段，强化税收征管，实行综合治税，完善目标管理绩效考核机制，实行收入目标一把手负责制，加强收入协调调度，借助财税库行联网，建立了月、季考核及分析报告制度，保证了收入及时均衡入库，财政收入实现持续稳定增长。

【积极支持基础设施建设】 充分发挥聚财、理财职能，多渠道筹集资金，支持全县基础设施建设。累计投入近2亿元，用于商中路、明辉路、县经济开发区和城区产业园、清源湖水库、县污水处理厂、职业中专实训楼、实验中学综合楼、县医院病房楼等重点项目建设。投资1 178万元用于城区供水改造、人民公园二期建设、长清河整治及城区道路绿化、亮化工程，改善了经济发展环境，提升了城市形象。

【着力改善民生】 始终把关注民生、保障民生、改善民生放在重要位置，优先予以保障。认真落实财政补贴政策，通过“一本通”发放粮食直补、农资综合补贴、计划生育奖励、家电下乡补贴等惠农资金8 462万元。坚持教育优先发展战略，全年投入9 083万元，优先保障农村义务教育机制改革经费。扩大医疗保险覆盖范围，建立了城镇居民医疗保险制度。提高新农合、农村最低生活保障和五保户财政补助标准。加强农村敬老院建设，改善敬老院居住条件。

【积极推进财政改革】 制定了《商河县国库集中支付改革实施方案》，结合商河实际，启动了国库集中支付制度改革，将教体局、卫生局、林业局等10个单位纳入首批国库集中支付试点。建立了偿贷基金专户管理制度，制定了《商河县建立偿贷基金制度的意见》和《商河县偿贷基金管理暂行办法》，采取累进累加的办法，由县财政每年在年初预算中安排，15年之内积累偿贷基金4.8亿元，专项用于偿还城市基础设施建设贷款，2008年预算安排偿贷基金400万元。继续完善已出台的各项改革，部门预算编制、政府采购、收支两条线、会计集中核算等各项改革逐步深入和完善。

（撰稿：庞志生）

高新技术产业开发区

【概述】 2008年，全区共实现一般预算收入6.59亿元，比上年增长46.4%，增幅列全市第一位；税收比重95.25%，列全市第二位。

【财政支出】 2008年，全区一般预算支出完成11.92亿元，比上年增长26.6%。按照建设公共财政的要求，统筹兼顾，科学调度，合理安排资金，确保了高新区经济社会各项事业全面协调发展。确保开发建设性资金需求。2008年高新区贷款本息、工程和征地款等基本建设支出共计2.25亿元，占全年支出的63%。加大对入区企业和项目单位支持力度。科技三项费用及扶持资金支出总计7.96亿元，占全年支出的22.15%，促使区内高新技术企业进一步发展、壮大。关注民生，努力解决关系群众切身利益的问题。及时拨付村民安置费、长期补偿及村民失地生活补助费2.43亿元；教育总支出7 675万元，其中安排拨付农村小学“温暖工程”专项资金20万元和学校设备调装费300万元，并投入近3 000万元用于建设完善现有中小学校舍特别是农村中小学教学条件；发放低保金46.4万元、优抚金15万元、计划生育奖励扶助金34万元，确保了高新区稳定、和谐发展。关注“三农”、积极支持社会主义新农村建设。按时完成9 842户农户粮食直补及综合补贴资金255.6万元、32户优良品种奶牛补贴4.5万元、“家电下乡”补贴资金8.9万元发放工作；拨付新农合医疗基金800万元。强化节支意识，严控消费性支出，全年完成专项预算拨款审核3 000余项，核减各种不合理开支约2 500余万元。

【财源建设工作】 在管委会领导支持下成立了财源建设处，专职抓财源建设工作。全力协调国税、地税、工商等部门，狠抓服务质量，提高工作效率，为企业发展营造良好的财政税收环境。严格按照党工委、管委会要求，密切联系高新区实际，积极开展“企业调研月”活动，为企业解决一系列具体问题；同时拓展服务范围，全年跟踪服务重点税源企业100多家，为企业解决部分难题，促进了企业在高新区稳定发展，有效防止了企业流失。按照管委会主要领导和上级地税部门要求，协调区内11家部门成立了重大建设项目地方税收管理工作领导小组，把区内130个投资额超过1 000万元的重大建设项目按工业建设类、农业建设类、基础设施类、商业建设类等八大类别区分，全面纳入财税部门重点监控管理范围，确保了建筑营业税等“应收尽收”。积极协调有关部门，帮助部分拟入区企业和新入区企业联系协调办公用房、工商和税务登记手续。在服务好入区企业的同时，做好财源建设调研工作，发挥好参谋助手作用，为领导决策提供依据。

【财政监督检查】 对2007年涉及民生的社保资金、村民安置费以及建设资金、企业扶持资金等进行了重点检查，检查了社会事务局、建设局、创业服务中心等6家单位。共涉及财政拨付金额5.18亿元，占2007年度专项资金支出的22.5%。2008年共审核企业扶持申请材料172份，同口径审减额0.31亿元，审减率4.8%。

【国有资产管理】 探索建立园区企业运营体制，向国有企业要效益。以齐鲁软件园发展中心为试点，理顺国有企业资产运营体制，确定按财政投资形成国有资产总额的一定比例上缴国有资产占用费，开创了国有资产收益上缴的新途径。做好企业改制工作，加快国有股权退出。完成了投资总公司、科信担保服务中心、出口加工区通港服务中心公司制改制工作。抓好源头控制，完善固定资产投资程序。全程参与了回购会展中心部分股权的相关工作；参与了港舜置业有限责任公司、山东华芯电子有限公司等成立的相关工作；完成蓝金生物国有股权退出工作。积极催缴，保证国有资产收益上缴，2008年上缴国有资产收益3 283.41万元。解决历史遗留问题，联合房管局、国土局等部门办理财政投资10个不动产项目权证的办理工作，完成国资转资近10亿元。强化行政事业单位资产管理，组织区内38户单位进行固定资产清查。加强国有资产基础管理工作，充分发挥国资监管和服务职能，全面提升工作效率。

【财政投资评审】 积极前移评审关口，创新基建预算编制环节；实行工作即时研究制度，倡导现场办结制；提高主动服务意识，把公正公平诚信服务作为财政评审工作之纲。全年完成财政投资项目结算评审219项，报审值7.25亿元，审定值6.15亿元，审减值1.09亿元，审减率15%，完成2008年度计划的139%。完成合同评审350项，合同备案管理667份；完成资金申请拨付评审1 294项，评审拨付资金12.4亿元。

【政府采购管理】 严格按照采购程序依法采购，执行好从受理委托、受理登记、执行采购、签订合同、验收、数据统计、定期报告、接受采购方反馈、接受相关部门监督的一整套流程。坚持效益原则的同时，更多地尊重采购单位意见，同时为有效使用财政资金并使采购保质保量，做了大量的市场踩点、考察、利用网络工具，充分比较货物等工作，在人员少、工作量大的情况下圆满完成了政府采购工作。全年共受理并完成政府采购项目812个，受理额合计3 196.74万元，实际采购金额为2 685.36万元，节约资金511.38万元，综合节约率达16%。

【会计管理】 组织全市会计知识竞赛活动，参赛率达到147.14%，实际答题率为140.04%，其中持证人员答题率达到70%以上；获得一等奖1人、二等奖5人，三等奖25人。加强领导，精心组织，在会计知识大奖赛第二赛程获得第一名的好成绩，被授予济南市五一劳动奖章先进单位。举办全区《村集体经济组织会计制度》培训班，并聘请专家为140名村集体经济组织会计授课。会计人员继续教育工作成效显著。共培训会计人员3 909人次。与金桥社区办事处联合对八村居任期内和离任干部的经济责任和财务执行情况进行全面审计，对规范农村集体财务工作起到了一定的效果。完成市局布置的代理记账机构备案工作、参加2007年全市会计管理工作会议，被评为2007年度全市会计管理工作先进单位、信息交流先进单位。

【加强服务保障】 切实强化服务意识，转变工作作风，提高服务水平，将管理融于服务之中，努力构建服务型财政。针对财源建设，扩展工作范围，切实做好为企业服务工作。排出区内重点纳税企业名单，副处级以上领导干部对口对区内重点税源企业定期上门走访，保持与企业的沟通渠道，发现问题，及时改进，帮企业排忧解难。针对预算编报执行，强化与各预算单位的沟通、交流，形成定期走访制度，建立专项支出反馈机制，变被动等待为主动上门服务，大大提高了预算编制和执行水平。

【党支部建设】 按照中共济南高新区机关委员会要求按时召开领导干部民主生活会。“三会一课”开展情况良好，能够按时召开党支部会、党小组会和全局党员大会。围绕加强机关作风建设，开展“为民务实清廉做表率促发展”活动。积极开展“两好一高”活动，抓作风、塑形象、提效率。积极组织参与各类实践活动，把学习与实践相结合，使思想道德建设、党风廉政建设等活动的成效体现到实践中去。积极为地震灾区捐款捐物，踊跃为高新区中小学捐赠图书。和二实验学校的学生们结成对子帮扶，定期组织向困难家庭学生捐款。深入推进实施机关党组织和党员“双承诺”主题活动，严格执行“双承诺”流程，严格落实承诺，根据市直机关工委“迎和谐全运、建美丽泉城、机关当先锋”主题实践活动要求和高新区机关党委具体实施意见，积极参加重点工作服务行动。积极发展新党员，2008年新发展预备党员两名、入党积极分子三名。财政局党支部获得了2008年度先进基层党组织荣誉称号。

【干部队伍建设】 加强政治理论学习，要求全局同志认真学习党的十七大和十七届三中全会精神，努力践行科学发展观。加强专业知识和业务技能学习，在鼓励大家自学的同时，多次邀请专家学者来授课，并组织全局总结会进行经验总结和业务交流活动。加强思想道德建设，要求大家不但在业务上要“专”，而且在思想上要“红”。按照管委会考核要求，把考核任务层层分解，落实到人，进一步激发大家干事创业的积极性。

【党风廉政建设】 始终把党风廉政建设放在重要位置，将反腐倡廉与财政工作紧密结合。进行了党风廉政教育专题活动，邀请高新区检察院检察长做了《高新区反腐倡廉工作形势及任务》的报告。时刻绷紧党风廉政建设这根“弦”，每次开会都强调反腐倡廉的重要性和必要性，以身边的现实案例教育大家、警示大家，绝不能在党风廉政建设方面栽跟头。同时，大力加强制度建设，建立内部制约机制和有效的外部监督机制，重在规范体制机制，确保党风廉政建设落到实处。

（撰稿：段联文）

青　岛　市

市　南　区

【概述】 2008年，市南区辖内全口径地方一般预算收入完成61.84亿元，比上年增长19.78%；区级一般预算收入完成23亿元，比上年增长15.4%。全区地方一般预算支出完成17.33亿元，比上年增长104.4%。

【完善财源建设】 着力培育高端服务业，全年共落实企业扶持资金、标准化资助及招商引资奖励等6 100万元。构筑更加全面的税收监控网络体系，切实堵塞收入中的“跑、冒、滴、漏”现象，确保税收及时、按量落地。全年共对370余户企业进行了综合治税联合检查，及时解决重大涉税问题。加强非税收入征管，全年组织各项非税收入2.74亿元。落实好出口退税政策，全年共办理退税44亿元，完成全年基数的190.74%，保证了外贸行业发展。

【优化支出结构】 科学技术、教育、文化体育与传媒、医疗卫生分别较上年增长15.86%、10.6%、5.82%、40.53%。加快全区中小学校舍和取暖等相关配套工程建设，全年投入改造资金1 050万元。切实履行义务教育的财政投入责任，为全区3.9万余名九年义务教育阶段学生免除学杂费1 053万元。全年共投入再就业资金777万元，使2 245人通过社区公益性岗位等多种形式实现了再就业。加大对城市低保人员帮扶力度，发放各类补助资金3 410万元。进一步扩大城镇居民基本医疗保险参保比率，财政安排资金423万元，全年参保人数达到6.3万余人。妥善解决西部旧城拆迁改造困难居民安置问题，共投入补助资金2 898万元。全年共落实中山路改造、和谐楼院建设、社区办公服务用房改扩建、背街小巷改造等项目资金3.49亿元。切实保障举办奥运的资金需要。围绕举办奥运投入的资金总额达到1.53亿元，其中：奥运场馆建设及周边整治1.26亿元、奥运宣传400万元、应急清理浒苔1 500万元、其他奥运相关经费800万元。大力支持四川灾区抗震救灾工作。除财政直接投入专项资金2 000万元外，还多渠道筹集各类社会资金1 158万元，有力地支持了灾区恢复重建工作。

【深化财政改革】 继续深化部门预算改革。对已纳入国库集中支付范围的69家行政事业单位，进一步扩大资金支付范围，不断提高资金使用效益。启动公务卡制度改革。在全区28家行政事业单位推广使用公务卡，从源头上遏制了腐败的产生。

【完善财政监督】 严格执行《预算法》。大力推进和完善政府采购制度。全年政府采购规模达到1.31亿元，节约财政资金3 410万元，节支率为20.71%。做好国有资产的管理工作。加强财政监督与财政管理的互动。认真做好会计从业资格证书办理和审验登记工作，累计新办资格证1 915个、审验登记15 524个。

（撰稿：刘　鹏）

市 北 区

【概述】 2008年，青岛市市北区地方财政收入完成13.72亿元，比上年增长15.3%；完成地方财政支出13.52亿元，比上年增长7.3%。

【收入征管】 培植可持续财源。大力支持青岛高新区新产业园地、中央商务区、小港湾、特色街、创意产业园等大项目建设，为财政收入可持续增长做好财源储备。不断落实和完善先进服务业、高新技术产业、文化产业、企业自主创新等扶持政策。全年安排各类奖励资金3 988万元，安排和兑现扶持企业经济发展资金747万元，有力地推进了经济发展方式转变和产业升级。强化税收服务和依法治税。进一步细化任务分解，明确责任目标，完善财税收入奖惩机制，层层抓好落实。率先在市内进行了对个体零散税收和房产税征管的集中整治行动，充分挖掘增收潜力。

【优化支出】 关注民生，促进社会和谐发展。全年共发放社会保障和就业资金1.35亿元，比上年增长16.2%；拨付民政事业资金7 712万元，筹集抗震救灾资金945万元。大力支持社会公共事业发展。全年教育事业共投入3.86亿元，医疗卫生事业投入5 194万元，公共安全投入6 215万元。集中财力办好政府实事。筹集资金8 595万元，用于海泊河改造；拨付资金1.26亿元，用于翻建完善市政道路和对部分路段实施绿化；拨付资金1.39亿元，用于居民楼平改坡工程、保障性住房建设、筒子楼综合整治等；投入资金5 500万元，支持特色街区建设。

【科学理财】 不断推进部门预算细化管理。专项业务费、项目经费细化到具体内容，政府采购预算单独归类汇总，基建项目实行由区发改局提前立项的综合预算管理。不断推行国库集中支付改革。率先在青岛市十二个县市区财政系统推行远程报账改革试点，实现了部门预算、预算执行、信息反馈一体化管理。加强国有资产经营管理。对全区固定资产进行了全面调查摸底，建立固定资产管理台账和数据库。并率先将政府投资的建设项目竣工后形成的固定资产纳入管理范围，确保财政投资的建设项目保值增值。

【财政监督】 严把政府采购关。全年共组织政府采购106批次，采购金额为8 654.4万元，节省资金1 003.9万元，节约率为11.6%。严把工程审核关。全年共组织招标64次，涉及112个标段。全年政府投资建设项目327项，总投资33 721万元，通过招标合计节约资金4 593万元。严把财务管理核算关。依法进行会计核算，保证会计信息资料的真实、完整。积极与审计、监察部门密切配合，做到财政资金拨付使用到哪里，监督检查就跟踪到哪里，确保资金安全和运转高效。

（撰稿：孙孝海）

四 方 区

【概述】 2008年，四方区财政局积极应对国际金融危机带来的不利影响，全面贯彻落实科学发展观，大力实施“环湾保护，拥湾发展”战略，强化措施，创新实干，采取各种有效措施，依法组织收入，努力增收节支，有力地推动了四方区各项事业的全面发展。2008年，四方区地方财政收入完成5.4亿元，比上年下降4.78%，地方财政支出完成6.3亿元，下降3.79%。

【加大财政扶持与服务力度，努力培育区域税源】 积极落实各项经济扶持政策，努力增强企业发展后劲。加强对重点税源企业服务力度。通过上门走访、召开座谈会、培训会、现场办公会等多种形式深入了解重点企业经营现状；及时为大企业提供直通车服务，为企业加快发展创造良好的软环境。开通快速绿色通道，在为招商引资（贸、财）项目办理审批、注册、登记过程中提供快速、便捷、高效的服务，努力使新增税源迅速形成有效税收。

【全面开展综合治税，挖掘财政增收潜力】 研究制定四方区《关于进一步加强税源经济建设实施依法治税的意见》，成立了四方区综合治税工作领导小组，建立了企业区级领导联系制度和企业信息电子档案，完善了财税、工商等执法部门联动机制。成立了工作督查、收入稽查、重点税源监控、招商引资（贸、财）、房地产项目清查等专项工作组，力促各项综合治税和财源建设目标全面落实。在全区范围内开展土地使用税税源普查与全区经营性业户工商注册、税务登记情况拉网排查工作，加大对无证照经营行为的清理规范力度。

【严格预算执行管理，全力确保民生投入】 在财政资金严重困难的情况下，进一步强化预算约束，规范预算执行程序，提高预算执行水平；优化财政支出结构，严格控制一般性支出，全力做好保障民生工作。积极统筹市、区两级资金，切实保证教育设施的改善及教师待遇的落实、城乡基础设施建设与维护、困难居民最低生活保障、社区文化建设等公共事业，着力提升驻区居民的生活水平。

【坚持依法科学理财，不断提高财政管理水平】 进一步深化部门预算编制改革，不断提高预算编制质量。在编制2009年度部门预算中，实现了全部公用经费按人员情况进行核定，使预算编制更为合理；对专项资金实施“零基预算”，充分发挥专项资金最大使用效益。加强国有资产管理，有效防范资产流失。开展了全区行政事业单位房产和土地清查，加强对国有资产的动态跟踪管理和监督；严格企业改制评估审核制、公示制及备案工作制，对评估事项实行全程跟踪、勘察。强化政府采购监管，提高政府采购效益。加强财政、会计监督，规范财经秩序。通过完善财政内部监督机制和会计集中核算，充分发挥财政、会计监督作用，规范财政、财务开支行为。

（撰稿：郭　臣）

李　沧　区

【概述】 2008年，李沧区地方财政收入完成7.3亿元，完成预算的105.6%，比上年下降16.9%；地方财政支出实现9.6亿元，比上年下降10.4%，当年结余7万元，收支平衡。

【加强收入征管，财政收入质量不断提升】 财政收入质量大幅提升。坚持“大”“小”税源齐抓共管，强力推进综合治税，充分挖掘税收潜力，坚决杜绝税收的“跑、冒、滴、漏”。2008年区级税收收入实现6.3亿元，占区级一般预算收入的86.7%，比上年提高了18.7个百分点。区级税收结构日趋优化。突出重点税源、重点项目税收的拉动作用，2008年第二产业、第三产业分别实现区级税收3.5亿元、2.7亿元。政府扶持行业形势喜人。充分发挥区位优势，大力发展交通物流、居民服务业等现代服务业。

【调整支出结构，财政保障职能不断优化】 坚持开源节流并举，合理运筹资金，严控一般支出，集中财力保民生、保重点、保稳定。投入4 523万元落实各项惠民政策，提高低收入居民生活水平，比上年增长8.7%。投入5 618万元支持教育文化卫生等领域发展，促进社会全面进步，比上年增长32.8%。投入1.8亿元加强城市管理，完善城区功能。投入2 022万元维护社会稳定，支持平安李沧建设，比上年增长33%。

【强化监管职能，资金效益不断提高】

财政监督全面铺开。对13项重点财政专项资金进行跟踪问效，监督检查，涉及财政性资金5 000万元，对核算、使用不规范的资金进行了督促整改；对电子、纺织、医疗器械等行业进行会计信息质量检查，落实整改资金3 410万元，较好地维护了全区财经秩序。投资项目监管取得实效。加强政府投资项目事前管理，严把项目概预算审核关，严控项目投标底价。全年审核政府投资项目概算66个，审减额2 453万元，平均审减率12.7%。政府采购健康发展。制定《李沧区政府采购管理办法（暂行）》，规范价格审核、信息发布、采购评审、验收等环节管理；首次公开招标办公设备协议供货采购项目，缩短采购周期、提高服务水平。进一步规范部门预算编制。统筹安排部门非税收入和财政结余资金支出预算，着重加强新增支出预算审核力度，规范事业经费预算编制方法和程序。进一步完善财政各项制度。相继出台《李沧区土地出让金管理办法（暂行）》、《李沧区城市基础设施配套费管理办法（暂行）》等五个办法，规范土地出让金、基础设施配套费、城中村改造资金等的使用和管理，推进了财政管理制度化、精细化进程。

（撰稿：董　威）

经济技术开发区（黄岛区）

【概述】 2008年，青岛经济技术开发区（青岛市黄岛区，下同）全口径财政一般预算收入完成71.1亿元，比上年增长24.8%；全区一般预算支出完成26.5亿元，完成预算的106.9%。

【财源建设】 面对严峻的财政增收形势，青岛开发区通过完善财源建设体系，切实壮大财政实力。健全财源建设考核调度机制。强化目标责任，落实定期调度，引导财源建设向新领域延伸；成立总分机构所得税分配工作机构，在稳定现有税源企业的基础上，积极争取服务外包、房地产、建筑施工等领域总分机构在该区纳税。健全综合治税联动机制。拓展涉税信息交流平台建设，强化土地交易、楼盘销售、工程招标等领域涉税信息共享，有效防止了税源流失；强化区域监管，充分调动该区6个街道办事处财源建设工作积极性，有力推动了财源建设向社区延伸。强化纳税动态监管机制。对重点纳税企业进行动态监管，扩大监管规模，及时分析重点企业税收变化，着力提升重点税源企业纳税贡献。随着经济实力的进一步增强和财源建设工作日趋完善，该区财政收入结构进一步优化，以“六大产业集群”为主体的先进制造业税源体系加速形成，制造业实现全口径税收收入29.5亿元，占该区税收总额的49%，税源主体地位进一步加强。现代服务业税收快速增长，港航物流、房地产、总部经济和特色旅游的经济效益逐步显现，现代服务业实现全口径税收收入22.1亿元，增长势头迅猛。

【财政支出】 青岛开发区高度重视民

生问题，坚持以人为本，集中财力解决了一批群众最关心、最直接、最现实的问题，财政公共服务能力显著增强。加大对社会保障和就业的支持力度，新增资金 1 500 多万元用于提高城乡居民最低生活费补助等 15 项社会保障标准，全面实施了物价上涨和最低生活保障标准联动机制，较好地保证了低保对象的基本生活需要，2008 年社会保障和就业支出 1.4 亿元，比上年增长 14.4%。加大公共设施建设投入力度，围绕打造“城市建设精品荟萃区”，投入资金 9 700 万元全力保障“十件实事”顺利推进，城区功能和综合环境得到有效改善。加强教育领域资金保障，落实困难学生资助政策，累计发放助学金 3 930 万元，2008 年教育支出 4.3 亿元，比上年增长 30.8%。积极支持医疗卫生事业发展，新增经费 745 万元用于公立医院补助，投入资金 1 460 万元用于支持新型农村合作医疗、社区医疗服务和基本药品零差价销售补助，有效推动了便民医疗服务体系建设，2008 年医疗卫生支出 5 449 万元，比上年增长 26.2%。全力保障“五化”工程建设投入，全年投入资金 7 834 万元对区内 117 个社区实施“五化”工程建设，资金投入和建设水平均列青岛市之首，有力提升了农村社区的综合环境。

【财政改革】 青岛开发区积极推进“金财工程”一体化平台开发建设，全面实施预算执行动态评价机制、财政资金统筹机制和重点项目投入评价机制；完善政府采购预算机制和运作程序，全面推行协议供货阳光运作，政府采购规模效益进一步提升，全年共完成采购计划 3.19 亿元，节约资金 8 700 万元，节支率 21.4%；严格财政性投资项目监管，确保各类资金的安全、规范、有效使用，全年共完成财政性投资工程招投标 96 项，标底总额 5.6 亿元，审核工程预决算及土地补偿评估业务 153 项，审减不合理资金 6 695 万元，审减率 12.2%；加强财政监督检查，有针对性地组织开展专项监督检查及会计信息质量检查 97 项，较好地维护了财经秩序。

（撰稿：汪　科）

崂　山　区

【概述】 2008 年，崂山区财政一般预算收入完成 22.9 亿元，比上年增长 19.3%。其中：税收收入完成 20.8 亿元，占财政一般预算收入的比重达到 90.8%。全区一般预算支出完成 21.6 亿元（含结转下年支出），比上年增长 17.6%。区级预算安排预备费 4 500 万元，主要用于迎奥运、清理浒苔等全区重点突发支出，实现了收支平衡，略有结余，财政总体运行状况良好。

【预算管理】 收入方面，在国内经济增速放缓、各种减收因素不断显现的情况下，崂山区财政收入规模稳步提升，收入增速高于全区 GDP 增长；从收入结构看，崂山区税收收入占财政一般预算收入的比重在青岛市领先，三次产业结构进一步优化。其中，第三产业占区级税收比重比上年提高了 0.4 个百分点，金融业、服务业和信息产业税收增幅有较大提升，新兴产业逐步成为新的税收增长点。支出方面，不断加大财政支出结构调整力度，针对全国抗震救灾形势，围绕青岛市重点工作安排，集中财力保障重点。重点支持了社会主义新农村建设、基础设施建设，保证了教育、卫生、社会保障等民生支出。2008 年“三农”支出 7.4 亿元，比上年增长 15.6%；社会保障事业支出 0.67 亿元，比上年增长 5.3%；医疗卫生支出 0.72 亿元，比上年增长 19%；教育支出 3.3 亿元，比上年增长 26.5%。全年筹集安排资金 5 100 余万元，用于奥帆赛和残奥帆赛的赛事环境、氛围营造和安全稳定等方面支出。投入资金 4 318 万元，用于抗击浒苔灾害方面工作。拨付财政救灾资金 106 万元，用于援川灾区重建；筹集救灾资金和物资 1 729 万元支援四川灾区建设。

【财源建设】 2008 年组织了崂山区金融业、高新技术企业、税制改革形势分析等调研，海尔家电下乡方面工作引起国务院领导重视，并得到温家宝总理的批示。根据崂山区部门职能调整情况和财源建设工作需要，调整了财源建设工作领导小组成员单位，进一步明确了工作职责。组织召开了三次崂山区财源建设会，重点就收入不均衡、下半年经济放缓、财源建设增收困难等问题进行研究；组织了全区楼宇项目和边界企业拉网调查工作，初步摸清了家底，堵塞了征管漏洞；在对近三年全区产业和财源政策分析的基础上，首次提出了以地方贡献为额度，整合崂山区各类产业资金的思路，为下一步产业政策整合奠定了基础。积极应对金融危机，全年出口退税达 14.9 亿元，全年产业支持资金支出 1.4 亿元，支持产业优化升级，壮大财源经济。

【国库集中支付改革】 2008 年 9 月，崂山区成功引入财政部应用支撑平台，成为财政部区县版分布式应用支撑平台在全国的首个试点区，构建了包含指标管理、国库集中支付、总预算会计系统在内的财政业务一体化系统，实现了业务标准、数据标准、技术标准的“三统一”和财政信息的全面共享。

2008 年 11 月，召开崂山区财政国库管理制度改革动员大会，正式启动全区财政国库管理制度改革工作。

截至2008年12月底，分两个批次将全区58家一级预算单位和其下属的25家基层预算单位全部纳入了国库集中支付改革范围，累计清理银行账户169个。通过全新的国库集中支付网络系统，共支付财政资金2.8亿元。其中，财政直接支付535笔共计2.65亿元，财政授权支付656笔共计1 500万元，财政直接支付比例远高于全市平均水平。

【政府采购】 在巩固货物类、工程类采购范围的基础上，将全区公务车辆定点加油维修、国库集中支付代理银行、中介机构聘请等项目纳入政府采购，拓宽了服务类采购的范围。2008年全区政府采购规模达到1.19亿元，同比增长38.6%，节约财政资金1 772万元，节约率达12.99%。

【国有资产管理】 以构建具有崂山特色的行政事业单位固定资产管理和企业国有资产监管两大资产监管体系为抓手、扎实开展各项工作，2008年已初步完成了两大体系前期调研。重点加强对行政事业单位国有资产的监管，完成了《行政事业单位资产管理办法》及其配套办法的修订完善工作，明确了国资部门、主管部门和单位资产管理的具体职责分工，规范、明确了资产处置行为和处置权限，实行处置资产评估和拍卖制度，加强资产处置收入和使用管理。2008年共完成117家行政事业单位年检工作。

（撰稿：王妮妮）

城阳区

【概述】 2008年，城阳区生产总值完成566.1亿元，比上年增长15.7%；全区规模以上固定资产投资完成245.3亿元，比上年增长19.2%；外贸进出口总额完成80.6亿美元，比上年增长17.5%，其中外贸出口完成53.1亿美元，比上年增长18.4%，连续11年居全省县市（区）首位；全区一般预算收入完成14.74亿元，比上年增长21%；一般预算支出完成17.8亿元，增长14.5%。

【财源建设】 面对金融危机带来的经济增速放缓、企业效益下滑、房地产市场低迷等方面的严峻挑战，财税部门迎难而上，积极应对，大力加强财源建设，综合运用专项资金、出口退税、国债贴息、项目配套等多种方式，加大对现代服务业、先进制造业与民营企业的扶持力度，有力推动了经济转型、产业升级与发展方式转变。狠抓收入征管，牢牢抓住“税源监控、税源普查、异地纳税清理、非税收入征管”四个重点，挖掘潜力、清缴欠税，及时将财源建设成果反映到财政增收上来，促进财政收入平稳较快增长。

【财政保障】 以“解民忧、送温暖”亲民爱民系列活动为载体，重民生、保建设、促发展，进一步优化财政支出结构，把更多的资金投向公共服务领域。加大教育主渠道投入，推进农村义务教育经费保障机制改革，免除义务教育阶段学生学杂费，提高中小学生均公用经费标准，落实困难学生资助政策，支持创建省级教育示范区，促进教育均衡发展。加大“三农”投入，落实支农惠农政策，及时发放种粮农民综合直补、农机具购置、库区移民、油价与“家电下乡”等涉农补贴，深入开展农业综合开发与困难社区帮扶，实现农业发展、农民增收与农村繁荣。加大社会保障投入，完善城乡居民最低生活保障制度，提高农村养老金领取标准与新农合筹资标准，深入开展街道敬老院规范化建设工程、残疾人康复工程、五保户危房修缮工程、千户帮扶济困工程、社区卫生服务中心建设工程，实现老有所养、病有所医。加大基础设施投入，多渠道筹措资金2.1亿元，保障了迎奥运环境综合整治、治安动态监控系统建设、社区“五化”建设、“绿色城阳”建设等重点项目顺利开展。

【财政改革】 以建立“结构合理、制度创新、操作规范、运行高效、管理科学、公开透明”财政支出管理机制为目标，深化预算编制改革，按照“内容完整、项目明细、定额管理、科目准确、程序规范、科学可行”的要求，界定支出范围，规范支出标准，健全人员与资产数据库，全面推行零基预算、精细预算与综合财政预算，实现了预算编制的科学化、规范化与精细化。深化支出管理改革，坚持有保有压、有促有控，清理公务用车，精简各类会议，整合办公资源，对差旅费、招待费、会议费、培训费等四项费用在2007年实际支出基础上压缩5%，全年压缩四项费用支出280万元，压缩行政成本工作取得明显进展。深化“乡财县管”改革，健全“预算共编、集中收付、账户统设、票据统管、采购统办、统一核算”管理模式，创新监管机制，首次将街道财政财务管理纳入区对街道考核范围，对街道所有财政收支实行网上查询、网上监控、适时监管，每季度开展专项检查，提高了街道增收节支与防范化解风险能力。加快“金财工程”建设，搭建财政管理平台，建设开发财税库联网系统、“乡财县管”系统、预算编制与指标管理系统、办公自动化OA系统，基本建成业务标准统一、操作功能完善、覆盖所有财政性资金、辐射局各科室与财政所的财政信息监管网络，为全面提升财政管理水平，提供了有力的技术支撑。

【财政监督】 以构筑“实时监控、核

查处理、整改反馈、跟踪问效的财政监督机制”为目标，以开展财政监督管理年活动为载体，强化财政内控制度建设，优化工作流程，开展内部审计，财政管理实现了“权责清晰、流程优化、风险控制、制衡有力”。建立由财政、审计、监察等部门组成的联席会议，全面拓展财政监督覆盖面，突出财税政策执行、财政收入收缴、预算编制与执行、民生资金、会计信息质量、内部管理六个方面的检查，对全区140户企业、民政卫生劳动教育系统等25家涉及民生资金的行政事业单位会计信息质量情况全面检查，对3个单位社保基金、17个行政事业单位国有资产出租收入，12家单位56项支农资金，对22个单位1.7亿元财政建设性资金管理使用情况跟踪检查，提高了财政财务管理水平。

（撰稿：曲加斌）

胶　州　市

【概述】 2008年，全市完成地方一般预算收入18.51亿元，增长25.2%；全市地方财政支出22.96亿元，增长26%。全市实现财政收支平衡并略有结余。

【财源建设】 完善地方财政体制。调整体制上解比例，加大对困难镇转移支付力度，同时将镇级财政收入超收部分全部留归镇级支配，进一步壮大镇级财力，推动镇级经济发展。加大企业发展扶持力度。积极开展“企业发展年”活动，制定出台了支持中小企业加快发展、上市融资等一系列扶持奖励政策。落实扶持优强企业发展政策和财政突出贡献单位考核奖励办法，充分调动企业依法纳税积极性。强化部门财源建设奖惩措施。修订市直部门争取上级资金考核奖励办法，调动市直部门争取上级资金的自觉性，有效增加全市可支配财力。足额安排招商引资经费，完善招商引资奖励政策，为培植后续财源奠定坚实基础。落实扩大内需促进经济增长政策。面对全球金融危机不利影响，全力落实扩大内需促进经济增长政策，推进重点项目建设，加快转变经济发展方式，为全年经济平稳发展打下了坚实基础。拓宽财源建设资金渠道。搭建中小企业融资平台，为中小企业提供信用担保1.55亿元，缓解了中小企业融资难的问题。发挥财政资金导向作用，吸引金融资金、社会资金9亿元用于少海新区、胶州湾产业基地、新城区、庄里头片区拆迁和新农村建设等重点工程，有力推动了全市经济可持续发展。

【收入组织管理】 严格依法治税。认真贯彻“加强征管，堵塞漏洞，惩治腐败，清缴欠税”的方针，坚决制止越权减免税、包税和变相包税行为，严厉打击偷、逃、骗税等违法活动，切实把经济发展的成果反映到财政收入上来。充分调动各级财税部门收入征管积极性。完善财政工作考核办法，加强市镇两级收入运行质量考核，财、税、库部门协调配合，确保财政收入及时、均衡入库。积极构建协税护税网络。实施综合治税，严把涉税信息传递、委托代征、源头控管关键环节，全年提供涉税信息7万多条，委托代征税款1 437万元，利用涉税信息征收入库税款4 000多万元，保证了税收收入足额入库。充分挖掘非税收入潜力。深化“收支两条线”改革，强化非税收入收缴考核管理，财政专户缴存率达到100%，有效堵塞了非税收入漏洞。

【财政支出管理】 公共财政更多地向“三农”倾斜。大幅增加涉农补贴支出，全年发放粮食、良种、柴油化肥、农机具购置等惠农补贴1.13亿元，比去年增长82.4%。大力支持农业生产发展，安排专项资金重点支持“四个15万亩”农业示范区、秋冬造林、病险水库除险加固及农村沼气改造等建设，农业基础设施得到明显改善。筹集资金4 000多万元，继续实施村庄“五化”工程，农村村容村貌焕然一新。扎实推进收入分配制度改革。在财力紧张的情况下筹集资金8 000万元，从2008年下半年开始提高机关、事业单位工作人员及离退休人员津贴补贴标准，进一步调动了干部职工工作积极性。保障教育优先发展。扩大“两免一补”范围，提高义务教育阶段困难家庭寄宿生补助标准和生均公用经费标准，全面实施城乡免费义务教育。落实“人员统管、工资统发、经费统筹”政策，全年教育支出4.9亿元，增长26.3%。完善社会保障体系。增加再就业投入，确保企业离退休人员离退休费、下岗失业人员基本生活费按时足额发放。安排专项资金，从2008年10月1日起实施城镇居民医疗保险，实现了基本医疗保险的全社会覆盖。完善新型农村合作医疗制度，各级财政对农村合作医疗的补助数额增加到人均80元，提高了农村合作医疗报销比例和报销限额。统筹社会事业发展。全年计生支出2 557万元，主要用于优生检测政府补贴、“四项手术”免费以及对计划生育家庭的奖励扶持，提高了出生人口素质。文化支出1 090万元，重点支持农村群众文化建设和文化遗产保护等公益性事业，活跃了城乡文化生活。公检法司支出1.23亿元，主要用于市镇村三级治安联防体系、城区智能化监控网络等项目，推动了“平安胶州”建设。加快城乡基础设施建设。多方筹集资金2.08亿元，投入少海新城、胶州湾产业基地、行政村通油路、库区移民村建设、城区管网改造及给排水工程等政府实事和重点工程建设，促进了城乡发展。圆满完成各项临时性重点支出任务。按照上级部署，安排资金 1 176 万元，用于奥帆赛期间清理浒苔费用，保障了奥帆赛的顺利进行。财政安排专项资金 1 500 万元、筹集社会各界捐赠 2 843 万元，用于支援四川北川地震灾区，为灾区恢复重建工作做出了积极贡献。

【财政改革】 部门预算约束力不断增强。实施综合预算，将非税收入纳入部门预算，完善预算的审批、监督机制，市直部门预算全部提交并通过市人大常委会审议，增强了预算的透明度和约束力。深化国库集中支付改革。2008 年市直部门财政性资金全部纳入国库集中支付范围，财政直接支付资金 15.3 亿元，直接支付比例超过 70%，进一步增强了财政资金使用透明度，提高了财政资金运行效率。政府采购范围和规模不断扩大。开展政府采购专项检查，严格“管采分离”，推进政府采购规范化管理。2008 年政府采购规模 3.86 亿元，节约资金 3 800 万元，资金节约率为 8.96%。财政监督管理不断提高。加大会计人员教育培训，强化国有资产监管。严格执行《财政违法行为处罚处分条例》，深入开展会计信息质量和税收征管质量专项检查，查处违法违规金额 6 118 万元，严肃了财经法纪。

（撰稿：杨玉玮）

即墨市

【概述】 2008 年，即墨市完成地方一般预算收入 20.07 亿元，增长 25.5%。一般预算支出完成 21.6 亿元，增长 24.86%。全市收支达到平衡。

【税收征管】 面对经济下行压力加大给财政增收带来的严峻挑战，积极调整工作着力点。完善收入考核办法。综合考虑各镇区位优势和税源潜力，分区域、逐镇确定税收任务，全力调动各级增收积极性。与国土局、房管局签订协议，严格执行不缴纳“两税”不发放土地使用证和房屋所有权证的“先税后证”制度，并依法建立二手房交易计征契税指导价格体系，对城区二手房交易、乡镇房屋买卖、土地出让、企业厂房转让过程中评估、合同价格低于指导价格的按不低于指导价格核定征收。开展“税收宣传月”活动。通过篮球比赛、征文活动、出动宣传车、设立咨询台等形式，宣传财税政策法规。2008 年全市完成契税和耕地占用税收入 3.8 亿元，比上年增长 25%。

【资金调度】 安排资金 1 700 万元，确保农村义务教育免费教科书政策、中等职业学校和普通高中助学金政策落到实处；安排资金 2 175 万元，对全市危旧校舍进行改造；安排资金 2 857 万元，对农村中小学布局调整实施以奖代补；计划投资 3 600 万元的长江路小学开工建设。筹措资金 1 996 万元，对普东镇等 12 处镇卫生院进行迁建、扩建和修缮。新型农村合作医疗筹资标准由每人每年 50 元提高到 100 元。以直通车方式发放独生子女父母奖励费和农村部分计划生育家庭奖励扶助金。投资 4 600 万元，对农村小水库、小塘坝进行除险加固。筹措资金 2 800 万元，对新农村“五化”工程建设进行补助；安排资金 5 400 万元，推进农村道路建设和村庄自来水改造。通过“惠农一本通”发放种粮农民直接补贴、小麦良种补贴、能繁母猪补贴、农资综合补贴 6 681 万元，发放库区移民后期扶持资金 718 万元。为 1.54 万户购买家电的农村居民发放“家电下乡”补贴 230 余万元。

【财政监管】 将市本级执收执罚单位执收金全部纳入非税收入信息化系统管理，规范行政事业单位收费行为。完成了 21 户行政事业单位财务收支情况检查，对 8 户企业会计信息质量进行了实地检查，将镇级财务管理纳入年度工作目标考核，完成 24 处镇和 2 处工业基地财务收支监督检查，对 10 家单位的政府重点投资项目资金使用情况进行专项检查。积极开展政府采购执行情况专项检查，全年完成采购金额 1.02 亿元，节减 1 400 万元，资金节减率达 12%。

（撰稿：黄宏云）

平度市

【概述】 2008 年，平度市地方财政收入完成 14.63 亿元，比上年增长 20.3%；地方财政支出完成 18.56 亿元，比上年增长 13.3%，有力地支持了全市经济社会的又好又快发展。

【用活用好财税政策，经济实现平稳较快增长】 认真落实各项激励扶持政策，筹措资金 5 000 多万元对海信空调、光明轮胎等重点企业进行扶持。2008 年全市有 6 家企业跨入青岛市企业百强，有 5 家企业跨入青岛市民营企业百强。优化金融生态环境，市财政分别投资 500 万元、1 000 万元支持成立平和担保公司和府鼎投资担保公司，为各类企业担保贷款 1.3 亿元，缓解了企业“融资难”问题。采取预算投入、财政融资等多种方式筹措资金，启动新河化工产业功能区建设，加快承接青岛产业转移。

【创新征管机制，财政收入取得新突破】 完善征管措施，加大综合治税力度，2008 年全市工商税收完成 13.14

亿元。严格“先税后证”政策，全年完成契税、耕地占用税征收3.26亿元，比上年增长30.4%。规范政府非税收入征管，全年完成政府非税收入征收4.22亿元，比上年增长5.9%。

【积极筹措资金，重点支出得到有效保障】 科学调度资金，优化支出结构，集中财力保障重点支出。加大教育投入，全面落实农村义务教育经费保障机制，投入4 393万元提高农村义务教育生均公用经费标准，投资3 640万元改造农村中小学危房12万平方米。加大社会保障投入，完善新型农村合作医疗制度和农村大病医疗救助制度，农民参合率达到99.9%。启动城镇居民基本医疗保险试点，在全市基本建立起城镇职工和城镇居民医疗保险、新型农村合作医疗三位一体、覆盖全民的医疗保障体系。为城乡低保人员发放临时生活补助，提高了优抚对象抚恤补助标准。加大“三农”投入，投资1.66亿元实施300个村庄“五化”工程，投资4.4亿元修建农村公路380条、1 080公里，投资4 387万元对19座病险水库实施除险加固，发放农民种粮补贴、综合直补、家电下乡补贴等各类补贴1.4亿元，促进了农业增效、农民增收。

【深化改革强化监管，财政管理水平不断提高】 本着实事求是、促强扶弱的原则，调整完善了部分镇财政管理体制，在支持财政强镇增收的同时，解决了困难镇干部工资发放和运转问题，镇级财政保障能力进一步提高。深化部门预算改革，强化预算刚性约束。加强政府债务监督，积极防范和控制财政风险。坚持内部监督与外部监督兼顾，强化财政内审工作，对预算编制、预算执行、资金拨付全过程审计，确保了财政资金的安全高效使用。

（撰稿：徐　强）

胶南市

【概述】 2008年，胶南市地方财政一般预算收入完成23亿元，比上年增长14.3%。其中，市本级完成6.48亿元，镇级完成17.02亿元。全市地方财政一般预算支出23.33亿元，比上年增长6.7%。其中，市本级支出10.85亿元，增长2.4%；镇级支出12.48亿元，增长10.8%。

【实施税收综合分析系统　强化财源建设】 实施税收综合分析系统，对全市所有纳税企业和个体业户的纳税基础信息进行了采集、整理和收入级次划分，并根据收入预测、管理的需要设置功能模块，实现了对税收信息的有效监控。落实对企业的各项优惠政策，充分发挥纳税大户的财政收入拉动作用。积极推进现代服务业发展，增创总部经济发展新优势。

【实行新的市镇财政体制　促进市镇财政平衡发展】 新体制合理划分了市镇两级财政支出范围，实现市镇事权与财权相统一，调动了全市各级抓财政增收的积极性。以建立公共财政体系和基本公共服务均等化为目标，促进市镇之间的纵向平衡与镇级之间的横向平衡，使全市经济社会事业全面协调发展。

【强化公共财政职能　社会保障能力进一步增强】 落实各项惠农政策，加大农村公共设施建设及教育、卫生等方面的投入。规范村及市镇两级农保机构财会管理，确保被征地农民和成建制转非村居民无后顾之忧。实行二级医院住院结算改革，有效使用医保基金，方便群众看病就医。出台《胶南市优抚对象医疗保障（暂行）办法》及《实施细则》。全面贯彻落实离休干部“两费”财政支持机制。

【扩大政府采购规模　完善政府采购管理体制】 建设统一交易市场，政府采购进驻“公共资源交易大厅”，所有的政府采购项目开标、评标、定标过程，实现财政部门现场监督，监察部门通过电子监察系统进行全过程音像监控，保证政府采购活动公开、公正、竞争。

【加强国有资产管理　确保国有资产保值增值】 对全市30户国有及国有控股、参股企业的国有资产进行会计决算和产权登记，对全市行政事业单位资产进行核实。积极稳妥地推进债权清收工作。制定出台《关于加强企业国有资产监督管理工作的意见》等五个国资监管办法，使国资监管工作实现重要突破。

【加强教育和监督　开创财政稽查工作新局面】 强化培训和监督，提高了干部职工工作热情，确保了党员干部勤政廉洁。通过深化改革初步建立起事前、事中、事后监督相结合，日常监督与重点检查相结合，多层次、全过程的财政监督检查工作机制，最大限度地提高财政监督效率。

（撰稿：陈启斌）

莱西市

【概述】 2008年，莱西市地方财政收入达到12.77亿元，比上年增长25%，增收25 550万元，增收额再创历史新高。全市地方财政支出完成14.82亿元，比上年增长17.7%。按照分税制财政体制计算，全市财政当年收支兑除后，结余8万元，实现了收支平衡、略有结余的目标。

【地方财政收入快速持续增长】 积极

为市委、市政府当好参谋，定期召开收入调度会议，逐月通报收入情况，抓各项税收及非税收入征管、抓欠税清缴、抓镇级财政增收，把组织收入工作牢牢抓在手上。重点抓了耕地占用税和契税征收。狠抓行政服务中心农税征收窗口管理，不断完善“先税后证”制度，严格执行新的《中华人民共和国耕地占用税暂行条例》，收效明显。全年入库耕地占用税和契税3.18亿元。强化了非税收入征管。出台了《莱西市政府非税收入管理暂行办法实施细则》，启用了非税收入信息化管理系统，强化征管措施，做到非税收入应收尽收。全年入库非税收入4.88亿元。集中抓了税收秩序整顿和欠税清缴。与国、地税和工商部门联合下发了《关于进一步规范税收征管秩序工作的通知》，积极支持总部经济发展，规范房地产业纳税秩序，严禁镇与镇互拉收入、镇级拉市级收入等行为。精心组织开展了税费清理收缴整顿活动，净化了财税工作环境，共清理收缴税费3 573万元，促进了地方财政收入稳定增长。

【财政保障坚强有力】 保证了工资的正常发放和重点支出需求。出台了《关于进一步加强经费支出管理的通知》，压缩各项不合理支出，保证了工资的正常发放，确保了各项重点支出需求。积极支持了社会主义新农村建设。争取上级支农资金1.8亿多元，积极支持全市产芝水库除险、灌区配套工程、农村“村村通”工程等项目建设；严格落实粮食直补和综合补贴政策，为全市72.6万亩小麦发放补贴资金5 837万元；组织开展了家电下乡试点和小麦、玉米、奶牛和能繁母猪保险试点工作，发放补贴资金800多万元，有效支持了农业生产发展。全力支持全市经济建设。认真落实扶持企业发展各项优惠奖励政策，通过银行融资、筹集建设基金等方式积极争取上级资金，有力地支持了全市经济建设。努力维护社会稳定。自2008年7月1日起，为城市和农村最低生活保障家庭分别按每人每月15元、10元标准发放临时生活补助，有效缓解了成品油价格调整对低收入群体生活的影响；认真落实最低生活保障制度，将符合低保条件的农村低保户8 061户12 212人和城市低保户506户1 049人分别纳入了城乡低保范围，促进了社会和谐。

【财政管理体制改革稳步推进】 重点加强了全市政府性投资基建项目管理。对全市政府性投资基建项目进行了全面摸底调查，着重清查政府性投资项目已付款和垫付款、应付款等数据资料，严把资金审核关口，规范了基建财务管理。推进了镇财市管镇用改革试点工作。在总结李权庄、望城、马连庄3处镇办开展镇财市管镇用改革试点经验的基础上，将改革范围扩大到日庄、沽河、河头店、院上、武备5处镇办，不断完善业务操作规程，规范了镇级财务管理。《青岛财会》对此进行了专题介绍。

【财政监管扎实有效】 加强财政票据管理。严格财政票据的购领、审验核销与发放关口，对全市民办非营利性医疗机构使用的财政票据进行了清查，票据管理工作进一步规范。加强会计事务管理。积极组织开展了会计电算化培训、继续教育培训、会计从业资格考试培训工作，加强会计人员从业资格管理，提高了会计管理水平。积极开展专项检查活动。对2006～2007年财政拨付的农林、水利、畜牧、水产等财政专项资金使用情况进行了检查，确保了专项资金使用安全高效。

（撰稿：李　涛）

保税区

【概述】 2008年，全区实现一般预算收入2.1亿元，同比增长2.9%。实现一般预算支出2.8亿元，同比增长4.3%，财政保障能力进一步增强。

【完善收入征管措施，保证财政收入的稳定增长】 2008年，由于原材料物价上涨、油料供应不足等原因，经济发展相对困难，收入形势比较严峻。保税区管委多次召集财源建设部门召开财税分析会，及时分析财税收入形势，查找税收管理的薄弱环节，采取积极措施确保财政工作的顺利展开。保税区财政局积极深入企业开展各项调查工作，对区内65家重点企业的财务状况、经营损益、所得税的计算缴纳以及其他各税的实现情况等进行了较为全面的调查分析，为加强税收征管提供了依据。努力挖掘非税收入潜力，制定印发了《关于进一步规范青岛保税区契税征收管理工作的通知》，对房地产交易涉及税收的计税价格依据及其核定操作流程进行了明确，建立健全了契税征管基础工作。

【围绕提高理财水平，积极做好资金保障服务】 以“总量控制，效益优先”为原则，修订完善了2008年机关经费管理办法等有关规定，控制招待费、汽车修理费、会议费等费用全年限额，详细规范财务开支的范围、标准、审批权限、程序等。进一步规范政府采购程序及工作流程，建立了合格供应商库，实行了政府采购监督管理机构与执行机构的分离，并将管委所有部门17类项的办公耗材采购纳入政府采购范围，通过11家协议供应商进行统一供货。积极支持保税港区的争取创建工作，安排专项资金保障在京人员各项工作的开展，同时根据保税港区最新的规划范围，全过程参与园区配套项目建设，抓好优质项目集聚入园入区，确保各项系统与海关系统的全方位对接。全程参与基本建设和市政养护改造项目招投标、合同签订、工程建设等环节的工作，内外审结合，互相监督，严格把关。

【加强机关自身建设，提高财政干部队伍整体素质】 注重培养工作人员的综合素质，坚持理论和业务学习齐头并进，重点学习财税、经贸、法律、企业财务及基建知识，进一步增强事业心和责任感，提高政治、业务素质。进一步提高工作质量，增强创新与超前意识，加强调研工作，建立健全内部运行机制，加强综合能力培养，提高依法行政水平。以作风建设为抓手，增强服务意识和大局意识，强化管理，维护管委和局内团结，加强部门协作，全心全意把工作做好。

（撰稿：徐桂屏）

淄 博 市

张 店 区

【概述】 2008年，淄博市张店区深入贯彻落实科学发展观，紧紧围绕“五个率先”，加快实施“四大战略”，面对复杂多变的国内外经济形势，抢抓机遇，锐意进取，努力克服各种困难和挑战，全区财政经济实现平稳较快发展，财政预算执行情况良好。全区财政收入完成15.77亿元，完成预算的103.69%，比上年增长17.36%。全区财政支出完成15.13亿元，完成预算的113.49%，比上年增长21.11%，连续第25年实现财政收支平衡。

【落实积极的财政政策，提升经济发展质量】 积极应对国际金融危机对我区经济的影响，综合运用各种政策工具，把保增长、扩内需、调结构有机结合起来。认真落实税费减免的政策规定，减轻企业和社会负担，为拉动投资、扩大消费营造良好的经济环境。充分发挥财政职能作用，安排专项资金，扶持南部工业区升级改造，启动东部化工企业布局调整。完善和落实鼓励招商引资的奖扶措施，推进淄博科技工业园创业园、张店经济开发区建设，壮大特色产业集群。推动建立“政、银、企”联动投入机制，促使浦发银行淄博支行、天安保险淄博中心支公司顺利入驻张店。充分发挥财政资金杠杆作用，以公有资产经营公司的全资子公司淄博颐店元投资有限公司作为股东，组建成立了全省首家小额贷款有限公司，进一步拓宽了企业融资渠道，帮助企业破解资金制约瓶颈，促进经济健康运行。

【深化财政改革，加强财政资金管理】

积极探索综合治税新思路，加大税收稽查，加强税收征管，率先在淄博市建立了出租房屋管理服务网络，依托涉税信息控管税源，治理异地纳税问题。不断深化政府采购、部门预算、收支两条线、国库集中支付、政府收支分类、行政事业单位国有资产管理等财政改革，建立起专项转移支付、资金国库集中支付基本框架和执行机制。新上财政统发工资程序，实现了财政、人事、预算单位、银行的横向联网，与国库集中支付系统相衔接，进一步提高了资金支付效率。扩大了政府采购范围，建立起与市级、高新区信息共享的政府采购网络。完善非税收入征管系统，加强全区财政票据监管，实现“以票管收”，财政管理更趋规范、高效。

【统筹政府财力，推进公共财政体系建设】 在预算执行中，严格遵守《预算法》，保工资、保稳定、保法定支出，合理运筹调度资金解决改革和社会稳定中的重点难点问题，进一步完善保证工资正常发放机制，保证工资及时发放。强化以人为本、民生优先的理念，统筹城乡建设，进一步调整和优化财政支出结构，加快推进与人民群众息息相关的社会建设，着力保障和改善民生。继续加大对“三农”、教育、医疗卫生、社会保障、就业、住房保障、公益文化、环境保护、公共安全、城市基础设施建设等方面的投入，不断推动惠及全民的基本公共服务体系建设。

【财政监督工作扎实有效，维护了良好的经济社会发展环境】 充分发挥财政监督职能，完善监督体系，拓展监督领域。强化财政投资建设项目的资金管理，成立财政投资评审中心，拓展了评审领域和范围。规范行政事业单位国有资产管理，试行国有资产管理信息网络化统计，加强国有资产收益收缴。进一步规范执法程序，按计划、有重点地组织开展了会计信息质量检查、行政事业单位财务会审等专项检查，整顿和规范了财政经济秩序。

（撰稿：杜　郁　朱　琳）

淄川区

【概述】 2008年，全区实现地区生产总值319.53亿元，同比增长13.1%；全社会固定资产投资完成120.18亿元，同比增长23.52；社会消费品零售总额实现115.38亿元，同比增长22.92%；规模以上工业实现销售收入、利税、利润分别为713.19亿元、85.09亿元和53.82亿元，同比增长26.66%、26.93%和27.03%。全区地方财政收入完成10.31亿元，完成预算的96.07%，同比增长13.35%；全区地方财政支出完成12.01亿元，完成预算的109.55%，同比增长12%。

【发挥财税杠杆作用，促进经济平稳较快发展】 科学整合财源扶持政策，完善财政扶持措施，制定《关于促进经济强区发展的若干规定》，为更好地引导经济发展奠定了坚实基础。设立节能减排专项资金360万元，安排科技专项资金200万元，扶持企业技术创新项目10个，支持淘汰落后产能和产业结构调整。安排专项资金107万元，支持“百名专家淄川行暨科技成果洽谈会”活动，为全区企业科技进步和创新搭建良好平台。全年兑现品牌奖励、纳税大户奖励、上市融资、招商引资、骨干企业扶持等资金4 354万元，培植骨干财源和新兴财源项目。多渠道筹措资金3 864万元，积极支持全区小区建设、道路、游园升级改造等城建重点工程建设，改善了城市发展环境。

【坚持城乡统筹发展，进一步加强新农村建设】 全年兑付粮食直补和农资综合补贴1 742万元，比上年增长94.4%。实施“家电下乡”补贴试点，兑付补贴资金113万元，拉动消费900多万元。发放农机具购置和能繁母猪补贴281万元，2 853户农民受益。围绕农业重点工程，投入财政支农资金2 534万元，新植经济林6 000亩，建成户用沼气池3 919个，大型沼气工程3处。全年发放农民扶贫小额贴息贷款259万元，支持莲藕、食用菌、有机蔬菜、农家乐等项目，受益农户33户。支持农村卫生事业发展，全年安排乡镇卫生经费1 774万元，比上年增长21%，全面实施乡镇卫生院改造“1127”工程，加大对乡镇卫生院和村卫生室建设力度，全区共改扩建卫生院4个、村级卫生室65个，财政补助资金达280万元。

【切实保障和改善民生，确保人民群众得到更多实惠】 加大义务教育阶段经费保障力度，免除农村中小学生学杂费1 561万元，免除城市中小学生学杂费439万元。不断完善新农合制度，筹集资金2 791万元，67万人次享受医疗报销补偿。全面推进城镇居民基本医疗保险制度，安排财政补助资金684万元，全区参保居民达13.59万人，覆盖率达98%。完善城乡居民最低生活保障制度，筹集发放低保资金1 535万元，同时，针对物价上涨因素，为低保对象发放物价补贴250万元。投入农村敬老院项目建设资金349万元，完成建设项目11个。加大对残疾人生活帮扶力度，安排资金240万元，发放生活补助，实施残疾人危房改造。启动政府购买社区公共卫生服务工作，投入补助资金247万元，建立和完善社区卫生服务网络，投入计划免疫资金86万元，确保全区出血热专项治理及国家计划免疫项目顺利开展。落实积极的就业再就业政策，投入就业再就业资金320万元，近2 000名城镇下岗失业人员实现就业再就业。落实客运出租经营业户燃油补贴政策，发放燃油补贴1 840万元。兑付库区移民补助资金667万元，惠及移民1.49万人。发放廉租住房补贴113万元，帮助1 183户城市低收入家庭解决住房困难问题。

【加强财政管理，不断提升依法理财水平】 部门预算编制和国库集中支付改革不断深化，将非税收入全部纳入预算管理，实行“收支脱钩”，全年区级国库集中支付资金达到10.25亿元，其中直接支付6.7亿元，占全部支付额的66%。规范行政事业性收费行为和项目，集中审验收费项目总额1.5亿元，审出超标准超范围收费9项，自立名目收费25项，清理收费项目39项。积极稳妥扩大政府采购规模和领域，开展政府采购活动135次，采购金额7 623万元，节约资金712万元，节支率8.55%。坚持“专款专用、封闭运行、项目管理、跟踪问效”的原则，管好用好政府投资项目资金，全年评审政府投资项目18个，审查资金3 961万元，审减资金298万元。扎实开展行政事业单位资产清查和产权登记年检工作，行政事业单位占有资产总额18.6亿元，国有产权9.9亿元，严把国有资产处置关，规范资产处置行为，确保国有资产安全。加强政府债务管理，完成普九义务教育债务统计认定工作，锁定义务教育债务3 635万元。

（撰稿：马通之　祖宏腾）

博山区

【概述】 2008年博山全区实现地区生产总值225.6亿元，增长12.5%。地方财政收入完成7.38亿元，增长19.56%；地方财政支出完成7.72亿元，增长19.11%。

【积极支持经济发展】 筹措资金363万元，落实招商引资奖励、重点工程奖励、财政贡献奖励等各项财政奖励政策。投入政府引导资金 500 万元，吸纳社会资金 4 700 万元，成立中小企业担保公司，为企业发展开辟了新的融资渠道。认真落实中央出台的稳定房地产发展的有关税收政策，取得了很好的调控效果。

【加大收入组织力度】 深入开展综合治税工作，对重点行业开展纳税专项审计和会计信息质量检查，以查促收；研制开发区级财税查询系统，加强收入调度；加强非税收入管理，规范征管程序，全年非税收入管理规模达到 2.02 亿元。

【深化财政管理改革】 实行综合部门预算，加强预算内外资金结合；进一步推进财政国库管理制度改革，将非税收入支出纳入集中支付系统，扩大了集中支付范围；继续深化政府采购、财政投资评审等管理改革，不断提高财政资金使用效益；加快园林、市政环卫等事业单位经费保障方式改革；在源泉、池上、南博山三镇推行了“镇财区管”改革试点。

【着力优化支出结构】 加大对“三农”的投入力度，支持完善新农村建设长效保障机制；认真做好城乡弱势群体救助保障工作；积极筹措资金，支持教育、科技、文化、卫生、计划生育等各项重点社会事业均衡发展。

【狠抓系统内部管理】 建立了局领导 AB 角工作制度、局领导镇办财政所联系点工作机制；在局机关全面启动了办公自动化系统，实现了无纸化办公；启动了 1986 ~ 2008 年博山区财政志编纂工作；为全区 14 个镇办财政所统一购置了档案密集架，并进行了档案知识培训，提高了镇办财政所档案管理水平。

（撰稿：侯永明）

临淄区

【概述】 2008 年，临淄区以“三个代表”重要思想和科学发展观为指导，认真贯彻落实党的十七大和十七届三中全会精神，积极应对复杂多变的经济形势，抢抓机遇，扎实工作，财政经济实现了平稳快速发展。全区地方财政收入完成 16.51 亿元，增长 23.22%；全区财政支出完成 19.57 亿元，增长 22.19%。收支两项指标连续 9 年列全市第一位，连续 28 年实现了财政收支平衡。

【财源建设】 认真落实稳健的财政政策，灵活运用财政杠杆，充分发挥财政资金的吸附导向作用，重点支持节能环保、科技创新，实现了经济结构优化升级，一批大企业、大项目、大品牌得以快速发展，激发了经济增长的内在活力。兑现奖励扶持资金 3 700 万元，重奖有突出贡献的单位和个人，激发了各行各业的积极性，积蓄了发展后劲。大力加强征管机制建设，确保了各项收入及时足额入库。

【财政保障】 坚持以人为本，优先保障民生。及时发放工资和节日补贴，保证了公务员队伍稳定。拨付资金 854.49 万元，培训下岗职工、兑付保险和岗位补贴，促进了就业和再就业。拨付最低生活保障金和困难群众救助金 1 197 万元，使困难群众得到及时救助。拨付经建资金 3.33 亿元，确保了太公植物园绿化、污水处理厂、垃圾中转站等全区 42 项重点工程建设的资金需要。大力支持教科文卫、公检法司等重点事业发展，促进了和谐社会建设。

【社会主义新农村建设】 坚持“多予少取放活”的原则，全力支持社会主义新农村建设。拨付现代农业生产发展资金粮食项目资金 527 万元，促进农业快速健康发展。投入资金 880.5 万元，支持各项新农村建设工程开展，促进了乡风文明、村容整洁。发放良种、粮食、农资、玉米秸秆综合利用、农机具购置、能繁母猪及优质后备奶牛补贴资金 7 322 万元，促进了农民增收、农业增效。投入资金 434 万元，实施了农村饮水安全工程和水库除险加固。拨付资金 3 047 万元，大力推进新型农村合作医疗与新型农村养老保险。

【财政改革】 部门综合预算、国库集中支付改革不断深化，预算编制质量和执行效率进一步提高。政府采购完成 2.03 亿元，节支 2 258 万元，节支率 9.99%。区乡财政体制改革成效显著。乡镇财政收入完成 7.7 亿元，增长 33.82%。全区 9 处乡镇财政收入超过了两千万元，凤凰镇财政收入达到了 2.51 亿元，列全市第一位。

【财政监管】 2008 年区级非税收入 4.9 亿元，上缴国库 3.3 亿元。认真执行《会计法》，大力加强会计诚信建设，扎实开展会计信用等级考评，提高了全区会计信息质量。对全区 84 家行政事业单位进行专项检查，共查处违规违纪资金 768.6 万元。

【干部队伍建设】 认真落实上级部署，扎实开展五好争创、党员党性定期分析、学习实践科学发展观等活动，大力推进党风廉政建设、文明建设和行风政风建设，全局上下扎实苦干，实现了单项工作争第一，整体工作创一流。局机关受到上级表彰奖励 50 多项，保持了省级文明机关、市级文明单位的荣誉称号，被评为全市基层满意的区县涉农部门、全市优秀基层党组织。

（撰稿：杨　晶）

周村区

【**概述**】 2008年，周村区地区生产总值完成186.9亿元，增长14.1%；全社会固定资产投资95.9亿元，增长20.5%；社会消费品零售总额完成67.5亿元，增长20.1%；城镇居民人均可支配收入、农民人均纯收入达到1.63万元、7 880元，分别增长10.5%、10.3%。完成工业销售收入671.1亿元、利润37.3亿元、利税51.4亿元，分别增长21%、22%和23%。全区一般预算收入完成6.61亿元，比上年增长20.01%；全区一般预算支出完成7.45亿元，比上年增长17.41%。连续第14年实现收支平衡。

【**财政收支稳定增长，“保工资、保稳定、保民生”能力逐步增强**】 在全区经济稳定协调发展的基础上，周村区财政部门按照科学发展观、构建和谐社会及公共财政的要求，不断调整和优化支出结构，严格依法征税管费，不断完善征管机制，确保了工资发放、社会稳定和民生民需，促进了经济和社会事业的协调发展。

【**发挥财税杠杆作用，加大培植财源力度**】 明确支持重点，大力支持发展先进加工制造业和现代服务业。继续从政策、资金等方面加大对优势产业的扶持力度。突出加快发展文化旅游业，筹集资金4 500万元、银行贷款1 000万元加快古商城保护开发建设。创新完善支持方式，扩展融资渠道，运作资金2 000万元帮助成立信用担保有限公司，给企业发展提供了更广阔空间。严格兑现税收考核奖励资金500多万元奖励年度支持周村发展的先进单位和个人。支持全区工业20强企业和服务业10强企业做大做强，不断夯实财政持续增收基础。按照区委提出的打好重点项目建设“百日会战”要求，及时做好对上争取工作，力争将更多项目列入上级财政扶持范围。

【**坚持多予少取放活，财政对“三农”投入显著增加**】 通过积极对上争取，先后被列为省级、中央级财政支农资金整合试点单位。2008年度整合项目共计实施六大类30个项目，争取市级以上财政无偿资金2 794万元，带动社会投入6 500余万元。严格落实对农民各项补贴工作，对农民先后实施了粮食、良种、农机和生产资料综合补贴政策。为购买家电下乡产品的农民兑付补贴资金68万元；及时兑付三峡、萌山水库移民补助资金183万元；落实农机具补贴资金233万元。同时，加强各类补助资金的跟踪督察。争取上级资金201万元，大力实施村村通自来水工程。

【**民生支出保障较好，人民群众得到更多实惠**】 投入资金1 167万元，全部免除城乡义务教育阶段学生学杂费。为困难家庭学生发放补助金131万元。投入103万元用于社区卫生服务，完成18处社区卫生服务中心（站）和38处村卫生室规范化建设。城镇居民基本医疗保险顺利开展，全区7.5万城镇居民被纳入医疗保险覆盖范围。投入就业资金245万元，使城乡公共就业服务体系进一步完善。投入廉租住房补贴资金90万元，有效缓解了城市居民住房难的问题。投入130万元启动新型农民养老保险试点工作；共安排886万元用于解决被征地农民养老保险问题；为全区1 510户低保家庭和3 308名下岗失业人员发放了冬季取暖补助。投入210万元用于便民游园改建和步行街北段改造，投入716万元新增、改造绿化面积50余万平方米。

【**财税改革不断深化，财政管理水平逐步提高**】 出台了2008～2010年区对镇办财政体制，提高了财政收入质量。国库集中支付全面推行，部门预算改革全面铺开，全区行政事业性收费和政府性基金等非税收入征收全部实现“票款分离”。政府采购规模不断扩大，采购额达到1.12亿元，节约资金1 337万元，节支率达11%。加强财政监督和投资评审工作。财政收支管理的科学化、规范化水平明显提高。

（撰稿：宓　雯）

桓台县

【**概述**】 2008年，全县人民在县委的正确领导下，深入贯彻落实党的十七大和十七届三中全会精神，以学习实践科学发展观活动为动力，解放思想，攻坚破难，努力克服金融危机带来的不利影响，国民经济和社会事业持续平稳较快发展。全县生产总值实现249亿元，比上年增长15.7%；城镇居民人均可支配收入1.87万元，农民人均纯收入8 069元，分别增长16%和14.1%。

【**积极组织财政收入**】 各税收征管部门坚持依法征税，严格落实责任，大力组织收入，把金融危机对全县税收收入的影响降到了最低限度；财政部门充分发挥自身职能，努力搞好综合协调和科学运筹。全县地方财政收入实现11.05亿元，占预算的103.42%，比上年增长24%，增幅列全市各区县第一位，地方财政收入总额由全市第四位跃居第三位。全县财政支出完成14.18亿元，比上年增长20.83%。

【确保民生工程顺利实施】 2008年高度重视民生工作，出台了关于实施民生工程的1号文件，县财政严格按照县委要求，将1号文件所列民生项目全部列入财政预算，并严格按照时间进度或工程进度拨款，确保所有的民生项目资金及时、足额到位。2008年，全县用于改善和保障民生的资金达2.1亿元，同比增长84%，创历史新高。

【高度重视财源建设】 县财政不断加大对企业发展的扶持力度。及时兑现县委、县政府有关招商引资、工业投入、金融及建筑业、税收增长等方面的财政奖励资金1 733万元，调动企业发展的积极性；帮助部门和企业向上争取资金1.06亿元用于环保节能、技术改造及科技创新；严格落实县委关于“暂停对我县工业企业的一切行政事业性收费”的决定，及时调减行政事业单位收费任务，并协调相关执收部门停止收费。

【努力提高财政管理水平】 严格坚持县长“一支笔”签字制度和财政节支十条规定；建立工资基金专户制度，以确保全县工资发放；严格执行工程招投标、工程预决算和建设项目全过程跟踪审查制度，提高资金使用效益；不断扩大政府采购范围和规模，全年采购额达1.7亿元，节约资金3 687万元；按照弱镇改善，强镇更强的思路，对县镇体制进行了适当调整，增强了镇级保稳定能力，维护了全县稳定大局；严格执行县委关于压减行政事业单位公用经费支持抗震救灾的通知，从严控制行政支出。

【学习实践科学发展观活动取得明显成效】 一是精心组织，周密部署。认真制订学习实践活动实施方案、配档表，并通过悬挂宣传标语、制作展板等多种形式，在全局上下营造了浓厚的学习氛围。二是深入开展学习调研。通过分组交流、召开座谈会、向服务对象、企业发放调查问卷、开展“我为财政建言献策”活动等形式，查找出恒台县财政局在思想、工作中存在的问题共132条，争取到有价值的意见和建议15条。三是认真分析检查。通过采取发放征求意见函、实地走访座谈、设立电子意见箱、开通800免费热线电话、召开了由财政干部、服务对象、农村基层党员、群众参加的座谈会等形式，广泛征求社会各界的意见和建议，问计求智于民，并认真开好领导班子民主生活会，精心撰写领导班子分析检查报告。四是努力把学习实践活动成效融入各项财政工作中。通过一系列活动，保证了学习实践活动扎扎实实、朝气蓬勃的开展。全局上下树立了进一步解放思想、开拓创新、认真履行职责的新观念、新思想，增强了学习实践科学发展观的责任感和紧迫感，提高了积极性、主动性，同时更加注重保障和改善民生，为人民群众解决了一批事关民生的热点难点问题，得到了社会各界的充分肯定和广泛好评。

（撰稿：张　暖）

高　青　县

【概述】 2008年，面对复杂多变的国内外经济形势，全县上下认真学习党的十七大和十七届三中全会精神，深入贯彻落实科学发展观，按照“发展加快、工作提速”的要求，大力推进全民招商、全民创业，积极应对各种困难与挑战，凝神聚力，埋头实干，增创优势，破解难题，加快推进由农业县向工业县重大转变，圆满完成了年初确定的各项目标任务。全县生产总值实现83亿元，增长14.5%；一般预算收入完成4.34亿元，比上年增长23.56%，在全省上升2个位次。一般预算支出7.29亿元，比上年增长28%。按现行财政体制计算，收支相抵，连续第18年实现财政收支平衡。

【创新发展思路，支持增长方式转变取得新进展】 认真落实国家宏观调控要求，正确把握财税政策取向，努力增加发展投入，着力推进结构调整、节能降耗和环境保护。一是把增强企业自主创新能力作为调整经济结构、加强财源建设的核心环节。落实出口免抵退税、科技研发与应用、贴息担保等财税资金2 991万元，兑现各类奖扶资金4 745万元。二是积极推进环境保护和循环经济发展，支持关键环节的污染治理。财政用于污染源治理、污水处理厂建设等方面的支出达5 212万元。三是统筹产业优化与城市建设，加大重点项目建设投入。全县用于重点工程的各类财政资金达1.29亿元。四是紧紧把握“突破高青”、“黄河三角洲高效生态经济区”和中央扩大内需政策机遇，选拔的65个项目进入省市首批扩大内需“四个一批”项目库，全年共争取市以上各类财政扶持资金2.6亿元，地方经济可持续发展能力不断增强。

【完善支农机制，推进社会主义新农村建设取得新成效】 按照“多予少取放活”的方针，积极调整财政支出结构，认真落实各项支农惠农政策，不断提高“三农”投入比重。全县用于“三农”的财政性资金达1.48亿元，比上年增加3 300万元，增长28.7%。一是农林水等生产发展方面投入资金5 270万元，农业综合生产能力稳步提高。高青大米已由国家工商总局认定为国家地理标志商标，填补全市在这一品牌领域的空白。二是增加农民收入、扩大农民就业、改善农民生活等方面投入资金7 860万元。“家电下乡”试点工作扎实推进，共销售补贴产品5 605台（部），兑付财政资金122万元。三是农村综合治理等方面投入资金1 670万元。村级组织活动场所建设和经济薄弱村发展政策得到全面落实，村干部补贴统筹发放制度稳步实施，基层信访联络员制度扎实推进，进一步维护了广大农村的社会和谐稳定。

【着力改善民生，加快和谐社会建设取得新成果】 合理运筹资金，集中财力保重点，实施了一系列惠民工程，加大对重点事业特别是民生薄弱环节的投入。投资5 700万元的第三中学建成启用；提高了义务教育阶段生均公用经费标准；困难学生救助机制不断完善；全县35 332名义务教育阶段学生全部使用免费教科书；危房改造、课桌凳更新、现代远程教育等工作扎实推进，促进了教育公平和事业发展。新农合参合农民达27.5万人，参合率达到99.71%；全面推行了城镇居民医疗保险制度；改造卫生院和村卫生室，群众看病难、看病贵的问题逐步得到缓解。将8 370名农村低保户的补差标准由800元提高到900元；农村养老保险试点工作正式启动；残疾人安居工程顺利实施。向城镇低保和下岗失业人员发放取暖补贴。向514户城镇居民发放廉租房货币补贴。

【加强制度建设，依法科学理财取得新突破】 不断创新工作思路，积极深化管理改革，努力构建有利于科学发展的财政工作机制，规范化、精细化理财水平不断提高。完善财政综合预算管理制度。对44个预算外管理单位全部实行部门预算管理改革，完善国库集中收付制度，严格非税收入“收缴分离”工作，扩大“涉农一卡通”补贴发放范围，全面推行网络化财政工资统发，完成财政集中支付资金2.94亿元。完善财政性资金内部管理制度。将预算、国库业务相分离，实行财政性资金集中统一结算，规范资金拨付流程，强化财政预算约束。完善财政资金监督制度。对政府投资项目实施财政投资评审，完成评审项目24个，审减支出1 333万元；完成政府采购额1.13亿元，节约资金970万元；对26个单位（项目）实施会计信息质量检查和财政专项资金检查。对各项重点工作按月进行调度，机关作风效能不断提高。

【深入学习实践科学发展观，机关作风效能建设迈上新台阶】 紧紧围绕学习实践科学发展观、继续解放思想大讨论和认真专业务实作风效能建设活动，结合部门职责，坚持把思想教育和制度建设贯穿于财政工作始终，不断加强干部队伍建设，有力推动了各项工作任务的完成。文明创建工作取得丰硕成果，全县财政系统市级以上“文明单位”达到9个，建成面达到90%；县财政局通过了省文明委“省级文明单位”复评，在全县岗位目标责任制考核、党风行风评议和人大代表评议部门中均名列第一。

（撰稿：宋希岗）

沂 源 县

【概述】 2008年，全县生产总值达到134.5亿元，比上年增长14.5%；全社会固定资产投资55亿元，比上年增长42.1%；社会消费品零售总额54.4亿元，比上年增长22.94%；城镇居民人均可支配收入和农民人均纯收入分别达到1.44万元和5 786元，比上年增长17.6%和15.6%。全县地方财政收入实现6.5亿元，比上年增长23.12%。地方财政支出10.34亿元，主要项目的支出完成情况是：一般公共服务支出1.8亿元，比上年增长21.05%；公共安全支出4 044万元，比上年增长25.36%；教育支出3.32亿元，比上年增长25.16%；社会保障和就业支出9 382万元，比上年增长9.4%；医疗卫生支出7 413万元，比上年增长36.95%；科技支出1 317万元，比上年增长34.53%；环保支出4 089万元，比上年增长289.06%；交通运输支出1 387万元，比上年增长21.03%；农林水事务支出1.3亿元，比上年增长16.49%。根据现行财政体制计算，当年净结余8万元，连续第14年实现财政收支平衡。

【聚力强财源大力抓收入】 完善财政政策激励措施，加大财政投入，积极落实加快企业发展、鼓励招商引资和繁荣服务业等优惠政策，为加快企业发展提供了充足的动力，促进了全县经济又好又快发展。强化收入考核，完善激励机制，科学分解各项财政收入任务，认真落实征收工作责任制。加强对各乡镇、各征管部门的激励约束考核，定期召开财税等征管部门联席会议，及时对收入完成情况进行调度和分析，适时调整收入计划和任务，确保收入及时足额入库，有力地支持了全县经济社会发展。

【保障各项重点支出】 加大三农、教育、卫生、社会保障和科技等重点支出，重点发展区域特色支柱产业、科技扶贫和实用技术，积极落实强农惠农政策。进一步完善义务教育经费保障机制。加大民生保障力度，完善城乡最低生活保障线制度，支持多层次的医疗保障体系建设。积极支持新农合、城镇居民医疗保险、大病医疗救助等。大力支持农村贫困残疾人安居工程，实施敬老院改建工程等，推动了全县和谐社会建设。

【进一步深化财政改革与管理】 规范部门预算编制，强化预算约束，统一部门预算编制政策。深化国库集中收付制度改革，扩大集中支付范围，提高直接支付比例，提高了资金使用效率。严格落实采购审批程序和招标投标各项规定，节约资金。倾力打造财政队伍形象。积极开展文明创建、机关党建、作风效能建设、作勤廉表率等活动，财政干部队伍素质得到较大提高，多项财政工作受到省、市表彰，20多名机关干部受到各级表彰奖励。

（撰稿：石振利）

高新技术开发区

【概述】 2008年，淄博高新区在市委、市政府的正确领导下，以邓小平理论、“三个代表”重要思想为指导，深入贯彻落实科学发展观，紧紧围绕建设国内一流特色产业创新园区的总体目标，以项目建设为总抓手，大力实施“六五三五”创新和发展赶超工程，着力转变发展方式，调整产业结构，努力提高创新能力，优化发展环境，加快主导产业发展，聚力打造特色产业创新集群，更加注重改善民生，努力构建和谐社会。特别是针对日益加深的国际金融危机影响，高新区工委、管委超前谋划，主动应对，把保增长作为经济工作的首要任务，认真解决企业发展中遇到的困难和问题，努力克服国际金融危机带来的不利影响，经济社会实现了又好又快发展，全面完成了年初确定的各项目标。2008年，高新区生产总值实现94.19亿元，同比增长14.6%；规模以上工业总产值260亿元，同比增长32.7%；工业销售收入258亿元，同比增长31%；工业增加值65亿元，同比增长20%；工业利税17亿元，同比增长5%；固定资产投资45.75亿元，同比增长35.1%；社会消费品零售总额17.54亿元，同比增长26.52%；进出口总额7.17亿美元，同比增长15.7%；农民人均纯收入9 054.23元，同比增长13.75%；城市居民可支配收入1.9万元，同比增长14.97%。新增各类企业420家，新增注册资本10亿元。

【科学合理安排全年地方财政收支预算，强化措施，确保完成全年财政收支任务】 一是科学合理编制2008年项目支出预算。在满足基本支出预算，确保教育、农业和科技等国家法定支出的前提下，集中财力积极支持城市基础设施建设和环境保护，切实保障民生，支持教育卫生事业发展，加大对招商引资、科技创新、和谐社会建设等方面的保障力度。二是积极应对国际金融危机和国内宏观经济不利影响，协调两税及各执收部门，依法加强税收收入和非税收入征管，着力保持财政实力持续稳步提升，确保完成全年财政收入任务并确保收支平衡。2008年高新区地方财政收入完成10.52亿元，完成年初预算109.84%，同比增长23.02%。一般预算支出完成10.74亿元，完成预算110.20%，同比增长21.09%。当年净结余5万元，连续十六年实现全年财政收支平衡。

【加强财政支出调度，提高财政保障能力】 一是科学调度资金，保证各项法定支出和重点工作项目资金需求。在确保全年财政收支平衡的前提下，科学合理地安排支出，加强预算收支情况调度分析，全年除安排好各项正常预算支出外，受理审核追加预算报告181份，申请金额3 112万元，核准金额2 320万元，核减792万元，核减率为25.49%。二是加强社会保障资金的宏观调控和监督管理。进一步建立健全民生民本财政保障机制，对涉及民生的项目进行全面梳理，大力保障和改善社会民生，全年累计收缴各项社会保障基金1.33亿元，累计划拨7 986万元，2008年涉及民生的主要社会保障支出达到817万元，主要用于新农合、城市农村低保、五保供养、城镇居民医疗、敬老院建设等。三是进一步强化政府采购与调剂服务工作。年初下达部门政府采购预算，实行管采分离，并加强对采购人、代理机构、供应商的监督管理，对工程项目招标过程进行重点监管。全年共完成各类采购活动56次，完成合同采购金额1.27亿元，比市场价节支2 007.14万元，节支率达13.86%。四是规范预算编制、支出管理办法，出台了《进一步规范部门预算加强财政预算管理的意见》，推行了部门预算软件，启动了国库集中支付改革，全年通过国库集中支付拨付城建、绿化、高科园建设等各项建设资金3.55亿元，提高了财政资金的使用效率。

【认真贯彻落实财政扶持政策，做好财源建设工作】 一是积极争取上级部门的政策支持，组织79户次企业17类项目的专项资金申报，已到位3 144.73万元，全部拨付到企业，有力支持了区内企业的发展。二是积极兑现财政扶持资金。全年共审核兑现财政扶持政策资金1.31亿元，审核兑现招商引资项目土地政策扶持资金2.22亿元。三是组织召开了为高新区经济建设做出突出贡献的企业家座谈会，对33家企业的经营者进行了表彰奖励，兑现奖励资金794.9万元，比上年增长21%。四是及时调度重点企业财务信息，尤其是全球爆发金融危机以来，按月调度61户重点纳税企业主要经济指标，编印《高新区重点企业主要财务税收指标情况简报》，对经济运行状况进行分析和预测，为管委领导决策提供可靠的依据。

【加强干部队伍建设，树立和保持财

政部门良好形象】 一是按照工委、管委的统一部署，积极组织开展继续解放思想大讨论活动和深入学习实践科学发展观活动，始终坚持边学边查边改，认真组织好理论学习、广泛征求意见、领导干部民主生活会、撰写分析报告、整改提高、下基层调研等各项活动，取得了扎实成效。二是班子坚持按照民主集中制原则，充分发挥每位班子成员的积极性、主动性和创造性，班子成员既积极参与集体领导，又按照集体的决定和分工，认真履行职责，抓好工作落实。班子成员之间相互支持，相互配合，充分发挥班子的核心领导作用。班子成员坚持“一岗双责”，深入贯彻落实党风廉政建设责任制。大力推进效能建设和政风行风建设，对政府采购工作实行重点岗位监督制度，制定完善了各项保障、监督措施。三是继续完善了各项文明创建工作措施和制度，建立了文明创建工作长效机制，经过市局对该项工作的考核，被评为全市财政系统文明单位一等奖。四是开展了丰富多彩的文明创建活动：“三八”节期间组织了全局妇女赴朱家峪、百脉泉等地参观，开展了有益于身心的集体活动。植树节期间组织全体人员到花山北坡参加义务植树活动。3～4月份，组织人员参加了全市财政系统第五届运动会和高新区第三届机关运动会，取得了一系列的好成绩。按照上级统一部署，积极组织开展了赈灾慈心一日捐活动，全局32人共上缴捐款5 800元，组织全体党员缴纳特殊党费18 100元，捐赠棉衣棉被，积极支援灾区建设。五是继续开展好城乡文明共建活动。按照市委“文明共建促和谐，携手建设新农村”活动实施意见的要求，我们与石桥办事处朱庄村结成了城乡文明共建单位，全局干部职工捐款资助该村特困群众，并帮助其引进日本独资农业特色种植项目，已经投产达效，对于促进中日双方的农业技术和人才交流，拉动该村乃至周边地区的经济发展，起到了积极的推动作用。

（撰稿：田金宁）

枣 庄 市

市 中 区

【概述】 2008年，全区一般预算收入完成8.16亿元，完成调整预算的100.29%，比上年增长19.72%。当年税收返还、转移支付、结算补助等2.79亿元，全区财力共计10.95亿元。全区一般预算支出10.87亿元，完成调整预算的103.21%，比上年增长23.67%。全区财力与支出相抵，当年净结余2万元，连续实现第21个财政平衡年。

【财政收入实现新跨越】 紧紧围绕区人代会确定的收入预算任务和均衡入库目标，按征收部门及时分解落实。财政部门不断加大对契税、耕地占用税的征管力度，并及时收缴国有资产经营收益，促进了财政收入的稳定增长。全区地方财政收入占GDP的比重达到7.54%，比上年同期提高0.04个百分点；税收收入占财政收入的75.1%，比上年同期提高0.9个百分点。

【民生财政特征更加显现】 一是全面落实保障工资发放和收入分配制度改革政策，扎实推进规范区直机关津贴补贴工作，及时兑现正常晋档晋级、补发教护龄补贴、增加住房补贴和一村一名大学生补助等政策，并对困难乡镇和街道给予适当补助，全年新增工资性支出近1.4亿元。二是着力保证各项社会保障支出，拨付资金1.8亿元用于城乡低保、离退休人员养老金、失业保险金、住房补贴、医疗保险金和公务员医疗补助发放；拨付资金1 294万元用于补偿农村合作医疗资金；拨付资金453万元用于农村敬老院和社区服务中心建设；拨付资金128万元用于廉租住房补贴和低保户取暖补贴发放；拨付资金1 058万元用于支付区重点企业改制后托管人员费用。三是不断增加节能环保投入。拨付资金1 498万元用于水及大气污染防治；拨付资金2 450万元支持节能新技术运用和淘汰落后生产能力。四是继续加大各项社会事业投入。2008年科技、教育、卫生、文化等事业支出分别增长29.34%、37.57%、98.50%、30.67%。

【财源建设实现新成效】 依托融资平台，积极协调多家金融机构融取资金6.36亿元，强力支持全区重点项目建设。拨付资金857万元用于枣庄经济开发区基础设施配套建设、贷款利息及占地补偿支出；拨付资金978万元用于招商引资奖励和兑现优惠政策；拨付资金547万元用于支持2008年中国（枣庄）针织品文化衫交易会、中国（枣庄）二手车交易博览会及旅游美食文化节等节会招商活动。

【理财水平实现新提高】 继续深化政府收支分类、“收支两条线”、政府采购和国库集中支付等改革。成立了全省第一家政策性惠农担保公司，为农业龙头企业、农民合作经济组织、农业种养大户提供融资担保；建立了国库集中支付系统，对区直17家试点单位的财政性资金实行了国库集中支付；开通了财政代发工资网上查询业务，增强了工资发放透明度。

（撰稿：徐　朕）

薛　城　区

【概述】 2008年，全区地方财政一般预算收入实现3.11亿元，同比增长1.2%，财政支出5.83亿元，实现收支平衡。

【加强税收征管，狠抓组织收入】 改革征管方式，强化税源监控，全力推进工矿业、房地产业、交通运输业、餐饮业税收分类分行业集中征管，建立财税收入监测分析新机制，认真开展纳税评估和税务稽查，严厉打击偷、逃、抗、骗税行为，堵塞征管漏洞，税收总量大幅提高，收入质量明显改善。

【合理调度资金，确保各项重点支出需要】 严格按照保工资、保运转、保重点项目建设的顺序安排支出，努力保障各项重点支出需要。保障了区级规范津贴补贴、事业晋档和教护提高10%等增资政策的及时兑现；偿还清理社会股金贷款本息、归还农发行粮食收购贷款等各项历史债务4 258万元。积极筹措资金用于东丁村、西姚村拆迁补偿，确保了安置小区工程建设的顺利实施。

【加大民生投入，及时兑现各项惠民政策】 认真落实民生政策，拨付粮食直补资金、农资综合直补资金2 448万元，拨付良种补贴和农机具购置补贴212万元。落实家电下乡补贴政策，兑付补贴资金100万元。进一步扩大义务教育经费保障覆盖范围，拨付义务教育保障资金4 302万元。加强社保基金管理，全区农村最低生活保障金实现了“直通车”发放，累计发放低保资金283万元，认真做好小额担保贷款财政贴息工作，共发放小额担保贷款312万元。

【加大对上争取项目资金和财政融资力度，支持和服务全区经济发展】 充分发挥财政职能作用，主动配合协同有关部门搞好重点项目的对上申报，争取到位各类专项资金2.17亿元。建立健全财政投融资体系，以财政资金做引导，多渠道筹集资金，充分发挥锦阳公司优势，搭建政府融资、投资和运营国有资产的平台，全年共计融资1.2亿元，用于安阳公司北井、城中村拆迁改造、平原水库建设等重点项目建设。

【强化财政管理机制，提高财政管理水平】 认真落实非税收入收缴管理制度改革，严格执行“票款分离”和“收支两条线”制度。继续推进“乡财乡用乡管”改革，健全管理制度。强化财政投资评审，对污水处理厂三期工程，中和嘉园小区在建工程以及区总工会、人民医院等行政事业单位零星改造工程等十余项工程项目进行了评审，报审金额1 800万元，审减450万元，审减率25%。扩大政府采购范围和规模，采购金额4 016万元，节约资金805万元，资金节约率达20%，继续深化会计管理改革，积极推进新企业会计准则宣传、培训和贯彻执行工作，会计工作水平不断提高。

（撰稿：褚衍刚）

峄　城　区

【概述】 2008年全区地方财政一般预算收入完成2.8亿元，增长25.7%。全区地方财政支出5.66亿元，增长24.19%。

【财政收入结构不断改善，收入质量进一步提高】 进一步强化收入调度，财政收入保持平稳较快增长，达到了均衡入库。其中地方税收收入完成2.08亿元，增长30.89%，增收4 897万元，占地方财政收入的比重为74.07%，比上年提高2.91个百分点。

【支出结构不断优化，重点支出得到较好保障】 区直从3月份起执行了新的津贴补贴标准，人均月增资545元；镇（街）教师及离退休人员同步执行，增支部分由区财政全额负担。提高了城乡居民最低生活保障线，受益群众1.54万人。积极筹措资金，新建区医院病房楼、2个社区卫生服务站和40家村级卫生室。全年筹集资金2 342万元，为参加新农合群众报销医药费2 110万元。大力开展“城市建设年”活动，重点实施了城区硬化、绿化、美化、净化、亮化，峄州路、峄州桥、居民小区改造升级、榴园景区道路等重点项目建设。

【“三农”投入进一步加大，农村各项事业加快发展】 拨付支农资金5 922万元，重点投向了农业综合开发、土地开发整理复垦、小型水库除险加固等项目。积极筹措资金，完成了农村自来水并网工程，新建户用沼气池3 149个。实施中小学危房改造和“三亮三改”工程，农村办学条件和教学环境进一步改善。投资900余万元，新建和改扩建镇（街）敬老院，集中供养农村五保老人1 966人。

【财源建设成效明显，发展后劲进一步增强】 认真落实贴息、补助、配套、以奖代补等各项财税政策，支持产业化龙头企业、农村合作经济组织和名优农产品发展。以国有资产经营公司为依托，采取增加投资、信用担保等方式，帮助企业融通资金2.8亿元。加大经济开发区和东部园区基础设施投入，构筑招商平台，优化经济发展环境。

【财政改革稳步推进，运行机制不断完善】 稳步推进国库集中支付改革。清理归并财政专户，将新农合、农村义务教育和政府采购等资金实行国库集中支付，减少资金拨付环节，提高了资金使用效率。继续完善政府采购制度。积极推行公开招标和集中采购，采购规模和范围逐步扩大，全年完成采购额2 452.51万元，节约财政性资金229万元。扎实推进“收支两条线”管理。深入开展“非税收入规范管理年”活动，充分发挥非税收入征管系统的作用，扩大“票款分离”覆盖面，全年实现区级非税收入4 910万元，超额完成全年计划。

【财政管理不断强化，理财水平进一步提高】 组织开展了企事业单位国有资产产权登记和资产管理信息统计，建立了国有资产管理信息系统；对国有产权变动实施动态监控，严把资产处置、资产评估关，防止了国有资产流失。加强会计人员继续教育，举办培训班5期，累计培训1 000余人。进一步强化专项资金监管，对支农资金坚持分级负责，专账、专户核算，严格按照开支范围和工程进度拨付资金，提高了资金使用效益。

【加强自身建设，干部队伍素质不断提高】 深入开展干部作风集中教育整顿活动，促进了机关作风建设。认真开展党风廉政建设，层层签订了廉政目标责任书。顺利通过省级文明单位验收，被市委授予全市先进基层党组织，被市纪委评为纪检工作先进单位，被区委、区政府授予目标考核工作先进集体。

（撰稿：刘　伟）

台儿庄区

【概述】 2008年，全区实现一般预算收入2.85亿元，占调整预算的100%，比上年增长15.38%，全区一般预算支出完成5.98亿元，占调整预算的125.38%，比上年增长31.41%。财政收支实现平衡。

【完善收入征管措施，保证财政收入稳定增长】 一是财税部门积极配合，大力推进依法治税，通过积极开展社会综合治税，实施重点税源监控和信息化管理，推广使用税控装置，进一步加强税收征管力度，努力做到应收尽收。二是完善非税收入征管机制，实施非税收入统计报告制度，严格执行收支两条线，协同有关部门依法执收、执罚，避免收入流失。三是进一步规范和完善增收激励与约束机制，提高各级增收的积极性。在克服金融危机带来影响的前提下，实现了全区收入规模快速扩大，收入结构不断优化的良好成绩。地方财政收入占GDP比重达到3.23%，比上年降低0.04个百分点，税收占地方财政收入的72%，比上年提高4.4个百分点。

【发挥财政杠杆作用，推动全区经济快速健康发展】 一是努力加大财政扶持力度。充分发挥挖潜各类专项资金的引导、吸附和激励作用，灵活运用贴息、补贴、奖励等手段，带动信贷资金和社会资金的投入，确保财政资金投入有度有为。二是加大城市基础设施投入。先后投入资金6 600万元用于城市道路建设、污水垃圾处理、城市绿化等工程，硬件设施建设，极大提高了我区经济发展的承载力。三是大力支持招商引资工作，审核拨付兑现招商引资奖励及招商经费380多万元，有力地支持了招商引资工作的开展。四是加大“运河古城”恢复建设投入，集中财力支持“运河古城”恢复建设项目，确保了各建设项目的有序运行。

【统筹城乡发展，努力扩大公共财政对“三农”的覆盖面】 一是继续实施农业补贴政策。进一步完善“惠农一本通”发放方式，全区共拨付种粮农民粮食直补、农资综合直补以及良种农机购置补贴资金4 000多万元。二是进一步完善现代农业产业体系。积极支持实施农业综合开发、农业良种、测土配方施肥、动植物病虫害综合防治、优质粮食产业、农机化创新示范六项工程。三是支持农村基础设施建设，农村通自来水率达到95%，建设农村沼气池3 200多个。四是支持农村社会事业发展。对镇街卫生院、农村卫生室进行改造，基层卫生服务体系建设得到进一步加强。加大农村教育投入，全区中小学全部实现免费义务教育，农村学生用上了免费教科书，农村中小学办学条件显著改善。

【体现财政保障职能，促进社会和谐发展】 坚持以人为本，高度重视民生问题，优先安排民生支出，积极促进重点社会事业发展。一年来，全区教育、卫生、社保与就业支出，分别达到1.01亿元、3 204万元、4 124万元，比上年增长28.23%、104.99%和34.6%，较好地保障了重点社会事业发展和民生政策落实。

【深化财政改革，提升财政财务管理水平】 一是推进预算编制改革。继续完善预算编制办法，规范编制内容，完善编制方法，努力增强了预算编制的科学性。二是进一步深化国库集中支付和政府采购改革。全区政府采购资金财政直接支付金额达到1 675万元，节约支出249万元，节支率13%。三是努力提高依法理财水平。严格按照“先建制度、后分资金”原则，不断完善资金管理制度和内控机制，稳步推进财政支出绩效考评工作，提高财政资金使用的规范性、安全性和有效性。四是继续整顿和规范会计秩序，推进会计信用体系建设。

【加强机关自身建设，树立为民、务实、高效、廉洁的财政机关形象】 一是紧抓干部教育不放松。紧紧围绕落实科学发展观、构建和谐社会等方面内容，不断创新教育方式、加大培训力度，努力提高干部职工的政治、业务素质和依法理财、科学理财能力。二是紧抓作风建设不放松。大力倡导立说立行、真抓实干的好风尚，努力强化服务意识，切实提高行政效能，积极为部门、为基层、为群众排忧解难。三是紧抓廉政建设不放松。全面落实党风廉政建设责任制，积极推进廉政文化建设，成为全区机关廉政文化建设先进示范点，并保持了“省级文明机关”的荣誉称号。

（撰稿：陈国栋）

山亭区

【概述】 2008年，全区地方财政收入完成1.36亿元，完成调整预算的100%，比上年增长12%；全区一般预算支出完成5.07亿元，比上年增长31.4%，连续20年实现财政收支平衡。

【加强财源建设】 认真研究国家扶持政策，积极为企业报项目、争资金，加大对企业的扶持力度，积极培植、涵养财源。拨付500多万元，用于重点企业技术改造、节能减排和服务业项目建设等；拨付700多万元，支持火樱桃、豆制品、花生酱等特色农业发展。

【强化税收征管】 健全税收管理网络，加大社会综合治税力度，组织开展“奋战60天、确保超额完成全年财税收入任务”活动，切实增加税收收入。全区各种税收收入完成1.13亿元，比上年增长8.7%，占地方财政收入的比重为83.1%。农税局坚持文明执法，强化征管手段，契税、耕地占用税实际完成715万元，比上年增长21.2%。

【保证重点支出】 积极筹措资金、优化财政支出结构，着力保障和改善民生，保证农业、科技、教育等法定支出和政权建设、文化、卫生等重点支出需要。安排资金7 855万元，用于社会保障和再就业工作；落实资金2 712万元，大力支持新型农村合作医疗改革。投入近1 000万元支持新中心人民医院建设；投入500万元启动新十八中建设；安排教育支出1.45亿元，支持义务教育经费保障、“两免一补”和农村中小学危房改造等教育事业发展；安排资金5 316万元，支持医疗卫生事业发展。全年拨付城市建设资金2 801万元，全力支持道路改建、美化、亮化等城市建设。发放粮食直补与综合直补、能繁母猪补助、保险补贴资金2 059万元。发放库区移民后期扶持资金1 672万元；投入资金2 234万元，用于病险水库的除险加固工程；紧急拨付598万元，重点用于农村民生工程基础建设。

【规范国资管理】 制定并完善了国有资产管理办法，加大国有资产收益及企业租金征缴力度，全年收缴国有资产经营收益5 111万元，企业租金59万元，促进了国有资产的保值增值；组织开展5次公开拍卖活动，国有资产处置行为逐步规范；积极开展老城区闲置资产盘活工作，提高了国有资产使用效益。

【推进财政改革】 围绕构建公共财政框架，努力推进财政改革。一是深化部门预算改革。制定区级部门预算编制管理办法，在8个行政单位进行了部门预算改革试点。二是普及会计电算化。投入20多万元，为10个乡镇（街道）财政所购置了微机和会计电算化办公软件，会计核算效率得到提升。三是完善会计集中核算。新纳入核算单位14个，拒付不合规支出296万元，核算效率和资金使用效益明显提高。四是实施公务员津补贴改革。出台了规范津贴补贴发放办法，增加了区直机关事业单位人员津贴补贴。五是扩大政府采购规模。将使用财政资金购置的货物和劳务全部纳入政府采购范围，全年实际采购支出达到802万元，节支率10.8%。

【加强财政监管】 加强“收支两条线”管理，对所有执收执罚单位实行“罚缴分离”，进一步规范票据管理，加强非税收入征管稽查，积极组织非税收入，全年非税收入完成6 351万元。开展税收征管质量大检查，优化了纳税环境，提高了税收质量。开展财政系统内部业务检查，财政收支行为得到规范。开展专项资金监督检查，保证专项资金用在项目上，发挥专项资金的效益。

（撰稿：张守军）

滕州市

【概述】 2008年，在滕州市委、市政府的正确领导和省财政厅、枣庄市财政局的业务指导下，滕州财政工作坚持以科学发展观为统领，紧紧围绕

“抓收入、促改革、强作风”三条工作主线，认真履行职责，积极开拓进取，狠抓工作落实，推进提速提效，圆满完成了各项财政任务目标，财政总体竞争力、服务公信力、工作执行力和社会满意度得到明显提升。

【积极组织各项收入，财政实力进一步增强】 2008年，全市地方财政收入实现19.5亿元，完成调整预算的100.1%，增长22%，收入总量和增幅分别列全省30强县第11位和第8位。税收占全市地方财政收入的比重达到74.6%，比上年提高了1.9个百分点；全市人均地方财政收入达到1 182元，比上年增加了193元。市级非税收入实现8.4亿元，完成任务的115.1%，增长24%。回收有偿资金1 802万元，社会保险基金收入实现6.2亿元。全市财政支出完成27.2亿元，增长23.4%，居全省30强县支出规模的第2位。

【大力支持经济发展，财源结构进一步优化】 充分发挥财政政策资金的导向作用，投入财政性资金5.2亿元，支持招商引资和重点项目建设，扶持优势产业，推进工业强市战略，进一步提升了经济开发区等一区多园的基础设施水平，加大对科技创新和节能减排的支持力度，支持旅游服务业和地方金融，设立专项资金，促进中小企业加快发展。

【合理安排支出，财政保障能力进一步提升】 调整优化支出结构，统筹推进“民生滕州”建设。落实支农惠农资金4.9亿元，推进新农村建设。认真落实增资政策，兑现了规范后的津贴补贴和采暖补贴，对困难镇给予了4 026万元的专项补助。筹资1.1亿元推进新型农村合作医疗、城镇居民医疗保险和城乡卫生服务体系建设，及时足额拨付了各项社会保障资金，促进就业再就业。支持教育事业优先发展，完成教育支出6.7亿元。支持推进科技、文化、体育、人口计生和安全生产，促进了各项事业发展。投入2亿余元，支持平安滕州建设，维护了全市和谐稳定的大好形势。

【加大城建投入，城市基础设施进一步改善】 加大财政投入力度，支持“六城同创”，发挥城市国有资产经营公司平台作用，融资推进城市重点项目建设，实施了26条城市道路、解放路高架桥、40条背街小巷整治和城市亮化、绿化工程，推进了公交、环卫、园林基础建设；投资3亿余元，推进奥体中心建设等重点工程，城市功能进一步增强，人居环境进一步优化。

【深入推进财政改革，理财能力进一步提高】 深化部门预算和国库集中收付制度改革，加大政府采购和财政投资评审力度。全年完成政府采购支出4.5亿元，节约资金0.8亿元，节约率达15.1%；完成财政投资评审项目78个，评审值4亿元，审减值0.95亿元，审减率达19.2%。强化政府非税收入的征收、稽查职能，加大以票控费力度，扩大非税收入征管系统覆盖面，开展“非税收入规范管理年”和“收支两条线”专项检查活动。深化国有资产管理体制改革，加强行政事业单位资产和政府债务管理，加大财政监督和会计管理力度，组织了多项检查活动。

【切实加强队伍建设，管理服务效能进一步强化】 加强学习教育，提高综合素质，加强机关作风建设，强化廉政勤政教育。出台工作日中午禁酒、作风建设保证书、周工作报告等制度；组织封闭式集中军训，开展警示教育活动，狠抓作风督察，财政行风建设成果显著；加强干部考察和日常管理，增强工作活力，加强财政信息宣传，推进财政法制建设；加强党的建设，推进文明创建，通过了省委基层党建检查组验收，局机关被省文明委授予省级文明机关。

（撰稿：陈庆德）

东营市

东营区

【概述】 2008年，全区实现地方财政收入12.88亿元，完成预算的108.74%，同比增收2.32亿元，增长22.01%。全区财政支出完成14.43亿元，完成预算的120.31%，同比增加2.49亿元，增长20.86%。

【开源节流，地方财政收入再上新台阶】 综合运用财政政策手段，发挥财政资金杠杆作用，增强经济发展动力，拓宽财政收入来源渠道。一是支持经济发展方式转变。整合财政资金，调整资金投向，把着力点放在配套政策、改善环境上，落实扶持企业发展的优惠措施，做强税收贡献率大的产业项目，努力转变经济增长方式。二是加固财税政策服务平台。科学利用政策和资金杠杆，重点向纳税大户和规模企业倾斜，扶持企业持续发展壮大，努力打造一批支撑地方财政增收的骨干税源。三是推进优化税收结构试点。分离企业内部二三产业，优化资源配置，努力做大营业税税基。四是加大综合治税力度，提高涉税信息的综合利用率，抓好税源控管。科学分析，精准调度，不断提升征管效率，挖掘增收空间，确保应收尽收。

【成果共享，民生财政建设迈出新步伐】 坚持保重点、压一般的原则，从严控制日常支出，进一步优化支出结构，把更多的财政资金向社会事业薄弱环节倾斜，向困难群体倾斜，解决好涉及群众根本利益的突出问题。一是提高城乡低保补助水平。城市低保每人每月增加15元，农村低保每人每月增加10元，中心城区社会保障体系进一步完善。二是加大医疗卫生投入。城镇居民医疗保险全面启动。城市社区卫生服务体系建设扎实推进，社会效益、经济效益大幅度提高。新型农村合作医疗补助资金每人每月增加8元，参保农民受益标准继续提高。三是认真落实义务教育政策。扎实做好农村义务教育“三免”和公用经费保障工作，提高贫困生和寄宿生补助标准，支持农村中小学校舍维修改造。四是完善社区经费保障机制。投入754万元，加大社区基础设施建设力度，保障社区人员、教育、办公等经费，推进“全国一流社区”建设。2008年投入教育、卫生、社保等保障和改善民生的资金2.68亿元，实现了统筹城乡发展的“四个全覆盖”，即：城乡困难群众最低生活保障全覆盖、城乡困难群众大病医疗救助全覆盖、城乡义务教育免学杂费和贫困生救助全覆盖、农民和城镇居民医疗保险全覆盖。

【突出重点，城市承载能力实现新提高】 一是投资1 070万元，成功举办2008年中国（东营）国际石油装备与技术展览会。抓住石油产业结构调整、技术更新和转移的有利时机，发挥中心城区资源及产业优势，加快石油装备产业发展，做大主导产品，做强配套产品，打造国际知名展会。二是落实油田改制企业招商引资优惠政策。2008年对38家招商引资及油田改制企业兑付扶持企业发展资金3 909万元。三是加大重点建设投入。2008年用于广利港、新区和胜利工业园等重点项目建设的资金达4.2亿元，有力地推动了市区重点项目的顺利实施。

【统筹兼顾，财政支持三农推出新举措】 扩大公共财政覆盖农村的范围，改善农业生产条件，提高农民生活水平。一是加大农业基础设施投入。投入资金3.85亿元，重点支持“三网”绿化工程、黄河南展区房台淤筑工程、农村新能源建设、农业综合开发、农田水利、农业科技等项目建设。二是落实各项惠农补贴。粮食直补和农资综合直补资金586万元，成品油价格补贴资金1 398万元，“家电下乡”补贴资金37万元，将实惠送到了老百姓手中。三是加强财政支农资金管理。对涉农补贴和农村低保资金，率先推行“惠农一本通”社会化发放形式，保障资金的安全运行。对支农专项资金实行县级报账制，加强监督检查，进一步规范资金支出行为，杜绝挤占挪用等行为的发生，发挥资金最大经济效益。

【改革创新，财政体制改革开拓新局面】 更加积极稳妥地推进财政体制改革，完善有利于科学发展的财税制度，健全财力与事权相匹配的财政管理体制，把日常财政收支纳入法制化、规范化的轨道。出台《东营区“乡财县管乡用”改革实施方案》，实施“乡财县管乡用”财政管理方式改革。完善公共财政体系。进一步健全政府采购、支农资金整合等配套改革措施，建立起更加统一、完整、规范的公共财政预算和支出管理体系，财政管理水平全面提升。深化部门综合预算和国库集中支付制度改革。不断改进、完善预算编制方法，科学界定财政供给范围，合理测算基本支出定额，综合预算改革进一步深化。国库集中支付制度改革日臻完善，与市财政、人行、国库、商业银行进行联网，依托金财工程，初步建立起网络技术统一、信息数据集中的财政综合管理业务系统，目前部分试点单位已网上运行，实现了远程报账、查询和支付，运转效率大幅度提高，以部门综合预算为基础的国库集中收付制度步入了更加科学规范的运行轨道。

【精益求精，财政监督管理取得新成效】 一是加强非税收入管理。动态掌握各项非税收入的规模、分布和构成，确保各项资金及时足额上缴财政，2008年非税收入总量达2.48亿元。二是严格国有资产监管。严格执行《东营区行政事业单位国有资产管理办法》，完善国有资产管理、监督和营运体系，提高经营效益，确保保值增值。三是完善会计核算体系。规范工作流程和开支标准，实现从收入源头到各个支出环节的全过程管理，会计监督职能得到持续强化。四是加强财政监督检查。开展“小金库”清理检查、会计信息质量检查和财政专项资金检查，建立跟踪回访制度，完善政府财政监督机制，促进经济社会健康发展。五是加强政府投资项目管理。出台《东营区政府投资项目资金管理办法》，确定七家中介机构负责全区政府投资项目评审，杜绝资金流失，提高资金使用效益。

（撰稿：卜祥磊）

河 口 区

【概述】 2008年，河口区一般预算收入完成5.33亿元，完成预算的100%，比上年增长18%。一般预算支出为6.81亿元，比上年增长26.83%。全区连续24年实现财政收支平衡。

【大力组织财政收入，为经济社会发展提供财力保障】 2008年，河口区财政局联合审计、国税、地税等部门相继开展了汇算清缴税收核查、油田个人所得税摸底、小油公司资产清查、沿街商品房清查等四次检查，为摸清税源状况、挖掘增收潜力奠定了基础。同时，坚持依法治税，强化税收征管，加大清欠力度，狠抓任务落实，严厉打击各种偷、逃、骗、抗税行为，扎实做好财政收入组织工作。收入质量不断提高。增值税、营业税、城市维护建设税、印花税比上年同期分别增长了18.44%、9.11%、28.06%、29.39%。由于盐及盐化工经济发展迅速，资源税增幅较大，较上年同期增长78.16%。乡镇财力增势强劲。新的财政体制对乡镇级经济发展的激励作用日益显现，各乡镇、街道经济发展活跃，自主发展能力明显增强。2008年，河口区7个乡镇、街道共完成财政总收入1.02亿元，较上年增长165.23%，增收6 345万元，其中，新户乡财政收入突破2 000万元，孤岛、六合、街道、仙河等4个乡镇（街道）财政收入均突破1 000万元。

【调整优化支出结构，支持民生成效显著】 按照“以人为本，有保有压，突出重点”的原则，以提高公共服务均等化水平为目标，科学调度资金，合理安排支出，集中财力办大事。2008年社会保障、教育、三农等投入分别达3 521万元、7 582万元、4 695万元，增长22.32%、17.87%和15.66%，较好地保障了重点社会事业发展和民生政策落实。在社会保障方面，社会保险基金征缴、存储和监管工作更加规范，全年共收缴各项社会保险基金9 111万元，支出4 784万元，滚存结余1.49亿元；政府补助标准不断提高，农村低保、城市低保、失业金标准分别提高了240元/人·年、35元/人·月、32元/人·月；在全区推行农村低保资金“一本通”，保证了农村低保资金安全、及时、足额发放到农民手中。在教育方面，安排310万元用于义务教育“三免”政策落实，受助学生涵盖义务教育阶段全部中小学生。救助家庭困难高中学生、农村中小学危房改造等工作扎实推进，职业教育经费得到有效保障。在医疗卫生方面，社区卫生服务体系建设扎实推进，新型农村合作医疗政府补助标准提高了27元/人·年。在支农惠农方面，兑付粮食、成品油价格改革及农资综合直补资金716.8万元，资金到位率达100%；家电下乡补贴工作进展顺利，共对972台补贴类家电兑付资金20.2万元；认真落实大中型水库移民后期扶持政策，共为821名移民发放补贴资金49.02万元，争取大中型水库移民后期扶持结余资金30万元，用于4个项目村的户户通自来水及一池三改；做好能繁母猪保险财政补贴及政策性农业保险试点工作，2008年出险能繁母猪74头，赔款金额7.34万元，兑付棉花、玉米受灾赔款25.96万元；加大对农业龙头企业、特色农业和农业基础设施的投入力度，重点支持了以冬枣、水产、畜牧、棉花为主体的农业生产基地建设，农业产业化和农产品深加工项目得到良好发展。

【加强政策引导，着力推进结构调整、招商引资和重点工程建设】 投入科技三费和工业、服务业发展引导资金1 015万元，用于经济园区建设和工业、服务业项目推进；招商引资优惠政策核实工作顺利完成，及时兑现财政扶持资金1 483.69万元，涉及汇海医药、澳纳纺织、新华联盐化工、旭业化工等35家企业；落实支持外向型经济发展政策，兑现一次性出口奖励资金149.55万元。全区重点项目、便民实事建设支出累计完成1.29亿元，有力地保证了12项重点项目和9件便民实事工程的实施。同时，认真研究上级投资方向，加强业务联系，切实做好项目申报工作，多方面、多渠道争取资金项目，有效地缓解了区级财力不足的状况。全年共争取上级资金2.03亿元，项目314个，其中争取省级及省级以上资金9 919万元，涵盖社会保障、义务教育、“三网”绿化、农业基础设施建设、基层组织建设等多个方面。

【稳妥推进财政改革，资金使用效益不断提高】 2008年，河口区财政局规范了单位基本支出预算内容、范围和渠道，提高了预算编制质量，增强了预算完整性和透明度。政府采购制度进一步完善，范围不断扩大，采购效率和规范化程度明显提高，全年共完成政府采购预算金额2.45亿元，合同金额1.99亿元，节约资金4 665万元，节支率达到19.02%。国库集中支付系统在全市县区中第一家上线运行，进一步规范了资金拨付程序。初步建立起了以部门预算为基础、政府采购为手段、国库集中支付为保障“三位一体”的财政支出管理模式。规范公务员津贴补贴工作圆满结束，创建省级区域经济协调发展示范县工作顺利完成。通过行政事业单位清产核资、国有资产公开处置，实现了国有资产的保值增值，全年公开拍卖公务用车47部，成交价222.31万元；

单位资产报废132.54万元、划转3 113.38万元，产权过渡755.62万元，保证了资产的安全完整、合理调剂和有效使用。

【切实加强财政监管，服务发展的能力明显增强】 紧紧围绕黄河三角洲高效生态经济区的发展定位，综合运用财税手段，不断提高财政监管水平，增强财政支持经济发展的能力。一是规范财经秩序。牵头对区直部分部门单位私设“小金库”情况进行了检查清理，开展了专项资金和会计信息质量检查，对提高各单位财务管理水平、纠正工作中的不规范行为起到了良好的促进作用，维护了正常的财经秩序。二是加大财政监督检查力度。重点加大对重大财政政策执行情况、事关民生的财政专项资金使用情况的监督检查力度和处罚力度，确保各项资金及时安全到位。三是规范和加强财务会计管理工作。继续开展《会计法》执法情况和会计基础工作规范检查，不断提高会计信息质量。四是强化国有资产管理。依据行政事业单位资产清查成果，建立了资产信息数据库，实现了对行政事业单位资产从“入口”到“出口”的全过程管理。

（撰稿：杨树森）

垦利县

【概述】 2008年垦利县实现地方生产总值160亿元，比上年增长20.3%；规模以上工业企业实现销售收入546亿元、利税72亿元，比上年增长31.2%和28.5%；城镇居民人均可支配收入、农民人均纯收入分别达到1.7万元和6 485元。2008年，全县地方财政收入实现5.95亿元，比上年增长20.2%，连续三年净增亿元以上；全县地方财政支出8.4亿元，比上年增长20.6%，并连续十九年实现财政收支平衡。

【全力组织财政增收】 一是加强征管调度。及时将全县收入任务层层量化分解，下达到各征收部门和执收单位，严格征收责任和奖惩措施，加强资金调度，及时解决征管、入库、解缴等环节存在的问题。二是开展税源分析。积极做好宏观税负分析工作，研究执行了重点纳税大户季度财务分析机制，定期就市场原油价格变动、重点产业发展对财政增收影响进行全面分析。三是抓好农税征管。结合新的耕地占用税条例颁布实施，对全县新建住宅小区、油田占地、建筑用地等契税、耕地占用税税源情况进行了摸底调查和清缴。四是强化非税征管。深入开展了“非税收入规范管理年”活动，研究印发了财政票据管理办法，不断规范对罚没收入、资源型收入等资金征管，确保应收尽收。

【调整优化支出结构】 加大保障性住房建设投入，全面实施了经济适用房货币化补贴制度，149户城市低收入家庭领取补助521.5万元；制定了廉租住房财政保障制度。实施了农村远距离小学生乘车补贴制度，筹资兑现了教师基本工资10%补助，1 169.4万元城乡义务教育“三免”资金落实到位；拨付农村校舍维修改造、“班班通”二期工程等建设资金620万元，城乡教育设施更加配套完善。提高了城乡低保、农村五保集中供养和困难群众取暖补助标准，保障范围进一步扩大，受益群众进一步增多。10月份，将乡镇卫生院纳入县级卫生行政主管部门管理，保障其工资、养老保险和经费支出，健全完善了基层卫生部门经费保障机制。全县教育、社会保障、医疗卫生支出分别达到1.72亿元、8 555万元、4 710万元，同比增长15.68%、12.98%和27.47%。

【认真落实惠农政策】 组织实施了垦利县农村“家电下乡”试点工作，对广大农户在县乡15个销售网点购买政府采购中标的冰箱（冰柜）、彩电、手机三类产品给予13%的政府补贴。2 549户农民领取家电补贴款54.16万元。研究制定了《垦利县政策性农业保险实施方案》，并将已推开的险种委托保险公司受理，进行市场化运作。全县棉花、小麦和能繁母猪纳入保险范围，支付保费797.4万元。全县96.6万元水稻良种补贴通过“财政涉农补贴资金一本通”全部兑现到户。对全县辖区内所有受三鹿奶粉事件影响受到损失和出现生产困难的奶牛养殖场、养殖小区和养殖户的5 386头产奶牛实施补贴，发放临时救助款58.06万元。继续落实粮补、农资补贴政策，种粮农民每亩补贴标准较上年增加42.28元。

【精心培植地方财源】 统筹各级工业扶持、产业结构调整、技术创新等资金1 668万元，支持骨干企业加快推进重点项目建设和高新技术研发。加大对企业节能减排技术改造扶持力度，落实污染防治、节能节水等补助资金2 376万元。积极帮助农业龙头企业解决融资难题，为8户农业龙头企业的6 000万元贷款贴息355万元。对全县纳税大户奖励278.7万元，拨付招商引资奖励及优惠政策资金327万元，经济发展环境不断优化。落实出口创汇奖励、高新技术出口补助856.46万元，帮助外贸企业渡过难关。连续两年安排服务业发展引导资金400万元，重点支持黄河口旅游、商贸流通等重点项目建设。积极发挥政府引导作用，参股1 000万元组建了黄河口旅游开发公司，推动了黄河口旅游的快速发展。

【积极深化财政改革】 把全面实施国

库集中收付制度改革作为深化预算管理体制改革的重点，组建了以财政、审计、监察、人行为成员的改革筹备小组，先后制定了《县国库集中改革资金支付管理暂行办法》、《县国库集中管理制度改革会计核算暂行办法》等配套制度，收集和整理了相关基础数据，确定了代理银行。按照“先易后难、逐步完善”的原则，先在县直18个部门单位进行试点改革，在此基础上在全县所有预算单位推开运行。改革的主要内容是全面实施以国库单一账户体系为基础、资金缴拨以国库集中支付为主要形式的财政国库管理制度。经改革试点，至年底全县已初步搭建了以国库单一账户体系为基础的资金集中支付平台，试点单位的财政资金和所有预算单位的预算内资金纳入账套管理，预算管理水平大大提高。

（撰稿：张继海　宁　涛）

利津县

【概述】 2008年，利津县地方财政收入完成3.36亿元，比上年增长20.06%；全县财政总支出完成7.39亿元，比上年增长13.01%。县财政连续22年实现了财政收支平衡。

【加强收入征管】 将收入任务落实到各征收部门及乡镇，细化分解到每个月，严格落实目标责任，按月调度，按月考核，及时、准确分析收入变化情况，狠抓收入统计质量，保证了收入均衡入库；加强税源监控，建立重点纳税企业缴税月报制度，及时监督企业税收实现情况；出台了《利津县政府非税收入管理暂行办法》，严格非税收入减免审批程序，拓宽了非税收入管理范围。

【支持社会保障和稳定工作】 筹集“五保五救助”资金5 251万元，提高了城乡居民最低生活保障、特困重度残疾人救助、农村五保老人集中供养及新型农村合作医疗政府补助标准，实施了农村特困群众“安居工程”。对困难企业涉军人员实施生活补助，落实了涉军人员续缴养老保险问题。

【促进社会事业发展】 筹集城乡义务教育经费保障资金2 608万元，全面落实了农村义务教育“三费”减免和城市义务教育免除杂费、课本费政策，提高了城乡义务教育阶段中小学预算内生均公用经费标准，实施了农村中小学校低标准建材改造和县实验一校综合楼建设工程，对高中及中等职业学校家庭经济困难学生实施了资助，对贫困大学生、城乡低保户入学子女进行了教育救助。筹集资金141万元，支持了农村社区卫生服务站建设，改善了农村医疗卫生条件；实施了基层文化基础设施建设、农村公益电影放映和“农家书屋”工程，丰富了农民群众文化生活。

【扎实推进财政管理体制改革】 扩大部门预算编制范围，不断完善编制方法，强化预算约束力。在此基础上，国库集中支付制度改革顺利启动，在部分县直行政事业单位进行了国库集中支付试运行。

【大力实施工作创新】 在国有资产管理方面，出台了《利津县国有资产管理办法》，进一步规范了国有资产购置、使用、处置、收入等环节的管理；在政府采购方面，出台了《关于进一步加强政府采购管理工作的通知》，确定了工程招投标和招标代理机构选择办法，规范了政府采购运行程序。

【加强政府投资项目资金管理】 出台了《利津县政府投资项目资金管理暂行办法》，对项目概算、工程施工、项目竣工结算实行全过程审计监督。对2007年完工的县办重点工程进行了委托审计，送审值10 539万元，审定值9 184万元，审减资金1 354万元，节约了财政资金。

（撰稿：李新洲）

广饶县

【概述】 2008年，面对复杂的经济形势和前所未有的收支压力，广饶县财政局以党的十七大、十七届三中全会精神为指导，认真贯彻落实科学发展观和积极的财政政策，大力促进经济增长，努力增收节支，切实加强和完善财政监督管理，全县地方财政收入实现10.9亿元，比上年增长20.19%；财政支出完成16.21亿元，增长28.80%，连续23年实现财政收支平衡。县财政局连续四年被省文明委授予“省级文明单位”称号；被省财政厅授予“全省非税收入示范县”称号；被市委授予“平安东营建设先进单位”、“先进基层党组织”称号；被市政府授予“东营市按比例安排残疾人就业工作先进单位”称号。

【坚持生财聚财并重，收入规模和结构实现新突破】 一是涵养财源抓基础。一方面，巩固提升基础财源。加大财政资金整合力度，县级投入企业发展资金3 504万元，向上争取扶持企业发展资金8 947万元，落实各项财税优惠政策2.14亿元，对全县支柱产业、重点企业、科技型中小企业和农业龙头企业进行了扶持，全县规模以上企业达到211家，省级以上高新技术企业达到39家，县级以上农业龙头企业达到44家，工业主导和农业基础地位得到有效巩固；另一方面，培育壮大新兴财源。筹措资金

1.76亿元，全面推进了商贸物流、文化旅游、餐饮娱乐、金融等服务业发展。孙子文化旅游区初具规模，滨海高效生态产业区建设扎实推进，商业银行成功引入运营，广饶汽车总站暨物流中心建成启用，中心商务区破土动工，服务业发展规模不断壮大。二是创新机制抓源头。进一步完善了政府驱动、财税联动和部门互动的社会综合治税新机制，实现了收入的动态监控和齐抓共管；改革征管方式，实行经济园区集中征管、重点企业规范管理、零星收入源头控管，保障税负公平，营造公平竞争的税收环境。2008年地方税收收入实现8.89亿元，增长19.46%。三是税费并重抓总量。出台了《广饶县非税收入征收管理办法》，全面理顺非税收入管理，明确职能责任，加强国有资产经营收益和环境资源性收入征管，保证了非税收入的平稳较快增长。全年非税收入实现2.01亿元，增长23.54%。四是强化调度抓增量。深度分析税源，及时研究对策，深挖增收潜力，定期召开调度会议找差距、促进度，制定分季分月征收计划，确保均衡入库。2008年一般预算收入比上年增收1.83亿元，实现了收入的快速增长。五是突出结构抓优化。重视研究税费政策，在抓好重点税种征管的同时，特别注重地方小税种的征管，积极构建有利于地方财力稳定增长的税收体系，收入结构得到进一步优化。

【注重社会和谐发展，民生保障开创新局面】 一是围绕"老有所养"，完善社会保障体系。2008年，投入社会保障资金7 183万元，完善了养老、失业、救济、抚恤等保障制度，将失业保险金标准提高到390元/人·月，将城乡低保标准分别提高到300元/人·月和1 420元/人·年，将1.87万名企业离休人员、老年人、重度残疾人、企业军转干部和志愿兵以及8 221户五保户、低收入家庭全部纳入保障范围，五保集中供养率达到97%。基本实现了社会保障的多层次、广覆盖。二是围绕"病有所医"，推进全民健康工程建设。2008年，投入资金4 490万元，完善了乡镇卫生院经费保障机制，支持了县医院病房楼和城乡社区卫生服务站建设；投入资金4 300万元，将1 480名县域内破产、关闭的国有、县以上集体企业退休人员纳入城镇职工医疗保险范围，将新农合县级补助标准由15元提高到20元，扩大了诊疗项目补助范围，设立了农民医疗保险大病补偿专项资金。全县城镇职工、城镇居民和农村合作医疗参保人数达到44万人。三是围绕"学有所教"，提升教育均等化水平。投入资金3.93亿元，调整了全县教育发展布局，巩固了义务教育经费保障机制，实施了多媒体教学"班班通"工程，加大农村中小学危房改造投入力度，形成了"四免两补一包"的义务教育保障格局，建立了全方位的教育救助体系，推动了各类教育均衡发展。四是围绕"劳有所得"，完善收入分配机制。投入资金9 578万元，兑现了机关事业单位工作人员津补贴政策；投入资金176万元，落实了职业介绍补贴、岗位补贴、社保补贴、职业培训等，实施了农村劳动力转移阳光培训工程和新型农民科技培训工程，受益人数达到1.3万人，完善了城乡统筹的就业体系；严格工程预缴农民工工资保证金制度，使弱势群体的切身利益得到有效保障。五是围绕"住有所居"，改善低收入家庭生活条件。筹措资金1.22亿元，加快社会保障性住房建设，实施了经济适用房、乐民小区二期和农村安居工程建设，对城镇居民集中供暖实行补贴，改善了低收入家庭的居住条件，有力支持了和谐社会构建。

【加大统筹兼顾力度，城乡发展呈现新格局】 一是围绕规划抓提升，筹措资金1.79亿元，推进了全县城市规划体系建设，实施了骨干道路改造整治、河辛路与潍高路两侧拆迁改造、迎宾路东延、顺安路建设和农村公路升级改造工程，进一步拓展了城乡发展空间。二是围绕环境抓改善，投入资金9 169万元，推进了"三网"绿化、乐安大街绿化、园林绿化提升、城市公交、小城镇建设、小康文明村和城乡生态保护等项目工程建设，进一步改善了城乡人居和生态环境。三是围绕文化抓载体，积极筹措资金1.52亿元，推进了会展中心、体育馆、乐安公园及人防工程等一批重点文化设施建设，支持农村文化大院、文化下乡、农村电影放映工程等文化活动，丰富了城乡群众文化生活。四是围绕"三农"办实事。投入资金1.13亿元，落实了粮食直补、良种补贴、农资综合直补、家电下乡和政策性农业保险等强农惠农政策，进一步促进了农民增收；推进以土地整理、农业开发、标准粮田和生态观光农业为重点的一大批农业基础设施建设，改善了农业生产条件；投入资金1 574万元，完善了饮水工程、沼气池建设等农村公益事业，提升了农村生活水平。

【立足创新理财机制，财政改革步入新进程】 进一步加强财政性资金的统筹管理，增强了预算编制的综合性和互补性；严格执行《广饶县建设工程项目监督管理办法》等三个规范性文件，完善政府采购代理机构管理，规范采购秩序，"阳光采购"取得新成效；出台了《关于实施广饶县国库管理制度改革的意见》，稳步推进国库集中支付改革，进一步减少了资金支付环节；实行预算编制、执行、监督相分离的工作制度，完善财政内部监督管理，制定了《财政资金内部管理办法》，规范资金审批、拨付程序，进一步严格工作规程；积极发挥财政资金的引导、放大作用，同时加大对专项资金的跟踪检查和政府性投资工程的审计力度，财政绩效管理水平进一步提升。2008 年累计节减资金 3 394 万元，节减率达 8.56%，比上年提高 2 个百分点。

（撰稿：李　伟）

烟　台　市

芝　罘　区

【概述】 2008 年，芝罘区实现地方财政收入 10.83 亿元，比上年增长 26.1%。实现财政支出 13.3 亿元，增长 18.5%。

【大力培植财源，强化税收征管，财政收入实现稳步增长】 突出重点，加大税收征管力度。强化房地产税收征管，完成区级房地产税收 1.3 亿元，同比增长 36%。强化零散税收征管，零散税收入库率大幅提高。车船税突破 3 300 万元，同比增长 1.6 倍。强化重点业户税收征管，有针对性地开展纳税评估辅导检查工作，堵塞税收漏洞。积极应对，确保预算顺利执行。加大收入组织协调力度，采取一切有效措施克服减收因素影响，确保各类收入及时足额入库，保证财政预算顺利执行。立足职能，主动支持经济发展。认真落实促进企业发展的各项优惠政策，充分发挥财政投入的导向作用和乘数功能，推进企业技术进步，扶持企业加快发展。

【坚持以人为本，加大民生投入，公共服务得到进一步完善】 保障科教文卫投入。全年累计投入 3.6 亿元，用于支持教育事业发展。安排资金 1 960 万元，继续落实科技投入政策，保证科技事业健康发展。安排资金 380 万元，用于支持基层文化建设，丰富基层群众业余生活。安排资金 1 300 万元，用于基层卫生事业发展。加大社保资金投入。拨付 1.7 亿元，保障离退休职工养老、城市低保、住房补贴、革命伤残抚恤、失业工伤保险等方面支出，初步建立起以养老保险、失业保障、社会救助、社会福利为支撑的较为完善的社会保障制度框架。保障城市建设及公共安全投入。安排资金 3 200 万元，用于改善城市发展环境，推进标准化城市管理。安排资金 1 060 万元，用于更新警用装备、奥运维稳支出和处置信访案件等经费支出，有力支持了“平安芝罘”建设。

【积极筹集资金，支持项目建设，统筹发展能力进一步增强】 支持重点项目建设。累计筹集各类资金 4 亿元，投入民生工程、基础设施、生态环境、自主创新等政府重点项目建设。支持新居民区建设。安排资金 1 750 万元，用于重大动植物疫病防控、荒山造林绿化及小型水库除险加固等；安排资金 508 万元，用于农业技术推广、困难奶农和养猪户补贴及农业灾后重建。落实各项惠民政策。落实资金 475 万元，用于兑付种粮农民直补、农资综合补贴、成品油价格改革补贴、家电下乡产品补贴等。

【坚持改革创新，强化监督监管，科学理财水平进一步提升】 不断强化预算约束力。通过健全制度、完善定额体系、严格编审程序、强化全方位监督等措施，严格控制预算支出，部门预算管理的统一性、完整性和严肃性明显增强。国库集中支付改革在高起点上一步到位。跨越手工与网络分步运行、渐进整合的通行改革模式，将预算内外资金一次性纳入改革范畴，形成了以国库单一账户体系为基础，以信息化技术为支撑的新型动态监管机制。政府采购在规范运作中稳步发展。通过优化健全采购程序，规范监管操作行为，拓展采购实施领域，实施廉洁准入制度，采购管理的专业化水平进一步提升，全年完成采购额 1.7 亿元，节支率达到 9.4%。投资评审在探索实践中深入推进。前移评审关口，创新工作机制，规范工作程序，投资评审成效初步显现，全年审核项目预结算 2.2 亿元，审减额 4 000 万元，审减率 18%。国有资产管理在制度创新中细化完善。从建立健全国有资产管理制度入手，通过加强行政事业资产日常监管，严格资产处置审批，完善资产管理考核，行政事业单位国有资产管理工作不断走向规范。

（撰稿：张俊鹏）

福　山　区

【概述】 2008 年，福山区完成地方财政收入 7.8 亿元，比上年增长 23.9%；财政支出完成 8.58 亿元，增长 15.5%。

【狠抓财源建设和收入征管，财政收入保持较快增长】 面对复杂多变的国际国内形势，全区财税部门积极应对，牢固树立财政服务经济的理念，大力推进财源建设，加强收入征管。安排科技三项费用880万元，用于支持骨干企业、主导产业做大做强，着力推动企业进行技术创新，增强企业的可持续发展能力。强化园区经济在经济发展特别是财源建设中的作用，大力引进对地方财政贡献大的优势项目，全面加快项目建设，促进项目早日投达产，为财政持续增收提供了强力支撑。围绕“工业立区”的发展战略，积极筹措资金，加大工业园区等基础设施建设的投入，及时拨付征地拆迁补偿费用，保证了政府重点项目的开工建设。强化税收征管，完善税收监控体系建设，加大收入组织力度，财政收入继续保持强劲增长势头，收入增幅稳居全市前列。收入质量继续保持较好水平，税收收入占地方财政收入的比重保持在80%以上。

【加大财政支农力度，社会主义新农村建设扎实推进】 积极调整优化支出结构，不断加大对新农村建设的投入。安排“三农”资金3 150万元，用于农田水利基础设施、农业综合开发、改良土地耕种条件，支持农村经济合作组织发展，提高农业综合生产能力。及时发放粮食直补和农资综合补贴资金150多万元，9 289户种粮农民直接受益。发放奶业补贴资金32万元，稳定了奶业市场供应。安排资金328万元，完成23个村的自来水改造工程。投入资金1 100万元，完成4座水库和29座塘坝的除险加固工程。安排补贴资金248万元，全面实施农村社会养老保险制度，农民老有所养问题进一步解决。投资100万元，落实农村部分计划生育家庭和特困家庭奖励扶助政策。投资250多万元，加快镇街综合性文化站和村（居）集办公场所、文化大院、老年人活动室于一体的多功能服务中心建设。投入“科技强警”资金180万元，确保“平安福山”建设顺利推进。

【注重保障和改善民生，社会各项事业保持和谐稳定】 加大对困难群体的保障力度，城市最低生活保障标准和农村最低生活保障标准分别由上年的每月280元、每年1 000元提高到320元和1 500元。进一步提高新型农村合作医疗补贴标准，财政人均补贴达到76元。大幅提高农村五保户供养水平，集中供养和分散供养补助标准分别由上年的每人每年2 800元、1 600元提高到3 600元和2 200元。投入1 400多万元，全面加快镇街卫生院改造，完成38个村级卫生室建设，进一步改善城乡居民的就医条件。研究出台抚恤定补优抚对象医疗保障实施办法，提高了优抚对象的医疗待遇水平。积极落实就业再就业各项政策，就业补贴及时发放。投入200万元，全面启动城镇居民基本医疗制度。及时足额拨付教育资金1 083万元，全面免除了义务教育阶段学校杂费、课本费。投入908万元，实施普通高校和中等职业学校家庭经济困难学生资助新政策，惠及学生7 400人。

【纵深推进财政各项改革，公共财政体系日趋完善】 坚持用改革的思路破解发展难题，用创新的理念提高财政资金使用效益。继续深化部门预算改革，加大支出预算管理，提高了预算管理的透明度和预算编制的科学性、规范性。稳步推进国库管理制度改革，规范业务办理程序，强化预算执行动态监控管理，2008年通过国库集中支付拨付资金1.9亿元，实现了国库资金的安全运作。进一步强化政府采购监管力度，扩大政府采购规模，完成采购金额1.9亿元，节约资金2 800多万元，资金节约率为12.98%。拓宽非税收入“收支两条线”管理范围，全面推进非税收入电子信息管理。认真开展财政投资评审工作，全年完成投资评审项目120个，评审资金4.86亿元，评减资金6 395万元，资金节约率为13.16%。

（撰稿：徐　强）

莱山区

【概述】 2008年，莱山区完成地方财政收入8.3亿元，比上年增长26.1%；税收收入占地方财政收入的比重达到88.6%，比上年提高2.13个百分点。完成财政支出8.21亿元，比上年增长24%。

【建设发展型财政，促进财源建设和城市发展】 大力支持重点骨干企业发展。兑现《莱山区重点骨干企业奖励办法》规定的扶持政策，投入奖励扶持资金、科技三项经费等2 215万元，重奖了2007年度对莱山区经济发展作出突出贡献的企业和个人。加快产业结构调整升级。充分发挥财政职能作用，促进现代服务业、先进制造业和高新技术产业加快发展。积极争取上级资金2 000万元，支持绿叶制药、蓝德空调、杰瑞设备等高新技术企业技术创新和产品研发。加快现代滨海新区建设。安排预算内建设资金2.37亿元，加大交通、照明、环卫、绿化等城市基础设施建设及公用设施维护投入力度。落实迎春大街改造资金和中心城区建设资金5亿元，加快推进烟台市东部中央商务区建设。多渠道筹集资金1.7亿元，保证了滨海新城区、核电产业基地等市级、区级重点项目建设需要。

【建设效益型财政，提高财政收入总量和质量】 加强税收控管。全年实现增值税、营业税、企业所得税、城市维护建设税等5.05亿元，比上年增长19.4%。不断完善财源建设信息平台，实施“建房、售房、装房、租房”税收一体化管理，实现建筑房地产业税收3.17亿元，比上年增长22.7%。不断壮大镇级财政实力，实现镇级财政收入4.74亿元，比上年增长22.5%，占地方财政收入的比重达到57.1%。积极拓宽增收渠道，加强房产交易、土地出让环节税费征管，实现契税、耕地占用税等收入7 739万元，比上年增长19.6%。落实“收支两条线”办法，实现行政事业性收费、罚没收入、国有资产经营收益等非税收入9 452万元。

【建设民生型财政，增强公共财政保障能力】 积极筹措和投入资金2 030万元，保证了2008年度为民服务十件实事的圆满完成。大力发展社会事业。投入资金1 100万元，保障义务教育经费，免除中小学生杂费书费，资助650名高中及职业学校经济困难学生。投入资金1 187万元，加快中小学校舍改造及设施配套。安排资金3 250万元，落实就业扶持政策和补助困难群众生活，提高公共卫生服务水平和合作医疗筹资水平，推进城镇居民医疗保险和农村养老保险。积极构建社会主义新农村。及时、足额发放种粮直补、农资综合补贴、家电下乡补贴等惠农资金428万元。投入建设资金1 703万元，加快推进农村基础设施建设，改善农村生产生活条件。

【建设绩效型财政，提升财政资金管理水平和使用效益】 稳步实施国库集中支付。建立财政国库单一账户体系，财政资金通过集中支付直接划拨到用款单位，加强预算执行过程的监管，变事后监督为事前和事中全程监督。加强政府投资项目管理。制定实施了《莱山区加强财政投资评审工作意见》，加大投资评审工作力度，当年完成工程结算、决算审核45项，资金审减率达10%以上。加强政府采购管理，采购资金节约率达10%以上。加强国有资产管理。制定实施了《莱山区行政事业单位国有资产管理暂行办法》，组织完成了莱山区行政事业单位国有资产清查，为国有资产动态监管奠定了基础。抓好行政事业单位财务管理。开展了莱山区行政事业单位主要负责人、报账员财务规范管理培训，编发了《莱山区常用财经法规制度简编》，增强了行政事业单位、农村基层组织依法理财意识，提高了财务管理水平。强化会计集中核算监督，加强预算指标、往来款项和固定资产管理。加强财政资金监管。完成了津贴补贴清理归并、部分单位及镇街财政专项资金管理使用情况检查、政府采购检查和水库移民补助资金检查。

（撰稿：柳　林）

牟平区

【概述】 2008年，牟平区完成地方财政收入6.19亿元，比上年增长10%。完成财政支出9.17亿元，增长13.1%。

【依法组织收入，进一步提高财政收入质量】 准确把握经济形势和财政、货币政策变化，始终坚持把提高“两个比重”、膨胀收入规模作为财源建设重点，加大工作力度，强化综合治税，坚持依法征管，确保税收收入及时足额入库。严格执行土地招拍挂收入、行政事业性收费、政府性基金等非税收入“收支两条线”制度，确保收入及时足额入库，保证了在经济发展大环境趋紧、减收因素较多情况下财政收入的稳定增长。

【发挥财政职能，进一步支持经济加快发展】 全年为28户企业办理出口退税2.2亿元，为35户企业办理申报项目41个，争取资金2 727万元用于节能减排、循环经济、环境保护、地质勘察、矿山整治、企业技改、贷款贴息等项目。拨付技术研究与开发费用1 856万元，支持企业科技创新和产业升级，提升企业核心竞争力。拨付资金567万元用于民营企业政策补助及企业上市和名牌战略实施奖励。筹集各类资金2.3亿元，用于滨海路东延、宁海河改造、牟乳公路、城市绿化等重点工程建设，有效改善了投资环境，提升了牟平的对外形象。

【优化支出结构，进一步增强财政支出保障能力】 全面保障运转经费。按照“先吃饭、后建设”的原则，保证了机关事业单位干部职工工资按时发放，保证了政策性增资的及时兑现。进一步完善社会保障体系。投资1 400万元用于中医院门诊楼建设、镇街卫生院危房改造。将新农合财政补贴标准由每人每年40元增加到80元，全年累计拨付2 543万元用于新农合报销。安排145万元用于城镇居民基本医疗保险补贴。拨付各类优抚对象定期定量补助1 800万元，拨付城乡居民最低生活保障金488万元，拨付企业离休干部经费和军转干部解困资金593万元。拨付152万元用于失业职工职业技能培训。投资1 500万元用于廉租房建设。拨付3 538万元用于免除义务教育阶段学生杂费、书本费、生活补贴、早餐补贴和校舍维修改造，投入3 219万元用于一中新校区建设。扎实推进新农村建设。全年“三农”投入达到1.4亿元，其中拨付5 255万元，用于水库除险加固、三年大造林和农业综合开发；通过“惠农一卡通”拨付3 530万元，落实粮食直补、农机购置补贴、农资综合补贴、家电下乡补贴、成品油价格补贴、库区移民安置补贴等惠农政策。加大社会事业投入力度。累计拨付4.1亿元，支持文化、教育、卫生、科技、环保和“平安牟平”等各项社会事业协调发展。

【深化财政改革，进一步完善支出管理模式】 继续实施以部门预算为基础、投资评审为支撑、政府采购为手段、国库集中支付为保障的“四位一体”财政支出管理改革。全年政府采购额达到1.86亿元，节约资金4 344万元，节支率达18.9%。对52个重点项目进行了评审，审减资金2 878万元，审减率达16.1%。同时，注重加强财政检查和服务，对7个单位财政资金使用情况和71个单位“收支两条线”管理情况进行了重点检查，组织完成了会计从业资格考试和“会计双先”评选活动，进一步完善了全区会计基础工作，提高了会计信息质量，维护了财经秩序。

（撰稿：刘峰玮）

龙 口 市

【概述】 2008年，龙口市完成地方财政收入25亿元，比上年增长18.7%，在烟台各县（市、区）中排名第一，在全省县级市中排名第二。完成地方财政支出27.1亿元，增长21.9%。

【民生支出大幅提高】 新增加了70岁以上老人长寿津贴和家电下乡补贴、奶牛补贴、良种补贴，全年共发放878万元；提高了粮食直补和农资综合补贴标准，发放959万元；提高了出租车、公交车、渔船等成品油价格补贴标准，发放2 600万元；兑付计生家庭奖扶、独女户奖励等695万元，水库移民扶持资金859万元，农机补贴130万元，村级经费补助1 000万元。将新型农村合作医疗补助标准提高到80元，拨付补助资金3 368万元。启动城镇居民基本医疗保险，财政补贴资金202万元，实现了全市医保无缝覆盖。启动了新型农村养老保险制度，财政补助148万元。共拨付城乡优抚、抚恤等资金3 675万元，低保资金1 372万元，五保补助324万元，残疾人救助等673万元，就业和再就业补贴844万元。按教育示范市标准，全面提高了中小学公用经费和农村困难寄宿生补助，支出3 549万元。拨付中小学课本、作业本费768万元，落实高中、中职、南山高校助学、奖学金2 333万元。

【资金监管更加严格】 通过压缩行政开支、强化项目监管、积极筹资融资，有效保证了全市重点项目资金需求。全年累计投入大绿化、新一中、新区、滨海路等重点项目资金4.1亿元。研究出台了重点项目建设、农业开发、社保、计生、教育、抗震救灾等一系列专项资金管理办法，建立了全市重点工程项目资金台账，规范了项目资金拨付程序，严格按合同实行先评审、后付款。对镇区街财务进行了专项检查，对全市26个部门的专项资金进行了检查，对发现的问题进行了及时纠正和处理。

【采购评审节支明显】 严格执行政府采购预算，积极参与全市重点工程的采购工作，年内共组织各类政府采购活动139次，累计实现政府采购预算4.92亿元，实际采购支出3.77亿元，比上年增长133%，节约资金1.15亿元，节支率23.4%。将投资评审工作贯穿工程设计、征地补偿、工程招投标以及完工定案全过程，共完成评审项目101个，送审总值5.81亿元，审定值4.67亿元，审减值1.14万元，审减率19.6%。

【国资管理全面加强】 对全市202个行政事业单位国有资产进行了会审、核查，摸清了每个单位房屋建筑物、土地、车辆等固定资产的存量、变动情况，为下一步实行动态监管奠定了基础。推进了龙液燃气有限公司、艺品公司等6户企业的破产清算工作。完成了龙矿集团所属的集团中学、梁家学校、北皂学校平稳划转地方工作，整个资产移交、签字认定工作全部圆满结束。

（撰稿：任丽艳）

莱 阳 市

【概述】 2008年，莱阳市完成地方财政收入6.87亿元，比上年增长1%；完成地方财政支出9.69亿元，增长8.78%。

【组织收入情况】 强化工商税收征管措施，通过采取强化税负分析、实行企业所得税分类管理、开展税源普查等措施，提高工商税收征管效率，境内工商税收达到9.73亿元。完善农税收入征管机制，在土地交易大厅设立了契税和耕地占用税征收办公室，加大税前介入和税后稽查力度，全年契税和耕地占用税完成6 673万元。进一步加大非税收入的组织入库力度，全面开展非税收入宣传月活动，坚持票据控管与收费稽查双管齐下，完成非税收入1.87亿元。

【重点支出安排】 着力改善民生民本。围绕“学有所教”、“病有所医”、“困有所助”、“老有所养”原则，拨付资金1.32亿元，全面落实了义务教育“两免一补”、新型农村合作医疗提标扩面、提高城乡居民最低生活保障标准、离退休人员政策性增资、五保供养经费、农村敬老院建设资金和老党员生活补贴补助等政策。不断加强新农村建设。拨付资金8 342万元，落实了良种补贴、繁母猪补贴、“家电下乡”补贴、库区移民补贴、农业综合开发、村村通自来水、村村通公路、小型水库除险加固、新农村525工程、农村沼气和测土配方施肥等一系列政策。努力加快公共事业发展。全年共拨付市镇两级工资性支出5.09亿元、运转性支出9 206万元，村级经费补助、奥运安保及信访稳定等工作支出1 671万元，维护了社会稳定；拨付资金1 467万元，全面落实了农村计划生育奖励、独生子女费及计划生育四项手术费、科技三项费用、科普村村通、名牌产品奖励和文化2 131工程；拨付资金1 285万元，对渔业、城市公交、农村道路客运、城市出租车等行业进行成品油价格改革补贴。

【财政管理改革】 进一步完善部门预算制度，建立健全了定员定额管理体系，对项目支出采用项目库管理办法，并积极改进预算编制操作平台，实行信息化管理，提高了财政资金使用的合理性。政府采购改革向纵深推进，通过规范审批和采购程序，积极开展对中标单位履行合同和承诺服务情况的跟踪检查，不断提高政府采购质量。2008年，先后组织一中体育场塑胶跑道、公务用车定点保险及维修等大中型招标42次，实现政府采购金额8 015万元，节约资金1 942万元，节支率达到19.5%。不断深化会计集中核算改革，大力推行会计基础工作规范化管理，全年核算差错率为零；进一步建立健全各类规章制度，加强对各项资金拨付的跟踪监管。着力推行国库集中支付改革，通过扩大试点范围，逐步建立起以国库单一账户体系为基础、以国库集中收付为主要形式的现代财政国库管理制度，增强了预算执行的透明度。

（撰稿：李俊华）

莱州市

【概述】 2008年，莱州市完成地方财政收入16.5亿元，按可比口径计算比上年增长23.9%；完成财政支出20.6亿元，同比增长26.7%。

【财税杠杆作用不断增强，促进经济发展取得显著成效】 围绕实施“工业强市”战略，注重发挥财税政策调控和财政资金导向作用，加大对支柱产业、重点企业和重点项目的扶持力度，夯实了经济增长的基础。抢抓中央、省出台扩大内需、促进经济增长政策的机遇，积极主动做好项目筛选申报工作，争取政策性资金3 080万元。筹措资金1.17亿元用于重点企业技术改造、创牌创优、解决企业融资困难；拨付出口退税资金3亿元，支持外向型企业抵御国际市场风险；筹措资金8 070万元，用于储备园区建设用地和争取新增建设用地指标，为长远发展储备了空间；筹措资金1.1亿元，完成了云峰北路延伸段、文泉路等13条城区道路综合改造，为城市面貌的改善提供了支撑。

【科学聚财能力不断提高，财政收入呈现平稳增长态势】 财税部门着力提高税费精细化管理水平，积极挖掘政策增收潜力，保证了在经济发展大环境趋紧、减收因素较多情况下，经济发展的成果全面反映到财政增收上来，全市税收占地方财政收入的比重比上年提高3.3个百分点。充分发挥社会综合治税平台作用，深入开展税源调查，加强了对重点税源的监控；整顿和规范税收秩序，加强小税种和零星税收征管，车船税、城镇土地使用税分别增长120%、38.5%；加大对自然资源和城市资源出让、转让收入的收缴力度，实现非税收入4亿元。企业属地化管理方式的实行和社会综合治税工作的深入开展，促进了镇街收入增长，镇级地方财政收入完成8.8亿元，比上年增长16.4%。

【民生保障体系不断完善，社会事业发展步伐加快】 不折不扣贯彻落实各项民生政策，公共财政的阳光更多地惠及广大人民群众。全年民生投入达3.2亿元，比上年增加1.4亿元。强农惠农政策全面落实，拨付资金1.1亿元兑现各项补贴，其中：农资综合补贴4 739万元，粮食直补890万元，成品油价格改革补贴4 698万元，良种补贴923万元，农机购置补贴543万元；拨付资金4 520万元用于农村基础设施建设、支持村级公益事业发展、造林绿化等，改善了农民生产生活条件。教育惠民措施不断强化，筹措资金3 385万元免除义务教育阶段学生杂费和补助公用经费，1 326万元用于免费提供教科书，961万元用于资助困难学生，860万元用于校舍维修改造和仪器设备更新，890万元用于文泉学校等城乡学校建设，促进了教育事业均衡发展。

【财政管理改革不断深化，依法理财水平逐步提高】 财政系统ISO9001质量认证体系初步构建，财政工作标准化和规范化水平不断提高。“四位一体”财政管理体制逐步完善，财政资金使用效益明显提高。国库集中支付改革顺利推进，财政集中支付范围进一步扩大，财政资金的使用更加透明，直接支付资金达到5.2亿元。财政投资评审效果显著，完成财政投资项目评审额1.02亿元，审减资金1 790万元，审减率达17.5%。政府采购管理进一步规范，采购规模不断扩大，完成采购金额2.16亿元，节约率达14%。完善国有资产监督体系，重点加强对行政事业单位资产的监管，多渠道聚拢优质资产，进一步做大国资运营平台，国有资产收益能力进一步提高。健全了财政跟踪问效机制，对关系人民群众切身利益的强农惠农、社保、城建等68个专项资金项目进行了重点检查，确保了资金的专款专用。有效防范和化解财政风险，通过盘活存量资产、以资抵债等方式，化解债务6 280万元，提前一年完成了全省农村义务教育化债试点工作。

（撰稿：杜镇松）

蓬 莱 市

【概述】 2008年，蓬莱市完成地方财政收入11亿元，比上年增长21.2%，完成财政支出13.1亿元，增长7.02%，连续20年实现收支平衡。

【严格税费征管，确保财政收入稳步增长】 历时7个月在全市开展近10年来最大规模的税源调查活动，完成了对200户代表性企业的调查，在依法治税促进征缴的同时，摸清了税源底数，堵塞了征管漏洞，为今后税收征缴打下了良好的基础；完善非税收入征管机制，在清理、规范、扩面上狠下功夫，认真排查各项收入，完成非税收入1.49万元，比上年增加2 793.6万元。

【加强资金保障，全力支持和谐社会建设】 面对收支矛盾十分突出的情况，精打细算，集中资金支持和谐社会建设。通过“涉农一本通”发放粮食直补、农资综合补贴、水库移民补贴、家电下乡等涉农补贴资金2 352万元。拨付资金2 232万元，对24座小型病险水库进行了除险加固，对56个村庄综合整治工程进行了奖补，实施农业综合开发项目5个，新建优质酿酒葡萄基地1.07万亩，改善了农民生产生活条件。完善新型农村合作医疗制度，参合农民人均补助标准提高到60元，补助资金达到1 965.72万元。投入资金1 450万元，确保了农村五保供养、城乡居民最低生活保障、困难群体再就业等工作的顺利进行。

【不断完善措施，提高管理的精细化水平】 完善政府投资评审制度，在逐步健全事前审查、事中评价、事后评审的全过程监督工作机制的基础上，拓宽投资评审领域，把城市征迁也纳入政府投资评审范围，全年完成工程预决算和拆迁评估审查值4.68亿元，审减额1.25亿元，审减率达26.7%。推进行政事业单位国有资产管理改革，实行了资产处置集中评估拍卖、出租审批和公告投标办法，行政事业单位资产处置收益提高了30%，出租出借收益提高了10%。加强政府采购管理，加大了政府采购工作中信息发布、代理机构认定、专家库建设等重要环节的规范化管理，实现政府采购金额1.61亿元，节约资金2 372万元，节约率为12.8%。

【加强制度建设，创建和谐文明机关】 实行岗位目标责任制管理，对各单位、科室工作职责和工作流程进行汇总，统一装订成《岗位操作手册》，下发到每名工作人员手中，促进了机关管理的制度化和规范化。开展了道德工程建设和和谐文明机关创建活动，制定“财政四德规范”，举办道德建设专题讲座和演讲比赛，组织了财政系统书画、摄影比赛、计算机应用比赛、庆“十一”晚会，充分展示了财政干部队伍的精神风貌，增强了集体的凝聚力和战斗力。2008年，被省文明委授予省级文明机关称号，被蓬莱市授予十佳涉企服务部门称号，连续15年被蓬莱市委、市政府授予“经济、社会发展最佳工作部门”称号。

（撰稿：王先杰）

招 远 市

【概述】 2008年，招远市完成地方财政收入15.56亿元，比上年增长22%；完成财政支出16.18亿元，增长22.8%，连续20年实现财政收支平衡。

【运用财税杠杆，服务经济发展】 坚持把支持发展作为第一要务，积极发挥财政政策、资金的杠杆导向作用，取得明显成效。财政性资金投入大幅增加。2008年企业发展资金支出1.2亿元，其中，支持循环经济、企业技术进步、高新技术产业发展资金950万元；支持民营企业发展资金250万元；支持服务业发展资金350万元；科技三项经费支出2 076万元；支持企业节能减排、环境治理资金340万元；支持企业解困资金1 000万元；政策性项目补助资金4 000万元。争资引资力度加大。主动发挥财政优势，协助企业、部门争取上级支持，为全市经济发展争取更多的可用财力。经财政平台申报各级引资项目190多个，争取到位资金3.2亿元。扶持机制进一步完善。注重加强政策引导，推进结构调整，通过明细各项财税支持、贴息、奖励等政策措施规定，加大投入力度，优化资金投向，促进主导产业和骨干企业做大做强。经济发展外部环境更加优化。多方筹措资金3.8亿元，支持全市确定的22个重点建设项目，有力地提高了城市形象和载体功能。

【加大支农力度，推进新农村建设】 加大财政直接投入力度，2008年全市实现农林水事务支出3 839万元。其中，支持农业结构调整资金400万元；支持绿化建设资金663万元，带动投资4 000多万元，完成植树造林3

万多亩；农村沼气建设补助资金 100 万元；支持农业综合项目建设和农业龙头企业发展资金 210 万元；支持开展冬春重点水利项目建设和 10 座小型水库除险加固资金 415 万元；支持实施 40 万亩良种工程资金 400 万元；支持 36 个村自来水工程建设资金 383 万元。对农民的补贴力度逐步加大，先后发放各项补贴资金 4 661 万元。其中，发放农资综合直补 2 565 万元，粮食直补 536 万元，涉及农户 10 万户；发放成品油价格改革补贴 666 万元；为 243 户 6 620 名库区移民发放补贴资金 397 万元；发放家电下乡补贴 154 万元，支持农民购买家电 8 628 件（台）；发放农机购置补贴 170 万元，支持农民购买新型农机具 110 台（套）；发放补贴资金 243 万元，支持生猪养殖业发展。农村综合改革稳步推进，在前期充分调研试点的基础上，研究制定了《招远市关于统筹发放经济薄弱村村干部补贴的暂行意见》。同时，为维护村级政权正常运转，拨付专项资金 620 万元，用于保障村级干部工资、办公经费和公益事业发展。

【集中财力保重点，加快构建民生财政】 工资、津（补）贴政策得到较好落实。按照烟台市工资改革制度和规范公务员收入分配秩序工作会议要求，认真核对测算，制订规范实施方案，及时筹措资金，确保增资政策及时落实兑现。社保和就业体系建设加快推进。全面启动低保扩面提标工作，拨付农村低保金 204 万元，城市低保金 251 万元；为低保对象发放临时性副食品补贴 124 万元；为 1 616 名五保供养对象，发放五保供养金 251 万元。拨付再就业、“4050” 人员补助 169 万元；拨付资金 222 万元，继续支持开展农村社会养老保险，农民参保人数达到 12.6 万人；市级财政对参合农民的补助提高到每人每年 42 元，增加市级财政支出 606 万元，为参合农民报销医疗费 3 000 多万元。拨付资金 52 万元，加大乡镇敬老院建设改造力度。拨付资金 132 万元，支持建立了 8 个社区卫生服务中心，方便群众就医。支持教科文事业加快发展。拨付丽湖学校、金晖学校建设资金 1 995 万元；用于 45 所中小学校舍的维修改造资金 980 万元；用于高中、职专生政府补助资金 446 万元；继续落实好“四免一补” 政策，免除义务教育阶段学生的杂费及公用经费 2 198 万元、课本费 695 万元、作业本费 120 万元、住宿费 52 万元，补助寄宿生生活费 30 万元。拨付资金 2 076 万元，用于加快科技事业发展。拨付资金 40 万元用于补助公益性演出，拨付资金 100 万元支持“电影下乡” 活动。

【深化财政管理改革，创新财政运行机制】 国库集中支付改革稳步推进。2008 年将市级专项资金纳入国库集中支付范围，并于 9 月份开始正式运行实施，“四位一体” 财政管理模式初步建立。综合预算管理日趋规范。加大非税收入管理力度，加强对土地出让收入、环境配套费、污水处理费、水费附加等重点非税收入项目的监管，保证各项非税收入管理政策的落实。全年完成非税收入 4.9 亿元。政府投资评审效益不断提高。以建立完善政府投资评审管理机制为抓手，注重加强对政府投资项目的全程监管，有力提高了财政资金的使用效益。当年共评审概、预、决（结）算项目 41 个，评审投资 7.76 亿元，审减投资 9 227 万元，审减率为 12%。政府采购监督力度加大。努力规范政府采购行为，扩大政府采购范围和规模，最大限度地发挥财政资金效用。全年共组织政府采购活动 82 次，采购金额达 4.62 亿元，节约资金 5 777 万元，节约率 12.5%。

（撰稿：杨志旗　冯晓东）

栖　霞　市

【概述】 2008 年，栖霞市完成地方财政收入 2.82 亿元，可比口径比上年增长 10%。完成财政支出 7.16 亿元，增长 21.67%。连续 17 年实现财政收支平衡。

【财税征管】 财税部门以财政增收为目标，加强协调配合，加大税源动态分析和税收稽查力度，严厉打击各种偷、骗、逃税行为。全年完成地方工商税收 2.45 亿元，增长 14.7%；完成境内工商税收 4.93 亿元，增长 7.9%。全市地方税收占财政收入的比重达到 90.7%，高于上年 2.05 个百分点。

【服务经济】 围绕培植骨干财源，先后拨付资金 1 000 多万元，用于支持企业争创名牌、科技创新、循环经济示范项目补贴和节能成果奖励，鼓励扩大对外开放，提升了全市支柱产业和骨干企业的规模实力、创新能力和品牌优势。全市规模以上工业企业实现利税 10 亿元，增长 18%；围绕培植镇级财源，采取对园区上缴土地出让金、契税、耕地占用税给予资金补助的方式，先后拨付资金 3 600 多万元，从政策上促进培植镇级财源。16 个镇、街道、开发区实现财政收入 2.59 亿元，增长 20.1%。其中：庄园街道和经济开发区财政收入超过 6 000 万元，翠屏街道和桃村镇财政收入超过 3 000 万元。园区经济对财政的贡献率进一步提高，园区实现地方税收 2.38 亿元，占全市的 89.5%。

【关注民生】 在财政减收因素较多的情况下，仍然尽最大努力落实上级出台的各项民生政策。投入 2 100 多万元用于免除义务教育阶段学杂费和公用经费，投入1 000多万元免费为义务教育阶段学生提供教科书，投入300多万元对高中和职业教育实行助学金政策，并对部分困难学生实行了免费寄宿政策，实现了“学有所教”；投入2 800多万元对参加新型农村合作医疗的农民给予补助，补助标准提高到每人每年80元，有效地解决了农民就医难问题。投入1 200多万元用于城乡低保和农村五保的提标扩面。投入2 000多万元用于优抚对象补助和一次性抚恤补助，在一定程度上缓解了弱势群体生活困难，实现了“弱有所助”；继续加大对农民生产生活补助力度，投入1 800多万元，用于政策性农业保险、粮食直补、农资综合补贴、能繁母猪补贴、家电下乡补贴和农村计生家庭奖励扶助等，有效推进了新农村建设。

【财政管理】 围绕强化行政事业单位国有资产管理，制定出台了《栖霞市行政事业单位国有资产管理暂行办法》，建立健全了行政事业单位国有资产管理责任制、财务报告和处置审批等制度。全年组织三次公车拍卖活动，对全市行政事业单位上缴的34辆旧机动车辆依法进行公开拍卖，拍卖金额50多万元，保证了车辆处置公开、公平、公正，防止了国有资产流失。加大政府采购工作力度，将政府采购业务由日常办公设施拓展到工程主要材料、专用设备等领域，共完成了微机、车辆、电视直播设备、城市绿化、水利工程和凤翔小区、行政中心综合楼供暖制冷工程等项目采购，监督采购金额达4 100万元，节约资金612万元，节支率达到15%。创新政府性投资工程项目评审方式，事前落实招投标制度，事后加强评审监督，全年共评审小型水库除险加固、城区大环境绿化、土地整理和污水处理厂等66个工程项目，评审工程总价值1.39亿元，核减3 098万元，核减率达到22.4%，有效提高了政府资金的使用效益。围绕推进节约型机关建设，在行政中心设立机关办公用品超市，行政事业单位所需办公用品将采取政府采购的方式集中统一采购，年底市财政将根据各单位办公用品的领用情况进行统一结算，年节约机关办公经费20%以上。

（撰稿：刘昕瑶）

海 阳 市

【概述】 2008年，海阳市完成地方财政收入8.41亿元，比上年增长20.18%。其中，税收收入完成6.24亿元，增长23.65%；纳入预算管理的非税收入完成2.17亿元，增长11.21%。税收收入占财政收入的比重达到74.17%，比2007年提高2个百分点。全市完成财政支出12.02亿元，比上年增长16.88%。

【加大扶持力度，地方经济财源进一步发展壮大】 财税部门积极应对各种客观因素给财政经济运行带来的冲击和不利影响，密切协作，合力攻坚，广泛实施社会综合治税，全面加强税源控管，不断挖掘增收潜力，切实夯实征管基础；全面推行“以票控费”管理新模式，依法加强非税收入征管，确保应收尽收。充分发挥政策引导和财税政策杠杆作用，认真贯彻落实支持毛衫产业发展和加快服务业、民营经济发展等一系列扶持政策，全年共兑现企业技术创新、科技进步以及创名牌奖励资金1 290万元，进一步调动了企业加快发展和科技创新的积极性和主动性，为财源的持续壮大打下了坚实基础。积极落实出口退税政策，全年共办理出口退税1.32亿元，有力地促进了外贸企业持续发展。

【加大资金筹措力度，各项重点支出得到较好保障】 坚持从大局出发，准确把握上级政策信息，积极争取政策和资金扶持。多渠道筹措资金，全力保障各项社会事业和重点基础设施建设支出需要。财政部门全年争取上级无偿资金3.5亿元、无息资金3.2亿元，分别是2007年的1.6倍和2.5倍，创历史最好水平，有效缓解了财政支出压力。全年累计投入城乡基础设施建设资金3.9亿元，社会公共品覆盖面不断扩大，城乡面貌发生了显著变化。

【优化支出结构，公共财政体系得到进一步完善】 按照构建和谐社会和建立公共财政体制的要求，精心运筹、合理安排，将财政支出重点向“三农”及社会事业倾斜，优先保障各项“民生”支出需要。积极落实各项支农惠农政策，全年通过涉农补贴“一本通”，发放粮食直补、农资综合补贴、家电下乡补贴、社会保障等涉农补贴1.2亿元；拨付计划生育家庭特别扶助资金60万元，对全市450户计划生育特困家庭进行特别扶助；拨付农村公益电影放映资金42万元，丰富和活跃了农村精神文化生活。继续深入推进义务教育经费保障机制改革，将农村小学生、初中生人均公用经费标准由240元、340元分别提高到295元和445元；将城市小学生、初中生人均公用经费标准由240元、440元分别提高到310元和450元，切实提高了城乡义务教育保障水平，促进了教育事业的健康发展。进一步完善医疗卫生保障体系，将全市城镇职工和新型农村合作医疗覆盖范围外的城镇居民纳入基本医疗保障范围，实现了医疗保障制度的全覆盖。增加补贴资金1 832万元，将新型农村合作医疗补助标准，由每人40元提高到80元，同时提高参合农民的住院报销比例和报销限额标准，切实提高了农村医疗保障水平。进一步扩大农村低保及五保供养范围，增加保障经费276万元，将农村低保保障对象由上年的8 100人扩大到12 961人，五保供养保障对象由上年的1 737人扩大到2 197人，五保集中供养率比上年提高12个百分点，进一步提高了农村弱势群体的保障水平。积极解决"民生"热点、难点问题，拨付资金615万元，进一步解决"村村通"自来水和农村饮水安全问题；拨付资金1 940万元，对全市33座小型病险水库进行全面除险加固；拨付资金1 493万元，对全市708个村级组织进行专项补助；拨付资金413万元，开展了新农村建设村庄规划和整治活动；拨付资金467万元，对全市14处敬老院基础设施进行维修改造。随着财政投入力度的不断加大，全市人民群众的生产生活条件和水平得到进一步改善和提高。

【加大财政资金监管力度，财政管理水平得到进一步提高】 逐步建立完善以部门预算为基础、投资评审为支撑、政府采购为手段、国库集中支付为保障的财政支出管理体系，不断提高财政管理的精细化水平。加强基建财务管理，认真审查政府投资各类建设工程预、决算，严格实行公开、透明的招投标管理办法。全年共参与政府投资工程建设项目审核128个，通过审查工程预决算、招投标的形式，节减资金4 000多万元，切实提高了财政资金使用效益。加强政府采购管理，在原政府采购目录的基础上，重新修订公布《海阳市2008年政府集中采购目录》，进一步扩大政府采购范围，拓宽采购领域。全年共进行29次货物类招标采购活动，通过招标、询价、现场采购等方式，节减资金329万元，节支率达14%。加强行政事业单位国有资产管理，对全市218个行政事业单位进行了资产统计、产权登记、资产清查以及地方政府债务统计工作，对56户国有及国有控股企业进行了清产核资，全年共收缴产权转让等收入657万元，有效地避免了国有资产流失。

（撰稿：包钢轼）

长 岛 县

【概述】 2008年，长岛县完成地方财政收入8 002万元，比上年增长26%；完成财政支出2.73亿元，增长38.98%。当年全县财政收支平衡。

【财税征管】 充分发挥财政综合管理优势，加强与国、地税务部门的协调与配合，实现应收尽收，最大限度地减少税收漏洞，全县共完成税收收入5 601万元，增收1 335万元，比上年增长31.29%。加强非税收入管理，严格执行"单位开票、银行代收、财政统管、政府统筹"的征管模式，推行"以票管费"、"票款分离"和"网上交费"等办法，全年完成非税收入2 400万元，增收412万元，比上年增长20.7%。加强旅游收入的调控监管，发挥海岛资源优势，全年实现旅游门票综合收入4 340余万元，旅游业对财政的贡献达到1 200万元。

【政策争取】 抓住省市支持长岛科学发展的有利时机，认真研究上级财政政策的走势，紧紧围绕"海岛经济发展"这条主线，不断加大向上争取资金和项目的力度，为县域经济社会发展提供了资金保障。全年争取中央、省、市各类专项资金近1.1亿元，比上年增长93%，促进了全县城建、交通等基础设施项目建设，提高了卫生、教育、公检法司等社会事业发展水平，有效改善了城乡生产、生活条件。

【民生工程】 在财力十分紧张的情况下，积极推进收入分配制度改革，按照"保工资、保民生"的支出原则，筹资2 031万元兑现了交通补贴、考核奖、通讯补贴，调整了住房补贴基数和发放比例，保障了干部职工的利益，确保了干部职工队伍的稳定。全面落实义务教育阶段"两免一补"政策，提高农村义务教育阶段家庭经济困难寄宿生的生活费补助标准，并投入144万元进行教学危房改造，保障了教学硬件设施的更新。落实各项惠农政策，全年通过"一卡通"等形式发放各项补贴资金2 900万元，最大程度地保障了广大人民群众的利益。积极做好城乡医疗保障工作，全年城镇居民基本医疗保险参保人数达到2 580人，参保率为51%；参加新农合人数达到1.96万人，参保率达95%；参加新型农村社会养老保险4 358人，筹集保险基金938万元，完成收入计划的188%。改善海岛居民的医疗卫生条件，全年共投入2 000多万元进行县、乡医院改造，配套资金210万元，公共卫生服务体系进一步完善。围绕构建"和谐长岛"目标，加大为民办实事力度，共投入饮水安全建设资金630万元，拨付37万元进行农村改厕改水，适时调整低保标准，城市由每人每月260元提高至315元，农村由每人每年1 300元提高至1 420元，全年共发放低保资金80万元，保障低保家庭334户、829人。

【财政管理】 根据县纪委要求，开展了"小灵通"捆绑单位办公电话清理工作，共清理捆绑电话130部，收回话费1.3万元。先后开展专项资金检查、税收收入征管质量检查、会计信息质量检查、非税收入年度稽查、收费项目检查等工作。认真执行《政府采购法》，坚持在规模、范围和效率上下功夫，全年进行招标采购79次，采购预算资金为3 256万元，实际采购金额2 804万元，节约资金452万元，节约率达13.9%。加大政府投资评审力度，重点对财政投资项目进行实地测量和审计，共审结财政投资建设项目213个，原报造价8 769万元，定案造价7 276万元，审减率达17.03%。开展乡镇财务检查，采取现场答疑解惑的方式，结合乡镇工作实际，各有侧重地进行分类指导，做到遇漏必补，遇错必纠，为促进廉政建设、规范财政收支核算奠定了坚实基础。对专项资金项目进行跟踪问效，进一步提高了资金的使用效益。

【国有资产管理】 严格把好国有资产的报废、出售、转让程序审批关，组织开展了全县行政事业单位资产清查工作，在调研和规划论证的基础上，对12项国有资产提出了市场化运作方案。加强县振兴资产经营有限公司的财务管理，按照国家开发银行的要求，保证开行贷款750万元及时到位，并及时把资金拨到建筑施工单位，保证了重点项目的顺利进行。在西海岸综合开发拆迁工作中，对牵涉的8个单位的资产、债权、债务和职工进行了全面调查摸底，针对不同企业情况制订了不同的拆迁解决方案。在实施拆迁补偿工作中，积极解决有关历史问题，其中燃料公司战备煤及代管乡镇煤站的房产土地问题基本妥善解决，避免国有资产损失300多万元。

（撰稿：史慧敏）

经济技术开发区

【概述】 2008年，烟台经济技术开发区完成地方财政收入20亿元，比上年增长25%；税收占地方财政收入的比重达82.6%。完成财政支出20.9亿元，增长18.3%。

【倾力扶持企业，做到“生财有方”】

加大资金扶持。综合运用财政杠杆，拨付企业扶持资金2.7亿元，比上年增长22%。鼓励企业加大项目投入，兑现建设扶持资金2.3亿元。为企业办理出口退税16亿元，地方负担1亿元。为企业申报项目69个，59个进入上级扶持盘子，到位资金7 341万元。完善金融服务。驻区银行存贷比达到85.2%，比上年提高4.4个百分点，日均贷款额167亿元，比上年增长35%。注重用活政策。通过运作深加工结转增加税收收入1.74亿元。通过加强关联交易监管，结算价格调整实现增收915万元。积极落实国家关于税费改革的相关政策，深入开展出口退税、增值税转型、总分支机构所得税等问题的调研，争取工作主动权。全年实现区级收入超过2 500万元的企业10家，其中5家超过5 000万元，比上年增加3户。

【抓好组织调度，做到“聚财有道”】

加强对重点企业经营财务指标的调度，纳入调度范围的企业由2007年的50户增加到80户，实现地方税收占全区的60%以上。配合省财政厅开展税收征管质量检查，牵头组织会计信息质量检查，对摸清税源底数、堵塞征管漏洞、规范财务核算、强化收入调度发挥了积极作用。强化非税收入征管，从加强预算约束、严格监督考核、规范减免审批等环节加大工作力度，不断降低一般行政事业性收费，重点加强国有资源有偿使用收入征管，为企业减负的同时，积极拓宽增收渠道，实现资源经营收益843万元。

【优化支出结构，做到“用财有效”】

支出安排审时度势，紧贴形势，有保有压。从严压缩一般行政事业性经费，节约资金1 700万元用于支援抗震救灾。全年完成基本建设投资16.9亿元，保证了重点项目征迁补偿、基础配套、安置小区建设。社保、医疗、三农、教育、就业、环保等民生投入占经常性财政支出的45%。城乡低保、医疗、五保供养、中小学生人均公用经费等标准居全市前列。安排资金3 290万元，支持奥运年的安保信访、维稳综治、安全生产等工作。进一步提高基层保障能力，专项补助基层社会综合治理、水毁工程修复、村干部补贴、债务化解奖补等经费568万元。

【强化机制创新，做到“理财有序”】

深化以“部门预算为基础、投资评审为支撑、政府采购为手段、国库集中收付和会计集中核算为保障”的“五位一体”管理改革。进一步规范专项资金使用，强化预算约束，全年追加预算同比下降64%。投资评审从基建类项目拓展到荒山绿化、海域论证等非基建项目，全年评审额15.3亿元，节支率10%以上。政府采购实现货物、服务、工程全覆盖，完成政府采购2.5亿元，节约资金3 162万元。全年国库集中支付金额5.2亿元，增长56%，授权额度超过实际支付的7 000万元留用国库统一调配。

（撰稿：王晓刚）

潍坊市

潍城区

【概述】 2008年，潍城区完成地方财政收入5.8亿元，比上年增长18.1%；完成财政支出3.9亿元，增长32%。

【财政收入实现平稳增长】 财税部门建立收入调度联席会议制度，搞好收入调度，不断强化与上级及其他部门的协调配合，加强重点税源管理，实现了应收尽收。完善了项目信息共享、部门协调配合等监控机制，加大了重大建设项目税源监控力度，堵塞了税收漏洞，共涉及重大建设项目115个，涉税额超过1亿元。

【重点支出得到有力保障】 按照区委“项目化推进年”活动要求，财政部门充分发挥职能优势，积极主动协调调度资金，确保资金及时拨付到位，保证了片区拆迁、道路建设等重点项目的顺利进行。

【各项惠民政策得到全面落实】 更加关注民本民生，提高了城市低保、农村低保、五保供养标准，做到了应保尽保，社会救助体系不断完善。扎实推进新农合制度、社区卫生服务机构建设，健全了公共卫生服务体系。全面落实义务教育阶段各项政策，促进了教育事业发展。对粮食直补、农资综合补贴、库区移民扶持、家电下乡等各项惠农政策，加强资金管理，及时将补贴落实到位，农民得到更多实惠。

【理财水平不断提高】 调整完善了区街财政管理体制，进一步理顺了区街分配关系。不断扩大政府采购范围和规模，规范工程招标程序，完成政府采购金额9 472万元，节支率达11.2%。积极推进财政支农资金整合工作，潍城区被确定为市级试点单位，完成了财政支农资金整合规划，加大乐埠山林场建设力度，改善了乐埠山生态环境。

（撰稿：李树东　孙铭刚）

寒亭区

【概述】 2008年，寒亭区完成地方财政收入3.38亿元，比上年增长13.9%；完成财政支出7.10亿元，增长13.28%。

【支持经济发展的投入加大】 立足于促进经济发展方式转变，从政策、资金、服务上加大了对经济发展的支持力度，加强信用担保体系建设，扶持中小企业加快发展，骨干企业带动能力明显增强，企业自主创新能力进一步提高。通过落实一系列财税政策措施，有力地支持了企业和全区经济的快速发展，为财政收入稳定增长奠定了坚实基础。

【公共服务支出得到较好保障】 围绕和谐社会和新农村建设，不断加大了对公共服务的投入。贯彻落实城乡义务教育经费保障机制，全部免除城乡义务教育阶段学生杂费，促进全区教育事业健康发展。实施于氏宅院修缮及古寒国文化城项目，重修扩建潍县战役指挥部。实施“九项计生惠民工程”，深化村民自治和健全利益导向机制两项计生工作经验在全市、全省乃至全国进行了推广。充分发挥城乡治安防控和矛盾纠纷排查调处两大体系的作用，全面落实社会治安综合治理各项措施，圆满完成了奥运安保任务，切实维护了全区社会和谐稳定。积极为南方冰冻灾区和四川地震灾区捐款捐物，高标准完成了省市安排的援建四川灾区任务。

【社会保障能力进一步加强】 以办好“10件惠民实事”为切入点，认真解决群众最关心、最直接、最现实的利益问题。积极对困难群体进行就业援助，“双零家庭”就业实现动态消零。社会保险覆盖范围进一步扩大、社会保障体系日臻完善。顺利实现从城镇居民合作医疗向基本医疗的衔接过渡。初步建立起被征地农民基本养老保险制度。提高城市和农村低保标准，在全市率先为城乡低保对象发放取暖补贴。继续对贫困家庭学生进行补助救助。组织实施了农村贫困残疾人危房改造工程和残疾人劳动技能培训、为肢残人捐赠轮椅等实实在在的助残活动。

【各项财税改革取得新进展】 继续完善以部门预算、国库集中支付、政府采购、投资评审为主要内容的预算管理体系，逐步建立起稳定的收入增长和财力分配机制，管理体制进一步完善，理财水平进一步提高。

（撰稿：刘洪康）

坊子区

【概述】 2008年，坊子区地方财政收入完成4.02亿元，比上年增长15.6%；财政支出完成4.99亿元，比上年增长17.2%。连续20年实现当年财政收支平衡。

【强化改革创新意识，推动财政职能转变】 增强发展意识、超前意识、开放意识和风险意识，在有效履行职能、主动研究政策、破解发展难题、加强监督管理上实现新突破。兑现落实奖励和扶持资金1亿多元，通过各种渠道融资2亿多元，为企业发展和重点项目推进提供了资金保障，推动了全区经济社会科学发展；建立政策研究制度，先后向有关领导提报多篇调研报告，为领导决策提供了科学依据；强化财政监督管理，组织税收征管质量检查、财政专项资金检查和会计信息质量检查，规范了全区财经秩序，营造了健康有序的经济发展环境。

【落实民生保障政策，实现社会和谐发展】 按照“广覆盖、多层次、保基本、可持续”的原则，着力打造义务教育、社会保障、医疗卫生、强农惠农政策、基本公共服务“五个体系”，基本确立了覆盖全区的公共财政框架。提高义务教育生均公用经费标准，全面实施城乡免费义务教育，完善家庭经济困难学生资助政策体系，促进了教育质量提高。进一步完善低保、五保供养、医疗、优抚等基本救助制度，建立了物价上涨与提高困难群众生活补贴和保障标准联动机制，全年发放补助资金2 000多万元。健全医疗卫生服务体系，深入实施新型农村合作医疗制度，将政府补助标准提高到每人每年80元；全面推行城镇居民基本医疗保险改革，实现了医疗保障对城乡居民的全覆盖。加快公共财政向农村推进步伐，粮食直补、农资综合补贴大幅增加，能繁母猪补贴提高1倍，延长家电下乡财政补贴政策实施时间，发放各类补贴资金4 330多万元。多渠道筹措资金，支持公共文化体系建设、计生事业发展和社会治安防控体系构建，促进了全区和谐稳定。

【健全财政运行机制，促进管理水平提高】 坚持管理创新，重视制度建设，不断优化体制机制，财政管理的科学化、精细化水平不断提高。积极组织收入，财政收入稳步增长，收入质量进一步提高；健全以综合预算、国库集中支付、政府采购为主要内容的预算管理体系，实现“无缝隙”预算管理，确保了财政资金及时拨付和有效利用，财政资金运行机制得到进一步优化。

（撰稿：陈相武）

奎文区

【概述】 2008年，奎文区完成地方财政收入9.40亿元，比上年增长13.7%；完成财政支出6.45亿元，比上年增长13.8%。

【强化收入组织协调，确保财政收入平稳较快增长】 每月定期召开由财政、国税、地税及各街道主要负责同志参加的财税调度会议，坚持涉税信息共享，确保税收持续快速增长和平稳均衡入库；抓好契税和耕地占用税自主征收，加大非税收入收缴监管力度，规范财政票据的使用行为，不断拓宽非税收入管理范围和领域，提高非税收入征管效率和管理水平。

【坚持公共财政取向，努力促进和谐社会建设】 全面实施城乡免费义务教育，完善家庭经济困难学生资助政策体系，改善教学环境，缓解就学压力，促进了教育质量进一步提高；做好涉农财政补贴资金的发放工作，粮食直补发放工作得到了市督导组的充分肯定和高度评价。加大对农村水利基础设施等多项工程建设的支持力度，放大了财政资金社会效应；城乡居民低保实现应保尽保，增加新型农村合作医疗投入，提高了政府对参合农民的补助标准，创新政府购买社区公共卫生服务模式，实现城乡医疗保险全面覆盖；落实计生政策，加大文体事业投入，落实法院、检察院和消防大队公用经费保障机制，加大城市建设投入。

【大力培植财源，支持经济又好又快发展】 按照奎文区委、区政府“工业立区、商贸兴区”的工作思路，将扶持重点产业发展作为重中之重，设立专项资金，制定政策激励办法，推进经济结构优化升级；积极争取上级财政资金，鼓励企业往国家重点扶持的产业方向发展，有力地推动了全区重点产业的蓬勃发展；加强会计人员继续教育，大力开展服务业调研活动，使财政工作与企业需求紧密结合，推动了区内服务业发展。

【坚持改革创新，不断优化财政管理体制】 调整完善区街财政体制，逐步理顺区街财政分配关系，充分调动街道生财、聚财、用财的积极性；全面推行部门综合预算编制改革，制定国库管理制度改革往来款项核算等管理办法，提高了资金拨付效率；深化政府采购制度改革，成功进行了多项重点工程招标，完成采购资金1.78亿元，节约资金0.23亿元，节支率达到12.9%；进一步拓宽融资渠道，争取转移支付及各项专款9 517万元，比上年增加3 141万元。筹集资金逾2亿元，确保了区内重点项目顺利进行。

【加强财政监管，进一步提高财政管理水平】 积极开展专项检查，规范了资金管理，提高了会计信息质量；制定大额财政资金管理办法，加强对财政预算以外较大数额资金的管理，以及对各专项资金的监督检查；积极支持企业改制和大力推动事业单位改革，防止国有资产流失，对行政事业单位处置的资产严格审批、公开拍卖；对财政投资项目进行事前、事中、事后评审监控，完成结算评审项目132个，项目评审值1.37亿万元，审减率达17.3%。

（撰稿：孙伟　张建荣）

青州市

【概述】 2008年，青州市完成地方财政收入11.78亿元，比上年增长21.2%。完成财政支出14.4亿元，增长19.33%。

【财政收入任务圆满完成】 克服金融经济危机带来的财政收入增速放缓的重重困难，积极抓好收入调度，确保均衡入库。进一步改进和完善收入体系，加强收入征缴管理。通过完善票款分离系统，推行“财银通”批处理软件，对非税收入实施分类预算管理，提高政府调控能力，全年完成政府调控1 989.5万元。积极发挥综合治税协调监督职能，对涉税案件进行重点查处，严厉打击偷逃骗税行为。规范契税和耕地占用税征管工作，核定征收标准，严格减免缓程序，确保应收尽收，全年共入库契税和耕地占用税1.33亿元，增长33%。非税收入完成2.17亿元，增长22.3%，占地方财政收入的比重为18.4%。

【财政支出更加规范精细】 进一步优化结构，突出民生保障，集中财力兑现新增工资，重点保证社会保障、农村义务教育、部门经费基本需求，加大对科技、外向型经济及支持企业发展的投入，切实增强财政对经济和社会各项事业的保障能力。新型农村合作医疗政府补助标准，由人均40元提高到70元，最高报销数额由每户2.5万元提高到每人4万元，农村最低生活保障标准由800元提高到900元；五保供养标准提高150元，建立了优抚对象资金保障制度，按报销后的门诊、住院费用进行补助；设立文化事业发展专项资金，推进农村公益电影放映、文化信息资源共享、广播电视村村通、农家书屋、乡镇综合文化站和基层文化阵地建设；发放粮食直补和农资综合直补5 194万元，水库移民补助178万元，农村沼气补助186万元，农机具购置补贴18万元，家电下乡补贴152万元。另外，通过财政补助、贷款贴息、财政奖励等措施，支持农民专业合作社、农业龙头企业、种植、养殖业等向规模化、产业化方向发展。

【财政管理突出创新实效】 全面实行部门综合预算，实行预算内外资金、其他资金和政府性基金收支统一管理、统筹安排；实施重点项目评审和绩效考评；政府采购资金管理进一步强化。深化和完善国库集中支付制度，规范财政资金拨付程序，确保资金安全，及时拨付。对各类农业项目和专项资金实行动态管理。住房资金管理实现“清欠”与“扩面”双突破。会计管理推行网上培训、网上考试。各项保险费用实行“一票征缴”，开展了被拆迁居民的社会养老保险，实行了免费婚前检查。加强了对国有资产的监管，积极参加事业单位改制清产核资等工作。

（撰稿：刘　健）

诸城市

【概述】 2008年，诸城市完成地方财政收入20.4亿元，比上年增长25.1%，收入规模名列全省县级第9位；完成财政支出24.8亿元，比上年增长27.5%。

【重点事业支出得到较好保障】 完成社会事业支出15.4亿元，其中新农村建设支出4.3亿元，主要用于支持村村通油路、通自来水、通广播电视等农村基础设施建设；社会保障支出1.7亿元，主要用于提高新型农村合作医疗、最低生活保障和敬老院建设等；教育事业支出6.4亿元，主要用于教育经费保障，全面落实义务教育学生免费、职业教育学生补助等教育惠民政策；农村社区化建设支出2亿多元，主要用于农村社区建设和服务设施配备等；科技文化、节能环保、计划生育等重点事业支出也得到较好保障，促进了城乡社会事业和谐发展。

【大力支持经济发展】 千方百计拓展融资渠道，支持拉动地方经济增长。全年从商业银行和其他渠道融资9.2亿元，用于城区道路拓宽改造、公益事业以及病险水库除险加固等项目建设；积极介入资本市场，面向全国成功发行8亿元、期限10年的治污减排企业债券，支持潍河生态综合治理、排污管网等项目建设；争取技术改造、产品结构调整、治污减排等上级扶持资金3 000多万元；利用舜域和舜邦融资担保公司，提供担保贷款3.3亿元，支持59家企业项目建设，促进了中小企业发展。

【调整完善乡镇财政体制】 实行“核定收支、定额上缴（补助）、增量分享”的分税制财政体制，将乡属及以下的税收全部留归乡镇，将2007年纳税额在1 000万元以下的市级企业税收划归所在地乡镇；扩大了乡镇的支出范围，对收大于支的乡镇定额上缴，对收不抵支的乡镇定额补助；对乡镇当年地方财政收入比收入基数增长部分，市乡按比例分享。

【国有资产经营成绩突出】 发挥国有

资产经营总公司的作用，加大土地储备和招拍挂力度，搞活国有资产运营，促进城市经济发展。全年共出让国有土地2 149亩，实现土地拍卖收益9.85亿元，实现矿产资源收益279万元。

【依法理财水平不断提高】 建立财政投资评审制度，对政府投资项目坚持事前评审、事中监督、事后审计，全年评审资金6亿多元，审减资金9 260万元；开展税源普查和专项检查，查出偷逃税款及罚款2 200多万元；搞好支农资金、中央财政支出资金、土地收支管理、社保资金等专项检查，确保了资金专款专用和使用效益；在财政内部开展乡镇财政执法大检查，进行机关内部审计，依法理财水平进一步提高。

（撰稿：李家磊　刘顺章）

寿光市

【概述】 2008年，寿光市地方财政收入完成21亿元，比上年增长23.5%。财政支出完成25.49亿元，增长25.74%。

【财政收入稳定增长，保障能力明显增强】 面对金融危机导致的经济效益下滑，寿光市严格依法治税，不断完善征管机制，创新征管手段，狠抓措施落实，科学做好税源预测分析，强化重点税源监控管理，牢牢掌握组织收入的主动权，税收增长较快，税收质量有了很大提高。同时，非税收入管理不断强化，土地、矿产等国有资源有偿使用收入和城市公共资源收入全部纳入财政预算管理，增加了政府可支配财力。

【民生支出优先保障，人民群众得到更多实惠】 2008年，寿光市教育、文化、医疗卫生、社会保障等民生支出完成9亿多元，比上年增长27.8%，占全年地方财政支出的39.2%，当年新增财力的48.5%用于民生支出。教育优先发展战略得到全面落实，全年教育支出比上年增长26.4%。城乡医疗卫生服务体系不断健全，新农合政府补助标准提高到60元，参合率达到96.2%；城镇居民基本医疗保险全面实施，实现了医疗保险全覆盖。社会保障和就业服务体系建设加快，农村居民最低生活保障标准提高到1 100元，城镇居民最低生活保障标准提高到260元，农村五保集中供养标准提高到2 400元。全面推行了“五险合一”征缴管理办法。安排资金410万元，采取税费减免、担保贷款、培训等政策，初步建立了统筹城乡的就业服务体系。

【财税杠杆作用不断增强，支持经济发展成效突出】 认真落实国家出台的各类优惠政策。全年办理出口退税、福利企业退税及企业补贴资金6.2亿元，为23家中小型企业协调担保贷款4 850万元。支持推进结构调整，安排资金500多万元，引导和鼓励金融、信息、物流、旅游等现代服务业上档升级。大力支持自主创新，安排资金3 200万元，用于补助新技术、新产品、新成果的开发、推广和应用，积极帮助9家企业参加高新技术企业认定。积极支持节能减排，安排资金3 100万元，加强污染源实时在线监控，支持污水处理厂正常运行。健全完善财政投融资机制。做强做实财政投融资平台，盘活公共资源，多渠道筹集资金，支持城市基础设施建设和中小企业加快发展。

【支农惠农政策得到全面落实，公共财政覆盖农村的范围不断扩大】 现代农业建设步伐加快。筹集资金5 000多万元，进一步推进了农业综合开发、农业节水配套等惠民项目，农业生产条件得到有效改善。对农民生产生活的直接补贴大幅增加。粮食直补、良种补贴、家电下乡等惠农政策全部落实到位，累计发放补贴资金1.5亿元。农村文化生活水平进一步提高。筹措资金330万元，支持建设了一批乡村文化大院、农家书屋，组织实施了农村公益电影放映工程和科普村村通工程，农村文化生活质量进一步提高。加大小城镇建设投入，安排资金6 000万元，启动了新农村建设总体规划，农村供水、供电、道路等配套设施更加完善。

【财政改革力度加大，管理水平不断提高】 财政体制不断完善。与镇（街道）实行收入共管、利益共享，充分调动了各级组织收入的积极性。地方财政收入过5 000万元的镇（街道）达到5个，强镇带动作用明显增强。预算管理改革进一步深化，部门预算全面实施，精细化管理水平不断提高。深入开展了“非税收入管理年”活动，非税收入管理更加规范。政府投资评审科学考核机制进一步健全。政府采购节约率达10.1%，财政资金使用效益不断提高。会计管理水平进一步提高，全市会计队伍整体素质有了较大提升。

（撰稿：郎继荣　姜言山）

安丘市

【概述】 2008年，安丘市完成地方财政收入4.33亿元，同比增长16%；完成财政支出10.15亿元，增长17.6%。

【运用财政政策，促进经济发展】 按照市委、市政府确定的“一三六六”工作思路，全面落实招商引资、退城进园、出口退税、节能减排等各项财税政策，促进地方经济持续健康发展。整合财政支农资金和资源，大力实施出口食品、农产品质量安全区域化建设，加大对农业标准化生产基地和协会组织的扶持力度，提升现代农业产业化发展水平。运用财政贴息、补贴、奖励等手段，发挥财政政策杠杆作用，吸引更多的社会资金参与经营，为经济持续健康发展注入了新的活力。

【加强收入征管，壮大财政实力】 严格落实财政收入目标责任制，依法加强税费征管，财政收入质量更趋优化。税务部门深入开展“质量效益年”活动，强化纳税评估、税负分析和税收稽查，开展社会综合治税，不断提高税收征管水平。财政部门组织开展“非税收入管理年”活动，完善收缴征管机制，全面加强政府非税收入管理，切实增强政府的宏观调控能力，财政收入实力进一步壮大。

【优化支出结构，保障重点支出】 调整和优化财政支出结构，严格控制和压减一般性支出，优先保障工资发放、政权运转、社会稳定和重点事业支出，公共财政保障能力稳步提高。全面落实各项强农惠农政策，加快推进新农村建设，实施家电下乡补贴政策的典型做法，在中央电视台新闻联播节目播出。加大财政投入，大力支持教育、科技、文化、医疗卫生、劳动就业、社会保障、计划生育、环境保护、公共安全等重点事业发展，切实保障和改善民生。

【深化财政改革，提升管理水平】 市政府制定了《关于调整完善镇级财政体制的意见》，实行“核定收支、定额补助（上解）、增量分享、一定三年”的新体制。深入推进部门预算、国库集中支付、乡财县管、收支两条线等项制度改革，不断提高财政管理精细化水平。支持强镇扩权改革试点，推进城乡经济社会统筹协调发展。加强住房公积金和国有资产运营管理。清理整顿行政事业单位公务用车。建立健全“立项审批—投资评审—政府采购—绩效评价”的管理机制，加大城市基础设施投入，提高了资金的使用效益。

【加强监督检查，规范收支管理】 财政会同监察、物价、审计等部门，对各类收费及罚没收入执行“收支两条线”管理情况进行了检查，针对发现的问题提出了整改意见和建议。加强对预算管理执行情况的监督检查。组织对契税、耕地占用税征管情况进行专项清理整顿，对社保、教育、支农、公共安全等专项资金使用情况开展了重点检查，堵塞了管理漏洞。

（撰稿：刘兴军　李泽民　刘天华　徐德利）

高密市

【概述】 2008年，高密市完成地方财政收入11.76亿元，比上年增长23%。完成财政支出15.2亿元，比上年增长23%。

【创新工作思路，培植壮大财源】 围绕开展“企业年”活动，落实支持经济发展的各项财税优惠政策。全年拨付企业技术挖潜改造资金4 277万元；完善镇街财政管理体制，促进财政增收。利用市国有资产经营投资有限公司，为孚日集团、银鹰化纤、豪迈科技、永和铸造等企业贷款11亿元提供担保；制订中小企业“过桥还贷资金”实施方案，缓解企业还贷困难；落实企业法人和企业创名牌、创驰名商标等各种奖励资金1 386万元，用于企业改革稳定方面的支出3 155万元。

【加大征管力度，促进财政增收】 实施收入目标责任制，将收入任务按月分解落实到各征收部门和镇街，对重点税种实行单独考核；按月调度财政收入情况，制定应对预案，及时解决收入征管工作中存在的困难和问题；对每月财政收入完成情况进行全面分析，定期通报各收入部门、镇街财政收入进度情况。通过严格实行“先税后证”制度，并严把资料审核、依据审查和减免审批三个关口，堵塞收入漏洞，增加“两税”收入。

【落实惠农政策，推动农业发展】 投入资金1.1亿元，落实粮食直补和农资综合补贴、小麦玉米良种补贴、能繁母猪补贴、家电下乡补贴等政策，调动农民生产积极性。投入资金1 760万元，用于农业粮食示范项目区建设、病险水库除险加固、河道建设、农田水利建设等，促进农业产业化经营，增强农业抵御自然灾害的能力。投入资金1 146万元，用于农村饮用安全水工程、农作物及食品安全、农村新能源建设、造林绿化、农民培训等，推动新农村建设进程。

【加大民生投入，提高保障水平】 新型农村合作医疗财政补助标准由40元提高到60元，参保农民达到63万人，参合率98%，全年新增支出达到1 267万元，新型农村合作医疗补助支出达到3 801万元。农村低保对象人均月补助标准由30元提高到55元，城市低保对象月均补助标准由83元提高到155元，全年新增支出525万元，全年低保对象补助支出达到1 407万元；农村五保老人集中、分散供养标准每人每年增加150元，分别达到2 200元和1 200元，全年五保供养支出达到549万元。安排资金240万元，用于农村贫困残疾人危房改造、城乡医疗救助、农村社会救济等。

【科学运筹资金，支持社会事业】 工资性支出得到优先保障。2008年，全市用于人员经费方面的支出为6.31亿元，比上年增加1.69亿元。各项社会事业投入持续增加。全年用于城乡免费义务教育方面的各项资金3 611万元；用于卫生事业的支出8 766万元；用于计划生育的支出3 319万元；用于文化体育事业的支出435万元。城市建设投入继续加大。全年用于“两街三路”综合改造、污水处理、道路建设、园林绿化等方面的城市建设投入达到2.59亿元，提升了城市品位和档次。

【强化财政监管，促进科学理财】 预算外资金管理工作扎实有效。落实“专管员负责制”及收支核定等多项制度，杜绝“跑、冒、滴、漏”现象的发生。国有资产管理及运营工作迈上新台阶。做大做强国有资产经营投资公司融资平台，不断拓宽融资渠道，提高融资能力，全年融资5.2亿元；储备土地213万平方米，出让土地130万平方米，实现经营收入7.4亿元，上缴税金1.8亿元，实现经营利润1.9亿元；清理回收欠款2.1亿元。政府采购工作稳步推进，完成政府采购预算2.6亿元，实际支付采购金额2.25亿元，节约资金3 586万元，节支率为13.7%。

（撰稿：李泰鹏　吴金云）

昌　邑　市

【概述】 2008年，昌邑市完成地方财政收入7.96亿元，比上年增长16%。完成财政支出10.65亿元，增长19.5%。

【财政收入实现稳定增长】 通过强化征管措施，坚持依法治税，深入挖掘各方面的增收潜力，保障各项收入及时足额入库，实现了一年一个台阶的奋斗目标。认真落实组织收入工作的长效机制，加强涉税单位信息交流，强化社会综合治税，促进了财税收入稳定增长。

【支出结构进一步优化，重点支出得到较好保障】 完善工资发放管理机制，认真落实各项工资改革政策，新增工资按时兑现；深化农村义务教育经费保障机制改革，为农村及城市义务教育阶段学生免除学杂费和对农村贫困家庭、享受城市最低生活保障政策家庭义务教育阶段的学生免费提供教科书、补助寄宿生生活费；加大对重点企业扶持力度，严格落实招商引资、出口退税、退城进园等推动企业创新发展的激励优惠政策，促进了骨干企业、优势产业快速发展；充分发挥财政融资功能，积极构建融资平台，盘活各项财政资金，为城市基础设施建设提供了有力的资金保障。

【民生支出保障有力，惠农政策得到落实】 基本养老保险、城镇职工基本医疗保险、失业保险、工伤保险、生育保险、公务员医疗补助、城镇职工大额医疗、新型农村合作医疗等社会保险制度进一步健全，社会保险覆盖面不断扩大，保障能力有了较大提升。新型农村合作医疗参合农民达到44.18万人，参合率达95.4%，政府补助标准由2007年的每人每年40元提高到60元；城镇最低生活保障、农村最低生活保障、农村五保户供养、城乡医疗救助和残疾人专项救助等项制度进一步完善，社会救助保障覆盖面越来越广，救助保障能力进一步增强；认真落实各项惠农政策，粮食直补和农资综合补贴资金全部兑付到位，兑付各种支农惠农资金6 788.8万元。

【财政改革继续深化，管理水平不断提高】 市镇两级财政管理体制改革以及政府采购、国库集中支付、部门预算编制等改革进一步深化，基本理顺了市镇、街道财政分配关系，调动了镇、街道增收节支的积极性；政府采购管理制度进一步完善，采购范围不断扩大；通过实行国库集中支付，资金使用效率进一步提高；部门预算编制进一步细化，管理更加科学规范。

（撰稿：张兴涛）

临　朐　县

【概述】 2008年，临朐县各级财政部门狠抓财源建设，大力组织收入，优化支出结构，推进各项改革，促进了全县经济社会又好又快发展，连续6年被评为“省级文明机关”。全县完成地方财政收入2.8亿元，比上年增长10.4%；完成财政支出8.6亿元，比上年增长23%。

【狠抓财源建设，财政发展后劲增强】 进一步强化“工业立县”思想，研究制定了《加强乡镇财源建设的意见》、《加快工业发展的意见》、《财政局为企业发展服务的意见》，组织举办了财源建设培训班，对县里确定的工业骨干财源项目和镇级重点财源项目，出台激励扶持政策，集中力量加强工业骨干财源建设。发挥财政职能，通过落实企业联系人制度、编发《财税政策简报》、召开重点企业财务负责人座谈会、扩大企业报表范围等措施，从政策咨询、会计培训、制度规范、上级资金争取等方面积极为企业发展搞好服务、当好参谋。

【采取有力措施，大力组织财政收入】 研究制定了对税收征管部门考核奖励实施办法，加强收入调度分析，强化征管措施落实。加大社会综合治税力度，进一步健全县、乡、村三级协税护税网络，规范县直部门协税护税信息传递程序，突出铝合金、福利企业、肉鸭加工等重点行业企业开展好纳税评估和财税法规执行情况专项检查。加强会计从业人员管理，提高会计队伍的诚信意识和业务水平，加大财税法规宣传力度，营造了良好的税收环境。

【发挥职能作用，促进和谐社会建设】 认真落实各项民生政策，全部免除了中小学课本费，提高了中小学家庭困难寄宿生生活费和中小学校公用经费补助标准、新农合政府补助标准、农村和城镇低保标准以及农村五保供养标准，启动了城镇居民基本医疗保险，共发放各类惠农补贴资金7 973万元。支持重点事业发展，累计投入资金2 762万元，用于支持教育、卫生、文化、旅游、体育等事业发展。加大财政支农力度，争取上级财政支农资金1.1亿元、中央基建专项资金6 671万元，用于山区综合开发、水库除险加固和农村自来水、公路建设等，有力地改善了农村生产生活条件。

【争取上级政策，开展财政融资投资】 加强对上级财政政策的研究，最大限度地争取上级财政政策，支持地方经济社会发展，全年共争取上级各项补助资金5.7亿元，比上年增加1.4亿元。加大财政投融资力度，全年完成融资1.6亿元，累计投放城市建设资金和重点工程资金2.8亿元，城市基础设施水平有了较大提高。

【推进各项改革，提高财政管理水平】 认真执行新的镇（街道）财政体制，调动镇（街道）培财源抓增收的积极性，城关、东城两个街道财政总收入分别达到1.27亿元和1.14亿元。深化国库集中支付和乡财县管改革，进一步完善网络系统和业务工作流程，提高了财政资金的运行效率和监管水平。深化政府采购制度改革，按照“管采分离”的要求完善了政府采购监管制度，全年共完成采购合同金额7 131万元，节约资金2 210万元。加强住房公积金收缴管理，积极开展公积金贷款业务，支持房地产业健康发展。

（撰稿：宋光杰）

昌 乐 县

【概述】 2008年，昌乐县各级财政部门深化财税体制改革，积极组织收入，优化支出结构，全县财政收支保持平稳较快发展的良好态势。全区地方财政收入完成6.8亿元，比上年增长24%。财政支出完成10.4亿元，比上年增长28.2%。

【各项重点支出得到有力保障】 按照“集中财力办大事”和“有所为有所不为”的原则，积极调整优化支出结构，重点保障农业、教育、医疗卫生、社会保障、科学技术、环境保护等方面的支出。其中，人口和计划生育、教育、文化体育与传媒、社会保障和就业、医疗卫生、城乡社区事务等重点社会事业支出完成5.58亿元，比上年同期增长50.33%。

【融资和招商引资工作取得新突破】 加强融资平台建设，筹集资金支持城市建设。把镇级国有资产全部划到县国有资产经营总公司名下，加强公司实力，扩大资产规模。共融集资金5.48亿元，主要用于城区道路等基础设施项目建设，加快了昌乐县融入潍坊“半小时经济圈”的步伐，推动了城市化进程。积极做好招商引资工作，成功引进投资过亿元的潍坊森瑞特生物科技股份有限公司，有力地支持了全县的经济和社会事业发展。

【改革创新机制体制】 继续深化国库集中支付改革，在支付方式上严格控制授权支付，使直接支付占集中支付资金的比重达到84%，比上年提高11个百分点。“收支两条线”管理更趋规范，2008年预算外资金管理中心更名为非税收入管理局（级别由副科级升格为正科级），将所有政府非税项目全部纳入山东省非税收入征管系统，实行“收支两条线”管理。进一步扩大政府采购和财政投资评审范围，全年共组织实施政府采购46项，节约资金2 760万元；完成结算项目评审54个，审减资金2 852万元，审减率达19.2%。

（撰稿：张林明）

高新技术开发区

【概述】 2008年，潍坊高新技术开发区完成地方财政收入10.5亿元，增长22.9%，比全市平均水平高3.6个百分点；完成财政支出4.46亿元，增长9.7%。

【不断优化财政收支结构，切实增强财政实力】 开展综合治税，努力增加财政收入。依法加强税费征管，由管委会统一组织协调，财政局牵头，建立综合治税工作小组，与工商、税务等有关部门密切联系，加强收入源头管理，互通涉税信息，堵塞税收漏洞，严格执行“先缴税，后办证”制度。科学合理安排支出预算。围绕公共财政建设，突出构建和谐社会，压缩一般性支出，突出保障重点，更加贴近群众生活。2008年全区一般公共支出下降3.38%，公共安全支出2 024万元，增长56.54%；教育支出6 560万元，增长19.21%；科技支出3 503万元，增长60.17%；社会保障和就业支出2 290万元，增长

105.01%；医疗卫生支出1 455万元，增长76.15%；环境保护支出1 286万元，增长76.15%；文化教育与传媒支出286万元，增长1 091.67%，社区服务支出1.79亿元，增长1.91%。

【加强财政投资管理，确保基本建设支出需要】 2008年是高新区基本建设开工项目多、投资规模最大的一年，全区累计完成固定资产投资84.06亿元，同比增长32.5%。其中完成工业投资46.74亿元，完成服务业投资37.32亿元，同比增长153.9%。基础设施建设进一步加快，投资1.9亿元，先后完成道路及配套工程18项，开工道路总长度16.9公里，铺设管道10.1公里；投资4.5亿元，实施了全长6.3公里的浞河治理工程；投资2.6亿元，建设了建筑面积为4万平方米的潍坊学院体育馆。打造生态高新区，投资2.8亿元，先后完成44项道路及绿地绿化工程和123家重点单位庭院绿化，新建和绿化面积300多万平方米，全区绿化覆盖率达到42%，济青高速市区林木补植和绿化工程完成投资800万元，进一步提高了城市管理水平。

【财政资金管理更加规范，民生保障水平不断提高】 积极支持教育加快发展，努力打造高新区优质教育资源。全年教育支出6 560万元，增长19.21%，明显高于财政支出平均增幅，占当年支出的13.6%。统筹城乡医疗体系建设，社区卫生建设走上快车道。投入722万元，用于提高农村医疗保障水平，农村合作医疗参合率达100%，投入101万元加快社区卫生建设。加大就业投入，广开就业门路、扩大就业数量。安排资金46万元用于就业补助，培训失业下岗人员和农村劳动力1 306人，新增城镇就业人员2 336人。大力支持科技创新，促进高新技术产业发展。拨付3 503万元，用于扶持高新企业技术创新、产品研发。支持加快基层文化建设，投入113万元在全区实施农家书屋建设、文化大院建设、文化信息资源共享工程和农村电影放映工程。支持完善社会保障体系，全年发放低保资金79万元，计生扶持资金14万元，供养“五保”对象225人，供养支出29.5万元。

（撰稿：刘伟强）

滨海经济开发区

【概述】 2008年，潍坊滨海经济开发区完成地方财政收入8亿元，比上年增长5.17%。完成财政支出5.85亿元，增长8.19%。

【加强财源建设，支持经济发展】 落实各项企业优惠扶持政策，兑现扶持奖励资金1 500万元，鼓励和引导企业加快发展。为符合条件的企业向上级争取技术改造、节能减排、技术创新等各类补助及奖励资金1 400多万元，有力地支持了企业发展。打造投融资平台，累计担保额达到4.3亿元，为124家企业解决了资金短缺的状况，支持了中小企业的发展。加大招商引资工作经费促进力度，安排招商经费500万元，促进了招商工作的开展。

【关注民计民生，城建、社会事业快速发展】 关注弱势群体，社会保障覆盖率和补助标准继续提高，全年共安排民政保障资金297万元，增长71%；安排城乡医疗卫生保障资金656万元，增长89%，有力地保证了城乡低保、五保供养、医疗救助、社区卫生等重点支出的需要。全面落实各项惠民政策，全年通过“惠农一本通”向农民发放粮食直补和农资综合补贴资金370万元，受益农民达到9 980多人。投资1.8亿元，建设滨海中学新校区和滨海二中，全面提高办学水平。大力支持重点基础设施项目建设。全年工程招标额4亿元，支付工程款3.2亿元，保证了各项重点建设项目支出需要。

【财政管理精细化水平进一步提高】 国库集中支付系统上线运行，区划调整后将新增部门和单位全部纳入系统范围，全年集中支付各项资金13亿元，提高了资金的使用效率和效益。强化会计基础管理工作，利用现代化教学模式，开展网络教学，对所有会计持证人员实行免费培训。积极开展住房公积金贷款业务，建立了与房地产开发企业的全面合作机制，扩大了贷款规模，共发放贷款额2 390万元。严格执行政府采购制度，全年完成招投标项目270余宗，预算额6.07亿元，中标额5.06亿元，极大地节约了财政资金。

【圆满完成区划调整后涉及财政的一系列工作】 区划调整后，根据潍坊市委、市政府及市财政局有关财政体制调整和资产交接的意见，本着实事求是的原则，核定了财政收入和支出基数，确定了财政体制有关数据；对有关资产完成了移交工作；对原寒亭海化开发区账务进行了审计，账务移交开发区财政管理；对海化开发区、央子街道、滨发公司之间的账务往来、拆迁补偿、土地补偿、项目占地筹款等进行了清理，理顺了账务往来，对有关款项进行了台账登记管理。

（撰稿：王东艳）

经济技术开发区

【概述】 2008年，潍坊经济开发区完成地方财政收入1.25亿元，同口径比上年增长20%。地方财政收入中税收收入1.19亿元，占95.4%，非税收入577万元，占4.6%。完成财政支出9 363万元，增长0.74%。

【社保工作】 加大公共医疗服务基础设施建设投入，构建城乡医疗卫生服务保障体系。2008年，财政累计拨付新农合医疗基金204万元，有效保证了农民医疗费用的正常报销。积极做好农村养老保险财政专户资金的保值、增值工作，加强资金监管。农村养老保险收入77.22万元，其中农民参保交费60.89万元，利息收入16.33万元，支付农民养老金13万元。进一步完善城乡社会救济保障体系，积极推进农村五保供养、农村低保等财政机制建设。按照构建和谐社会要求，建成了一所综合水平较高的敬老院，实现了农村五保户的集中供养。

【融资工作】 针对经济开发区内企业融资难的问题，成立了潍坊同信担保有限公司，公司注册资本410万元，其中政府出资200万元，为企业担保贷款580万元，有力地支持了区内企业发展。加强经济开发区国有资产经营管理，继续完善融资平台，积极与多家金融机构联系接洽，争取金融机构贷款7 000万元，有力地保证了区内经济和财源建设需要。

【农税工作】 加强契税、耕地占用税征收管理，逐步完善征管机制，强化征管措施，严格征管程序，“两税”保持持续、稳定增长。2008年，两税共计入库3 293万元。

【政府采购工作】 进一步完善政府采购制度，起草了《山东潍坊经济开发区工程资金管理办法》、《山东潍坊经济开发区征地地面附着物和青苗补偿程序管理办法》对于区内政府投资项目，初步形成了一套规范的采购程序。全年完成政府采购23件，采购金额3亿元，共计节省财政资金1 500多万元。

（撰稿：周晓晖）

济宁市

市中区

【概述】 2008年，济宁市市中区地方财政收入完成4亿元，比上年增长28.2%。财政支出完成4.9亿元，比上年增长30%。连续25年实现财政收支平衡。

【突出协调发展，开发培植财源】 完善财源建设长效机制，加快推进现代工业服务业发展。财政安排1 000万元，设立专项资金，实施专户管理，采取贴息、补助、奖励等政策，放大财政资金的杠杆效应，为经济发展助推加力。围绕优化区域发展环境，加强基础设施建设和城市开发力度。区财政先后投入1.89亿元，有力地保证了拆迁工作的顺利进行。以及“招拍挂”程序的正常开展和重点项目工程的施工建设。为调动各级发展经济、培植财源的积极性，建立了新增财力分享机制，全年兑现资金746万元，极大地激发了各镇、街道、部门在跨越发展中的内生动力。

【突出税收征管，大力组织收入】 强力推进社会综合治税，调整机构，充实人员，健全网络，保证了涉税信息的及时传递和高效利用。认真做好税收分析、纳税评估，积极组织开展综合治税百日行动、餐饮娱乐业集中整治月活动、资源税源普查活动和税收收入“六清理”活动，有效挖掘了收入潜力，促进了财政增收。扎实推进房屋出租装修环节税收征管，2008年市中区房屋出租装修税收达到2 213万元，比上年增收908万元，增长69.6%。

【突出为民理财，提高保障能力】 大力实施民生工程，不断加大财政对民生保障的投入力度，保证了政府为民办10件实事的顺利实施。2008年，财政拨付直接关系民生资金5 788万元，增长30.1%。加强各类社保基金管理，财政补助4 892万元，保证了机关事业单位养老金的正常发放。全面启动实施居民基本医疗保险制度，提高财政补助标准，足额拨付财政资金，有效解决了困难群众看病难、看病贵问题。

【突出体制创新，提升理财水平】 以“突出重点、扩大规模、促进规范、协调发展”为目标，扎实开展政府采购工作，全年节支率达17%；加大预算外资金管理力度，积极推进非税收入预算化管理，采取多种措施，集中开展“非税收入宣传月”活动，收到了良好效果；严格财政监督管理，积极组织开展会计信息质量、收入征管质量、“收支两条线”执行情况、上级专项资金使用情况的监督检查，严肃了财经纪律，促进了依法理财。

（撰稿：吕　镇）

任 城 区

【概述】 2008年，任城区地方财政收入完成11亿元，增长25.1%。财政支出完成8.7亿元，增长23.4%。连续22年实现财政收支平衡。

【强化收入征管，收入结构进一步优化】 坚持抓大与抓小并重、征管与稽查并举，严格依法治税，深入挖掘增收潜力，强化收入督导，保证了各项税收及时足额入库。对重点税种、重点行业、重点企业实行重点监控，查补入库税收500多万元。在加强对煤电、建筑业等重点税源、重点行业重点监控的同时，加大对非税收入、零散税种的征收力度，牢牢把握税收工作主动权。不断完善社会综合治税办法和措施，严格落实部门治税责任，进一步增强全社会综合治税氛围，开创了全区上下密切配合、齐抓共管、协税护税的良好局面。2008年，全区税收收入占地方财政收入的比重达90.23%，较上年提高6.61个百分点，收入结构不断优化。

【不断优化支出结构，重点支出得到较好保障】 面对支出压力大、资金运转困难的情况，该区财政部门一方面积极争取上级资金支持；另一方面坚持“压一般，保重点”的原则，严格“保工资、保稳定、保法定”支出顺序，加大资金筹措力度，科学运作，全力保障教师工资上划和全区工资的及时足额发放。在此基础上，积极调整优化财政支出结构，切实加大民生保障和经济社会发展投入，“三农”、教育、科技、社会保障、医疗卫生、环境保护、区级重点工程建设等重点支出均得到较好保障，促进了全区各项事业快速发展。

【深化财政改革，公共财政体系逐步完善】 拟定了新一轮区镇财政体制，对镇办实行“划分收支，核定基数，定额上缴或补助，增收分成”，更加切合实际，有力地调动了镇办发展经济的积极性和主动性。进一步深化国库集中支付制度改革，将镇街教育支出全部纳入集中支付中心管理，集中支付管理范围不断扩大，事前、事中、事后全过程的审核力度不断加强。全面实施部门预算，初步建立了部门预算、国库集中支付、政府采购相互配套的预算管理体系，预算管理更加规范，预算约束力不断增强。

【加强财经制度建设，财政监管机制日益健全】 不断加强国有资产监管，对区直单位房屋出租实行公开竞标，实现了房屋租赁税收在本区缴纳，确保了国有资产保值增值；搭建良好的融资平台，通过与建行合作推出龙信理财产品，成功融资1.18亿元，保证了该区城市建设的顺利开展；进一步健全和完善财政资金监管办法，严格各项资金的具体使用办法和程序，用制度规范支出行为，做到资金运行到哪里，监督就延伸到哪里，确保了财政资金的安全完整有效；积极做好清理核实义务教育债务工作，加大财政周转金回收力度，切实增加政府可用之财，防范和化解财政风险。

（撰稿：江昌蛟）

曲 阜 市

【概述】 2008年，曲阜市地方财政收入完成8.2亿元，比上年增长17%；财政支出完成11.99亿元，增长23.8%。

【积极组织财政收入，提高财政保障能力】 加强与国地税等征管部门的工作协调，认真分析财政收入增减因素，及时调整收入任务，抓好收入调度，确保收入均衡入库。努力改善收入结构，不断提高财政收入质量。积极开展“非税收入管理宣传月”活动，进一步加强和规范非税收入管理，不断提高政府非税收入管理工作水平。2008年全市非税收入完成4.15亿元，同比增长65%。

【集中财力确保重点，精心实施民生工程】 坚持以人为本，关注民生，按照“有保有压、确保重点、兼顾一般”的支出原则，合理调度资金，把预算支出重点进一步向群众最关心、最关注的民生问题倾斜。按照科学发展观要求，突出“多予、少取、放活”方针，持续增加对农村基础设施建设和社会事业发展的投入，将各类支农资金捆绑使用，提高资金使用效率。2008年全市共实现预算内支农支出9 860万元，保障了农业综合开发、农村自来水改造、水库除险加固等重点项目建设资金需要，改善了农业生产条件，加快了农业产业化进程，促进了农民增收。发放补贴资金5 258.8万元，继续落实好对种粮农民的直接补贴政策。认真执行“家电下乡”补贴政策，截至2008年12月31日，全市共审核补贴家电5 575台（件），发放家电下乡补贴资金110万元。努力扩大社会保障覆盖面，结合曲阜市实际，适时调整保障标准和补差水平，农村低保补差由年初的人均30元/月提高到52元/月，确保了低保对象的基本生活。全面推开新型农村合作医疗制度，2008年共投入资金2 950.8万元，参合人口49.18万人，参合率达到98%以上。

【稳步推进各项财政改革，提高科学理财水平】 不断加大改革力度，积极稳妥地推进各项财政改革。深化预算制度改革，完善财政预算体系，建立健全预算编制、执行、监督相互协调、相互制衡的新机制。完善政府采购制度，扩大采购范围和规模，坚持公开、公平、公正地完成各单位的采购任务。2008年共发生采购金额3 290.72万元，节约资金479.28万元，节支率12.71%。不断扩大财政集中支付范围，努力提高直接支付比重。全年财政直接支付金额4.67亿元，占财政支出的71.85 %，进一步提高了财政资金效益。加快推进事业单位改革，加大国有资产监管营运力度，确保国有资产的安全完整。

（撰稿：刘亚军）

兖州市

【概述】 2008年，兖州市实现地方财政收入17.28亿元，增长18.17%。完成财政支出19.25亿元，增长19.82%。连续22年实现财政收支平衡。

【设立街道财政体制】 坚持统筹兼顾、鼓励发展、硬化约束、规范管理的原则，确定了酒仙桥、鼓楼、龙桥三个街道的财政体制，兖州市对各街道实行“核定收支、结余上交、差额补助、增长全留”。将各街道教育、新型农村合作医疗、计划生育、优抚、低保、村级办公经费补助和村干部误工补贴等纳入市级预算，以街道机关运转经费、人头经费和其他社会职能所需经费为主，明确街道支出范围及基数。收大于支的街道将结余部分定额上缴市级，收不抵支的由市级定额补助。

【深化社会综合治税】 依托40个部门、单位的行政管理和公共服务职能，不断健全完善“集中管理、相互协调、数据规范、互通共享”的涉税信息管理平台，将各部门、单位报送的涉税信息分类汇总，由税务部门采取措施加大征管力度。全面建立了企业纳税登记台账，对全市5 600多家企业的用电量及纳税额实行动态管理。由国税部门代征城建税、教育费附加、地方教育费附加和印花税4种地方税收，由房管部门代征二手房交易环节的营业税、城建税、教育费附加等7种地方税收。凡在兖州境内从事货物运输的车辆（不含自开票纳税人）统一实行运费集中结算，由地税部门办理运费结算手续，同时征收税款和交通规费。

【持续增加教育事业投入】 随着在全市城乡实行免费义务教育，财政对教育的投入不断增加，2008年实际拨付的小学和初中预算内生均公用经费均高于省定标准。市财政积极筹措资金，更新农村中小学教学仪器，完善实验室、仪器室设备，全部达到部颁标准。从2008年新学期开始，由市财政拨付经费，免除了高中阶段兖州籍学生学费，在全省率先实行了12年免费教育。启动了投资2.3亿元的新一中建设；为整合教育资源，启动了高水平职业教育中心建设。2008年全市预算内教育支出达到4.29亿元，比上年增长27.94%。

【保证城市建设资金需要】 合理统筹地方财力，做活“以地生财”文章，优化完善投融资机制，多渠道筹集资金，保证城市建设重点工程需要。投入资金5.8亿元，保证了城区8大片区76万平方米拆迁改造，8条主次干道以及11条城区街巷延伸、改造、维修和绿化亮化，两处垃圾处理厂、集污管网、中水资源化等环保治污工程改建扩建，城区煤气管网中压环接；实施了供热主管网升级改造工程，形成了400万平方米供热能力，可满足今后10年集中供热发展需求。

（撰稿：刘　勤）

邹城市

【概述】 2008年，邹城市财税部门坚持以科学发展观为统领，大力培植财源，强化税收征管，积极组织收入，加强财政管理，较好地完成了各项任务。全市地方财政收入完成22.29亿元，同比增长15.5%。财政支出完成24.38亿元，增长20.15%。连续21年实现财政收支平衡。

【财源建设实现新突破】 深入实施“3311”工程和“双千工程”，建立扶持工业发展专项资金，规范服务业发展引导资金管理，采取贷款贴息、以奖代补等方式，积极推进荣信煤化、华智科技等大项目建设，不断加大工业园区、经济开发区基础设施建设投入，为财政增收夯实基础。2008年，投入扶持企业资金4.95亿元。

【财政综合实力迈上新台阶】 加强收入分析预警、进度跟踪和指标考核，健全社会综合治税机制，完善涉税信息交流平台，改进收入征管机制，实时分析监测重点收入，加大对零星税源的征收力度，确保收入及时足额均衡入库。认真开展税收专项检查和稽查，对耕地占用税、契税进行全面清收，出台非税收入工作考核、户外广告资源有偿使用收入等管理办法，严格土地出让金等成本管理，规范行政事业性收费、政府性基金及罚没收入的收缴行为。

【公共服务水平有了新提高】 在保障工资发放的基础上，积极筹措资金，确保规范津贴补贴政策执行到位，全方位增加“路水电气医学”投入，保障城市重点项目建设，继续落实就业和再就业的各项优惠政策，完善城乡医疗救助制度。教育、医疗卫生、社会保障和就业支出分别达到8.07亿元、1.58亿元、2.89亿元。

【财政改革迈出新步伐】 全面推行部门预算，完善国库集中支付制度，合理调度财政资金。加快投融资平台建设，注册成立市发展投资控股有限公司、隆城投资发展有限公司等4个投融资平台，当年争取到位金融机构贷款2.6亿元，累计融资达到8.21亿元。

【财政监管呈现新起色】 强化社保基金管理，提高新型农村合作医疗资金监管水平，确保专款专用。完善财政监督机制，强化重点支出项目及会计监督检查，规范财政监督行为。完善会计管理数据库建设，组织开展全市会计从业人员财政法规培训，财会人员素质和会计信息质量逐步提高。

（撰稿：孟昭来　郑　杰）

微山县

【概述】 2008年，微山县完成地方财政收入9.8亿元，比上年增长25.1%。完成财政支出12.90亿元，增长25.02%。连续22年实现财政收支平衡。

【实施“三抓三促”，地方财力不断壮大】 一是抓发展促增收。牢固树立发展增收、效益增收意识，利用各种政策手段和地方可用财力，培植壮大财源，努力提高经济发展质量和税收贡献能力，为促进财政增收夯实基础。二是抓政策促增收。紧紧抓住加快县域经济发展战略机遇，加大项目资金申报与跟踪管理力度，争取政策与资金。三是抓管理促征收。强化社会综合治税，完善激励约束机制，开展重点税源专项检查，创新税源管理方法，加大税源监管力度，提高治税管理水平。

【深化支出管理，资金使用效益明显提高】 注重加大民生投入，2008年全县安排“三农”支出1.08亿元，用于教育支出3.97亿元、社会保障和就业支出1.35亿元，分别占财政支出的8.36%、30.74%、10.43%。大力压缩行政成本，按照5%的比例压缩党政机关公用经费，严格控制“人车会话”等一般性支出。积极创新理财方式，围绕财政工作的关键环节和重点领域，有针对性地加强制度建设，实行“先制度、后资金，先规范、后运作”。强化资金监督管理，坚持依法理财，完善内控机制，自觉接受人大、政协及社会监督。加大监督检查力度，依法查处各类违规违纪行为。积极开展财政评审工作，不断完善政府采购制度，促进财政资金合理运行。

【深化财政改革，财政运行机制逐步规范】 完善财政管理体制，理顺分配关系，完善县对乡财政管理体制，实行“核定基数、定额补助、超收分成、三年不变”财政体制。深化预算管理制度改革，通过完善支出定额体系、建立财政供养人员信息库和部门基础信息库、项目信息库等措施，预算编制更加规范化。“收支两条线”改革稳步推进，“票款分离”、“罚缴分离”制度更加完善，征管系统更加健全，非税收入管理进入良性发展阶段。积极推进财政企业财务改革、国有资产管理制度改革、支农资金管理制度改革、巩固农村税费改革成果，财政执法和管理水平全面提高。

（撰稿：周继舜）

鱼台县

【概述】 2008年鱼台县地方财政收入完成2.89亿元，增长30.01%；财政支出完成6.23亿元，增长25.07%。

【涉企收费“一费制”管理改革走在济宁市前列】 将各执收部门对涉及企业的必要收费项目捆绑在一起，变原来多头入企征收为一口收费，扎口管理，简化手续，减轻企业负担，优化经济发展环境，得到上级部门的好评，并在全市推广。

【招商引资上新台阶】 充分发挥鱼台县资源优势，积极研究煤炭产业链招商和大项目招商，促成香港中油集团投资55亿港元的100万吨煤制二甲醚项目落户鱼台。

【创新财政投融资体制】 以国有资产经营中心为平台，不断扩宽投融资渠道，向山东省国际信托投资公司成功融资3 392万元，用于支持城市基础设施建设。

【综合治税卓有成效】 加强矿区运输车辆税收征管，集中开展煤炭运输市场税收环境专项整治活动，建立完善“政府领导、地税主管、保险代收、公安把关、财政保障”的管理模式，有效堵塞了税收的“跑、冒、滴、漏”，规范了税收管理秩序。

【民生支出得到较好保障】 严格预算管理，强化预算约束，大力压减一般性支出，不断优化财政支出结构，确保行政事业单位人员工资按时足额发放，确保机关正常运转，确保民生支出需要。加大各项民生支出，2008年全县民生支出共计3.4亿元，增长35.50%，占财政支出的54.56%，其中教育、医生、社会保障、农林水等支出分别同比增长20.03%、86.07%、33.92%、47.81%；落实促进就业的各项财税优惠政策，促进就业再就业；支持保障性安居工程建设；推进文化事业发展，促进和谐鱼台建设。

【新农村建设扎实推进】 继续加大财政支农力度，新增财政支出重点向农村倾斜，全面实行财政涉农补贴资金“一卡通”发放制度，累计发放各项惠农支农补贴2.98亿元，推进现代农业建设，促进农村教育、卫生、科技、环境、文化、基础设施等各项社会事业发展。

【财政改革与管理取得新突破】 巩固完善乡财县管、村账乡管改革成果，实施县乡财政管理体制、部门预算、国库集中支付、政府采购等制度改革；加强财政预算管理，细化预算科目，增加预算透明度，强化预算约束，提高财政工作科学化精细化管理水平。

（撰稿：李洪伟　张　倩）

金乡县

【概述】 2008年，金乡县实现生产总值104.2亿元，增长14.5%；地方财政收入达到2.06亿元，增长15%；财政支出完成6.67亿元，增长20.73%。

【创新财政支持经济社会发展方式，促进了全县经济和社会事业稳步健康发展】 围绕新城区建设规划，积极筹措资金，加大城市基础设施和道路建设等方面投入，进一步改善了城区和居民生产生活环境。把向上争取项目资金作为缓解财政资金紧张局面的有效途径，用足用好各项扶持政策，加强与上级有关部门的协调沟通，2008年争取上级项目到位资金9 774万元。为适应新形势发展需要，创新工作机制，搭建政府融资平台，积极抓好各项融资业务的开展，为城市基础设施和项目建设提供了强有力的资金支持。

【加大社会综合治税力度，完善税收征管机制，积极抓好重点行业的税费清理，实现了地方财政收入的稳步增长】 组织开展了城区房地产建设行业的税费集中清理征收，对2005年以来建成竣工和开工建设的房地产项目进行了拉网式摸底排查，对有关税费款项进行了集中清理征收，累计征收税费款项6 970万元。积极开展矿山环境治理保证金、水资源费、排污费、社会抚养费、人防工程易地建设费、沙石料厂治理等有关税费征收专项清理活动，累计征收有关税费款项1亿余元。加大“先税后证”执行情况的稽查力度，按照新的耕地占用税征收标准，全面排查税源，积极抓好耕地占用税的征收挖潜。强化非税收入管理和票据源头控管，进一步规范执收执罚部门的征管行为。

【优化整合财政资金，一般性支出得到有效控制，确保了重点事业支出的需要】 合理调度运筹财政资金，科学安排使用奖补资金，优化支出结构，基本保证了工资的正常发放、民生投入等方面的重点支出。规范理顺津补贴发放项目和标准，进一步提高了财政供养人员工资发放水平。加大社会保障方面的投入，逐步提高城乡低保补助标准，基本实现了城乡低保全覆盖。积极推行城镇居民基本医疗保险，抓好医疗保险资金的筹集和监管。稳步推进县乡公共卫生体系建设，居民医疗水平逐步提高。积极推进义务教育保障机制改革，义务教育、高中教育、职业教育得到新发展。完善基金会存单集中兑付办法，基金会存单兑付工作走上规范化管理轨道。围绕规范用财管理，加强财政监督检查，重点对执收执罚单位的财务收支情况、会计信息质量、各项专项资金的使用情况等方面进行了专项检查，确保财政资金的合理投放和安全有效使用。

（撰稿：赵建国）

嘉祥县

【概述】 2008年，嘉祥县实现地方财政收入4.38亿元，比上年增长30%。税收收入完成3.6亿元，增长31.8%，税收收入占地方财政收入的比重为82.41%，比上年提高1.13个百分点。实现财政支出9.18亿元，增长17.66%。

【财政收入保持较快增长】 认真落实收入任务，积极协调乡镇和税务部门，在税源调查和测算分析的基础上，逐级落实到征收机关、各个行业和乡镇，落实到税源、税种和纳税人。实行经费奖励制度，乡镇公用经费拨付与月度收入进度直接挂钩，国地税部门完成季度、年度收入任务，按照定额标准奖励经费。积极组织契税、耕地占用税收入，主动争取国土、房管部门的协调配合，坚持“先税后证”制度，实行源头控管，促进农税收入稳步增长。搞好重点税源调查，对全县煤炭企业生产经营和纳税情况开展专项调查，7月份煤炭企业缴纳税款8 166万元。完善社会综合治税措施，建立涉税信息采集传递、委托代征、考核奖惩三个平台工作机制，不断挖掘税收增长点，通过综合治税新增税款738万元。抓好收入调度分析，及时调度情况，全面掌握财政经济运行态势和收入进度，做到按月均衡入库。

【财政支出实现同步增长】 扩大新型农村养老保险试点范围，提高城乡低保、五保供养和新型农村合作医疗补助标准，增加退休金、机关事业养老保险单位负担比例。全面落实各项惠农政策。落实对种粮农民直接补贴1 053.29万元，农资综合补贴5 475.49万元，家电下乡补贴97.9万元，优质小麦良种补贴330万元、玉米良种补贴100万元、水稻良种补贴102.6万元、棉花良种补贴435万元，农机装备推进项目补贴110万元、农机具购置补贴240万元，能繁母猪补贴240万元、能繁母猪保费保险补贴

63万元，奶牛补贴31.6万元，“一池三改”补贴212万元；将民办学校纳入免杂费政策实施范围，全部免除农村义务教育阶段学生课本费，提高农村中小学公用经费以及家庭经济困难寄宿生生活费补助标准，扩大家庭经济困难学生资助范围，实现义务教育阶段贫困生资助政策的全覆盖。

【财政管理基础工作稳步推进】 加强企业国有资产监管，严把行政事业单位资产处置关，强化评估行业管理，进一步完善国有资产评估项目核准制和备案制。从2008年7月1日起对乡镇财政及所属行政事业单位财务实施“乡财县管”办法，完善公共财政支出改革、巩固和深化农村税费改革成果。5月份建立嘉祥县政府采购网站，进行了政府采购执行情况的联合检查，落实各项监管和服务功能。进行“收支两条线”专项检查，对重点单位收支情况进行全面检查。对嘉祥县26个单位的会计信息质量进行全面检查，对会计代理记账机构进行清理整顿。

（撰稿：张万昌）

汶　上　县

【概述】 2008年，汶上县完成生产总值115亿元，增长27.7%；地方财政收入完成3.6亿元，增长33%，增幅居全市第一，税收收入占地方财政收入的比重达94.6%。财政支出完成8.36亿元，增长17.3%。连续22年实现当年财政收支平衡。

【着力加强税费征管】 财税部门团结协作，密切配合，层层分解任务，强化调度考核，完善社会综合治税机制，规范税费征管，集中开展税费专项整治活动，重点清理车船使用税、城镇土地使用税、建筑安装房地产业税收和地质环境保证金等税费，共清收各项税费1.6亿元，有效防止了财政收入流失。国、地“两税”收入完成3.36亿元，占地方财政收入的93.4%，较上年提高2.5个百分点，增收9 003万元，增长36.6%，收入结构进一步优化。

【集中财力保重点支出】 坚持有保有压，精心运筹，科学安排，集中财力保障重点支出需要。严格执行预算，认真落实县长“一支笔”审批制度，从严控制追加预算。综合运用预算内外资金，分清轻重缓急，重点支持教育、农业、卫生、社保等支出。积极发挥财政职能作用，千方百计筹措资金，集中用于大项目建设，全年投入资金6.9亿元，重点支持了50万锭紧密纺、新风光电子、105国道绿化、莲花湖湿地、旧城改造、城市基础设施建设等工程项目，全县重点工程项目建设取得显著成效。

【财政改革实现新突破】 稳步开展行政事业单位国有资产管理体制改革，按照行政事业单位国有资产“政府统一所有、授权国有资产经营公司运营、单位使用、财政依法监管”原则，对县级行政事业单位国有资产实行集中经营管理，不断壮大政府融资平台规模。积极参与企业改革，盘活存量资产，从严规范资产拍卖，防止国有资产流失。深入落实县乡财政建设的“五奖一补”政策，进一步完善乡财县管改革，规范程序、强化监督，控制乡镇新增债务，防范财政风险，提高基层财政管理水平。继续深化“收支两条线”改革，全面实行“票款分离、罚缴分离”制度，加强对项目立项、标准制定、票据使用、账户监控、收费行为和收费资金、罚没收入使用等环节的财政监督。进一步深化会计集中核算管理，严格执行财经制度，认真搞好财务核算和监督。狠抓政府采购规范化管理，健全监督机制，采购规模不断扩大，全年政府采购额达到7 600万元，比上年增长14.2%。加强对财政资金管理使用情况的监督检查，组织开展一系列涉及民生方面的专项资金使用情况检查以及“收支两条线”专项检查，认真落实整改责任，财经秩序进一步规范。

（撰稿：郭宗军　孙海涛）

泗　水　县

【概述】 2008年，泗水县地方财政收入完成2.3亿元，同比增长15.60%。财政支出完成6.37亿元，增长19.85%。当年实现财政收支平衡。

【财源建设力度不断加大 财政收入稳定增长】 明确税收征管责任，定期召开财税工作办公会，研究税收征管办法，确保完成全年税收任务。针对该县税源结构，分别对大型企业、中小型企业、零散税收制定了相应的税收征管措施，进一步完善征管手段，确保税收足额入库。加大了对铁矿、石材、河砂税源的征税管理，开展了铁矿、河砂集中治理活动，进一步完善了铁矿、河砂、石材的税收征管计量办法，根据国家铁矿资源价格曲线波动状况，及时调整该县铁矿税赋。2008年全县资源税完成5 599万元，比上年增加3 046万元，增长119.31%，有力地拉动了地方财政收入增长。积极协调资金，加大培植财源力度，2008年拨付城市建设资金7 236万元，提升了城市面貌，为全县经济发展和招商引资工作注入了强劲动力。

【财政改革迈出新步伐　依法理财取得新成效】 以建立公共财政体系为目标，加强财政改革，创新财政资金管理方式，合理调度财政资金。2008年1月1日开始实行新的县乡财政体制，为乡镇提供了一个公平、公正的发展平台，充分调动了乡镇（街道）培植财源和组织收入的积极性。合理界定预算外资金，统筹使用预算内外资金，提高财政资金保障能力。建立资金运营新体制，进一步推进项目建设、城市建设和基础设施建设。坚持“管查结合，依法监督”的原则，进一步强化财政管理和监督。组织开展“收支两条线”检查，进一步清理非税收入项目，杜绝“坐收坐支”现象发生，合理调度非税收入资金，提高非税收入使用效益。

【支出结构进一步优化　民生工程扎实推进】 2008 年，不断优化支出结构，确保民生工程和各项惠民政策的落实。加大“三农”投入力度，确保资金落到实处，安排“三农”资金 1.83 亿元。投入计生、文化事业资金 4 950 万元，有力地支持了全县计划生育工作，加大了文化基础设施建设，丰富了广大群众的文化生活。发放各项惠民富民财政补贴资金 3 725.8 万元。大力推进城镇居民基本医疗保险和新农合，有 3.8 万人参加城镇居民基本医疗保险，有 48.1 万人参加新农合，避免了因病致贫、因病返贫现象发生。投入农村义务教育保障经费 2 704 万元，切实解决了农民上学难问题。

（撰稿：邵常喜）

梁山县

【概述】 2008 年，梁山县地方财政收入完成 2.15 亿元，增长 17.49%；财政支出完成 7.86 亿元，增长 24.37%。

【财政收入稳定增长，实力不断增强】

坚持以培植财源为中心，集中资金支持全县招商引资、重点项目、重点工程建设，贯彻落实国家扩大内需的各项政策，积极为各类企业争取专项扶持资金及贷款贴息、补助，发挥财政资金和政策杠杆调控作用，促进全县经济稳步发展。财政部门牢牢把握均衡入库原则，积极采取措施，认真执行收入预算。加强对组织收入工作的组织领导，财税部门定期召开联席会议，深入乡镇、部门和企业，加强协调督导，分解落实深入任务，定期通报收入进度，及时研究解决工作中遇到的困难和问题，促进组织收入工作的顺利进行。强化税收征管措施，深化社会综合治税，不断强化征管措施，开展税收监督检查，堵塞税收漏洞，努力做到应收尽收、不留死角。加强非税收入征收管理，严格执行“收支两条线”制度，严把票据关口，完善征缴新体系，拓宽管理渠道，确保政府非税收入及时足额入库。2008 年，梁山县被省财政厅确定为“省级非税收入规范管理示范县”。

【加强支出管理，增强财政保障能力】

进一步规范收入分配秩序，确保机关事业单位在职和离退休人员工资正常发放。围绕改善农民生产生活条件，加大对“三农”投入力度，推进农业结构调整，确保农民得到实惠。围绕完善社会保障体系，落实财税优惠政策，多渠道筹集资金，扩大养老、医疗等社会保险的覆盖面，健全社会保险体系，提高服务水平，促进就业再就业，保证困难群众生活稳定。围绕办好教育，进一步落实困难学生资助政策，积极清理化解农村义务教育债务，促进教育事业健康发展。围绕建设和谐社会，积极支持全县重点项目、重点工程建设，立足发展循环经济，改善群众生活质量，维护群众根本利益，促进全县经济和社会事业健康协调发展。

【加强财政监督，提高依法理财水平】

深入贯彻《财政违法行为处罚处分条例》，健全财政监督机制，认真开展专项检查活动，严厉打击乱收滥支、私设“小金库”等违法违规行为，整顿规范财经秩序。积极推进财政投资评审工作，完善“先评审、后拨款”的运作机制，发挥财政投资评审的职能作用，确保财政资金安全运行、高效使用。加强国有资产监督管理，深入探索以国有资产运营公司为核心的投融资机制，建立健全资产配置、使用、处置、收益等各项管理制度，加强公务车辆等国有资产动态监督管理，推进企业破产改制，促进资产保值增值。

（撰稿：叶　蔚）

泰安市

泰山区

【概述】 2008 年，泰山区完成地方财政收入 7.33 亿元，比上年增长 20%；实现财政支出 10.11 亿元，增长 33.5%，连续 21 年实现财政收支平衡。

【优化支出结构，财政保障能力持续增强】 出台了《泰山区公务员津贴补贴改革方案》，规范了全区津贴补贴发放，全年共新增工资支出 2 059

万元。拨付646万元，提高了农村义务教育阶段生均公用经费标准，农村义务教育经费保障机制逐步完善。不断完善新型农村合作医疗制度，积极筹集资金为23万农民群众报销医药费920万元。大力推进就业再就业工作，出资120万元购买公益岗位，安排下岗职工和困难企业军转干部就业。积极推进“平安泰山区”建设，拨付资金80万元，保障奥运火炬在泰期间的安全传递。拨付资金690万元，支援汶川灾区的抗震救灾工作。

【加大支农投入，推进全区城乡统筹协调发展】 拨付资金413.5万元，认真抓好全区小型水库除险加固工作，确保汛期安全；做好惠农补贴发放工作，全年拨付资金1 200万元，完成粮食直补、农资综合补贴、家电下乡补贴和农村客运成品油补贴，使14万农民群众得到实惠；拨付资金161万元，为全区困难奶牛养殖户实施补贴，有效化解了“三鹿”奶粉事件的冲击；拨付资金101万元，完成了1 000家以户用沼气建设为中心的乡村改水改厕工程，改善了农民生活条件。

【运用财政杠杆，有力推动了经济结构调整】 完善激励机制，兑现各项奖励资金202万元，进一步激发了各单位干事创业、服务发展的工作积极性；按照招商引资优惠政策，核拨企业扶持资金518万元，优化了全区经济发展环境；加大对节能减排企业的支持力度，为康平纳、鼎鑫冷却器、岱银集团等企业争取节能减排资金1 599万元，推动全区经济结构调整；积极搭建投融资平台，支持中小企业创业和技术创新，年初设立了200万元中小型科技企业创新发展资金，采取无偿补助、贷款贴息、资本金投入等方式，为科技型高成长性的创新企业提供资本，有效缓解了科技型中小企业发展资金瓶颈问题。

【加强财政监管，财政资金使用效益不断提高】 深入推进国库集中支付改革，全年通过国库集中支付系统直接支付2.14亿元，授权支付4 480万元；加强政府采购管理，全年完成政府采购金额1 293万元，节约资金155万元，节支率达到12%；加大非税收入管理，完善收支两条线，在全市第一家通过山东省非税收入征管系统对抗震救灾捐款进行管理，上缴抗震捐款513万元；稳步推进农村义务教育债务清理化解工作，确认债务8 000万元，促进了农村义务教育健康发展；积极实施金财工程，全面运行基层财务管理系统，覆盖全区行政事业单位的财政一体化平台逐步上线。

（撰稿：赵泽宁　罗文亮）

岱　岳　区

【概述】 2008年，岱岳区认真贯彻落实科学发展观，紧紧围绕“强区富民、振兴岱岳”目标，大力实施“工业立区、服务业兴区”战略，强化财源培植，严格依法理财，狠抓增收节支，较好地完成了各项任务目标。全区地方财政收入完成3.69亿元，比上年增长20%，财政支出完成9.15亿元，增长23.4%。

【财源基础日益巩固】 拨付重点项目经费7 326万元，支持泰山青春创业开发区和大汶口石膏工业园发展。建立全区企业项目库，争取扶持资金3 487万元，较好地支持了企业发展。筹措资金6 400万元，用于支持新农村建设和农业龙头企业发展。兑现各项考评奖励资金600多万元，充分调动各级干事创业、服务发展的积极性。

【收入质量明显改善】 认真搞好经济运行预测和税源调查研究，创新收入征管手段，严格依法征税治费，确保了各项收入及时足额入库。2008年，全区税收收入完成3.16亿元，比上年增长30%，占地方财政收入的比重达到85.8%，非税收入占财政收入的比重分别比全市及县市区平均水平低6.5个和4.5个百分点，财政收入结构进一步优化。

【重点支出保障有力】 拨付区直及乡镇教师工资2.1亿元，增加离退休干部教师离退休费1 800万元，教师及区直干部增加住房补贴1 488万元。拨付离退休住房水电补贴、医疗保险金、养老及失业保险金1.16亿元，库区移民补贴2 070万元。筹措专项资金1 510万元用于病险水库除险加固；拨付粮食和综合直补资金4 382万元、能繁母猪补贴203万元、“家电下乡”补贴240万元；安排新型农村合作医疗资金4 766万元，新型农村合作医疗行政村覆盖率达到100%，农民参合率达到98%。

【财政管理更趋规范】 修订完善区乡财政管理体制，提高了基层发展经济、培植财源的积极性。深入推进国库集中支付与财政集中核算制度改革，共节省财政库款资金2 800万元。继续完善政府收支分类改革，增强了预算的约束力和透明度。组织开展农村义务教育债务、会计信息质量、政府采购、税收征管质量等专项检查，及时纠正存在的问题，财政管理的规范化、科学化、精细化水平进一步提升。

（撰稿：王　震）

新　泰　市

【概述】 2008年，新泰市实现生产总值433.3亿元，比上年增长

13.7%。地方财政收入完成 19.6 亿元，比上年增长 20.2%；财政支出完成 24.6 亿元，增长 4%。连续第 22 年实现财政收支平衡。

【财源建设】 市财政筹集财政资金 5 570 万元，用于支持企业发展；拨付资金 872 万元，支持企业技术改造、技术研发；筹集资金 4 145 万元，鼓励企业节能降耗、淘汰落后产能、应用清洁能源；拨付资金 400 万元，帮助企业采用新工艺、开发新产品；落实税收优惠政策，向企业减税让利 6 200 万元。抓住国家扩大内需的机遇，共争取中央财政投资项目 10 个，争取中央国债资金 2 171 万元。

【支持民生建设】 全市拨付资金 2 375 万元，将城乡低保补助标准分别提高 68% 和 80%；投资 3 282 万元，对全市敬老院实施了“六统一”改造。落实义务教育保障经费 4 600 万元，落实各类教育助学资金 718 万元；全市筹集资金 1 082 万元，支持了农村中小学危房改造。拨付资金 890 万元，支持城镇居民基本医疗保险试点；落实新型农村合作医疗补助资金 6 383 万元，投资 800 多万元，对乡镇卫生院实施了升级改造。拨付资金 850 万元，实施了就业援助计划；落实资金 630 万元，支持开展就业培训；拨付小额担保贷款贴息及担保费 120 万元，积极支持自谋职业、自主创业。拨付资金 2 448 万元，用于支援四川抗震救灾。

【促进社会和谐】 全市筹集资金 7 230 万元，支持病险水库除险加固以及农村饮水工程、交通工程、改厕改灶等基础设施建设。兑付各项惠农补贴 9 510 万元，拨付资金 4 622 万元，重点支持了生态保护和环境治理。拨付资金 1 151 万元，支持了“平安新泰”建设。筹集资金 1 282 万元支持了体育公园建设、农家书屋建设、公益电影放映及影剧院改造，推动了文化强市建设。市财政安排对乡镇转移支付 9 932 万元、专项资金 4 327 万元，有力支持了基层各项事业发展。

【财政管理】 本着统一政策、分级管理，财权与事权相统一的原则，调整完善市乡财政管理体制，确保全市工资统一标准、及时发放和乡镇正常运转。进一步推进政府采购改革，全面推行“管采分离”，全年完成政府采购金额 1.12 亿元，节约资金 1 400 万元，节支率为 11.1%。继续深化国库集中支付改革，全市通过集中支付系统支付资金 12.7 亿元。积极推进收入分配制度改革，规范机关事业单位津补贴。着力加强煤炭企业资产管理，推进出资人制度建设，确保政府股东权利的落实。全市共开展各类财政专项检查 6 项，查出违规违纪资金 5 960 万元。

（撰稿：李钦利　杨　敏）

肥　城　市

【概述】 2008 年，肥城市实现生产总值 365 亿元，比上年增长 15%；实现地方财政收入 15.4 亿元，增长 20.2%。财政支出完成 20.85 亿元，增长 26.1%。

【财政收入】 各级财税部门以组织收入为核心，以提高“两个比重”为目标，积极改进征管方式，完善社会综合治税机制，清理税费优惠政策，严格依法征管，确保财政收入的快速增长和收入质量的显著提升。

【财源建设】 各级财税部门积极发挥职能作用，全力支持经济发展。拨付资金 5 666 万元，落实鼓励骨干企业发展和招商引资扶持政策；拨付资金 6 935 万元，支持企业能源集约利用、技术改造、新产品开发和农业龙头企业发展。落实免抵退税和扩大内需等税收优惠政策，对企业减税让利 9 663 万元。筹集资金 1.37 亿元，支持了市重点工程建设项目，提高了城市载体功能。市乡财政争取上级转移支付和专项资金 3.85 亿元，支持全市经济发展。

【财政支出】 优先保障民生支出和社会发展。全市教育、医疗卫生、社会保障和就业支出分别增长 35.5%、62% 和 44.5%。深化义务教育经费保障机制改革，全市 8 万多名中小学生享受到免费义务教育；拨付资金 1 793 万元，用于困难学生资助和农村中小学校舍改造。拨付资金 5 251 万元，支持城乡医疗保险和乡镇卫生院、农村标准化卫生室建设。全年发放低保金 1 639 万元，提高了城乡低保标准和五保对象供养标准。拨付资金 535 万元，用于经济适用房建设、廉租房补贴和实施就业援助。规范了公务员、事业人员津贴补贴，提高了离退休人员待遇。市级拨付资金 5 032 万元，支持了病险水库除险加固、河道维护治理和农业综合开发；拨付资金 2 218 万元，支持了农业产业化、标准化生产、农村公路养护和沼气池、村镇规划建设。认真落实各项支农惠农补贴政策，全市共补贴农民 8 148 万元。拨付资金 1 981 万元，支持荒山绿化，建立了生态补偿机制，加强了城市环境综合整治。拨付资金 1 029 万元，用于重大疾病防控体系建设、动植物疫情防治和城市消防设施等建设。安排对下转移支付资金 1.51 亿元，支持乡镇财政和基层组织建设。

【财税管理】 加强财政管理制度建设，建立起了涵盖财政收支各环节的制度体系和监督机制。深化国库集中支付制度改革，市财政通过集中支付系统支付财政资金8.6亿元。全面实施政府采购“管采分离”制度，全年完成政府采购额2.25亿元，节约资金4 927万元，综合节支率18%。政府非税收入管理更趋规范，财政增收渠道日益拓宽。财政执法检查力度不断加大，全年查处违规违纪资金640万元，财经秩序进一步规范。

（撰稿：尹逊东）

宁阳县

【概述】 2008年，宁阳县实现生产总值153.34亿元，比上年增长13.6%。实现地方财政收入5.4亿元，增长20%；各项税收占财政收入的比重达到87%，同比提高5.3%；财政支出完成10.95亿元，增长18.76%。连续20年实现财政收支平衡。

【财源建设明显加强】 坚持把培植壮大县乡财源作为提升发展后劲的立足点和落脚点，认真研究生财之道，多渠道、多形式壮大财源基础，促进了经济平稳较快增长。支持工业骨干企业发展。县财政投入重点和高科技项目发展资金1 187万元，推动企业产品结构调整、技术升级和自主创新。认真落实出口退税、减免退税等优惠政策，减轻企业负担1.48亿元，企业发展后劲明显增强。巩固发展农业基础财源。采取财政贴息、奖励、补助等形式，拨付资金6 681万元，重点支持农业龙头企业和农业基础设施、高效创税特色农业、“一村一品”等项目建设。全力支持旅游和现代服务业发展。安排专项资金支持旅游规划和景点建设，促进旅游事业发展；扶持“万村千乡市场工程”建设，促进了现代服务业发展。

【支出结构更加优化】 优先“保工资、保稳定、保法定支出”，重点强化财政的公共服务职能，优化财政资源配置，切实落实各项惠民政策，集中财力解决支农、教育、社保等民生问题。2008年，全县用于民生领域的支出达2.26亿元，占总支出的比例达到24.14%。确保县乡工资及时、足额发放，提高乡镇住房补贴执行比例，及时兑现正常晋档增资，激发广大干部职工干事创业的积极性。加大支农惠农投入，全年共拨付各项补贴达到9 671万元，全面落实上级各项惠农政策。同时，拨付各类专项资金3 952万元，有力地夯实了农业发展基础，促进了农村和谐进步。加大教育事业投入，共拨付5 828万元资金用于落实义务教育经费保障机制、实施城区学校布局调整工程、危房改造工程和落实学生资助救助政策，较上年增加1 726万元。加大社会保障投入，积极构建民生安全网，完成各类社会保障支出1.19亿元，比上年增长35.92%，养老保险、医疗保险、困难群众和其他社会保障资金及时到位。

【资金绩效全面提升】 按照依法理财、科学管理的目标要求，切实做好理财文章。继续深化部门综合预算制度改革，进一步完善部门综合预算编制方法，细化支出预算，提高工作效率。积极推进和完善国库集中支付制度改革。将预算内外资金全部纳入国库集中支付改革范围，实现了“横向到边、纵向到底”的总体目标。全年累计支付资金5.02亿元，其中直接支付比例达到60%以上。推进政府采购制度改革，综合节支率达到19.79%。加强政府投资项目评审工作，全年评审项目60余个，节约资金1 600余万元。

（撰稿：孔凡友　朱道国）

东平县

【概述】 2008年，东平县完成生产总值127亿元，比上年增长18%；完成地方财政收入4.5亿元，增长20%；完成财政支出8.3亿元，增长13.3%。

【固本强源，倾心育财】 落实铁矿开发、化工等企业扶持资金4 060万元，缓解金融危机对企业的冲击。大力支持东平湖水浒旅游等设施建设，拉动旅游服务业发展。落实各种涉农补贴资金3.2亿元，改善农业生产条件，促进农民增收和农业增效。

【强化征管，依法聚财】 深入开展税收收入分析，扎实开展社会综合治税，实现了向管理要收入。推动企业二、三产业分离，加强零星税源清理，小税种征出了大税额。扎实开展“契税政策进社区”活动，做到了财政收入征管到单位、进社区。发挥票据的源头监控作用，非税收入管理更加规范。加强改制企业的资产处置，实现了国有资产收益最大化。

【关注民生，科学用财】 在泰安市率先建立了县乡机关事业人员工资同标准、同进度发放机制。新型农村合作医疗实现了提标扩面，启动了城镇居民基本医疗保险改革，群众看病难的状况得到进一步改善。完善农村义务教育经费保障机制，支持文化、计生等事业发展。

【改革创新，高效理财】 从2008年1月份起实行乡镇工资县级统发。认真做好部门预算编制试点改革前期准备工作，国库集中支付改革不断深化，财政直接支付比例达74%。加快政府投融资改革步伐。启动了财政直接管理县直行政事业单位国有土地和房屋的监管机制改革。

【强化监督，依法管财】 积极推行“阳光采购”和“管采分离”，完成政府采购额5 546万元，节约资金825万元，综合节约率12.9%。完成评审额7 106万元，审减1 210万元，审减率为17%。积极开展会计基础规范化考评活动，企业财务管理水平不断提高。

（撰稿：魏宏斌　尹燕国）

威海市

环翠区

【概述】 2008年，威海市环翠区完成地方财政收入16.2亿元，比上年增长14.03%。完成财政支出12.2亿元，增长12.94%。连续22年实现财政收支平衡。地方财政收入占GDP的比重、税收收入占地方财政收入的比重、工商税收占地方财政收入的比重、“四税”收入占地方财政收入的比重分别达到6.86%、90%、76%、57%。

【财政保障能力不断增强】 大力支持企业发展，安排2 000万元的鼓励发展基金，用于激励扶持企业发展，促进税收收入快速增长。取消收费项目11项。向自备发电机组企业发放补助100万元。投入1 200万元园区建设资金用于桥头及羊亭工业园区建设。加大“三农”投入，用于社会主义新农村建设总投资达到1.6亿元。全面落实粮食直补、成品油价格改革补贴、“家电下乡”等支农惠农政策，共计发放粮食直补资金72万元、农资综合补贴资金345万元、能繁母猪保险7万元、家电下乡补贴39万元及成品油价格改革补贴资金5 180万元。加大社会各项事业投入，分别完成教育、卫生、社会保障支出2.4亿元、5 523万元和1.39亿元，较好地保障了全区经济和社会事业发展资金需求。

【财政改革稳步推进】 深化部门预算改革，积极推进综合财政预算，规范基本支出预算管理，完善分类定额管理办法，健全定额支出标准体系。加快推进国库集中支付改革，科学设置审批环节，规范业务流程，保证资金安全，提高支出效率，进一步完善了公共财政制度。着力深化政府采购制度改革，进一步规范和完善政府采购预算编制，加强政府采购代理机构管理，健全政府采购专家评审制度，采购效率进一步提高。妥善做好津贴补贴改革工作，坚持落实政策，协调联动，顺利完成全区津贴补贴改革，发放津贴补贴5 000余万元，区镇两级党政机关及事业单位人员工资和离退休人员待遇都得到较大幅度提高。

【财经秩序进一步规范】 加强会计事务管理，面向社会选拔录用了11名会计人员，对部分单位会计人员进行了轮岗调整。认真开展税收收入征管质量检查，共查处违纪金额2 356万元。加强国有资产管理，进一步规范资产处置管理，采取报废资产集中上缴、统一处置。认真开展资产清查工作，全面摸清区属国有、集体企业的基本情况。加强企业财务监管，帮助企业完善财务制度，健全内部控制制度，落实有关财政政策。逐步构建规范的政府投资项目监管体系，从源头介入，加强跟踪问效，严格控制预算，完善评审质量保障机制。2008年共评审政府投资项目35个，核减资金432万元，核减率达到17%。

（撰稿：戚向军）

文登市

【概述】 2008年，文登市完成地方财政收入19.5亿元，比上年增长17.4%；完成财政支出24.1亿元，增长20.4%。当年实现财政收支平衡。

【财政收入快速增长】 加强税收征管，大力推行社会综合治税，完善考核办法，调动全市各部门组织收入的积极性。对镇办主要考核缩小收支缺口和镇级财税增长；对经贸局主要考核对销售收入过10亿元及纳税过千万元企业的税收调度；对建设局主要考核打造10个税收过千万元的房地产企业完成情况。通过一系列有效的措施，重点企业税收增长强劲，全市前100名企业实现地方级税收增长18.9%。在对土地审批和建设环节的19项建设税费集中征管的基础上，又针对房地产开发商“小批大建”和“擅自提高容积率”问题，对城市基础设施配套费、人防费等实行彻底清算，增加了全市非税收入。

【重点支出得到有力保障】 顺利实施规范津贴补贴改革，兑现增加机关事业单位在职及离退休人员津贴补贴，总额近1亿元。投入2.3亿元用于民生项目建设，促进社会各项事业加快发展。及时兑付各项强农惠民补贴政策，全年发放粮食直补648万元、农资综合补贴3 102万元、成品油补贴6 330万元、家电下乡补贴236万元。

加大农村基础设施建设，用于村村通油路建设资金1 596万元，母猪河下游综合整治资金1 300万元，米山水库、坤龙邢水库除险加固项目资金2 431万元。加大教育、医疗、社会保障资金投入，支出1 890万元实施中小学生“食暖住”工程，义务教育学杂费减免1 653万元；用于城镇居民基本医疗保险补助资金450万元，用于新型农村合作医疗补助资金3 300万元，用于城市低收入家庭住房困难补助800万元。为应对原材料价格上涨，对供电供暖企业补贴资金1 000万元。投入资金1 200万元支持城市排污设施建设。

【财源建设进一步加强】 全力推动骨干企业做大做强，拨付扶持骨干企业发展资金3 400万元。大力推动房地产、旅游业发展，积极应对企业所得税税制改革，有效防止了房地产业税收流失，安排文化推介经费786万元、安排其他旅游宣传经费800多万元，“四山五泉一线”的旅游资源开发全线突破。利用财税杠杆促进南海发展，对各镇、办事处向南海新区引进的大项目所形成的地方级税收，全额作为引进镇办的收入，以体制促项目招商、促南海发展。大力扶持重大项目引进，共兑现招商引资奖励经费500万元，先后对浙商家纺工业园、香水海等项目引进建设单位各奖励20万元，充分调动了全市上下引项目、建项目的积极性。

【财政管理水平进一步提高】 加强财政制度建设，制定出台《国、地税部门收入考核奖励办法》、《关于对市直部门实行经费奖励的意见》、《房地产开发企业税收征收管理办法》等制度，以制度管事、管人。启动国库集中支付改革，加强国库资金管理，在全市20家单位启动改革试点，提高财政资金使用效益。强化财政监督管理，对26个行政事业单位财务收支情况进行了检查，共查处违纪金额2 912万元；强化政府采购监管，完成政府集中采购1.2亿元，节约资金2 201万元，节支率达15.5%。加大财政投资评审工作力度，共审查工程造价3.73亿元，审减资金4 281万元，审减率11.5%，规范了财经管理秩序。

（撰稿：刘　楠）

荣 成 市

【概述】 2008年，荣成市完成地方财政收入25.43亿元，增长15.38%。其中税收收入18.74亿元，增长15.65%，占地方财政收入的73.67%。完成财政支出34.44亿元，增长24.1%。

【财政收入总量持续增长】 市政府制定了《关于实行社会综合治税提高收入质量的实施意见》，大力推行社会综合治税。建立了企业税收基础管理数据库，对全市1 400多户规模以上企业纳税情况进行调度分析。各征管部门着力加强税源控管，通过税收专项检查，共查处各类违纪税款3 000多万元，严肃了税收纪律。积极挖掘政策增收潜力，通过落实财税优惠政策，鼓励工业企业主辅业分离，发展总部经济，推动法人纳税，增加地方税收收入。2008年全市税收收入占地方财政收入的比重达到73.67%，比上年有所提高。加强非税收入征管，严格执行各项减免政策，土地出让政府纯收益部分实现了翻番增长。

【民生支出保障持续有力】 始终把民生放在财政保障的突出地位，全力做好市政府承诺的为民十件实事。按照“多予、少取、放活”的原则，完善“三农”发展保障体系，建立财政支农投入稳定增长机制。完善医疗卫生保障体系，新型农村合作医疗工作向纵深推进，提高了财政补贴标准和报销比例。健全农村公共卫生服务体系，加快重点卫生院和农村中心卫生室建设。推行城镇居民基本医疗保险制度，参保率达到60%。完善城乡教育保障体系，推进农村义务教育经费保障机制改革，对家庭经济困难学生实施资助。全年民生事业支出增长22.68%，高出经常性收入增幅9个百分点。

【财税杠杆作用持续发挥】 围绕三大主导产业，财税优惠政策、财政扶持资金重点向海洋经济、集群经济、品牌经济、服务经济、生态经济等方面倾斜。严格执行各级出台的鼓励企业发展的政策，为企业减费让利，全面落实节能减排、品牌建设、自主创新、上市融资、结构调整等财税扶持政策，帮助企业渡过难关。在财政政策设计和财政资金使用上，注重加强调控管理，着力推进结构调整、节能减排、自主创新、基础设施建设，促进经济发展方式的转变。

【体制机制环境持续优化】 围绕全面提高依法理财水平，进一步加强财政管理，理顺镇区财政体制，较好地调动各镇区培植税源、加强征管的积极性。推行公务员津贴补贴改革，建立体现机关事业单位特点的津贴补贴正常增长机制。强化财政监督管理，建立行政事业单位基础资料管理数据库，加强财政投资评审和政府采购管理。规范企业改制程序，对企业公有资产和公有股权转让全部实行公开挂牌交易，产权转让收入全额上缴财政。

（撰稿：孙伟峰）

乳 山 市

【概述】 2008年，乳山市完成地方财政收入12.1亿元，按可比口径增长17.18%；完成财政支出15.1亿元，增长16.39%，实现了收入质量、总量“双提高”，支出规模、效益“双提高”。

【着力加强财源建设】 认真落实市委、市政府出台的一系列激励企业发展的优惠政策，拨付重点企业扶持资金和经济奖励资金970万元，促进企业自主创新、扩大技改、培育品牌、加快发展。围绕打造城市名片和旅游品牌，拨付专项资金1 458万元，保证了母爱文化节、在中央电视台发布城市广告、中国休闲经济发展高峰论坛等主题活动的需要，提高了城市美誉度和知名度。拨付支农资金5 300万元，实施了中小型水库除险加固、农村户用沼气、农村饮水工程、农村道路改造等基础设施建设项目，夯实了农业和农村发展基础。

【切实强化收入征管】 依法理顺土地交易环节耕地占用税、契税等税收征管机制，全面落实“先税后证、先款后证”政策，征收契税1.2亿元，耕地占用税1.06亿元；进一步创新税收结构调整思路，依法清理税种混征行为，积极应对汇总法人纳税政策；积极探索借助部门力量推进依法治税的新思路，协调公安、社会中介机构，对房地产企业进行集中财务检查，累计查缴税费3 525万元。在此基础上，加大非税收入征管力度，严格规范房地产开发领域非税收入征管，从建设项目立项、施工、完工确权等环节严格把关，补缴规费收入3 738万元；积极参与土地出让“招拍挂”，跟踪收缴土地收益2.5亿元，财政调控能力。

【优先保障重点支出】 2008年，乳山市累计用于民生方面的支出达7.6亿元，全面加大教育、卫生、社保等重点事业投入力度。拨付资金1 746万元，实施了农村中小学食暖工程，全部免除城市和农村义务教育阶段学杂费等，促进教育事业健康发展；拨付专项资金631万元，落实计划生育特困家庭社会救助、独生子女伤残死亡家庭补助等政策；拨付社会保障支出1.5亿元，保证了社会养老、医疗、优抚、就业和再就业工作的顺利实施，加大了农村及弱势群体扶助力度。

【不断推进财政改革】 积极推进国库集中支付制度改革，在全市20个预算单位开展试点运行；稳妥规范公务员津贴补贴，做到政策、资金同步到位；进一步加大政府采购监管力度，共组织基本建设、车辆购置等采购活动58次，节支3 453万元；不断规范政府投资工程项目评审管理，重点抓好事前预算评审、事中现场监督和事后决算审查，核减不合理支出1 803万元。

（撰稿：彭新波　胡京林）

经济技术开发区

【概述】 2008年，威海经济技术开发区完成地方财政收入8亿元，比上年增长19.6%。完成财政支出5.7亿元，增长5.34%。

【财政管理成效显著】 深入开展“效率效益年”活动，进一步加强财政管理水平，向管理要效益。加大财政评审力度，完成工程结算审核25项，核减786万元，审减率11%。制定《城市基础设施维护费管理办法》，核减费用近千万元。大力推进“阳光采购”，建立开发区政府采购网站，开办网上超市，将专家评委库从2 300多名扩容到5 000多名。组织参与各类采购76次，节支426万元，节支率15.9%。按照国有资产在竞争领域宜退则退的原则，对国有参控股企业进行整合和转让，确保国有资产保值增值。加大专项资金跟踪问效力度，组织开展财政专项资金检查。对小型病险水库除险加固资金开展绩效评价，进一步提高了资金使用效益。

【财源培植有新举措】 灵活运用财税杠杆，着力支持经济发展，促进企业做大做强。及时兑现各项扶持企业发展政策资金1.16万元；兑现22个村2007年度标准厂房出租经营财政扶持资金104万元。建立重点企业联系制度，围绕管委推进企业争大做强工作，与44户重点企业建立了重点联系制度，每月对企业提供的财务指标和经营信息进行统计和分析，为领导决策提供及时准确的信息资料。经常深入企业调研，与企业一起研究解决生产经营中遇到的困难。开展综合治税，实行土地税收一体化管理。进一步完善乡镇、办事处财政体制，调动组织收入的积极性，实现税收比上年增长64.77%。加大财税专项检查力度，查补税款2 467万元。

【民生保障水平不断提高】 按照“保基本，广覆盖，不断完善，逐步提高”的原则，积极推进“十大民生保障体系”建设。推进城乡义务教育经费保障机制改革，促进教育事业快速健康发展，全区中小学信息化水平和学生就学环境步入全省先进行列；完善城乡医疗保障体系，推进城镇居民基本医疗保险，新农合参合率达100%；城乡社会救助、养老、就业低保、优待、灾害救助救济、五保供养、就业补助等各项政策得到有效落实。财政直接投入“三农”资金9 952万元，比上年增长71%，完成新农村建设致富、绿化、净化、硬化、文化、教育、治水、居住、保障、平安“十大工程”。

（撰稿：霍书林）

高新技术开发区

【概述】 2008年，威海高新技术开发区地方财政收入完成8.7亿元，比上年增长18.03%。税收收入完成6.07亿元，占地方财政收入的比重达69.4%。实现地方财政支出7.5亿元，增长20.09%，连续17年实现财政收支平衡。

【大力组织协调收入，成效显著】 强化组织协调，落实责任，积极调度，加强征管，确保财政收入应收尽收，均衡入库。加大综合治税力度，勤沟通，严考核，效果明显，仅车船税实现1 800万元，比上年增长67%。以查堵漏，边查边入库，查补税款1 000多万元。积极筹集资金落实各项奖励性政策，扶持企业加快发展，其中，落实资金1 600万元，扶持威高、光威两家企业发展，2008年两家企业分别实现税收2.04亿元和0.4亿元，比上年增长73%和51%。

【科学调度资金，集中财力保障重点】 积极克服困难，拓宽融资渠道，通过银行贷款、争取上级专款等有效途径，融通资金3亿多元，全力保障全区重点工程建设资金需要。其中，投入1.5亿元，保障了金海滩整体拆迁改造、初村污水处理系统、产业化基地以及创新创业基地建设等全区重点项目建设的顺利进行。投入3 800万元，用于保障各项民生政策的落实。

【强化监管，提高财政工作的精细化管理水平】 细化编制2008年预算，以收定支，严格控制经费追加，切实维护预算的刚性和严肃性。建立完善的国库单一账户体系，预算单位覆盖率100%，国库直接支付比例95%，列全市之首。政府采购改革进一步深化，政府采购比重不断提高，得到上级财政部门的好评。2008年完成采购64批次，节约资金1 460万元，节减率18%。增设投资评审中心，对项目建设进行“事前、事中、事后”全程跟踪、监督、管理，切实提高财政资金的使用效益。全年审定工程结算3.3亿元，审减值1亿元，审减率24%。

（撰稿：曲　峰）

日　照　市

东　港　区

【概述】 2008年，东港区实现国内生产总值240.9亿元，比上年增长18.8%；完成地方财政收入11.48亿元，增长23.3%；实现财政支出7.79亿元，增长30.38%。

【助推发展，服务发展，支持区域经济建设】 发挥财政资金的引导作用，先后投入资金5 900万元，支持招商引资和区域经济发展；落实出口免抵退税资金1.29亿元，其中地方财政落实969万元，促进企业发展；按照有偿使用的原则，安排资金4 700万元作为安置房建设启动资金，支持城中村改造工程。

【咬定目标，抢抓落实，做大做优收入“蛋糕”】 建立财税工作分线运作机制，将收入入库纳入年度目标管理绩效考核；强化税源控管，推进税收征管精细化管理，做到“以管理促增收，向管理要增收”；加强社会综合治税，建立责任一体、配套联动的高效组织收入工作机制；加强形势预警分析，及时采取应对措施，确保收入均衡入库，为全年收入任务的顺利完成奠定坚实基础。

【突出重点，优化结构，构建公共财政支出框架】 按照“有保有压、有促有控”的原则，突出工资发放、改善民生和重点项目三个保障重点。下半年全额兑现津贴补贴政策，建区以来首次实现了市、区、镇三级工资发放标准统一；将镇级基本运转经费纳入区级保障范围，根据收入进度按月拨付调度资金；对涉及教育、计生、社保、农业、医疗卫生等方面的44项民生政策，区级财政配套资金均全部予以统筹安排，全年用于民生的资金累计达1.6亿元。

【深化改革，强化监督，提升精细化理财水平】 加大综合预算管理力度，将部门、单位的所有收入全面纳入预算，严格执行“收支两条线”；加强资产处置和大项资产监管，将部门单位的土地证、房产证和机动车辆登记证纳入统一监管，实行备案登记；深化国库集中支付改革，加强非税收入管理，政府采购领域和规模进一步扩大，建立财政监督计划管理制度，强化对重点领域、重点行业和重点资金的检查，财政监督领域和水平进一步拓展和提高。

**【完善制度，创新机制，全面提高财

政运行质量】 贯彻“区镇一体，财力下移”理念，按照保障与激励并重的原则，建立区对镇转移支付制度，加快了基层财政解困步伐；改革差额单位补助经费管理办法，将差额补助费优先用于在职职工养老、医疗金的缴纳，并直接支付到保险机构，解除职工后顾之忧；同时，会计委派试点健康运行，镇街道财政财务管理取得新突破，财政调研取得丰硕成果，财政运行中的薄弱环节得以有效加强，运行质量显著提高。

（撰稿：张福生）

岚山区

【概述】 2008 年，岚山区实现地方财政收入 12.15 亿元，居全省各区县（市）第 34 位，增长 78.1%。全区税收收入占地方财政收入的比重提高到 97.4%；地方财政收入占 GDP 的比重提高到 6%。全区财政支出完成 6.72 亿元，增长 46%。岚山区财政局连续 4 年荣获“省级文明机关”称号。

【创新机制抓收入】 创新完善了“核定收入基数、保障基本支出、收入奖惩挂钩、超收不进基数、一定三年不变”的区镇财政体制，制定了积极的收入考核办法，完善激励奖惩机制，极大地调动了镇街道招商引资、发展经济、协税护税及税务部门加强税收征管的积极性。创新实施“核定收入基数、超收累进奖励”的非税收入激励政策，充分调动了非税收入征管单位的积极性，2008 年实现非税收入 5 061 万元。完善了项目争引机制，建立区财政系统、区直各经济管理部门和镇、街道三个层面的“项目库”，2008 年争引到位各类项目扶持资金 3.1 亿元，有力地支持了全区经济社会事业的发展。

【阳光规范定支出】 切实增强预算约束力，制定了《岚山区财政支出流程》，年初将公用经费和专项经费分解到月，并实行“一支笔”签批制，由国库按月拨付；在预算执行中，除政策性支出外，预算单位一律不再追加支出预算。坚持有保有压，重点保障了“三农”、教育、卫生、社会保障及“阳光工资”兑付等，资金的经济效益和社会效益得到有效提高，有力地保障了社会各项事业的快速、和谐发展。把“保工资”作为财政支出工作的重中之重，最大限度地压减一般性支出，筹集资金 1.03 亿元用于津贴补贴发放，“阳光工资”政策得到了较好落实。创新农村干部工资补贴发放办法，采取国库“一卡通”方式发放工资补贴，促进了基层组织的正常运转，维护了农村的社会稳定。严格落实各级强农惠农政策，积极筹措资金，规范支付程序，使广大农民享受到惠民财政的“阳光”，累计投入“三农”方面资金 3.2 亿元，直接涉及农民的“粮、油、水、医、学、住、用”等方方面面。

【市场运作突城建】 以城建投资公司为投融资平台，通过市场化运作，积极与省开发行、市商业银行等各银行及上级财政部门洽谈贷款融资 4.9 亿元。加强政府土地储备和运作，储备土地 5 300 余亩，为下一步政府继续融资、聚力突破城建奠定了坚实的基础。拨付城建资金 3.91 亿元，保障了南沿海公路、多岛海等全区重点工程项目建设的需要。

【监督管理保廉洁】 加强监督制度建设，制定了《岚山区财政监督管理办法》、《岚山区公共工程政府招标采购实施细则》等 13 个规范性文件。加大监督检查力度，对涉农专项资金进行了重点检查，并制定了相应的整改措施，进一步提高了相关部门依法理财的水平。在全市率先实行公共工程政府采购，严格实施工程招标、工程变更“六家会签制”，所有重点工程招标必须由检察院、监察局、财政局和审计局参加监督；工程变更必须由上述四单位、监理公司及建筑单位六家会签，切实保障政府工程的优质廉洁。2008 年全区采购节约资金 5 112 万元，节支率为 21.2%。

（撰稿：徐玉春　刘　煜）

五莲县

【概述】 2008 年，五莲县实现国内生产总值 120 亿元，比上年增长 15.5%；完成地方财政收入 2.5 亿元，增长（可比口径）16%；完成财政支出 6.4 亿元，增长 6.93%，连续 19 年实现财政收支平衡。

【加强财源建设，增强地方财政实力】

落实积极财政政策，帮助县域企业解决发展难题，先后为十几户骨干企业调整到期和逾期银行贷款 7 275 万元、为企业新增贷款 1 000 万元，落实企业出口退税和免抵调减增值税 7 338 万元，为五征集团、华龙纺织等骨干企业争取各种奖励补助资金 2 531 万元，支持企业发展。投入资金 8 500 多万元，支持 334 省道五莲东段改建工程，优化了发展环境，增强了经济发展承载能力。围绕实现财政增收目标，层层落实征管责任，加强税源监控和税负分析，大力开展社会综合治税。2008 年全县税收收入占地方财政收入的比重达到 93.42%。

【优化支出结构，加大民生保障力度】

加大惠农政策落实力度，累计发放农资综合直补、粮食直补、家电下乡等补贴资金 6 097 万元。深入推进城乡义务教育经费保障机制改革，落实资金 2 710 万元，全部免除了中小学生学杂费并免费提供教科书。积极筹措资金，进一步提高新型农村合作医疗补助标准、城乡居民最低生活保障标准、五保对象供养标准，全面启动城镇居民基本医疗保险试点工作，社会保障体系得到不断完善。教育、农业、文化、医疗卫生等重点支出比上年有较大幅度增长。

【深化财政改革管理，推进科学理财、阳光理财】 围绕监督方式转变，积极推行“回访复查”制度，加大对专项资金管理使用情况的监督检查力度，维护财经纪律的严肃性。创新投资评审方式，强化事前、事中控制，推行招投标管理、一线工作法和跟踪问效制度，提高了财政资金的使用效益，全年评审金额4 846万元，审减766万元，审减率达到15.8%。部署推进清理核实农村义务教育债务工作，完成农村义务教育债务的清理核实，为下一步化解工作奠定基础。强化行政事业单位资产购置和处置工作，加强国有资产控管，确保国有资产的保值增值。

（撰稿：许克明　周兴文）

莒　县

【概述】 2008年，莒县实现地方财政收入3亿元，比上年增长16.99%；实现财政支出9.43亿元，增长8.83%。全县连续22年实现财政收支平衡。

【坚持依法聚财，促进收入持续稳定增长】 围绕“保增长、扩内需、调结构”，积极培植壮大财源，实现财政经济持续协调发展。综合运用财税政策，促进优势产业和骨干企业效益提高，夯实财政增收基础。加强部门间协作配合，坚持税收收入、非税收入、国有资产运营收入三管齐下，强化重点税源监控，打造征、管、查一体化的非税收入征解机构，搞好城市运营和土地经营，财政收入保持持续稳定增长，实现收入总量、收入质量、政府可用财力“三个提高”。

【发挥财政职能，服务经济发展】 积极发挥财政政策和财政资金引导作用，大力支持县域经济、新农村建设和各项重点事业发展。落实工业企业扶持激励政策，支持工业经济、招商引资和大项目建设，推动全县“五大产业”、“七大集团”膨胀规模、提升层次。积极争取一系列扶持政策，进一步改善了县乡财政状况。积极化解教育债务，在全省率先全部完成农村义务教育债务清理化解工作任务，促进了教育事业发展。

【科学运筹资金，保障重点支出】 调整优化支出结构，集中财力保工资、保运转、保民生。认真落实津贴补贴政策，提高机关干部职工和离退休人员收入水平。积极筹措资金，落实农业、教育、医疗卫生、社会保障等各项民生政策，保证各项重点事业发展。充分发挥国有资产经营中心作用，搞好城市运营和土地经营，增强政府调控能力，有效支持全县重点工程和重点项目建设。

【推进改革创新，提高财政管理水平】

深化预算管理制度改革，强化政府收入“全口径”管理，建立起公开、公正、透明、节俭的预算管理体系。深化国库集中支付制度改革，将国库集中支付延伸到乡镇，预算内外资金全部实现国库集中支付。对县直单位实行部门预算、会计集中核算和国库集中支付相结合的管理机制，对乡镇实行乡财县管与定额管理相结合的管理机制，对村级实行村财镇管与民主理财相结合的管理模式，建立起县乡村三级全覆盖、无缝隙的财政监管体系，保证了财政资金安全有效运行。制定出台专项资金、民生资金管理办法，建立了从项目申报、实施到资金管理、项目验收完整的管理体系。

（撰稿：柏发友　周绪晓）

经济开发区

【概述】 2008年，日照经济开发区实现生产总值100.26亿元，比上年增长26.1%；实现地方财政收入4.81亿元，比上年增长6.6%。地方财政收入占GDP比重4.8%，税收占地方财政收入比重81.74%。实现财政支出3.49亿元，比上年减少9.1%。实现财政收支平衡。

【加强财源建设，强化税收征管，保持财政收入持续稳定增长】 突出招商引资和园区建设，培植新兴财源。安排招商专项经费470万元，投入基础配套建设资金2.6亿元，着力打造和提高招商软硬两个环境建设，进一步提高招商质量和项目承载能力；按全区GDP的万分之一设立服务业发展引导资金，用于支持奖励带动作用强、经济效益好、地方贡献大的服务业项目发展，全年规模以上服务业企业实现利税5 000余万元，成为拉动地方财政收入新的增长点。强化征管，保障财政收入持续稳定增长。积极开展社会综合治税，进一步加大对重点税种、重点行业、重点企业的监控力度，不断挖掘增收潜力，保障财政收入持续稳定增长。

【强化预算管理，优化支出结构，财政保障能力进一步增强】 积极支持教科文卫事业发展，在保障教师工资和公用经费的基础上，加大对农村中小学危房改造、“两基”攻坚、信息化建设等重点项目支持，全年共安排教育支出5 354万元，比上年增长26%。认真落实农村计生家庭奖励扶助政策和“四术”免费政策，累计投入计生事业费252.9万元，比上年增长16.1%。积极支持疾病防控体系、医疗救治体系和新农合制度建设，全年累计安排新农合支出572万元，比上年增长33%。大力支持社会保障工作，认真落实中央关于就业再就业的各项扶持政策，继续做好"两个确保"和城乡低保工作。全年累计支出社保基金2 459万元，比上年增长52.8%；累计支出城乡低保资金124.9万元，增长78%；安排就业资金125万元，增长70.7%。扎实推进农村综合改革，认真落实各项惠农政策，坚持"多予、少取、放活"的方针，健全财政支农机制，积极推动新农村建设。对涉农补贴资金实行"一本通"发放，全年发放库区移民扶助资金68.67万元；能繁母猪补贴72.55万元，比上年增长218%；兑付粮食直补、农资补贴资金237.97万元，增长99.7%；拨付渔船燃油补贴751.7万元；开展"家电下乡"试点工作，全年拨付家电补贴22万元。

【加强财政监督，规范财务管理，依法理财水平得到提高】 深化国库集中支付改革，积极做好会计集中核算与国库集中支付的衔接工作，将财务代管单位由23个扩大到26个；积极推行乡镇国库集中支付制度，建立起两个街道的国库集中管理系统。强化重点建设资金监管，加强对建设工程立项、预算审查、材料采购、工程验收、工程决算的审核，对建设资金实行全程跟踪监督，保障专款专用；积极开展投资评审工作，全年审减各类工程建设资金2 300万元，审减率17%；审减建设用地复垦置换项目1 055.12万元，审减率59.64%。进一步完善政府采购管理机制，进一步转变职能，逐步实现"管采分离"。全年组织采购合同金额7 288万元，节约资金867万元，节支率11%。

（撰稿：孙　涛）

山海天旅游度假区

【概述】 2008年，山海天旅游度假区实现地方财政收入5 521万元；实现财政支出5 054万元。连续12年实现财政收支平衡。

【财政收入管理】 及早调研、反复研究、加强协调、统筹安排，科学合理地编制了2008年财政收支计划，及时将收入任务分解到各征收部门，并落实各征管部门责任，建立了联席会议制度，加强了财政收入形势预测分析，加大了收入调度力度，确保了财政收入均衡及时入库。通过完善社会综合治税体系，及时掌握了税源变化情况，加强了对重点税种、重点行业、重点企业的征管，努力实现了应收尽收。加大了与市农税征管部门、区国土部门的协调力度，确保了区内契税足额征收，共入库契税1 330万元。严格落实"收支两条线"和"票款分离"管理规定，积极配合市财政局做好收费票据清理和土地出让金、非税收入调研活动，规范了土地收支管理，完善了非税收入收缴体系，保证了区内各种收费和政府性基金收入足额上缴财政专户。

【财政支出管理】 编制了2008年度全区行政单位预算，对人员经费、公用经费按定额标准核定支出限额，并严格按支出计划拨款。加大工资保障力度，认真做好规范津贴补贴工作，并于8月份正式执行。认真开展会计集中核算工作，坚决清除不符合规定的报销凭证，切实提高了财务管理水平。加强土地出让收支管理，取消了国土部门土地资金收支账户，土地资金收支全部通过财政账户核算。继续加大政府采购管理，扩大政府采购范围、拓宽采购渠道、完善采购规程，提高采购规模效益及财政资金使用效益。同时，统筹预算内外资金，积极配合区国土部门和建设部门，做好了区内征地补偿和工程建设资金的拨付工作，确保了工程建设项目的顺利推进。全年拨付征地补偿款、基础设施建设工程款等9 487万元。

【财政审计监督】 积极开展政府投资项目审计，根据党工委、管委会安排，由社会中介机构对2007年全区基础设施建设项目进行审计，提高了财政性资金的支出效益。规范财政工作程序，强化预算约束和监督机制，推进了财政精细化管理，财务约束力度明显提高。继续加强对银行账户、银行存款管理，及时对银行账户进行了清理，不断加大资金管理力度，确保资金安全、完整，不出现问题。

（撰稿：姜兆宇）

莱 芜 市

莱 城 区

【概述】 2008年，莱城区完成国内生产总值259.6亿元，增长13.2%。地方财政收入完成11.16亿元，增长11%；财政支出完成13.04亿元，增长16.14%。

【把支持经济发展作为首要任务，财源建设力度不断加大】 多渠道筹措资金，支持实施了“中小企业成长计划”，重点从企业家培训、品牌建设、市场开拓等方面给予扶持。认真落实各项退税、减免税、中小企业贷款担保等政策，为企业搭建了相对宽松的政策环境。筹集资金2 283万元，支持了科技创新平台建设、重大节能减排技术、科技型中小企业创新发展等。

【把组织收入作为中心工作，组织收入水平有了新的提高】 加强与税务部门的协调。年初收入目标确定后，坚持一月一调度，分析财政形势，研究增收措施，牢牢抓住收入工作的主动权。做好调查研究。面对严峻的形势，财税部门深入重点纳税企业开展调查，了解企业生产状况和产品市场走势，预测对全年财政收入的影响，提出了增收措施，为科学决策提供了依据。加强收入征管，连续下发了《关于做好当前财政税收审计工作的通知》和《关于进一步加强组织收入工作的通知》，进一步明确了工作重点，落实工作责任，全力抓好组织收入工作，确保应收尽收。

【把推动统筹城乡一体化发展作为工作主线，公共财政建设深入推进】 大力支持新农村建设，落实资金5 200多万元，用于小型水库除险加固、农业综合开发、造林绿化等工程，支持了农民专业合作组织建设、新型农民科技培训、政策性农业保险试点，扶持了农村土地流转、农业龙头企业、农产品质量标准体系建设等。完善了民生保障体系。全区民生投入达到2.03亿元，增长20.6%。其中，社会保障方面，落实资金2 040万元，提高了农村居民养老保险的财政补助标准以及农村五保供养、下岗失业人员失业金发放和城乡低保等。农村社会事业方面，落实财政补助资金3 932万元，提高了新型农村合作医疗补助标准。安排资金4 954万元，认真落实了农村义务教育经费保障机制改革；落实资金776万元，用于大病医疗救助、优抚对象医疗保障、计划生育特殊家庭扶助等。增加农民收入方面，兑付种粮农民直接补贴298万元，种粮农民农资综合补贴1 426万元，发放水库库区移民扶持直补资金782万元，实施“家电下乡”工程，兑付补贴资金180万元。

【把控制支出作为重点，财政管理水平进一步提高】 以预算控支出，建立了预算、指标、国库集中支付系统管理一体化模式，对各单位实行严格的经费包干办法。以监督控支出，制定出台《关于加强财政支出管理工作的通知》，严格控制燃修费、招待费等一般性支出，将有限的资金用到保工资、保民生上。以改革控支出，全面深化了政府采购预算制度改革，加大财政投资评审力度，探索实行了国有资产评估结果公示制度。以制度控支出，完善了专项资金管理办法，确保了各项资金安全、规范、高效使用。

（撰稿：郭廷亨）

钢 城 区

【概述】 2008年，钢城区完成国内生产总值190亿元，增长11.7%。地方财政收入达到15.38亿元，比上年增长18.82%；财政支出完成17.69亿元，增长22%。

【创新筹资机制，区域经济发展步伐明显加快】 积极服务支持莱钢建设、投入资金5 700万元，支持莱钢研发中心、鲁中钢铁物流中心、“三号”高炉、宽厚板、挠性覆铜板等重点项目建设。服务支持开发区建设，投入资金8 500万元，支持开发区莱钢大道绿化、莱马路拓宽改造、“三纵三横”道路续建等基础设施建设。落实财政服务扶持政策，制定出台了《钢城区经济开发投资有限公司企业信用担保办法》、《关于鼓励发展中小企业信用担保机构的实施意见》、《关于对重点项目实行财政贷款贴息的政策规定》和《钢城区财政扶持高新技术企业发展专项基金管理暂行办法》等一系列政策，改善了企业外部发展环境。

【拓宽增收渠道，财政收入快速增长】

坚持依法治税和加强征管，建立税源动态监控体系，全面推行社会综合治税，加强对地方小税等零散税收的征管和申报纳税质量的检查，地方财政收入实现稳定快速增长和均衡入库。加强非税收入征管，全面清理整顿行政事业性收费，加大城市宣传、户外广告、土地、水资源等国有资源开发力度，实现政府收益 8 200 万元。

【调整优化支出结构，保障民生力度明显加大】 全力保障工资发放和基层运转，统筹安排预算内外财力，把工资性支出摆到预算安排的首位，保证了机关正常运转。加强社会保障体系建设，安排各类保障资金 4 300 万元，扩大了社会保障范围，提高了保障能力。建立公共事业发展体系，投资 1.6 亿元，加大了对教育、卫生等各项社会和公共事业的支持力度。

【深化财税改革，财政创新发展能力明显提高】 实施国库集中收付制度改革，对全区 63 个部门全部实行国库集中收付制度，提高了财政资金使用的规范性、安全性、有效性。完善政府采购制度，共完成采购金额 4 164 万元，节约财政资金达 682 万元，平均节支率达 14.1%。积极完善会计集中核算制度，实行县级报账，保证了资金安全完整；做好政府投资工程项目和资金的管理与核算，加强部门单位财务支出核算与监督。深化政府投资评审制度改革，制定下发《莱芜市钢城区财政投资建设项目资金管理暂行办法》，提高了工程质量和资金使用效益。全年评审政府投资性项目 56 个，评审工程总额 1.7 亿元，审减资金 3 910 万元，平均审减率 23%。深化预算外资金“收支两条线”管理改革，完善预算外资金“收支两条线”、“票款分离”、“罚缴分离”等机制，防止了各种违规违纪现象的发生。

（撰稿：孙东升　邹笃华）

高新技术开发区

【概述】 2008 年，莱芜市高新技术开发区完成国内生产总值 33 亿元，增长 18%。完成地方财政收入 2.61 亿元，增长 26.5%；完成财政支出 2.04 亿元，增长 11.5%。

【加强财源建设，支持区内企业发展】

全年投入资金 1.1 亿元，支持企业发展，增加经济总量。服务招商吸引财源，优化政策环境，加大资金投入，认真落实、招商引资政策，服务招商引资。创新科技增加财源，加大科技投入力度，全方位支持以高创中心为主体的创新平台建设；拓宽产学研结合渠道，突出扶持拥有自主知识产权的高科技项目，增强了科技后劲。支持企业壮大财源，加大对新办企业和新上项目的扶持力度；创新财源建设资金扶持机制，通过贷款担保、贷款贴息等多种方式扶持区内重点企业发展；协助企业争取上级资金支持，助力企业做大做强。优化结构拓展财源，积极组织省级区域协调发展示范县评审上报工作，争取到了每年市以上补助 263 万元（补助三年）的资金扶持，将有力推动全区产业结构调整步伐。

【强化征管措施，大力组织财政收入】

突出征管重点，突出抓好主体税种和重点税源征管，深入开展所得税暨国际重点产品竞争力调查，实现税收收入的“源头控管”。强化征管手段，认真贯彻“加强征管，堵塞漏洞，惩治腐败，清缴欠税”的工作方针，维护正常的税收秩序，确保财政收入及时足额入库。推行综合治税，定期召开财税联席会，加强收入调度；与相关部门联合，开展土地使用税等专项检查，堵塞收入漏洞。创新征管模式，对个体工商户零散税收实施了国、地税“联合办证，协同定税，共同征管，协作征缴”的管理模式，完善了协税配合制度。

【优化支出结构，保障重点事业发展】

整合优化各类资金，合理安排支出，确保将有限的资金用在刀刃上、花出效益来。按照保重点、保民生、保稳定的原则，将财政资金更多地倾向于社会事业发展需要。认真落实各项财政惠农补贴政策，提高了农民生活质量；全年共支付各种市政工程拆迁补偿费用及工程款 9 580 万元，优化了投资环境；投入 3 735 万元，用于发展教育、卫生、民政、计划生育等关系民生的事业，促进了全区经济社会和谐发展。

【深化体制改革，推进财政管理创新】

深化农村综合改革，开展了农村义务教育债务清理化解工作，为促进农村发展奠定了基础。深化预算制度改革，继续推进政府收支分类、国库集中支付、部门预算、收支两条线等改革，预算管理进一步强化。深化土地资金管理改革，根据中央、省和市级土地资金管理办法的变动，及时与相关单位对接，明确工业用地招拍挂资金核算办法和款项拨付程序，促进了项目用地手续的办理。深化财政投资评审改革，加强项目竣工验收监督，严格执行工程预决算审查二级复核制度，保证了评审质量。

【推进依法理财，加强财政监督管理】

加大国资监管力度，组织区内行政事业单位开展了 2007 年度国有资产信息统计工作，摸清了各单位国有资产存量及其增减变动情况。加大政府采购监管力度，进一步规范政府采购行为，完善政府采购制度，全年共完成采购 50 余次，采购金额 4 563 万元，节约资金 893 万元，采购节约率 16.36%。加大企业财务信息监管力度，严格执行企业主要财务指标快报制度，加强对企业财务、运营状况的调度，完善了企业项目库，加强了项目申报工作，为科学掌握经济运行动态提供了可靠依据。

（撰稿：亓高燕）

雪野旅游区

【概述】 2008年，雪野旅游区完成国内生产总值1.72亿元，增长108.89%。完成地方财政收入2 937万元，同比增长119.22%；完成财政支出1.70亿元，同比增长67.98%。

【强化税收征管，收入实现快速增长】 在挖掘自身潜力、堵漏增收上狠下功夫，强化征管手段，采取“抓好骨干税源、盯紧一次性税源、全面控制零星税源”的方法，加大税收征管力度，切实做到依法治税、依率计征、应收尽收，促进了财政收入持续快速增长。

【合理有效利用财政资金，保证旅游区正常运转】 面对复杂的财政经济形势和尖锐的财政收支矛盾，坚持勤俭节约、量入为出，在压减一般性支出的基础上，按照“保工资、保民生、保运转、保稳定”的原则，保证各级工资的正常发放，保证医疗卫生、民生保障等政策的落实。同时，通过向上争取专款、拍卖土地及贷款融资等方式，筹措资金7 000万元，用于支持旅游区基础设施建设和重点项目工程。2008年累计拨付资金6 800万元，重点支持了环湖路绿化、仲临路改造、雪野水库除险加固等重点工程以及雪野旅游区项目洽谈推介会、全省17市电视台短片大赛、2008全国动力伞优秀选手赛等重点活动。

【大力提高财政资金使用效益】 做好建设项目投资评审和拆迁补偿工作，全年共完成40余项工程的决算审计工作，为旅游区节约财政资金800余万元；充分发挥财政监督职能，抓好旅游区建设项目拆迁补偿工作，有效提高了资金使用效益，保证了社会稳定。进一步规范政府采购程序，严格按照《中华人民共和国政府采购法》、《中华人民共和国招投标法》的要求实施政府采购，杜绝了采购过程中的舞弊行为，为旅游区的发展提供了有力保障。

【加大招商引资力度，努力培植新税源】 为进一步吸引外来资金，培植新的经济增长点，在旅游区现有财源的基础上，积极利用自身资源优势招商引资，先后有20余家企业落户旅游区，新增纳税1 000余万元。

（撰稿：王　霆）

临　沂　市

兰　山　区

【概述】 2008年，兰山区完成生产总值360亿元，增长16%。完成地方财政收入11亿元，增长10.7%；完成财政支出14.5亿元，增长12.07%。2008年，该区被市委、市政府表彰为“市级文明机关”，被区委、区政府表彰为“年度工作综合考核先进单位”、“精神文明建设先进单位”。

【收入管理】 强化收入任务目标责任制，将地方财政收入任务层层分解细化，具体落实到各镇街道和各基层征管单位，实行目标管理、责任考核。强化部门联动，加强与税务部门协调配合，齐抓共管，有效促进了征收工作。加大社会综合治税力度，突出重点税源和重点税种管理，强化税源监控，坚持做到收入规模与收入质量并重，使经济又好又快发展成果体现到财政增收上来。全区10个镇街道中有6个收入过亿元，其中兰山办事处达到3亿元。

【财政财务管理】 对2007年度会计信息质量进行了检查，抽查企事业单位18家，查出违法违纪金额8 157万元，进行了相应处罚，规范了财经秩序。组织开展了2008年企业所得税税源调查。圆满完成全区行政事业单位资产清查报表工作和国有资产产权登记工作。加强政府采购监管，全年累计采购金额1 975万元，平均节支率10%。进一步强化会计管理，发放会计从业资格证书3 045个，举办会计人员继续教育培训班16期，培训会计人员5 880人。强化重点项目的跟踪审计，集中开展了“收支两条线”检查，财政财务管理水平不断提高。

【财政支农】 发放粮食、农资补贴资金1 990万元，家电下乡补贴资金91.6万元，涉及农户9.6万余户；投资740万元，用于李官镇农业综合开发土地治理项目；投资760万元，用于金锣金银花开发和白沙埠农业综合开发项目；筹集资金564万元，保证了小型病险水库除险加固工程的顺利进行；拨付补助资金309万元，用于村村通自来水工程；下拨12.7万元，保证百万农户致富工程低收入农户贷款贴息工作顺利进行；兑付大中型水库库区移民后期扶持资金133万元，惠及2 578名库区移民。

（撰稿：杨 震）

罗 庄 区

【概述】 2008年，罗庄区实现国内生产总值174.3亿元，比上年增长16.2%。地方财政收入完成4.89亿元，比上年增长27%；财政支出完成7.37亿元，增长21.03%。

【拓展增收渠道，财政收入保持良好增势】 积极支持规模企业发展，依靠项目扩展培植主体财源，大力扶持农业产业化龙头，依靠结构调整培植基础财源，全力支持高新技术产业和绿色经济，依靠政策扶持拓展新兴税源。加强财源、税源的调查分析，努力挖掘潜在财源，切实堵塞征收漏洞。强化各类收入征管措施，及时分解落实财政收入目标任务，完善财政收入目标考核措施，狠抓财政收入进度管理，财政收入保持了良好增势。财政收入质量稳步提高，税收收入占地方财政收入的比重达85.01%。财源结构进一步优化，小额税种保持了较好增长水平。

【优化支出结构，民生保障水平明显提高】 按照公共财政的要求，加大对农业、教育、科技、计划生育、社会保障、医疗卫生等重点项目和城市基础设施建设、经济结构调整、基层发展等方面的投入，确保了各项重点支出需要和惠农政策兑现，实现财力向公共事业领域倾斜，有力地支持了全区经济和社会事业发展。2008年共安排公共服务和民生保障方面支出3.9亿元，比上年增长22%。其中支农支出4 166.42万元，教育支出3 656万元，文化体育支出1 344万元，医疗卫生支出4 039万元，社会保障和就业支出6 883万元，环境保护支出3 584万元，重大项目建设支出1.36亿元。

【深化财政改革，重点工作实现创新突破】 精细化部门预算全面运行，部门预算编制的准确性、完整性和合理性逐步提高。国库集中支付系统部门联网顺利实现，提高了预算执行的透明度和资金使用效率。全区国库集中支付资金8.27亿元，其中直接支付6.89亿元，直接支付率达84%，同比增长51%。财政投资评审工作成效显著，2008年共参与十余项重点工程评审，涉及财政资金8.4亿元，审查财政投资评审项目资金3.3亿元，审减率25%，节约财政资金8 050万元。政府采购和国有资产管理进一步规范，加强政府采购计划管理，建立实施管采分离制度，2008年完成集中采购1 567万元，节约资金217万元，节约率12.3%；进一步健全国有资产管理制度，完善资产管理处置办法，确保了资产的使用效益。财政监督检查力度加大，相继开展了全区2006～2007年度市级财政部分专项资金的管理使用和2006年度、2007年度上级财政下拨的部分社保专项资金两个专项检查，强化了监督效能，严肃了财经纪律，促进了财政专项资金管理水平的不断提高。

（撰稿：张维军）

河 东 区

【概述】 2008年，河东区实现地方财政收入2.42亿元，增长18.00%。实现财政支出6.41亿元。

【坚持依法征管，科学征管，财政收入保持较大增幅】 坚持以组织收入为中心，不断强化征管措施，加大征管力度，认真开展宏观税负分析，大力推行社会综合治税，依法规范非税收入征管，财政收入保持稳定增长。税收收入占地方财政收入的比重达55.47%。

【统筹兼顾，突出重点，重点支出得到较好保障】 科学运筹资金，集中财力保证重点支出，较好地保证了工资、社会保障、三农、科教文卫和重点项目、重点工程建设的需要。2008年全区文化科学教育支出增长36.50%，公共安全支出增长22.67%，社会保障及医疗卫生支出增长58.11%，农林水事务支出增长62.79%。在确保工资发放、民生政策落实以及重点事业发展的前提下，大力支持重点工程、重点项目建设，2008年开工建设了各类工程60多项，工程总投资达1.56亿元。

【深化改革，加强管理，财政管理水平进一步提高】 加强部门预算管理，不断优化支出结构，提高了预算编制的科学性。按照“划分收入，核定基数，超收分成”的原则，调整区乡财政体制，调动了各级发展经济、培植财源的积极性，有效缓解了区乡财政困难，促进了全区经济社会又好又快发展。逐步推进“乡财区管”和“村财乡管”改革，加强区乡财政管理，提高了村级组织保障水平，促进了基层组织的正常运转。完善国库集中支付制度，对区直预算单位加强了零余额账户管理，对财政直接支付和授权支付作了进一步规范，促进了预算编制改革，进一步规范了资金拨付行为，有效防止了单位用款的随意性和套取财政资金现象，维护了预算的严肃性，强化了预算约束力，推进了财政支出管理向精细化迈进。加强与税务、统计、银行等相关部门的协调配合，加强与重点企业、征管单位、乡镇联系，分析突出重点问题，加强收支形势预测，努力提高预算执行分析质量，为领导科学决策和加强管理提供了重要依据。认真贯彻实施《政府采购法》，全面推行政府采购制度，政府采购的范围和规模进一步扩大。2008年累计完成政府采购额1 186万元，节约资金175万元，综合资金节约率达12.85%。

（撰稿：陈恩伍）

郯 城 县

【概述】 2008年，郯城县实现生产总值169.4亿元，增长15.3%；地方财政收入完成4.33亿元，增长8%，其中税收收入完成3.15亿元，占地方财政收入的72.7%，比上年提高4.9个百分点，收入结构进一步优化；财政支出完成9.92亿元，增长11.2%。郯城县财政局被中共临沂市委评为“基层满意的县区部门”荣誉称号。

【财源建设取得明显成效】 通过设立产业集群项目发展基金和财政贡献奖励基金，重点支持化工、造纸、服装及农产品加工等优势产业继续做强做大。年纳税100万元以上的企业发展到36家。通过召开现场会、兑现激励政策等形式，总结和推广典型经验，推动乡镇财源建设工作实现了跨越式发展。郯城镇实现地方财政收入6 810万元，马头镇地方财政收入首次突破1 000万元。

【支出结构进一步优化】 坚持“保工资、保运转、保民生”的支出思路，在支出大幅增加的情况下，全年没有出现拖欠工资现象，还筹集资金2 650万元兑现落实了上级增资政策，提高了津贴补贴标准。通过土地出让、利用“龙信通”理财产品和向上争取等方式进行筹资，筹集资金3.5亿元支持重点工程建设，城乡面貌显著改善。民生投入稳步增长，各类涉农补贴发放、义务教育经费保障、新农合补贴、各类优抚补助和城市低保补助等民生资金优先得到保证。

【财政精细化管理水平逐步提高】 制定出台了《预算执行管理暂行办法》、《国库集中支付管理暂行办法》，规范财政资金拨付程序，有效保证了财政资金管理使用的安全、高效。2008年，将全县120个单位纳入国库集中支付系统，通过系统支付的资金达到5.01亿元。组织审核重点项目工程预算93项，审核资金2.38亿元，审减2 320万元；审核拆迁补偿项目77项，审核资金1.58亿元，审减762万元，有效节约了财政资金。

【财政监督体系日臻完善】 规范和完善了政府公共投资的招投标工作，对工程预算追加进行了严格规范。积极拓宽政府采购监管范围，首次将政府公共投资项目和公务车辆保险纳入采购招标监督范围，全年实现政府采购金额1.75亿元，节约资金2 800万元。坚持“一口对外”的检查思路，实行检查结果共认、共享，查出违规违纪金额616万元，规范了被查单位的财务收支行为，严肃了财经纪律。

（撰稿：马学准 魏拂晨）

苍 山 县

【概述】 2008年，苍山县地方财政收入完成3.07亿元，增长16.52%，其中税收收入完成2.53亿元，增长27.54%，占地方财政收入的比重达83.50%，比2007年提高8.07个百分点；财政支出完成11.37亿元，增长24.71%。该县被市委、市政府授予平安临沂建设、行风建设、安全生产等市级荣誉称号11个，被县委、县政府授予最佳文明服务单位、行风建设、平安创建、招商引资、计划生育等先进单位称号15个。

【财政支农惠民投入实现新突破】 2008年全县预算内农林水事务支出1.29亿元，增长32.93%，预算内民生配套支出1.24亿元，增长45.88%。累计发放低收入农户贷款财政贴息336万元，投入671万元完成13座小型水库除险加固，争取落实资金9 649万元，用于支持现代农业发展、农业综合开发、扶贫开发等80多个支农项目，拨付1.49亿元，兑付了种粮农民、库区移民、良种、农资、农机具等13项涉农补贴。财政补贴新农合7 540万元，发放低保资金2 644万元，惠及低保对象4.14万人，预算安排41万元支持农村电影放映工程。

【财政保障能力实现新提高】 教育、环保、医疗卫生、社会保障和就业支出达到5.87亿元，各项民生政策均得到较好落实。实施津贴补贴改革，县直行政事业单位每人每月增发100元，乡镇增发120元，调度安排1 063万元支援汶川地震灾后重建，拨付贷款1.45亿元支持东泇河治理和现代农业示范园建设，筹措资金1.45亿元，用于206国道拆迁改建、园区建设、体育馆、一中三期工程等重点工程，有效改善了县城人居环境。

【政府非税收入取得新成效】 开展了“非税收入管理宣传月”活动，发放宣传资料2 000多份，制定实施《苍山县河道工程维护管理费征收管理办法》，将河道工程维护管理费纳入地税代征，被授予全省第二批“非税收入规范管理示范县”。

【财政管理有了新进展】 推行部门综合预算改革，统一编制、统筹安排单位预算内外资金和其他收支，壮大了预算“盘子”，增强了政府调控能力。积极参与县发电厂、造纸厂、商业集团等企业改制，对全县166户行政事业单位和21个乡镇的资产重新进行了登记年检，防止了国有资产流失。制定下发了2008年政府采购目录，不断扩大采购范围和规模，完成采购金额5 210万元，资金节约率达12.92%，进一步提高了资金使用效益。集中开展了收支两条线、政府采购、财政专项资金和会计信息质量“四项检查”，依法查处违规违纪资金700万元。

（撰稿：寇全会）

莒南县

【概述】 2008年，莒南县实现生产总值152.47亿元，比上年增长15.6%；实现地方财政收入3.38亿元，增长2.7%；实现财政支出10.45亿元，增长16.7%。

【经济发展得到较好支持】 落实出口退税、税收减免等优惠政策，减轻企业负担1.9亿元。落实企业挖潜改造和技术创新等扶持资金729万元。补助1 700万元用于城市生活垃圾处理工程、节能减排奖励。争取国债资金和开发银行贷款，支持实施了城市道路硬化、绿化、亮化工程、临港产业区等重点工程建设，优化了投资环境。

【财政收入质量稳步提高】 大力推行税负分析、综合治税和以票控税等征管措施，加大耕地占用税、契税清理清欠力度，实行非税收入扎口收费，财政实力进一步增强，收入质量稳步提升，税收收入占地方财政收入的比重比上年提高2.5个百分点。

【财政支出保障较为有力】 直接向农民兑现粮食、良种、家电和农资综合补贴等各类补贴7 429万元。农业综合开发、水库除险加固、农村饮水工程和沼气建设等农村基础设施建设得到有力支持。农村社区建设、动物防疫等方面得到较好保障。积极落实义务教育免学杂费、贫困学生“一免一补”和高中、中等职业学校助学金等政策，加大校舍改造、教学仪器更新力度，改善了办学条件。提高城市低保和农村低保补助标准，各类低保金、养老金、医药费均按时足额发放到位。科技、文化、公共安全等社会事业发展得到有效保障。

【财政改革成果显著】 建立了“预算统编、账户统设、资金统缴、支出统核、采购统办、票据统管”的“乡财乡用县管”管理模式，乡镇集中支付系统上线运行。全年完成政府采购2 500万元，节支率达14.3%；对西一路等33个城建项目进行评审，审减不合理支出1 649万元，审减率达29%。认真清理农村义务教育债务，核实认定债务5 643.6万元。开展了公用事业配套费和专项资金等多项检查活动，维护了良好的财经秩序。

（撰稿：刘元景 王仕平）

沂水县

【概述】 2008年，沂水县完成国内生产总值194.2亿元，增长15.9%，实现地方财政收入5.36亿元，同比增长38.8%；实现财政支出11.13亿元，增长21%。

【围绕经济发展，加强财源建设】 不断加大“三农”投入，全县实现“三农”支出4.85亿元，支持了农业综合开发、小型水库除险加固、新型农村合作医疗等工作，及时对全县20.89万户农民发放3 158.48万元粮食直补和农资综合补贴资金，促进了社会主义新农村建设。积极落实各项财税政策，大力支持招商引资和骨干税源建设，共扶持企业63户，扶持资金达1.03亿元。投入资金1.31亿元，加强基础设施建设，改善投资环境。

【完善征管措施，促进财政增收】 建立了财税金融部门与经贸部门调度分析例会制度，及时分析、查找经济运行和税收征管中的问题和不足，对收入入库情况提前做好预分析，努力达到均衡入库。建立了重点行业和重点企业专项调度分析制度，对重点行业和企业，及时进行生产、经营和纳税等情况分析，帮助企业强化经营管理，提高依法纳税意识，确保税收及时足额入库。建立了企业税负分行业定期通报制度，对各行业的税负情况进行通报和评论分析，加大税务稽查、评估和管理力度，确保企业如实申报缴纳税收。建立了联系督促乡镇组织收入制度，完善联系乡镇和信息传递网络，帮助乡镇发展经济、培植财源，加强对技改、新上重点项目税收缴纳情况的跟踪检查。强化非税收入征管，按照“实事求是，应收尽收”原则，把应该纳入非税收入管理的收入及时纳入管理；不断加强对执收单位的稽查工作，避免擅自减征、免征、缓征现象发生，防止收费收入的截留、坐支、挪用。

【加快财政改革，规范支出管理】 进一步深化政府综合财政预算、部门预算和零基预算管理，分清轻重缓急，优先“保工资、保运转”，以及保障“三农”、教育、社会保障、环境保护、公共卫生事业、城市建设、社会稳定等基础公益事业建设。加大国库集中支付和政府采购改革，进一步清理了银行账户，加强国库集中支付管理；扩大了政府采购范围，强化对政府采购全过程的监管，实行阳光操作、透明管理，有效节减了财政开支。全年政府采购规模达1.08亿元，节约支出1 348万元，节约率达11.09%。进一步强化资产和债务管理，积极盘活现有资产资源，优化资源配置，降低了行政成本。继续把政府性债务纳入预算管理，实行债务审批制度，严格审批程序，规范审批手续，强化政府性债务的监督和核算，进一步规避了财政风险。

（撰稿：郝连涛　武　强）

蒙　阴　县

【概述】 2008 年，蒙阴县实现生产总值 105 亿元，比上年增长 16.1%；地方财政收入完成 2.03 亿元，增长 28.6%，其中税收收入完成 1.59 亿元，占地方财政收入的 78.3%。财政支出完成 7.28 亿元，增长 26%，实现了当年财政收支平衡。

【财政收入实现了新的突破】 始终把组织收入作为全县财税工作的重中之重来抓，在努力培植地方财源建设的基础上，全面分解落实收入任务，加大综合治税力度，强化工商税收征管，清理税款拖欠，保证了全年增收任务目标的顺利实现。地方财政收入增幅、税收占地方财政收入的比重两项指标，均实现历史性的突破。

【重点支出得到了较好保障】 在 2007 年大幅度增资的基础上，再次兑现了部分地方性津贴补贴，使全县工资水平有了较大提高。科学筹集调度资金，使“三城同创”、园区建设和城市建设等重点项目得到顺利开展。在前两年农村标准化学校建设的基础上，2008 年又投入资金 1 000 多万元，完善了各项配套工程，使全县的教育基础设施建设有了较大改善，教育基础投入走在了全省前列，农村标准化学校建设成为全省的亮点工程。及时兑现新农合、义务教育、优抚低保、三农补助等各项民生惠农政策资金。统筹安排，及时拨付病危水库加固等重点项目资金，保障了重点工程的顺利实施。

【财政改革顺利推进】 在 2007 年全面推进和完善国库集中支付制度改革的基础上，2008 年在全县各乡镇、各预算单位中全面推行了会计电算化管理，实现了账务管理的网络化和信息化，规范了财务管理和收支行为，财政管理水平和财政监督能力进一步提高。规范和完善了“一本通”发放制度，把部分新增补贴项目纳入到“一本通”发放系统中，使其涵盖的范围更广、服务的群众更多，资金发放更为准确、及时。继续深化和部门预算和“乡财县管”制度改革，创建了适合蒙阴县实际的新模式，几项改革均走在了省市前列，全县的财政管理精细化水平有了较大提高。

（撰稿：武传存　张好林）

平　邑　县

【概述】 2008 年，平邑县地方财政收入完成 3.56 亿元，同口径增长 17.8%，税收占地方财政收入的比重比上年提高 2 个百分点；财政支出完成 10.3 亿元，增长 24.1%。

【财政收入迈上新台阶】 财税部门依法征税管费，加大收入征管力度，财政收入持续稳定增长，地方可用财力有较大幅度增加。全县纳税过千万元的企业达到 6 家。乡镇收入规模不断壮大，2008 年乡镇组织入库税款 1.9 亿元，税收收入过千万的乡镇 5 个。2008 年中央、省、市各级财政共拨入该县各类转移支付、税收返还、专项补助 7.06 亿元，全县一般预算总财力达到 10.62 亿元。

【民生保障能力进一步增强】 拨付 4.6 亿元，保证县乡财政供养人员工资、津贴补贴及时足额发放。继续完善教育经费投入管理机制，共投入 7 700 万元用于农村中小学危房改造、农村义务教育免费及公用经费保障。加大社会保障投入力度，认真落实优抚对象提标扩面政策，投入 2 055 万元用于农村和城市低保，使 2.6 万名低收入农民和城镇居民受益；完成五大保险扩面 1.9 万人次，归集各项保险基金 2.8 亿元。加大农业投入，积极推进新农村建设。投入 8 170 万元，用于昌里水库及全县 56 座小型水库除险加固；拨付资金 156 万元，为全县 8 000 多户农民购买家电进行补贴；发放库区移民后期扶持资金 2 045 万元，解决了 3.4 万名水库移民生活中存在的现实困难；投入 210 万元，对 1 340 名农村劳动力转移进行培训，推动劳务经济发展；落实粮食、良种、农资综合补贴、能繁母猪补贴等惠农政策，共补贴资金 3 900 多万元。

【重点建设事业得到较好保障】 坚持“工业强县”不动摇，着力发展新型工业经济。运用财税杠杆政策，积极筹措资金全力扶持大项目落地建设、产业培育和园区发展。澳联玻璃一期工程、天宝化工乳化炸药、汇源果汁项目等一批重点骨干项目已建成或将建成投产。围绕“载体经济”，服务于“一区两城一带”，集中财力 4 500 万元投入开发区、石材城、罐头城等基础设施建设。继续加大对骨干企业的政策、资金扶持力度，涌现出归来庄金矿、临工桥箱、冠鲁集团、天宝化工、金信建材、康发食品等实现利税过千万元的工业企业。

（撰稿：夏　天）

费　县

【概述】 2008 年，费县完成生产总值 168.2 万元，增长 15.9%；实现地方财政收入 4 亿元，增长 14%；财政支出完成 10 亿元，增长 19%。

【民生政策全面落实】 拨付资金 6 494 万元，用于落实“两免一补”等政策，通过“沂蒙惠农一卡通”，向农民发放小麦及农资综合补贴、大中型水库库区移民后期扶持资金 1.05

亿元。投入资金1.2亿元，用于中小型水库除险加固、农业综合开发等。城乡社会保障机制日臻完善，新型农村合作医疗参合人数79.4万人，筹集新农合资金5 558万元，报销医疗费用5 120多万元，筹集社会保障基金2.7亿元，为社会保障事业健康发展提供资金保障。以“直通车”方式拨付资金1 347万元，落实计划生育奖补政策、文化信息资源共享和农村电影放映工程等政策。2008年，全县共兑现各项民生政策资金3.6亿元。

【重点项目投入增加】 努力争取项目发展资金，维护财政困难县利益。全年上级财政共拨入资金6.7亿元，增加1.4亿元，争取各类专项资金2.1亿元，增加8 000万元。筹集资金2.1亿多元，重点用于城乡基础设施建设。加大土地收储，土地出让全部实行公开招拍挂，全年实现土地净收益1亿元。筹集资金2 616万元，支持企业技术改造和节能减排。办理出口退税和减免税1.62亿元，支持外经外贸和资源综合利用。

【工资保障显著提高】 调整优化乡镇财政支出结构，加大县级财政资金配套力度，改革工资代发办法和考核办法，将乡镇机关事业单位全额在编在职人员的工资实行县级财政统一代发，由国库直接支付打卡到人。统一县乡财政供养人员工资标准，乡镇财政供养人员人均工资达到1 685元，比上年增加226元，增长15%。

【财政改革继续深化】 在2007年度实行部门预算编制的基础上，将乡镇纳入部门预算范围，实现了县乡财政预算统编，增强了乡镇预算编制和预算执行的刚性，促进了乡镇财政管理水平的提高。将代行政府职能的协会组织纳入部门预算管理范围，规范了部门预算编制内容、程序、标准和时间、基本支出和项目支出等。完善国库集中支付办法，建立国库集中支付备用金制度，进一步提高了财政管理与服务水平。深化政府非税收入征管改革，严格执行收支两条线管理。不断拓宽政府采购范围，规范政府采购行为，政府采购金额达到6 150万元，节支率14.4%。

（撰稿：刘学文　袁堂玲　徐荣才）

沂　南　县

【概述】 2008年，沂南县实现地方财政收入2.95亿元，比上年增长22.22%。其中，税收收入完成2.29亿元，占地方财政收入的77.66%，比上年提高2.26个百分点。完成财政支出9.58亿元，增长23.5%。

【财政收入实现了新的突破】 加大组织收入责任考核力度，完善对乡镇激励性转移支付考核办法，充分调动各级各部门组织收入的积极性。全县17个乡镇中，有10个乡镇总收入超过了1 000万元。坚持依法治税，加强税源监控，严厉打击各种偷逃税款行为，防止税源流失。

【财源建设取得了新的成效】 农业综合开发、生态农业建设、黄烟生产等有了进一步发展。有4家企业税收收入超过千万元，其中山东临沂烟草有限公司沂南分公司、山东黄金矿业股份有限公司沂南金矿上缴税收过3 000万元。

【民生保障水平再上新台阶】 养老、医疗、失业等各项社会保险基金均按进度拨付到位，新型农村合作医疗参保率达96.25%，全年补偿参合农民医药费4 299万元；发放城镇低保金363万元，发放农村低保金1 505万元；拨付再就业资金230万元，帮助3 374名下岗失业人员实现再就业；免除课本费991万元，发放困难家庭学生救助资金232万元；县财政投入资金935万元，较好地解决了农村中小学危房改造问题；发放粮食直补、农资综合补贴、成品油价格改革补贴、小麦良种补贴、大中型水库库区移民后期扶持资金、能繁母猪补贴、百万农户致富工程贴息等资金6 824万元。

【财政监管水平有了新提高】 强化国有资产管理，进一步规范行政事业单位资产处置行为。加大财政监督检查力度，重点对涉农资金管理使用情况、行政事业性收费情况、新农合资金管理使用情况等进行检查，严肃查处财政违规违纪行为，促进党风廉政建设。加强会计基础规范化建设，会计工作进一步迈入法制化、规范化轨道。

（撰稿：葛继勇　解国星　赵胜娟）

临　沭　县

【概述】 2008年，临沭县实现生产总值117亿元，比上年增长15.6%。地方财政收入完成3.19亿元，增长16.1%，其中税收收入完成2.62亿元，占地方财政收入的82.1%。财政支出8.15亿元，增长25.48%。连续22年实现财政收支平衡。

【扎实组织收入，财政保障能力明显增强】 认真落实征管责任，积极实施社会综合治税和企业纳税评估，不断完善“先税后证”、“收支两条线”、代征代扣等管理制度，扎实开展组织收入工作，各项收入均实现应收尽收、足额入库。

【落实惠农政策，“三农”投入进一步加大】 投入7 047万元，认真实施农村饮水安全、户用沼气、小型水库除险加固等工程项目，农村生产生活条件进一步改善；大力支持农村专业合作组织、贫困村村民互助资金协会、劳动技能培训等，农民致富技能进一步增强；不断健全完善涉农补贴“一本通”系统，全年发放各类补贴资金7 268万元，农民发展生产的积极性进一步提高。

【优化支出结构，社会事业得到较好发展】 认真实施收入分配制度改革，规范调整县乡机关事业单位津贴补贴。坚持教育优先发展，不断完善义务教育经费保障机制。积极支持城乡医疗保障工作，提高新型农村合作医疗补助标准，启动城镇居民基本医疗保险试点工作，初步建立覆盖城乡居民的医疗保障体系。加快社会保障体系建设，全面落实低收入家庭补贴政策，启动城市廉租住房建设工程和农村残疾人家庭“温馨安居”和“无障碍家庭”工程。拨付建设资金3.85亿元，大力支持重点项目建设，城市功能逐步完善。

【深化财政改革，公共财政体系初步建立】 深入推进部门预算改革，规范资金审批拨付程序，强化预算约束机制。加大国库集中支付力度，提高资金拨付效率和使用效益。强化政府采购预算编制，积极推进“管采分离”，努力拓宽政府采购范围。围绕绩效型财政建设，修订完善政府投资项目管理办法，事前评审、事中监督和事后考评的管理机制初步建立。

【强化监督检查，依法理财水平不断提高】 研究出台了20余项资金管理办法和实施细则，初步建立覆盖项目申报和资金分配、拨付、使用全过程的制度管理体系。认真做好税收收入质量、财政专项资金、新农合、会计信息质量检查工作，进一步规范了各项资金的使用和管理。扎实开展“收支两条线”专项检查和财政票据集中清理工作，非税收入征管水平进一步提高。

（撰稿：王峰立　徐芝良）

高新技术产业开发区

【概述】 2008年，临沂高新技术产业开发区完成地方财政收入5 755万元，同比增长14%。完成财政支出1.46亿元，增长99.92%。

【强化征收措施，确保收入稳定增长】

立足招商引资和经济建设，坚持向发展要财力，向税源要收入，在有关部门，特别是税务部门的大力配合支持下，确保税收及时足额入库。为充分调动收入征管部门积极性，保证财政收入快速增长，实现均衡入库，每月由财政局组织召开财税工作调度会，调度财政收入情况，研究分析收入中遇到的问题和解决办法等。

【加强财政执法检查，规范整顿财经秩序】 采取得力措施，强化财政监管，坚决遏制财经领域各种违法违纪行为，完成了管委财政、财务经济责任审计、财政专项资金监督检查、全省税收收入征管质量检查、危化品生产企业安全生产费用专项检查及农村义务教育债务清理和认定工作，进一步规范了财经秩序。

【多措并举，促进财政事业全面发展】

积极筹备中小企业贷款担保互助协会，打造高新区金融生态区，实现金融投资“洼地”效应，切实解决困扰科技中小型企业发展的贷款难问题；在全区范围内进行了耕地占用税征收清收工作，全年共完成清收耕地占用税216万元，严格规范耕地占用税征管工作；及时与安商办、招商和土地分局等部门联系，掌握企业相关信息，利用电话传达、催缴通知单等各种方法，对部分企业征地欠缴款项进行了清理，全年共催缴入园企业欠缴土地款700多万元；坚持非税收入收缴分离，收支脱钩，综合预算，集中支付；加大收费稽查力度，做到单位开票、银行收款、财政统管、政府调控；加强财政票据源头控管。严格按相关制度登记建账，专人管理、定期核查、规范记录、严格奖惩。

（撰稿：吴　宇　刘西昆　陈佐军）

经济开发区

【概述】 2008年，临沂经济开发区完成地区生产总值85亿元，增长53%；实现地方财政收入1.23亿元，同比增长63%；税收占地方财政收入的比重达95%；实现财政支出2.37亿元，增长34.43%。

【财政收入快速增长，收入结构明显优化】 财税部门认真落实增收任务，推进征管改革，依法组织税收收入，大力压减非税收入，实现财政收入快速增长，收入结构明显优化，呈现出良好的发展势头。

【加强基础设施建设，支持经济快速发展】 筹措资金5.2亿余元，为城市基础设施建设提供充足的资金保障。优化支出结构，保证重点支出需要，对重点建设项目，合理安排资金，保证重点工程建设的顺利进行。围绕“工业立区”战略，重点支持入园企业基础设施、挖潜改造等，全年新开工项目37个，竣工企业21家，100个在建项目完成固定资产投资68亿元，增长34%，成为开发区设立以来开工项目最多、建设速度最快、竣工企业最多的一年。围绕解决“后顾之忧”，积极完善社会保障体系，实行村级卫生一体化管理，新农合参合率96%。大力推进科教兴区战略，增加科教投入。2008年，财政预算内用于科技方面的支出120万元，用于教育方面的支出4 139万元。

【实施招商“选”资，促进财源建设】创新招商方式，实施专业招商和全员招商相结合，产业招商和以商招商相结合，完善招商政策，严格项目论证。以沃尔沃—临工为龙头，挖掘机、驾驶室、液压油缸、轴承、标准紧固件等10余家相关配套企业落地建设。全年新签订项目合同53个，合同总投资额107亿元，实际利用外资5 300万美元，为今后财源建设打下了坚实的基础。

【完善街道财政管理，确保财政资金使用规范】建立适当的税收任务体制，奖罚分明，最大限度促进街道发展经济的积极性；加大对街道的转移支付力度，保证街道、村两级正常运转所需经费需要；适时开展了街道财政财务检查、街道债务统计，加强对街道财政的监督，确保街道财政资金使用的合理、规范；加强街道财政支出管理，优化支出结构。

（撰稿：杨佃农）

德州市

德城区

【概述】2008年，德城区完成地方财政收入4.57亿元，比上年增长22.88%。完成财政支出5.69亿元，增长15.29%。

【积极培植骨干财源，支持经济发展成效明显】投入资金2 899万元，扶持优势产业、骨干企业做大做强，支持企业发展的各项优惠政策得到有效落实。为企业出口退税599万元，有力地促进了全区外贸出口进一步增长。拨付专款，奖励招商有功人员。严格落实各项支农惠农政策，兑现粮食直补和综合直补资金846万元，补贴标准达到每亩79.2元。积极开展“家电下乡”试点工作，为2 482户农民审核了购买家电备案资料，补贴资金55万元。认真做好能繁母猪政策性保险补贴工作，补贴能繁母猪2 100头、资金10.1万元。实施玉米和小麦良种补贴，补贴资金250万元，农产品科技含量和种植效益明显提高。

【优化财政收入结构，经济实力稳步增强】2008年，全区税收占地方财政收入的比重达到92.12%，比上年提高4个百分点。其中，与经济发展密切相关的增值税、营业税、企业所得税和个人所得税“四税”收入达到2.8亿元，增长24.83%，财政收入质量明显提高。

【切实保障改善民生，努力构建和谐社会】认真执行支出预算，优化支出结构，从严控制一般性支出，集中财力保工资、保稳定，支持重点事业发展。把工资发放摆在支出的首要位置，优先安排预算和资金，在上年增资“翘尾”因素影响较大的情况下，积极落实各项津贴补贴政策，人均月增加工资420元，进一步提高了全区干部职工的收入水平。不断加大社会保障投入，拨付企业离退休人员养老金9 619万元、机关事业单位养老金5 535万元。完善城乡居民最低生活保障制度，城市低保标准由每人每月180元提高到200元，农村低保由每人每月补助30元提高到40元。改善离休老干部和建国前退休老工人就医条件，医疗统筹金标准由每人每年5 000元提高到7 000元。加大对教育、卫生等重点事业的支持力度，全面落实城乡义务教育经费保障机制改革政策和职业学校困难学生资助政策，教育经费投入比上年增长32.77%，有力地推动了全区教育事业的发展。深化新型农村合作医疗制度，政府补助标准由人均42元提高到74元，有效缓解了农民“看病贵”问题。

【深化财政改革与监督，精细化理财水平进一步提高】实施财政涉农补贴“一本通”改革，将粮食直补、综合直补、农村家庭计划生育奖励补贴、计划生育家庭特别补助、农村优抚等项目全部纳入“一本通”发放范围，涉及全区2.3万户次，发放金额940万元，保证了各项惠农政策真正落实到位。扎实开展政府采购工作，进一步规范政府采购范围和规模，健全采购制度，明确岗位职责，认真核实行政事业单位采购申请，确保了政府采购工作稳步推进。2008年，全区组织政府采购金额332万元，节支率4%。加强行政事业单位国有资产管理，进一步完善管理机制，强化收益监督，对行政事业单位国有资产管理情况和公有房屋（土地）出租情况进行专项检查，根据收入计划将各项收益按时缴入专户，确保国有资产安全完整、保值增值。

（撰稿：陈志勇　杜　光）

乐 陵 市

【概述】 2008年，乐陵市完成地方财政收入1.44亿元，比上年增长0.55%；完成财政支出6.69亿元，增长17.85%。乐陵市财政局获得“省级文明单位”、德州市“先进基层党组织”称号，在全市13个县市区年度工作综合考评中荣获“一等奖”。

【财政收入质量不断提高】 2008年，全市税收收入完成1.05亿元，比上年增长12.52%，占地方财政收入的比重为72.86%，比上年提高7.75个百分点；非税收入完成0.39亿元，占地方财政收入的比重为27.14%。与经济发展密切相关的增值税、营业税、个人所得税、企业所得税“四税”地方收入完成0.59亿元，比上年增长23.83%。

【财政支出结构进一步优化】 2008年，全市农业、教育、卫生、社保支出分别比上年增长21.97%、37.84%、61.05%、51.24%。一般性支出控制较好，重点支出保障有力，促进了基本公共服务均等化。当年投入资金2 269万元，加大了水污染防治、农业综合开发、农田水利工程等农村民生工程和农村基础设施建设；发放低保资金402万元，保障困难群体基本生活；投入资金950万元，实施企业贷款财政贴息，支持企业科技创新及节能技术改造，推进经济结构优化升级，帮助中小企业渡过难关。

【加大财政投入，民生及重点事业支出得到较好保障】 全市工资性支出得到有效保障，社保覆盖范围进一步扩大，企业、机关基本养老保险参保3.06万人，农村低保1.28万人；配套资金448万元，落实义务教育经费3 423万元，支持城乡义务教育发展；配套资金507万元，拨付资金1 208万元，支持义务教育危房改造；发放粮食直补和农资综合直补6 547万元；配套资金679万元，筹集资金4 074万元，深入推进新型农村合作医疗，全市48.5万农民受益。

【围绕管理抓改革，财政体制改革不断深化】 不断强化县乡财政管理，在“乡财县管”改革的基础上，进一步完善各项配套措施，强化人员培训，在乡镇之间推行交叉审计、轮换审计制度。进一步加快国库集中支付改革步伐，先后三批共将62个预算单位全部纳入国库集中支付管理，财政监督管理不断深化。积极推进涉农补贴发放“一本通”工作，实施部门联动机制，信息采集、补贴资金核定等各项工作同步展开，在全省率先实现了财政与信用社网络数据共享，确保了国家惠民资金安全运行。为促进地方税收增长，加快推进第二、第三产业剥离工作，通过加大宣传力度，强化企业认识，加强分析比对，分类推进实施，主辅业剥离工作迈出重要步伐。

（撰稿：孙　毅　王志勇）

禹 城 市

【概述】 2008年，禹城市地方财政收入完成3.44亿元，比上年同期增长8%。财政支出完成8.87亿元，增长25.74%。

【财政收入实现了新突破】 通过积极协调税务部门，坚持依法治税，确保税收收入真实可靠。努力堵塞征管漏洞，挖掘增收潜力，实现应收尽收。财政收入大幅增长，收入质量不断改善，地方财政收入占GDP的比重和税收收入占地方财政收入的比重明显提高，特别是增值税、营业税和企业所得税三大主体税种，始终保持25%以上的较快增长；契税、耕地占用税收入实现大幅增长。

【财政改革建立了新机制】 实施了部门预算制度改革，根据部门实际情况，重新编制了部门预决算。深化了国库集中收付制度改革，对全市行政、事业单位所有财政性资金，实行了国库集中支付。深化了“收支两条线”改革。完善了政府采购制度改革，凡使用财政性资金办理的工程、货物和服务项目，都纳入了政府采购范围。深化“乡财县管”制度改革，进一步规范乡镇理财行为。深化国有资产监管制度改革，杜绝资产流失。

【重点支出保障取得了新成效】 重点保工资、保运转，按照“一要吃饭、二要建设”的方针，科学调度资金，统筹安排，优先保证工资及时足额发放、经费及时拨付。切实做好社会保障工作，对全市优抚对象的抚恤款，按照补助标准和实有人数，核定补助金额，完善拨付方法，政策性资金拨付率达100%。对离休干部医疗统筹金进行审核，杜绝基金流失。积极保障城市重点工程建设和环境治理等重点支出，筹措资金近1.2亿元，重点支持禹王街改造、污水处理厂改建、西大桥、行政街改造、文化西路建设、糖城广场南部改造、瑜林街建设等工程。

【财政支农工作取得新进展】 积极支持农业生产建设，投入资金近3 000万元，积极参与支持世行三期项目建设、土地整理项目、村村通自来水项目，改善了农业生产条件。全面落实粮食直补政策，精心组织，严密操作，实行宣传发动、组织领导和责任落实三个到位，严把面积核实、张榜公布、资金兑付、督促检查四个环节，严格执行“五到户”、“五不准”政策，规范程序，对粮食直补资金实行了封闭式运行管理，确保补贴资金及时足额发放到农民手中。对全市72.71万亩小麦面积进行精确核实，共发放粮食直补资金1 018万元，发放综合直补资金4 741万元，两项共计5 759万元，资金兑付率、农户兑付率均达到100%。全面落实家电下乡补贴，核查农户4 978台，发放补贴108万元。

【财政监督管理建立了新机制】 对全市所有行政事业单位财会人员进行培训，取得良好效果。加强财政法规制度建设，对财政资金使用采取相互制约措施，保证各项财政资金的规范分配、安全运作、高效使用。强化预算外资金管理，严格落实“收支两条线”管理制度，对全市150余个单位的近200项收费实行了“收支两条线”检查，提高了理财水平。

（撰稿：邵玉环）

陵　县

【概述】 2008年，陵县完成地方财政收入1.94亿元，比上年增长20%；完成财政支出5.46亿元，增长13.8%。

【积极主动抓收入，总量与质量全面提高】 财税部门协调配合，加强经济税源分析，进一步完善税收动态监控体系，健全纳税评估办法，抓住重点税源，管好零星税源，实现税收的科学化、精细化和规范化管理。严格依法组织收入，坚持税收收入和非税收入两手抓，扎实做好开源和挖潜两篇文章，强化征管措施，加大稽查力度，保证了各项收入及时、足额入库。不断加大对企业的扶持力度，千方百计调度资金，设立“企业还贷周转金”，帮助重点企业累计周转贷款2亿多元，保证企业正常运行，有效促进了企业的发展和税收的增长。全县财政收入在保持平稳增长的同时，收入质量显著提高。

【统筹兼顾抓支出，公共财政职能明显增强】 在收支矛盾比较突出的情况下，财政部门积极调整支出结构，大力压减一般性支出，集中财力保民生、保重点，全县农业、医疗卫生、社会保障、教育等重点支出占全县一般预算支出的比重达到78%，财政保障能力进一步提高，逐步实现由“保工资、保运转”向“保工资、保运转、保民生”转变。

【锐意进取抓改革，积极构筑公共财政体系】 扎实推进国库集中支付制度，2008年全县52个预算单位全部纳入国库集中支付系统管理，国库集中支付业务全面展开，并取得了初步成效，减少了资金运行的中间环节，提高了资金支付和使用效率。健全完善财政涉农补贴“一本通”制度，将能够纳入“一本通”发放的涉农补贴全部纳入“一本通”发放范围，新增加后备母牛补贴、能繁母猪补贴等，纳入“一本通”发放的补贴项目达到15项。

【精益求精抓管理，推进理财精细化科学化】 加强财政投资评审管理，对财政投资重点工程建设实施动态管理，详细掌握工程进展情况，加大对项目设计变更和现场签证的审查力度，凡是隐蔽工程等都亲自进行测量，准确核实工程量；完善招投标制度，积极实施政府采购，及时了解市场价格，科学合理确定工程造价，有效遏制高估冒算，损失浪费现象，在保证工程进度和质量的同时，节约财政资金2 000多万元。加强非税收入管理，健全票据领、发、用“三位一体”的管理机制，督促单位及时、足额地将非税收入资金缴入财政专户，做到开票资金、入账资金、上缴财政专户资金三相符。加强会计人员管理，组织会计人员学习贯彻《新会计准则》及相关会计法规，举办会计人员继续教育培训班6期，培训会计人员780人。举办会计电算化培训班4期，培训会计人员570人。

（撰稿：陈建军）

平　原　县

【概述】 2008年，平原县地方财政收入完成1.84亿元，同比下降21.57%。其中：税收收入完成1.5亿元，税收占地方财政收入的比重达81.3%，同比增加17.2个百分点，收入质量明显提高。实现财政支出6.17亿元，增长2.79%。

【非常举措渡难关，夯实基础抓财源】 发挥财政杠杆作用，强力支持企业发展。设立重点企业贷款过桥资金，确保重点企业资金链条正常运转，帮助企业渡过难关。建立相应贷款担保公司，解决企业融资难问题。设立贷款贴息资金，充分发挥财政资金“四两拨千斤”的作用。设立中小企业发展资金，重点扶持和奖励符合产业政策的中小企业做大做强。优化经济发展环境，促进企业持续发展。规范财经秩序，认真落实上级取消行政性收费的政策规定，减轻企业负担，为企业创造宽松的发展环境。为优化企业金融生态环境，建立银、企、政对接机制，打造银企合作的平台，解决中小企业贷款难的问题。建立宏观税负分析机制，扎实推进依法治税。积极支持税务部门，搞好税源调查工作，做好宏观税负、行业税负、税种税负和重点税源税负分析，全面推行纳税评估工作，切实加强税源信息管理。

【有保有压有重点，保障有力促发展】 2008年，面对空前尖锐的收支矛盾，平原县坚持“突出重点、兼顾一般，保证必需、有保有压”的原则，保证国家增资政策的兑现和正常运转经费开支；农林水、教育、医疗卫生、社会保障支出同比分别增长15.8%、16.8%、8.2%和31.3%，促进了和谐社会建设；多渠道筹措资金2.65亿元，确保了全县十大民心工程的顺利实施，提高了城市品位和形象，改善了投资环境和生产生活条件，促进了经济社会又好又快发展。

【以人为本促和谐　公共财政暖民心】

严格执行党和国家的支农惠农政策，通过“齐鲁惠农一本通”兑付粮食直补、综合补贴资金6 129万元；发放家电下乡补贴123万余元；推广优质小麦30.12万亩，为全县农民提供优质麦种511.25万斤；推广优质玉米30万亩，提供玉米良种140.77万斤，发放补贴资金300万元；三鹿奶粉事件发生后，发放特别困难奶农临时救助资金17万元；发放农村低保金660万元；发放抚恤定补资金752万元；新农合报销4 700余万元，参合人数达37万余人，全县城乡基本养老、基本医疗、最低生活保障三大保险覆盖率均达到90%以上，农村五保人员集中供养率达到70%左右，新农合参合率达到100%。

【管理水平上台阶　财政改革见成效】

深化“乡财县管”改革，缓解乡镇财政困难，防范和化解乡镇债务风险，维护农村基层政权和社会稳定。继续深化国库集中支付改革，加强财政资金统一调度和管理，提高资金使用效益。建立“一本通”制度的基本构架，达到信息管理网络化、补贴发放程序化、过程控制制度化的要求，实现了“信息真实、管理严格、补贴达标、发放及时、群众满意”的目的。完善财政专项资金县级报账制，做到依法理财、从严治财，从根本上杜绝违规使用专项资金的现象，确保财政专项资金管理使用的规范性、安全性和有效性，为防范财政风险构筑安全、高效的“防火墙”。深化财政支农资金整合改革，以培植粮食主导产业为平台，集中财力办大事，带动社会多元化投资，支农资金的整合发挥资金集聚效应，提高资金使用效益，促进三农发展。深化政府采购和投资评审改革，2008年，全县政府采购项目合同金额3.4亿元，节约资金4 700多万元，节支率达14%。

【监督管理全方位　保障安全多层次】

通过强化财政内外两个监督，提高财政管理水平，加强财政资金的事前、事中、事后监督。规范会计核算行为，提高会计信息质量。认真落实“收支两条线”和“票款分离”制度，为全县经济社会发展统筹财力。加强专项资金管理，确保专项资金的安全性、规范性和有效性。2008年对全县39个行政事业单位的财务收支情况进行检查，共查处各类违规金额1 351.34万元，其中：应缴未缴财政专户937.37万元，其他不合规资金413.97万元，按时完成了全年检查工作任务。

（撰稿：栗　军　王志鹏）

夏　津　县

【概述】　2008年，夏津县完成地方财政收入1.5亿元，同比增长18.1%。实现财政支出5.7亿元，增长23.9%。实现了当年财政收支平衡。

【培植财源，聚财增收，推动经济社会事业发展】　扶持地方经济发展，推进优势产业改造升级，争创企业名牌，荣获了“中国棉纺织名城、中国棉纺织产品质量放心县、中国面粉大县、中国工艺品之乡”称号，提升产业档次和效益，有效应对了金融危机影响，财源建设取得新进展。以增收为重点，大力组织收入，强化税收征管，契税收入再创新高。强化预算外资金管理，严格实行收支两条线，政府调控能力显著增强。严格预算，优化支出，科学理财，提高用财效能，争取上级资金，为全县经济社会事业发展提供有力支持。

【深化改革，创新发展，提升管理水平和保障能力】　“乡财县管乡用”改革不断深化，进一步完善各项管理制度和操作规程，实现了资金账户统管、账簿凭证规范一致和电子账务网上监控，管理体制步入正规化。深入实施政府统一采购，实现了采购规模与范围的新突破，全年实现政府采购金额3 029.1万元，节约财政资金405万元，节支率11.8%。为全县公务车成功实施统一保险，节减财政开支。深入推进国库集中支付改革，进一步扩大实施面，全县实施国库集中支付的预算单位达到72个。实施财政供养人员清核常态制，采取离退人员照相制、自然减员通报制和设置到龄预警制三项措施，变年终一次清理核实为日常变化清核常态制，强化财政供养人员经费支出管理，节减预算支出72万元。

【实施民生财政，促进社会和谐稳定】

实施新的公务员津贴补贴制度，人均月增资270元。解决教师职称工资挂钩、提高建国前老党员及农村离岗支部书记待遇、离休干部医药费等关系民众切身利益的难点问题。完善社保体系，试行城镇居民基本医疗保险制度。落实粮食直补、良种补贴、农资综合补贴、沼气新能源等惠农资金6 621万元。支持碧水绕城、森林公园、龙湖公园、城市绿化、城区三供三通等重点民生工程建设，城乡居民生活环境得到极大改善，生态文明城市建设不断推进。

**【创新财政资金运用机制，提高资金

使用效能】 探索财政资金扶贫新途径，在苏留庄镇5个村庄进行“发展贫困村村民互助资金协会”试点，建立互助资金协会5个，入会总户数达到1 348户，初步探索了财政扶持贫困农户发展生产、脱贫致富的新模式。

（撰稿：高云华）

武 城 县

【概述】 2008年，武城县地方财政收入完成1.27亿元，下降10.5%。财政支出4.97亿元，增长21.7%。

【狠抓收入征管，财政收入实现稳定增长】 各级财税部门紧紧围绕提高财政收入“两个比重”，通过细化分解收入任务、完善激励机制、严格依法征管、加强综合治税，使财政收入实现了均衡入库。

【优化支出结构，重点支出得到有力保障】 严格控制支出，大力压减一般性支出，从严从紧控制临时预算，继续扩大政府采购的范围和规模，努力节约财政资金，通过合理调度财政资金，确保了全县工资增资后的正常发放，确保了各级机构的正常运转，有力地促进了全县经济和社会各项事业的发展。

【发挥财政职能，社会保障机制进一步完善】 财政部门不断扩大社会保障覆盖范围，加大各项社保基金的征缴力度，将县级所有行政事业单位统一纳入社保范围，使全县广大干部职工的养老、医疗和城镇失业人员的生活得到了保障。继续对贫困家庭有就业愿望的子女进行免费就读技工院校，就读期间的全部费用由财政负担，促进了农村和城镇贫困家庭尽快脱贫。联合老干部局、卫生、劳动等部门，对离休人员历年来积攒的药费进行了一次清理，解决离休人员的后顾之忧。2008年全县新型农村合作医疗收入1 746万元，支出1 121万元，缓解了农民看病难、看病贵的问题。

【落实“三农”政策，切实维护农民利益】 在粮食直补和小麦综合补贴工作中，制定周密的工作实施方案，对全县393个行政村的7.02万户种粮农民累计发放小麦直补资金457.6万元，累计发放综合补贴资金2 379万元，2008年按照省级补贴标准，补贴农民价值100万元的棉花良种和价值200万元的小麦良种。顺利完成了总投资达500万元的农业综合开发郝王庄项目区。“阳光工程”培训班正式在清华电脑培训学校开班。安排农村转移劳动力培训3 000人，转移就业率达90%以上。通过提高青年农民的科技文化素质，加快农村劳动力转移，增加农民收入。棉花良种补贴工作顺利完成，通过银行一卡通，直接将补贴款发放到农民手中，促进农民增收。

（撰稿：马海洋）

齐 河 县

【概述】 2008年，齐河县地方财政收入完成5.65亿元，比上年增长10.07%，其中县级收入5.22亿元，增长27.9%；财政支出完成10.33亿元，增长19.32%。当年实现财政收支平衡。

【在众多头绪中抓住关键，全力以赴抓好财政增收工作】 完善政策措施，深入挖掘各方面的增收潜力。积极主动地协调好与国税、地税等征管部门之间的工作关系，调动各方面工作积极性，保证财政收入足额征收、及时上解、均衡入库。充分发挥政务服务大厅征收窗口的作用，严格办税程序，强化税收稽查，2008年完成契税收入2 672万元。

【充分发挥职能作用，支持结构调整和经济发展】 用足用活优惠政策，支持经济健康发展。在协调国税、地税部门积极落实税收优惠政策的同时，财政为企业办理出口退税1 609万元。坚持多予少取方针，支持社会主义新农村建设。扎实做好种粮、柴油、化肥三补贴工作，共发放8 941万元，发放家电下乡补贴资金142万元，惠及农户6 639户，拨付新型农村合作医疗资金3 370万元。

【优化支出结构，确保重点支出需要】 积极保障工资发放，严格执行工资专户与银行代发相结合的工资发放机制，每月15日前及时将工资款拨付定点代发银行。进一步加大社会保障力度，累计拨付各项社会保障基金1.43亿元。大力支持各项重点建设，投入资金7 300余万元，确保城区主要街道的修建、扩建、绿化，民兵训练营靶场项目、武警中队项目、第二小学改扩建等项目的实施。加大社会公益事业投入，共拨付文体广播事业费、医疗卫生支出、教育支出、科技三项费用资金2.49亿元。

【在实践探索中完善机制，切实提高财政监管的精细化水平】 进一步推行投资评审改革，全年审核资金2 639万元，审减资金234万元。进一步推行国库集中支付改革，于11月底，在全县范围内全面实施国库集中支付改革。涉农补贴资金“一本通”改革正式启动，在准确核实农户相关信息的基础上，将粮食直补、综合直补、家电下乡补贴、独生子女费等资金纳入了“一本通”发放范围。“乡财县管”改革进一步深化，乡镇财政管理更加规范。政府采购机制进一步完善，出台了《齐河县政府采购管理暂行办法》，采购效率和规范化程度明显提高，2008 年完成政府采购额 5 672 万元，节约资金 1 109 万元，节支率达到 16%。

（撰稿：李　宁）

临 邑 县

【概述】 2008 年，临邑县地方财政收入完成 5.39 亿元，比上年增长 4.92%；财政支出完成 9.65 亿元，增长 17.64%。当年实现收支平衡。

【完善财政管控体系，确保财政收入平稳增长】 严格税源管理，完善税源管控体系，确保依法治税、应收尽收。同时，进一步规范非税收入管理，挖掘资源性非税收入潜力，完善国有资源有偿使用制度，切实提高财政保障能力。

【优化财政支出结构，不断改进理财用财方式】 按照“区别对待、有保有压”的原则，在保证基本运转的基础上，大力压减一般项目支出，千方百计增加“三农”、社保、教育、医疗等重点事业投入，全面促进重点事业发展，维护社会稳定。

【加强财源建设，支持经济发展】 认真贯彻落实积极的财政政策，发挥财政在促进经济增长和发展方式转变中的杠杆作用，着力培植壮大优质高效财源。不断加强信用担保、贷款周转、企业债务等投融资体系建设，发展创业投资和私募股权融资，为地方经济发展提供更多资金支持。落实各项税费减免等财税优惠政策，着力打造经济社会发展新载体，拉动内需增长。

【以改革创新为动力，财政管理水平不断提高】 面对突如其来的减收增支因素，始终坚持以改革创新为动力，不断强化预算约束，狠抓管理增效，财政管理水平不断提高。涉农补贴“一本通”发放顺利实施，确保种粮补贴、计生奖励以及优抚补助等各类涉农资金准确、及时、足额发放到农户手中，规范资金管理，提高服务水平。对全县部分行政事业单位公用经费继续实行部门预算改革，对车辆保险实行政府采购改革。建立全县财政供养人员信息库。“乡财县管”改革稳健运行，国库集中支付在县直行政事业单位全面铺开。财政管理机制更加完善，节支效果更加明显，支出效率进一步提高。

（撰稿：赵孝敏）

宁 津 县

【概述】 2008 年，宁津县完成地方财政收入 1.52 亿元，同口径增长 13%；完成财政支出 5.24 亿元，增长 14.4%，连续 19 年实现财政收支平衡。

【服务发展】 进一步加大“三农”、教育、社会保障、医疗卫生等各项民生事业投入力度，补贴小麦 52.12 万亩，资金 729.75 万元；将综合补贴标准由 2007 年的每人 30.5 元，提高到 72.80 元，全县发放综合补贴资金 3 793.72 万元；发放能繁母猪补贴 221.14 万元，补助农户 8 816 户；补贴小麦良种面积 30 万亩，落实补贴 300 万元；补贴玉米良种面积 20 万亩，发放补贴 200 万元；发放城市出租车、公交车和农村城乡客运车辆燃油补贴 278.4 万元；发放成品价格改革财政补贴 468 万元；投入农业综合开发资金 576 万元，打机井 130 眼、改良土壤 1.2 万亩、修建桥涵 118 座；投入 200 万元，扶持农业产业化企业瑞丰食品有限公司；投入社区卫生服务中心建设资金 176.5 万元，城区医疗卫生条件明显改善；筹措资金 3 250 万元，推进新型农村合作医疗试点，使 38.7 万农民享受到医疗救助；为乡镇卫生院建设投入资金 91 万元；筹集 708 万元，为 1.48 万名低保家庭实行补助。筹集 2 163 万元，对义务教育阶段的公用经费按国家标准给予保障；安排农村中小学危房改造资金 1 228 万元，新建教学楼 1.57 万平方米，消除危房 1.04 万平方米；发放家电下乡补贴 86.16 万元，补助农户 3 982 户；发放奶牛补贴 106.25 万元，补助农户 73 户。

【收支管理】 大力优化财政支出结构，严格按照“一要吃饭、二要建设”的原则，集中财力保工资、保稳定。落实人均增加 270 元津贴补贴政策；为财政供养人员、离退休干部、困难企业军转干部等筹措拨付养老保险、医疗保险 7 090 万元，缓解干部职工后顾之忧和看病难问题；发放城市低保和农村低保资金 1 106 万元，缓解弱势群体生活困难问题。国库集中支付改革取得初步成效，初步完成县直 71 个行政事业单位的国库集中支付改革任务，组建了国库集中支付网络，建立了国库单一账户体系。积极推进部门综合预算，该县在全市率先实行部门综合预算改革，对部门实行“核定基数，超收分成，欠收减支，自求平衡”的管理办法。2008 年纳入财政专户管理的资金 1.23 亿元，纳入综合平衡的非税收入 1 160 万元。

【政府采购】 采购范围进一步扩大，2008 年重点完成了城市绿化、农业综合开发、村村通自来水、土地调查等项目的招标工作，全年累计完成政府采购招标及采购业务 54 项，维修车辆 332 台次；采购预算 1 484.4 万元，实际支出 1 205 万元，节约资金 279.4 万元，节支率 18.8%。

【财政监督】 规范和健全非税收入征管机制，进一步完善土地有偿使用收入与配套费等城建资金的征缴程序，将其全部纳入非税征收系统。加大票据检查力度，对全县所有行政事业单位的收费、专项及往来款票据进行全面清理检查，并对检查中发现的问题进行及时处理，实现真正意义上的"以票管费"。加强调剂资金的征收工作，提高政府宏观调控能力。

【应对金融危机】 把应对危机，保持经济平稳增长作为重中之重，严格落实金融部门奖励政策，帮助企业解决资金不足的问题；投入100万元作为申报扩大内需投资项目专项资金，及早做好项目提报工作。多方筹措资金4 000多万元，帮助重点企业解决资金困难，有效缓解企业资金紧张的局面。

（撰稿：刘　冰）

庆云县

【概述】 2008年，庆云县实现地方财政收入1.08亿元，历史上第一次突破亿元，比上年增长49.78%。其中：税收收入9 008万元，同比增长61.03%，增幅居全市各县（市、区）第一位。实现财政支出4.11亿元，增长37.13%。

【保障重点支出】 按照构建和谐社会的要求，财政部门大力优化支出结构，统筹安排，重点向民生倾斜。安排财政资金2.34亿元，确保工资及时发放、社会保障、农村和城镇低保、社会救济救灾等民生工程支出。积极推进义务教育经费保障机制改革，投入资金2 955万元，用于全面落实免除义务教育阶段杂费政策及校舍维修改造。全面落实各项支农惠农政策，投入资金5 347万元，用于向农民兑现粮食直补资金、农资综合补贴、良种补贴等。大力支持城乡建设，投入建设资金6 625万元，提升城市形象，促进旅游产业大发展。

【强化税收征管】 财税系统坚持依法治税，深化税收征管改革，推行科学化、精细化管理，收入征管质量和效率进一步提高，税收入库均衡性明显好于往年。2008年全县国税收入完成1.28亿元，比上年增长27.93%；地税收入完成1.16亿元，增长90.5%。

【创新财政支出方式】 立足现有产业基础和发展趋势，整合各类要素资源，积极调整财税扶持政策。多渠道融通资金，加大园区建设力度，加快基础设施建设和项目引进步伐。激励企业做大做强，对带动性强、关联度大、科技含量高的重大项目，实行"一企一策"扶持。积极发挥财政政策和资金引导作用，有序发展中小企业担保机构，为民间投资打造"绿色通道"。设立招商奖励资金2 000万元，专门对为全县经济社会发展做出突出贡献的单位和个人进行奖励。

【全面深化财政改革】 完善部门预算定员定额管理体系，切实加强项目支出管理，提高预算编制水平。全面推行国库集中收付改革，扩大国库集中支付范围。完善土地出让金征管办法，与国土、法院部门建立协调机制。全面深化政府投资项目管理改革，政府性投资评审的广度和深度得到拓展。启动行政事业单位资产清查工作，坚持把财政监督和规范财政业务管理、深化财政改革相结合，不断提高财政监督水平。

【加强财政监督】 2008年，全县共开展企业所得税清算汇缴、行政事业单位财务管理、房地产行业税费交纳情况、农村义务教育债务清理核实等专项检查项目17项，检查资金13.78亿元。专项监督全程跟踪、全面覆盖的大监督格局已初步形成，共查补入库资金1 354万元。

（撰稿：徐　宽）

聊　城　市

东昌府区

【概述】 2008年，东昌府区地方财政收入完成4.34亿元，同口径增长8.5%。财政支出完成7.7亿元，增长1.6%。

【财源建设成效显著，发展后劲进一步增强】 充分发挥财政杠杆作用，加大财政扶持力度，积极推进地方财源建设，努力培植新的收入增长点。安排预算内资金241万元，重点支持了蔬菜、水产、林果、畜牧等支柱农业的发展，引导农业产业结构升级。采取直接扶持、财政贴息等形式，扶持壮大工业企业。累计拨付企业扶持资金1 998万元，先后扶持鑫鹏源、莱鑫超硬、嘉隆管业等一大批中小企业。筹集资金6 736万元，不断加大对工业园区基础设施建设的投入力度，进一步改善道路、厂房、电力等硬件环境，提高工业园区的承载能力。积极开展招商引资工作，安排专项资金重点支持了北京、上海、深圳、哈尔滨等地的招商活动，引进了一批带动能力强、管理水平高、技术含量高的项目，为财政增收奠定了基础。

【强化税收征管，财政收入稳定增长】 财税部门密切配合，通力协作，建立协税护税新机制。税务部门综合考虑经济税收变化因素，努力挖掘税收潜力，提高了税收征管的水平和效率，努力促进税收增长。财政部门突出抓好契税征管，拉网排查，突击征收，全年契税完成3 417万元，同比增长9.1%。同时，进一步强化非税收入征管，有效地防止了财政资金征缴过程中的违法违纪行为，确保了各项收入及时足额入库。

【积极向上争取政策和资金，财政困难局面得到缓解】 针对该区主体税源匮乏、财政状况困难、历史债务十分沉重的实际，区委、区人大、区政府领导以及相关部门负责人，多次向上争取，财政部、省财政厅和市财政局在很大程度上对该区给予了倾斜和照顾。尽最大努力将基金会、股金会还债资金数额压减到最低。理顺了市区财政体制，两个工业园区享受和开发区同样的优惠政策。采取多项措施，积极争取上级资金项目，全年共争取各类专项资金1.48亿元，转移支付资金1.53亿元，缓解了资金紧张的矛盾。

【财政支出结构不断优化，重点支出得到较好保障】 本着“量财办事，量入为出”的原则，进一步强化预算约束，加强预算内外资金的综合管理，在保工资、保稳定的前提下，大力压缩各项招待费、考察费、车辆购置费等非生产性支出，集中财力向农业、教育、卫生、社会保障等重点事业倾斜，促进各项事业的快速发展。在支出压力非常大、资金调度非常困难的情况下，千方百计筹集资金1.1亿元，用于全区干部职工工资正常晋级，提高农村教育、卫生、党政机关事业单位在职和离退休人员住房补贴、交通补贴，提高养老金单位缴纳比例。不断加大“三农”支持力度，努力促进城乡协调发展。全面贯彻各项惠农政策，积极落实粮食、农资综合补贴政策，将1 282.98万元粮食直接补贴和6 669.02万元农资综合补贴及时足额地发放到17万户农民手中，使种粮农民真正得到了实惠。筹措资金896万元，专项用于郑家镇土地治理项目和沙镇立海冷藏多种经营项目。分11个批次为7 897户农村家庭兑付家电下乡补贴资金160万元，为农民生活质量的提高创造了良好条件；进一步完善义务教育经费保障机制，安排资金1 878.43万元用于农村义务教育生均公用经费补助，安排2 161.65万元用于免除城区义务教育杂费。安排资金110万元，用于教育仪器设备和课桌凳采购，改善中小学硬件设施条件。投资732万元完成了农村14处危房改造项目，新增校舍面积1.1万平方米，改善了农村教育面貌。加大社会保障力度，争取调剂金1 367万元，确保了全区企业离退休人员养老金和失业人员失业保障金的按时发放。进一步加大社会保险基金的扩面力度，增强社保资金的支撑能力，确保各项社保基金按时足额发放。发放城乡低保资金1 120万元，实现了城乡低保的全面覆盖。拨付再就业资金158.2万元，对全区的“4050”人员、协理员进行了保险补贴和工资补贴，落实了城乡“双零”家庭的就业援助政策。安排资金453万元用于发放城乡义务兵的优待金及城镇退役士兵自谋职业补助金。补充小额贷款担保基金40万元，帮助26名下岗职工重新走上了工作岗位。落实离休人员的医药费488万元，努力保障离休老干部安度晚年。投资424万元，新建沙镇、道口铺等3处乡镇中心敬老院，进一步提高了五保集中供养能力。投入250万元用于公共卫生经费、房屋租赁补助和社区卫生服务站基础设施建设，充分发挥社区医疗的作用。及时安排社区事业经费145万元，保障社区工作的正常运转；积极落实国家计划生育政策，采用直通车的形式发放计划生育家庭奖励资金117.18万元和计生干部工资43.2万元，进一步促进了计生工作的开展；及时足额拨付计生事业经费773万元，计生经费增长幅度远高于财政收入增长幅度，保障了计划生育工作的顺利开展。积极推进文化资源共享工程，进一步实施农村公益电影放映工程，安排资金99万元，放映近5 000场农民喜闻乐见的影片，丰富了农民群众的精神文化生活。拨付文化体育传媒事业经费728万元，重点确保了第一届运动会的成功举办。

【不断深化财政改革，财政管理水平不断提高】 全面推行国库集中收付改革，将全区83个预算单位全部纳入国库集中收付范围，财政资金运行效率大大提高，预算单位正常支付进度明显加快，财政资金使用效益显著改善。继续深化部门预算改革，以政府收支科目改革为契机，细化预算编制，努力将部门预算编准编细，确保部门预算的完整性、严肃性、科学性。继续深化“收支两条线”改革，努力扩大非税收入收缴管理范围，及时掌握行政事业性收费项目和收费标准的增减变动情况，加强对行政事业性收费的管理，完善征收管理办法，做到了应收尽收，全年纳入财政管理的非税收入总额达2.09亿元，其中缴入财政专户3 996万元，缴入国库1.72亿元。切实加强非税收入票据管理，将非税收入票据检查纳入财政监督的职责范围，从源头上抓好非税收入“双控管”。积极开展清理核实农村义务教育债务工作，对全区300余笔农村义务教育债务进行了详细的清理核实，切实减轻了东昌府区农村教育债务负担。

（撰稿：徐大兴）

临清市

【概述】 2008年，临清市地方财政收入完成5.21亿元，同比增长17.5%。财政支出完成9.39亿元，同比增长24.55%。

【优化增长模式，努力完善收入体系】 大力推进依法治税，强化税收的主体作用，加强与国税、地税部门的交流沟通，及时对税收收入进行调度分析，加大对重点税种、重点行业、重点企业的税收征管力度，确保税收收入及时足额入库。试行班子成员收入分工负责制，抓好收入任务的分解落实，及时调度各乡镇办事处收入情况。2008年，临清市各乡镇办事处财政收入实现较快增长，共完成地方财政收入1.91亿元，同比增长34.64%。

【强化财源建设，夯实财政增收的基础】 综合运用财政政策、奖励、补贴、贴息等办法，引进市场化手段，促进全市经济总量的膨胀。对发展工业、民营、出口创汇等先进企业单位进行了奖励，落实奖励资金850万元。对6户少数民族特需商品定点生产企业进行了财政贴息项目申报，2008年，获贴息1 853万元。大力支持发展现代服务业，安排服务业发展引导资金200万元，促进了消费和就业增长。加大对节能减排、环境保护的支持力度，推进建立生态补偿机制。积极支持城市生活垃圾处理场和碧波污水处理厂建设项目，两个项目利用亚行贷款1 535万美元。

【调整支出结构，加大民生投入】 把工资足额列入预算，落实工资发放的各项政策措施，确保了工资正常发放。加快建立覆盖城乡居民的社会保障体系，确保社会保障支出需要。全年各项社会保障资金的缴存和拨付分别为4.56亿元和4.34亿元。临清市享受城市低保待遇的家庭3 165户、8 413人，标准由每人每月190元提高到210元，发放城市低保资金1 088万元。享受农村低保的家庭6 288户、1.17万人，标准由每人每年800元提高到900元，已拨付资金611万元，做到了动态管理下的应保尽保。农村五保对象2 372人，其中集中供养483人、分散供养1 889人，拨付供养经费350万元。投入再就业资金178万元，全面落实了新的就业扶持政策。投入172万元，启动实施了城镇居民基本医疗保险制度试点。做好石油价格改革财政补贴发放工作，严格按照补贴标准，本着成本低、效率高、环节少的原则，将566万元补贴资金全部直接兑付到了补贴对象。深入推进城乡义务教育经费保障机制改革，认真落实城乡义务教育阶段学生免除学杂费和向农村义务教育阶段学生免费提供教科书政策，进一步提高农村中小学生均公用经费补助标准。2008年拨付此项费用2 456万元，有力地支持了义务教育发展。建立健全农村义务教育阶段中小学校舍维修改造长效机制，维修改造新华办事处中学综合楼等5个项目，建筑总面积1.21万平方米，投入822万元。

【继续加大“三农”投入，稳步推进新农村建设】 推进农村综合配套改革，建立农民减负增收长效机制。2008年全市种粮农户13万户，小麦种植面积67万余亩，发放粮食直补和农资综合直补资金5 822万元；玉米良种补贴25万亩，补贴资金250万元；优质专用棉花良种补贴20万亩，补贴资金300万元；对农民购置玉米联合收获机和小麦免耕播种机等农机具给予补贴资金360万元；落实能繁母猪补贴资金218万元，通过“惠农一卡通”的形式拨付到农民手中。继续做好政策性农业保险试点工作，财政共计补贴保费400万元，进一步提高了农民种粮种棉的积极性。完善新型农村合作医疗制度，进一步提高新型农村合作医疗补助标准，由每人每年40元提高到80元，临清市财政配套743万元，全部拨付到位。积极开展家电下乡试点工作，对农民购买试点产品给予13%的财政补贴。2008年补贴农户5 600户，补贴资金105万元，为进一步扩大农村消费，促进社会主义新农村建设，起到了积极的推动作用。扩大公共财政对农村的覆盖面，努力改善农民生产生活条件，投入1 093万元重点支持了农业综合开发、动物疫病防疫、危桥改造等工程。

（撰稿：武学岭）

阳谷县

【概述】 2008年，阳谷县地方财政收入完成2.3亿元，比上年增长16.33%。财政支出完成7.1亿元，增长9.61%。

【加强税费征管，财政收入稳定增长】 财政和国税、地税部门密切协调配合，把收入任务分解落实到各基层征收单位。强化收入目标考核，确保了财政收入进度与时间基本同步。严格执行非税收入“收支两条线”，深入挖掘资源性收入增长潜力。严格执行契税、耕地占用税“先税后证”制度，建立长效征管机制。全年共征收耕地占用税、契税386万元，超额完成了征收任务。

【调整优化支出结构，集中财力保重点】 在财政支出安排上，坚持勤俭办一切事业的原则，按照“三个高于”和建设节约型社会的要求，坚持适度从紧、有保有压的原则，严格控制行政经费和一般性项目支出，确保了阳谷县中心工作的顺利开展。对涉及社会稳定和事业发展的重点支出，也都予以保障，全年安排教育支出2.2亿元、社会保障和就业再就业支出8 121万元、“三农”支出2.1亿元、科技支出1 643万元。

【充分发挥财政职能，保障和改善民生取得新进展】 对一般性支出进行压减，对民生等重点项目支出予以了优先保障。争取上级财政支农专项资金3 724万元，用于农业基础设施建设和农业生产。发放各类涉农补贴8 900万元。投入农村中小学校舍维修改造资金637万元，新建维修建筑面积1.99万平方米；对阳谷县8.88万名农村义务教育阶段学生全部免除学杂费，免费提供教科书。启动了城镇居民基本医疗保险，新型农村合作医疗财政补助标准提高到每人80元。对城乡低保实行动态化管理，共发放低保资金1 511万元。

【积极履行财政监督职能，约束各项违纪行为】 注重对行政事业单位财务监管进行源头控制，对纳入国库集中收付的单位，严格实行零余额账户管理。加大了财政监督检查工作力度，共查出各项违纪资金263万元。对全县173户行政事业单位进行了资产信息统计和产权登记年检；对全县208个单位实行了账簿监管。建立了政府采购协调、规范的运行机制，2008年完成政府采购金额9 869万元，与采购预算相比，节约资金1 631万元，节支率16%。

【积极推进各项财政改革，增强财政发展活力】 国库集中收付制度改革在县直行政事业单位全面推开，建立起了以国库单一账户体系为基础，资金缴拨以国库集中收付为主要形式的现代财政国库管理制度。以化解农村义务教育债务为突破口，扎实推进农村综合改革。坚持不增加农民负担、不增加学生负担、不衍生新债，确保农村义务教育发展，确保农村中小学校正常运转的原则，截至2008年底，全县化解农村义务教育债务2 542万元。

（撰稿：张生健）

莘　县

【概述】 2008年，莘县实现地方财政收入2.1亿元，比上年增长14%；实现财政支出11.5亿元，增长50%。

【狠抓税费征管，财政收入稳步增长】

加强社会综合治税，建立和完善社会综合治税的运行机制，财政、税务、人行等部门密切配合，形成政府统一领导、部门各负其责，齐抓共管的整体合力。进一步完善征管办法，加强重点税源的动态监控，努力挖掘增收潜力，做到应收尽收。进一步规范非税收入管理，严格实行政府非税收入“收支两条线”管理，逐步推行“票款分离”，全面实行“罚缴分离”。

【优化支出结构，进一步打造民生财政】 提高莘县机关事业单位人员工资和津贴补贴，人均月增加205元，保证了工资按时足额发放。农业、社保、教育、卫生等重点支出得到了有效保障，支出增幅均高于市县平均幅度。支出资金1.18亿元，用于发放粮食、良种直接补贴及综合补贴。积极做好新型农村合作医疗工作，政府补助标准提高到60元，报销新农合医疗费用3 942万元。投入1 302万元用于莘县远程医疗信息服务平台项目建设。投入资金1 300万元，改造农村中小学工程项目15处，新建校舍2.05万平方米。拨付1 608万元用于免费提供教科书，拨付6 784万元用于城乡教育免杂费和补助公用经费。拨付1 211万元用于农业综合开发、标准良田建设、农业科技推广。拨付1 629万元用于城乡低保。

【推进财政体制改革，进一步完善理财机制】 扩大国库集中支付制度改革试点，制定《莘县财政国库管理制度改革实施方案》、《莘县财政国库制度改革资金支付管理办法》等一系列规范资金运作的措施，莘县国库集中支付制度改革全面推开。深化政府收支分类改革，完善预算支出标准体系，积极开展项目支出按经济分类编制预算试点工作。继续扩大政府采购范围和规模，规范政府采购行为，提高政府采购资金的使用效益。进一步加强行政事业单位国有资产管理，强化国有资产交易监管，确保国有资产保值增值。以化解农村义务教育“普九”债务为突破口，加快推进农村综合改革。

【加强财政监督，进一步提高理财水平】 广泛宣传贯彻《财政违法行为处罚处分条例》，本着“加强管理、严肃纪律、维护秩序”的原则，加大财政执法力度。财政、纪检、监察、审计等部门对“收支两条线”情况进行专项检查，纠正违规收入等方面的问题。开展政府采购专项检查，进一步规范政府采购行为。努力扩大新会计准则的实施范围，认真组织开展财会人员在岗培训，提高财务会计管理水平。积极开展会计信息质量检查，对违规问题进行处理纠正。内控制度和专项资金管理办法进一步完善，财政资金使用分配更加规范、安全、有效，依法理财水平明显提高。

（撰稿：冯麦林　冯永雷）

茌 平 县

【概述】 2008年，茌平县完成地方财政收入9.01亿元，增长20%。完成财政支出13.9亿元，增长18%。财政收支的总量和增量均居全市首位，为茌平在聊城市经济指标综合考核“六连冠”作出了积极贡献。

【新策略在支持发展中实施】 整合利用财政优惠政策、企业挖潜改造、科技三项费、国债资金等共计2亿余元支持企业发展，落实招商引资奖励360多万元，对交通运输等第三产业兑现奖励706万元。实施“十大惠农工程”，农业投入增长5 000多万元，落实粮食补贴、综合补贴、家电下乡补贴等惠农补贴近亿元，新修改造县乡道路169公里、桥涵18座，完成了54个中心村建设性规划，改善农村的生产生活环境。

【新举措在组织收入上推出】 积极探索税收宣传新模式，相继组织税收宣传月、建立中学生税收宣传教育基地、表彰诚信纳税大户、“枣乡之春”税收宣传主题晚会、电影助税宣传村村行等活动，实现税收宣传质量效益最大化。通过推行企业主辅分离、成立大企业税收管理组、开展建筑房地产业纳税专项检查等行之有效的手段，加大了对收入的征管力度。小税种增长强劲，房产税、印花税和城镇土地使用税完成9 000万元，增长93.2%；耕地占用税和契税完成3 200万元，是上年的6.1倍。乡镇收入实现重大突破，完成1.75亿元，增长123%。

【新理念在为民理财中践行】 财政支出坚持向工资增长倾斜，提高了企业退休、退职人员基本养老金待遇，行政事业人员人均每月调增住房补贴105元，人均月工资水平达到2 417元，在聊城市各县（市、区）中领先。坚持向正常运转倾斜，确保了预算单位的经费需要和包括困难乡镇及村组织在内的各级政权正常运行及平安建设专项经费。坚持向社会保障倾斜，围绕离休干部“医药费”统筹、提高困难群众生活补贴和保障标准、城镇居民廉租住房补贴、农村五保供养、城乡医疗救助制度、新型农村合作医疗等热点、焦点问题，加大民生投入。坚持向重点事业发展倾斜，全省最先进的高密度县级“电子监控城”建设全面完成，茌山公园建设基本竣工；环城水系、文化体育中心等工程正在施工，文教、计生、科技、卫生、环境保护等各项社会事业全面发展，人居环境、发展环境得到进一步改善。

【新突破在推进改革中实现】 部门综合预算项目进一步细化量化，走在聊城市前列。国库集中支付改革全面推开，在聊城市第一个上网运行，第一个实行网络化发放工资，第一个实行预算单位会计电算化，成为山东省第一个解决代理银行垫付资金问题的县市。全年完成政府采购金额4亿元，节约资金5 600万元。进一步规范非税收入管理，荣获全省“非税收入规范管理示范县”。出台了《茌平县会计人员与财务工作考核办法》，加大奖惩力度，开展财税专项检查，维护财经秩序。

（撰稿：刘吉强）

东 阿 县

【概述】 2008年，东阿县地方财政收入完成2.49亿元，比上年增长23.1%，连续4年增幅保持在23%以上，是东阿县财政收入增长较快的一个时期。财政支出完成6.3亿元，增长18.2%，收入质量明显改善，税收收入占地方财政收入的比重达到80%，比上年提高9.76个百分点。

【财源建设迈出新步伐】 紧紧围绕发展这一中心，把膨胀经济总量、壮大财源规模作为经济工作的重点，充分运用财政杠杆，扶持阿胶、化工、钢球、东昌集团等骨干企业发展。大力推进科技创新，投入400万元对高新技术企业给予奖励、贴息，鼓励开展全民创业。切实帮助企业解决资金困难，财政投资担保公司积极为企业提供转约担保，担保贷款金额3 800万元。主导产业不断壮大，经济效益不断提升，工商税收拉动财政收入增幅18个百分点。

【财政收入跃上新台阶】 会同税务部门，积极研究对策，加大征收力度，强化征管措施。对收入任务实行目标责任管理，层层签订目标责任书，切实明确收入任务的责任管理。强化收入调度，加强对重点税源、重点行业的监控，及时分析税源状况，拓展收入渠道。严格按照“收支两条线”和“收缴分离”的规定，健全非税收入征管机制，确保财政收入均衡入库。2008年财政收入增幅、税收比重分别居聊城市第二、第三位，在聊城市的位次进一步前移。

【农村建设取得新突破】 加大惠农补贴实施力度，促进粮食增产、农民增收。2008年共落实各项惠农补贴资金6 520万元，10万户农民从中受益。整合资金2 200万元，支持“两区一园”、新农村示范区建设，改善了农业生产条件，农业综合生产能力稳步提高。积极推进新型农村合作医疗，2008年东阿县新型农村合作医疗覆盖率达到95%，人均补助标准从40元提高到80元，公共卫生保障能力进一步提高。加大农村义务教育经费保障，筹措资金1 924万元用于免除农村中小学学杂费、课本费，投入628万元对中小学校舍进行维修改造，对家庭经济困难学生进行救助，发放普通高中和中职学生助学金102万元。

【公共财政展现新面貌】 按照“保工资、保重点、保正常运转”的原则，优先保证人员工资正常发放。2008年兑现了部分住房补贴和交通补贴，东阿县月人均增资160元，住房公积金缴存标准由6%提高为8%，干部职工工资水平有所提高。逐步完善社会保障机制，加强对困难群众生活救助，启动实施了城镇居民基本医疗保险制度，筹资850万元支持陈集、姜楼、姚寨等5个乡镇中心敬老院建设，努力改善弱势群体生活水平。努力改善城乡面貌，投入6 300万元，支持喜鹊广场、洛神湖景观、工业街改造、污水处理厂二期工程、燃气供水管网铺设和城乡环境综合整治等，城市功能逐步增强。

【财税改革凸显新水平】 国库集中收付制度改革开始启动，完善预算编制，规范资金拨付，完成人员培训、网络铺设工作，第一批33个单位纳入试运行。完善采管分离，实行阳光采购，完成政府采购额1.23亿元，节约资金1 099万元。扩大财政投资评审范围，对城建工程严格进行预决算评审，评审总额5 207万元，审减资金442万元。

（撰稿：张子先　赵　琪）

冠　县

【概述】 2008年，冠县地方财政收入完成2.01亿元，比上年增长21.6%；财政支出完成8亿元，增长23.14%。

【依法征税治费，确保收入稳定增长】

按照全年的财政收入增长目标，充分考虑各部门、各乡镇的税源实际和增减变化，及时将任务下达到征收部门和乡镇。建立税收联席会议制度和财政收入协调例会制度，定期召开财政收入分析会，及时解决征管过程中遇到的困难和问题，确保征收工作有序进行。制定对乡镇、部门和企业的税收激励政策，每月通报工商税收增幅和排名，激励征收部门和乡镇组织收入。加大社会抚养费征缴力度，有效缓解财政压力。

【优化支出结构，着力打造民生财政】

确保工资发放，在保证干部职工工资正常发放的同时，筹措资金4 353.9万元，落实晋档增资政策、按职工基本工资额10%落实了住房补贴，人均月增资163元。加大社会保障力度，提高了新农合政府补助标准；完善了城镇职工基本医疗保险制度；建立了城镇居民基本医疗保障、特殊人员医疗保障和城乡大病医疗统筹制度；完成了4处中心敬老院的建设。积极落实各项惠民补贴政策，按照上级规定的补贴依据、补贴标准、兑付时间、兑付程序，发放种粮农民综合补贴6 555万元、良种补贴1 190万元、粮食直补资金1 231万元、成品油价格补贴450万元、政策性农业保险保费补贴493万元、能繁母猪补贴241万元、“家电下乡”补贴160万元、农机补贴140万元。深化农村义务教育经费保障机制改革，按时足额拨付中小学住宿生活费和公用经费；更新中小学课桌凳2.12万套；新建7座教学楼，并对20余处中小学危房进行了维修。

【深化财政改革，提高财政管理水平】

理顺了县乡财政体制，对县乡的收支范围、乡镇的补助、上缴数额及其他配套政策进行了重新划分和界定，进一步理顺了县乡财政分配关系。规范完善部门预算，按照“二上二下”的编制程序，对有收入的35个县直行政事业单位编制了部门预算。全面实行国库集中收付制度，2008年底前对县直所有行政事业单位实行了国库集中收付改革的网络化运行。政府采购工作取得了新进展，进一步规范政府采购程序，增强了采购活动的透明度，扩大了政府采购范围，全年实现政府采购金额5 425.7万元，比预算节支1 230.6万元，节支率18.49%。

（撰稿：梁明彪）

高　唐　县

【概述】 2008年，高唐县完成地方财政收入6.38亿元，同比增长5.1%；完成财政支出8.89亿元，同比增长7.4%。

【大力培植财源，增强经济发展后劲】

落实高唐县《关于进一步加快经济发展的十条意见》，支持企业发展。拨付资金1 170万元，兑现企业上规模、创名牌等奖励；拨付资金3.73亿元，落实税费返还政策，减轻企业负担，促进了企业快速发展。多渠道筹集资金，支持企业发展，帮助企业向上级财政、金融部门申报项目，争取资金支持。发挥财政职能，帮助企业破解发展难题，积极搞好调查研究，帮助企业加强成本核算，做好财务管理，促进了企业健康发展。

【深化综合治税，确保财政收入应收尽收】 财政部门作为综合治税的牵头单位，会同国税、地税及执收部门构建起“政府领导、财税主管、部门配合、司法保障、社会参与、信息支撑”综合治税网络，同32个涉税部门签订了协税护税协议，建设起综合治税信息平台。全年共采用涉税信息5 937条，直接增加税收421万元，在增加收入的同时，净化了税收环境。进一步强化非税收入基础管理，加强票据源头控制，全面推行“票款分离”，完善非税收入信息系统。精心组织契税和耕地占用税征收，采取多种方式对新政策进行宣传，提前做好税源调查，科学制订收入计划，加强同房管、国土等部门沟通，实现信息共享，真正做到“先税后证”，确保了“两税”收入的稳步增长。

【优化支出结构，千方百计实现“三个确保”】 确保正常运转和工资发放资金支出。及时足额发放干部职工工资，不断强化工资专户管理，巩固工资统发成果。财政供养人员养老、医疗、失业保险及时交纳，各单位正常运转经费足额到位。加强“民生财政”建设，促进和谐社会进步。严格落实各项惠农政策，确保粮食直补、综合补贴、小麦良种补贴、棉花良种补贴、大型农机具购置补贴、能繁母猪补贴资金 6 577 万元，落实到位、兑现到户，全年补贴家电下乡产品 6 700 台（部），补贴资金 145 万元。支持卫生和教育事业发展，拨付经费 1 200 万元，全面实施了农村义务教育阶段经费保障机制改革；安排资金 2 260 万元，用于完善新型农村合作医疗体系。支持就业和社会保障，拨付“两个低保”资金 1 231 万元，将五保供养资金 653 万元直接拨付到敬老院和五保对象手中，保证了困难群众的基本生活。加大支持农业生产投入。支持现代农业发展，拨付资金 100 万元完成测土配方施肥 40 万亩，投入资金 108 万元建立健全动植物防疫网络，拨付资金 60 万元支持增雨消雹和灾害天气预防体系建设。大力支持农业综合开发，投入资金 610 万元完成 1.5 万亩中低产田改造，投入资金 47 万元用于小型农田水利建设，投入资金 160 万元积极推进林业生态示范园建设，大力改善农村环境。

【推进财政改革，进一步提高资金使用效益】 积极推行国库集中支付改革，完善管理制度，规范业务流程，在 10 个单位进行试点，建立起国库单一账户体系，在加强资金监管、增强政府调控等方面起到积极作用，为国库集中支付改革的全面推行积累了经验。不断完善综合预算编制，提高财政综合预算编制的精细化程度，充分体现公开、公正、透明的原则，逐步均衡部门之间的保障水平，加大预算内外资金综合运筹力度，集中财力办大事。进一步规范政府采购制度，不断完善监管制度，规范业内操作，细化采购预算，提高政府采购的效率和透明度。全年共实施各类招标采购 85 宗，实现采购额 4 517 万元，节约资金 324 万元，平均节支率 6.61%。加大财政投资评审力度以及专项资金的使用管理力度，全年共对 73 项财政投资的基建工程进行了预决算审核，累计审减财政资金 1 062.49 万元，平均审减率 18.5%。

（撰稿：姚美庆　金红谦）

滨　州　市

滨　城　区

【概述】 2008 年，滨城区实现地方财政收入 17.61 亿元，比上年增长 10.84%；实现财政支出 10.52 亿元，增长 12.31%，连续 22 年实现财政收支平衡。

【加强征管，财政收入稳步增长】 调整完善了区与乡镇办财政体制和税收征管体制，除少数大企业和几大行业缴纳的税收和教育费附加留区级外，其他原区级企业缴纳的税收和教育费附加全部下划乡镇办，实行属地管理、总额分成的办法，调动了各方积极性。扎实推进优化财政收入结构工作，全区 23 家大中型企业进行了主辅分离，使辅业变主业，增加地方财政收入 1 200 万元。加强税收精细化制度管理，在全区范围内开展了房屋租赁业、装修业和娱乐行业以及土地使用税、契税和耕地占用税的专项清理工作，共清缴税款 3 670 万元。支持地税部门在餐饮行业安装税控机，堵塞餐饮业税收流失的漏洞。加强非税收入征管，坚持以票管收，做到源头控收。

【拓宽筹资渠道，确保重点项目建设资金需求】 2008 年，共融通资金 2.6 亿元，比上年增长 11.33%。其中，向商业银行融资 1.6 亿元，社会融资 1 亿元，有力支持了创业大厦、东区路网管网工程等重点项目建设以及企业发展。加大向上级争取资金支持的力度，全年共争取上级专款 1.80 亿元，比上年增长 76.15%，其中经济建设专款 7 437 万元，增长 179.72%；社会保障专款 3 368 万元，增长 36%；农业产业化专款 4 344 万元，增长 42.83%；科教文卫专款 983 万元，增长 32.7%；其他专款 1 828 万元，增长 76.24%。

【支持经济建设，夯实财源基础】 2008年，共拨付企业各类资金6 505万元，比上年增长35.01%，其中，用于工业项目资金5 859万元，农业项目资金446万元，现代服务业项目资金200万元，突出支持优势产业、高新技术产业、现代服务业和工业园区发展，进一步夯实了财源基础，并及时对重点行业、骨干企业运行情况进行调研，千方百计应对金融危机给企业带来的严重影响，积极帮助困难企业协调资金8 000万元，力促区域内企业群体平稳运行，与企业共渡难关。

【高度关注民生，促进社会和谐】 2008年，共安排民生支出2.04亿元，比上年增长30.08%。拨付机关事业养老及医疗保险、破产及困难企业离休干部经费、特殊人群医药费共计1.02亿元，比上年增长13.8%。提高城乡最低生活保障标准，城市低保标准由每人每月180元提高至220元，农村低保标准由每人每年800元提高至900元。全年共拨付935万元，用于城乡低保人员的最低生活保障。逐步建立起覆盖全区的城乡医疗救助制度，新型农村合作医疗工作扎实推进，全区参合人数达到30.76万，行政村覆盖率达到100%，财政补助标准由每人每年40元提高至60元，全年补助资金2 177万元，比上年增长74.14%；拨付城镇居民基本医疗保险和优抚对象医疗保障资金195万元。争取上级水利专项资金141万元，支持农村通自来水工程建设，使26个村的1.54万人的饮水安全问题得到解决。安排120万元用于乡镇敬老院建设，并及时拨付资金106万元，用于7 404名农村五保户人员的日常生活费用。健全财政涉农补贴“一本通”制度，全年落实各项涉农补贴5 816.36万元，比上年增长31%。积极筹措785万元救灾资金，支援四川地震灾区恢复重建。

【加大投入力度，确保重点事业支出】 加大农村教育倾斜力度，促进教育均衡化发展。农村小学生均公用经费定额由240元提高至345元，初中由340元提高至495元；农村义务教育阶段家庭经济困难寄宿生生活费补助标准，由每生每年补助300元提高到小学500元、初中750元，春季、秋季两学期538人得到资助；从2008年起，为农村义务教育阶段学生免费提供教科书，切实减轻了农村中小学生的家庭经济负担；筹集480万元，用于农村中小学校舍维修改造；安排399万元补助资金，资助高中困难学生616人、中等职业技术学校学生2 421人。拨付5 047万元，支持全区卫生事业发展，比上年增长12.37%。其中，用于社区卫生服务机构建设、卫生院建设、疾病预防控制中心设备维护等398万元，提升了区域内突发公共卫生事件应急处置能力。做好支农资金整合工作，综合协调、统筹安排各级各类支农资金1 605万元，比上年增长31.13%，加大整合力度，实现向优势产业、重点产区和产前、产中、产后各个环节有效投入，促进项目区农村经济结构的优化调整和生产生活环境的改善，全面提高农业综合生产能力。拨付计划生育事业经费711万元，比上年增长17.33%，保证了计划生育家庭奖励扶助政策的落实和计生事业法定支出的增长。拨付资金224万元，支持实施农村公益电影工程、图书馆、文化馆、档案馆和农村文化大院建设，繁荣农村文化事业。

【创新机制，加快公共财政建设】 继续深化各项财政改革，积极探索建立财政管理新体制和新机制，财政管理效益稳步提高。充分发挥区会计核算中心职能，2008年拒付虚假发票及提示不合理支出业务239笔、金额230万元。国库集中支付依托网络化系统和财政、单位“零余额账户”模式，规范支出预算管理，国库直接支付比例逐步提高，全年直接支付资金2.62亿元，比上年增长31%。政府采购规模和范围不断扩大，采购监督机制不断健全，并积极探索政府性工程实行政府采购规范化管理的有效机制，努力提高资金使用效益，全年完成采购额3 600万元，比上年增长80%，节约资金380万元，节支率达到10.56%。建立健全国有资产各项制度，在全区行政事业单位国有资产统计、企业破产改制、新二中和区技校整合、国有资产处置环节严格把关，防止国有资产流失。

（撰稿：苏小军）

惠民县

【概述】 2008年，惠民县实现地方财政收入2.56亿元，比上年增长66.5%。实现财政支出7.38亿元，增长12.40%。连续17年实现财政收支平衡。

【巩固提升财政收入征管水平，财政收入快速增长】 科学合理地确定全年收入确保目标和力争目标，签订收入目标责任书，完善了税收增收激励措施。坚持收入征管早部署、争主动，健全财税信息交流机制，强化收入预测，加大税收征管力度，促进了财政收入持续增长。强化政府非税收入管理，继续加强以“票款分离”改革为核心的非税收入征管工作，切实抓好票据和银行账户源头管理，全面深化“收支两条线”改革，努力挖掘非税收入增收潜力。

【着力完善财政改革配套措施，财政管理水平进一步提高】 部门预算编制更加科学，细化预算项目，统一公用经费标准，预算编制的科学性、完整性、规范性明显增强。项目支出管理更加规范，严格贯彻落实《惠民县政府投资项目管理办法》，确保项目支出更加科学、合理。国库集中支付规模不断扩大，将100个县直行政事业单位全部纳入国库集中支付管理，国库管理的效能进一步发挥。完善土地出让金征管办法，实行土地出让金收入收支两条线管理，各项支出由财政审核、政府把关拨付。政府采购规模不断扩大，全年累计实现政府采购支出1.03亿元，采购规模比上年同期增长99%，节约资金1 258万元，节支率10.88%。积极发挥国有资产投资有限公司融资平台的作用，先后筹措资金1.5亿元，有效缓解了政府投资压力。继续深化“乡财乡用县管”改革，调动乡镇发展经济、增收节支的积极性，提高乡镇财政保障能力。

【扎实推进社会主义新农村建设，新增财力进一步向“三农”倾斜】 财政对“三农”基础性投入大幅度增加，安排财政专项资金2 000余万元，重点支持农村桥梁、河道、道路、自来水等基础设施建设，农民生产生活条件得到改善。支持农业产业化发展力度加大，先后投入土地整理资金2 816万元、农业综合开发资金975.5万元、扶贫资金172.3万元用于支持现代农业发展。积极落实国家的惠农政策，将涉农补贴6 458.7万元发放到农户手中。

【大力支持社会主义和谐社会建设，财政以人为本特征进一步显现】 大力支持推进城乡社会保障体系建设，全年累计投入养老保险、医疗保险、失业保险、工伤保险等各类社会保障资金1.98亿元。积极完善义务教育经费保障机制改革，先后投入资金3 056万元，用于对义务教育阶段学生免收学杂费及预算内公用经费等实行补助。坚持把保工资放在财政支出首位，兑现收入分配制度改革政策。

（撰稿：杨晓东）

阳信县

【概述】 2008年，阳信县实现生产总值68.73亿元，比上年增长10.5%。实现地方财政收入1.56亿元，下降2.75%；完成财政支出5.41亿元，增长9.20%。

【加强收入管理，确保经济发展成果反映到财政收入上来】 进一步贯彻“加强征管、堵塞漏洞、惩治腐败、清缴欠税”的方针，积极协助国税、地税等征收部门及时、足额收缴入库；加大税收稽查力度，以查促收，努力做到应收尽收。切实落实奖励制度，进一步调动相关企业、单位和个人在纳税、税收征管工作中的积极性。进一步加强和完善非税收入管理，严格执行“收支两条线”办法，完善票款管理，确保行政性收费的及时足额入库，提高阳信县政府统筹运用预算内外财力和宏观调控的能力。

【科学调度资金，确保重点支出需要】 在收支矛盾十分突出的情况下，千方百计多渠道筹集资金，按照“保工资、保稳定、保重点支出”的顺序安排支出，实现工资的按时发放、公用经费按季度拨付、各项专款和重点工程资金按进度拨付。

【加大财政资金投入力度，积极落实各项民生政策】 财政投入机关事业单位养老金5 100万元，保证离退休人员养老金按时足额发放；发放城乡低保资金900余万元，保障1.6万多名城乡低保对象的基本生活；财政投入2 759万余元，保障新型农村合作医疗制度平稳运行，使35万农民受益，切实缓解农民因病致贫、因病返贫的问题；启动城镇居民基本医疗保险制度，实现城镇职工和城乡居民医疗保障全覆盖。财政投入710万元，进行了“两热一暖”工程试点。

【积极推进财政改革　不断提高财政管理水平】 继续推行国库集中支付制度，逐步拓展集中支付范围。深化“乡财县管”改革，保证乡镇机关人员工资发放和重点支出需要。规范政府采购行为，实现监管和采购分离。加强重点工程监管力度，对重点工程、涉农工程等实施招投标制度，并聘请中介机构对项目资金等进行审计，提高了财政资金的使用效益。

（撰稿：王汉民）

无棣县

【概述】 2008年，无棣县完成地方财政收入6.6亿元，比上年增长10.06%；完成财政支出10.24亿元，增长15.23%。连续17年实现财政收支平衡。

【深挖地方税源，优化收入结构】 切实加大对重点税种的征管力度。深挖逃税车船，全年车船税收入636万元，增加323万元；大力清缴土地使用税，采取对部分土地使用面积进行核实，对季节性企业进行集中清缴等措施，全年共完成土地使用税3 775万元。2008年全县税收占地方财政收入比重为77%。

【加大融资力度，力促经济发展】 为促进全县经济健康快速发展，做大做强中小企业担保机构。无棣县财政部门融资6 000万元，注册成立无棣县中小企业担保有限公司，为中小企业流动资金贷款、技术改造贷款、技术创新贷款提供担保。县投资公司与六和饲料股份有限公司共同组建了“滨州和兴牧担保有限公司”，为当地畜牧养殖户及养殖企业提供流动资金贷款担保及购置养殖设备提供部分贷款担保。2008 年，共办理担保业务 305 笔，担保金额 7 675 万元，累计担保金额 9 772 万元，养殖规模 712 万只，取得社会效益和经济效益双丰收。

【推进财政改革，创新管理机制】 深化政府采购制度改革。按照“扩大范围，规范运作，提高效率，加强监管”的原则，不断简化内部工作程序，提高政府采购效率。进一步强化会计集中核算制度，深化国库集中支付改革，加大财政监督检查力度，促进“阳光财政”健康发展。全面推行部门综合预算，进一步加强政府非税收入管理，继续深化收支两条线改革，强化票据监管。实行资金支付制度改革，将所有财政资金统一归口预算国库股管理，采取“管账不管钱，管钱不管账”的钱账分管、管拨分离模式。

【落实惠农政策，促进新农村建设】 以国家增加对“三农”投入为契机，深入调查研究，认真研究探索支农资金稳定增长的长效机制。加大支农财政支出，促进农村各项事业发展。投入农林水生产发展支出资金 1.46 亿元，支持农村水利设施建设，加强扶贫开发和农业综合开发，切实改善农村生产条件。增加对农村医疗卫生、“农家书屋”等文化建设的投入，支出“新农合”资金 2 467.3 万元、农村义务教育中小学校舍改造资金 470 万元。认真落实各项惠农政策，兑付粮食直补和农资综合补贴 2 961 万元；兑现小麦、棉花、玉米良种、农机购置及能繁母猪等各项补贴 1 168 万元；落实对渔船、城市公交、出租车等行业的成品油价格补贴政策，兑付补贴资金 1 906 万元。

（撰稿：王风彬）

沾 化 县

【概述】 2008 年，沾化县实现生产总值 95.6 亿元，比上年增长 11.2%；完成地方财政收入 3.6 亿元，增长 25.81%；完成财政支出 7.66 亿元，增长 13.87%。连续 17 年实现财政收支平衡。地方财政收入占 GDP 的比重为 3.77%，税收收入占地方财政收入的比重为 80.16%，比上年分别提高 0.19、3.61、0.72 个百分点。收入质量显著提高。

【全力进取与创新，财政改革驶入快车道】 进一步扩大政府采购规模，全年采购额 905 万元，节约资金 93 万元，节支率 10%，节支效果明显。会计集中核算更加快捷、规范，县直累计纳入集中核算管理的行政事业单位达到 94 个。财政供养人员信息库、部门预算基础信息库和项目库建设进一步加强，预算编制更加规范化、精细化。收支两条线改革稳步推进，全县行政事业性收费和政府性基金征收全部实现“票款分离”，非税收入征管逐步加强。会计管理、行政事业单位资产管理、政府债务管理机制日趋完善，工作力度逐年加大。在严格执行国家财经法规的基础上，按照“先建制度、后分资金”的原则，不断完善资金管理制度和内控机制，切实加强财政监督，基本建立起了覆盖财政收支各环节的制度体系和监督机制，财政收支管理的科学化、规范化水平明显提高。

【全力保障民生工程，和谐社会建设取得重大进展】 县乡“阳光工资”全部执行，全县增资总额达 2 882 万元，广大干部职工共享了经济发展的成果。全面落实教育优先发展战略，拨付资金 3 309 万元，支持全县农村义务教育制度实施和学校及教师住宅建设。不断健全城乡医疗卫生服务体系，拨付新型农村合作医疗资金 2 103 万元，政府补助标准由每人每年 60 元提高到 80 元；拨付资金 380 万元，确保城镇职工基本医疗保险顺利执行，城镇居民基本医疗保险试点顺利启动，将城镇未成年人和非从业居民纳入医疗保险体系；拨付资金 587 万元，支持城乡社区卫生服务体系建设，城乡医疗卫生条件明显改善。加快社会保障和就业服务体系建设，拨付资金 3 525 万元，落实企业养老保险、失业保险及工伤保险制度；拨付资金 963 万元，用于城镇及农村居民最低生活保障和农村计生家庭奖励；拨付资金 380 万元，大力支持“技能扶贫”和“农村劳动力转移培训”等工程。积极落实国家收入分配政策，全年增支 1 202 万元，提高企业离退休职工待遇、离休人员护理费和优抚对象抚恤补助标准。增加对农民的直接补贴，拨付资金 4 071 万元，落实了粮食直补、石油价格改革补贴、棉花（小麦）良种补贴、库区移民补贴和农机具购置补贴政策，直接受益农户 3.43 万户；拨付资金 334 万元，实施“能繁母猪”、“家电下乡”和畜牧规模化养殖等补贴制度。大力支持救灾救济，拨付资金 713 万元，支援汶川地震灾后恢复重建工作。

【加强支出管理，财政监督机制健全到位】 在支出管理上，对确需追加的支出严格按照程序办理，确保预算的严肃性。开展会计信息质量检查，举办了 6 期会计人员继续教育培训班和一期财政所长、预算会计培训班，培训人员达 680 人次，提高会计人员素质，促进会计诚信建设。依法加强财政债务管理，高度重视防范和化解财政风险，保证财政经济的健康、有序运行。加强非税收入管理，运行“非税收入征管系统”，强化票据年检工作，有效堵塞单位坐支挪用现象。健全财政资金跟踪问效制度，发挥财政资金的最大效益；对各项基金、农发资金、扶贫资金、国债转贷资金实行报账提款制度，保证专款专用；对部门经费实行包干办法，调动了部门节支理财的积极性。

（撰稿：刘清松）

博 兴 县

【概述】 2008年，博兴县实现地方财政收入9.04亿元，比上年增长26.11%，实现财政支出12.02亿元，增长28.36%。连续22年实现财政收支平衡。

【加强征管，财政收入稳步增长】 在国内经济困难加大，经济运行不稳定因素明显增多的情况下，财政部门严格执行“先税后证”制度，加强契税和耕地占用税征管。出台了《博兴县非税收入管理实施办法》，进一步健全完善“罚缴分离”和“票款分离”管理办法。2008年全县地方财政收入中的税收收入比重为80.22%，比上年提高1.38个百分点；地方财政收入占生产总值的比重为5.84%，比上年提高0.3个百分点，税收结构和经济运行质量不断提升。

【坚持“多予、少取、放活”，财政对“三农”投入不断增加】 安排“三农”支出9 777万元，农业和农村面貌出现可喜变化。大幅增加对农民的直接补贴，对农民实施了粮食、良种、农机、家电下乡和生产资料综合补贴政策，仅粮食和农资综合补贴，2008年就达4 181万元，平均每亩86.8元。加快现代农业建设步伐，争取并拨付农业综合开发、龙头企业贴息、扶贫开发、土地治理及其他支农项目资金3 722万元，支持农业基础设施建设和特色农业发展。不断增加农村中小学校基础设施建设，投入340万元用于农村中小学校舍维修改造，投入20万元用于农村中小学课桌凳更新，为加快农村义务教育发展注入了新的活力。困难学生资助政策体系日趋完善，拨付资金92.3万元用于农村中小学困难学生生活补助政策，受益学生达到1 400余人。全面落实农村计划生育家庭奖励政策，对全县2 034人（户）符合条件的家庭发放扶持奖励资金122万元。

【加快公共财政体系建设，重点保证民生支出】 全县教育、卫生、社保与就业支出，分别达到2.66亿元、7 737万元、1.35亿元，分别比上年增长55.10%、41.91%和17.69%。全面推开义务教育经费保障机制改革，拨付资金2 412万元，全部免除义务教育阶段学生学杂费；拨付892万元，全部免除义务教育阶段学生书本费，6万余名中小学生享受到义务教育。充分发挥财政职能，切实解决农民看病难、看病贵问题。积极推进新型农村合作医疗制度改革，到2008年底全县参合农民达38万余人，参合率93%。城镇居民基本医疗保险试点顺利启动，全年筹集资金85万元，将1.9万城镇未成年人和非从业居民纳入医疗保险体系，居民医保实现无缝隙覆盖。对企业离退休人员“两金”、最低生活保障、下岗职工基本生活保障、失地农民救助等直接关系困难群众切身利益的支出，坚决落实到位，努力提高弱势群体保障水平。全县用于社会保障和抚恤救济方面的支出达1.35亿元，保障困难群众的基本生活需要，维护社会稳定。按照“保工资、保稳定、保法定支出”的要求，优先保证县直和各镇（办事处）行政事业单位工资的正常发放。

【财政改革不断深化，管理和服务水平不断提高】 预算管理改革逐步深化，会计集中核算管理水平不断提高，县级88家预算单位纳入会计集中核算，国库集中支付改革稳步推进，预算执行的效率和透明度明显提高。“收支两条线”改革顺利实施，全县行政事业性收费和政府性基金征收全部实现“票款分离”。政府采购日趋规范，规模不断扩大，2008年全县完成政府采购额1.05亿元，节约资金1 901万元，节支率达15.3%。加强会计信息质量检查，提高会计工作管理水平。深化企业会计制度改革，举办新企业会计准则培训班13期，培训会计人员1 900余人次。建立健全监督体系，切实加强行政事业单位国有资产管理。2008年全面开展了行政事业单位资产清查，健全产权登记和资产管理制度，进一步规范财政资金和国有资产使用管理程序，有效避免国有资产流失。

（撰稿：刘立新　李曙光）

邹 平 县

【概述】 2008年，邹平县实现生产总值430亿元，比上年增长25%。地方财政收入完成24.11亿元，增长20.91%；财政支出完成26.86亿元，增长22.12%。

【向农业生产倾斜，着力促进新农村建设】 落实各项惠农政策，切实加大财政惠农补贴力度。2008年，邹平县通过“一本通”，落实粮食直补、良种补贴、能繁母猪补贴、奶牛补贴等8项惠农补贴9 514万元，涉及农户15.83万户。加大农业基础设施资金投入，财政投资完成各类水利工程143项，全县农村自来水普及率达到96%以上。大力发展现代农业项目，投资2 229万元用于农田基础生产及农业配套产业化经营服务。积极支持农业政策性保险，为农户承保玉米、棉田65.19亩，投保资金304.9万元，进一步增强农业抗风险能力。

【向社会公益事业倾斜，着力促进经济社会协调发展】 加大对教育事业的支持力度，深化义务教育经费保障机制改革，免除农村义务教育阶段学杂费1 048.8万元，免除困难家庭学生课本费、补助寄宿生生活费89.8万元，8.37万名学生受益，1 500多名困难家庭学生得到补助。增加文化投入，大力支持文化事业发展，全县文化体育和传媒支出达到3 670万元，比上年增长117.3%，有力地推动了文化信息资源共享和农村电影放映等工程的顺利实施，进一步丰富了群众的文化生活。

【向社会保障倾斜，着力提高城乡居民基本生活水平】 实施农村卫生普惠工程，14处镇（办）卫生院全部得到改造，新建、扩建社区卫生服务站147处、村卫生室78处。启动城镇居民基本医疗保险试点，筹集到位资金80.9万元，参保人数达到2.3万人，参合率98%。为进一步保障城镇居民生活，提高城镇居民最低生活保障补助标准，全年发放最低生活保障资金611万元，巩固完善了城镇居民最低生活保障制度。全年安排社会保障资金800万元，建立健全了就业与社会保障工作联动机制。

【向节能环保倾斜，着力促进循环经济建设】 积极支持节能减排和环境保护，拨付环境治理专项资金3 080万元，进一步提高污水管网的截污能力，推动资源节约型和环境友好型社会建设。

（撰稿：董献德　赵方成）

经济开发区

【概述】 2008年，滨州经济开发区实现地方财政收入2.95亿元，比上年增长33.8%。实现财政支出3.10亿元，增长40.58%。

【财政改革进展顺利】 进一步完善财政体制，重新划分了区、办两级固定收入，对部分税种实行区、办分享，既增强了区级宏观调控能力，又确保了办事处有稳定的收入增长来源。将教育事业经费全部上划区级，减轻了各办事处的刚性支出压力，各办事处机关人员工资能够及时足额发放，津补贴政策基本兑现，机关运转得以保障，事业发展资金困难得到较大缓解。积极推行区级部门预算改革，不断加强预算管理，在区直部门全面推行了相对规范的部门预算编制改革制度，对机关事业人员实行实名制编制卡，科学确定定额标准，严格审核专项和项目支出，将区级机关事业单位的所有支出统一纳入预算管理，做到“一个单位，一本预算”。制定下发《关于进一步规范预算资金报批程序的通知》，对区直部门实行报账员制度和备用金管理办法，规范单位财务收支行为。对各单位支出建立指标控制台账，对专项资金实行审批制度。加强内控制度建设，完善统计报表体系，预算执行分析水平不断提高。加强政府投资项目管理，研究制定了《关于政府投资项目管理规程实施意见》、《滨州经济开发区政府投资项目财政、财务及审计管理暂行办法》、《关于政府投资项目聘用中介机构管理考核办法》，对新开工项目进行全过程监督和管理；严格按照施工合同和跟踪审计报告按比例拨付工程款，提高了源头控制能力。健全基建档案管理，合同管理逐步规范。全年完成道路、桥梁、绿化、管网等预算编审项目149个，累计完成预算编审值1.8亿元，并对所有项目安排跟踪审计，累计完成审计额1.4亿元，有效地控制了工程资金支出。全面推行会计电算化，强化会计基础工作，财政总会计、专户会计、经费会计、基建会计、土地出让金会计等各账套全部通过会计核算软件处理；将油区办、规划建设服务中心、质检站等4个自收自支单位收入全部纳入财政专户，实行收支两条线管理，提高资金使用效益；对基建、油区办等专户账进行了专项清理规范，提高了核算水平。

【民生政策落实到位】 认真落实各项惠农政策，通过“涉农补贴一本通”，为1 300多户农民发放“家电下乡”补贴资金30余万元，为1.8万农户发放粮食直补和农资综合补贴资金554.2万元。安排新农合配套资金150万元。调剂安排资金，全面推行城镇居民基本医疗保险制度试点，缓解农民和城镇居民看病难的问题；区办共投入资金100多万元，在全市率先开展了城市社区卫生服务工作。先后两次提高农村低保补助标准，全年拨付资金150余万元，惠及2 716人；城市居民最低生活保障、社会救济、五保户供养、优抚对象补助等民生政策也全部足额落实到位。大力支持教育事业发展，筹集资金7 500万元，新建了开发区一中；全面落实了“两免一补”及免费提供教科书政策；集中精力解决了多年遗留的“老民师”工资等问题；发放职业学校家庭困难学生生活补助41万元；安排配套资金100万元，用于农村中小学危房改造等。

【专项工作取得突破】 筹融资工作获得新突破，全年累计实现筹融资1.33亿元。土地出让金管理获得新突破，制定下发了《滨州经济开发区管委会关于开展土地清理工作的实施意见》，对已征用土地进行了全面清理，共清理土地3宗，收回土地2宗，通过招拍挂方式，全年实现土地净收益2 000余万元。财政财务基础制度建设年活动获得新突破，共出台规章制度30余项，提高了全区财政财务管理水平。农村义务教育债务清理获得新突破。全区认定欠债建设项目28个，审定债务739万元。第七届银企合作洽谈会签约获得新突破，签订合同43个，金额42.6亿元；签订协议25个，金额17.5亿元；签订意向5个，金额3亿元。

（撰稿：李洪岐）

菏 泽 市

牡 丹 区

【概述】 2008年，牡丹区完成地方财政收入5.75亿元，比上年增长14.9%；完成财政支出13.2亿元，增长19.1%。实现了财政收支平衡。

【地方财政收入总量和质量显著提高】 各级财税部门依法治税管费，强化征管措施，深入开展宏观税负分析和纳税评估，强化税源控管，加大稽查力度，2008年全区地方财政收入增长率和地方税收占地方财政收入的比重实现了同步提高。

【财政保障能力明显增强】 确保全区行政事业单位干部职工工资按月及时发放，加大了社会保障力度，提高失业保障水平和城乡居民最低生活保障标准，完善离休人员医疗费统筹保障机制，保证离休干部“两费”、军转干部生活补助、农村优抚等重点支出。加快乡镇敬老院改造步伐，提升五保户集中供养水平，启动城镇居民基本医疗保险，构建了全覆盖、无缝隙的医疗保障体系。重点支持教育事业发展，继续深化城乡义务教育经费保障机制改革，实现了中小学生免费义务教育，基本完成农村中小学危房改造任务，农村办学条件明显改善。强化财政公共服务职能，集中财力保障农业、科技、卫生、计划生育、援建四川灾区、“平安奥运”、“平安牡丹区”建设等重点支出。

【支持“三农”取得明显成效】 创新和加强财政支持“三农”的手段与措施，不断扩大公共财政覆盖农村的范围。认真落实粮食直接补贴、农资综合补贴和“家电下乡”补贴政策，严格落实小麦、玉米、水稻、生猪、能繁母猪等良种补贴和农业灾害救助政策，加强督导检查，确保农民切实得到实惠。继续扩大新型农民科技培训和科普惠农兴村规模，继续深化新型农村合作医疗改革，提高对参合农民的补助标准，加快推进乡镇卫生院和村级规范化卫生室改造，乡村医疗卫生条件得到明显改善。加大农业综合开发、农田水利建设、河道治理、测土配方施肥支持力度，改善农业生产条件，提高农业效益。扎实推进了以“四四四一”工程为主要内容的社会主义新农村建设，农村生产状况明显改善。

【财政规范化建设进程明显加快】 强化依法理财意识，建立健全财政监督检查机制，规范办事程序，全面推进财政规范化建设。严格“收支两条线”管理和“票款分离”、“罚缴分离”制度，进一步扩大采购范围和规模，加强采购监管，降低政府采购成本，加强区直单位和乡镇财政财务监管，严把审核关口，规范财务支出。稳步推进预算编制改革，加强集中支付系统建设，为全面实行国库集中支付制度打下了坚实基础。加强乡镇债权债务管理，积极化解债务，努力降低财政运行风险，提高政府信誉。

（撰稿：刘雨祥）

曹 县

【概述】 2008年，曹县地方财政收入完成5.29亿元，增长29.34%；财政支出完成14.39亿元，增长26.99%。圆满完成了年初预算任务，连续20年实现财政收支平衡。

【加强收入征管，财政收入稳步增长】 积极应对国际金融危机带来的不利影响，围绕税收入库、改善结构，积极分析情况，查找原因，强化综合治税，加大税收稽查力度，严厉打击各种偷逃骗税行为，查补税款，做到应收尽收。不断挖掘非税收入潜力，严格执行“收支两条线”，加强财政票据管理，先后牵头开展了全县非税收入大检查、社会抚养费清理检查等活动，确保了各项非税收入及时足额缴入国库或财政专户。

【支持经济发展，财源基础不断壮大】 科学运筹和调度资金，进一步完善财政投入机制，支持经济发展，培植壮大财源。筹集资金363万元，全面落实对企业和金融机构的各项奖励政策。积极争取上级技术更新贷款贴息及技术进步引导资金556万元，支持企业技术更新和设备引进。争取上级环保专项资金1 660万元，重点支持了污水管网和银香伟业、巨鑫源、圣奥化工节能减排项目建设，促进企业的健康可持续发展。

【优化支出结构，民生支出得到较好保障】 大力压缩一般性支出，集中财力保证重点支出需要。提高了县乡财政供养人员工资水平，县直、乡镇在职人员人均分别增资 175 元、221 元。进一步完善了城乡居民最低生活保障制度，城乡低保标准分别提高到每月每人 105 元和 45 元。投入资金 9 176 万元，落实了农村义务教育经费保障机制改革，加大了中小学危房改造力度，投入财政资金 3 325 万元，维修改造房屋面积 5.6 万平方米，改善了农村的办学条件；进一步提高了新型农村合作医疗政府补助标准，扩大了参保范围，参保农民达到 115 万人，缓解农民看病难、看病贵的问题。

【增加“三农”投入，新农村建设平稳推进】 全面落实各项惠农补贴，全年发放粮食直补、农资补贴、家电下乡补贴等各种政策性支农资金 1.64 亿元，并全部按要求兑现到位。落实水库移民后期扶持资金 9 417 万元，用于解决水库移民的生活问题和改善基础设施建设，15 万库区移民受益。投入资金 3 612 万元支持农业综合开发、农村水利建设、防沙造林及扶持农业龙头企业发展，提高了农业综合生产水平。

【强化资金监管，财政管理水平明显提高】 在继续深化部门预算、国库集中支付、政府采购等财政管理制度改革的同时，进一步加大了财政监督力度，以提高资金效益为目标，对资金的收缴、分配、流向及使用管理，实行跟踪监督检查，对预算执行中发现的问题，及时指导和纠正，规范了资金使用行为，提高资金使用效益。

（撰稿：王　娜）

定　陶　县

【概述】 2008 年，定陶县完成地方财政收入 2.48 亿元，比上年增长 19.71%。其中税收收入完成 1.94 亿元，占地方财政收入的比重达到 78.10%。财政支出完成 7.22 亿元，增长 23.67%。当年实现财政收支平衡。

【积极落实各项惠农政策，支持社会主义新农村建设】 坚持把支持社会主义新农村建设摆在突出位置，不断加大投入力度。认真落实各类涉农补贴，不断扩大覆盖范围，完善补贴方式，全年共落实各类涉农补贴 7 516 万元。大力促进和发展现代农业，安排农业综合开发资金 1 225 万元，拨付水利建设资金 750 万元，落实林业生态示范项目资金 202 万元，拨付生猪规模化、标准化养殖资金 365 万元，拨付资金 62 万元支持做好基层动物防疫工作。支持农业服务体系建设，投入资金 40 万元，用于支持农民专业协会和专业合作社建设；投入资金 148 万元，用于开展农村劳动力转移就业和新型农民职业技能培训。改善农村生产生活条件，投入资金 301 万元，加大农村沼气项目建设力度；投入资金 675 万元，用于“村村通”自来水工程建设。

【加大社会事业投入，着力加强和改善民生】 紧紧围绕全县改革发展大局，大力调整和优化财政支出结构，控制和压缩一般性支出，保证了事关全县大局、事关长远发展的重点支出需要。积极支持教育事业优先发展，发放助学金 320 万元，落实农村义务教育公用经费 3 406 万元，投入危房改造资金 857 万元，用于农村中小学教学仪器设备配备和现代远程教育工程资金 354 万元。大力支持社会保障体系建设，全县社会保障投入 1.01 亿元。支持公共卫生事业发展，全县医疗卫生投入 6 476 万元。支持公共文化服务体系建设，全县文化事业投入 404 万元。

【发挥财政职能作用，服务全县经济发展】 加快基础设施建设，全年投入城市基础设施建设资金 3 000 多万元，城市空间得到不断拓展，带动城市面貌进一步改观。支持企业发展壮大，积极落实支持县经济开发区、定陶（烟台）工业园区发展等财税政策，壮大支柱产业，增强优势企业对工业增长、财政增收的支撑作用。推动节能减排工作，全年投入节能和减排资金 660 万元，支持企业能源节约利用，加快城市污水处理设施管网建设。

【加强和规范财政管理，推进财政体制机制创新】 财政改革稳步推进，政府非税收入改革进一步深化，管理资金规模不断扩大。政府采购程序和采购行为进一步规范，全年组织集中采购 65 次，采购资金 486 万元，节支率达 13%。财政管理不断强化，努力完善“乡财乡用县管”运行机制，加强对乡镇财政管理的指导，有效规范了乡镇预算管理程序和行为；加强会计基础管理，促进会计行为规范化。财政监督效果明显，县直会计核算中心财务管理效果突出。通过严把支出关口，有效堵塞了各类财务支出漏洞。严格财政投资评审工作，全年完成基建预决算审查项目 39 个，送审资金额 5 831 万元，核减 562 万元，综合审减幅度达到 9.64%。

（撰稿：陈关键）

成　武　县

【概述】 2008 年，成武县完成地方财政收入 2.96 亿元，同比增长

17.35%。地方税收收入完成2.23亿元，占地方财政收入的比重达75.24%。完成财政支出7.98亿元，增长16.51%。实现了当年财政收支平衡。

【强化征管，提高财政收入质量】 加强对重点税源的监控，及时清理到期的税收优惠政策，充分挖掘各方面的增收潜力，努力做到应收尽收；加强非税收入管理基础工作，进一步完善征收专柜管理办法，严格执行“票款分离”、“罚缴分离”和“收支两条线”规定。不断完善税收征管机制，提高征管质量和水平，使经济发展的成果充分体现到财政上。

【严格支出，支持和谐社会建设】 优先保证工资和机关运转财力需要。2008年落实人均80元的增资和人均30元的工资正常晋级政策，使全县工资水平上了一个新台阶。认真落实中央各种惠农政策，共发放粮食直补和农资综合补贴资金6 753万元；发放家电下乡补贴资金137万元，补贴农民购置家电产品8 500台；发放农作物良种补贴1 150万元。安排城市低保资金131万元，城市低保标准月人均由60元提高到90元。农村低保每月人均补差提高到45元。离休干部医药费统筹金标准提高到每人每年5 000元。新型农村合作医疗普及加快，全县农民参合率达93%。

【深化改革，提高财政管理水平】 继续推行和完善集中会计核算，审核支付财政性资金3.8亿元，拒付各项不合理支出200万元。进一步深化政府采购改革，着力构筑“阳光采购”平台。2008年累计采购资金764万元，有效节约资金168万元。深化行政事业单位国有资产管理体制改革，采用市场化运作手段经营国有资产，努力实现政府收益最大化。进一步完善“乡财县管乡用”管理办法，严格审核支付乡镇各项资金。完善住房公积金管理改革，新增住房公积金2 658万元，合理支付298万元，全县归集住房公积金余额达7 428万元。

（撰稿：杨鲁伟　朱瑞常）

单　县

【概述】 2008年，单县地方财政收入完成4.90亿元，增长27.2%。财政支出完成12.08亿元，增长15.1%。实现了当年财政收支平衡。

【依法加强征管，实现财政收入增长目标】 严格执行税收征收目标管理考核制度，加大税收检查力度，确保应收尽收。在全市率先成立房地产税收管理办公室，加强对房地产业相关税收的征管，全年共征收房地产开发相关税收7 924万元，有力地促进了财政收入增长。

【加大民生支出，促进经济社会和谐发展】 积极调整和优化支出结构，认真落实各项惠民资金和政策，让社会各阶层共享经济发展成果。安排资金2 158万元，为县乡干部职工增加了工资。全面落实下岗失业职工再就业政策，加大财政对再就业扶持力度。新型农村合作医疗工作逐步走上正轨，提高了补助标准，全县参合农民达到103万人，拨付补助资金6 155万元。筹集资金423万元，顺利启动城镇居民基本医疗保险，参合人数3.5万人。进一步做好农村低保工作，发放低保资金722万元。认真抓好粮食直补和对种粮农民综合补贴工作，将综合补贴标准提高到65.2元/亩，共发放粮食直补资金1 545万元、综合补贴7 199万元；拨付小麦良种补贴、农村劳动力转移技术培训等支农资金3 552万元，发放水库移民补贴资金813万元，使农民真正得到实惠，促进农村经济发展。继续加快城市基础设施等城市化建设进程，共投入资金2.6亿元，保证了工程建设的需要，完善了城市功能。积极落实招商引资奖励政策和出口退税等税收优惠政策，共办理各种退税2 406万元，增强了企业发展后劲和竞争能力。

【突出重点，稳步推进各项财政改革】 完善部门综合预算管理，把各单位预算内外资金统筹安排，综合考虑使用，提高了资金使用效益和政府统筹运用资金的能力。通过加强政府采购招投标工作，拓宽了采购范围，政府采购规模不断扩大，采购程序不断完善，采购质量和采购效率不断提高，2008年共完成采购金额8 332万元，节约资金1 386万元，节约率达14.3%；积极做好行政事业单位国有资产管理工作，将行政事业单位国有资产纳入了政府统一管理。推行“乡财乡用县管”改革，实行会计集中核算，加强对基层财政的管理，2008年共拒付不合理支出发票1 068张，涉及金额122万元。

（撰稿：朱启义）

巨　野　县

【概述】 2008年，巨野县地方财政收入完成4.3亿元，比上年增长32.09%；财政支出完成9.74亿元，增长28.15%。实现了当年财政收支平衡。

【组织财政收入】 积极抓好组织收入工作，加强重点税源监控，夯实征管基础。认真贯彻落实新《企业所得税法》及实施细则，密切关注新税法实施对税收收入带来的影响。重点加强营业税、企业所得税等主体税种管理，密切监控建筑业、房地产业和重点工程营业税入库状况。切实抓好企业所得税汇算清缴工作，认真做好亏损企业审核工作。

【支持经济建设】 大力调整农业产业结构，合理流转土地，集中连片开发，初步形成了“规模+特色+龙头”的产业格局，实现了产业结构调整升级。投入扶贫资金200万元，争取财政支农、农业综合开发、标准化养殖场等农业专项资金657余万元。大力支持工业强县战略，落实领导干部包抓工业重点项目责任制、部门目标管理责任制和企业绩效考核责任制，形成各级重视、各方联动、大抓工业的强大活力。

【保障民生支出】 进一步优化财政支出结构，把关注民生、促进民生事业发展作为工作的重中之重来抓，全年实现民生支出总额1.34亿元。重点推进社会保障制度建设，扩大公共服务，完善社会管理，促进社会主义公平正义，努力使全体人民学有所教、劳有所得、病有所医、老有所养、住有所居，推进建设和谐社会的目标。

【强化财政监管】 制定出台政府投资项目委托评审、污水净化工程项目建设等专项资金管理制度19个，重点对民生专项资金、救灾资金、救助资金等使用情况进行绩效评价。加强会计培训和管理工作，推进国库集中支付制度改革，提高财政资金的使用效益。进一步完善政府采购工作，全年共完成政府采购总额1 491万元，节减支出451.39万元，资金节约率达30%。

（撰稿：庞英南）

郓城县

【概述】 2008年，郓城县完成地方财政收入6.34亿元，比上年增长18.22%；其中税收收入5.08亿元，增长18.86%，占地方财政收入的比重达到80.16%。财政支出完成13.07亿元，增长16.63%。实现当年财政收支平衡。

【依法加强税收征管，保证收入稳步增长】 加大税收稽查力度，历时4个月在全县范围内组织“开展纳税检查、规范执法环境”活动，共查补税款883.6万元。开展城镇土地使用税和车船税集中征缴活动，全年“两税”分别完成5 634万元和2 461万元，比上年增长10.58%和23.92%。提高了耕地占用税征收税率，全年完成1 565万元，比上年增长354.65%。契税完成1 113万元，比上年增长72.83%。

【充分发挥财政职能作用，大力支持经济发展】 争取中央国债专项资金4 300万元，加大基础设施建设力度。利用好“万村千乡”工程补助资金，扶持农家店128家。加大支农支出力度，完善农业基础设施，改善农村生态质量和生活环境。做好对种粮农民粮食直补、农资综合补贴和良种补贴工作，增强粮食生产能力。认真落实好“家电下乡”政策，并将补贴资金通过“涉农一本通”发放到农户手中，全年共兑付“家电下乡”财政补贴资金149万元。

【坚持以人为本，落实好为民办实事资金】 新型农村合作医疗机制进一步完善，参保人口达89万人，合作医疗补偿支出5 330.6万元，缓解了农民看病难问题。完善义务教育经费保障机制，提高了对家庭经济困难寄宿生生活费补助标准、农村中小学公用经费补助标准。农村最低生活保障制度全面建立，农村五保供养建立起稳定可靠、清晰明确的财政预算列支渠道，城市居民低保基本实现应保尽保。突出应急支出，汶川大地震后，积极筹措资金支援灾区建设，各项救灾资金支出共计760万元。

（撰稿：孙兆同　车鹏博）

鄄城县

【概述】 2008年，鄄城县实现地方财政收入2.51亿元，增长11.5%。财政支出完成8.25亿元，增长20.16%，实现了财政收支平衡。

【完善财政征管措施】 进一步加大组织收入力度，完善征管措施，努力确保应收尽收。配合上级部门开展了地方财政收入征管质量检查活动，财政会同税务、审计等部门，对重点纳税单位2007年度以来依法纳税情况进行了全面检查，查补收缴各项税款1 010万元，促进财政收入增长和收入质量的提高。

【支持经济又好又快发展】 不断完善投入机制和措施，努力支持经济发展、培植壮大财源。全面落实经济发展、大项目建设等奖励政策，积极筹措资金，落实并兑现奖励资金69万元。大力支持城市建设，投入财政资金1 684万元，用于工业园区、城区道路建设、防汛工程建设等，城区环境进一步改善，为经济又好又快发展注入新的活力。

【大力推进社会主义新农村建设】 2008年全县财政涉农资金投入达1.14亿元，增长7.1%。其中，投入资金2 211万元，支持农村水利建设、农业综合开发、土地治理、防沙造林等，提高了农业综合生产水平；扎实推进“四四四一”工程建设，投入680万元，支持农村沼气池建设、村村通自来水、道路建设、改厕等，进一步改善了农村生产生活条件；全面落实各项涉农补贴政策，共发放涉农补贴资金9 537万元。

【进一步优化支出结构】 在保工资、保稳定、保运转的同时，努力支持和谐社会建设。大力支持教育事业发展，全年教育支出2.11亿元，增长16.20%。全面落实了“两免一补”政策，免除了县乡义务教育阶段学杂费。大力支持医疗卫生事业发展，全年医疗卫生支出8 504万元，增长77.35%。投入4 726万元，全面推开新型农村合作医疗，有力缓解了农民看病难问题。大力支持社会保障制度建设，全年社会保障和抚恤支出1.35亿元，增长27%。不断加大城乡低保力度，提高了低保补助标准，共发放补助资金1 536万元。

【进一步提高财政管理水平】 稳步实施政府收支分类改革，积极推进国库集中收付改革，完善政府采购机制，严格执行政府采购程序和采购时限。国有资产经营管理、“乡财县管乡用”等财政改革进一步深化，财政资金运作更加顺畅。

（撰稿：李　宏）

东　明　县

【概述】 2008年，东明县完成地方财政收入5.46亿元，比上年增长17.19%。其中税收收入4.66亿元，增长27.04%，占地方财政收入的比重达85.39%。完成财政支出11.03亿元，增长16.76%。实现当年财政收支平衡。

【财政收入稳定增长，收入质量有了新提高】 狠抓依法征管，不断做实做强地方财政实力。加大收入调度力度，准确把握上级政策和经济形势对财政收入的影响，及时采取有针对性的措施，确保组织收入工作的顺利进行。组织开展全县纳税检查活动，查补税款1 879万元。进一步完善征收手段，拓宽财政增收渠道，对非税收入开展清理检查，将应纳入预算管理的行政事业性收费收入、国有资产经营收益和各项罚没收入及时清缴入库。

【全力支持经济发展，财源建设迈上了新台阶】 全县财政投入企业发展和技术创新资金7 666万元，增长79.74%，企业创新能力和发展后劲明显增强。通过实行企业贷款、财政贴息等奖励补助政策，积极吸引金融贷款，落实各项税收优惠奖励政策，项目建设实现了新突破。

【高度关注民生，和谐社会建设呈现新局面】 认真落实各项惠农政策，2008年各项惠农支出达1.2亿元，农民人均直接受益205元。投入1.7亿元，用于扶贫开发、土地整理、农业政策性保险、土地综合开发、村村通自来水、农村公路改造、改厕、改灶、植树造林、农田水利基本建设、村级活动场所建设等，农村生产生活条件得到改善。加大教育事业投入，支出2.5亿元，加大中小学危房改造力度，全面落实义务教育阶段学生免杂费、免课本费、职业学校学生助学金、部分高中贫困学生助学金和提高生均公用经费等各项政策，购置学生取暖设备和教学仪器。加大对医疗卫生、计划生育、文化体育事业投入，支出1.3亿元，支持新型农村合作医疗、卫生院改造、医疗设备购置、综合文化站建设，全面落实计划生育家庭奖励、“四术”免费、农村公益电影放映补贴、戏曲下乡补贴等各项政策。提高社会保障水平，全县社保支出1.6亿元，有效保障离退休人员费用、医疗保险、城市低保、农村低保、农村五保供养、城乡医疗救助、劳动就业等重点需求。加大环境保护和城市基础设施建设力度，投入7 823万元，支持城区道路建设、城区绿化美化、污水处理、中水回用、垃圾处理、城区管网建设等重点工程，城市基础设施和生活环境进一步改善。支持四川抗震救灾和灾后重建工作，投入1 068万元，用于灾区救济和灾后重建工作。

（撰稿：袁文增　王发展）

开　发　区

【概述】 2008年，菏泽市开发区地方财政收入完成2.75亿元，同比增长25.06%。财政支出完成3.19亿元，增长21.32%。实现当年财政收支平衡。

【以生财为根本，聚力抓好财源建设】 紧紧围绕“四大基地”、“一大产业”发展战略，积极支持经济发展和城市建设。筹资2 974万元，兑现14户重点企业奖励政策，激发重点企业加快发展的积极性；争取各项资金和补助1.4亿元，支持新区路网建设、土地报批、城区绿化工程和道路亮化工程等；安排30万元专项资金，用于企业技术改造、节能减排、新产品开发研究等项目；筹资57.3万元，支持出口企业积极应对国际经济衰退的不利局面；积极申报循环经济发展、高新技术发展、发展新能源等项目，累计到账扶持资金150余万元。

【以聚财为中心，大力组织财政收入】 牢牢把握发展第一要务，紧紧围绕做大做强地方财政实力这一根本目标，强化收入考核、加大收入调度，开展调查研究、摸清税源底数，完善征收手段、拓宽增收渠道，强化收支两条线管理、加大收入征缴力度，取得了丰硕成果，财政收入继续保持高速增长势头，增幅列全市第4位。税收收入占地方财政收入比重达86.37%，比上年提高4.43个百分点。

【以理财为重托，努力管好财政资金】

牢固树立“以人为本”的理财理念，调整优化支出结构，大力压缩一般性支出，集中有限财力，千方百计保障重点、改善民生。集中财力增加干部职工工资，实现区、办事处工资标准统一。筹资 2 251 万元，在全市率先把失地农民补偿标准由每亩 1 000 元提高到 1 500 元。全年累计发放各种财政支农惠农补贴 792 万元。融通资金 360 万元，支持工业园区杭州路、丹阳东路、中华东路三条道路及其配套工程等基础设施建设，争取上级资金 230 余万元，对开发区路网进行了绿化。

【以创新为动力，竭力深化财政改革】

紧紧围绕贯彻落实科学发展观，解放思想，改革创新，积极推进部门预算、国库集中收付、政府采购、“票款分离”、“处财区管”和“财务集中核算”等改革，财政管理更加科学规范，财政保障能力不断增强，非税收入管理继续加强，财政财务管理水平明显提高。政府采购节支效果明显，全年政府采购金额 1 156. 74 万元，比上年增长 32. 2%，节约资金 204. 13 万元，节约率 15%。

【以监督为己任，着力规范财政行为】

坚持管理与监督并重的原则，先后组织开展全区企业纳税情况专项检查、政府采购执行情况专项检查、中小学教育债务专项核查、“收支两条线”专项检查、会计信息质量专项检查等项活动，严肃财经纪律，整顿财经秩序，切实加强财政监督工作。全年累计查处违纪税款 769. 2 万元，入库税款为 536. 63 万元；核查教育债务 416 万元，核减 168 万元。

（撰稿：李续宾）

第五部分

财 经 文 选

建设五型财政　谱写发展新篇

尹慧敏

改革开放30年来，我国财政收支规模快速增长，公共财政建设扎实推进，对经济社会发展的调控和保障能力显著增强，财政改革发展取得辉煌成就。目前，我国已进入科学发展、和谐发展、全面建设小康社会的关键时期，财政改革发展面临着前所未有的挑战和机遇。在新的历史条件下，财政工作如何再创辉煌？我认为关键是要把握机遇、开拓创新，以完善公共财政体系为目标，加快建设发展型、民生型、创新型、绩效型、阳光型财政。

一、自觉服务第一要务，加快建设发展型财政

发展，是科学发展观的第一要义，是化解一切矛盾和问题的关键。新形势下，财政部门必须强化发展意识，紧紧抓住发展这个党执政兴国的第一要务，不断提高支持发展、服务发展的能力，着力构建发展型财政。一方面，建设发展型财政，是推进公共财政建设的内在要求。公共财政作为政府履行职能的物质基础、体制保障、政策工具和监管手段，无论是在纠正市场失灵、调节资源配置，培育市场体系、规范经济秩序，还是在促进经济体制改革、协调国际贸易摩擦、维护经济安全和社会稳定方面，都具有不可替代的作用。特别是当前，我国尚处于社会主义初级阶段，不仅生产力发展水平低，而且经济运行面临的矛盾和问题多，如经济增长方式粗放、能源资源消耗较多、环境污染较重、区域发展不平衡等，需要相应的财政政策和手段来加以调控和解决。另一方面，强大的公共财政，必须有充裕的财源作后盾。改革开放以来，我国财政收入从1 132亿元增加到51 304亿元，30年增加近50倍；山东省地方财政收入也从55.96亿元增加到1 675.40亿元，增长近30倍，这都根本得益于经济发展。实践证明，经济决定财政，只有紧紧抓住发展不放松，强化财政支持发展的职能，千方百计把经济搞上去，财政才能有稳固的物质基础。否则，公共财政就会成为无源之水、无本之木。值得注意的是，强调建设发展型财政，不是要像计划经济时期那样直接介入微观经济活动，而是要着力构建有利于科学发展的财税体制机制，从更高层次上支持发展、促进发展。

*一是不断完善财税杠杆调控手段，确保经济稳定健康增长。*加强宏观调控，稳定经济发展，是公共财政的重要职能。改革开放以来，特别是1993年以来，我国针对经济运行中的体制性、结构性、突发性问题，相机抉择地实施适度从紧财政政策、积极财政政策和稳健财政政策，有效熨平了经济波动，实现了GDP年均9.7%的持续增长，创造了世界经济发展史上的奇迹。目前，我国物价上涨压力较大，节能减排形势严峻，农业稳定发展和农民持续增收难度加大，经济增长由偏快转为过热的风险与经济增速下滑的风险并存。建设发展型财政，首先要强化财政的宏观调控功能，合理运用税收、预算、国债、转移支付等杠杆手段，不断完善财政政策体系和调控机制，切实增强财政宏观调控的前瞻性、及时性和有效性，促进经济稳定增长目标的实现。当务之急，一要正确把握财政政策调控力度，通过合理安排财政收支预算盘子和赤字规模，保障经济总量基本平衡。二要加大财政补贴和财税政策激励力度，支持粮、棉、油、肉、奶等重要农产品生产，保障“煤电油运”正常供给，努力缓解市场供需矛盾和物价上涨压力。三要实施积极的就业政策，完善财税扶持手段，努力扩大社会就业。劳动力是生产力中最活跃的因素，劳动力闲置是最大的资源浪费。我国是人口大国，就业压力较大，2008年仅高校毕业生就达559万人，高度重视就业问题，加大财政调控力度，对于促进经济发展和社会稳定至关重要。四要加大收入分配调控力度，逐步提高居民收入在社会分配中的比重，增强消费对经济增长的拉动力。2007年我国GDP增长11.4%，其中消费、投资、出口分别拉动4.4个、4.3个、2.7个百分点，消费对经济增长的拉动作用超过投资。应加大财政调控力度，增加居民收入，引导消费预期，把这种好势头保持下去。

*二是不断完善财税体制机制，着力推进经济结构调整和发展方式转变。*当前我国经济的内生性增长动力不断增强，但经济运行的结构性矛盾比较突出，必须把引导资源配置，推进经济结构调整和发展方式转变，作为建设发展型财政的重要方面。其一，要完善财税激励约束机制，促进节能减排。资源能源消耗大，污染排

放多，环境和生态破坏严重，是制约我国经济可持续发展的主要“瓶颈”。应着眼于科学发展的需要，在充分发挥市场机制作用的基础上，通过完善财税政策，健全生态补偿机制，推行国有资源有偿使用制度，实行超标耗能加价、超标用水加价、超标排放受罚等方式，加快淘汰落后产能，推进节能减排，促进资源节约型和环境友好型社会建设。其二，要加大扶持力度，促进自主创新。这是推进经济结构调整，建设创新型国家的关键。应加大资金投入力度，健全财税、财务激励机制，以支持实施重大科技专项、完善产学研合作机制为重点，提高我国的自主创新能力。其三，要加大支农惠农力度，进一步巩固农业的基础地位。我国人口众多，促进农业发展和农民增收，确保粮食安全，具有重大战略意义。应继续扩大公共财政覆盖“三农”的广度和深度，加大各项涉农补贴力度，支持搞好农业基础设施建设，改善农业生产条件，调动农民发展农业生产的积极性。其四，要完善财政体制，加大对欠发达地区和资源枯竭城市的体制倾斜和政策帮扶力度，增强欠发达地区加快发展的能力，促进区域经济均衡协调发展。需要强调的是，在市场经济条件下，财政引导资源配置，推进发展方式转变，要注意创新财政资金使用方式，充分利用财政补贴、税费政策、贷款贴息、以奖代补、民办公助、投资参股、信用担保等手段，放大财政资金的“乘数效应”，千方百计引导银行、企业和社会资金加大对经济发展薄弱环节的投入，促进经济又好又快发展。

三是不断优化经济发展环境，为一切创造财富的源泉充分涌流提供条件。经济发展环境的优劣，决定着经济运行的质量和活力。目前国家、地区之间的竞争，在一定意义上可以说是发展环境的竞争。财税政策和体制机制是经济环境的重要因子，必须引起高度重视。一方面，不断加大资金投入，完善各类生产要素市场，支持城乡基础设施建设，着力优化经济发展的“硬环境”，夯实社会主义市场经济发展的基础和平台。另一方面，不断完善财税政策，着力优化经济发展的“软环境”，增强对各类生产要素的吸引力、聚合力。重点是要完善财税政策，规范财税执法，严肃治理“三乱”行为；加强注册会计师队伍和会计中介机构建设，下大力气治理会计信息失真现象；支持执法部门提高市场监管能力，规范财经秩序，为各类市场主体公平竞争创造条件。

建设发展型财政，还要注意做到促进经济发展和实现财政自身发展的有机统一。要按照“强化税收、规范收费”的原则，不断完善税制和税费征管体制，健全税源控管体系，依法加强税费征管，建立稳定可持续增长的财政收入体系，切实把经济发展的成果体现到财政收入上来，确保财政收入持续、稳定、高质量增长，不断壮大财政实力，实现财政经济良性循环。

二、始终坚持以人为本，加快建设民生型财政

“民惟邦本，本固邦宁”。以人为本、关注民生，是落实科学发展观、构建和谐社会的核心，也是公共财政必须遵循的基本理念。新形势下，财政部门必须强化为民意识，始终将民生放在财政保障的首位，把维护好、实现好、发展好人民群众的根本利益作为财政工作的出发点和落脚点，加快建设民生财政，逐步实现“学有所教、劳有所得、病有所医、老有所养、住有所居”的目标。

一是强化民生意识，不断提高民生支出占财政支出的比重。目前我国正处在人均 GDP 由 2 000 美元向 3 000 美元攀升的阶段，社会事业发展滞后与人民群众公共需求快速增长的矛盾，已成为社会的主要矛盾之一。优化支出结构，把更多财政资金投向公共领域，提供更多的公共产品和公共服务，是公共财政建设的重中之重。财政部门应牢固树立群众观念，在支出安排上本着“存量优化、增量倾斜”的原则，尽最大努力加大民生投入。存量优化，就是调整支出结构，大力压减一般性支出，减少对竞争性领域的投入，腾出更多的财力用于解决民生问题。增量倾斜，就是在新增财力的安排上，优先考虑民生、优先保障民生，尽量向“三农”倾斜，向社会事业发展的薄弱环节倾斜，向困难地区、困难群众倾斜，努力提高政府提供公共服务的能力，让广大群众享受到更多的改革发展成果。

二是不断健全民生政策体系，按计划有步骤地稳妥推进。近年来，各级高度重视民生问题，连续出台一系列民生政策，人民群众得到较多实惠。但总体上看，由于历史欠账多、人口总量大、社会事业发展水平低，当前改善民生，促进和谐社会建设，任务仍十分艰巨。一要统筹兼顾，科学制定财政民生投入中长期规划。现在各方面为群众办实事的积极性很高，但有些政策出台过于仓促，缺乏周密论证和统一规划，各部门各唱各的调，造成政策之间不衔接，措施相互不配套，落实起来很困难。建设民生财政，关键是要立足当前、着眼长远，围绕建立覆盖城乡的免费义务教育经费保障体系、家庭经济困难学生资助政策体系、医疗卫生服务体系、社会保障和救助体系、公共就业服务体系、城镇贫困居民住房保障体系等，确定分年度的政策推进目标和财政投入计划，增强工作的前瞻性、科学性。二要循序渐进，认真解决关系群众切身利益的重点问题。目前各级政府的财力有限，解决民生问题，既要尽力而为，千方百计筹措资金，又

要结合群众需要和财力可能，区别轻重缓急，从人民群众最需要、最迫切的事情抓起，量力而行、量财办事、循序渐进。工作部署上，应本着“低标准、广覆盖、快起步”原则，先把民生保障机制建起来，再逐步提高保障标准。从欧美、日本等国家改善民生的经验看，机制建设应优于保障标准的提高，在经济发展的特定阶段，如果保障标准定得过高、增长过快，不仅财政投入难以为继，也容易出现“养懒汉”问题。三要充分考虑地区发展不平衡问题，不搞一刀切。条件好的地方，在改善民生方面步子可以快一些，条件差的地方要尽力而为、逐步推进。

*三是合理界定责任义务，建立民生投入长效机制。*这个问题很重要，责任不清，经费没保障，民生政策就无法落实。当前看，要注意解决三个层次的问题：一要正确处理政府与市场的关系，合理划分政府与市场的作用边界，该由市场办的事，政府就不要介入，以免影响效率，出力不讨好。二要正确处理政府与个人的关系，合理划分纯公共产品和准公共产品，需要政府完全负担的，不要增加个人负担；需要个人承担一部分的，政府不要大包大揽。比如，义务教育属纯公共服务，政府应通过深化经费保障机制改革，全额保障其经费需要；非义务教育阶段的职业教育、成人教育和高等教育，作为准公共服务，要建立政府、社会和受益者个人的成本分担机制。计划免疫、传染病防治等公共卫生支出，政府应给予全面保障；基本医疗服务作为准公共产品，其服务成本应由政府与个人共同承担。三要正确处理政府间的经费分担责任，切实做到责任明确、分工合理，上下联动、形成合力。对于应由中央和地方共同承担的事权，应按照公共产品和服务的受益范围和效率，逐项明确支出的责任划分，各负其责、协调配合。同时，应注意发挥行业协会、基金会、慈善机构等的作用，完善公益事业的社会化供给机制，建立“政府主导、社会参与、人民受益”的公共服务供给模式。

三、继续坚持改革开放，加快建设创新型财政

改革创新是事业发展的不竭动力。30年来的实践证明，财政工作只有始终坚持改革创新不动摇，与时俱进、敢于突破，才能不断取得新成绩、实现新跨越。目前，我国公共财政建设刚刚起步，一些重要改革正处于攻坚阶段，必须进一步强化改革创新意识，加快建设创新型财政。

*一是高度重视理财观念创新。*思想是行动的先导，观念创新是实践创新的前提。回顾过去30年的财政改革发展历程，财政工作取得的每一次重大突破、每一个重大进步、每一项重大成就，都得益于解放思想和观念创新。现在要在新的历史起点上实现新跨越，争取更大成绩，就必须在更高层次上解放思想、创新理财观念。当前，应坚持以科学发展观为统领，牢固树立以人为本、统筹协调的观念，打破传统的二元经济思维，不断扩大公共财政的覆盖面；牢固树立市场经济观念，妥善处理政府与市场的关系，破除计划经济惯性思维，善于从市场经济的角度分析财政问题、研究财政工作；强化开拓进取意识，着眼于财政管理中的矛盾和问题，迎难而上、知难而进，始终把改革创新作为提升财政管理水平的关键；强化开放意识和现代管理意识，注意借鉴其他国家财政改革管理的成功经验，不断探索新的财政管理机制和理财方式，使财政事业永葆生机与活力。

*二是大力推进财政体制创新。*1994年分税制财政体制改革以来，国家根据经济社会发展需要，对财政体制进行了一系列调整，但体制调整的重点，主要集中在财政收入的划分上，政府间事权与支出责任的界定一直不够明晰，财力与事权不相匹配，地区之间、级次之间的基本公共服务保障水平存在较大差异。目前的财政经济形势与分税制改革初期相比已发生深刻变化，有必要加大改革力度，进一步完善分税制财政体制。一要按照法律规定、受益范围、成本效率原则，科学界定政府间的事权和支出责任，尽可能使财力与事权相匹配。二要针对当前地方政府级次多、收入底盘小、支出压力大等具体情况，在保持中央财政收入稳定增长和必要调控能力的基础上，进一步规范政府间的财力划分，适当提高地方特别是基层财政收入所占的比重，逐步形成合理的纵向财力分布格局。三要加快推进转移支付制度改革，本着透明化、制度化、规范化的原则，优化转移支付结构，提高一般性转移支付规模和比例，并逐步将部分专项转移支付归并到一般性转移支付中，增强基层政府统筹安排财力、提供公共服务的能力。同时，改进一般性转移支付测算办法，科学合理地分配转移支付资金，推进基本公共服务均等化。

*三是不断推进管理机制创新。*当前急需解决的一个问题，是要树立“大财政”观念，对所有财政性收入加强统筹管理，建立完整的公共财政。财政部门总揽政府公共收入，是由财政活动的本质属性决定的，也是目前市场经济国家的基本做法。过去在这个问题上，各方面认识不统一，财政管理的重点是一般预算收入，对预算外收入、基金预算收入等管理较松，存在着一些“部门财政”，导致政府财力分散。应尽快实行全口径的预算管理模式，在深入推进国有资本经营预算、社会保障预算编制改革，健全复式预算制度的基础上，逐步将预算外资金纳入预算内管理，提高财政对政府所有收入的统筹能力、监管

能力。在此基础上，进一步深化部门预算、国库集中支付、政府采购等改革，创新管理机制，提高预算编制与执行的规范性。

*四是积极推进税收制度创新。*当前看，一要加快增值税转型改革。这项改革已经进行了长达4年的区域试点，当前已具备全面推开的条件，有必要加快改革步伐，尽快在全国推开。如果分地区、分行业试点的时间过长，就会使改革变相成为优惠政策，背离税收中性原则。二要加快推进资源税、燃油税、环境保护税和物业税改革，更好地发挥税收对资源节约、环境保护的调节作用。三要总结企业所得税改革的经验，尽快对外资企业征收城建税和教育费附加，统一内、外资企业的税费政策，促进公平竞争。四要完善地方税体系，增加地方税收收入，提高地方公共服务的保障能力。

*五是稳妥推进收入分配制度创新。*收入分配差距拉大，是影响经济健康发展和社会和谐的一个大问题。据世界银行最新数据，目前我国的基尼系数接近0.5，已超过了国际公认的收入分配差距警戒线。要加强对初次分配的监管，理顺国家、企业和个人之间的分配关系，使国民收入分配适当向职工个人倾斜，不断提高居民收入在国民收入分配中的比重。积极推进垄断行业改革，健全国有资本经营预算制度，引导企业合理确定经营管理者收入，逐步提高职工收入水平。进一步完善所得税制，降低生活必需品增值税税率，调整消费税结构和征收范围，切实发挥税收的调节作用。完善社会保障制度，健全社会救助体系，强化财政的再分配职能，切实提高低收入群体的收入水平。

四、兼顾公平和效率，加快建设绩效型财政

重成本，讲绩效，是市场经济的本质属性。财政资金取之于民，一分一厘都来之不易，更要重成本，讲绩效，努力提高资金使用的经济效益和社会效益。经过多年改革，目前我国财政管理制度不断完善，理财水平逐步提高，但在一些地方和部门，重收入、轻支出，干事不计成本，花钱大手大脚、铺张浪费，资金使用效益低的问题还相当突出。进一步强化成本意识、效率意识，加快建设绩效型财政，提高财政管理的科学化、精细化水平，确保将有限的资金花到最急需的地方，是财政部门面临的一项重要任务。当前看，建设绩效型财政，关键是要强化支出责任，细化预算编制，建立事前有评审、事中有监督、事后有考评的管理机制。

*一是建立规范的支出项目库和项目预评审制度，提高预算编制的精细化水平。*天下大事必作于细。财政管理体现着党和国家政策，直接关系群众利益，更要注重在细节上下功夫，通过细化预算编制、细化财政管理，提高财政资金使用效益。近年来，为细化预算编制，各级围绕重大财政支出安排，积极开展项目评审，促进了财政资金规范、安全、有效使用。从山东来看，2002～2007年，累计完成投资评审额1 244.18亿元，审减或查出不合理资金246.03亿元，不仅为国家节省了大量资金，而且及时发现和纠正了支出管理中的漏洞和问题，提高了预算编制的科学化水平。但总体上看，目前预算的年初到位率还比较低，先经评审后列入预算的项目毕竟是少数，财政管理大而化之的问题还比较突出。今后要继续推进预算评审机制建设，充分发挥投资评审的评估论证作用，做到哪里有公共支出，哪里有财政投资，哪里就有财政投资评审，进一步提高项目预算的科学性。同时，要建立健全项目库制度，凡是重大支出项目，事先都必须进行评估论证和成本效益分析，各方面取得一致意见后进入项目库，再根据财力情况和轻重缓急的原则按程序安排，形成滚动的项目库，提高年初预算的到位率。

*二是健全财政监督检查机制，努力提高预算执行的规范化水平。*财政监督是加强管理的重要手段。要进一步明晰监督职责，改进监督方式，完善财政监督体系和工作机制，积极建立预算编制、执行、监督紧密衔接、相互制衡的财政管理体系，构建覆盖所有政府性资金和财政运行全过程的监督机制。在此基础上，健全部门预算责任制度，严肃处理乱收乱支、挤占挪用财政资金等违法违纪行为，形成“谁干事谁花钱、谁花钱谁担责”的机制，着力解决“干事不计成本、花钱不讲效益”的问题。

*三是加快建立绩效考评体系，建立以结果为导向的财政管理模式。*支出绩效评价是财政支出管理的重要环节，目前美国、加拿大、澳大利亚、英国、德国等国家已经做了很多探索，我国也有一些地方和部门进行了试点。要在完善部门预算管理制度，建立健全绩效评价指标体系的基础上，按照“统一规划、稳步推进、先易后难、分步实施”的原则，积极建立绩效考评制度，全面推行绩效考评，充分发挥绩效考评对预算编制和资金分配的正向激励作用，并把绩效考评的结果作为下年度预算安排的重要依据，逐步建立结果导向型的财政管理模式，以此调动有关方面加强管理的积极性，切实提高财政资金使用效益。

五、坚持依法民主理财，加快建设阳光型财政

公共财政强调“以众人之财，办众人之事”，必须努力做到依法理财、民主理财，公开透明，自觉接受社会监督。近年来，各级高度重视财政法制建设，大力推进政府信息公开，财

政管理的规范化、透明度不断提高。但在一些地方和一些方面，财政信息公开的范围还不够大，公开的时效性还不够强，人民群众对财政管理的参与程度还不够高。财政部门应进一步强化依法理财观念和政务公开意识，在更高水平上推进阳光财政建设。

一是努力推进依法理财。依法理财，是财政工作依法行政的具体体现。建设公共财政，必须牢固树立财政法制观念，把依法理财作为基本准则。从宏观层面上讲，国家应尽快修订预算法、注册会计师法、个人所得税法、增值税暂行条例、国家金库条例等，拟定财政转移支付条例、财政资金支付条例、政府非税收入管理条例等法律法规，逐步建立覆盖财政管理各个环节的法规体系。从微观层面上讲，各级应结合实际健全财政管理制度，切实做到“先有办法，后拨资金”，资金和工作延伸到哪里，制度建设就跟进到哪里，切实保证各项财政活动有法可依、有规可循，严格限制管理者的自由裁量权，保证各项财政管理活动依法、规范开展。

二是努力推进民主理财。公共财政本质上是一种民主财政，在财政管理过程中，应当有民众的广泛参与。要完善预算编制的民主决策机制，积极采取论证、听证、专家咨询等形式，广泛征求意见，畅通民意传达渠道，提升财政决策的公众参与度。改进财政预算报告制度，增强预算报表内容的明细化、公开化程度，建立健全规范民主、公开透明的财政运行程序，最大限度地保障人民群众的知情权、参与权、表达权、监督权。

三是努力推进科技理财。把现代信息技术融入财政管理，利用现代化的技术手段理财，既有助于提高财政管理的绩效，也有助于增强财政工作的透明度。要按照系统工程和一体化建设的思路，加快推进“金财工程”建设，通过统一平台和技术业务标准、共享数据资源、规范业务流程等手段，逐步建立各个环节通畅、业务标准统一、操作功能完善、覆盖所有资金的财政管理信息系统，减少财政管理中的人为因素，提高财政运行的程序化、标准化、信息化水平。

四是努力推进政务公开。一方面，认真贯彻落实《行政许可法》，进一步清理减少财政行政审批事项，完善财政行政许可配套制度，改进行政审批事项审批及监督程序。另一方面，严格按照《政府信息公开条例》的要求，以公开为原则、不公开为例外，完善财政信息披露制度，努力拓展政务公开的广度和深度，使公共财政在阳光下规范运行，在群众监督下发展壮大。

（作者为省财政厅厅长）

推进基本公共服务均等化
加快建设服务型政府

尹慧敏

温家宝总理在《政府工作报告》中，关于“建设服务型政府，推进基本公共服务均等化，让人民群众共享改革发展成果”的重要论述，彰显了党和政府以人为本、关注民生的执政理念，体现了全心全意为人民服务的宗旨，反映了广大人民群众的心声。在这方面，财政部门要积极发挥职能作用。

一、推进基本公共服务均等化是个关系全局的大问题

基本公共服务均等化，是指政府要为社会公众提供基本的、大致均等的公共服务，如义务教育、公共卫生、社会保障、公共安全、基础设施等。目前我国已进入全面建设小康社会的新阶段，推进公共服务均等化具有重要意义：

第一，推进公共服务均等化，是落实科学发展观的需要。科学发展观，核心是以人为本，促进人的全面发展。要实现这一目标，必须在经济发展的基础上，努力构建完善的公共服务体系，切实做到发展为了人民、发展依靠人民、发展成果由人民共享。只有这样，才能更好地调动广大群众参与经济建设的积极性。

第二，推进公共服务均等化，是建设和谐社会的需要。经过30年改革开放，我国已进入城市化、工业化进程的快车道，人民群众对公共服务的需求快速增长，与公共服务短缺且配置失衡之间的矛盾日益突出，并成为社会矛盾的重要表现形式。推进基本公共服务均等化，是缓解社会矛盾、维护社会公平、促进社会和谐的内在要求。

第三，推进公共服务均等化，是统筹区域协调发展的需要。促进区域经济协调发展，基本公共服务均等化是前提。如果一个地区的基本公共服

务跟不上，就难以吸引优秀人才和外来投资，现有的人才和资金也会外流，地区之间的发展差距会更大。只有推进基本公共服务均等化，才能引导生产要素在地区之间合理流动，促进区域经济协调发展。

第四，推进公共服务均等化，是建设服务型政府的需要。建设服务型政府，核心是要提高政府的公共服务能力，逐步形成惠及全民、公平公正、水平适度、可持续发展的公共服务体系。基本公共服务均等化，既是衡量政府服务水平的一个重要标杆，也是建设服务型政府的重要任务。

二、当前我国在公共服务方面存在的突出问题

近年来，各级坚持以科学发展观为统领，不断优化财政支出结构，加快推进公共财政体系建设，政府提供的公共服务明显增加，人民群众得到较多实惠。但总体上看，基本公共服务不均等的问题还比较突出：

一是地区之间不平衡。从人均财政支出看，2007 年全国人均支出为 2 952 元，31 个省（市、区）中，人均支出最高的省份为 12 020 元，最低的为 1 989 元，相差 6 倍。山东人均 2 430 元，居全国第 22 位，比全国平均水平低 522 元。从我省情况看，去年东部地区人均财政支出 3 043 元，比西部多 1 503 元，差距也在一倍以上。人均财政支出是衡量政府公共服务能力的重要指标，支出差距大，表明地区间的公共服务差距大。

二是城乡之间不平衡。受传统二元经济的影响，过去政府提供公共服务的对象主要是城镇居民，对农村公共服务的投入严重不足，无论是教育、卫生、文化、社会保障，还是路、水、电、暖、气等基础设施，农村都严重滞后于城市。2007 年，全国城镇居民可支配收入为 13 786 元，是农村居民（4 140 元）的 3.33 倍，若把公共服务因素考虑在内，城乡实际福利差距大约在 5 倍左右。有人说，“城市像欧洲，农村像非洲”，形象地描述了城乡之间的公共服务差距。

三是级次之间不平衡。近年来，中央财力的增长快于地方。2007 年，全国财政增收 12 544 亿元，其中中央财政增收 7 282 亿元，占 58%；地方财政增收 5 262 亿元，占 42%。就地方各级政府来看，总体上是越往下财政越紧张，尤其是县乡两级，机关事业单位人员的收入水平低，工作条件、生活待遇差，政府提供基本公共服务的能力较弱。

四是社会成员之间不平衡。根据世界银行最新公布的数字，我国居民收入的基尼系数，已上升到 0.47，超过了国际上 0.4 的警戒线；不仅城乡之间收入差距大，行业之间的收入差距也十分明显。收入分配失衡，导致一些低收入群体和困难群众不能充分享受基本公共服务。

三、加快推进基本公共服务均等化的措施建议

公共服务均等化，是市场经济国家的基本政策目标之一。目前，我国 GDP 已达 24.7 万亿元，财政收入达到 5.1 万亿元，经济总量和财政实力不断增强，为推进基本公共服务均等化奠定了良好的物质基础。国家应抓住当前有利时机，以推进服务型政府建设为重点，从“促、改、帮、转、调”五个方面，下大力气推进基本公共服务均等化。

促，就是要大力促进区域经济发展，形成地区间协调发展的格局。这是增强地方政府财力，促进基本公共服务均等化的根本。要完善有关财税政策，使初次分配和再分配更加注重公平和效率，充分调动各地加快发展的积极性。从山东看，生产总值不小，但由于是资源大省、农业大省，无税、低税产业所占比重大，中央企业也多，尽管为全国经济发展和粮食安全做出了重要贡献，但地方在国民收入初次分配中得到的财政“蛋糕”却不多，税收占生产总值的比重较低，地方政府提供公共服务的能力受到一定影响。今后在全国分配政策和财税制度设计上，要对农业大省、资源大省适当倾斜。当前应尽快改进石油、煤炭等资源税政策，既促进节能减排，又照顾资源输出省份的利益。

改，就是要改革完善财政体制，尽快形成财力与事权相匹配的格局。要让一级政府有效提供公共服务，必须明确界定其事权，并使其具有相匹配的财力。财政体制是确定政府间财力分配关系的基本制度，做到财力与事权相适应，充分调动各级增收节支的积极性，是财政体制改革应当坚持的基本原则。现行分税制体制已经运行了 14 年，其间也作过一些调整，但总的趋势是“财力上移、事权下放”，地方财政收入所占的比重不断下降，承担的事权却越来越多，形成“小马拉大车”的局面。国家应下决心调整财政体制，在合理划分事权的基础上，适当提高地方财力所占比重，使地方政府在提供公共服务方面，既“有责而为”，也“有力而为”。

帮，就是要加大转移支付力度，增强困难地区的公共服务能力。公共服务均等化，首先要求财政能力均等化。在财力与事权不匹配的情况下，建立统一规范的转移支付制度是关键。近年来，中央财政对山东的财政困难非常理解，给予了很大支持，2007 年对山东的转移支付和专款补助达到 389 亿元。在中央财政的支持下，我省连续三年实施“五奖一补”政策，构建了对财政困难县的综合帮扶机制。2003～2007 年，省财政共安排对下转移支付 551 亿元，年均增长 43%。但从目前情况看，基层财政的

收支矛盾仍比较突出，仅靠省级财政还不足以解决问题，需要中央财政加大帮扶力度。中央应进一步增加一般性转移支付规模，逐步使其成为转移支付的主要形式。同时，要改进一般性转移支付测算办法，按照公共服务均等化的要求，加大人均财力指标所占的权重，并充分考虑资源大省、农业大省等特殊因素，实现转移支付的规范化、公开化和公平化。

转，就是要转变政府职能，加快推进服务型政府建设。政府职能决定财政的支出范围和结构。在现有财力水平下，转变政府职能，优化支出结构，大力压减一般性开支和非公共性开支，加大对公共服务领域的投入，是推进基本公共服务均等化的重要途径。近年来，我省以科学发展观为统领，积极调整支出结构，切实加大民生投入，逐步建立起了“低标准、广覆盖”的城乡义务教育、公共卫生、社会保障和就业等公共服务体系，人民群众享受到的公共服务明显增加。今后，要加快推进服务型政府建设，把政府主要职能转变到经济调节、市场监管、社会管理、公共服务上来，尽快解决职能越位、错位问题，把更多的财政资金投向公共服务领域，向农村倾斜，向社会事业倾斜，向困难地区和困难群众倾斜，努力提高基本公共服务均等化水平。

调，就是要加大收入分配调节力度，缓解社会成员之间的收入差距。重点是要完善个人所得税制度，加强对高收入群体的个人所得税征管；完善企业最低工资指导线制度，理顺国家、企业和个人的分配关系，提高劳动者报酬在初次分配中的比重；规范垄断行业的收入分配，调节不同行业之间的收入差距；完善行政事业单位分配政策，调节公务员、事业单位人员的收入差距；完善城乡最低生活保障制度和优抚制度，加大对低收入群体和困难群众的救助力度，逐步形成科学合理的收入分配格局。

需要注意的是，公共服务均等化是相对的，具有明显的阶段性和渐进性特点。推进公共服务均等化，不是吃财政大锅饭，更不是均贫富，现阶段必须立足国情、省情，根据财力情况，坚持有所为、有所不为，从人民群众最关心的事情抓起，扎扎实实，稳步推进。

（作者为省财政厅厅长）

完善社会保障制度体系
进一步做好保障和改善民生工作

阮凤英

一、过去的一年，全省财政社会保障工作取得显著成绩

2007年，财政部门在各级党委政府的正确领导下，加大投入，改革创新，扎实工作，全力推动社会保障事业加快发展，在全省经济社会发展和社会主义和谐社会建设中发挥了重大作用。统计显示，2007年全省财政社会保障支出达到341.1亿元，比上年增加74.7亿元，增长28.1%。其中，就业、抚恤救济、卫生等重点支出分别达到13.1亿元、57.1亿元、99.7亿元，分别增长30.2%、15.4%、36.1%。

（一）就业保障能力进一步增强。在保持就业政策统一性和严肃性的同时，积极探索促进就业的新思路、新办法和新措施。一是就业资金分配更加科学。各级财政切实支持就业工作，全年共筹集资金13.1亿元。在资金分配上，引入因素分配法，分配方案更加公正、公开和公平；在资金管理上，强化监督检查，实施绩效考评，管理机制更加科学、规范和完善。二是就业技能培训力度不断增强。技能扶贫与就业工程扩招至1.05万人，使近4 000个家庭实现脱贫；“金蓝领”培训9 100人，增加3 100人，学员鉴定合格率达100%，为高技能人才储备以及实现稳定就业、素质就业打下了坚实基础。三是人力资源市场建设全面加快。按照《山东省人力资源市场建设规划》要求，各市落实资金，加大措施，积极推动，全年新建项目23个，有8个市提前一年完成建设任务。至此，全省已完成建设项目134个，初步构建起了覆盖城乡的人力资源市场体系。全年通过人力资源市场办理求职登记305万人次，提供就业指导210万人次，介绍成功167万人次。四是“双零”就业援助工程扎实开展。通过大力实施以市场为导向、政府调控、服务高效、运行规范的“双零”就业援助工程，全省共援助城镇零就业家庭1.8万余户，有2.5万人实现就业。济南等市全力支持公共就业服务体系建设，强化完善就业服务功能，不断推动就业工作向纵深发展。

（二）医疗卫生保障能力明显增

强。按照城乡统筹、分步实施、整体推进的思路，全面提升医疗卫生保障能力。

1. 新型农村合作医疗全面完成建制。2007年省级试点县达到134个，覆盖了全部农业县，全省参合农民6 008万人，参合率达90.3%，提前一年实现国家提出的全面建制目标。省市县三级财政积极筹措资金，千方百计落实政府补助政策。省财政两次调整补助标准，对东、中、西部地区参合农民的年人均补助达到12元、18元、28元，确保了每人每年不低于40元政府补助标准的落实。严格资金审核制度，省里每年组织两次专项监督检查，保证各级补助资金及时足额到位。加强基金收支监管，推行收支分离、管用分离的管理机制，保障合作医疗基金安全运行。新农合制度的建立，使乡村卫生"一体化"得到了巩固和发展，大多数参合农民就近可以获得医疗服务和费用报销，群众看病更加方便，农民"看病难、看病贵"问题明显改善。

2. 农村医疗卫生服务能力显著提升。一年来，财政、卫生部门紧密配合，通力合作，定期通报，加强督查，各地加大投入，狠抓任务落实，保障了能力提升工程的顺利实施。"360工程"按期完工，业务用房全面达标，必需的设备配置到位，人员培训基本结束。同工程实施前相比，重点卫生院的业务量和业务收入，分别增长了16.3%和21.7%，取得了良好的经济和社会效益。"1127工程"全面实施，324个业务用房整修项目通过评审，验收合格率88%；审核确定了设备采购计划，并及时预拨了省级补助资金4 226万元；审查批准了221个省级技术骨干培训基地，首批2 344名技术骨干已结束培训。通过实施能力提升工程，农村卫生体系更加完善，医疗条件显著改善，服务能力明显增强，农民看病有了切实保障。

3. 城市居民基本医疗保险试点顺利启动。按照国务院部署和省政府要求，2007年10月份，淄博、东营、泰安、威海、青岛、莱芜等6市出台了试点方案。截至2007年底，试点市参保人数163.5万人，参保率42%。在制度试点中，各级财政部门认真履行职责，积极配合相关部门，科学拟订方案，合理确定筹资政策和政府补助标准；及时调整财政支出，将政府补助资金足额列入预算；加强配套制度建设，完善管理运行机制，全力支持试点工作。泰安市精心组织，周密部署，落实责任，制度试点取得较好成效。

4. 城市社区卫生服务工作整体加快。按照科学布局、整合资源、严格标准、分类支持的原则，对全省城市社区卫生服务机构重新规划，各地相继出台实施方案并启动建设。济宁市全面规划，以点带面，强化措施，扎实推进社区卫生健康工程。为尽快建立城市社区公共卫生服务政府购买机制，在深入调研分析，广泛征求意见的基础上，省财政厅联合省卫生厅出台了《政府购买城市社区公共卫生服务指导意见（试行）》及相关配套文件，明确原则要求，科学划分项目，规范操作规程，严格绩效考核，完善监管机制。各地按照省里的统一要求，建立监督管理机制，落实各方责任；结合实际，合理确定服务项目；引入竞争机制，择优选择服务机构；建立民主参与机制，使购买服务过程更加规范、公开和透明。政府购买社区公共卫生服务制度的建立和实施，大大激发了社区卫生服务机构的积极性，确保了城市社区公共卫生服务的有效提供。2007年，全省近70个县（市、区）初步探索实施了这项制度，覆盖城镇居民1 202.75万人，各级财政预算安排资金6 000余万元。我省的购买服务工作得到了各大新闻媒体的高度评价，国务院办公厅政务信息工作网通报了山东的做法，财政部给予奖励资金501万元。

（三）社会救助保障能力不断增强。1. 农村最低生活保障全面建制。各级财政坚决落实中央决策和省委省政府要求，加大投入，全力保障，实现了"2007年底前将800元保障标准下的农村贫困人口全部纳入保障范围"的建制目标。2007年，各级财政安排农村低保资金4.37亿元，有164万人被纳入制度保障，初步实现了应保尽保。在建制过程中，全省形成了"三榜公示"审核认定、财政为主保障投入、"一本通"资金发放、制度绩效考核评价的规范化管理机制，农村困难群众生活有了坚实的制度保障。在农村低保建制过程中，各级财政部门在资金筹集、制度建设、政策落实等方面发挥了重要作用，得到了省政府领导的充分肯定和新闻媒体的高度评价。

2. 城乡医疗救助试点明显加快。2007年，全省城市医疗救助已实现全面建制，共发放救助金3 000多万元，救助3.4万人次，资助3.1万城镇居民参加医疗保险。同时，农村医疗救助制度建设加快推进，全省所有农业县（市、区）全部实施了农村医疗救助，全年共发放救助金5 800多万元，救助困难群众5万人次，资助70万农民参加新农合，有效缓解了困难群众因病致贫、因病返贫问题。

3. 五保供养水平进一步提高。全省各级深入落实中央和省五保供养政策，逐步建立起稳定可靠、清晰明确的财政预算列支渠道和有效保障措施，五保分散供养资金基本实现财政涉农补贴"一本通"发放。同时，各级财政通过资金支持、政策吸引、工作激励等措施，加快推进乡镇敬老院建设，大力实施"540工程"，集中供养条件明显改善。三年全省共投入建设资金25亿元，其中财政投入18.3

亿元，新建和改扩建敬老院1 382处，床位数达到近20万张，集中供养率实现72%。聊城市大力整合资源，全面推进区域性中心敬老院建设，并取得良好成效。

4. 城市低保制度实现可持续发展。为确保将所有符合条件的城市困难居民及时纳入保障范围，各级通过完善制度，加强管理，继续巩固动态管理下的应保尽保成果。省财政联合有关部门，制定印发了《关于对城市居民最低生活保障对象实行分类施保的通知》，对重病、重残、“三无”对象等低保家庭实施重点救助，更好地保障城市特困低保对象的基本生活。同时，针对2007年副食品价格大幅上涨等情况，各级财政部门采取提高保障标准或补差水平、发放物价补贴等多种措施，加大投入，努力缓解物价上涨对困难群众的影响，稳定了城市低保家庭基本生活水平。2007年底，全省城市低保在保对象60.2万人，发放保障金7亿多元，月人均补差105元。

5. 优抚对象医疗保障取得新突破。在省外考察和省内调研的基础上，省财政联合有关部门出台了《山东省抚恤定补优抚对象医疗保障办法》，在全国率先建立起以城镇职工、城镇居民基本医疗保险、新型农村合作医疗和城乡医疗救助为依托，以政府补助为支撑，以社会优惠减免为补充的新型优抚医疗保障制度，破解了困扰各级政府多年的历史性难题。为支持制度建设，确保待遇落实，省财政及时确定了省级补助政策，并增加补助资金4 000万元。临沂市立足实际，积极探索，深入开展优抚对象医疗保障制度建设试点，得到了民政部和省政府领导的高度评价。

6. 自然灾害救济能力进一步增强。2007年，我省先后多次遭受风暴潮、暴雨、冰雹等自然灾害，特别是遭遇了百年罕见的“7.18”、“8.17”暴雨袭击，面对灾情，各级财政立即行动，始终坚守抗灾一线；多方调度，广泛筹集救灾资金；特事特办，快速跟进应急措施；尽职尽责，确保资金专款专用。全年共安排下拨救灾资金近3亿元，强力保障了受灾群众生活和灾区社会稳定。

（四）社会保险基金运行能力继续增强。一是企业养老保险基金自行求平衡能力实现重大突破。2007年全省企业养老保险基金收入403亿元，增收106亿元，增长35.7%，当年收支结余113.4亿元，除1个市尚有缺口且大幅减少外，其他16个市全部实现了当期收支有余。基金保障能力的增强，为做实个人账户试点和提高养老金待遇奠定了坚实基础。省财政安排专项资金3 000万元，对做实个人账户试点予以奖励，促进了试点工作的扎实开展，全省落实2007年做实资金40.1亿元。企业退休人员养老待遇调整增加基金支出14.4亿元，人均养老金由903元提到了1 026元，有效地保障了企业退休人员生活。二是创新基金监管模式。首次将基金稽核与劳动保障年检、社会保险基金决算收支专项检查合并，核增省直管企业2005年度、2006年度企业养老保险和失业保险费6.5亿元，增强了社会保险基金保障能力。省级社会保险基金存储全面实行招投标方式，最大限度地实现保值增值。三是加快提升县级基金征管能力。省财政安排资金1 000万元，支持42个县加快基金征缴大厅、征管信息网络建设，基金征管能力进一步增强。四是不断强化失业保险金保生活促就业的功能。2007年，有12个市开展了扩大失业保险金使用范围试点，14个市先后提高失业金标准，有效促进了再就业工作的开展。

（五）财政社会保障监管能力切实增强。按照更加完善、更加规范、更加严密的要求，大力加强监管机制建设，进一步提高管理水平，确保了资金安全和高效运行。一是完善了项目制管理。总结以往经验，省财政会同有关部门制定了《山东省财政社会保障资金项目管理暂行办法》（以下简称《办法》），进一步规范细化项目制管理模式。落实《办法》要求，一大批社会保障重点工程、重点项目实行了项目制管理，实现了由过去的单纯资金管理到项目综合监管的根本性转变。财政部社保司领导对我省项目制管理专门作出批示：“山东省改革创新，通过项目管理的方法实现精细化管理目标，值得学习借鉴。”二是构建了“一体两翼”财政分配与评审监督机制。创新资金监管模式，充分借助外力，主动将财政监督、投资评审引入社会保障分配领域，遵循“先检查、后分配，先评审、后决策”的原则，建立起资金安排、投入使用、绩效考评的全方位监管体系，保证了项目决策、资金管理的阳光透明和规范高效。三是深化了“两项试点”。在推进社会保障预算编制试点中，省里研究制定了《山东省社会保障预算编制绩效考评暂行办法》，定期调度预算编制进展情况，推广试点经验，年终又对试点工作进行了全面考评。为提高预算编制水平，省里委托滨州市研发了社会保障预算管理信息系统，现已安装试运行。青岛市创新思路，完善制度，实行了社会保障预算编制、执行、监督、评价“一条龙”管理。在推动社会保障信息化建设上，我们提出了社会保障资金实行规范化、精细化网络监管的思路，初步确定了涵盖主要社会保障资金的信息管理系统建设规划，研究开发了社会保障专项资金管理系统，全省社会保障信息化监管水平进一步提高。

二、突出重点，统筹发展，努力开创财政社会保障工作新局面

党的十七大提出了全面建设小康

社会的新目标、新任务，并对加快推进以改善民生为重点的社会建设作出了全面部署，明确了具体要求，为进一步做好财政社会保障工作指明了方向。2008年是全面深入贯彻党的十七大精神的第一年，也是全面落实省九次党代会提出的战略目标的关键一年。总的来看，财政社会保障工作面临前所未有的良好机遇，同时也面临诸多挑战。社会保障体系构架基本形成，但全面覆盖、统筹城乡、规范完善的任务依然繁重；社会保障总体投入逐年增长，但与社会保障的事业发展需求比，尚有较大差距；劳动力供大于求的总量矛盾和就业结构性矛盾更加突出，政府促进城乡就业的压力巨大；社会保险基金增收难度加大，做实账户、调整待遇、保障支付等面临更大考验；看病难、看病贵问题尚未得到根本解决，加快推进医药卫生体制改革，建立基本医疗卫生制度更为紧迫。做好当前及今后一个时期的财政社会保障工作，任务艰巨，责任重大，意义深远。我们一定要增强机遇意识、责任意识、发展意识，认真研究改革发展思路，努力开创全省财政社会保障工作新局面。

根据全国财政社会保障工作会议和全省财政工作会议精神，2008年我省财政社会保障工作总的指导思想是：深入落实科学发展观，全面贯彻党的十七大和省九次党代会精神，按照“广覆盖、保基本、多层次、可持续”的原则，进一步健全城乡社会保障体系，继续完善和落实积极就业政策，不断深化医药卫生体制改革，加大投入，创新机制，精细管理，推动社会保障事业发展，促进公共财政建设，为加快构建社会主义和谐社会做出新贡献。在具体工作上，围绕六大重点，统筹兼顾，认真把握，全面完成新形势下的财政社会保障工作任务。

（一）积极探索大就业促进模式。经过近10年的努力，体制转轨遗留的再就业问题基本得到解决，但新增和转移就业难的问题始终十分突出，促进统筹城乡就业的任务依然艰巨。面对新形势，我们必须加快研究更加积极的就业促进政策，不断满足不同群体的就业需求。

1. 建立完善新的就业促进政策体系。根据新的形势和工作要求，为实现社会就业更加充分目标，国务院年初下发了《关于做好促进就业工作的通知》（国发〔2008〕5号），对原有就业政策进行全面调整完善，集中出台了“一揽子”新的就业促进政策。比如，取消《再就业优惠证》，统一使用《就业失业登记证》作为享受扶持政策的依据；职业培训、职业介绍等政策逐步长期化、普惠化；政策重点逐步转向统筹城乡和各类群体就业；等等。为落实这些政策，省里拟制定出台贯彻意见和一整套实施办法。目前，有关部门正在加紧协商研究，下一步将结合国家有关部委相关配套文件，在修改完善的基础上，尽快印发各地。各市要深刻领会新政策，结合当地实际，加强调研评估，制订具体方案，落实支持措施，强化监督考核，加快完善新的就业促进政策体系，实现新旧政策的有效衔接过渡。同时，各地要继续完善就业援助体系和扶持政策，不断巩固扩大“双零”就业援助成果。

2. 启动实施“就业与创业能力提升工程”。为加快城乡劳动者就业能力和创业能力培养，省政府决定在全省实施“1225工程”，即从2008年起，力争用5年时间，对100万城镇新增劳动力实施就业竞争能力培训，对200万城镇失业人员实施职业转换能力培训，对200万进城务工人员实施转移就业能力和技能提升培训，对50万城乡劳动者实施创业能力培训，使80%以上受训人员实现就业或自主创业。对此，省财政厅将会同劳动保障厅研究出台实施规划和年度计划，并制定考核管理办法。各地在实施“1225工程”中，要着力突出工程的“孵化”功能，搞好实施方案，认真组织考核，确保完成各项培训任务。一是按照省政府文件要求，根据当地经济发展战略、产业结构调整和支柱产业发展规划对劳动力的需求，搞好培训规划，有计划、有步骤地组织实施。二是充分利用现有技工院校和社会培训资源，通过竞争方式，构建社会化培训服务网络，强化培训服务功能，确保培训效果。三是制定完善制度，严格管理程序，加强监督考核，保证培训质量。四是采取购买培训成果方式，严格培训项目绩效考评，按照考评结果予以补贴。五是加强就业与创业后续服务，畅通培训机构、培训人员和用人单位三方的信息交流，提高就业率，促进培训成果的尽快转化。此外，各地要更加关注大学生就业和进城务工人员转移就业问题，将其优先纳入能力提升工程，并给予重点帮扶。

3. 加快完善公共就业服务平台。一是按照规划要求，继续健全完善人力资源市场体系，年内要全面完成建设任务，实现人力资源市场统筹城乡就业的服务功能。二是在已有就业信息服务网络的基础上，制定应用促进规划，加快系统软件开发，实现五级就业信息互联互通和就业服务全程管理，为大就业促进和统筹城乡就业提供更好的信息服务。

（二）深入推动医疗保障制度建设。目前，我省已构建起分步建制、分类覆盖、保障基本的医疗保障制度体系，下一步，要继续总结经验，搞好衔接，完善制度，不断增强保障能力，实现“分类建制，各有侧重，无缝衔接，全面覆盖”的目标。

1. 进一步完善新型农村合作医疗制度。在加大政府支持力度的基础上，新农合制度建设的重点是提高保障效能，建立更加适宜、高效、方便的长效保障机制。一是增加投入，提高保障水平。2008 年，政府对参合农民补助每人每年不低于 60 元，其中省财政对东、中、西三类地区分别补助 18 元、27 元、42 元，差额部分由市县财政补足。明年政府补助要不低于 80 元，农民缴费增加到 20 元，确保总筹资达到 100 元。各级财政要认真做好预算安排，完善补助资金拨付办法，保证资金及时足额到位。省里将采取“年初预拨、年终结算”的办法核拨中央和省级补助资金。二是完善方案，促进参合农民更多受益。随着筹资水平的大幅提高，各地要及时调整补偿方案，在大病统筹为主的基础上，建立门诊统筹基金，扩大制度受益面，增强新农合的吸引力。同时适当降低住院补偿起付线，适当提高封顶线和补偿比例，适当控制当年统筹基金结余，提高受益水平，让参合农民得到更大实惠。在建立门诊费用统筹的基础上，实现农民看病即时报销，更好地方便群众。三是加强监管，保障基金运行安全。省里将进一步完善基金财务和会计制度，制定、出台基金管理办法和意见。各地要高度重视基金运行质量，切实增强监管责任，健全完善监管制度，不断提高监管水平。要加强基金财政专户管理控制措施，防范基金收支漏洞；建立基金预警调控机制，防范基金隐患和风险；严格基金公示制度，广泛接受社会监督；强化监督检查力度，严厉查处违规违纪行为。

2. 扎实推进城镇居民基本医疗保险试点。按照我省试点工作总体安排，在淄博等 6 市先行试点的基础上，今年再扩大济南、烟台、潍坊、济宁、聊城和滨州 6 市。试点城市要按照省政府统一要求，认真扎实地搞好试点。一是支持试点，按期完成试点建制目标。新增试点城市要在充分把握试点政策、借鉴已有经验的基础上，科学拟定实施方案并严格按程序报省里审批，确保上半年正式启动。明年试点城市要积极投入前期准备，搞好调查摸底和数据测算，认真设计试点方案，并确保今年 8 月底前上报省里审批，明年 1 月正式实施。二是广泛发动，切实提高参保率，让大多数人受益。试点城市要结合实际，加强宣传，深入发动，简化管理程序，方便居民参保缴费，增强政策吸引力，千方百计扩大覆盖面。三是完善管理机制，搭好制度平台。各地要积极探索实施门诊费用统筹，提高报销比例和受益水平；严格审核参保缴费情况，及时拨付政府补助资金；健全基金财务管理和会计核算制度，加强基金财政专户管理，确保基金安全运行。

3. 实现企业职工医疗保险全面覆盖。一方面，要深入推进扩面工作，对尚未参保的非公有制企业和灵活就业人员，通过政策宣传、督促监察、一票征缴等措施，将其全部纳入制度范围，依法保障职工权益，真正解除他们的后顾之忧。另一方面，要着力研究解决关闭破产等困难企业无力参保问题，通过低标准缴费、低水平保障以及多方筹集资金等措施，尽快将其纳入保障范围，实现医疗保险制度的全面覆盖。

（三）进一步加快推进公共卫生服务体系建设。坚持公共医疗卫生的公益性质，积极支持医疗卫生体制改革，建立完善覆盖城乡居民的公共卫生服务体系和医疗服务体系，推动卫生事业更好更快发展。

1. 完善农村卫生服务体系。在“1127 工程”建设上，今年的目标是全面完成必需设备配置和技术骨干培训，各地要按照已有规划，继续强化措施，加大工作力度，确保各项任务按期完成。针对我省村级卫生基础设施简陋、村医素质偏低、服务能力薄弱等突出问题，卫生、财政两厅在广泛调研的基础上，提出了村卫生室服务能力提升工程，计划用 4 年时间，对全省村卫生室进行全面规划，重点加强业务用房改造、基本设备配置和村医技术培训，全面提升服务能力。该项工程得到省政府的肯定，并纳入了 2008 年五大民生工程。为把这一工程真正建成德政工程、民心工程、亮点工程，省里将总结各地建设经验，制定建设实施意见，建立考核督查制度，保障规划任务全面落实。各市要紧跟部署要求，认真指导县（市、区）搞好布局规划，扎实推进实施工作。一是高度认识，增强为民造福的责任感。村卫生室服务能力事关新农合制度长远发展，多数农村患者能在家门口看病，既方便农民医疗，降低就医成本，又能解决看病难、看病贵问题。各地要站在为农村求发展、为农民谋利益、为新农合搭平台的高度，把村卫生室能力提升工程作为重中之重的工作，切实抓紧抓实抓好。二是搞好规划，制订实施方案。原则上按照 2 000 人左右（或更多一些）的服务人口，综合考虑服务半径等因素，以县为单位，合理规划村卫生室的设置和布局。同时各地要紧密结合实际，确定适宜建设标准（业务用房一般不少于 80 平方米，配齐基本设备），在充分整合现有资源的基础上，科学制定分年度建设实施方案。各县的村卫生室设置规划和建设方案于 6 月底前统一报市级审批，各市于 7 月底前将审批通过的规划方案分别报省卫生厅、财政厅备案。三是精心组织，确保工程进度和质量。借鉴“360 工程”的成功经验，省里将研究制定项目管理、资金管理、绩效考评等配套办法，对工程进行全过程督导调度、监督管理、考核检查。各地要严格按照精细化管理要求，精心安排，细化责任，精密组织，强化措施，保质保量地按期完成建设任务。四是区别情况，落实分类扶持政策。

在建设资金筹集上，坚持上下联动，各负其责。省财政实行“先干后补、以奖代补”和“考核到村、奖补到县”的分类扶持政策，在分年度严格考核验收的基础上，对省级经济欠发达县适当奖励，对其他县酌情奖励。市县要根据总体规划要求和年度建设任务，明确投入责任，制订投入计划，同时广泛动员各方力量，多渠道筹集资金，全力支持村卫生室能力提升工程。

2. 全面推动城市社区卫生服务工作。要进一步支持城市社区卫生体系建设。按照省卫生厅、财政厅批复（备案）的建设规划，各级要不断强化财政责任，强化项目管理，强化督导检查，加大绩效考评力度，确保年度建设任务按期完成。要整体推进政府购买社区公共卫生服务工作。上半年，省里将组织召开政府购买社区公共卫生服务工作现场会，进一步统一思想认识，推广管理经验，督促各地快速行动。各市要按照省里的总体要求，强化督导，定期考核，及时通报，建立激励约束机制，加快工作拓展速度，确保政府购买社区公共卫生服务在年内全面推开。要科学规范购买服务管理机制。各地根据财力和实际，合理确定服务项目；健全管理组织，落实群众参与措施；择优选择服务机构，明确各方责任义务；完善相关制度，规范操作流程；加强监督控制，严格绩效考评；合理安排预算，及时拨付资金。省财政将根据统一考评情况下达补助资金。

3. 大力支持公共卫生工作。一是全面落实扩大国家免疫规划任务。2007 年国务院将甲肝、流脑等 15 种可以通过接种疫苗有效预防的传染病纳入国家免疫规划，所需疫苗、注射器的购置费用，由中央财政全额安排，同时要求地方负责冷链装备及运转、异常反映补偿、预防接种劳务补助等费用。各地要按照政府主导、部门合作、社会参与的预防接种工作机制，明确财政职责，建立经费保障机制，积极落实扩大国家免疫规划任务。二是规范管理国家公共卫生项目。对于国家支持的艾滋病、结核病、地方病防治等公共卫生项目，各级财政要按照实施方案要求，严格资金管理与监督，确保资金及时到位和专款专用。三是进一步落实政府投入责任。各级要积极调整支出结构，不断加大投入力度，支持完善疾病防控体系和卫生监督执法体系，保障重大传染性疾病、地方病、职业病、精神病防治需要，加强健康教育、卫生监督、环境卫生、妇幼保健等公共卫生工作，确保公共卫生服务的有效供给。

（四）继续深化社会保险征管机制改革。2008 年，必须在增收节支上狠下功夫，增强基金自我保障能力和支付能力，保障职工的合法权益，解除他们的后顾之忧，同时保障待遇调整和试点工作的进一步落实。

1. 加强征缴，提高基金保障能力。各级财政要适当安排资金，不断加大奖励力度，调动征缴积极性，挖掘扩面征缴潜力，促进基金增收。在全面推行社会保险“五险合一、一票征缴”的基础上，通过完善考核激励机制，健全征管信息网络，进一步加强县级社会保险经办能力建设。加快基金征缴方式改革，支持推行社会保险费网上申报和征缴。加大基金稽核力度，采取购买服务方式，委托社会中介机构参与基金稽核，强化参保人数、缴费基数核定和基金专项检查，保障基金应收尽收。

2. 多措并举，强化基金监管。加快完善全省社会保险信息管理系统，建立社会保障“一人一卡一号”实名制管理机制，有条件的地方要积极探索财政集中支付制度，堵塞基金发放过程中的跑冒滴漏现象，提高基金管理的精细化水平。建立健全内控制度，强化内部管理与监督，加强基金财务管理与会计核算，确保不出问题。规范审核认定制度，严格控制提前退休。按国家规定进一步完善社会保险基金定期存款招投标办法，实现基金保值增值。

3. 统筹兼顾，保障养老待遇落实和做实个人账户试点。各地要按照新一轮基本养老金调整要求和省里确定的调整方案，切实抓好组织落实，保障新增待遇按时足额发放。继续扎实搞好做实个人账户试点，规范补助资金分配方式和做实基金归集程序，保证基金按规定足额上解；加快研究做实基金财务管理和会计核算问题，不断强化监督控制；积极探索管理运营机制，确保基金安全和有效增值。

（五）加快完善社会救助体系。目前，我省社会救助体系框架已基本建立，今后的工作重点是进一步健全制度，完善机制，扩大成果，基本实现城乡一体化、管理规范化、方式多样化的全面覆盖。

1. 继续完善最低生活保障制度。2008 年，各地要在强化监督、动态管理、资金保障等方面狠下功夫。一要强化规范管理。农村低保要继续完善规范化管理运行机制，进一步探索建立保障对象有进有出、补差标准有高有低的动态保障机制，切实解决只进不出、平均分配等突出问题。城市低保要全面推行分类施保、因人施保管理机制，对重病、重残、“三无”对象等重点人群实施重点保障。二要足额落实低保资金。2008 年，农民年人均收入在 900 元以下的，须全部纳入低保范围予以保障。省财政对东、中、西部地区的补助标准分别提高到每人每月 10、16、22 元。各地要积极配合有关部门，做好低保对象的审核认定工作，认真测算资金需求，建立起内外统筹、足额及时、规范稳定的低保资金保障机制，确保政策全面落实到位。三要建立低保标准调整机制。综合考虑当地实际生活水平、物价上涨等因素，适时调整保障标准和补差水平，确保低保对象基本生活。对各市工作开展情况，省里将组织专项检查考核，以推动制度建设。

2. 加快推进五保供养保障机制建设。针对供养标准偏低、集中供养难以持续等突出问题，各级要深入贯彻《农村五保供养工作条例》，提高认识，强化责任，完善以财政保障为主的五保供养长效机制。进一步理顺资金渠道，省市县乡四级财政各尽其责，把五保供养经费作为“硬性支出”纳入预算，对省财政安排的转移支付资金，各地应优先用于五保供养，保证供养资金需要。根据当地村民平均生活水平、财力状况等因素，科学合理地确定供养标准，并全面推行五保供养实名制管理，分散供养资金全部纳入“一本通”发放。同时，各地要加快研究乡镇敬老院长效发展机制，巩固改造成果，保障可持续发展。

3. 积极做好其他救助工作。一是深入实施助残康复工程。2008 年，省财政将继续支持贫困残疾儿童康复工程，并启动贫困残疾人“光明计划”。各地要配合有关部门落实工作方案，搞好摸底筛查，严格对象审定，精心组织实施，确保完成任务。二是健全灾害保障机制。要进一步完善部门联合查灾、核灾以及重大灾害应急保障机制，探索建立多渠道筹集资金的分担机制，强化灾害救助全过程监督与控制，确保受灾群众得到及时有效的救助。三是完善医疗救助制度。在基本建制的基础上，加强调查研究，加快建立运作规范、保障有力、覆盖广泛、惠及城乡的医疗救助体系。

（六）全面提升财政社会保障监管水平。工作目标是，继续创新管理思路，完善管理机制，扩大管理成果，促进管理工作整体上水平。

1. 扎实开展社会保障绩效考评年活动。高效益是财政投入追求的重要目标，在财力有限、供求矛盾突出的情况下，尤其要讲究投入绩效。2008 年，我们要在全省开展社会保障绩效考评年活动，对社会保障重点项目实施过程及完成结果进行综合性考核与评价。按照要求，所有社会保障重大投入、重点工程、重要制度在深入推行项目制管理的基础上，都要各自建立绩效考评制度，明确考评内容，细化项目指标，严格组织程序，落实保障措施，强化结果应用。通过开展考评年活动，不断完善重点项目管理，提高理财、用财水平，保障资金高效使用。

2. 努力实现政府购买公共服务新突破。建立适应市场经济体制要求的政府购买公共服务机制，是财政支出方式改革的重要方向，也是保障公共服务质量和资金高效的重大措施。政府购买社区公共卫生服务的实践证明，公益事业不一定政府包办，提供公共服务并非必须养人养机构，社会能办又符合要求，政府完全可以“为我所用”，省心省力更省钱。今后，我们要彻底转变观念，加大推行力度，力求在更大范围、更广领域、更多方面研究建立购买制度。2008 年，各地要对技能培训、公共实训、基金稽核、残疾康复、健康查体等适合购买方式的公共服务，探索实施政府购买机制，确定目标对象，细化服务项目，制定分项标准，落实考核措施，激励服务机构调整服务理念，改进服务质量，提高资金使用效益。

3. 深化社会保障预算编制改革。建立社会保障预算是大势所趋，国家正在研究加快推动的实施方案，我省积极试点，力争在国家统一试点前探索更多经验，争取更大主动。下一步总的思路是“循序渐进，逐步完善，将试点不断推向深入”。在具体工作上，各地要按照省里的部署要求，认真做好 2008 年社会保险基金预算编制、汇总、上报和执行工作，尽快建立全省规范统一的社会保险基金预算编制制度。已经试编社会保障综合预算的地方，要在现有试点基础上，继续探索完善，省里将及时调度各地试点情况，并严格组织绩效考评，在条件相对成熟的情况下，研究统一汇总试编社会保障综合预算工作。

（作者为省财政厅副厅长）

当前财税改革的基本思路及政策趋向

于国安

今年是改革开放 30 年。在这 30 年里，我国财政经济工作取得了举世瞩目的辉煌成就。全国财政收入 1977 年为 874 亿元，而 2007 年则达到 5.1 万亿元，增长了 58 倍。从山东省来看，1977 年地方财政收入只有 56 亿元，2007 年达到了 1 675 亿元，增长了 30 倍。财政实力的不断壮大，得益于改革开放和经济社会的快速发展，并为支持改革开放和经济社会发展作出了重大贡献。未来的一段时期内，要解决财政经济发展的一些深层次矛盾，保持财政经济持续、协调、稳定发展，同样需要依靠改革来清除前进道路上的种种障碍，改革仍然是推动财政经济发展的强大动力，在深入贯彻落实科学发展观、构建和谐社会的伟大实践中将发挥着更加重要的作用。

2008年“两会”结束以后，温家宝总理在答记者问时主动谈到了公共财政问题，他说一个国家的财政史反映的不仅是经济的发展，而且是社会的结构和公平正义，并提出今后五年要下决心推进财政体制改革，让人民的钱更好地为人民谋利益。总理这段话不仅清晰地解释了财政的本质，对财政的评价和定位很高，而且明确了新时期财政改革的目标和重点，对今后的财政工作寄予厚望。财政改革的目标就是要建立公共财政，改革的重点是财政体制以及与此相关的一系列财政制度。由此可见，财政改革是今后一段时期内财政工作的重头戏，财政工作者在新的历史机遇面前有着更加广阔的空间和舞台，担负着重大而艰巨的光荣使命。

一、加快推进公共财政建设，构建科学的财政体系

公共财政是西方国家普遍采用的一种财政制度，它是与市场经济相适应的财政模式。我国正式提出建立公共财政是在1998年，以后又将建立公共财政的要求写入中央有关文件当中。从公共财政理念的接受到公共财政框架设计，再到党的十七大提出完善公共财政体系，经历了一个认识不断提高、理论不断升华、实践不断丰富的过程。在当前新的形势下，如何加快推进公共财政建设呢？可以简单地把它归纳为建设“1+3+6”的目标模式，即遵循一条主线，强化三项职能，构建六大体系。

所谓一条主线，就是以其公共性——满足社会公共需要为目标，作为财政收支安排的出发点和落脚点。“满足社会公共需要”这8个字，是公共财政的基本特征，或者说是公共财政的核心和灵魂。在当前社会风险和矛盾比较多的状况下，强调建设公共财政更加重要和迫切。因为满足社会公共需要，可以让广大人民群众享受更多改革与发展的成果，从而有效地调节利益分配关系，缓解社会矛盾，促进社会事业发展，维护社会稳定。

所谓强化三项职能，就是强化资源配置、收入分配和经济稳定三项职能，以此作为财政收支活动的基本定位。这三项职能既是财政公共性的具体体现，也是构建和谐社会所必需的。财政的公共性或者说满足社会公共需要，主要就是满足人民对公共物品和公共服务的需要、调节收入分配的需要、实现宏观经济持续稳定增长的需要。而强化三项职能正是满足社会公共需要的基本手段及重要途径，这样就把财政的公共性更好地体现在公共财政的各项职能当中，使公共财政的目标与职能更加紧密地融合为一体。如果资源配置不合理、收入分配差距过大、经济发展不稳定，社会公共需要得不到满足，构建和谐社会的目标也就难以实现。

所谓构建六大体系，核心就是要建立与市场经济相适应的财政体系，促进社会主义市场经济健康发展。经过三十年的改革开放，我国社会主义市场经济体制建设取得了重要的阶段性成果，但一些深层次的体制性矛盾也更加清晰地显现出来，特别是政府与市场的关系始终没有处理好。建设公共财政，就是要进一步明确政府与市场的分工，把政府的职能界定在满足社会公共需要上，把市场能够做好的事情交给市场去做，使市场配置资源的基础性作用和政府公共财政的职能作用得到更好的发挥。这里结合当前的财政经济形势，重点探讨一下如何构建六大体系。

（一）构建有利于科学发展的财政支持体系。就是要充分运用财政政策、财政杠杆，大力支持结构调整、自主创新和节能减排，促进经济又好又快发展。这些领域一般被认为靠市场调节就够了，那么财政为什么要介入呢？主要有以下几点理由：第一，经济结构、产业结构是一个国家重大的发展战略问题，关系到一个国家或地区经济发展的活力和竞争力。如目前西方发达国家第三产业所占的比重大都在70%左右，高的达到80%以上，而我国2007年第三产业的比重只有39.1%，山东仅为33.2%。这说明我们的经济还不够发达，经济结构还比较落后，竞争力不强，有必要通过财政政策加以推动。第二，产业结构在形成的过程中，存在着市场失灵的领域。因为资源总是由利润低的行业或产业向利润高的行业或产业流动。在流动的过程中，受利益的驱动，有可能会带来外部不经济，对社会造成不利的影响。比如环境污染就是典型的外部不经济现象，需要政府运用财政手段进行干预和调节。第三，资源在产业之间的流动是一个漫长的过程，只有当新的技术发明出现了，才能打破旧的资源配置平衡状态，发生大规模的资源流动，引发产业结构的调整。如果依靠市场机制自发来调节不仅时间漫长，而且有可能发生严重的资源浪费。加快推进技术创新步伐，有利于促进经济结构调整，提高资源利用效率。技术创新本身具有一定的公共性、外部性和风险性，也理应纳入公共财政支持的范围。由此可以看出，财政介入结构调整，是促进经济健康持续协调发展的必然选择。从当前我国的国情来看，经济结构矛盾突出、创新能力不强、能源日趋紧张、环境承载的压力越来越大，迫切需要进一步完善财政政策支持体系，加强财政的支持和干预力度来引导资

源的合理配置，更好地发挥财政在促进发展方式转变方面的作用。

应该注意的是，财政政策必须与市场调节结合起来，促进和放大市场的正面作用，抑制和弱化其负面作用，这是财政介入结构调整的边界。比如，山东省在支持企业技术中心建设时，附加的前提条件是企业自身提取的技术开发费必须要达到销售收入的5%以上，目的是为了放大市场的正面作用，引导企业增加自主创新的投入。同样，财政支持节能减排则是为抑制市场的负面作用。当然，现在财政政策支持体系还不够全面，力度也不够大。比如在产业结构调整方面，由于历史等多方面的原因，山东的重化工业比重很高，能耗占到全国的十分之一，调整起来难度非常大。发展第三产业各级都下了很大功夫，省里还出台了按GDP万分之0.5的比例安排财政支持资金，但支持重点不突出、带动辐射作用不够强，缺少大政策、大动作，发展速度仍然较慢，近两年增长比例均低于1%。自主创新方面，与一些先进的省市相比，我省的政府性研发投入还不够多，在全国的位次也比较靠后，使用也比较分散。节能减排方面，在投入大幅度增加的同时，政策利用还不到位。如江苏省2006年就大幅提高了排污费标准，而我省排污费标准偏低的局面尚未改变。省政府去年出台的超耗能加价办法，对超过耗能标准的企业，可以按照基准价格的1～4倍来征收超标准耗能加价费，但目前全省只有淄博、枣庄、济南3个市刚启动实施，其他市则没有落实。这些问题说明我们在促进科学发展方面还需要进行深入研究，不断改进工作的方式和方法，摆脱传统的管理模式，积极寻找与市场的结合点，更好地引导和规范市场的行为。

（二）构建促进经济稳定增长的财政调控体系。只有社会供给与需求在总量和结构上都保持基本平衡，才能保证经济的稳定增长。要保持二者基本平衡，一方面要靠市场的无形之手，即市场的自发调节机制；另一方面要靠政府的有形之手，如货币政策、财政政策等调控杠杆。我国当前供求关系既存在总量失衡，也存在结构性失衡。如在投资方面，尽管社会总投资大幅度增加，需要从总量上控制，但仍有一些薄弱环节，如基础设施、社会事业等还需要追加投资；在价格方面，尽管某些产品特别是农产品价格大幅度上涨造成总体价格水平上升过快，但还有一些资源性的产品价格偏低、调整不到位。今年中央提出实行紧缩的货币政策和稳健的财政政策，把防止通货膨胀、防止经济下滑和避免经济大起大落作为宏观调控的主要任务，就是要解决好总量失衡与结构失衡两个方面的问题。实施紧缩的货币政策就是要减少投资总规模，防止经济过热，防止通货膨胀。如最近央行将存款准备金利率又调高一个百分点，达到17.5%的历史最高水平，目的就是为防止信贷的过快增长，以约束总需求的增长，促进物价的稳定。而实施稳健的财政政策是为了在一些薄弱环节保持必要的投资强度，从而保证经济社会持续协调发展。

当前我国通货膨胀压力较大，价格问题是一个非常敏感的问题。去年以来，我国农产品和上游基础类产品价格大幅上涨，在短期内给国民经济和人民生活造成了很大影响，财政在这方面也采取了很多的措施。一方面是支持增加有效供给，特别是农产品的有效供给。如对养猪、养牛、种粮等，政府都给予很多的财政补贴。对产粮大县、油料生产大县、养猪大县等，国家也给予奖励，目的就是调动农民发展生产、增加有效供给的积极性。同时，积极利用储备手段调节市场供求关系，平抑市场价格。粮食、猪肉、食用油、化肥等农产品和农资产品的储备制度都已经建立起来。另一方面，是对弱势群体，尤其是城乡低保人员、企业下岗职工、大中专学生等等，财政不断提高保障标准和补贴水平，防止因价格上涨导致其基本生活水平下降。针对石油价格的过快上涨，对渔民、农村客运、城市公交、出租车等弱势群体和公益性行业也给予了大量补贴，这些都是财政调控的重要措施。财政就是要根据市场的供求关系和经济发展形势的变化，不断地调整政策和调控的力度，达到促进经济稳定增长的目的。

需要指出的是，财政补贴和价格干预作为一种应急的调控方式要谨慎使用。要相信市场价格杠杆的调节作用，某些产品价格波动会通过市场调节很快得到修复。我们在制定政策的过程中，应当充分考虑实行财政补贴和价格干预方式对市场的影响，比如对生猪生产实行的一系列政策套餐是否会造成新一轮的供大于求，对粮食过低的收购保护价是否会误导市场，等等。今年已经对食用油、化肥等实行了临时价格干预措施，最近又对电煤实行了价格管制，并对电力企业给予适当的财政补贴。这种靠价格管制进行调控的方式，虽然能在短期内达到控制物价水平的目的，但从经济学理论上分析，价格管制必然造成供给短缺，因为管制会使生产者缺乏积极性，长期下去可能会使通货膨胀和能源紧张的形势进一步恶化。目前由于油价管制，我国成品油价格大大低于国际价格水平，这一方面造成一些企业因价格管制亏损停产，如炼油企业特别是一些地方小炼油厂难以为继，目前停产减产的达到了30%。另一方面，国家为保证供给，又不得不给予石化行业大量的财政补贴，并且对进口环节的增值税实行先征后退。国内成品油价格长期低于国际市场价格的背后，就是因为有大量的财政补贴在支撑。据有关方面统计，制造业是消耗成品油的最大用户，占国内市场消费总量的70%左右，制造的产品再出口到国外，等于是中国补贴了全世界。粮食问题也是这样，由于粮价偏低，使粮食又成为新的走私对象，不仅使大量的粮食补贴通过走私变相地流失到了境外，而且会进一步加剧国内粮食供应紧张的状况。这种通过价格管制和巨额财政补贴，支持维持低油价、低粮价的政策不符合公共财政支出的原则和市场经济的内在要求。因此，类似的价格管制和补贴政策在制定和出台时要审时度势，既要有所作为、发挥好政府的调控作用，又要有所不为、不能让政府这只有形的手压住市场这只无形的手。

（三）构建稳定可持续增长的地方财政收入体系。经济的稳定增长既是财政收入持续增长的前提，也是财政调控的重要目标。要加强财政调控就要不断壮大财政实力，要壮大财政实力、保持财政收入稳定增长，首先，要保证经济稳定增长，只要是经济增长不大起大落，财政收入的增长一般也不会有大的起伏。其次，要提高财政收入占GDP的比重。分税制改革以来，我国财政收入占GDP的比重不断提高，2007年全国财政收入占GDP的比重达到了20.8%，地方财政收入占GDP的比重平均为9.76%，山东省是6.47%，比全国平均水平低3.09个百分点。如果我们能达到全国的平均水平，就能增加800亿元的地方财政收入。由于我省经济结构不够合理，农业所占比重较大，低税无税的行业和产品较多，服务业还不够发达，提高财政收入的比重，必须在加快经济结构调整步伐的同时，在加强征管、提高征管效率上下功夫。有专家分析，1994年我国的税收征管效率只有50%，目前已经提高到了70%，提高了20多个百分点，但是与西方发达国家相比，还有不小的差距，如美国的征管效率达到了85%。这说明目前加强征管的潜力还是很大的。最后，要提高税收收入占财政收入的比重。前几年山东税收占财政收入的比重一直在75%左右，2007年达到了78.1%，今年一季度达到79.8%，比前几年提高三四个百分点，这是非常不容易的。去年非税收入占财政收入的比重全国平均为18.3%，而我省是21.9%，高出全国平均水平3.6个百分点，有些县非税收入比重甚至达到50%～60%，财政的调控能力和公共服务能力明显不强。今后改革的主要思路是要正税清费，突出税收的地位，弱化收费的作用。通过增加税收规模，不断提高税收的比重，切实把经济发展的成果通过税收体现到财政上来。

需要明确的是，提高税收占财政收入的比重，关键在于增加税收。一些地方为了提高这个比重，把该纳入预算管理的非税收入游离于预算之外，这也是不应该的。由于非税收入项目的涉及面较广，应根据不同情况进行区别对待。一方面，对不符合市场经济发展要求的收费项目要进行清理，该由财政保障的要足额保证。如工商系统作为执法部门，不应再靠征收市场管理费、个体工商户管理费来解决自己的经费问题，这不利于市场经济的健康发展，也影响政府的形象。还有一些收入规模小、管理成本大的零星收费项目，随着财政保障能力的不断增强也应考虑取消，这样既不影响总体收入规模，还能产生良好的社会效果。另一方面，对一些调控作用明显、有利于地方经济社会健康发展的收费项目，有些要通过费改税，如养路费改为燃油税、排污费改为环境保护税，使其作用得到进一步的强化。对一些不能实行费改税而又必须保留的收费项目要切实加强管理，特别是要不断加强资源收入的征管。去年我省资源性收入占非税收入的比重达到了49%，这一比例还应不断提高，使其更好地发挥保护资源、增加财政收入的双重作用。

（四）构建以人为本、民生优先的公共财政支出体系。要不断调整财政支出结构，把更多的资金投入到公共领域，提供更多的公共产品和公共服务，努力推动中央提出的“学有所教、劳有所得、病有所医、老有所养、住有所居”目标的实现。当前及今后一个阶段公共财政支出的重点，就是要增加教育、医疗卫生、社会保障、就业再就业、廉租住房、“三农”以及基础设施等方面的投入。目前山东财政用于民生方面的支出粗略地统计达到60%～70%，省级财政2008年安排的重点项目支出中，与民生直接有关的农业、教育、医疗卫生、社会保障、文化体育与生态环境等，占整个重点预算项目支出的77%。虽然公共性支出所占的比重较大，但由于受财力的限制，还有很多应该保障的还没有得到有效的保障，已经保障的目前还处于低水平、广覆盖的阶段。如一些地方的环保经费仍然靠排污费来解决，既挤占了环境保护投入，也不符合国家规定。农村新型合作医疗政府的补助标准今年只有人均60元，农民收入低于农村低保标准政府给予的差额补助部分去年全省平均只有40多元，与农民的实际需要相比还有很大的差距。村村通柏油路工程虽然覆盖率已经达到92%以上，但是农村公路的后续维护资金则是一个迫切需要解决的问题。廉租住房建设资金不足的矛盾也非常突出，建设部门统计近几年全省每年按规划测算，需要廉租住房建设资金7亿元左右，而去年是我省近几年投入最大的一年也仅有2.4亿元。这些问题都是与人民群众利益密切相关的，是公共财政应当力保的。今后随着财力的增加，要进一步完善民生保障体系，使民生保障水平不断得到巩固、提高和加强。

需要强调的是，在不断增加民生投入的同时，应当把握好以下几点：一要坚持量力而行。制定和出台涉及民生问题的政策，既要做到尽力而为，又要考虑到基层的可操作性。这几年中央出台的民生政策很多且较集中，基层财政的压力很大，如果出台的政策因超过财力可能而落实不了，就会影响政府的威望。二要防止包揽一切。过去在计划经济向市场经济转轨的过程中，许多应该由政府承担的民生责任交给市场去解决，这是不应该的。但如果从一个极端走向另一个极端，把所有的民生事项全部由政府来解决，这也是不正确的。财政应该关注民生、改善民生、保障民生，但不能包揽民生。不少的民生问题是典型的私人物品，应该依靠市场机制来解决，政府的责任主要是消除负的外部效应。三要谨防福利陷阱。现在西欧、北欧一些福利性的国家不少已经陷入高福利、高税收的恶性循环，矛盾越来越突出，这种教训也是应该汲取的。现阶段我国应当将社会福利定位在满足社会居民基本公共服务需要上，一味地强调提高福利水平不仅现有财力状况承受不了，同时也会影响到社会分配的公正性，在一定程度上降低劳动者参与社会经济活动的积极性。

（五）构建公平合理、科学规范的收入分配制度体系。收入分配涉及各个方面的利益，是构建和谐社会的关键所在。调节收入分配是公共财政的重要职能。市场经济越发展，政府调节收入分配的意义就越重要。现在所有的社会矛盾大都与利益有关、与分配不公有关，加快研究和解决收入分配领域中存在的问题，是当前财政改革的一项重要任务。目前来看，我国不论是初次分配还是再分配，都存在一定的问题。在初次分配环节，突出的问题是企业效益大幅度增加，但是职工的收入增长缓慢。如山东省2006年全省规模以上工业企业实现利润2 632个亿，分别比广东、江苏、浙江省多674.3亿、730.8亿和1 308亿元，但从劳动者的报酬来看，山东城镇在岗职工年平均工资只有19 228元，比全国的平均水平低1 700多元，在全国列第12位。再从企业缴纳的职工养老保险看，2007年山东省为297亿元，分别比广东、江苏、浙江省少226.8亿、109亿和2.6亿元。由此可以看出，山东工业企业实现利润比较多，在一定程度上是靠低工资、低保险实现的。实现利润多虽然对财政特别是中央财政的贡献大（所得税60%归中央），但职工收入上不去就会影响其生产和工作的积极性，长远看也不利于消费和财政收入的增长。收入分配领域的突出问题还表现在居民之间、行业之间、地区之间、城乡之间收入分配的差距越来越大。以行业差距为例，目前我国的垄断行业，如电力、石化、烟草、金融等行业的平均工资水平都大大高于其他行业，甚至有些企业出现了高管人员的天价薪酬现象。我国人均收入的全球排名在104位，只相当于美国的1/25，日本的1/21，世界平均水平的1/4，而这些行业凭借自身的垄断性获取过高的收入明显带有不合理性。从再分配环节来看，目前我国的社会保障制度、税收制度、转移支付制度等都还有缺陷，其调节分配的功能尚未充分发挥出来。

需要说明的是，从初次分配和再分配的关系来看，初次分配是国民收入分配的主体，由于初次分配的不公造成的收入差距过大，仅仅依靠再分配的手段来弥补是难以做到的，也是力不从心的。因此，我们设计改革思路时，必须要把握好两者的关系。具体来讲，就是要按照中央初次分配和再分配都要处理好效率和公平的关系、再分配更加注重公平的要求，一方面通过制定企业的工资指导线、建立正常的工资增长和支付保障机制、加强国有资本收入管理、加强垄断行业监管等办法，合理地规范国家与企业、个人之间的利益分配关系，逐步提高居民收入在国民收入分配中的比重，劳动者报酬在初次分配中的比重。另一方面，在再分配中不断完善财税调控机制，通过制定科学合理的社会保障制度、税收制度、转移支付制度等，合理调节居民之间、城乡之间、地区之间的收入分配差距，努力维护社会公平和社会稳定。

（六）构建公开透明、约束有力的公共财政管理体系。公平透明是民主理财、依法理财的基本要求，也是公共财政的重要特征。现在社会各界对财政的关注度越来越高，要求财政公开透明的呼声也越来越强烈。今年两会后经济观察报发表了一篇评论员文章，对政府预算报告的公开透明性提出了质疑，认为如果预算报告真正是透明的，则可以在很大程度上使形象工程、政绩工程以及数额巨大的公款消费无处藏身。虽然他的这种提法未必能够真正解决问题，但是提出了预算要进一步公开透明的要求，表达出了要求看到更详细预算文本的迫切心声，体现出了社会公众对财政工作的关心，对于我们强化社会责任、改善财政管理是很有益的。

随着社会的发展，政府的整个预算草案逐步公开是个大趋势。现在纳税人的监督意识在不断增强，对财政的公开性、公平性的要求也越来越高，他们有权利知道自己缴的税收是否得到了合理的使用。但是目前预算管理要达到真正的公开透明还有许多需要解决的问题。一是信息不全面。虽然各级给人代会的报告中也报告预算外资金这一块，但只限于收支总额，没有具体到部门和项目。二是信息不具体。财政公开发布的数据通常都是基本情况，而且发布的面也不够广，明细的资料普通公众是看不到的。三是审查时间短。按照目前的法律规定，由人大代表行使对预算草案的监督权和审批权，但由于人代会期间，预算审查时间不多，而且大多数代表又没有相关的专业知识，很难有针对性地提出意见和建议。比较而言，西方国家的议会60%的时间是用在审查预算上，议会对政府制约的主要机制就是控制预算。我们可以经常看到西方国家议会就预算问题所展开的激烈辩论，以及因预算通不过政府的一些非特殊领域部门关门的报道。这种硬性的、非常有序的财政约束机制，有利于实现政府资金的合理分配。公共财政的公共性不仅是指公共需要，而且预算的决策和执行也应该是公共的，也就是民主透明的。因此，我们应该积极创造条件，从制度方面深入研究和改革，走民生财政、民主财政、阳光财政的路子，逐步建立公开透明、约束有力、执行严密的公共财政体系，这不仅有助于依法理财、民主理财，也有助于推进政治文明建设。

二、积极推进税制改革，强化税收的调节功能

改革税收制度，对于科学发展至关重要。现行的税制主要是1994年分税制改革时设计的，当时税制设计更多地考虑了增收方面的因素。在这之前财政收入占GDP的比重不断地下滑，中央财政收入占全国财政收入的比重比较低，形成了中央财政向地方借钱的格局，中央的权威受到很大的影响。现在中央财政收入占全国财政收入的比重提高了，这几年一直在55%左右，也完全有能力、有实力进一步改革税收制度。尤其是现行税制赖以生存的社会经济环境发生了很大变化，税收的调节功能尚未完全发挥到位，许多方面已不适应新形势、新任务发展的要求，进一步深化改革、加快改革十分必要。

实际上，新一轮税制改革已经开始全面启动。先是前几年取消了农业税、农业特产税，继而又不断地调整消费税、出口退税，去年还调整了个人所得税，统一内外资企业所得税制度也从今年开始实施，城镇土地使用税、车船使用税、耕地占用税等也都重新进行了调整。新一轮税制改革的特点，不仅体现了重点照顾弱势产业和中低收入者的政策意图，而且更加注重税收的公平性，更加注重发挥税收的调节功能。今后一个时期，正在准备调整和需要进一步研究改革的税种，归纳起来主要有以下几个方面：

*（一）在促进投资和技术进步方面，重点是改革增值税，将生产型增值税逐步转变为消费型增值税。*从全国来看，增值税是第一大税种。2007年全国增值税占全部税收的比重为30.4%，山东是22.3%。所得税改革以后，增值税改革是下一步改革的重点。从2004年开始，国家先是在东北地区进行了试点，2007年7月份又在中部地区6个省26个老工业基地城市的8个行业开展试点，目的就是鼓励试点的企业开展设备更新和技术改造，推动产业结构调整和产品更新换代。当前增值税转型在技术上已经没有问题，之所以没有在全国尽快推开，也不仅仅是财政减收问题，主要还是考虑流动性过剩的压力。由于增值税转型扩大了抵扣范围是一个减税政策，再加上企业所得税内外资企业两税合并，内资企业由33%的税率改为内外资企业统一实行25%的税率，这两项政策如果同时实施估计会向企业让利达2 500亿元，而2007年国有企业税后利润近1.5万亿元，如果马上搞增值税转型，可能会使流动性过剩的压力更大。随着宏观经济环境的变化和流动性过剩问题的解决，作为促进投资和技术进步的重要手段，增值税转型改革的进程应当加快。中央已经开始研究制定在全国实施的方案，近年出台的可能性比较大，各方面都应做好充分准备。

*（二）在调节收入分配和存量财产方面，重点是完善个人收入所得税，研究开征物业税。*个人所得税是调节收入分配的一个重要税种。今后的改革方向应该是，一方面改进累进级差的设计。现在我国实行的是9级超额累进税率，最高税率是45%，应逐步减少级差，着力保护中等收入以下人群的利益，加大对高收入群体的有效调节。统计表明，我国工薪收入占总收入的1/3左右，但个人所得税中工薪所得税占的比重是45%以上，这就意味着工薪阶层税负还是重了一些。目前虽然起征点已经由1 600元提高到了2 000元，但与通货膨胀的新形势和人均收入水平相比仍然偏低，应进一步提高个人所得税的起征点。另一方面，实行分类与综合相结合的个人所得税制度。现在我国实行的是分类的所得税制度，没有考虑收入者的家庭负担状况，养活一个人与养活一家几口人的收入承担的税负都是一样的，应该逐步建立以家庭为申报主体的综合所得税制度，并考虑纳税人的家庭支出状况，比如将教育费、医疗支出等等进行扣除。当然现在要做到这一点很难，但应积极创造条件逐步向这一方向改进。

财产税是各个国家普遍开征的一个地方税种，是政府调节个人存量财产的重要杠杆。我国目前没有真正意义上的财产税，现有的房产税、城市房地产税尽管在名义上可以归为财产税，但是设定的纳税人并非着眼于个人。2003年10月党的十六届三中全会正式提出开征物业税。物业税实际上就是房产税，即将原来的房地产税、城市房地产税、城镇土地使用费等合并在一起，并且相应地取消有关收费。我国目前选择了10个城市分两批进行模拟试点，但物业税在设计层面和技术操作上还有许多问题没有

完全解决。美国是第一套房不征税，西方许多国家税率都是在1%上下，并且是让物业所有者逐年缴纳物业税。我国不少人认为还是以面积来计算比较好，有关方面传达的信息是税率初步设定在0.5%。现在是地方政府一次性收取土地出让金，实际上相当于提前预征了70年的房地产税。物业税设计是否将土地出让金纳入征税范围，房地产、金融和税务部门如何做到信息共享，房产的价值怎么进行评估等等都需要认真研究探索。从现实需要来看，财产税改革非常迫切，也不断有舆论认为物业税应该尽早地出台，以抑制不断攀升的房价。在西方国家，物业税是地方财政的一个主要税种，所占比重一般在30%~50%。因此，要抓紧研究解决开征物业税的一些瓶颈问题，加快物业税改革的进程。

（三）*在节约资源和保护环境方面，重点是改进资源税，择机出台燃油税，研究开征环保税*。资源税改革对于加快发展方式转变、加强宏观调控、建设资源节约型和环境友好型社会具有重要的作用。据了解，资源税改革方案目前已基本确定，对燃油、天然气、煤炭等资源改变计征方法，由原来的从量计征改为从价计征，并将地热、矿泉水等水资源纳入资源税的征收范围，同时提高税额征收标准，目标税率可能确定为10%，分年度逐步改革到位。资源税改革的方案原定2008年出台，但由于目前价格始终在高位运行，通货膨胀的压力比较大，政策出台可能会择机而定。我个人认为，资源税改革从短期看可能会引起价格上涨，但从中长期看价格主要还是取决于市场供求关系，价格上涨会减少对资源的需求量，起到抑制不合理需求、平抑物价的作用。因此，应加快资源税改革步伐，尽快改变我国资源税标准偏低、资源浪费严重的局面。

燃油税已列入"十一五"税制改革计划。开征燃油税不仅是为了规范养路费、解决税费转换的问题，更重要的是从资源节约方面考虑，发挥燃油税对燃油消费的调控作用。燃油税的改革可以说我们错过了非常好的机会，2000年原油价格在25美元时大家都认为应该开征燃油税了，但有关方面考虑价格还是太高而没有适时推出，然后成品油价格一路上涨，机会始终没有到来。去年在节能减排的新形势下，燃油税改革又被提到重要议事日程，但国际油价已经达到了每桶140美元以上，开征的难度越来越大。目前美国燃油税占油价的比重约为30%多，而日本、德国、法国、中国香港等许多国家和地区油价中的一大半甚至2/3是燃油税。我国燃油中不含消费税、油价比国际市场价格低很多，这种状况与石油资源紧缺的新形势相比显然是不可持续的，同时国内油价偏低说明开征燃油税尚存在一定的操作空间，应抓住有利时机，及时推进这项改革。

环境保护税是西方国家较为普遍开征的一个税种。从国际经验看，环保领域的政府支出一般都有固定的收入来源，我国现在靠排污费是远远不够的，环保支出中很大一部分靠的是一般税收。未来用于环保的支出还会不断地加大，这就需要研究开征环境保护税，为环保支出提供稳定的资金来源。更重要的是通过开征环境保护税，从制度设计上起到保护环境的作用。据有关资料介绍，太湖蓝藻事件治理要达到20世纪80年代的水平，需要相当于三个三峡工程的投入，也就是五六千亿元的投资。这一方面说明当前我国的环境治理面临着巨大的资金压力，另一方面说明环境保护制度的缺失，使得企业缺乏节能减排的思想意识和内在动力。因此，开征环境保护税已经成为我国改善环境治理的迫切需要和必然选择。

（四）*在公平税收负担、实行国民待遇方面，重点是在巩固完善已有改革成果的基础上，研究城建税的内外资统一问题*。我国在统一各类企业税收制度方面已经迈出重大的步伐，目前统一了企业所得税、车船税、土地使用税、耕地占用税等税种，这一改革的意义不仅仅在于调整了标准，更重要的是统一了内外资企业税收的制度，解决了多年来内外有别、国民待遇不平等的问题。这些改革都是近一两年完成的，实施过程中难免会有这样那样的问题，特别是企业所得税的统一今年刚刚实施，对实施过程中出现的问题应密切关注，不断加以修改和完善。比如，这次所得税改革实行法人纳税办法，不具备法人资格的营业机构应实行法人汇总纳税制度，这就打破了原有的利益分配格局。尽管国家已经出台了跨省总分机构企业所得税分配办法，但在具体操作过程中仍面临不少的矛盾和问题。妥善处理好总部和分支机构税收分配及地区间税源转移问题，有利于保证所得税改革的顺利实施。

城建税的内外统一应作为今后改革的重点。我国1985年、1986年分别开征了城建税和教育费附加，但对外资企业不征收。改革开放之初不征收是为了吸引外资，现在所得税这个主体税种都统一了，城建税也应该统一。外资企业与内资企业同样享受城市公共设施和教育设施，理应承担缴纳城建税和教育费附加的义务，这有利于平衡内外资企业的税费负担，有利于创造公平竞争的环境和统一大市场的形成。

此外，还要进一步完善消费税制度，研究开征社会保障税，逐步统一城乡税制。现在地方税体系缺乏主体税种，税种的规模也比较小。资源税、财产税等税种的改革有利于完善地方税制体系，也有利于增强地方政府提供公共服务的能力。同时，地方税制改革还应考虑如何下放税收立法权的问题。目前我国税收的立法权高度集中，地方政府几乎没有立法的权限。从长远看，在不影响中央宏观调控、不挤占中央税基、不妨碍周边地区发展的前提下，应将一些区域性较强的地方税种下放地方管理，由地方决定是否开征或者减免，发挥好地方税收对地方经济发展的调节作用。

三、深化预算制度改革，切实提高预算管理效率

深化预算制度改革，强化预算管理和监督，既是公共财政建设的一项重要内容，也是当前财政改革的一项重要任务。我国在经历了 1994 年分税制改革以后，从 1998 年开始推行了侧重于财政支出的预算管理制度改革，包括部门预算、国库集中支付、政府采购、收支两条线、政府收支分类等方面。目前改革的总体框架和基本思路已经形成，今后继续深化预算制度改革，主要应从以下四个方面进一步巩固、完善和提高。

（一）*在完善预算编制体系方面，重点是建立健全由公共财政预算、国有资本经营预算和社会保障预算组成的财政预算体系。*公共财政预算是与公共财政相对应的概念，包括政府一般预算、基金预算和预算外资金三个部分。现在公共财政预算管理中的主要问题是三个部分相对独立，其中基金预算收入和预算外资金大都有专门的用途，资金分配的权利分散到有关部门，政府难以统筹安排，不利于集中财力办大事。今后改革的重点应是编制综合财政预算，将部门所有的收入，不论是一般预算收入、基金预算收入还是预算外资金，全都在一个账簿上反映出来，以便统筹安排政府的收入，提高政府的调控能力。

国有资本经营预算是国家以所有者身份对国有资本实行存量调整和增量分配而发生的各项收支预算，是政府预算的一个重要组成部分。1994 年分税制改革时国务院规定，国有企业要上缴一部分利润，国家可以所有者的身份参与企业利润分红，但考虑当时国有企业经营比较困难，这一政策规定没有兑现。随着近年来企业利润的大幅度增长，再加上企业所得税税率下调，使企业税后利润进一步增加，适当集中一部分不会对企业发展造成很大的影响，试行国有资本经营预算的时机和条件已经成熟。2007 年 9 月，国务院正式下发了《关于试行国有资本经营预算的意见》，启动了中央级的国有资本经营预算试点工作，我省也从今年开始试行国有资本经营预算，其中省属企业收取的比例大约是税后利润的 10% 左右。需要特别指出的是，建立国有资本经营预算不仅是把国有资本的运营状况反映到财政预算收支中来，更重要的是要结合编制国有资本经营预算，深入地研究和确定国有资本的进退问题，解决国有企业发展中的体制性、机制性矛盾，推进国有企业改革、国有企业布局和经济结构的调整。

社会保障预算是指政府为实现社会保障目标，依据有关法律法规筹集和分配社会保障资金的基本收支计划，它直接体现了收入公平分配、稳定社会经济、发挥国家预算整体调控功效的职能。目前社保资金征收还没有完全到位，恶意骗取社保资金、违规使用社保资金等问题也时有发生。2006 年以前我国各地基本上都未编制社会保障基金预算，上海社保案发生后国家对社保资金的监管开始高度重视，社会保障预算的编制工作也明显加速。山东从 2007 年开始启动社会保障预算编制的试点工作，今年要求全省所有的社会保障基金收支单位均要编制该项预算。2007 年全省各类社会保障基金当年收入达到 617.8 亿元，今后随着经济的发展、制度的完善和社会保障预算的全面建立，预计社保基金收入还会有较大的增加。由于社保资金管理关系千家万户、承担着重大的社会责任，我们不仅要通过加强社保资金收支管理确保资金安全，又要通过编制和执行预算及时发现存在的问题，不断完善政策措施，更好地发挥社保基金的作用。

（二）*在细化预算编制方面，重点是提高预算编制的完整性、准确性和科学性，解决外行看不懂、内行说不清的问题。*编制规范的部门预算是建设公共财政的内在要求，也是加强财政管理的重要手段。目前虽然各级财政都编制了部门预算，但是总体上讲预算编制还比较粗、管理还不够规范。比如，应该从部门预算当中反映出部门的所有收支，但是由于预算外收入还没有完全纳入预算管理，预算编制就显得很不完整；应该从部门预算当中看出部门的所有资金去向，但是现在仍然还不够具体，有些资金没有进一步细化到具体项目；编制部门预算的一项重大改革内容是实行零基预算，但现在很多预算项目包括基本建设支出项目，仍然采取基数加增长的编制方式。这些都需要在今后的改革中不断加以改进和完善，进一步提高预算的编制和管理水平。

随着政府收支分类改革的实施，政府预算的科学性有了很大的提高，原有的预算科目都是按经费性质（如基本建设经费、行政费、事业费）进行分类的，相同功能的支出分散在各科目中，形不成完整的概念。比如说教育方面，用于教育的基本建设和职业教育投入都不在教育的科目中列支，现在都可以在教育的科目下反映出来，究竟教育投资有多少，干了哪些事，一目了然。这样可以有效地解决外行看不懂、内行说不清的问题。这项改革在经历了 2007 年的平稳转换以后，以后就开始按新的科目编制预算。今后还应不断完善收支科目，改进分类方式。比如说对企业的亏损

补贴，虽然现在有很大一部分改为直接列支，但仍有一部分作为冲减财政收入并以退库的方式来解决，这种方式让人费解、弄不明白，也不公开透明，不利于加强社会监督。

（三）*在预算资金使用方面，重点是提高资金的安全性、规范性和有效性，充分发挥资金的使用效益。*国库集中支付改革是确保财政资金安全性、规范性和有效性的一项重大举措。国库集中支付通过将资金直接支付到商品劳务供应商和用款单位，减少了很多的中间环节，可以提高资金的运行效率，防止资金被滞留和挤占挪用。现在的主要问题是集中支付资金的规模不够大，范围也比较窄，县区的改革还不够快。今后要进一步拓展省、市级国库支付的资金范围，能实现集中支付的要全部实行集中支付，并逐步扩大到政府性基金和预算外资金，并且将改革向乡镇延伸。按照财政部的要求，到2012年以前，要将所有的财政资金都纳入改革的范围。

“收支两条线”改革是规范财政管理、提高资金使用效益的一项有效途径。这几年通过实行收支分离、罚缴分离、票款分离的办法，基本可以做到开票的不见钱、见钱的不管钱、管钱的不用钱，管理在逐步规范。省级从今年开始将预算内资金、财政专户资金实行综合预算管理，财政专户资金在批复预算、资金拨付等多个环节，与预算内资金一样下达指标性文件，改变了过去部门申请、专户核拨、随意性比较大的管理方式。今后改革的重点是要结合编制综合预算，建立全口径的预算管理制度，实现真正意义的收支脱钩。全国人大财经委在今年两会上建议在2011年前，将非税收入全部纳入预算管理，有的纳入一般预算，实行收支统筹安排，有的要纳入基金预算，实行以收定支和专款专用。

政府采购具有节约财政资金和引导经济发展的双重功能。从改革的效果来看，政府采购在节约资金方面作用非常大，2007年全国政府采购规模超过了4 000亿元，节支率为10%左右，山东省是290亿元，节支率为15%。但是在引导产业发展、扶持自主创新方面，政府采购的作用尚未充分发挥出来。从改革的方向来看，今后应从深度和广度上进一步推进政府采购改革。从广度上来讲，要扩大政府采购范围，做到法律范围内的项目应采尽采，并强化政府采购的预算约束。国际上政府采购占财政总支出的比重一般在30%左右，而我国只有12.8%，资金节约的潜力大得很。同时要进一步完善相关的制度，规范政府采购操作程序。从深度上来讲，就是要发挥政府采购的政策功能，这是财政资金实行政府采购有效性的重要体现。如国务院办公厅去年发布了强制采购节能产品的通知，财政部也公布了新的节能产品采购清单，如果各级都能按照这一思路组织实施政府采购，对推动节能减排、自主创新、结构调整都会发挥重要的作用。

（四）*在预算管理方面，重点是研究解决一些多年来没有解决好的难题，切实把预算管理水平提高到一个新的高度。*提高部门预算编制的到位率问题。由于存在着预算编制和项目计划编制及审批不同步的问题，目前在预算编制时实行预留资金的做法。但问题在于一些有资金分配权的部门年初安排预算预留资金太多，一些发展类的专项资金更是存在着年初预算不到具体项目、到位率低的问题，这是造成部门预算不完整、预算编制较粗的重要原因。今后有预算分配权的部门，应严格执行年初预算预留比例的规定，做到按预算编制时间和要求同步编制投资计划或者项目实施计划，逐步提高预算资金的到位率。省厅从今年开始，要求当年编制下一年预算时，要提前组织下一年项目实施计划，落实到具体单位和项目的资金比例不低于40%，以后年度在总结经验的基础上不断提高。

提高预算执行的效率和水平问题。如果将预算编制视为政府和财政的决策过程，那么预算执行就是将这一系列决策付诸实践的过程。预算执行的效率，直接反映了一个国家和地区的财政管理水平。目前财政的预算执行正在逐渐走上规范、科学的轨道，但预算执行效率如何仍然是一个值得重点研究解决的大问题。虽然多年来一直强调要按时间进度均衡拨款，预算进度总体上比前几年也有了很大的改进，但执行中前松后紧的问题始终没有得到有效的解决，一般是上半年的支出进度较慢，下半年主要集中在十一、十二月份，到了基层只能结转到下年使用，当年的资金不能充分发挥效益。财政资金拨出后使用效果怎样，财政部门也不能全面了解和掌握，重分配、轻管理的问题依然存在。今后要采取切实有效的措施，提高预算执行效率和管理水平。绩效评价就是一个解决预算执行前松后紧、加强财政管理的重要手段。如果年初安排的专款到年底才拨付到项目上，无论如何不能说这项资金的使用绩效是好的。要充分发挥绩效考评对预算编制和资金分配的激励作用，并且把绩效考评的结果作为下一年度预算安排的重要依据，促使部门单位加快项目筛选和资金拨付进度，切实提高资金的使用效益。

合理安排使用财政超收收入问题。这些年社会各界对财政超收收入使用的质疑比较多，去年全国财政比年度预算超收了7 239亿元，其中中央财政超收4 168亿元，占58%左右。按照《预算法》和《预算法实施条例》规定，超收收入的安排使用由政府自行决定，只需将执行的结果报人大，不具有强制性。社会质疑的重点、焦点也就在于超收收入的使用脱离了人大的监督。今后应改进超收收入的使用办法，逐步将当年超收收入转到下年的预算安排使用。我个人认为应注意以下几点：第一，要科学安排预算，尽可能地少超收。据有关方面统计，2000～2005年全国财政收入的实际增长一直是财政收入计划增长的一倍左右，这说明预算安排是缺乏科学性的。近几年，省财政很注意改进这个问题，年初把收入计划打得较满，年底超收数量有限，矛盾不怎么突出。第二，要提前做好超收预案。财政部门过去有句老话叫做“八月十五放光明”，也就是说到了这个时候一年的收成多少大体上能够定下来，要及早向人大报告并调整预算，及时作出合理安排。第三，原则上超收要转到以后年度使用。中央财政已经从2008年开始将一部分超收收入，先转入中央预算调节基金，然后再转到下一年安排使用。地方财政也应当注意研究探索和改进，这样有利于规范预算管理，有利于提高预算的透明度，提高依法理财的水平，更有利于人大和社会的监督。

四、合理划分事权，健全财力与事权相匹配的财政体制

合理划分事权，努力做到财力与事权相匹配，是更好地履行公共财政职能的需要。全国人大财经委在今年年初审查财政预算报告时，明确提出2008年要制订出财力与事权相匹配的初步方案。从当前财政实际来看，要真正实现这个目标需要一个长期的过程，必须在明确改革方向的前提下，积极探索建立符合我国国情的财力与事权相适应的财政体制。应重点研究解决好以下几个问题：

（一）合理划分各级政府的事权。判断一种体制是否合理，关键是要看中央与地方事权配置是否合理。从国内外经验来看，划分事权主要应遵循三个原则：一是受益范围原则。即属于全国范围内公共受益的事务由中央政府承担，属于地方和局部受益的事务由相应地方政府承担。在现实中，尽管有些公共产品可以明确地划分为中央政府的职责或者地方政府的职责，如国防、外交、国家安全等毫无疑问属全国性公共产品，但是大部分的公共产品、公共服务是由中央和地方共同承担的，只是分担的程度不同。如义务教育、生态环境、文化卫生、就业再就业、社会保障等等，它既有外部性和受益范围的广泛性，又有区域性特征，应该由中央和地方政府共同负责。二是效率原则。即哪一级政府处理行政效率最高，事权就归哪一级政府。要把有利于降低行政成本、更适合地方管理的事权下放给地方管理，并给予相应的财力，做到事权与财力、责任与权利相统一。像目前村干部的工资、村级政权组织建设等也要靠中央转移支付来解决，这种过长的拨款程序和管理链条，从效率上来讲是不合理的。三是法律原则。即事权的划分和调整都应通过法律程序，保证相对的稳定。目前我国还没有一部专门划分中央和地方职责的法律，事权的划分变动随意性比较大。分税制改革以后，一方面中央往下放了很多的事权，包括部分高校、中央企业以及中央企业分离出来的一些社会事业，甚至包括一些国防和外交事务等等；另一方面财权又是上收的。比如农业税、农业特产税取消以后，中央对不同的地区给予不同的补助，对东部地区只给补50%～60%，而在原体制设计里是地方的固定收入。所得税原来也是地方的固定收入，后来也改成了共享税，中央分享60%、地方分享40%。事权与财权的随意调整，不仅会给地方带来额外的财政压力，而且不利于各级政府间关系的规范。

（二）在划分事权的基础上尽可能做到事权与财力相匹配。过去在讲财政体制的时候，大家普遍讲到的一句话就是“建立财权与事权相匹配的财政体制”，从理论上讲没有人怀疑这句话的科学性，但是在现实中是难以实现的。因为财权在不同级次政府之间的划分绝不仅仅是一个数学问题，它的复杂程度也不是靠一种精确的数学方法能够解决的。“财力”与“财权”的内涵完全是不一样的。财力说白了就是有多少钱，财权是指一级政府筹集和支配收入的权力，事权是一级政府承担的事务和责任。要让一级政府完成它所承担的事权，就要给它筹集和支配资金的权力，就是事权与财权应该统一。但我国由于东中西部地区发展很不平衡，一些欠发达地区即使拥有全部筹资的权力，也仍然满足不了事权的需要。在这种情况下，上级财政可以给予财力补助，所以讲财力与事权相匹配就更现实一点。要做到财力与事权相匹配，可以有以下几个途径：首先是增加地方税种，健全地方税收体系，进一步提高地方税收占财政收入的比重，不断增强地方政府履行公共职责的能力。其次是完善共享税。现在共享税的比重过大，都不像是分税制了。有专家统计，共享税占全国税收的比重已经由1994年改革初期的55%上升到2005年的85.14%，由此形成了一个小地方税、大转移支付的格局。今后应通过调整税收分享比例，增加地方财力。第三，在收入合理划分后仍不能满足事权需要的，上级财政应当通过增加转移支付的办法弥补地方财力缺口，使之尽可能地做到财力与事权相适应。

（三）在事权难以全部划清的情况下，争取在关系民生的若干重大领域支出责任划分上取得重大进展。我国是一个集中统一管理的国家，政府的层级又比较多，而且现阶段仍处在新旧体制的交替时期，政府间事权的

划分很难准确界定。在这种情况下，可以先将关系民生的重大支出责任作为突破口，逐项加以解决。如农村义务教育，过去一直强调是以县为主，县乡的大部分财力都用在了义务教育方面。有调查表明，农村税费改革之前义务教育经费78%由乡镇负担，9%左右由县承担，省里承担11%，而中央财政负担不足2%。2006年中央明确提出义务教育经费由各级政府共同分担，中央对山东的分担比例是40%，对中、西部地区承担的比例分别是60%、80%，财力与事权划分比较清晰。再如今年中央出台的博物馆、纪念馆免费开放政策，也遵循财力与事权相匹配的原则建立了经费分担机制。中央级的博物馆、纪念馆属于全国性的公共产品，免费开放所需的经费全部由中央财政承担；地方所属的博物馆、纪念馆作为区域性公共产品具有较强的外溢效应，免费开放的对象不仅是本地也包括外地参观的居民，免费开放所需的经费由中央和地方财政共同承担。从事权和财力划分上看，这样安排是合理的。其他公共产品和公共服务，也可以参照类似的方法一项一项地确认，并根据各地经济发展水平确定各级政府的分担比例。在此基础上，待条件成熟后，本着效率优先的原则，将更适合地方管理的如农村义务教育、新型农村合作医疗、城市医保、农村救助等，连事权与财力一并下放地方管理。这是今后有可能实行且具有可操作性的一种比较好的思路。

事权与财力的划分，实质上是一个权力分配的问题，也是困扰财政体制改革的一大难题。财政体制的确定不仅取决于一个国家和地区的政治体制，也与其经济、历史、地理、文化等因素息息相关，必须进行统筹考虑。同时，事权与财力的划分，必须是相辅相成的，不能顾此失彼，造成事权与财力的脱节。我国目前的现状是，中央集中的财力已经达到了55%左右，地方财政收入比例则下降到45%左右，而地方承担的事务有人统计则由40%上升到75%左右，财力与事权严重地不对等。现在仍有一部分专家建议进一步集中中央财力，认为西方国家集中的比例都比较高。我认为研究这个问题，还是应该从我国国情的实际出发。中央调控的任务很重，集中一定的财力是必要的。如5·12汶川大地震，如果中央集中的财力不足，资金不能及时到位，可能会使救灾工作无法迅速展开。但集中多少必须与事权的划分相适应，不同的国家事权的划分是不一样的。如一些发达国家的社会保障职能全部由中央政府负担，而我国的社会保障职能目前主要由地方政府承担。因此，不能一味地参照西方国家的做法提高中央财政的集中度。在财政体制改革问题上，应该以十七大报告提出的统筹中央和地方关系、调动各方面的积极性为基本原则。既要确保上级集中必要的财力，用于宏观调控、实现政府意图，又要考虑基层的积极性和资源配置效率，使地方有能力履行提供公共产品、公共服务的职责，使各级政府的职能作用都得以充分的发挥。

五、规范转移支付制度，促进基本公共服务均等化

实现基本公共服务均等化，是建设公共财政的基本目标。当前基本公共服务供给的不均衡，与地区间财力水平的过大差异有直接的关系。因此，加快形成统一规范的转移支付制度，扩大一般性转移支付规模，保障各地区基本公共服务支出的需要，是实现这一目标的前提和基础。

（一）转移支付是促进基本公共服务均等化的重要手段。从理论上讲，一个国家的公民无论居住在哪个地区都有平等享受国家最低标准基本公共服务的权利。而所谓促进基本公共服务均等化就是要逐步使全体公民在基本公共服务方面的权利得到基本的实现和切实保护，特别是要使困难地区和困难群众享受到社会平均水平的基本公共服务。人们常说，一方水土养一方人，但许多地方是一方水土养不富一方人。由于受经济发展、环境资源、财力状况等多种因素的影响，现在不同地区的政府提供公共服务的能力还存在很大差距，不同地方的公民享受的公共服务水平还很不均衡。比如基础设施建设方面，城市比农村要好得多；工资待遇方面，同是国家公务员工资待遇差距却很大，东部要比西部地区工资待遇高得多。在这种情况下，要实现基本公共服务均等化，除了落后地区加快自身的发展以外，加大转移支付力度是非常重要的手段。

需要指出的是，对基本公共服务差距，在认识方面应注意以下几个问题：一是由于不同地区发展水平不一样，彼此之间适当存在一些差距是在所难免的。基本公共服务均等化并不是要绝对的平均化，绝对的平均化既不公平也没有效率，是搞不好也是不可能搞的，关键是要将差距控制在合理的范围之内。二是在经济发展水平差距很大的情况下，财政转移支付制度在促进基本公共服务均等化方面只能起到一定的缓解作用，而不可能完全弥补由于经济发展水平差距而造成的基本公共服务的差距。三是推进基本公共服务均等化需要一个过程。西方实行基本公共服务均等化是在实现工业化和人均GDP达到3 000美元之后，我国目前人均GDP只有2 460美元。在这种情况下，只能根据自己的财力状况逐步实现均等化的目标。

（二）完善转移支付制度需要把握的原则。推进基本公共服务均等化和主体功能区建设，是今后进一步完善转移支付制度的基本要求。具体来讲，要把握好以下三点：一是要有利

于均衡地区之间的财力差距。弥补财力差距的转移支付方式，应以一般性转移支付为主。目前我国一般性转移支付的规模还比较小，2007年全国达到2 505亿元，仅占中央对地方转移支付的17.9%，与西方国家50%以上的比例差别明显。我省省级一般转移支付规模也不大，近几年大都在12亿元左右。只有不断加大一般性转移支付规模，才能有效地缓解地区间财力差距过大的问题。二是要有利于生产要素跨区域合理流动。我国市场经济发展很快，生产要素跨区域流动不断增多，但是生产要素流入地与流出地的税收能力与公共服务责任不对称的问题也逐渐显现出来。比如农村劳动力外出务工创造的税收留在务工所在地，而他赡养的人口与基本公共服务仍由户籍所在地提供，这就需要通过合理的转移支付制度设计，对生产要素流出地给予合理的补偿，以减少由此造成的地区之间公共服务提供能力的不均衡。三是要有利于主体功能区的规划和实施。根据国家的总体规划，我国的国土空间将根据功能的不同划分为优化开发、重点开发、限制开发、禁止开发四大类主体功能区。从某种程度上讲，主体功能区的划分能否得到落实取决于政府的决心和财政的支持力度，特别是禁止开发区和限制开发区，需要财政保障其基本公共服务的需要。今后应结合主体功能区规划和我省“一体两翼”发展战略，提高对禁止开发与限制开发区的转移支付系数，以便更好地满足当地居民基本的公共服务需要。

（三）*规范和完善转移支付制度的主要内容*。目前中央正在制定《转移支付条例》，目的是为了进一步规范和完善转移支付制度，把转移支付纳入法制化管理的轨道。要重点研究改革和完善以下内容：一是优化转移支付的结构。现在转移支付的项目主要有税收返还、一般性转移支付、农村税费改革转移支付、工资转移支付、“五奖一补”转移支付、城乡义务教育转移支付、农村合作医疗转移支付等等。这些虽然都是财力性转移支付，但大都具有固定的用途，属于非均等化的转移支付，地方财政不能进行统筹安排。今后改革的思路应该是，逐步将一些财力性转移支付合并到一般性转移支付中，最大限度地增强地方统筹安排财力的能力。另外，税收返还虽然带有一般性转移支付的特征，但税收返还是当时中央为保地方既得利益而设计的，带有浓厚的历史色彩和一些不合理因素。经过十几年的发展，有不少专家提出不能将税收返还永久化和固定化，应逐步将其并入一般性转移支付中，这也是有道理的。二是建立规范的专项转移支付制度。专项拨款都属于专项转移支付，其透明化、规范化程度比较低，且规模大、项目支出分散繁杂，基本上起不到均等化的目的。对于这类转移支付，应当加大整合力度，对已经到期、补助数额小、体现政府调控意图不明显的项目应予以取消，交叉重复的项目应该重新清理和归并，并尽可能地采取因素法加以分配。今后应研究实行严格的新设专项转移支付的审核程序，努力做到科学设置。同时，要研究专项转移支付的配套政策。目前，许多专项转移支付项目附有配套政策，远远超过了地方财政的承受能力，应当进行清理整顿，规范政策出台程序，将地方配套的总体负担控制在可承受的范围内。三是完善一般性转移支付的计算办法。目前主要是按标准收入、标准支出的缺口确定一般性转移支付的规模，但是标准收入和标准支出的测算还不够客观和科学。对标准收入的测算，应该考虑产业结构等方面的因素，逐步淡化GDP的统计指标，因为GDP的统计指标与各个省的实际税源不完全一致。如山东农产品、化肥、农机等在全国占的比重很大，这些都属于低税、无税的行业。如果按GDP来考核的话，标准收入比实际收入大得多，不能准确地反映税收的努力程度。对标准支出的测算，也应该考虑总人口、城市化程度、农业大省等因素。如总人口的因素就应该充分考虑，因为公共服务均等化最终是体现在人身上。另外，地理环境、当地物价水平等方面的差异，也决定了不能用单一的因素来确定支出的标准。所以在衡量一个地区财政状况时，应当将多个因素纳入测算公式中，才能客观地判断这个地区的困难程度，使转移支付制度更加公平合理。

六、完善省以下财政体制，着力解决县乡财政困难

近年来，中央对省以下财政体制改革问题非常关注，多次提出要完善省以下财政体制。主要是因为1994年分税制改革以后，有些省市过多地集中了市县的财力，有些没有实行彻底的分税制，致使县乡财政比较困难。各省的财政体制由于受当地客观条件和改革思路的影响，不论是财力集中度还是在财权的划分上差异都很大。从山东情况来看，省以下财政体制应当说比较合理。省以下历次体制调整，省级始终本着财力下移的原则，保证市县有稳定的收入来源。如原体制中各市向省级的上缴递增比例先是由8%减到5%后来又减到3%，税收返还省里也没有参与分成，中央专项转移支付也全部分给了市县。2007年县级收入比重达到了60.39%，而省级所占的比重只有14%左右，远远低于全国省级的平均水平。通过一系列政策的调整，有效地缓解了县乡财政的紧张状况，较好地保障了民生政策的落实和重点项目支出的需要。

今后一段时期，中央财政体制不调整，省以下财政体制很难做大的调整，但可以在现有的财政体制框架

下，不断进行完善和优化，应突出抓好以下几个方面：一是加大省对下的转移支付力度。近几年通过各级财政部门的努力，对省里重点扶持的51个财政困难县，县均享受的转移支付，由2004年的8 301万元增加到2007年的2.16亿元，人均财力转移支付由2004年的1.46万元提高到2007年的3.07万元。今后应在进一步加大转移支付的同时，用于公共事业的发展资金及其他专项资金，也应该重点向县乡倾斜，与转移支付资金一起形成减轻县乡财政压力的合力。二是进一步完善省市共同帮扶县乡的机制。要积极探索建立县级最低财力保障机制，进一步强化省和市级财政调控财力差异的责任。对于那些平衡县乡财政差异效果明显的地方，省财政应给予适当奖励；对调节县乡差异措施不力或者差异过大的地方，省财政应减少对该市的转移支付，从而把省、市、县三级的责任、利益紧密地衔接在一起。三是要完善财政困难县税收增长奖补政策。近两年省财政对财政困难县采取了“一揽子”扶持措施，比如“五奖一补”、税收增长返还等政策，其目的就是为了增强财政困难县的造血功能。对财政困难县上缴省级营业税和企业所得税比上年增长部分返还的政策已经到期，省政府确定在鲁南经济带和黄河三角洲继续执行。在制定激励政策的同时，还应采取相应的约束措施，解决激励有余而约束不足的问题，防止弄虚作假。四是要积极推进县乡财政管理体制和方式的改革。中央提出有条件的地方可以实行省直管县试点，我省从2005年起对财政困难县实行了省市共管的体制，现在对困难县的转移支付资金也直接测算到县、拨付到县、监管到县，实行了“直通车”管理，减少了资金拨付的中间环节。对30个强县、30个弱县也采取了直接到县的一些特殊政策和措施，这与省直管县的精神是基本一致的。对乡镇在保持资金所有权、使用权不变的前提下，大力推行“乡财乡用县管”改革，经济欠发达、财政收入规模小的乡镇，2008年底以前原则上由县统一管理其收支，减少财政管理层次，增强基层提供公共服务的能力。今后应当沿着这个路子继续探索完善，逐步建立起符合山东实际的县乡财政管理模式。

（作者为省财政厅副厅长）

找准“六个结合点” 实现“六个新突破”
努力做好全省财政债务金融工作

张洪军

一、两年来全省财政债务金融工作取得显著成效

2006年以来，面对复杂的财经形势和繁重的改革发展任务，各级财政部门和各项目办以科学发展观为统领，紧紧围绕全省经济社会发展大局，按照财政债务金融“一二三四五”的总体工作思路，锐意改革，开拓进取，不断强化工作措施，创新债务金融管理机制，各项工作都取得新成绩。

（一）强化政府外债管理，服务经济社会发展成效突出。合理利用国际金融组织和外国政府贷款，积极促进经济社会发展，是财政债务金融工作的一项重要内容。这项工作虽然已开展了很多年，是财政债务系统的传统业务，但最近两年，通过大家创造性地工作，在很多方面都取得新突破。

一是利用政府外债的规模进一步扩大。近年来，特别是去年以来，受多种因素的影响，利用政府外债的难度明显加大。面对这种局面，各级财政部门和各项目办，立足全省经济社会发展的需要，密切关注形势变化，及时调整利用政府外债的方向和重点，卓有成效地开展了一系列工作。两年来，全省新增利用政府外债项目29个，贷款额度5.14亿美元，争取无偿赠款586万美元，利用政府外债的项目数量和资金规模不仅没有减少，而且取得了“双增加”的喜人成绩。

二是利用外债项目的质量明显提高。两年来，各级认真学习落实科学发展观，时刻注意把利用外债工作与全省经济社会发展总体规划结合起来，有保有压、有促有控，不断优化利用外债的结构，重点将资金投向经济社会发展的薄弱环节，取得了良好的效益。比如，在环境保护方面，与省建设厅、环保局项目办共同实施了城建环保二期项目，利用世行贷款1.47亿美元、争取赠款535万美元，项目建成达标后，将显著提高城市污染治理能力，保障水资源供给，提高环境质量和人民生活水平。在生态建设方面，与林业局项目办实施了四期“林业持续发展”和“山东生态造林”

项目，利用世行贷款7 000万美元，完成造林12万公顷，为建设绿色家园、开展生态防护发挥了重要作用。在节能减排方面，与省环保局项目办筹备实施了电厂脱硫项目，计划利用世界银行贷款2亿美元，项目建成后将有效提高大气污染治理能力，促进节能减排。在改善民生方面，组织各地实施了20个利用外国政府贷款卫生医疗项目，引进大批现代化医疗设备，提高了当地医院的综合诊疗水平。在后备项目储备方面，会同农业厅、劳动厅和畜牧办，注重筛选农民工培训、农业基础设施建设等领域的项目，目前已有6个项目列入国家三年滚动计划，预计利用贷款3.23亿美元。在争取外债项目的同时，我们还积极争取债务减免，较好地解决了一些“老大难”问题。工作中，各级牢固树立争取债务减免也是争取资金的理念，认真研究财政部债务减免优惠政策，算好政策账、体制账，积极向上级汇报情况、反映困难，赢得了财政部的理解和支持。过去两年，财政部又对我省16个政府外债项目给予了债务减免，累计减免债务折合人民币1.75亿元，争取缓交专项借款本息12.19亿元，减轻了项目地政府的还款压力，为促进相关事业的发展创造了条件。

三是交流渠道的多样性明显增强。两年来，我省采取走出去、请进来的办法，切实加强了与国际金融组织的交流合作。首先，我省与国际金融组织的交流互访明显增多，双方互信加深。今年4月份，省财政厅尹慧敏厅长带队赴美访问世界银行总部，分别会见了几位世行副行长，就未来深化合作达成框架协议。随后，世行亚当·史密斯副行长又率团回访，才利民副省长会见并深入探讨了双方合作的意向，为推进双方合作纵深发展奠定了基础。其次，利用国际国内两种资源，交流合作次数更多、层次更高、形式更加多样。近年来，我们与美国高盛公司等国际金融机构在国内外举办了多期风险防范研讨，开阔了视野，更新了理念。第三，利用优势服务经济发展进行新尝试。去年，我们利用与国际金融组织交流合作多、比较熟悉的优势，与省中小企业办联合举办了国际金融机构投融资研讨会，邀请国际金融组织和部分规模较大的中小企业参加，成功搭建起了企业与国际资本市场的对接平台。

（二）积极支持金融体制改革，促进地方金融发展成果丰硕。安全、高效的金融体系，是地方经济又好又快发展的重要保证。两年来，各级以增强地方金融发展活力为着力点，不断加大扶持力度，创新扶持方式，取得明显成效。

一是支持金融体制改革成效显著。在推进城市中小银行改革方面，各级财政部门以创建“精品银行”为目标，积极参与本地城市信用社改革工作，加快地方金融机构资源整合。截至目前，全省已处置城市商业银行、城市信用社不良资产近26亿元，原有的城市信用社已全部重组改制为城市商业银行。其中，恒丰银行是第11家全国性股份制商业银行，资本净额达到23亿元；济南市商业银行与澳大利亚联邦银行开展战略合作，在全国城商行系统中第一家引进了境外战略投资者。在消化地方金融机构历史包袱方面，各地认真做好地方金融机构清理整顿中发生的呆账核销、个人债务兑付、国有股权转让等项工作，通过债权转让、依法清收、招标拍卖、打包处置、呆账核销等措施，两年来，共协助各级政府处置不良资产30.78亿元，出资弥补历史亏损2亿元，置换农村信用社不良贷款114亿元，地方金融机构资产质量显著提高。在支持完善农村金融体系方面，各级从增加农村金融供给入手，积极培育发展新的金融机构，目前，临沂沂水县“聚福源农村资金互助合作社”已正式开业，寿光市村镇银行筹备工作也已基本就绪，为更好地支持和服务“三农”创造了条件。

二是积极优化金融生态环境。良好的金融生态环境，是金融业生存发展重要的外部环境和基础条件。两年来，各级财政部门高度重视金融生态环境建设，与有关部门一起综合施策、多措并举，初步建立起了有利于地方金融发展的激励约束机制。各级财政安排专项资金，设立金融创新奖、金融生态建设模范奖和金融发展贡献奖，对支持地方经济发展贡献突出的金融机构予以奖励，建立起了金融业发展激励机制。目前，全省各级财政每年安排的金融奖励资金已达6 000多万元，威海、济南、潍坊、临沂、淄博、烟台、东营、泰安、枣庄、济宁等市均已设立了金融发展专项资金，出台了鼓励性的政策措施。各地还在提升金融机构资产评级、减收抵债资产的行政事业性收费等方面，采取积极措施优化金融生态环境，促进当地金融机构的健康发展。

三是防范化解金融风险实现新突破。其中，在处置证券业风险方面，对华夏、恒信等证券公司在我省的营业机构进行了个人债权甄别确认，并及时筹措财政资金，落实债权收购政策，及时稳定了风险局势。在利用金融衍生产品防范汇率风险方面，我省遵循“大胆创新、谨慎操作、互利共赢”的原则，积极利用货币互换、汇率掉期等金融衍生工具，分三期对225亿日元贷款进行掉期，把风险较大的日元债务转化为相对稳定的美元债务，锁定了汇率区间，有效规避了债务汇率风险。截至今年上半年，该项业务已节省偿债资金480万美元，据了解我省的掉期方案在全国财政系统开展掉期业务中属最优方案。

（三）农业保险试点工作稳步推进，支农保障体系进一步完善。开展农业保险试点，建立农业风险保障体系，是财政债务金融管理的一项新业务、新职能。这项工作启动以来，各级立足实际，完善制度，规范操作，取得重要进展。一是试点范围快速扩大。2006年工作刚起步时，试点地区只有临清、寿光、章丘三个县级市。2007年，试点范围扩大到25个县（市、区）。目前，试点范围已扩大到60个县（市、区）。二是试点方案不断完善。省里制定出台了《山东省种植业保险保费财政补贴资金管理办法》，各地也因地制宜，制订了符合实际的操作方案，确保了试点工作顺利推进。三是争取进入了中央财政补贴范围。虽然我省政策性农业保险试点工作起步较早，但一直未得到中央财政的补贴支持。经过多次赴财政部汇报工作，反映我省农业保险工作实施进度及财政实际困难，今年我省被财政部列入享受保费补贴的省份，拓宽了资金来源。

（四）不断完善贷款担保体系，促进就业和中小企业发展取得新成效。完善信用担保体系，支持开展贷款担保，也是近年来新增加的一项职能。各级积极学习借鉴先进省市的经验，结合本地实际大胆创新，狠抓落实，也取得了很好的效果。

一方面，企业信用担保体系日趋健全。近年来，特别是今年以来，针对银根紧缩、中小企业资金紧张的形势，各级千方百计筹措资金，支持设立担保机构、完善担保体系，极大缓解了中小企业的融资难题。目前，全省中小企业信用担保机构已达349家，资本金总额达到119亿元。在此基础上，各级财政部门不断完善信用担保企业风险管理办法，加强对担保基金的监督管理，实行担保基金、业务变动季报制度和备案制度，保障了担保基金安全高效运行。临沂、德州、滨州、聊城、莱芜、日照、菏泽等市此项工作取得积极进展。

另一方面，下岗失业人员小额担保贷款政策得到较好落实。开展下岗失业人员小额担保贷款，是国家为促进就业而出台的一项重要举措。两年来，各级财政部门不断强化责任意识，积极配合劳动保障和银行等部门完善政策、规范运作，有力地促进了就业再就业工作开展。特别是今年以来，通过加强信贷审查和反担保措施，采取个人资产、第三人、个人信用担保等方式，形成了“多种方式担保、多家部门参与、多家银行承办”的工作局面。目前，我省开展下岗失业人员小额担保贷款的担保机构已达62个，小额担保贷款基金规模达到2.82亿元，两年来全省累计发放贷款10.21亿元，支持了一大批下岗失业人员自主创业，起到了为下岗人员解忧，为党委、政府排难的积极作用。

（五）积极创新管理机制，债务金融管理水平稳步提高。两年来，各级财政部门按照全省统一部署，不断创新监管手段，健全监管机制，债务金融监管工作不断加强。

一是监管工作的制度化水平不断提高。各级财政部门始终把制度建设作为规范管理的根本，认真排查制度空白，堵塞监管漏洞，努力做到用制度管人、管事。其中，在外债管理方面，初步建立了以《山东省政府外债管理暂行办法》为核心，具体项目管理办法为辅助的债务管理制度体系，项目管理规程和贷款资金的使用程序越来越规范。在健全地方金融机构财务监管机制方面，大部分市都制定了商业银行财务监管办法和绩效考核办法。在强化内部管理方面，省里建立健全内部工作制度，完善了内控机制，各市也分别建立了内部工作规范，提高了行政效能。

二是监管工作的科学化水平不断提高。各级以提高资金使用效益为核心，全面实行“一评审、二评价、三检查”管理机制，在全国率先建立了政府外债项目的评审机制和绩效评价体系。“一评审”，即在项目申报前期实施严格评审，对项目的经济、社会和环境效益进行全方位评估。两年来，共对新申报的10个项目进行了评审，核减投资额304.29万美元。“二评价”，即开展项目后期绩效评价，对项目的社会贡献度综合评估。为此，省厅专门成立了外国政府贷款项目绩效评价工作领导小组和专家组，对23个项目开展了绩效评价。“三检查”，即采取专项检查与日常检查相结合的形式，以查促管，防止项目实施和政策落实出现偏差。这些措施，不仅提高了项目实施的科学性，而且充分发挥了贷款项目的示范效应和制度创新效应。

三是监管工作的信息化水平不断提高。为适应债务金融改革需要，提高管理绩效，2007年初以来，省厅投入大量人力、物力研制开发了《山东省债务金融管理信息系统》。目前该系统已进入调试运行阶段，很快将在全省各级财政部门投入使用。系统研制成功后，将形成滚动的项目库，强化债务会计核算，统计预测各项债务支出，提高债务金融管理的规范化、精细化水平。

（六）坚持两手抓、两手硬，干部队伍建设再奏凯歌。两年来，各级内强素质、外树形象，狠抓干部队伍建设，为债务金融工作注入了新的生机与活力。一是紧抓教育培训不放松。以能力和素质建设为核心，不断创新培训方式，提高培训效果。在省厅组织上海国家会计学院“创新债务金融管理研讨班”，组织人员赴日本、美国参加债务管理培训的同时，各地也加大了干部培训的力度。据不完全统计，两年来省、市共举办各类培训班60多期，开阔了干部职工的视野，提升了业务素质和能力。二是紧抓宣传不放松。在抓好日常宣传的同时，省厅组织各地精心拍摄、编辑了《春风化雨润齐鲁——山东省地方政府外债项目成果展示》电视宣传片，得到社会各界一致好评。连续两年开展“三个一”活动，将全省债务金融干部撰写的30篇调研报告、近300幅摄影作品印刷成册，集中展现了债务金融干部的综合素质和奋发向上的精神风貌。三是紧抓调查研究不放松。各级将调查研究作为工作上水平的重要手段，摸情况、谋对策，取得许多有价值的调研成果，形成一批高质量的调研报告，达到了加强理论研究、提升业务能力、锻炼干部队伍、提高决策水平的目的。对于廉政建设，各级也很重视、抓得很紧，干部职工的廉洁自律意识不断增强，工作作风和队伍形象越来越好。

二、开拓创新，进一步提升全省财政债务金融工作水平

回顾过去，成绩令人鼓舞；展望未来，任重而道远。目前，我省已进入科学发展、和谐发展、率先发展的新阶段，步入加快推进经济文化强省建设的新时期，财政债务金融工作横跨财政、金融两个领域，连接国际、国内两个平台，职责重要、使命光荣、任务艰巨。特别是目前形势下，经济全球化和金融自由化不断推进，金融创新步伐加快，国际财经形势瞬息万变，财政债务金融工作面临前所未有的机遇，也面临不少困难和挑战。各级财政部门一定要准确把握形势，深入学习实践科学发展观，明确目标、把握重点，再接再厉、拼搏实干，努力推动全省债务金融工作再上新台阶。具体来说，当前和今后一段时期，要注意找准“六个结合点”，实现“六个新突破”。

（一）找准政府外债供给与需求的结合点，实现利用政府外债工作的新突破。对于当前利用政府外债的形势，我们要辩证地分析和把握。一方面，国际金融组织和外国政府贷款的利率低、期限长、优惠多，是国际上十分“抢手”的稀缺资源，前些年虽然我省在利用外债方面取得很大成绩，但随着我国综合国力的提升，利用政府外债的难度也越来越大。另一方面，我省地区发展不平衡，节能减排的压力大，在发展社会事业、保护环境、推进基础设施建设等方面，还需要大量投入，只要运作好了，今后利用外债工作仍大有可为。各级必须统一思想认识，及时调整工作思路，找准国际金融组织贷款政策与我省需求的结合重点，争取在利用政府外债方面取得新突破。具体要把握好以下四点：

一要科学把握外债项目申报的重点。要围绕贯彻落实科学发展观，结合国家宏观调控政策及各地经济社会发展需要，重点筛选三个方面的项目：第一类是有利于产业结构升级、资源节约、环境保护、区域协调发展的项目，为促进经济又好又快发展服务。第二类是社会事业发展、生态保护、城市基础设施、新型能源等领域的项目，并注重引进国际公共资金管理经验，发挥项目的创新示范功能。第三类是概念新、风险大、具有市场前景而国内银行不愿贸然进入的准公共项目，如中小企业融资、农业产业化龙头项目、中小服务业发展项目。上述几个领域，都是我省经济社会发展的薄弱环节，也是目前国际金融组织和外国政府贷款扶持的重点，在这些方面做文章，能起到事半功倍的效果。

二要注重改进资金安排使用机制。要根据项目性质和贷款条件，灵活运用财政贴息、改善转贷条件和偿还方式等手段，将贷款资金与财政资金紧密结合，构建资金补偿机制。如将政府外债项目与农业、教育、医疗卫生、节能环保、自主创新等政府优先发展的项目结合，将贷款资金与财政支农资金、污染治理资金、社保基金、科技投入资金、卫生专项经费等结合，统筹安排，集中资金办大事。

三要坚持引资与引智并重。经过30年的改革开放，我省经济社会发展已有一定基础，当前我们与世行等国际金融组织合作，既要争取资金，更要注重引进先进的管理经验和知识。因此，在借用政府外债时，不仅要关注项目的经济效益，而且要关注能否起到制度、观念创新的带动作用，实现“引资”与“引智”、“引制”的有机结合。要与国际金融组织就体制改革、社会发展、循环经济、民营经济发展等重大战略问题进行交流合作，进一步提高利用政府外债的层次。

四要注意创新管理方式。要着力构建“四个体系”，提升外债管理水平。第一，加强政府主权债务的可持续性研究，建立健全包括还贷准备金制度、风险防范制度和债务预警在内的外债管理制度体系。第二，建立评审监督体系，全面推行项目前期评审，保证项目质量。第三，借鉴国外金融机构在项目管理方面的成熟机制和先进做法，逐步建立以结果为导向的政府外债项目绩效评价体系。第四，逐步将外债资金纳入财政预算管理，在政府预算中通盘考虑，进一步完善财政预算管理制度，发挥资金的整合优势。

（二）找准应对气候变化与债务金融工作的结合点，实现清洁发展机制建设的新突破。气候变化，是关系全球生存环境的大问题。我国已加入应对气候变化的《京都议定书》，财政部门作为清洁发展机制的牵头部门，要统一思想、提高认识，重视利用清洁发展机制。

一要充分认识我省开展清洁发展机制工作的必要性。我省是能源资源消耗大省，能源消耗和二氧化碳排放量居全国首位。要完成“十一五”规划确定的万元单位生产总值能源消耗降低22%的目标，今后三年每年必须

节能5.14%，任务异常艰巨。通过实施清洁发展机制项目，既可以获取可观的经济收益，又可以实现提高我省节能环保的技术水平，加快推进资源节约型、环境友好型社会建设，有利无弊，我们必须引起高度重视。

二要充分认识财政部门在应对气候变化方面的重要作用。应对气候变化是全社会的事业，财政部门掌握的政策、资金、体制、机制资源多，在组织、推动这项工作方面具有很多的优势。正因如此，国务院在财政部专门设立了中国清洁发展机制基金及其管理中心，并要求地方各级也要高度重视这项工作。各级财政部门一定要强化责任意识，把应对气候变化工作与财政工作结合起来，加强机构能力建设，开辟新的工作领域。目前，世行、亚行贷款、GEF赠款、欧投行贷款等，都非常关注应对气候变化的行动和能力建设，我们可通过引进相关贷款，加强对应对气候变化工作的支持。

三要充分认识建立清洁发展机制合作平台的迫切性。按照《京都议定书》的约定，清洁发展机制到2012年执行结束，在有限的时间内，我们要积极搭建清洁发展机制项目开发平台、合作平台和信息平台，对全省潜在的项目搜集、分类、整合，建立起一定规模的项目储备库。同时，以贷款贴息的方式支持符合条件项目的前期开发，激发项目业主的积极性，推动我省清洁发展机制的建立。目前，省厅正在积极研究开展这项工作，各地要搞好协调配合。

（三）找准财政政策与金融政策的结合点，实现财政支持地方金融业发展的新突破。我省是经济大省，但却是金融小省，地方金融机构资产规模小、发展水平低，服务经济发展的能力弱。各级财政部门要注意完善扶持政策，找准监管金融、服务金融的切入点，支持做强做大地方金融业。

一要支持金融机构加快改革发展。在这方面，财政要善于拿小钱，出政策，算大账，通过财政杠杆“撬动”金融业加快发展。要通过直接注资、财务重组、“花钱买机制”等途径，支持地方金融企业重组改制，促进地方金融企业发展为资本充足、内控严密、法人治理完善、财务可持续的现代金融企业。要研究制定财政奖励和补贴政策等，完善地方金融业发展激励机制，优化金融发展环境。比如，可对金融机构的经营业绩以及对地方经济的贡献度进行考核，并适当给予奖励，启动金融机构积极支持地方经济发展的内在动力；对在我省新设立的总部性或地区性金融机构给予补贴，吸引外部资源，带动金融业快速发展。要依法履行对地方金融机构国有资产的监管职能，积极参与清产核资、股权评估和增资扩股等国有股权管理工作，正确行使金融财务管理与财政监督职责，做到不缺位、不越位。

二要支持农村金融体制改革向纵深推进。目前，农村金融服务还远不能满足“三农”需要，城乡金融资源配置不平衡的矛盾还很突出，需要创新思路，研究政策措施，支持建立健康高效可持续的农村金融服务体系，充分发挥农村金融在新农村建设中的作用。一方面，要研究完善农村金融服务激励政策，增加农村金融有效供给。既要注意建立财税激励政策，深化农村信用社改革，激活农村金融存量，又要鼓励发展村镇银行、小额贷款公司、农村资金互助社等新型农村金融机构，培育农村金融增量。另一方面，加强对农村金融机构的财务风险控制，促进农村金融机构建立规范的内控机制、完善的财务制度和有效的风险防范机制，促进农村金融机构稳健经营、可持续发展。

三要做好小额担保贷款财政贴息工作。为配合《就业促进法》的贯彻落实，近期国务院对小额担保贷款政策进行了调整完善，提高了小额担保贷款额度，扩大了贷款范围，允许经办银行上浮贷款利率，并要求财政加大贴息力度、完善担保基金的风险补偿机制和贷款奖励机制，进一步简化审批手续和降低反担保门槛。各级财政部门要主动与金融、劳动等部门加强沟通配合，认真落实各项政策，逐步扩大担保范围，及时补充担保基金，严格监督管理，保证小额担保贷款贴息资金的及时到位和专款专用，更好地发挥小额担保贷款对就业再就业的促进作用。

（四）找准惠农政策与农业保险的结合点，在健全农业风险保障体系方面实现新突破。我省农业灾害频发，农民对农业保险的呼声很高。各级要认真总结政策性农业保险试点经验，稳步扩大试点范围，推动农业保险工作深入扎实开展。

一要准确定位财政的职能作用。这是做好工作的基础。农业保险区别于商业保险，政府只能对关系国计民生的关键农产品保险给予补贴。财政只是引导，社会投入是主体。各级财政一定要扮演好自己的角色，不缺位、不越位，发挥财政资金“四两拨千斤”的功能，有效调动社会力量分担风险，不能简单地包揽各项支出。

二要强化补贴资金管理。管好财政补贴资金，是推动试点工作顺利开展的重要保障。各级要做好资金筹措和管理监督工作，提前测算应承担的保费补贴资金，打足预算，争取主动。对保费补贴资金要严格监控，对使用情况和效果要进行综合考评，确保发挥效益。

三要完善运作机制。目前农业保险刚刚起步，在很多方面还有待完善。各级要深入研究农业保险保障目标、保障水平、保障范围、政策支持等问题，完善农业再保险和农业巨灾风险转移分担机制，更好地平衡各方利益，使农民得到更多实惠，将农业保险真正打造成为“民心工程”。

（五）找准财政监督与公共服务的结合点，实现服务中小企业发展的新突破。中小企业是活跃经济、增加就业的重要力量，也是财政收入的主要来源。今年以来，受银根紧缩等因素的影响，中小企业融资难度加大，生产经营出现困难。各级要积极构建融资服务平台，充分利用财政金融手段，支持中小企业又好又快发展。一要鼓励地方金融机构创新金融服务。加强地方金融企业监管，促进地方金融发展，最终目的是为了支持企业发展。要不断完善激励政策，引导地方金融机构改进金融服务，开发适合中小企业的金融交易产品，加大对中小企业的信贷支持力度。二要继续支持中小企业信用担保体系建设。进一步整合财政资金，充分利用财政补贴、贷款贴息、以奖代补、信用担保等手段，逐步加大对中小企业担保机构的扶持力度，完善中小企业担保奖励政策和风险损失补偿机制，建立银行、政府和担保机构三位一体的风险共担机制，鼓励引导担保机构为中小企业提供更优质的金融服务。三要搭建企业利用外资的交流合作平台。进一步发挥财政部门与国外金融机构交流多的优势，为国际金融机构与国内企业牵线搭桥，促进双方在融通资金、完善公司治理结构等方面加强合作，增强企业的发展能力。

（六）找准债务金融管理与财政监管的结合点，实现风险防范的新突破。今年以来，越南和印度等周边国家相继出现金融动荡，警示我们要始终把防范金融风险作为核心工作来抓，完善体制机制，加大监管力度。一要加强国内外经济金融形势的研究把握。尽管目前我省化解金融风险历史遗留问题的工作已接近尾声，但因借贷单位发生债务拖欠，各级财政垫付还款的比例高达70%以上，在化解债务风险的同时，又产生了潜在的财政风险。为此，各级要在头脑中始终绷紧风险防范这根弦，密切关注经济和金融运行态势，强化前瞻性分析，提早研究应对措施，把可能的隐患消灭在萌芽状态，防止各类风险积累形成“堰塞湖”。二要积极稳妥地规避债务金融风险。要继续扩大金融衍生产品在风险管理中的应用，选择条件成熟的项目继续开展掉期业务，并在交易存续期内，密切跟踪金融市场的变化，降低债务成本，规避债务风险。三要创建风险控制的长效机制。加强对政府外债的宏观监测和管理，制定客观便捷的债务监测和风险预警指标体系，动态跟踪分析债务管理情况，变事后参与、被动买单的金融风险处置模式为主动策划、提前介入，构建公共财政化解金融风险的机制。同时，要建立地方财政金融风险应急机制，有效应对突发风险，维护金融稳定与安全。

三、强化责任、团结协作，确保各项工作有效落实

新时期的财政债务金融工作难度大、要求高、任务重，各级要以加强干部队伍建设为抓手，团结协作、密切配合，形成抓工作、抓落实的合力。

（一）强化责任意识，切实增强做好财政债务金融工作的使命感。财政与金融，是最重要的两个宏观调控杠杆，也是关系现代经济运行的两大命脉。财政债务金融工作一头连着财政、一头连着金融，对口联系的部门既有世行、亚行等国际金融组织，又有众多的国内企业和金融机构，有时候还直接面对社会公众，可以说是职责重要、岗位特殊、使命光荣，舞台也很宽广。全省财政债务金融系统的116名干部职工，要么是外语方面的拔尖人才，要么是财政、金融方面的专家，高学历人才多，具有高级技术职称的人才也多。能进入这个队伍的人，都是各级财政部门千挑万选的骨干和精英。能在这样的岗位上工作，我们不仅要感到光荣和自豪，而且要充分认识到肩负的责任和重托，要以高度的使命感和责任感，全身心地投入到债务金融管理工作中去。首先，要注重创新。目前财政债务金融的业务领域不断拓展，面临的新情况、新问题、新矛盾层出不穷，做好新形势下的债务金融工作，不能凭经验、走老路，必须强化创新意识、进取精神。比如我们去年以来开展的日元贷款掉期业务，如果不求新、不求变，就不能应对汇率变化的新形势、新局面。今后我们要做的新工作还很多，如推进地方金融改革、利用清洁发展机制、深化农业保险改革等，每一项工作都具有开创性，希望大家大胆闯，大胆干，始终以改革创新的精神抓工作。其次，要争创一流。债务金融管理工作，天天与国际金融机构打交道，是财政系统内与国际惯例接轨程度最高的部门，每一项工作都要高标准、严要求。具体工作中，要本着对人民负责、对事业负责的态度，立足本职、着眼全局、放眼世界，随时注意吸取省外、国外债务金融管理的先进理念和做法，以国际的眼光、一流的水准要求自己，追先进、比先进，以奋发有为的精神状态抓工作。再次，要脚踏实地。金融业是高风险行业，财政债务金融管理工作来不得半点马虎。无论是引进外债，还是处置不良资产；无论是推进农业保险，还是落实小额担保贷款，我们在政策制定和落实过程中，时刻都要保持严谨务实的态度，依法办事、审慎操作，确保不出问题，以求真务实的精神干工作。

（二）强化学习意识，切实提高综合素质和业务能力。学习是做好一切工作的基础。债务金融管理工作政策性极强、涉及的知识面广，处处充满挑战，要做好这项工作，尤其要注重学习。一方面，要强化政治理论学习，特别是要抓好科学发展观的学习，切实提高政治素质，增强从全局

上分析把握债务金融管理工作的能力，增强在实际工作中贯彻落实科学发展观的自觉性和主动性，更好地为全省经济社会又好又快发展服务。另一方面，要注意研究工作、研究政策，切实加强对业务知识的学习。特别是对国际金融组织和外国政府贷款项目的运作程序、制度规范、政策动向，对推进清洁机制、落实《京都议定书》的具体要求，对中央出台的财政、金融、农业保险等方面的新政策，都要用心研究、用心把握，跟上形势发展的需要。今后，省财政厅将根据形势发展和业务工作需要，创新培训方式，加大干部教育培训力度。各级财政部门也要加大培训力度，采取请进来、送出去的方式，尽可能地为干部职工创造更多的学习机会，全面提高干部队伍的综合素质，为促进债务金融工作上水平奠定基础。

（三）强化协调配合意识，形成债务金融管理工作的合力。债务金融工作涉及的部门、单位多，从外债项目的审批、实施，到债务的管理、偿还，从金融机构不良资产的处置，到重组改制，任何一项工作都需要各级各部门协作配合，形成工作合力。特别是目前，金融改革正在向纵深推进，深层次的矛盾和问题逐步暴露，改革的任务十分艰巨，必须加强协调配合，凝聚大家的智慧和力量。一方面，财政部门要强化配合意识，主动与有关部门搞好协作。特别是与各项目办，要经常沟通信息，加强合作，保证所有的外债资金引得来、用得好、还得上。要注意遵循市场规则办事。债务金融工作大部分都涉及金融市场，无论是推进农业保险，还是完善金融激励机制，财政起得都应是助推器的作用，不能一手包揽、全程包办。要因势利导，无论是推改革、抓管理，都要充分尊重并发挥市场机制的作用，注重调动各部门的积极性，齐心协力做好工作。另一方面，上下级财政部门之间更要搞好协调配合，切实做到上下拧成一股绳、形成一道劲，携手并肩共同做好债务金融管理工作。当然，强调抓协调、抓配合，首先要明确责任，建立顺畅的工作机制，各级都要注意这个问题。

（四）强化廉政意识，确保干成事、不出事。廉政建设是做好业务工作的保证，任何时候都放松不得。特别是债务金融管理工作，平时同钱打交道比较多，同国际金融组织及外国政府联系较多，廉政方面一旦出了问题，不仅影响自身的前途和家庭，而且有损财政部门乃至政府、国家的形象。因此，要时刻绷紧廉政这根弦，坚持廉政建设与业务工作两手抓、两手都要硬，将二者一起部署、一起落实。一方面，要结合财政债务金融管理工作实际，抓好廉政教育，强化干部职工的廉洁自律意识和自律能力。另一方面，要严格遵守反腐倡廉制度规定，完善内部工作机制，加强对资金分配和权利运行的监督。要严格依法办事，讲民主、重规范，并按照政府信息公开的要求，抓好政务公开，自觉接受社会监督。

（五）强化宣传意识，努力为债务金融工作营造良好的环境。近年来，债务金融业务领域越来越广，工作发挥的作用越来越大，但由于多种因素影响，社会对债务金融工作的理解认知度还不够。为此，要把信息宣传作为推动工作上层次的重要手段，加大宣传力度，拓宽宣传领域。这项工作做好了，不仅可以反映我们的工作成绩，树立干事创业的形象，而且可以反映工作面临的矛盾和问题，争取方方面面的支持和理解。所以，大家一定要强化宣传意识，注意向各级党委、政府汇报工作进展情况，争取领导的理解和支持；做好对社会大众的宣传工作，提高债务金融工作的影响力。特别是涉及企业、群众利益的改革和政策，如小额担保贷款、农业保险等，要采取灵活多样、新颖别致的手段，加大宣传力度，保证宣传效果，努力创造社会各界共同关心、支持债务金融工作的良好氛围。

（作者为省财政厅副厅长）

明确目标　强化措施
全面提升省直教科文部门财务管理水平

庞敦之

一、近年来省直教科文部门财务工作成绩显著

近年来，省直教科文部门坚持以邓小平理论和“三个代表”重要思想为指导，牢固树立科学发展观，不断创新理财观念，完善财务管理机制，提高经费保障水平，部门预算和财务管理工作取得新的成绩，有力地促进了教科文事业发展。

（一）抓投入有成效，财政教科文支出连年大幅度增长。加快教科文

事业发展，投入是关键。没有一定的投入，很多事都无法落实。近年来，省直教科文部门的财务工作者，牢固树立多渠道筹资观念，与财政部门的同志们一起，努力增收节支，千方百计筹措事业发展经费，取得明显成效。2007年，全省一般预算内教科文事业经费达到543.87亿元，比2002年增加334.68亿元，年均增长26.98%，五年翻了一番多。其中：教育经费支出453.36亿元，比2002年增加290.58亿元；科学技术经费支出46.41亿元，比2002年增加27.42亿元；文化体育与传媒经费支出44.11亿元，比2002年增加16.69亿元。特别是2007年，全省教育、科技、文化支出，分别比上年增长34.32%、33.79%、56%，增幅之高，增速之快，都是多年来所没有的。教科文事业经费持续快速增长，比重占到财政支出的四分之一，充分体现了省委、省政府对教科文事业的重视，体现了公共财政对教科文事业的倾斜，同时也反映了教科文部门增收节支工作的成效。

（二）抓改革有突破，部门预算编报机制日趋完善。2001年以来，省直教科文部门与财政厅密切配合、通力协作，扎实推进部门预算改革，在完善预算编报机制、规范部门预算管理方面取得可喜成绩。一是部门预算编报审核机制初步建立。从近几年部门预算编制的实践看，按照“两上两下”的“链条式工作机制”和一个部门一本预算的要求，各部门不断改进预算编制方法，规范编报程序，切实加强部门预算基础信息库和项目库建设，部门预算细化程度明显提高，预算编制的科学性、规范性明显增强。二是预算定员定额标准体系基本形成。定员定额体系，是核定基本支出预算的标尺。近年来，在大家的共同努力下，省直教科文部门经费全部实行了定额化管理，建立了统一、规范、科学、合理的支出定额体系，对统一单位支出标准、优化支出结构、均衡单位供给水平，发挥了积极作用。特别是高校经费，为更好地促进高等教育事业发展，我省在反复测算、对比的基础上，2008年将高校正常经费核定办法，由按学校类型和定额核定经费，转变为按专业类型和定额核定经费，经费定额在去年提高200元的基础上，又提高了600元，保障能力明显增强。三是统筹预算内外财力，编制全口径预算的意识明显增强。经过几年的改革探索，目前省直教科文部门的所有收支，已基本纳入部门预算的“笼子”，部门预算编报既包括财政经费拨款，又包括单位自行组织的收入，预算的完整性有了明显提高。2008年，省级教科文部门预算中，经费拨款外的其他收入已占到全部预算的63%。四是财政与部门的对接联动机制比较畅通。无论是部门预算编制，还是日常财务管理，特别是涉及全局性的重大政策措施，各部门都能从大局出发，体谅财政的困难，与财政密切配合，保证了预算改革的顺利进行，共同推动了教科文财务管理水平的提高。

（三）抓管理有成果，财务基础工作得到进一步加强。近年来，各部门通过建立健全财务制度，加强会计管理和核算工作，部门财政、财务管理的基础工作越来越扎实。在制度建设方面，各部门积极配合省财政厅，按照“先有办法、后拨资金”的原则，在2006年制定20个教科文专项资金管理办法的基础上，2007年又制定17个资金管理办法，对资金使用范围、项目申报审核程序、资金与项目的管理监督等方面加以明确和规范，进一步完善了财政资金管理办法。省教育厅、省文化厅、省体育局、省人口和计生委等部门也结合实际制定系列财务制度，完善内控机制，提升了财务管理的规范化水平。在推进财务精细化管理方面，各部门围绕的“人、车、会、话”等重点支出项目，严肃财务纪律，严把支出关口，切实将有限的资金用到刀刃上，有效提高了支出管理的精细化水平。比如，山东社会科学院针对课题研究经费较多的实际情况，实行项目经费单独核算管理模式，按经费来源和用途划分类别，按项目名称或项目负责人设立账户，进行专项明细核算，在课题立项、日常管理、绩效考评等方面制定一系列配套管理措施，提高了科研工作质量。省委党校等单位通过推行网上办公、制定会议级别分类经费补助办法、实行公里票定额指标管理、推广使用节能产品和节能装置等措施，降低了运转成本，节减了财务开支。

（四）抓理财有创新，教科文资金使用效益不断提高。改革创新，是提升财政财务管理水平的法宝。近年来，为克服资金收支矛盾，保证教科文事业又好又快发展，各部门牢固树立创新意识，积极调整支出结构，探索运用市场化的手段理财，有效地提高了资金使用效益。比如，在农村中小学校舍维修改造、农村中小学教学仪器更新工程、特殊教育学校教学仪器配备工程、高校骨干学科教学实验中心建设、职业教育实训基地建设、职业教育师资培训、文物保护等方面，注重搞好中长期规划，资金安排实行一次规划、分年实施，以规划的连续性、超前性，保证财政资金使用的科学性、合理性和透明度，实现了工作方式和资金分配机制的重大创新。再如，在“科普村村通”工程实施过程中，引导各地通过吸引社会资金入股、拍卖广告经营权以及委托中介单位承建等方式筹措资金，吸引社会资金3 500多万元，开创了“以科普养科普”的新路子。又如，为多渠道筹集计划生育家庭救助资金，促进人口和计划生育事业健康发展，去年

5月份我省设立了"人口关爱基金"，10个月累计发放救助金3 952万元，帮扶生活困难的计划生育家庭109 169户，建立了计划生育事业发展多元化筹资机制。

（五）抓保障有成绩，全省教科文事业进入发展快车道。随着教科文财政、财务管理水平的提高，省直教科文部门的财务保障能力显著增强。特别是去年以来，各部门在保证机关正常运转的同时，按照"有保有压、优化结构、突出重点"的原则，集中资金向事业发展的薄弱环节倾斜，向基层和欠发达地区倾斜，优先保障与民生密切相关的支出，优先保障省委、省政府确定的全局性的重点项目，使我省教科文事业取得了前所未有的发展。在支持教育事业发展方面，2007年全省义务教育适龄人口入学率达到99%以上，城乡义务教育经费保障机制改革全面铺开，家庭经济困难学生资助政策体系日趋完善，免除了928万名中小学生的学杂费，799万名中小学生领到了免费教科书，16万家庭困难学生得到政府资助。初中毕业生升入高中段学校的升学率达到83%以上，高等教育的毛入学率达到22%，高校在校学生增加到144万人，我省进入了高等教育大众化的崭新发展阶段；在全省高校、企业和科研院所设置"泰山学者"岗位99个，83名特聘教授和专家成为自主创新与学科建设的领军人物。在支持科技事业发展方面，积极实施重大科技专项，大力推进产学研一体化建设，2007年全省取得重要科技成果2 000余项，获国家科技奖励22项；专利申请和授权量分别达到4.6万件和2.2万件，增长22.4%和43.2%，专利申请总量居全国第5位，我省基本形成了以重点实验室、大型科学仪器设备、自然科技资源、科学数据、科技文献为内容的支撑科技发展的基础条件体系。在支持文化事业发展方面，全省文化信息资源共享工程延伸到村居，走在了全国前面；全省广播电视综合覆盖率达97%以上；公共文化服务网络体系初步形成。在支持计划生育事业发展方面，切实加大经费保障力度，全省人口自然增长率为5‰，农村计划生育奖励扶助人数达188 930人。

二、教科文财政财务管理面临的矛盾和问题

目前看，尽管财政对教科文事业发展的保障能力不断增强，各部门预算管理和财务管理日趋科学、规范，但教科文财政财务管理工作也面临一些矛盾和问题。主要体现在以下三个方面：

（一）财政财务保障压力大。当前，随着科学发展观的贯彻落实以及和谐社会建设的逐步深入，社会各方面对教科文事业发展的需求不断增加，财政支出需求也快速膨胀，财政财务保障任务进一步加重。概括来讲，一是增支政策多。近年来，党中央、国务院高度重视民生问题，党的十七大和今年全国"两会"，都提出要加快推进以保障和改善民生为重点的社会建设，将民生问题摆到更加重要的位置，出台了一系列民生政策，许多政策都涉及教科文方面，并且是"重头戏"。比如，去年实施了农村义务教育经费保障机制改革，完善了家庭经济困难学生资助政策体系，启动了电影放映工程，对农村义务教育阶段学生免费提供教科书，等等。今年在进一步巩固相关政策的基础上，又研究实施了独生子女伤残死亡家庭扶助制度试点、博物馆纪念馆等公益文化设施免费开放工程等，新的民生政策一项接着一项。这些政策涉及面广、影响力强、增支数额大，并且对于我省来讲，中央只是出政策，资金主要由我省自己拿，而且将形成预算基数，财政财务保障压力很大。二是社会关注度高。教科文工作与广大群众的切身利益息息相关，事关经济发展，事关社会和谐。对于教科文工作的重要性，可以概括为"四个千家万户"：教育涉及千家万户、文化覆盖千家万户、科技影响千家万户、计划生育关系千家万户。因此，对于教科文工作，领导重视、社会关注、群众关心，对我们做好资金保障工作提出了更高的要求。去年以来，社会各方面对民生政策非常关注，中央各项政策出台伊始，有关新闻媒体就立即面向社会作了宣传报道，很多群众对政策内容、实施范围、实施标准等都非常了解，期望值也都非常高。对于这些政策，我们不落实不行，落实不好不行，落实慢了也不行，相应增加了财政财务保障压力。三是历史欠账多。多年来，由于各地普遍存在重经济建设、轻事业发展的情况，财政对社会事业发展的投入相对不足，使得各地在教育、文化、体育等事业发展方面欠账较多。以教育为例，由于投入相对不足，很多地方为达到"普九"目标，不得不通过举债发展教育事业，使得基层政府背上沉重的债务包袱；为适应"扩招"需要，很多高校通过贷款搞建设，债务风险问题日益突出。这些问题已引起方方面面的高度关注，也给我们财政财务工作带来很大压力。

（二）可用财力有限。集中表现为财政新增财力少、人均水平低。尽管我省财政收支总量较大，但由于我省是人口大省，人均占有水平还比较低。按总人口计算，2007年我省人均财政支出只有2 430元，居全国第22位，财政收支矛盾一直比较突出，运行比较紧张。特别是今年以来，受一系列减收增支因素影响，我省财政收支形势很不乐观，与全国其他省市相比有较大差距。集中表现为四个方面：一是"难"，即预算安排、平衡难。由于今年新的政策性增收因素少，必保支出项目多，无论是年初预算安排，还是保持全年预算收支平

衡，困难都比前几年大得多。一些政策性增支和重点建设项目，如十一运场馆、省博物馆、省档案馆建设等，年初预算安排的资金较少，执行中又必须保障，难度很大。二是“紧”，即预算执行紧。收入方面，一季度全省地方财政收入完成505.61亿元，比上年同期增长24.42%，增幅低于全国平均水平7.6个百分点。随着新企业所得税法的实施、利息税税率降低、个人所得税扣除标准提高等政策性减收因素的影响逐步显现，今后几个月财政增收的难度有可能进一步加大。支出方面，在年初预算之外，各方面要求增支的呼声很高，资金调度面临不少困难，财政运行比较紧张。三是“大”，即资金缺口大。今年预算确定以后，中央为促进农业发展和粮食生产，缓解物价上涨对居民生活的影响，又出台了一系列民生政策，增支压力进一步加大。全省算账，仅落实中央支农政策，推进义务教育经费保障机制改革和新型农村合作医疗改革，提高城乡低保对象补助标准，市县兑现规范津贴补贴政策等，全省支出需求就比上年增加200多亿元。四是“多”，即不确定因素多。一方面，受国内外宏观环境影响，我省物价持续上涨，企业融资难度加大、生产成本上升，投资、出口、企业效益等主要经济指标出现增幅回落趋势，经济运行中的不确定因素明显增多。另一方面，国家年初预定出台的资源税等增收政策至今不明确，新的减收增支政策却陆续出台，对财政平稳运行造成较大影响。这些都将影响财政对教科文事业的保障能力，因此，我们必须做好过“紧日子”的思想准备。

*（三）财务管理仍存在一些薄弱环节。*主要表现在以下五个方面：一是综合预算尚未完全到位，预算内外资金“两张皮”的问题依然存在。有些部门尽管已将单位所有收入纳入预算“笼子”，但自行组织的收入与财政经费拨款只是简单归并，并未真正做到统筹安排使用。还有一些单位，在编制预算时存在少报、漏报、不报自有收入现象，使得这部分资金游离于预算之外，影响了综合预算改革的进一步深化。二是结余资金管理不规范，年度结转资金规模较大的问题比较突出。从2008年省级教科文部门预算看，30个一级预算部门累计结余资金11亿元，占当年预算的9.5%。结余资金中，财政经费拨款是大头，占67.6%。三是政府采购预算编报不完整，应编未编现象时有发生。在2008年部门预算编报中，一些部门对列入政府集中采购目录的经常性商品购置项目，如车辆保险、加油和维修支出等，未编入政府采购预算。今年省级政府采购预算为31.4亿元，比上年增长22.2%，而教科文部门政府采购预算只有3.8亿元，比上年减少6.1%。还有一些单位，对已编入政府采购预算的项目，连续多年没有执行。四是财务管理的基础工作还不够扎实。审核发现，目前省级教科文部门预算“基础信息库”中，有上百处人员信息错误，有的一个人在多个单位出现，有的是姓名不同但身份证号码相同，如果按这样的基础资料编制预算，其质量可想而知。还有的部门对本单位人员编制、实有人数、车辆状况、房屋面积、收支规模等有关基础数据改来改去、时多时少，缺乏严肃性。五是财政资金的跟踪问效机制还不尽完善。有些单位财务管理存在重投入、轻管理，重立项、轻问效的问题；有的在申请项目时有可行性研究报告，但资金拨付后，却对项目进展和资金使用情况监管不到位，导致财政资金使用效益不高，甚至被挤占挪用、损失浪费。上述问题的存在，原因是多方面的，既有财政部门管理不到位的因素，也与有些单位不重视、机制不健全有关。我们一定要高度重视，并采取有效措施，认真加以解决。

三、明确目标、强化措施，进一步做好省直教科文财务管理工作

教科文事业发展联系着千家万户的利益，与每一个人都密切相关，是公共财政保障的重要方面。我们要正确分析和把握当前形势，进一步增强做好教科文财务管理工作的责任感、使命感，把握机遇、迎接挑战，开拓创新、努力工作，切实把省直教科文财务管理水平推上一个新的台阶。

*（一）要切实把握好深化部门预算改革这个根本基础。*预算是单位年度财务收支活动的主要依据。要提高教科文财务管理水平，关键是要按照科学化、规范化的要求，深化部门预算改革，提高预算编制与执行质量，从财务管理的源头上做文章。各部门要认真落实省级预算管理各项规定，完善预算编制机制，强化预算执行纪律，切实提高预算管理的规范化、科学化水平。一方面，要切实提高预算编制质量。在基本支出管理上，各部门要按照分类定额管理办法，根据工资及津贴补贴相关政策，结合单位编制内实有人员、人事部门单列人员和离退休人员等据实核定人员经费、日常公用经费，既要确保各项政策落实，又要防止擅自扩大支出范围、提高支出标准，造成损失浪费。在项目支出管理上，各部门对拟申报的项目支出，事前要进行必要的规划、论证和可行性研究，充分做好项目实施的前期准备工作，真正把预算编实、编细、编准、编全；要杜绝多报、虚报、漏报问题，切实提高预算资金安排的准确性、科学性，减少执行中的频繁调整。今后省财政将严格实行“项目库”滚动管理，根据财力情况和“轻重缓急”原则，按照规范程序安排项目。在政府采购预算管理上，凡是使用财政性资金及与之配套的单位自筹资金采购货物、工程和服务的

支出，只要是在集中采购目录以内或者采购限额标准以上的，都要编入年初政府采购预算；对列入政府集中采购目录的经常性商品购置项目，也要在政府采购预算中填列。另一方面，要切实提高预算执行质量。为了更好地保障预算执行，近年来财政部门切实加快支出进度，不断提高年初预算批复率，让部门全面掌握自己的“家底”，做到了心中有数、统筹安排，预算执行质量不断提高。各部门要进一步增强预算执行的法律意识，严格按照批准的支出预算数额及规定的开支项目，按计划、按进度合理安排各项支出，保证事业发展的需要。除重要增支政策和一些突发因素外，原则上财政不予追加预算。年初确定的政府采购预算，原则上应在当年执行完毕，否则省财政厅将按照有关规定，对结余或结转资金进行分类处理。

（二）要切实把握好增收节支这个永恒主题。在当前教科文支出需求较大，而财政保障能力有限的情况下，各部门更要强化增收节支意识，加大相关工作力度。一方面，要统筹使用各类收入。各部门要按照综合预算要求，本着“收入统一管，支出捆着花”的原则，进一步加大预算内外资金统筹力度。既要摸清自身家底，挖掘增收潜力，将单位所有收入纳入部门预算，实现预算外收入由进“笼子”到进“盘子”的转变；又要实现资金安排从“预算内不足、预算外补”到“预算内外统筹安排”的转变，使财政经费拨款与预算外资金、事业收入、经营收入、上年结转等资金打捆使用。工作中，要重点强化三个方面：一是要强化资产收入管理。在搞好行政事业单位资产清查的基础上，努力做好国有资产收益管理工作，将其全部上缴财政专户，实行“收支两条线”管理。二是要强化预算外资金管理。为了加大预算内外资金统筹力度，省财政厅从今年起对部门用财政专户资金安排的预算支出，实行与预算内资金相同的指标管理办法，并严格按年初批复的预算执行。今后部门申请追加支出，经论证又确需安排的，应首先由单位超收非税收入安排，不足部分再考虑财政拨款。年初预算中用自有收入安排的支出，执行中如需调整，要报经主管部门批准，并送财政厅备案。三是强化结余资金管理。在编制部门预算时，要综合考虑本部门历年累计结余和当年可能形成的新增结余情况，将结余资金与预算编制结合起来。对基本支出结余和项目净结余资金，要结合下年度支出需求主动提出动支方案，专项结余资金较多的单位，要主动压减下年度同类项目申报规模。另一方面，要加强支出管理。要牢固树立过紧日子的思想，按照建设节约型机关的要求，科学运筹、量财办事，精打细算、厉行节约，严格控制一般性支出，勤俭办一切事业。要完善编制与预算双向控制机制，规范定员定额管理，统一项目审核标准，维护预算的严肃性和权威性。在省直机关继续实行节编奖励和节能奖励制度，大力推行会议费包干和通讯费、取暖费货币化发放，将节支效果与个人利益挂钩，激发单位“减人、节编、增效”的自觉性，坚决杜绝铺张浪费、大手大脚花钱的现象，努力降低行政成本。

（三）要切实把握好加强财务基础管理这个关键环节。基础工作是财务管理的基石。在目前总体财力有限的情况下，各部门一定要在基础工作上多动脑筋、下功夫，健全财务管理制度，强化财务管理措施，切实将这些资金用在刀刃上、花出效益来。一是要完善财务管理制度。为切实提高财务管理规范化水平，今年省财政厅将全面盘点财政专项资金管理办法制定落实情况，确保每一项专项资金都有规可依、有章可循，实现资金管理制度的全覆盖，认真解决资金管理中存在的管而不精、不深、不细的问题。各部门要抓住这个时机，结合自身实际情况，认真查找制度建设空白点，按照《预算法》、《会计法》及行政事业单位财务规则有关要求，建立健全各项财务制度和开支标准，严格规范财务收支活动，用制度管人、管事、管资金，努力形成运转协调、程序严密、制约有效、公正透明的财务运行机制，提高内部管理的规范性和科学性。二是要摸清单位财务资产家底。单位基础信息是否真实可靠，直接关系到预算编制的准确性和质量。作为财务管理部门，如果对本单位的基本“家底”缺乏足够了解，对人员、车辆、房屋、设备等基础数据掌握不充分，预算编制和财务管理工作就很难做好。各部门要切实从基础工作抓起，高度重视预算数据填报工作，认真审核修改“基础信息库”中的相关信息，清理修改“项目库”中的跨年度项目，确保各项数据准确无误。三是要加强对所属单位的管理。对于所属单位较多的部门，部门财务管理处要认真履行系统管理职责，在整个预算编制和财务管理过程中，切实履行好组织协调、审核平衡工作职责，搞好整个部门的财务规划，加强对所属单位预算支出的审核论证。要注意了解基层单位的具体情况，多为基层单位指方向、出思路，把上面的政策变成基层的行动，上下联手、密切配合，共同做好财务工作。另外，为了缓解高校贷款风险，减轻财务压力，今后省财政将继续加大高等教育投入，逐步提高高校学生定额，完善高校收费政策，不断增强高校还本付息能力。各高校也要坚持勤俭办学，从紧安排行政和消费性支出，加快推进后勤社会化改革步伐，努力降低后勤服务成本。同时，注意盘活教育资源、挖掘内部潜力，广泛拓展经费来源和偿债渠道，走多元化办学路子，积极消化债务负担。

（四）要切实把握好机制创新这个有效手段。支持教科文事业发展，加大投入非常重要，但创新机制，多方筹措资金，也非常关键。各部门要进一步解放思想，大胆创新，想方设法健全财政管理机制，努力做到“少花钱，多办事，把事办好”，从整体上提高教科文事业发展保障能力。一是要积极探索引入市场机制。在继续加大财政投入的同时，各部门要注意发挥财政资金的“酵母”作用，通过吸收社会资金入股、争取企业资助等方式，鼓励和支持社会力量筹资举办教科文事业，逐步形成国有和民办事业相互促进、公平竞争的事业发展格局。要进一步完善科技风险投资机制，继续安排资金逐步加大省级科技风险投资规模，采取股权投资等形式，引导企业和全社会增加对科技的投入，积极构建科技投融资新的平台，逐步形成以政府资金为引导，地方各级政府资金相匹配，国内外商业资本以及民间资本共同参与的多元化风险投融资体制。二是要积极完善资源共享共用机制。近年来，省科技厅、财政厅等部门积极建立大型科学仪器设备协作共用网，促进大型科学仪器资源共享共用，成为克服科技资源布局不均衡、提高资源使用效率的有效载体。这种做法对于业务手段相近、设备通用性较强的单位来讲，具有普遍意义。各部门要认真借鉴经验，在大力推进内部资源整合的基础上，探索实行“财政投资、一家购建、数家共享，市场运作”的方式，优化部门之间的资源配置，缓解资金供求矛盾，提高设施、设备利用率，探索完善资源共享机制。三是要健全财政监督检查机制。随着财政工作的透明度不断提高，当前社会各界对财政支出，尤其是财政支出的绩效非常关注。各部门要牢固树立财务管理绩效观念，不定期开展专项资金使用情况检查活动，及时查找问题，积极采取措施，切实防范乱收乱支、挤占挪用财政资金等违法违纪行为，确保各项财务管理活动依法合规进行。为进一步规范教科文财务管理，今年省财政厅将选择高校骨干学科教学实验中心建设、重点实验室建设、非物质文化遗产保护三个重点项目实施绩效考评试点，并将考评结果作为下一年度预算安排的依据。有关部门要高度重视、搞好配合，确保试点工作顺利实施，积极发挥绩效考评对预算编制和资金分配的激励作用，为进一步加强教科文财务管理积累经验。

（五）要切实把握好部门间协作配合这个重要保障。教科文财务工作千头万绪，单靠哪一个人、哪一个部位的力量和努力是不够的，必须举集体之力才能保质保量地完成。要实现教科文事业的大发展大繁荣，就必须搞好部门间的大协作大配合。一是在工作手段上要靠“三多”，即“多沟通、多理解、多协商”。从某种角度讲，部门财务就是财政职能在部门的延伸，面对教科文事业发展大计，我们是“一家人、一条心、一个目标”，在具体工作中要少一点抱怨，多一分协作，互相理解、密切配合，发挥优势、携手并肩，共同营造干事创业、和谐理财的良好氛围，共同推动教科文事业的改革与发展。教科文处不仅是省级教科文部门预算管理处，更是省直教科文部门服务处，要帮助解决教科文部门面临的实际问题，在财政厅内部为他们做好协调工作，提供“一揽子”全方位服务。二是在工作方式上要实行“三下”，即“资金下移、工作下调、作风下沉”。许多财政财务政策的落实，最终还要看基层抓得怎么样，项目单位资金运用得怎么样，所以要推行“终端管理”，建立顺畅的信息渠道和对接联络机制，围绕群众和基层所想、所愿、所难，深入基层、深入项目，以精细化、科学化、规范化的管理，使政府满意、部门满意、基层满意、群众满意。要善于分析财务管理运行情况，找问题、挖症结，提建议、想对策，切实为领导当好参谋、出好主意，赢得领导的重视和支持，增强单位财务管理的前瞻性、关联性和主动性，做教科文财务工作的黏合剂和助推器。

（作者为省财政厅副厅长）

强化监督检查　狠抓工作落实
深入推进财政反腐倡廉建设

李振声

一、2007年全省财政反腐倡廉工作情况

2007年，全省各级财政部门坚持以邓小平理论和“三个代表”重要思想为指导，按照中央、省委关于党风廉政建设和反腐败工作的部署要求，结合财政工作实际，全面推进反腐倡廉建设，取得新的成效。

（一）党风廉政建设责任制得到较好落实。各级财政部门党组进一步加强对反腐倡廉工作的领导，逐步形

成了“一把手”负总责，分管领导分工负责，纪检监察机构组织协调，部门处（科）室各负其责，党员干部积极参与，一级抓一级、层层抓落实的领导体制和工作格局。省厅继续将机关廉政大会作为春节后召开的第一个全体干部职工大会，党组书记、厅长尹慧敏同志亲自作部署、提要求，并将党风廉政建设纳入财政工作总体规划，将反腐倡廉任务分解细化到各个处室、各个岗位。许多市县财政局与科室、单位负责人层层签订责任书，逐级落实责任，坚持把党风廉政建设与业务工作一起部署、一起落实、一起考核、一起奖惩。财政纪检监察部门积极发挥职能作用，有效推进了财政反腐倡廉建设责任制的落实。

（二）反腐倡廉的大宣教格局基本形成。各级财政部门坚持把反腐倡廉教育作为基础性工作常抓不懈。一是精心组织学习党的十七大精神。通过领导宣讲、中心组学习、专题讨论、举办辅导报告会等多种形式，广泛开展学习教育活动，使广大财政党员干部对举什么旗、走什么路、坚持什么样的发展目标等重大问题有了更加清醒的认识，明确了反腐倡廉建设的方向。二是开展理想信念教育。省厅组织开展了“四个一”廉政教育，各市也积极利用广播、电视、报刊、网络等多种方式开展理想信念教育活动，内容丰富、形式新颖，具有很强的针对性和感染力，效果很好。三是进行法律法规和党纪政纪教育。组织开展了对《行政机关公务员处分条例》、《关于严格禁止利用职务上的便利谋取不正当利益的若干规定》等党纪法规的学习教育，使党员干部明确了哪些可为、哪些不可为的法纪界限。四是注重开展警示教育。通过收看典型案例影视教育片、听取服刑人员现身说法以及对腐败案例进行剖析等方式，帮助党员干部算好政治、经济、家庭和人身自由四笔账，使大家思想受到触动，心灵受到震撼。在抓廉政教育过程中，各级财政纪检、党委、人事、干教等部门密切配合，将其作为党建工作的主要内容，纳入干部培训的总体规划，贯穿于干部培养、选拔、使用、管理的全部过程，初步形成了廉政教育的大宣教工作格局。

（三）惩防腐败体系的制度框架初步建立。各级财政部门充分发挥制度在反腐倡廉建设中的保障作用，侧重从三个方面加强制度建设。一是完善廉政建设制度。省厅把廉政谈话的成功经验上升到制度层面，制定了《财政厅党员干部廉政谈话暂行办法》，一些地方制定的《廉政教育实施意见》、《领导干部监督管理暂行办法》、《廉政预警工作措施》、《廉政风险保证金使用规定》等制度办法，丰富完善了财政反腐倡廉的制度体系，为反腐倡廉建设提供了重要保证。二是完善财政管理制度。2007 年，省厅新制定预算管理制度 9 项，政府采购管理制度 6 项，财政资金管理制度 20 多项。特别是厅党组印发的《关于加强财政内部管理工作的规定》，对财政收支管理七个重要环节的法定责任、审批权限、办结时限、运行程序等都作出了明确规定，使财政管理更加科学、规范、透明。三是完善机关内部管理制度。省厅及各市普遍建立了公务接待、财务报销、资产管理、车辆使用、办公用品采购等制度办法。制度体系的逐步完善和落实，使我省财政部门基本做到用制度管钱、管人、管事，为反腐倡廉建设提供了可靠保证。

（四）权力运行的监督监察力度不断加大。各级财政部门把监督制约权力运行作为反腐倡廉建设的重点，走出了一条适应财政实际的监督监察新路子。一是通过开展廉政登记、重大事项报告以及专项清理等工作，对党员干部实施普遍监督。积极落实中纪委《关于严格禁止利用职务上的便利谋取不正当利益的若干规定》，组织系统全体党员干部对照《规定》进行了登记清理。按照省纪委统一要求，对领导干部配偶、子女从业情况进行了公示登记。全省财政系统 837 名领导干部按规定报告了个人重大事项，使各级组织更全面地了解党员干部的基本情况，实施有效监督。二是通过受理信访举报，对有可能发生问题的党员干部进行个别监督。对受理的信访举报，全部按规定进行了处理。对确有问题的，根据情节轻重，有的给予党纪政纪处分，有的予以提醒或诫勉谈话。三是通过内部审计对有资金管理权的岗位实施重点监督。省厅按照“两年查一次，一次查两年”的要求，扎实开展内部审计工作，各市也都有计划地对有资金管理职能的科（处）室进行了审计，发现问题及时整改，消除了隐患。四是通过行政监察对社会关注的热点、难点问题实施专项监督。结合开展治理政府采购领域商业贿赂专项工作，省厅对政府采购监管工作进行了一次专项检查，收到良好效果。五是通过行政效能考核评议对党员干部实施勤政监督。省厅及一些地方对机关工作进行了行政效能考评，并将内考外评结合起来，仅省厅就向社会和服务对象发放征求意见信 1 860 多封，征集意见上百条。通过行政效能考评激发了干部职工的勤政意识和干事创业的积极性。六是通过多种渠道接受社会监督。各地积极推进政务公开，普遍设立了财政信息网站，开通了财政政务热线，聘请了特邀财政监督员，开设了监督举报信箱，通过扩大外部监督，强化内部管理，财政权力运行更加规范。

（五）财政反腐败治本抓源头改革稳步推进。各级财政部门认真履行职能，按照责任分工积极做好反腐败治本抓源头工作。一是全面实施政府收支分类改革。建立了规范合理的地方政府收支分类体系，财政预算的科学化和透明度显著提高。二是国库集中支付改革范围逐步扩大。全省全面实施集中支付制度改革，农村义务教育经费保障机制改革资金也实现了国库集中支付。同时，财税库银联网和推行公务卡制度前期准备工作取得重要进展。三是政府采购监管工作迈上新台阶。省里新研究制定了6项管理制度，全省政府采购监管的制度体系更加完善。2007年全省政府采购额达290亿元，其中省级38.47亿元，比上年增长32.15%。四是“收支两条线”改革不断深入。在拓展非税收入范围的同时，逐步把政府非税收入纳入财政预算管理，行政事业单位资产收益管理也逐步规范。五是积极开展公务员津贴补贴政策执行情况监督检查。通过严格审核工资统发标准，纠正超范围、超标准发放等违规做法，有效解决了机关事业单位乱发津贴补贴问题。六是全面落实减轻农民负担“四项制度”，农民减负成效明显。同时，各级财政部门还积极参与加强农村党风廉政建设、清理违规修建楼堂馆所、治理商业贿赂、治理教育乱收费等源头治本工作，都取得明显成效。

（六）财政系统政风行风建设迈上新台阶。2007年，各级财政部门加强领导、精心组织，全方位落实政风行风建设措施，形成了上下互促、系统联动、共进多赢、全面开花的工作局面，在多年来取得优异成绩的基础上，系统政风行风建设再上新台阶。截至去年底，全省超过70%的县（市、区）以上财政机关进入当地行风评议前五名，被授予市级以上文明单位。五分之二的市财政局被评为省级政风行风建设先进单位，受到省政府表彰。财政厅机关连续三年在行风评议中名列前三，被评为“省级文明机关”。

（七）财政纪检监察干部队伍素质进一步提高。省厅在全省财政系统开展了“加强作风建设，构建和谐社会”、“做党的忠诚卫士、当群众的贴心人”主题实践活动，并组织市财政局纪检组长和专职纪检干部进行集中培训，提高了纪检监察队伍的政治业务素质。驻省厅纪检组以“调查研究年”活动为契机，针对反腐倡廉建设的新情况、新问题，撰写了《建立健全财政系统惩治和预防腐败体系的构想》，提出了新形势下加强财政系统反腐倡廉建设的思路和措施，获得省监察学会优秀论文二等奖。对各地反腐倡廉的好经验好做法，省厅及时编报信息简报，通过内部信息网在全系统推广，起到了很好的指导作用。广大纪检监察干部在履行职责时，胸怀大局、秉公执纪、爱岗敬业、扎实工作，赢得了各方面的信赖，树立了可亲、可信、可敬的纪检监察干部形象。

二、今后一个时期全省财政反腐倡廉建设的总体要求和基本思路

根据财政部和省纪委部署，今后一个时期山东省财政部门反腐倡廉建设的总体要求是：高举中国特色社会主义伟大旗帜，以邓小平理论和“三个代表”重要思想为指导，深入贯彻落实科学发展观，以加强财政干部作风建设为基本任务，以完善财政部门惩治和预防腐败体系为工作重点，以强化财政反腐倡廉建设领导体制和工作机制为重要保障，以促进科学理财、民主理财、依法理财、清正理财为主要目的，坚持标本兼治、综合治理、惩防并举、注重预防的方针，坚持用发展的思路和改革的办法推进财政反腐倡廉建设，细化责任分工，加大工作力度，强化监督检查，狠抓任务落实，为财政改革发展提供有力保证。力争到2012年，全省财政部门惩治和预防腐败体系框架基本建成，治本抓源头的各项财政改革取得重大突破，财政干部队伍作风建设效果显著增强，违法违纪行为明显减少，反腐倡廉建设的领导和工作机制更加完善。按照以上总体要求和工作目标，今后一个时期，全省财政反腐倡廉建设的基本思路是：

（一）完善“一个体系”。即财政部门惩治和预防腐败体系。各级财政部门一定要高度重视财政惩防体系建设，每年都要根据总体规划制定本单位年度实施计划，分解落实工作任务，确保实现年度工作目标。要充分利用惩防体系这个平台，坚持不懈地推进财政系统反腐倡廉建设，不断提高财政干部拒腐防变和抵御风险的能力，为财政改革和财政事业发展提供坚实保证。

（二）打牢“两个基础”。即道德基础和法制基础。道德以其感召力和劝导力规范人们的行为，法制以其权威性和强制力约束人们的行为。一个侧重内在的“自律”，通过加强教育，提高自我约束能力，在灵魂深处建起第一道“防腐墙”；一个突出外在的“他律”，通过引导党员干部学法、懂法、知法、守法，利用对法律的敬畏之心建起第二道“防腐墙”。尽管二者的着力点不同，但它们互为依存，相辅相成。我们必须“两个基础”一起打，使“自律”与“他律”紧密结合，从而有效预防腐败。

（三）把握“三个关系”。一要把握好教育、制度、监督的关系。教育是基础，但教育要取得实效不仅依靠教育的内容和形式，还要依靠制度和监督作后盾；制度是保证，但制度的实施既需要制度本身科学合理，还需要强有力的思想教育和经常性的监督检查来推动；监督是关键，但有效监督不仅取决于监督的权威性，而且还要通过教育提高干部遵纪守法的自觉性和有一套健全的法规制度作保证。工作中我们必须把三者有机结合、融

为一体，通过严格教育，使干部不想腐败；通过健全制度，使干部不能腐败；通过强化监督、严肃惩治，使干部不敢腐败。二是要把握好治标和治本、惩治和预防的关系。一方面，只有从严惩治，严肃查处腐败案件，才能有效遏制腐败现象的蔓延，为注重预防创造前提条件。另一方面，只有抓好预防，从源头上不断铲除滋生腐败的土壤，才能巩固和发展反腐败的成果，从根本上解决腐败问题。工作中必须统筹兼顾，不能顾此失彼、有所偏废。三是要把握好查处与保护的关系。要树立惩治腐败是政绩，澄清问题、保护干部也是政绩的观念。一方面，要不断加大查处案件的力度，绝不能让违纪违法者逃脱制裁。另一方面，要切实保护干部的合法权益，对干事创业、敢抓敢管、受到不公正非议和责难的，要澄清事实，旗帜鲜明地给予支持，努力维护他们的声誉。

（四）坚持“四个结合”。一是坚持思想建设和制度建设相结合。防止腐败，既要通过思想引导使人自觉从善，又要通过制度约束使人不能为恶。要始终把思想教育放在预防腐败的首位，使广大党员干部具有坚强的党性修养、良好的道德品质和严格的自律意识。同时，又要通过深化改革加强制度建设，找准财政部门容易发生问题的薄弱环节和重点部位建章立制，做到用制度管权、管事、管人，把权力运行纳入制度化、规范化、程序化轨道。二是坚持查处案件与解决损害群众切身利益问题相结合。有人认为违法违纪案件危害严重、影响恶劣、必须坚决查处，而对损害群众利益的问题则听之任之、熟视无睹，这是十分错误的。我们必须牢固树立群众观念和公仆意识，把立党为公、理财为民作为加强反腐倡廉建设的根本出发点和落脚点，像对待自己的亲人一样对待人民群众，像办自己的事情一样办好群众的事情，对严重损害群众利益的行为必须一追到底，严肃惩处。三是坚持抓廉政与抓勤政相结合。廉政和勤政是对每个干部的基本要求，也是反腐倡廉建设要达到的两个相互联系的重要目标。纪检监察工作既要反贪，又要治懒。通过开展行政、效能、执法等专项监察，督促干部职工真抓实干，提高工作效率和质量；通过完善考核和激励机制，形成正确的政绩导向和用人导向，把广大干部的工作热情和内在动力调动起来，使大家既廉政、又勤政，既干净、又干事。四是坚持加强对干部的监督与发挥干部的主观能动性相结合。不受监督的权力往往容易导致滥用，产生腐败。加强对干部的监督，既是对干部的严格要求，也是对干部的关心爱护。但监督不是把干部的手脚束缚起来，把大家搞得谨小慎微、畏首畏尾，而是让干部更好地发挥主观能动性，更好地开创工作新局面。因此，对广大干部首先要信任，工作中要严格区分改革创新和工作失误的界限、一般错误和违法违纪的界限，旗帜鲜明地支持干部锐意改革、大胆创新的积极性，保护干部知难而进、干事创业的主动性。

（五）做到“五个融入”。一是把反腐倡廉建设融入财政改革之中。深化财政改革是防治腐败的治本之策，只有加大财政改革力度，才能从源头上铲除滋生腐败的土壤，取得反腐败斗争的更大胜利。二是把反腐倡廉建设融入财政业务工作之中。财政纪检监察工作必须体现财政业务特点，如果脱离财政谈反腐，远离业务讲倡廉，必然形成“两张皮”，成为“局外人”。要把对权力的监督和对资金运行过程的监督紧密结合起来，切实做到权力行使到哪里、资金运行到哪里，监督制约就延伸到哪里，最大限度地减少资金分配的随意性，限制财政运行的自由裁量权，确保干部安全和财政资金安全。三是把反腐倡廉建设融入干部作风建设之中。从近年来反腐败工作实践看，许多人违法违纪都是从作风上出问题开始的。为此，我们必须把作风建设作为反腐倡廉建设的重要内容，教育引导广大干部自觉发扬党的光荣传统和优良作风，自觉抵御各种腐败落后思想的侵蚀，按照胡锦涛总书记的要求，牢固树立八个方面的良好作风，真正做到为民、务实、清廉。四是把反腐倡廉建设融入财政机关文化建设之中。机关文化是一种无形的精神力量，能够以其独有的感染熏陶和潜移默化功能，帮助机关干部树立正确的世界观、人生观、价值观，形成以廉为荣、以贪为耻的环境氛围。纪检监察室和机关党委要密切配合，开展好廉政文化进机关活动，让拒腐防变的廉政意识走进机关，延伸到家庭，落实到财政工作各个领域，渗透到八小时工作以外。五是把反腐倡廉建设融入机关党的建设之中。通过加强机关党建工作，帮助广大党员加强党性锻炼，提高党性修养，使他们更加自觉地讲学习、讲政治、讲正气，做到自重、自省、自警、自励。要发挥党的思想政治工作的优势，及时消除党员干部思想上的困惑和忧虑，化解工作生活中的困难和问题，为反腐倡廉建设奠定坚实的思想基础。

上述思路包括了反腐倡廉建设的指导思想、基本原则、工作重点和方式方法，既是学习党的十七大和中纪委、省纪委全会精神的收获和体会，也是全省财政系统多年来持之以恒抓反腐倡廉建设的经验积累。要进一步更新观念、创新思路，适应新形势、新任务的要求，把我省财政反腐倡廉建设推上一个新台阶。

三、2008年全省财政反腐倡廉建设工作任务

此前，厅党组已经印发了《2008

年全省财政系统党风廉政建设和反腐败工作实施意见》，对今年全省财政系统反腐倡廉工作做出了全面部署。各级财政部门要结合自身实际狠抓落实，重点做好以下七方面工作：

（一）围绕改革发展大局，加强对各项重大决策部署和财政政策落实情况的监督检查。要把维护党的政治纪律放在反腐倡廉工作的首位，使广大党员干部增强党性观念，始终保持正确的政治方向、政治立场和政治观点。坚决反对任何否定党的领导和社会主义制度的言论，自觉抵制各种否定改革开放的错误思想，严肃查处违反党的政治纪律的行为，坚决维护党的集中统一，维护中央权威。要紧紧围绕贯彻落实省委九届三次全会和全省财政工作会议精神，强化监督和行政监察，确保政令畅通。一是围绕转变经济发展方式、促进经济结构优化以及“两个防止”的要求，配合有关部门加强对市场价格调控、固定资产投资、节约用地、房地产调控、自主创新、节能减排、建立资源有偿使用制度和生态环境补偿机制等方面财政政策措施执行情况的监督检查，坚决纠正违反宏观调控政策的行为。二是围绕加强“三农”工作、保障和改善民生，加强对耕地保护、涉农补贴、支农投入、农村综合改革以及教育、社保、医疗、公益文化等财政政策措施执行情况的监督检查，坚决纠正损害群众利益的行为，严肃查处违法违纪问题。三是围绕深化经济体制改革、建设社会诚信体系，加强会计信息质量检查和注册会计师、评估师行业监管，进一步提高会计信息和社会审计信息的公信度，整顿和规范市场经济秩序。四是围绕科学理财，加强对各项财政改革任务完成情况的监督检查，推进财政制度建设，健全财政管理体制，强化财政科学化、精细化、规范化、透明化管理，推动“五型财政”建设，不断完善地方公共财政体系。

（二）继续加大案件查处工作力度，坚决惩治财政领域存在的腐败问题。要结合近年来财政系统违法违纪案件的特点和规律，重点检查发生在领导干部和重要岗位工作人员中的违纪违规问题，严厉查处官商勾结、权钱交易贪污受贿、权色交易腐化堕落的案件，滥用职权、失职渎职、严重侵害群众利益的案件，违反财经纪律、违反职业操守、执法犯法的案件，在政府采购、基建工程等方面规避招标、虚假招标、搞内幕交易、接受商业贿赂的案件，严重违反组织人事纪律造成恶劣影响的案件等。坚持在法律和纪律面前人人平等，对腐败分子必须一查到底，绝不姑息。要进一步健全查办案件的领导体制和协调机制，提高案件的调查处理能力。综合运用组织处理和纪律处理手段，加大组织处理工作力度，对群众反映强烈，不适合现有岗位的党员干部，应及时调换；对确有问题、不宜继续担任领导职务的，应按照有关规定，采取引咎辞职、责令辞职、免职等组织措施予以处理。要健全来信来访实名举报办理规定，拓宽信访举报渠道，完善督办机制。要加强案件剖析，针对腐败问题产生的原因，健全制度，堵塞漏洞，充分发挥查办案件的治本功能。

（三）深入开展反腐倡廉教育，加强财政系统党员干部廉洁自律工作。要围绕学习贯彻党的十七大和省九次党代会精神，以树立正确的权力观为核心，以增强廉洁自律意识为目的，面向广大财政干部深入开展理想信念、党风党纪、优良传统、职业道德等教育活动，做到常规教育定期搞、法制教育不间断、传统教育不放松、警示教育经常见，进一步提高财政干部依法行政的自觉性，抵制腐败风气的坚定性，严守法纪的遵从性和自警自励的主动性，做到清正廉洁，为民理财。2008年，省厅将继续在全系统开展“四个一”廉政教育活动，一是开展一次以学习宣传构建惩防腐败体系为主要内容的廉政知识竞赛；二是组织一次廉政书画摄影作品展览活动；三是办好一个全省财政信息网的党风廉政建设专页；四是编写一本《党员领导干部廉政手册》。各级财政部门要认真组织、积极参加，并结合本地实际，有针对性地组织多种形式的廉政教育活动，以教育促自律，以教育促预防。

要严格落实中央纪委《关于严格禁止利用职务上的便利谋取不正当利益的若干规定》以及其他廉洁自律规定，切实解决财政干部特别是领导干部廉洁从政方面存在的突出问题，重点抓好以下五项工作：一是继续治理领导干部违规收送现金、有价证券、支付凭证和收受干股，以及以赌博和交易等形式收受财物、利用婚丧嫁娶等事宜收钱敛财等问题；二是完善规范财政干部证券投资行为的具体规定，严禁党员干部利用职务上的便利获取内幕信息进行股票交易；三是清理纠正领导干部在住房方面以权谋私的问题，严禁领导干部超标准建房、多占住房、违规购买经济适用房，坚决查处领导干部违规违法收受房屋的问题；四是纠正和查处领导干部放任、纵容配偶、子女和身边工作人员利用其职权和职务影响经商办企业等问题；五是治理领导干部违规插手政府采购、招投标、土地出让、产权交易等市场交易活动谋取私利的问题。同时，要认真检查落实中央关于领导干部廉洁从政、反对和制止奢侈浪费等规定和要求，进一步巩固廉洁自律的成果。

（四）完善财政部门惩防腐败制度体系，用制度规范财政权力运行。一要加强对党员领导干部的监督。进一步完善和严格执行民主生活会、述职述廉、诫勉谈话、函询、报告个人有关事项、定期打招呼会等制度规定，着重加强对贯彻党的十七大精神、执行民生集中制、落实党风廉政建设责任制、干部选拔任用、重大项目确定、重大资金分配等方面的监督。同时，落实好廉政谈话制度，省厅纪检组将与机关所有处室普遍进行一次建设性廉政谈话，对各财政检查办事处进行一次巡视谈话。各级财政纪检监察机构要协助本级党组完善领导班子及其成员自我约束机制，各级财政部门领导班子和领导干部要自觉接受监督。二要加强对重要环节和关键岗位权力运行的监督。突出财政特点，对财政预算、资金分配、行政审批、财政执法、行业监管等财政职能进行权力分类和监督定位，有针对性地完善科学的权力运行流程和监督机制。同时，推进财政绩效管理和评估制度，设立防止权力滥用的“防火墙”。要进一步加强对财政内部财务、资金、基建、金财工程建设等方面的监督管理，防止“灯下黑”。省厅纪检组今年将对《山东省财政厅关于加强内部管理工作的规定》落实情况进行专项监察，各地也应有重点、有选择地开展一些执法监察、效能监察、廉政监察活动，促进各项制度的完善和落实。三要积极推动财政政务公开。要结合贯彻《政府信息公开条例》和省政府关于政务公开的有关规定，建立健全政务公开的领导和办事机构及相关制度，抓紧编制信息公开指南和目录，明确公开事项和公开渠道，升级改造财政门户网站，积极参与阳光政务热线，针对社会关注的财政热点问题，及时发布解读信息，努力建设“阳光财政”。四要大力提倡勤俭节约、艰苦奋斗的作风，坚持反对和制止奢侈浪费。继续开展治理政府采购领域商业贿赂工作，组织开展“小金库”专项治理，规范完善党政机关经营性资产管理。坚决制止公款出国（境）旅游，严格控制党政机关修建楼堂馆所，纠正超标准、超编制配备使用小汽车、违规新建和整修办公用房等行为。同时，要积极发挥职能作用，协助当地纪委做好各项清理或专项整治工作。

（五）继续强化源头治理措施，充分发挥财政部门的反腐治本作用。各级财政部门都肩负着反腐败治本抓源头的重任。2008 年省厅承担的源头治理任务达 24 项，其中牵头的 5 项。党委、政府赋予财政部门抓源头治腐的重任，是我们的光荣，更是我们的责任，各级一定要认真履行职责，确保完成任务。一是进一步深化部门预算改革。积极推进综合预算，扩大绩效考评试点，完善政府收支分类，细化预算编制，加快支出标准建设，建立滚动的项目库，将新增资产配置纳入部门预算，逐步实现资产管理与预算管理的有机结合。二是推进国库集中收付制度向纵深发展。省、市级要将国库集中支付改革实施到本级所有基层预算单位，并逐步扩大到政府性基金和预算外资金，县级也要积极推进，并向乡镇延伸。三是进一步完善“收支两条线”制度。研究制定政策措施，逐步将预算外资金全部纳入预算管理，实现收支脱钩。四是不断深化政府采购制度改革。要完善监管制度，强化监管措施，扩大采购规模，拓宽采购范围，将中小学免费课本、药品、农机具等关系群众利益的项目纳入政府采购范围之内。五是进一步推进收入分配制度改革，加大监督检查力度，严肃查处违规发放津贴补贴行为。发挥财政反腐败源头治本功效，必须从制度创新入手，以深化财政改革为突破口。各级财政部门要把源头治本贯穿于财政改革的总体设计之中，贯穿于财政体制、机制、制度建设之中，贯穿于财政政策法规的制定之中，从全局上把握，在改革中深化，不断拓展从源头上防治腐败的工作领域。

（六）继续抓好财政系统政风行风建设，努力树立财政部门的良好形象。政风行风建设是一项只有起点、没有终点，只有更好、没有最好的永久性工程，稍有放松就会大步后退，甚至半途而废。我们一定要有长期作战的思想准备，有时不我待的紧迫感、不进则退的危机感和不抓不行、抓不好也不行的责任感，毫不动摇、持之以恒地抓好、抓实。要把政风行风建设与学习贯彻党的十七大、省九次党代会精神和落实科学发展观结合起来，认真贯彻落实省委、省政府决策部署，做到围绕中心不偏离，服务大局不犹豫，促进发展不放松，关注民生不动摇，把政风行风建设融入财政工作大局和公共财政体系建设之中。要把政风行风建设与文明创建和开展“机关服务年”活动结合起来，以文明创建带动政风行风建设，以“机关服务年”活动推动政风行风建设。要把政风行风建设与建章立制结合起来，使政风行风建设具有稳固的制度基础，形成加强政风行风建设的长效机制。要把政风行风建设与纠正和查处严重损害群众利益的不正之风结合起来，对损害群众利益的行为要从严查处，不仅要处理当事人，还要追究单位和上级主管部门的领导责任。

（七）进一步加强财政纪检监察队伍建设，不断提高工作质量和水平。财政纪检监察部门肩负着反腐倡廉的重要职责，任务繁重，使命光荣。新形势、新任务要求我们必须加强自身建设，认真履行职责，为维护党风党纪、服务财政事业发展做出应有贡献。一是加强思想政治建设。要深入学习贯彻党的十七大和省九次党代会精神，学习中国特色社会主义理论体系，用马克思主义中国化的最新成果武装头脑、指导实践、推动工作。进一步坚定理想信念，忠于党和人民的事业，全面贯彻落实党的路线方针政策，确保自己在理想信念上不犹豫、不含糊、不动摇。二是加强作风建设。财政纪检监察干部要讲党性、重品行、作表率，牢记“两个务必”，遵守“四项纪律”，弘扬八个方面良好风气，牢固树立全局意识、责任意识、服务意识和奉献意识。带头坚持社会主义核心价值体系，带头践行社会主义荣辱观，带头维护党章和其他党内法规。在工作中要坚持原则、实事求是，刚正不阿、不徇私情，坚定不移地与一切消极腐败现象作斗争，维护党纪政纪的严肃性。三是加强业务能力建设。要采取多种形式加大教育培训力度，不断提高干部的专业化水平和业务能力。今年省厅将继续加强对系统纪检监察干部的业务培训，努力提高其组织协调能力、监督监察能力、研究创新能力和纪检工作与财政业务有机结合的能力，为财政改革发展提供坚强的政治和组织保证。

（作者为省纪委驻省财政厅纪检组组长，省监察厅驻省财政厅监察专员）

完善财政支农政策体系 大力支持现代农业建设

文新三

一、两年来农业财政工作取得显著成效，各项工作再上新台阶

近年来，中央、省委省政府把解决“三农”问题作为全党和全部工作的重中之重，连续出台“1号文件”，制定颁布了一系列支农、惠农、强农政策措施。各级财政部门以科学发展观为指导，全面贯彻落实中央关于“三农”工作的方针政策和省委、省政府的各项决策部署，深入分析、准确把握全省农业农村发展形势，进一步加大工作力度，积极拓展支农思路，不断完善政策体系，大胆创新工作机制，着力加强资金监管，农业财政工作取得显著成效。

（一）坚持“多予”方针，财政保障能力有了新提高。为确保党的各项强农惠农政策真正落到实处，各级财政部门认真贯彻“工业反哺农业、城市支持农村”和“多予少取放活”方针，严格按照“三个高于”和“三个继续高于”的要求，积极调整国民收入分配格局，不断优化财政支出结构，大力支持农业农村经济发展，着力保障和改善农村民生，积极促进公共服务均等化，财政支农保障能力显著增强。据统计，2006年、2007年全省财政支持“三农”的总投入分别达到479.8亿元和700.6亿元，占同期财政总支出的22.6%和24.3%，比2005年分别提高了1.46个和3.15个百分点。农业财政支出达到106.8亿元和146.4亿元，分别比上年增长17.9%和37.1%。其中，省级农业财政支出年均增长25.9%，部分市达到40%以上。在加大财政投入的同时，各级各部门还注重财政支持与市场机制的有机结合，综合运用贷款贴息、民办公助、以奖代补、投资参股等手段，广泛吸引工业资本、金融资本、民间资本、外资等社会资金投资农业，充分发挥了财政资金的政策导向和吸附带动作用。比如，两年来省财政安排专项资金1.36亿元，采取贷款贴息方式支持农业产业化龙头企业发展，带动银行贷款65.9亿元，投入规模放大48倍；省财政投入专项资金1.26亿元，采取“民办公助”方式支持小型农田水利工程建设，带动村组集体、农民等社会力量投入2.9亿元。财政支农资金稳定增长机制以及多层次、多渠道、多元化的投入机制已初步建立，为进一步推动我省现代农业发展、促进社会主义新农村建设提供了坚实的财力保障。

（二）坚持科学发展，工作指导理念发生新转变。两年来，各级财政部门积极适应形势变化，及时更新工作理念，更加注重发展质量，更加注重资源节约和生态保护，更加注重民生问题，并取得明显成效。在农业农村经济发展质量方面，鼓励引导优势产品、龙头企业、生产要素向优势产区聚集，促进竞争优势明显、特色鲜明的农产品生产和加工产业带（区）建设；积极支持优质农产品生产示范基地、畜牧规模化标准养殖示范工程、标准化生态鱼塘整理工程建设，不断提高规模化、标准化、专业化、集约化生产水平；重点支持龙头企业开展技术研发、扩大生产规模、开展节能减排，提高龙头企业自主创新能力和产业带动能力；大力实施优势农产品竞争力提升计划，积极支持农业标准制定与推广、农产品质量认证和监测，全面提高农产品质量安全水平

和市场竞争力。在农业资源节约和生态保护方面，大力支持荒山造林、绿色通道、沿海防护林、村庄绿化等林业重点工程，全省新增造林面积437.8万亩，1 660万亩生态公益林全部纳入森林生态效益补偿范围，提高了全省森林覆盖率；在全国率先实施"渔业资源修复行动计划"，改善渔业生态状况，促进了渔业可持续发展；大力支持节水灌溉、测土配方施肥、农业面源污染治理、农作物秸秆综合利用，不断加强节约型农业建设，积极推进农业发展方式转变。在改善农村民生方面，大力支持实施"村村通自来水"工程，两年全省财政共投入26.01亿元，其中省财政6亿元，带动社会融资投入6.04亿元，新增受益人口2 010万人，使全省农村通自来水率达到82.1%；大力支持户用沼气建设，省财政共筹集资金1.1亿元，支持建设农村户用沼气12万户，极大地改善了农民的生活条件；大力开展农村劳动力转移培训、农民科技培训和创业培训，累计筹集资金1.44亿元，培训82.4万人，进一步提高了农民综合素质和增收致富能力；大力支持扶贫开发，帮助102万农村贫困人口实现脱贫致富。

（三）坚持强农固本，农业农村经济取得新发展。两年来，各级财政部门不断增强农业基础地位认识，大力支持农业基础设施建设，加强农业社会化服务，有力促进了农业农村经济发展。省级筹集资金7.1亿元，积极实施农作物良种补贴、家畜补贴、农机购置补贴政策，充分调动农民发展生产的积极性。全省筹集资金18亿元，在继续支持水利骨干工程建设的同时，新建了1 669处小型农田水利设施，开发了360万亩旱涝保收、高产稳产、节水增效的高标准农田，有效改善了农业物质装备条件。省级筹集资金2.3亿元，支持加快农业科技创新与应用步伐，目前全省农作物良种普及率达到96%，农业科技成果转化率达到40%，农业科技贡献率达到52%。筹集资金7.4亿元，支持龙头企业346家、农民专业合作组织622家，提高了农业产业化水平和农民组织化程度。筹集资金4.47亿元，支持重大动植物病虫害预防、检测和控制体系建设，以及森林防火、人工影响天气、抗旱防汛等防灾减灾工作，为全省农业平稳健康发展提供了重要保障。在各项支农惠农强农政策的拉动和其他各种有利因素的共同作用下，2007年，全省农业经济总产值达到4 056.6亿元，连续8年保持全国第一；粮食总产量达到4 105.7万吨，连续5年持续稳定增产；农民人均纯收入达到4 985元，连续4年实现两位数增长。

（四）坚持改革创新，农业财政管理实现新突破。两年来，各级各部门以开展"财政管理年"和"财政支农资金管理年"活动为契机，注重抓创新、求突破，抓监管、立规范，积极从体制、机制、制度上研究探索加强和改进支农资金管理监督的措施办法，有力地促进了财政支农资金分配使用管理的科学、规范、安全、有效。在创新资金分配机制方面，全面实行专家评审论证、社会公告公示、招投标等制度，大力推行公式法、因素法等资金分配方式，逐步扩大项目审批权限下放试点，对防汛抗旱、扶贫开发等资金采取"切块"方式下达，增强了基层的自主决策权。启动实施加快预算执行进度改革试点，建立支农预算执行激励约束机制，探索解决资金分配慢、到位晚和使用效益不高的问题。在改进资金使用方式方面，农村户用沼气建设采取"以物抵资"方式，由县级集中采购免费向农民发放灶具及配件。农作物良种、农机购置、家畜良种补贴，由省级统一组织采购良种、农机具供应商及其相关服务。积极开展贫困村村民互助资金试点和小额扶贫贷款担保，有效解决了农户特别是贫困农户发展生产贷款难问题。在规范资金管理方面，继续坚持"先建制度、后分资金，先规范、后运作"，不断完善资金管理制度和内控机制。近年来，省里共制定完善农业财政专项资金管理办法52项，其中2006年、2007年新制定24项，基本建立起了覆盖所有支农专项资金的管理制度体系，真正形成了"用制度管钱、靠制度管人、按制度办事"的工作格局。积极开展支农资金绩效考评工作，强化支农资金使用的"问效"管理。在推进支农资金整合方面，大胆实践支农资金整合的有效途径和方式，在全国率先提出从横向、纵向和县级试点三个层面推进支农资金整合，并不断扩大县级试点范围和规模。两年来，省里共选择11个县，统筹安排各类支农资金2.83亿元，并通过"捆绑打包"的形式下达，带动各级各部门和社会投入16.95亿元，带动效应达1∶6，有力推动了当地优势特色产业发展，促进了农业增效和农民增收。另外，市级也选择15个县开展了支农资金整合试点，取得了较好成效。

（五）坚持配套联动，农业财政工作形成新合力。近年来，支农投入逐年加大，支持领域不断拓宽，工作任务日益繁重。面对新的形势，全省农业财政财务部门通力协作、密切配合、并肩作战，心朝一处想、劲向一处使、汗往一处流，大大提高了整个系统的凝聚力、向心力和战斗力，有力推动了各项工作的开展。一方面，通过强化机关各职能部位间的协调配合，形成了内部支农工作合力。2006年，省厅专门成立了财政支持社会主义新农村建设联席会议制度，统筹协调财政支持新农村建设工作。几年来，厅党组充分利用联席会议这一有效机制，确保了省委、省政府和厅党组重大决策部署的落实。各市、县也都建立了类似的组织协调机制，发挥了很好的作用。另一方面，通过强化与部门间的协调配合，形成了横向支农工作合力。多年来，各级财政部门牢固树立服务意识，想部门之所想、急部门之所急，积极为部门事业发展提供财力保障。注重加强沟通，善于换位思考，既尊重部门意见，又坚持工作原则，得到了部门的充分理解和支持。目前，财政与农口部门之间讲大局、求协作、重配合的氛围日渐浓厚。再一方面，通过强化与各市、县的协调配合，形成了纵向支农工作合力。全省农业财政系统坚持上下结合，配套联动，真正做到了上情下达、下情上递、左右互通，切实提高了整个系统协同作战能力，大大提高了农业财政工作效能。

二、正确把握农业财政工作面临的形势，切实增强支持现代农业发展的责任感和紧迫感

加强现代农业建设，既是科学发展观在农业农村工作中的具体体现，也是推进工业化、城镇化的重要基础；既是建设社会主义新农村的首要任务，也是提高农业整体素质、保障农产品供给、促进农民增收的根本途径。

当前和今后一个时期，是全面推动我省农业由传统向现代转变的关键时期，农业财政工作面临着难得的发展机遇。首先，党的十七大立足中国特色社会主义事业总体布局，对新时期“三农”工作作出了重大战略决策，明确提出要加强农业基础地位，坚持把发展现代农业、繁荣农村经济作为首要任务，为我们各项支农工作开展指明了方向。其次，省委、省政府指导“三农”工作的战略思想、发展道路、目标任务越来越明确，政策措施越来越完善，为我们各项支农工作开展奠定了基础。再次，随着各级党委政府和社会各界对现代农业重要性认识的空前提高，解决“三农”问题已成为各级党委政府工作的重中之重，“三农”投入力度不断加大，为我们各项支农工作开展提供了保障。第四，随着统筹城乡发展迈出实质性步伐、农村改革取得阶段性突破、农民收入实现持续快速增长、农业生产不断增产增效，以及农村基础设施建设的明显加强，为我们各项支农工作开展创造了条件。

但任何工作往往都是机遇和挑战并存，我们在看到有利条件的同时，也要清醒地认识到面临的困难和挑战。从我省农业现代化进程来看，与发达国家的发展水平和先进经验相比，与国内先进省份日益增强的竞争能力和发展潜力相比，与省委、省政府关于“再创山东农业发展新优势”的总体要求相比，还有很大差距，可以说财政支持现代农业建设任重道远。从我省财政投入情况来看，主要用于落实“四减免、四补贴”政策和农村社会事业发展，支持农业农村经济发展的资金投入仍然不足，财政长期缺位、历史欠账较多的问题一直没有得到很好解决。从农业自身发展情况来看，我省农业农村发展仍存在着许多矛盾和问题。主要表现为“六个比较突出”：一是农业基础薄弱的问题比较突出，物质装备条件、科学技术水平、公共服务体系欠账较多；二是农产品供求结构性矛盾比较突出，保障农产品供求结构性平衡和质量安全的责任重大；三是人口、资源和环境约束问题比较突出，转变农业发展方式的要求越来越迫切；四是城乡居民收入差距日益扩大的矛盾比较突出，继续保持农民收入持续增长和缩小城乡收入差距的任务异常艰巨；五是农业兼业化、农村空心化、农民老龄化问题比较突出，增加了发展现代农业的困难和压力；六是世界最小农业经营规模与社会化大生产、国际化大市场的矛盾比较突出，培育大户经营、合作经营、公司经营等新型载体成为发展现代农业的重要前提。以上矛盾和问题，对农业财政工作提出了严峻的考验，要求我们必须转变理财观念，明确努力方向，谋划应对措施，抓住机遇，迎接挑战，更好地发挥农业财政职能作用，力争做出更大贡献、实现新的作为。

根据省委、省政府和厅党组的决策部署，当前和今后一段时期，我省财政支持现代农业发展的总体要求是：全面贯彻落实科学发展观，坚持走中国特色农业现代化道路，立足我省基本省情和农业发展阶段，遵循现代农业发展一般规律，充分发挥公共财政的职能作用、市场配置资源的基础作用、农民的主体作用，以保障主要农产品有效供给、促进农民持续增收、推动农业可持续发展为目标，以支持现代物质装备、现代产业体系、现代科学技术为重点，以健全社会化服务体系、改善农业生态环境、保障农村民生为基础，以加大资金投入、完善政策体系、创新支农体制机制为保障，努力提升财政支持现代农业发展的能力和水平，加快推进我省传统农业向现代农业转变。

三、紧紧围绕强基础保供给促增收，着力构建财政支持现代农业发展的政策体系

加快发展现代农业，努力促进我省农业农村经济又好又快发展，是摆在我们面前的一项重大课题，可以说任务艰巨，责任重大。我们一定要深刻认识、准确把握，紧紧围绕省委、省政府“强基础、保供给、促增收”这一目标，把健全完善财政支农政策体系作为财政支农工作的着力点和突破口，努力提高各项政策的科学性、针对性和有效性。

（一）健全完善加强农业基础设施建设的政策体系，着力提升现代农业设施装备水平。先进的物质装备条

件是现代农业发展的重要基础。当前和今后一个时期，各级财政部门要把支持农业基础设施建设，作为统筹城乡发展的重要措施，切实抓紧抓好。一是加大病险水库除险加固和重点泄洪河道治理支持力度。省委、省政府对这项工作高度重视，年初就作出专门部署，要求用三年时间基本完成病险水库除险加固任务，用五年时间基本完成重点河道治理任务，并将此作为今年为群众办的五件实事之首。作为财政部门来讲，关键是要全力筹措落实好资金，确保工程建设需要。为帮助地方缓解筹资压力，省财政对小型病险水库除险加固资金采取“5年筹集、3年安排、提前预拨”的方式，支持各地加快工程建设进度，2月底前已将2.6亿元小型病险水库除险加固省级补助资金拨付各市，其他工程建设资金近期也将随项目计划及时下达。这些工程关系广大人民群众生命财产安全和农业发展大局，必须高度重视。各市、县要坚决执行中央和省里决策部署，充分发挥投资主体作用，按照“政府投入为主、市场融资为辅、鼓励社会参与”的原则，多层次、广渠道筹集资金。任何地区都不能因资金筹集问题，影响工程建设进度和目标任务的完成。二是加大农田水利设施投入力度。今年，中央加大了小型农田水利设施投入，并扩大了工程补助范围。省、市、县各级也要继续加大这方面的投入，积极采取“民办公助”、“以奖代补”等形式，并加强与农村“一事一议”的结合，鼓励农民群众、村组集体、农民专业合作组织、基层水管单位主要依靠自身力量建设小型农田水利工程。这样做，既能有效发挥财政资金的引导激励作用，增加农田水利设施投入总量，又可以避免产权不清、管理不善、效益不高等问题，有利于建立小型农田水利设施建设与管护并重的长效机制。三是加大农业综合开发支持力度。农业综合开发资金是政府支持和保护农业的一项重要手段，也是当前财政支持农业基础设施建设最大、最稳定的一块投入。要继续坚持以粮食主产区为重点，以建设高标准农田、提高土地产出率为目标，集中力量支持中低产田改造和中型灌区节水改造。要灵活运用各种政策手段，督促地方足额落实配套资金，调动农民和社会各界投资农业综合开发的积极性和主动性，建立多元化的资金筹措机制。要在尽快摸清农业综合开发县农业用地和开发潜力等基本情况的基础上，打破目前“基数加增长”的资金分配方式，逐步建立以中低产田数量和工作绩效为主要依据的资金分配机制。要坚定不移地推进项目县轮换制，逐步建立起奖优罚劣、有进有退、进退有据、动态管理的项目县管理机制。要严格规范产业化经营项目的立项程序，认真落实债务偿还措施，强化激励约束，建立更加有效的有偿资金回收机制。四是加大农业机械化推广力度。今年，中央和省财政加大了农机购置补贴力度，补贴规模成倍增加，补贴范围不断扩大，增加了补贴农机具种类，提高了单机补贴限额，完善了补贴计划编制方式。各级财政部门要积极配合农机主管部门，全力抓好政策落实，特别是对畜牧、水产、沼气等方面的农业机械，要公平对待、一视同仁，确保足额完成补贴计划。对补贴计划不能足额落实的市、县，省里将进行处罚。今后，要在逐步增加农机购置补贴投入的同时，主动适应形势变化和生产发展需要，不断调整优化投资结构，大力支持引导先进适用农机具的研制、示范和推广，加快推进粮食作物生产全程机械化，稳步发展经济作物和养殖业机械化。

（二）*健全完善支持农业产业发展的政策体系，着力培植农业农村经济发展新优势*。构筑各种资源利用有效、比较优势明显、竞争实力显著的现代农业产业体系，是建设现代农业的核心。经过多年的支持和引导，我省已初步形成了8大高效农业产业带和10大现代农业产业体系，但与现代农业发展的要求还有较大差距。今后，各级要进一步发挥财政投入的引导作用，促进农业结构不断优化升级，加快培植结构优化、布局合理的现代农业产业体系，努力增创我省农业农村经济发展新优势。在培植规模经营新优势方面，要以全省优势农产品区域布局规划为引领，继续实施非均衡发展战略，通过规划引导、政策支持、资金扶持、示范带动等措施，促进优势产业向优势区域集中、优势产品向优势企业集中，着力打造优势产业区、产业带，形成区域化布局、规模化生产、集约化经营新格局。各地要认真研究当地的产业优势、资源优势、竞争优势，明确发展思路，突出发展重点，解决发展难题，并在政策制定、资金安排和项目选择上给予优先保障。在培植市场竞争新优势方面，继续支持实施畜禽标准化规模养殖场（区）建设和标准化生态鱼塘整理工程，不断提高农业生产的标准化、专业化、规模化水平。大力实施农产品质量安全提升工程，围绕优势产业和优势产区，加强化肥、农药等农业投入品源头控制，健全农业质量标准、检测、认证体系，大力实施农产品品牌发展战略，积极培育一批牌子叫得响、质量过得硬、市场打得开的知名农产品。在培植农业产业化新优势方面，要继续支持现代农业生产示范基地建设，不断提高农业生产的集约化、规模化水平。要紧紧围绕省政府提出的“515”工程，统筹安排农业产业化龙头企业专项资金和农业综合开发产业化项目资金，进一步加大扶持力度，重点支持其开展自主研发、农产品精深加工和紧密型生产基地建设，鼓励龙头企业实现跨区域、跨行业、跨所有制的联合与合作，促进龙头企业集群发展。要健全完善财政扶持龙头企业指标评价体系和项目申报方式，引导龙头企业与农户建立更加紧密、合理的利益联结机制，真正实现风险共担、利益共享。同时，要重视农民专业合作组织建设，充分发挥他们在农业产业化经营中的桥梁纽带作用。今年，中央财政设立“现代农业生产发展专项资金”，按照“突出粮食生产、针对关键环节、集中资金投向、倾斜优势产区、地方自主选项、提高比较效益”的原则，组织实施发展现代农业相关重点项目。按照财政部要求，省里也制定了《关于财政支持现代农业发展重大专项的实施意见》。

（三）健全完善推进农业科技进步的政策体系，着力强化现代农业科技支撑。科技进步是发展现代农业的决定性力量和根本途径。今后，各级财政要进一步加大对农业科技的支持力度，努力健全完善从农业科技源头创新、成果转化到推广应用等环节的政策支持体系。一是大力强化农业科技源头创新，努力增强自主创新能力。要集中财力，重点培育以省农科院、山农大、青农大为龙头，以行业科研单位为依托，相互协作、资源共享的农业科技创新体系，注重加强与国家现代农业产业技术体系的衔接与合作。加快具有自主知识产权的农业良种选育和育种技术研究，加强农业重大应用技术研发，推进种质资源收集、保护和利用，强化科研平台和人才队伍建设，切实提高全省农业科技资源的整体利用效率和源头创新能力。二是大力推进农业科技成果转化、推广和应用，努力提高农业生产科技含量。省级重点支持普及面广，事关全省粮食安全、农产品质量安全、生态安全、资源节约及可持续发展等方面的农业科技成果转化与推广，使其尽快转化为现实生产力。市、县级要适当集中财力，围绕当地主导产业和特色产业，以技术引进、示范和推广为重点，能“拿来”的尽量直接拿来，着力解决支撑主导产业发展升级的科技成果转化和技术推广普及问题。三是大力培育农业科技推广新载体，努力打造先进技术进村入户的便捷通道。科技成果只有转化为现实生产力，才能带来实实在在的效益。要在改革完善基层农技推广体系的基础上，大力培育农业龙头企业、农民合作组织、专业协会、示范园区和涉农科研院所等新型服务组织，努力形成多层次、多元化的农业科技推广新载体，加快农业先进成熟技术成果的引进、试验示范和推广普及。

（四）健全完善强化农业社会化服务的政策体系，着力提高现代农业公共服务水平。健全的农业社会化服务体系是发展现代农业的重要保障。要适应当前农村分工分业的迫切需要，积极围绕农业生产的产前、产中、产后各个环节，逐步加大财政扶持力度，加快建立和完善以生产销售服务、科技服务、信息服务和金融服务为主要内容的农村社会化服务体系。一是提高动植物病虫害综合防治水平。今年，省里在严格执行国家规定的重大动植物病虫害防治规程的基础上，进一步调整了防疫计划编制程序和方法，努力使防疫计划更加符合各地生产实际和防疫需要。各级财政部门要切实增强大局意识和责任意识，全面落实高致病性禽流感、口蹄疫、猪蓝耳病、猪瘟疫苗经费，确保防疫计划完成。同时，针对动植物病虫害防治工作以及疫情发现、上报、控制、扑灭重点依靠基层的实际情况，要大力支持基层防疫队伍建设，切实提高基层防疫服务能力。省财政将继续通过转移支付，对欠发达地区村级防疫员队伍给予适当补助，并筹集部分基层动物疫病防治工作经费，对基层兽医管理体制改革到位、村级防疫员队伍健全、防疫计划落实较好的地区给予奖励。二是提高渔业安全生产保障水平。长期以来，我省海洋渔业抵御自然灾害和应对突发事件的基础条件薄弱，渔港和航标设施年久失修，渔船救生设备不配套，渔业安全通讯网络和救助体系不健全等问题十分突出，已经成为海上安全生产的隐患。为此，今年省财政新设“平安渔业”专项资金，支持改善渔业安全生产的基础条件，保障渔民生命和财产安全，维护渔区社会稳定。三是提高农机社会化服务水平。近几年，通过实施农机购置补贴政策，我省农业机械数量大幅度增加，要继续注重加强政策和资金引导，充分挖掘现有农机装备潜力，鼓励开展农机跨区作业，鼓励农民共同使用、经营农业机械，支持建立功能齐全、服务高效的农机社会化服务组织，提高农机服务的市场化和产业化水平。四是提高农村市场、信息、气象、水文服务水平。统筹安排各类专项资金，继续支持农副产品储藏、保鲜、流通设施和产地批发市场建设。整合各种信息资源，支持健全农业信息收集和发布制度，构建农村信息服务网络，促进信息资源共享和有效利用，为农民和企业提供及时有效的信息服务。充分发挥气象、水文在服务农业生产和农民生活的重要作用，积极支持气象灾害监测预警、人工影响天气和水文测报工作，切实增强农业防御干旱、洪涝、暴雨、冰雹、大风等灾害的能力。

（五）健全完善加强农业生态建设的政策体系，着力增强农业可持续发展能力。生态环境建设关系农民群众的切身利益和农业农村长远发展。要按照建设资源节约型、环境友好型社会的要求，加强资源节约、生态建设和环境保护，积极支持转变农业经济发展方式，努力实现农业生态环境建设与农业农村经济社会发展同步共赢。一是积极发展农业生物质能源产业。今年省级集中整合各方面的资金，实施农业生物质能源产业工程。一方面，进一步加大投入力度，重点支持发展户用沼气，完善沼气服务体系，带动全省新建户用沼气45万个。另一方面，继续支持农作物秸秆综合利用和大中型沼气工程建设，鼓励发展循环型农业，促进农业废弃物减量化排放、资源化利用。市、县级财政也要进一步增加投入，与上级资金统筹安排，捆绑使用，共同做好这项工作。二是进一步加大渔业资源保护力度。大力实施渔业资源修复行动计划，重点扩大人工增殖放流规模，继续搞好人工鱼礁、深水网箱和省级水生生物保护区建设，健全完善渔业资源保护和修复体系，改善渔业生态状况，保护和恢复生物多样性，促进渔业可持续发展。三是加快推进“绿化山东”和农业生态综合治理进程。采取“以奖代补”、“先干后补”等方式，积极推进林业重点工程建设，重点加大荒山绿化投入力度，继续支持沿海防护林、绿色通道和村庄绿化建设，努力提高全省森林覆盖率。加强森林防火预警体系、组织指挥体系、林火扑救体系和相关基础设施建设，切实提高预防控制森林火灾的综合能力。进一步健全完善森林生态效益补偿基金制度，加快建立中央、省、市、县四级配套联动的生态效益林保护体系，更好地保护森林资源。同时，坚持以水土易于流失、生态环境脆弱的山区丘陵、黄泛平原为重点，支持开展土地沙化、碱化、水土流失综合治理工作。四是大力发展节约型农业。继续实施节水灌溉和测土配方施肥等项目，支持推广节地、节水、节肥、节药、节种和节能等农业生产节本增效新技术，努力降低农业生产成本，减少资源消耗浪费，提高投入产出率和资源综合利用率。

（六）健全完善保障农村民生的政策体系，着力改善农民的生产生活条件。解决农村民生问题，是以人为本的具体体现，也是发展现代农业、建设社会主义新农村的最终目的。我们一定要更加关注民生、改善民生、保障民生，努力使广大农民共享改革发展的成果，并以此来充分调动和发挥农民群众发展生产的积极性、主动性和创造性。一是认真落实各项补贴政策。今年，中央和省财政大幅度增加投入，进一步扩大小麦、玉米、水稻良种补贴范围，继续实施棉花良种、家畜良种、能繁母猪和优质后备母牛补贴。这些政策直接关系到广大农民的切身利益，各级财政部门一定要积极采取措施，努力完善补贴程序和方式，以高度的政治责任感，不折不扣地抓好贯彻落实。二是进一步加大农民培训力度。近几年来，随着每年上百万农村劳动力转移就业，我省农村劳动力结构发生了深刻变化，妇女、老人所占比例大幅上升，农业从业人员总体素质呈下降趋势，我们面临着促进农村劳动力转移、提高农业从业人员科技文化素质和创业技能等多重任务。因此，要把农村劳动力转移培训、农民科技培训和创业培训放在同等重要的位置，不断加大投入，并按照形势发展和农民实际需求，调整优化支出结构，合理配置培训资源。农村劳动力转移培训“阳光工程”，要稳定培训规模，提高补贴标准，加强培训监管，增强培训效果，调动农民参训积极性。农民科技培训和创业培训，要进一步扩大规模，创新模式，改进管理，加快培养有文化、懂技术、会经营的农村致富“带头人”。三是积极推进扶贫开发。改革开放30年来，我省仍有278万农村人口生活在贫困线以下，扶贫开发任务异常艰巨。为此，我们要按照十七大提出的“一个加大、两个提高”的扶贫开发要求，进一步加大投入力度，全面启动实施第三期整乡推进扶贫计划，扩大贫困村村民发展互助资金试点范围，确保完成扶贫规划任务。要搞好调查研究，有重点地支持国有贫困林场充分利用当地资源发展生产、改善生产生活条件。要管好用好财政扶贫资金管理监测信息系统，充分发挥系统在财政扶贫资金监管中的作用。今年，中央和省都将建立信息系统管理和使用的定期通报制度，并将把管理和使用情况作为分配财政扶贫资金的重要依据。四是继续实施村村通自来水工程。今年，省财政安排村村通自来水资金2亿元，并与国债资金统筹安排使用，集中实施农村饮水安全工程。各级财政部门要在足额落实地方配套资金、确保工程建设需要的同时，积极会同水利部门，认真研究村村通自来水工程运行管护有效机制，确保工程长期发挥效益。

四、积极创新支农机制，努力提高支持现代农业发展的层次和水平

创新是推动事业不断发展的强大动力。面对新的考验和挑战，各级财政部门必须坚持解放思想，与时俱进，把创新支农机制贯穿于工作始终，努力在创新中谋发展，在改革中求突破，确保财政支持现代农业建设的各项政策措施落到实处，推动农业财政工作实现新跨越、再上新台阶。

（一）创新资金投入机制，进一步调动各方加大投入的积极性。发展现代农业需要大量的资金，仅靠政府的投入是远远不够的。因此，我们必须按照“政府引导、财政拉动、农民主体、社会统筹”的原则，充分发挥市场机制的作用，积极吸引金融资金投入，广泛调动社会力量参与，努力形成多层次、多渠道、多元化的资金投入新机制。一是坚持城乡统筹发展，进一步加大财政投入力度。要认真贯彻“工业反哺农业、城市支持农村”和“多予少取放活”的方针，进

一步调整国民收入分配格局，积极调整优化财政支出结构，严格落实中央和省委“三个明显高于”的要求，大幅增加对农业和农村的投入，使“三农”投入特别是支持现代农业的资金总量、增量、增幅以及占财政总支出的比重都明显高于上年。二是坚持财政与金融协调配合，充分利用财政手段吸引金融资金投入现代农业建设。继续采取贷款贴息方式扶持农业产业化龙头企业、农民专业合作组织加快发展。同时，省里将在认真总结各地扶贫贷款担保、资金互助等好经验、好做法的基础上，积极探索开展农村贷款担保试点工作，逐步解决种养大户、农民专业合作组织、中小型龙头企业在生产经营中遇到的贷款难问题。各市也要大胆创新，认真做好政府的政策扶持与金融的市场调节相结合的文章，充分发挥财政资金“四两拨千斤”的作用。三是坚持以财政政策和资金为导向，鼓励和引导社会力量投入。注重探索建立农村公益事业建设新机制，对通过农村“一事一议”筹资筹劳开展小型农田水利、农村户用沼气、农业综合开发、村村通自来水、扶贫开发、村庄绿化等项目建设的，给予优先扶持或奖励，鼓励农民自愿投资投劳，改善自身生产生活条件，建设美好家园。同时，要注重采取财政贴息、投资参股、以物抵资、以奖代补、先干后补等政策手段，引导农业产业化龙头企业、农民专业合作组织等社会力量投资现代农业建设。

（二）创新资金分配机制，切实增强资金安排的科学性、公正性和透明度。建立科学公正、公开透明的支农资金分配机制，严把资金使用的第一道关口，是实现财政支农支出的高效和公平的重要途径。今年，省里将在继续实施专家评审论证、招投标、社会公告公示等制度的基础上，进一步加大改革力度。一方面，积极开展支农专项资金审批权限下放试点，大力推行公式法、因素法等资金分配方式，将小型病险水库除险加固、重点泄洪河道治理、村村通自来水、良种补贴、农机具购置补贴、扶贫开发、农村户用沼气、农民培训以及防汛抗旱等各类救灾资金的项目审批权限全部下放到市、县，并在今后逐步扩大试点范围，充分发挥基层财政的支农决策作用，探索建立权利和责任对等的资金分配机制。另一方面，按照厅党组关于建设绩效财政的要求，稳步推进支农资金绩效评价试点，逐步建立起与公共财政相适应、以提高政府管理效能和财政资金使用效益为核心、以结果为导向的支农资金使用管理机制，切实发挥绩效评价对预算编制和资金分配的正向激励作用。今年，省财政厅将会同省直农口部门，对扶贫开发、标准化生态鱼塘整理、森林生态效益补偿、农业综合开发产业化经营、农业重大应用技术创新等专项资金，研究制定科学、合理、可操作性强的绩效评价办法，对项目进展情况、目标任务完成情况和资金使用效益进行全面评估，并将评价结果与下一年度预算安排和资金分配直接挂钩。

（三）创新预算执行机制，切实加快支农预算执行进度。目前，在支农资金预算执行方面，仍然存在进度慢、拨付不及时、滞留时间长等突出问题，特别是一些季节性、时效性比较强的资金，如支持春耕生产、防汛抗旱、防疫防火等方面的资金分配滞后，导致政策效果和资金使用效益大打折扣。为有效解决这一问题，切实加快预算执行进度，努力提高支农资金使用效率，去年省里启动了加快预算执行进度改革试点，所有纳入试点的专项资金将于四月底前全部下达。今年，省里将进一步扩大试点范围，加快改革步伐，并加大激励约束力度，将各市、各部门的预算执行进度与资金分配和预算安排直接挂钩，奖优罚劣，奖勤罚懒。各级财政、农口部门要充分认识开展这项试点的重要意义，切实给予理解、支持和配合，共同推进这项工作顺利开展。

（四）创新资金整合机制，切实发挥支农资金整体效益。近年来，我们积极探索支农资金整合的新途径和新模式，取得了一定成效。今年，我们将按照“既积极、又稳妥，既整合、又管理”的要求，在继续推进支农资金横向、纵向整合的同时，着重探索建立推动县级支农资金整合的新机制。有关省级试点县要认真总结试点经验，研究建立试点到期后推动整合工作持续开展的长效机制。每个市都要选择1～2个县开展试点，认真借鉴省级试点县的经验做法，确保试点工作取得实效。为支持鼓励各市、县自主开展支农资金整合，省里将建立支农资金整合工作绩效考核制度和引导激励机制，改变目前直接下达引导性资金的做法，实施由各地先行自主整合、省财政考核评估后给予奖励的制度。

（五）创新资金监管机制，切实保证支农资金安全有效运行。各级要牢固树立“抓规范管理就是抓资金投入，抓规范管理就是抓资金使用效益，抓规范管理就是抓资金安全”的理财理念，下大功夫开展监管机制研究，积极创新监管手段和方法，切实把规范和加强资金管理作为农业财政工作的一项重要任务，常抓不懈。要在继续健全完善支农资金管理制度体系，扎实推进资金全过程管理的同时，积极借助审计、财政监督、投资评审、社会中介机构等外部力量，加大对事关农民切身利益、社会密切关注、容易出现问题的项目和环节的监督检查力度。创造条件，逐步建立财政支农资金监控网络，对资金运行全过程进行动态监控和监督检查，及时发现和严厉查处资金使用管理中的违规违纪行为。建立支农资金使用信息反馈制度，广泛征求基层和农民群众的意见建议，全面掌握重点专项资金使用管理情况，为进一步完善政策和管理措施提供依据。继续落实项目责任人和责任反馈、追究制度，规范项目申报和支农支出决策行为。建立违规违纪问题通报、登记制度，对有不良记录的单位和地区，在全省范围内进行通报，并在安排支农项目和资金时给予处罚。

（六）创新财政扶贫机制，切实解决贫困农户发展生产资金短缺问题。随着农村最低生活保障制度的逐步建立，扶贫开发将面临着新的形势和任务。我们必须及时转变扶贫思路，创新扶贫机制，将扶贫的重点由原来的解决温饱问题为主，转向提高贫困农民的自我发展能力和生活水平。去年，我省选择10个扶贫开发工作重点县（区）51个贫困村，开展了贫困村村民发展互助资金试点工作，为创新财政扶贫机制，提高资金使用效益，找到了新的突破口和有效途径。今年，省里将在认真总结试点工作经验的基础上，进一步扩大试点范围，重点支持试点积极性高、村风民风淳朴、具有一定产业发展基础的贫困地区，以村或乡镇为单位成立主要由贫困农户参加的“互助资金”合作组织，为成员从事生产经营活动，提供短期、小额、有偿借款，努力解决贫困农户发展生产资金短缺问题，切实提高其自我发展能力，促进建立贫困农户脱贫致富长效机制。各试点市、县要积极探索“互助资金”风险防范和长效运行机制，帮助解决“互助资金”合作组织法律地位问题，促进“互助资金”合作组织依法登记、规范运行、持续发展，同时注重采取财政贴息、弥补本金损失、奖励工作经费等方式，调动各方面的积极性，确保“互助资金”长期发挥效益。今后，省里将对试点县进行考核，对试点工作开展较好、实现“互助资金”保值增值的，要进行表彰奖励，并加大资金投入规模；对管理不规范、资金未发挥效益的，要在全省进行通报批评，责令限期整改，并不再增加直至减少或收回扶持资金。

（作者为省财政厅副厅长）

总结经验　创新思路
全面提升财政企业工作水平

李国健

一、两年来全省财政企业工作取得显著成绩

2006年以来，面对复杂多变的财政经济形势和艰巨繁重的改革发展任务，全省各级财政企业部门坚持以邓小平理论和“三个代表”重要思想为指导，以科学发展观为统领，紧紧围绕全省经济、财政工作的中心任务，抓住加快企业改革、推动结构调整、转变发展方式、促进对外开放、规范财经秩序、提高运行质量等关键环节，充分发挥财政职能作用，灵活运用资金政策调控手段，与时俱进，开拓创新，各项工作取得显著成绩，为全省经济持续健康发展提供了有力支持。

（一）财政支持力度不断加大，国有企业改革逐步深化。推动国有企业深化改革和加快发展，是党中央、国务院和省委、省政府作出的重大决策。实施主辅分离、辅业改制和分离办社会职能是全面推进国有企业改革的重要内容。2006年以来，各级财政企业部门充分发挥财政职能作用，积极支持国有企业改革，取得明显成效。一是国有企业主辅分离、辅业改制工作稳步实施。省财政积极推广临沂矿业集团、淄博矿业集团主辅分离改制试点经验，发挥“以煤养煤”政策资金的导向和调控作用，加大资金支持力度，调整资金扶持重点，推动省属重点煤炭企业主辅分离、辅业改制工作，带动了国有大中型企业主辅分离改制工作的全面开展。二是分离企业办社会职能工作进展顺利。各级财政企业部门切实履行职责，严把政策界限，加强沟通协调，积极组织实施，圆满完成了第二批驻鲁中央企业分离办社会职能工作任务，省属企业分离办社会职能工作也取得阶段性成果。截至目前，淄博市已基本完成省属企业办社会职能机构移交工作，其他市与省属企业的对账结果已全部批复完毕。通过实施分离企业办社会职能工作，从体制上解决了长期困扰企业改革发展的历史包袱，为国有企业提高竞争力、实现做强做大的战略目标创造了更好的条件。

（二）资金引导作用有效发挥，经济结构调整成效明显。调整国有经济的布局和结构，是深化经济体制改革的一项重要任务。2006年以来，各级财政企业部门坚持把发展服务业作

为转变经济发展方式、促进产业结构调整的重中之重来抓，取得显著成效。一是支持服务业发展力度明显加大。省财政自2006年起设立了服务业发展引导资金，两年安排落实资金3.06亿元，对现代物流、科技信息项目和农村现代流通服务体系建设等给予重点扶持。各市也积极设立服务业发展专项引导资金，不断加大对现代服务业的投入力度。滨州市通过对大中型企业实施二、三产业剥离，为促进面向生产的服务业发展，调整优化产业结构探索了新路子。二是政策性关闭破产和淘汰落后产能工作有序开展。2006～2007年，省财政为10对矿井争取中央关闭破产补助资金33.9亿元，及时拨付省丝绸集团所属企业破产费用缺口资金3.14亿元，保证了资源枯竭煤矿和省属困难企业关闭破产工作的顺利实施。落实专项资金4 500万元，支持关闭小企业和淘汰企业落后生产能力，促进了我省工业结构优化升级，推动了经济社会与资源环境的协调发展。三是企业自主创新能力进一步增强。为贯彻落实省委、省政府《关于实施科技规划纲要，增强自主创新能力，建设创新型省份的决定》，省财政积极创新财政管理机制，主动加大资金整合力度，整合设立了企业自主创新及技术进步专项引导资金，对高新技术、先进制造业、新能源和环保节能等领域的企业技术创新项目，集中财力给予重点支持。充分发挥科技型中小企业创新发展资金扶持引导作用，落实专项资金4 500万元，有效提高了我省科技型中小企业的自主创新能力。潍坊市从2006年起设立高新技术产业发展基金，每年筹资2亿元支持高水平公共研发平台建设，对提升企业核心竞争力，促进高新技术产业集群发展发挥了积极作用。

（三）财政鼓励政策体系不断完善，外向型经济持续协调发展。按照省委、省政府"突出重点、全方位、高水平扩大对外开放"的要求，积极调整工作思路，不断完善外经贸鼓励政策，促进了外向型经济的持续协调发展。一是外贸增长方式实现新转变。2006年以来，省财政用于支持企业出口产品技术研发、品牌建设、农轻纺贸易和农产品出口的资金达2.5亿元，优化了外贸出口结构，促进了外贸增长方式转变。二是招商引资实现新拓展。会同有关部门研究制定了重大利用外资项目奖励政策，积极探索财政资金市场化运作的新路子，坚持经费预算事前评审制度和公共布展承办单位公开招标机制，安排专项资金4 800万元，对省委、省政府确定的重大招商招展活动给予补助，提高了我省招商引资的质量和水平。安排贴息资金4 000万元，对西部开发区基础设施建设项目给予贴息支持，引导贷款投放额度达15.6亿元，放大系数近40倍，有力地促进了西部开发区基础设施建设，改善了开发区投资环境。三是实施"走出去"战略实现新跨越。积极调整支出结构，加大对实施"走出去"战略的资金扶持力度，落实专项资金1.74亿元，推动企业开展对外经济技术合作、境外资源合作开发、对外工程承包、外派劳务基地建设和中小企业开拓国际市场，扩大了互利合作和共同开发，缓解了我省资源和环境约束，实现了对外经贸结构的战略性调整。

（四）民生政策落实到位，企业职工和群众切身利益得到有效保障。保障和改善民生是各级党委、政府义不容辞的责任，也是财政工作的立足点和着眼点。两年来，各级财政企业部门认真贯彻落实保障和改善民生的各项财政财务政策，促进了社会和谐稳定。一是大中型水库移民后期扶持政策全面落实。在全国率先推行涉农补贴资金"一本通"发放制度，及时拨付后期扶持资金19.13亿元，其中直补资金16.26亿元，确保了水库移民后期扶持资金按时足额发放，对改善移民生产生活条件，实现库区和移民安置区经济社会可持续发展发挥了重要作用。二是企业安全生产财政政策促进体系日趋完善。认真落实保障企业安全生产的一系列财政财务政策，进一步拓宽了企业安全投入资金来源，为高危企业安全生产、抢险救灾工作提供了可靠的资金保障。2007年起，省财政和部分市设立了安全生产专项资金，逐步建立完善了政府对公共安全体系建设的资金保障机制。三是企业工资分配秩序逐步规范。为合理调节企业内部收入分配，规范企业工资支付行为，省财政厅积极参与拟订了《山东省企业工资支付规定》，以第188号省长令正式颁布施行。各级财政企业部门认真督促企业落实工资指导线制度和工效挂钩政策，稳步推进企业年金试点工作，维护了职工切身利益，推动了企业工资正常增长机制和多层次企业养老保险制度的建立和完善。采取工作督导、政策激励和资金补助相结合的方式，全面参与企业拖欠工资清理工作，多渠道筹措资金，圆满完成了我省"100%解决企业工资拖欠"的任务，走在了全国前列。

（五）财政财务制度建设全面加强，管理精细化水平稳步提升。两年来，各级财政企业部门以开展"财政管理年"活动为契机，进一步加强财政财务制度建设，财政企业工作的科学化、规范化和精细化管理水平不断提高。一是企业财务制度贯彻实施工作扎实有效。为促进新《企业财务通则》的贯彻实施，各级财政企业部门共组织举办培训班40余期，培训企业会计人员近1万人。省财政厅及时编印《2005～2006年企业改革与发展财政财务法规政策选编》，有效促进了省委、省政府重大战略部署和各项财政财务政策的贯彻落实。二是国有资本经营预算制度初步建立。为加快我省国有资本经营预算制度建设，省财政厅超前研究，反复调研，提出了建立我省国有资本经营预算制度的理论依据和政策框架，受到省政府领导的高度重视。在此基础上，研究起草了《省政府关于试行国有资本经营预算的意见》、《省级国有资本经营预算编报试行办法》和《省属企业国有资本收益收取管理试行办法》等规范性文件，在全国各省市率先启动了国有资本经营预算试行工作。泰安、烟台等市积极建立国有资本收益收缴和支出管理制度，为国有资本经营预算试行工作积累了宝贵经验。三是部门预算管理日趋精细。随着部门预算改革的不断深化，各级财政企业部门切实加强预算单位经费管理，确保了部门正常运转的资金需要。四是资产评估机构审批监管规范到位。严格规范审批程序，及时受理、审批资产评估机构设立、注销和变更事项，切实加强对评估机构的监督，促进了资产评估机构依法规范执业。

（六）信息分析的深度和力度逐步加大，企业财务信息调研工作迈上新台阶。企业财务信息管理是财政企业管理一项重要的基础性工作。两年来，各级财政部门不断加强企业信息管理，积极进行企业经济运行分析，深入开展调查研究，财政企业工作的前瞻性、针对性和实效性进一步提高。一是企业信息管理力度加大。全省财政企业信息网络建设不断加强，网络系统功能深入拓展，财政与企业间数据交换和信息沟通更加便捷及时，为全省企业信息工作开展创造了有利条件。企业快报报送范围进一步扩大，2007 年末，纳入快报统计范围的独立核算企业户数达到 8 267 户，比 2005 年末增加 2 060 户。同时，深入开展企业信息分析，财政企业信息的利用价值不断提高。经过各级财政企业部门的共同努力，圆满完成了 2005 年、2006 年全省国有非金融企业、城镇集体企业和外商投资企业决算工作，受到财政部通报表彰。二是调查研究取得丰硕成果。各级财政企业部门围绕经济运行中的热点、难点问题，深入开展调查研究，形成了一批有价值的调研报告，增强了财政企业工作的前瞻性、针对性和实效性。其中，多篇调研报告受到党委、政府的高度重视，有的已进入领导决策，为服务各级党委、政府依法决策、科学决策发挥了重要作用。

回顾近几年的工作，我们深深体会到，做好新时期的财政企业工作，一是必须善于根据财政经济形势的发展变化，不断理清工作思路，认真落实科学发展观，主动实现工作指导转变，切实增强工作的预见性、前瞻性和规划性。二是必须时刻注重从全局上、长远上把握财政企业工作，正确处理好局部与全局、当前与长远的关系，准确把握改革发展方向，为党委、政府当好参谋、提好建议，更好地发挥财政职能作用。三是必须坚持改革创新，善于用改革的方法化解矛盾、解决难题、建立机制，不断激发创造力、增强凝聚力，推动各项工作不断迈上新台阶。四是必须坚持以人为本、关注民生，始终将实现好、维护好、发展好最广大人民的根本利益作为财政企业工作的出发点和落脚点，竭尽全力为群众解难题、办实事，真正做到理财为公、用财为民。

二、正确认识和把握形势，明确财政支持企业改革发展的总体思路

当前，我省已进入加快推进工业化、城镇化、市场化、国际化的新阶段，处于科学发展、和谐发展、率先发展的关键时期，财政企业工作既面临着前所未有的机遇，也面临着不少困难和挑战。如经济结构不尽合理，服务业发展相对滞后；工业整体素质不够强，先进制造业和高新技术产业比重偏低的问题还比较突出；世界经济发展充满不确定性因素，扩大外贸出口的困难增多；制约企业发展的体制、机制弊端还大量存在，国有企业改革的任务仍很艰巨，等等。党的十七大报告提出，要坚持走中国特色新型工业化道路，加快转变经济发展方式，促进经济增长由主要依靠投资、出口拉动向依靠消费、投资、出口协调拉动转变，由主要依靠第二产业带动向依靠第一、第二、第三产业协同带动转变，由主要依靠增加物质消耗向主要依靠科技进步、劳动者素质提高、管理创新转变。这既是深入贯彻落实科学发展观的客观要求，也是破解经济发展深层次矛盾的必然选择，为我们做好新时期的财政企业工作指明了方向。各级财政企业部门必须深刻认识、正确把握，切实增强工作的责任感和紧迫感，充分发挥职能作用，积极创新工作思路，进一步提高全省财政企业工作水平。

今后一个时期，我省财政支持企业改革发展的总体思路是：以邓小平理论和“三个代表”重要思想为指导，深入贯彻落实科学发展观，紧紧围绕财政经济工作的中心，着力完善财政企业政策体系，积极试行国有资本经营预算，支持深化国有企业改革，推动经济结构优化调整，增强企业自主创新能力，提高开放型经济水平，努力促进经济发展方式转变和全省经济又好又快发展。按照上述思路，当前和今后一个时期，要着力抓住“五个切入点”，努力做到“五个促进”。

（一）以试行国有资本经营预算和推动企业重组改制为切入点，促进国有企业深化改革。建立国有资本经营预算制度，既是完善社会主义市场经济体制的一项重大制度建设，也是增强政府宏观调控能力、推动国有企业改革和国有经济结构调整的重要手

段。中央本级国有资本经营预算已从2007年开始试行，省级国有资本经营预算也已进入正式实施阶段。要切实组织好省属企业国有资本收益收缴工作，确保国有资本收益按时足额入库。根据省属国有企业改革和国有经济结构调整的要求，探索从体制、机制上支持国有企业改革和发展的有效形式。要研究制定省级国有资本经营预算收支月报编制办法，加强预算执行监督。对试行工作中遇到的有关政策性问题，要积极研究解决，推动试行工作顺利开展。各市、县级财政企业部门要紧紧抓住自上而下试行国有资本经营预算的历史机遇，加快建立本级国有资本经营预算制度体系，尽快推动国有资本经营预算制度在全省范围内实施。

当前，省属国有企业改革正处于关键时期。按照省政府要求，省级国有资本经营预算支出，应主要用于支持国有企业改革和促进国有经济结构调整。要充分发挥国有资本经营预算的调控功能，科学合理安排国有资本经营预算支出，积极支持企业重组改制和劣势企业退出市场，弥补国有企业改革成本，推动国有资本加快向优势产业、优势企业和企业核心业务集中，促进国有经济布局调整。要继续推进国有大中型企业主辅分离、辅业改制工作，尽快完成省属国有企业分离办社会职能。稳步推进政策性关闭破产工作，加强调查研究，完善有关政策，妥善解决破产企业离退休人员医疗保险接续等涉及职工切身利益的问题。

*（二）以支持服务业发展繁荣和淘汰落后生产能力为切入点，促进经济结构优化调整。*近年来，省委、省政府高度重视服务业发展，适时调整经济发展思路，切实加大政策扶持力度，服务业发展环境进一步优化，发展步伐明显加快，对地方财政收入的贡献逐年提高。但与全省经济社会发展现状和要求相比，与先进省市相比，都还有较大差距，主要体现在服务业增加值总量较小，新兴服务业比重较低，服务业发展不平衡，对经济的拉动作用不充分。各级财政企业部门要把繁荣发展服务业作为优化经济结构的重中之重，切实抓紧抓好。要继续深入贯彻省委、省政府《关于进一步促进服务业发展的若干意见》和省政府《关于贯彻国发〔2007〕7号文件进一步加快发展服务业的意见》，足额安排服务业发展引导资金，充分发挥资金的引导作用。坚持发展生产性服务业与提升传统商贸服务业并举，正确处理突出重点与带动全面的关系，理清发展思路，明确主攻方向，紧紧围绕省委、省政府确定的服务业重点产业，采取贴息、资助、担保、奖励等多种扶持方式，大力支持“三大载体”建设，不断提高服务业在三次产业中的比重，促进我省产业结构优化升级。要以“万村千乡”市场工程和农村社区综合服务中心建设为重点，推动农村现代流通服务体系建设。积极借鉴外省市的经验做法，研究制定有效激励措施，鼓励银行、保险类金融机构和世界500强服务业企业在我省设立总部或地区总部，支持发展总部经济。要结合实施国有大中型企业主辅分离、辅业改制和分离办社会职能，推进企业内部二、三产业分离，引导企业改造业务流程，精干主业、壮大二产、发展三产。

支持资源枯竭、长期亏损、扭亏无望的国有企业实施关闭破产和淘汰企业落后生产能力，是促进工业结构优化调整的重要措施。各级财政企业部门要进一步加大资金支持力度，积极推动政策性关闭破产和企业依法破产。要继续安排必要的财政资金，充分发挥导向作用，支持关闭不符合安全生产条件、污染环境、浪费资源的小企业和淘汰落后生产能力。认真落实《中小企业促进法》、《山东省中小企业促进条例》，逐步扩大中小企业发展专项资金规模，不断优化资金扶持方向，加大对中小企业社会化服务体系建设的支持力度，大力促进中小企业和民营经济发展壮大。

*（三）以提高企业自主创新能力和转变外贸增长方式为切入点，促进经济发展方式转变。*企业是自主创新的主体，企业自主创新不仅对自身的发展有着决定性意义，而且对促进所在地区经济发展方式转变有着重要影响。近年来，我省企业技术研发经费投入快速增长，技术研发中心和研发人员数量不断增加，企业取得的技术研发成果逐年增多，自主创新能力显著提高。但与发达国家及国内先进省份相比，仍存在较大差距，企业自主创新意识还不够强，动力机制不尽完善，企业科技投入总量不足，产品技术含量不高，竞争力不强，技术创新效率还有待提高。要坚持走中国特色自主创新道路和中国特色新型工业化道路，把提高自主创新能力作为实现经济发展方式转变和产业结构调整的中心环节，围绕建设制造业强省、壮大六大支柱产业和延伸七大产业链，充分发挥财政资金、政策的扶持引导作用，支持利用高新技术和先进适用技术改造传统产业。要认真落实《山东省高新技术发展条例》，逐步加大科技型中小企业创新发展扶持资金规模，促进中小企业创新发展。逐步加大对公共技术创新及服务平台建设的资金投入，促进科技成果向现实生产力转化。积极研究探索创业投资引导资金管理机制，引导企业、金融机构和社会资金投入，拓宽高新技术企业和科技型中小企业融资渠道。要进一步加大企业自主创新财税财务政策的宣传力度，鼓励企业落实技术开发费据实列支、加计扣除和固定资产加速折旧等政策，加大研发投入，引导和支持创新要素向企业集聚，不断提高我省企业自主创新能力，尽快形成以

企业为主体、市场为导向、产学研相结合的技术创新体系，加快推进创新型省份建设。

要坚持把转变外贸增长方式作为促进经济发展方式转变的关键措施常抓不懈。积极实施“科技兴贸”战略，不断提高机电和高新技术产品出口比重，优化出口结构。继续实施“品牌”带动战略，大力培育拥有自主知识产权、核心竞争力强的出口龙头企业。引导和支持出口农产品区域性检测中心建设，不断提高出口农产品的质量安全水平，支持农产品扩大出口。加大对服务外包人才培训、服务外包公共服务平台建设的扶持力度，促进国际服务贸易发展。要认真贯彻落实国家鼓励进口的各项政策措施，支持企业引进先进技术、重要装备、重要资源和原材料，促进对外贸易平衡发展。要按照政府支持与市场运作相结合的原则，不断增强重大招商招展经费保障能力，确保省委、省政府确定的重大招商招展和经贸洽谈活动的顺利举办。进一步完善大项目招商推动机制，鼓励高标准、高起点招商引资，支持引进高端型、环保节约型重大利用外资项目和外商投资研发中心项目，促进提高利用外资的质量和水平。要继续支持西部开发区基础设施建设，放大贴息资金使用效益，吸引金融资本和社会资本投入，支持外商投资软硬环境建设，充分发挥西部经济开发区的带动作用。积极支持电子口岸建设，提高口岸通关效率。要逐步建立起全方位、多层次的支持“走出去”战略财政政策扶持体系，坚持开拓市场与开发资源并重，鼓励有实力的企业走出国门到境外创业，不断拓展经济发展空间，在对外经济技术合作领域实现新的突破。积极争取国家中小企业国际市场开拓资金，引导和鼓励中小企业发挥自身优势，用好两种资源，开拓两个市场。

*（四）以创新企业财务制度体系和提升企业管理人才素质为切入点，促进企业提高财务管理水平。*实施新《企业财务通则》的预期目标之一，就是建立新型的具有开放性的企业财务制度体系。由于企业财务行为的不断变化，企业在不同时期和不同发展阶段的财务管理重点也有所不同，财务制度也应当与时俱进，不断地加以补充、调整和完善。要在继续做好新《通则》宣传、培训工作，确保新旧财务制度顺利过渡的基础上，立足于贯彻国家有关经济社会发展政策、规范企业相关主体行为、协调企业财务关系和监督企业经济运行，结合我省实际，深入开展政策调研。既要继承现行企业财务制度中的有效成分，又要注意处理好与有关法律法规的衔接关系，创造性地解决企业财务控制管理和财政资金分配管理中的一系列制度建设问题，逐步建立以《通则》为主体，企业财务行为规范、财政资金监管办法相配套，企业集团内部财务办法为补充的新型企业财务制度体系。通过创新企业财务制度体系，促进企业管理理念、管理体制、运行机制和控制方法的不断创新，推动企业管理水平的提高和经济发展方式转变。

1997年以来，我省在组织实施全省重点企业集团经营者理财知识培训方面取得了显著成效，得到省委、省政府领导同志的充分肯定，受到广大企业的普遍欢迎。要针对企业改革发展的新形势、新要求，继续组织好重点企业集团经营者理财知识培训工作。按照培训规划，今年将组织举办第七期企业家理财知识培训班。要围绕新《企业财务通则》和会计准则体系、企业所得税“两税”并轨、国有资本经营预算制度等内容，精心筹备，扎实细致地做好组织实施工作，使重点企业集团经营者准确把握国家宏观政策导向，及时了解财税财务政策变化，进一步改进和加强内部管理，提高经济效益。同时，要积极支持实施中小企业“银河培训工程”，开展针对中小企业的综合培训和专业培训，促进中小企业管理者素质提高和现行财政财务政策的贯彻落实。

*（五）以改革企业收入分配制度和落实水库移民后期扶持政策为切入点，促进和谐社会建设。*深化收入分配制度改革是党的十七大提出的重要任务。要立足自身职能，认真贯彻省政府《关于加强企业工资宏观调控，健全职工工资正常增长机制的意见》，按照“市场机制调节、职工平等参与、企业民主分配、政策监控指导”的原则，建立健全以按劳分配为主体、以工资指导线为依据、以工资集体协商为决定方式，兼顾效率与公平，市场调节与政府调控相结合的企业工资调控体系，规范收入分配秩序，逐步扭转收入分配差距扩大的趋势。一要积极试行国有资本经营预算，尽快建立国有企业税后利润上缴和国有控股参股企业分红制度，有效调控国有企业特别是垄断性、资源性企业的税后留利水平，从资金源头上控制收入分配差距过大。二要继续开展企业工资内外收入监督检查，督促企业按照《山东省企业工资支付规定》要求，认真落实工资指导线制度，加快建立工资集体协商制度、工资正常增长和支付保障机制，逐步改革“工效挂钩”、工资总额包干等行政管理办法。三要继续会同有关部门做好企业工资拖欠清理工作，建立预防和解决工资拖欠的长效机制，维护职工合法权益。

要切实加强水库移民后期扶持资金管理，认真落实水库移民后期扶持政策。我省是水库移民大省，国家核定的大中型水库农村移民人数达186.57万人，每年财政部拨付的后期扶持资金达11.2亿元。随着全社会用电量的增加，今后还有大量的后期扶持结余资金用于支持库区基础设施建设和经济发展。要进一步完善涉农补贴资金“一本通”发放制度，规范大中型水库移民后期扶持资金的分配、使用和发放管理，确保资金及时足额发放到移民手中。积极争取中央后期扶持结余资金，加强小水库移民后期扶持资金分配使用管理，统筹做好大中型水库和小水库移民后期扶持工作，切实改善水库移民生产生活条件，努力维护库区、移民安置区社会和谐稳定。

三、加强财政管理和干部队伍建设，为财政企业工作开展提供有力保障

财政管理是财政工作的一项重要内容，也是做好一切财政工作的基础。各级财政企业部门要高度重视和加强财政管理，抓住工作中的薄弱环节，有针对性地采取措施，创新管理机制，健全制度办法，规范工作程序，严格目标要求，努力提高财政管理的精细化、科学化水平。同时，要不断加强财政企业干部队伍自身建设，为财政企业工作开展提供坚实的人才保证和智力支持。

（一）切实做好企业财务信息管理和调查研究工作。企业财务信息是财政部门开展经济运行分析、研究制定财税政策的重要依据。加强企业财务信息管理，提高信息利用水平，既是满足宏观调控的需要，也是满足财政企业工作自身管理的需要。近日，省厅印发了《关于进一步改进和加强企业财务信息体系基础建设和管理的指导意见》，从加强企业基础工作、强化信息分析利用、完善信息管理机制、增强信息服务功能四个方面提出了明确要求，为各级财政企业部门开展企业信息工作提供了很好的指导。各级财政企业部门一定要高度重视，切实抓好落实。同时，要围绕当前宏观经济运行中的重大热点难点问题，每年明确几个调研课题，有针对性地做好调查研究工作，为领导决策和宏观调控提供科学依据，促进财政企业工作水平不断提高。

（二）强化财政资金管理和绩效考评工作。加强财政资金管理，是财政企业工作的一项长期任务。各级财政企业部门要牢固树立现代管理理念，着力构建科学规范、基础扎实、注重绩效的财政管理机制，确保将有限的财政资金用在“刀刃”上，最大限度地提高资金使用效益。一要建立财政资金预算管理制度。对所有企业和单位申报使用财政资金，均应要求进行项目论证和成本效益分析，编报资金预算，并对其合法性、真实性进行审核。二要建立财政资金使用情况报告制度。财政资金到位后，使用单位必须按规定将财政资金使用情况及时报告财政部门。三要加快建立专项资金绩效考评体系。省厅从今年起将按照“统一规划、稳步推进、先易后难、分步实施”的原则，建立绩效考评制度体系，推进绩效考评试点工作。要充分发挥绩效考评对资金分配的激励作用，并把绩效考评结果作为下年度预算安排的重要依据。四要严肃财经纪律。对资金使用管理方面存在的问题，尤其是中央财政资金和关系群众切身利益的重点资金管理使用情况，要查深查透，发现问题一查到底，严肃追究有关当事人的责任。

（三）高度重视和加强干部队伍自身建设。新时期的财政企业工作，对干部队伍素质提出了更高的要求。各级财政部门一定要高度重视和加强干部队伍建设，努力打造一支政治过硬、业务熟练、作风优良的财政企业干部队伍。一要加强思想政治建设。要把学习贯彻党的十七大精神作为当前和今后一个时期首要的政治任务，把思想认识统一到十七大精神上来，深入贯彻落实科学发展观，紧密联系工作实际，促进工作指导转变。二要不断提高业务素质。现代社会已进入知识经济时代和信息时代，只有不断地加强学习，才能更好地胜任工作。通过学习，不断优化知识结构，提高业务素质和服务本领。三要强化服务意识。牢固树立理财为公、用财为民的思想，养成主动服务、规范服务、文明服务、高效服务的习惯，形成重视服务、崇尚服务、用心服务的浓厚氛围。在制定支持企业改革发展的财政政策时，要切实保护职工群众的合法权益，确保实现好、维护好、发展好最广大人民群众的根本利益。四要进一步加强党风廉政建设。财政部门承担着资金分配、管理职责，加强廉政建设尤其重要。要认真学习中央和省关于党员干部廉洁自律的各项规定，时刻牢记“两个务必”，严格遵守“四项纪律、八项要求”和“五个不许”，筑牢拒腐防变的思想道德防线，自重、自省、自警、自励，真正做到“权为民所用，情为民所系，利为民所谋，财为民所理”。

（作者为省财政厅副巡视员）

完善制度机制 加强行政事业性资产收入管理

张魁珍

随着经济社会发展和财政保障能力的提高，行政事业单位国有资产规模不断扩大，种类和数量日益增多，资产使用形式多样，资产收入来源也随之复杂化。从实践中看，由于思想认识不到位、管理不规范、制度不完善等原因，资产收入流失问题比较突出，甚至成为诱发腐败问题的资金来源。因此，必须建立健全管理制度体系，全面加强行政事业单位资产收入管理，斩断产生腐败的资金链条。

一、目前行政事业单位资产收入的管理现状

行政事业单位资产收入来源和流失的表现非常复杂，而且具有很大的隐蔽性。

（一）资产收入的主要来源。资产收入的取得以行政事业单位占有、使用的国有资产变动为基础。随着国有资产规模的扩大和改革的推进，行政事业单位资产流动加速，产权变动频繁，同时超出履行职能需要的闲置资产被越来越多地用于各种形式的经营活动，由此带来了各种形式的资产收入。资产变动主要有两种形式：一种是将本单位闲置的资产出售、变卖或者与其他单位置换；另一种是改变资产用途，将资产用于出租或投资等经营行为。与此相对应，资产收入主要形式也有两种：一是资产处置收入；二是资产有偿使用收入。但因资产产权变动形式复杂，上述两种形式的资产收入又可细分为多种形式。资产处置收入是指行政事业单位按规定处置资产取得的收入，按处置资产的性质和处置方式的不同，主要包括转让（出让、出售）资产（有形资产、无形资产）取得的有偿转让收入、转让股权投资取得的股权转让收入、报废报损资产取得的残值变价收入、因政府城市规划强行拆迁取得的拆迁补偿收入、置换资产取得的置换差价收入、报损资产取得的保险理赔收入等。资产有偿使用收入是指行政事业单位按规定将资产用于经营活动取得的收入。行政事业单位将国有资产（非经营性）用于经营活动的方式主要有：利用国有资产出租出借、为其他单位担保、对外投资等，相应地可以取得国有资产出租出借收入、担保收入和对外投资收益等。

（二）资产收入的管理方式。随着财政管理精细化水平的提高，各级财政部门对资产收入的管理日益重视，管理力度逐步加大。从政策层面看，早在2004年财政部就明确规定，国家机关、实行公务员制度管理的事业单位和代行政府职能的社团、组织等利用国有资产取得的收入属于政府非税收入，实行“收支两条线”管理，纳入财政综合预算。2007年，山东省政府出台文件，扩大了行政事业单位资产收入管理的范围，规定所有行政事业单位处置资产取得的收入、利用国有资产从事经营活动等取得的收入均属政府非税收入，纳入财政实行“收支两条线”管理，实现“收支脱钩”。财政部有关文件，也对加强行政事业单位资产管理，推进资产管理信息化，实现对资产的动态监管作了规定。上述规定从宏观政策、具体监管上规范了资产收入管理方式，提出了明确的要求。从监管层面看，由于资产收入分布广泛、形式复杂，加之缺乏具体可操作的制度措施等原因，资产收入流失现象仍然存在，大量国有资产收益未纳入财政管理，造成非税收入流失。

（三）资产收入流失的途径。资产收入流失主要表现在两个方面：一方面是单位采取隐瞒、截留、坐支等方式，不按规定上缴资产收入，通常称作显性流失。财务管理比较规范的单位将资产收入纳入单位财务统一核算，虽造成财政收入流失，但未造成国有资产实质性流失；财务管理不规范的单位，直接将资产收入作为单位“小账”管理，形成事实上的“小金库”，支出随意性大，造成实质性资产流失。另一方面是国有资产未实现其应有的市场价值，或未取得与投资对等的收益，常称作隐性流失。其中，资产处置收入隐性流失的主要表现：一是处置资产不按规定进行资产评估，导致资产处置价格与其应有的市场价值不符，资产被低价处置；二是资产处置过程不公开、不透明，不按规定采取市场竞价的原则处置，使资产失去增值空间。资产有偿使用收入隐性流失的主要表现：一是投出资产价值计量不准，对实物资产和无形资产投资，不按规定评估或低估资产价值，直接影响投资方在收益分配中

的权益。二是资产经营效益不高，亏损严重。如被投资单位盈利能力差，资产收益率低，直接导致获利微薄甚至无利可分；资产出租租金价格低于市场水平，造成资产权益受损等。三是投资方与被投资方的利益分配关系不明确，或者虽然明确了利润分配关系，但执行不到位，导致投资收益回收不及时，国家所有者权益得不到体现。

二、导致行政事业单位资产收入流失的原因分析

行政事业单位资产收入流失的原因相当复杂，既有思想认识差距方面的原因，也有政策执行力度不够的原因；既有制度缺失的原因，也有激励机制不健全的原因。主要体现在以下几个方面：

（一）受利益驱动，单位资产自有化思想没有消除。随着行政事业单位资产管理工作的不断加强，所有权与使用权相分离的原则日益深入人心，“国家统一所有、政府分级监管、单位占有使用”的资产管理体制逐步建立和完善。但从微观管理看，受利益驱动，无论是主管部门还是具体到一个单位，还存在国有资产“部门化、单位化”的思想，政府一旦投入资金为其配置了资产，一些部门和单位在思想上就认定对这些资产拥有占有、使用、收益、处分的权力，加之监管力量和手段不到位，从而出现一系列问题。如有的擅自处置国有资产，取得收入直接留归部门、单位使用，甚至成为“小金库”，直接导致资产收入流失，甚至诱发腐败问题；有的为了达到截留或坐支资产收入的目的，在资产的处置和使用上不择手段、暗箱操作，逃避管理部门的监管，使管理部门无法掌握其资产收入情况，无法实施有效管理。这是资产收入流失的思想根源，也是主观原因。

（二）监管不到位，资产收入得不到有效监控。资产收入是由于资产变动引起的，如果不能及时、准确地掌握资产变动情况，资产收入监管也就失去了对象。长期以来，国家对国有资产的管理侧重于经营性的企业国有资产，而对非经营性的行政事业单位资产重视程度相对弱化。近年来，行政事业单位资产迅速扩张，随着国有企业改革的深化，不少地区的行政事业资产的规模已大大超出国有企业，各级政府逐步认识到加强行政事业资产管理对于挖掘管理潜力、促进增收节支的重要意义，不再把这部分收入看做可有可无的“小钱”，思想上越来越重视。但总体来说，管理还比较薄弱，远未达到应有的效果。

目前，资产收入监管存在的问题主要表现在以下几个方面：一是资产处置监管不严。资产处置管理审批制度执行不严格，存在大量违规处置资产的行为，不少单位通过不履行资产处置报批程序而逃避主管部门或财政部门监管、截留资产收入或私设账外收益的现象比较普遍，资产处置收入监管处于半失控状态。二是资产评估作价管理不完善。国有资产作价未经评估就处置资产的现象普遍存在。在资产有偿转让（出售、出让）过程中，有的直接通过双方协议作价，随意性很强；在资产出租出借过程中，由于缺乏严格评估，以低于市场价格出租出借的现象也不罕见；在资产对外投资过程中，对拟作价出资资产不进行评估，使国有权益受到损害，按出资比例获取的收益相应减少；甚至有的出资单位转移开支费用，虚增被投资单位费用，导致年终无利可分，资产收入隐性化，资产收益不在单位账面上体现。三是资产交易方式不公开、不规范。规范的资产产权交易制度尚未建立，没有建立有形的产权交易市场，资产处置方式不公开、不透明、不规范，私下转让甚至无偿赠送的行为仍然存在。四是资产有偿使用管理体系不健全。主要是制度缺失、监管乏力、出资人制度不明确，国有资产保值增值责任无法落实，收入征缴处于无法可依的状态，急需从法律层面予以明确。

（三）管理脱节，形不成联动管理效应。资产管理弱化是导致资产收入流失的主要原因，相关部门管理机制不完备、职责不清晰、运转不协调等，也是导致收入流失的重要因素。又如，在预算管理上，财政部门对经查出应缴未缴资产收入，应当利用财政预算管理手段，按照《财政违法行为处罚处分条例》的有关规定予以处理，保证资产收入的及时收缴。又如，在产权、产籍管理上，对不按规定批准擅自处置国有资产的，或者处置资产不公开透明的，房产、土地、车辆管理等有关部门应在办理产权、产籍变更手续时予以控制。再如，在工商管理方面，行政事业单位资产有偿使用行为未按规定程序办理的，工商行政管理部门应当在办理工商注册登记时予以控制，等等。但目前在这些环节上，相关部门还没有在制度流程上设置监控点，存在各自为政的问题。

（四）制度实施阻力大，激励机制不配套。非税收入管理制度规定，行政事业单位的资产收入应该全部上缴财政，实行“收支两条线”管理。这种制度设计在理论层面完全正确，也是改革的必然方向。但资产部门化、收入部门化的实际情况是多年来形成的，实行“一刀切”的管理方式操作起来效果并不好，影响资产持有部门、单位的积极性，而且对资产收入的管理仅在收入方面作了规定，对支出方面未规定具体用途，部门、单位思想上存在抵触情绪，积极性不高。

三、加强行政事业单位资产收入管理的措施和建议

行政事业单位依法行政和发展社会事业所需的资产主要由政府财政投入形成，行政事业单位利用政府配置的资产取得的各类收入归国家所有，是政府财政收入的重要组成部分，应当按照政府非税收入管理的总体要求，尽快完善管理制度和监管机制，实行公开、透明、规范管理。

（一）提高思想认识，切实重视行政事业单位国有资产收入管理。财政部门作为行政事业单位资产及其收入管理的宏观管理部门，应明确职责任务，充分认识加强资产收入管理对于促进财政增收、规范社会分配秩序、推进反腐败源头治理工作的重要意义，尽快建立科学完善的资产收入管理制度和监管机制。通过开展多种形式的教育培训，引导部门和单位确立资产国家所有的观念，自觉接受财政部门和社会各界的管理和监督，严格按照国家规定管理和使用资产收入，杜绝利用资产收入谋取小团体利益的思想。

（二）切实加大征管力度，防止资产收入流失。严格执行有关法律法规，加强资产收入监管，严肃查处资产管理中的违纪违法行为。一是制定征管制度实施细则。针对实际工作中存在的具体管理制度缺失问题，依据国家层面的制度办法，尽快制定切实可行的资产收入征收管理实施细则，明确资产收入的范围、管理方式、具体征缴和使用办法以及执收单位的权利义务，增强实施细则的可操作性。二是建立征管体系。修订完善目前的非税收入征管系统，针对资产收入的特点，首先从完善资产管理体系入手，做到资产各管理环节相互制约。在此基础上，对大宗资产处置收入，探索实行财政部门直接征收的方法。三是加强监督约束。建立部门、单位内部监督与财政监督、审计监督相结合，日常监督与专项检查相结合的监督检查工作制度，严肃查处资产收入管理中的违法违规行为，营造良好的征管秩序和监管环境。

（三）完善资产管理制度，强化资产收入监管。一是完善资产事项审批制度。财政部门、主管部门密切配合，按照各自的资产管理权限，严格执行资产处置审批制度，准确掌握单位资产处置和使用的各种形式。二是建立资产公开交易制度。对行政事业单位处置国有资产逐步实行“进场交易”，采取挂牌、拍卖、招标等市场化方式公开运作，严格限制采取直接协议方式处置国有资产，防止资产收入隐性流失，保证资产收入最大化。三是严格资产评估管理。对资产处置和资产有偿使用行为中涉及国有资产评估的，一律按规定实行资产评估，准确反映国有资产的市场价值。同时，针对资产评估机构与单位联合采取不正当手段低估国有资产价值的现象，采取有力监管措施，实行监管部门直接委托、直接付费的办法，从根本上切断评估机构与各方的利益关系，保证资产价值的客观公正。四是建立联动管理机制。推进管理立法工作，明确资产管理、预算管理、工商管理、土地管理、房产管理、车辆管理等各相关方的权利义务，促进各项管理相互制约，共管共赢，保证资产收入及时足额征缴。五是建立对外投资管理的出资人制度。坚持政企分开、事企分开，通过出资人制度明确各方管理职责，确保国有资产保值增值。

（四）探索实行分类分成管理。在当前形势下，探索实行资产收入分类分成管理，对不同类型的收入采取不同的管理办法，调动单位组织资产收入的积极性。一是对资产处置收入探索实行分成管理。目前，资产配置不均衡现象普遍存在，有的单位资产闲置较多，如果收入全部上缴财政，将会影响单位处置资产的积极性，导致单位宁可将资产闲置也不处置的后果，造成国有资产的损失浪费。采取收入分成管理，既可以调动单位增加收入的积极性，也可以保证一定的财政收入，是一种多赢的办法。二是对资产有偿使用收入采取必要的激励手段，既加强规范管理，又不挫伤其积极性，发挥资产使用价值。在这方面，也可以探索实行分步分成管理：先将收入纳入财政“收支两条线”管理范围，公开透明管理，全额返还单位使用；待条件逐步成熟后，财政与单位按比例分成。

（五）积极推行资产信息化管理。借助现代信息技术，推行资产信息化管理，将管理制度固化为电脑程序，提高单位资产管理数据质量和管理效率，改进行政事业单位国有资产管理方法和模式，实现对资产运行全过程的动态监管，提高全社会资产管理意识，建立良好的管理秩序，不断提高行政事业单位资产收入管理水平。

（作者为省纪委驻省财政厅纪检组副厅级检查员）

潜心投入　自觉砺炼
全面提升自身能力与素质

王慎民

干部教育培训，是我们党在新世纪全面提升干部素质、推进干部队伍建设、胜利完成新的伟大历史使命的重要手段，是一项长期的战略工程。在新的历史条件下，进一步加强财政干部教育培训，大幅度提高财政干部的综合素质与行政能力，不仅对圆满完成十七大提出的财政改革与发展、财政支持改革发展的历史任务，尤为重要和迫切；而且，对深入贯彻中央提出的建设学习型社会的伟大战略，引领广大干部牢固树立终身学习理念，紧跟时代步伐，永不停步、永不落伍；对打造一支政治强、业务精、作风硬、为政廉、人民满意的财政干部队伍，意义更为重大而深远。

对干部教育培训工作，厅党组一直高度重视，每年初都进行专题研究部署。近几年，在党组的重视、关心下，我厅教育培训工作成绩很大，得到省委组织部和财政部充分肯定。特别是处、科级干部培训，内容新，形式活，得到广大参训干部广泛认可，在全省产生了良好的示范效应。通过积极、有效、持续的培训，广大干部的政治业务素质得到进一步提升，能力结构不断改善，为推进新时期财政事业的改革发展，提供了有力的组织保障。

但是，我们也要清醒地看到，在飞速发展的新形势下，我们的干部在知识、素养、能力、水平、视野和境界等方面，还不能完全适应形势变化和时代要求，我们的干部教育培训工作与中央和省委确定的战略目标、与干部队伍建设面临的挑战、与财政承担的历史重任对干部的要求，还有不太适应的地方。我们只有更加重视、加强干部教育培训，全力推动干部教育培训工作创新，才能使这项工作更有生命力；也只有更加重视和强化干部的学习，全力推进干部的素质提升和能力建设，才能使财政干部队伍更有战斗力。举办这期培训班，主要目的就是通过培训地点的变换，在培训理念、思路、内容、形式和师资选择的创新上做些尝试，为推进财政干部教育培训工作跃上新台阶打下基础。各位学员一定要珍惜机会，集中精力加强学习。

（一）*潜心投入，学用统一。*平时工作很忙，有些同志还要照顾家庭孩子，能抽出身来参加这次培训，既是领导的关心，家人的支持，也是自己克服困难争取的结果，机会来之不易。要充分利用这短短一周的时间，集中精力，潜心学习，真正学有所获。学习的目的主要是应用。要坚持理论联系实际，多思多悟，做到学有所用、学用结合，防止学用脱节。要自觉遵守纪律，时时处处注意维护好山东财政干部的良好形象。

（二）*广汲营养，提升品位。*作为21世纪的财政干部，我们不仅要有坚定正确的政治方向，广博深厚的财经知识积累，娴熟过硬的业务本领，而且要在多方面汲取人类进步文化的营养，通过点点滴滴地学习、接触、熏陶、打磨，日积月累，逐步提升我们的素养、底蕴和内涵，使我们的思想、学习、工作乃至生活，更有品位，更有厚重感，更加绚丽多彩。这次培训在内容上作了精心安排，比如音乐欣赏、艺术鉴赏等。尽管内容有限，但用心良苦。就是想通过这样的模块，使大家悟出：适当了解一些人类进步文化的精髓，对砺炼自身修养、提升个人品位是非常有益的，也是必要的，这对做好工作与为人处事，对和谐机关建设，对形成丰富多彩、健康向上的机关文化风尚，是很有意义的。我们要把培训仅仅作为一个起点，逐步培养自己在某些文化元素方面的情趣，做一个高尚的人。

（三）*自觉砺炼，提示能力。*就国家机关业务工作需要讲，一个优秀的科级干部，起码应具备五种基本能力，即认知能力、动手能力、组织协调能力、语言表达能力、文字综合能力。这是机关工作者特别是公务员能力结构的基本要求，也是当今时代的要求。由于种种原因，要求每个人都同时具备这五种能力，或者讲五种能力都比较好，也是很难的事，只能作为一个总体的、长期的培养目标。从事业发展需要和人的全面发展这个角度看，我们不少人在能力结构的某些方面，都还有进一步开发或提升的空间。在这种现实情况下，针对能力结构中的薄弱点，有计划、有步骤、锲而不舍地进行培养、砺炼与提升，就成为机关工作人员基本能力建设中一个十分重要、突出的问题。近几年省财政厅安排的这些培训，都在模块与内容的设计上，精心考虑了基本能力提升的要求。但培训只是个引导、示范、启发、撬动和催化，关键还是靠自己去感悟、磨炼，去做有心、有志之人。我们要通过这次培训，能够对自身能力及知识结构有一个清醒、准确、辩证的认知，能够引起对改善自身能力结构的重视，能够把发挥长项、强化弱项、完善结构的自身能力建设作为自觉、持久的行动。

（四）战胜自我，敢于超越。事业和生活中，我们每个人都常常面临一些机遇和挑战。在如何选择的关键时刻，观念、意志、信心、勇气可能就是决定成败最重要的一步。许多人往往是勇气、信心、意志和观念战胜不了自己，这一小步总是迈不出去，只能与成功失之交臂，抱憾终生。本期培训安排了不少挑战意志、信心、勇气和固有观念的项目，比如户外拓展、上台演讲、主题辩论等，目的就是给学员创造一些挑战自我、超越自我的机会。希望大家抛却顾虑、踊跃参与，大胆地试一把，勇敢迈出人生中超越自我、战胜自我的关键一步。在今后的工作生活中，我们要继续保持这次培训所激发出来的信心和勇气，在遇到各种困难、机遇和挑战时，勇于面对，成熟地应对。

（五）留住激情，享受学习。短短一周的学习生活，学员们深感在多方面受到了一次洗礼，尽管安排得很紧张、有点累，但发自肺腑的共同感受是，学习很愉快。我们要把这次培训激发出的热情、激情和干劲，继续保持和发扬下去，持之以恒，必有好处。要牢固树立快乐学习的理念，不把学习当负担、当累赘，而是作为一种享受、一种追求、一种修养，真正做到在快乐中学习，在学习中享受快乐。

（作者为省财政厅党组成员）

实施有力财政政策促进地方经济建设的调研报告

徐长林

实施有力财政政策，促进地方经济建设，是落实科学发展观的必然要求，是实现“保增长、保民生、保稳定、保全运”中心任务的重要保障，也是推动财政工作不断前进的原动力。近年来，财政政策在服务地方经济工作中发挥了重要作用，但也存在着一些薄弱环节，需要进一步发挥财政对经济的激励和引导作用，促进产业结构调整，优化资源配置，实现地方经济平稳运行。

一、当前济南市实施有力财政政策促进地方经济建设的成效

（一）加大财政扶持力度，促进产业结构优化升级。济南市产业结构比例较为合理，三次产业协调发展，2008年三次产业比例达到5.8∶44.1∶50.1，成为全省第一个三产比重超过二产的城市。产业结构不断优化升级，财政政策发挥着非常重要的作用。

1. 加大“三农”投入力度，促进农业经济发展。近年来，各级财政加大对“三农”的投入力度，以“十大行动”为总抓手，支持农业基础设施建设，发展特色品牌优势产业，推广农业科技示范项目等。财政对农业的扶持，促进了农业长远、科学和可持续发展，维护了农村和谐稳定，确保了广大农民共享公共财政改革的成果。

2. 发挥引导资金的放大作用，鼓励工业经济壮大。近年来，财政设立多项引导资金，扶持工业发展，巩固了机械装备行业的主导地位，逐步完成了重汽产业园、济柴工业园建设；电子信息行业也跨上新的高度，实施了浪潮科技园等项目。工业企业的发展壮大离不开当前有力的财政政策支持，而工业的强大也带来了其财政贡献度不断提高，这充分体现了财政促进经济，经济反作用于财政的良性循环。

3. 支持服务业发展，提高三产对经济发展的贡献度。充分发挥信息产业发展资金的引导作用，加快软件产业创新体系建设；鼓励金融机构法人或地区总部来济落户，对完善全市金融体系，壮大金融业规模发挥了重要作用；设立服务外包产业发展专项资金，支持示范园区及承接外包业务企业发展。在上述政策的支持下，软件、金融、外经贸等重点服务行业快速发展，2008年，全市服务业实现增加值1 511.7亿元，同比增长16.8%，服务业对经济增长的贡献率达到61.8%，拉动GDP增长8.0个百分点。

（二）加强财政政策支持，有力促进中小企业成长。中小企业是国民经济的重要组成部分，是保持全市经济平稳较快发展、推进经济结构优化

升级、培植壮大财源和扩大就业的重要载体。当前，济南市中小企业正处在发展的关键时期，财政政策在支持中小企业发展方面发挥着极其重要的作用。

1. 支持中小企业信用担保机构，有效缓解融资困难问题。财政充分调动社会担保机构开展中小企业融资担保的积极性，加大对中小企业担保中心的资金拨付力度，并对担保中心的担保资金设立专户，实施监管。通过对中小企业担保中心的支持，有效缓解了中小企业融资困难问题，极大地支持了中小企业发展。

2. 补助技术创新项目，促进中小企业自主创新。积极推动省市科技型中小企业技术创新项目的申报工作，对通过评审的中小企业创新项目给予补助，支持了我市科技型中小企业的技术创新和高新技术成果产业化，培育了区域技术创新力量和新的经济增长点。

3. 扶持外经贸发展项目，支持中小企业开拓国际市场。为支持中小企业开拓国际市场，积极实施走出去战略，增强企业出口创汇能力，积极协助配合其他部门，对外经贸发展引导扶持项目进行审核论证，拨付资金，同时积极吸引国家和省级专项财政拨款，支持中小企业开拓国际市场。财政资金充分发挥了“四两拨千斤”的作用，有力地支持了中小企业发展。

（三）完善转移支付制度，促进县域经济发展。当前，济南市在发展县域经济方面，出台了一系列的政策措施，通过完善转移支付制度，有重点、有针对性地促进了县区经济的发展。

1. 按照促两头、带中间的发展思路，支持县区经济发展。根据促两头、带中间的发展思路，出台了帮扶商河县的18项政策措施，积极对商河县实施各项保障性转移支付和增收返还政策。从市土地收益中安排1亿元资金支持高新区城市基础设施建设，并全额返还高新区2008～2010年3年税收增长部分等，以两个县区的发展带动全市县域经济的成长壮大。

2. 实施住宿餐饮业税收财源增长激励政策，调动县区发展第三产业的积极性。以2007年各县（市）、区住宿餐饮娱乐业上缴市级的流转税收为基数，从2008年开始到2012年的5年内，对超出上缴市本级基数的部分，全部作为奖励，转移支付给相关县（市）、区，这充分调动了县（市）区及街道办事处挖掘增收潜力和发展第三产业的积极性，缓解了基层工作经费困难。

3. 改革转移支付办法，激活县乡自我发展活力。为增强基层“造血”功能，切实缓解县乡财政困难，提高乡镇财政保障能力，在完善保障性转移支付制度的基础上，制定了六项激励性转移支付奖励政策，保障了基层政权正常运转和社会稳定，引导鼓励了各县（市）区深化改革、加强管理和自我发展。

各县（市）区地方经济的发展体现在财政收入方面，2008年全市县级财政收入增势较好，完成99.39亿元，增长21.45%，高于全市平均增幅（18.47%）2.98个百分点，高于上年增幅（18.89%）2.56个百分点。同时，县级财政收入质量、结构大幅优化，县级汇总税收比重为78.53%，比上年的76.68%提高1.85个百分点。

二、当前济南市利用财政政策促进地方经济发展方面存在的薄弱环节

（一）财政政策在巩固工业主导地位方面需要加大力度。在国际金融危机的影响下，济南市工业的主导地位受到了相当大的冲击，工业投入不足，特别是一些骨干企业，像济钢、重汽等大型企业，在生产经营中遇到了市场、能源、原材料、运输、资金等问题，企业如何搞好自主创新，利用信息化优化产品结构，大力开拓市场，加强内部控管，减少开支、压缩成本，提高竞争和抗风险能力，这些都是当前工业经济发展过程中面临的突出问题。财政如何扶持受危机冲击较大的企业走出困境，刺激工业经济复苏，巩固工业主导地位是今后财政政策发挥作用的一个有效着力点。

（二）财政政策在支持现代服务业发展方面需更有所作为。全市第三产业中，信息服务、文化传媒等现代服务业发展缺乏新的增长点，这些产业发展过程中普遍存在着一些问题：如企业自主创新能力不强；人才结构不尽合理，高层次、复合型人才短缺等；缺少培育与支撑发展的载体；产业发展的政策法规体系建设相对滞后；需求导向、服务民生的水平有待进一步提高等。在支持现代服务业发展方面，财政政策手段也略显单一，过多地运用直接的资金手段，而忽视了间接的政策服务手段，财政在支持自主创新、人才培养、产业配套环境建设等方面存在不足，在放松管制、市场准入、政策法规等方面的支持力度有待进一步加大。

（三）财政在促进县域经济平衡发展方面仍存在不足。当前济南市各县（市）区经济发展不平衡现象严重，从各县（市）区财政收入情况可见一斑。2008年各县（市）区一般预算收入中，章丘市一般预算收入（17.9亿元）在区县中排名第一，其收入将近是排名最后的商河县（1.8亿元）的10倍；商河县的一般预算收入不仅总量最低，税收收入贡献率也较低。各县（市）区经济发展不平衡现象仍然严重。财政政策在促进各县区公共服务均衡化，特别是扶持困难县区发展方面仍需继续完善。

三、进一步实施有力财政政策，促进地方经济建设的对策

（一）加大扶持力度，巩固工业主导地位。受国际金融危机的影响，全市工业企业生产效益下滑，为继续巩固工业企业的主导地位，需在资金、鼓励技术创新和开拓国内外市场等方面发挥财政政策的积极作用，解决好工业企业发展中存在的突出矛盾和问题。

1. 完善财政贴息机制，保障企业资金供给。为有力解决工业企业发展过程中资金困难、流动性不足问题，财政部门积极协调金融部门、市经委和政府各融资平台，充分利用工业发展引导资金，对关系企业技术创新等科学发展的重点项目提供贷款贴息，切实帮助企业争取更多的信贷支持，满足他们的资金需要，力保企业现金流、资金链不出问题。

2. 发挥财政资金引导作用，支持企业技术研发和改造。一是继续发挥好工业发展引导资金的积极作用，对企业进行自主创新和技术改造项目，给予优先支持。二是认真落实国家出台的增值税改革措施，鼓励工业企业加大科技投入。三是提高成长型企业自主创新能力，建立产学研合作机制，鼓励成长型企业率先承接转化成果，推动企业开发专利产品，形成自主知识产权，并安排专项资金，大力支持自主创新成果尽快转化为现实生产力。

3. 加大政府采购力度，支持企业开拓市场。当前工业企业生产经营过程中，由于受出口下降的影响，产品销路出现问题。财政部门积极协调配合市经委、外经贸局等有关部门，加大政府采购名优地产品的力度，优先采购我市自主创新产品，做好名特优产品相关的展销活动和采购的招投标工作，帮助企业扩大产品销路，支持企业开拓产品销售市场。

（二）搞好协调服务，促进现代服务业的发展。充分利用济南市举办全运会、园博会的有利时机，结合棚户区改造，在继续推动金融、房地产、旅游、餐饮服务业持续壮大的基础上，重点扶持信息服务、文化传媒等产业发展。同时，加快培育服务业发展载体，搭建高效服务平台。

1. 推进信息化与工业化融合，加快信息产业发展。充分利用信息化发展专项资金的引导和放大作用，支持信息产业发展。积极推进信息化对传统工业、农村信息服务市场和金融、旅游、物流等服务业的提升改造。加大财政对信息技术创新的扶持力度，加快技术创新体系建设，重点加强技术中心、产业联盟和公共技术支撑平台建设。完善人才培养、引进、使用和激励机制，优化人才就业创业环境，以各类园区和重大项目为依托，培养和引进高层次复合型人才。

2. 用好文化产业发展专项资金，支持文化产业发展。深入落实市政府出台的深化文化体制改革，加快文化产业发展的若干政策，继续发挥文化产业发展专项资金的作用，并制定资金使用管理办法，采取担保、贴息、奖励、资助等形式，支持文化产业发展。

3. 加快培育服务业发展载体，发挥重点城区、重点园区、重点企业、重点品牌的示范带动作用。积极争取国家、省服务业发展引导资金和各级财政专项资金，优先支持重点服务业载体建设，市级服务业发展引导资金和相关专项资金也要予以优先支持。同时，积极协调有关部门，通过确保土地供应和实施税收优惠等手段，及时解决服务业载体建设中遇到的困难和问题，搭建高效服务平台。

（三）完善财政体制机制，激励县域经济发展。针对县域经济发展不平衡、部分县区基层财政困难的问题，市财政配合省里奖励县区的激励政策，通过完善保障性和激励性转移支付办法，促进县域经济发展。

1. 落实扶持困难县区经济发展政策，加大保障性转移支付力度。继续落实扶持商河等困难县区的政策，积极协助其争取上级资金支持，并通过财政贴息或担保等手段，在基础设施建设、社会保障、扩大内需重点项目配套资金等方面加大支持力度，解决困难县区财力资金不足问题，扫除远郊县区经济发展的障碍，为当地经济提供良好的发展环境。

2. 落实发展都市型现代农业的政策，以农业经济带动县区经济发展。各县（市）区财政部门要认真落实市政府出台的加快发展都市型现代农业的意见，加强农业配套基础设施建设投入，积极探索由政府、企业及农户三方共同构成的风险互助等农业风险保障机制，为都市型现代农业健康发展创造良好环境。同时，大力发展循环经济，加快推广种养联动的生态型生产方式，鼓励节能农业和生态农业的发展。

3. 县区财政建立园区发展专项资金，鼓励发展园区经济。当前工业园区成为承载县域工业发展的最重要载体，一些县（市）区由于财力困难，对辖区内的工业园区建设投入不足，导致园区基础设施配套跟不上，发展不快。今后，各县区要充分发挥园区发展专项资金的作用，强化园区基础设施建设，打造工业园区优质平台，提升园区招商引资和承载大项目的能力，以园区经济带动县域工业经济的发展。

（四）加大民生基础设施投入，有力落实中央扩内需政策。当前，借助全运会和园博会举办的有利契机，积极落实中央扩大内需政策，将积极财政政策与保障民生有机结合，转变财政投资的方向和结构，更多地向民生基础设施和社会薄弱环节倾斜。新

增的中央和省扩内需资金主要用于保障性安居工程、农村民生工程和农村基础设施建设、基层医疗卫生服务体系建设、节能减排和生态建设、自主创新和产业结构调整等项目。在中央和省扩内需资金的使用上，要严格按照上述用途，合理、高效地利用有限的资金，真正发挥财政资金扩内需、调结构、保民生、促增长的作用。

（作者为济南市财政局局长）

2008年青岛市财政收入分析报告

周 安

2008年财政经济经受了严峻考验，总体上看，全市财政收入受“正反”两方面影响基本保持稳定增长，一方面，经济发展明显放缓导致税收下滑，尤其是房地产业税收减收，造成总体财政收入增幅回落；另一方面，市委市政府过去几年培育大集团、大力发展金融业取得明显成效，重点税收监控企业和金融业在经济低迷情况下仍实现较好增长，成为稳定收入的中坚力量。从收入规模来看，青岛市在省内的地位进一步稳固，占全省收入的比重逐年提高，但与同等城市相比，差距进一步拉大。从反映收入质量的两个通常指标比较来看，受金融危机影响，收入质量略有下降，与同类城市存在较大差距。从收入结构来看，受产业结构分布影响，主体税种短收较大，成为影响收入增幅的首要因素，尤其是营业税成为最大的短板。从2009年收入预期来看，全国各城市纷纷调低了增长目标，青岛市8%增长目标处于中等水平，结合政策变化和经济发展预期，基本能实现预期目标，但与先进城市差距可能将进一步拉大。对于以上问题和差距，建议通过支持中小企业发展、加大住房保障力度、加快创新型城市建设、优化经济布局、发展高端产业和强化税收筹划等措施和手段，积极应对金融危机带来的挑战，实现财政收入的稳定增长。

一、从财政收入总体走势看，金融危机负面影响使青岛市财政收支经受了历史罕见的考验

2008年，金融危机对经济发展的影响和减税减费政策相叠加给组织财政收入工作带来了极大的困难。尤其是下半年，财政收入增幅逐月回落，7月份为31.3%，8月份下降到18.1%，11月份仅增长10.7%，12月份出现负增长，下降2.3%，全年呈现明显的“前高后低”走势。面对严峻形势，全市各级财税部门在市委市政府的坚强正确领导下，紧紧围绕“促增长、保收入”这条主线，及时强化了应对金融危机的政策措施：停征相关行政性收费，减轻企业负担，大幅增加出口退税指标缓解出口企业资金压力，积极帮扶企业渡难关，夯实财政增收的基础。2008年全市一般预算收入（以下简称财政收入）完成342.4亿元，比上年同期增收49.9亿元，增长17%，比全省平均增幅高0.2个百分点，完成了人代会确定的预算目标。

2008年财政收入“前高后低”，最终仍能实现17%的增长目标，背后突出反映了两大因素：一是受经济放缓影响税收总体下滑，特别是房地产业税收下滑；二是骨干纳税企业和金融业仍实现较好增长，一定程度抵消了上述负面影响，使得财政收入从全年来看仍实现稳定增长。

*（一）金融危机对实体经济的冲击影响增值税、营业税、所得税等主体税种增长，以及房地产形势逆转，较大程度上影响了财政收入增幅。*增值税的税基大体相当于工业增加值和商业增加值；企业所得税的税基为企业利润；营业税的缴税主体是从事应税劳务以及转让无形资产、销售不动产的单位和个人，课征范围主要限于第三产业和第二产业的建筑业；个人所得税主要来自工资、薪金所得，与居民收入紧密相关。受金融危机的冲击，青岛市相关经济指标增幅均出现了不同程度的回落，制约了主体税种增长。

——2008年，全市工业增加值增长12.1%，同比回落4.5个百分点，相应的增值税增长12.9%，同比回落9.1个百分点；

——第三产业增加值增长17.1%，建筑业增加值下降0.4%，分别同比回落1.7和7.1个百分点，相应的营业税增长12.1%，同比回落8.7个百分点；

——规模以上工业企业利润下降9.7%，同比回落53.8个百分点，相应的企业所得税增长10.4%，同比回落26.5个百分点；

——城市居民人均可支配收入增长14.6%，同比回落1.9个百分点，相应的个人所得税增长7.7%，同比回落18个百分点。

与上述经济指标相对应，反映出

相关税收下降明显，2008 年，增值税、营业税、企业所得税、个人所得税、累计完成 185.3 亿元，占财政收入的 54.1%，比 2007 年下降 2.6 个百分点，合计增收 19.3 亿元，仅占到财政收入增收总额的 38.7%，同比下降 10.9 个百分点。

另外，房地产形势逆转是影响收入增幅的另一个重要负面因素。从历史发展来看，房地产业是“含金量”很高的一个行业，在地方财政中有着举足轻重的地位。“十五”期间，青岛市房地产业快速发展，税收年均增长 33.2%。到 2005 年，房地产业税收占财政收入的比重达到 17%，远高于其所贡献的 GDP 份额（3.4%）。当年，房地产业首次超过制造业，成为全市税收规模最大、发展速度最快的行业。随后的 2006 年和 2007 年，房地产税收继续高速增长，增幅分别高达 40.8% 和 64.1%，拉动财政收入增长 6.9 和 12 个百分点，占财政收入的比重上升到 23.7%。进入 2008 年后，由于房价的持续快速升高抑制了消费需求，以及国家对该行业连续数年的政策调控与金融危机冲击相叠加，房地产形势发生逆转。2008 年，全市商品房销售面积和销售额分别同比下降 7.7% 和 9.9%，房地产行业实现地方税收 63.3 亿元，比 2007 年减收 6 个亿，下降 8.6%，拉低财政收入增幅 2 个百分点，从财政收入增长的重要支撑点迅速转变为负面影响。

（二）骨干企业集团税收贡献提高，以及非税收入强劲增长发挥了“稳定器”的作用，有力支撑了财政收入的增长。2008 年百户重点税源企业上缴地方税收 89.3 亿元，占财政收入的 26.1%，同比提高 2.1 个百分点，对地方财政的贡献率进一步提高。百户企业集团中，上缴地方税收过亿元的有 24 家，比 2007 年增加 7 家。金融企业成为增收亮点，进入重点税控的 19 户金融企业共实现地方收入 22.8 亿元，增长 44.2%，超出地方一般预算收入增幅 27.2 个百分点。

在税收增长放缓的形势下，非税收入拉动作用增强。2008 年非税收入增长 46.5%，增收 20.6 亿元，超过了四大主体税种。非税收入的强劲增长，主要是由于按照财政部的规定，将社会捐赠收入（4.5 亿元）、国有资本经营收入（全市 16.7 亿元）全部纳入预算管理。

二、从收入规模分析，青岛市在全省的龙头地位进一步稳固，但与同类城市的差距有所拉大

省内比较，青岛市的龙头地位进一步稳固。2008 年青岛市生产总值（4 436.18 亿元）占全省（31 072.1 亿元）的 14.3%，比上年下降 0.3 个百分点，财政收入占全省的 17.5%，超过 GDP 占比 3.2 个百分点，比上年提高了 0.03 个百分点，连续 5 年稳步上升。

青岛市财政收入不仅在全省 17 个市中继续稳居第一，而且进一步拉大了与济南、烟台的差距：2008 年青岛市财政收入高出济南 156.4 亿元，高出烟台 176.2 亿元，而 2007 年同期差距分别为 135.8 亿元和 151.8 亿元。

与全国 17 城市（15 个副省级城市和苏州、无锡）比较，发展差距有所拉大。2008 年，青岛市财政收入规模排在第 9 位，比 2007 年下降 1 位，成都超越青岛；收入增幅排在第 16 位，比 2007 年下降 4 位。五个单列市中，青岛市财政收入规模虽然仍排在第三位，位列深圳、宁波之后，大连、厦门之前，但与排名第二的宁波的差距被拉大，由 2007 年的 36.6 亿元增加到 2008 年的 47.9 亿元；比排名第四的大连领先优势被缩小，由 2007 年的 24.8 亿元减少到了 2008 年的 3.4 亿元。

三、从收入质量分析，经济运行的效益有待进一步提高

财政收入质量主要体现在“两个比重”上，即财政收入占 GDP 比重和税收占财政收入比重。

纵向对比。2008 年，青岛市财政收入占 GDP 的比重为 7.7%，与 2007 年持平，主要是由于在金融危机形势下财政收入增长有所放缓。但从更长的时间跨度来看，由于财政收入大部分时间快于 GDP 增长，财政收入占 GDP 的比重基本是在一个上升通道运行，从 2004 年的 6.7% 上升到 2008 年的 7.7%，5 年提高了 1 个百分点。而与此同时，税收占财政收入的比重总体却呈下降趋势。2008 年，税收占财政收入的比重为 81%，比 2007 年下降 3.9 个百分点，比 2004 年下降 6 个百分点。“两个比重”一升一降，反映出财政对经济影响力不断增强的同时，非税收入支撑财政收入增长的作用也在不断增强。

横向对比。2008 年，青岛市财政收入占生产总值的比重为 7.7%，分别比深圳、宁波、大连、厦门低 2.6、2.1、1.1 和 6.4 个百分点，在计划单列市中排第五位。对应地，2008 年青岛市亿元 GDP 实现财政收入 770 万元，而厦门、深圳、宁波、大连分别为 1 410 万元、1 030 万元、980 万元和 880 万元。

青岛市税收收入占财政一般预算收入的比重为 81%，分别比深圳、宁波、厦门低 14.3、13.4 和 6.6 个百分点，比大连高 1.4 个百分点，在计划单列市中排第四位，横向对比综合反映了青岛经济运行质量和效益仍需进一步提升。比如 2008 年青岛市 GDP 超出宁波 472 亿元，但财政收入却比宁波少 47.9 亿元。

四、从收入结构分析，产业结构优化升级仍任重道远

GDP 划分为一二三次产业，不同

产业的含税量有较大差异。在农业税和农业特产税取消后，第一产业对财政收入的贡献微乎其微，2008 年税收仅为 1 494 万元。二三产业中，二产的许多税收中央占大头（消费税 100%，增值税 75%），三产大部分为地方税收，单位增加值三产的税收含量明显高于二产。2008 年，全市三次产业的比例为 5.1∶50.8∶44.1，三次产业的宏观税负（税收占增加值的比重）分别为 0.07%、4.5% 和 8.7%，第三产业的宏观税负比第一和第二产业分别高 8.6 和 4.2 个百分点。深圳三次产业的比例为 0.1∶48.9∶51.0，厦门为 1.4∶52.4∶46.2，青岛市税负较低的第一产业比重较高，税负较高的第三产业比重较低是财政收入占 GDP 比重偏低的重要原因。同时，第三产业内部也存在结构性问题，青岛市服务业主要以交通运输、商贸、餐饮等传统服务业为主，金融、信息、咨询、研发等税负较高的高端服务业比重偏低，影响其对财政收入的贡献。比如 2008 年大连金融业实现地方税收增长 72.1%，完成 30 亿元，超过青岛 2.5 亿元，大连拥有分行（分公司）级以上金融机构 77 家，比青岛多 9 家，其中外资金融机构 33 家，比青岛多 22 家；信息传输、计算机服务和软件业实现地方税收增长 67.5%，完成 8.1 亿元，超过青岛 4 亿元，大连是首批国家软件出口基地，大连软交会是我国唯一的国家级软件交易会。大连期货交易所 2007 年全年期货成交金额 11.97 万亿元，上缴税收近 2 亿元。2008 年期货成交额突破 27.5 万亿元，同比增长 1.3 倍，实现税收接近 3 亿元。若加上期货交易所带动相关产业实现的税收，数额更加大。

主体税种对比，进一步凸显财源质量的结构性矛盾。2008 年，青岛市增值税、营业税、企业所得税、个人所得税四大主体税种共完成 185.3 亿元，占财政收入的 54.1%，分别比深圳、宁波、大连和厦门低 28.6 个、17.1 个、1.7 个和 10.3 个百分点。

增值税、企业所得税落后宁波，领先大连。2008 年，青岛和宁波第二产业增加值分别为 2 196 亿元和 2 253 亿元，宁波略高于青岛，而同期宁波的地方增值税和企业所得税分别为青岛的 1.72 倍和 1.42 倍。税收差距主要源于产业内部结构的差距，反映出青岛产品的整体附加值不高，企业盈利能力不强。当前青岛市工业结构仍然以传统的加工制造业为主，产品主要集中在钢铁、家电、轻纺、重型机械设备、交通设备等行业上，基本处于产业链的“下游”，对能源、原材料的依赖性较大，生产的产品存在着技术含量、附加值、利润和税负“四低”的现象，而且竞争激烈。2008 年企业销售收入下滑加大，同时物价冲高回落，部分企业前期高价购进原材料，短期内难以消化，进一步制约了税收的增长。

营业税成为最大的短板。营业税为地方第一大税种。2008 年深圳、宁波的营业税分别是青岛的 3.43 倍和 1.34 倍，而大连的一般预算收入虽然比青岛低 3.4 亿元，但其营业税却高出 12.9 亿元。营业税主要反映了第三产业尤其是现代服务业的发展水平，当前青岛的现状是传统服务业所占比重大，主要靠房地产业推动，而物流业、金融保险业、旅游业等辐射面广、带动力强、聚集效应大、地方税收“含金量”高的现代服务业虽然发展较快但实力不够强。以金融业为例，虽然 2008 年全市金融业增加值增长 30.3%，占 GDP 的比重提高了 0.7 个百分点，但与深圳、大连、宁波仍存在不小差距。与深圳相比，青岛市只有青岛银行一家总部银行，深圳聚集了招商银行、深圳发展银行、华商银行等一批重量级的总部银行，2008 年青岛市所有银行的税收还不如深圳招商银行一家；与宁波相比，2008 年青岛市金融保险营业税完成 17.6 亿元，增幅为 48.1%，而宁波完成 23.7 亿元，增长 47.6%，虽然增幅相当，但绝对额要比青岛高出 6 亿元；与大连相比，2008 年青岛银行业机构资产总额 6 240.8 亿元，本外币存款余额 4 896 亿元，本外币贷款余额 4 067.6 亿元，而大连这三项指标分别为 7 226.6 亿元、5 446.4 亿元和 4 045 亿元。

个人所得税的差距也异常突出。2008 年全市完成个人所得税 12.7 亿元，在计划单列市中位列第四，仅排在人口（200 万）和一般预算收入远低于青岛的厦门之前。深圳、宁波、大连的个人所得税分别是青岛的 7.17 倍、2.02 倍和 1.15 倍，而深圳、宁波财政收入仅是青岛的 2.34 倍和 1.14 倍，大连还要落后于青岛。由于个人所得税为累进税率，这种差异显示了青岛城镇居民收入水平尤其是高收入群体与同类城市相比存在着相当大的差距。2008 年，全市城镇居民可支配收入 2.05 万元，分别比深圳、宁波、厦门低 6 265 元、4 840 元和 3 483 元。

五、从收入潜力分析，形势不容乐观

（一）新投产重点项目税收贡献有限。2008 年全市投资过亿元的重点建设项目 347 个，其中能够带来稳定、可持续税源的工业项目 166 个，当年实现投产运营的 36 个，共完成投资 237 亿元，占 2008 年重点项目总投资的 6.3%。

当年竣工投产的 36 个重点工业项目 2008 年共实现税收 9 亿元，其中大炼油和上汽通用五菱完成 7.8 亿元，占 86.6%。另外 34 个项目共实现税收 1.2 亿元，完成地方税收在 100 万元以上的项目仅有 14 个，新建大项目税收呈现明显的点高面低的状况。

从税收级次分析，36个重点工业项目9亿元的税收中，中央级收入占79%，地方级收入占21%，完成1.9亿元，仅占2008年财政收入的0.5%，这主要是由于重点项目的税收主要集中在消费税（中央税收）和增值税（中央分享75%）上。

总的来看，由于当年竣工项目较少、许多项目竣工时间较晚导致产能未能有效释放，以及宏观经济形势影响等因素是制约项目税收贡献度的重要原因。项目后期的税收贡献度有待进一步观察。另外，大项目的税源集聚效应不够明显，产业间内在关联机制存在缺陷，特别是产业配套能力明显不足。青岛电子元器件的本地配套率一度达到60%，家电产品配套率已降至20%以下。从IT产业看，在苏州工业园区，IT终端产品在区内的产业配套率达到80%以上，与周边的IT企业配套率高达98%；而青岛IT零部件本地的配套率不足5%。青岛大炼油项目对第二产业的带动作用主要集中在石化产品的深加工上，如合成纤维、塑料、纺织印染等，成品油产品下游产业空间很小。这种产业关联格局限制了大项目的税源集聚效应。

（二）利用外资的不利格局给未来的收入竞争带来隐忧。利用外资从需求角度看，一定时期将形成对生产资料和劳动力等需求的大幅增加，提高劳动力的收入水平，进而产生对其他产品和服务的需求增加；从供给角度看，将形成新的生产力，生产能力的有效供给将有力地推动经济持续增长，并为财政收入持续稳定增长提供有效的支撑。2008年，全市实际利用外资26.4亿美元，增长10%，引资规模在全国17城市中排第8位，仅为苏州的32.5%、大连的52.7%、无锡的83.3%，增幅排在倒数第2位，利用外资的不利格局给未来的收入竞争带来隐忧。

（三）预期2009年全市财政收入增长8%左右，收入规模在同类城市中的位次有可能进一步后移。现行的分税制财政体制是经过1994年税制改革后逐渐完善形成的，根据1994~2008年的数据，对财政收入和GDP的自然对数进行回归分析，得到财政收入的GDP增长弹性为1.3，即GDP增长1个百分点，财政收入增长1.3个百分点，分税制以来的15年中财政收入总体呈现一个超经济增长的运行态势。

2009年以来，金融危机的影响仍在加深和蔓延，政府工作报告中全市2009年预期目标GDP增长11%，按1.3增长弹性来测算，财政收入将增长14.3%，完成390亿元左右。

在既定的财政体制框架下，影响财政收入的因素来源于3个方面：“经济性”因素、“管理性”因素、“政策性”因素。经济只是提供了财源的可能，对这些财源是否课税、如何计征、计征多少由税法及其他制度决定，而最后能实现多少收入入库，则由征管决定，收入不会自动从经济中产生。因此，实际工作中可以将此原理进一步理解为经济决定财源，政策和征管决定收入。

2009年，国家为稳定经济增长，出台了一系列减免税费的政策：①实施增值税转型，预计减收3.4亿元；②降低居民购房税负，营业税、契税等预计减收3.2亿元；③部分高新技术企业所得税税率由25%下调至15%等，减收2.9亿元；④下调银行贷款利率，金融业营业税预计减收5亿元；⑤免征储蓄存款利息所得税，个人所得税预计减收1.1亿元；⑥取消、减免92项行政事业性收费，预计减收4.8亿元。各项政策性减收因素预计影响青岛市财政收入约减收20亿元。

在假定征管因素没有大的变动情况下，结合经济发展预期和已知的政策调整影响，预计2009年全市财政收入完成370亿元，增长8.2%。但考虑到国家将结构性减税作为积极财政政策的一项重要内容，各种为企业减负的减免税费政策力度将进一步加大，2009年全市实际财政收入增幅可能比8.2%的预期值更低，与人代会通过的收入增长目标基本持平。

以上初步预测今年青岛市财政收入增幅在8%左右，与同类城市相比，这一目标处在一个相对较低的水平，按此增幅，2009年青岛市财政收入规模在全国17个城市的位次将进一步后移，大连极有可能超越青岛。

六、对策建议

2009年，金融危机对实体经济的冲击仍在继续，国家出台的各项税收优惠政策的减税效应有待进一步释放，经济面和政策面给财政增收带来的压力有增无减，组织收入任务更加艰巨。面对严峻挑战，既要应对眼前，更要谋划长远，通过出台新措施，建立新机制，在经济危机中寻找发展路径，通过调整经济结构转变发展方式，为危机后经济的新一轮启动积蓄发展能量，为财政收入的持续增长奠定基础。

（一）加快制造业发展，不断延伸税源链。抓住国家出台十大产业调整振兴规划的机会，结合现有产业的发展现状，坚持集群化发展的思路，制定相应的发展策略，积极推动钢铁、装备制造、船舶工业、电子信息、石化和物流等产业与国家政策的对接，培育有特色、有竞争力、税收贡献大的产业集群。

一是对近几年发展起来的船舶、石化、物流等行业，在加快已有项目扩能发展的同时，加大重点项目的引进力度，推进产业集聚，使之快速成长为对经济支撑作用大、对税收贡献大的产业集群。

二是对有一定产业基础的钢铁等

行业，要加大技术改造，进行结构调整，在对全行业进行评估预测的基础上，分析评价青岛市企业在全行业中的地位，根据市场需求确定发展方向和目标，实现与行业内大企业的差异化发展。

三是对龙头企业竞争力强但产业链不够完善的部分装备制造业，如轨道交通行业，要发挥南车四方等骨干企业的吸引作用，积极引进配套商，提高各类零部件的本地配套化率。

四是对集群化程度较高的电子信息等行业，要发挥海尔、海信等企业的研发优势，加快企业的技术升级，提升企业的核心竞争力，继续保持对行业的引领作用。

（二）围绕打造三类市场，实现财源的集聚。市场不仅能推动生产要素的有效流动，而且能在生产要素的流动中实现多种税收，经济建设和财源建设要实现从重项目到重市场的转变，打造三大类市场，提高相关市场的税收贡献。

一是通过促进房地产市场稳定发展带动房地产税收。通过落实国家住宅消费的优惠政策，减免交易环节的有关税收，降低住房消费交易成本；通过健全住房金融，放宽公积金贷款政策等，增强居民住房消费的支付能力；通过适当延长房地产企业缴纳土地出让价款和支持房地产企业融资等方式，支持房地产企业应对市场变化。

二是通过做强大宗商品批发市场带动流转类税收。大宗商品交易市场与普通批发市场相比，因其特有的战略储备、调节物价、组织生产和套期保值功能，使其对物流业、金融业的推动作用更强，对经济的带动力更大。要在保税区现有的青岛矿产品交易市场、青岛矿权交易所、国际橡胶交易市场、青岛棉花交易市场等专业大宗商品交易市场的基础上，充分发挥青岛港口物流优势和保税区的政策优势，进一步增加交易品种，在提升全市现代服务业水平上，实现更多的税收贡献。积极发展期货市场，在青岛国际商品交易所基础上，扩展期货交易业务范围，积极向现代期货市场迈进。

三是通过兴建设备租赁市场带动营业税收。建立和发挥租赁市场在促进商品流通、推动技术改造、盘活企业资产、缓解中小企业“融资难”等方面的作用，推动经济发展，实现财政增收。充分利用区位优势，发展立足青岛、面向全省的工程设备和生产设备租赁市场。利用青岛市印刷业和印刷机械制造业相对发达的产业优势，大力发展立足青岛、辐射江北、影响全国的印刷设备租赁市场。

（三）整合支企财政资金，扩大对经济增长的引导效应。逐项梳理支持企业发展专项资金，优化支持方向，完善支持方式，进一步发挥财政资金对经济的引导作用、调控作用、杠杆作用。

一是实现支持重点的新突破。通过合理确定各项专项资金扶持方向，尽力避免偏离重点的“散”项目和资金量过小、形不成规模效益的“碎”项目，解决以往项目设置过多、用途交叉、使用分散问题，确保支持经济专项资金用在促进财政增收这个刀刃上，进一步提高专项资金使用效益。

二是完善财政资金支持方式。遵循市场经济规律，综合运用补贴、以奖代补、财政投资等政策手段，发挥财政资金对企业的引导作用，激发企业自我发展的活力，提高经济运行效率。财政资金要由直接支持向间接引导方式转移，尝试通过间接投入方式，带动金融企业和社会其他投资者向企业投资。

三是强化资金绩效评价。完善支企资金绩效评价程序，创新评价方法，提高绩效评价质量，建立实施财政资金绩效评价反馈制度，注重对绩效评价结果的利用，逐步确立以结果引导的项目绩效管理理念和机制，促进财政专项资金由“分配管理”向“绩效管理”转变，促进财政资金规范、安全、有效使用。

（四）以各类园区建设为载体，推动区市财源建设的发展。为促进区域生产力的合理布局，鼓励要素向园区聚集，企业向园区集中，将经济发展中的协同效应反映到财政增收上来。

一是推动产业布局向重点园区集中。引导企业向省级以上园区集聚，鼓励集约化发展，实现产业发展的规模化、高效化和集约化。

二是推进各类产业功能区建设。在科学定位、合理规划的基础上，加快完善各类高端产业功能区。可通过建立招商引资共享机制和实施财政资金按区域扶持项目的方式推动功能区建设，在建立招商引资共享机制时，按照“分别招商、分类落地、税收分享”的原则，将落户功能区企业实现的税收在项目招商区和落户区分配，既打破行政区划的限制，又激发项目招商区和落户区的积极性。财政资金在对项目进行扶持时，对新上项目可采取属地支持的原则，对同类企业只对功能区的项目予以扶持，改变同类项目“四面落子”的状况。

三是抓住国家批准设立前湾保税港区的机遇，发挥邻近日韩的区位优势，探讨建立中日韩自由贸易区，积极承接国际产业转移，大力发展先进制造业。

加强对财政收入的分析，创新财源建设政策，将对策研究转化为工作措施和制度性成果，既是完成今年收入的当务之急，更是夯实财政增收基础的长远之策。

（作者为青岛市财政局局长）

发挥公共财政职能促进城乡统筹发展

王修德

在淄博市开展深入学习实践科学发展观活动中，市委确定把“城乡统筹、建设殷实和谐经济文化强市”作为实践载体。为此，淄博市财政局就财政部门支持城乡统筹发展问题，组织人员进行了深入调研，形成了以下报告。

一、淄博市具有城乡统筹发展的产业、经济基础和区位优势

一是具备良好的经济基础。经过多年来特别是近十几年来的改革、调整与发展，淄博市跨入了一个新的发展阶段，经济持续较快发展、各项社会事业繁荣进步、人民生活水平不断提高。2008 年，全市地区生产总值预计达到 2 300 亿元，人均达到 5.48 万元，折合 8 018 美元，为统筹城乡发展奠定了必要的经济基础。

二是具有较为有利的产业特性。淄博市是老工业城市，2008 年预计完成工业增加值 1 430 亿元，占 GDP 的比重为 62.2%；同期农业增加值占 GDP 的比重为 3.6%，呈现出“大工业、小农业”的特征，以工补农具备一定的条件和优势。

三是区位优势比较明显。淄博市是组团式城市，城镇与农村相互交错，中心城区、次中心城区、中心镇与农村社区呈组团式、等距式布局。同时，淄博市恰为省会城市经济圈和山东半岛城市群的“交集”，以城带乡具备一定的条件和优势。

四是城镇化水平和社会事业发展水平相对较高。2007 年淄博市城镇化水平达到 66%，同时教育事业、社会保障、医疗卫生、科学文化等重点社会事业发展基础都比较好，城乡居民收入水平差异度相对较低。2007 年，全国城镇居民人均可支配收入与农民人均纯收入的差异系数（两者比值）为 3.33，山东省为 2.86，淄博市为 2.45，城乡统筹的内生因素相对较好。

五是人均财政占有水平相对较高。2007 年，全省人均财政收入水平（以常住总人口计算）为 1 788 元，人均财政支出水平为 2 415 元；同期，淄博市人均财政收入水平为 2 181 元，人均财政支出水平为 2 622 元，分别是全省平均水平的 1.22 倍、1.1 倍，在全省地方财政收入前六名城市中分列第三、第四位，人均财政占有水平和均等化程度相对较高。

通过以上数据比较，可以得出一个初步结论，淄博市统筹城乡发展的基础基本具备、条件较为有利、优势比较明显，以科学发展观为指导，坚持走城乡统筹的路子，推进殷实和谐经济文化强市建设，一定会取得扎实成效、结出丰硕成果。

二、财政支持城乡统筹发展的现状

随着公共财政理念和体制的逐步确立、社会主义新农村建设的逐步推进，淄博市财政对“三农”的投入不断加大，2005 ~ 2007 年三年间，全市对“三农”的财政性投入分别达到 9.71 亿元、12.09 亿元、16.83 亿元，年均递增 31.64%。2008 年预计达到 20 亿元以上。财政投入的方向和重点主要体现在以下四个方面：

一是以改善农业生产生态条件和保护粮食安全为重点，巩固农业投入机制。2005 ~ 2007 年，这方面的投入分别为 2.6 亿元、3.36 亿元、3.56 亿元，年均递增 17.2%。重点支持开展了农村土地整理和耕地开发、农业综合开发、畜牧防疫、生态效益林补偿、农业产业化发展、优势农产品基地建设、扶贫开发、农业科技推广、防汛抗旱、秸秆综合利用以及支农资金整合等。

二是以改善农村面貌和促进农村全面进步为重点，加大农村基础设施和社会事业投入。2005 ~ 2007 年，这方面的投入分别为 1.51 亿元、1.86 亿元、3.48 亿元，年均递增 51.66%。重点支持开展了农村道路改造、小型水库除险加固、小型水利工程等农村基础设施建设，孝妇河、猪龙河综合治理和森林植被恢复等生态整治工程，农村义务教育经费保障机制改革、农村中小学危房改造及布局调整等农村教育事业发展，农村文化，乡镇卫生院、村卫生室改造及重点卫生院建设，农村计生事业发展等。

三是以农民减负增收和落实惠农政策改善农民生活为重点，进一步提高农村地区民生保障水平。2005 ~ 2007 年，这方面的投入分别为 1.38 亿元、2.75 亿元、5.25 亿元，年均递增 94.9%。重点支持开展了“村村通自来水”工程、农村能源和沼气建设等生活设施改善，实施种粮农民直补和农资综合补贴、成品油价格补贴、水库移民补贴、农村劳动力转移培训补贴等直接补农惠农政策，农村义务教育“两免一补一助”，新型农村合作医疗和农村医疗救助，农村最低生活保障、农村优抚对象生活补助、农村五保供养、救灾救济、在乡老党员生活补助、农村贫困残疾人安居工程

等农村社会保障事业发展，实施计生家庭奖励扶助和特别扶助、免费计生服务等计生惠民政策等。目前，中央和省、市出台的各项民生政策，在淄博市都得到了不折不扣地贯彻落实，有些走在了全省、全国的前面，各界群众对此普遍比较满意。

四是以统筹区域发展和增强基层财政保障能力为重点，不断加大市对下转移支付补助。2005～2007年，这方面的投入分别为4.22亿元、4.13亿元、4.53亿元，由于项目和标准基本固定，这方面投入各年基本持平。重点支持开展了扶持经济薄弱村发展、村级组织活动场所建设和农村党员现代远程教育工程等基层政权建设，农村税费改革转移支付补助，缓解县乡财政困难转移支付补助，区域、镇域财源建设奖励补助等。

近几年的几项重大民生政策，呈现出“从农村走向城市”的新路径、新特征。义务教育两免一补先农村后城市，医疗卫生保障从新农合扩展为城镇居民医保，从村卫生室、乡镇卫生院改貌建设扩展到城市社区卫生建设，农村计生家庭奖励扶助试点扩展为城乡计生家庭特别扶助试点。目前正在开展的新型农村基本养老保险试点，下一步也很有可能扩展为城镇居民基本养老保险。这些特点，反映了统筹城乡发展的新进展、新变化，十分可喜。

三、统筹城乡发展中存在的困难和问题

促进城乡统筹的过程，就是推动和实现科学发展、建设殷实和谐经济文化强市的过程，没有城乡的统筹发展，就没有全市的科学发展，建设殷实和谐经济文化强市就失去依托，难以取得圆满成效。由于历史和现实条件、地理环境、资源禀赋、人口状况以及发展阶段、体制机制等方面的原因，淄博市统筹城乡发展中还存在许多困难和问题，突出表现在城乡基础设施建设上的差距、城乡居民生产和物质文化生活条件上的差距、城乡社会事业发展上的差距等。

一是农业经济仍较薄弱。2005～2007年，全市农业增加值增长了26.76%（以不变价格计算），年均增长12.59%；同期全市GDP增长了35.93%，年均增长16.59%，农业抵御市场风险和自然风险的能力仍较低，全市农业经济的弱质性和劣势特征仍比较明显。

二是城乡居民收入和社会保障水平差距仍较大。2005年，全市城镇居民人均可支配收入与农民人均纯收入的差异系数为2.36，2007年扩大为2.45。全市还有334个贫困村，10万名农村低收入人口（年收入1 500元以下）。农村居民最低生活保障标准仅相当于城镇低保的1/3。农村社会保障体系无论是覆盖的全面性、制度的稳定性、工作的规范性还是救助的及时性、保障的有效性等方面，都还存在着一定的差距。

三是农村基础设施和重点社会事业发展水平仍相对较低。农村道路、环境卫生、文体设施、农村中小学校师生生活条件、师资力量和教学设施、农村基层组织办公场所等，大多数水平还比较低。

四是基层财政困难问题较为突出。乡镇财政普遍比较困难，山区、库区、黄河滩区乡镇和村级基层组织运转及群众生活较为困难，农村税费改革转移支付资金用于村级比例不得低于20%的政策规定在部分地区未能落实到位。由于财力限制，财政对“三农”的投入还难以满足各方面的要求，一些应该办的事情还无法办到。对“三农”的投入虽然总量很大，但渠道零乱、资金零散的问题仍然存在。为民办实事，有时还存在随意性、临机性的问题，一些事项缺乏长效机制和明确的政策框架，不利于正确引导各级、各有关方面和群众建立合理预期。

面对这些困难和问题，应充分认识到，统筹城乡发展，是建设殷实和谐经济文化强市的必由之路，是淄博市实现科学发展的必然选择，也是当前扩大内需的现实需要。在现阶段，统筹城乡发展，既有其充分性，也有其必要性，必须坚定不移地加以推进，不断取得实实在在的成效。

四、当前和今后一个时期财政支持城乡统筹发展的工作重点

全市各级财政将以科学发展观和十七届三中全会精神为指导，按照完善公共财政体制、统筹城乡发展、推进基本公共服务均等化的要求，持续加大“三农”投入，切实改善和保障民生，使公共财政的阳光真正覆盖到广大农村地区和农民群众。重点支持做好以下各方面的工作：

（一）农业农村基础设施方面。重点支持做好三项工作：一是进一步加大对新农村建设“十百千万工程”的支持力度，并与加强小城镇建设结合起来，将小城镇建设资金列入政府投资计划，专项用于对小城镇建设项目的补助和奖励，同时积极运用市场化机制，拓宽小城镇建设投资渠道，建成一批示范镇、示范村，促进村容村貌的明显改观。二是完善村镇基础设施配套建设。搞好城乡供排水、气暖、供电、道路、客货交通、广电通讯等基础设施的配套连接，大力推广秸秆资源转化利用、农村沼气和“一池三改”工程，实现城乡基础设施共建共享。突出抓好以垃圾处理为重点的农村环境综合整治，建立完善环保生态补偿和采矿企业环境恢复治理责任机制，从其矿产资源开发收益中，提取安排一定比例用于当地环境的恢复治理。扎实推进四宝山地区生态恢复绿化工程，实施好孝妇河、猪龙河综合整治工程。三是坚持加大政府投

资与积极融资相结合，实施“百座水库除险加固工程”，提前一年完成全市小型病险水库除险加固任务。

（二）农村教育方面。重点支持做好四项工作：一是清理化解农村义务教育债务，确保2010年全面完成债务化解任务，使农村义务教育甩开包袱、轻装前进。二是调整优化农村中小学布局，改善学校卫生、生活条件，解决农村中小学喝热水、吃热饭、冬季取暖和改厕治污问题，提高师生健康保障水平。三是改善办学条件，完善教学设施，实施好农村中小学教学仪器更新和现代远程教育工程，支持鼓励城乡教师双向交流、师资力量下乡和优质教育资源共享。四是不断完善家庭经济困难学生资助政策体系，确保每一名孩子都上得起学、不因家庭经济困难而辍学。

（三）农村卫生方面。重点支持做好三项工作：一是进一步健全完善新型农村合作医疗制度，实现新农合全覆盖，并逐步提高筹资补助水平和报销补偿比例，今年将新农合政府补助标准提高到人均80元，以后年度根据实际情况进一步提高。二是加强基层医疗卫生服务体系和农村药品“两网”建设，确保群众享有安全、便捷、经济的用药和医疗卫生服务。三是建立完善优抚对象医疗保障制度，从而基本构建起覆盖包括城乡居民、各类困难群体在内的全社会、全员化基本医疗保障制度。

（四）农村社会保障方面。重点支持做好四项工作：一是积极推进新型农村基本养老保险试点，力争在较短的时期内在淄博市全面推开；同时，扎实做好农村五保供养工作，支持农村敬老院建设，养老保险与集中供养双管齐下、相互促进，在更高的层面上解决农村养老问题。二是实施好计生家庭奖励扶助和特别扶助制度，做好育龄妇女免费计生服务工作，以经济手段解除计生家庭的后顾之忧。三是进一步完善城乡最低生活保障制度，逐步提高补助标准和实际补差水平，推进城乡社会保障协调发展，实现应保尽保。四是实施好农村贫困残疾人安居工程，完善困难群众供暖补贴和安全过冬工作机制，继续提高优抚对象生活补助标准，着力从机制和制度上解决特困群体的特殊困难。

（五）农民物质文化生活方面。重点支持做好四项工作：一是着力增加农民收入。在农村经济全面发展的基础上，加快发展农村第三产业，全面落实粮食直补和农资综合直补、农机具补贴、良种补贴、奶牛生猪补贴、“阳光培训”补贴政策，提高有关补贴标准，加大扶贫开发力度，使广大农民能够向科学种田要收入、向多种经营要收入、向政策减负和补助扶持要收入，逐步缩小城乡收入差距，促进共同富裕。二是实施好家电下乡补贴政策和“万村千乡市场工程”，加强农村社区综合服务中心和农村供销社建设，扩大农村消费，方便农民生活。三是在全面完成“村村通自来水工程”的基础上，制定实施农村饮水安全提升工程三年规划，确保全市农村人口喝上清洁安全饮用水。四是提高农村群众文化生活水平。实施好科普村村通工程、文化大院工程、农村体育“五个一”工程、电影下乡工程、文化资源共享工程等，丰富农村文体生活。

（六）加强农村基层组织建设，提高基层财政保障能力。在继续实施好对乡镇工作人员、农村老党员等津补贴政策，做好“三支一扶”工作，加强农村基层组织活动场所建设等业已出台的政策措施的基础上，抓住提高村干部生活待遇和基本保障水平、保证村级组织正常运转两个重点，切实把“城乡统筹”的目标要求落实到村、落脚到最基层。一是保障村干部基本待遇。建立现任村干部补贴最低保障制度，适当提高离退职村干部待遇，结合农村养老、医疗等社会保障制度的建立，统筹完善村干部保障制度。在不增加农民负担的前提下，村干部补贴原则上由村级自筹解决；村级有困难的，由各级财政适当补助。市财政根据各区县财力状况、村庄数量及规模、村干部状况等，增加对区县的专项转移支付，由各区县统筹安排，专款专用。各区县、乡镇（街道）也要从本级财政中安排相应的配套资金，加大对村干部补贴发放工作的保障力度。对村干部的各项补贴资金，原则上应通过“涉农补贴一本通”直接发放给本人，确保每个村都能按时足额发放村干部补贴、每名村干部都能及时足额领取到补贴资金。二是保障村级组织正常运转。全面落实农村税费改革转移支付资金用于村级比例不得低于20%的政策规定。督促区县和乡镇将这项政策不折不扣地落到实处，对截留资金、政策打折扣的，通过体制结算将这部分资金上划市级，由市级直接拨付到村。积极推行“村财村用乡管”管理制度，实行专项补助。按照村集体实际收入水平和标准支出需求，对部分困难村实行专项补助，并与扶贫、扶持经济薄弱村发展等有机结合起来，整合资金，形成合力，切实保障村级正常运转，提高基层自我保障和发展能力。

五、统筹城乡发展必须统筹区域发展，加强区域镇域财源建设，加快发展现代农业和农村服务业

在淄博市这样一个组团式城市，统筹城乡发展就必须统筹区域发展，促强扶弱，推进区县域经济社会健康协调发展。认真落实扶持两县加快发展、促进三个老工业区科学发展的政策措施。充分运用和整合节能降耗、品牌奖励、服务业发展、环境治理、风险投资、偿债准备金等专项资金和

手段，实施好增值税转型改革，增强财政对稳定经济增长、优化经济结构、推进经济协调发展的作用，拓宽区县域经济发展空间。建立健全财政收入质量改善考核奖励、财政支出结构优化考核奖励、镇级财力差异均衡考核奖励等三项机制，引导和促进区县、乡镇大力培植财源，优化收支结构，实现统筹发展。

统筹城乡发展，发展经济特别是农村经济是基础。以加快发展现代农业为重点，加强农业基础设施建设，大力争取和实施好国家和省现代农业发展专项计划，加快发展农民专业合作经济组织，积极开展贫困村村民互助资金试点，支持推广农业保险和涉农金融服务，强化农产品质量安全和标准化建设，不断提高农业科技化、产业化、市场化水平和综合产出能力，为统筹城乡发展奠定坚实基础。立足镇域特色，大力发展镇域经济，培植和壮大各县市场竞争力的优势财源。

实现城乡统筹发展，是摆在淄博市各级面前的一项重大课题，需要各级、各方面的共同努力。正如各领域、各项事业对财政资金的需求与财政供给之间既相统一又相矛盾一样，统筹城乡发展，对资金的需求是巨大的，不可能一蹴而就。要有计划、有重点、有步骤地协调推进，对一些“锦上添花”的事情，要严格把关，该控则控；对那些“雪中送炭”的事情，要主动有为，该保则保；一些性质相近、内容趋同的政策措施，要适时进行归并整合，发挥拳头效应，增强工作实效。通过全市上下不懈努力，一定能够开创淄博市城乡统筹发展的新局面，促进经济社会科学发展、又好又快发展，加快实现建设殷实和谐经济文化强市的宏伟目标。

（作者为淄博市财政局局长）

枣庄市财政建设问题分析与探讨

尹克同

近年来，枣庄市经济保持平稳较快发展，各项社会事业全面进步。2007年完成生产总值（GDP）926亿元，按可比价格计算增长16%；地方财政收入实现45.23亿元，占预算的103.2%，增长22.2%；财政支出68.1亿元，占预算的104.9%，同比增长24.7%。地方财政收入总量居全省第12位；收入增幅列全省第12位。财政调控能力进一步增强，重点支出得到较好保障，财政预算执行情况良好。

与此同时，枣庄市财政事业发展也存在一些突出问题和矛盾，需要进一步探讨和研究。

一、“十五”以来县乡财政存在的主要问题

（一）枣庄市县乡财政收入规模偏小，质量不高。一是全市地方财政收入占GDP的比重下降。2006年比2001年下降0.1个百分点，比全省平均水平低1.32个百分点；2007年，地方财政收入占GDP的比重为4.88%，与上年持平，比全省平均水平低1.59个百分点。二是财政整体运行质量不高，非税收入占地方财政收入的比重明显高于全省平均水平。2006年，全市非税收入占地方财政收入的比重为26.04%，高出全省平均水平2.36个百分点；2007年，全市非税收入占地方财政收入的比重为24.08%，比2006年降低1.96个百分点，但仍高于全省平均水平2.18个百分点；2002～2007年六年间全市非税收入年平均增长24.4%，高出同期地方财政收入年平均增幅1.4个百分点；其中区（市）级财政高出5.7个百分点；2007年，区（市）级财政非税收入占地方财政收入的平均比重达到28.09%，全市有5个区（市）非税收入比重超过全省平均水平。说明贫困区（县）在经济发展中存在的经济总量和产业结构等方面问题仍没有得到有效解决，存在着单纯做大财政收入的冲动。三是全市六个区（市）中有四个省级财政困难县，其财政收入总量小、增长缓慢。2001～2006年山亭区和峄城区地方财政收入年均仅增长4.25%和6.56%，按2006年山东省地方财政收入总量排名，分别列全省第139位和135位，基本上是弱者“恒弱”；2006年山亭区地方财政收入为负增长。2007年，峄城区情况有所改善，地方财政收入增长59%，其中非税收入增加了近三倍；2007年薛城区地方财政收入又步入增长6%的低水平行列。四是主体税种拉动作用明显下降。2007年，全市一般预算收入中作为主体税种的增值税、营业税、企业所得税共计完成18.18亿元，占全市一般预算收入的40.18%，仅比上年增加0.47个百分点，占增收总量的比重比上年降低14.91个百分点，说明主体税种增长势头有所下降。五是各项主要人均指标低于全省平均水平。2006年，全市生产总值757.88亿元，占全省的3.5%，在全省17个地市中列14位；人均生产总值为

20 936元，较全省低2 610元，低了11%；人均地方财政收入、人均税收收入、人均财政支出分别比全省平均水平低32%、37%和30%。

2007年情况有所好转，但人均GDP、人均地方财政收入、人均财政支出分别比全省平均水平低8%、33%和26%。

（二）县乡财政刚性支出比重大，调控能力不强。2006年，全市地方财政支出51.50亿元，与2001年比较，年均增长18.65%，财政支出总量列全省第14位。其中：县乡级支出39.91亿元，比2001年增长2.08倍，年均增长25.26%。2007年，全市财政支出68.15亿元，占预算的104.9%，同比增长24.7%。全市地方财政支出呈现两个特点：一是工资支出刚性增长，工资性支出占地方可用财力的比重占据绝对高位。2006年，全市用于工资性的支出占可用财力的70%，其中，县乡级工资性支出占其财力的80%；二是与2001年比较，除农业支出占财政支出的比重提高2.5个百分点外，保障基层政权正常运转支出和基本公共服务支出的比重呈现逐年下降的趋势。

二、县乡财政存在的主要问题成因分析

（一）枣庄市是以煤炭、建材等资源型产业为主的老工业基地，对国家贡献大，地方获益小。各项主要财政经济指标无论总量还是人均值均低于全省平均水平，应该说枣庄是全省非常贫困的地区。体制性收入分配矛盾是枣庄市处于全省财政困难地区位置的主要原因。另一方面，枣庄市资源优势发挥不够，主导产业没有做大做强，未能形成规模效益；再就是产业结构不合理，财源结构单一。2007年我省第一、二、三产业比重为9.7:57.1:33.2，枣庄为8.7:64.2:27.1。第一产业提供的收入十分有限，第二产业比重相对较大，但产品科技含量低，创税能力弱，并且实现税收以增值税为主，75%部分上缴中央（烟酒行业消费税100%上缴中央），对地方财政贡献率相对较低。1994年全市上缴中央两税3.85亿元，中央税收返还2.9亿元，返还额占上缴额的75.3%，当年上缴中央收入增量是9531万元，到2006年，全市上缴中央两税23.27亿元，中央税收返还5.35亿元，返还额占上缴额的23%，当年上缴中央收入增量是17.9亿元。第三产业比重小，层次低，提供财政收入非常少。税收对煤炭等重点行业依赖性较大，近几年煤炭行业提供税收约占地方税收收入的45%左右，而其他行业发展相对滞后，财政收入受煤炭资源及市场变化、政策性因素制约较多。近年来，全市境内老矿区煤炭资源枯竭，境内十多处统配煤矿已关闭、注销生产能力。国家政策规定强制关闭“五小”企业，枣庄市自办小煤井、小水泥企业被大量关闭，直接减少财政收入。况且小煤井、小水泥企业大部分为乡镇企业，对乡镇财政影响非常大。2007年，全市非税收入占地方财政收入的比重为24.08%，高于全省平均水平2.18个百分点，全市有5个区（市）非税收入比重超过全省平均水平，最高的薛城区非税收入占地方财政收入的比重达到42.94%。非税收入主要由行政事业性收费、国有资产经营收益、罚没收入、专项收入等构成，这些收入项目都是有专项用途或列收列支性质的收入，财政可统筹安排的余地小，基本形不成可用财力。

（二）事权财力不匹配，财政体制不完善，税收征管体制不顺。一是财力层层向上集中，职能和支出责任却不断下放。目前，县乡政府需要承担义务教育、公共卫生、基础设施、社会治安、环境保护、行政管理等诸多责任。况且下放的职能和责任通常是刚性强、支出大、管理严、责任重，加剧了县乡财政困难。二是实施分税制改革、所得税和营业税改革以及出口退税机制改革，地方财政原有财力存量部分基本保住了，但地方财政收入范围缩小了，收入增量的绝大部分被中央、省分享，而且今后随着上缴中央“两税”数额的加大，中央连年得增量的大头，地方返还占其上交的比重将会越来越低。地方主体税种均被中央、省分享，地方收入增长的弹性空间越来越小。基层财政仅剩下零星的地方小税，收入的稳定性较差，自给能力相对下降。体现在预算执行中，资金调度十分困难，支出难以正常拨付。三是实施农村税费改革，取消农业特产税、农业税，减轻了农民负担，同时也减少了乡镇财力，农村税费改革转移支付资金与乡镇的实际财力缺口仍有一定差距，乡镇财政保运转压力进一步加大，乡镇债务问题更加突出。四是税务部门上划后，出现了收入任务“两张皮”及税收征管的协调难度加大、税收成本增加等问题，税务征管体制不顺对财政收入合理增长也产生一定影响。

（三）收支矛盾较尖锐，可用财力仅能勉强维持运转。2006年，全市用于工资性的支出占可用财力的70%，其中，县乡级工资性支出占其财力的80%。2007年落实“阳光工资”，这一比重继续加大。这种财力状况，财政只能保工资，保运转，并且保障的水平逐级下降。区（市）本级公务费标准非常低，2006年，大部分在人均700元左右，最低的仅为人均384元。基层财政勉强维持运转，无力发展社会公共事业。大部分乡镇为了保证工资发放，有的借款、贷款发工资，有的对本身低水平的公用经费一压再压。主要原因：一是政策性增人、增资过快。财政供养人员较多且增长较快，加重了财政尤其是基层

财政负担。乡镇行政管理费支出所占比重2006年比2001年提高了8.29个百分点。近几年增资政策出台过频，增长幅度较大，财政保工资性支出的压力很大，增长的财力大部分被增人增资吃掉。二是各种法定支出以及要求地方配套的各种专项支出增长，使基层财政不堪重负。法定支出项目（如农业、教育、科技、计划生育等）支出增长比例或人均支出指标都有硬性要求，有的部门的考核指标甚至超过了法律法规的要求，上级许多专项资金都要求项目配套，保证法定支出，落实项目配套，达到考核标准，有限的地方财政资金根本无法满足需要，县乡财政陷入左右两难的境地。各类升级达标活动、“政绩项目”、“形象工程”导致的短期行为，不顾财力可能超前建设，造成支出超常规增长，同时也使乡镇债务规模急剧膨胀。

*（四）公共财政体系不完善，社会公共事业欠账严重。*财政对医疗卫生、农村低保、养老保险、新农合、教育、文化等社会事业发展支持不够。农村交通、通讯、自来水、农田水利设施等基础设施相对不足，文化、教育、卫生等社会事业发展相对滞后。目前，农村城镇化进度较慢，基础设施建设成本高，吸引社会资本能力弱。农村义务教育保障水平较低，“以县为主”的农村义务教育保障机制有待进一步加强和完善。医疗卫生基础设施陈旧落后，新型农村合作医疗制度尚未完全普及。

*（五）财政改革步伐缓慢，财政管理存在诸多问题。*一是改革不到位，如国库集中支付改革、乡财县管改革、政府采购改革等，有的尚未推开。2007年，有3个区（市）推行了国库集中支付改革；2个区（市）推行了乡财县管改革。二是预算约束力不够，财政监督缺位。预算编制还不够科学、规范，不够细化；预算执行中，存在着追加频繁等现象。财政部门虽然制定了一些措施加强资金监管，但监督职能作用发挥得还不够。

三、加强县乡财政建设的思路和对策

县乡财政承担着提供公共服务、发展经济、建设和谐社会等重大职责，关系到党和政府在基层的执政能力，关系到全面建设小康社会宏伟目标的实现，加强县乡财政建设具有重大的现实意义。近年来，中央、省、市出台了“扩权强县”、“省管县”、“以奖代补”等一系列缓解县乡财政困难的政策措施，收到了明显的成效。但是目前县乡财政建设仍存在诸多问题，如贫困地区财政收入增幅缓慢，财政支出寅吃卯粮，公共财政服务提供严重不足，债务负担沉重，财力和事权划分不对称等等。今后一个时期的县乡财政建设，仍应按照建立社会主义公共财政基本框架的要求，推进基本公共服务均等化和完善公共财政体系建设，建立和完善支出规范合理、财政管理科学、财力与事权统一的财政良性运行机制，促进经济、社会事业的全面发展。

*（一）以促进基本公共服务均等化为取向，提高经济欠发达地区的财政保障能力。*一方面，要按照财力与事权相匹配的原则，划分政府间的支出责任和财力分配，逐步形成合理的纵向财力分布格局，提高县级财政的基本保障能力，为促进基本公共服务均等化提供体制保障。另一方面，应不断扩大中央、省对下转移支付规模，规范转移支付制度，调节地区间的财力差距，实事求是地确定和降低财政困难县乡的配套资金比例，甚至免除地方配套。乡镇是五级财政中最困难的一环，应尽最大努力向乡镇倾斜。从有利于乡镇政权建设和乡镇经济、社会事业发展出发，将适合乡镇管理的收支下放到乡镇管理，做到乡事乡办，权责结合。按税种划分乡镇收入范围，把有利于乡镇征收管理的税种列入乡镇收入范围；按事权划分乡镇支出范围，将乡镇职能机构的支出和社会事业发展支出列入乡镇预算支出。逐步降低乡镇递增上解比例，取消对乡镇实行的“补助递减”体制，保证乡镇财力能够稳定增长。

*（二）加大中央和省各项政策扶持。*党的十七大提出要“帮助资源枯竭地区实现经济转型”，山东省委、省政府提出建设鲁南经济带的战略目标，并且出台了《关于支持鲁南经济带加快发展的政策意见》。枣庄正处于这一经济带的中心位置，枣庄是否有能力和潜力发展经济，实现鲁南经济带的腾飞，落实中央及省的各项扶持政策是关键。首先要在“资源枯竭地区实现经济转型”上下功夫。据中国矿业协会统计，中国现有390座以矿山采掘业为主的资源型城市，其中：20%处于成长期，68%处于成熟期，12%处于衰落期，全国50座矿城处于衰减状态，面临资源枯竭威胁，面临转型考验。枣庄是全国50座处于资源衰减状态的资源型城市之一，也是山东省唯一一家。在计划经济时期，枣庄为国家经济建设做出了重大贡献，仅在上缴国家利税和执行国家双轨价格政策方面，枣庄对国家的贡献就达64亿元。但由于当时国家和省缺乏有效的扶持和保护，使枣庄缺少原始积累，因而错过了再发展的最佳时期，造成接续产业发展滞后、新兴产业投入不足、就业压力增大等众多问题。进入21世纪，枣庄市就着手城市经济转型工作，但因历史包袱沉重，自有资金不足，转型难度较大。建议将枣庄列入中央、省资源型城市转型试点城市，建立相应的反哺机制，制定适度的财政援助政策，主要用于对煤矿采煤沉陷区进行综合治理，做实个人养老保险账户补贴和企

业、职工下岗失业并轨补贴、国有企业的政策性破产补助资金、企业分离办社会补助资金、老工业基地调整改造和重点行业结构调整国家预算内专项资金（国债）、高新技术产业项目资金、区域环境综合治理资金、城市基础设施基本建设资金补贴，把枣庄作为资源枯竭型城市给予重点支持；对原有矿山企业到异地开采建设新矿区形成的税收实行按比例分享，以弥补原居住地矿山企业迁出后给地方财力造成的影响；争取中央和省对枣庄市矿产资源补偿费、采矿权、探矿权出让收入，实行全留办法，用于支持枣庄市矿产资源保护和矿山地质环境的治理恢复；享受国务院支持东北地区老工业基地和中部地区老工业城市的扶持政策，特别在开征煤炭可持续发展基金以及扩大增值税抵扣范围等方面予以重点扶持。

（三）以建立公共财政为导向，促进县乡财政职能建设，建设“民生财政”。建立以人为本的地方公共财政支出体系，优先保障民生，提高民生支出占财政支出的比重。坚持“保基本、广覆盖”，不断完善社会保障体系，建立覆盖城乡的最低生活保障制度，扩大社会保险覆盖范围。增加环境保护和社会治安方面的投入，改善生态环境和社会治安状况。

（四）因地制宜发展经济，调整优化经济结构，加强县乡财源建设。要与国际、国内产业转移结合起来，要与本地实际、资源优势结合起来，把资源优势最大限度地转化为经济优势和财源优势。要把发展服务业摆在更加重要的位置，本着“存量结构调整，增量结构优化，扩大地方税基，增加地方财力”的思路，将第三产业从大中型企业的二产中合理剥离出来，优化税收结构，有效增加地方财政收入。大力发展民营经济。发展民营经济是枣庄市地方财政收入增长的潜力所在、后劲所在。2007 年，全市民营经济纳税额达 53.55 亿元，占全市税收总额的 69.2%。在南方发达地区，比如说温州，民营经济增加值和纳税额都占了 95% 以上，说明枣庄市民营经济仍有发展空间。要充分利用财政补贴、贷款贴息、以奖代补、民办公助、投资参股等手段，把财政投入和市场机制有机结合起来，最大限度地吸引外资和社会资金加大投入，放大财政资金的“乘数效应”。

（作者为枣庄市财政局局长）

以科学发展观指导科学理财

李俊峰

科学发展观是指导我国经济社会发展的根本方针，是发展中国特色社会主义必须坚持和贯彻的重大战略思想。开展学习实践科学发展观活动，是新时期加强党的建设、推动科学发展、促进社会和谐的重要举措。当前，黄河三角洲开发建设已经上升为国家战略，东营面临难得的历史机遇，发展前景十分广阔。财政是党和政府履行职能的物质基础、体制保障、政策工具和监督手段，在这一宏伟篇章中，财政部门要在更高水平、更宽领域、更深层次上贯彻落实好科学发展观，为党和人民当好家，理好财，发挥财政职能作用，服务于全市经济社会的全面协调可持续发展。

一、学习实践好科学发展观，财政部门必须充分认识其重要意义

（一）科学发展观是科学理财观的思想基础，是新时期财政工作的指导方针。科学发展观决定着科学理财观，对财政发展的战略模式和政策取向有着重大而深远的影响。能否把科学发展观作为统揽财政工作全局的根本指导思想，切实贯彻到财政工作的每一个环节，体现到财政活动的每一项内容，落实到财政法规和政策之中，不仅表现在这个时期财政工作的理念和政策取向上，而且决定着同一时期财政发展的路径和财政改革的成效。为此，财政部门只有自觉地按照科学发展观的要求，进一步更新理财观念，转变理财方式，提高理财水平，才能构建起适应社会发展要求的，稳固、平衡、强大的公共财政体系。

（二）科学发展观是财政部门正确履行职责，发挥好财政职能作用的重要保证。在市场经济条件下，财政具有筹集和调节收入、优化资源配置、促进经济稳定增长等功能，既是政府全面履行职能的重要物质基础，也是国家宏观调控的主要政策手段。财政政策的调控和导向作用，不仅可以有效地调节收入分配，推动经济发展，而且还能够统筹城乡、区域、经济与社会、人与自然之间的和谐发展。财政部门作为财政政策的执行者、实施者，只有牢固树立和认真落实科学发展观，加快自身建设，才能

正确而有效地履行职责。

（三）科学发展观是检验财政工作成效的重要标志。公共财政旨在解决公共问题，提供公共产品，满足公共需要，服务公众利益。在实际工作中，公共财政的上述目标是否达到，最重要的是看其是否有利于促进“五个统筹”，是否有利于在经济发展的基础上，推动社会全面进步和人的全面发展，而这正是科学发展观的核心要义和本质要求。由此可见，科学发展观既是做好财政工作的思想源泉，也是检验和评判财政工作质量和成果的重要标志。

（四）科学发展观是应对金融危机挑战，全面实施黄河三角洲开发建设总战略的客观要求。当前，金融危机的严峻挑战，对各级党组织和领导干部的驾驭能力和领导水平提出了新的要求，从国家层面推进黄河三角洲开发建设的历史机遇，也对全市工作提出了更高标准。如果不更加自觉、深入地学习实践科学发展观，及时解决在思想作风、能力素质和体制机制方面存在的薄弱环节和突出问题，就会丧失难得的发展机遇，就难以肩负起推进黄河三角洲开发建设，加快建设高效生态经济区的崇高使命。

二、学习实践好科学发展观，财政部门必须着力提高工作水平

学习实践科学发展观，重在学习，贵在实践。要想高质量地开展学习实践活动，关键是要紧密联系实际，突出实践特色，科学选准载体，推动工作落实。具体到东营财政实际，要突出抓好四个方面的工作：

（一）谋划发展要拓新思路。推进黄河三角洲开发建设，财政部门的首要任务是支持经济平稳较快增长。工作中，要坚持以科学发展统领全局，全力支持经济社会发展。一是认真落实中央和省、市保增长的政策措施，千方百计抓投入，大力支持“三路两港一场”等重大基础设施和“四区一城”等重点项目建设，落实好国债项目配套资金，拉动固定资产投资增长。二是支持完善融资平台，创新融资手段，扩大融资规模，着力破解建设资金不足的“瓶颈”制约。三是大力扶持中小企业发展，认真落实国家财税政策，管理使用好各项扶持专项资金，支持加快担保体系建设，优化经济发展“软环境”，帮助企业渡过难关。四是发挥财政部门在特殊时期维护社会稳定的积极作用。针对当前经济不景气、就业压力大等突出问题，积极推进社会保障体系建设，落实教育、卫生、社会保障、就业和再就业等民生政策，稳步提高保障水平，增强社会保障能力。五是充分发挥财政政策引导作用，完善财税激励约束机制，促进节能减排、自主创新和产业升级，推进经济结构调整和发展方式转变。六是积极研究新一轮鼓励企业发展的财税政策，以各项积极的应对措施，努力确保全市经济平稳较快增长目标的实现。

（二）组织收入要推新举措。财政收入是经济发展成果的显著标志。尤其在当前严峻的经济形势下，财政收入不仅仅是一个经济指标，更是一个信心指标。要坚持税收、非税收入和政策增收“三驾马车”并驾齐驱，齐头并进，确保全面完成2009年预算收入任务，提振全社会加快发展的信心。税费征管方面，进一步严格目标管理考核，加强调度分析，完善征管信息共享机制，努力挖掘财政增收空间，确保各项税费全额依法征收入库；政策增收方面，进一步加大调研力度，科学谋划增收措施，重点通过土地等级调整、专项税收筹划等措施，挖掘增收潜力，促进财政增收，夯实发展基础。

（三）政策争取要见新成效。立足东营实际，瞄准国家扶持黄河三角洲开发建设发展规划，密切关注国家部委调研组有关事项的进展情况，认真研究分析国家推进黄河三角洲高效生态经济区建设的财税政策，集中精力，紧盯紧靠，狠下功夫，全力争取国家对黄河三角洲高效生态经济区建设的财税政策。

（四）依法理财要上新水平。依法理财是公共财政的本质要求，是财政部门依法行政的重要内容。坚持依法理财，关键做好“三项工作”，一是加强预算管理，严格按预算花钱。认真贯彻中央和省、市关于各级党政机关大力压减接待费、公车运行费等公用经费和2010年年底前一律不准建设楼堂馆所的要求，大力压减一般性支出，削减一切不必要开支，降低行政成本。二是加强政府债务监管，无论是安排预算还是新上项目都要量力而行、量财办事，把债务控制在财力可承受的范围之内，努力防范和化解地方财政风险。三是加强财政监督评审。重点围绕扩内需政策落实和重点项目资金使用情况，建立起覆盖资金筹集、分配、拨付、使用、管理全过程的监督评审体系，严把“资金投向关、程序控制关、制度保障关、责任落实关”，将财政资金真正用在刀刃上，确保财政资金安全并发挥出最大效益。

三、学习实践好科学发展观，财政部门必须积极推进自身建设

落实科学发展观，对财政部门自身的改革和发展也提出了新的更高的要求。实践证明，财政工作只有始终坚持创新不动摇，与时俱进、敢于突破，从更高层次上构建起规范财政运行，保障科学发展的机制性、制度性框架，才能不断取得新成绩、实现新跨越。

（一）深化预算制度改革。继续完善部门预算、国库集中收付、政府

采购、投资评审等制度，建立完善编制科学、执行严格、监督有力、绩效考评各环节有机衔接的预算管理机制。

（二）提高财政信息化水平。按照“一体化”的指导思想，整合现有资源，拓展平台功能，逐步建立覆盖全市财政系统内部、财政与本级预算单位、上下级财政互联互通的一体化财政管理信息系统，为财政管理的科学化、规范化提供技术支持。

（三）大力加强作风建设。作风建设是落实科学发展观的重要保证，市委提出的“大力弘扬优良作风，着力推进工作落实”赋予新时期作风建设新的内涵。一是抓好班子建设。按照“政治坚定、开拓创新、求真务实、勤政廉政、团结协调”的要求，严格遵守党的组织和工作纪律，努力打造学习型组织、创新型团队、实干型集体、廉洁型班子。二是加强队伍建设。建立完善教育培训机制和科学的考核评价体系，抓好廉政教育，引导广大财政干部牢固树立全心全意为人民服务的思想，立党为公、执政为民、廉洁勤政。三是推进作风转变。增强大局意识和服务意识，围绕市委、市政府中心工作，把服务发展、服务部门、服务基层、服务群众贯穿财政工作全过程。立足财政职能，加强发展环境建设，推行政务公开、落实服务承诺、完善服务规范、提升服务质量，优化发展环境，为黄河三角洲开发建设大局搞好服务。

形势在变化，实践在发展，学习实践科学发展观要始终如一、坚持不懈。财政部门将在市委、市政府的坚强领导下，以学习实践科学发展观为有利契机，抓住新机遇，提升新境界，推出新举措，创出新业绩，为保持全市经济平稳较快增长做出应有贡献。

（作者为东营市财政局局长）

烟台市政府采购运行模式研究

叶文君

烟台市政府采购工作自1999年正式运行以来，在市委、市政府的正确领导和财政部、省财政厅的大力支持下，坚持以科学发展观为指导，按照“创新机制、拓宽领域、科学运作、规范管理”的工作思路，经过十年的探索和努力，在实践中逐步建立起一整套独具烟台特色的政府采购模式。在以部门预算为基础、投资评审为支撑、政府采购为手段、国库集中支付为保障的“四位一体”财政支出管理模式中，充分发挥承上启下作用，与各个环节相互衔接、相互配合，形成了“自成体系、优势互补、相互制约、配套联动”的运作机制。其主要特征是“确立完整采购理念、强化采购专业监管、联项采购同类产品、择优随机选择机构、场所统一费用固定、专家评审主导结果”。

一、确立完整采购理念，全方位推进政府采购制度

烟台市政府采购工作遵循市场规律要求，坚持“大采购”理念，通过拓展政府采购领域，拉长政府采购链条，强化采购全程监管，建立健全制度体系，实现了政府采购的宽领域、广覆盖，使政府采购更加全面和完整。

（一）采购内容和采购过程。在采购内容和采购过程方面，烟台市围绕解决采购什么、采购多少、为何采购、如何采购等问题，对政府采购事前、事中、事后三个方面进行全方位管理，深入采购全过程。

1.“事前”论证。“事前”论证是以立项前论证为主要方式的需求评价与规划。烟台市以政府采购项目是否合理、能否真正实现“物有所需”为重点，通过搭建技术论证平台，将专家论证意见引入到政府采购的立项环节。对于采购规模较大、技术较复杂的项目，烟台市政府采购办组织财政部门相关科室、采购人代表、有关专家对采购人拟实施采购方案的合理性进行综合分析和全面科学论证，并将结果作为财政项目预算的重要依据，极大地节约了财政资金，一是减少采购数量，满足必要需求。某部门申请采购近200万元的省市县三级网络系统，经专家需求论证后，认为该系统不具备三级联网条件，最终为该部门采购了几台电脑就解决了问题。二是合理整合资源，实现设备共享。烟台市公积金综合管理信息系统经需求论证后，由独立建网改为依托市综合信息中心搭建，原方案中提出的核心交换机、网络安全设备、数据库软件等与市综合信息中心实现了共享，避免重复采购。三是优化需求方案，提升功能档次。烟台市供水管网检测设备采购方案经专家现场勘查论证后，采纳专家意见，对原方案中档次偏低的气象色谱等设备进行了升级换代，使检测功能达到了国内领先水平。

2.“事中”规范。“事中”规范主要体现在具体采购操作环节上的严

格管理。一是实行中介机构职业代理。通过集中采购代理机构公开招标制、随机抽取制、代理费用财政统一支付制，有效避免了政府采购过程中商业贿赂等问题的发生。二是加大采购环节监督力度。对每一个政府采购项目，烟台市政府采购办都安排专人从信息发布到合同签订实行跟踪监督，避免出现采购人带有倾向性意见、指定品牌、规避公开招标及供应商弄虚作假等现象。对于大型、综合类政府采购项目，还邀请纪检、监察部门进行现场监督。2007 年，某供应商投诉烟台某单位信息化建设项目招标过程中，发现采购人有倾向性言论。烟台市政府采购办立即对此项目进行调查落实，认定评标过程中采购人代表的言行有可能影响中标结果，根据《政府采购供应商投诉处理办法》第 19 条规定，对本项目做出了废标处理，并按规定程序对该项目重新组织招投标。三是规范代理机构执业行为。制定了严格的考核内容，对集中采购代理机构具体业务实行现场打分，对考核优异的给予通报表扬，对考核不合格的给予暂停代理业务资格的处罚并进行内部整顿，规范了采购代理行为，有效地促进了代理机构服务质量的提高。

3．“事后”评价。“事后”评价主要体现在采购项目的履约验收和投诉处理上。对采购人项目验收工作，烟台市采取抽查方式，特别是对招投标过程中竞争激烈项目进行重点抽查，由烟台市政府采购办聘请相关专家，共同组成工作组，直接到被抽查单位，核对项目完成情况。在供应商方面，重点对交货期、交货价格、交货的质量与数量、附带的服务等进行抽查，避免供应商履约过程中偷工减料、以次充好、损害采购人合法利益等影响政府采购结果现象的发生。在采购人方面，重点检查是否尊重采购结果，有无单方违约，是否存在履约中侵犯供应商权益的现象发生，是否有验而不收或者收而不实现象存在，保证了政府采购结果落到实处。比如，某采购人在采购计算机等办公设备时，供应商之间竞争十分激烈。一供应商在低价中标后，与采购人私下商量，将总价值 3 万多元的中控桌换成价值不足万元的笔记本电脑，而合同总价不变。这一现象被烟台市政府采购办检查人员发现后，当即予以纠正，挽回了损失。

（二）采购对象和采购范围。

1．政府货物和服务采购实现广覆盖。在完整的“大采购”理念下，烟台市不断加大政府集中采购管理范围，货物和服务采购目录内容更加丰富，集中采购金额更加庞大。目前，烟台市政府采购目录基本上涵盖了政府货物与服务采购的方方面面。货物与服务采购支出数额大，增长快。以《政府采购法》实施以来的情况为例，烟台市货物与服务采购额从 2003 年的 3.05 亿元，逐年增长，到 2007 年达到 7.1 亿元，增长 132.79%。

2．建设工程项目纳入监管范围。建设工程项目纳入政府采购范围是烟台市体现完整政府采购理念的重要内容之一。针对政府工程采购项目情况复杂，采购管理难度较大的实际情况，烟台市财政部门与建设部门通力合作，在不改变现行工程招标管理模式的前提下，充分发挥建设部门参与工程招投标监管较早，拥有一整套行之有效监督管理办法的优势，合理规划角色分工，财政部门着力抓好从采购资金、采购过程到合同履行的全方位、全过程监管，建设部门突出发挥在招投标环节及对工程质量的监督作用。由于职责分工明确、监督管理到位，烟台市政府采购顺利介入工程领域，市级城建、水利、民航等所有工程项目的施工、安装、设备、材料及监理等全部按程序实行政府采购。目前，工程采购已成为烟台市政府采购的重头戏，采购规模已占采购总额的 70% 以上。

二、强化管理机构职能，实现政府采购专业监管

严格规范的监督管理是实现政府采购科学化和规范化的重要前提条件。烟台市在运行机制和管理体制方面，把更多的职能放在监督管理上。具体表现为：提高政府采购管理机构级别，加强监督管理部门职能责任，建立稳定的监督管理队伍。

一是设立高级别政府采购管理机构。烟台市政府采购管理办公室自成立起，规格即为正处级事业单位，采购办主任由财政局局长兼任。烟台政府采购办成立 10 年来，单位负责人、业务骨干相对固定，从业 10 年的业务骨干 5 人，占 18.5%。从业 5 年以上的干部 20 人，5 年以下干部 7 人，形成了一支管理人员相对稳定，干部队伍级次发展的专业化管理队伍。同时，明确定位具体权限，为监管职能的有效发挥夯实了基础。

二是建立政府采购管理机构与财政职能科室的配套联动机制。按照“四位一体”财政支出管理运行模式要求，烟台市政府采购办与财政职能科室在工作职责上相互配合、在工作程序上相互衔接。特别是在需求论证环节，利用采购办拥有专家库，接近市场的优势进行需求论证。以烟台市公安局金盾建设采购为例：公安局将需求方案报财政局业务科室进行初审后，转至烟台市政府采购办进行需求论证。市政府采购办搭建技术论证平台，主持召开论证会议，公安局、财政局业务科室及本专业的高水平专家组成论证组共同论证需求方案。公安局最终根据专家意见确定采购计划。计划确定后按照政府采购程序进入政府采购环节。

三是建立健全政府采购管理制度体系。制度建设是强化政府采购管理

的基础。烟台市政府采购办坚持在实践中探索、在总结中完善、在完善中提高，把工作创新成果固化成各项规章制度。先后出台了《烟台市市级政府采购工作程序》、《烟台市政府采购当事人行为规范》、《烟台市集中采购代理机构考核实施细则》等13个规范性文件，形成了涵盖招投标、集中代理、合同监督、信息公告、采购目录、采购监督等政府采购各项工作的制度体系，明确了政府采购的范围、流程和操作要求，实现了以制度管人、靠制度管事的目标。

三、联项采购同类产品，实现政府采购规模化效益

规模是提高采购活动效益的基础。烟台市政府采购办将各部门、单位相同类别或相同性质的小型项目在分析“解剖”的基础上，进行合并打包，变多次采购为一次采购，不断提高批量采购规模，避免了采购单位各自为政、互不通气，对同类材料、设备重复招标，浪费人力、物力的现象，有效降低了采购成本，在具体联项采购实施过程中，技术复杂的项目按采购人进行分包，采购人代表只对各自分包进行评标打分，并分别签订合同，保证了采购人的主体地位。

烟台市区滨海东路、观海路等5条道路建设过程中，均需进行石材的采购工作。为此，烟台市政府采购办主动协调各采购人，将所用石材供应进行联项采购。5条道路石材最终以525万元成交，比原来的预算价格节省了近140万元，资金节约率达20%以上。

市直各部门需要的通用办公设备，每季度合并采购一次，由专家论证需求档次，坚持实行统一标准、统一采购，既避免了部门间对办公设备“贪大求洋”现象的发生，又形成了规模效益。目前，在计算机等通用设备类采购中，联项采购已占到采购总额的90%以上。

四、择优随机选择代理机构，实现政府采购高效率执行

烟台市在具体采购操作上实行中介职业代理制。按照“政府搭台，中介唱戏”的市场化运作思路，招标等具体采购业务都由采购人委托中介机构办理，烟台市政府采购办通过系列管理办法对集中采购代理机构进行规范管理，使其为采购人提供更为优质高效的服务。

（一）择优选择集中采购代理机构。根据烟台市政府采购工作量，通过程序完备的公开招标方式，选择一批业务熟练、执业诚信的社会中介机构，由财政部门授予“集中采购代理机构”名称，并明确了代理范围、代理期限、代理项目委托、费用支付、从业人员条件、代理机构考核等方面的要求，使集中采购代理机构代为履行“政府采购中心”职能的做法，成为烟台政府采购工作的一大特色。目前，已有7家具有政府采购双甲资质的代理机构通过公开招标方式成为烟台市集中采购代理机构。为了能够在烟台市政府采购办的考核中争取优先名次，各代理机构在内部分工、执业操作等各方面加强管理，形成了相互竞争、相互学习、相互促进的良好氛围。

优秀的代理机构必须配备业务精干的工作人员。集中采购代理机构中从事政府采购的工作人员，都必须经过烟台市政府采购办组织的业务考试，成绩合格者方能挂牌上岗，从事政府采购委托代理工作。烟台市还根据工作开展需要，重点在法律法规、业务操作等方面聘请业内知名专家对从业人员进行定期培训，以确保从业人员形成更加完备的法律制度储备和得到及时的知识更新。

（二）采购人随机选择采购执行机构。烟台市在集中采购代理机构的选择上采取随机抽取的方式，采购人在烟台市政府采购办的监督下，随机抽取集中采购代理机构，双方签订委托协议，由集中采购代理机构根据委托办理政府采购具体事宜，既调动了代理机构工作积极性和主动性，又保证了操作过程中不受任何倾向性意见影响，做到依法代理、独立执行。

五、场所统一费用固定，实现政府采购规范化操作

为体现政府采购的公益性、集中性、规范性和严肃性，营造公开、公平、公正的政府采购环境，烟台市政府采购办发挥市场力量，搭建平台，整合资源，力求每一个采购项目都能实现价值最大化、行为规范化。

（一）统一规定采购执行场所。在烟台，工程类政府采购项目的公开招标在烟台市工程交易大厅进行，由烟台市政府采购办、烟台市招标办共同监管；货物、服务及工程类项目的非公开招标在烟台市政府采购大厅进行。烟台市政府采购大厅面积1 000多平方米，采购大厅实行统一管理，内部墙壁张贴《政府采购法》、《烟台市政府采购当事人行为规范》等法律规章，使政府采购当事人能够以严肃、规范的态度开展政府采购活动。大厅配置了信号屏蔽系统、声像监控系统等先进的操作与监控设备，对所有采购项目全程录音录像。

采购大厅分为外部办公区域和内部开标评标区域。代理机构所从事的供应商登记、保证金收取等前期工作均在外部办公区内进行。封闭区域主要进行政府采购开标评标工作，非政府采购相关人员不得随意出入。

（二）统一规定委托代理费用。为体现政府采购的公益性原则，烟台市在全省率先改变代理服务费用与中标金额挂钩的传统做法，按照市场定价原则，对采购项目代理服务工作进行定量分析，分类分档制定代理服务费用标准，根据代理机构实际完成工作量，由财政部门定期直接支付给集中采购代理机构。代理费用相对固

定，财政统一支付，不仅防止了代理机构片面追求经济效益的举动，让其专心致力于招标采购的组织工作，而且每年可节约近2/3的“中标服务费”。

2007年烟台市重点工程文化广场施工建设项目招标，中标企业为烟台建设集团有限公司，中标金额3.68亿元。按照传统计费标准应付招标代理服务费42.95万元，实际支付招标代理服务费1.5万元；烟台火车站改造施工建设项目，中标企业为中铁十局、烟台建设集团有限公司，中标金额2.48亿元，按比例应付招标代理服务费39.92万元，实际支付招标代理服务费1.9万元；仅此两个项目就节省财政性资金79万余元。

六、专家评审主导结果，实现政府采购决策科学化

政府采购什么、采购多少、如何采购等问题，是政府采购的热点和难点。几年来，烟台市借助专家力量，形成了专家主导结果的运行机制，保证了政府采购的科学合理，使政府采购工作经受住了时间的考验。

（一）建立全方位、外向型、动态化的政府采购专家库。烟台市通过审核汇总集中采购代理机构专家库人员、网上征集等手段，现已建立起包含5 000余名专家的政府采购专家库。为保证专家库的质量，烟台市政府采购办在日常管理上着重抓好“三个突出”：一是突出全方位。专家库内既包括评标、谈判专家，又包括需求论证专家，涵盖了办公自动化设备、信息技术、建筑工程、地质勘查、化学化工等87个类别；二是突出动态型。随着对专家评审质量要求的不断提高，烟台市政府采购办对专家库进行及时更新维护。对各行业内的知名专家广开渠道、及时聘请入库；对专业知识过时或因其他原因不能胜任政府采购评审工作的，经审核后停止专家资格；三是突出外向型。为了提高专家的档次，避免专家本地化、“见面熟”等问题，在建立专家库方面，更多地增加烟台市以外的专家，特别是北京、上海、广州等地大专院校和科研院所的权威专家。尤其是对采购资金数额巨大项目的需求论证，主要以聘请外地高水平专家为主，外地专家在论证中的比例达到了80%以上。

（二）强化专家抽取环节监督管理。为确保专家评委抽取过程的公正性，烟台市政府采购办专门研究开发了专家抽取管理软件，开标前，由采购人代表、集中采购代理机构工作人员及政府采购办监督人员在烟台市政府采购大厅监控室内，按专家抽取程序对所需类别专家进行随机抽取。

（三）专家全程参与采购评审决策。

一是前期需求论证。聘请业内知名专家对采购项目进行论证，着重分析政府采购项目是否合理、能否真正实现“物有所需”，以保证采购计划的科学性和客观公正性。

二是事中评标。由采购人代表和评审专家组成的评审委员会确定中标、成交供应商，为项目供应商最终确定发挥主导作用。

三是后期评价。聘请专家参与重要项目验收，对采购人验收和供应商履约进行监测与评价，以确保采购结果真正落到实处，维护政府采购的良好声誉。

几年来，烟台市先后从清华大学、北京大学、复旦大学、中国科学院、中国建筑设计院等全国大专院校、科研院所，聘请国家级研究员、博士生导师等专家700多人次，确保了采购项目取得理想的效果。

（作者为烟台市财政局局长）

深刻理解科学发展观要旨 充分发挥财政引领作用

夏芳晨

科学发展观是我国经济社会发展的重要指导方针，是发展中国特色社会主义必须坚持和贯彻的重大战略思想。财政作为党和政府履行职能的物质基础、体制保障、政策工具和监督手段，必须正确认识和处理它与改革、发展、稳定的关系，财政与经济速度、结构和效益的关系，生财、聚财与用财的关系，始终把科学发展观的第一要义、核心、基本要求和根本方法贯穿于财政事业发展的全过程，充分发挥财政引领作用，推进经济社会又好又快发展。

一、科学把握财政事业发展的规律特点

科学发展观，是深化对经济社会发展一般规律认识的成果。新形势特

别是市场经济条件下，推进财政事业科学发展，必须把握好其内在发展规律和特点，从市场经济的角度分析问题、研究工作、推进改革。

（一）充分认识市场机制对政府不当干预的矫正作用。市场经济条件下，市场机制远比政府的效率高。即使当前市场出现经济危机，也不是市场失灵，而是市场在作一种强制性的调整，是对政府不当干预的矫正。因此，财政工作包括当前面临的许多改革，如社会保障体系建设、医疗卫生体制改革、教育体制改革等，都要立足市场经济这个基础来谋划和推进。特别要科学把握政府与市场的职能边界，凡是市场办得了、办得好的，政府就要让位于市场，不能盲目包揽，以免影响效率，损害相关产业发展。凡是属于社会公共领域的事务，而市场又无法解决或解决不好的，财政就必须介入，把该管的事管好、管到位。对于介于二者之间的，财政要发挥好引导作用，注重发挥行业协会、基金会、慈善机构等中间组织的作用，完善社会化供给机制，建立“政府主导、社会参与、群众受益”的公共服务供给模式。

（二）发挥市场配置资源的基础性作用。市场配置资源的基础，一个重要原理就是：市场的效率远远高于政府。近年来，财政部门坚持以改革促发展，熟练运用市场机制手段，主导实施了社区卫生服务、低收入家庭住房保障、城市管理、农村中小学“211工程”等若干个成功的“潍坊模式”，提高了财政资金的经济效益和社会效益。今后要继续坚持和完善这些行之有效的做法，以发挥市场配置资源的基础性作用为取向，把能够推向市场的公共服务项目，像农村的医疗服务、垃圾处理、新型能源利用、荒地资源开发等，按照经济规则引入市场机制，实行市场化经营，推动由养人养机构直接提供服务向政府购买服务为主转变，力争用小钱办大事，少花钱多办事，进一步提高资源配置效率和服务水平。当前和今后一段时期，抓住潍坊市作为全省综合配套改革试点市的重要机遇，找准目标，先行先试，大力推进重点领域和关键环节改革，从根本上解决事业发展单纯依赖政府无偿投入、活力不足的问题，满足城乡居民对公共服务的多层次需求。

（三）搞好财政经济社会政策的协调运作。科学发展，是经济社会的全面协调可持续发展。财政政策作为推进科学发展的重要工具，具有经济政策和社会政策的双重属性。在当前金融危机形势下，积极财政政策的作用就是扩大内需，主要是通过扩大投资来拉动经济增长。而靠政府来扩大内需只能是短期的，内需扩大最终要靠市场，如果积极的财政政策主要表现为一个经济政策，或主要是一个投资扩张政策，经济的恢复只能是短暂的。必须更多地让积极财政政策发挥其社会功能，扩大社会性支出，通过社会保障体系建设等公共服务的提供，给整个社会成员提供基本保障，为市场创造良好的社会环境，减少因不确定性带来的恐惧。为此，财政部门将进一步加大民生投入，按照“广覆盖、多层次、保基本、可持续”的原则，继续完善义务教育、社会保障、医疗卫生、强农惠农、基本公共服务等保障体系，加快以改善民生为重点的社会建设，充分发挥财政政策的社会功能，促进和谐社会建设。

二、高度重视民间资源的挖潜利用

在金融危机这一特殊背景下，拉动内需，促进增长，不能只靠政府投资，必须坚持财政资源与民间资源相结合，在增加政府投资的同时，将注意力放到撬动民间资本的投资上来，最大限度地激发民间投资热情，让“沉睡”的民间资本在社会经济领域内充分“涌流”。

（一）发挥财政资金导向作用。彻底改变由财政投资包打天下的局面，发挥财政资金的杠杆作用，通过政府先行投入启动资金或以财政贴息、担保等办法，拉动社会投资和民间投资，放大财政资金的乘数效应。当前，应认真落实积极财政政策，优化政府投资结构，努力增加产业发展、生态建设和公共服务“三大投入”，拉动投资和消费需求。及时果断制定时效性强、具有显著效果的扶持政策，充分利用金融机构贷款补偿、投资利息补贴、实施销售补助、政府采购倾斜等手段，大力扶持工业调整振兴、百强企业运行和中小企业解困，帮助企业渡过难关，促进投资和创业。在落实好上级减免收费政策的基础上，全面清理和规范现有行政事业性收费项目，减轻企业、居民负担，优化投资和创业环境。

（二）放宽民间资本准入门槛。着力解决民间资本“平等待遇”的问题，降低投资门槛，放宽投资限制，支持民间资本进入国有企业改革、基础设施建设、公用事业、金融服务业等领域，凡是上级没有明确限制的都要放开，暂时受制于上级规定的也要主动实施改革和创新，把投资的自主权交还给社会，交还给市场。进一步拓宽民间融资领域，对投资项目特别是效益好的项目，可以用公开招标的办法吸纳民间投资，有些项目可由政府和民间共同投资，这样既能缓解财政资金供求矛盾，弥补政府投入的不足，又能实现民间资金效益的最大化，同时推动经济社会事业发展，实现“三赢”目标。同时，着力解决信贷方面对民间资本的政策性“歧视”，加大金融机构对民营资本的信贷支持力度，为其提供公平竞争、持续发展的良好环境。

（三）加大草根经济扶持力度。

草根经济具有投资少、机制好、转向灵、见效快、代谢能力强的特点。尤其是在当前出口大幅下滑、消费增长缓慢、投资见效尚需时日的形势下，发展草根经济是门槛最低的投资创业活动，对促进社会就业具有很重要的现实意义。为此，在对中小企业科技创新和出口生产等方面实施财政补贴的同时，研究尝试企业吸纳就业方面相应的财政补贴政策，引导社会投入，促进投资创业，缓解就业压力，促进经济增长和社会和谐。

（四）积极稳妥地运用信贷资金。抓住实施宽松货币政策的有利时机，密切与金融机构合作，及时规划、推出符合国家政策、产业规律、现实需要的重点项目，争取更多的信贷支持，确保经济社会稳定健康发展。推动财政资源与金融资源的优化配置，加大对金融产业发展的支持力度，通过财政补贴、奖励等措施，鼓励金融机构扩大信贷规模，盘活民间存量资本。作为政府信用，财政还需要承担还贷风险，应准确把握，慎重操作，规范管理，高效运行，使政府债务规模与偿债能力相适应，避免财政兜底风险影响正常运转。

三、积极运用现代理财观念和手段提高财政管理效益

实现理财方法科学化，必须从凭经验理财转变为理性分析理财，从粗放理财转变为精细理财，从单纯的定性分析方法转变为定性与定量相结合的方法，运用运筹学、信息论、控制论等先进管理理论，借鉴现代企业管理成熟手段，不断提高理财的科学化水平。

（一）更新财政管理观念。打破“有多少钱办多少事”的观念，积极运用“六西格玛（6sigma）”、“边际效益”、“博弈论”、“竞争风险”、“机会成本”、“经济价值”等理念和方法，超前运作事业发展、产业发展、企业发展，实现财政与事业、产业、企业的多赢。像“边际效益”概念，如果企业生产某个产品一年亏损500万元，按财务会计指标，亏本就要停产。但从管理会计的角度分析，如果生产这种产品分摊了800万元的固定成本，边际效益还有300万元，产品是可以继续生产的。比如，潍坊海化某石化公司，由于销售价格下降，如果继续生产每月亏损90万元，但企业产品有市场、有销路，并且上缴地方税收每月可达到150万元。用边际效益的概念来理解，企业为避免亏损将停产，政府一无所得；如果让渡部分利益帮助企业继续生产，譬如拿出90万元补贴企业，企业正常生产政府还会有60万元的收益，这个收益等同于边际收益。这也是当前在金融危机条件下很多国家政府出手救助企业的道理所在。当前，潍坊市有很多亏损企业，仅财政部门统计年上缴税金50万元以上的1 317户企业中，3月份亏损企业就达342户，多数处在停产边缘。为此，应进行认真梳理，对产品有销路却亏损经营的企业，如果在财政上存在边际效益，就及时给予针对性的扶持帮助，支持这类企业正常运转，从而拉动居民消费，减轻财政负担，都有很大的经济、社会效益。

（二）提高财政支出效益。积极推进跨类别、跨部门和部门内的财政性资金整合，将同一使用方向的预算内、预算外资金和政府基金整合到一起，将分散在不同部门管理的同一类资金整合到一起，发挥集聚优势。对过去以福利方式出现的支出项目，进行归并和完善，特别是在公车、通讯费、后勤服务等方面，创新方式、完善制度，有效防止资源重置和资金浪费。完善绩效预算制度，按照“统一规划、稳步推进、先易后难、分步实施”的原则，全面推行绩效考评，充分发挥绩效考评对预算编制和资金分配的正向激励作用，并把绩效考评的结果作为下年度预算安排的重要依据，逐步建立结果导向型的财政管理模式，进一步提高财政资金使用效益。

（三）提高理财科技手段。把现代信息技术融入财政管理，利用现代化的技术手段理财，增强财政工作的透明度，促进提高财政管理绩效。按照系统工程和一体化建设的思路，加快推进“金财工程”建设，通过统一平台和技术业务标准、共享数据资源、规范业务流程等手段，逐步建立各个环节通畅、业务标准统一、操作功能完善、覆盖所有资金的财政管理信息系统，减少财政管理中的人为因素，提高财政运行的程序化、标准化、信息化水平。

（作者为潍坊市财政局局长）

财政支持区域经济协调发展的对策研究

张茂如

促进区域经济协调发展在全面建设小康社会、实现现代化宏伟目标的过程中具有十分重大深远的意义。由

于市场机制存在着失灵问题，仅靠市场自身无法有效解决区域经济发展不平衡、不协调的问题，有必要运用财政等手段来加以破解。本文以济宁市为例，探讨一下地方财政促进区域经济协调发展的对策建议。

一、济宁市财政促进区域经济发展的情况

近年来，济宁市财政充分发挥职能作用，从资金、政策等方面入手，加大力度，强化措施，努力促进区域经济协调发展，取得了较好成绩。2007年全市GDP实现1 736.01亿元，是2002年的2.46倍，年均递增19.68%；地方财政收入实现101.2亿元，是2002年的2.58倍，年均增长20.85%。其中，6个财政困难县GDP实现523.64亿元，占县市区比重为30.04%，占比比上年增长0.59个百分点；财政收入实现13.66亿元，占县级地方财政收入比重为19.30%，占比比上年增长1.15个百分点，区域经济发展进一步协调。

（一）加大资金投入力度。把支持区域经济协调发展作为财政工作的重要任务，采取财政投一块、社会筹一块、对上争一块等方式，多渠道筹集资金，持续加大区域经济发展投入。市级设立了培育重点优势产品、加快服务业发展、民营经济、招商引资、农业产业化建设等方面专项资金，加快推进经济结构战略性调整和发展方式转变。2007年市财政安排各类奖扶资金超过1.4亿元。各县市区也设立了有关专项资金。同时，将各项财政发展资金纳入财源建设中通盘运筹，提高了资金使用的集约度和规模效益。适应财政职能转变和市场化的要求，更加注重运用财政贴息、奖励、补助等间接手段，吸纳社会资金加大对财源建设的投入。实行金融信贷奖励政策，研究出台对中小企业、农户等贷款风险补偿办法，鼓励和促进银行等金融机构增加对本地发放贷款。截至2007年底，全市金融机构存款余额1 223亿元，贷款余额767亿元，比2002年分别增加682亿元和359亿元。充分发挥部门优势，深入研究上级政策导向，积极帮助各县市区做好项目策划和申报，最大限度争取上级支持。全力支持国有企业改革改制。2007年市财政筹集资金2.14亿元用于市属困难企业改革脱困。

（二）调整完善财政体制。把调整完善财政管理体制作为调节和促进区域经济发展的重要杠杆。通过建立完善新的收入分配关系和共享机制，一方面力促县市区加速发展、壮大财力，另一方面同步拓展市级财政增收空间，提高整体调控能力，统筹和促进区域经济协调发展。除按照中央、省统一部署实施分税制财政体制外，为促进区域经济协调发展，尤其是欠发达县加快发展，陆续对财政体制进行了调整完善。从2004年起4年内，对6个困难县实现的资源税全部作为县乡地方财政收入。2006年出台了《关于扶持经济欠发达县加快发展的意见》，其中规定2006～2008年3年间，经济欠发达县每年缴入省财政的企业所得税、营业税比上年增长部分，由市财政全额返还。2008年出台了《关于进一步调整完善财政体制的意见》，进一步调整理顺了市对县财政体制，对县市区实行“部分企业下放、税收属地征管、增量比例分享、强化激励约束”。“增量比例分享”规定，对邹城、兖州等2个经济较发达的县级市按照1.5∶8.5，其他10个县市区按照1∶9分享，着力促进欠发达县、中等县加快发展、跨越发展，着力扭转区域经济发展失衡的问题，全面促进全市经济社会统筹协调发展。

（三）培植壮大财源。一是大力发展工业。按照扶优培强的原则，紧盯经济拉动力强、财政贡献大的大企业、大项目，全方位服务、全力支持，涌现出重汽商用车、山推国际事业园等一批新兴支柱财源。截至2007年底，全市规模以上工业企业发展到2 562家、5年新增2 012家。建成机械制造、生物技术、纺织新材料、专用汽车四大国家级产业基地。二是积极支持以旅游业为龙头的服务业发展。按照开拓大市场、发展大旅游、构筑大产业的思路，综合运用财政政策和资金杠杆，积极支持培育旅游市场主体，发挥好旅游业对服务业的综合带动作用。济宁市荣获“中国优秀旅游城市”称号，全市旅游总收入达到126亿元，旅游创汇4 938万美元，分别比2006年增长25%和45.1%。三是全力推进农业基础财源建设。农业“十大优势特色产业产品”发展规模持续扩大，相继启动建设96处农产品质量安全示范区，2007年农林牧渔业产值占比提高到48%。对农产品深加工企业扩大生产能力、技术改造和标准化生产等贷款给予贴息补助，努力培育县乡支柱财源。截至2007年底，全市规模以上农业龙头企业发展到680家，比2002年增加468家。

（四）优化经济发展环境。一是不断加大基础设施投入，努力改善“硬”环境。确立“孔孟之乡、运河之都、水城风貌、生态宜居”城市发展新定位，以中心城区为龙头牵动推进组群结构大城市建设，全市城市化水平由2002年的37%提高到2007年的42%；新增城市绿地686万平方米，荣获省级园林城市称号。2007年投入5亿元资金并整合其他资产成立了市政府投融资管理中心和城建投资有限责任公司，为运用市场化手段破解资金“瓶颈”制约搭建起重要平台。二是不断增强服务意识，努力提升“软”环境。全市认真开展“三学三创”活动，对照行风评议和机关效能建设的有关要求，积极改进和加强机关作风建设，全面提升服务水平。加强行政性收费和罚没收入管理，严

格执行“收支两条线”和“票款分离”、“罚缴分离”，清理规范收费项目，精简审批事项和程序，努力减轻企业负担、提高服务效能。三是不断创新体制机制，努力改善“活”环境。为培育干事创业、充满活力的发展环境，各级不断加大体制机制创新力度，充分调动各方面的积极性。坚持保障与激励并重，将对下转移支付额度与地方税收增长、收入结构改善程度挂钩，极大地调动了县乡发展经济、培植财源的积极性。

（五）支持新型乡镇做大做强。为加快区域经济协调发展，济宁市积极推进新型乡镇建设试点工作，依托现有的14个省级经济开发区和工业园，实行“镇区（园）合一”，以区为主，以区带镇，以镇促区，相互促进，通过培育出一批营业收入过百亿元、地方财政收入过亿元的强园区、强乡镇这样的“小老虎”和“卫星城”称雄一方，打造新的经济增长极，带动区域经济跨越式发展。市财政鼓励各县市区调整理顺新型乡镇财政体制，建立独立核算的镇级新财政；全力支持“镇区（园）合一”资源整合，大幅提升新型乡镇经济占县域经济比重。加大资金整合力度，对专项资金集中安排、捆绑使用，重点推进现代农业、先进制造业、文化旅游等特色产业发展。大力支持新型乡镇基础设施建设和社会事业加快发展。

二、存在的问题及不足

一是财政投入力度有待进一步加大。由于济宁经济发展总体上相对落后，财政实力不强，很难拿出大量的财政资金用于经济欠发达地区基础设施、产业优化等，进而促进区域经济统筹协调发展。二是产业结构有待进一步调整。工业是济宁财源的支柱，而煤炭开采业在全市工业经济中所占的份额较大，2007年实现利税137.09亿元，占全市规模以上工业企业利税总额的41.21%，这种以煤炭资源为主的工业结构受价格变动影响较大，经济效益容易出现波动，支撑经济持续增长的基础不稳、后劲不足。高新技术企业较少，2007年全市规模以上工业总产值中，高新技术产业产值所占比重为28.7%，比全省平均水平低0.5个百分点，新材料、新能源和新兴产业项目不少还处于起步阶段。服务业发展水平不高，基本上仍以低税负的传统服务业为主，缺乏新兴服务业支撑。三是财政支持区域经济发展的观念还有待进一步转变。重速度轻效益、重产值轻税收的观念在一些地方还不同程度地存在，特别是在招商引资过程中，对财税政策研究不深不透，出台优惠政策存在盲目性、随意性，致使引进的项目不仅不能提供税收，反而增加了地方财政负担。

三、财政促进区域经济协调发展的对策建议

目前，地方财政收入匮乏，财力有限，财政与地方经济发展还存在着多种矛盾，地方财政的充实依赖于当地经济的发展，因此，培育和壮大财源、发展地方经济是市县政府的必然选择。但政府应以什么样的方式支持经济发展，如何以有限的财力创造较好的经济效益，客观上取决于市场经济发展的进程和政府应履行的职能。在市场经济条件下，政府职能发生了转变，财源建设思路应按照政府与市场的分工和公共财政的性质，着重于宏观整体发展。由于财源建设具有公共性、间接性的特点，财源建设的主体为各类市场，而不是各级政府。在市场经济条件下，政府的职能主要是弥补市场失灵，提供市场不能提供的公共产品和创造良好的投资软、硬环境。因此，地方财政应积极转变支持经济发展的思路，采取新的手段和措施实现财政与经济的良性发展。

（一）以统筹完善发展规划为切入点，促进区域经济协调发展。财政支持区域经济发展要规划先行，要按照高起点、高品位、高标准、大手笔的要求，认真制定长短规划，务求与经济发展的整体目标相一致，做到统筹考虑、科学布局，防止盲目发展、无序建设。做到有计划、有目标、有步骤。首先必须与宏观调控的目标相一致。当前宏观调控的首要任务是保持经济平稳较快增长。在支持区域经济发展时，不能单纯以增加税收为目标，必须兼顾宏观调控的政策目标，将区域经济发展置于宏观经济发展的大背景下统筹谋划考虑。二是必须与经济发展的大战略相适应。经济全球化、区域一体化、分工专业化、生产集中化，是现代经济发展的必然趋势。中央和我省先后提出的主体功能区和“一体两翼”战略，都具有深远的战略意义。因此，在制定财源建设规划时，必须与中央和省委、省政府的战略部署相适应，充分考虑各地产业基础和资源优势，按照“优势互补、互利共赢、错位发展”的原则，促进经济合理、有序布局，确保战略目标的实现。三是必须与自身比较优势相适应。全省各地经济发展情况不同、自身优势也不尽相同，有的地方能源相对充裕、人力资源丰富，有的地方劳动力成本低、文化底蕴深厚、交通区位条件较好，要立足比较优势，明确功能定位，扬长避短，找准突破口和对接点，按照“人无我有、人有我优”的原则，着力在新一轮产业竞争中占据主动、取得突破。

（二）以调整理顺财政体制为手段，促进区域经济协调发展。区域经济的发展问题头绪很多，错综复杂，困难较大，根本性的问题在于政府权责不清、职能不明，导致财权与事权高度不对称，政府间利益冲突加剧。财政体制作为体现各级政府间利益分配关系的制度安排，在协调政府间关

系和体现政府职能方面发挥着举足轻重的作用。首先必须健全各级政府职能。区域经济良性发展需要市以下政府增强从总体上驾驭市场经济的能力，统揽本地经济社会发展全局的能力，综合运用宏观调控手段的能力。然而，从总体上看，当前政府的这些职能不是在增强而是在削弱。因此，在深化改革中有必要对市县政府的职能作用进行重新研究和界定，在取消和转化与市场经济不相适应的行政职能的同时，赋予市县政府应有的行政职能，建立起确保这些职能正常行使的组织体系，使市县政府在区域经济发展中能够充分发挥不可替代的“看得见的手”的重要作用。在明确政府职能事权范围的基础上，不断地调整和理顺政府间财政体制，不仅要合理确定市县财政收支内容，赋予市县政府必要的财权，还要配套建立科学合理的激励约束机制，以充分调动市县政府拓展财源、增收节支的积极性、主动性和创造性。进一步完善转移支付办法，建立起规范有序的财政转移支付制度，同时，调整专项资金分配结构，集中一部分财力用于一般性财政转移支付，进一步增强市县政府可支配财力，提高其履行基本职能和促进经济发展的能力。

（三）以财政资金投入为导向，促进区域经济协调发展。发展区域经济，资金启动必不可少。而财政资金支持是有限的，因此，发挥财政导向作用，吸纳社会资金，逐步拓宽社会投资渠道，对于区域经济的发展是较为重要的。要运用间接调控手段，尽量减少财政直接投资，做好区域经济发展规划，规范市场行为，为企业创造公平竞争环境。同时，用活经营管理政策激发民间资本投入，在法律法规允许范围内对民营经济发展实行不定规模、不限项目、不设门槛、不控制行业；利用奖励政策对在外科技人员、打工人员、大中专学生回当地领办、创办民营工业企业和投资经商，其征地、办证、子女入学、转户等一律从简和享受优惠等等。要用好财政贴息政策，充分发挥财政资金的导向作用，使政府投资带动更多的社会投资和消费需求，引导金融资本、民间资本及国外资本投资技术创新领域、基础产业领域、特色农业和效益农业，推动产业优化升级，从而带动其他产业的发展，使整个产业结构高度合理化。在财政资金使用和项目安排上，避免广撒“芝麻盐”、重点不突出的做法，集中资金扶持重点财源项目，确保扶持一个见效一个。在支持发展、培植财源过程中，需要建立健全科学的财源建设管理机制，强化质量、效益意识，把能否增加税收收入、能否增加居民收入、能否增加就业岗位，作为基本的评判标准。

（四）以加强财源建设为突破口，促进区域经济协调发展。产业实力集中代表着一个地方的发展水平、经济素质和竞争优势。苏北各市及我省许多地方的迅速崛起，无不得益于一批骨干产业的支撑拉动。要调整新形势下财源建设的着力点，注重解决长期形成的结构不优、规模不大、实力不强的问题，坚持把做大做强优势主导产业作为争先进位、跨越发展的紧迫任务，科学谋划，强力推进。积极扶持农业产业化项目建设，发展优质、特色农业，培植农业基础财源。管好用好招商引资、重点优势产品培育等专项资金，继续实施项目带动战略，加快推进“千亿级产业”培育和“创百亿工程”等，发展壮大五大产业集群和高新技术产业，培植工业骨干财源。落实服务业发展的各项政策措施，集中支持旅游业、文化产业、现代物流业、金融保险业等产业发展，支持有特色、有效益的骨干项目建设，大力培植新兴财源。另外，加大基础设施建设力度，采取统一规划、直接管理的方式，扶持落后地区的基础设施建设，带动欠发达地区经济发展。

（五）以营造公平竞争机制为抓手，促进区域经济协调发展。发展社会主义市场经济，关键在于政府能否为市场创造一个公平竞争的环境，消除地方保护主义和歧视待遇。财政部门应随着政府工作提速及政府职能的转变，找准自己的位置，通过制定政策、建立规章和改进公共服务手段，规范财经秩序，保护和促进公平竞争。政府也应转变观念，把企业推向市场；企业应转变观念，在市场的大潮中增强自身的竞争力；同时，财政还应转变职能和理财思路，从更高层次上支持企业发展。一方面，应为政府当好参谋，把好关，不能随意出台或变相出台减免税的政策；另一方面，应严格按政策办事，切实把国家的政策落实到位，为企业创造良好的竞争环境。要认真执行国家法规、政策，所有减、免税项目到期都要恢复征税，不能在税收优惠上重放轻收。应对现行财税法规政策中不合理部分进行清理，该取消的取消，该废止的废止。地区间不应搞优惠政策上的攀比竞争，区域性、暂时性的优惠政策容易形成一种不平等的市场环境，难以符合市场经济公平竞争的原则。

（作者为济宁市财政局局长）

全力保障改善民生
促进社会和谐发展

任先德

胡锦涛总书记在十七大报告中指出，要在经济发展的基础上，更加注重社会建设，着力保障和改善民生，扩大公共服务，努力使全体人民学有所教、劳有所得、病有所医、老有所养、住有所居。财政作为承担国民经济宏观调控职能的部门，在推进经济社会又好又快发展、实现社会和谐发展方面负有重要的责任。为全面贯彻落实党的十七大精神，2008 年，泰安市财政局紧紧围绕建设富裕文明和谐泰安的目标，坚持以科学发展观统领全局，支持经济结构调整，努力培植壮大财源；依法加强收入征管，不断增强财政实力；优化财政支出结构，着力支持解决民生问题；深化财政管理改革，规范财政运行机制；狠抓增收节支管理，确保财政收支平衡，促进全市经济社会又好又快发展。

一、以财源建设为抓手，努力夯实财政增收基础

培植效益财源，增加地方可用财力，是全面建设公共财政的重要保证，也是为构建和谐社会提供物质基础的关键。要继续把大力培植财源、做大财政收入“蛋糕”作为财政工作的重中之重。一是积极促进增长方式转变。采取有效措施，鼓励骨干企业加大技术改造、技术研发力度，运用高新技术改造提升产业和产品结构，大力发展拥有自主知识产权和高科技含量、高附加值的名牌产品、拳头产品，努力提高企业核心竞争力。积极鼓励企业节能减排，支持企业加大节能降耗投入，推广应用节能技术，努力降低资源利用成本。从严控制新上能耗高、附加值低、污染重、对地方财政贡献小的企业，大力发展循环经济、清洁生产和新能源。认真落实国家宏观调控政策，尤其是促进节能减排、技术创新、资源综合利用以及控制“双高一资”产品出口等方面的财税政策，确保国家调控目标的实现。二是大力推进经济结构调整。围绕“十一五”规划确定重点发展的五大主导产业、四大高新技术产业，选择部分投资过亿元的大项目，从政策、资金等方面全力支持。对高成长性、高附加值企业和传统优势企业扩规增产项目，实行跟踪帮扶、对口帮扶，积极帮助企业协调解决生产经营中的实际问题，促其尽快做大做强。大力支持中小企业发展。积极搭建中小企业发展平台，重点支持科技含量高、成长性强的科技型中小企业加快发展。通过完善风险补偿机制、扩充资本金等方式，加快发展中小企业信用担保，积极帮助中小企业解决贷款难问题。鼓励发展现代服务业。设立服务业发展引导资金，重点支持服务业集聚区、大型物流中心和科技信息服务企业发展。充分发挥泰山独特的资源优势，大力发展旅游业，增强对第三产业的龙头带动作用。继续实施“万村千乡”市场工程建设，疏通城乡商品流通渠道，促进城乡共同发展。三是不断创新财政扶持手段和方式。继续加大财源建设资金投入，整合归并各类扶持资金，纳入财源建设规划，统筹安排，捆绑使用。加强财银联合，建立“财、银、企”联动投入机制，采取信用担保、风险补偿、财政贴息、金融信贷奖励等方式，调动各金融机构支持财源建设的积极性和主动性。通过实施技术研发中心奖励、节能减排奖励、名牌产品和著名商标奖励等，鼓励企业优化结构、创新技术、提高效益。继续实行招商引资奖励政策，重点在改善投资环境、突出比较优势上作文章，依托资源优势、产业优势招商，利用优质资产、骨干企业招商。认真落实支持企业主辅分离、辅业改制和分离办社会的财税政策，积极筹措企业改革改制成本，减轻企业包袱。

二、以提高“两个比重”为核心，努力壮大地方财政实力

按照提高“两个比重”的要求，进一步健全完善收入征管机制，确保财政收入规模与质量同步发展。把组织收入作为财政工作的总抓手，建立领导到位、分工明确、奖罚严明的工作机制，形成齐抓共管的工作合力。全面建立预算执行和财政经济运行情况分析制度，规范明确职责分工，具体责任到人，加强收入调度和分析，及时排查分析和解决收入征管中的矛盾和问题，促进收入组织工作的顺利开展。对重点纳税大户和新上大项目实施跟踪分析，加强增、减收因素的分析预测，掌握工作主动。积极支持税务部门开展纳税评估和税源普查，下大力气清理漏征漏管户，建立完善

行业税负和企业税负监控预警长效机制，确保经济发展的成果充分反映到税收上来。充分发挥社会化综合治税的作用，重点加强对建筑装潢、房地产、批发零售、商业物流、住宿餐饮等行业的税收监管，最大限度地堵塞税收漏洞。进一步清理规范税收优惠政策，严把税收减免审批关，坚决制止越权减免、变相减免税行为。积极推进财税库银横向联网，以信息化促进税收工作的规范化、便捷化、高效化。依法加强非税收入征管，认真落实“收支两条线”规定，不断完善征管机制。严格执行土地限价保护政策，全面实行公开招、拍、挂制度，认真清理土地出让金减免政策，提高土地出让金的归集率。积极推进国有资源有偿使用改革，促进国有资源有序开发、合理利用。进一步加大水资源费、排污费、污水处理费等资源、环保补偿性收入的征管力度，充分发挥价格杠杆对节能减排的调控作用。规范城市户外广告、国有资产经营收益以及行政事业单位国有资产经营性收入的管理，努力挖掘增收潜力。

三、以公共服务为方向，努力提高人民生活水平和质量

牢固树立以人为本、为民理财观念，调整优化财政支出结构，以基本公共服务均等化为重点，突出解决民生问题，发展社会事业。一是扎实推进新农村建设。继续坚持多予少取放活的方针，建立财政支农投入稳定增长机制。认真落实好各项惠农补贴政策，积极开展农业保险，全面实行涉农补贴“一本通”制度。着力解决与农民生活息息相关的道路、饮水、医疗、教育等热点问题，认真搞好大中型水库除险加固、畜禽防疫、病虫害防治。大力发展节水灌溉农业、设施农业、标准化生产和高标准农田建设，提高农村综合生产能力。采取补贴、奖励等形式，稳定生猪生产，发展奶牛养殖，支持建立标准饲养小区。加大村镇规划整治建设支持力度，不断改善农村生活条件。二是优先发展教育事业。扎实推进城乡义务教育经费保障机制改革，全部免除城乡义务教育阶段学生学杂费，认真落实完善家庭经济困难学生资助政策，实施为农村义务教育阶段学生免费提供教科书政策，切实减轻城乡群众教育负担；对普通高中、职业学校和高校家庭经济困难学生继续实行资助政策，确保每一个学生不因贫困而失学。三是落实积极的就业政策。加强政府引导和财政投入力度，全面落实新一轮就业扶持政策。认真落实税收减免、小额贷款担保、财政补贴等扶持政策，鼓励支持劳动者自主创业、自谋职业。继续加大就业培训力度，重点加大对就业困难群体和农村富余劳动力转移就业培训，积极开展“金蓝领”等职业技能提升培训，努力提高劳动者素质。健全劳动力市场服务体系，实现城乡就业信息互联互通，促进城乡劳动者实现平等就业。推动“就业援助工程”，促进“零就业”家庭等就业困难人员灵活就业。四是不断完善城乡社会保障体系。做实企业基本养老保险个人账户，提高企业离退休人员养老金待遇。继续完善城镇职工基本医疗保险、新型农村合作医疗制度，全面实施城镇居民基本医疗保险制度。改革社保基金征缴模式，继续实行“五险合一、一票征缴”办法，逐步推行社会保险费网上申报和征缴、养老金集中支付。加强社保基金监管，严格“收支两条线”规定，确保基金实现保值增值。五是积极推进社会救助体系建设。全面落实城乡最低生活保障制度，逐步提高保障水平。开展城乡困难病人康复救助计划，使更多的困难病人得到康复救助。积极落实农村五保供养“四级联保”机制，继续支持乡镇敬老院建设，确保集中供养率稳定在70%以上并逐步提高。建立完善廉租房和经济适用房制度，解决城市低收入家庭“住房难”问题。建立健全困难企业军转干部、贫困残疾人、城市流浪乞讨等特殊困难群体资助体系。扎实做好农村特困救济、自然灾害应急救援和灾民生活救济工作。进一步完善离休干部“两费”财政保障机制，不断提高离休干部“两费”保障水平。六是全力支持生态、环保、平安泰安建设。积极支持泰城空气、饮用水源地、河流断面三大监测体系建设，加快建立市、县、乡三级数字化动态监测体系。加大生态恢复与保护，重点支持荒山绿化、林网改造和湿地保护。加大污染源整治，积极支持城市垃圾污水处理、重点污染源治理和污染物削减。大力支持城市治安动态监控系统建设，推进平安泰安建设。支持加强食品药品安全、安全生产监管能力、自然灾害预警能力和重大传染病防治体系建设，确保人民群众生命、健康、财产安全。积极落实社区经费投入保障机制，促进社区公共服务体系建设。

四、以改革创新为动力，努力增强体制机制活力

按照科学化、精细化管理的要求，深入查找财政管理的薄弱环节，深化改革，完善措施，努力提高财政管理水平。一是以公共服务均等化为取向，完善县乡财政体制。按照财力与事权相匹配的原则，进一步完善县乡财政体制，提高县乡财政的基本公共服务保障能力。继续加大对下转移支付规模，规范转移支付制度，优化转移支付结构，提高转移支付管理透明度。积极推行“乡财乡用县管”和“村财村用乡管”改革，规范乡村财务收支行为，提升基层财政财务管理水平。二是深化支出管理改革，创新财政管理机制。按照政府收支分类改革和部门预算的要求，全面推行综合

预算和零基预算，进一步细化预算编制，增强预算的约束力和透明度。积极推进国库集中支付改革，扩大资金覆盖范围，提高直接支付比率。继续完善国库单一账户体系，推进国库现金管理，提高国库资金使用效益。规范理顺政府采购管理体制，加快推进县级政府采购机构"管采分离"。建立健全政府采购代理机构管理和考核制度，引入竞争淘汰机制，提高代理机构服务质量和效率。加强政府采购预算管理，扩大政府采购规模和占财政支出的比重。创新采购方式，健全监管体系，提高政府采购的经济和社会效益。积极创新财政投入方式，通过"购买服务"等手段，变"养人办事"为"办事养人"。三是强化制度建设，严肃财经纪律。认真贯彻落实《预算法》、《会计法》、《行政许可法》和《财政违法行为处罚处分条例》等法律法规，严格执法力度，健全监管机制。按照"先建制度、后分资金，先规范、后运作"的总体要求，健全完善财政资金管理办法，规范强化内控机制，确保财政资金安全运行、合理分配、有效使用。规范财政管理机制，在项目立项上，继续推行公开竞标、投资评审和专家论证制度；在资金管理上，继续推行政府采购、报账提款和集中支付制度；在监督管理上，继续推行跟踪问效、绩效评价制度，努力提高资金使用效益。认真清理化解乡村债务，建立激励约束机制，优先化解举办农村义务教育等公益事业形成的债务。加大财政监督检查力度，严肃处理乱收乱支、挤占挪用财政资金等违法违纪行为。

五、以队伍建设为保障，不断提高财政干部整体素质

建设一支素质过硬的干部队伍，是做好财政工作的根本。要继续坚持"两手抓、两手硬"，切实抓好干部队伍建设。一是加强人员素质培养。坚持以人为本，创新干部教育培训机制，实施分级分类培训，以"创建学习型机关、争做创新型人才"活动为载体，在深入学习贯彻党的十七大精神的同时，以能力建设为核心，多形式、多层次开展专业知识培训，进一步提高干部队伍的政策理论水平、科学文化素养和理财能力，提高财政干部综合素质，培养复合型人才。二是加快推进作风转变。牢固树立群众观念，深入开展调查研究，积极解决事关人民群众切身利益的突出问题。继续深入开展民主评议政风行风、优化发展环境活动，强化服务意识，兑现服务承诺，改进管理方式，提高工作效能。大力推行政务公开，增加工作透明度，自觉接受群众、社会和舆论监督，努力建设阳光财政。三是加强党风廉政建设。按照标本兼治、综合治理和教育、制度、监督并重的要求，建立健全财政系统惩治和预防腐败体系。加强廉政教育，牢记"两个务必"，严格遵守"四项纪律八项要求"和"五个不许"，时刻绷紧廉洁自律这根弦。进一步完善内部管理制度，严格落实党风廉政建设责任制，强化内部监督管理。全力做好牵头负责的源头治理腐败工作，集中解决好损害群众利益的突出问题，逐步形成拒腐防变的长效机制。

（作者为泰安市市长助理、财政局局长）

坚持科学发展理念　不断壮大地方财源

朱明华

财源壮大的基础是经济的健康发展，近年来，威海市财政局始终坚持发展增收、效益增收的观念，着力支持经济发展，加大财源培植力度，以增加税收为导向，大力发展现代制造业和现代服务业，深入推进"三大基地"建设，加速产业集群膨胀。将支持企业发展作为财源建设的核心，同时立足财政职能，建立完善激励机制，着力优化发展环境，不断开创财源建设的新思路。

一、明确发展导向，培植主导财源

（一）加快骨干企业膨胀，鼓励企业做大做强。骨干企业的快速膨胀不仅能够为地方做出巨大的财税贡献，而且能够发挥有力的示范带动作用，是实现地方财源壮大的支柱。为此，威海出台了《关于进一步推进骨干企业发展的实施意见》，推出了一系列促进骨干企业发展的政策措施。从2007年开始，市及市区积极筹措资金，三年拿出1亿元，通过支持重点骨干企业技术创新和技术改造，促进骨干企业快速膨胀，着力培育一批销售收入过100亿元、贡献过5亿元的企业，为全市经济发展提供强有力的支持。

（二）着力打造产业集群，支持骨干区域发展。抓住建设胶东半岛制造业基地的机遇，不断推进电子、食品、医药、造船、机械制造等主导产

业的发展，形成了汽车、造船等具有竞争力的产业群。如充分发挥临港资源优势和产业优势，大力发展现代船舶制造业和船舶配套产业，荣成市和经济技术开发区均被命名为“山东省船舶工业聚集区”，仅荣成黄海造船有限公司2007年就实现工商税收1.2亿元。为强化中心城市辐射带动作用、拓展制造业发展空间、拉动威海大区域发展，市委、市政府整合各种资源，成立了威海工业新区，市财政部门对原属文登市和环翠区的三个镇的收支情况进行了全面调查，认真测算，制定出了对工业新区财政体制调整的具体意见，既充分考虑到了文登市、环翠区的既得利益，也考虑到了工业新区今后发展的需要，为工业新区的发展奠定了良好基础。

（三）不断完善激励机制，激发企业发展热情。为了鼓励企业加快发展，更好地发挥财政资金和政策的引导作用，市财政部门不断完善激励机制，在培植壮大财源方面发挥了重要作用。一是实施品牌奖励战略，鼓励企业争创名牌。出台了《威海市实施品牌战略奖励办法》，对获得中国名牌产品、中国驰名商标和山东名牌产品、山东省著名商标、山东名牌农（林、水）产品、山东省服务名牌、山东省质量管理奖的企业给予奖励，奖励资金专项用于技术创新、新产品开发、质量管理和品牌建设。二是对纳税大户给予奖励。为了激发企业加快发展和依法纳税的积极性，对纳税大户实行了积极的鼓励措施，分别评选纳税明星企业和纳税新星企业，市政府给予表彰，给予企业相应的荣誉。三是鼓励企业上市融资。市财政每年安排上市工作经费，支持相关部门开展企业上市工作，力争到2010年使全市上市企业达到15家。

（四）加大政策、资金扶持，着力支持自主创新。一是完善支持企业自主创新的政策措施。出台了《威海市制造业企业技术创新项目资金管理办法》，市级财政从2005年起，每年列支1 500万元，用于支持企业开展技术创新活动。二是支持企业技术开发中心建设。积极开展国家、省、市级企业技术中心的筛选、申报、认定和规范工作，搭建企业技术创新的载体和平台。对新认定的技术开发中心，按级别分别给予资金补助。三是进行资金整合，实行重点支持。2008年出台了《关于加强市级科技发展与节能减排技术创新专项资金管理的意见》，将应用技术研究与开发、制造业技术创新、节能减排资金捆绑使用，增强了财政资金使用的规模化、集中化、科学化水平，加强对重点产业、技术领先行业、重大科研项目的扶持。

二、调整产业结构，创新招商思路

（一）支持企业“退二进三”。为进一步优化威海市的发展环境，加快推进产业转移，加大了对城区企业“退二进三”的支持力度，从土地出让总价款中，扣除招拍挂费用、企业原缴纳的土地出让金和按政策规定的政府性基金后，对符合重点项目标准的企业，政府分成资金再扣除用于农业土地开发的20%后，其余全额用于支持企业技术创新和技术改造。

（二）充分利用资源优势，加快推进现代服务业发展。坚持“三产兴市”，不断完善支持服务业发展的政策体系。市财政按上年度全市GDP的万分之零点五安排服务业引导资金，重点用于扶持现代物流、商贸流通、文化旅游、科技与信息服务等服务业发展中的关键领域、新兴行业和薄弱环节，支持服务业重点行业、企业发展和品牌建设。利用威海市自然和人文资源优势，把旅游业作为财源增长点予以积极扶持。采取先规划后投资的模式，市财政投入资金，聘请专家编制了全市旅游业发展总体规划。同时积极出台鼓励政策，降低旅游业、服务业成本，多渠道筹集资金，引导大企业、大集团和民营企业参与开发大型旅游项目，积极促进行业发展。

（三）创新招商引资机制。将招商引资作为壮大财源的重要手段，将大项目的引进作为经济工作的重点。树立招商选资、招商兴税的新理念，在招商引资、推进财源建设过程中，强化成本观念，既算投入账，又算产出账，把财税贡献率作为重要标准，坚决摒弃只占资源、只要优惠政策而没有贡献的项目。实行双向承诺、双向约束，使企业享受的优惠政策建立在今后提供的地方贡献度以内，带动地方经济实现有效发展。

三、创新体制机制，优化发展环境

（一）优化税收征管体制，创造良好发展环境。2004年，按照“属地征管”的原则，企业税收全部下放到各市区，实行属地管理，共下放各类纳税户2 783户，税收达3.7亿元，为企业竞争创造了公平的税收环境，市和市区间实现了共同发展、共同繁荣。2007年，又进一步按照“既方便企业纳税，又堵塞征管漏洞”的原则，对市区内22户跨区搬迁经营企业的纳税地点进行了调整理顺，既为企业创造了良好的税收环境，也有利于调动各级发展经济、组织收入的积极性。

（二）规范县镇财政体制，促进镇域经济发展。一是规范了县镇财政体制。按照“保障和激励相结合”、“事权和财权相适应”的原则，出台了《关于规范镇级财政体制的指导性意见》，在确保人员经费不留缺口的基础上，按照受益程度和财力水平，合理划分县、镇收入范围，明确核定县、镇支出责任，充分调动基层发展经济、组织收入的积极性。二是建立了激励机制。按照“促强扶弱带中间”的原则，出台了《建立激励机制促进镇域经济发展转移支付办法》，对全市46个镇实行激励机制，重点加大对财政经济薄弱镇的扶持力度。对工商税收超出平均增幅以上的镇和工商税收总量位次前移的镇给予奖励；对已完工并办理了税务登记的招商引资重点产业项目，按认定投资额给予经费补贴；对财政经济薄弱镇，在农业综合开发项目、就业技能和劳务输出培训方面予以扶持，充分调动了镇级加快发展的积极性。

*（三）建立健全考核机制，激发各级发展热情。*将壮大财源基础、优化收入结构、提高收入质量作为做好财税工作的重中之重。在考核各级财政收入增幅的基础上，把工商税收占地方财政收入的比重、“四税”收入占地方财政收入的比重、税收占二、三产业增加值的比重这几项重点反映财政收入结构和质量的指标纳入考核范围，并提高其权重，充分调动各级政府培植财源、优化结构的积极性。

四、加强税费征管，建设绩效财政

*（一）开展综合治税，做到应收尽收。*在市政府的牵头下，财政部门加强同国税、地税的协调，形成综合治税部门共同参与、密切配合的合力，对重点行业、重点领域开展联合检查，完善税源监控体系，对房地产税收实行一体化管理，堵塞征收薄弱环节，切实做到应收尽收。文登市从加强房地产企业会计电算化管理，开展房地产企业、建筑施工企业财务会计人员培训，严格房地产开发行业票据管理等入手，使房地产税收征管取得显著成效。经济区将房屋租赁、装修等零散税源下放到办事处征收，并实行增收分成办法，极大地调动了各乡镇、办事处发展生产和组织收入的积极性，避免了税源流失。

*（二）创新工作思路，建立核算非税收入成本制度。*每年年初，市财政部门在编制政府非税收入计划的基础上，核定各单位因组织非税收入发生的直接征收成本，将征收业务费、手续费、证书工本费等十项内容纳入计算非税收入征收成本的范围。核定完毕的非税收入征收成本将作为对执收单位进行统筹和考核的重要依据。在此基础上，再按人均占有净非税收入的多少分类分档集中。每年年底，从单位超收的净非税收入中拿出一定比例奖励超收单位，用于弥补办公经费不足和事业发展。2007年共集中8 443万元，其中学校收费定向使用6 100万元，主要用于教育还本付息和改善办学条件。

*（三）开展绩效考评试点，提升资金使用效益。*2008年，在全市财政系统中开展了“效益效率年”活动，其中把绩效考评作为一项重要内容，按照“统一规划、稳步推进、先易后难、分步实施”的原则，精心选择了试点项目，制定了绩效考评办法，完善绩效考评指标体系，同相关部门紧密配合加强项目管理和跟踪问效，确保将有限的财政资金用在最需要的地方，最大限度地提高资金使用效益。通过探索建立行之有效的绩效考评机制，发挥绩效考评对预算编制和资金分配的激励作用，着力打造效益财政。

（作者为威海市财政局局长）

关于地方公共财政改革的实践与思考

毛晖明

改革开放30年来，特别是地级日照市设立以来，全市认真落实国家财税政策，加快财政改革发展，逐步建立起适应市场经济发展要求的公共财政体系，促进了地方财政实力的不断增强和经济社会协调发展。2007年日照实现生产总值629.58亿元，30年年均增长16.9%。地方财政收入达到28.98亿元，年均增长16.1%。三次产业结构从65.6∶15.5∶18.9调整为13.7∶50.9∶35.4。城市居民人均可支配收入由1989年的1 230元增长到1.3万元，农民人均纯收入由667元增长到5 319元，年均分别增长13.2%和11.5%。

一、推进“四项改革”，积极建立公共财政体系

*（一）推进财政体制改革，政府间收入分配关系得到理顺。*一是建立分税制财政体制。1978～1993年间，日照同全国、全省一样，财政以放权让利为改革突破口，先后进行了减税让利、“分灶吃饭”、复合税制等改革，引导和发挥市场规律的调节作用，促进计划经济向市场经济的转轨过渡。自1994年以来，按照国家分税制改革要求，逐步实行了分税分权、分级管理的财政管理体制，并先后实施了所得税、营业税分享改革，出口退税负担机制改革等，分税制财政体制得到进一步完善。二是建立政府间转移支付制度。根据分税制财政体

制，结合日照市实际建立了保障性与激励性相结合的转移支付办法。一方面，对上级分配给区县、乡镇的转移支付和项目资金全部落实到位，并结合省对财政困难县“五奖一补”政策，在项目安排、资金配套等方面向困难县乡倾斜。另一方面，除将转移支付资金与财源建设、增收节支相挂钩外，市级每年还安排一定资金用于奖励发展快的区县、乡镇。三是实行市区税收属地征收体制。从2005年起对市区税收全部实行属地化管理，将市级企业的地方税收按企业所在地分别划归各区征收，使税收级次界定更加科学，征管职责更加明晰。四是调整县乡财政体制。特别是农村税费改革后，各区县普遍对乡镇财政体制进行了不同程度的调整，尽量帮助乡镇增加财力。全面推行“乡财乡用县管”和“村财村用乡管”改革，深化了“分税制”财政体制。

（二）推进收入管理改革，收入稳定增长机制初步建立。一是实施财源建设激励政策。按照既有利于增加财政收入又有利于资源节约和环保的思路，对重点企业技术改造给予重点扶持，对高新技术产业和科技创新项目给予财政资助，安排专项资金用于建立中小企业信用担保机制，设立服务业发展引导资金支持现代服务业和物流业项目等，加大了对重点行业、重点企业、重点项目的培育和推进力度，特别是威亚汽车发动机、日照钢铁、亚太森博浆纸、华能电厂和日照港等大项目，成为拉动全市财源经济和财政收入增长的重要力量。二是健全税源控管体系。按照依法征管、科学征管的要求，加强税收征管和诚信纳税体系建设，实行税源分类管理，健全重点企业税收信息档案，实行跟踪监控制度，努力做到应收尽收。三是推进非税收入管理改革。出台了政府非税收入管理办法，加强综合预算和“收支两条线”管理，所有政府非税收入基本纳入了财政预算或专户管理。2007年还结合日照市实际制定了国有资源、资产运营管理办法，采取出租租赁、出让转让、置换收购、经营拍卖等方式，加大国有资源（资产）运营监管力度，进一步拓宽了财政收入来源渠道。收入管理改革的不断深化，使财政收入保持了平稳较快增长。2007年全市境内财政总收入达到149.69亿元，是2002年的4.11倍，年均增长32.68%。地方财政收入达到28.98亿元，是2002年的2.79倍，年均增长31.5%。税收占地方财政收入的比重达到83.03%，比上年提高2.23个百分点。

（三）推进支出管理改革，民生等重点支出保障有力。一是清理财政供给范围。一方面推进国有企业改革，建立现代企业制度，财政逐步减少直至完全退出了对企业的直接投资。另一方面积极推进事业单位改革。近年来先后改革了报社、广播电视等单位管理体制，并按照政事、政企分开的原则，对市环卫处的职能实行政企分开、管干分离，组建了16个专业经营公司，将道路保洁权公开招标拍卖，实现了由“花钱养人”到“花钱买干净”的转变。2006年又对建设、水利等部门14个市属经营开发服务类事业单位进行了改企转制，彻底与财政脱钩。二是降低行政运行成本。在精简机构和人员方面，推行了节编奖励制度，严格按编制、按定额核定部门经费，压缩编制的给予奖励。将撤并乡镇、压减人员纳入市对区县转移支付范围，每撤并一个乡镇奖励40万元，每精简1人奖励1万元，仅2005年就对3个区县撤并17个乡镇奖励了680万元。三是创新支持事业发展的机制。自2003年以来连续实施了经济适用住房货币直补政策，累计拨付资金1.64亿元为3 654户城市低收入家庭解决了住房困难。探索实施了用“以奖代补”的方式支持农村中小学危房改造、课桌凳更新和“科普村村通”工程，用财政贴息的方式扶持企业挖潜改造、技术创新、国际市场开拓，用设立专项资金的方式奖励科技成果、企业创名牌等。四是努力保障和改善民生。在保证上级惠民政策落实的同时，每年围绕市委、市政府确定的为民办实事项目，不断加大财政投入，自2004年以来完成市办实事重点项目58件，逐步解决农民出行难、吃水难、看病难和困难群体生活难、就业难、子女上学难等关系群众切身利益的问题。

（四）推进预算管理改革，公共财政运行质量不断提高。一是深化部门预算改革。近年来日照市在部门预算改革方面力度不断加大，特别是对项目支出实行了较为规范的零基预算，各单位除人头费、公用经费外的所有项目都实行零基预算。2007年，又将政府收支分类与部门预算结合起来，改进预算编制办法，强化预算绩效考核，提高了预算约束力和透明度。二是深化国库集中支付制度改革。2005年日照市开始推行国库集中支付制度改革，当年就在市级部门单位全面推开，预算内外资金、专户资金、单位往来款等所有财政性资金都纳入国库集中支付系统，2006年改革范围扩大到所有区县。在全省率先完成市县两级改革任务的同时，结合日照市实际，在五莲县12个乡镇开展了财政国库集中支付制度改革，将乡镇财政视同一级预算单位纳入国库集中支付系统，保持乡镇的预算执行主体、资金使用权、财务管理和会计主体地位不变，资金实行国库集中支付，实现了国库集中支付与“乡财乡用县管”的有机结合。三是完善政府采购制度。自2000年建立这一制度以来，在节约财政资金、促进公平竞争、调节经济运行、防止浪费腐败等方面，发挥了重要作用。2006年进一步理顺了政府采购管理体制，建立了

“管采分离”体制和采购预算制度，确保了政府采购公平高效。四是建立财政资金跟踪监管机制。按照“经济效益与社会效益、静态评价与动态评价、定量分析与定性分析、普遍性与特殊性相结合”的原则，对50万元以上的市级财政支出项目实行绩效评价，对100万元以上的财政支出全部提交市长办公会审批，并将绩效考评结果作为编制和安排预算的重要参考依据。2006年以来，在对81个项目进行绩效考核的基础上，又组织了再评价，项目评价结果均达到了优秀等次。建立财政投资评审管理机制，从项目预算编制、资金拨付到竣工决算的全过程进行跟踪评审。仅2007年就对16个重点项目进行了评审，审减3 992万元，审减率28.8%。五是完善财政内控机制。适应财政改革发展需要，实施业务流程再造，制定完善了预算编制、资金拨付、项目申报和办文办事等89项业务流程，并通过岗位目标和个人台账考核等方式，加强对科室、单位执行流程的考核监督，确保执行到位。制定了《日照市财政局内部审计暂行规定》，成立内部审计小组，每季度对科室单位财政财务管理进行内部审计，规范了科室、单位财政财务行为。

二、完善“四个机制”，不断深化地方公共财政改革

（一）完善收入健康增长机制，促进地方财政可持续发展。一是坚持在促进经济又好又快发展中培植地方新兴财源。结合日照产业结构优化升级，用好用活扶持激励政策，加快培育以高新技术产业和现代物流业为重点的先导产业。特别是把大项目建设作为培植后续财源的重点，服务好现代威亚发动机二期、精品钢基地等大项目建设，促进优势产业、核心企业和特色经济发展，努力挖掘财政收入新的增长点。二是健全收入征管机制。加强依法治税和诚信纳税体系建设，不断改进完善征管手段和征管措施。特别是要完善税收属地征管体制，严格执行税收属地征管政策，强化收入征缴和入库工作，进一步规范财税秩序。同时，深入推进非税收入征缴改革，严格执行“收支两条线”规定，并加大国有资源（资产）运营监管力度，不断拓宽财政增收渠道。三是深化地方财政体制改革。探索建立县级最低财力保障机制、市以下财力差异调节机制和重点支出保障机制，加大对困难县乡的转移支付力度，努力均衡县乡财力差异。深入推进“乡财乡用县管”和“村财村用乡管”改革，不断提高基层财政管理水平。四是分类化解县乡债务。优先解决基层最关心、利益最直接、矛盾最集中的乡镇政权、基层政法机构、农村义务教育等属于公共财政保障范围的政府债务，重点是做好化解农村义务教育债务工作，为防范化解基层财政风险积累经验。

（二）完善公共财政供给机制，着力保障和改善民生。重点抓好七个支持：一是认真落实粮食、良种、农机购置、生产资料综合补贴政策，抓好农业和能繁母猪政策性保险试点工作，推进农业产业化经营和龙头企业发展，支持现代农业发展和农民增收。二是继续实施城乡义务教育阶段学生免杂费政策、家庭经济困难学生资助政策等，支持教育事业。三是完善新型农村合作医疗制度，实施村级卫生机构规范化建设工程，加快城市社区卫生服务机构建设，支持公共医疗卫生事业发展。四是提高城乡居民最低生活保障标准，完善农村五保供养财政保障机制，积极稳妥地推进做实企业职工基本养老保险个人账户试点，搞好“三支一扶”、“一村一名大学生”工作，加快解决城市低收入群众住房困难问题，支持社会保障和就业服务体系建设。五是推进农村电影放映、文化资源共享工程，加强文化馆、图书馆、乡镇文化站和“农家书屋”建设，支持文化事业。六是继续实施村村通自来水、农村沼气建设等工程，推广农作物秸秆综合利用，实施“家电下乡”补贴工程，支持改善农村生产生活条件。七是积极支持政权建设、安全生产、社会治安、企事业单位改制等工作，促进“平安日照”建设，维护社会稳定。

（三）完善财税政策调节机制，促进经济又好又快发展。结合日照实际研究支持港口建设与临港产业发展的财税措施，增强日照港辐射带动功能。建立财税激励约束机制，加大资金投入，着力支持自主创新、节能减排、结构调整和发展方式转变。重点是支持应用技术和产业技术研发，促进自主创新成果转化，提高科技进步对经济增长的贡献率；完善节能减排财税政策，支持节能设备和技术改造，对节能重点企业和技术创新给予奖励，对推广应用太阳能集热系统给予财政补贴；规范排污费支出管理，完善生态补偿机制，支持搞好污水处理、重点污染治理，加强节能减排监测和执法体系建设，促进生态环境保护。在努力增加预算内经济建设性支出的同时，积极利用中央国债资金和国家政策性银行开发贷款，引进国际金融组织和外国政府贷款，积极支持城市基础设施重点项目建设和公用事业发展。

（四）完善公共财政管理机制，保障资金规范高效运行。强化政府收入的“全口径”管理，深化政府收支分类、部门预算、集中支付、政府采购等改革。政府收支分类方面，重点是完善预算科目体系，着力加强预算信息、财务信息的开发利用。部门预算方面，重点是细化预算编制，加快推进项目滚动预算管理。集中支付方面，重点是搞好改革延伸，把集中支付制度与“乡财乡用县管”结合起

来，在乡镇全面推开。政府采购方面，重点是加强政府采购的预算管理，不断扩大政府采购的规模和范围。健全支出绩效评价和财政投资评审办法，对使用财政资金投资的项目特别是工程领域项目实施评审，从项目论证、资金拨付到项目竣工决算，明确支出责任，强化跟踪问效。同时，加大财政监督力度，实行事前、事中、事后全过程监督，特别是强化事前审核和跟踪问效，随时监督财政资金运行，纠正资金管理中出现的偏差，确保财政资金的安全规范有效。

三、深化地方公共财政改革需解决的几个制度问题

（一）完善省以下分税制财政体制。十七大明确提出要“完善省以下财政体制，增强基层政府提供公共服务的能力”。财政体制设计的核心是处理好财力配置上的“两极”关系，既保证中央政府有足够的财力，又保证基层政府相应的财力。而目前财税体制下，主体税种由中央与地方分享，而且市县分成比例比较低，虽然这是增强中央财政调控能力的必要，但也造成市县地方税源薄弱，财力不足。从财政收入分配上看，中央财政一般预算收入占全国财政收入的比重，由1993年的22%提高到2005年的52.3%，中央调控能力显著增强。从地方各级财政收入占全国财政收入的比重看，自1998年以来，市和县乡所占比重均呈逐步下降趋势，其中县乡比1998年下降2.08个百分点。在收入上移的同时，地方政府承担了过多的义务教育、公共卫生、基础设施、环境保护、行政管理等支出责任。特别是日照这样的东部欠发达地区，财政经济基础比较薄弱，而又不能享受国家对西部地区相同的转移支付政策，致使可用财力增长更加缓慢。2007年日照市境内财政总收入达到149.69亿元，而地方财政收入仅为28.98亿元。因此，按照基本公共服务均等化的要求，在深化分税制改革中，应适当考虑东部欠发达地区的实际，加大对东部欠发达地区的转移支付力度，使东部欠发达地区与西部享受相同的转移支付政策。

（二）规范财政补贴政策。财政补贴是国家调节国民经济和社会生活的重要杠杆。运用财政补贴特别是价格补贴，能够保持市场销售价格的基本稳定，保证城乡居民的基本生活水平，有利于合理分配国民收入、合理利用和开发资源。但补贴范围过广、项目过多也会扭曲比价关系，削弱价格作为经济杠杆的作用；如果补贴数额过大，超越政府财力所能，就会成为财政的沉重负担。近年来，国家连续出台了一系列财政补贴政策，对平抑市场价格、稳定经济增长、保障改善民生发挥了重要作用。但是某些补贴政策（如牛猪补贴等生产资料补贴和某些垄断性行业价格补贴等）容易引起新的价格波动，并且会让财政补贴陷入“能上不能下”的尴尬境地。比如猪肉市场价格一旦下降，为了保证农民既得利益，财政补贴不仅不能退出，而且还应增加。因此从长远看，对于保障居民生活水平方面的补贴，最好采取直接增加居民收入的方式，以消除物价上涨对居民生活的影响。对于生产资料以及能源等垄断性行业方面，财政补贴不宜过多介入，应当深化价格改革，逐步放开价格管制，充分发挥市场机制的调节作用。

（三）完善国债资金分配与管理政策。近年来，国债这一财政杠杆在保持国家宏观经济平稳运行，特别是促进经济结构调整方面发挥着十分重要的作用，同时助推了地方经济的快速发展。但目前国债项目分配与管理的职能分工不够科学，国债项目资金申报和分配的职能，与项目资金配套、管理和偿还职能相割离，造成国债项目资金分配和管理的脱节。在新一轮公共财政改革中，有必要制定完善相关政策，实行国债项目分配与项目资金配套、管理、偿还相统一的办法，提高国债项目资金分配与管理的科学性、规范性。

（四）修订完善预算法律法规。法治性是公共财政的一项重要原则，政府的财政活动必须在法律法规的约束规范下进行。作为财政工作根本大法的预算法，从制定到今天，为预算管理纳入法制轨道奠定了基础，使得各个预算主体从事预算活动有了法律依据。但随着市场经济的发展，预算法存在的弊端逐步暴露出来，如地方各级管理权限划分不清，预算约束软化，预算法与教育法、农业法等其他法律之间不相衔接等，不仅影响了预算法的权威性和严肃性，而且使当前推进的一些财政改革缺乏强有力的法律支持，进而影响了公共财政法治化进程。因此，尽快改革预算法，从法律层面合理划分预算管理权限，加强预算监督，增强法与法之间的协调和一致性。

（作者为日照市财政局局长）

发挥财政职能作用 促进统筹城乡一体化发展

高发林

“建立以工促农、以城带乡长效机制，形成城乡经济社会发展一体化新格局”，是党的十七大对统筹城乡发展提出的新方针，是全面建设小康社会的基本要求。2008年以来，莱芜市立足全市工业化和城镇化水平较高、大企业带动能力较强、农业产业化基础较好的实际，提出了统筹城乡产业发展、劳动就业与社会保障、空间布局、基础设施建设、社会发展、生态环境建设与保护“六个一体化”发展的新思路，出台了《统筹城乡一体化发展纲要》、《莱芜市城乡总体规划》以及配套政策，大力推进土地向规模经营集中、工业向园区集中、人口向城镇集中“三个集中”，全面深化土地制度、户籍制度、财政体制、投融资体制、农村经营方式、行政管理体制“六项改革”，详细规划了“四个功能区”、“三大产业板块”，努力推动城乡政策上平等、产业上互补、国民待遇上一致，让城乡居民共享改革发展成果，在城乡互动、一体化发展的道路上迈出了坚实的一步。财政作为政府重要的综合管理部门，在推进统筹城乡一体化发展方面肩负着政策引导、资金保障、监督管理等重要职责，财政职能的发挥对整个工作的开展至关重要。本文就如何发挥财政职能促进统筹城乡一体化发展，结合莱芜工作实际谈几点粗浅认识。

一、完善财政管理体制，做实统筹城乡一体化发展物质基础

统筹城乡一体化发展，经济发展是核心，没有经济的高度发展，强行推进只能是“空中楼阁”。如我国搞统筹城乡一体化发展比较成功的浙江嘉兴、台州等地，都处在长三角，是我国经济最发达的地区之一。所以，莱芜市在制定统筹城乡一体化发展规划过程中，始终把推进统筹城乡经济发展一体化放在“六个一体化”的首要位置，并结合自身地域小、人口少、不带县的优势，着重从完善财政管理体制方面寻找突破口，促进镇域经济发展壮大，做实统筹城乡一体化发展的物质基础。一是从改革财政管理体制入手激发各级发展活力。1994年分税制改革以后，莱芜市一直实行按企业隶属关系划分收入级次的财政体制，2007年实行了“税收属地入库、财力总额分成”的财政体制，从运行情况看，该体制有效消除了企业间资源流动的体制限制，避免了市区争夺税源、重叠管理以及企业税收混库现象，同时也为企业的发展创造了良好的外部环境和政策环境。但仍存在财力分成不够平衡合理、向区级转移增收压力等矛盾，市区、区乡间财权、事权不对称的问题仍然存在。解决这些问题，必须进一步理顺各级利益分配关系，充分发挥财政体制对发展的导向作用，建立市区乡三级利益共享、风险共担的新机制，特别是在体制设计上要向区、乡镇倾斜，逐步缩小区域、镇域间的财力差距。二是建立区乡地方财政收入增长激励机制。在推进统筹城乡一体化发展过程中，区乡是各项工作的最终组织者和实施者，而且在目前各级财政投入结构下，区乡财政仍然是重要的资金承担者，可以说，增强区乡财政实力已成为推进统筹城乡一体化发展的基础环节。要坚持谁发展谁受益的原则，科学制定考核标准，建立促进区乡财政增收的激励机制，对区乡按照年度地方财政收入总量、增幅、在全省、全市位次前移等指标进行考核奖励，让加快发展的单位切实得到实惠，从分配层面上调动区乡培植财源、组织收入的积极性。三是为镇域经济发展构建新的政策平台。截至2008年，莱芜市20个乡镇中，仍有4个乡镇地方财政收入在1 000万元以下，这部分乡镇经济基础薄弱、骨干企业较少、增收后劲不足，与乡镇政府在推进统筹城乡一体化发展中承担的职责是不相符的。对这些乡镇，要综合运用税收减免、税收返还、土地出让金减免等财税政策，在收入分成方面予以倾斜，支持金融机构开展对乡镇企业的融资担保业务，扶持乡镇因地制宜发展特色经济，促进镇域经济做大做强。鼓励受地理位置、基础设施、区域限制等因素影响的乡镇发展“飞地经济”，合理确定项目引进方和所在方税收分成办法，调动两方面的积极性，突破这些乡镇加快发展的瓶颈。

二、强化预算约束，推动各项工作均衡协调发展

推动统筹城乡一体化发展，必须通盘考虑市区乡各级财力，既要保证重点项目的投入，又要照顾到各项工

作的覆盖面和进展。因此，建立以预算为总抓手的约束机制，充分发挥预算对整个工作的控制作用，不断强化预算对支出进度、工作平衡的基础性作用，对莱芜这样一个地方财政收入基数小、总量尚不充裕、区域差别大的市来说，具有特殊意义。一是对必保支出给予预算保障。对各部门统筹城乡一体化发展的工作重点，要结合财力水平，坚持重点实施、逐步推进，预算编制要体现政府的政策意图。对统筹城乡一体化发展中涉及的基本公共服务向农村延伸、基础设施建设等周期长、收益低、依靠市场机制不能有效解决的项目，在预算安排上要给予重点保障，建立不低于一般经常性支出增长比例的预算内投入机制，使统筹城乡一体化发展资金投入具有一定政策刚性。对重大项目支出实行项目库管理，由各部门单位按照每年全市的重点工作，提报项目并作出项目概算，财政部门在审核的基础上纳入项目库，视财力状况依次安排支出。二是建立预算执行动态监控机制。在预算执行过程中，各部门不得突破预算，特殊情况需要追加和调整的，要按照程序报批。对预算执行实行动态监控管理，建立健全事前控制、事中监管、事后查处的一体化预算执行监控机制，对违规操作、突击上项目、擅自扩大项目规模等行为，要严肃查处，并采取停拨剩余资金、追回已拨资金等措施，维护预算的严肃性。三是规范超收财力的使用。从近几年的情况看，区乡政府年初预算盘子普遍过小，造成年终大幅度超收，对超收财力的使用存在随意性大、资金使用效益不高等问题，因此，规范超收财力的使用已成为当务之急。一方面，对区乡超收部分要尽可能留在本级，逐步降低上划比例，提高区乡财政可用财力，并出台一定的政策，确保超收财力主要用在统筹城乡一体化发展上。另一方面，要改进超收收入使用办法，逐步将超收收入转由下年预算安排使用，对确需当年使用的超收收入，要根据收入进度情况，提前做好超收收入安排预案，及早下达预算。

三、规范转移支付制度，推进基本公共服务均等化

实现基本公共服务均等化，是统筹城乡一体化发展的基本目标之一。转移支付作为二次分配的重要手段，在推进财政困难地区基本公共服务均等化方面具有重要作用。一要有利于增加区乡可用财力。当前，莱芜市推进就业、住房、医疗、教育、文化等基本公共服务均等化已进入标准提升、范围扩大的新阶段，与区乡财力不足的矛盾更加突出，特别是对山区、偏远、以农业为主的乡镇，需要不断扩大转移支付的规模，以增加区乡政府可提供公共服务的能力。目前，市以上对下转移支付项目比较多，有调整工资转移支付、义务教育公用经费转移支付、新农合财政补助转移支付、基层文化设施建设转移支付，等等。这些项目都是专项转移支付，具有政策规定的固定用途，难以作为财力进行统筹安排。针对这些问题，要不断优化转移支付结构，尽可能将一些专项转移支付合并到一般性转移支付中，以增加区乡政府可统筹安排的财力，便于集中使用、集约使用，提高资金使用效益。二要规范专项转移支付制度。专项转移支付的透明化、规范化程度低，随意性大，需要用制度加以规范和约束。要加大对专项转移支付的整合力度，对交叉、重复的项目进行清理和归并。要科学设置专项转移支付项目，将专项转移支付作为一般性转移支付的补充，作为实现特定目标的手段。三要坚持区别对待。在制定转移支付政策过程中，要充分考虑区乡财政的实际情况，参照省里按照东、中、西划片制定标准的做法，对各乡镇也制定不同补助标准，进行分类管理、区别对待，不搞一刀切，努力将区乡的配套压力控制在可承受的范围内。

四、创新财政保障思路，建立统筹城乡一体化发展资金投入长效机制

推进统筹城乡一体化发展，单靠财政一家投入是远远不够的，必须充分发挥各方面的积极性，多渠道筹集资金，建立多元化的资金投入长效机制。一要放大财政资金的“乘数效应”。财政部门要着重从制定政策入手，充分发挥财政资金的导向、带动作用，采取财政入股、财政贴息等多种措施，利用各种手段进行融资，调动产业资本、金融资本的积极性，鼓励和引导各类民间资金投向统筹城乡一体化发展事业，确保统筹城乡一体化发展资金需要。二要逐步减少直至退出对一般竞争性领域的直接投资。要进一步明确市场与政府作用的边界，把政府的职能界定在提供公共产品和公共服务上，坚持“有所为、有所不为”，进一步调整优化财政投入结构和方向，属于政府职责范围内的，要保障好，属于一般竞争性领域的，要坚决退出来，把节省下来的资金着重用于公共服务领域。三要积极探索履行政府职能的新方式。嘉兴、台州等地的经验表明，在推进统筹城乡一体化发展过程中，市场化是重要的推动力。对依靠市场机制能办好的项目，或者依靠市场更有效率的项目，该交给市场的要交给市场，该花钱办的绝不养人去办。在竞争性领域和市场机制发育比较完全的领域，要敢于改革政府提供公共服务的方式，以最少的投入换取政府职能的有效履行，使统筹城乡一体化发展资金保障更具可持续性。

五、加强财政监督管理，确保资金用在最需要的地方

与全国统筹城乡一体化发展先进地区相比，莱芜市在推进统筹城乡一

体化过程中不仅存在财力不足的问题，财政资金使用监管水平也还有一定的差距。坚持向管理要效益，既是财政部门的重要职责，也是工作的现实需要。一是转变财政监管的重点。针对在推进统筹城乡一体化建设过程中，财政支出项目越来越细化，规模也越来越大的实际，要改变以往“重收入、轻支出”、“重分配、轻管理”的做法，把精力和时间从争取项目转移到资金分配、资金流转及资金使用评价等环节上，让有限的资金发挥最大的使用效益。二是用制度来规范管理。对推进统筹城乡一体化发展过程中，凡有财政资金参与的工作，要形成一套涉及财政资金使用范围、分配、拨付、管理、监督等环节的制度体系，将管理制度化，纳入规范化轨道，确保资金支出、管理公正透明。三是建立完善的监管机制。对各级财政用于支持统筹城乡一体化发展的专项资金，要全面落实国库集中收付、政府采购、财政投资评审等制度，实行专户管理、封闭运行，并积极探索县级提款报账、以奖代补等行之有效的管理方式，减少资金运行的中间环节，杜绝资金的挤占、挪用、截留等现象发生。四是建立绩效评价机制。对项目资金使用实行绩效考评，建立有第三方参与的考核评价机制，并把评价结果与资金拨付结合起来，形成多角度、多层面的监督体系，促进资金规范高效使用。

（作者为莱芜市市长助理、财政局局长）

临沂市市直行政事业单位资产管理现状分析与对策

李　民

为切实做好行政事业单位资产管理工作，临沂市财政局结合行政事业单位资产清查工作，利用资产清查结果，并通过查阅资料、打电话、座谈等多种方式，对市直行政事业单位资产管理状况进行了调研。

一、管理成效

近几年来，临沂市在开展行政事业单位资产清查、资产统计和产权登记等方面做了大量工作，取得了初步成效。

（一）资产清查工作彻底有效。2004年市直开展了自1993年以来规模范围最大的行政事业单位资产清查工作，为市直的资产管理工作打下了坚实基础。一是摸清了行政事业单位“家底”，掌握了资产的数量、构成、使用情况，为开展资产统计工作开好了头起好了步。二是达到了资产管理政策、法规宣传的目的，提高了各单位资产管理的责任意识、法律意识，增强了各单位依法依规管好行政事业资产的自觉性。三是找准了资产管理中问题的症结，为整改提供了依据。2007年初，根据财政部、省财政厅的统一部署，临沂组织开展了全市范围的行政事业单位资产清查工作。这次资产清查工作，进一步核清了资产存量，为建立固定资产卡片，实现资产动态监管做好准备；为实现资产管理与预算管理相结合、完善部门预算编制提供数据支持；将进一步规范国有资产管理，促进各项资产管理制度建设。

（二）建立了产权登记及资产管理信息统计制度。临沂市自2005年起建立实施了行政事业单位资产统计报表上报及产权登记年检制度。一是检查各项资产是否账实相符、账账相符。二是检查房产、土地、车辆及大宗设备的减少是否符合规定。三是检查各单位与购置资产相关的年度预算执行情况及财政专项资金使用情况。四是检查各单位对外投资、出租、出借、内部经营等经营活动涉及的资产、收益情况。五是清理、核实土地、房屋、车辆、设备等重点资产的产权、产籍。通过资产统计及产权登记年检，保证了资产账实相符、账账相符，防止了账外资产形成，规范了资产处置行为，加强了资产收益监控，理顺了产权关系，明确了所有者与使用者的权利和责任，使其做到各尽其职，各负其责。

（三）资产处置及其收益监管工作成效显著。一是明确资产处置范围和审批权限。明确行政事业单位需要处置的国有资产范围，对资产处置中可能出现的所有情形，按资产类别和价值确定审批权限。二是统一处置规程。在资产处置过程中，实行依法依规审批，阳光交易。重大资产处置和批量资产处置采取评估、拍卖等市场化方式运作，严格按照公开、公平、公正原则，严把申报、审批、评估、定价、收入进专户“五大”关，使资产处置公开透明。三是统一收益管理。对处置事项与财政相关部门加强沟通、协调，以保证资产处置收益及时足额上缴财政专户。通过规范资产处置程序，不仅减少了随意处置资产现象，还增加了资产处置收益，有效防止了国有资产流失。据统计，2006年度经财政部门批准处置的固定资产为3 214.79万元，其中处置房屋建筑物21 173.43平方米，车辆104辆，设备223件。应报未报财政部门批准的资产处置金额140万元，占本年度资产减少总额的2.30%，比以前年度大大降低。

二、资产管理存在的问题

虽然临沂市资产管理工作取得一定成效，但是由于资产管理工作涉及面广、政策性强及监管对象特殊，工作中仍存在一些问题：

（一）资产管理与预算管理脱节。在当前实际工作中，资产管理与预算管理存在脱节的问题，不仅造成了资产重复购置、闲置浪费，而且也影响了财政资金的使用效益。一是资产购置预算不能与单位实际占有资产状况相联系，难以有效控制重复购置资产和超实际需求购置资产的行为。二是对资产购建预算的执行情况缺乏跟踪监督，严重削弱了预算管理的严肃性和政策性。三是缺乏资产占用标准，或者有标准不执行。造成上述问题的原因是多方面的，首先是各部门意识不够。长期以来，各行政事业单位、政府部门对预算管理要与资产管理相结合的必要性和重要性认识还不够强，认为资产管理就是监管资产“出口”，而没有将资产管理与预算管理的有机结合作为管理工作的出发点和最终归宿。其次是配套制度不完善。资产配置是资产管理与预算管理的一个有效结合点，但是资产配置标准体系和规范的资产配置程序尚未形成。推行资产管理与预算管理相结合，涉及诸多部门间及部门内的利益职能调整，要真正做到资产管理职能到位，实现政策与执行分离，管物与管钱相结合，树立管理权威，还有一段艰难过程。

（二）制度建设落后，管理行为缺乏有效制度规范。制度是管理的基石。行政事业单位资产管理制度的缺乏和滞后，是造成资产管理混乱的重要原因。

一是行政事业单位资产管理审批制度缺乏。对资产配置、调剂、处置及资产的对外投资、出租出借等，没有建立起一套严格的审批制度，对行政事业单位资产各个环节的管理活动进行约束，造成资产管理存在诸多问题。如资产购置盲目、随意；资产占有不公，无法调剂共享；擅自处置资产；对企业化管理单位的经营活动存在缺位管理；资产收益不公开、不分配、不上缴，造成资产隐性流失。

二是行政事业单位资产管理考核制度缺乏。对行政事业单位资产的完整性和使用的有效性等缺少客观公正的考核标准和考核办法，没有建立起有效的激励约束机制和考核评价制度，造成行政事业单位没有树立起成本意识，把占有使用的资产当作“免费午餐”。

三是行政事业单位会计核算制度落后。目前的行政事业单位财务规定已不能适应现代资产管理要求，制约了资产管理水平的提高。比如，按现行行政事业财务规定，国有划拨土地无价值、不入账，财政不能从财务上进行监管；固定资产不提折旧，固定资产原值与现实价值背离；以账面原值核算固定基金，虚增净资产；往来款项管理弱化，资产潜亏多。由于上述问题的存在，资产的会计核算不能反映资产真实状况，不利于资产的考核、监管。

四是行政事业单位资产日常监督管理制度不完善。许多行政事业单位资产管理意识淡薄，重预算轻资产，重购置轻管理，没有建立健全资产购置、验收、保管、使用、清点等管理制度，也没有实行资产管理责任制，造成资产管理的混乱状态。如资产家底不清，前清后乱，账实不符，大量账外资产游离于有效监管范围之外，部分资产产权不清，存在产权纠纷隐患等。

（三）管理手段落后。许多行政事业单位在资产管理上还是采取传统的手工或半手工的操作方式，管理手段原始落后、工作量繁重，并且资产管理的差错率高、对账困难、信息闭塞、监控不力，管理效率低下，成为制约资产管理水平提高的技术“瓶颈”。另外，财政部门的资产管理工作尚停留在资产统计、产权登记等静态的管理上，没有实现动态监管，没有通过市场化运营，盘活经营资产，实现资产效益的最大化。

三、对策与措施

（一）加大宣传力度，积极总结推广资产管理先进经验。树立一批先进单位和个人，通过网络、简报等形式，在全市推广，大力宣传省内外资产管理先进经验，不断促进全市行政事业资产管理水平的提高，争取社会各界对资产管理工作的理解和支持，使社会各界充分认识到加强资产管理对促进提高国有资产使用效益、降低行政运行成本、建立廉洁高效政府的重要意义。

（二）加快资产管理信息化建设步伐，实现资产动态化、信息化管理。在资产清查、摸清资产“家底”的基础上，依托强大的现代网络信息技术，建立科学、合理的行政事业单位资产管理信息系统，将管理思想、管理制度、管理规范固化为数字化的管理程序，这是加强行政事业资产管理、创新管理模式的关键环节。资产管理信息化，可以实现网上处理申报审批事项，实现对行政事业资产从入口、使用到出口等各个环节的动态管理，便于主管部门和财政部门及时、全面地掌握行政事业单位国有资产总体状况，避免“先清后乱”，从而为资产管理和预算管理的结合提供信息支持，为资产的共享、共用和优化配置创造条件。

（三）建立健全管理制度，实现资产管理、预算管理、财务管理相结合。做好资产管理与预算管理的有机结合，解决预算管理中增量管理与存量管理脱节的问题，增强预算管理的科学性和有效性，优化资产配置，从源头上解决资产前清后乱和资产占有不公的问题。按照财政部规定，结合部门预算改革的实践，研究制定科学合理的资产配置定额和实物费用定额，建立完善资产配置预算和资产更新预算审批控制制度，探索资产购置资金与资产配置定额和资产更新率及实物费用定额结合的部门预算编制办法。在预算安排上，明确行政事业单位提出的资产购置事项要根据单位资产占有状况审批后才能安排资金，实现预算编制与资产占用状况的紧密结合。预算执行环节，通过行政事业单位国有资产产权登记和资产统计工作，跟踪监督资产配置、资产更新预算的执行，并将跟踪结果及时反馈给预算部门。

（四）盘活资产，提高资产使用效益。强化财政部门对资产的统一调配职能，明确行政事业单位资产配置标准，建立资产调剂制度，进一步整合行政事业单位资产，统筹资产配置，使资产在部门之间与部门内部均能形成合理流动，解决各部门资产重复购置及占有不公现象；明确各行政事业单位的资产调配要经过财政部门批准，避免自行调整带来损失。另外，在不影响行政事业单位正常业务的前提下，采取市场化运作方式，对行政事业单位的土地、房产及对外投资形成的资产实行统一管理、调配和处置，盘活存量资产，增强财政实力，实现由资产—资金—资产的合理流动，充分发挥资产使用效益。

（五）加强财政对资产的监管，实现资产的规范化管理。一是完善行政事业单位资产管理规章制度。针对资产清查反映出的问题，在学习、借鉴和研究外地经验和政策的基础上，积极探索适应公共财政要求和临沂市实际的行政事业单位资产监管运营体制，有针对性地建立健全资产管理制度，细化各个环节的管理，使行政事业资产管理逐步实现制度化、规范化和科学化。目前，临沂市以市政府名义发布实行《临沂市行政事业单位国有资产处置管理暂行办法》，对资产配置、出租、对外投资等办法，已草拟了初稿，对资产调剂、评估、绩效考核等制度正积极进行研究。

二是强化对资产处置行为的监管。严格处置制度，对资产清查审计出擅自处置资产的单位，给予通报批评；提高国有资产处置透明度，行政事业单位国有资产处置采取拍卖、招投标等方式，按照公开、公平、公正的原则市场化运作，防止暗箱操作，确保国有资产保值增值；依法进行国有资产评估，资产处置按照规定选聘资质高、信誉好的中介机构进行资产评估，并对资产评估报告进行认真审查，完善核准或备案手续；监督国有资产处置收入的缴纳，严格按照政府非税收入管理的规定，实行收支两条线管理，防止国有资产流失。

三是加强行政事业单位资产对外使用管理。行政事业单位国有资产出租、出借、事业单位国有资产对外投资、担保等行为要进行可行性考察论证和评估，财政部门要认真审批，严格把关，防范经营风险和财务风险；经核准后，要建立专项管理制度，加强资产运营监管。对单位出租、出借、对外投资、担保资产取得的收益，要明确收益的分配、管理办法，既要防止收益流失，又要调动单位的积极性。

四是增强部门间工作协调配合。行政事业资产管理政策性强、涉及面广、情况复杂，需要各部门各方面的理解、支持和配合。要加强与国土、工商、审计、监察、房管、车管等职能部门的协调配合，相互支持，强化职能，落实责任，建立约束机制和联动机制，形成监督合力，确保行政事业单位资产管理工作扎实推进。同时财政部门内部各单位要明确责任，相互支持，建立联动机制，促进和加强行政事业单位资产管理工作。

五是开展对行政事业资产的有效评价。科学、有效地评价行政事业资产绩效，是合理配置和整合资产的重要依据，是单位总体绩效评价的重要内容。首先，认真研究行政事业资产绩效的评价方法和评价标准，建立有效评价机制。其次，结合各单位自身特点，对资产配置的合理性和资产的安全完整性作出评价。此外，将资产评价结果作为财政部门安排行政事业单位预算的参考依据，并作为对单位主要负责人业绩考核的一项重要内容。

六是完善国有资产监督检查制度。实现行政事业单位国有资产监督检查的常态化，每年重点检查三分之一的行政事业单位，三年普查一遍，对行政事业单位的产权登记、资产统计及资产管理状况进行检查。加强自收自支和企业化管理事业单位资产监管，实行年报审计制度，向市财政局报送主管部门或社会中介机构审计的年度会计决算审计报告。完善资产监督法规，加大对各种违法、违纪行为的处罚力度，确立资产管理执法的严肃性、权威性。

（作者为临沂市财政局局长）

加强财源建设　壮大财政实力　切实提高财政保障能力

战士平

近年来，我国经济社会发展呈现出产业结构高级化、科技进步加速化、资源配置市场化、土地和能源紧缺化、经济全球化不断增强、城市化进程日益加快等趋势，经济增长重心也逐渐向北扩展与转移。德州市位于津、冀、鲁的结合部，处在环渤海经济圈、济南都市圈、黄河三角洲生态区的交会处，区位条件非常优越，当前正处于由传统农业向工业经济转变、由农村经济向城市经济加速转变、由城乡二元分割向城乡一体化统筹发展、由工业化初中期阶段加速向中高级阶段转化的重要历史时期。加强财源建设，增强地方经济发展后劲，促进地方财政收入增长，是当前及今后一段时期的主题。

一、德州市当前财源状况存在的问题

近年来，德州市国内生产总值每年以10%以上的速度增长。特别是自全市十三次党代会以来，市委、市政府明确提出了“工业强市、科教兴市、民营推动、开放带动”四大发展战略，为经济社会事业持续发展提供了保障。在经济快速发展的基础上，德州地方财源规模有了较大的提高，地方财政收入保持了健康稳步增长，与经济发展密切相关的增值税、营业税、企业所得税和个人所得税增势良好，财政收入平稳快速增长。但与山东省的发达地市相比，德州的财政收入总量仍处于相对劣势，财源基础相对薄弱。因此，大力培育财源，优化财源结构，构建稳定持续的财政收入增长机制，就显得越来越紧迫而重要。

（一）财源基础薄弱，发展后劲有待进一步提升。一是缺少优势项目和支柱财源。德州市企业总户数不少，规模以上2 721户，但是缺少资金规模大、利税贡献多的大企业、大集团，尤其缺乏利税超10亿元的重量级利税大户，德州市规模较大的恒升、恒源等企业膨胀发展的速度有待于进一步提高，利税贡献度也有待于继续提高。二是税收贡献产业优势不明显。德州市是一个传统的农业大市，2008年一、二、三产业的比重为12.1∶55.9∶32.0，工业发展相对滞后，工业经济的税收贡献率明显偏低。传统产业优势逐步消失，后劲明显不足。第三产业虽然有一定发展，但主要是税收贡献率较低的商贸流通业，而不是贡献率高的现代服务业。三是后续财源不足。近年来德州市通过招商引资，引进、培植了一批新的财源，但缺乏附加值高、税收贡献大、带动作用强的大项目、大集团，而且由于经济效益反映到财政上来有一个滞后期，同时受一些优惠政策的影响，发展成果还没能在税收上得到充分反映。

（二）财政收入结构仍有待进一步优化。一是从财政收入占GDP的比重看，2003年以来，地方财政收入的年均增长率低于地方GDP的年均增长率，主要原因是德州市是一个农业大市，农业占GDP的比重大，但税收贡献小，GDP的增长难以反映到财政增收上来。应当考虑实现产业结构调整目标，提高二、三产业比重，争取达到财政收入相对更高的增长水平。二是从财政收入结构看，尽管非税收入比重从2004年的34%下降到2008年的22.7%，但非税收入规模和比重仍然存在可以压缩的空间。各县市的收入结构也很不平衡，三个县市区的非税收入比重均超过35%，收入结构性矛盾突出，改善收入结构、提高“两个比重”的任务仍然比较大。

（三）县域经济总量小，财政实力比较薄弱。2008年，德州市只有德城区、临邑县、齐河县和禹城市四个县的地区生产总值突破了120亿元，县域经济总量偏小。从财政实力角度看，超过5亿元只有2个县，不足2亿元有8个县，多数县市突出表现为财政增收的基础比较薄弱，骨干税源少且单一，新上企业或项目尚未形成规模优势；同时，财政收支矛盾突出，社会保障、环境保护、城市建设、城乡协调发展压力加大。从根源上看，经济总量不足、产业结构不合理、财源结构单一，直接导致了财源基础薄弱；财政实力不足，反过来又对地方经济又好又快地发展形成制约，因此财政经济运行未能步入高质量、快速度的良性循环。

伴随着由传统农业社会向城市化的转型和由粗放增长向集约增长的转型，德州财源建设也需要因地因时制宜进行战略调整。为此，需要在保持传统优势的同时克服自身劣势，根据德州的地理位置、周边环境和当地实际情况，积极拓展发展空间，以新的理念和新的战略实现财政经济的良性循环，实现经济的腾飞。

二、当前德州市财源结构总体特征分析

从作为德州市主要财源的工业企业来看，呈现出明显的“四多”特征：内资企业多（占97.5%），独资企业多（占51.1%），轻工企业多（占54.9%），小型企业多（占92.5%）。从结构上看，以制造业、纺织业、化学工业为主，其中制造业占全部企业户数的98.2%，纺织业（含纺织服装、鞋帽制造业）占14.4%，化学工业（含医药、橡胶、塑料制造业）占15.5%。可以说，德州市产业“群山无峰”，重点不够突出，集群乏力，潜在优势不能充分地发挥出来。

（一）以传统产业为主，企业缺“大”少“强”。从各行业骨干企业2008年的销售收入总额来看，销售收入超过100亿元的企业只有机械行业的莱钢永锋钢铁一家。目前税源基础主要在化工、机械、纺织等传统行业，高新技术产业税收贡献不明显，第三产业的金融业、物流业发展缓慢。

（二）产业结构层次偏低，技术装备水平不高。加工制造业等高级化产业比重小，资源的加工深度不够，产业结构缺乏层次。这主要表现在德州的产业水平仍然停留在对资源的粗加工阶段，产业链条不长，产品附加值低，处于制造业价值链的低端。德州对自身的优势资源，没有形成多层次加工体系，没有将资源禀赋优势真正转化为竞争优势。以纺织行业为例，德州的棉花生产在全国比较有名，但是，棉纺业从产业上游到下游，从价值链的低端到高端，德州在全国所占份额逐步降低，排位逐步靠后。从产业层次看，目前德州工业仍属于依靠资源优势和大量的初级产品加工支撑经济增长，产业层次处于价值链的中低端，在全国位于一般水平。工业结构层次和技术含量不高的根本原因是，技术装备水平低，产业集成能力弱，核心竞争力不强。

（三）企业资产规模不大，获利能力普遍较低。通过对重点骨干企业的调查发现，2008年利税过亿元的16户企业，利税总额仅为滨州魏桥的一半。因此，德州企业总体规模有待进一步提高，应当加大投融资力度，推进优势企业做大做强，培养支柱性财源。企业获利能力大小直接关系着企业的利润，从而影响着企业所得税税额的大小，以企业获利能力常用指标销售利润率、资产利润率、成本费用利润率、所有者权益报酬率分析，被调查企业的销售利润率为5.6%，资产利润率为4.4%，成本费用率为5.9%，所有者权益报酬率为14.8%，企业获利能力与前两年相比均有所提高，但与全省平均水平相比，德州市企业整体获利能力还处于较低的水平。

（四）企业发展资金紧张，自主创新能力弱。企业资金紧张的矛盾仍然是制约德州市工业经济发展的瓶颈，很多有市场、有效益的产品因资金问题影响发展。另一方面，根据有关统计资料显示，2008年德州市高新技术产业产值占规模以上工业总产值的比重仅为22.3%，低于全省30.7%的比例。由于企业对自主创新重视不够，投入非常有限。大多数企业还只是专注于市场开拓，开拓的方式以低价占领市场的方式为主，而非切实地了解最新市场动向、开发新产品、开拓新市场的方式，势必影响企业持续性发展。

三、今后在培植财源上的几项措施建议

（一）挖掘内部增收潜力，抓好现有财源。在当前财政经济形势下，挖掘内部增收潜力，确保财政增收对于保证财政正常运行至关重要。在现有财源的管理、挖潜方面，重点做好“控源”、“堵漏”、“扩展”、“奖补”四篇文章：“控源”。即建立税源信息网络平台，将工商、土管、房管等部门涉税信息全部纳入平台，实现对涉税信息的全覆盖管理，随时掌握税源变化情况，从源头上杜绝征管“盲点”。“堵漏”，即利用先进的技术手段，加强对房地产企业纳税情况、土地使用税以及中介服务、高消费行业等零散税源的控管，堵塞征管漏洞。严格落实清理税收优惠政策，使经济发展的成果在财政收入上得到充分的体现。“扩展”，就是注重挖掘新的税源，扩展税基。主要是积极推进现有财税资源的优化重组，引导企业实施二、三产业剥离，努力壮大地方税基；对外地入德企业、项目建设税源加强管理，抓好京沪高铁、德滨高速等重大项目税收征缴。“奖补”，就是研究出台奖补激励政策，完善社会综合治税考核奖励机制，对税务部门给予一定奖励和经费补助，对财政收入结构不断优化、增长较快的县市区予以奖励，调动县市区提高收入质量的积极性。

（二）壮大重点骨干产业、企业，发展后续财源。骨干企业、优势产业是地方财源的主要组成部分，也是实现财源建设突破式发展、财政收入状况根本性好转的主要来源，围绕壮大重点骨干产业、企业，发展后续财源，做好“造峰”、“建山”、“树优”、“培新”四篇文章：“造峰”，即对市里确定的60家骨干企业在项目建设、资金政策扶持上建立绿色通道，倾力支持骨干企业、重大项目建设，促进骨干财源加速发展、快速膨胀，打造财源“高峰”。对县市区推进重大项目建设、培植骨干财源成效显著的给予奖励。“建山”，即建立对关键性产业和成长性好的税源企业的倾斜性政策，形成产业聚集带和新的增长点。在融资、技术改造、结构升级、税收优惠政策等方面支持产业集

群化发展。“树优”，即支持企业科技、特别是核心技术的开发，尤其要树立“标准立企”观念，扶持企业对重大标准的制定和修改。支持企业引进先进管理理念，支持企业在高层次服务方面与京津济工业经济的对接。“培新”，即支持引进带有深层次的科技技术、管理内涵的大项目和对地方税收贡献率高的项目和企业。重点支持功能糖、太阳能、汽车零配件、体育用品等新兴产业技术研发、品牌创建等，着力培植新兴财源。

（三）主动承接产业转移，培植外来财源。结构调整、产业升级，是经济发达地区进行产业转移的内在驱动因素。由于发达地区经过长期经济高速发展，利用、消耗了大量资源，造成资源的紧张与危机，直接带来土地、劳动力、水、电等生产要素成本大幅度上升，导致沿海发达地区纷纷把工业或工业的加工环节向内地扩散。德州优越的区位、丰富的资源、便利的交通、广阔的市场与较低的生产成本对转移产业具有很强的吸引力。要以观念、机制、交通和市场等的对接为前提，以产业协调、产业关联和市场统一为核心，以政府推动和政策协调为保障，以改革发展为动力，努力消除经济运行机制上的差异和地区壁垒，形成与之一体化互动协调发展的格局。“主动接轨、优势互补、突出重点、梯次推进”。做到基础产业协调发展，新兴产业共同发展，支柱产业互补发展，实现德州经济跨越式发展。结合德州本市特点，在未来五年，采取打造专业化产业基地、拉长产业链、引进“外嵌式”工业园、加快传统园区建设、实施创业工程和发展人力产业六者结合的方式，加快德州打造华北制造中心的步伐。

以“飞地”工业园方式无缝承接产业转移，实行“封闭式管理、开放式经营”的新型运行体制，推行“零收费管理、零距离接触、零投诉服务、零障碍发展”的“四零”服务标准。这种方式等于把外部企业文明嫁接到德州，可以起到外部资本、技术快速融入德州经济，迅速发挥产业聚集和经济辐射效应。

（四）建设区域城市群团，打造财源聚集地。城市化对经济增长的推动作用，根本原因在于城市化是以能量集聚、要素集聚为特征，集聚人口，集聚经济和社会能量，从而产生集聚效应和规模效益。德州经济要想快速发展，不能继续走非城市化的工业化老路。必须依靠加速城市化，以德城区、经济开发区和商贸开发区为城市增长极，以各县为次增长极，建立组团式城市群，把乡镇和农村人口以及生产力向组团城市浓缩，为把德州建设成为华北制造中心夯实基础。在实施城市化和城乡一体化战略中，要突出以“中心城市+外围县级组团城市”的城市格局功能，打造一个功能完善、布局合理、网状辐射的城市群空间结构，使工业向城市集中，增强区域性中心城市的辐射能力，带动县级城市建设的步伐，促进农民减少、农业生产率提高。

在促进城市化发展的宏观经济政策环境下，德州中心城应着力调整优化产业结构，加快发展符合中心城市功能定位的产业，完善金融、信息、贸易、科技、教育、文化等方面的服务功能。德州市及其下属每个县级城市都需要根据自身的资源特点和发展基础确定适宜的发展路径和增长方式。同企业一样，一个城市经营者即城市政府有责任对城市发展的目标、城市经济的增长方式等经营性战略问题做出科学的决策。

（五）运用政府投融资，实现财源结构的多样化、优化。政府投融资是指政府为实现一定的产业政策和其他政策目标，通过信用方式，将社会闲散资金集中，由财政统一掌握管理，根据社会经济发展计划，在追求社会效益的前提下，采用多种融资和投资方式，支持社会急需发展的产业和企事业的经济活动。政府投融资作为市场经济条件下政府配置资源的重要实现途径，对市场经济的发展起着拾遗补缺的作用，在促进经济有效增长、调整和改善经济结构、强化宏观调控能力等方面具有独特的功效。目前，德州市的政府投融资制度还处在初创阶段，尽管起步稍晚，但也意味着可塑性强，可以避免旧体制对政府投融资体制建设的不利影响，借鉴更多的先进经验，避免走不必要的弯路。要整理和拓宽融资渠道，壮大投融资规模，在清理整顿日前的政府投融资资金的基础上，拓宽融资渠道，积极引入社会私人资本参与政府投融资。整合政府资源，搭建投融资平台。转变“政府包揽、垄断经营”的市政公用事业经营体制和经营方式，按照“政企分开、政事分开”的思路，搭建投融资平台，开放作业市场，引入竞争机制，鼓励各种所有制成分的企业经政府特许，整合政府资源，参与市政公用事业的管理和经营，走专业化、企业化经营的路子。

（作者为德州市财政局局长）

坚定信心 科学谋划 促进经济平稳较快发展

姜之厚

2008年下半年以来，聊城市财政局积极应对国际金融危机，理性分析形势，努力当好党委政府参谋，按照“抢抓政策机遇，科学谋划发展”思路，采取了过硬措施，取得了明显效果。

一、理性分析形势，积极采取有效措施

（一）行动快、措施实。2008年下半年，国际金融危机对聊城市的影响逐步显现，生产萎缩直接导致全市财政收入增幅从2008年1月的41.3%急速降到2008年9月的19.9%。严峻形势面前，聊城市财政局始终坚决贯彻市委、市政府决策部署，积极出主意、当参谋，拿措施、抓落实。

一是迅速统一思想，坚定必胜信念。局党组多次召开全体财政工作人员会议，引导全市财政干部坚定勇渡难关、抢抓机遇的信念，把思想和行动统一到中央对经济形势的判断上来，统一到市委、市政府的决策部署上来，把握发展大势，坚定必胜信心。

二是及早提出建议，狠抓增收节支。密切关注经济走势，在2008年上半年收入大幅增长面前，始终保持清醒头脑，6月份财政收支数字出来后，进行了深入分析，及时发现苗头性问题，7月份及时起草了《关于进一步增收节支的通知》，引起市政府领导的高度重视，并予以转发。

三是抢抓政策机遇，大力争资立项。2008年11月中央出台扩大内需十项措施后，聊城市结合实际确定了“紧”、“活”、“序”、“效”四结合的落实意见，抓住国家增加投资扩大内需的有利时机，上争外引，掀起项目建设高潮。通过各级党委、政府和有关部门的共同努力，2008年争取上级专项资金共计53.33亿元，比上年增加15.89亿元，有力地支持了全市经济社会发展。同时，最近制定并经市政府第21次常务会议批准，印发的《市级政府债务管理暂行办法》，对于政府债务资金真正做到“多争取、使用好、管理严、效益高”将起到重要作用。

四是及时调整预算，确保完成任务。2008年10月在理性分析经济运行形势和各地税源情况的基础上，及时向市委、市政府主要领导提出了调整收入目标和支出预算的建议，并被及时采纳，确保了财政收入稳定增长、重点支出需要和当年收支平衡。

五是优化经济环境，帮助企业“越冬”。为进一步加强政府非税收入管理，营造春天般的环境，帮助企业渡过难关，2008年12月，起草了《关于进一步加强市级非税收入征收管理的意见》，市政府以聊政发〔2009〕4号文予以转发。并针对中小企业由于资金周转困难、效益普遍下滑的严峻形势，与市人民银行联合制定了《聊城市金融业综合考核奖励暂行办法》，对于促进金融业进一步加大对地方企业的支持力度起到积极作用。

六是及早明确目标，争取工作主动。2009年1月，在金融危机冲击日益严重、企业效益大幅下滑的严峻形势下，及时建议市政府召开了全市财政工作会议作出部署，统一思想，坚定信念，细化措施。在2008年1月份增幅如此高的前提下，2009年1月份全市财政收入实现了同比增长，并一鼓作气，一季度实现了首季开门好、4月份增幅达到6.67%，逐步扭转了自2008年10月份以来收入逐月下降的局面，呈现了低位逐渐启稳态势。

七是加强专题调研，推出新的举措。为有效应对危机，几次组织人员深入各县（市、区）、重点税源企业、部分中小企业开展专题调研，并形成了《金融危机对我市财政的影响及对策》、《牢固树立围绕财政抓经济的思想观念，努力促进地方经济又好又快发展》、《建立完善五个机制，促进县乡科学发展》、《增值税转型对我市财政经济的影响》、《完善中小企业融资体系，促进中小企业发展》等十几篇调研报告，及时研究和帮助解决企业在生产、经营过程中遇到的困难，进一步研究促进经济平稳较快发展的新举措。

（二）讲政治、顾大局。2008年以来，经济社会生活中的大事多、急事多、难事多，对地方财政预算正常执行造成较大冲击。在“5·12”汶川特大地震、奥运安保、“三鹿奶粉”事件等大事要事面前，各级财政部门讲政治、顾大局，合理调度资金，压一般、保重点，增收节支、科学理财，较好地保证了突发性支出需要。中央、省扩大内需资金到账后，坚持急事急办、特事特办，开通资金拨付绿色通道，对手续齐全、拨付无特殊规定的，实行即收即拨。对市委、市政府确定的急办事项，实行先拨资

金、后补手续的办法，确保资金及时到位。

（三）力度大、机制活。2008年下半年开始，中央确定扩内需、保增长的方针，聊城市财政局充分发挥职能作用，一是积极争取中央、省扩大内需资金，2008年，通过各级党委、政府和有关部门的共同努力，争取上级专项资金共计53.33亿元，比上年增加15.89亿元，有力地支持了经济社会加快发展。二是专门安排中小企业创新资金、技术研发经费、专利资助等资金2 979万元，拨付名牌产品、技术研发中心奖励350万元等，对优势企业发展予以大力支持。三是整合财政专项资金扶持企业，鼓励企业调整产业结构。针对聊城中小企业由于产品滞销造成资金特别困难，迅速拨付资金410万元支持中小企业创新发展；安排500万元、争取省以上资金503万元，对54户企业新增流动资金贷款给予利息补贴，支持企业获得流动资金贷款总额16.8亿元；积极争取利用外债资金1 864万美元，许多企业借此渡过了难关。

二、当前聊城市财政经济运行中存在的困难和问题

尽管聊城在应对金融危机方面取得了一定成效，但受国际国内复杂多变的经济环境的影响，财政经济运行中仍存在一些不容忽视的困难和问题。

一是经济复苏有待进一步观察。4月份部分企业生产经营有所好转，经济运行呈现回暖迹象。根据纳入财政财务快报统计范围的388户重点企业的主要财务指标显示，4月份营业收入、利润和税收分别为90.5亿元、3.56亿元和2.48亿元，比3月份分别增长8.11%、31.3%和1%。但与上年同期相比，则分别下降12.7%、52.6%和31.5%。因此，受国际国内复杂多变的经济环境的影响，企业发展仍面临着一些新的考验，金融危机的影响有没有消除，经济有没有最终复苏，还有待进一步观察。

二是财政增收难度加大。从收入结构看，12月份税收收入完成35.80亿元，占地方财政收入的比重为73.17%，比上年同期下降0.3个百分点。从财源结构看，近年来，聊城市财政收入的持续较快增长，主要得益于部分重点骨干企业的快速发展，尤其是在平信发集团等企业迅猛发展的带动。但从另一方面看，财源结构的过分单一，也容易导致财政收入产生较大波动。从区域发展情况看，县（市区）之间发展很不平衡。无论是企业状况，还是财政收入增长速度、收入进度、收入结构，县（市区）之间均存在不同差距。

三是收支矛盾更加突出。自2008年第四季度以来国家出台了一系列扩内需、保增长、重民生的政策措施，财政上一些减税、免费、增加支出的措施相继出台，造成全市在经济形势没有根本好转的情况下，财政收入增长缓慢，财政支出却持续快速增长，而国家陆续出台的刺激经济增长的后续政策还需要地方财政不断增加配套资金，造成财政支出压力越来越大，收支矛盾异常尖锐，诸多问题和矛盾给财政运行带来相当大的难度。

三、下阶段的措施和打算

（一）积极作为，认真贯彻积极财政政策。积极的财政政策是当前应对金融危机最直接、最有力、最有效的办法，加大财政投入，越快越好。当前，要找准财政服务的切入点和着力点。进一步梳理各项政策资源，充分发挥政策的引导和放大作用。全面推进增值税转型等税制改革，促进企业投资和居民消费；做好企业主辅分离工作，解决二、三产业混同纳税问题。

（二）多措并举，建立多层次财政投入机制。一是加大预算内投资力度，保障重点项目建设需要。二是综合利用贷款贴息、投资参股、以奖代补等方式，引导社会资金投入，放大财政投资的乘数效应；健全各类融资平台，多渠道、多形式融入资金。三是积极向上级争取政策资金支持，确保争取资金总额比上年增长10%以上。

（三）加大力度，实现项目突破。围绕市委确定的“高端、高质、高效”的产业发展战略，狠抓项目建设。当前，要在准确把握国家宏观经济政策与聊城经济发展的结合点的基础上，利用好地方政府债券和重点调控资金，采取灵活多样的方式，确保现有项目顺利开工建设。同时，尽快论证储备一批大项目、好项目，加强项目前期工作，始终做到投产达标一批，开工建设一批，储备报批一批，以一轮又一轮的项目建设推动经济快速增长。

（四）科学谋划，确保完成各项财政任务。一是着力保收入增长。加强财税部门协调配合，强化税收经济分析，规范非税收入管理，确保上半年财政收入实现“双过半”，为圆满完成全年财政收支任务打好基础。二是切实保障改善民生。继续加大对社会建设的投入力度，加大对上级民生项目的争取力度。继续落实收入分配政策，认真做好就业保障工作，支持健全各项社会保险制度，推动各项社会事业发展。三是优化支出结构，着力确保收支平衡。坚持总量控制、结构调整，严控一般性支出，加强财力统筹，保障重点支出需要。四是深化各项管理和改革，着力建立健全与经济社会发展水平相适应、与经济社会发展要求相协调的财政支出保障机制和运行机制，提高管理的精细化、科学化水平。强化政府性债务管理，加强资金监管。五是加强和改进理财服

务，着力为经济社会发展创造良好环境。结合学习实践科学发展观活动，推进“五型”财政建设，切实加强和改进工作作风，进一步提高工作效率，着力提高践行科学发展的能力，为促进经济社会又好又快发展做出更大的贡献。

（作者为聊城市市长助理、财政局局长）

解放思想　科学实干
在新起点上实现财政工作新跨越

王秀夫

新一轮解放思想大讨论活动，拉开了滨州经济社会科学发展、又好又快发展的帷幕，也吹响了站在新起点实现新跨越的进军号。面对新形势、新任务、新挑战、新考验，财政部门坚定不移地贯彻落实市委、市政府的一系列重大决策部署，开拓创新、知难而进，提高执行力，增强保障力，力求在实现富民强市新跨越的历史征程中有所作为，不辱使命。

一、对滨州市财政状况的基本估价

近年来，在市委、市政府的正确领导下，全市上下解放思想、抢抓机遇、务实苦干，经济和社会事业取得了长足的发展和进步，与此同时，财政收入快速增长，财政状况明显改善。2007 年全市完成财政总收入 118.56 亿元，其中地方财政收入 59.37 亿元，与 2002 年相比，全市地方财政收入翻了两番多，同口径年均增长 37.84%，是全省增长最快的市之一。2007 年全市财政支出完成 84.94 亿元，是 2002 年全市财政支出的 3.5 倍，年均增长 28.82%。2008 年 1～8 月份，全市完成财政总收入 95.76 亿元，增长 21.67%，其中地方财政收入完成 46.26 亿元，增长 26.28%，在宏观经济形势趋紧的情况下，增长幅度仍居全省前列。综合分析滨州市的财政状况，呈现出四个显著特点：

一是传统优势产业规模膨胀，财源聚集度不断提高。近年来，市委、市政府坚持不懈地实施“工业兴市”战略，在实践中，围绕传统优势产业，加大结构调整力度，狠抓传统优势产业升级改造和规模膨胀，初步改变了过去那种工业布局散乱、没有主导产业的局面，形成了以纺织家纺、油盐化工、粮油加工和机械制造等四大产业集群为主体的财源建设新格局。2007 年，全市规模以上企业共有 1 254 家，其中四大传统支柱产业规模以上企业为 879 家，占全部规模以上企业的 70%，主营业务收入和实现利税分别占规模以上企业 76.2% 和 83.3%，其上缴税收占全部税收的 81.9%。

二是骨干龙头企业是滨州市财政收入的重要支柱。2007 年全市主营业务收入超过 10 亿元的企业达 32 家，其中过 100 亿元的达到 4 家，这些骨干企业 2007 年共缴纳各项税收 67.2 亿元，占全部税收的 64.6%。2007 年全市纳税前十家企业缴纳税收为 55.3 亿元，占全部税收的 53.17%，已成为名副其实的财政收入台柱子。

三是财政保障能力显著增强。随着财政收入的快速增长，全市财政保障能力不断增强。近几年，滨州在新农村建设、科技、卫生、教育以及社会保障等涉及民生和发展的重大支出上都大幅度增加。继 2007 年提高职工工资和津贴补贴后，2008 年市直部门又提高了公用经费保障标准。全市各县区工资水平和津贴补贴标准都有了不同程度的提高。除此之外，城乡低保、城乡医保以及义务教育等各项惠民政策也已逐步落实到位。2007 年全市财政供养人口人均财政支出达到 6.75 万元，比 2002 年的 2.07 万元增长 2.26 倍，全部人口财政支出达到 2 268 元，比 2002 年的 599 元增长 2.78 倍。2007 年全市财政支出中公用支出占总支出的比重为 57.94%，比 2002 年提高 20 个百分点。2007 年全市财政供养人口个人部分支出平均为 28 360 元，比 2002 年的 12 850 元，增加了 15 510 元。

四是财政管理与改革取得较大进展。从 2007 年开始市直部门推行了相对规范的部门预算改革，完善了分类支出定额体系；逐步实现了国库集中支付和会计集中核算的对接，深化国库集中支付改革，提高了预算执行质量；初步建立了政府投资评审体系，实现了政府投资管理的有效监管；进行了政府采购“管”、“采”分离改革，努力实现“阳光”采购，节约财政资金。结合开展“财政财务基础制度建设年”活动，建立和完善了一系列财政财务基础制度，财政管理水平有了较大提高。滨州市财政管理和财源建设的经验做法，多次在全省财政会议上做典型发言，得到了省厅和社会各界的高度评价。

尽管财政实力不断增强，财政状况有所好转，但从财政角度分析，还存在一些矛盾和问题，主要表现在以下四个方面：

一是财政收入过度依赖骨干企业，缺乏群体财源支撑，财政抗风险能力偏低。滨州市以传统制造业为财源主体，特别是纺织和石油化工占较大比重，两大产业提供的税收占全部税收收入的50%以上，一有风吹草动，中小企业难以弥补，财政就会动荡不安。今年以来受国际、国内大环境的影响，两大产业生产增幅放慢、效益下降，直接影响着地方税收的增长，给财政收支平衡带来巨大压力。

二是财源结构中"高产值、低收入，高税收、低财力"问题十分突出。2003～2007年，地方财政收入从17.69亿元增加到59.37亿元，按可比口径年均增长40.51%。地方财政收入占生产总值的比重为5.76%，比全省6.47%的平均水平低0.71个百分点，如果这个比例达到全省平均水平则可增加地方财政收入7.3亿元。2007年全市财政总收入为118.56亿元，其中税收总收入为104亿元，地方税收占总税收的比重仅为43.07%，较2003年下滑4.1个百分点，比全省平均水平低了6.8个百分点，如果这个比例达到全省平均水平则可增加地方财政收入7.07亿元。全市一般预算可用财力占财政总收入的71.60%，较2003年下降了3.5个百分点，比全省平均水平低5.4个百分点。受产业结构、工业结构、分税制体制等多重因素的影响，滨州市作为一个经济欠发达地区，在基础差、底子薄、历史欠账较多的情况下，贡献水平已居全省上游。

三是南北差距继续拉大，县区之间极不平衡。2007年，全市地方财政收入为59.37亿元，其中邹平县为19.94亿元，是黄河北四个县总量的1.66倍，人均地方财政收入是四个县的4倍。由于黄河以北四县基础差、总量小，缺乏大投入、大项目，这种差距仍呈继续扩大趋势。除邹平县、经济开发区外，其他6县区财政供养人口年均财力为4.35万元，最低的仅为3万元，保障能力明显不足。2007年市级总财力占全市总财力的16.6%，在全省仍处于下游水平，市级财力与所承担的支出责任相比差距很大。就综合实力而言，财政保障能力仍然比较脆弱。

四是基础设施建设任务繁重，财政风险度较高。滨州市基础差，底子薄，多年来，中央、省重点项目在滨州少有安排，基础设施建设方面中央和省投资较少。近几年，为加快经济发展，改善投资环境，主要依靠自身力量加大对基础设施建设投入，这既是经济欠发达地区实现跨越发展所必须付出的代价，同时也累积了较重的政府性债务。随着偿债高峰的到来，财政偿债能力明显不足。

二、解放思想，提升境界，努力实现财政工作新跨越

千帆竞发、百舸争流，目前滨州市正处于实现富民强市新跨越的关键历史时期。跳出滨州看滨州，站在全国、全省看滨州，必须以科学发展观为指导，进一步解放思想、埋头苦干，增强时不我待的紧迫感、责任感，努力培植财源、增加收入，壮大财政实力，加快体制机制创新，提高财政保障能力。

*（一）以提高财政贡献率为总抓手，努力调整优化产业结构和工业结构。*从全国、全省情况看，产业结构层次的高低和产业内部构成的优劣，不仅反映一个地区经济发展水平的档次，也直接关系财政收入的多寡。在相同的经济总量下，不同的产业结构和不同的内部构成会形成巨大的财政收入反差。因此，在对经济工作的指导上，要以提高财政贡献率特别是提高地方财政贡献率为总抓手，大力发展现代农业、现代制造业、现代服务业和高新技术产业，加快推进产业结构调整，培植高效优质财源。现代金融、保险、旅游、物流和文化产业是滨州市的突出短腿，除规模小、层次低以外，财政贡献率也大大低于全省平均水平。按现行财政体制，2007年全市三产每百元产值所提供的地方税收仅为4.4元左右，比全省平均水平6元低了1.6元，如果达到全省水平则可增加地方财政收入4.5亿元。必须深入分析原因，找准问题所在，全力促进第三产业发展。

*（二）大力发展特色经济和集群经济，着力培育稳固的财源基础。*滨州市传统产业中大企业多，这是一大优势。但是，这种财源结构相对单一，抗风险能力较差，一旦国家政策变化或市场波动，必定动摇整个财政的基础。江、浙、粤等发达地区突出的特点是市、县、镇都形成了各具特色的产业带和产业集群，这些产业带和产业集群，不仅是其经济发展的龙头，而且是财政的稳固财源。滨州市特色和区域经济规模小、分布散、集中度低，今后应以各类园区为载体，整合各种资源，引导产业集中，突出区域特色。一方面，要继续支持大企业的多元化发展，并力争多上一些大项目，另一方面，要借助大企业的龙头带动效应，拉长产业链，发展为之配套的加工、物流等中小企业，形成产业集群，增强抗风险的能力。要围绕传统优势产业，制定更加科学合理的招商引资奖惩机制，进一步加大招商引资力度。

*（三）创新财政投入机制，集中扶持，突破瓶颈。*近几年来，各级财政在支持企业发展方面的资金逐年增加，但是现有支持企业的科技研发、技术创新、中小企业发展、名牌战

略、农业龙头企业、节能减排、环境保护等各种专项资金，扶持重点不明、项目分散、条块分割、效益低下。必须下决心进行整合。在投入方式上，尽可能采取贴息、担保、风险投资、以奖代补等市场经济国家通行的方式，发挥财政资金“四两拨千斤”的作用，调动企业自身发展的积极性。建议各级政府成立由有关部门和专家组成的财源建设领导机构，找准瓶颈科学立项，创新机制集中投入，以外促内激发活力，力争用三到五年的时间，使滨州市的产业结构层次进入全省先进行列。

（四）继续加大基础设施建设投入，打造新的发展平台。基础设施建设滞后，一直是制约滨州经济发展的瓶颈。当前加大基础设施投入的关键是资金问题。一方面要通过调整财政支出结构，压缩非生产性支出和其他效益不高的专项资金，增加财政用于基础设施的资金，每年干几个关键的项目；另一方面要充分利用市场机制，加大招商引资和市场化运作力度，凡是有预期收益或可以综合开发利用的公益建设项目，都可以借助市场力量加大基础设施投入。就目前的财政状况而言，还是要立足于财政资金保运转，建设资金靠市场。按照“借得来、用得好、还得上”的原则，确定合理的举债规模，良性循环，稳步推进。对地方债务规模的控制方面可以借鉴发达国家的经验，即地方政府当年新借债务应控制在当年财政收入的10%～16%，地方债务累积余额应控制在财政收入的2倍以下。

（五）切实加强非税收入管理，不断增加政府财政调控能力。政府非税收入是财政收入的重要组成部分，规范和加强非税收入管理，对财政可持续发展具有十分重要的意义。一是加强行政事业国有资产监管和运营。按照政府所有、财政监管、单位使用的原则，实行分类管理、市场运作、实现保值增值。二是加强对国有资源的管理。把各类国有资源的开发权、使用权、冠名权、广告权、特许权收入逐步纳入财政管理轨道，实现所有权和经营权分离，实施市场运作。

（六）加快财政体制机制创新，充分调动各方面提高经济运行质量、增加财政收入的积极性。一是围绕提高财政收入质量和提高地方财政贡献率，建立分县区、分部门、分企业的考核激励机制，考核的重点从以总量为主，转变到总量和质量并重，重点考核对地方财政的贡献率。二是建立科学的市县财政体制。从对烟台、潍坊、临沂、泰安等市调研的情况看，建立市与县区互利共赢、区别对待、协调发展的收入分成机制，不仅是增强市级调控能力、调动各方面发展积极性的需要，也是应对将来国家财政管理体制改革的重要策略，应该在充分调研的基础上，适时改革和完善现行市、县区、开发区财政体制。

（七）密切关注财税改革动向，扬长避短，积极应对。财税体制改革被称为中国经济体制改革“最难啃的硬骨头”，中央和省正在按照科学发展观的要求，研究和探讨新一轮财税体制改革。在税收制度方面，主要是研究个人所得税继续提高起征点和改变征管申报办法问题；研究开征财产税、环保税问题；研究把教育附加转化为城建税或开征教育税问题；择机出台燃油税问题；增值税转型问题。财政部拟定按照超过1 000亿元的减税规模全面推行增值税转型方案，目前已上报国务院待批。该方案最大亮点是全额抵扣、全行业转型，方案拟于2009年1月1日起实施。所谓增值税改革，就是要实现由生产型增值税向消费型增值税的转型，即通过改革以“扩大抵扣”和“增量返还”的方式让利于企业，鼓励企业开展设备更新和技术改造，推动企业产业结构调整和产品的更新换代。这对传统产业的升级改造十分有利。滨州市要因势利导，加快推动传统产业优化升级和高新技术产业发展。增值税转型是为拉动经济增长直接让利于企业，但在财政方面则直接体现为减收，据测算全市将减少增值税3.8亿元以上，减少地方财政收入1亿元以上。在财政政策体制方面，正在推行国有资本金预算、社保基金预算，试编包括预算外资金在内的综合预算；研究建立事权与财力相匹配的财政体制；研究建立与主体功能区划分相配套的财政政策；研究调整增值税、所得税分享比例和纳税地点环节问题；研究改革现行的转移支付办法问题。中央已经确定自今年起对现行的转移支付办法进行改革。一般性转移支付主要按产业、行业的GDP规模测算财政收入能力，并以此确定补助数额。我省的具体办法还未确定，但基本思路是进一步调整完善激励约束和帮扶机制，对缩小辖区内县市之间财力差距、收入质量改善、支出结构优化以及达不到县级最低支出保障标准的县给予补助。面对新形势，滨州市应结合实际，一方面增强市级调控能力，调节县区之间的财力水平，另一方面努力做实财政收入，争取有利的转移支付政策。

（作者为滨州市财政局局长）

关于发挥财政职能破解当前发展难题的调查与思考

赵传山

2008年以来，全市经济社会保持了又好又快发展的良好态势，但由于国际国内形势的巨大变化，影响经济社会发展的各种不利因素也急剧增加，给菏泽市发展带来了诸多挑战和困难。基于这种情况，菏泽市财政局围绕如何发挥财政职能、破解发展难题，到部分县区和市直有关部门开展了认真调查，就如何发挥财政职能、破解当前发展中的难题进行了深入思考。

一、当前菏泽市经济社会发展面临的困难

2008年以来，国际国内形势复杂多变。第一，从国际形势看，美国次贷危机继续向纵深发展，美元持续贬值，人民币对美元汇率连创新高。第二，国际国内能源和工业原材料价格持续上涨，对工业发展造成直接冲击。第三，为实现国民经济健康可持续发展和规避通货膨胀风险，国家加大宏观调控力度，进一步收紧“两个闸门”。第四，由于能源和原材料价格上涨，加上国内冰冻、地震和疫病等多种自然灾害，内需急剧增加，造成生活消费品价格持续走高。第五，由于作为财源基础的工业经济效益下滑，直接影响了财政收入。针对以上问题，我们结合菏泽实际进行了调查分析，归纳起来认为对菏泽经济和社会事业发展带来的影响，主要有以下几个方面：

（一）企业融资难问题更加突出。2008年以来，随着银行收紧银根，菏泽市企业融资困难明显加大，对企业正常运转和项目投资建设带来直接影响。主要表现在两个方面：一方面，贷款规模难以满足企业发展需求。根据人行统计数据，2005年7月底至2008年7月底，全市金融机构贷款余额分别达326亿元、393亿元、448亿元、512亿元，分别增长6%、20.6%、14%、14.3%，这说明近几年来全市金融机构不断加大对菏泽经济发展的支持力度，资金供应量逐年增加。但是，2007年以来随着企业原材料价格不断提高（2007年全市原材料购进价格指数为107.6，今年上半年全市原材料购进价格指数为110.9），人力资源价格不断攀升（2007年全市在岗职工平均工资14 934元，增长25.8%，2008年上半年在岗职工平均工资7 728元，增长15.3%），再加上全市县域经济迅速发展，企业对资金需求量迅速增加，信贷供需之间的矛盾更加突出。据市人行对菏泽市10家企业的调查，全部存在生产经营资金缺口，年初阶段性短期资金缺口就达14.8亿元。另一方面，企业利息支出大幅增加。自2007年3月份以来，央行连续6次提高了贷款利率，最高达到7.47%。企业反映，由于持续加息导致财务成本至少提高了20%以上，企业自身积累能力被进一步削弱。如鲁花花生油有限公司累计贷款达8.6亿元，与调整前相比仅利息就多支出230多万元。企业发展资金供需呈反向消长，绝大多数被调查企业都反映只能维持目前简单再生产，而且还相当困难，再扩大生产规模缺乏资金支撑，后劲乏力。

（二）重点骨干企业出现效益下降。2008年以来，受国家宏观调控政策、原材料价格上涨、人民币升值、工人工资增加等多重因素影响，全市60户重点企业效益都不同程度受到影响。据统计，上半年全市60户重点企业完成工业增加值52.8亿元，增长19.35%，实现主营业务收入180亿元，增长32.5%。但在产销增加的情况下，仅实现利税11.6亿元，增长8.86%，比上年同期增幅回落34.8个百分点；实现利润5.1亿元，增长3.27%，增幅回落59.7个百分点。60户重点企业中亏损企业达7家，亏损3 693万元，比上年同期增加了4家，增亏2 210万元。企业入库税金同比减少的有21家，减少5 481万元。其中圣奥化工下降33.7%、银河纺织下降25.1%、华意化工下降84.2%、青岛啤酒下降12.7%。特别是全市两大支柱企业菏泽发电和东明石化公司效益下降更为明显。菏泽发电厂2008年以来受煤炭资源和铁路运力紧张影响，发电入炉煤价同比每吨提高119元，仅此就增加费用10 179万元，再加上柴油、硫酸、钢球、水等原材料价格的上涨及国家贷款利息的上调，企业的生产成本急剧增加。尽管国家采取上调电价等应急措施（17.5元/千千瓦时），但调价幅度相对成本上涨幅度只是杯水车薪，截至6月底发电厂已亏损2 442万元（上年同期为

盈利8 000万元）。东明恒昌化工，受今年以来国际油价持续走高（从年初的不到100美元一桶一度攀升到每桶140多美元，最高时达到每桶147美元），而成品油价格受国家严格控制（从上年10月到今年6月一直没有调整）的影响，企业面临着巨大的成本上涨的压力。上半年原料油平均采购成本4 954.85元/吨，同比增长45.9%，远远高于成品油同比增长31.02%的幅度。为扭转亏损局面，5月份企业通过多方努力争取到给中石油、中石化代加工业务才使得公司经营形势有所好转。截至6月底企业仅盈利1 584万元，较上年同期下降70.6%。

（三）部分外向型企业面临严峻考验。2008年以来，在人民币升值、国际市场疲软、出口退税率调低等不利因素的影响下，菏泽市出口企业面临着前所未有的挑战。一是人民币持续升值影响。2007年以来，人民币升值达9%以上，而且升值速度越来越快，大部分企业不敢承接超过两个月期限的订单，而目标价格较高的订单外商又难以接受，导致了出口订单大量减少。据测算，人民币升值使菏泽市出口企业成本平均提高了8%，利润同比下降5%左右。如条柳编及木制品出口业务从产品报价到结汇平均6个月左右时间，周期较长，仅汇率变动就使利润减少近5%。二是美国次贷危机的影响。2008年以来，国外需求明显减弱，对菏泽市木制品和食品两大出口行业产生了较大影响。如菏泽市的高档木制工艺品及家具主要出口欧美国家，订单较上年下降20%～30%，全市木制品出口企业的利润同比降低6%。另外，食品出口价格大幅下挫，如大蒜降低32%～40%，芦笋罐头降低12%，导致了全市食品出口额上半年同比下降9.8%，全市食品出口企业利润同比下降10%以上。上半年全市出口大蒜4 000万公斤，增长50%，但出口值几乎没有增长。全市最大的食品出口企业佳农果蔬有限公司出口量增加31.7%，出口值却减少1%。三是出口退税率下调影响。木制工艺品及家具、纺织服装、化工是菏泽市的主要出口行业，三大出口行业占全市总出口额的70%以上。2007年7月1日以来，木制家具的出口退税率由13%下调至11%或9%；木制工艺品由11%调至5%；纺织服装由11%调至9%（2008年8月份又恢复至11%）；化工产品出口退税率也有不同程度的下调。出口退税率的下调使全市出口企业的效益下降5%以上，对企业效益影响很大。据统计，2008年1～7月份全市有200多家出口企业出现经营困难，有30家企业已经停产或倒闭。从今后一个时期看，国际经济形势和国内宏观调控力度很难有大的改变，全市相当一部分出口企业将面临一场更加严峻的考验。

（四）物价上涨影响了居民生活质量。2008年以来，菏泽市物价水平继续保持上涨势头，据统计部门调查，上半年全市消费品价格上涨7.3%，主要是食品价格上涨过快，肉禽及其制品价格上涨38.1%，鲜菜价格上涨19.5%，粮食价格上涨5.6%。另外，上半年工业品出厂价格也上涨6.3%，工业品出厂价格上涨将会导致消费品价格进一步上涨。物价上涨直接关系民生，此轮由粮食初级产品拉动的食品类物价上涨，使得低收入家庭的生活质量已经受到直接影响，目前部分贫困家庭维持基本生活都非常困难。虽然政府对低收入家庭进行补贴，但尚不能完全弥补因物价上涨带来的收支缺口。从农村居民看，尽管粮食价格上涨，但农民并没有因粮价上涨而明显增加收入，原因是农药、化肥等农资产品价格的上涨抵消了粮食价格上涨所带来的农民收益（据物价部门监测，上半年全市农药价格上涨10.7%，化肥价格主要是尿素价格受磷矿石价格上涨因素影响，上涨46.1%）。群众基本生活是最大的民生问题，如果不及时消除物价上涨给城乡居民生活带来的冲击，就可能导致不稳定因素的发生。

（五）财政实现全年收支平衡困难加大。2008年是财政面临各种减收与增支因素最多的一年，收支矛盾非常突出，实现全市收支平衡压力巨大。收入方面，企业所得税税率从33%调减到25%，预计全市地方财政减收2 150万元；人民币升值，导致外贸企业产品出口贡献下降，预计地方财政减收3 500万元；煤炭企业开工缓慢，预计出煤量达不到年初预期，初步测算比年初预算减收7 840万元；煤电油运等能源和原材料价格上涨，影响了企业的利润，也直接造成财政减收。支出方面，受财力影响一些政策性支出项目在年初预算中未安排或安排不足，再加上中央和省又陆续出台了一些新的硬性增支政策，这些都加大了支出压力，给预算执行带来很大困难。如调整完善农村义务教育经费保障机制改革政策、推行政策性农业保险、提高城市低保标准、提高离休干部和建国前老工人医疗统筹金标准、启动事业单位工伤保险、市属企业部分涉军人员生活救助、优质奶牛后备母牛补贴等民生政策和社会保障支出，对口支援四川灾区抗震救灾和灾后重建，奥运安全保障经费，公职人员增加工资和增加补贴，政府债务还本付息等，都需要财政增加大量开支。从全年支出预计来看，全市新增支出预计达4.4亿元，其中市级达1.4亿元，实现全年财政收支平衡的难度巨大。

二、破解当前困难和问题的建议和对策

综上所述，当前国际国内经济形势发生的重大变化和各种自然灾害带

来的严重影响，确实给菏泽市的发展带来了一系列不利因素和实际困难。如果把握不好、处理不当，来之不易的良好发展势头就会受挫，甚至带来社会不稳定因素。因此必须认真应对，用心把握，及时破解。在这里，就如何充分发挥财政职能、利用财政手段破解当前难题，提几点对策性建议。

*（一）应对宏观调控，解决工业发展中的融资难问题。*目前，菏泽还是典型的吃饭财政，很难直接支持企业解决资金困难问题，必须研究发挥财政手段和财政资金的特殊效应，诸如采取引导、启动、补贴、激励等办法，帮助企业多措并举，融资或筹资，解决当前企业发展中的资金严重短缺的困难。

1. 用好“放大法”，大力支持企业融资。就是从改善银企关系、推进金融生态环境建设出发，从加大对金融部门奖励和规避金融风险两个方面着手，引导和激励金融机构进一步扩大信贷规模，帮助解决企业资金紧张问题。一是完善财政奖励政策，激励金融机构扩大信贷规模。为鼓励驻菏金融机构扩大信贷投放，2006 年市委、市政府出台了《关于鼓励金融机构支持菏泽市经济发展的奖励暂行办法》，并兑现当年奖励资金 90 万元，2007 年奖励资金 98 万元。从实施情况看，通过奖励调动了金融机构放贷积极性。但由于奖励资金少、重点不突出，对金融机构的激励效果还不够明显，有的金融部门把奖励政策作为一种地方给的待遇来看待，没有形成应有的激励机制。为进一步调动金融部门积极性，应修订完善现有奖励办法。一方面，要相应增加奖励资金总量，加大奖励力度；另一方面要突出奖励重点，不搞平均主义。具体工作中，由现在单纯考核贷款绝对额，调整为信贷总额和总量存贷比、增量存贷比一并考核，特别是增量存贷比更能反映银行反哺当地经济发展的贡献度，应作为考核的一项重要依据；由现在对金融各部门全面奖励调整为重点奖励，只对每项指标排名前列的予以奖励，形成金融机构之间的有序竞争机制。二是改革财政存款模式，调动金融行业支持企业发展的积极性。财政存款是金融部门竞争的重点揽储对象，也是政府可调控的经济手段。为调动金融部门放贷积极性，政府可通过财政部门与金融机构达成存贷协议，用协议合作方式激励金融机构利用财政存款增加信贷规模。在这方面，要特别加强与地方股份制银行的合作，利用其机制灵活的优势，把新增财政存款和可调度存款尽可能存入地方银行，调动其对中小企业特别是民营企业放贷的积极性。三是健全完善担保体系，充分利用担保手段帮助企业融资。中小企业信用水平低下是造成其融资难问题的重要原因，建立信用担保机构是提升中小企业信用水平、解决融资难问题的有效途径。目前，菏泽市共有 8 家担保公司，除银联担保公司外，其余 7 家均是市、县政府投资建立。这 7 家担保公司注册资金最多的仅 5 000 万元，最少的只有 100 万元，都达不到中国银行业监督管理委员会要求的 1 亿元最低限额，担保业务基本停滞。针对这种情况，一方面，地方应努力加大对建立担保体系的资金支持，并改革创新支持方式，把直接注入启动式投入，通过中介平台，变为贴息融资式投入；同时整合对经济发展方面的财政资金，归集合并支持担保体系建设。另一方面，整合市内担保公司，发挥资金合力，达到注册资金下限要求，确保担保业务能够正常开展。同时，要研究出台相关政策，鼓励多形式、多渠道、多投资主体组建中小企业担保机构。可由政府牵头，企业入股，采取股份制或会员制的形式，也可由社会团体、行业协会、企业群体共同出资设立担保组织，财政予以一定扶持。

2. 用好“钓鱼法”，大力支持招商引资。就是通过财政手段，改革创新对招商引资的支持办法，加大支持力度，进一步增强对外商投资的吸引力。一是改革创新招商引资奖励办法。目前，招商引资优惠政策主要体现在税收、土地、收费、服务等方面，都属于预期政策优惠，有利于减轻当期政府压力。为进一步增强对客商投资的吸引力，应着手修订完善现有招商引资政策，变单纯预期优惠为当期和预期双重优惠。特别注重当期鼓励性、扶持性优惠，在招商引资项目建设初期，就主动靠前服务，资助企业筹集前期费用和基础设施配套资金，目的是增加对客商吸引力和帮助企业加快项目建设进度，尽早投产实现效益。变预期优惠为当期优惠，无疑会增加地方当期投入压力。在调查中通过与有关方面的同志进行探讨，认为可探索通过政府融资平台和担保公司，用财政信用方式贷款建立专项基金，加大对招商企业前期优惠支持，同时减少土地和税收预期优惠，弥补前期投入，滚动运行。二是大力支持园区基础设施建设。园区是促进区域经济发展的重要载体，也是招商引资的平台。应通过财政及专项资金筹措、国债资金补助、经营城市、银行贷款等多种渠道筹措资金，建立完善财政支持园区基础设施建设的投入机制，加大对工业园区基础设施和配套设施建设的投入力度，为投资者营造良好的投资平台。三是积极帮助外商企业融资。让外商投资项目享受市内投资项目的“国民待遇”。建立财政专项资金，通过政府融资平台，为外商企业项目建设资金和生产资金的融资提供财政信用或者贴息，也可以在规避风险的情况下，采用财政暂付等方式融通资金帮助外资企业项目顺利落地。在这方面菏泽市开发区在招商引资中已做尝试，效果很好。四是创造良好的投资软环境。当前重点落实好“一费制”改革，认真监督收费单位的收费行为和专户资金管理使用情况。减政放权，减少契税征收环节。抓好财政服务环境建设，以实际行动支持招商引资。五是利用可控煤炭资源、能源优势招商引资。煤炭资源是菏泽市弥足珍贵的后发优势，不仅是原料资源，而且通过煤电化能产生巨大的新能源，这在当前资源能源都非常紧缺的情况下，无疑会对投资商产生强大吸引力。必须切实搞好规划，确定好政策，把握好投资主体，用资源优势吸引资本向菏泽聚集。

3. 用好“助推法”，大力支持企业上市。企业上市是现代企业发展的必然选择，也是衡量地方经济实力和发展程度的重要标志。推进企业上市，不仅能帮助企业筹集发展资金，而且能加快企业制度创新，实现管理水平提升。近年来虽然菏泽在企业上市工作上取得重大突破，但和先进市相比差距还非常大。作为财政部门，应把推进企业上市作为支持经济发展的重要举措。一是筹资建立企业上市专项扶持资金。在认真落实《关于推进企业上市融资工作的意见》（菏政发〔2007〕30 号）有关奖励政策的同时，市财政可在年度预算中视财力安排必要资金建立企业上市专项扶持资金，重点支持后备企业上市。后备企业因资金紧张难以筹措支付上市前期有关费用的，由市和县财政按照一定比例予以一定补助，也可由上市专项资金垫支，待后备企业上市后归还。二是对上市企业予以优先扶持。对符合条件的上市后备企业，无论是在向上级申报支持企业发展的各类专项资金上，还是在市级预算安排的支持企业发展资金的分配上，都应给予优先支持和倾斜。三是支持引进外贸、上市专业人才。充分发挥市级引智引才专项资金作用，把引进的外贸人才、企业上市人才纳入拔尖人才范围给予津贴奖励，开展企业上市业务培训，邀请有关专家指导、授课、讲座等。四是充分发挥外事活动资金使用效益。据统计，2007 年全市出国考察约 200 人次，其中党政人员占 40%，按照人均 5 万元费用计算，全市财政负担达 400 万以上，再加上国内一般性联谊、洽谈、考察活动，所耗费的财政资金更多。应严格审批政府部门参与的各类外事活动，合理压缩一般性考察、联谊、出国活动，节省出资金用于支持企业上市外事活动，提高资金使用效益。

4. 用好“点火法”，调动企业内部融资积极性。一是研究完善对 60 户重点企业奖励办法。按照《关于扶持 60 户重点企业加快发展的意见》（菏发〔2006〕11 号）精神，对重点企业的奖励包括企业创新奖、企业发展奖、企业贡献奖。依法纳税是企业的法定职责和应尽义务，不设奖企业也应该依法纳税，对企业的贡献奖没有充分发挥出财政奖励的应有效应。建议修改现有奖励办法，取消发展贡献奖，相应加大对企业开展技术创新和增加固定资产投入的奖励力度，鼓励重点企业不断做大做强做优。二是鼓励企业之间实行联合、合作、重组。支持企业开展“以商招商”活动，对市内企业吸引外资企业入股、参股以及并购重组的，各级财政要给予一定奖励。对于业务关联度高、存在产业链关系的市内企业之间通过交叉持股实现联合、合作的，各级财政也要在资金和政策方面给予扶持，引导条件成熟的企业实施强强联合、组建企业集团，实行多元化产权制度，促进产业资本有效集中。三是支持企业合法内部融资活动。对企业为了发展开展的内部合法集资融资行为，研究出台财税政策，利用财政贴息等方式对企业进行支持。

（二）应对能源、原材料价格上涨，帮助企业解决增长方式问题。原材料价格的大幅上涨已经成为现阶段影响企业生产经营的最突出问题之一。作为地方财政没有宏观调控的职能和手段，必须从微观入手，积极帮助企业通过产品结构升级、技术进步、管理创新等方式降低生产成本，提高企业竞争力。一是大力整合各项科技发展资金。近年来，各级党委政府都高度重视支持企业技术创新活动，仅市级财政安排的支持企业资金就包括“四大基地一大产业”发展资金、科技研究与开发资金、企业自主创新及技术进步资金、科技型中小企业创新发展资金、服务业发展引导资金、企业信息化建设资金等，即将设立的还有中小企业发展资金，2008 年共计 1 930 万元。但从使用情况看，项目种类多，资金规模小，管理不够规范。特别是资金投入分散，使用效益较低。应研究出台具体管理办法，对各类专项资金进行合理归并整合，集小钱办大事，集中用于重点领域、重点产业、重点项目和解决重点问题。二是大力支持企业研发中心建设。研究建立财政支持企业科技研发的长效机制，在市级财力允许条件下，预算安排上每年都要有所增加，不断加大对企业科技研发的支持力度。按照《关于扶持 60 户重点企业加快发展的意见》（菏发〔2006〕11 号）精神，只对重点企业当年被认定为省级以上技术中心给予一次性补助。应扩大补助范围，对市内所有企业的省级以上研发中心都予以扶持；各级财政应进一步提高现有补助标准，加大对企业研发中心的支持力度，调动企业和科研院所科技创新的积极性，支持培育一批具有自主知识产权的高新技术产品、名牌产品，增强企业科技创新能力和核心竞争力。三是大力支持节能减排、淘汰落后产能。面对能源价格上涨、原材料供应紧张局面，必须严格控制高耗能、高污染行业发展，支持企业开展节能减排、淘汰落后产能。各级财政应加大对节能减排的支持力度，建立财政专项资金“以奖代补”新机制，对企业节能技术和科技含量高的产品开发采取财政专项奖励资金与节能减排量挂钩办法，多节能减排，多奖励；达不到节能减排目标的，要由环保部门依法进行处罚，充分调动企业节能减排的积极性。四是鼓励企业加强内部管理降低生产成本。为应对能源、原材料、工资、利率等上涨导致的企业生产成本增加，各级财政应联合有关部门采取请进来、走出去等方式，积极引导我市企业特别是重点企业借鉴先进经验，提升管理理念，加强企业自身供应链管理、资金链管理、人力资源管理等，不断提高企业生产效率，压减各项费用，最大限度降低成本。五是研究用足用活宏观调控产业政策和财税政策。当前，国家围绕落实科学发展观、实现又好又快发展目标，先后出台了一系列宏观调控政策和产业结构调整政策，用政策推动经济增长方式的转变。国家财政先后出台了一系列配套的财税政策，如利用财税手段遏制“两高一资”行业过快增长，促进节能减排的税收和非税收入政策；加大对科技创新的支持，推进建立生态补偿机制政策；全面实施新的企业所得税法，研究制定增值税转型和综合与分类相结合的个人所得税制度，适时推出燃油税，改革资源税制度；完善适应公共财政要求的政府参与收入分配体系等。这些政策都对我市经济社会发展带来重大影响，必须拿出足够力量和精力深入予以研究，进一步增强财政工作的主动性、前瞻性，围绕全市经济发展既定目标，努力争取和充分利用国家宏观调控的产业政策，趋利避害，化被动为主动，推进工业结构调整和产业不断升级。

（三）应对美元贬值外需减弱，帮助出口企业开拓国际、国内市场。面对当前国际消费市场严峻形势，菏泽市企业应坚持两条腿走路，国内国外两个市场开拓并举。作为财政部门，一方面要帮助企业进一步开拓国际市场，特别是新兴经济体出口市场、非美元结算出口市场。充分争取好、利用好国际市场开拓补助资金，对出口企业在国际市场宣传推介、境外展览、产品认证、出口信用担保等活动所发生的翻译制作费、展位费、检测检验费等予以补助。支持出口企业产品到国外注册，逐步改变代加工生产现状。支持出口企业调整产品结构、提升产品档次、创立自主品牌，逐步摆脱单纯依靠低成本、低价格参与市场竞争的局面。另一方面要支持出口企业开拓国内市场，对冲人民币升值压力。面对当前外贸出口形势严峻的压力及国外经济贸易壁垒的增多，在巩固国外市场的基础上，进一步开拓国内市场显得尤为重要。各级财政部门应筹集资金支持办好林产品交易会和牡丹花会，为企业营销打造一个良好的交流平台。支持企业积极对接和参加国内各种专业展会，并注重展销效果，推进企业到国内交通枢纽地区、商品集散能力强的地区设立联络处、窗口、供销点、直销店和连锁店。

（四）应对物价上涨给居民生活带来的影响，解决好民生和稳定问题。在当前物价上涨已影响到居民生活质量的情况下，各级财政必须把保障和改善民生放在更加突出位置，进一步调整和优化财政支出结构，有保有压，腾出资金，解决好人民群众最关心、最直接、最现实的利益问题，保持全市和谐稳定的大好局面。一是全面落实各项民生政策，搞好资金配套。近年来，中央和省连续出台了一系列民生政策，尽管上级在政策上给予菏泽最大照顾，但仍需要地方大量资金配套，如城市义务教育免杂费地方配套20%，农村义务教育“两免一补”地方配套20%，实施全覆盖的教育救助体系地方配套20%，粮食风险基金地方配套35%左右，农村低保地方配套37%，新型农村合作医疗地方配套30%。对于这些民生政策，事关党委政府形象和人民群众的切实利益，财政部门必须从财力上确保各项政策的落实。应该地方配套的，不论预算多紧张、支出压力多大，都要千方百计运筹资金优先予以保障，一分不少地及时配套到位。积极沟通协调相关部门，管好用好补助资金，扎扎实实地把这些民生政策落到实处，发挥出各项补助资金的最大使用效益。二是调整支出结构，挤出资金涨工资发补助。严格执行《市级经费性财政资金管理规定（试行）》、《关于进一步加强公务用车管理的规定》等一系列管理办法，切实加强公务车辆管理、接待费管理、会议费管理、差旅费管理和出国费用管理等。加大专项支出的审核立项和跟踪问效，对不合理、不合规、不合时宜的专项支出，要坚决予以压减或取缔。通过压缩公务开支调整支出结构，挤出资金尽最大努力进一步提高干部职工收入水平，确保国家公职人员不因物价上涨生活上受大的影响，消除不稳定因素。三是改革预算编制办法，增强预算约束力。预算安排要取消基数加增长的编制方法，严格实行“零基预算”。项目支出预算要体现“集中财力办大事”的原则，结合财力状况，按照轻重缓急顺序，优先安排政府确定的重点项目，保障政府施政目标的实现和部门履行职责的需要。对部门申报的项目支出，通过与以前年度对比，分析老预算支出项目是否过时，从而确定支出项目的保留和取消。对新增加的支出项目要侧重分析安排依据，该增加的增上去，该压缩的必须压下来。

（五）应对急剧增加的政策性、

突发性增支因素，解决全年财政收支平衡问题。2008年以来，在预算之外增加很多增支因素，如抗震救灾、提高民生工程投入、奥运期间的稳定支出等，财政收支矛盾非常突出，实现全年财政收支平衡非常困难，必须提前采取针对性措施，千方百计组织好收入，把收入做实，把财力做强，全力保证重点支出需要，确保全年收支平衡。一是狠抓依法征管，确保应收尽收。全面贯彻落实《关于进一步加强财政规范化管理的意见（试行）》，通过狠抓收入征管、坚持依法治税来做实、做大地方财政收入，在挤出虚数的基础上把实实在在的税收组织上来。进一步强化征收管理，加大对重点行业、重点税源的征管力度。深化社会综合治税，加强部门配合，确保收入及时足额入库。继续深入开展“纳税检查”专项行动。全市纳税检查活动开展以来，第一阶段检查工作已经结束，共查处各项应补税款3 976万元，初见成效。第二阶段工作已经启动，各级财政部门应继续做好检查的组织协调工作，确保检查工作取得实效。在检查中必须敢于碰硬，对一些税源大、征管漏洞多和群众反映强烈的重点企业，集中力量一查到底。每一阶段的自查结束后，都要组织抽查，对检查中走过场的有关责任人员进行严肃处理。二是严格财政支出管理，千方百计压减不必要支出。按照中央要求，2008年市、县级党政机关的公用经费等一般开支比年初预算要压减5%，所有新增办公设施的申请一律停止审批，严格控制考察、研讨、培训、外出活动，能省则省、尽量节约支出，把有限的财力用到关键地方。对临时追加的预算，要坚持严格审核，把好临时预算追加的第一道关口。对举办文化、体育、娱乐、联谊以及市外考察学习等活动，没有实际意义的坚决不予批复。三是深入研究政策，努力争取上级支持。积极跟踪中央、省出台一系列产业政策、财政政策、财政体制调整政策的动态，超前研究上级各项专款政策和省级预算安排项目，积极向上级争取各种专项补助资金，努力实现地方收益最大化。特别是中央、省今后将长期致力于实现各地公共服务水平均等化，2008年将实行财政最低保障线制度，对各地人均财力低于最低保障线的数额给予一定的转移支付补助。一般情况下，所有困难县区最低保障线基本一致，能否获得保障性转移支付或者获得多少，地方财力水平是重要依据，因此，各级财政要夯实地方财政收入基础，为争取财政转移支付提供客观有利条件。

（作者为菏泽市财政局局长）

第六部分

财政统计资料

2008 年度山东省一般预算收支决算总表

单位：万元

预算科目	调整预算数	决算数	预算科目	调整预算数	决算数
一、税收收入	15 416 525	15 335 324	一、一般公共服务	5 153 197	4 682 351
增值税	3 436 129	3 337 763	二、外交	18	
营业税	4 022 617	3 960 900	三、国防	43 527	40 459
企业所得税	2 256 857	2 299 728	四、公共安全	1 781 177	1 732 612
企业所得税退税	－8 324	－8 324	五、教育	5 651 569	5 509 929
个人所得税	616 308	611 251	六、科学技术	609 869	571 333
资源税	322 216	288 063	七、文化体育与传媒	619 355	552 178
固定资产投资方向调节税		30	八、社会保障和就业	3 076 956	2 850 525
城市维护建设税	1 066 141	1 041 367	九、医疗卫生	1 522 890	1 404 184
房产税	510 416	472 576	十、环境保护	795 116	586 002
印花税	200 062	203 026	十一、城乡社区事务	3 049 753	2 894 598
城镇土地使用税	959 674	1 035 689	十二、农林水事务	2 605 339	2 353 000
土地增值税	357 021	365 577	十三、交通运输	330 791	300 454
车船税	114 662	126 429	十四、工业商业金融等事务	2 726 317	2 543 623
耕地占用税	535 495	631 975	十五、地震灾后恢复重建支出	199 659	33 665
契税	999 910	952 121	十六、其他支出	2 434 197	991 700
烟叶税	16 281	17 124	其中：预备费		
其他税收收入	11 060	29			
二、非税收入	4 032 769	4 235 217			
专项收入	782 036	812 681			
行政事业性收费收入	1 690 766	1 631 981			
罚没收入	592 797	592 922			
国有资本经营收入	515 228	646 156			
国有资源（资产）有偿使用收入	267 573	330 440			
其他收入	184 369	221 037			
本年收入合计	19 449 294	19 570 541	本年支出合计	30 600 336	27 046 613

2008年度山东省一般预算收入决算明细表

单位：万元

预算科目	决算数	预算科目	决算数
一般预算收入	19 570 541	国有烟草企业所得税	27 771
税收收入	15 335 324	国有纺织企业所得税	34
增值税	3 337 763	国有铁道企业所得税	1 107
国内增值税	3 337 763	国有交通企业所得税	2 007
国有企业增值税	393 397	国有民航企业所得税	1 360
集体企业增值税	68 104	国有外贸企业所得税	172
股份制企业增值税	1 436 534	国有银行所得税	226
联营企业增值税	1 961	国有非银行金融企业所得税	463
港澳台和外商投资企业增值税	606 917	国有保险企业所得税	
私营企业增值税	491 256	国有文教企业所得税	4 755
其他增值税	65 486	国有电影企业所得税	6
增值税税款滞纳金、罚款收入	6 364	国有出版企业所得税	4 338
福利企业增值税退税	-25 373	其他国有文教企业所得税	411
软件集成电路增值税退税	-5 890	国有水产企业所得税	9
三线搬迁增值税退税	-32	国有森林工业企业所得税	
民贸企业增值税退税		国有电信企业所得税	4 342
宣传文化单位增值税退税	-996	国有农垦企业所得税	
森工综合利用增值税退税	-3 823	其他国有企业所得税	113 827
其他增值税退税	-19 481	集体企业所得税	81 501
免抵调增增值税	323 339	股份制企业所得税	1 185 715
营业税	3 960 900	联营企业所得税	1 345
金融保险业营业税（地方）	839 603	港澳台和外商投资企业所得税	441 143
一般营业税	3 115 697	私营企业所得税	224 750
营业税税款滞纳金、罚款收入	5 600	其他企业所得税	22 085
营业税退税		分支机构预缴所得税	65 851
企业所得税	2 299 728	国有企业分支机构预缴所得税	4 525
国有冶金工业所得税	3 114	股份制企业分支机构预缴所得税	28 677
国有有色金属工业所得税		港澳台和外商投资企业分支机构预缴所得税	32 381
国有煤炭工业所得税	22 165	其他企业分支机构预缴所得税	268
国有电力工业所得税	6 039	总机构预缴所得税	6 045
国有石油和化学工业所得税	12 328	国有企业总机构预缴所得税	1 895
国有机械工业所得税	300	股份制企业总机构预缴所得税	38 883
国有汽车工业所得税	2 400	港澳台和外商投资企业总机构预缴所得税	19 058
国有核工业所得税		其他企业总机构预缴所得税	615
国有航空工业所得税	29	跨市县分支机构预缴所得税	
国有航天工业所得税		国有企业分支机构预缴所得税	
国有电子工业所得税	3	股份制企业分支机构预缴所得税	
国有兵器工业所得税		港澳台和外商投资企业分支机构预缴所得税	
国有船舶工业所得税	38	其他企业分支机构预缴所得税	
国有建筑材料工业所得税	161	跨市县总机构预缴所得税	3 219

续表

预算科目	决算数	预算科目	决算数
国有企业总机构预缴所得税		国有水产企业所得税退税	
股份制企业总机构预缴所得税	569	国有森林工业企业所得税退税	
港澳台和外商投资企业总机构预缴所得税	2 650	国有电信企业所得税退税	
其他企业总机构预缴所得税		其他国有企业所得税退税	
跨市县总机构汇算清缴所得税		集体企业所得税退税	
国有企业总机构汇算清缴所得税		股份制企业所得税退税	－8 324
股份制企业总机构汇算清缴所得税		联营企业所得税退税	
港澳台和外商投资企业总机构汇算清缴所得税		私营企业所得税退税	
其他企业总机构汇算清缴所得税		跨省市总分机构企业所得税退税	
企业所得税税款滞纳金、罚款收入	11 018	国有跨省市总分机构企业所得税退税	
内资企业所得税税款滞纳金、罚款收入	9 939	股份制跨省市总分机构企业所得税退税	
港澳台和外商投资企业所得税税款滞纳金、罚款收入	1 079	港澳台和外商投资跨省市总分机构企业所得税退税	
企业所得税退税	－8 324	其他跨省市总分机构企业所得税退税	
国有冶金工业所得税退税		跨市县总分机构企业所得税退税	
国有有色金属工业所得税退税		国有跨市县总分机构企业所得税退税	
国有煤炭工业所得税退税		股份制跨市县总分机构企业所得税退税	
国有电力工业所得税退税		港澳台和外商投资跨市县总分机构企业所得税退税	
国有石油和化学工业所得税退税		其他跨市县总分机构企业所得税退税	
国有机械工业所得税退税		其他企业所得税退税	
国有汽车工业所得税退税		个人所得税	611 251
国有核工业所得税退税		个人所得税	609 194
国有航空工业所得税退税		利息所得税	91 100
国有航天工业所得税退税		其他个人所得税	518 094
国有电子工业所得税退税		个人所得税税款滞纳金、罚款收入	2 057
国有兵器工业所得税退税		资源税	288 063
国有船舶工业所得税退税		固定资产投资方向调节税	30
国有建筑材料工业所得税退税		城市维护建设税	1 041 367
国有烟草企业所得税退税		国有企业城市维护建设税	184 497
国有纺织企业所得税退税		集体企业城市维护建设税	39 235
国有铁道企业所得税退税		股份制企业城市维护建设税	586 286
国有交通企业所得税退税		联营企业城市维护建设税	553
国有民航企业所得税退税		港澳台和外商投资企业城市维护建设税	15 736
国有外贸企业所得税退税		私营企业城市维护建设税	142 457
国有银行所得税退税		其他企业城市维护建设税	69 458
国有非银行金融企业所得税退税		城市维护建设税税款滞纳金、罚款收入	3 145
国有保险企业所得税退税		房产税	472 576
国有文教企业所得税退税		国有企业房产税	61 894
国有电影企业所得税退税		集体企业房产税	52 023
国有出版企业所得税退税		股份制企业房产税	181 865
其他国有文教企业所得税退税		联营企业房产税	245

续表

预算科目	决算数	预算科目	决算数
城市房地产税	68 048	矿产资源补偿费收入	81 749
私营企业房产税	52 694	探矿权、采矿权使用费及价款收入	44 350
其他房产税	48 914	探矿权、采矿权使用费收入	4 426
房产税税款滞纳金、罚款收入	6 893	探矿权、采矿权价款收入	39 924
印花税	203 026	内河航道养护费收入	2 220
证券交易印花税		公路运输管理费收入	51 209
证券交易印花税		水路运输管理费收入	2 534
证券交易印花税退库		场外核应急准备收入	
其他印花税	201 326	其他专项收入	4 800
印花税税款滞纳金、罚款收入	1 700	行政事业性收费收入	1 631 981
城镇土地使用税	1 035 689	公安行政事业性收费收入	187 711
国有企业城镇土地使用税	106 176	法院行政事业性收费收入	104 112
集体企业城镇土地使用税	71 955	司法行政事业性收费收入	8 898
股份制企业城镇土地使用税	447 748	外交行政事业性收费收入	439
联营企业城镇土地使用税	558	工商行政事业性收费收入	109 798
私营企业城镇土地使用税	164 812	商贸行政事业性收费收入	251
港澳台和外商投资企业城镇土地使用税	93 624	财政行政事业性收费收入	11 052
其他城镇土地使用税	133 101	税务行政事业性收费收入	22 700
城镇土地使用税税款滞纳金、罚款收入	17 715	审计行政事业性收费收入	47
土地增值税	365 577	人口和计划生育行政事业性收费收入	126 191
国有企业土地增值税	27 960	人事部门行政事业性收费收入	11 614
集体企业土地增值税	26 896	外专局行政事业性收费收入	
股份制企业土地增值税	180 227	保密行政事业性收费收入	
联营企业土地增值税	137	质量监督检验检疫行政事业性收费收入	56 658
港澳台和外商投资企业土地增值税	34 448	出版行政事业性收费收入	32
私营企业土地增值税	67 256	安全生产行政事业性收费收入	1 334
其他土地增值税	27 539	档案行政事业性收费收入	420
土地增值税税款滞纳金、罚款收入	1 114	贸促会行政事业性收费收入	3
车船税	126 429	宗教行政事业性收费收入	
耕地占用税	631 975	人防办行政事业性收费收入	78 329
契税	952 121	文化行政事业性收费收入	37
烟叶税	17 124	教育行政事业性收费收入	11 791
其他税收收入	29	科技行政事业性收费收入	
非税收入	4 235 217	体育行政事业性收费收入	1
专项收入	812 681	发展与改革（物价）行政事业性收费收入	326
排污费收入	97 766	统计行政事业性收费收入	35
排污费收入	97 430	国土资源行政事业性收费收入	177 449
海洋工程排污费收入	336	建设行政事业性收费收入	124 625
水资源费收入	77 756	知识产权行政事业性收费收入	90
教育费附加收入	450 297	环保行政事业性收费收入	17 363

续表

预算科目	决算数	预算科目	决算数
旅游行政事业性收费收入	5	渔政罚没收入	2 044
海洋行政事业性收费收入	74	交强险罚没收入	
测绘行政事业性收费收入	466	其他一般罚没收入	197 271
烟草行政事业性收费收入		缉毒罚没收入	398
民航行政事业性收费收入		罚没收入退库	
交通行政事业性收费收入	3 794	国有资本经营收入	646 156
信息产业行政事业性收费收入	1 920	利润收入	144 532
农业行政事业性收费收入	29 189	金融企业利润收入	1 845
林业行政事业性收费收入	5 453	其他企业利润收入	142 687
水利行政事业性收费收入	110 870	股利、股息收入	14 155
卫生行政事业性收费收入	33 870	金融业公司股利、股息收入	40
食品药品监督行政事业性收费收入	1 314	其他股利、股息收入	14 115
民政行政事业性收费收入	3 382	产权转让收入	401 298
劳动保障行政事业性收费收入	2 476	国有资本经营收入退库	
电力市场监管行政事业性收费收入		国有企业计划亏损补贴	-30 064
仲裁委行政事业性收费收入		工业企业计划亏损补贴	-14 523
编办行政事业性收费收入	51	农业企业计划亏损补贴	
党校行政事业性收费收入	77	外贸企业计划亏损补贴	
监察行政事业性收费收入		其他国有企业计划亏损补贴	-15 541
外文局行政事业性收费收入		其他国有资本经营收入	116 235
国资委行政事业性收费收入		国有资源（资产）有偿使用收入	330 440
其他行政事业性收费收入	387 734	海域使用金收入	47 118
罚没收入	592 922	场地和矿区使用费收入	1 180
一般罚没收入	592 524	陆上石油矿区使用费	
公安罚没收入	189 472	中央和地方合资合作企业场地使用费收入	
检察院罚没收入	28 864	地方合资合作企业场地使用费收入	1 159
法院罚没收入	19 825	港澳台和外商独资企业场地使用费收入	21
工商罚没收入	59 711	专项储备物资销售收入	
新闻出版罚没收入	38	利息收入	60 131
技术监督罚没收入	20 124	国库存款利息收入	37 714
税务部门罚没收入	2 678	财政专户存款利息收入	1 208
海关罚没收入	2 327	有价证券利息收入	
食品药品监督罚没收入	6 626	其他利息收入	21 209
卫生罚没收入	1 507	非经营性国有资产收入	3 252
检验检疫罚没收入	528	行政单位国有资产出租收入	1 552
证监会罚没收入		行政单位国有资产处置收入	279
保监会罚没收入		事业单位国有资产处置收入	
交通罚没收入	53 494	其他非经营性国有资产收入	1 421
铁道罚没收入		出租车经营权有偿出让和转让收入	
审计罚没收入	8 015	其他国有资源（资产）有偿使用收入	218 759

续表

预算科目	决算数	预算科目	决算数
其他收入	221 037		
捐赠收入	145 276		
国外捐赠收入			
国内捐赠收入	32 446		
汶川地震捐赠收入	112 830		
基本建设收入	381		
其他收入	75 380		

2008年度山东省一般预算支出决算功能分类明细表

单位：万元

预算科目	决算数	预算科目	决算数
一般预算支出	27 046 613	经济体制改革研究	287
一般公共服务	4 682 351	物价管理	13 252
人大事务	90 287	事业运行	7 765
行政运行	65 166	其他发展与改革事务支出	20 705
一般行政管理事务	8 575	统计信息事务	43 496
机关服务	556	行政运行	25 007
人大会议	7 665	一般行政管理事务	1 625
人大立法	376	机关服务	118
人大监督	168	信息事务	840
代表培训	296	专项统计业务	2 335
代表工作	1 493	统计管理	253
人大信访工作	47	专项普查活动	5 883
事业运行	50	统计抽样调查	1 301
其他人大事务支出	5 895	事业运行	4 911
政协事务	75 399	其他统计信息事务支出	1 223
行政运行	45 941	财政事务	201 351
一般行政管理事务	8 233	行政运行	112 011
机关服务	455	一般行政管理事务	20 391
政协会议	5 467	机关服务	1 434
委员视察	1 338	预算编制业务	296
参政议政	425	财政国库业务	4 408
事业运行	284	财政监察	794
其他政协事务支出	13 256	信息化建设	2 433
政府办公厅（室）及相关机构事务	1 395 980	财政委托业务支出	675
行政运行	1 043 974	事业运行	19 032
一般行政管理事务	148 960	其他财政事务支出	39 877
机关服务	38 874	税收事务	357 677
专项服务	1 257	行政运行	109 643
专项业务活动	18 795	一般行政管理事务	68 824
政务公开审批	4 905	机关服务	1 128
法制建设	1 495	税务办案	1 518
信访事务	4 384	税务登记证及发票管理	17 679
参事事务		代扣代收代征税款手续费	38 711
事业运行	20 971	税务宣传	530
其他政府办公厅（室）及相关机构事务支出	112 365	协税护税	20 820
发展与改革事务	117 651	信息化建设	14 466
行政运行	61 717	事业运行	2 066
一般行政管理事务	9 379	其他税收事务支出	82 292
机关服务	618	审计事务	46 876
战略规划与实施	3 263	行政运行	33 481
日常经济运行调节	401	一般行政管理事务	2 185
社会事业发展规划	264	机关服务	169

续表

预算科目	决算数	预算科目	决算数
审计业务	5 924	人口和计划生育统计及抽样调查	363
审计管理	95	人口和计划生育信息系统建设	702
信息化建设	2 126	计划生育、生殖健康促进工程	2 092
事业运行	1 481	计划生育免费基本技术服务	18 837
其他审计事务支出	1 415	人口出生性别比综合治理	209
海关事务	3 195	人口和计划生育服务网络建设	9 939
行政运行	117	计划生育避孕药具经费	4 382
一般行政管理事务	410	人口和计划生育宣传教育经费	6 705
机关服务		流动人口计划生育管理和服务	2 130
收费业务		人口和计划生育目标责任制考核	3 503
缉私办案	1 701	其他人口与计划生育事务支出	57 663
口岸电子执法系统建设与维护	140	商贸事务	133 789
信息化建设		行政运行	59 523
事业运行		一般行政管理事务	7 585
其他海关事务支出	827	机关服务	408
人事事务	98 992	对外贸易管理	2 297
行政运行	32 209	国际经济合作	
一般行政管理事务	6 257	外资管理	108
机关服务	68	国内贸易管理	847
政府特殊津贴	1 939	招商引资	45 653
资助留学回国人员	185	事业运行	6 229
军队转业干部安置	32 848	其他商贸事务支出	11 139
博士后日常经费	81	知识产权事务	3 610
引进人才费用	5 224	行政运行	2 069
公务员管理	1 003	一般行政管理事务	407
事业运行	7 381	机关服务	
其他人事事务支出	11 797	专利审批	311
纪检监察事务	52 505	国家知识产权战略	50
行政运行	38 995	专利试点和产业化推进	147
一般行政管理事务	4 846	专利执法	43
机关服务	49	国际组织专项活动	
大案要案查处	639	知识产权宏观管理	60
派驻派出机构	10	事业运行	98
中央巡视		其他知识产权事务支出	425
事业运行	116	工商行政管理事务	287 820
其他纪检监察事务支出	7 850	行政运行	215 914
人口与计划生育事务	362 535	一般行政管理事务	10 006
行政运行	180 353	机关服务	180
一般行政管理事务	21 701	工商行政管理专项	5 305
机关服务	1 510	执法办案专项	7 240
人口规划与发展战略研究	1 042	消费者权益保护	89
计划生育家庭奖励	51 404	信息化建设	212

续表

预算科目	决算数	预算科目	决算数
事业运行	908	地质及矿产资源调查	7 368
其他工商行政管理事务支出	47 966	地质矿产资源利用与保护	145
食品和药品监督管理事务	59 426	地质转产项目财政贴息	
行政运行	33 244	国外风险勘查	490
一般行政管理事务	703	矿产资源补偿费支出	58 035
机关服务	105	探矿权采矿权使用费和价款支出	37 026
食品、药品及医疗器械检验	3 117	事业运行	33 275
注册审评事务	15	其他国土资源事务支出	70 239
标准事务	550	海洋管理事务	36 074
认证事务		行政运行	2 421
食品药品评价	10	一般行政管理事务	94
药品保护		机关服务	
执法办案	2 714	海域使用管理	2 825
食品药品安全	6 786	海洋环境保护与监测	150
事业运行	5 985	海洋调查评价	300
其他食品和药品监督管理事务支出	6 197	海洋权益维护	
质量技术监督与检验检疫事务	98 614	海洋执法监察	234
行政运行	42 308	海洋防灾减灾	
一般行政管理事务	8 660	海洋卫星	
机关服务	73	极地考察	
出入境检验检疫行政执法和业务管理	140	海洋矿产资源勘探研究	
出入境检验检疫技术支持		海港航标维护	1
质量技术监督行政执法及业务管理	15 247	海域使用金支出	26 601
质量技术监督技术支持	2 157	海水淡化	1 870
认证认可监督管理	10	事业运行	528
标准化管理	622	其他海洋管理事务支出	1 050
信息化建设	108	测绘事务	3 117
事业运行	27 184	行政运行	9
其他质量技术监督与检验检疫事务支出	2 105	一般行政管理事务	
国土资源事务	334 219	机关服务	
行政运行	68 435	基础测绘	3 038
一般行政管理事务	10 882	航空摄影	
机关服务	197	测绘工程建设	
国土资源规划及管理	3 139	事业运行	49
土地资源调查	1 205	其他测绘事务支出	21
土地资源利用与保护	10 751	地震事务	10 299
国土资源社会公益服务	70	行政运行	3 298
国土资源行业业务管理	624	一般行政管理事务	173
国土资源大调查	859	机关服务	1
国土整治	3 861	地震台站、台网	3 385
地质灾害防治	1 506	地震流动观测	17
土地资源储备支出	26 112	地震信息传输及管理	18

续表

预算科目	决算数	预算科目	决算数
震情跟踪		华侨事务	356
地震预报预测	1 068	事业运行	258
地震灾害预防	1 477	其他港澳台侨事务支出	419
地震应急救援	145	档案事务	36 851
地震技术应用与培训		行政运行	11 530
地震事业机构	525	一般行政管理事务	639
其他地震事务支出	192	机关服务	30
气象事务	12 927	档案馆	23 548
行政运行	1 381	其他档案事务支出	1 104
一般行政管理事务	632	共产党事务	475 364
机关服务		行政运行	309 358
气象事业机构	2 746	一般行政管理事务	55 649
气象技术研究应用与培训		机关服务	3 774
气象探测	315	专项服务	4 343
气象信息传输及管理	2	专项业务	40 093
气象预报预测	201	事业运行	7 997
气象服务	4 208	其他共产党事务支出	54 150
气象装备保障维护	1 333	民主党派及工商联事务	17 289
气象台站建设与维护	347	行政运行	11 650
气象卫星		一般行政管理事务	993
气象法规与标准		机关服务	1
其他气象事务支出	1 762	参政议政	799
民族事务	3 959	事业运行	158
行政运行	3 020	其他民主党派及工商联事务支出	3 688
一般行政管理事务	313	群众团体事务	46 806
机关服务		行政运行	30 122
民族工作专项	543	一般行政管理事务	4 998
事业运行	6	机关服务	80
其他民族事务支出	77	厂务公开	162
宗教事务	2 255	工会疗养休养	185
行政运行	1 451	事业运行	2 635
一般行政管理事务	104	其他群众团体事务支出	8 624
机关服务		国债事务	64 830
宗教工作专项	352	地方向国外借款还本	
事业运行	197	国内债务付息	57 113
其他宗教事务支出	151	国外债务付息	3 412
港澳台侨事务	7 836	国内外债务发行	
行政运行	4 969	补充还贷准备金	4 305
一般行政管理事务	727	其他一般公共服务支出	201 322
机关服务	1	国家赔偿费用支出	4
港澳事务	11	其他一般公共服务用支出	201 318
台湾事务	1 095	外交	

续表

预算科目	决算数	预算科目	决算数
外交管理事务		交通	96
行政运行		其他武装警察支出	2 241
一般行政管理事务		公安	1 020 573
机关服务		行政运行	624 857
专项业务		一般行政管理事务	79 691
事业运行		机关服务	485
其他外交管理事务支出		治安管理	30 192
对外援助		国内安全保卫	2 602
对外成套项目援助		刑事侦查	6 022
对外一般物资援助		经济犯罪侦查	2 018
对外科技合作援助		出入境管理	14 039
对外优惠贷款援助及贴息		行动技术管理	1 080
对外医疗援助		防范和处理邪教犯罪	372
其他对外援助支出		禁毒管理	995
对外合作与交流		道路交通管理	144 199
出国活动		网络侦控管理	4 045
招待活动		反恐怖	4 329
在华国际会议		居民身份证管理	5 516
其他对外合作与交流支出		网络运行及维护	3 082
对外宣传		拘押收教场所管理	12 351
边界勘界联检		警犬繁育及训养	321
边界勘界		信息化建设	10 527
边界联检		事业运行	4 050
边界界桩维护		其他公安支出	69 800
其他支出		国家安全	33 235
其他外交支出		行政运行	28 019
国防	40 459	一般行政管理事务	1 612
现役部队		机关服务	125
预备役部队	5 555	安全业务	1 614
民兵	15 894	事业运行	101
国防科研事业		其他国家安全支出	1 764
专项工程		检察	145 557
其他国防支出	19 010	行政运行	104 473
公共安全	1 732 612	一般行政管理事务	11 464
武装警察	64 391	机关服务	439
内卫	14 459	查办和预防职务犯罪	4 945
边防	9 875	公诉和审判监督	789
消防	35 771	侦查监督	916
警卫	1 883	执行监督	1 016
黄金		控告申诉	80
森林	66	“两房”建设	8 706
水电		事业运行	325

续表

预算科目	决算数	预算科目	决算数
其他检察支出	12 404	一般行政管理事务	40
法院	258 447	机关服务	
行政运行	146 306	保密技术	
一般行政管理事务	22 375	保密管理	25
机关服务	912	事业运行	
案件审判	34 695	其他国家保密支出	
案件执行	2 867	缉私警察	
“两庭”建设	14 295	行政运行	
事业运行	2 380	一般行政管理事务	
其他法院支出	34 617	专项缉私活动支出	
司法	58 121	缉私情报	
行政运行	40 039	禁毒及缉毒	
一般行政管理事务	2 652	网络运行及维护	
机关服务	239	警服购置	
基层司法业务	1 411	其他缉私警察支出	
普法宣传	1 426	其他公共安全支出	15 535
律师公证管理	3 403	教育	5 509 929
法律援助	1 567	教育管理事务	116 875
司法统一考试	8	行政运行	76 915
仲裁	513	一般行政管理事务	7 233
事业运行	1 126	机关服务	428
其他司法支出	5 737	其他教育管理事务支出	32 299
监狱	108 578	普通教育	4 237 860
行政运行	77 906	学前教育	25 393
一般行政管理事务	1 522	小学教育	1 538 366
机关服务	82	初中教育	1 315 218
犯人生活	3 196	高中教育	552 600
犯人改造	7 562	高等教育	529 675
狱政设施建设	8 227	化解农村“普九”债务试点支出	11
事业运行	876	其他普通教育支出	276 597
其他监狱支出	9 207	职业教育	509 896
劳教	28 013	初等职业教育	668
行政运行	21 524	中专教育	154 243
一般行政管理事务	245	技校教育	69 959
机关服务		职业高中教育	131 220
劳教人员生活	2 016	高等职业教育	140 502
劳教人员教育	987	其他职业教育支出	13 304
所政设施建设	2 671	成人教育	7 547
事业运行		成人初等教育	1 090
其他劳教支出	570	成人中等教育	3 244
国家保密	162	成人高等教育	1 625
行政运行	97	成人广播电视教育	1 127

续表

预算科目	决算数	预算科目	决算数
其他成人教育支出	461	机构运行	1 155
广播电视教育	7 796	应用技术研究与开发	249 308
广播电视学校	6 457	产业技术研究与开发	60 251
教育电视台	1 328	科技成果转化与扩散	10 301
其他广播电视教育支出	11	其他技术研究与开发支出	33 797
留学教育		科技条件与服务	18 371
出国留学教育		机构运行	4 573
来华留学教育		技术创新服务体系	3 179
其他留学教育支出		科技条件专项	373
特殊教育	24 832	其他科技条件与服务支出	10 246
特殊学校教育	24 409	社会科学	9 234
工读学校教育		社会科学研究机构	4 259
其他特殊教育支出	423	社会科学研究	2 650
教师进修及干部继续教育	98 768	社科基金支出	42
教师进修	17 725	其他社会科学支出	2 283
干部教育	73 992	科学技术普及	16 181
其他教师进修及干部继续教育支出	7 051	机构运行	4 811
教育附加及基金支出	458 415	科普活动	5 072
教育费附加支出	458 415	青少年科技活动	145
其他教育支出	47 940	学术交流活动	286
科学技术	571 333	科技馆站	2 353
科学技术管理事务	31 504	其他科学技术普及支出	3 514
行政运行	24 886	科技交流与合作	1 031
一般行政管理事务	2 935	国际交流与合作	100
机关服务	509	重大科技合作项目	
其他科学技术管理事务支出	3 174	其他科技交流与合作支出	931
基础研究	42 449	其他科学技术支出	57 293
机构运行	16 933	科技奖励	11 315
重点基础研究规划		核应急	
自然科学基金	3 651	转制科研机构	478
重点实验室及相关设施	10 050	其他科学技术支出	45 500
重大科学工程		文化体育与传媒	552 178
专项基础科研	155	文化	172 382
专项技术基础	294	行政运行	43 130
其他基础研究支出	11 366	一般行政管理事务	3 360
应用研究	40 458	机关服务	174
机构运行	5 273	图书馆	16 971
社会公益研究	18 754	文化展示及纪念机构	3 240
高技术研究	6 370	艺术表演场所	12 028
专项科研试制	9	艺术表演团体	23 874
其他应用研究支出	10 052	文化活动	10 343
技术研究与开发	354 812	群众文化	24 220

续表

预算科目	决算数	预算科目	决算数
文化交流与合作	392	宣传文化发展专项支出	6 740
文化创作与保护	5 984	其他文化体育与传媒支出	27 632
文化市场管理	2 547	社会保障和就业	2 850 525
其他文化支出	26 119	社会保障和就业管理事务	133 536
文物	75 783	行政运行	46 151
行政运行	4 941	一般行政管理事务	5 835
一般行政管理事务	78	机关服务	686
机关服务	25	综合业务管理	1 690
文物保护	7 839	劳动保障监察	2 187
博物馆	59 763	就业管理事务	8 453
历史名城与古迹	1 999	社会保险业务管理事务	6 848
其他文物支出	1 138	金保工程	643
体育	180 082	社会保险经办机构	44 740
行政运行	17 942	劳动关系和维权	427
一般行政管理事务	2 496	公共就业服务和职业技能鉴定机构	2 780
机关服务	542	其他社会保障和就业管理事务支出	13 096
运动项目管理	6 245	民政管理事务	106 952
体育竞赛	21 844	行政运行	43 718
体育训练	14 125	一般行政管理事务	3 577
体育场馆	98 808	机关服务	381
群众体育	9 091	拥军优属	7 325
体育交流与合作	588	老龄事务	5 915
其他体育支出	8 401	民间组织管理	461
广播影视	74 866	行政区划和地名管理	1 166
行政运行	28 792	基层政权和社区建设	19 294
一般行政管理事务	1 027	部队供应	1 336
机关服务	920	其他民政管理事务支出	23 779
广播	8 504	财政对社会保险基金的补助	289 081
电视	17 739	财政对基本养老保险基金的补助	249 500
电影	2 881	财政对失业保险基金的补助	1 284
广播电视监控	220	财政对基本医疗保险基金的补助	11 872
其他广播影视支出	14 783	财政对工伤保险基金的补助	140
新闻出版	14 693	财政对生育保险基金的补助	
行政运行	4 195	财政对其他社会保险基金的补助	26 285
一般行政管理事务	289	行政事业单位离退休	1 126 980
机关服务	49	行政单位离退休	335 500
新闻通讯	396	事业单位离退休	701 810
出版发行	5 526	离退休人员管理机构	11 820
版权管理	59	其他行政事业单位离退休支出	77 850
出版市场管理	551	企业改革补助	162 743
其他新闻出版支出	3 628	企业关闭破产补助	144 593
其他文化体育与传媒支出	34 372	厂办大集体改革补助	3

续表

预算科目	决算数	预算科目	决算数
其他企业改革发展补助	18 147	其他城镇社会救济支出	12 885
就业补助	107 828	自然灾害生活救助	63 525
劳动力市场建设	4 168	中央自然灾害生活补助	9 002
职业培训补贴	5 790	地方自然灾害生活补助	6 934
职业介绍补贴	1 334	自然灾害灾后重建补助	43 246
社会保险补贴	13 282	其他自然灾害生活救助支出	4 343
岗位补贴	39 060	红十字事业	3 065
小额担保贷款贴息	541	行政运行	1 957
补充小额贷款担保基金	350	一般行政管理事务	404
职业技能鉴定补贴	22	机关服务	
特定政策补助支出	1 664	其他红十字事业支出	704
其他就业补助支出	41 617	农村最低生活保障	98 734
抚恤	263 389	其他农村社会救济	51 432
死亡抚恤	29 274	五保供养	29 795
伤残抚恤	92 399	其他农村社会救济支出	21 637
在乡复员、退伍军人生活补助	66 917	其他社会保障和就业支出	141 107
优抚事业单位	22 524	医疗卫生	1 404 184
义务兵优待	14 803	医疗卫生管理事务	62 418
其他优抚支出	37 472	行政运行	40 150
退役安置	129 763	一般行政管理事务	6 509
退伍军人安置	21 596	机关服务	149
军队移交政府的离退休人员安置	90 568	其他医疗卫生管理事务支出	15 610
军队移交政府离退休干部管理机构	12 524	医疗服务	207 866
其他退役安置支出	5 075	综合医院	131 918
社会福利	33 854	中医医院	26 745
儿童福利	632	传染病医院	11 083
老年人福利	12 162	口腔医院	1 178
假肢矫形	3	精神病医院	7 535
殡葬	2 722	其他专科医院	13 297
社会福利事业单位	13 932	福利医院	
其他社会福利支出	4 403	行业医院	2 808
残疾人事业	26 831	处理医疗欠费	49
行政运行	10 128	其他医疗服务支出	13 253
一般行政管理事务	592	社区卫生服务	26 667
机关服务	326	社区公共卫生服务	16 682
残疾人康复	3 173	社区卫生专项	6 478
残疾人就业和扶贫	2 577	其他社区卫生服务支出	3 507
残疾人体育	2 736	医疗保障	812 737
其他残疾人事业支出	7 299	行政单位医疗	142 679
城市居民最低生活保障	96 024	事业单位医疗	101 182
其他城镇社会救济	15 681	公务员医疗补助	10 361
流浪乞讨人员救助	2 796	优抚对象医疗补助	26 954

续表

预算科目	决算数	预算科目	决算数
城市医疗救助	7 187	大气	7 709
新型农村合作医疗	452 420	水体	130 569
农村医疗救助	6 250	噪声	5
城镇居民基本医疗保险	34 257	固体废弃物与化学品	16 269
其他医疗保障支出	31 447	放射源和放射性废物监管	233
疾病预防控制	121 903	辐射	
疾病预防控制机构	71 910	排污费支出	128 521
突发公共卫生事件应急处理	2 350	其他污染防治支出	7 284
重大疾病预防控制	10 050	自然生态保护	6 544
其他疾病预防控制专项	13 253	生态保护	3 291
其他疾病预防控制支出	24 340	农村环境保护	2 543
卫生监督	19 006	自然保护区	360
卫生监督机构	16 263	生物及物种资源保护	
卫生监督专项	2 111	其他自然生态保护支出	350
其他卫生监督支出	632	天然林保护	
妇幼保健	20 338	森林管护	
妇幼保健机构	18 212	社会保险补助	
妇幼保健专项	982	政策性社会性支出补助	
其他妇幼保健支出	1 144	职工分流安置	
农村卫生	105 048	职工培训	
乡镇卫生院	93 252	天然林保护工程建设	
农村卫生专项	7 078	其他天然林保护支出	
其他农村卫生支出	4 718	退耕还林	489
中医药	3 799	粮食折现挂账贴息	
中医（民族医）药专项	2 844	退耕现金	
其他中医药支出	955	退耕还林粮食折现补贴	
其他医疗卫生支出	24 402	退耕还林粮食费用补贴	
环境保护	586 002	退耕还林工程建设	52
环境保护管理事务	58 465	其他退耕还林支出	437
行政运行	45 242	风沙荒漠治理	
一般行政管理事务	4 748	京津风沙源禁牧舍饲粮食折现补助	
机关服务	195	京津风沙源治理禁牧舍饲粮食折现挂账贴息	
环境保护宣传	744	京津风沙源治理禁牧舍饲粮食费用补贴	
环境保护法规、规划及标准	307	京津风沙源治理工程建设	
环境国际合作及履约		其他风沙荒漠治理支出	
环境保护行政许可	13	退牧还草	
其他环境保护管理事务支出	7 216	退牧还草粮食折现补贴	
环境监测与监察	10 167	退牧还草粮食费用补贴	
建设项目环评审查与监督	403	退牧还草粮食折现挂账贴息	
核与辐射安全监督	625	其他退牧还草支出	
其他环境监测与监察支出	9 139	已垦草原退耕还草	
污染防治	290 590	能源节约利用	136 258

续表

预算科目	决算数	预算科目	决算数
污染减排	70 685	农产品质量安全	16 617
环境监测与信息	17 674	执法监管	7 520
环境执法监察	10 638	信息服务	1 232
减排专项支出	40 828	农村及农业宣传	367
其他污染减排支出	1 545	农业资金审计	240
可再生能源	6 933	对外交流与合作	19
其他环境保护支出	5 871	耕地地力保护	17 912
城乡社区事务	2 894 598	草原草场保护	299
城乡社区管理事务	333 880	渔业及水域保护	13 693
行政运行	146 278	农业资源调查和区划	309
一般行政管理事务	19 309	灾害救助	6 431
机关服务	1 118	稳定农民收入补贴	3 206
城管执法	49 065	农业结构调整补贴	2 992
工程建设标准规范编制与监管	2 472	农业生产资料补贴	147 141
工程建设管理	7 358	农业生产保险补贴	21 522
市政公用行业市场监管	3 266	农民合作经济组织	7 193
国家重点风景区规划与保护	61	农产品加工与促销	7 053
住宅建设与房地产市场监管	2 591	农村公益事业	37 092
执业资格注册、资质审查		垦区公共支出	110
其他城乡社区管理事务支出	102 362	垦区公益事业	115
城乡社区规划与管理	94 438	农业国有资产维护	
城乡社区公共设施	1 875 111	农业前期工作与政策研究	511
沉陷区治理	213	农民收入统计与负担监测	327
棚户区改造	239	农业产业化	32 589
其他城乡社区公共设施支出	1 874 659	农业资源保护	3 334
城乡社区住宅	46 806	草原资源监测	130
公有住房建设和维修改造支出	1 397	外来物种管理	
廉租住房支出	29 615	农村能源综合建设	35 517
其他城乡社区住宅支出	15 794	农村人畜饮水	63 951
城乡社区环境卫生	202 607	村级债务化解	896
建设市场管理与监督	5 734	农村道路建设	55 484
其他城乡社区事务支出	336 022	对村民委员会和村党支部的补助	119 028
农林水事务	2 353 000	对村集体经济组织的补助	15 172
农业	1 257 361	对村级一事一议的补助	975
行政运行	213 555	其他农业支出	146 522
一般行政管理事务	12 493	林业	188 023
机关服务	2 226	行政运行	49 712
农业事业机构	112 752	一般行政管理事务	4 085
农垦	336	机关服务	259
技术推广	75 530	林业事业机构	22 920
技能培训	14 514	森林培育	51 730
病虫害控制	60 456	林业技术推广	2 777

续表

预算科目	决算数	预算科目	决算数
森林资源管理	888	划转大中型水库移民后期扶持基金	26 347
森林资源监测	199	水资源费支出	59 401
森林生态效益补偿	11 222	砂石资源费支出	847
林业自然保护区	946	信息管理	10
动植物保护	326	水利建设移民支出	5 319
湿地保护	129	其他水利支出	46 924
林业执法与监督	371	南水北调	10 127
森林防火	6 279	行政运行	42
林业有害生物防治	9 194	一般行政管理事务	
林业检疫检测	349	机关服务	
防沙治沙	2 800	南水北调工程建设	10 029
林业质量安全		政策研究与信息管理	
林业工程与项目管理	2 156	工程稽查	
林业对外合作与交流	168	前期工作	
林业产业化	587	南水北调技术推广和培训	
技能培训	172	环境、移民及水资源管理与保护	
信息管理	14	其他南水北调支出	56
林业政策制定与宣传	150	扶贫	30 713
林业资金审计稽查	3	行政运行	1 073
林区公共支出		一般行政管理事务	128
林业贷款贴息	2 819	机关服务	
其他林业支出	17 768	农村基础设施建设	12 018
水利	707 400	生产发展	10 356
行政运行	76 941	社会发展	225
一般行政管理事务	6 996	扶贫贷款奖补和贴息	778
机关服务	718	“三西”农业建设专项补助	
水利行业业务管理	15 516	“三西”农业建设专项补助	
水利工程建设	379 663	其他扶贫支出	6 130
水利工程运行与维护	19 404	农业综合开发	134 033
长江黄河等流域管理	50	机构运行	3 834
水利前期工作	794	土地治理	100 376
水利执法监督	872	产业化经营	12 667
水土保持	9 928	科技示范	353
水资源管理与保护	4 137	贷款贴息	413
水质监测	139	其他农业综合开发支出	16 390
水文测报	890	其他农林水事务支出	25 343
防汛	9 069	交通运输	300 454
抗旱	5 207	公路水路运输	241 939
小型农田水利	36 008	行政运行	46 047
水利技术推广和培训	2 220	一般行政管理事务	6 873
国际河流治理与管理		机关服务	298
三峡建设管理事务		公路新建	36 346

续表

预算科目	决算数	预算科目	决算数
公路改建	9 925	民航还贷专项支出	
公路养护	8 196	民用航空安全	375
特大型桥梁建设	105	民航专项运输	
公路路政管理	408	民航政策性购机专项支出	
公路和运输信息化建设	186	其他民用航空运输支出	7 811
公路和运输安全	55	其他交通运输支出	36 813
公路还贷专项	342	公共交通运营补助	28 012
公路运输管理	6 965	其他交通运输用支出	8 801
公路客货运站（场）建设	2 483	工业商业金融等事务	2 543 623
公路和运输技术标准化建设		采掘业	91 314
公路运输管理费支出	38 096	行政运行	3 682
车辆购置税支出	54 539	一般行政管理事务	593
港口设施	10 753	机关服务	84
航道维护	248	煤炭勘探开采和洗选	28 764
安全通信		石油和天然气勘探开采	
三峡库区通航管理		黑色金属矿勘探和采选	600
航务管理	281	有色金属矿勘探和采选	1 900
船舶检验	3	非金属矿勘探和采选	
救助打捞		其他采掘业支出	55 691
内河运输	2 722	制造业	290 538
远洋运输		行政运行	10 408
海事管理	224	一般行政管理事务	1 321
航标事业发展支出		机关服务	1 106
内河航道养护费支出	1 240	纺织业	15 612
水路运输管理费支出	1 978	医药制造业	4 930
车辆购置税用于地震灾后恢复重建的支出	492	非金属矿物制品业	200
其他公路水路运输支出	13 134	通信设备、计算机及其他电子设备制造业	265
铁路运输	3 784	交通运输设备制造业	21 145
行政运行	241	电气机械及器材制造业	12 140
一般行政管理事务	140	工艺品及其他制造业	3 565
机关服务		石油加工、炼焦及核燃料加工业	4 502
铁路路网建设	1 597	化学原料及化学制品制造业	2 629
铁路还贷专项	940	黑色金属冶炼及压延加工业	
铁路安全		有色金属冶炼及压延加工业	43 213
铁路专项运输		其他制造业支出	169 502
其他铁路运输支出	866	建筑业	24 434
民用航空运输	17 918	行政运行	78
行政运行	428	一般行政管理事务	392
一般行政管理事务	1	机关服务	
机关服务		其他建筑业支出	23 964
机场建设	9 303	电力	4 788
空管系统建设		行政运行	17

续表

预算科目	决算数	预算科目	决算数
一般行政管理事务	21	其他涉外发展支出	2 437
机关服务		粮油事务	720 321
电力监管		行政运行	18 472
电力稽查		一般行政管理事务	1 944
争议调节		机关服务	212
安全事故调查		粮食专项审计	90
电力市场建设		粮食信息统计	102
电力输送改革试点		粮食专项业务活动	509
信息系统建设		国家粮油差价补贴	
三峡库区移民专项支出		储备粮油利息费用补贴	4 459
电力改革专项支出		储备粮油差价补贴	219
事业运行	50	储备粮食移库费用补贴	91
其他电力支出	4 700	储备粮（油）库建设	4 987
信息产业	36 275	粮食财务挂账利息补贴	20 366
行政运行	5 045	粮食财务挂账消化款	714
一般行政管理事务	494	处理陈化粮补贴	
机关服务	83	粮食风险基金	649 836
邮政普遍服务与特殊服务		粮食综合直补	1 328
战备应急	36	最低收购价政策支出	
信息安全建设	441	事业运行	318
专用通信	332	其他粮油事务支出	16 674
无线电监管	6 419	商业流通事务	102 193
信息产业战略研究与标准制定		行政运行	18 812
信息产业支持	10 482	一般行政管理事务	2 269
电子专项工程	2 750	机关服务	144
行业监管	20	棉花储备	849
军工电子		食糖储备	
技术基础研究		肉类储备	3 262
其他信息产业支出	10 173	化肥储备	2 557
旅游业	51 763	农药储备	99
行政运行	13 329	边销茶储备	
一般行政管理事务	2 415	羊毛储备	
机关服务	154	处理商业物资挂账补贴	
旅游宣传	12 824	处理供销社挂账利息补贴	930
旅游行业业务管理	469	消化供销社挂账本金补贴	193
其他旅游业支出	22 572	棉花专项补贴	
涉外发展	41 536	农业生产资料专项补贴	18
行政运行	1 899	食品流通安全补贴	930
一般行政管理事务	1 314	市场监测及信息管理	13
机关服务		民贸网点贷款贴息	222
外经贸发展专项资金	35 651	医药储备	
外商投资环境建设补助资金	235	石油储备	

续表

预算科目	决算数	预算科目	决算数
国家留成油串换国家储备油支出		烟草税改亏损补贴	
事业运行	754	烟草打假	
其他商业流通事务支出	71 141	其他烟草事务支出	330
物资储备	4 409	安全生产	40 481
行政运行	3 902	行政运行	19 147
一般行政管理事务	26	一般行政管理事务	1 996
机关服务		机关服务	20
铁路专用线		国务院安委会专项	5
护库武警和民兵支出		安全监管监察专项	6 127
物资保管与保养		应急救援支出	75
专项贷款利息		煤炭安全	6 081
物资收储	20	其他安全生产支出	7 030
物资转移		国有资产监管	22 866
物资轮换		行政运行	6 905
仓库建设		一般行政管理事务	1 197
仓库安防		机关服务	88
事业运行	149	国有企业监事会专项	72
其他物资储备支出	312	中央企业专项管理	
金融业	11 802	其他国有资产监管支出	14 604
行政运行	53	中小企业事务	168 212
一般行政管理事务	1 331	行政运行	12 504
机关服务		一般行政管理事务	3 808
货币发行		机关服务	288
金融服务	105	科技型中小企业技术创新基金	10 822
安全防卫		中小企业发展专项	47 772
反洗钱及反假币		其他中小企业事务支出	93 018
重点金融机构监管		石油价格改革财政补贴	331 015
金融稽查与案件处理		渔业	140 703
金融行业电子化建设		林业	949
从业人员资格考试		城市公交	121 948
中央银行亏损补贴		农村道路客运	37 269
政策性银行亏损补贴		出租车	30 146
商业银行贷款贴息		其他工业商业金融等事务支出	601 328
补充资本金		黄金事务	2 271
风险基金补助	200	建设项目贷款贴息	3 318
事业运行	10	技术改造支出	19 908
其他金融业支出	10 103	中药材扶持资金支出	
烟草事务	348	清洁生产专项支出	511
行政运行	13	其他工业商业金融等事务支出	575 320
一般行政管理事务	5	地震灾后恢复重建支出	33 665
机关服务		倒塌毁损民房恢复重建	
烟草行业发展资金支出		农村居民住宅恢复重建	

续表

预算科目	决算数	预算科目	决算数
城镇居民住宅恢复重建		项目投资补助	
基础设施恢复重建		注入资本金	
公路		贷款贴息	
桥梁		其他工商企业恢复生产和重建支出	
铁路路网		党政机关恢复重建	
机场		一般公共服务机关恢复重建支出	
水运港口设施		公共安全机构恢复重建支出	
运政设施		教育管理机构恢复重建支出	
邮政设施		科学技术管理机构恢复重建支出	
水利工程		文化体育与传媒管理机构恢复重建支出	
供水		社会保障和就业管理机构恢复重建支出	
供气		医疗卫生及食品药品监督管理机构恢复重建支出	
市政道路、桥梁		环境保护管理机构恢复重建支出	
排水管道		农林水管理机构恢复重建支出	
污水处理设施		其他党政机关恢复重建支出	
公交设施		军队武警恢复重建支出	
其他基础设施恢复重建支出		军队恢复重建支出	
公益服务设施恢复重建	146	武警恢复重建支出	
学校和其他教育设施		其他恢复重建支出	33 519
医院及其他医疗卫生食品药品监管设施		震后地质灾害治理支出	
科研院所科普场馆及其他科研科普设施		其他恢复重建支出	33 519
文化馆图书馆及其他文化设施	146	其他支出	991 700
文物事业单位博物馆及其附属设施		住房改革支出	130 729
广播电视台（站）及其他广播影视设施		住房公积金	79 764
体育场馆及其他体育设施		提租补贴	1 073
儿童福利院及其他社会保障和社会福利设施		购房补贴	49 892
环境保护事业单位及环保设施		汶川地震捐赠支出	20 865
人口和计划生育事业单位及设施		地震灾后恢复重建捐赠支出	18 408
档案事业单位及设施		其他捐赠支出	2 457
地震事业单位及设施		预留调资支出	
其他公益服务事业单位及设施		其他支出	840 106
农业林业恢复生产和重建			
农业生产资料补助			
损毁土地整理			
农田水利设施恢复重建			
规模化种养殖棚舍池恢复重建			
良种繁育设施恢复重建			
农林推广和服务设施恢复重建			
森林防火设施恢复重建			
受损林木恢复			
其他农业林业恢复生产和重建支出			
工商企业恢复生产和重建			

2008 年度山东省一般预算收支决算分级表

单位：万元

预算科目	决算数合计	省级	地级	其中：地级直属乡镇	县级	乡镇级	预算科目	决算数合计	省级	地级	其中：地级直属乡镇	县级	乡镇级
一、税收收入	15 335 324	1 824 455	3 970 028	86 788	6 194 897	3 345 944	一、一般公共服务	4 682 351	788 135	1 090 513	29 984	1 802 964	1 000 739
增值税	3 337 763	488 761	722 825	24 406	1 322 806	803 371	二、外交						
营业税	3 960 900	636 966	1 276 338	20 001	1 321 828	725 768	三、国防	40 459	14 180	11 914		14 275	90
企业所得税	2 299 728	463 966	747 775	6 365	816 853	271 134	四、公共安全	1 732 612	270 817	725 957	704	712 940	22 898
企业所得税退税	−8 324	−1 665	−4 661		−1 998		五、教育	5 509 929	582 319	817 992	15 172	3 891 859	
个人所得税	611 251	181 444	163 056	1 660	196 435	70 316	六、科学技术	571 333	100 249	176 725	230	269 808	24 551
资源税	288 063	50 568	20 426	277	85 195	131 874	七、文化体育与传媒	552 178	138 856	232 426	286	156 705	24 191
固定资产投资方向调节税	30		21		9		八、社会保障和就业	2 850 525	322 836	681 468	5 714	1 556 644	289 577
城市维护建设税	1 041 367	4 415	322 329	6 041	501 785	212 838	九、医疗卫生	1 404 184	99 574	269 481	1 762	958 429	76 700
房产税	472 576		109 465	2 422	231 974	131 137	十、环境保护	586 002	55 358	221 038	4	300 505	9 101
印花税	203 026		44 039	1 524	102 060	56 927	十一、城乡社区事务	2 894 598	6 388	1 024 432	11 977	1 519 781	343 997
城镇土地使用税	1 035 689		207 856	8 244	442 191	385 642	十二、农林水事务	2 353 000	296 708	297 555	6 079	1 238 408	520 329
土地增值税	365 577		71 892	749	215 732	77 953	十三、交通运输	300 454	10 977	159 177	92	126 940	3 360
车船税	126 429		27 766	820	54 750	43 913	十四、工业商业金融等事务	2 543 623	758 477	647 164	2 478	859 753	278 229
耕地占用税	631 975		44 182	9 731	359 075	228 718	十五、地震灾后恢复重建支出	33 665		31 183		2 482	
契税	952 121		216 595	4 458	544 596	190 930	十六、其他支出	991 700	56 948	361 852	813	473 884	99 016
烟叶税	17 124		95	90	1 606	15 423							
其他税收收入	29		29										
二、非税收入	4 235 217	564 151	1 263 864	10 877	2 170 524	236 678							
专项收入	812 681	126 771	270 866	1 696	361 544	53 500							
行政事业性收费收入	1 631 981	317 299	438 553	496	799 916	76 213							
罚没收入	592 922	87 547	150 071	963	337 457	17 847							
国有资本经营收入	646 156	−13 141	193 117	53	423 636	42 544							
国有资源（资产）有偿使用收入	330 440	21 679	104 498	697	166 911	37 352							
其他收入	221 037	23 996	106 759	6 972	81 060	9 222							
本年收入合计	19 570 541	2 388 606	5 233 892	97 665	8 365 421	3 582 622	本年支出合计	27 046 613	3 501 822	6 748 877	75 295	13 885 377	2 910 537

2008年度山东省政府性基金收支决算总表

单位：万元

预算科目	调整预算数	决算数	预算科目	调整预算数	决算数
政府性基金收入	9 614 208	10 333 652	一般公共服务	204 571	95 966
			教育	179 748	136 908
			文化体育与传媒	29 567	12 740
			社会保障和就业	73 947	32 849
			城乡社区事务	10 638 803	8 412 193
			农林水事务	272 193	154 283
			交通运输	1 312 673	1 200 737
			工业商业金融等事务	52 949	21 990
			其他支出	77 884	49 397
本年收入合计	9 614 208	10 333 652	本年支出合计	12 843 335	10 117 063
上级补助收入		207 222	上解上级支出		
其中：地震灾后恢复重建补助收入					
省补助计划单列市收入			计划单列市上解省支出		
上年结余		2 283 269	调出资金		1 756
调入资金		20 948	年终结余		2 726 272
1. 一般预算调入		18 160	其中：本级		551 903
2. 预算外调入		1 748			
3. 其他调入		1 040			
总计		12 845 091	总计		12 845 091

2008年度山东省政府性基金收支决算分级表

单位：万元

项目	决算数合计	省级	地级	其中：地级直属乡镇	县级	乡镇级
三峡工程建设基金收入						
地方农网还贷资金收入						
煤炭可持续发展基金收入						
电源基地建设基金收入						
库区建设基金收入						
铁路建设附加费收入						
民航机场管理建设费收入						
养路费收入	968 249	817 266	150 699		284	
公路客货运附加费收入	244 288	227 702	16 586			
燃油附加费收入						
转让政府还贷道路收费权收入						
下放港口以港养港收入						
散装水泥专项资金收入	6 207	149	4 746		1 312	
新型墙体材料专项基金收入	4 057	469	1 839		1 749	
中央对外贸易发展基金收入						
旅游发展基金收入						
援外合资合作项目基金收入						
对外承包工程保函风险专项资金收入						
国家茧丝绸发展风险基金收入						
文化事业建设费收入	15 662	11 103	4 559			
地方教育附加收入	147 451		50 763	5	94 655	2 033
地方教育基金收入						
国家电影事业发展专项资金收入	535	535				
农业发展基金收入	496				496	
新菜地开发建设基金收入						
林业基金收入						
育林基金收入	1 864	325	361		1 178	
森林植被恢复费	4 006	3 763	34		209	
中央水利建设基金收入						
地方水利建设基金收入	54 646	54 454	192			
南水北调工程基金收入						
灌溉水源灌排工程补偿费收入						
水资源补偿费收入						
残疾人就业保障金收入	44 263	2 282	18 383		23 595	3
政府住房基金收入	28 239		26 038		2 201	
城市公用事业附加收入	130 751		81 736		49 015	
国有土地使用权出让金收入	7 648 530	43 032	4 017 342		3 561 647	26 509
地方新增建设用地土地有偿使用费收入	306 498	248 516	57 982			
国有土地收益基金收入	349 582		212 461		135 808	1 313
农业土地开发资金收入	124 381		64 957		58 465	959
大中型水库移民后期扶持基金收入						
大中型水库库区基金收入						
三峡水库库区基金收入						
三峡库区非农业户口移民扶助基金收入						
彩票公益金收入	195 370	66 982	115 432		12 956	
其他政府性基金收入	58 577	13 496	17 198		27 883	
本年基金收入合计	10 333 652	1 490 074	4 841 308	5	3 971 453	30 817

续表

项目	决算数合计	省级	地级	其中：地级直属乡镇	县级	乡镇级
三峡工程建设基金支出						
地方农网还贷资金支出						
煤炭可持续发展基金支出						
电源基地建设基金支出						
库区建设基金支出	22				22	
铁路建设附加费支出						
民航机场管理建设费支出	6 350	1 869	4 481			
养路费支出	966 621	815 932	148 384		2 305	
公路客货运附加费支出	227 766	214 410	13 356			
燃油附加费支出						
转让政府还贷道路收费权支出						
下放港口以港养港支出						
散装水泥专项资金支出	2 791	290	1 658		843	
新型墙体材料专项基金支出	2 880		1 929		951	
中央对外贸易发展基金支出	15 724	1 317	9 885		4 419	103
旅游发展基金支出						
援外合资合作项目基金支出	515		365		150	
对外承包工程保函风险专项资金支出						
国家茧丝绸发展风险基金支出	80		50		30	
文化事业建设费支出	12 440	4 890	4 886		2 624	40
地方教育附加支出	136 863	4 800	27 398	23	101 883	2 782
地方教育基金支出	45				45	
国家电影发展专项支出	300	300				
农业发展基金支出	153				153	
新菜地开发建设基金支出						
林业基金支出						
育林基金支出	1 425		220		1 205	
森林植被恢复费支出	1 831	200	316		1 315	
中央水利建设基金支出	1 550		290		1 170	90
地方水利建设基金支出	56 100	41 900	2 664	10	10 508	1 028
南水北调工程基金支出						
灌溉水源灌排工程补偿费支出						
水资源补偿费支出						
残疾人就业保障金支出	32 849	1 450	7 914		23 184	301
政府住房基金支出	18 628		17 250		1 378	
城市公用事业附加支出	130 792		79 719		51 073	
国有土地使用权出让金支出	7 667 767	6 000	3 656 850	870	3 831 067	173 850
新增建设用地土地有偿使用费支出	246 487	7 212	53 367	257	183 974	1 934
国有土地收益基金支出	240 667		115 773	6	123 104	1 790
农业土地开发资金支出	107 852		59 527	29	46 364	1 961
大中型水库移民后期扶持基金支出	93 202		3 491		88 537	1 174
大中型水库库区基金支出						
三峡水库库区基金支出						
三峡库区非农业户口移民扶助基金支出						
彩票公益金支出	95 966	9 124	49 838	67	33 418	3 586
用于地震灾后重建的彩票公益金支出						
其他政府性基金支出	49 397		18 896		30 456	45
本年基金支出合计	10 117 063	1 109 694	4 278 507	1 262	4 540 178	188 684

2008年度山东省国有资本经营预算收支决算总表

单位：万元

预算科目	调整预算数	决算数	预算科目	调整预算数	决算数
国有资本经营收入	18 510	18 510	农林水事务		
			交通运输		
			工业商业金融等事务		
			地震灾后恢复重建支出		
本年收入合计	18 510	18 510	本年支出合计		
地震灾后恢复重建补助收入			调出资金		
上年结余			年终结余		18 510
			其中：本级		18 510
总计		18 510	总计		18 510

2008年度山东省国有资本经营预算收支决算明细表

单位：万元

预算科目	决算数	预算科目	决算数
国有资本经营预算收入	18 510	国有资本经营预算支出	
非税收入	18 510	农林水事务	
国有资本经营收入	18 510	农业	
利润收入	18 510	国有资本经营预算支出	
烟草企业利润收入		林业	
石油石化企业利润收入		国有资本经营预算支出	
电力企业利润收入		水利	
电信企业利润收入		国有资本经营预算支出	
煤炭企业利润收入	9 033	交通运输	
有色冶金采掘企业利润收入		公路水路运输	
钢铁企业利润收入	4 000	国有资本经营预算支出	
化工企业利润收入		民用航空运输	
运输企业利润收入		国有资本经营预算支出	
电子企业利润收入		工业商业金融等事务	
机械企业利润收入		采掘业	
投资服务企业利润收入		国有资本经营预算支出	
纺织轻工企业利润收入		制造业	
贸易企业利润收入		国有资本经营预算支出	
建筑施工利润收入		建筑业	
房地产企业利润收入		国有资本经营预算支出	
建材企业利润收入		电力	
境外企业利润收入		国有资本经营预算支出	
对外合作企业利润收入		信息产业	
医药企业利润收入		国有资本经营预算支出	
农林牧渔企业利润收入		旅游业	
其他国有资本经营预算企业利润收入	5 477	国有资本经营预算支出	
股利、股息收入		涉外发展	
国有控股公司股利、股息收入		国有资本经营预算支出	
国有参股公司股利、股息收入		商业流通事务	
其他国有资本经营预算企业股利、股息收入		国有资本经营预算支出	
产权转让收入		烟草事务	
国有股权、股份转让收入		国有资本经营预算支出	
国有独资企业产权转让收入		其他工业商业金融等事务支出	
其他国有资本经营预算企业产权转让收入		国有资本经营预算支出	
清算收入		地震灾后恢复重建支出	
国有股权、股份清算收入		工商企业恢复生产和重建	
国有独资企业清算收入		国有资本经营预算补助项目支出	
其他国有资本经营预算企业清算收入		国有资本经营预算注入资本金	
其他国有资本经营收入		国有资本经营预算安排的贷款贴息	
		国有资本经营预算安排的其他支出	

2008 年度山东省国有资本经营预算收支决算分级表

单位：万元

预算科目	决算数合计	省级	地级	其中：地级直属乡镇	县级	乡镇级	预算科目	决算数合计	省级	地级	其中：地级直属乡镇	县级	乡镇级
利润收入	18 510	18 510					农林水事务						
股利、股息收入							交通运输						
产权转让收入							工业商业金融等事务						
清算收入							地震灾后恢复重建支出						
其他国有资本经营收入													
本年收入合计	18 510	18 510					本年收入合计						

2008年度山东省预算外财政专户资金收支决算总表

单位：万元

科目名称	决算数	科目名称	决算数
一、彩票资金收入	36 946	一、一般公共服务	289 959
二、行政事业性收费收入	3 478 128	二、外交	
三、国有资源（资产）有偿使用收入	228 223	三、国防	646
四、其他收入	252 198	四、公共安全	100 910
其中：主管部门集中收入	28 486	五、教育	1 205 007
乡镇自筹收入	4 066	六、科学技术	5 398
		七、文化体育与传媒	135 329
		八、社会保障和就业	109 870
		九、医疗卫生	67 035
		十、环境保护	34 096
		十一、城乡社区事务	587 362
		十二、农林水事务	71 882
		十三、交通运输	1 041 367
		十四、工业商业金融等事务	113 960
		十五、地震灾后恢复重建支出	32 396
		十六、其他支出	146 898
本年收入合计	3 995 495	本年支出合计	3 942 115
上级补助收入		上解上级支出	
省补助计划单列市收入		计划单列市上解省支出	
上年结余	990 720	政府调剂资金	57 715
		1．调入一般预算	54 836
		2．调入政府性基金	1 748
		3．调入地震灾后恢复重建	1 131
		年终结余	986 385
		其中：本级	189 452
总　　计	4 986 215	总　　计	4 986 215

2008年度山东省预算外财政专户资金收入决算明细表

单位：万元

预算科目	决算数	预算科目	决算数
彩票资金收入	36 946	劳动保障行政事业性收费收入	24 718
彩票发行费	36 946	证监会行政事业性收费收入	
福利彩票发行费	22 854	银监会行政事业性收费收入	
体育彩票发行费	14 092	保监会行政事业性收费收入	
其他彩票发行费收入		电力市场监管行政事业性收费收入	
其他彩票资金收入		仲裁委行政事业性收费收入	2 642
行政事业性收费收入	3 478 128	编办行政事业性收费收入	
公安行政事业性收费收入	9 084	党校行政事业性收费收入	6 284
法院行政事业性收费收入	4 118	监察行政事业性收费收入	
司法行政事业性收费收入	2 337	外文局行政事业性收费收入	
外交行政事业性收费收入	234	南水北调办行政事业性收费收入	
工商行政事业性收费收入	2795	国资委行政事业性收费收入	
商贸行政事业性收费收入	11 198	其他行政事业性收费收入	127 428
财政行政事业性收费收入	2 493	国有资源（资产）有偿使用收入	228 223
税务行政事业性收费收入	9	利息收入	16 087
海关行政事业性收费收入		财政专户存款利息收入	10 580
审计行政事业性收费收入	65	有价证券利息收入	
人口和计划生育行政事业性收费收入	6 017	其他利息收入	5 507
人事部门行政事业性收费收入	17 049	非经营性国有资产收入	54 240
国管局行政事业性收费收入		行政单位国有资产出租收入	14 529
外专局行政事业性收费收入		行政单位国有资产处置收入	4 565
保密行政事业性收费收入		事业单位国有资产处置收入	14 327
质量监督检验检疫行政事业性收费收入	77 399	其他非经营性国有资产收入	20 819
出版行政事业性收费收入	54	出租车经营权有偿出让和转让收入	
安全生产行政事业性收费收入	44	其他国有资源（资产）有偿使用收入	157 896
档案行政事业性收费收入	110	其他收入	252 198
港澳办行政事业性收费收入		捐赠收入	139 806
贸促会行政事业性收费收入	914	国外捐赠收入	308
宗教行政事业性收费收入		国内捐赠收入	117 716
人防办行政事业性收费收入	5 290	汶川地震捐赠收入	21 782
中直管理局行政事业性收费收入		主管部门集中收入	28 486
文化行政事业性收费收入	2 943	国际赠款有偿使用费收入	
教育行政事业性收费收入	1 263 897	乡镇自筹收入	4 066
科技行政事业性收费收入	3 082	其他收入	79 840
体育行政事业性收费收入	7 890		
发展与改革（物价）行政事业性收费收入	10 936		
统计行政事业性收费收入	283		
国土资源行政事业性收费收入	5 207		
建设行政事业性收费收入	672 487		
知识产权行政事业性收费收入			
环保行政事业性收费收入	28		
旅游行政事业性收费收入	2 696		
海洋行政事业性收费收入	295		
测绘行政事业性收费收入	17		
烟草行政事业性收费收入			
铁路行政事业性收费收入	4 745		
民航行政事业性收费收入			
交通行政事业性收费收入	1 054 247		
信息产业行政事业性收费收入	15		
农业行政事业性收费收入	12 008		
林业行政事业性收费收入	1 041		
水利行政事业性收费收入	43 693		
卫生行政事业性收费收入	58 061		
食品药品监督行政事业性收费收入	2 923		
民政行政事业性收费收入	31 352	合　　计	3 995 495

2008年度山东省预算外财政专户资金支出决算功能分类明细表

单位：万元

预算科目	决算数	预算科目	决算数	预算科目	决算数
一般公共服务	289 959	外交		科技交流与合作	
人大事务	129	国防	646	其他科学技术支出	349
政协事务	20	公共安全	100 910	文化体育与传媒	135 329
政府办公厅（室）及相关机构事务	29 950	武装警察	269	文化	3 828
发展与改革事务	11 546	公安	31 638	文物	1 496
统计信息事务	351	国家安全		体育	3 357
财政事务	6 678	检察	952	广播影视	122 550
税收事务	43	法院	12 469	新闻出版	769
审计事务	1 451	司法	5 374	其他文化体育与传媒支出	3 329
海关事务		监狱	49 576	社会保障和就业	109 870
人事事务	11 475	劳教	315	社会保障和就业管理事务	15 923
纪检监察事务	111	国家保密		民政管理事务	11 752
人口与计划生育事务	15 086	缉私警察		财政对社会保险基金的补助	
商贸事务	2 476	其他公共安全支出	317	行政事业单位离退休	6 665
知识产权事务	30	教育	1 205 007	企业改革补助	
工商行政管理事务	13 738	教育管理事务	33 655	就业补助	883
食品和药品监督管理事务	2 831	普通教育	784 616	抚恤	2 916
质量技术监督与检验检疫事务	65 676	职业教育	288 471	退役安置	1 377
国土资源事务	37 456	成人教育	3 826	社会福利	16 988
海洋管理事务	1 335	广播电视教育	8 459	残疾人事业	933
测绘事务	311	留学教育		城市居民最低保障	61
地震事务	542	特殊教育	452	其他城镇社会救济	1 782
气象事务		教师进修及干部继续教育	49 965	自然灾害生活救助	26 491
民族事务	1 225	教育附加及基金支出	11	红十字事业	4 874
宗教事务	32	其他教育支出	35 552	农村最低生活保障	36
港澳台侨事务	60	科学技术	5 398	其他农村社会救济	152
档案事务	246	科学技术管理事务	363	其他社会保障和就业支出	19 037
共产党事务	2 020	基础研究	349	医疗卫生	67 035
民主党派及工商联事务	5	应用研究	354	医疗卫生管理事务	15 882
群众团体事务	3 736	技术研究与开发	553	医疗服务	13 047
彩票事务	50 510	科技条件与服务	2 526	社区卫生服务	81
国债事务	5 150	社会科学	163	医疗保障	854
其他一般公共服务支出		科学技术普及	741	疾病预防控制	11 331

续表

预算科目	决算数	预算科目	决算数	预算科目	决算数
卫生监督	816	农林水事务	71 882	国有资产监管	390
妇幼保健	5 753	农业	19 244	中小企业事务	274
农村卫生	502	林业	2 150	石油价格改革财政补贴	
中医药		水利	45 487	其他工业商业金融等事务支出	19 046
其他医疗卫生支出	18 769	南水北调		地震灾后恢复重建支出	32 396
环境保护	34 096	扶贫		倒塌毁损民房恢复重建	2 955
环境保护管理事务	3 352	农业综合开发	6	基础设施恢复重建	125
环境监测与监察	677	其他农林水事务支出	4 995	公益服务设施恢复重建	1 000
污染防治	21 843	交通运输	1 041 367	农业林业恢复生产和重建	
自然生态保护		公路水路运输	1 027 046	工商企业恢复生产和重建	2 000
天然林保护		铁路运输	5 493	党政机关恢复重建	
退耕还林		民用航空运输		军队武警恢复重建支出	
风沙荒漠治理		其他交通运输支出	8 828	其他恢复重建支出	26 316
退牧还草		工业商业金融等事务	113 960	其他支出	146 898
已垦草原退耕还草		采掘业	1 667	住房改革支出	3 902
能源节约利用	6 267	制造业	10 618	汶川地震捐赠支出	85 504
污染减排	195	建筑业	4 712	其他支出	57 492
可再生能源		电力	726		
其他环境保护支出	1 762	信息产业	992		
城乡社区事务	587 362	旅游业	8 666		
城乡社区管理事务	149 205	涉外发展	29		
城乡社区规划与管理	58 056	粮油事务	58 668		
城乡社区公共设施	274 524	商业流通事务	2 352		
城乡社区住宅	19 832	物资储备	10		
城乡社区环境卫生	38 287	金融业	4 723		
建设市场管理与监督	7 696	烟草事务			
其他城乡社区事务支出	39 762	安全生产	1 087	合　计	3 942 115

2008 年度山东省预算外财政专户资金收支决算分级表

单位：万元

预算科目	决算数合计	省级	地级	其中：地级直属乡镇	县级	乡镇级	预算科目	决算数合计	省级	地级	其中：地级直属乡镇	县级	乡镇级
一、彩票资金收入	36 946	22 961	13 985				一、一般公共服务	289 959	117 892	78 541		88 669	4 857
二、行政事业性收费收入	3 478 128	1 637 164	1 069 002		766 331	5 631	二、外交						
三、国有资源（资产）有偿使用收入	228 223	11 210	128 547		81 747	6 719	三、国防	646		162		484	
四、其他收入	252 198	77 682	110 837		54 157	9 522	四、公共安全	100 910	55 927	20 580		24 353	50
其中：主管部门集中收入	28 486	16 003	3 113		9 116	254	五、教育	1 205 007	556 146	306 075		341 871	915
乡镇自筹收入	4 066					4 066	六、科学技术	5 398	3 778	1 440		180	
							七、文化体育与传媒	135 329	1 067	85 244		48 901	117
							八、社会保障和就业	109 870	4 558	73 347		31 624	341
							九、医疗卫生	67 035	4 288	37 300		25 196	251
							十、环境保护	34 096		22 340		11 712	44
							十一、城乡社区事务	587 362	2 999	400 639		182 324	1 400
							十二、农林水事务	71 882	4 202	27 185		39 407	1 088
							十三、交通运输	1 041 367	946 479	66 292		28 546	50
							十四、工业商业金融等事务	113 960	3 177	96 893		12 745	1 145
							十五、地震灾后恢复重建支出	32 396	26 385	6 011			
							十六、其他支出	146 898	81 944	33 815		30 451	688
本年收入合计	3 995 495	1 749 017	1 322 371		902 235	21 872	本年支出合计	3 942 115	808 842	1 255 864		866 463	10 946

2008 年度山东省政府性收支决算总表

单位：万元

预算科目	政府性收入	一般预算	政府性基金	国有资本经营预算	预算外财政专户资金	预算科目	政府性支出	一般预算	政府性基金	国有资本经营预算	预算外财政专户资金
一、税收收入	15 335 324	15 335 324				一、一般公共服务	5 068 276	4 682 351	95 966		289 959
增值税	3 337 763	3 337 763				二、外交					
营业税	3 960 900	3 960 900				三、国防	41 105	40 459			646
企业所得税	2 299 728	2 299 728				四、公共安全	1 833 522	1 732 612			100 910
企业所得税退税	−8 324	−8 324				五、教育	6 851 844	5 509 929	136 908		1 205 007
个人所得税	611 251	611 251				六、科学技术	576 731	571 333			5 398
资源税	288 063	288 063				七、文化体育与传媒	700 247	552 178	12 740		135 329
固定资产投资方向调节税	30	30				八、社会保障和就业	2 993 244	2 850 525	32 849		109 870
城市维护建设税	1 041 367	1 041 367				九、医疗卫生	1 471 219	1 404 184			67 035
房产税	472 576	472 576				十、环境保护	620 098	586 002			34 096
印花税	203 026	203 026				十一、城乡社区事务	11 894 153	2 894 598	8 412 193		587 362
城镇土地使用税	1 035 689	1 035 689				十二、农林水事务	2 579 165	2 353 000	154 283		71 882
土地增值税	365 577	365 577				十三、交通运输	2 542 558	300 454	1 200 737		1 041 367
车船税	126 429	126 429				十四、工业商业金融等事务	2 679 573	2 543 623	21 990		113 960
耕地占用税	631 975	631 975				十五、地震灾后恢复重建支出	66 061	33 665			32 396
契税	952 121	952 121				十六、其他支出	1 187 995	991 700	49 397		146 898
烟叶税	17 124	17 124									
其他税收收入	29	29									
二、非税收入	18 582 874	4 235 217	10 333 652	18 510	3 995 495						
政府性基金收入	10 333 652		10 333 652								
专项收入	812 681	812 681									
彩票资金收入	36 946				36 946						
行政事业性收费收入	5 110 109	1 631 981			3 478 128						
罚没收入	592 922	592 922									
国有资本经营收入	664 666	646 156		18 510							
国有资源（资产）有偿使用收入	558 663	330 440			228 223						
其他收入	473 235	221 037			252 198						

续表

预算科目	政府性收入	一般预算	政府性基金	国有资本经营预算	预算外财政专户资金	预算科目	政府性支出	一般预算	政府性基金	国有资本经营预算	预算外财政专户资金
本年收入小计	33 918 198	19 570 541	10 333 652	18 510	3 995 495	本年支出小计	41 105 791	27 046 613	10 117 063		3 942 115
转移性收入	8 606 084	8 398 862	207 222			转移性支出	489 083	489 083			
返还性收入	2 588 941	2 588 941				体制上解支出	250 253	250 253			
财力性转移支付收入	2 558 267	2 558 267				出口退税上解支出	195 446	195 446			
专项补助收入	3 251 654	3 251 654				专项上解支出	43 384	43 384			
地震灾后恢复重建补助收入						政府性基金上解支出					
政府性基金补助收入	207 222		207 222			预算外上解支出					
预算外补助收入											
省补助计划单列市收入						计划单列市上解省支出					
						增设预算周转金	412	412			
国债转贷收入						拨付国债转贷资金数	650	650			
国债转贷资金上年结余	20 915	20 915				国债转贷资金结余	15 246	15 246			
国债转贷转补助	-5 019	-5 019									
上年结余	6 351 692	3 077 703	2 283 269		990 720						
调入预算稳定调节基金						安排预算稳定调节基金					
调入资金	53 266	108 818	20 948			调出资金		18 160	1 756		
从一般预算调入			18 160			调出至一般预算			1 756		
从政府性基金调入		1 756				调出至政府性基金		18 160			
从国有资本经营预算调入											
从预算外调入		54 836	1 748								
从其他调入	53 266	52 226	1 040			政府调剂资金					57 715
地震灾后恢复重建调入资金		1 131				调出至一般预算					54 836
从预算稳定调节基金调入						调出至政府性基金					1 748
从预算外资金调入		1 131				调出至地震灾后恢复重建					1 131
						年终结余	7 333 954	3 602 787	2 726 272	18 510	986 385
总　　计	48 945 136	31 172 951	12 845 091	18 510	4 986 215	总　　计	48 945 136	31 172 951	12 845 091	18 510	4 986 215

2008 年山东省国有企业资产负债表

单位：万元

项　目	行次	年末余额	期初余额	项　目	行次	年末余额	期初余额
流动资产：	1	—	—	流动负债：	47	—	—
货币资金	2	15 617 711.1	13 109 512.4	短期借款	48	17 682 699.8	16 061 260.0
Δ交易性金融资产	3	392 891.6	115 206.2	Δ交易性金融负债	49	9 759.1	131 060.9
#短期投资	4	311 088.4	109 520.1	#应付权证	50	0.0	0.0
应收票据	5	3 244 117.3	3 374 171.4	应付票据	51	4 955 962.8	3 681 812.3
应收账款	6	6 024 935.3	5 415 775.1	应付账款	52	10 431 442.0	9 683 875.2
预付款项	7	4 980 855.1	4 620 232.2	预收款项	53	4 307 546.5	4 341 409.6
应收股利	8	223 490.5	143 358.6	应付职工薪酬	54	2 122 376.0	2 063 695.1
应收利息	9	83 113.6	169 802.2	其中：应付工资	55	1 357 589.5	1 205 033.1
其他应收款	10	11 882 099.8	9 661 101.8	应付福利费	56	184 671.8	275 158.0
存货	11	13 433 728.5	11 494 040.4	应交税费	57	968 241.4	1 303 636.2
其中：原材料	12	4 066 553.6	3 545 071.0	其中：应交税金	58	690 041.6	1 027 275.5
库存商品（产成品）	13	5 207 042.5	4 174 447.1	应付利息	59	131 559.9	92 311.3
一年内到期的非流动资产	14	172 110.0	181 488.5	应付股利	60	560 418.7	372 151.8
其他流动资产	15	1 651 354.4	1 301 728.1	其他应付款	61	14 713 016.7	12 749 597.6
流动资产合计	16	58 017 495.6	49 697 937.1	一年内到期的非流动负债	62	1 509 538.3	1 216 028.1
非流动资产：	17	—	—	其他流动负债	63	3 046 212.1	2 064 651.4
Δ可供出售金融资产	18	437 776.8	1 149 782.7	流动负债合计	64	60 438 773.4	53 761 489.5
Δ持有至到期投资	19	450 203.9	549 660.8	非流动负债：	65	—	—
#长期债权投资	20	362 881.8	342 217.1	长期借款	66	15 538 159.4	13 814 127.4
Δ长期应收款	21	63 425.1	55 458.9	应付债券	67	1 070 964.6	554 944.9
长期股权投资	22	9 264 968.8	7 152 374.2	长期应付款	68	1 567 818.1	1 451 153.9
#股权分置流通权	23	39 790.1	39 840.4	专项应付款	69	996 764.6	721 695.1
Δ投资性房地产	24	225 099.7	201 804.5	预计负债	70	234 674.6	78 267.2
固定资产原价	25	57 237 648.9	51 941 469.9	Δ递延所得税负债	71	215 808.6	340 700.8
减：累计折旧	26	18 861 864.4	16 337 022.9	#递延税款贷项	72	6 081.5	4 365.6
固定资产净值	27	38 375 784.5	35 604 447.0	其他非流动负债	73	23 770.4	20 337.0
减：固定资产减值准备	28	188 736.5	181 545.0	其中：特准储备基金	74	52.8	52.8

续表

项　　目	行次	年末余额	期初余额	项　　目	行次	年末余额	期初余额
固定资产净额	29	38 187 048.0	35 422 902.0	非流动负债合计	75	19 654 041.7	16 985 591.9
在建工程	30	8 866 613.9	7 277 176.2	负 债 合 计	76	80 092 815.1	70 747 081.4
工程物资	31	345 397.3	255 756.6	所有者权益（或股东权益）：	77	—	—
固定资产清理	32	88 048.3	41 460.7	实收资本（股本）	78	15 824 751.0	12 956 901.3
Δ生产性生物资产	33	31 508.6	9 216.0	国家资本	79	10 322 723.9	8 686 767.3
Δ油气资产	34	0.0	0.0	集体资本	80	56 996.4	56 357.0
无形资产	35	6 497 601.6	5 346 130.8	法人资本	81	4 325 168.0	3 316 132.4
其中：土地使用权	36	2 673 519.8	2 409 359.2	其中：国有法人资本	82	3 761 937.2	2 805 246.4
Δ开发支出	37	4 132.3	1 524.9	集体法人资本	83	327 823.5	264 134.5
Δ商誉	38	246 854.8	237 564.7	个人资本	84	693 378.7	639 602.4
*#合并价差	39	3 950.6	1 283.0	外商资本	85	426 483.9	258 042.1
长期待摊费用（递延资产）	40	453 237.3	422 341.9	资本公积	86	15 629 757.5	15 230 568.0
Δ递延所得税资产	41	440 921.8	334 157.7	减：库存股	87	19.0	0.0
#递延税款借项	42	18 335.0	14 864.2	盈余公积	88	2 610 231.4	2 152 562.6
其他非流动资产（其他长期资产）	43	945 275.8	938 838.3	Δ一般风险准备	89	6156.1	694.5
其中：特准储备物资	44	52.8	52.8	#未确认投资损失（以“－”号填列）	90	－85 690.4	－80 893.7
非流动资产合计	45	66 973 071.8	59 786 355.7	未分配利润	91	1 737 520.6	578 887.1
				其中：现金股利	92	74 375.0	21 082.7
				*外币报表折算差额	93	－11 713.7	－2 603.8
				归属于母公司所有者权益合计	94	35 710 993.4	30 836 116.0
				*少数股东权益	95	9 192 735.8	7 907 111.1
				所有者权益合计	96	44 903 729.2	38 743 227.1
				#减：资产损失	97	5 976.9	6 015.8
				所有者权益合计（剔除资产损失后的金额）	98	44 897 752.3	38 737 211.3
资产总计	46	124 990 567.4	109 484 292.7	负债和所有者权益总计	99	124 990 567.4	109 484 292.7

注：表中带*项目为合并会计报表专用；表中加Δ仿宋体项目为执行新会计准则企业专用，其他企业不填；表中加#楷体项目为执行企业会计制度企业专用，执行新会计准则企业不填。

2008年山东省国有企业利润表

单位：万元

项　目	行次	本期金额	上期金额	项　目	行次	本期金额	上期金额
一、营业总收入	1	85 073 473.3	72 423 404.0	其中：对联营企业和合营企业的投资收益	22	523.4	26 395.6
其中：营业收入	2	84 951 758.9	73 307 932.0	三、营业利润（亏损以“－”号填列）	23	4 899 880.6	5 223 997.2
其中：主营业务收入	3	80 020 039.7	67 953 938.8	加：营业外收入	24	789 759.6	582 188.7
其他业务收入	4	4 176 622.3	3 608 622.5	其中：非流动性资产处置利得	25	54 721.0	47 568.4
二、营业总成本	5	80 939 368.9	68 091 126.5	非货币性资产交换利得（非货币性交易收益）	26	477.6	860.0
其中：营业成本	6	69 282 539.3	58 031 094.2	政府补助（补贴收入）	27	451 499.9	319 529.1
其中：主营业务成本	7	64 630 408.1	53 982 173.1	债务重组利得	28	13 209.0	2 544.8
其他业务成本	8	3 451 431.7	3 029 829.0	减：营业外支出	29	325 356.9	348 534.6
营业税金及附加	9	1 023 213.2	903 360.5	其中：非流动资产处置损失	30	69 238.5	91 636.7
销售费用	10	2 592 779.3	2 426 730.5	非货币性资产交换损失（非货币性交易损失）	31	101.8	834.0
管理费用	11	5 851 184.9	5 081 775.3	债务重组损失	32	-3 045.5	1 281.5
其中：业务招待费	12	142 758.7	132 432.5	四、利润总额（亏损总额以“－”号填列）	33	5 364 283.3	5 457 651.3
研究与开发费	13	204 197.7	230 532.0	减：所得税费用	34	1 363 050.1	1 620 608.9
财务费用	14	1 776 149.2	1 370 172.3	加：#未确认的投资损失	35	13 842.4	8 739.8
其中：利息支出	15	1 905 975.1	1 527 824.3	五、净利润（净亏损以“－”号填列）	36	4 015 075.5	3 845 782.2
利息收入	16	320 246.5	224 806.3	减：＊少数股东损益	37	1 620 537.6	1 421 455.0
汇兑净损失（净收益以“－”号填列）	17	12 662.7	-80 276.5	六、归属于母公司所有者的净利润	38	2 394 616.5	2 403 340.4
△资产减值损失	18	413 503.0	277 993.7	七、每股收益：	39	0.0	0.0
其他	19	0.0	0.0	基本每股收益	40	0.0	0.0
加：公允价值变动收益（损失以“－”号填列）	20	-73 965.7	34 191.0	稀释每股收益	41	0.0	0.0
投资收益（损失以“－”号填列）	21	839 741.8	857 528.8				

注：表中带＊项目为合并会计报表专用；表中加△仿宋体项目为执行新会计准则企业专用，其他企业不填；表中加#楷体项目为执行企业会计制度企业专用，执行新会计准则企业不填。

2008 年山东省国有企业现金流量表

单位：万元

项　　目	行次	本期金额	上期金额	项　　目	行次	本期金额	上期金额
一、经营活动产生的现金流量：	1	—	—	取得子公司及其他营业单位支付的现金净额	21	268 045.8	227 364.9
销售商品、提供劳务收到的现金	2	84 681 910.5	71 500 841.0	支付其他与投资活动有关的现金	22	1 201 915.9	592 974.7
收到的税费返还	3	566 483.5	478 529.3	投资活动现金流出小计	23	11 257 398.9	9 980 532.8
收到的其他与经营活动有关的现金	4	13 731 962.7	11 869 345.7	投资活动产生的现金流量净额	24	-8 569 591.7	-7 902 594.5
经营活动现金流入小计	5	98 980 356.7	83 848 716.1	三、筹资活动产生的现金流量：	25	—	—
购买商品、接收劳务支付的现金	6	63 081 884.4	53 347 228.4	吸收投资所收到的现金	26	1 782 164.3	2 302 810.5
支付给职工以及为职工支付的现金	7	6 665 850.8	5 405 244.3	其中：子公司吸收少数股东投资收到的现金	27	141 207.7	1 074 154.3
支付的各项税费	8	6 631 795.1	5 417 871.6	取得借款所收到的现金	28	28 408 750.3	25 163 410.7
支付其他与经营活动有关的现金	9	14 831 681.8	13 302 351.8	收到其他与筹资活动有关的现金	29	2 394 164.1	2 581 914.3
经营活动产生的现金流出小计	10	91 211 211.9	77 472 696.2	筹资活动现金流入小计	30	32 585 078.6	30 048 135.6
经营活动产生的现金流量净额	11	7 769 144.8	6 376 019.8	偿还债务所支付的现金	31	24 339 138.7	21 885 964.7
二、投资活动产生的现金流量：	12	—	—	分配股利、利润或偿付利息所支付的现金	32	3 099 761.2	2 189 667.9
收回投资所收到的现金	13	1 302 900.6	1 006 395.4	其中：子公司支付给少数股东的股利、利润	33	297 200.9	186 667.7
取得投资收益所收到的现金	14	441 957.7	392 381.3	支付其他与筹资活动有关的现金	34	1 907 501.8	1 816 755.5
处置固定资产、无形资产和其他长期资产所收回的现金净额	15	285 567.3	260 611.9	筹资活动现金流出小计	35	29 346 401.7	25 892 388.1
处置子公司及其他经营单位收回的现金净额	16	48 010.8	105 599.9	筹资活动产生的现金流量净额	36	3 238 676.9	4 155 747.4
收到其他与投资活动有关的现金	17	609 370.8	312 949.8	四、汇率变动对现金及现金等价物的影响	37	-14 571.1	-8 021.0
投资活动现金流入小计	18	2 687 807.2	2 077 938.3	五、现金及现金等价物净增加额	38	2 423 659.0	2 621 151.8
购建固定资产、无形资产和其他长期资产所支付的现金	19	7 048 538.3	7 248 615.6	加：期初现金及现金等价物余额	39	13 236 866.1	10 563 612.2
投资支付的现金	20	2 738 899.0	1 911 577.6	六、期末现金及现金等价物余额	40	15 660 525.0	13 184 764.0

2008 年山东省国有企业所有者权益变动表

单位：万元

项目	行次	本年金额										
		归属于母公司所有者权益								少数股东权益	减：资产损失	所有者权益合计
		实收资本（或股本）	资本公积	减：库存股	盈余公积	一般风险准备	未分配利润	其他	小计			
栏次	0	1	2	3	4	5	6	7	8	9	10	11
一、上年年末余额	1	12 956 901.3	15 230 568.0	0.0	2 152 562.6	694.5	578 887.1	-83 497.5	30 836 116.0	7 907 111.1	6 015.8	38 737 211.3
加：会计政策变更	2	—	—	—	—	—	—	—	—	—	—	—
前期差错更正	3	—	—	—	—	—	—	—	—	—	—	—
二、本年年初余额	4	12 956 901.3	15 230 568.0	0.0	2 152 562.6	694.5	578 887.1	-83 497.5	30 836 116.0	7 907 111.1	6 015.8	38 737 211.3
三、本年增减变动金额（减少以“-”号填列）	5	2 867 849.7	399 189.4	19.0	457 668.8	5 461.6	1 158 633.5	-13 906.6	4 874 877.4	1 285 624.8	-38.8	6 160 541.0
（一）净利润	6	0.0	0.0	0.0	0.0	0.0	2 394 616.5	0.0	2 394 616.5	1 620 537.6	78.6	4 015 075.5
（二）直接计入所有者权益的利得和损失	7	-13.3	42 418.4	0.0	80 157.8	0.0	-41 030.8	-19 958.0	61 574.0	59 587.1	-117.4	121 278.6
1. 可供出售金融资产公允价值变动净额	8	0.0	-639 518.5	0.0	0.0	0.0	0.0	0.0	-639 518.5	-27 463.5	0.0	-666 982.0
2. 权益法下被投资单位其他所有者权益变动的影响	9	0.0	138 080.4	0.0	0.0	0.0	0.0	-6 314.5	131 765.9	-4 093.5	0.0	127 672.4
3. 与计入所有者权益项目有关的所得税影响	10	0.0	151 299.3	0.0	0.0	0.0	0.0	0.0	151 299.3	3 666.2	0.0	154 965.5
4. 其他	11	-13.3	392 557.2	0.0	80 157.8	0.0	-41 030.8	-13 643.6	418 027.3	87 478.0	-117.4	505 622.7
净利润及直接计入所有者权益的利得和损失小计	12	-13.3	42 418.4	0.0	801 57.8	0.0	2 353 585.7	-19 958.0	2 456 190.5	1 680 124.7	-38.8	4 136 354.1
（三）所有者投入和减少资本	13	2 212 225.4	1 095 635.5	19.0	43.4	0.0	595.2	7482.7	3 315 963.2	279 249.0	0.0	3 595 212.2
1. 所有者投入资本	14	1 951 858.1	528 548.7	0.0	43.4	0.0	436.3	26.2	2 480 912.7	312 210.3	0.0	2 793 123.0
2. 股份支付计入所有者权益的金额	15	0.0	2 379.5	0.0	0.0	0.0	0.0	0.0	2 379.5	0.0	0.0	2 379.5
3. 其他	16	260 367.3	564 707.3	19.0	0.0	0.0	158.8	7 456.5	832 671.0	-32 961.2	0.0	799 709.7
（四）利润分配	17	16 964.1	-6.4	0.0	372 288.7	5 461.6	-1 292 114.8	-810.1	-898 216.9	-680 471.6	0.0	-1 578 688.5
1. 提取盈余公积	18	0.0	0.0	0.0	376 543.7	0.0	-376 543.7	0.0	0.0	-73 281.4	0.0	-73 281.4
其中：法定公积金	19	0.0	0.0	0.0	321 310.3	0.0	-321 310.3	0.0	0.0	-74 120.4	0.0	-74 120.4

续表

项　　目	行次	本年金额										
		归属于母公司所有者权益								少数股东权益	减：资产损失	所有者权益合计
		实收资本（或股本）	资本公积	减：库存股	盈余公积	一般风险准备	未分配利润	其他	小计			
栏　　次	0	1	2	3	4	5	6	7	8	9	10	11
任意公积金	20	0.0	0.0	0.0	55 233.4	0.0	-55 233.4	0.0	0.0	839.1	0.0	839.1
2. 提取一般风险准备（金融企业填报）	21	0.0	0.0	0.0	0.0	0.0	0.0	0.0	0.0	0.0	0.0	0.0
3. 对所有者（或股东）的分配	22	16 964.0	0.0	0.0	0.0	0.0	-752 405.4	0.0	-735 441.3	-460 375.6	0.0	-1 195 816.9
4. 其他	23	0.1	-6.4	0.0	-4 255.0	5 461.6	-163 165.7	-810.1	-162 775.5	-146 814.7	0.0	-309 590.2
（五）所有者权益内部结转	24	638 673.5	-738 858.0	0.0	5 178.9	0.0	96 567.4	-621.2	940.6	6 722.6	0.0	7 663.2
1. 资本公积转增资本（或股本）	25	619 143.1	-619 143.1	0.0	0.0	0.0	0.0	0.0	0.0	0.0	0.0	0.0
2. 盈余公积转增资本（或股本）	26	20 566.8	0.0	0.0	-20 566.8	0.0	0.0	0.0	0.0	0.0	0.0	0.0
3. 盈余公积弥补亏损	27	0.0	0.0	0.0	30 029.5	0.0	-30 029.5	0.0	0.0	0.0	0.0	0.0
4. 其他	28	-1 036.5	-119 714.9	0.0	-4 283.8	0.0	126 596.9	-621.2	940.6	6 722.6	0.0	7 663.2
四、本年年末余额	29	15 824 751.0	15 629 757.5	19.0	2 610 231.4	6 156.1	1 737 520.6	-97 404.1	35 710 993.4	9 192 735.8	5976.9	44 897 752.3

续表

项目	行次	本年金额										
		归属于母公司所有者权益								少数股东权益	减：资产损失	所有者权益合计
		实收资本（或股本）	资本公积	减：库存股	盈余公积	一般风险准备	未分配利润	其他	小计			
栏　次		12	13	14	15	16	17	18	19	20	21	22
一、上年年末余额		12 405 206.9	11 228 143.6	0.0	1 925 681.8	0.0	-7 79 713.3	-95 296.0	24 684 023.0	6 194 756.1	6 120.2	30 872 658.9
加：会计政策变更		-3 078.7	-7 450.2	0.0	-59 440.6	0.0	53 770.8	18 428.2	2 229.4	18 024.3	0.0	20 253.7
前期差错更正		25 223.5	33 865.7	0.0	5 807.3	0.0	77 220.3	-3 714.3	138 402.7	50 002.8	0.0	188 405.5
二、本年年初余额		12 427 351.7	11 254 559.1	0.0	1 872 048.5	0.0	-648 722.1	-80 582.1	24 824 655.1	6 262 783.2	6 120.2	31 081 318.1
三、本年增减变动金额（减少以“-”号填列）		529 549.6	3 976 008.9	0.0	280 514.1	694.5	1 227 609.2	-2915.4	6 011 461.0	1 644 327.8	-104.4	7 655 893.3
（一）净利润		0.0	20 882.4	0.0	0.0	0.0	2 403 340.4	0.0	2 424 222.7	1 421 455.0	-104.4	3 845 782.2
（二）直接计入所有者权益的利得和损失		-14.4	1 389 993.3	0.0	-16 065.3	0.0	-1 455.2	-5 315.6	1 367 142.9	67 045.0	0.0	1 434 187.9
1. 可供出售金融资产公允价值变动净额		0.0	817 688.7	0.0	0.0	0.0	0.0	0.0	817 688.7	24 637.1	0.0	842 325.8
2. 权益法下被投资单位其他所有者权益变动的影响		-14.4	95 957.7	0.0	0.0	0.0	-195.3	-6 086.7	89 661.3	19 445.4	0.0	109 106.7
3. 与计入所有者权益项目有关的所得税影响		0.0	-192 408.0	0.0	0.0	0.0	0.0	0.0	-192 408.0	-3 050.5	0.0	-195 458.5
4. 其他		0.0	668 755.0	0.0	-16 065.3	0.0	-1 259.9	771.1	652 200.9	26 013.0	0.0	678 213.9
净利润及直接计入所有者权益的利得和损失小计		-14.4	1 410 875.7	0.0	-16 065.3	0.0	2 401 885.2	-5 315.6	3 791 365.6	1 488 500.0	0.0	5 279 970.1
（三）所有者投入和减少资本		404 885.3	2 706 374.1	0.0	-417.9	0.0	6 298.1	160.8	3 117 300.4	563 085.2	0.0	3 680 385.5
1. 所有者投入资本		370 602.3	1 125 331.0	0.0	1.1	0.0	0.0	153.2	1 496 087.5	535 957.6	0.0	2 032 045.1
2. 股份支付计入所有者权益的金额		-655.8	95 595.5	0.0	0.0	0.0	0.0	0.0	94 939.8	0.0	0.0	94 939.8
3. 其他		34 938.7	1 485 447.6	0.0	-418.9	0.0	6 298.1	7.6	1 526 273.1	27 127.6	0.0	1 553 400.7
（四）利润分配		48 938.3	-24 789.1	0.0	280 477.8	694.5	-786 217.6	2 374.6	-478 521.5	-415 740.0	0.0	-894 261.5
1. 提取盈余公积		0.0	0.0	0.0	301 772.1	0.0	-301 772.1	0.0	0.0	-58 282.8		-58 282.8
其中：法定公积金		0.0	0.0	0.0	174 828.6	0.0	-174 828.6	0.0	0.0	-58 282.8	0.0	-58 282.8
任意公积金		0.0	0.0	0.0	126 943.5	0.0	-126 943.5	0.0	0.0	0.0	0.0	0.0

续表

项　　目	行次	本年金额										
		归属于母公司所有者权益								少数股东权益	减：资产损失	所有者权益合计
		实收资本（或股本）	资本公积	减：库存股	盈余公积	一般风险准备	未分配利润	其他	小计			
栏　　次		12	13	14	15	16	17	18	19	20	21	22
2. 提取一般风险准备（金融企业填报）		0.0	0.0	0.0	0.0	694.5	-694.5	0.0	0.0	0.0	0.0	0.0
3. 对所有者（或股东）的分配		48 938.3	0.0	0.0	-10.2	0.0	-395 963.9	0.0	-347 035.8	-352 043.8	0.0	-699 079.7
4. 其他		0.0	-24 789.1	0.0	-21 284.1	0.0	-87 787.1	2 374.6	-131 485.7	-5 413.4	0.0	-136 899.0
（五）所有者权益内部结转		75 740.5	-116 451.8	0.0	16 519.5	0.0	-394 356.5	-135.2	-418 683.5	8 482.7	0.0	-410 200.9
1. 资本公积转增资本（或股本）		77 861.3	-77 861.3	0.0	0.0	0.0	0.0	0.0	0.0	0.0	0.0	0.0
2. 盈余公积转增资本（或股本）		17 006.7	0.0	0.0	-17 006.7	0.0	0.0	0.0	0.0	5 038.3	0.0	5 038.3
3. 盈余公积弥补亏损		0.0	0.0	0.0	32 879.1	0.0	-32 879.1	0.0	0.0	0.0	0.0	0.0
4. 其他		-19 127.5	-38 590.6	0.0	647.0	0.0	-361 477.3	-135.2	-418 683.5	3 444.4	0.0	-415 239.1
四、本年年末余额		12 956 901.3	15 230 568.0	0.0	2 152 562.6	694.5	5 788 87.1	-83 497.5	30 836 116.0	7 907 111.1	6 015.8	38 737 211.3

2008 年山东省国有企业应上交应弥补款项表

单位：万元

项目	行次	金额	项目	行次	金额	项目	行次	金额
一、增值税：	1	—	本年已交进口关税	37	59 342.9	年末未交数	73	18 312.9
年初未交数	2	304 230.3	本年已交出口关税	38	89 408.9	十六、基本养老保险：	74	—
本年应交数	3	2 972 804.1	九、企业所得税：	39	—	年初未交数	75	120 994.6
本年已交数	4	3 111 463.5	年初未交数	40	698 947.7	本年应交数	76	740 343.8
年末未交数	5	165 571.0	本年应交数	41	1 530 586.5	本年已交数	77	715 943.5
二、消费税：	6	—	本年已交数	42	1 789 917.6	年末未交数	78	145 394.9
年初未交数	7	39 176.6	年末未交数	43	439 616.7	十七、基本医疗保险：	79	—
本年应交数	8	193 888.1	十、其他各税：	44	—	年初未交数	80	141 13.0
本年已交数	9	192 751.3	年初未交数	45	142 537.8	本年应交数	81	246 134.0
年末未交数	10	40 313.4	本年应交数	46	466 819.6	本年已交数	82	235 555.1
三、营业税：	11	—	本年已交数	47	445 950.5	年末未交数	83	24 691.9
年初未交数	12	68 429.0	年末未交数	48	163 406.9	十八、工伤保险：	84	—
本年应交数	13	363 705.6	十一、财政拨款：	49	—	年初未交数	85	3 399.4
本年已交数	14	332 516.5	年初结余	50	70 706.9	本年应交数	86	38 092.9
年末未交数	15	99 618.1	本年拨入	51	197 673.6	本年已交数	87	37 282.6
四、资源税：	16	—	本年支出	52	143 297.8	年末未交数	88	4 209.6
年初未交数	17	2 643.6	本年结余	53	125 082.6	十九、生育保险：	89	—
本年应交数	18	74 965.9	十二、储备粮油差价款：	54	—	年初未交数	90	3 030.4
本年已交数	19	74 120.4	年初未补数	55	36.4	本年应交数	91	20 388.1
年末未交数	20	3 489.2	本年应补数	56	4 922.7	本年已交数	92	19 896.9
五、城建税：	21	—	本年已补数	57	4 761.3	年末未交数	93	3 521.6
年初未交数	22	32 307.1	年末未补数	58	197.8	二十、石油特别收益金：	94	—
本年应交数	23	208 209.7	十三、预算弥补亏损及补贴：	59	—	本年应交数	95	0.1
本年已交数	24	209 310.8	年初未补数	60	77 070.0	本年已交数	96	0.0
年末未交数	25	31 206.0	本年应补数	61	36 728.9	补充资料：	97	—
六、教育费附加：	26	—	本年已补数	62	31 494.9	一、本年应交税金总额	98	6 077 137.9
年初未交数	27	19 108.1	年末未补数	63	82 304.1	二、本年实际上交税金总额	99	6 419 887.5
本年应交数	28	117 028.5	十四、国有资本收益：	64	—	三、本年支付补充养老保险总额	100	12 964.8
本年已交数	29	115 100.8	年初未交数	65	-8 855.7	四、本年支付补充医疗保险总额	101	17 337.6
年末未交数	30	21 035.8	本年应交数	66	97 149.8	五、出口退税情况	102	—
七、农牧业税：	31	—	本年已交数	67	90 270.7	出口额（美元）	103	460 598.9
年初未交数	32	135.7	年末未交数	68	-1 976.7	以前年度欠出口退税	104	68 489.7
本年应交数	33	378.0	十五、失业保险：	69	—	本年度应收出口退税	105	229 241.1
本年已交数	34	4.4	年初未交数	70	19 327.5	本年度已收出口退税	106	254 589.0
年末未交数	35	509.3	本年应交数	71	71 056.1	年末欠出口退税	107	37 062.6
八、关税：	36	—	本年已交数	72	72 070.6	六、应纳税所得额	108	4 188 142.7

2008 年山东省国有企业国有资产变动基本情况表

单位：万元

项　　目	行次	金　额	项　　目	行次	金　额
一、年初国有资本及权益总额	1	26 970 962.4	（四）清产核资减少	20	6 016.2
二、本年国有资本及权益增加	2	6 256 578.8	（五）产权界定减少	21	159 044.3
（一）国家、国有单位直接或追加投资	3	2 204 747.1	（六）消化以前年度潜亏和挂账而减少	22	14 585.5
（二）无偿划入	4	481 042.8	（七）因自然灾害等不可抗拒因素减少	23	1 124.1
（三）资产评估增加	5	386 261.6	（八）因主辅分离辅业改制减少	24	4 028.2
（四）清产核资增加	6	2 235.5	（九）中央和地方政府确定的其他因素	25	403 498.3
（五）产权界定增加	7	3 839.7	（十）经营减值	26	495 895.3
（六）资本（股票）溢价	8	91 615.1	（十一）企业上交国有资本收益	27	353 299.7
（七）接受捐赠	9	10 949.2	其中：国有企业应上交的利润	28	163 019.4
（八）债权转股权	10	16 595.4	国有股股利、股息	29	120 737.2
（九）税收返还	11	44 442.9	国有产权转让收入	30	236.4
（十）补充流动资本	12	720.7	清算收入	31	0.0
（十一）中央和地方政府确定的其他因素	13	161 756.2	其他国有资本收益	32	69 296.3
（十二）经营积累	14	2 440 762.7	（十二）其他	33	255 455.8
（十三）其他	15	411 609.9	四、年末国有资本及权益总额	34	31 408 238.1
三、本年国有资本及权益减少	16	1 819 303.1	五、年末其他国有资金	35	187 305.2
（一）经国家专项批准核销	17	8 827.3	六、年末国有资产总量	36	31 597 569.9
（二）无偿划出	18	102 292.7	七、年末合并国有资产总量	37	39 913 010.5
（三）资产评估减少	19	15 235.7			

2008 年山东省国有企业资产减值准备情况表

单位：万元

项　　目	行次	年初账面余额	本年增加额	本年减少金额			期末账面余额	项　　目	行次	年末金额
				转回	转销	合计				
栏次	0	1	2	3	4	5	6	补充资料	—	7
一、坏账准备	1	1 340 734. 6	257 614. 0	71 279. 5	112 997. 7	184 277. 2	1 414 071. 4	一、待处理资产损失（执行行业会计制度企业填列）	18	199 477. 5
二、#短期投资跌价准备	2	17 765. 4	18 601. 5	0. 0	1 790. 5	1 790. 5	34 576. 4	（一）待处理流动资产净损失	19	149 137. 3
三、存货跌价准备	3	95 240. 6	90 838. 4	11 348. 5	17 162. 5	28 511. 1	157 567. 9	其中：1. 坏账损失	20	54 134. 2
四、△可供出售金融资产减值准备	4	21. 8	12 121. 4	0. 0	0. 0	0. 0	12 143. 1	2. 存货损失	21	41 386. 7
五、△持有至到期投资减值准备	5	3 118. 7	33. 0	0. 0	0. 0	0. 0	3 151. 8	3. 短期投资损失	22	0. 7
六、长期股权投资减值准备	6	108 742. 9	47 010. 1	685. 6	2 169. 3	2 854. 9	152 898. 2	（二）待处理固定资产损失	23	47 257. 8
七、#长期债权投资减值准备	7	560. 3	830. 6	387. 7	118. 3	506. 0	884. 9	其中：固定资产盘亏	24	1 904. 8
八、△投资性房地产减值准备	8	0. 0	0. 0	—	0. 0	0. 0	0. 0	固定资产毁损、报废	25	21 131. 4
九、固定资产减值准备	9	181 545. 0	28 440. 2	1 784. 0	19 464. 7	21 248. 7	188 736. 5	固定资产盘盈	26	−279. 7
十、△工程物资减值准备	10	0. 0	0. 0	—	0. 0	0. 0	0. 0	（三）长期投资损失	27	2 253. 5
十一、在建工程减值准备	11	15 476. 3	5 045. 4	1. 0	533. 3	534. 3	19 987. 4	（四）无形资产损失	28	214. 6
十二、△生产性生物资产减值准备	12	0. 0	0. 0	—	0. 0	0. 0	0. 0	（五）在建工程损失	29	614. 3
十三、△油气资产减值准备	13	0. 0	0. 0	—	0. 0	0. 0	0. 0	（六）委托贷款损失	30	0. 0
十四、无形资产减值准备	14	27 484. 7	2 168. 9	14. 5	7 223. 3	7 237. 8	22 415. 9	二、政策性挂账	31	52 365. 9
十五、△商誉减值准备	15	501. 7	614. 4	—	0. 0	0. 0	1 116. 0	三、当年处理以前年度损失和挂账	32	13 205. 1
十六、其他减值准备	16	2 716. 3	3 0674. 9	2 374. 7	17 624. 2	19 998. 9	13 392. 3	其中：在当年损益中处理以前年度损失挂账	33	786. 7
合　　计	17	1 793 908. 4	493 992. 6	87 875. 4	179 083. 9	266 959. 3	2 020 941. 7			

注：表中加△仿宋体项目为执行新会计准则企业专用，其他企业不填；表中加#楷体项目为执行企业会计制度企业专用，执行新会计准则企业不填。

2008 年山东省国有企业基本情况表

单位：万元

项　目	行次	金　额	项　目	行次	金　额
一、企业户数情况（户，仅由总公司填报）：	1	—	三、企业不在岗职工及劳动关系处理情况：	26	—
（一）所属境内子企业总户数	2	2 386	（一）年初不在岗职工人数（人）	27	150 792
其中：二级企业户数	3	991	其中：内退人数（人）	28	82 569
三级企业户数	4	639	（二）年末不在岗职工人数（人）	29	144 566
三级以下企业户数	5	159	其中：内退人数（人）	30	75 704
（二）所属境外子企业总户数	6	22	（三）本年累计解除劳动关系人数	31	25 062
二、职工人数情况（人）：	7	—	（四）本年累计支付经济补偿金额	32	11 952. 3
（一）年末从业人员人数	8	1 545 357	其中：财政负担部分	33	3 370. 4
（二）全年平均从业人员人数	9	1 577 483	四、工资及福利情况：	34	—
（三）年末职工人数	10	1 528 885	（一）全年应发工资总额	35	4 720 824. 0
其中：年末在岗职工人数	11	1 374 732	（二）全年实际发放工资总额	36	4 432 326. 1
（四）全年平均职工人数	12	1 515 146	其中：全年实际发放职工工资总额	37	4 318 811. 2
其中：全年平均在岗职工人数	13	1 369 447	其中：全年实际发放在岗职工工资总额	38	4 163 805. 0
（五）年末离休人数	14	20 754	（三）企业提取的工资总额	39	4 615 433. 7
（六）年末退休人数	15	441 917	1. 非工挂企业工资总额	40	4 569 201. 8
（七）参加基本养老保险职工人数	16	1 408 360	2. 工挂企业工资总额	41	3 025. 0
（八）参加补充养老保险职工人数	17	193 858	（1）核定的工挂企业工资总额基数	42	2 674. 7
（九）参加基本医疗保险职工人数	18	1 378 913	（2）工挂企业提取的新增效益工资	43	350. 3
（十）参加补充医疗保险职工人数	19	308 854	（四）离退休人员养老金及福利性补助	44	200 458. 3
（十一）参加失业保险职工人数	20	1 360 235	（五）本年支付的职工福利费	45	382 687. 5
（十二）参加工伤保险职工人数	21	1 235 740	（六）本年支付的医药费	46	68 769. 8
（十三）参加生育保险职工人数	22	1 109 963	其中：离退休人员医药费	47	25 229. 0
（十四）接收军队转业、复员退伍人员总数	23	32 941	（七）本年企业支付的职工住房费用	48	474 545. 1
其中：当年接收军队转业、复员退伍人员数	24	2 284	其中：本年提取的职工住房公积金	49	217 019. 3
（十五）实行工效挂钩职工人数	25	0	本年一次性支付的住房补贴	50	45 742. 9

续表

项目	行次	金额	项目	行次	金额
本年按月发放的住房补贴	51	199 887.0	房屋、建筑物	78	17 893 444.1
五、本年支付的职工培训费用	52	49 141.2	机器设备	79	27 096 861.7
六、产值：	53	—	运输工具	80	1 842 278.0
（一）工业总产值（按现行价格计算）	54	67 215 666.4	2. 当年计提的固定资产折旧总额	81	4 607 038.7
（二）工业增加值（按现行价格计算）	55	20 253 948.3	其中：房屋、建筑物	82	808 370.4
七、本年收到的财政性资金	56	499 188.0	机器设备	83	2 736 546.8
（一）基本建设性资金	57	194 907.9	运输工具	84	250 760.8
（二）生产发展性资金	58	109 213.0	3. 当年计提折旧的固定资产原价	85	45 541 947.5
（三）社会保障性资金	59	7 853.4	（三）当年固定资产投资额	86	10 500 038.5
（四）其他	60	187 213.8	1. 购置固定资产	87	5 375 147.7
八、本年科技资金来源与研发费用情况：	61	—	2. 基建投资	88	3 612 348.2
（一）本年科技资金来源合计	62	779 342.4	3. 其他投资	89	1 512 542.6
其中：政府拨款	63	38 383.1	十、投资收益	90	891 590.4
企业自筹	64	700 564.8	其中：长期股权投资	91	759 339.2
其他资金来源	65	26 782.6	交易性金融资产	92	7 966.3
（二）本年研发费用合计	66	868 001.9	交易性金融负债	93	-11.2
其中：科技人员人工支出	67	174 156.0	持有至到期投资	94	73 183.7
研究开发性固定资产	68	321 109.1	可供出售金融资产	95	19 117.0
其他科技支出费用	69	270 257.0	其他收益项目	96	31 995.4
九、固定资产情况：	70	—	十一、拥有的自主知识产权专利数量（项）	97	3 947
（一）使用情况（原价）	71	56 941 379.0	其中：本年度新增专利数量（项）	98	963
1. 在用固定资产	72	56 153 615.2	十二、当年企业提取的安全生产费用	99	342 264.2
2. 未使用固定资产	73	374 799.9	十三、当年企业支出的安全生产费用	100	290 381.3
3. 不需用固定资产	74	412 963.9	十四、当年企业支出的环境保护及生态恢复支出	101	123 349.6
（二）主要类别固定资产情况	75	—	其中：（一）本年度上交政府统筹的支出	102	10 294.3
1. 固定资产原价合计	76	56 941 379.0	（二）本年度企业提取或据实列支的支出	103	109 131.3
其中：土地资产	77	1 393 888.7	十五、当年企业支出的节能减排费用	104	87 793.2

2008年山东省国有企业主辅分离辅业改制情况表

单位：万元

项　　目	行　次	金　额
一、“三类”资产账面净值	1	215 140.9
其中：非主业资产	2	208 020.6
闲置资产	3	0.0
关闭破产企业有效资产	4	7 120.3
二、已改制“三类”资产账面值	5	260 124.7
其中：非主业资产账面值	6	256 334.7
三、已改制“三类”资产评估值	7	177 707.3
其中：非主业资产评估值	8	167 312.5
闲置资产评估值	9	10 394.8
关闭破产企业有效资产评估值	10	0.0
四、辅业改制清查的资产损失总额	11	75 368.1
五、企业富余人员总数（人）	12	32 909
其中：（一）“三类”资产改制安置富余人员总数（人）	13	27 561
1. 进入国有法人控股企业人员数（人）	14	4 682
其中：变更劳动合同人员数（人）	15	4 623
2. 进入非国有法人控股企业人员数（人）	16	22 879
（二）辅业改制分流富余人员总数（人）	17	4 449
六、享受经济补偿的人数（人）	18	22 455
七、向职工支付总额	19	150 400.0
（一）支付经济补偿金总额	20	150 400.0
（二）其中：用改制企业净资产支付总额	21	131 274.5
原主体企业支付总额	22	19 125.4
八、改制企业户数	23	42
其中：（一）国有法人控股企业户数	24	21
（二）非国有法人控股企业户数	25	23

2008 年山东省契税、耕地占用税征收情况表

单位：万元

地区	“两税”征收额			其中：滞纳金、罚款收入
	合计	契税征收额	耕地占用税征收额	
合计	1 584 098	952 122	631 976	5 236
济南市	84 837	71 904	12 933	1
淄博市	93 077	53 271	39 806	524
烟台市	185 480	122 237	63 243	487
枣庄市	14 528	12 302	2 226	0
潍坊市	165 061	139 304	25 757	17
济宁市	83 011	29 684	53 327	0
临沂市	48 342	22 842	25 500	0
聊城市	15 927	7 780	8 147	0
泰安市	160 964	79 845	81 119	4 198
菏泽市	33 693	12 660	21 033	0
德州市	30 685	22 884	7 801	9
莱芜市	7 394	5 386	2 008	0
东营市	33 149	29 377	3 772	0
威海市	159 636	52 779	106 857	0
日照市	17 993	16 407	1 586	0
滨州市	83 115	42 778	40 337	0
青岛市	367 206	230 682	136 524	0

第七部分

财政机构人员

省财政厅领导及处室（单位）负责人

一、省财政厅领导

（一）厅长：尹慧敏（女）

副厅长：阮凤英（女）、于国安、张洪军、庞敦之

省纪委驻省财政厅纪检组组长、省监察厅驻省财政厅监察专员：李振声

副厅长：文新三、窦玉明

副巡视员：李国健

省纪委驻省财政厅纪检组副厅级检查员：张魁珍（女）

（二）党组书记：尹慧敏（女）

党组副书记：阮凤英（女）

党组成员：于国安、张洪军、庞敦之、李振声、文新三、王慎民、窦玉明

二、总会计师

总会计师（正处级）：韩　炜

三、机关各处室处级干部

（一）办公室

主任：张玉成

调研员：张思功

副主任：魏光明、崔宗涛、王　炜

副调研员：邢万茂、肖友华

（二）综合处

处长：王　晶

副处长：魏全胜、朱厚玉

副调研员：谭梅（女）、侯乃弘

（三）法规处（与税政处合署）

税政处处长：孙庆国

法规处处长：赵明亮

税政处调研员：王丽华（女）

法规处副处长：刘凯声

税政处副调研员：张长德

（四）预算处

处长：陈祥志

调研员：高剑锋

副处长：肖玉贵、陈东辉（女）

副调研员：沙永利、王元强

（五）国库处（与政府采购监督管理处合署办公）

处长：袁培全

副处长：董苏彭（兼）、鞠少波、徐春义

副调研员：张建华（女）、孟纪庚、杨士祥（援疆）

（六）行政政法处

处长：宋文旭

调研员：文　毅

副处长：张　弘、房小蔚（女）

副调研员：周　晖

（七）教科文处

处长：钟泽圣

副处长：刘玉栋、孙玉波、王宇轩

副调研员：孙天波

（八）经济建设处

处长：姜　凝

调研员：孙忠欣

副处长：单卫国（省援川办资金组组长，正处级）、刘治春、宋　杰

副调研员：李恩川

（九）农业处

处长：李海军

调研员：张伯福

副处长：张国君、王昱东

副调研员：刘昌惠、刘洪军

（十）社会保障处

处长：宋新生

副处长：袁永斌、韩　震

副调研员：李轩红（女）

（十一）企业处

处长：姜　龙

副处长：姜玉巧（女）、张宏亮、张广东

副调研员：张庆堂

（十二）债务金融处

处长：张相阳

调研员：李学春

副处长：徐德斌

副调研员：李海英（女）、施　军

（十三）基层财政管理处

处长：袁绍明

调研员：曹桂荣（女）

副处长：张　波

副调研员：韩如月（女）

（十四）会计处

处长：冯桂华（女）

调研员：刘焕平

副处长：于　军

副调研员：侯　萍（女）、朱　平

（十五）行政事业资产处（挂省清产核资办公室牌子）

处长：殷　明

副处长：冯延明

（十六）监督检查局

局长：张光月

调研员：田承钢、刘　萍（女）

副局长：蔡好勤

副调研员：李福禄、王凤芝（女）

（十七）人事教育处

处长：王慎民（兼）

副处长：隋宝文、苏登新

（十八）离退休干部处

处长：李玉斌

调研员：胡新黔（女）

副处长：于铁民

（十九）机关党委

专职副书记（正处级）：王玉敏

副书记（副处级）：王鲁刚

副调研员：张　艳（女）

四、纪检监察机构处级干部

（一）省纪委驻省财政厅纪检组

副组长：张魁珍（女、兼）

正处级检查员：崔永峰

（二）省监察厅驻省财政厅监察专员办公室

主任：张魁珍（女、兼）

副主任：崔永峰

五、厅属事业单位处级干部

（一）省财政科学研究所

所长（正处级）：李建民

副所长（副处级）：杨建松、周象民

（二）省财政信息中心

主任（正处级）：刘　冰

副主任（副处级）：赵明、肖丽辉

（三）省财政厅集中支付中心

主任（正处级）：董苏彭

副主任（副处级）：李永刚、魏绪燕（女）

（四）省财政投资评审中心

主任（正处级）：李和森

副主任（副处级）：李一三、王文胜

（五）省财政厅驻济南财政检查办事处

主任（正处级）：解正湖

调研员：王镇修（主持潍坊办事处工作）

副主任（副处级）：王永振

（六）省财政厅驻淄博财政检查办事处

主任（副处级）：宿　胜

（七）省财政厅驻烟台财政检查办事处

主任（正处级）：刘仁民

副主任（副处级）：吕兰纪

（八）省财政厅驻潍坊财政检查办事处

调研员（公布在济南办事处）：王镇修

（九）省财政厅驻济宁财政检查办事处

主任（副处级）：杨　博

（十）省财政厅驻临沂财政检查办事处

主任（副处级）：韩志毅

（十一）省财政厅驻德州财政检查办事处

主任（副处级）：张传利

（十二）省财政厅机关服务中心

主任（正处级）：郭良夏

副主任（副处级）：庄龙涛、王永增

（十三）省财政厅干部教育中心

主任（正处级）：张　鹏

副主任（副处级）：王　宁、韩丽华（女）

（十四）省注册会计师协会

秘书长（正处级）：侯本领

副秘书长（正处级）：韩　群、史兴涛、张焕平

办公室副主任（副处级）：杨　超

注册管理部副主任（副处级）：彭建义

业务监管部（与法律部合署）副主任（副处级）：林祥才

考试培训部副主任（副处级）：杜　刚

资产评估部副主任（副处级）：刘　宏（女）

副处级：李燕燕（女）

（十五）省中华会计函授学校

副校长（副处级）：孙长春

六、山东省经济开发投资公司领导、部室处级干部及有关人员

（一）省经济开发投资公司

总经理（正厅级）：姜延伟

副总经理（副厅级）：聂肖林（女）、赵怀文、寇尊宪

（二）部室负责人

部室主任（正处级）：鲁　维、李继忠

部室副主任（副处级）：王洁明（女）、李秀芹（女）、刘政富、黄训强、李继寿、陈书明、郭洪涛、孙丰彦、翟振华、赵永安、韩四平

党总支委员会专职副书记（副处级）：董家兰（女）

（三）省经济开发实业总公司

总经理：姜延伟（兼）

副总经理：聂肖林（女，兼）、赵怀文（兼）、寇尊宪（兼）

各市、县（市、区）财政局领导及有关人员名单

一、济南市

（一）济南市财政局

1. 局长：徐长林

巡视员：于关淑（女）

副局长：王　勇、张永华（女、市资金结算中心主任兼）、郭毅琳（女）、王　毅、刘大坤

纪委书记：陈　敏

总会计师：王玉柱

党委成员：林　军

副巡视员：王志恒、赵树峰、王

玲（女）、李　伟、张　勤

2. 工资发放管理中心

主任：林　军（兼）

3. 非税收入管理局

局长：车夕奇

（二）历下区财政局

1. 局长：郭向平

党委书记：钟仕胜

副局长：赵世海（正处级）、栾杰（女）、孙立敏（女）、宫爱红（女）

纪委书记：徐长国

2. 政府投融资管理中心

副主任：吕振波

3. 资金管理中心

副主任：李正华（女）、王朝海

4. 工资发放管理中心

主任：王晓莉（女）

（三）市中区财政局

局长：杨洪斗

副局长：邹伟鸣、李　玲（女）、程　伟、田贯祯、王永君（女）

（四）槐荫区财政局

1. 局长：肖　骏

党委书记：张宪武（区委常委、区委办公室主任兼）

副局长：卢亭琴（女）、王树政

纪检组长：郭兆生

调研员：曲效琴

2. 政府采购办公室

主任：王树政（兼）

（五）天桥区财政局

1. 局长：章九玲（女、区政协副主席兼）

副局长：聂甲方

2. 集中支付中心

副主任：王念立

3. 国有资产管理局

局长：朱洪义

4. 政府采购办公室

主任：王仁宗

5. 工资发放中心

主任：陶军奇

（六）历城区财政局

1. 局长：晁进军

副局长：庞延明、王廷炜、王兴贵、汪元君（女）、张传淼（女）

2. 政府投融资管理中心

主任：辛　波（女）

3. 国有资产管理局

局长：庞延明（兼）

副局长：张义克、韩远建（女）、孙向东（女）

4. 政府采购办公室

主任：王元省

（七）长清区财政局

1. 局长：马训生

党组副书记：卢宪水

副局长：宗海泉、刘清忠、呼强、许长征（女）、杨素英（女）、闻洪宝

助理调研员：王荣英（女）

2. 工资发放管理中心

主任：马训生（兼）

副主任：赵　洁（女）

3. 国有资产管理局

局长：卢宪水（兼）

4. 预算外资金管理局

局长：房世琪

副局长：邢庆凯

5. 财政监督局

局长：陈延顺

副局长：王宪亭

6. 开发区财政局

局长：呼　强（兼）

7. 机关事业单位资金核算中心

主任：许长征（女、兼）

8. 莲台山管委会

主任：闻洪宝（兼）

9. 经济开发投资中心

副主任：谭玉田

10. 齐长城管委会

主任：宗海泉（兼）

11. 政府采购办公室

主任：邢立顺

（八）平阴县财政局

1. 局长：张华泽

副局长：王伟红（女）、张乐生、姜伟（女）、张乐文

纪检组长：陈焕星

2. 国库集中支付中心

主任：王伟红（女、兼）

副主任：翟华婷（女）

3. 财政监督局

局长：姜　伟（女、兼）

副局长：夏　岩

4. 国有资产管理局

局长：张乐文（兼）

副局长：丁世文

5. 政府投融资中心

主任：丁保镛

6. 社会保障资金管理中心

主任：刘绍辉

7. 中小企业担保中心

主任：靳维建

（九）济阳县财政局

局长：李建国

副局长：徐迎春、任艳明、李克俭、方英华（女）、杨振华

纪检组长：李晓青

（十）商河县财政局

1. 局长：倪少祥

副局长：高炳军、刘广水、王玉江、宋莉莉（女）、李浩森

纪检组长：李清雁

工会主席：田树喜

2. 国有资产管理局

副局长：张恒武

3. 预算外资金管理局

局长：康兆海

4. 会计事务管理局

局长：张训新

5. 经济开发投资公司

副经理：刘小林

（十一）章丘市财政局

1. 局长：崔殿洪（市政协副主席兼）

副局长：杨吉利、王建华、张继祥、郭晓明、卢建华（女）

纪检组长：张继祥（兼）

2. 城市资金管理中心

主任：杨吉利（兼）

副主任：王　洪

3. 中小企业信用担保中心

主任：王建华（兼）

副主任：李迎春（女）

4. 预算外资金管理办公室

主任：王建华（兼）

副主任：孙雪梅（女）

5. 地方金融财政监管办公室

主任：孟　国

6. 农业税收征收管理办公室

主任：张丙战

7. 政府采购办公室

主任：杨家万

（十二）高新技术产业开发区财政局

局长：李建照

副局长：赵太国、张庆英（女）、赵东锋

巡视员：张庆江

局长助理：国建业

二、青岛市

（一）青岛市财政局

1. 局长：周　安

副局长：崔　慰（女、正局级）、杜云烟（女）、陈　强、车云明

纪委书记：马青英（女）

副巡视员：毛文真（女）、徐守训

监察室主任：毛文真（女、兼）

2. 收费管理局

局长：徐中民（副局级）

3. 财政国库支付局

局长：宋　磊（副局级）

（二）市南区财政局

1. 局长：刘卫国

副局长：李有才、李　婷（女）、于宗霞（女）

2. 国库支付中心

主任：吴文君

（三）市北区财政局

1. 局长：梁佳普

副局长：刘明春、周慧明（女）、张兴堂、王兴村

2. 财政国库集中支付中心

主任：范鹏先

3. 国有资产管理办公室

主任：张宗亮

（四）四方区财政局

1. 局长：王广忠

副局长：吴法万、关爱红（女）

纪检组长：宫殿荣

党组成员：刘文光、林　宏

2. 会计核算中心

主任：关爱红（女、兼）

3. 经济开发投资中心

主任：刘文光（兼）

副主任：林　宏（副处级）

4. 国债服务部

主任：林　宏（兼）

（五）黄岛区财政局

局长：纪金亮

副局长：吴晓惠、苏兆德、张　勇

纪委书记：任永贵

（六）崂山区财政局

1. 局长：宋　军

副局长：李海荣（女）、周立杰（女）、董天涛

纪检组长：徐震宇（女）

2. 国有资产管理局

局长：李海荣（女、兼）

（七）李沧区财政局

1. 局长：柳　凯

副局长：栾　琳（女、正处级）、张在厚

2. 会计核算中心

主任：江　霞（女、副处级）

（八）城阳区财政局

局长：王　涛

党委副书记、纪委书记：曲永河

副局长：宋　健（女）、苟育国、徐素华（女）

（九）胶州市财政局

1. 局长：陈焕堂

副局长：刘衍国、蔡　滋

工会主席：耿　炜（女）

2. 财政稽查分局

局长：高爱武

3. 国库支付中心

主任：付　饶（女）

（十）即墨市财政局

1. 局长：李　辉

党委副书记：于　智

副局长：孙公伟、兰永钦、孙兰芝（女）、陆钧林

纪检书记：范希兵

2. 城市资产经营管理中心

主任：孙公伟（兼）

3. 会计核算中心

主任：陆钧林（兼）

4. 财政征收分局

局长：于正初

5. 旅游开发投资公司

经理：孙兰芝（女、兼）

（十一）平度市财政局

1. 局长：马春林

副局长：郭永海、张锡田、李学锋

党委副书记：孙文军

纪委书记：刘玉峰

党委委员：李　信

2. 国有资产管理中心

主任：于永芳（女）

3. 非税收入征管中心

主任：王　涛

4. 开发性金融合作办公室

副主任：孟范涛

（十二）胶南市财政局

1. 局长：刘增爱

副局长：郑世方、刘润东

纪检组长：薛明强

主任科员：丁占明

2. 财政稽查分局

局长：张志军

3. 国有资产管理办公室

副主任：孙爱萍（女）

（十三）莱西市财政局

1. 局长：陈玉国

副局长：李洪波、徐志章、孙良训

党组副书记：全成旭

纪检组长：晋利刚

主任科员：孙元勋、张日洪

2. 农业税收征收管理局

局长：李洪波（兼）

3. 预算外资金管理局

局长：徐志章（兼）

4. 国有资产管理办公室

主任：孙良训（兼）

（十四）保税区财政局

局长：王云升

副局长：王　敏（女）、杨　东、马慧琴（女）

副调研员：刘兆权

（十五）高新区财政局

局长：陈铭传

副局长：闻　武

三、淄博市

（一）淄博市财政局

1. 局长：王修德

副局长：卜德兰、孙兆科（正处级）、王昌晖（女）

党委书记：张效莲（女）

党组成员：林传富

纪检组长：陈　晶

总会计师：董　博

工会主席：时立宏（女）

2. 国有资产管理委员会办公室

主任：卜德兰（兼）

3. 会计学校

校长：林传富（兼）

党总支书记：张效莲（女、兼）

（二）淄川区财政局

1. 局长：于加宁（区政协副主席兼）

党组书记：司志荣

党组副书记：李　伟

副局长：司志荣、李　伟、李庆辉、高　萍（女）

党组成员：李永利

纪检组长：孙丰广

总会计师：于建国

2. 非税收入管理局

局长：李永利（兼）

（三）张店区财政局

1. 局长：王海波（区长助理兼）

副局长：胡元勇

副局长：王睿丰、张春生

纪检组长：郑兆山

2. 预算外资金管理局

局长：王海波（兼）

3. 国有资产管理局

局长：胡元勇（兼）

（四）博山区财政局

局长：李同军

副局长：孙兆昧、池　蕊（女）

纪检组长：张　伟

（五）临淄区财政局

1. 局长：李文远

副局长：韩桂美（女）、刘新运、路新民

党组成员：张益年

总会计师：孙　杰

2. 国有资产管理局

局长：张益年（兼）

（六）周村区财政局

1. 局长：于学民

副局长：贺兆周、徐科学

纪检组长：宁卫东

工会主席：刘　鹏（女）

党组成员：杨　红（女）

局长助理：张守兴

总会计师：王文君（女）

2. 国库集中支付中心

副主任：杨　红（女、兼）

（七）桓台县财政局

1. 局长：成　勇

副局长：甘明春、田照礼、魏勤远

纪检组长：王　静（女）

总会计师：国悦德

2. 统一收费局

局长：甘明春（兼）

（八）高青县财政局

1. 局长：刘金锋

副局长：张　芊（女）、丁振忠、张玉刚、信广永

纪检组长：帅卫东

党组成员：张红光（女）

2. 预算外处

副主任：张红光（女、兼）

（九）沂源县财政局

1. 局长：郭忠和

副局长：王力岩、白如军、冯成德

党组成员：朱化利

工会主席：郑继光

2. 投资项目招投标管理办公室

主任：王力岩（兼）

3. 农税分局

局长：朱化利（兼）

（十）高新区财政局

1. 局长：杜玉林

副局长：徐斌治、许福年

局长助理：孟凡成

2. 有偿资金管理处

处长：孟凡成（兼）

四、枣庄市

（一）枣庄市财政局

1. 局长：尹克同

副局长：王　辉（正处级）、郑金福（正处级）、李学启、杜家华

纪检组长、监察室主任：孙　静（女）

党组成员：张守信（正处级）

调研员：薛秀兰（女）

副调研员：刘中利、张景华

2. 预算外资金管理局

局长：孙中成

副局长：陈子泓（女）、张士涛、刘　玲（女）

总会计师：杨自力

3. 会计管理局

局长：崔彦瑞

副局长：窦云峰、刘福元

4. 财政干部教育中心

主任：华志中

副主任：陈克磊

5. 财政投资评审中心

主任：徐春梅（女）

6. 国有资产运营管理中心

主任：张守信（兼）

副主任：杨方元（副处级）

（二）市中区财政局

1. 局长：王光顺

副局长：盖旭方（女）、李存富、刘凌东

党委委员：吴成勋、王广仁

纪委书记：谢福明
工会主任：韩书生
副主任科员：任小曼（女）
2. 财政监督局
局长：吴成勋（兼）
副主任科员：宗兆建
3. 国有资产管理局
局长：刘凌东（兼）
4. 农业税收征收管理局
局长：王广仁（兼）
副局长：郭成金
副科级干部：唐文峰
5. 预算外资金管理局
局长：王光顺（兼）
副科级干部：张瑞洪
6. 会计管理局
局长：李存富（兼）
副主任科员：殷允华（女）
7. 国库集中支付中心
主任：刘　玲（女）
8. 政府采购中心
副科级干部：李文国
9. 经济开发投资总公司
经理：王光顺（兼）
副科级干部：任思云（女）

（三）薛城区财政局

1. 局长：王汝东（副区长兼）
副局长：高惠军、李继芳（女）、张渠、陈金星
纪检组长：钟士强
党组成员：种法勇、杨家民
副主任科员：李　钢
2. 预算外资金管理局
局长：高惠军（兼）
3. 农业税收征收管理局
副科级干部：关文森
4. 会计管理局
局长：种法勇（兼）
5. 财政监督局
局长：杨家民（兼）
6. 国有资产管理局
局长：陈金星（兼）
7. 政府采购中心
主任：关文森（兼）

（四）峄城区财政局

1. 局长：时树干
副局长：杨家利、叶宗国、孙启昌
党组成员：王爱华（女）、刘　振
纪检组长：李常荣（女）
2. 政府采购中心
主任：时树干（兼）
副主任：石华丽（女）、吴成洲
3. 财政监督局
局长：王爱华（女、兼）
副局长：张　强
副科级干部：孙中秀（女）
4. 国有资产管理办公室
主任：刘　振（兼）
副主任：窦长勇
副科级干部：李　青（女）
5. 会计管理局
局长：徐广玲（女）
副局长：殷钊博
副科级干部：张　泳
6. 农业税收征收管理局
局长：李剑敏
副局长：王　辉、荆国华
7. 预算外资金管理局
局长：叶宗国（兼）
副局长：赵修习
副科级干部：刘志伟
8. 国有资产经营公司
总经理：刘　振（兼）

（五）台儿庄区财政局

1. 局长：王启峰
副局长：张文生、张　勇、周　鑫
纪检组长：李学才
主任科员：谭文龙
副主任科员：冯　永、张树霞（女）、顿　明（女）、彭　鹏
2. 区政府驻济南办事处
主任：王启峰（兼）
副主任：赵　亮
3. 农业税收征收管理局
局长：张　勇（兼）
4. 预算外资金管理局
局长：胡述光
5. 政府采购中心
主任：张文生（兼）
6. 财政监督局
局长：张文生（兼）
副局长：张圣存
7. 会计管理局
局长：马维纲
副局长：赵艳萍（女）
8. 国有资产管理局
局长：张亚超
副局长：刘成林
9. 经济开发投资公司
经理：王启峰（兼）

（六）山亭区财政局

1. 局长：韩西荣
副局长：杨兴华、李秀银、周忠辉、赵振建
党组成员：李明文
监察室主任：张玉新（女）
工会主任：田海燕（女）
2. 财政监督局
局长：杨兴华（兼）
副局长：张学来
3. 国有资产管理局
局长：刘　鹏
副局长：雷　波
4. 预算外资金管理局
局长：李明文（兼）
副局长：孙祥军
5. 经济开发投资总公司
总经理：张玉新（女、兼）
副经理：张培玉
6. 农业税收征收管理局
局长：刘永峰
副局长：张砚伟
7. 省中华会计函校山亭分校
校长：李明文（兼）
8. 政府采购管理办公室
主任：王　冠
副主任：满　超
9. 会计管理局
局长：耿宝贵
副局长：张守军
10. 会计核算中心
主任：朱慧芹（女）

副主任：赵逢义

11. 国库集中支付中心

主任：于　晨（女）

（七）滕州市财政局

1. 局长：柴春国

副局长：刘学军、国振灵、马洪光

纪检组长、监察室主任：李体岩

副主任科员：翟传峰、马丽诺（女）

2. 国有资产管理局

局长：柴春国（兼）

副局长：国振灵（兼）、葛瑞良、吕国璋

3. 财政监督局

局长：刘学军（兼）

副局长：刘希玉

4. 非税收入管理局

局长：国振灵（兼）

副局长：李　霞（女）、孟庆海

5. 会计管理局

局长：庞丹姝（女）

6. 农业税收征收管理局

局长：郭长杰

副局长：李新照

7. 政府采购中心

主任：赵曰鹏

8. 财政投资评审中心

主任：葛瑞良（兼）

（八）枣庄高新技术产业开发区财政局

局长：魏朝生

副局长：李德举

五、东营市

（一）东营市财政局

1. 局长：李俊峰

副局长：倪文华（调研员）、李中元、薛在山、隋振明

党组成员：崔希尧

纪检组长：盖士珍（女）

副调研员：高良文、田树雨、薄立新（女）、崔卫国

2. 非税收入征收管理局

局长：吴立岩

副局长：吕连岭、刘建忠（女）、孟宪台

3. 财政集中支付中心

主任：隋振明（兼）

4. 国有资产管理办公室

主任：巩春波

5. 政府采购中心

主任：袭祥珠

6. 财政评审中心

主任：王树合

7. 财政信用投资公司

经理：崔希尧（兼）

（二）东营区财政局

1. 局长：隋向村

副局长：刘文琴（女）、杨庆军（女）

纪检组长：徐正凤（女、正科级）

2. 核算中心

主任：刘文琴（女、兼）

3. 国有资产管理局

副局长：孙林光

4. 国库集中收付中心

副主任：张小营

5. 农业税收征收管理局

局长：朱国庆

（三）河口区财政局

1. 局长：张希臣

党组副书记：张吉明

副局长：牛培杰、李金明、王志勇、韩汝英（女）、郭启联

纪检组长：张立华

2. 政府采购办公室

主任：路广新

3. 预算外资金管理局

局长：牛培杰（兼）

副局长：付　强

4. 财政集中支付中心

主任：李金明（兼）

副主任：韩学玲（女）

5. 运营中心

主任：郭启联（兼）

（四）垦利县财政局

1. 局长：高瑞珉

副局长：郝秀芹（女）、战春光

副主任科员：罗宗利

2. 农税征管局

局长：马子文

3. 支付中心

主任：周　玲（女）

4. 政府采购办公室

主任：李明泉

5. 非税收入管理局

副局长：宋清澜

（五）利津县财政局

1. 局长：徐忠华

副局长：王建民、高素梅（女）

纪检组长：赵海华（女）

2. 国有资产管理办公室

主任：刘建民（县人大副主任兼）

3. 农业税收征收管理局

局长：陈　波

4. 预算外资金管理局

局长：徐忠华（兼）

5. 政府采购办公室

主任：刘庆芝（女）

6. 财政监督局

局长：王立军

（六）广饶县财政局

1. 局长：李增祥

副局长：孟春香（女）、王振业、张长恩、王相云

纪检组长：李佐江

副科级干部：李丽红（女）

2. 预算外资金管理局

副局长：李长修

3. 城市资产运营公司

经理：王振业（兼）

副经理：田效红、邓　勇

4. 财政监督局

局长：孙桂云（女）

六、烟台市

（一）烟台市财政局

1. 局长：叶文君

副局长：陈方武、张明玉、赵晓晖、张　静（女）、牟树青

纪检组长：于海平

总会计师：张　静（女、兼）

正处级干部：唐德玉

副调研员：姜振民、杨雪丽（女）

2. 政府采购管理办公室

主任：叶文君（兼）

副主任：任信美（女）、许奎山

3. 预算外资金管理处

主任：李　妍（女）

4. 政府投资评审中心

主任：张云鹏

5. 财政干部教育中心

主任：徐殿文

支部书记：庞国明

6. 财会培训中心

主任：宫建国

副主任：宋友明、蔡春玲（女）、路有林

（二）芝罘区财政局

1. 局长：高海军

副局长：李　娜（女）、李　辉、吴界峰、尹树莉（女）

纪检组长：姜浩平

2. 预算外资金管理局

副局长：徐连发

3. 会计事务管理中心

主任：李海棠（女）

4. 农业税收征收管理局

局长：姜　斌

5. 中小学会计核算中心

主任：于忠国

6. 区直机关会计核算中心

主任：王海清（女）

7. 政府投资评审中心

主任：彭铭慧（女）

（三）福山区财政局

1. 局长：姜广益

副局长：初立旭、于维平、刘锡玉

纪检组长：刘忠江

2. 农业税收征收管理局

局长：初立旭（兼）

3. 政府采购管理办公室

主任：王其顺

4. 国库集中支付中心

主任：王其顺（兼）

5. 预算外资金管理处

主任：李树平

6. 国有资产经营公司

经理：姜呈俊

7. 投资评审中心

主任：唐仁忠

（四）牟平区财政局

1. 局长：宋有锋

副局长：于善利、孙木平、姜　牟

纪检组长：矫　龙

总会计师：王俊英（女）

2. 农业税收征收管理局

局长：于善利（兼）

副局长：车路飞

3. 投资公司

经理：姜月高

副经理：杨国平

4. 会计干部管理培训中心

主任：王少华（女）

5. 预算外资金管理局

局长：孙木平（兼）

副局长：王丽萍（女）、于进花（女）

6. 财政监督检查处

主任：张曰明

7. 政府采购管理委员会办公室

主任：姜传波

8. 投资评审中心

主任：王明永

9. 国有资产管理办公室

主任：苏在德

（五）莱山区财政局

1. 局长：范　涛

副局长：徐显良、张福伟

2. 政府投资评审采购管理办公室

主任：王连红（女）

（六）龙口市财政局

1. 局长：郑祖纯（市开发区管委会主任兼）

副局长：仲崇斟、李瑞江、史文军、刘明权

纪检组长：张发兵

2. 投资公司

经理：刘明权（兼）

副经理：曹承彩、柳年基、遇保京

3. 农业税收征收管理局

副局长：李国新

4. 政府采购管理办公室

主任：陈剑英

5. 国有资产管理局

局长：李瑞江（兼）

副局长：曲永乐

6. 预算外资金管理处

主任：张淑华（女）

7. 会计核算中心

主任：仲崇斟（兼）

副主任：丁志鹏、李汝军

8. 财会培训中心

主任：方　伟

9. 会计中等专业学校

校长：鞠恒阳

副校长：王相松

（七）莱阳市财政局

1. 局长：任　文

副局长：王　丽（女）、王兴宏、王文胜、孙英俭、祁学栋

纪检组长：张　瀚

总会计师：盖士辉

2. 财政干部教育学校

校长：李文明

3. 预算外资金管理处

主任：张铭全

4. 政府采购管理办公室

主任：赵胜东

5. 监督检查处

主任：盛丽娜（女）

6. 会计结算中心

主任：祁旭光

7. 财政资金管理处

主任：盖利华

8. 基层财政管理监督局

局长：任　文（兼）

9. 国有资产管理办公室

主任：任　文（兼）

（八）莱州市财政局

1. 局长：戚胜发

副局长：赵海云、于兴国、冯治邦、于占东、张元坤、郑梅杰（女）

2. 国有资产管理局

局长：李忠勇

副局长：吕喜川、刘桂明、陶英倩

3. 经济投资开发公司

经理：赵海云（兼）

副经理：黄茂亭

4. 政府采购管理办公室

主任：于兴国（兼）

副主任：刘保唐、滕春成

5. 农业税征收管理局

局长：冯治邦（兼）

副局长：汤华波、宋长征

6. 收费管理中心

主任：毛爱芹

7. 财会培训中心

主任：刘少云（女）

8. 国库集中支付中心

主任：孙培盛

（九）蓬莱市财政局

1. 局长：张　力（女）

副局长：高德奎、门曰良、管　伟

纪检组长：王法钦

2. 国有资产管理局

局长：徐建华

3. 预算外资金管理局

副局长：姜仁秋

4. 政府采购管理办公室

主任：魏勋通

5. 经济开发投资公司

副经理：李岱新

（十）招远市财政局

1. 局长：王焕刚

副局长：李建华（女）、蔡　蒙、丛建茂

纪检组长：蒋作针

总会计师：李金波（女）

2. 农业税收征收管理局

局长：于希龙

3. 预算外资金管理局

局长：韩金强

4. 政府投资评审中心

主任：王同兴

5. 政府采购管理办公室

主任：蒋丽珍（女）

6. 国有资产监督科

科长：庞延鹏

7. 资金管理处

主任：曹敬臣

8. 国库支付中心

副主任：万学全

（十一）栖霞市财政局

1. 局长：衣然强

副局长：李建军、徐学军、衣志伟

2. 农业税征收管理局

局长：王云峰

副局长：林永春

3. 行政事业性收费处

主任：衣培强

副主任：邢殊铭

4. 政府采购管理办公室

主任：刁庆涛

5. 国有资产经营公司

经理：孔伟光

6. 财会培训中心

主任：林海峰

7. 产权交易所

所长：王福正

（十二）海阳市财政局

1. 局长：于乐文（市政协副主席兼）

副局长：梁国阳、邓宗发、孙智松、刘勇涛、蒋　峰

纪检组长：梁国阳（兼）

2. 农业税收征收管理局

副局长：姜春亭

3. 财政监督处

主任：王树国

4. 预算外资金管理处

主任：王玉江

（十三）长岛县财政局

1. 局长：包如轩

副局长：史宏源、于国旭

2. 农税征收管理局

副局长：张泰利

3. 政府采购管理办公室

主任：王星云

4. 会计结算中心

主任：张仁涛

5. 预算外资金管理处

主任：曲　斌

6. 国有资产运营中心

副主任：孙德晶

（十四）经济技术开发区财政局

局长：于　玲（女）

副局长：张奇东、林　平

副调研员：于河东、潘玉松、张翔（女）

局长助理：姜海滨

七、潍坊市

（一）潍坊市财政局

1. 局长：夏芳晨

副局长：夏永波、王有亭、李树范（女）、王志刚、王　丙、刘锡田

总会计师：田民利

党组成员：陈学俭、王文俊

调研员：胡敬义

副调研员：张修海、马进礼、王金祥

2. 国有资产监督管理委员会

主任：杨子正

副主任：冯纪伟

副调研员：胡嘉敏（女）

3. 住房公积金管理中心

主任：王文俊（兼）

4. 企业处

主任：姜钦亮

书记：于　强

5. 财政监督局

局长：赵洪亮

书记：王振平

6. 政府采购中心

主任：李元春

副处级干部：丁恒智

7. 国有资产经营投资公司

总经理：李宪元

书记：王兴龙

8. 财务总监管理办公室

负责人：安鲁文（副处级）

9. 基层财政管理处

主任：刘子茂

书记：吴君青

（二）潍城区财政局

1. 局长：李树东

副局长：高起生、赵会亭、刘宝国

党组成员：王舒红、寇忠祥

纪检组长：高起生（兼）

副主任科员：孙晓东、刘汉杰

总会计师：王舒红（兼）

2. 国有资产管理局

局长：姜传敬

副局长：徐树强

3. 财政监督局

局长：高起生（兼）

副局长：裴来兴、史秀珍

4. 财信国有资产经营有限公司

经理：徐树强（兼）

5. 住房资金管理中心

主任：徐建东

6. 农业发展基金管理处

主任：考持帮

7. 农业税征收管理局

局长：王建君

8. 会计管理局

局长：王会光

9. 政府采购中心

主任：郎　涛

10. 社会保障处

主任：寇忠祥（兼）

11. 预算外资金管理局

局长：李乃杰

（三）寒亭区财政局

1. 局长：李梅生

副局长：于志强、王翰林

党组副书记：张晓彬、徐建华、尹占奎

纪检组长：刘世泉

党组成员：牟同庆

副主任科员：王桂兴、王春玲（女）、王长平

2. 预算外资金管理局

局长：张晓彬（兼）

副局长：姚永建

3. 农业税收征收管理局

局长：齐新立

4. 财政监督局

局长：韩　军

5. 政府采购中心

主任：于保森

6. 国有资产管理局

局长：刘世泉（兼）

副局长：牟同庆（兼）

副科级干部：李　梅（女）

7. 国库集中支付中心

主任：陈晓青（女）

8. 住房资金管理中心

主任：于俊兰（女）

（四）坊子区财政局

1. 局长：张秀霞（女）

副局长：王瑞金、刘启兴、郭伟、秦乐堂

党组成员：李振祥、刘振明、王清润

纪检组长：刘　辉

副主任科员：张承文

2. 投资公司

经理：王瑞金（兼）

3. 农业税征收管理局

局长：刘启兴（兼）

副局长：杨宗伟

4. 国有资产管理局

局长：郭　伟（兼）

副局长：王清润（兼）

5. 政府采购中心

主任：王明义

6. 非税收入管理局

局长：刘振明（兼）

7. 住房资金管理中心

主任：马永祥

8. 财政监督局

局长：李振祥（兼）

9. 社会保障处

主任：刘召平

（五）奎文区财政局

1. 局长：王万堂

副局长：杨　霞（女）、吴卫忠、李晓华、曹希山

纪检组长：迟玉玲（女）

工会主席：柳　青（女）

2. 国有资产管理局

局长：杨　霞（兼）

副局长：许智勇

3. 财政国库支付中心

主任：徐春宁

4. 住房资金管理中心

主任：纪文忠

5. 财政监督局

局长：桑　青（女）

6. 社会保障处

主任：周　斌

7. 非税收入征管局

局长：刘春燕（女）

8. 会计管理局

局长：李祖忠

9. 财政投资公司

经理：张培锦

10. 信息中心

主任：葛竹胜

11. 农业税征收管理局

局长：高光伟

（六）青州市财政局

1. 局长：郑　伟

副局长：阚景瑞（女）、康效臣、姚春生

副书记：南天星

纪检书记：邱元国

党委成员：曲正道、颜　萍（女）、彭明周、周勤堂、王春耕

2. 预算外资金管理局

局长：阚景瑞（女、兼）

书记：曲正道（兼）

副局长：丁志航、刘正坤

3. 基础设施建设资金管理中心

主任：康效臣（兼）

书记：杨忠俊

副主任：李宗泉

4. 财政监督局

局长：颜　萍（女、兼）

书记：彭明周（兼）

副局长：刘子亮

5. 财税计算机应用管理中心

主任：季延文

书记：鹿　玲（女）

6. 国有资产管理局

局长：卢增军

7. 国库集中支付中心
主任：王春耕（兼）
副主任：刘方国
8. 农业税征收管理局
局长：周勤堂（兼）
9. 住房资金管理中心
主任：姚春生（兼）
副主任：李玉福
（七）诸城市财政局
1. 局长：王金堂（市政协副主席兼）
副局长：潘桂祥、王进华、孙鲁安
纪检组长：周华伟
党组成员：滕兆和
副主任科员：赵小燕（女）、王昭义
2. 预算外资金管理局
局长：潘桂祥（兼）
副局长：杨光照、王桂洁（女）
3. 国有资产管理局
局长：王进华（兼）
副局长：邬基江
4. 经济开发投资公司
经理：滕兆和（兼）
副经理：王金刚
5. 农业税征收管理局
局长：周华伟（兼）
副局长：贾聚业、宋新波
6. 财政监督局
局长：刘忠玉
7. 农发基金征收处
主任：赵　平
8. 国库集中支付中心
主任：姜成海
9. 国有资产评估中心
主任：万曲波（女）
10. 国有资产经营总公司
总经理：孙鲁安（兼）
副总经理：滕兆和（兼）、尤进金、孙东军
11. 财政投资评审中心
主任：赵青山
（八）寿光市财政局
1. 局长：李泮德
副局长：于世茂、刘建平、王守华、冯星元、张玉娥（女）、张　英（女）
纪检组长：付心刚
党组成员：张玉华、王新海
2. 预算外资金管理局
局长：于世茂（兼）
副局长：王新海（兼）、王　欣（女）
3. 基础设施建设资金管理中心
主任：张玉娥（女、兼）
副主任：董长山、赵乐资
4. 国有资产管理局
局长：张玉华（兼）
副局长：王玉玲（女）、杨云龙
5. 住房资金管理中心
主任：门保海
书记：王金山
6. 政府采购中心
主任：肖庆臣
7. 国库集中支付中心
主任：张宏雨
8. 农业税征收管理局
局长：武建华
9. 财政监督局
局长：锡景明
（九）安丘市财政局
1. 局长：刘兴军（市经济开发区管理委员会主任、市长助理兼）
副局长：李泽民、贺成波、辛献秀、徐淑娟（女）
党组书记：李泽民（兼）
党组副书记：刘兴军（兼）、贺成波（兼）
党组成员：葛如刚、李国华
纪检组长：贺立民
2. 国有资产管理局
局长：李泽民（兼）
3. 财税督查局
局长：葛如刚（兼）
4. 政府采购中心
主任：马春江
5. 非税收入管理局
局长：孙金明
6. 政府投资评审中心
主任：凌云书
7. 住房资金管理中心
主任：陈绪连（女）
8. 国库集中收付中心
主任：王　敏（女）
9. 农业税征收管理局
局长：李国华（兼）
（十）高密市财政局
1. 局长：鞠志华（市长助理兼）
副局长：张新和（正科级）、王金波（正科级）、闫公健（正科级）、张尔志（正科级）、吴兆道、王　琨
党组书记：张新和（兼）
纪检组长：王进会
2. 农业税征收管理局
局长：贾东杰（正科级）
副局长：马德水、黄丽菊（女）
3. 会计管理局
局长：黄宝峰（正科级）
副局长：李　雁（女）
4. 预算外资金管理局
局长：王金波（兼）
副局长：江海波、张新功、王文波
5. 国有资产管理局
局长：闫公健（兼）
副局长：姜兴文
6. 农业综合开发办公室
主任：张尔志（兼）
7. 财政监督局
局长：张宝山
8. 政府采购中心
主任：王　建
9. 国有资产经营投资有限公司
经理：闫公健（兼）
（十一）昌邑市财政局
1. 局长：董风杰
副局长：林明波、孙介甫、孙广阔、魏全江
纪检组长：徐学义
党组成员：徐桂华（女）
工会主任：徐桂华（女、兼）
副主任科员：孙健美（女）
2. 国有资产管理办公室

主任：林明波（兼）

副主任：张始训

3. 农业税征收管理局

局长：孙介甫（兼）

4. 财政监督局

局长：孙继刚

5. 国有资产经营投资有限公司

经理：孙广阔（兼）

6. 政府采购中心

主任：徐云舟

7. 住房资金管理中心

主任：于爱国

8. 国库集中支付中心

主任：付绍集

9. 社会保障处

主任：徐桂华（女、兼）

（十二）临朐县财政局

1. 局长：朱　骅

副局长：翟淑法（正科级）、谭茂村

党组副书记：石效群（正科级）

纪检组长：石效群（兼）

党组成员：谭月红（女）

副主任科员：王　鹏、张　东、王兆亮

2. 会计管理局

局长：朱　骅（兼）

副局长：魏　生（正科级）、张成兵

3. 农业税征收管理局

副局长：刘文涛、尹焕会、王志勇

副科级干部：谭金萍（女）

4. 基础设施投资管理中心

主任：翟淑法（兼）

副主任：王忠勇

5. 非税收入管理局

局长：谭月红（女）

6. 财政监督局

局长：朱志新

7. 住房资金管理中心

主任：王克军

8. 财税信息中心

主任：王克军

9. 经济开发投资公司

经理：杨文林

（十三）昌乐县财政局

1. 局长：田本义

副局长：宫春年、臧丽丽（女）、刘学禄、刘子坤、滕肖华

纪检书记：付春荣（女）

副主任科员：刘　俊

2. 农业税征收管理局

局长：刘子坤（兼）

副局长：邢涌涛（女）

3. 财政监督局

局长：臧丽丽（女、兼）

副局长：张　继、高洪利（女）、徐建林

4. 国有资产管理办公室

主任：刘学禄（兼）

副主任：刘学亮

5. 非税收入管理局

副局长：李卫国

6. 住房资金管理中心

主任：王爱美（女）

7. 政府采购中心

主任：陈晓莉

（十四）高新技术产业开发区财政局

1. 局长：牟丕宗（副处级）

副局长：李　洪（副处级）、孙文峰（正科级）、段守华（正科级）、石可法（正科级）、熊福涛（正科级）、安　斌（正科级）

2. 会计管理局

局长：崔荣民（正科级）

3. 国有资产管理局

局长：翟伟春（正科级）

副局长：杨立春（女）

4. 财政监督局

副局长：李美玲（女）、丛衍涛

5. 国库集中支付中心

主任：刘晓华（女、正科级）

副主任：王志刚

6. 企业处

主任：李　云（女、正科级）

（十五）滨海经济开发区财政局

1. 局长：王守信

副局长：宋美亮（正科级）、张兴龙

副主任科员：王　翠（女）

2. 国库集中支付中心

主任：刘忠祥

（十六）经济开发区财政局

局长：周　冲

副局长：张　磊

副科级干部：周晓晖、刘清明

八、济宁市

（一）济宁市财政局

1. 局长：张茂如

副局长：张明生、王玉留、韩　梅（女）

纪检书记：徐卫华

副调研员：杨殿聪、许一新、刘东波

党组成员：刘裔洒

2. 政府投融资管理中心、经济开发投资公司

主任、经理：刘裔洒（兼）

副主任、副经理：杨奉月、夏传强

3. 企业财务管理处

主任：宋全领

书记：王志强

4. 财政投资评审中心

主任：张　伟（女）

5. 市财政局开发区分局

局长：徐兴良

6. 预算外资金管理局

局长：刘永庆

7. 监督检查办公室

主任：何旭东

8. 农业税收征收管理局

局长：张运东

9. 财政集中支付核算中心

主任：张明生（兼）

副主任：于凤科、吴　勇、魏　戎

总稽核：刘　玮

（二）市中区财政局

1. 局长：刘瑞军

副局长：冯建民、赵淑峰（女）、郭广森

纪检组长：赵春民
总会计师：蒋新平
副主任科员：尤利东
2. 预算外资金管理局
副局长：姜淑芬（女）
3. 财政集中支付中心
主任：程殿武
4. 财政监督办公室
主任：吕 镇
（三）任城区财政局
1. 局长：杨晓春（女）
副局长：高继伦、杨银轩
2. 农业税收管理局
局长：茹兴苗
副局长：廉长林
3. 财政监督办公室
主任：李昭远
副主任：李志刚
4. 财政集中支付中心
副主任：顾 伟
5. 非税收入管理局
副局长：许允鹏、张玉军
6. 国有资产管理办公室
副主任：左振宇
（四）曲阜市财政局
1. 局长：赵业勇
副局长：李兴龙、裴绪军
总会计师：柴 骥
工会主席：林秉金
2. 农业税收管理局
局长：孔令臣
副局长：李继成
3. 政府采购中心
主任：高宪生
4. 社会保障基金管理中心
主任：韩素宏
5. 国有资产管理局
副局长：张 红（女）
6. 非税收入管理局
局长：陈志诚
副局长：张海峰
7. 财政集中支付中心
副主任：孔繁明
8. 财政投资评审中心
主任：王 晶
9. 开发区财政分局
副局长：刘桂龙
（五）兖州市财政局
1. 局长：王建华（市长助理兼）
副局长：裴宪敏（女）、韩兆玉（女）、秦佑勇
纪检组长：袁景平
总会计师：程绪殿（女）
2. 世界银行贷款管理办公室
副主任：赵 霞（女）
3. 国有资产管理办公室
主任：王建忠
4. 基层财政管理局
局长：裴宪敏（女、兼）
副局长：李 霞（女）、刘 森
5. 会计核算中心
副主任：王剑敏
6. 政府采购办公室
主任：李 斌
7. 预算外资金管理局
副局长：张学锋（女）、邱培强
（六）邹城市财政局
1. 局长：宋 波（市长助理兼）
副局长：张忠堂（正科级）、李士川（正科级）
党委副书记：罗心健
纪检组长：罗心健（兼）
党委委员：罗 珍（女、正科级）、田 猛
总会计师：秦 勇
2. 农村财务管理局
局长：张忠堂（兼）
3. 预算外资金管理局
局长：李士川（兼）
4. 国有资产管理办公室
主任：罗 珍（女、兼）
（七）微山县财政局
1. 局长：张广军
副局长：李善峰、顾克水、杨福民
纪检组长：王洪军
工会主席：张耀辉
2. 非税收入管理局
局长：侯庆林
3. 财政监督局
局长：张伊真
4. 国有资产管理局
局长：赵 楠
5. 农业税收管理局
局长：李善峰（兼）
副局长：王万臣、陈国伟
6. 金融合作办公室
主任：杨福民（兼）
7. 财政国库集中支付中心
主任：顾克水（兼）
副主任：李亚东
8. 投资评审中心
主任：董 蕙（女）
（八）鱼台县财政局
1. 局长：王进斌
副局长：朱克芳、杨桂华、袁 恪
纪检组长：刘 畅
副主任科员：郑志群、周瑞海、田忠建
2. 财政监督办公室
副主任：董西民
3. 集中支付核算中心
副主任：房道运
4. 国有资产管理局
局长：田广河
（九）金乡县财政局
1. 局长：吕玉芹
副局长：王秋华、张培军、周保忠、张华梅（女）
纪检组长：张培军（兼）
工会主席：张培军（兼）
总会计师：皮凤伟
2. 非税收入管理局
局长：吕玉芹（兼）
副局长：林 生
3. 农业税收管理局
局长：吕玉芹（兼）
副局长：张华梅（女、兼）、李秀菊（女）
4. 财政集中支付中心
主任：王秋华（兼）
副主任：张秋华（女）
5. 财政监督局

局长：周保忠（兼）

6. 经济开发投资公司

经理：郭继德（正科级）

7. 国有资产管理局

局长：胡树德（正科级）

8. 政府采购中心

副主任：卢作强

（十）嘉祥县财政局

1. 局长：周尚英

党委书记：韩景玉

副局长：刘俊宝、闫玉增、刘健康、陈万银

纪检组长：张琦云

2. 农业税收征收管理局

局长：刘俊宝（兼）

副局长：楚宪文

3. 预算外资金管理局

局长：周尚英（兼）

副局长：巩晓林、朱本相

4. 国有资产管理局

局长：韩景玉（兼）

5. 会计集中核算与支付中心

主任：周尚英（兼）

副主任：程合际、武绍辉

6. 利用世界银行贷款发展灌溉农业项目领导小组办公室

副主任：曹　刚

7. 国有资产投资监管中心

主任：韩景玉（兼）

（十一）汶上县财政局

1. 局长：田利国

副局长：韦国强、张庆立、宋恩全

纪检组长：荣先国

总会计师：王秦岭

2. 国有资产办公室

主任：田利国（兼）

3. 预算外资金管理局

局长：韦国强（兼）

副局长：马　琳

4. 会计管理局

副局长：杨光银

5. 农税征管局

局长：张庆立（兼）

副局长：李正水、张茂琢

6. 金财公司

总经理：宋印璧

副经理：雷照明

7. 财政监督局

局长：于　健

8. 会计核算中心

主任：王立存

9. 开发区分局

局长：侯　勇

（十二）泗水县财政局

1. 局长：陈洪夫

党组书记：李逢阳（县长助理兼）

副局长：薛长银、孙宜华、刘伟、张文玉

总会计师：孟祥章

副主任科员：邵常喜、张　磊、李文章

2. 农业税收管理局

局长：薛长银（兼）

副局长：相龙静（女）

3. 预算外资金管理局

副局长：张庆锦

4. 政府采购中心

主任：杜　静（女）

5. 财政监督局

局长：陈玉杰

6. 投融资管理中心

主任：乔志端

副主任：孔宪坤、赵文涛

（十三）梁山县财政局

1. 局长：梁开平

副局长：于观跃、韩月民、张凤园（女）、艾桂秋（女）

总会计师：徐海荣（女）

纪检书记：袁　雷

工会主席：杨　扬

2. 农业税收管理局

局长：韩月民（兼）

副局长：刘　林、马景国

3. 国有资产管理局

局长：于观跃（兼）

副局长：魏显法

4. 预算外资金管理局

局长：艾桂秋（女、兼）

副局长：师彩霞（女）

5. 经济开发区分局

局长：马景国

6. 经济投资管理中心

主任：魏显法（兼）

7. 集中支付核算中心

主任：赵传友

8. 采购办

主任：郑　军

9. 投资评审中心

主任：张凤园（女、兼）

九、泰安市

（一）泰安市财政局

1. 局长：任先德（市长助理兼）

副局长：李诚实（正处级）、刘斌（正处级）、刘兴强、辛海明、孙　磊

总会计师：赵衍杰

纪委书记：李天义

副调研员：顾汉松

2. 财政监督检查处

处长：亓永军

副处长：赵同岱

3. 预算外资金管理处

主任：王国强

副主任：张春贵

4. 政府采购管理办公室

主任：李清明（女）

副主任：高相才、段崇民

5. 农业税收征收管理局

局长：刘　斌（兼）

副局长：张焕杰（副处级）

6. 住房资金管理办公室

主任：邓继胜

7. 政府投融资管理中心

主任：李诚实（兼）

副主任：秦玉昌（副处级）、范晓焱（女、副处级）

8. 财政干部教育中心

书记：刘丽珍（女）

主任：黄海涛

副主任：王　伟、万惠孜、吴　刚

9. 经济开发投资公司

副总经理：武国志（副处级）、赵焕曦（副处级）、魏　杰（女、副处级）

（二）泰山区财政局

1. 局长：葛安华

副局长：范玉文、张庆君、商志刚、王延礼、孟宪业

工会主席：考其伟

纪检组长：夏崇国

总会计师：宋新文

党组成员：耿树明、梁蕴茜（女）

2. 财政监督局

局长：张兴涛

3. 会计管理局

局长：王爱华（女）

4. 收费管理局

局长：周太升

5. 农业税征收管理局

局长：范玉文（兼）

副局长：王　军、李传禄

6. 政府采购中心

主任：马庆忠

7. 政府投融资管理中心

主任：耿树明（兼）

副主任：米　山

8. 国有资产管理局

局长：宫献奎

9. 国库集中支付中心

主任：刘文泉

（三）岱岳区财政局

1. 局长：张安富（区长助理兼）

党委副书记：刘灿旭、张文青

副局长：刘灿旭（兼）、张清顺、孙建萍（女）、彭永强

纪检书记：明宝印

总会计师：刘拥军（女）

工委主任：宋洪岩

主任科员：黄康德

副主任科员：李　伟（女）

2. 财政监督局

局长：牛承胜

3. 政府投融资管理中心

主任：李学明

副主任：石华峰、秦海彬

4. 直属分局

局长：赵　平

5. 国库集中支付中心

主任：周　刚

6. 农业税收征收管理局

局长：孙建萍（女、兼）

副局长：梁传弘（女）、赵红梅（女）

7. 预算外资金管理中心

主任：谷冬梅（女）

（四）新泰市财政局

1. 局长：郭传富

副局长：王子孝、崔登斌、郝立平、董仲华

纪检组长：陈建花（女）

2. 国库集中支付中心

主任：王子孝（兼）

副主任：杨新斌

3. 经济开发投资公司

经理：崔登斌（兼）

副经理：宋东旭

4. 政府投融资管理中心

主任：郝立平（兼）

副主任：宁衍进

5. 政府采购中心

主任：董仲华（兼）

副主任：刘继勇、郭振胜

6. 国有资产管理局

局长：张纯奎

7. 农业税征收管理局

局长：王文泉

副局长：王宝录、孙英杰

8. 财政监督办公室

主任：王宪伟

9. 住房资金管理中心

主任：李　鹏

（五）肥城市财政局

1. 局长：王志勇

副局长：刘玉英（女）、张衍明、张继勇、陈正一

党组成员：赵恒军

纪检组长：梁新玲

副科级干部：杨泽春

2. 农税局

局长：刘玉英（女、兼）

副局长：李训宝、刘维木

3. 财政监督局

局长：刘玉英（女、兼）

4. 政府采购中心

主任：张衍明（兼）

5. 政府投融资管理中心

主任：张继勇（兼）

副主任：赵恒军（兼）、张兴铭、陈硕增

6. 国有资产管理局

局长：张风辉

7. 国库管理中心

主任：宫　华（女）

8. 预算外资金管理处

主任：张新利

（六）宁阳县财政局

1. 局长：周慎凯

副局长：连桂荣（县政协副主席兼）、刘延宁（正科级）、颜　剑、周广义、王祥森、鞠敏红（女）

2. 预算外资金管理处

主任：宁尚岐

3. 经济开发投资公司

副总经理：卢西龙

4. 国有资产运营公司

总经理：连桂荣（兼）

5. 企业信用担保中心

主任：王祥森（兼）

副主任：侯雪艳（女）

6. 农业税征收管理局

局长：雷　涛

7. 国有资产管理局

局长：董学智

8. 机关会计核算中心

主任：鞠敏红（女、兼）

副主任：孔凡友、商　涛、邱晓伟

9. 住房资金管理中心

主任：程贯峰

10. 世行项目开发办公室

主任：孙　华（女）

11. 政府投融资管理中心

主任：颜　剑（兼）

副主任：房　凌

12. 政府采购中心

主任：王会桥

13. 财政投资评审中心

主任：濮　华（女）

（七）东平县财政局

1. 局长：王文忠

党委副书记：杨庆华

副局长：王恒文、马启金、赵黛芳（女）

纪委书记：杨庆华（兼）

2. 财政监督局

局长：唐守山

3. 农业税征收管理办公室

主任：李友民

4. 政府投融资管理中心

主任：牛连胜

5. 国有资产管理局

副局长：徐敬东

6. 预算外资金管理局

局长：冯　剑

7. 国库收付中心

主任：杨庆华（兼）

副主任：李　勇、张　斌

8. 政府采购管理办公室

主任：桑胜军

副主任科员：王　刚

9. 开发区财税分局

局长：牛　勇

（八）开发区财政局

1. 局长：王照星

副局长：高翠华（女）、张　静（女）、赵衍进、裴明清

2. 投融资管理中心

主任：高翠华（女、兼）

（九）泰山景区财政局

局长：张庆禹（区总会计师兼）

副局长：李　峰、高　华（女）、王　彬

主任科员：国　伟（女）

十、威海市

（一）威海市财政局

1. 局长：朱明华

调研员：孙世都、姬秀芬（女）

副局长：张春晓（女）、李文基、于荣范、孙启辉、杨荣华

党委副书记：孙世都（兼）

纪委书记：于晓绵

党委委员：于天义、孔志鹏、邓炳奎

2. 监督检查室

主任：兰兴志

3. 非税收入管理处

主任：于天义（兼）

4. 政府采购管理办公室

主任：孔志鹏（兼）

5. 国库集中支付中心

主任：邓炳奎（兼）

6. 威海市会计学校

校长：丛敏滋

书记：张树维

7. 经济开发投资公司

经理：曲惠兰（女）

8. 国库集中支付中心

书记：丁玉敏

9. 企业财务管理处

主任：闫俊达

（二）环翠区财政局

1. 局长：张宗浩

副局长：邵志刚、王爱波、李艳华（女）

党组成员：彭志成、孙大力（女）

2. 经济开发投资公司

经理：邵志刚（兼）

副经理：谷昌昭、姜万青

3. 驻厂员管理处

主任：彭志成（兼）

4. 财政监督与会计管理局

局长：孙大力（女、兼）

5. 国库集中支付中心

主任：丛培育（女）

6. 农财税处

主任：马　红（女）

7. 投资评审中心

主任：张　毅

8. 国有资产管理局

局长：宋江威

（三）文登市财政局

1. 局长：谭远国

副局长：丛庆华、王程平、崔文、丁新军

纪委书记：周海滨

总会计师：于元华

党委委员：傅世珠、赛红炜（女）、许德安

2. 预算外资金征收管理处

主任：周海滨（兼）

3. 农业税收征收管理处

主任：刘永忠

4. 财政局集中支付中心

主任：于红卫

5. 财政投资评审中心

主任：丛龙江

6. 政府采购监督管理办公室

主任：侯海卫

7. 会计事务管理局

局长：许德安

副局长：毕可信、侯登高

8. 国有资产管理局

局长：傅世珠

副局长：侯庆修、隋旭明、郑春祥

9. 财政投资公司

经理：赛红炜（女）

副经理：王　兵

（四）荣成市财政局

1. 局长：王行军

副局长：王　刚、张志宏、宋开明、王元波、王行伟、闫喜芸（女）

纪检组长：王行伟（兼）

2. 政府采购管理办公室

主任：毕明波

3. 城市资产经营有限公司

副经理：杨元强、王　刚（兼）

4. 国有资产管理局

副局长：乔学荣、邱永峰

5. 非税收入管理处

主任：吕英超

6. 农税局

副局长：姚　野

7. 驻厂员管理所

主任：冯学广

8. 财政监督监察办公室

主任：肖新明

9. 国库支付中心

主任：吕学平

（五）乳山市财政局

1. 局长：高　波

副局长：姜　山、兰　东、李　峰

纪检组长：宫润杰

2. 政府采购管理办公室

主任：胡京林

3. 国有资产管理办公室

主任：郑连臣

4. 预算外资金征收管理处

主任：李海波

5. 财政监督检查办公室

主任：焉　强

6. 国库集中支付中心

主任：唐维民

（六）火炬高技术产业开发区财政局

局长：李家强

副局长：于海蓉（女）、丛新一、王德平

（七）经济技术开发区财政局

局长：姚桂礼

副局长：林玉霞（女）、殷　蕾（女）、林治乐

（八）工业新区财政局

局长：于维英（女）

副局长：王国泰

十一、日照市

（一）日照市财政局

1. 局长：毛晖明

副局长：王　彬（正处级）、周忠君、王庆忠、王　雷

纪检组长：张军书

党组成员：赵子峰（正处级）、焦春锋（副处级）、张厚峰

调研员：李兆乐

副调研员：赵祥山、李宗森

2. 经济开发投资公司

经理：赵子峰（兼）

副经理：陈　丰

3. 国有资产管理办公室

主任：辛崇伟

4. 财政监督检查局

局长：焦春锋（兼）

5. 非税收入管理局

局长：王　彬（兼）

副局长：张厚峰（兼）

6. 政府采购管理办公室

主任：刘　军（女）

7. 住房公积金管理中心

主任：张守民

（二）东港区财政局

1. 局长：辛崇良

副局长：路树贵（正科级）、卢延斌、杨为国、刘利明（女）、庄门春、王京方

纪检组长：王秀芹（女、正科级）

党组成员：牟红峰

2. 国有资产管理局

局长：路树贵（兼）

副局长：牟红峰（兼）

3. 非税收入管理局

局长：卢延斌（兼）

副局长：夏昭东

4. 公有资产经营中心

副主任：宋玉峰

5. 政府采购管理办公室

主任：相振良

6. 财政监督局

局长：张永健

7. 农业税收管理局

局长：杨为国（兼）

副局长：焦自晔

（三）岚山区财政局

1. 局长：刘兆新

副局长：李乃合（正科级）、徐志华、杨洪利

纪检组长：王　虎

党组成员：王谦吉、陈佩远

2. 国有资产管理局

副局长：王谦吉（兼）

3. 城建投资公司

经理：李乃合（兼）

4. 非税收入管理局

副局长：徐志华（兼）、陈佩远（兼）

5. 国库支付中心

主任：潘伟跃

6. 财政监督检查局

局长：聂秀海

（四）五莲县财政局

1. 局长：李兆明

副局长：王曾平、孙　江、王　勇

纪检组长：张云学

副主任科员：孙常文

2. 国有资产管理中心

主任：王曾平（兼）

副主任：姜宝竹

3. 国有资产经营公司

经理：孙　江（兼）

副经理：张守权

4. 财政监督局

局长：徐衍荣

5. 农业税收征收管理局

局长：鞠强华

（五）莒县财政局

1. 局长：田洪生

副局长：方相平、彭万盈、陈维强

纪检组长：侯平原

党组成员：刘廷祥

2. 国有资产管理局

局长：方相平（兼）

副局长：李修余

3. 经济开发投资公司

经理：彭万盈（兼）

副经理：李永礼

副科级干部：孙　渠、申学忠

4. 非税收入管理局

局长：刘廷祥（兼）

副局长：赵玉洪

副科级：杨明清

副主任科员：陈常东

5. 会计集中核算中心

主任：柴松涛（女）

6. 农业税收管理局

局长：张希江

7. 国有资产经营中心

副主任：刘京波

8. 乡财县管中心

主任：申友社

（六）经济开发区财政局

1. 局长：唐仕军

副局长：张 晋、万志亮

纪检组长：陈洪忠

党组成员：严汝科

2. 政府采购中心

主任：孟凡弟

3. 国资局

局长：严汝科（兼）

4. 非税收入管理局

局长：张金芬（女）

5. 结算中心

主任：丁 波

（七）山海天旅游度假区财政局

局长：王 勇

十二、莱芜市

（一）莱芜市财政局

1. 局长：高发林（市长助理、市政府党组成员兼）

副局长：边增琦、周美明、李尊富

纪检组长：张子华

2. 监督检查处

主任：王教同

3. 经济开发投资公司

副经理：郝效文、魏广明、徐建国

4. 中小企业信用担保中心

主任：陈国文

5. 财政干校

校长：边增琦（兼）

副校长：陈茂盛

（二）莱城区财政局

1. 局长：张义军

副局长：罗维范、张同祥、丁昌水

纪检组长：田洪吉

工会主任：张泗军

2. 经济开发投资公司

副经理：王光勤

3. 政府采购管理办公室

主任：郭文瑞

4. 农税征收管理局

局长：吴 勇

5. 财政集中支付中心

主任：孟宪清

6. 国有资产管理办公室

主任：张 建

7. 莱城工业区财政局

副局长：卢诗献、乔 勇

（三）钢城区财政局

1. 局长：窦金贵

副局长：吴金柱、谢永仕

工会主任：孙东升

2. 农税征收管理局

局长：吴金柱（兼）

副局长：李 茜（女）

3. 政府采购办公室

主任：侯忠泉

4. 经济开发投资公司

副经理：李宗刚

（四）经济开发区财政局

局长：高冬梅（女、区管委会副主任兼）

副局长：李 雷、李 涛

（五）雪野旅游区财政局

局长：邱 鹏

副局长：亓 虹（女）、亓荣燕（女）

十三、临沂市

（一）临沂市财政局

1. 党组书记：张少波

党组副书记：李 民、王经绍（正处级）、王兴助（正处级）

局长：李 民

副局长：王经绍（正处级）、王兴助（正处级）、王树和（正处级）、解曙光、莫凤玲（女）、王连正

纪检组长：刘建玺

党组成员：矫晓斌、主笑宜、米兆民

调研员：石永祥

副调研员：刘汉才、张秀英（女）、管恩犁

2. 经济开发投资公司

书记：王兴助（兼）

经理：王树和（兼）

副经理：秦承国、傅运平、张永臣、宋克伟

3. 财政监督检查办公室

主任：朱步金

4. 政府采购监督管理办公室

主任：王经中

5. 行政事业性收费处

主任：矫晓斌（兼）

6. 农业税收征收管理办公室

主任：尹京收

7. 财政投资评审中心

主任：主笑宜（兼）

8. 会计集中核算中心

主任：赵丽明（女）

9. 财政学校

党委书记：王经绍（兼）

校长：米兆民（兼）

副校长：李士敬、张亚飞、郑成宗

党委副书记：宋兰庆、叶文静（女）

纪委书记：叶文静（女、兼）

工会主席：郑建三

（二）兰山区财政局

1. 局长：廖俊义（区政协副主席兼）

副局长：丁兆喜、杨晓光、葛利山、杨思乐

纪检组长：宋发涛

党组成员：孟庆虎

2. 经济开发投资总公司

总经理：丁兆喜（兼）

副经理：葛绪萍（女）、钱 薇（女）、郭华章（女）

3. 预算外资金管理局

局长：赵庆奎

4. 农业税收征收管理局

局长：刘 伟（女）

5. 国有资产运营公司

经理：孟庆虎

6. 区政府金融办公室

主任：杨晓光（兼）

（三）罗庄区财政局

1. 局长：刘福军

副局长：张金桥

纪检组长：苏 红（女）

主任科员：尤步华

副主任科员：王潇然（女）

2. 农业税收征收管理局

局长：孙运玺

副局长：吴连峰（女）

3. 预算外资金管理局

局长：张金桥（兼）

副局长：张东亮

4. 国有资产管理局

局长：王　宁

5. 财政监督局

局长：张金宝

6. 财政资金风险处

副主任：高建梅（女）、王宏伟

（四）河东区财政局

1. 局长：刘际奎（区第一中学党总支书记兼）

副局长：洪连金、韩庆文、纪广华、赵连伦、李保存

纪检组长：张志刚

党组成员：吴清国

2. 农业税收征收管理局

局长：韩庆文（兼）

副局长：吴清国（兼）、刘传峰

3. 预算外资金管理局

局长：洪连金（兼）

副局长：王文志、杜兆波

4. 经济开发投资总公司

经理：纪广华（兼）

副经理：孙鹏娟（女）

（五）郯城县财政局

1. 局长：马学准

副局长：徐　煜、付海峰、吕久鑫、王　朴

纪检组长：马　丽（女）

2. 农业税收征收管理局

局长：徐　煜（兼）

副局长：彭建伟

3. 预算外资金管理办公室

主任：张炳忠

4. 财政监督办公室

主任：毕建英（女）

（六）苍山县财政局

1. 局长：李玉廷

副局长：周磊明、侯善良、李凤娟（女）

纪检组长：赵懿行

工会主席：杨成林

2. 预算外资金管理局

局长：李凤娟（女、兼）

副局长：于建民、寇全会

3. 经济开发投资公司

经理：周磊明（兼）

副经理：王德学

4. 农税征收管理局

局长：侯善良（兼）

副局长：刘善义、王　建

5. 会计管理局

局长：刘　尚

6. 财政监督局

局长：李建华

（七）莒南县财政局

1. 局长：王传珍

副局长：安　静、许田三、刘元景、季玉永、卢燕玲（女、正科）

纪检组长：孙现东

工会主席：范珍贤

党组成员：于世荣（女）、于学军（正科）

2. 农业税收征收管理局

局长：安　静（兼）

副局长：周玉明、姚庆国

3. 经济开发投资公司

经理：许田三（兼）

副经理：赵凤余、王淑英（女）

（八）沂水县财政局

1. 局长：戚树启

副局长：郭京裕、张京军

工会主席：徐志祥

纪检组长：徐兆利

副主任科员：张修广

2. 经济开发投资公司

经理：郭京裕（兼）

副经理：赵培慧（女）

3. 农业税收征收管理局

局长：李政华（女）

副局长：武朝晖、朱丽滨（女）、赵立刚

4. 预算外资金管理中心

主任：袁可刚

5. 会计管理中心

主任：刘立田

6. 监督检查办公室

主任：李春杰

（九）蒙阴县财政局

1. 局长：武传存

副局长：唐建敏（女）、崔西堂、李　波、王振江

纪检组长：张玉成

2. 住房资金管理中心

主任：唐建敏（女、兼）

3. 农业税收征收管理局

局长：李　波（兼）

副局长：公丕苍

4. 预算外资金管理局

局长：宋以德

5. 国有资产管理办公室

主任：公丕保

6. 财政监督局

局长：王　凯

（十）平邑县财政局

1. 局长：高彦坤（县政协副主席兼）

副局长：葛宪法、张厚斌、王相富、曹卫清

纪检组长：华林昌

2. 农业税收征收管理局

局长：张厚斌（兼）

3. 预算外资金管理办公室

主任：郭德存

4. 会计管理办公室

主任：管国财

5. 国有资产管理办公室

主任：英昌来

6. 投资发展有限公司

经理：李鸿玉

（十一）费县财政局

1. 局长：陈文武

副局长：王培合、刘学文、孟庆国、查仲环、纵　凯

纪检组长：宗　军

党组成员：王宜伦、赵文栋、陈

荣良、张　辉

总会计师：张　辉（兼）

2. 农业税收征收管理局

局长：王培合（兼）

副局长：郭士平

3. 经济开发投资公司

经理：刘学文（兼）

副经理：袁堂玲（女）

4. 国有资产管理办公室

主任：赵文栋（兼）

副主任：徐贵军

5. 住房改革资金管理中心

主任：陈荣良（兼）

6. 财政监督局

局长：任洪珠

7. 行政事业收费管理局

局长：卢维德

（十二）沂南县财政局

1. 党组书记：葛继勇（副县长兼）

副局长：王绍春、王玉录

纪检组长：高兴功

党组成员：张佳贞

2. 农业税收征收管理局

局长：王玉录（兼）

副局长：朱耀华、尹西钊

3. 会计管理局

局长：王绍春（兼）

副局长：高美华（女）、李　宏（女）

4. 财政监督局

局长：张佳贞（兼）

5. 国有资产工作办公室

副主任：冯奇志、解树录

（十三）临沭县财政局

1. 局长：杨会军（政协副主席兼）

副局长：李长瑞、牟春林、李守鹤、周洪军

纪检组长：王　娟（女）

2. 经济开发投资公司

经理：李长瑞（兼）

副经理：赵应栋

3. 农业税收征收管理局

局长：牟春林（兼）

副局长：付　强、段广胜

4. 非税收入管理局

局长：张福秋

5. 财政监督检查局

局长：苗　壮

（十四）高新技术产业开发区财政局

局长：吴　宇（区管委会副调研员兼）

副局长：刘西昆

（十五）经济开发区财政局

1. 局长：王淑太（区管委会副调研员兼）

副局长：王正中、杨佃农、王立成

2. 会计核算中心

主任：司玉章

十四、德州市

（一）德州市财政局

1. 局长：战士平

副局长：王德才（正处级）、常　青（正处级）、牛洪春（正处级）、孙军强、高东玲（女）

党组成员：郑　忠（正处级）

纪检组长：杨志坚

调研员：李荣章、杜占军

副调研员：王进宝、朱恩鹤、张凤元、姚洪芬（女）、苏文正

2. 国有资产管理办公室

主任：常　青（兼）

副主任：李　民、王洪亮

3. 预算外资金管理处

局长：王德才（兼）

副局长：刘士海、王希路

4. 政府采购管理办公室

主任：许欣君（女）

5. 住房公积金管理中心

主任：王宗元

副主任：赵立军

6. 财政国库集中支付中心

主任：王荣峰

7. 经济开发投资公司

经理：牛洪春（兼）

副经理：郭长平

8. 城市经营建设投资总公司

总经理：王德才（兼）

副经理：房延彪、王洪亮（兼）、张黎光

9. 农业高科技创新园管理处

主任：郑　忠（兼）

（二）德城区财政局

局长：郭广玺（区政协主席兼）

副局长：王朝霞（女）、徐　静（女）、蒙家清、郭宗勇、霍学良

纪检组长：崔贵春

党组成员：邢国强

（三）乐陵市财政局

1. 局长：耿宏伟

副局长：董世峰、张俊彦、盛书菊（女）、刘式元、丁春生

纪检组长：王新忠

副主任科员：商立明、王兰英（女）、魏金枝（女）、王建平、王志强、邢恩庆、高智存（女）、王志勇

2. 城市资金管理运营办公室

主任：董世峰（兼）

3. 公费医疗办公室

主任：张俊彦（兼）

4. 住房基金管理运营办公室

主任：盛书菊（女、兼）

5. 收费管理局

局长：盛书菊（女、兼）

6. 经济开发投资公司

经理：刘式元（兼）

副经理：张金良

7. 国有资产管理办公室

主任：臧素玲（女）

8. 农业税征收管理办公室

主任：张汉起

9. 财政监督局

局长：陈登昌

（四）禹城市财政局

1. 局长：周兴勇

副局长：李光民、张　欣、刘蓬、丁洪泉

纪检组长：马兴焱

2. 预算外资金管理局

副局长：孙　斌

（五）陵县财政局

局长：耿祥忠

副局长：张春霞（女）

（六）宁津县财政局

1. 党组书记：石洪兴（县政协副主席兼）

局长：商印平

副局长：邢胜智、张胜海、尚荣红（女）、李革新

党组成员：于福军、李照起

纪检组长：李景智

2. 投资公司

经理：尚荣红（女）

3. 收费管理局

局长：于福军（兼）

4. 国有资产经营公司

经理：李革新（兼）

（七）庆云县财政局

1. 局长：张秀国

副局长：刘玉琢、张玉希、胡明辉、胡　龙

副主任科员：侯俊华（女）、马海燕（女）、关丽凡（女）、刘殿成

2. 农业税收征收管理局

局长：吴米勇

3. 国有资产管理局

局长：甄在秀

4. 信用投资公司

副经理：刘晓勇

5. 诚实经营建设投资公司

副经理：张　龙

（八）临邑县财政局

1. 局长：闫兆江

副局长：崔向峥、唐新勇、黄金梅（女）、刘付广、徐　强、夏德国、甄旭元、周彩利

2. 国有资产管理局

局长：甄旭元（兼）

（九）齐河县财政局

局长：卢永强

副局长：魏建强、陈胜毅、马刚、岳思国、王成明

党组成员：朱春艳（女）、李洪兵、宋　波

（十）平原县财政局

1. 局长：宋振兴

党组书记：刘文晖

副局长：张　勇、郭学江、孙树群、杨　恒、崔瑞卿

工会主席：王　晶（女）

纪检组长：李建国

党组成员：栗　军

2. 经济开发投资公司

副经理：刘艳国

3. 预算外资金管理局

局长：张　勇（兼）

副局长：于光勇

4. 农业税收征收管理局

局长：郭学江（兼）

副局长：杨志伟、赵安国

（十一）夏津县财政局

1. 局长：倪家臣

副局长：李祥顺、杨　彤、张化祥、王安玉、姚爱国、霍士山、钟泽贤

工会主席：黄桂花（女）

纪检组长：张兴利

党组成员：张连弟、董永波

2. 国有资产管理办公室

主任：杨　彤（兼）

3. 收费管理局

局长：姚爱国（兼）

（十二）武城县财政局

1. 局长：周树彬

副局长：李际明、程　军、董国岭、李向阳、殷庆利

2. 国有资产管理局

局长：程　军（兼）

（十三）德州运河经济开发区财政局

局长：展德玲（女）

副局长：王瑞新（女）

（十四）德州经济开发区财政局

局长：李英培

副局长：张英辉（女）、唐志忠

十五、聊城市

（一）聊城市财政局

1. 局长：姜之厚（市长助理兼）

副局长：韩永奎（市财政学校党支部书记兼）、张春华、姚传瑾、蔡家明

纪检组长：薛本宪

党组成员：魏铁汉

副调研员：赵书军、李玉虎

局长助理：井庆河

2. 财政监督处

处长：张春华（兼）

3. 农业税收征收管理局

副局长：武存波

4. 预算外资金管理处

处长：张守谦

副处长：刘　杰、赵文明

5. 政府采购管理办公室

副主任：王彦宏、路登延

6. 国库集中收付中心

主任：徐冬云（女）

7. 经济开发投资公司

总经理：魏铁汉（兼）

副总经理：田道臣

（二）东昌府区财政局

1. 局长：杜旭智

副局长：李　力（女）、袁凤兰（女）、申瑞新、李子银

纪检组长：张晓敏（女）

工会主任：安振宁

副主任科员：宋士荣、荣　华、郝　庆（女）

2. 农业税收征收管理局

局长：李子银（兼）

副局长：韩铭青（女）、王维兰（女）

3. 财政监督局

局长：李　力（女、兼）

副局长：高临平（女）、郑天永

4. 经济开发投资公司

总经理：袁凤兰（女、兼）

副经理：潘振民（女）、郭保华

（三）临清市财政局

1. 局长：宋加利

党组副书记：韩慧杰（女、正科级）、许兆君（正科级）、赵素坤（女、正科级）、赵　彦（正科级）

副局长：韩慧杰（女、兼）、赵素坤（女、兼）

纪检组长：齐国良

工会主任：李之庚

副主任科员：昌桂峰、蔺仁泉、王新民、魏丽敏（女）、成　利（女）、李树磊

2. 国有资产管理局

局长：张建民

副局长：周宪文

3. 预算外资金管理处

主任：韩慧杰（女、兼）

副主任：陆浩泉

4. 财政监督检查局

局长：崔　雷

5. 政府采购中心

主任：李　红（女）

6. 农业税收征收管理局

局长：张　华

（四）阳谷县财政局

1. 局长：郭振光

副局长：王善生、孙瑞柱、任国昌

纪检组长：张国华

工会主席：姜军华

主任科员：张君凤、孟繁成

副主任科员：杨跃峰

2. 国有资产管理办公室

主任：王善生（兼）

3. 乡镇财务管理局

局长：孙广坤

4. 收费管理局

局长：孙瑞柱（兼）

5. 财政监督办公室

主任：王瑞彦

6. 政府采购中心

主任：任国昌（兼）

（五）莘县财政局

1. 局长：王俊君（县政协副主席兼）

党组书记：弓　伟

副局长：弓　伟（兼）、王相超、翟建民

纪检书记：赵洪军

工会主席：王素华（女）

总会计师：邵　勇

主任科员：杨其华

副主任科员：冯麦林、郭守杰

2. 预算外资金管理局

书记：王相超（兼）

副局长：范树青（女）、李孔章、岳玉宝

副主任科员：张宏民

3. 农业税收征收管理局

局长：翟建民（兼）

副局长：邱佃昌、李广才

4. 政府采购中心

副主任：朱同厚、张川山、陈韶辉（女）

5. 国有资产管理局

党支部书记：邵　勇（兼）

副局长：徐跃增、王永光

（六）茌平县财政局

1. 局长：王　彪（政协副主席兼）

副局长：张新平

党组成员：孙玉明、靖玉民、张明、石长珍、杨卫东（正科级）、刘勤丽（女）、张　华

纪检组长：刘勤丽（女、兼）

主任科员：谢建国

副主任科员：刘春梅（女）

2. 投融资管理中心

主任：孙玉明（兼）

3. 农业税收征收管理局

局长：靖玉民（兼）

4. 国有资产管理局

局长：石长珍（兼）

副局长：梁　力、季文柱

5. 预算外资金管理局

局长：张新平（兼）

副局长：于相刚、王　峰

6. 政府采购中心

主任：张　华（兼）

7. 国库集中收付中心

主任：张　明（兼）

（七）东阿县财政局

1. 局长：胡立春（女，县政府党组成员、县长助理兼）

副局长：张树江、杨万民、王建强

纪检组长：张传合

工会主席：郑普元

主任科员：赵培盈

2. 预算外资金管理局

局长：胡立春（女、兼）

副局长：黄培新、闫文峰

3. 农业税收征收管理局

局长：张树江（兼）

副局长：杜　峰

4. 国有资产管理局

局长：杨万民（兼）

5. 财政信用投资公司

副经理：张明星

（八）冠县财政局

1. 局长：刘梅元

副局长：姚智军、满庆利（女）、陈同峻、童云善、郭秀芳（女、县政协副主席兼）、任书良

纪检书记：魏文华（女）

工会主席：常明海

2. 预算外资金管理局

副局长：徐敬祥、姚云凤（女）、丰吉峰

3. 国有资产管理局

局长：姚智军（兼）

副局长：申中文

4. 农业税收征收管理局

局长：闫保兴

5. 政府采购办公室

主任：寇修岭

副主任：么海燕（女）

6. 财政监督局

局长：陈同峻（兼）

副局长：蒋保华

7. 国库集中收付中心

主任：边春霞（女）

（九）高唐县财政局

1. 局长：李秀芹（女）

副书记：唐文生、耿运国

副局长：唐文生（兼）、程庆江

纪检组长：由长泉

工会主任：刘新华

2. 集中支付中心和政府采购中心

主任：郭延坤

副主任：张振芳（女）、赵士军

3. 农业税收征收管理局

副局长：解　波

（十）经济开发区财政局

局长：夏庆刚

副局长：崔文岗、陈琳琳（女）、陈儒方

副主任科员：孟文英（女）、张洪霞（女）

十六、滨州市

（一）滨州市财政局

1. 局长：王秀夫

党组书记：陈道江

副局长：陈道江（兼）、冯艳霞（女）、王金生（女）、陈庆荣

总会计师：景学江

副调研员：张　红（女）、张岐新、赵美山

党组成员：石丽霞（女）

2. 非税收入管理局

局长：石丽霞（女、兼）

副局长：甄恩如（市土地储备中心副主任兼）

3. 农业税收管理局

局长：薛东平

副局长：朱　波、宋宇飞（女）

4. 行政事业国有资产管理办公室

主任：颜世庚

副主任：陈晓玲（女）

5. 市级机关会计核算中心

主任：冯艳霞（女、兼）

副主任：卢得珍（女）

6. 资产管理经营公司

副经理：贾安利（北海新区经济开发投资公司经理兼）

7. 中小企业投资担保中心

主任：王金生（女、兼）

副主任：朱澎淋

8. 政府采购管理办公室

主任：董洪喜

副主任：鲁新国

9. 滨州财政学校

校长：曹玉香（女）

副校长：王连刚

10. 投资服务中心

主任：陈道江（兼）

11. 市政府投资评审中心

副主任：崔建卿、张　勇

（二）滨城区财政局

1. 局长：刘殿君

副局长：毛九民、张丽军（女、正科级）、张卫东

纪检组长：于　桂（女）

2. 国有资产管理办公室

副主任：杨守亮

3. 经济开发投资服务中心

主任：毛九民（兼）

副主任：郭晓民

4. 经济开发投资公司

经理：毛九民（兼）

副经理：于文波、郭晓民（兼）

5. 农业税收征收管理局

局长：刘绍福

副局长：贾善斌

6. 机关会计核算中心

主任：刘殿君（兼）

副主任：徐景山

7. 政府采购中心

主任：苏小军

（三）惠民县财政局

1. 局长：李宗林（县政协副主席兼）

副局长：隋全洲、姚洪国、伊善海、逯相民

纪检书记：王建中

2. 农业税收管理局

局长：隋全洲（兼）

副局长：曹　利、潘尊东

3. 非税收入管理局

局长：姚洪国（兼）

副局长：王建军、高曰田

4. 政府采购中心

主任：伊善海（兼）

副主任：赵光祯

5. 会计核算中心

副主任：张炳国、田道德

6. 财政监督局

局长：赵新龙

7. 国有资产管理局

局长：孟青松

（四）阳信县财政局

1. 局长：范旭东

副局长：张连祥、王海泉、马学军

纪检组长：魏希奎

副主任科员：张文村、王　过、王洪娟（女）、岳立民

2. 会计核算中心

主任：张连祥（兼）

3. 农业税收管理局

局长：王海泉（兼）

副局长：凌锡泽、邢学勇

4. 中小企业担保中心

主任：马学军（兼）

副主任：吴秀明、王天河

（五）无棣县财政局

1. 局长：刘景和

副局长：程玉春、李智武、关辉林

纪检组长：刘　健

2. 经济开发投资服务公司

副经理：邱景作

3. 政府采购办公室

主任：刘　健（兼）

4. 国有资产管理局

局长：吴兴本

5. 农业税征收管理局

局长：王　露（女）

（六）沾化县财政局

1. 局长：牟金合

副局长：马景志、任德莲（女）、姜彦波

纪检组长：任德莲（女、兼）

2. 农业税收管理局

局长：任德莲（女、兼）

副局长：吴秀岩

3. 非税收入管理局

局长：任德莲（女、兼）

副局长：吴秀岩（兼）

4. 国有资产经营中心

主任：马景志（兼）

5. 会计核算中心
主任：牟金合（兼）
副主任：花行三
（七）博兴县财政局
1. 局长：胡云江
党组书记：董苏民
党组副书记：许道泉
副局长：鲍汝铖、满金博、谢玉芳
党组成员：刘立新、魏晓东
副主任科员：李继祥
2. 农业税收管理局
局长：鲍汝铖（兼）
副局长：魏晓东（兼）、于永增
3. 财政监督局
局长：刘立新（兼）
4. 国有资产管理局
局长：王建林
5. 预算外资金管理局
局长：谢玉芳（兼）
副局长：何卫青（女）
6. 会计集中核算中心
主任：满金博（兼）
副主任：杨　华（女）
7. 中小企业担保中心
副主任：杨秀泉
8. 政府采购管理办公室
主任：刘学兵
（八）邹平县财政局
1. 局长：马庆玉
副局长：姜　伟、袁崇水、赵方杰、刘　春
党组成员：魏　刚
2. 农业税收管理局
局长：赵方杰（兼）
3. 县级会计核算中心
主任：袁崇水（兼）
副主任：李　波
4. 国有资产投资经营有限公司
总经理：刘　春（兼）
5. 开发区分局
局长：魏　刚（兼）
（九）开发区财政局
局长：马景泽（区管委会副主任兼）
副局长：颜廷勇、游荣菊（女）、刘洪叶（女）

十七、菏泽市

（一）菏泽市财政局
1. 局长：赵传山
副局长：鹿令聘、宋益连、潘杰功
纪检组长：柏立新
工会主任：朱学春
总会计师：朱启建
调研员：邢建设
副调研员：曹勤海、楚喜斌、王志生
2. 国有资产经营中心
主任：宋益连（兼）
副主任：刘　峰、李振银
副调研员：侯巨臣
3. 政府集中招标采购服务中心
主任：潘杰功（兼）
副主任：潘炳彪、李明瑞
副调研员：孙维亚
4. 财政监督室
主任：魏玉国
副主任：彭建华
5. 农业税务局
局长：葛新生
副局长：刘　涛、张泽清（女）
6. 会计中心
主任：潘丙波
副主任：秦明刚、高启华
总会计师：刘淑萍（女）
7. 经济开发投资公司
副经理：柳　野
副调研员：李保林
8. 市开发性金融合作办公室
主任：李凤云（女）
9. 财政干部中等专业学校
校长：刘学俊
书记：李　超
工会主任：李好峰
（二）牡丹区财政局
1. 局长：林　东
副局长：李　忠、赵君成、王少平、许宝玉
纪检书记：杨会治
总会计师：王传杰
2. 农业税收管理局
局长：李　忠（兼）
3. 乡镇财政报账核算中心
主任：赵君成（兼）
4. 投资公司
经理：王少平（兼）
5. 国有资产管理局
局长：许宝玉（兼）
（三）曹县财政局
局长：秦魁民
副局长：刘宝全、孙志立、马凤芹（女）、马青松
纪检组长：张伯新
工会主席：王　勇
总会计师：赵文魁
（四）单县财政局
1. 局长：孟庆魁
副局长：赵世忠、王东岳、王顺忠、常　华
纪检书记：刘中华
总会计师：张玉成
2. 国有资产运营中心
主任：王东岳（兼）
3. 政府集中招标采购服务中心
主任：赵世忠（兼）
（五）成武县财政局
1. 局长：杨鲁伟
副局长：文信华、侯光峰、张流源
纪检书记：周长桥
2. 经济开发投资公司
经理：文信华（兼）
副经理：丁宗科
3. 农业税务局
局长：徐　静
4. 国有资产管理局
局长：王学礼
5. 中华会计函校
校长：李晓强
6. 会计核算中心
主任：马育青（女）
7. 预算外资金管理局
局长：李登闯
（六）巨野县财政局
1. 局长：杨怀军

副局长：刘念力、葛长春、张和银、王　剑、孔庆忠（正科级）、李广聚、李保玉

纪检书记：张志涛

总会计师：韩文霞（女）

2. 国有资产管理办公室

主任：刘念力（兼）

副主任：史士玉、姜　勇

3. 农业税务局

局长：葛长春（兼）

副局长：杨忠杰

4. 政府采购中心

主任：张和银（兼）

副主任：汪路远、董宪光

5. 预算外资金管理局

局长：王　剑（兼）

副局长：孔凡江、孔　涛、申景红（女）

6. 经济开发投资公司

经理：史高峰

7. 财政监督室

主任：张秋梅（女）

8. 会计核算中心

主任：李成柱

9. 金融合作办公室

主任：陶东生

（七）郓城县财政局

1. 局长：孙兆同

副局长：张　锋、郭洪岩、戚元贵

纪检书记：侯宪强

总会计师：郭保华

2. 国有资产资金管理办公室

主任：曹保成

3. 预算外资金管理办公室

主任：戚元贵（兼）

副主任：侯殿丰、王　勇

4. 经济开发投资公司

副经理：薛振华、王忠玉

5. 财政监督办公室

主任：马新宪

6. 黄淮海平原开发资金管理公司

经理：庄险峰

7. 会计核算中心

主任：华广领

8. 国有资产运营中心

副主任：王东江、陈富强

（八）鄄城县财政局

1. 局长：张景进

副局长：王延华

副主任科员：张崇义

2. 国有资产管理局

副局长：刘振华

3. 预算外资金管理局

局长：王　刚

4. 政府采购办公室

主任：李景德

5. 会计核算中心

主任：陈春华（女）

（九）定陶县财政局

1. 局长：王瑞臣

副局长：程相钦、王廷磊

纪检书记：朱凤梅（女）

总会计师：王志强

党组成员：刘贵州（正科级）

2. 国有资产管理办公室

局长：任志忠

3. 预算外资金管理办公室

主任：李子允

4. 经济开发投资公司

经理：程相钦（兼）

5. 政府采购招标中心

主任：张忠河

6. 会计核算中心

主任：贾贯强

（十）东明县财政局

1. 局长：袁文增

副局长：乔景运、李彦生、胡意宽

总会计师：张超聚

2. 农业税务局

局长：乔景运（兼）

副局长：李瑞华

3. 国有资产管理办公室

主任：乔光明

4. 财政监督室

主任：乔电科

5. 会计核算中心

主任：李彦生（兼）

6. 财政集中收付中心

副主任：胡林景

7. 政府采购中心

主任：张乐场

8. 金融合作办公室

主任：魏玲霞（女）

9. 开发区财政局

局长：赵瑞金

（十一）开发区财政局

1. 局长：张法超

副局长：吴洪雷、韩　丽（女）、张　浩

2. 政府采购办公室

主任：师雁翔

2008年全省财政系统干部职工基本情况统计表（一）

项目		总计	性别		民族		学历								
							研究生			大学本科	大学专科	中专	高中及以下学历		
			男	女	汉	其他		博士	硕士（全日制）				人数	其中35岁以下	其中36岁至45岁
总计	合计	30 130	19 459	10 671	29 989	141	584	17	168	14 371	10 326	3 595	1 254	200	393
	部级														
	厅（局）级	20	13	7	20		9	4	1	11					
	地市局（处）级	859	673	186	856	3	154	8	15	569	117	10	9		1
	县局（科）级	4 710	3 534	1 176	4 681	29	239	4	65	3 358	949	129	35		5
	一般干部	22 094	13 480	8 614	21 989	105	181	1	87	10 082	8 508	2 759	564	68	183
	工勤人员	2 447	1 759	688	2 443	4	1			351	752	697	646	132	204
省（区、市）厅局	合计	1 197	766	431	1 188	9	158	12	56	766	167	37	69		19
	厅（局）级及以上	20	13	7	20		9	4	1	11					
	处（局）级	340	255	85	340		78	4	5	214	36	4	8		1
	科级	520	318	202	515	5	58	3	41	377	61	10	14		3
	一般干部	141	75	66	138	3	12	1	8	113	12	1	3		
	工勤人员	176	105	71	175	1	1			51	58	22	44		15
市（地、州）局	合计	4 705	3 027	1 678	4 678	27	265	5	72	2 987	901	301	251	52	90
	局（处）级及以上	519	418	101	516	3	76	4	10	355	81	6	1		
	科级	2 007	1 390	617	1 990	17	125	1	22	1 490	334	50	8		2
	一般干部	1 575	810	765	1 569	6	64		40	1 083	340	61	27	1	10
	工勤人员	604	409	195	603	1				59	146	184	215	51	78
县（市、区）局	合计	11 222	7 310	3 912	11 158	64	147		37	6 583	3 203	825	464	62	153
	局（科）级及以上	2 183	1 826	357	2 176	7	56		2	1 491	554	69	13		
	股级	3 650	2 464	1 186	3 626	24	30		8	2 324	1 043	195	58	2	19
	一般干部	4 610	2 430	2 180	4 578	32	61		27	2 631	1 368	407	143	10	62
	工勤人员	779	590	189	778	1				137	238	154	250	50	72
乡（镇）所	合计	13 006	8 356	4 650	12 965	41	14		4	4 035	6 055	2 432	470	86	131
	所（股）级及以上	3 033	2 481	552	3 021	12	5			1 227	1 426	332	43	2	12
	一般干部	9 085	5 220	3 865	9 057	28	9		4	2 704	4 319	1 763	290	53	80
	工勤人员	888	655	233	887	1				104	310	37	137	31	39

2008 年全省财政系统干部职工基本情况统计表（二）

项目		总计	政治面貌				年龄								
			中共党员	共青团员	民主党派	其他	30 岁及以下	31 岁至 35 岁	36 岁至 40 岁	41 岁至 45 岁	46 岁至 50 岁	51 岁至 54 岁	55 岁至 59 岁		60 岁及以上
													人数	其中：女	
总计	合计	30 130	22 364	1 966	99	5 701	5 857	6 481	6 357	5 429	3 203	1 897	885	25	21
	部级														
	厅（局）级	20	20							2	4	7	7	5	
	地市局（处）级	859	832		8	19		11	98	270	205	182	93	15	
	县局（科）级	4 710	4 284	18	40	368	136	501	1 065	1 453	805	522	222	1	6
	一般干部	22 094	15 924	1 812	49	4 309	5 182	5 497	4 681	3 285	1 919	1 029	486	3	15
	工勤人员	2 447	1 304	136	2	1 005	539	472	513	419	270	157	77	1	
省（区、市）厅局	合计	1 197	905	20	17	255	141	153	243	288	171	134	67	14	
	厅（局）级及以上	20	20							2	4	7	7	5	
	处（局）级	340	324		6	10		3	49	119	71	59	39	8	
	科级	520	406	3	9	102	59	99	132	129	46	41	14	1	
	一般干部	141	77	14	1	49	75	24	16	10	12	2	2		
	工勤人员	176	78	3	1	94	7	27	46	28	38	25	5		
市（地、州）局	合计	4 705	3 280	172	39	1 214	711	839	987	1 085	539	375	169	7	
	局（处）级及以上	519	508		2	9		8	49	15	134	123	54	7	
	科级	2 007	1 739	8	25	235	57	290	527	636	256	172	69		
	一般干部	1 575	838	129	12	596	520	400	287	204	90	53	21		
	工勤人员	604	195	35		374	134	141	124	94	59	27	25		
县（市、区）局	合计	11 222	8 143	884	38	2 157	2 012	2 180	2 429	2 075	1 364	797	344	3	21
	局（科）级及以上	2 183	2 139	7	6	31	20	112	406	688	503	309	139		6
	股级	3 650	3 090	64	20	476	266	925	1 049	729	448	175	52	2	6
	一般干部	4 610	2 450	763	11	1 386	1 620	1 013	787	486	308	255	132	1	9
	工勤人员	779	464	50	1	264	106	130	187	172	105	58	21		
乡（镇）所	合计	13 006	10 036	890	5	2 075	2 993	3 309	2 698	1 981	1 129	571	305	1	
	所（股）级及以上	3 033	2 897	16	1	119	175	613	815	767	458	463	42		
	一般干部	9 085	6 572	826	4	1 683	2 526	2 522	1 727	1 089	603	381	237		
	工勤人员	888	567	48		273	292	174	156	125	68	47	26	1	

2008 年全省财政系统国家公务员基本情况统计表

项目		总计	女	少数民族	学历：研究生	其中：博士学位	大学本科	大学专科	中专	高中及以下	政治面貌：中共党员	共青团员	民主党派	其他	年龄：30 岁及以下	31 岁至 35 岁	36 岁至 40 岁	41 岁至 45 岁	46 岁至 50 岁	51 岁至 54 岁	55 岁至 59 岁	女	60 岁及以上
总计	合计	5 247	1 355	28	273	14	3 350	1 324	24	46	4 780	99	17	351	405	617	1 172	1 419	791	573	261	17	9
	部级																						
	厅（局）级	16	6		9	4	7				16							2	4	5	5	4	
	处级	571	135	2	105	6	376	77	9	4	556		4	11	2	12	80	193	116	107	61	13	
	科级	2 418	521	14	132	3	1 682	513	80	11	2 286	16	9	107	64	220	547	753	425	295	112		2
	科员级	2 040	627	11	22	1	1 213	637	145	23	1 761	70	4	205	305	361	501	423	226	146	71		7
	办事员级及其他人员	202	66	1	5		72	97	20	8	161	13		28	34	24	44	48	20	20	12		
省（区、市）厅局	合计	446	156	2	103	11	292	38	7	6	407	3	3	33	37	38	99	122	65	53	32	11	
	厅（局）级以上	16	6		9	4	7				16							2	4	5	5	4	
	处级	230	65		57	3	144	23	3	3	222		2	6		3	36	86	46	36	23	7	
	科级	175	73	2	36	3	117	15	4	3	151	1	1	22	15	33	62	34	15	12	4		
	科员级	24	12		1	1	23				17	2		5	21	2	1						
	办事员级及其他人员	1					1				1				1								
市（地、州）局	合计	1 212	351	8	113	3	912	159	23	5	1 095	12	11	94	112	146	256	351	138	150	59	6	
	处级及以上	341	70	2	48	3	232	54	6	1	334		2	5	2	9	44	107	70	71	38	6	
	科级	732	221	6	54		573	89	14	2	660	3	8	61	35	101	198	232	67	78	21		
	科员级	125	55		9		103	13			95	9	1	20	72	33	12	7		1			
	办事员级及其他人员	14	5		2		4	3	3	2	6			8	3	3	2	5	1				
县（市、区）局	合计	2 588	622	13	53		1 709	678	126	22	2 367	57	3	161	160	235	557	702	474	309	142		9
	科级及以上	1 330	198	6	41		898	336	50	5	1 304	9		17	12	50	236	424	321	200	85		2
	科员级	1 195	394	7	10		782	320	71	12	1 024	36	3	132	126	180	310	272	148	102	50		7
	办事员级及其他人员	63	27		2		29	22	5	5	39	12		12	22	5	11	6	5	7	7		
乡（镇）所	合计	1 001	226	5	4		437	449	98	13	911	27		63	96	198	260	244	114	61	28		
	科级及以上	181	29		1		94	73	12	1	171	3		7	2	36	51	63	22	5	2		
	科员级	696	163	4	2		305	304	74	11	625	23		48	86	146	178	144	78	43	21		
	办事员级及其他人员	124	34	1	1		38	72	12	1	115	1		8	8	16	31	37	14	13	5		

2008 年全省财政系统专业技术人员基本情况统计表

项目		专业技术人员					特贴专家
		合计	高级职务	其中：正高级职务	中级职务	初级职务	
总计	合计	17 024	1 855	10	7 270	7 899	1
	部级						
	厅（局）级	13	11	2	2		
	地市局（处）级	506	311	4	164	31	1
	县局（科）级	2 776	928	4	1 446	402	
	一般干部	13 452	578		5 554	7 320	
	工勤人员	277	27		104	146	
省（区、市）厅局	合计	579	298	6	167	114	1
	厅（局）级及以上	13	11	2	2		
	处（局）级	208	147	4	47	14	1
	科级	295	135		86	74	
	一般干部	50	4		27	19	
	工勤人员	13	1		5	7	
市（地、州）局	合计	2 411	790		1 192	429	
	局（处）级及以上	298	164		117	17	
	科级	1 261	504		591	166	
	一般干部	807	114		460	233	
	工勤人员	45	8		24	13	
县（市、区）局	合计	6 666	704	4	3 617	2 345	
	局（科）级及以上	1 220	289	4	769	162	
	股级	2 570	271		1 552	747	
	一般干部	2 748	129		1 239	1 380	
	工勤人员	128	15		57	56	
乡（镇）所	合计	7 368	63		2 294	5 011	
	所（股）级及以上	2 021	27		856	1 138	
	一般干部	5 256	33		1 420	3 803	
	工勤人员	91	3		18	70	

第八部分

大　事　记

1 月 **2 日**，厅长尹慧敏主持召开厅长办公会议，研究试行国有资本经营预算有关问题，安排春节前机关有关工作。

3 日，根据财政部和商务部决定，自2008年1月1日至5月31日在全省范围开展家电下乡试点工作，对农民购买补贴类家电实行财政补贴。凡本地农民在规定时间内购买彩电、冰箱（含冰柜）、手机三类补贴类家电产品、提出申请经审核符合相关条件的，均按补贴类家电产品销售价格的13%给予补贴。为加强和规范家电下乡补贴资金管理，省财政厅研究制定了《山东省家电下乡补贴资金管理暂行办法》（鲁财建〔2008〕1号）。

7 日，代省长姜大明主持召开第111次省政府常务会议，研究了华源矿业有限公司“8.17”事故灾难和魏桥创业集团有限公司“8.19”铝液外溢爆炸重大事故调查处理工作，第二次经济普查工作，2008年调整企业退休人员基本养老金工作，贯彻全国劳动和社会保障工作会议精神意见以及评选表彰山东省劳动模范和先进工作者事宜。厅长尹慧敏参加。

16 日，代省长姜大明主持召开第112次省政府常务会议，专题研究保障市场供应和加强价格监管工作。厅长尹慧敏参加。

17 日，省委九届四次全体会议在南郊宾馆召开。厅长尹慧敏参加。

△厅长尹慧敏主持召开厅长办公会议，研究山东省财政厅2008年工作要点及分工、厅机关资产清查和财务收支情况，以及《财政志》编纂工作。

19 日，副厅长于国安列席省政协十届一次会议开幕大会。

20～28 日，省第十一届人民代表大会第一次会议在山东会堂召开。厅长尹慧敏参加。

20 日，副厅长阮凤英列席省第十一届人民代表大会第一次会议。

22 日，常务副省长王仁元主持召开会议，听取省财政厅关于试行国有资本经营预算问题的汇报。厅长尹慧敏、副巡视员李国健参加并汇报。

23 日，厅长尹慧敏在省人大向计划预算财经委员会汇报预算报告审议情况。

28 日，省委考察组对山东省财政厅领导班子和省管干部进行考察。在厅机关三楼礼堂召开机关及所属事业单位副处级以上干部和省经济开发投资公司领导班子成员参加的测评会议。考察组组长、省委组织部副部长孙述涛同志作动员讲话，厅党组书记、厅长尹慧敏代表厅领导班子作本届工作情况述职报告，与会人员对厅领导班子及成员进行了民主测评。副厅长阮凤英、于国安、张洪军、庞敦之、文新三、副巡视员李国健、党组成员王慎民参加会议。

29 日，省长姜大明主持召开新一届省政府第1次常务会议，研究省长和副省长工作分工，筹办2008年第四次六国友好省州领导人峰会事宜，《“一村（社区）一名大学生”工程实施意见》，2008年上半年表彰计划，《山东省消防安全责任制实施办法（草案）》，以及贯彻全国煤电油运保障电视电话会议精神意见。厅长尹慧敏参加。

△省纪委九届三次全体会议第二次大会在南郊宾馆召开。厅长尹慧敏、纪检组长李振声、副厅级检查员张魁珍参加。

31 日，山东省财政厅机关年终总结大会在三楼礼堂召开。厅长尹慧敏讲话，副厅长阮凤英主持，副厅长于国安宣读表彰通报。随后举行迎新春联欢会。副厅长张洪军、庞敦之，纪检组长李振声，副厅长文新三，副巡视员李国健，党组成员王慎民及厅机关全体干部职工、离退休老同志参加。

本月厅领导兼职：

△于国安同志担任山东省城市规划委员会成员、省劳动模范和先进工作者评选委员会委员、山东省能源领导小组成员。

△张洪军同志担任省第二次经济普查工作领导小组成员。

本月其他事项：

△山东省省直机关精神文明建设委员会发出《关于命名表彰2007年度省直“省级文明机关”、“省级文明单位”的通报》（鲁直文明委〔2008〕2号），山东省财政厅经复查合格再次被授予“省级文明机关”称号。

2 月 **2 日**，省委书记李建国来山东省财政厅视察并看望机关干部职工，之后，在厅22楼会议室召开由省财政、国税、地税三部门领导班子成员参加的财税工作座谈会，听取了省财政厅、省国税局、省地税局情况汇报，并就今后一个时期财税工作提出了要求。厅长尹慧敏从财政厅机关的基本情况、2007年财政工作开展情况及2008年财政工作重点和打算三个方面作了汇报。李建国书记对财政工作给予了充分肯定。副厅长阮凤英、于国安、庞敦之，纪检组长李振声，副厅长文新三，副巡视员李国健，副厅级检查员张魁珍，党组成员王慎民，总会计师韩炜参加。

14 日，2008年全国新型农村合作医疗工作会议在北京召开。副厅长阮凤英参加。

18日，省长姜大明主持召开第2次省政府常务会议，研究《山东省人民政府关于支持鲁南经济带加快发展的政策意见（代拟稿）》、调整修改县域经济社会发展年度综合考评体系、《山东省残疾人优惠扶持规定（草案）》、2008年全省新开工高速公路建设项目计划安排，以及省高速公路集团公司重组省地方铁路局事宜。厅长尹慧敏参加。之后，参加省长姜大明主持召开的会议，研究省直汉峪住宅区建设有关问题。

△厅长尹慧敏主持召开厅长办公会议，研究《关于大力支持农业基础建设进一步促进农业发展农民增收的实施意见》，传达最近省里有关会议精神，安排近期有关工作。

19日，省长姜大明主持召开会议，专题研究省直汉峪住宅区建设有关问题。厅长尹慧敏参加。

△省委巡视组来山东省财政厅反馈巡视工作意见。厅长尹慧敏主持会议并讲话，副厅长阮凤英、于国安、张洪军，纪检组长李振声，副厅长文新三，副厅级检查员张魁珍，党组成员王慎民，总会计师韩炜及全厅干部职工参加会议。

21日，省长姜大明、常务副省长王仁元听取省国资委关于国有资产监管有关问题的汇报。厅长尹慧敏参加。

24日，省委书记、省人大常委会主任李建国主持召开省人大常委会第十一届一次会议，任命新一届省政府组成人员。厅长尹慧敏参加会议并接受任命书。

25日，厅长尹慧敏主持召开厅长办公会议，研究并通过了2008年度厅机关财政检查计划和全省财政系统干部教育培训计划。

26日，全省财政反腐倡廉建设工作会议在厅机关礼堂召开。厅长尹慧敏讲话，副厅长阮凤英主持，纪检组长李振声作工作报告，副巡视员李国健、副厅级检查员张魁珍、党组成员王慎民参加会议；下午，纪检组长李振声、副厅级检查员张魁珍在石岛山庄主持召开分组讨论会。

27日，为进一步加强和规范政府非税收入管理，全面提高全省政府非税收入管理水平，加快建立有利于科学发展的政府非税收入体系，更好地服务和谐社会建设，2008年在全省范围内开展“政府非税收入规范管理年”活动，并印发了《山东省“政府非税收入规范管理年”活动实施方案》。

29日，省长姜大明主持召开第3次省政府常务会议，研究了省政府领导同志的工作分工、《山东省省管企业负责人业绩考核暂行办法（送审稿）》、《山东省人民政府关于试行国有资本经营预算的意见（代拟稿）》、《中共山东省委山东省人民政府关于深入贯彻党的十七大精神进一步扩大对外开放的意见（代拟稿）》、贯彻全国抗灾减灾和春耕生产工作会议精神的意见、《山东省消费者权益保护条例（草案）》、《山东省人民政府2008年立法工作计划（草案）》，并就有关工作作了部署。厅长尹慧敏、副巡视员李国健参加会议，并汇报关于试行国有资本经营预算问题。

△为进一步加强机关作风建设，增强干部职工服务意识，提高工作效率和质量，巩固“两好一高”机关创建活动成果，推进机关各项工作再上新台阶，厅党组决定2008年在全厅深入开展“机关服务年”活动，并印发了《山东省财政厅“机关服务年”活动实施意见》（鲁财办发〔2008〕4号），明确了开展“机关服务年”活动的总体要求、目标任务和活动安排。

本月厅领导兼职：

△于国安同志担任省煤电油运和抢险救灾应急指挥中心成员、省经济责任审计工作联席会议成员、省减轻农民负担工作领导小组成员、全省海洋经济工作领导小组成员。

3月 **3～18日**，第十一届全国人民代表大会第一次会议在北京人民大会堂召开。全国人大代表、厅长尹慧敏参加。

6日，山东省人民政府决定免去丛湘滋的山东省经济开发投资公司副总经理职务（鲁政任〔2008〕20号）。

15日，全省财政法规税政工作座谈会在德州市召开。会议回顾总结了2007年全省财政法规税政工作情况，安排部署了2008年全省财政法规税政重点工作，通报表彰了2007年度全省财政法规税政工作综合考评获奖单位。副巡视员李国健参加会议并讲话。

19日，第十一届全国人民代表大会第一次会议胜利闭幕。全国人大代表、厅长尹慧敏由北京返济。

21日，厅长尹慧敏主持召开厅长办公会议，研究《山东省财政监督条例》（草案），传达学习了十一届全国人大一次会议精神。

25日，全省财政社保工作会议在聊城市召开。会议总结交流了2007年财政社会保障工作，研究部署了2008年财政社会保障工作任务。副厅长阮凤英参加会议并讲话。

△省长姜大明主持召开第4次省政府常务会议，研究第七届中国花卉博览会筹办工作、特困家庭高校毕业生就业工作、加快服务业人才培养大力支持服务业发展实施意见、《山东省渡运管理办法（草案）》、2008年省预算内基本建设投资计划以及有关表彰事宜。副厅长于国安参加。

山东省人民政府印发《关于试行国有资本经营预算的意见》（鲁政发〔2008〕49号），山东省国有资本经营预算试行工作正式启动。

27日，全省财政经济建设工作会议在烟台市召开。会议对两年来全省财政经济建设工作进行了全面回顾和总结，提出了今后一个时期财政经济建设工作要着力构建财政投资调控、节能减排、资源环境有偿使用、民生建设保障、重要产品有效供给、资金监管等有利于促进全省经济社会可持续发展的六大财政支持体系，要求财政经济建设工作要在促进结构调整、经济发展方式转变等六个方面实现新的作为。副厅长于国安参加会议并讲话。

31日，全省领导干部会议在山东大厦召开。厅长尹慧敏参加。

本月厅领导兼职：

△尹慧敏同志担任山东生态省建设工作领导小组成员、省南水北调工程建设指挥部成员。

△阮凤英同志担任省保健委员会成员、就业工作联席会议成员、农民工工作联席会议成员。

△于国安同志担任省履约工作领导小组成员。

△张洪军同志担任山东省第四次友好省州领导人峰会筹委会成员、省维护国防利益和军人军属合法权益工作领导小组成员、省综治委刑事解教人员帮教安置工作领导小组成员。

△文新三同志担任省农业对外开放联席会议成员、省防汛抗旱指挥部成员、山东省人工影响天气工作领导小组成员。

△李国健同志担任2008中日韩产业交流会筹备工作领导小组成员、省政府安全生产委员会成员。

4月 **1日**，省长姜大明主持召开第5次省政府常务会议，研究《山东省人民政府工作规则（送审稿）》、《山东省省管企业国有资产损失责任追究暂行办法》、2007年度山东省科学技术奖评审和2007年度山东省有突出贡献的中青年专家选拔工作，以及贯彻全国老龄委第十次全体会议精神意见。厅长尹慧敏参加。

2日，省政府第一次全体会议在南郊宾馆召开。厅长尹慧敏参加。

3日，厅机关“两好一高”演讲比赛在三楼礼堂举办。厅长尹慧敏，副厅长阮凤英、庞敦之、纪检组长李振声，副厅级检查员张魁珍出席并为获奖人员颁奖。

7日，省长姜大明主持召开第6次省政府常务会议，研究《落实政府及其有关部门安全生产监督管理责任暂行规定》，以及2008年第一批预备费动支意见。厅长尹慧敏参加并就动支2008年第一批预备费问题作了汇报。

△厅长尹慧敏主持召开厅长办公会议，通报了省政府第一次全体会议精神，研究通过了《山东省财政厅工作规则》修订意见。

11日，第十一届省人大财经委员会与省政府有关财政经济部门及中央驻鲁有关单位第一次工作联系会议在珍珠泉宾馆召开。厅长尹慧敏参加。

16日，全省农业财政工作会议在威海召开。会议深入贯彻中央、省委两个“1号文件”和全国农业财政工作会议精神，回顾总结了两年来全省农业财政工作，分析指出了财政支农工作面临的形势和任务，研究提出了财政支持现代农业发展的思路和政策措施，安排部署了之后一个时期的农业财政工作。副厅长文新三参加会议并讲话。

21日，省长姜大明主持召开第8次省政府常务会议，研究《山东省黄河河道管理条例修正案（草案）》、《节能减排统计监测及考核实施方案和办法（送审稿）》、第二次农业普查工作、国土资源管理有关工作、全省铁路建设工作等。副厅长于国安参加。

23日，全省行政事业资产清查总结表彰暨资产管理工作会议在烟台召开。会议全面总结了全省行政事业资产清查工作，表彰了资产清查先进单位和先进个人，交流了资产管理工作经验，明确了之后一个时期全省行政事业资产管理工作的目标任务和工作重点。副巡视员李国健参加并讲话。

28～29日，厅机关第八届春季运动会在山东财政学院举办。厅长尹慧敏、副厅长庞敦之、纪检组长李振声、副巡视员李国健、副厅级检查员张魁珍、党组成员王慎民及全厅机关干部职工和离退休老同志参加。

28日，全省2008年度粮食直补和农资综合直补资金兑付工作圆满完成，共兑付补贴资金51.38亿元，比上年增长84.62%，使1 591.3万户共5 338.4万种粮农民受益。

30日，省政府召开全省安全生产工作电视电话会议。贯彻落实国务院常务会议精神和中央领导同志关于“4.28”胶济铁路重特大安全事故重要批示，分析全省安全生产形势，部署安全生产百日督查专项行动和安全防范工作。厅长尹慧敏参加。

△2008年第一轮“阳光政务热线”直播活动在山东人民广播电台直播大厅举办。副厅长文新三在线回答有关问题。

本月厅领导兼职：

△阮凤英同志担任山东省中医临床研究基地建设领导小组成员。

△于国安同志担任山东省南水北调东线工程治污工作领导小组成员、齐鲁环保世纪行组委会成员、省级机关公务员住房领导小组成员。

△张洪军同志担任省妇女儿童工作委员会成员、省妇女“双学双比”、“巾帼建功”竞赛活动领导小组成员、省民族事务协调委员会委员。

△文新三同志担任山东省第七届中国花卉博览会筹备领导小组成员、“保质量、保安全、助奥运——农产品

质量安全保障行动”联席会议成员。

△李国健同志担任韩资企业非正常撤离应对工作部门联席会议成员。

△韩炜同志担任省直汉峪住宅区建设联席会议成员。

5月 **4日**，省长姜大明主持召开专题会议，听取关于集成电路项目进展情况、船舶工业发展情况汇报。厅长尹慧敏参加。

△省长姜大明主持召开第9次省政府常务会议，研究2008年奥（残奥）帆赛筹备、青岛海洋科学与技术国家实验室组建、山东省北京奥运会火炬传递活动筹备、2007年度全省民主评议政风行风工作、贯彻落实国务院〔2008〕5号文件的意见以及贯彻全国纠风工作会议精神和全省能源中长期发展规划等。厅长尹慧敏参加。

5日，省长姜大明在山东大厦会见并宴请国家防总黄河流域防汛抗旱检查组一行，副省长贾万志主持汇报会，并陪同检查组在济南考察。厅长尹慧敏、副厅长文新三参加。

6日，厅机关第三期科级干部岗位培训班在厦门国家会计学院举办。党组成员王慎民参加开班仪式并讲话。

12日，省委书记姜异康主持召开省委常委会议，传达中央领导在山东考察时的讲话精神。厅长尹慧敏参加。

△省长姜大明主持召开第10次省政府常务会议，研究全省手足口病等传染病防治、《关于进一步做好促进就业工作的通知（送审稿）》、有关表彰计划以及贯彻全国煤矿安全生产工作座谈会精神的意见。厅长尹慧敏参加。

13日，省委召开常委会议，研究支援四川抗震救灾有关工作。厅长尹慧敏参加。

19日，省委书记姜异康、省长姜大明主持召开会议，研究抗震救灾有关工作。厅长尹慧敏参加。

20日，全省支援四川抗震救灾电视会议在省政府礼堂召开。厅长尹慧敏参加。

21日，副省长才利民在济南会见世界银行副行长亚当斯一行。厅长尹慧敏、副厅长张洪军参加。

△全省财政系统第七期县处级干部研讨班在厦门举办。副厅长文新三参加开班仪式并讲话。

23日，省委书记姜异康主持召开专题会议，研究对口支援北川问题。厅长尹慧敏参加。

24日，省委召开常委会议，研究支援四川抗震救灾有关工作。厅长尹慧敏参加。

26日，省长姜大明主持召开第11次省政府常务会议，研究支援四川灾区抗震救灾、“三夏”农业生产、电力迎峰度夏及煤电油运和防汛防灾工作。厅长尹慧敏参加。

28日，全省财政企业工作会议在威海召开。会议对两年来全省财政企业工作进行了总结，明确了之后一个时期全省财政企业工作的总体思路和目标任务。副巡视员李国健参加会议并讲话。

29日，厅长尹慧敏随省委书记姜异康赴威海、烟台进行调研。

△全省财政系统国有资本经营预算培训班在威海举办。副巡视员李国健参加开班仪式并讲话。

△5月12日四川汶川地震灾害发生后，山东省财政厅广大党员干部职工、离退休老同志迅速行动起来，发扬“一方有难、八方支援”的精神，积极踊跃为灾区捐助献爱心。仅5月15日一天，即捐款115 000元。中共中央组织部下发《关于进一步做好抗震救灾“特殊党费”收缴等有关工作的通知》后，在厅领导的带动下，截至31日，全厅437名党员共交纳“特殊党费”347 730元。上述捐款分别上缴省红十字会和中组部。

本月厅领导兼职：

△于国安同志担任省能源委员会委员。

△张洪军同志担任涉奥运领事工作组成员、省国防动员委员会委员、省制止党政干部公款出国（境）旅游专项工作联席会议成员。

△庞敦之同志担任省全民科学素质工作领导小组成员。

△文新三同志担任山东省农业对外开放工作联席会议成员、省政府大中小型病险水库除险加固及重点河道治理工作联席会议制度组成人员、省防控重大动物疫病指挥部成员。

本月任免事项：

9日，鲁财人〔2008〕9号文件，任命：

朱彪、王健任省财政厅机关服务中心副主任科员；

李连坡任省财政厅机关服务中心办事员；

张忠坤任省财政厅驻济南财政检查办事处副主任科员；

张海军任省财政厅驻济宁财政检查办事处副主任科员。

6月 **2日**，省长姜大明主持召开第12次省政府常务会议，研究了2007年度节能目标责任考核和省政府节能奖评选工作、贯彻全国军转安置工作电视电话会议精神的意见、进一步扩大全省政策性农业保险试点工作、山东财产保险公司筹备工作等。会议确定：各级财政对农户的保费补贴由2007年的50%提高到80%，省财政厅主要负责对补贴资金的拨付和使用进行监督管理。副厅长阮凤英参加。

10日，省委书记姜异康主持召开调研座谈会。厅长尹慧敏参加并作题为《做好“新、特、优”三篇文章培植高效优质财源》的发言。

14日，省委书记姜异康主持召开省委常委会，研究有关工作，听取省委宣传部关于全国文化体制改革工作会议有关精神的汇报。副厅长阮凤英参加。

16日，省长姜大明主持召开第13次省政府常务会议，研究了生态省建设工作、《山东省信访事项复查复核办法（草案）》以及有关工作。副厅长于国安参加。

18日，省委书记姜异康主持召开重视改善民生促进和谐社会建设调研座谈会。厅长尹慧敏参加并发言。

19日，全省财政科研工作暨财政科研培训会议在威海召开。会议传达了2008年全国财政科研工作会议精神，总结交流了2007年度财政科研工作，对2007年度优秀科研成果进行了表彰奖励，研究安排了2008年财政科研课题任务。副厅长于国安参加并作学术报告。

21日，省委书记姜异康主持召开会议，研究援建北川有关工作。厅长尹慧敏参加。

23日，省长姜大明主持召开第14次省政府常务会议，专题研究成品油和电力价格调整工作。厅长尹慧敏参加，副厅长于国安汇报油价提高后财政补贴情况。

△6月20日国家调整成品油价格。为确保成品油价格改革顺利实施，有效缓解成品油价格上涨对种粮农民、渔业、城市公交、出租车等公益性行业的增支压力，6月23日，省财政连续下发《关于认真做好财政补贴落实工作确保成品油价格改革顺利实施的紧急通知》（鲁财发明电〔2008〕3号）、《关于下达2008年5月份以前成品油调价财政补贴资金预算指标的通知》（鲁财发明电〔2008〕4号）、《关于再次拨付农资综合直补资金的通知》（鲁财发明电〔2008〕5号）。

27日，省委召开第38次常委会议。确定设立山东省委、省政府对口支援北川灾后恢复重建工作领导小组，下设办公室和北川工作指挥部。办公室所需办公经费由省财政厅列计划安排。副厅长阮凤英参加。

30日，省长姜大明主持召开第15次省政府常务会议，研究了《山东省农村公路条例（草案）》、《山东省财政监督条例（草案）》、《进一步加强企业管理工作的意见（代拟稿）》等。副厅长于国安参加会议并汇报《山东省农村公路条例（草案）》。

△5月12日四川汶川特大地震发生后，全省各级财政部门按照省委、省政府决策部署，全力以赴支援灾区抗震救灾工作。地震发生当天晚上，省委、省政府决定紧急拨付四川地震灾区首批援助资金300万元，省财政于次日凌晨即将援助款汇至灾区。同时，筹集700万元资金专项用于采购救灾物品、组建抗震救灾队伍。5月18日，省财政厅又根据省委、省政府决定，再次向四川灾区汇去援助资金1 000万元。各市、县（市、区）财政部门也积极调整支出结构，在最短时间内筹集资金7 272.5万元，全力支援救灾工作。5月30日，省财政厅印发《关于加强抗震救灾捐赠资金物资监管的紧急通知》，要求全省各级财政部门严格执行救灾捐赠款物筹集、拨付、管理、使用等方面的制度规定，强化监管，确保救灾捐赠款物真正用于受灾地区和受灾群众，发挥最大效用。截至6月30日，省财政专户已累计收到抗震救灾捐赠资金3.13亿元，拨付3 220万元。中央确定由山东省对口支援北川县后，为保障该县党政机关正常办公需要，更好地开展救灾重建工作，省财政按照省委、省政府关于“将2008年省直党政机关的公用经费一律比年初预算压减5%”的要求，及时调减了140个省直党政机关2008年度的日常公用经费支出预算，将压减的全部公用经费和部分预备费共计3 200万元拨付北川县，有力地支持了灾区重建。

本月厅领导兼职：

△于国安同志担任全省高速公路联席会议成员。

△李国健同志担任济南铁路局部分教育医疗机构离退休人员移交工作领导小组成员。

7月1日，省委召开常委会议。厅长尹慧敏参加。

4日，厅长尹慧敏赴威海参加省委、省政府有关会议。

14日，厅长尹慧敏向省人大财经委汇报2007年财政决算和2008年上半年预算执行情况。

△厅长尹慧敏主持召开厅长办公会议，研究公务卡改革工作和《厅机关财务管理补充规定》。

△省长姜大明主持召开第16次省政府常务会议，研究了《关于加快产业集群发展的意见（代拟稿）》、《山东省实施〈中华人民共和国道路交通安全法〉办法（草案）》、贯彻国务院地震灾区恢复工业生产和扩大就业座谈会、全国煤炭瓦斯治理现场会、全国监狱体制改革工作会议精神的意见，研究开展深化经济体制改革试点工作及2008年第二批预备费动支意见。副厅长阮凤英参加并就2008年第二批预备费动支意见作了汇报。

19日，省政府召开上半年经济社会发展形势分析会议暨务虚会议，分析上半年经济社会发展形势，研究政府如何进一步解放思想、更新观念、创新思路，推进科学发展，做好下半年经济社会工作，全面完成省十一届人大一次会议确定的各项工作目标。厅长尹慧敏参加并发言。

21日，省委召开常委会议。厅长尹慧敏参加。

△省长姜大明主持召开第17次省政府常务会议，研究《泰山风景名胜区服务项目经营管理办法（草案）》、《山东省渔业养殖管理办法（草案）》、山东省钢铁集团有限公司

发展规划纲要及日照钢铁精品基地规划纲要，并安排全省经济社会发展重大问题调研工作。厅长尹慧敏参加。

25日，应急管理专家组成立大会暨第一次全体会议在南郊宾馆召开。副厅长阮凤英参加。

26～28日，省委工作会议在南郊宾馆召开。厅长尹慧敏参加。

26日，副厅长阮凤英、张洪军、庞敦之，纪检组长李振声，副厅级检查员张魁珍参加省委工作会议。

28日，厅长尹慧敏主持召开厅务会议，传达学习省委工作会议精神，研究贯彻落实意见。

29日，山东省第十一届人民代表大会常务委员会第五次会议在珍珠泉宾馆召开。厅长尹慧敏参加并作《关于山东省2007年财政决算和2008年上半年预算执行情况的报告》。

本月厅领导兼职：

△李国健同志担任服务业人才培训工作协调机制成员。

本月任免事项：

22日，鲁财人〔2008〕16号文件，任命：

李鹏任省财政厅综合处主任科员；

闫鲁宁任省财政厅法规处（与税政处合署）主任科员；

李兵任省财政厅预算处主任科员；

迟铭奎任省财政厅国库处主任科员；

蔺如伟任省财政厅教科文处主任科员；

唐立国任省财政厅会计处主任科员；

赵慧任省财政科学研究所主任科员；

崔爱丽、纪红任省财政厅集中支付中心主任科员；

常景刚任省财政投资评审中心主任科员；

王朋蓬任省财政厅机关服务中心主任科员；

焦艺柯任省财政厅驻济南财政检查办事处主任科员。

8月1日，常务副省长王仁元主持召开省事业单位改革领导小组会议。厅长尹慧敏参加。

4日，省长姜大明主持召开第18次省政府常务会议，研究《关于加强企业技术改造实施工业发展“新、特、优”工程的意见（送审稿）》、《关于支持纺织、食品、农产品加工等中小企业又好又快发展的意见（送审稿）》、《关于支持黄河三角洲高效生态经济区加快发展的政策意见（送审稿）》以及建立全省社会发展水平综合评价制度等有关问题，并安排部署有关工作。厅长尹慧敏参加。

6日晚，省委书记姜异康、省长姜大明在山东大厦宴请参加第四次友好省州领导人峰会的各省州代表团全体成员。副厅长于国安参加。

8日，厅长尹慧敏、副厅长庞敦之随省政府代表团赴北京观摩第二十九届奥林匹克运动会开幕式。

11日，厅长尹慧敏赴威海调研。

△全国财政系统纪检监察干部培训班在威海召开。纪检组长李振声、副厅级检查员张魁珍参加。

12日，厅长尹慧敏接待来威海出席全国财政系统纪检监察干部培训班的财政部纪检组长贺邦靖一行。

14日，省政府召开省减灾委员会第一次全体会议。副厅长阮凤英参加。

18日，省长姜大明主持召开第19次省政府常务会议，研究调整高校债务结构和贯彻落实中共中央、国务院全面推进集体林权制度改革的意见、《进一步加强节油节电工作的实施方案（送审稿）》以及信息化工作。厅长尹慧敏参加。

21日，全省县域经济发展工作会议在章丘市召开。厅长尹慧敏、总会计师韩炜参加。

25～27日，省委在南郊宾馆举办理论学习中心组读书会。厅长尹慧敏参加。

△中央编委地方政府机构改革工作电视电话会议在省政府礼堂电子会议室召开。厅长尹慧敏参加。

27日，厅长尹慧敏随省委、省政府领导赴财政部走访。

28日，厅长尹慧敏在财政部汇报工作。

△全省财政社会保障政策与实务培训班在威海举办。副厅长阮凤英参加。

本月厅领导兼职：

△张洪军同志担任第四届华商企业科技创新合作交流会组委会成员。

9月1日，省长姜大明主持召开第20次省政府常务会议，研究开展深化经济体制改革及小额贷款公司试点工作、《胶东半岛城市群和省会城市群一体发展规划（送审稿）》、建立省服务业重点产业和重点工作协调推进制度以及山东省参加北京奥运会情况和表彰奖励有关事宜。厅长尹慧敏参加。

2日，省委副书记刘伟主持召开有关会议。厅长尹慧敏参加。

△厅长尹慧敏主持召开厅长办公会议，研究《财政厅机关重大突发事件应急预案》、财政厅2008年预算执行情况及2009年部门预算编报意见以及山东省财政学会换届筹备工作。

8日，全国部分财政厅（局）长座谈会在北京召开。厅长尹慧敏参加。

9日，省长姜大明主持召开第21次省政府常务会议，研究全省城市供热工作、《山东省物业管理条例（草案）》、博士后工作以及山东省与俄罗斯鞑靼斯坦共和国缔结友好省际关系事宜。副厅长阮凤英参加。

18日，省级财政国库管理制度改

革理论与实务培训班在烟台召开。培训班就财政国库管理改革与发展、政府采购管理改革与发展、省级部门财政国库改革业务办理程序及要求等问题对省直部门财务负责人进行培训。副厅长阮凤英参加。

△全省县（市、区）财政局长岗位培训班在邹平市召开，副厅长于国安参加并就财税改革的基本思路及政策取向等问题做专题报告。

△全省财政债务金融工作会议在荣成市召开。会议总结了近年来全省财政债务金融管理工作，研究了新形势下进一步做好财政债务金融管理工作的思路和措施，部署了之后一个时期的工作任务。副厅长张洪军参加并讲话。

23 日，厅长尹慧敏列席山东省第十一届人民代表大会常务委员会第六次会议，并就《山东省财政监督条例（草案）》作说明。

△全国财政教科文工作会议在威海召开。会议总结交流了近两年全国财政教科文工作经验，提出了财政教科文工作的总体要求，并对 2008 年、2009 年的财政教科文重点工作作出部署。财政部党组成员、副部长张少春出席会议并讲话，副厅长庞敦之参加。

25 日，厅长尹慧敏参加省委深入学习实践科学发展观活动领导小组会议。

△全省财政教科文管理与改革培训班在威海市举办，通过“公共财政扶持文化发展的思路与政策选择”、“以财政科技投入促进自主创新”等专题培训，进一步提高干部队伍的政策理论水平、文化素养和理财能力。财政部教科文司司长赵路到会授课，副厅长庞敦之参加并主持开班仪式。

25～28 日，全国财政企业工作会议在烟台市召开。副巡视员李国健参加。

25 日，总会计师韩炜列席山东省第十一届人民代表大会常务委员会第六次会议。

27 日，省委副书记刘伟主持召开会议，研究贯彻落实科学发展观有关问题。厅长尹慧敏参加。

28 日，省编委全体会议在山东大厦召开。厅长尹慧敏参加。

29 日，省政府召开深入学习实践科学发展观活动领导小组会议。厅长尹慧敏参加。

本月厅领导兼职：

△于国安同志担任省综合配套改革试点工作领导小组成员。

△文新三同志担任山东省奶站专项整顿工作领导小组成员、山东省集体林权制度改革领导小组成员。

△李国健同志担任中国山东第五届海内外高端人才交流暨技术项目洽谈会筹备委员会成员。

本月任免事项：

1 日，鲁财人〔2008〕22 号文件任命：

沂源县委常委、宣传部长陈茜同志挂职任省财政厅综合处副处长（时间 1 年）。

10 月 **4 日**，省委书记姜异康主持召开深入学习实践科学发展观活动领导小组会议。厅长尹慧敏参加。

6～7 日，全省深入学习实践科学发展观活动动员大会暨市厅级主要领导干部专题研讨班在南郊宾馆举办。厅长尹慧敏参加。

13 日，厅机关开展深入学习实践科学发展观活动动员大会在厅机关三楼礼堂召开。厅长尹慧敏讲话，副厅长阮凤英主持会议，副厅长于国安传达省有关会议精神。厅机关全体干部职工参加会议。

14 日，省长姜大明主持召开第 22 次省政府常务会议，研究土地利用总体规划编修、加快铁路建设工作、《山东省沿海水上水下施工作业安全监督管理办法》、地方政府机构改革工作电视电话会议和全国省级编办负责人会议贯彻以及新增转移支付资金安排及进一步完善财政激励政策的意见。厅长尹慧敏参加并作专题汇报。

16 日，省长姜大明主持召开省政府专题会议，分析经济运行中面临的问题，研究保持四季度经济社会又好又快发展的意见和措施。厅长尹慧敏参加并发言。

18 日，常务副省长王仁元主持召开会议，研究贯彻落实经济形势分析专题会议精神。厅长尹慧敏参加。

20 日，全国暨全省落实党风廉政建设责任制工作电视电话会议召开。厅长尹慧敏参加。

△省长姜大明主持召开第 23 次省政府常务会议，深入分析经济形势，研究下一步工作的对策及齐鲁友谊奖评选工作。厅长尹慧敏参加。

21 日，省委副书记刘伟主持召开会议，研究贯彻落实十七届三中全会精神问题。厅长尹慧敏参加。

23 日，省长姜大明主持召开大项目汇报会。厅长尹慧敏参加。

24 日，全省财政税务工作电视会议在省政府礼堂召开。省长姜大明作重要讲话，常务副省长王仁元通报前三季度经济形势，副省长王军民主持，厅长尹慧敏作关于加大民生投入完善财政激励政策的说明。副厅长阮凤英、张洪军、庞敦之，纪检组长李振声，副巡视员李国健，党组成员王慎民，副厅级检查员张魁珍及厅机关副处级以上干部参加。

29 日，全省铁路建设工作会议在山东大厦召开。厅长尹慧敏参加。

本月厅领导兼职：

△于国安同志担任省铁路建设领导小组成员、全省土地违法违规问题专项整治行动领导小组成员。

△张洪军同志担任人民防空工作

军政联席会议成员。

本月任免事项：

10日，鲁财人〔2008〕27号文件，任命：

张宪旺任省财政厅办公室主任科员；

徐仰成任省财政厅会计处副主任科员；

邵长柱任省财政厅机关党委副主任科员；

马倩、肖东平任省财政科学研究所副主任科员；

李振华、季正亚任省财政信息中心科员；

鲍雪珂任省财政厅集中支付中心副主任科员；

吕小瀚任省财政投资评审中心副主任科员；

徐冠男任省财政厅干部教育中心科员；

王娟任省财政厅驻济南财政检查办事处副主任科员；

赵克非任省财政厅驻淄博财政检查办事处主任科员；

马潇任省财政厅驻淄博财政检查办事处副主任科员；

崔凯任省财政厅驻烟台财政检查办事处副主任科员；

潘涌任省财政厅驻潍坊财政检查办事处主任科员；

孙浩翔任省财政厅驻潍坊财政检查办事处副主任科员；

柴亚峰、赵大海、陈阳任省财政厅驻济宁财政检查办事处主任科员；

徐淑哲任省财政厅驻临沂财政检查办事处主任科员；

李波任省财政厅驻临沂财政检查办事处副主任科员；

王磊任省财政厅驻德州财政检查办事处主任科员。

11月 **2～8日**，副厅长于国安赴台湾参加海峡两岸2008年财税学术研讨会。

5日，省委召开常委扩大会议，传达学习中共中央政治局常委、国务院副总理李克强在山东省视察时的重要讲话精神，研究贯彻落实意见。厅长尹慧敏参加。

6日，省长姜大明主持召开第24次省政府常务会议，研究山东省承办第十九届全国图书交易博览会工作、《山东省农产品质量安全条例（草案）》以及2008年第三批预备费动支意见。厅长尹慧敏参加。

7日，省委在南郊宾馆举办深入学习实践科学发展观活动报告会。厅长尹慧敏参加。

9日，省政府举办辅导报告会，邀请国家发改委宏观经济研究院副院长陈东琪，就经济形势作题为《变“危”为“机”，力保经济稳定增长》的专题报告。省长姜大明出席报告会，常务副省长王仁元主持。厅领导及有关处室负责同志参加。

△省抗震救灾应急拉练演习在东营举办。副厅长庞敦之参加。

10日，厅长尹慧敏在北京先后参加国务院、财政部有关会议。

△省长姜大明主持召开会议，研究扩大内需问题。副厅长阮凤英参加。

10日，2008年第二轮“阳光政务热线”直播活动在山东人民广播电台举办。副巡视员李国健上线解答有关问题。

11日，省长姜大明主持研究有关工作。厅长尹慧敏参加。

△省长姜大明主持召开第25次省政府常务会议，专题研究山东省贯彻落实《中共中央国务院转发国家发展和改革委员会〈关于当前进一步扩大内需促进经济增长的十项措施的通知〉》（中央18号文件）精神，进一步扩大内需促进经济平稳较快增长的措施。厅长尹慧敏参加。

△全省行政政法财务工作会议在淄博市召开。会议贯彻学习了全国行政政法财务工作会议精神，总结交流了三年来全省行政政法财务工作经验，深入分析了形势，研究部署了下一步的工作和任务。副厅长张洪军参加并讲话。

12日，省委召开常委会议，深入学习中央有关文件和国务院召开的省区市人民政府及国务院部门主要负责同志会议精神，分析经济形势，研究贯彻落实意见。省委书记姜异康主持会议并讲话。厅长尹慧敏参加。

△厅长尹慧敏主持召开厅长办公会议，传达学习中央和省召开的关于扩大内需、促进经济平稳较快增长的重要会议精神，研究部署贯彻落实意见。会议要求认清形势、坚定信心，鼓足干劲、迎难而上，扎扎实实做好后几个月的财政工作，确保圆满完成全年工作任务。重点抓好以下工作：一是开展好厅机关深入学习实践科学发展观活动；二是做好2009年省级预算编制工作；三是抓好2008年的财政收入工作；四是落实好扩大内需、促进经济平稳较快增长的政策措施；五是支持做好维护社会稳定、保证正常运转等方面工作；六是支持做好全运会筹备工作；七是认真贯彻十七届三中全会精神，深入研究支持“三农”的政策措施；八是按照省工业经济运行指挥部要求，加强工业经济运行协调调度工作；九是狠抓党风廉政建设责任制的落实，搞好自查自纠。

12～14日，全国财政系统应用支撑平台试点工作经验交流会议在北京召开。副巡视员李国健参加。

13日，全省优秀博士后表彰暨博士后工作会议在山东大厦召开，省长姜大明出席会议并讲话。厅长尹慧敏参加。

△省委召开全省领导干部会议，传达学习中央有关文件精神和国务院召开的省区市人民政府和国务院主要部门负责同志会议精神，部署贯彻落实措施，要求坚定信心，迎难而上，

加强领导，科学谋划，狠抓各项政策措施落实，努力保持全省经济平稳较快发展。省委书记姜异康主持会议并讲话，省委副书记、省长姜大明讲话，省委副书记刘伟传达了中央文件精神。厅长尹慧敏、副厅长于国安参加。

18日，厅长尹慧敏赴滨州调研。

△为纪念改革开放30周年，“基层财政杯”全省财政系统第四届书法美术摄影展在省博物馆举办。副厅长庞敦之出席开幕式并讲话。

20日，厅长尹慧敏赴威海参加农业、农村工作座谈会。

25日，全省第一批深入学习实践活动学习交流会在南郊宾馆召开。省委副书记、省委学习实践活动领导小组常务副组长刘伟讲话，省委常委、组织部长、省委学习实践活动领导小组副组长兼办公室主任李玉妹主持会议，省委常委、宣传部长、省委学习实践活动领导小组副组长李群传达中央领导同志重要讲话和重要批示精神。厅长尹慧敏参加并发言。

26日，全省党员领导干部做勤廉表率、促科学发展教育视频会议在山东大厦召开。厅长尹慧敏、纪检组长李振声参加。

27日，副厅长于国安参加山东省第十一届人民代表大会常务委员会第七次会议。

12月1日，厅长尹慧敏主持召开厅长办公会议，研究了全省公路系统会计信息质量检查情况、全省税收收入征管质量检查情况、行政事业性收费清理情况以及厅机关制冷机组大修和办公楼监控设施更新问题，传达了全省保密工作会议精神并研究了贯彻意见。

△省长姜大明主持召开省政府第26次常务会议，研究部署保障性安居工程建设和房地产业发展、清理行政事业性收费等工作。副厅长于国安参加并汇报清理行政事业性收费情况。

3日，省长姜大明主持召开第27次省政府常务会议，听取省财政厅关于成品油价格和燃油税费改革座谈会精神及贯彻意见的汇报，研究对成品油价税费联动改革方案的建议。厅长尹慧敏参加，副厅长文新三汇报。

△省政府召开全省重点投资项目管理基础工作电视会议，贯彻中央扩大内需的方针政策，研究部署重点投资项目管理基础工作。常务副省长王仁元出席会议并讲话。副厅长于国安参加。

5日，省长姜大明主持召开第28次省政府常务会议研究争取新增中央投资工作、财政形势和下一步工作、有关表彰计划以及保障重大项目用地和黄河三角洲未利用地开发工作。厅长尹慧敏参加并汇报财政收入情况。

11日，省委召开常委扩大会议，传达学习中央经济工作会议精神，研究贯彻落实意见。厅长尹慧敏参加。

13～16日，为提高全省财政系统后勤管理水平，更好地为财政改革发展服务，全省财政系统后勤管理培训班在淄博举办。副厅长庞敦之参加。

16日，省长姜大明主持召开第29次省政府常务会议，深入分析了2008年全省经济社会形势，研究了2009年发展思路。厅长尹慧敏参加，之后出席在山东大厦举行的山东省人民政府与中国工商银行战略合作备忘录签字仪式。

17日，省长姜大明主持召开第30次省政府常务会议，研究山东省出版集团等文化单位改革方案、全省工业经济运行工作、2008年第四批预备费动支意见。厅长尹慧敏参加并汇报。

△省委召开常委会议，分析经济形势，研究2009年经济工作。省委书记姜异康主持会议并讲话。厅长尹慧敏参加。

19～20日，中共山东省委九届六次全体会议在南郊宾馆召开。厅长尹慧敏参加。

21日，常务副省长王仁元主持召开会议，研究《山东省重点建设项目调控信贷资金管理暂行办法》。厅长尹慧敏参加。

21～22日，全省经济工作会议在南郊宾馆召开。会议学习贯彻了党的十七届三中全会和中央经济工作会议精神，认真分析了经济形势，总结回顾了2008年经济工作，研究部署了2009年工作任务。省委书记姜异康，省委副书记、省长姜大明出席会议并作重要讲话。厅长尹慧敏参加。

23日，厅长尹慧敏主持召开厅长办公会议，研究了财政经建有关工作和规范省直驻济以外机关津贴补贴情况。

24日，省长姜大明主持召开第31次省政府常务会议，研究了《山东省地震重点监视防御区管理办法（草案）》、《山东省建筑装饰装修管理办法（草案）》、《山东省扩大内需重点建设项目调控资金管理暂行办法（讨论稿）》。厅长尹慧敏参加。

25日，全省经贸工作电视会议在省政府礼堂召开。会议贯彻了全省经济工作会议精神，总结了2008年工作，部署了2009年任务。副省长王军民出席并讲话。厅长尹慧敏参加。

29日，省长姜大明主持召开第32次省政府常务会议，研究成品油税费改革工作、《山东省促进散装水泥发展规定（草案）》、2008年度山东省科学技术奖评审工作、机关事业单位工作人员带薪休假意见以及贯彻中央农村工作会议精神的意见。厅长尹慧敏参加。

△全国义务教育学校实施绩效工资工作部署会议在北京召开。根据国务院统一部署，从2009年1月1日起，对按国家规定执行事业单位岗位绩效工资制度的义务教育学校正式工作人员，实施绩效工资制度。副厅长

于国安参加。

30日，省委副书记刘伟主持召开深入学习实践科学发展观活动领导小组会议。厅长尹慧敏参加。

△省政府在南郊宾馆召开全省成品油税费改革工作会议，贯彻国务院《关于实施成品油价格和税费改革的通知》精神，研究部署全省成品油税费改革工作。副厅长于国安参加并发言。

31日，省委副书记刘伟主持召开深入学习实践科学发展观活动领导小组会议。厅长尹慧敏参加。

本月厅领导兼职：

△张洪军同志担任省监狱体制改革和监狱布局调整工作领导小组成员、省清理规范评比达标表彰工作领导小组成员。

△李国健同志担任省政府减轻企业负担部门联席会议成员。

△张魁珍同志担任省总工会第五届女职工委员会顾问。